U0627576

国家、村社与地方工业化

苏南地区改革开放三十年述要

董筱丹 温铁军 著

图书在版编目（CIP）数据

长读苏南. 国家、村社与地方工业化 / 董筱丹，温铁军 著. —北京：东方出版社，2023. 3

ISBN 978-7-5207-2994-9

Ⅰ. ①长… Ⅱ. ①董… ②温… Ⅲ. ①工业园区—研究—苏州 Ⅳ. ①F427. 533

中国版本图书馆 CIP 数据核字（2022）第 174147 号

长读苏南

（CHANGDU SUNAN）

作　　者：董筱丹　温铁军
责任编辑：吴晓月　李子昂
出　　版：东方出版社
发　　行：人民东方出版传媒有限公司
地　　址：北京市东城区朝阳门内大街 166 号
邮　　编：100010
印　　刷：北京明恒达印务有限公司
版　　次：2023 年 3 月第 1 版
印　　次：2023 年 3 月第 1 次印刷
开　　本：660 毫米×960 毫米　1/16
印　　张：34
字　　数：370 千字
书　　号：ISBN 978-7-5207-2994-9
定　　价：158. 00 元
发行电话：（010）85924663　85924644　85924641

“国仁文丛”（*Green Thesis*）总序

因为有话要说，而且要说在我们团队近期系列出版物的前面，[①]所以写总序。

我自20世纪60年代以来，从被动实践中的主动反思到80年代以来主动实践中的主动反思，经两个11年在不同试验区的历练，[②]加之后来广泛开展国内外调查和区域比较研究，且已经过了知天命之年……自忖有从经验层次向理性高度升华的条件，便先要求自己努力做到自觉地“告别百年激进”，[③]遂有21世纪以来从发起社会大众参与改良、对“百年乡建”（Rural Reconstruction）之言行一致地接续，而渐趋达至“国仁”思想境界，亦即一般学人必须“削足”才能跟从制度“适履”，但只要纳入主流就碍难达到的“实践出真知”。

因此，我在2016年暑假从中国人民大学退休之际，要求为今后

---

① 这几年我们会有十几本书分别以不同作者、不同课题成果的名义问世。这些出版物都被要求做单独的“成果标识”。但我们实际上要做的仍然是这几十年的经验归纳总结和理论提升，“实事求是”地形成“去意识形态化”的话语体系。由此，就需要为这个分别标识的系列出版物做个总序。

② 参见即将出版的《此生无憾：温铁军自述辑录》（暂定名），其中对20世纪80—90年代在官方政策部门开展农村改革试验区及新世纪启动民间为主的新乡村建设试验区，两个11年的经历分别予以归纳。

③ 参见温铁军：《告别百年激进》，东方出版社2016年版。这是我2004—2014年这10年演讲录的上卷，主要是与全球化有关的宏大叙事和对宏观经济形势的分析，甫一出版即被书评人排在当月优选10本财经类著作的第一位。

几年的一系列出版物担纲作序，也主要是想明了指出“国仁文丛”何词何意，亦即：这个丛书是什么思路和内涵。

一、释义之意

“国”者，生民聚落之域也。“上下五千年”是中国人开口就露出来的文化自豪！就在于，人类四大文明古国除了中华文明得以历经无数朝代仍在延续之外，其他都在奴隶制时代以其与西方空间距离远近而次第败亡。由此看中国，唯其远在千山万水之隔的亚洲之东，尤与扩张奴隶制而强盛千年的西方相去甚远，且有万代众生勉力维护生于斯而逝于斯之域，“恭惟鞠养，岂敢毁伤”，兹有国有民，相得益彰。遂有国民文化悠久于国家存续之理，更有国家历史传承于国民行动之中。

“仁”者“爱人”，本源于“仁者，二人也”。先民们既受惠于光风水土滋养哺育的东亚万年农业，又受制于资源环境只能聚落而居，久之则族群杂处，而需邻里守望、礼义相习，遂有乡土中国仁学礼教上下一致维系大一统的家国文化之说，于是天下道德文章唯大同书是尊。历史上每有“礼崩乐坏”，随之社会失序，必有国之不国，无以为家。是以，“克己复礼为仁”本为数千年立国之本，何以今人竟至于“纵己毁礼为恶”……致使梁漱溟痛感“自毁甚于他毁”的现代性为表、横贪纵欲为里之巨大制度成本肆无忌惮地向资源环境转嫁而致人类自身不可持续！

据此可知我们提出“国仁”思想之于文丛的内涵：

中国人历史性地身处三大气候带覆盖、差异显著的复杂资源地理环境下，只有以多元文化为基础的各类社会群体兼收并蓄、包容共生，才能实现并绵延中华文明数千年的历史性可持续。

这个我们每个人都身处其中的、在亚洲原住民大陆的万年农业文明中居于核心地位的“群体文化”内核，也被道家论述为“一阴一阳之谓道”，进而在漫长的文化演进中逐渐形成了极具包容性的、儒释道合一的体系。①

由是，在21世纪初重启中国乡村建设运动之后，我们团队试图把近代史上逐步从实践中清晰起来的乡建思想，寻源上溯地与先贤往圣之绝学做跨时空结合，归纳为人类在21世纪转向“生态文明”要承前启后的社会改良思想。②

是以，道生万物，大德中庸。上善若水，大润民生。有道而立，大象无形。从之者众，大音希声。③ 此乃百年改良思想指导下的乡村建设运动之真实写照。

基于这些长期实践中的批判性思考，我们团队认同的“国仁文丛”的图形标志，是出土的汉代画像砖上那个可与西方文明对照的、扭合在一起的蛇身双人——创造了饮食男女人之大欲的女娲，只有和用阴阳八卦作为思想工具“格物致知”了人类与自然界的伏羲有机地合为一体，才有人类社会自觉与大自然和谐共生的繁衍。蛇身双人的扭结表明在中国人传统思想中物质与精神的自然融合，既得益于多样性内在于群体文化规范而不必指人欲为

---

① 最近10年一直有海内外学者在研究乡建。国外有学者试图把中国乡建学者的思想上溯归源到孔子或老子，国内也有人问我到底偏重晏阳初还是梁漱溟，还有很多人不理解梁漱溟晚年由儒家而佛家的思想演变。其实，我们从来就是兼收并蓄。在儒释道合一的顶天立地和五洲四海的融会贯通之中形成乡建思想。因此，这些海外研究者的关注点对我们来说本来不是问题。

② 本文丛并非团队的全部思想成果，但在“国仁文丛”设计之前的成果没法再纳入进来，只好如此。

③ 这些年，我一直试图对承上启下的中国乡村建设运动中形成的国仁思想做归纳，遂借作序之机凝练成这段文言，意味着国仁追求的是一种“大道、大润、大象、大音”的思想境界。

“原罪”而出伊甸园；也不必非要构建某一个派别的绝对真理而人为地分裂成唯物与唯心这两个体系，制造出“二元对立结构”的对抗性矛盾。

此乃思想理论意义上的“国仁”之意。

行动纲领意义上的“国仁”，十多年前来源于英文的“Green Ground”。

我们搞乡村建设的人，是一批“不分左右翼，但分老中青”的海内外志愿者。[①] 大家潜移默化地受到“三生万物”道家哲学思想影响，而或多或少地关注我自20世纪90年代以来坚持的“三农”问题——农业社会万年传承之内因，也在于“三位一体”：在于农民的生产与家庭生计合为一体，在于农村的多元化经济与自然界的多样性合为一体，在于农业的经济过程与动植物的自然过程合为一体。

据此，我们长期强调的“三农”的三位一体，在万年农业之乡土社会中，本来一直如是。告别蒙昧进入文明以来的数千年中，乡村建设在这个以农业为基础繁衍生息的大国，历来是不言而喻之立国之本。

据此，我们长期强调的三位一体的“三农”，本是人类社会转向生态文明必须依赖的“正外部性”最大的领域，也是国家综合安全的最后载体。

中国近代史上最不堪的麻烦，就在于激进者们罔顾“三农”的正外部性，把城市资本追求现代化所积累的巨大“负外部性”代价向乡土中国倾倒！于是，我虽然清楚“三农”本属于三位一体，也曾经在20世纪90年代末期和21世纪第一个10年特别强调“三农

---

① 中国乡建运动之所以能够延续百年而生生不息，乃在于参与者大抵做到了思想和行动上都“去激进”，不照搬西方的左右翼搞的党同伐异。

问题农民为首”，主要是因为那个时期的形势严重地不利于农民这个世界上最大的弱势群体。实际上，也就是在做这种特别强调而遭遇各种利益集团排斥的困境中，我才渐行渐知地明白了前辈的牺牲精神。大凡关注底层民生的人，无论何种政治诉求、宗教情怀和文化旨趣，总难免因慈而悲、因悲而悯，在中国百年激进近现代史中，也就难免“悲剧意义”地、历史性地与晏阳初的悲天悯人①、梁漱溟的“妇人之仁”等，形成客观的承继关系。据此看，20 世纪初期的“乡建派学者”也许应该被归为中国最早的女性主义者。② 我们作为继往开来的当代乡村建设参与者，有条件站在前辈肩上高屋建瓴、推陈出新，不仅要认清 20 世纪延续而来的中国“三农”困境，而且要了解 21 世纪被单极金融资本霸权强化了的全球化，及其向发展中国家转嫁巨大制度成本的制度体系。这个今人高于前人的全球视野，要求我们建立超越西方中心主义意识形态的世界观和宏大叙事的历史观，否则，难以引领当代乡村建设运动，遑论提升本土问题的分析能力。

从 2001 年中央主要领导人接受我们提出的“三农”问题这个难以纳入全球化的概念以来，即有一批志愿者着手复兴百年传承的“乡村建设”。部分年轻的乡建志愿者于 2003 年在距北京大约 300 公里之遥的河北翟城村开始了新时期乡建，一开始根本就没有外部资金投入和内部管理能力。因为这种以民间力量为主的社会运动无权

① 参阅温铁军：《“三农”问题与制度变迁》，中国经济出版社 2009 年版。记得一位学者型领导曾经语重心长地告诫我：农民在现代化的大潮中挣扎着下沉，就剩下两只手在水面乱抓。你的思想无所谓对错，只不过是被溺水者最后抓住的那根稻草，再怎么努力，也不过是落得跟着沉下去的结局……

② 乡建前辈学者梁漱溟因在 1953 年与毛泽东激辩合作化问题而被后者批为“妇人之仁”。据此，梁漱溟可以被认为是中国 20 世纪 50 年代的早期女性主义者。尽管在实事求是的态度面前，打上何种类别的标签并不重要，但如果这是当代学者们的本能偏好，也只好任由其是。

无钱，很大程度要靠热血青年们艰苦奋斗。那，年轻人激情四射地创了业，也激情四射地生了孩子，老辈们就得跟上支持和维护。十多年来，有一句低层次的话多次被我在低潮的时候重复：存在就是一切。只要我们在随处可见的排斥下仍然以另类的方式存活下去，就证明了方式的可持续。我们在最开始心里就觉着，应该给这个社会广泛参与的乡建运动将来可能形成的可持续生存系统，提出一个可以做国际交流的概念，一个符合21世纪生态文明需要的、大家可以共享的名号。于是就跟海外志愿者们商量，提出了这个英文概念"Green Ground"。若直译，就是"绿色大地"；若意译，则是"可持续基础"。如果把音译与意译结合起来考量，那就是"国仁"。有国有仁，方有国人国祚久长不衰。

从十多年来的乡建工作看，这三个意思都对路。

二、文丛之众

俗话说，三人为众。子曰："三人行，必有我师焉。择其善者而从之，其不善者而改之。"如此看文丛，乃众人为师是也。何况，我们在推进乡村建设之初就强调"去精英化"的大众民主。[①]

前几年，一直希望整个团队愿意理解我试图"让当代乡建成为历史"的愿望。尤其希望大家能够结合对近代史中任何主流都激进推行现代化的反思，主动地接续前辈学者上一个世纪之交开始的乡村建设改良运动，在实际工作中不断梳理经验教训。或可说，我"野心勃勃"地企图把我们在新的世纪之交启动的新乡建运动，纳入

① 关于精英专政与大众民主的分析，请参阅高士明、贺照田：《人间思想第四辑：亚洲思想运动报告》，人间出版社2016年版，第2—19页。

百年乡建和社会改良史的脉络。诚然，能够理解这番苦心的人确实不多。①

这几年，我也确实算是把自己有限的能力最大化地发挥出来，“处心积虑”地安排乡建志愿者中有理论建设能力的人在获取学位之后分布到设有乡建中心或乡建学院的不同高校，尽可能在多个学科体系中形成跨领域的思想共同体。目前，我们在海内外十几个高校设有机构或合作单位，有数十个乡村基层的试点单位，能够自主地、有组织有配合地开展理论研究和教学培训工作，立足本土乡村建设的“话语体系”构建，已经有了丰硕成果。②

总之，我们不仅有条件对21世纪已经坚持了15年的“当代新乡建”做个总结，而且有能力形成对20世纪前辈乡村建设运动的继承发扬。

我们团队迄今所建构的主要理论创新可以表述为以下五点。

一是人类文明差异派生论：气候周期性变化与随之而来的资源环境条件改变对人类文明差异及演化客观上起决定作用。据此，人类文明在各个大陆演化的客观进程，至少在殖民化滥觞全球之前应

---

① 近年来，我不断在乡建团队中强调对乡建经验的归纳总结要尽可能提升到理性认识高度，并且要努力接续百年乡建历史，并带领团队申报了一批科研项目。那么，要完成科研任务，就要花费很多精力。对此，就有一些长期从事乡村基层工作，必须拿到项目经费才能维持单位生存，为此来不及形成理论偏好的同人难以接受，甚至有些意见相左之人表达了误解、批评。这本来不足为怪，对批评意见也不必辩解。总体上看，大乡建网络的各个单位还是积极配合的。但，考虑到这些批评说法将来可能会被人拿去当某些标题党的报道和粗俗研究者的资料，因此，我才不得不以总序的方式让相对客观些的解释在各个著述上都有起码的文字依据——尽管这些话只是简单地写在脚注中。

② 中国有中国人民大学、中国农业大学、中共中央党校（国家行政学院）、清华大学、重庆大学、华中科技大学、北京理工大学、上海大学、西南大学、福建农林大学、香港岭南大学。海外有英国舒马赫学院、美国康奈尔大学，近期正在形成合作的还有国际慢食协会的美食科技大学（意大利）等。

是多元化的，不是遵循在产业资本时代西方经典理论家提出的生产方式升级理论而展开的。这个理论有助于我们构建不同于主流的生态化历史观。

二是制度派生及其路径依赖理论：不同地理条件下的资源禀赋和要素条件，决定了近代全球化之前人类文明及制度的内生性与多元性，也决定了近代史上不同现代化的原始积累（东西方差异）途径，由此形成了不同的制度安排和体系结构，并构成其后制度变迁的路径依赖。这也成为我们开展国别比较和区域比较研究的重要理论工具。

三是成本递次转嫁论：自近代以来，在全球化所形成的世界体系中，核心国家和居于主导地位的群体不断通过向外转嫁制度成本而获取收益，得以完成资本原始积累、实现产业资本扩张和向金融资本跃升，广大发展中国家及底层民众则因不断被迫承受成本转嫁而深陷“低水平陷阱”难以自拔。当代全球化本质上是一个因不同利益取向而相互竞争的金融资本为主导、递次向外转嫁成本以维持金融资本寄生性生存的体系。在人类无节制的贪欲面前，最终承担代价转嫁的是“谈判缺位”的资源和生态环境，致有人类社会的不可持续之虞。

四是发展中国家外部性理论：第二次世界大战后绝大多数发展中国家都是通过与宗主国谈判形成主权，这可以看作一个“交易”。任何类型的交易都有信息不对称带来的风险，因转交交易范围之外的经济和社会承载而为外部性问题，任何信息单方垄断都在占有收益的同时对交易另一方做成本转嫁，由此发展中国家谈判形成主权必有负外部性，导致难以摆脱“依附”地位。但，越是一次性博弈则风险爆发造成谈判双方双输的可能性越大，发达国家在巧取豪夺巨大收益的同时，其风险也在同步深化和加剧。

五是乡土社会应对外部性的内部化理论：中国作为原住民人口大国中唯一完成工业化的国家，其比较经验恰恰在于有着几千年"内部化处理负外部性"的村社基础，其中的村社理性和政府理性构成中国的两大比较制度优势。但政府同样是人类制造出来但反过来统治人类自身的成本高昂的产物。遂有政府与资本相结合激进推进现代化之后的经济、社会、文化、资源、环境等负外向性问题，成为中国通往可持续的障碍，才有如此广泛的民众愿意参与进来，以期通过乡村建设使"三农"仍然作为中国危机"软着陆"的载体。

以上五点核心思想，主要体现于我们基于"本土化"和"国际化"两翼而展开的以下五个领域的研究工作中。

一是应对全球化的挑战。在资本主义三阶段——原始积累阶段、产业资本扩张阶段和金融资本阶段，核心国家/发达国家总是不断以新的方式向外转嫁制度成本，乃是全球化给广大发展中国家、给资源环境可持续带来的最大挑战。这个思想，在我们的主要课题研究中，作为全球宏观背景，都有所体现，也发表在我们关于全球资本化与制度致贫等一系列文章中。

二是发展中国家比较研究。团队与联合国开发计划署合作，构建了"南方国家知识分享网络"，开展了"新兴七国比较研究"和"南方陷阱"等发展中国家的深入研究。目前正在进行比较研究的新兴七国包括中国、土耳其、印度、印度尼西亚、巴西、委内瑞拉、南非。已经发表了有关文章和演讲，两部专著也在起草和修改之中。

三是国内区域比较研究。中国是个超大型国家，各区域的地理条件和人文环境差异极大，对各区域的发展经验进行研究、总结和归纳，是形成整体性的"中国经验"并建立"中国话语"的基础。

团队已经完成了苏南、岭南、重庆、杭州、广西左右江、苏州工业园区等不同地区的发展经验的分析。已经发表了多篇文章，形成的专著也获得多项国家级、省部级出版奖和科研奖。

四是国家安全研究。国家综合安全是当前面临“以国家为基本竞争单位的全球化”的最大挑战。基于国际比较和历史比较，团队研究表明了新中国通过土地革命建立政权与其利用“三农”内部化应对经济危机之间的相关关系——从历史经验看，新中国在其追求“工业化+城市化=现代化”的道路上，已经发生了九次经济危机，凡是能动员广大农村分担危机成本的，就能实现危机“软着陆”，否则就只能在城市“硬着陆”。团队正在开展的研究是以国家社科基金重大项目为依托，探讨如何从结构和机制上改善乡村治理以维护国家综合安全。

五是“三农”与“三治”研究。我们自提出“三农”问题并被中央领导人接受之后，用了十多年的时间来研究乡村“三治”问题（指县治/乡治/村治）。自20世纪80年代农村去组织化改革以来，作为经济基础的“三农”日益衰败，而作为上层建筑的“三治”成本不断上升，二者之间的错配乃至哲学意义上的冲突日益深化！其结果，不仅是农村爆发对抗性冲突，陷入严重的不可持续困境，还在生态环境、食品、文化等方面成为国家综合“不安全”的重要“贡献者”。比形成对问题的完整逻辑解释更难的，是我们如何打破这个“囚徒困境”。也因此，任何层面上的实践探索都难能可贵，即使最终被打上“失败”的标签，也不意味着这个堂吉诃德式的努力过程并不重要，更不意味着这个过程作为一种社会试验没有记录和研究价值。

综上，“大乡建”体系之中从事研究的团队成员众多，且来去自由，但混沌中自然有序，我认为团队在这五个领域的思想创新，在五个方面所做的去西方中心主义、去意识形态的理论探索，已经形成了“研究上顶天立地，交流上中西贯通”的蔚然大观。仅“国仁文丛”的写作者就有数十人，参与调研和在地实践者更无以计数，收入的文字从内容到形式都有创新性，且不拘一格。如果从我20世纪80年代就职于中央农研室做“农村改革试验区”的政策调研和国内外合作的理论研究算起，我们脚踏实地开展理论联系实际的科研实践活动已经数十年了。其间，团队获得了十多项国家级“纵向课题”和数十项“横向课题”，获得了十几项省部级以上国内奖及一项海外奖。在高校这个尚可用为“公器”的平台上，我们团队通过这些体现中国人民大学“实事求是”校训的研究和高校间的联合课题调研，已经带出来数百名学生，锻炼了一批能够深入基层调研，并且有过硬发表成果能力的人才，也推进了分散在各地城乡的试验区的工作水平。

由此看，当代大乡建由各自独立小单位组成，虽然看上去是各自为政的“四无”体系——“无总部、无领导、无纪律、无固定资金来源”，却能“聚是一团火、散是满天星”，做出了一般海外背景或企业出资的非政府组织“做不到、做不好，做起来也不长久”的事业。诚然，这谈不上是赞誉我们团队的治理结构，因为各单位难免时不时发生各种内部乱象。但，乡建参与者无论转型为NGO（非政府组织）还是NPO（非营利组织），都仍愿意留在大乡建之中，否则再怎么干得风生水起也难有靠自己的思想水平形成“带队伍”的能力！若然，则乡建改良事业得以百年传承的核心竞争力，恰在于“有思想创新，才能有人才培养，才有群体的骨干来带动事业”。君不见：20世纪乡村建设大师辈出、试验点竟以千数，21世纪新乡建则学者咸从、各界群众参与者更有数十万！

这就是大众广泛参与其中的另一种（alternative）社会历史……

由此看到：发展中国家为主的“世界社会论坛”(World Social Forum) 打出的口号是“另一个世界是可能的”(Another world is possible)；而在中国，我们不习惯提口号，而是用乡建人的负重前行，在大地上写下“另一个世界就在这里”(Another world is here)。

人们说，20 年就是一代人。从 2001 年算起，我们发扬“启迪民智，开发民力”的前辈精神，在 21 世纪海内外资本纵情饕餮大快朵颐中勉力传承的“大乡建”，作为大众广泛参与的社会改良事业已经延续 15 年了！再坚持 5 年，就是一代人用热血书写的历史了。

作为长期志愿者，大家都辛苦，但也乐在其中！吾辈不求回报，但求国仁永续。唯愿百年来无数志士仁人投身其中的乡建事业，在中华文明的生生不息中一代代地传承下去。

以此为序，上慰先贤；立此存照，正本清源。

温铁军

丙申年甲午月

公元二〇一六年六月

再版序

知识碎片化时代，伴随“信息爆炸”而来的，却是单位多“竖井”，百姓多“茧房”。人类社会陡然遭遇网络江湖戾气弥漫之际，吾辈乡建学人唯坚持“筚路蓝缕，以启山林”，努力在严重异化于“实践出真知”的学术虚化氛围中做“实事求是，立此存照”之事。

近年来走笔书林间，多次与东方出版社为我们团队设立的专门工作室做讨论，决定修订并再版《解读苏南》和《再读苏南》这两部关于区域比较研究的姊妹篇，以此对“讲好中国故事”做应有的学术担当。此书修订仍由当年头版书稿之起草人董筱丹捉刀，乃在于她长期在调查研究的第一线矢志不渝，近年来又不断开拓着区域研究的新领域，能够赓续大乡建科研团队多年坚持基层调研的定力。由于在修订过程中对中国经验分区比较研究的认识不断深化，遂有对两本书合二为一但仍分上下卷的安排；目的是对千差万别的区域发展历程，做个与中华文明伟大复兴实质性相关的“长阅读”。

反复斟酌之后，我们将再版书定名为“长读苏南”。

所谓“长读”苏南区域发展经验之理论意义，在于我们认为习近平总书记关于“中国特色”的深刻分析——**“如果没有中华五千年文**

明，哪里有什么中国特色？如果不是中国特色，哪有我们今天这么成功的中国特色社会主义道路？”——是我们在社科研究上“守正创新”的指导思想。据此，我们把《长读苏南》当作团队为坚持中国特色的发展经验解读做出的努力。我们认为，在区域比较研究上，尤其需要主动把发掘中华五千年优秀文化同马克思主义立场观点方法相结合，形成对中华悠久文明的深刻理解，并与21世纪的中华民族伟大复兴融会贯通，这应该是推进马克思主义中国化的重要内容。

一、揭蔽祛魅：苏南经验的长视角解读

苏南是中国人口密度最高、人均耕地资源最少的地区之一，也是历史上工副业和内河航运特别发达的地区，更是当代中国经济最发达、“中国式现代化”程度最高的区域之一。对苏南经验的解读，确实不可以“短视”。

（一）长历史：苏南区域的万年回眸

2021年苏南地区生产总值达到66647.91亿元。如果当作一个省，则“苏南省”仅逊于广东、江苏、山东、浙江；人均GDP为175326元，超过上海。[①] 对于苏南经济的研究，也理所当然地成为学术热点。但认真读来会发现，相当多研究拘泥于激进发展主义的主流话语及其内涵意识形态全盘西化的“遮蔽”，主要着眼于“产”怎样发展，“城”怎样壮大，而将苏南悠久的历史和广袤的乡土当作可以忽略甚至亟待告别的负担。

---

① 详见2022年南京、苏州、无锡、常州、镇江五市统计局网站发布的国民经济和社会发展统计公报。

在我看来，理解和归纳苏南经验，需要把时间视角拉长。

从人类文明历史看，苏南环太湖地区气候暖湿，降雨充沛，湖塘、沼泽、河流密布，十分适合野生稻的生长和水稻的种植。从已有的考古发现来看，在新石器时代稻作农业贯穿该地区生业模式的始终，早在距今 10000 年以前的上山文化时期就已经发现了驯化水稻遗存。[①] 良渚文化建立在稻作农业基础之上，成熟而规模化的稻作农业为良渚社会的发展奠定了坚实基础。良渚先民在山地谷口及边沿创造性地规划和构建了庞大而复杂的水利系统，良渚水坝系统是中国最早的大型水利设施，其规模堪称同时期世界之最。[②] 在经济方面，这里很早就种桑养蚕，从事多种工副业生产和商品交换。周敬王元年（公元前 519 年），吴楚两国就因争夺边界桑田而发生大规模的“争桑之战”，可见，那时“蚕桑之利”就在吴国经济中占有重要地位。自伍子胥建造阖闾大城之后，“春秋战国时江南地区又先后出现有延陵邑、奄、吴城、南武城、武原等大小城邑”[③]，这些出于军事防御和政治中心功能而建的城邑，进而带动了市场交易繁荣和人口增加。两汉时期，随着铁器的引入、“代田法”的推广、水利灌溉面积的扩大，农业产量和承载人口大幅度增加，再加上陶器、铜器、金器等原有的手工业基础，苏州地区成为著名的商品集散地。南朝对江南地区进行大规模开发，“扬部有全吴之沃，鱼盐杞梓之利，充仞八方，丝绵布帛之饶，覆衣天下”。[④]

---

① 宋姝、刘斌：《中华 5000 多年文明史的实证之城》，《自然与文化遗产研究》2020 年第 3 期。

② 赵晔：《良渚：中国早期文明的典范》，《南方文物》2018 年第 10 期。

③ 宋家泰、庄林德：《江南地区小城镇形成发展的历史地理基础》，《南京大学学报》（哲学 · 人文 · 社会科学）1990 年第 4 期。

④ （南朝梁）沈约：《孔季恭羊玄保沈昙庆传论》，载《宋书》卷五十四列传第十四。

唐中期以后，随着气候变冷，中国经济重心逐渐转移到东南地区。尤其是唐玄宗以后，太湖地区已是全国经济发展的龙头之一，“当今赋出于天下，江南居十九”①。唐朝末期，扬州工商业达到鼎盛，经济地位超过了长安、洛阳，遂有“天下之盛，扬为首”的说法。“扬一益二”也是在这一时期成为人们耳熟能详地对数一数二的工商业城市——扬州、益州（成都）——经济发达程度的俗语表述。

环太湖地区最北的镇江，是长江与京杭大运河唯一交汇枢纽，位属“三吴之会”，自唐代以来经过这里的漕粮占到全国50%以上，江南进入中原市场的物资往往也要经这里转运。苏州，既环湖又临江临海，无论是地盘、人口，还是经济实力和地位，在太湖地区都是龙头。“浙右列城，以吴郡最大，地广人庶。”② 到明末清初，苏州已发展成为国内规模最大的棉布整染加工中心。到了**19世纪初，江南从事棉纺织业的农户已占总数的65%以上，每年所需要的棉花达300万担，轻工业的重要性已和农业相当**。明末江南人口2000万人，太平天国运动前夕达到3600万人，人口密度分别为每平方公里465人、837人；而工业革命期间，英格兰和威尔士每平方公里人口不过40人，总人口不过600万人。③

与西方的工业化城市化进程之不同，乃在于进入现代工业之前的苏南地区早在明清两朝就已经有了较高程度的非西方模式的“产”和“城”的发展，就有了比肩西方现代城市的人口密度、精细的市场分工、高超的加工技能、高素质的人力资本、复杂的社会网络以及强大

① （唐）韩愈：《送陆歙州诗序》，载（清）董浩等：《全唐文》第五百五十五卷。

② （唐）白居易：《张正甫苏州刺史制》，载（清）董浩等：《全唐文》第六百六十一卷。

③ 李伯重：《江南的早期工业化（1550—1850）》，中国人民大学出版社2010年版，第374页。

的组织能力……这些被我们称为“产业资本的内生性原始积累”，在性质上就不同于西方靠殖民扩张和“羊吃人”来完成的外生性资本积累进程。苏南这个与中国特色相辅相成的、值得“长读”的区域特色很关键，由于这个特色，使苏南现代产业体系从传统社会母腹中的娩出属于“顺产”。这也为本书中重点阐释的概念“村社理性”提供了必要的基础背景。

综上，历史上延续下来的人地关系高度紧张使得这里对附生于家庭和村社内部的分工分业的手工业经济高度依赖；形成了高度商品化且得以“内部化处置外部性风险”的乡土经济，支撑了中国对西方贸易的长期贸易盈余。

到了当代，一旦对所谓“计划经济时代”城乡之间工业化要素流动的政策性限制弱化，乡村释放过剩劳动力的重要途径从手工业切换到现代工业，历史上“自主”形成的农村工业化和城镇化就非常自然地再度兴起。而其与历史之不同，则在于围绕着绝对稀缺的资本和其他现代工业要素，村庄主动进行资金、土地、劳动力配套和农副产品保障，因而这些坐落于城市的工业所必须支付的成本，都在村庄为载体的多元化的集体经济内部静悄悄地消化了，这才有硬币的另一半——曾取得举世瞩目伟大成就的“乡镇企业异军突起”。

这个当代苏南乡村低成本进入工业化的故事，也部分地解释了中国为何**“能”**在短短几十年走完西方工业化国家二三百年的发展历程。

可见，苏南故事并非“苏南的故事”，而是“中国的故事”——苏南历史上人多地少却经济发达的资料和当代乡村工业化崛起的经验，都表明**“中国式现代化”在起点上本来就与西方迥异。**

略拓研究视野则可发现，这也是“中国式革命”的基础背景。

苏南地区探索出的具有“中国本土特色”的典型革命经验，当属**20世纪三四十年代以合作经济为重要内容的抗日根据地建设**。它对推动根据地经济建设，打破敌人对根据地的经济封锁，保障根据地军民生产、生活日用品的半自给或完全自给发挥了重要作用。当时，合作社通过周密的组织安排，利用社员技术、工艺、零散资金和劳动力闲暇时间，广泛发展生产。而社员则可以从合作社得到工资收入、红利收入和购货打折等多方面的实际利益。依靠这种稳定的互利合作，不仅满足了根据地的自身需求，还将产品销售到敌占区，换回紧缺物资，使敌人对根据地的经济封锁归于无效。①

这些和**传统小农不计成本进行劳动投入的传统“家户理性”特征**有机结合在一起的乡村多业态综合型经济发展，不仅有力支持了当时抗日战争的正面战场，也为后来解放战争取得最终胜利奠定了坚实的基础。比如淮海战役，共动员多达543万群众支援前线，这一世界军事史奇迹的背后，是十几年敌后根据地建设中形成的和民众生产生活密切结合在一起、有效撬动民间有生力量的工作经验；并且，根据地政府还在人民群众中积累了非同一般的经济信用和货币信用。唯其如此，才能使淮海战役中庞大的跨地域的社会资源调度顺利进行——整个淮海战役期间，群众背扛、肩挑，用车推、船载、担架抬、毛驴驮、牛车拉，一共为前线支援了9.6亿斤粮食，动用担架20.6万副，大小车辆88万辆，挑子35.5万副，船只8500艘，汽车257辆，运送弹药1460万斤，转送伤员11万名，驱使76万头牲口奔走在前线与后方之间。②

“新时代坚持和发展中国特色社会主义，更加需要系统研究中国历

---

① 黄爱军：《华中抗日根据地的合作经济》，《军事历史研究》2015年第4期。

② 刘亚青、黄金辉（徐州市档案局）：《淮海战役人民支前》，《档案与建设》2012年第10期。

史和文化，更加需要深刻把握人类发展历史规律，在对历史的深入思考中汲取智慧、走向未来。”① 区域发展研究也同样，需要在对历史的深入思考中汲取智慧、走向未来。

（二）长研究：八年长跑形成苏南经验解读

在苏南有切实考古依据的万年历史面前，《长读苏南》所覆盖的时间确实不长，但尝试将苏南的真实历程，无论其“高光”还是“晦朔”，都纳入一个自洽的逻辑框架中进行解释，将理解苏南的经验起点和逻辑起点前推至国家资本原始积累和地方工业化竞争，从区域经验的梳理中印证“前后两个三十年不能相互否定”，这个努力仍然是突破性的。

本书是关于中国“真实经验”的解释性研究作品之一，团队在已出版的《解读苏南》《再读苏南》基础上建构出新的逻辑，因而属于我们关于中国区域经验解读系列的最新成果。

那两本书，在我主持的区域经验解读系列研究中本来是代表作，具有很重要的理论与实践相结合的创新意义，却由于出版年份较早而少被读者关注。在当代风云变幻、波诡云谲之际，本书之所以仍有价值，乃在于启动研究之初，就意在“揭蔽”——揖别学术界对中国研究“笼而统之”动辄就堕入意识形态化概念争议的沉疴；并借此“祛魅”——改变那种轻易用“中国特殊论”来代替一般性机制解释的庸俗。从 2007 年我带领团队从苏南入手启动区域发展经验解读至今，这一要求我们坚持了 15 年，以至于几个进展了好几年的研究一直属于“半成品”，虽然在进度上辜负读者期待，但已经完成的作品却每一本

① 语出 2022 年习近平总书记发给新成立的中国社会科学院中国历史研究院的贺信。

都踏石有印、抓铁留痕。

本书没有方法论的斧凿，没有统计数据的堆砌，也没有搬用学术概念的推敲，就是从讲述苏南所发生的真实故事入手，主要用政治经济学的一般理论框架，来梳理资本、土地、劳动力三种要素在不同发展阶段、不同稀缺程度条件下的组合特征和派生的制度安排，以及不同制度安排之间变换转折的制度变迁过程。

然而，这个非常基本的、我认为是常识性的研究思路，却在第一阶段的执行中遇到了极大的困难，我不得不边淬炼文字边打磨团队，先后历时四年多才完成《长读苏南》的上卷《国家、村社与地方工业化》(第一版原名《解读苏南》)。对此，我在后记里说“课题自正式立项到完成研究报告历经四载寒暑；其间，竟有六番调研，八次易稿，无论走路还是走笔，都很艰辛……”诚然，只要沿着实事求是的本土研究道路走下去，难免遭遇本土话语权缺失而派生的步履蹒跚。

2013 年秋，我们将研究聚焦于苏州工业园区（以下简称园区）这个国内多项排名数一数二的国家级开发区，写作《长读苏南》下卷《逆周期调控与高质量发展》(第一版原名《再读苏南》)。由于有了背景知识和团队组织上的铺垫，此次研究进展顺利得多，课题组更迅速地识别关键点位，更细致地挖掘材料，更细腻地解读资料，在写作周期缩短到一年半的同时，进一步深化了从 20 世纪 90 年代的中外合作转向 21 世纪初深度融入全球化时期中华优秀传统文化和当代中国特色社会主义制度所具有的比较优势的认识。

2014 年，我们科研团队的“战斗力”爆棚，既完成了本书 40 余万字下卷的初稿，又以几十万字的工作量成功申报了两个国家社科基金项目（一个重大项目、一个一般项目)。之后，我们有限的研究力量就转向了国家安全与乡村治理、粮食金融化、生态文明转型等领域。

尽管仍然关注苏南，但并未正式启动新的研究项目。

不期然间，又是八年过去了。

（三）新脉络："苏南模式"1.0到"苏南模式"4.0

综合来看，本书提供了"苏南模式"的四种具体表现形式——姑且称为"苏南模式"1.0到"苏南模式"4.0——它们形成了演化经济学视角下的一个完整演化脉络。

下面对"苏南模式"1.0到"苏南模式"4.0进行简单说明。

"苏南模式"1.0，即费孝通先生提出的经典意义上的"苏南模式"，通常是指苏南的苏州、无锡、常州、南通等地通过发展乡镇企业实现非农产业发展中所呈现出的一系列特征。对于苏南乡镇企业发展与地方政府行为之关系的制度特征，美国学者戴慕珍（Jean C. Oi）称为"地方政府公司主义"（local state corporatism）。而**本书的思想性，在于从宏观和微观两个层面进行延展分析**。

在宏观层面，指出其**宏观背景是发展中国家20世纪70年代接受西方产业转移普遍出现的外债压力**。这方面中国并不例外，却很少有针对性研究。需知，中央财政在1978年以后因各地超预算引进西方设备技术而遭遇外债转化的严重赤字危机，遂对有出口创汇能力的地区采取了原材物料价格"双轨制"和财政分级承包（俗称"中央地方分灶吃饭"）的财政制度改革；此外，还有地方外汇创收可按比例留成，可用于自主进口高档轿车和奢侈品等。这些"放权让利"政策，对地方发展自主工业化形成了制度激励。

本书中理论上的创新，主要是在微观层面。其核心是**从基层农村集体经济组织"内部化处理外部性风险"的制度创新的视角，对"苏南模式"的正外部性进行解释**。

一是为什么这里的工业化资本原始积累静悄悄？尽管苏南工业化同样发生着高强度的剩余汲取，但是干部群众共同为乡镇企业拔地而起付出代价，基本没有上访告状。

二是为什么这里的“三农”问题也静悄悄？国内外的教训都是过度提取农业剩余一般都会导致农村三要素净流出进而导致农村经济衰败。但苏南却能够十几年在工业高速增长的同时农业不萧条、农村不衰败、农民有奔头。

我们相信，书中这些超越当年意识形态化讨论的、从区域发展经验归纳形成的机制分析，对于今天探索如何使规模巨大的中国人民实现精神文明和物质文明相协调的“共同富裕”，如何在向第二个百年奋斗目标迈进、全面建设社会主义现代化道路上激发农村的潜力和后劲，仍具有重要的启示意义。

“苏南模式”1.0在20世纪90年代中后期的衰落，同样需要宏观微观相结合来回答。

很少被学术界纳入分析内容的重要宏观背景，是中国进入20世纪90年代前后，遭遇美国带领的西方全面制裁，于1989年末到1991年进入明显的萧条阶段。此后的1992年因陡然出现具有“逆周期”性质的短期刺激，而在全面放开物价的同时放开了股市、房市、期市，很快就势所必然地出现了1993—1994年CPI高达24.1%的恶性通胀；随之，国民经济也很快就在严厉的宏观调控之下再度陷入萧条……

诚然，任何体制下的恶性通胀首当其冲的都是中小企业。如果此时简单照搬西方教科书理论对各类市场主体进行无差别的紧缩型宏观调控，则**规律性的客观结果就是中小企业雪上加霜，在宏观萧条中大量倒闭**，客观上造成不可挽回的损失。

1994年以后的中国，确实发生了“市场出清”，超过70%乡村企业实际上关门停业。

那时候创造了工业增加值半壁江山的2495万家乡镇企业，绝大多数属于中小企业。[①] 在宏观经济发生财政、金融、外汇三大赤字的压力下，被动地承担了过多地方福利开支甚至政府行政性开支的乡镇企业，不得不更大规模、更大比例、更高利率地举债来维持经营。

尤其是中国遭遇1997年东亚金融风暴以后，乡镇企业受宏观经济不景气影响而陷入经营困难，债务状况恶化。1998年，在银行全面清理不良资产进行“商业化”改制的压力下，乡镇企业过高的债务率不可能再延续，遂有“能私不股”思想指导下的大面积私有化改制——对当时急于降低不良资产比例的银行来讲，由私人来“无限责任”地承担乡镇企业债务，比集体作为债务人的财务风险更低。

这个债务危机打击之下对乡镇企业做顺周期操作导致的大规模私有化改制，苏南也不例外……

一时间，“苏南模式”曾经具有的光芒被“温州模式”接替，甚至有人以“苏南模式的终结”来盖棺论定，虽然大多数此类研究根本不涉及乡镇企业负债恶化的来源及其宏观调控演变过程——似乎“苏南模式”全盘都错了……这些当年就明显具有意识形态化倾向的曲解，至今仍被有意无意地当作约定俗成的结论而不断被学术界和舆论界引用。

对此，在上卷中，我们回顾了导致“苏南模式”式微的宏观经济背景，还原了时任领导班子为缓解经济危机而采取的一系列政策措施，梳理了这些手段对不同微观主体——尤其是乡镇企业——所造成的不同影响。相信那些更愿意认同客观事实的读者们在耐心读过这些分析

① 中国乡镇企业年鉴编辑委员会:《中国乡镇企业年鉴（2000)》，中国农业出版社2001年版。

后，会形成自己超越意识形态偏向的独立判断。

“苏南模式”2.0对应的现象层次的现实经验是：在经历了**20世纪最后10年两次萧条一次过热总共三次大波动**之后，21世纪初苏南地区在国内率先迎来了转机——美国2001年以IT泡沫破灭为内涵的“新经济危机”爆发，导致全球产业布局大调整。其中，苏南大量吸引外商直接投资落地，引资规模超过岭南成为全国第一。于是，外资拉动型的区域经济再度高速增长。人们一般所说的“新苏南模式”其实只是对这个长因果链条的最后一环所做的直观现象的归纳。

一般人只关注“新苏南模式”中一度如火如荼的招商引资，而很少思考“真问题”：同处长江三角洲，为什么被国人认为是代表西方自由主义经济的外资，越是重资产就越倾向到苏南投资，却很少去被公认为是私有制占比最高的浙南？

我们对浙南和苏南的不同经验没有任何偏向，更没有作价值判断的意思。只不过试图借鉴交易费用理论，从学术角度分析“新苏南模式”得以崛起的基层的制度基础——**地方政府之间的招商引资竞争，根本上取决于21世纪“重资产”型外资进入某地的交易成本**。苏南地区由于尚存的农村集体经济组织在村社土地资源配置中仍然占据主导地位，在投资项目落地和公共建设配套上都能够显著降低土地供给的交易成本，因此，在这一轮全球产业重新布局的过程中，因产业的偏“重化”而单体投资规模高、占地面积大的外资项目落地苏南的交易成本（制度成本）显著低于个体经济为主的浙南。

在农村全面推行“大包干”20多年之后，苏南农村在土地变性上仍然是“集体说了算”，这是20多年以乡村集体为主发展地方工业化所留下来的重要制度遗产。由此可知，“新苏南模式”是在原“苏南模式”的老树主干上生长出来的新枝，是经典的“一般贸易型”外向型经济的“苏南模式”在转向外资拉动的新的“加工贸易型”外向型经济发展阶段的延续，称其为“苏南模式”2.0是合乎逻辑的。

“苏南模式”3.0和“苏南模式”4.0是下卷后半部分的主要内容。

“苏南模式”3.0是唯有举国体制才能真正实现“逆周期”① 调控的中国经验中的一个典型样板——蕴含在苏州工业园区在2001年外资撤出后中国政府逆周期调控与基层村社理性相结合持续推动区域经济结构性提升的故事中。

在本来的主要投资方新加坡退出对园区基本建设的主要投资责任之后，这里充分展现了中国特色社会主义集中力量办大事的优势——在国家开发银行等“看得见的手”的有力支持下，在公司主义内化于地方政府的行为机制下，苏州工业园区得以跳出一般发展中国家在外资撤出时通常会遭遇的“发展陷阱”，在更大的范围内延续高水平土地开发和经济增长。今天园区的很多地标性建筑都是在外资开发主导权转移到中方之后兴建的。此外，由于能够借助“村社理性”内在节约交易成本的比较制度优势，园区用以往只能完成土地动迁的资金干完了“九通一平”所需的全部基础设施。而这一点，恰证明了梁漱溟先生当年关于“乡土社会与现代化可以并行不悖”的设想是能够成立的。

“苏南模式”4.0则是“跨周期”调节发展的典型案例——2008年华尔街金融海啸引发全球危机之后，苏南地方政府通过搭建产业共性技术平台等方式，开辟了政府公共服务的新领域——为企业提供全

① 中国经济在遭遇1997年东亚金融风暴之际，从1998年新一届政府组成之初转向“逆周期宏观调控”。具体做法可参阅温铁军等：《八次危机：中国的真实经验1949—2009》，东方出版社2013年版。

方位、全过程、全生命周期的“产业公共服务”，助力企业科技创新，从而实现了区域经济的跨越式发展。

在这里，企业可以享有最高水准的“拎包入住”，从办公场所、行政后勤、财务管理、“千人计划”申报到设备租赁、产品测试、风险投资，都在园区的公共服务之列。之所以称为“跨周期”调节，乃在于兼顾了宏观经济周期和产业研发周期，既熨平了经济波动，仅用了一个季度就走出“V”形反弹；又促进了结构提升，大幅度提高了科技创新的自主性。现在，这个经验模式已经在苏南地区广泛开花。

近年来，我们团队高度认同并且在研究中多有涉及的**“逆周期”和“跨周期”**宏观调控，**已经被中国特色社会主义制度应对全球危机挑战的更广泛的过程所证明**，成为中国应对全球危机经验的重要内涵。①

① 中国政府自1998年以来就有大量的逆周期调控实践；2018年中央经济工作会议上首次提出“逆周期调节”，指出“宏观政策要强化逆周期调节，继续实施积极的财政政策和稳健的货币政策，适时预调微调，稳定总需求”。2019年政府工作报告中提到“发挥好宏观政策逆周期调节作用，丰富和灵活运用财政、货币、就业政策工具，增强调控前瞻性、针对性和有效性，为经济平稳运行创造条件”。2019年12月中央经济工作会议指出：“在工作中，我们形成一些重要认识：必须科学稳健把握宏观政策逆周期调节力度，增强微观主体活力，把供给侧结构性改革主线贯穿于宏观调控全过程；……”

在“跨周期”操作方面，2020年7月30日中央政治局会议首次使用“跨周期”提法，指出必须“完善宏观调控跨周期设计和调节，实现稳增长和防风险长期均衡”。2021年7月30日中央政治局会议再次提到“跨周期调节”，提出“要做好宏观政策跨周期调节，保持宏观政策连续性、稳定性、可持续性，统筹做好今明两年宏观政策衔接，保持经济运行在合理区间”。2021年8月16日国务院常务会议要求抓好政策落实，针对经济运行新情况“加强”跨周期调节。

2021年12月中央经济工作会议首次将“跨周期”和“逆周期”放在一起提出：“财政政策和货币政策要协调联动，跨周期和逆周期宏观调控政策要有机结合。”2022年政府工作报告进一步提出：“要强化跨周期和逆周期调节，为经济平衡运行提供有力支撑。”

格外值得一提的是，下卷前半部分，既是“苏南模式”1.0和2.0的“园区版”，也有新的特征。

一般区域在“放权让利”改革中演化出来的央地矛盾，**我们团队归纳为“中央承担风险条件下的地方政府公司化竞争”**，但在苏州工业园区的发展经验中却呈现了一种新型的央地关系——**中央赋权条件下的地方政府代行国家战略**。

机制在于“信用替代”[①]：苏南地方政府在20世纪80年代就属于典型的“强政府”，在民众中有极强的动员能力，这样“一插到底”的**政府信用在一定条件下可以替代资本信用**，使社会资源不经由资本作为媒介的市场交换就能够进行体现国家长远战略的投资性组合配置，遂有园区在20世纪90年代初财政、金融、外汇极困难情况下的“逆势起步”。

园区**这种“信用替代”的探索，绕过了资本稀缺难题，不仅对发展中国家缓解普遍性的资金“饥渴”具有重要的启发意义**，而且确实极大丰富了中国特色社会主义现代化的实践！

但遗憾的是，快30年过去了，这一经验素材至今仍然少有理论加工，尽管**它在理论内涵上远远超越了那些潜在体现二元对立哲学的设定**，例如那些中央与地方对立、国家与社会对立，从而必然导致紧张内耗与零和博弈困境的西方理论……

---

① 从信用视角来看，货币是一种信用载体，收受者相信能以货币获得一定数量的商品而使其具有流动性，成为交易的媒介。不同的交易和结算工具，无论纸币还是贵金属，在本质上都是信用，只存在收受者对其信任程度上的差异问题。因此，信用的创造方式在某种情况下具有可替代性，简称为“信用替代”。(比如在本书中，就是以地方政府在基层的信誉，即无形的社会信用，替代了市场经济中常见的有形的货币信用和商业信用，直接将洼地资源转化为资本）在信用创造学派的眼中，信用就是货币，信用创造货币，信用形成资本。

（四）长铺垫：本书与其他研究的交叉

课题组从上卷课题思路讨论开始，到后续研究下卷定稿出版，前后总共 8 年时间；到今天集成为《长读苏南》，已经 15 年了；如果从 20 世纪 80 年代我参与农村改革试验区工作，萌生通过区域解读来推进比较研究的念头算起，则是 30 多年了。可以说，我们对苏南区域长期观察所形成的思考，都比较成逻辑地体现在上下两卷书里了。这两卷书不管观点立意、文字写作，还是资料收集、数据使用，都是非常认真的，经得起时间的检验。

并且，本书还为大乡建的两个重要研究领域提供了铺垫。

第一，上下两卷不仅为国内学术界基于客观经验演变进行“区域比较研究”开了先河，也为《八次危机》《全球化与国家竞争》等后续著作做了部分资料准备。最初那几年，读者对于上下卷中所涉及的宏观背景难免感到生疏，读得有些吃力。近三年来被接受情况有了很大改观。我们团队出版的《八次危机》已经印行了大约 70 万册，国内外都有了广泛的读者面（海外由帕尔格雷夫 · 麦克米伦出版集团发行了英文著作 *Ten Crisis*，获得了斯普林格 · 自然“2021 年中国新发展奖”）。

提个建议，如果读者们愿意把阅读顺序倒过来，先研习《八次危机》再看《长读苏南》，也许会更容易接受我们在多项研究中都使用的宏观与微观结合的研究手法。

第二，将上下卷结合来看，改革开放以来，苏南发展经验所体现的中国特色与中国比较优势，既有乡土社会基于传统成员身份认同产生的“村社理性”，因财政分权体制下的地方政府助力兴办乡镇企业/乡村经济而得以强化；也有依托举国体制“集中力量办大事”而重新结构中央与地方关系，使地方发展竞争和国家战略部署双赢地结合在一起……

上下卷比较来看，如果说在上卷中我们看到的主导趋势是：20 世纪 90 年代中后期乡镇企业在宏观压力下普遍私有化改制，而导致以村社理性为底层逻辑的“苏南模式”这个特别具有中国本土特色的制度经验趋于消散，进而被全球产业重新布局催生出“新苏南模式”；那么在下卷中，我们则看到了**地方政府在国家赋权之下两次“逆周期”操作**、促进区域经济高质量发展的经验。

由于我们深知，央地关系因存在利益差别而客观上属于矛盾的两个方面，所以，或可另外归纳为：苏南经验使我们可以看到宏观与微观的结合——**国家、地方、基层这三个主体在一个地域的多样化结合，即顶层国家信用、公司化竞争下地方政府理性、基层村社理性作为三个重要变量，在不同宏观经济发展阶段演绎出不同的发展经验类型**。我们后来对此做进一步升华，提出了“国家综合安全‘三元悖论’及其化解”[①] 的理论假说。

回顾我们团队依据区域比较发展研究提出的这条“学术思想创新链”，其概念框架恰是从苏南研究开始搭建的。

诚然，本书还有许多不足。比如乡镇企业改制的部分，我们后来才看到当时有文件规定核资统一执行重置成本法。对乡镇企业资产核资清算的不同方法，在内涵上具有不同的利益倾向，而重置成本法实际上是对原始投资人——全体村民——在完成资本原始积累中的贡献的极大忽视。机器等资本出于其自然寿命和技术寿命的原因会不断贬值，而现金等资本则通常会分享社会平均收益乃至因其稀缺性而获取

① 阶段性成果结集在《居危思危：国家安全与乡村治理》（东方出版社 2016 年版）一书之中。

超额收益。这也是当时整个知识界“西化”的一个反映。而改制利于资本投资人不利于劳动群众的倾向性规定，与那个年代后发国家思想理论界几乎全面接受债权国改制要求存在相关性。此外，乡镇企业改制中普遍发生“管理层收购”①，书中如果能给出有比较意义的其他做法，例如美国在1978年以前40多年的时间里，都要求破产公司的首席执行官（CEO）必须辞职，公司高管会被来自外部的破产托管人取代，则对经验的呈现会更加立体。苏南的“村社理性”，虽然是苏南乡村基层自发形成的，但性质上和马克思所主张的“空间正义”非常吻合，还可以再深入进行讨论。

二、继往开来：由农村试验研究到区域发展研究

我从20世纪80年代开始做国家农村政策领域的调查研究。在1987年中央为了开展“科学决策”主动放弃了统一号令全国的“一号文件”，与地方分别协商建立了因地制宜、分区决策的“农村改革试验区”以后，我参与的主要是项目调研、监测评估等工作，逐渐在实践中学习到开展区域比较研究的方法。退休以后，我兼任多个地方乡村振兴学院/研究院的院长，还在有着多样地理风貌和区域特征的县、乡、村设立了“工作室”，有了更多学习地方前沿创新实践、触发区域发展经验研究理性思考的机会……以下亲身经历供读者参考。

---

① 管理层收购是公司管理层利用高负债融资买断本公司的股权，使公司为私人所有，进而达到控制、重组公司的目的，并获得超常收益的并购交易。属于杠杆收购的范畴，但其收购主体是管理层。——本版编者注

（一）缘起：分区比较研究是认识中国经验的基础

据我所知，中国政府在20世纪80年代中后期的政策讨论中就已经认识到，如果我们想用一个政策来统领千差万别的乡土中国，往往容易出现偏差。因为在改革开放之前，之所以在社会主义改造之后能出现"全国山河一片红""毛主席一挥手，全国人齐步走"的局面，其经济历史上的条件在于全国宏观上财政"一本账"统收统支，微观上则"各有其主"——城里人的基本分配都在"单位"掌握之下，乡下人的生存资料获取则要靠在生产队账上记下的工分。20世纪80年代初在财政赤字压力下以"放权让利"为实质性内容的改革启动之后，财政和国有企事业单位都逐渐放弃了"统收统支"体系，各级、各部门都搞"分级承包"，经济主体日趋多元化，且各个地方有各自的发展条件，也有各自不同的发展路径。

正是在这种"新政"演化出亿万经济主体的情况之下，中央政策的制定就不需要再假设可以简单地用一个文件就对全国做"一刀切"的指导。因此，有关政策部门就提出，**真正意义的"科学决策"应该是因地制宜分区的比较研究，这样才能"分散风险"**。

中国是世界上地理多样性最丰富的国家。既然要分区决策，那就得根据各地不同的资源禀赋条件，不同的发展历史和总体状况，形成有利于当地发展的决策思考（当然也要兼顾全局的发展要求）。于是，我所在的中央农村政策部门就开始在全国设立不同的改革试验区。即使是全国性的改革政策，也要先在不同地区做试验，汇总不同试验区提供的不同经验，再来考虑国家层面应该如何统筹兼顾地出台政策。

总体来说，要想照顾到各个方面的利益诉求，就要有上下结合的调查研究，才能形成具体的针对性的措施，这样才能使中央政策更好地被地方接受并且实施。

我正是在80年代参与各地农村改革试验区工作的过程中，形成要分地域做经验归纳和总结之认知的。后来之所以有所提高，一方面是因为我长期从事的政策研究工作要求我必须从实际出发，只有做这样的分区研究，才能真正认识到什么是中国经验，而不能无凭无据、笼而统之地讲中国经验；另一方面是缘于方法培训，我在20世纪80年代曾经被公派去美国学习量化分析为主的科学方法，回国后开展了国内第一个以全国为总体的城乡分域的抽样调查。同期，我的主要工作也是以试验区的量化分析来开展各地项目的监测评估和比较研究。

客观地说，从那时起，国内一直有学者和部门试图建立全国抽样框，以城乡分域的多级样本统计得到的数据来推断全国总体情况。但是，以我直接负责过全国抽样调查的经验来看，如果真的操作一次“以中国为总体”的抽样调查，则不仅靡费甚巨，耗时过长，一般高校和研究机构被个体化了的课题研究不大可能负担得起，甚至一些学术基地也异化为“圈地寻租”而难孚重任；更何况像本书中所提出的村社理性、地方政府代行国家意志等中国特色的创新经验，很难进入问卷设计者们的问题意识，也就难以纳入被设计的问卷题器中。新时代以来，中央越是强调“四个自信”[①] 来解读中国经验，我们就越是看到很多笼而统之的说法，而那些说法在本质上仍属于被学术话语包

① 即“中国特色社会主义道路自信、理论自信、制度自信、文化自信”，中共中央总书记习近平2016年在庆祝中国共产党成立95周年大会上的讲话中首次提出。

装的意识形态。

面对太多此类困境，我在30多年前开始形成的做分区比较研究的愿望就越是放不下，非常希望能有条件梳理不同地区的发展经验，对其差异化演变过程做出理性解读。随着人生阅历的积累，我也愈加确信，从认识论的角度，这也是一项基础性工作。人们要不断地对局部、对个体进行研究的沉淀，从特殊上升到一般的思考，同时不断地对比、归纳、分析，最终才能凝练出一个相对来讲能够被抽象的、具有理性高度的认识。虽然当前科研手段愈益多样，但是对不同地域的经验进行归纳和阐释仍然有不可替代的重要性。

（二）需求：科学决策需要做中观层次的研究

21世纪以来，我们对中国不同区域发展经验开展的一系列“解读”努力，今天看确有呼应新时代重大需求的意义。中央确立了“中国式现代化”的基本内涵，习近平总书记明确指出“没有放之四海而皆准的现代化标准”，反复强调树立“四个自信”，构建中国自主的知识体系，讲好“中国故事”，对外传递可敬、可亲、可爱的中国形象……落实这些要求，恐怕要从最基本的地理气候下的资源条件入手，通过对多种类型地区发展经验的材料收集、汇总，通过深入实地开展调查研究，通过广泛的参与式研究、试验研究和比较研究，来形成真正意义上的自主理论体系。这个过程，“来不得半点虚伪和骄傲”（毛泽东语）。只有相当多的人愿意踏踏实实地做起这方面的工作，才能聚沙成塔，不断提高这个目标的完成度。

和一般的学科化研究相比，我们团队做区域比较研究的战线要长得多，研究客体的内容复杂程度及其对研究主体的能力要求，也都要高得多。从 1987 年我参与国家级农村改革试验区①相关领域的研究起，到 1998 年调离岗位，至少工作了十几年。实际上，我是在拥有了不同区域的比较政策研究经验之后，才逐渐形成了对一些区域发展比较研究的思考。我一直不敢说这些思考具有理论高度，但是，总比完全没有任何实际操作经验、没有深入区域发展的实际经验过程，就将某些教科书理论套用到地区发展研究并以此指导发展规划的那些做法，要更切合实践要求。

我们对苏南的研究还拥有一个难得的条件——团队立足的基础是当年分区做深化改革的试验，这就有了对中央与地方关系做深入研究的条件。**当年是中央赋权——为推进科学决策，中央赋予我当时所在的农村改革试验区办公室在国内各地选点的权力**。那时候我们曾经与多个地方的领导及多种部门做协调，确立或修改政策试验内容。也因此，才可能在全国范围内推开一系列属于中观层次的区域发展问题的参与式研究。这些我当年作为中央政策部门的普通调研人员对中央地方关系协调的实际参与，以及那时候形成的经验积累和问题分析，在后来开展课题研究时都可以襄助确立宏观与中观相结合的问题意识，更为客观地梳理当年重大问题的相关历史背景。

例如，虽然各地都在推动社会主义市场经济体制建设，但是在不同地理条件和不同经济结构的区域，针对不同的品种、不同的生产过程、不同的自然条件、不同的市场条件、不同的交通条件、不同的物流仓储条件等，如何做“市场经济体制”的综合表达？进一步看，区域内还存在着不同发展类别，本区域居于主要地位的主导产业的发展经验是什么？还有哪些其他次要的产业发展经验？总之，各种因素综

① 由国务院正式发文批准成立的试验区。

合在一起，形成我们做区域政策研究和比较研究不能排除的条件。

客观来说，人文社会科学领域的一般研究人员，通常只能选择微观的个别主体作为个案研究对象，例如对个别的家户进行入户调查，如果有时间、有精力，或可长期驻扎在一个村、一个工厂或一个企业单位做观察研究或跟踪研究，形成外来者对资料的收集积累。这样的研究，尽管也可能有很强的地域色彩，但很难容纳区域发展这个相对中观层次的信息，很难完整体现一个区域的特点。

我们的区域比较研究，因为和各地政策试验结合在一起，从一开始就是“理论联系实际”的——从如何结合不同地区发展实际需求的角度入手，形成区域发展试验或改革试验的方案，进而形成对不同区域发展脉络和内在规律的思考，再在试验中去验证……如此循环往复，形成有关区域研究的“既来于实际，也服务实际”的理论积累。

因此，我这里想要强调的是，本书的研究也具有历史见证人的价值，如果没有当年中央要推进科学决策的客观需求，没有中央对必须分区开展政策试验、防范出现全局性风险的认同，也就没有我们分区做试验、开展比较研究的制度性平台。正是当年追求科学决策的客观政策研究环境，使我们能将一般试验方法着眼于微小的、个体化的研究有条件推进为中观层次的研究。

（三）供给：现有科研体系需要深化改革以满足实际需求

从我个人经历向外拓展，我认为，知识生产领域，也应该从满足需求角度讨论“供给侧改革”。这对于近年来高校兴起的“智库”建设热是有现实意义的。

也许是因为我们长期做区域发展比较研究所形成的一些思考或者

政策思路，更能呼应现在地方的实际问题，实际上也就使得有些地方政府对于我们将研究成果因地制宜进行政策转化的需求非常强烈。最近一段时期我们在各地交流，每到一处，村、乡、县各级干部的反响都很热烈，对我们的研究成果及各地案例的解释等更是关注，很希望从我们这里得到咨询服务。

相比之下，**我们用滴水穿石一样的研究来回应地方的政策创新需求，则显得供给不足。**

换句话说，社会上对于研究者在实践中形成的理论创新的需求是非常强烈的，但似乎又很难在高校和科研机构中找到足够的“有效”供给的资源。这种供需矛盾也是我们此次做修订再版的一个考虑。

这也是我想就此提出的问题。众所周知，知识生产者是应该不断地提供知识产出的，假如能够更多地重视那些脚踏实地所形成的长期研究积累，而不是像毛泽东所说的“‘下车伊始’，就哇喇哇喇地发议论，提意见，这也批评，那也指责……”也许他们的知识供给就能更大限度地符合社会的迫切需求。例如，高校的很多学生毕业后很苦恼，尤其是在学校里必须强化基础知识学习的本科生毕业后会发现，自己学到的很多基础知识基本上其实是从西方发达国家搬来的，和中国的实际情况相去甚远。相对于此，那些直接或间接依赖西方教科书来上课的老师实际上也难以顺应学生走向社会的需求而自觉改变。因为，在当前的学术评价体制下，任何一所高校单个教师靠个体努力所能促成的改变微乎其微，遑论整个体系要转向通过对本土经验的比较研究从而形成理论创新！

如果确实想要遵循“实事求是”的基本原则做整体的改变，就需要标本兼治：治标是把课堂上使用的外来知识体系转向“本地化”，治本是指要与背后复杂的利益结构实现脱钩。具体的行动建议是：首先，设计出“激励相容”机制，才能使人们愿意放弃消极的逆反心理，自觉地去了解中国自身发展的实际经验；其次，逐渐把对本土经验调查所形成的知识原材料归纳为新的范畴，再作比较提升，然后升华到理论高度；最后，从理论高度科学地提高话语竞争力，同步形成用于教学的教材、教案等。总之，这会是一个从利益结构到知识结构都相当复杂的转变过程。

历史、现在、未来是相通的。我们国家正在应对全球化解体而必然发生的“历史上前所未有的重大挑战”，同期，乡村振兴也被中央确立为“应对全球化挑战的压舱石”。然而，相关的理论研究却似乎出现偏差。学术界有些人并不看重来自各地的实际问题，不去积累本土的案例资料；所强调的科学方法也越来越脱离与中国式现代化同步的乡土中国建设的实际需求。而被这些人作为评价标准的所谓海外发表，也越来越明显地迎合着西方意识形态化的需求。有鉴于此，我们坚持科学方法做出的分区解读与区域比较研究，应该是为学术界的理论创新做了打基础的工作；同时，也为应对海内外各种曲解中国发展经验的所谓研究做了“揭蔽”和“祛魅”的基础性工作。

当此亟须对中国经验提炼和理性升华之际，我们再版此书，也是希望从中国自身实际出发所形成的这些研究成果能够给读者提供一个研究参考，更是希望整个知识生产体系——包括生产者和管理者——能够根据现在社会强烈的需求来调整现在的研究和教育。

诚然，我们这几十年做的分区比较研究的理论创新和经验总结，已经在海内外中国话语传播中形成了广泛而积极的作用，堪为中国应对全球化解体的危机、推进城乡融合的国家战略，提供了我们力所能及的经验及理论支撑。此乃最大安慰。

我们也希望本书能助益苏南区域发展。2013 年 4 月，我国第一个以现代化建设为主题的区域规划《苏南现代化建设示范区规划》正式颁布实施，提出将苏南地区建成自主创新先导区、现代产业集聚区、城乡发展一体化先行区、开放合作引领区、富裕文明宜居区，为我国实现现代化积累经验和提供示范；到 2030 年，全面实现区域现代化，经济发展和社会事业达到主要发达国家水平。愿本书能为此略尽绵薄之力。

温铁军

2021 年 7 月 1 日初稿于中国人民大学可持续发展高等研究院
2021 年 12 月 1 日修改于暨南大学乡村振兴研究院
2022 年 9 月 30 日再改于福建农林大学乡村振兴学院
2022 年 12 月 26 日定稿于海口经济学院

2011年版序一

苏南地区历来是我国经济最发达的区域之一，关于苏南的研究也一直是学术界的活跃话题。无论是20世纪80年代苏南乡镇企业的“异军突起”，还是21世纪以来苏南外向型经济的迅猛发展，在学术界和政策界都引发了热烈的讨论，也涌现出了大量的研究成果。温铁军花了4年功夫数易其稿完成的这本书，书名是“解读苏南”。我觉得，以他几十年的学问功底和近几年组织科研力量对苏南发展经验的跟踪研究，必是要在苏南研究中锦上添花了！

中国人都知道“三南”——苏南（苏锡常）[①]、浙南（温、台二州）、岭南（主要是珠三角）——是中国东部沿海地区经济最发达的3个区域，并且分别代表着3种不同的发展模式。苏南自清末开始就是中国加工制造产业布局的重点，浙南是个体私营经济按产业规律聚合而成的块状经济典型；而岭南经济发展则主要靠“三来一补”的加工贸易带动。温铁军借此书提出讨论的问题是：**21世纪加入全球化以**

① 传统意义上的苏南是指苏州、无锡、常州三个市，简称苏锡常，后省政府在制定“十五”计划时，把南京、镇江也划入了苏南的范围，实施区域共同发展战略。——本版编者注

来，苏南似乎在向岭南靠拢，在发展模式上“殊途同归”地从内需为主的一般贸易演化成加工贸易为主的外向型经济；而唯独浙南这个号称中国最具市场经济特征的地区，在全球化大潮下至今仍然很少有外资进入。对于这些趋同和趋异，如何进行合乎经验逻辑的理论解释，仍然是个重大挑战。我认为，这种“问题意识”清晰的区域比较研究，对于中国缩小区域差别、促进统筹协调的可持续的包容性发展，将具有重要的理论价值。

在开展苏南研究期间，温铁军带领的研究团队已经完成了关于岭南的区域发展研究，且已付梓；除本书以外，他还正在筹划对浙南经验的比较研究。我很期待他能推出中国经验的区域研究系列。因为，中国是个超大型的大陆国家，了解中国各地不同的发展历程，是理解所谓“中国经验”的基础。这也有利于构建中国在文化软实力上的国际话语权。

总之，事物发展是有客观规律的，包括学者们在内的社会各界都在寻求对客观事物内在规律的解读。一个好的研究可以从多方面启发人们理性思考，最终推动社会的全面进步。从这个角度说，此书值得一读。

是为序。

周铁农

2010 年 12 月

2011年版序二

铁军嘱我代写序言，我自当遵命。

铁军自1987年4月起参与中国农村改革试验区的工作，一直到1998年，长达11年之久。当时的农村改革试验区覆盖了全国21个省(自治区、直辖市)、164个市（地、县）和约8000万农民群众，其覆盖区域之广，涉及人员之多，农村改革与发展的试验内容之丰富，都是人类社会史无前例的。中国农村改革的风云人物，如段应碧、陈锡文、杜鹰、卢迈、周其仁等，都对农村改革试验区倾注过大量心血。铁军有幸，目睹并参与了试验区最辉煌阶段的各类活动。他自己说，他是试验区的操作员和实验员，如同烧锅炉的，知道了这水是90摄氏度的，还是95摄氏度的，这个地方沸点是多少摄氏度。可以说，广大农民群众和基层干部的智慧及创新精神滋养了他，他的试验区经历是他灵感的源泉、学术观点的底蕴、学术成就的奠基石。我也是在去试验区学习、调查和研讨的过程中，与铁军相知、相识，成了朋友的。

铁军十几年农村改革试验区“操作员”的经历，使他对农村改革现实的复杂性、重点和难点深有体会。同时，他看问题往往具有宏观视野，高屋建瓴，纵横捭阖。最近一些年，他周游各国，把世界各国与中国进行比较，这给他的研究又增添了国际视野。铁军 1979 年考入中国人民大学，本科学的是新闻，一个人第一专业的背景往往会给其一生的学术经历打上烙印。他由于学新闻出身，思维活跃，思想火花经常窜出来，常能想别人之未想，常发振聋发聩之言。他的思路有一条清晰的逻辑轨迹，只不过由于思想跳跃性强，中间可能有一些断点，用的学术语言又有些艰深，像我这样的驽钝之人不是马上就能理解的。尽管不能一下子读懂，但读他的文章能启迪人的思考，像吃橄榄一样，要慢慢品味、咀嚼、消化，一旦有些许领悟，则大喜过望。近些年来，铁军的功力渐进，如同排球的小球串连技术日臻纯熟一样，他的思维也将从前的断点串连起来，愈发缜密和连贯。

此次对苏南经验的解读，也是他建立在试验区工作和此后多年实践基础上的理论探索。书中闪耀的一些思想观点我须慢慢领会，现仅就我目前粗浅的认识尝试着对铁军的书稿做一个解读。首先试图梳理作者写作的思路，再谈我自己的学习体会。

一、本书的写作思路梳理

作者提出解读苏南的一个重要问题是产业资本为什么在苏南积聚；特别是改革初期苏南社区工业化的原始积累及其对形成制度的决定作用。他认为，这种原始积累之所以能形成，有几个重要因素：一是劳动者的劳动贡献是原始积累的重要来源；二是区位地理的优势使苏南有可能将资源形态的农业土地转变为资产形态的工业用地，有机会承接城市的工业布局对外扩散转移的产业或环节，形成苏南乡村早期的工业结构；三是基于乡土社会道德文化的社区精英领导。他认为，只有立足乡土社会传统的良绅文化，才能在工业扩散转移时将土地资源资本化和将劳动力资源转化为资本；四是与原始资本积累方式相对应的资本收益在村社区内部的公平分配。

作者在分析这个机制中提出了一个重要的理论观点，希望引起讨论，即苏南工业化社区的内部分配，相当于恰亚诺夫假说[①]分析到的家庭内部分配。他称之为村社理性的内部化机制，村内工农业劳动力都靠分配内部化的工分，年底才结算；乃至后来虽然实行工资制，也可以让绿色车间的农民拿工资，下田干活还保证其收入不低于，甚至某种程度上还高于进工厂车间干活的劳动力，这才维系了苏南的农业，保证了村民农产品的供给和完成国家的统购任务。

如果用舒尔茨的理性小农理论[②]来解释，也可以看到家庭的资源配置机制在工业化村社范围的放大。与家庭同样，社区资源也在社区内部得到了相对合理的配置。比如，四五十岁以上的人和中年妇女基本上养猪种菜，20 岁左右的劳动力基本上进厂务工，而沿江、沿路的土地资本化开发——整体上村社内部的土地和劳动力等要素配置相对

① 恰亚诺夫（1888—1939），俄国著名农学家、统计学家，俄国“组织—生产学派”的代表人物之一。他创立了非市场经济条件下的小农理论，认为家庭是农民经济组织的核心，同时又是一个生产和消费的共同体，并非量入为出，而是量出为入。在由家庭人口规模决定的既定消费水平下，需要合理安排劳动投入，进而决定了劳动辛苦程度。当家庭在劳动辛苦程度和消费水平达成均衡之时，农业生产和消费都会保持稳定，这就是恰亚诺夫的“劳动—消费均衡”理论。——本版编者注

② 舒尔茨（1902—1998），美国著名经济学家、芝加哥经济学派成员，在经济发展方面做出了开创性研究，深入研究了发展中国家在发展经济中应特别考虑的问题，从而获得 1979 年诺贝尔经济学奖。舒尔茨将传统农业中的农民视为“理性小农”。他认为，小农的经济行为，绝非西方社会一般人心目中那样懒散、愚昧或没有理性。事实上，他们是一群在传统农业的范畴内，有进取精神并对资源能做最适度运用的人。舒尔茨提出的“理性小农”思想，其核心就是农民在特定条件下能实现对资源的最优化配置，和其他经济主体一样，小农户也是理性“经济人”。——本版编者注

合理。

村社区内部的公平分配机制也可用制度经济学理论来解释：组织本身就是反市场的结果——以村社为单位的组织如同企业一样把市场关系内部化，这样才能减少交易成本，才能使外部性问题内部化处理。

作者分析了苏南早期原始积累形成的乡村工业化制度，认为乡土中国制度文化背景下的“工业化社区”是中国经验的一个核心机制。他由此提炼出的第一个重要理论观点是，苏南经验体现了原始积累阶段的市场关系在农村社区的内部化。

作者提炼出的第二个重要理论观点是，苏南经验属于典型的地方政府公司主义（Local State Corporatism）经济类型。

从20世纪80年代初期国家放弃中央财政统收统支，提出“中央与地方分灶吃饭”，就形成了地方政府公司主义的内在利益动机。真正在市场上扮演竞争主体地位的是政府，作为内因的地方政府公司主义加上市场经济外因形成的恶性竞争中，政府扮演了多重角色，既要发展经济，又要兼顾社会事业、医疗、教育。既然经济是政府搞的，那么地方政府公司主义经济的收益就是政府的。于是，政府不仅直接占有企业收益，甚至直接剥夺企业资产的行政干预行为比比皆是，实际上形成了一个非正常的公司治理结构和地方治理结构，政府对公司治理有极大的发言权。每个乡镇工业公司之中的政府作用很大，一般是乡镇党委书记任董事长，几乎就相当于乡镇党委直接管理，统一调度一个地方的资源——劳动力、土地等。苏南乡镇企业的各级干部那时候都是由政府任命的。村一级企业是社区党政负责人与工业公司负责人身份合一、合署办公体制，在乡镇一级，企业治理由乡镇政府承担。

不过，上上下下占有企业资产和收益的问题，在乡镇企业发展比较快的时候矛盾并不明显。可是，到了经济危机阶段，矛盾就不可避免地发生了。

作者认为，20 世纪 90 年代后期的苏南私有化改制的根本原因是：在政府经济条件下，政府作为经济主体，以政府公司主义行为，既造成了乡镇企业可以短时期内快速发展的成就，又造成了政府直接参与治理，直接获得乡镇企业的资源，并用于政府消费的成本。当发展顺利的时候，矛盾还能掩盖起来；当出现经济危机的时候，乡镇企业就陷入严重的困境。

据此，作者提出了第三个重要判断，即如何重新解读乡镇企业改制。他认为，苏南乡镇企业改制、形成制度变迁的交易过程，恰恰是政府和高负债企业之间的交易，是政府从一般企业中退出的过程。苏南 20 世纪 90 年代中期以后大面积改制，恰恰是苏南乡镇企业多重博弈的结果。

作者的第四个重要观点是，乡镇企业调整和产业结构提升与外资大规模进入同步。20 世纪 90 年代中后期，中国成为制造业大国，与 90 年代中期开始的中国金融资本逐渐形成严重过剩是值得重视的宏观经济因素。同时也要注意，1994 年世界贸易组织形成之后，国际资本在全球范围的流动增加，对中国的资本输出也必然增加。在上述背景下，苏南 20 世纪 90 年代中期以来有两件大事：一是乡镇企业改制，另一件是带有促进产业结构调整意义的外资开始成规模进入，这就是新加坡工业园和苏州高新技术开发区的建设。

苏南过去是强政府状态，现在仍然是强政府状态。

21 世纪是国际金融资本帝国主义主导竞争的时代，政府公司主义驱动下的地方政府现在迅速“进步”，开始玩资本游戏。成规模的外资为什么落户江苏，主要进入强政府控制的上海和苏南？因为外资和上海、苏南这种强政府地域主体之间的交易成本最低；以获得超额利润为目标的垄断资本之间最容易达成有利于双方的契约关系，而中国垄断资本其实就是实行地方政府公司主义的政府资本。为什么从 20 世纪 80 年代直到 90 年代后期，外资（不同于早期的港澳华人中小企业资本）基本上不进入中国自由资本主义最发达、自由市场制度最好的浙南、岭南？因为那里是成千上万的小经济主体，交易成本太高。

苏南之所以会在外资进入规模上成为国内数一数二的地区，与苏南属于强政府经济——政府主导当地的土地和资金等要素配置——是高度相关的。

不过，作者没有以引进外资多少论成败，而是进一步对苏南与岭南“殊途同归”的现象做分析，指出中国于 21 世纪挟带自身严重的产业过剩加入全球化，促使全球产业资本重新布局，导致外资大举进入沿海之后，苏南也从以内需为主向珠江三角洲的加工贸易型经济转变，这才是更值得学者深思的。

最后，如何归纳和概括作者在这本书中体现的思想？苏南经验被作者去意识形态化地解读出的核心结论只有一条：追求产业资本原始积累的地方政府内生性地发生公司化演变，所导致的“地方政府公司主义”在随后顺势发生的适应产业资本结构调整和产业扩张需求的市场化改制条件下，主导了一系列制度变迁。

作者提出的历史性判断是：20 世纪中国的发展，在本质上属于在政府公司主义的体制安排下，数亿原住民人口完成产业资本原始积累、进入工业化的历史进程；而中国人在 21 世纪的第一个 10 年里，完成的是金融资本异化于全面过剩的产业资本并走向自身相对过剩的历史进程。

以上是我对本书思想轨迹的梳理。下面再谈谈我个人粗浅的学习体会。

二、个人的学习体会

中国农村工业化进程的鲜明特征是地方政府领办或倡导办乡村集体企业。这种企业具有两个鲜明的特性：第一是社区性，企业并不是以追求利润最大化为单一目标，而是既要追求利润，又要安排本社区剩余劳动力就业，为本社区居民提供福利；第二是行政依附性，乡镇政府和村领导要控制企业，管理企业。国外一些学者将乡镇企业的成功归于这种模式，称之为“地方政府公司主义”。他们认为，“中国的地方政府将其行政范围内的企业视为一个大公司整体的一部分，政府与企业的关系如同公司内部的关系，地方政府充当的是董事会的角色，而政府的干预对企业的成功是不可缺少的因素”（Jean Oi，1995）①。国内有的研究者也认为，农村社区政府在发展乡镇企业中具有不可替代的作用，“完全排他性产权”现阶段不完全适用于中国农村社区经济的现实。

“地方政府公司主义”这种模式的产生有其深层次的经济体制方面的原因。在财政体制改革中，由于中央与地方各级政府的事权划分滞后及多渠道的政府预算，地方政府预算内的财政收入往往是“吃饭财政”，一些地方连行政事业费、人头费等开支也难以保证，更无法正常履行政府职能，造成财权与事权的分离。为了正常运转，履行职能，完成上级交办的各项任务，掌握和扩大地方能自由支配的收入，各级地方政府只好从制度外财政收入（预算外收入及各级政府的自筹资金收入）想办法。乡镇企业，尤其是乡（镇）办工业企业的上缴利润则

---

① Jean C. Oi. “*Local State Corporatism*: *The Organization of Rapid Economic Growth*” in *Chinese Rural Industry Takes Off*: *Incentives for Growth*. California: University of California Press, 1995.

成为制度外财政收入的主要来源，这是地方政府公司主义产生的历史背景，也是地方政府办乡镇企业的直接动因。

本书对此从宏观角度做了极为精辟的分析。在中国特色的发展经验中，最具有政府公司化意义、最具有强政府直接配置资本、干预分配色彩的典型地区，就是苏南。他还从国际视角出发，指出中国特色的政府公司主义制度体系本源于“二战”后因朝鲜半岛战争改变冷战时期东亚地缘战略格局而相应演化出的中央政府主导的国家资本主义工业化原始积累。

在评价地方工业化的历史进程时，不应以今日之是来评昨日之非，而应客观地分析昨日之非当时的历史背景和根源。在由计划经济向市场经济过渡时，市场秩序尚不完善，在与外界的工商、税务、交通监理、环保等政府部门打交道时，由地方政府或社区组织出面要比由企业出面好得多，政府或村集体还可出面为企业从银行或信用社获取贷款。在这种情况下，乡镇企业具有寻求政府及社区保护的内在需求，借以节约企业的外部交易费用。世界银行在一份关于我国乡镇企业的考察报告中曾指出，乡镇企业在资金借贷、市场进入等方面，面临不良的环境条件，而政企不分恰是企业对付这样不良环境的最明智选择。同时，由于乡镇集体企业的上缴利润是地方政府自筹收入的主要来源，而村办集体企业在很大程度上是村社区组织行政职能的经济基础，因而这两级领导在干预企业活动时尽管有失误，但还能避免短期行为及防止资产的流失，这也就是当年乡村集体企业虽然产权不清晰但仍有效率、仍能发展的根本原因。

但应指出，财权与事权相分离的扭曲的预算机制对地方政府职能的转换构成种种障碍，使乡镇政府及村社区组织在保护企业的同时，又要控制企业，向企业索取，这就使以下种种弊端凸显出来：第一，行政干预经济，盲目决策、瞎指挥使乡村集体企业效益下降，不良债务增多；第二，乡镇政府及各行业主管部门以各种名义向企业收费，很多是属于没有财权为依托的社会性支出，这种非规范性的制度外财政收入随意性强，透明度低，缺乏有效的监督，易引发腐败行为，群众反映的乡镇企业成为干部的“小金库”便是一例；第三，农村基层政府与乡镇集体企业之间直接的利益关系使得地方政府从各方面来保护企业，从而导致企业种种有碍于建立社会主义市场经济体制的行为难以杜绝。乡镇企业到期不归还贷款和拖欠银行贷款利息等逃避银行债务的行径在很多情况下得到当地政府的默许。为了保持地方财政收入的稳定增长，地方政府有时亦放松对污染企业的监控，容忍企业将内部成本转化为社会成本，从而破坏生态环境。至于假冒伪劣产品的屡禁不止更是与地方保护主义有直接关系。当控制的弊端产生的成本大于保护形成的收益时，改革也就不可避免了。

20 世纪 90 年代后期，大力推行的乡村集体企业的产权改革在理论和实践两个方面都引起不少争论。但有两点似乎可以确定：第一点，改革明晰了集体企业的产权，使这些企业向现代企业制度过渡；第二点，在乡村集体企业产权改革的进程中，以集体企业领导人为一方，面对的不是全乡镇或村的社区成员，而是乡村干部，是双方的一种讨价还价的博弈过程，其结果取决于双方的实力、谈判地位。在谈判过程中，名义上的所有者（社区农民）往往是被排斥在这一进程之外的，最终的战利品也是在博弈的双方之间分配的。

在谈到地方政府公司主义时，我还想强调的是，以苏南为代表的乡镇集体企业应更明确和具体地从乡镇一级集体企业和村一级集体企业两个层面来分析，前者往往受到县和乡镇地方政府的主导和控制，是典型的地方政府公司主义经济类型；而后者在很大程度上是受村社区领导人的主导和控制，可以说是“农村社区公司主义”（Rural Community Corporatism）。实际上，许多苏南的行政村已经演变为政企合一的集团公司。

如果说苏南的地方政府是强政府，那么苏南许多农村社区领导则是强人政治。

我不否认一些村社区精英（良绅）在一定程度上能体现公平正义，但我更愿意把他们看作理性的经济人。一些集体经济实力较强的村社区组织没有通过产权改革实行资产量化，社区领导人虽然没有由此获得更多的剩余索取权，但他们实际上掌握着剩余控制权，并可通过第二代接班（禅让）的形式将这种控制权保持在自己家族手中。一旦这个链条断裂，他们必然要通过明晰产权的方式来争夺战利品，这就出现了前述的大部分所有者被排斥在外的博弈过程。

当前，以苏南为代表的地方强政府的局面发生变化没有？

地方政府财政能力的匮乏和掌控当地资源的权力并存①的局面并未发生根本变化。一方面，一部分地区地方政府财税收入的比重下降，提供公共产品的财政能力不足，目前地方政府近一半的财政支出依靠中央的税收返还和转移支付②；但另一方面，地方政府仍然拥有应该放弃的掌控资源的权力，前面提到的“地方政府公司主义”实际上依然存在，地方政府支配当地国有和集体企业的经济活动，掌握着当地资源，尤其是农村土地的控制权，从而主导和直接参与地方的经济事务。

未来这种强政府主导的局面将向何处去？随着中国经济的发展，

---

① 参见许成钢：《政治集权下的地方经济分权与中国改革》，《比较》2008年第36期。

② 刘文海：《财政的“重心”要适当下移政府花好财政钱》，人民网，2008年9月24日。

中央政府和地方政府的基本任务也从实现经济增长这个单一目标转为实现经济发展、保护产权、维护市场秩序、保护环境等多重目标，这也就意味着政府的职能必须转变。[①] 政府的一项重要职能是维护社会公正，也就是权力不与资本结盟，而是从公正的角度，协调资本与劳动之间的关系。改革开放以前，中国政府扮演着全能型的政府角色；改革开放以后，一直扮演着经济型的政府。当前，中央提出建立以人为本、可持续的科学发展观，构建社会主义和谐社会，把社会公正上升到社会主义本质的高度。这标志着政府职能定位的回归，也标志着地方政府公司主义开始进入其终结阶段，但它的真正终结则有赖于深层次改革的整体推进。

乡村集体企业的产权制度改革之路已经尘埃落定。回顾苏南的产权改革，改制形成的初始产权构成是否合理，或者说在多大程度上合理、多大程度上不合理；改制过程是否像当初有人所言是“权贵私有化”，是“20 世纪最后一次大发横财的机会”；改制结果是否已出现有人担心的“以官商勾结为特征的寡头们对土地和资本要素的垄断，以及这些寡头企业族对大量中小个体劳动者的盘剥”这样一种现象？对于这些问题，现在已经有可能经过广泛、深入、全面的回顾和反思做出回答了。铁军的书在很大程度上已经回答了这些问题。

谈铁军的书，不可避免地也要谈铁军的活动。铁军从农口出来，就任《中国改革》及《改革内参》杂志社社长兼总编时，我们也有过一些交往与合作。2004 年，他出任中国人民大学农业与农村发展学院院长后，我们也时有接触，知道他不仅做学问，带研究生，做行政管理，还将自己的理论观点践行于农村现实经济社会生活之中，成立乡

---

① 参见许成钢：《政治集权下的地方经济分权与中国改革》，《比较》2008 年第 36 期。

村建设学院，在各地做乡村建设试验，组织“大学生支农调研”，促成城市白领与农民合作社的对接……我惊叹于他精力之旺盛，工作之忘我，但每隔一段时间见到他，总感到他身心略显疲惫，人也渐显苍老。我曾劝他，要悠着点，要张弛有度，一个人即使浑身是铁，又能打多少钉呢？他总是说，做到这个份上，很难停步。然后，如数家珍地向我讲述他的学院和各项事业的发展，舐犊情深地历数他弟子的成就。我也知道，“人在江湖，身不由己”。一些各行各业的精英，往往是在透支生命，超负荷运转，但又欲罢不能，仿佛成了永动机。尽管如此，每当看到铁军渐多华发的鬓角，逐渐龙钟的身影，心中总有一番感慨，因为我曾见证过他云游四海、矫健飘逸的形象。

铁军自言：“越是广泛调研，越是更多地做中国与其他发展中国家的比较研究，就越深感‘学然后知不足’的深刻意义，人也就会逐渐变得‘平和’。”但“江山易改，本性难移”。在铁军谦和笑容的背后，依旧是桀骜不驯、睥睨天下的“范儿”。这只有在他谈兴渐浓，从招牌式的谦和微笑转化为调侃式的坏笑时才会灵光一现。他在接受访谈时，总谈及自己与主流思想的不同。也许他在“三农”学界真是一个“异类”。但一个包容性的社会必然是允许以至鼓励百家争鸣、推陈出新的。铁军有幸生活在这样一个在转型中不断调整和纠错从而不断前进的时代，有幸生活在一个多元化程度越来越高、包容性越来越强的社会，他的能量和热情有宣泄的渠道，他的聪明与才智有展现的平台，他的“非主流”的观点得以通过各种传媒及他的弟子警示给世人，引起人们的思考。“江头未是风波恶，别有人间行路难。”铁军正当盛年，未来的路还很长，很长。铁军，好自珍摄，珍摄！

张晓山

写于庚寅年年底

提 要

拨去流光溢彩的浮幻，**苏南经验被我们“去意识形态化”地解读出的核心结论是：**追求产业资本发展的地方政府内生性地发生公司化演变，所导致的“地方政府公司主义”得以结合村社内部化处理外部性问题的理性机制，低成本地完成了地方工业化原始积累，并在随后顺势发生的适应产业资本结构调整和产业扩张需求的市场化改制和金融资本全球化条件下，主导了一系列制度变迁……

本书对苏南经验的综合分析，可以归纳为具有中国特色的一个“主义”，两个“理性”，三个“占有”，四个阶段。

一个“主义”——引领苏南地方工业化发展之最大经济主体是较早获得财税、外贸、金融等宏观经济权利的地方政府，体现为20世纪七八十年代出现且越来越强大的“地方政府公司主义”。

两个“理性”——除了以公司化的政府必然出于利益考量在经济领域直接行使“进入权和退出权”为特征的“政府理性”之外，**分析整个苏南工业化原始积累没有西方那种暴力血腥，其产业扩张和改制也没有其他地区不断爆发的对抗性冲突**的原因，在于得益于以土地和其他资产的村社共有财产关系为前提的、内在地具有内部化处理外部性风险机制的“村社理性”。

三个“占有”——苏南地方工业化早期几乎没有个体投资人，而主要是村社集体通过**直接占有本村的土地要素、劳动力要素和村社成员福利分配，**来完成以资源资本化为内涵的产业资本原始积累；其后的以各种名义进行的产业资本扩张和制度变迁，仍然不是以个体投资人为主体，而内在的线索仍然是土地要素、劳动力要素的资源资本化和村社成员福利分配问题。

四个阶段——苏南工业化进程可大致分为四个不同的发展阶段，一是以村社理性完成“原始积累”；二是以外向型演变来应对城乡二元对立的体制约束；三是以产权改革优化产业结构；四是以外资为主的加工贸易转型而融入全球化。

由于借用来作为本书分析工具的“政府公司主义”概念，仍然是一个西方学者对中国地方发展经验的现象性归纳，因此更需要对于借概念而生发出来的理论创新多做些解释。

人们也许会依据中国发展的客观进程理解马克思关于人类社会处在资本主义历史阶段的基本判断。进而，也许据此会理解毛泽东 20 世纪 50 年代结合民族资本与国家资本互动发展及其相关制度演变而提出的“社会主义过渡时期总路线”，以及邓小平 20 世纪 80 年代结合产业资本一经形成便会内生性地趋向于市场经济而继承性地提出的“社会主义初级阶段”。若然，可能会或多或少地逐渐认同作者在进入 2000 年后提出并不断充实的历史性判断：**20 世纪的中国发展，其实是在本质上属于政府公司主义的体制安排下，数亿原住民人口完成产业资本原始积累、进入工业化的历史进程；而中国人在 21 世纪的第一个 10 年里，完成的是金融资本异化于全面过剩的产业资本并走向自身相对过剩的历史进程。**

出于“去意识形态化”地归纳半个多世纪以来中国发展的这种客观经验过程的需要，我们使用“政府公司主义”这个比较中性的概念也许更易于构建话语，形成理性的逻辑解释——因为这只是后发工业化国家一种有效地将可用社会资源迅速集聚于工业化积累的制度形式或手段——无论是新中国前30年的中央政府公司主义，还是20世纪80年代以来的地方政府公司主义。如果换用制度经济学概念以言之，政府公司主义不过是因人口与资源关系过度紧张而衍生出的这种中国特色的内向型的原始积累所派生出来的制度类型；并在原始积累之后必然发生的产业资本结构调整和产业扩张时期的制度变迁中导致的路径依赖。

这种政府公司主义发展经验在国际上并非完全没有可比性。比如，西方早期以国家政治军事手段推进殖民地开拓的重商主义和后期偏向于社会稳定的莱茵资本主义模式，都客观上和政府高度介入乃至直接干预相关。

如果西方的资本原始积累和中国经验确有质的不同，则在于早期西方崛起于欧洲半岛型的大陆边缘区（荷兰、西班牙、英国等相继崛起的海上霸权都不是欧陆中心国家）的重商主义伴随坚船利炮的野蛮征服，后起于欧陆中心地区的莱茵资本主义模式也是在继承了“铁血宰相”俾斯麦国家主义崛起经验之后，才逐渐演变成市场经济条件下的一种政府“有限介入”。而在亚洲，日本在明治维新确立军事立国方略之时即确立以德为师；帝制解体之际寻找出路的中国则在20世纪初也师从德日，此后到20世纪中叶，完成农民革命建立的政权虽曾一度师从苏联，但那也是政府直接扮演发展主体的角色……

总之，**中国无论是早期的内向型原始积累还是后来的外向型招商引资，都属于发展产业资本的不同形式；内在不变的还是政府直接作**

为经济主体，以政府公司化的资源资本化发展模式来推动经济进程，并在政府直接干预的条件下对社会分享所有的可能收益——不仅是当期收益，还包括长远收益。

并且，中国的公司化的政府一旦直接使用市场手段与国家资本结合，几乎难以形成真正符合西方被盎格鲁—撒克逊主流话语体系所规范的市场体制。

无论是做发展经验归纳还是做模型研究，结果都表明：市场经济条件下，以国家资本为主的制度变迁本身的外部性问题——在政府主导的差异化配置资本和分配收益的制度安排下，制度成本和制度收益在不同主体中的分配往往是不对称的，而这恰恰又是两极分化的重要制度性成因。

如果愿意参考上述高度概括的"宏大叙事"所揭示的历史进程，那么，苏南经验就既不是孤立的，也不是偶然的。因为**在中国特色的发展经验中最具有政府公司化意义，最具有强政府直接配置资本、干预分配色彩的典型地区，就是苏南。**不论是乡镇企业在20世纪八九十年代的"其兴也勃焉，其亡也忽焉"，还是21世纪以来招商引资的如火如荼，苏南的盛衰演替，都可大致归因于政府主导。

早在20世纪80年代，我就发表了"危机论"来概述新中国1949年以后发生过的周期性经济危机。[①] 当90年代初期很多人还深陷于"意识形态化"的改革争论时，我们就已经在超越价值判断地去分析国家资本的运动特征了。[②] 在这次全面分析苏南经验的时候，我们试

① 温铁军：《危机论——从结构性危机向周期性危机的转化》，《经济学周报》1988年5月15日。

② 温铁军：《国家资本再分配与民间资本再积累》，《发现》1993年秋季号。

图进一步指出：**中国特色的政府公司主义制度体系本源于第二次世界大战后因朝鲜战争改变了冷战时期东亚地缘战略格局而相应演化出的中央政府主导的国家资本主义工业化原始积累。**

中央政府主导的国家工业化原始积累完成之前，苏南地区尚没有条件产生地方政府公司主义体制；亦即，**20 世纪 70 年代之前的地方政府在全国财政统收统支的体制约束下，还没有“地方政府公司化”的客观条件。**当 20 世纪 70 年代中央政府掌控的长江三角洲地区产业结构相对完整的城市产业带向农村要素低谷顺势扩张时，客观上也使政府公司主义的制度内核——政府直接推进资源资本化——向县域以下尤其是乡（镇）村的工业化原始积累延伸。**所不同的，主要在于“村社理性”发挥了重要作用**——农村因缺乏相应的要素配给政策而不得不内部化处理原始积累中必然遭遇的大量的外部性问题。

苏南农村工业化的原始积累，如果仅被限定为 20 世纪七八十年代苏南乡镇企业所属社区对社区内部资源要素的自我剥夺过程，则我们无法理解为什么这种集体经济的制度经验在全国最显著地发生在辽东、胶东、苏南和浙北，而截然无法复制到岭南和浙南；更无法理解为什么苏南、浙南和岭南的产业形成、调整和扩张的路径会形成如此显著的差异。苏南的乡镇企业接受的是城市工业对它的扩散和整合，产业类别与城市同构；岭南则融入了港资企业产业链条中的加工环节，从而形成了“三来一补”的加工贸易基地；浙南则以当地内部自我整合产业链各环节并将收益内部化平均分配的“块状经济”为显著特征。正因此，我们才要将考察范围扩展到城市的工业化原始积累。

这不仅是打开理解苏南之门的第一把钥匙，而且能够因把握了不同原始积累方式内生之不同制度必有的“路径依赖”，而顺理成章地解读其引起街谈巷议的乡镇企业异军突起及后续改制之谜。

整个20世纪70年代，充满着乾坤幻化，斗转星移。其中，1971年是个标志性年份——**中国这边厢刚刚完成国家产业资本原始积累，遂在1971年启动恢复对西方外交关系谈判的同时，开始进入大规模吸引西方资本、调整本国军事与重化工业占比过大的产业结构的新时期；欧美那边厢已经到了以1971年美国单方面放弃布雷顿森林体系所标志的金融资本主导国际政治经济新秩序的金融帝国主义阶段。**

此后，一方面是中国在经济基础领域被西方资本促进的结构调整引发了本土上层建筑的严重不适，随后逐渐启动了“开放促改革”的制度演变；另一方面则是欧美日产业资本更加大规模地对外转移。

诚然，这个经验过程无论是否被西方学者归类为“里根—撒切尔主义”还是新自由主义，历经两次大战连续获胜并在布雷顿森林体系进退裕如的“盎格鲁—撒克逊资本主义”模式都会为金融资本滥觞全球而变幻各种软硬工具；随之，**在那早就被魂牵梦绕的现代化“苦恋”搞得半推半就的东欧和东亚大陆上，顺应西方经济向金融资本主导的结构升级必然连带发生产业资本大转移而兴起的激进制度变迁之风，势必劲舞于仍以传统产业为经济基础的国家资本主义上层建筑庙堂之上下。**

西风辣舞之所以能够顺畅融入“东方莱茵”式的地方政府公司主义发展进程之内在规律，可以据上述分析而约略归纳为：苏南农村工业化最初于20世纪七八十年代在集体经济为名的村社理性内部化机制作用下，通过村社土地和劳动力替代稀缺资本的“自我资本化”而快速完成原始积累；之后，则势所必然地进入“资本和技术增密排斥劳动”规律约束下的产业内部结构调整的历史阶段！

作者在 2009 年全球经济危机爆发之际承接了一个重要课题，就是研究全球经济危机对我国“三农”的影响。研究发现，**新中国 60 年来发生的 9 次经济危机，只要以“三农”为载体，就都“成功”地实现了软着陆，否则就得在城里硬着陆，并因不得不应对难以转嫁的危机代价而引发城市利益集团主导的国家经济体制的重大变革。**

中国先后在 **20 世纪 70 年代末至 90 年代末遭际的 4 次周期性经济危机，就都因硬着陆在城里而使国家资本体制内占有收益的政府强力推出重大改革，**第一次给苏南地方工业化造就发展机会；第二次促进了苏南乡镇企业外向度大幅度提高……

中国在 20 世纪 80 年代末理论界热议“短缺经济”并对全面市场化改革跃跃欲试的时候，以“价格闯关”为诱因在 1988—1989 年发生了一场典型的“滞胀危机”。随之，中央政府在 1992 年运动式地推出三大极具投机性的资本经济领域——股市、期市和房市，相应造成货币大幅度增发和货币消纳的基础条件；与此同时，是加大引进外资带动经济复苏。

这些应对措施，一方面确实有效地巩固了发展主义导向的改革政治的合法性；但另一方面**迅即演化出来的恰是类似 20 世纪 50 年代和 70 年代的两次主权负债造成债务经济而必然引致的危机深化，**遂有 1993 年末以中央政府承担自“放权让利”促进地方政府公司化发展转嫁来的财政、金融、外汇三大赤字同时爆发。

在中央和地方关系因不同层次的公司化政府之间经济利益复杂而调控困难的压力下，中央只能因循 1978—1984 年做过的以“财政甩包袱”为内因的激进制度变迁——应对综合债务与 GDP 之比高于 100% 的压力而在 1994 年推进了“外汇并轨”“分税制”和国企全面改制，且如大潮涌起般融入了地方产业资本形成之后结构调整的客观需求！

与此同时，苏南出现的是农村“集体经济”的全面改制。

从本质上看，这个时期上上下下的改制——无论是城市的国有企业改革，还是农村的乡镇企业改制，都是公司化的政府在不经济的“瘦狗”[①]中退出，二者在“抓大放小”、减员增效和MBO（管理层收购）等做法上高度同质。

不同的是，中央政府从低效益城市国有企业退出，迫使职工买断工龄，因没有同步承担国企职工社保医疗而爆发大量群体性事件；而苏南地方政府从高负债的乡镇企业退出却没有发生如此严重的社会反应。**二者差别的内因，仍在于“不同的原始积累方式内生性地形成不同的制度并且对后续制度变迁构成路径依赖”**：苏南在农村土地集体所有制这种具有“社区成员均分共有”特征的基本财产关系约束下，确实难以硬性推行“村民退出”，亦即村社集体不可能强行开除本社区成员，实现城市国企那种大规模“下岗分流、减员增效”——仍可归因于**这种财产关系约束下村社与农户都不能退出而内生地具有把外部**

---

① 瘦狗：不经济的“瘦狗”业务是波士顿矩阵中的其中一种，代表销售增长率和市场占有率双低的一种低效益业务。波士顿矩阵由美国著名的管理学家、波士顿咨询公司创始人布鲁斯·亨德森于1970年创作。波士顿矩阵认为一般决定产品结构的基本因素有两个：市场引力与企业实力。市场引力包括整个市场的销售量（额）增长率、竞争对手强弱及利润高低等。其中最主要的是反映市场引力的综合指标——销售增长率，这是决定企业产品结构是否合理的外在因素。企业实力包括市场占有率，技术、设备、资金利用能力等，其中市场占有率是决定企业产品结构的内在要素，它直接显示出企业竞争实力。通过以上两个因素相互作用，会出现四种不同性质的产品类型，形成不同的产品发展前景：

a. 销售增长率和市场占有率“双高”的产品群（明星类产品）；

b. 销售增长率和市场占有率“双低”的产品群（瘦狗类产品）；

c. 销售增长率高、市场占有率低的产品群（问题类产品）；

d. 销售增长率低、市场占有率高的产品群（金牛类产品）。——本版编者注

性问题内部化处理的村社理性机制。[①]

这恰恰是城乡二元结构体制中农村制度相对优于城市的特点。总之，温文尔雅的苏南人在乡企制度变迁的交易之中仍然路径依赖地为吴侬软语之民保留了分享“集体吃租”的余地，遂极大地弱化了体制巨变的代价，减少了社会冲突……

与中国20世纪90年代经济体制全面改制的同时，发生了苏东解体这样的世界大事——**长期坚持国家资本主义制度体系中的最高垄断地位，得以以最低制度成本获取产业资本阶段实质经济的超额收益，因而碍难向金融资本阶段做结构升级和制度演进的苏联（及其控制的东欧），在被动纳入全球金融资本竞争之后严重滞后于拥有金融资本主义建制权的盎格鲁—撒克逊模式主导的西方市场资本主义，加之在意识形态化的竞争中失去话语建构权，因而很快落败。**

就在1991年苏联及东欧的国家政治体系剧变解体的同时，整个依托国家政治赋权才有金融信用的货币体系和原经互会借助国家计划得以强制压低外部性风险的“换货贸易”体系几乎同步地全面坍塌！

于是，**苏联、东欧政治剧变突然留下的巨额尚未货币化的资源性**

① “村社理性”是一个与西方个体理性不同的前提性的经济学概念，容易引起理论界的质疑，因此需要加以解释。其实，我们的有关讨论很早就开展了：在20世纪80年代中期全面落实了家庭承包制之后，我们在国务院农村发展研究中心从事调研工作的中青年就认识到中国的城乡二元结构现象上具有两重性——生产力落后的农村在体制上优于生产力先进的城市。后来，在1996年我们完成农村改革试验区10年总结的时候，作者与朱守银研究员进一步分析了国家权力介入形成的农村土地产权残缺，实际上在村社和农户之间形成“两级构造”，这恰恰是村社得以内部化处理外部性问题的基础条件。但正式提出村社理性的特征及其内在机制，却是2004年作者到高校任教之后，遂得以结合以往农村试验中形成的实践经验，把西方理论中的恰亚诺夫与舒尔茨的两个不同的小农理论假说做对比，指导博士生开展了关于“农户理性”与“村社理性”的规范研究。

资产，被西方过剩金融资本抢滩实现货币化，并得天独厚地最大化地占有了这种资源资本化“转轨”的制度收益。这种本质上属于两大资本主义体系的内部斗争，也势所必然地推动了后冷战时期美国单极主导地缘战略格局的大调整及欧美加快资本全球化。

这个时期的标志性年份是1994年。

我们看到，**就在中国人出台激进改革的内外政策的1994年，WTO替代了GATT（关税及贸易总协定），欧盟替代了欧共体，北美自由贸易区横空出世**——这些短期内连续发生的目不暇接的地缘关系大调整必然内含的利益结构重组使西方一时无暇东顾。于是，中国既得到空前绝后的产业扩张的历史机遇，又很快在20世纪90年代末期凸显产业资本过剩的问题。

对于中国告别短缺时代进入产业资本过剩时代的观点，最早提出讨论的是林毅夫教授。他曾经在1999年分析道，我们面临的主要是“双重过剩条件下的恶性循环”……

进入21世纪后的第二年，美国人戏剧性地兑现了承诺，让中国大陆先于中国台湾（台澎金马特别关税区）加入了世界贸易组织（WTO）——虽然只是早了一个“茶歇”的时间。

这时的西方，在刚刚过去的20世纪90年代的地缘战略大调整中以“金融深化”不断获利而使制造业比较收益显著下降，遂造成**全球产业资本因过剩趋势愈益恶化而再次出现重新布局**——严重依赖国际原材料市场的大型重型产业大规模向中国沿海和沿江的岸线转移——迅速使中国的外商直接投资（FDI）居全球第一。

但这在接受发达国家制造产业大规模转移的中国演化出两个趋势性问题：一方面粗放型产业增长带来的高耗能、高污染随经济持续高速增长而愈益严重，终于在加入世贸组织之后仅5年（2007年）就成为全球污染大国（二氧化碳排放第一）；另一方面促进中国既有的全面过剩“深化”到更加依赖投资和外需拉动经济增长的地步。

在这个光怪陆离的大背景下发生的**苏南地方经济朝着外向型经济的加速转变本身无可厚非**；因为，全球资本化日益深化之中的地方产业资本扩张，既不可能独立于后冷战时期地缘战略大调整之外，也不可能超越上述全球过剩压力下的产业重新布局的内在规律。

值得本书关注的，只是其制度层面上凸显的“比较优势”——**20世纪70年代初中国恢复与西方外交关系引发地缘板块震荡以来，资本短缺的发展中国家几乎都在做“亲资本”(pro-capital）的政策调整。**[①] **而在20世纪90年代国际地缘战略大调整时期产业迅速扩张的中国，能让外资顺中国产业结构升级之势大举进入并且得以以内部资源与外部资本实现最低制度成本地平滑结合的，恰是政府控制能力最强的地区，**包括以地方政府公司主义工业化著称的苏南。

进而，鉴于本书刻意要对苏南经验做“去意识形态化”解读，遂创新性地指出了相对于产业资本扩张规律而言的地方发展经验的趋同现象——长江三角洲在改制后的外向型经济结构调整中，愈益向曾经发生过意识形态化争论、而且被很多学者认为具有体制上对立特征的珠江三角洲趋同——尽管人们大多知道20世纪80年代长江三角洲在集体化制度条件下的资本原始积累及其20世纪90年代后期股份化改制的路径依赖与珠江三角洲大相径庭，但很少注意到二者在21世纪中国加入全球化后却因“产业资本全球重新布局”的内在约束而“殊途

① 根据1995年、2009年《世界投资报告》，自1991年以来，关于FDI的政策法规总体上是朝着更有利于FDI的方向发展的。1991年，全球对FDI政策法规进行调整的国家有35个，涉及法规调整82部，其中朝向更有利于FDI的政策法规80部，仅有2部是更限制FDI的。特别是2001—2005年，FDI政策法规变化的总数超过200部，而其中的90%左右是朝着对FDI有利的方向变化的。

同归”。

其经验过程在于：第二次世界大战以后摆脱殖民地、半殖民地困境的发展中国家，得以利用美苏两大阵营对立的地缘战略空间而追求以原宗主国投资为主的工业化模式，大部分却因之构成了“依附”关系而迅速沦入“发展陷阱”（Trap of Development）。

中国曾经是个例外——因其国家资本原始积累尚未完成即遭遇1958年开始的中苏交恶和1959年的外资中辍，而不得不“去依附”（De-linking）地从20世纪60年代初期开始走向“自力更生、艰苦奋斗”——**实质上是“L替代K”（劳动替代资本）——以党政经合一的高度集体化组织来集中城乡劳动力、成规模投入国家基本建设来替代极度稀缺的资本。**①

苏南20世纪70年代开始的地方产业资本原始积累亦属此类，并在20世纪八九十年代逐渐形成了与长江三角洲产业门类相对齐全的工业城市相辅相成的县域经济。这种原始积累及其派生的制度体系，本来与国内的岭南地区、港台地区及海外接受西方产业转移的东南亚等未经本地产业资本原始积累便直接依靠涌入的外资形成两头在外的加工贸易型的产业结构相比，确有质的差异。

但是，我们在苏南调研和资料分析中逐渐深化了关于产业资本不同阶段制度变迁理论的认识：**产业资本形成阶段内生地构成制度上的区域间差别，受到产业扩张阶段制度需求的约束。**因为，任何属性的产业资本只要完成了原始积累，就都会进入随之而来的结构调整及其伴生的产业资本扩张，就都被迫在研发、技术乃至营销网络等方面亦

① 作者注：作者在很多文章中都阐释过这个被动地去依附的战略调整，但还没有掌握足够的材料来进一步分析这种经济基础领域的重大战略调整，势所必然地带来苏联模式的上层建筑和意识形态领域的被动变化。

步亦趋地进行“二次资本积累”……

于是，只要稍微客观地做些理性分析就会知道：21世纪第二个元旦钟声敲响的时候，**在西方意识形态化地自我加剧金融资本内在的寄生性困局的话语体系助推下，中国挟带自身庞大的过剩产业资本进入本来就严重过剩的资本主义全球化，随即顺理成章地促进了过剩产业资本寻找制度成本和要素、风险“低谷”的全球大调整**！

中国2002年加入WTO之后，长期压低劳动力价格、出口中西部农村打工者社会福利和牺牲自身资源环境的中国沿海地区，无论是苏南还是岭南，都正好处于这次全球重新布局寻找的制度成本“低谷”！**这个时期的诱致性演进型制度变迁，显然也是不同的资本原始积累方式内在形成的制度对全球化产业布局大规模调整所促进的制度改变的“路径依赖”，**既无可厚非，亦无谓“左右”；唯不必以产业资本扩张与否论英雄，而要看是否归去来兮地从“去依附”转化为另一种依附……

目　录

第一部分

第二部分

专题报告

案例研究

第一部分

引　子

若超越“泛政治化”的思想桎梏看中国的发展，其鸦片战争以来的近代经济史基本上是一个从被迫到主动地形成结构完整的产业资本、并借此构建参与被国际资本主导的全球竞争能力的经济活动过程。

这一过程可以概括成19—20世纪的四次工业化：一是清朝末期以湘淮系为主的地方军事首领发起的“洋务运动”及随后的民族工商业发展；二是20世纪二三十年代的民族工商业和日军侵华战争之后中央政府垄断资本促成的“官僚、买办资本主义”发展；三是新中国建立后中央政府主导的国家资本主义工业化；四是1978年改革开放以来地方政府主导的“政府公司主义”的地方工业化。

不论何种体制条件和意识形态，原始积累都是工业化进程开始前不可逾越的阶段，这个阶段是由资本家来完成还是由国家来完成，只不过是个派生的问题；[①] 同样地，不同的制度安排也是一定资源禀赋条件下内在决定的原始积累的派生结果，并对其后的制度变迁形成路径依赖。正如马克思在《资本论》中指出的那样，原始积累……形成

① 温铁军：《国家资本再分配与民间资本再积累》，《发现》1993年秋季号。

资本及与之相适应的生产方式的前史。①

改革开放以来苏南农村工业化的崛起，是20世纪50年代以来国家工业化沿长江形成的重工、化工和设备制造业的结构完整的产业对周围的要素低谷顺势扩张的产物。

受这种资本运动的影响，不仅苏南地方产业与国家工业化在长江三角洲形成的产业带布局具有同构性，而且二者的政府公司主义的内核也具有同质性。

这一点，应该是打开理解苏南经济之门的第一把钥匙。这一点，还可以向上追溯至洋务运动在中国沿江、沿海形成的点状工业布局。

这里讲述的，就是举世瞩目的“苏南模式”的“前史”。

一、雏鹰振翼——近代中国之第一次工业化

19世纪50年代，亚洲地区发生了两件看似风马牛不相及实则高度相关的大事——在中国地方军事集团发起的“洋务运动”及其相应发生的从“器物说”向“制度说”改变期间，南亚次大陆彻底殖民地化使中国延续了差不多2000年的贸易顺差在其后的不到50年的时间里就彻底转变为贸易逆差。

（一）清末地方强势集团控制的近代工业的开端

19世纪50年代，清末太平天国运动崛起于西南，扫荡于东南，由于此时被西方列强频繁侵略、割地赔款的清末中央政府已经是“皇权衰落”，地方豪强借机蜂起，中央政府在中央军不足倚仗的情况下不得

---

① 马克思：《资本论》（第一卷），人民出版社1976年版。

不偏师借重湘淮民军，使得湘淮地方势力崛起于中南而蔓延于东南。1859 年，咸丰帝采纳肃顺等人的意见，认定不重用曾国藩、左宗棠等汉臣不足以镇压太平天国。1860 年英法联军攻占北京、显出中央政府颓势益重之后，湘淮军取代八旗、绿营兵成为政府军的主力。随着湘淮军转战南北，各地的军政大权在 1894 年中日甲午战争之前多已落入湘淮系势力的手中。

在湘淮的军事实力与太平天国军队仅仅是抗衡的时候，占据浙江的湘系左宗棠和占据江苏的淮系李鸿章几乎同步借助了洋人的枪炮"器物"，才对抗了崛起于西南也同样属于地方势力的太平天国手中的以中国传统冷兵器为主的"器物"，遂在这种火与血的教训中对应提出了"器物说"和**对应"器物说"而形成的地方强势集团推动的改变中国传统经济基础的近代工业的第一次布局，这就是"洋务运动"**。[①]

洋务运动中的近代工业主要分为两类：一类是有大约 19 个官办的兵工厂和造船厂，其中最大的是由曾国藩和李鸿章于 1865 年在上海建立的江南机器制造总局、1865 年李鸿章在南京建立的金陵机器局和 1890 年张之洞在汉阳建立的汉阳铁厂；另一类是一批官方或者半官方的采矿、冶炼和纺织企业，最早的在 1872 年起就已经开始经营了，甲午战争前达到 20 多个。在 19 世纪 70 年代前期到 90 年代前期进口洋货的贸易增长中，煤从 745 千关两上升为 2201 千关两，即上升了

---

① 湘淮军，尤其是李鸿章的淮军，在"借师助剿"过程中，通过选购军火、聘请教练、观摩战法等，充分认识到近代工业的优势。1860 年 12 月，曾国藩上奏折说，目前借外国力量助剿、运粮，可减少暂时的忧虑；将来学习外国技艺，造炮制船，还可收到永久的利益。第二年，他对上述看法加以发挥，主张购外国船炮，访求能人巧匠，先演习，后试造，不过一两年，火轮船必成为官民通行之物，那时可以剿发（指太平军）、捻（捻军），勤远略，这是救时第一要务（参见曾国藩：《曾文正公全集》第 14 卷）。

195.4%，这是加工制造业提高了对燃料需求的结果，也是洋务运动促进近代工业发展的写照。在30多年的时间中，如图1-0-1所示，洋务运动形成了地方强势集团所控制的沿江和沿海的“T”字形产业布局。

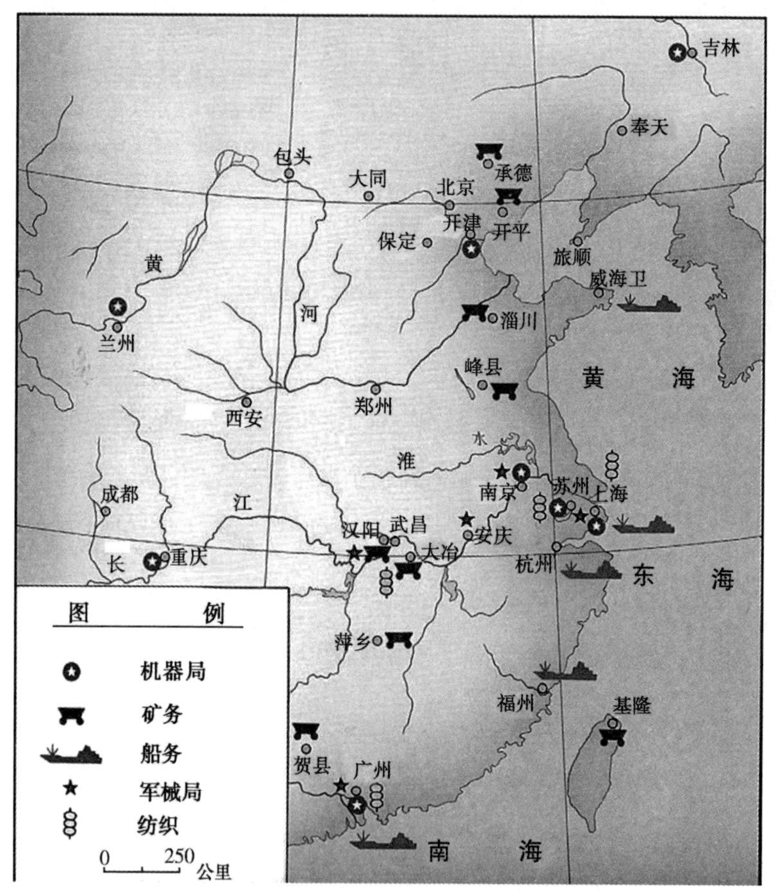

图1-0-1　洋务运动时期创办的主要企业的地理分布

但以大量支付愈益稀缺的贵金属引进国外器物（军事装备生产设备）为主的洋务运动，既恶化了中国这个时期历史性地迅速发生的贸易逆差，又形成了地方强势武装集团所控制的沿江和沿海的“T”字形产业布局支撑的地方势力。其间，这种新生经济基础不仅内生性地从“师夷之长技以制夷”的“器物说”而生发出“师夷之制度以自强”的“制度说”，而且，也势所必然地恶化了中央与地方之间的复杂矛盾；既吹出了令后人扼腕却不解的海军装备经费被挪用修造颐和园的插曲，又上演了1900年八国联军劫掠京城但李鸿章淮系控制的东南八省却通电自保的活剧……

（二）南亚次大陆的殖民化统一与中国外贸格局的转变

19世纪50年代的第二件大事，是英国为了扭转对中国的长期贸易逆差，1840年对华发动鸦片战争获胜；之后，自1850年始，在短短的10年内横扫南亚次大陆，用国家主义的坚船利炮加重商主义的大型国有企业——政府出兵配合东印度公司，迅速完成在这有着500多个小邦国、2000多种方言的复杂的次大陆区域的殖民化统一，以大片的殖民地种植园经济形成世界最大的鸦片种植基地。

具体过程如下。

从17世纪后半期起，印度次大陆地区的莫卧儿帝国力量和权力已衰落。1707年奥朗则布死亡之后，印度随即陷入混乱，一度辉煌的莫卧儿人的权威从此无可挽回地丧失，拉贾斯坦、马哈拉施特拉、孟加拉、德干高原和阿富汗等地方均脱离莫卧儿而独立；其他大部分地区继续被宗派斗争、内战、地区盗匪活动及马拉塔骑兵在整个德干高原及东部沿海和北印度的袭击所笼罩。

就在印度次大陆内部混战的时候，本来就以地缘政治见长的不列颠人闯了进来——

1763年，在“七年战争”中失败的法国签署《巴黎和约》，向英国事实移交他们在印度的所有要塞；

1764年，英国东印度公司击败莫卧儿军队之后，成为孟加拉的统治者；

1818 年，英国军队将马拉塔人打垮；

1849 年，英国吞并旁遮普。

1852 年之前，东印度公司在印度还只是维持以加尔各答为主的个别港口及其周边的统治，到 1857 年，印度大部分在行政管理上已直接或间接地成为一个整体。1858 年，英国议会通过法案解散东印度公司，把其所征服的印度次大陆地区从东印度公司的户头转账到英国国王的名下。至此，这个殖民帝国彻底占领了印度地区，客观上完成了这一复杂区域的统一。中英鸦片战争后，英国派驻海外的军队、警察乃至工头中很大部分来自印度这个远东最大的殖民地。

英属印度鸦片对中国的出口，使中国过去 2000 年的贸易顺差短期内就转变成了逆差。

17 世纪，欧洲水手将吸鸦片的恶习传入中国。18 世纪中叶，英国通过走私输华的鸦片数量节节攀升。18 世纪 60 年代，一般不超过 200 箱，60 年代以后上升到 1000 箱，1786 年达到 2000 箱。进入 19 世纪以后，增长更加迅猛。1800—1801 年为 4570 箱；1830—1831 年增至 21849 箱；而在 1838—1839 年更高达 35000 箱。

清政府鉴于鸦片的危害，曾于 1729 年和 1799 年颁布法令，禁止鸦片进口。但在高额利润的引诱下，鸦片走私屡禁不止。1833 年时，鸦片贸易额已达 1500 万美元。①

尽管如此，当时的中英贸易中中国仍一直处于出超。例如，1765—1768 年，中国对英贸易出超白银 997704 两；1795—1799 年，出

① ［美］斯塔夫・里阿诺斯：《全球通史》，董书慧、王昶、徐正源译，北京大学出版社 2005 年版。

超 346957 两；1830—1833 年，出超 2615263 两。[①] 许多运往中国的英国工业产品难以推销。1821 年运至广州的英国剪绒、印花布亏本达 60%以上。直至 1827 年，英国输华的棉纺织品才获得利润，但销量极其有限。为了抵补巨额的贸易逆差，英国不得不向中国输出相当数量的白银。

鸦片几乎是英国对华贸易唯一的顺差大项。当中国人试图强行禁止鸦片交易时，便爆发了 1840 年的中英鸦片战争。

鸦片战争之后，取得自由贸易合法地位的印度鸦片对中国的出口，使得 19 世纪 70—80 年代——从英国统一南亚次大陆起仅仅 20 年的时间里——中国就在全国官绅阶层普及鸦片，从广东北到黑龙江，往西直到新疆、四川和云南，短期内全部“鸦片化”。鸦片贸易量随之直线上升，竟占到海关进口总值的一半左右。

由表 1-0-1 可以看出，截至 19 世纪 90 年代，鸦片一直是中国进口商品中最为重要的部分，每年进口价值在 3000 万至 4000 万关两之间。1890 年后，棉货类的进口值才超过了鸦片。在出口方面，由于中国外汇银价的下跌，外商为避免汇回现金，宁愿收购廉价土货出口，从而也拉动了中国的出口多样化，但最大宗的还是茶叶和生丝两项，以 1870—1874 年的 5 年平均数计，二者占出口总值的 89.6%。19 世纪 90 年代前期，丝、茶出口下降，1890—1894 年的 5 年平均数仅占出口总值的 42.8%，这主要是国际市场上外国产品——主要是印度、锡兰和日本的茶叶及日本生丝——对中国丝、茶出口展开激烈竞争的结果。

一方面是鸦片及西方的机器制成品进口的急剧增长，一方面是丝、茶出口的下降，中国对外贸易迅速由顺差向逆差转化。根据严中平对

---

① 严中平：《中国近代经济史》，人民出版社 1989 年版，第 330—367 页。

中国对外贸易平衡统计的修正，从1870年至1894年的25年里，中国对外贸易大体上经历了三个阶段：1870—1878年基本上维持贸易的出超，1879—1889年为出入超交叉出现阶段，1890—1894年则转入入超阶段（见表1-0-2）①。

表1-0-1　中国的进口商品结构（1868—1900）

单位：%

年份	总值（千关两）	鸦片	棉货	棉纱	谷类、面粉	糖	烟叶	煤	煤油	金属类	机械	其他	总计
1868	63282	33.1	29.0	2.5	0.8	0.8	—	2.1	—	4.8	—	26.9	100
1880	79293	39.3	24.9	4.6	0.1	0.4	—	1.2	—	5.5	—	24.0	100
1890	127093	19.5	20.2	15.3	9.6	0.9	—	1.6	3.2	5.7	0.3	23.7	100
1900	211070	14.8	21.5	14.3	7.0	3.0	0.5	3.1	6.6	4.7	0.7	23.8	100

资料来源：郑友揆：《中国的对外贸易和工业发展：1840—1948》，上海社会科学院出版社1984年版。

表1-0-2　中国对外贸易平衡统计（修正值）（1870—1894）

单位：千关两

年份	进口值	出口值	贸易平衡
1870	73081	61773	-11308
1871	78250	74773	-3477
1872	70506	84140	13634
1873	66531	78207	11676
1874	65856	74917	9061
1875	68798	77310	8512
1876	73760	89859	16099

① 严中平：《中国近代经济史》，人民出版社1989年版，第1226—1228页。

（续表）

年份	进口值	出口值	贸易平衡
1877	74527	75846	1319
1878	72821	75662	2841
1879	83861	81130	-2731
1880	82826	87695	4869
1881	91674	81180	-10494
1882	77634	76618	-1016
1883	74766	79165	4399
1884	72021	76124	4103
1885	87591	73901	-13690
1886	88500	87330	-1170
1887	89835	95933	6098
1888	108580	102606	-5974
1889	96510	107215	10705
1890	110820	96752	-14068
1891	116474	111606	-4868
1892	118586	112667	-5919
1893	135065	127406	-7659
1894	146054	140005	-6049

资料来源：严中平:《中国近代经济史》，人民出版社 1989 年版。

19 世纪以前的 2000 多年中，中国是一个大量吸收世界白银的国家。据学者研究，从 16 世纪中期到 17 世纪中期，全世界共生产了 38000 吨白银，即使按照最低的估计，减去留在美洲及在转运过程中流失的部分，**最终流入中国的白银至少有 7000—10000 吨，即占到了世界总产量的 1/4 到 1/3**。因为在 19 世纪以前 300 年的中西贸易史上，西方急切地需求中国的商品，却缺少足够的中国需要的商品来交换，西方商人只能用硬通货（主要是白银）来购买中国的瓷器、丝绸、茶叶等贵重商品。①

（三）洋务运动败因的另类视角

鸦片战争之后，殖民主义强迫中国发生的鸦片化造成中国贸易逆差，连带发生白银大量外流造成的银荒，导致银贵钱贱的现象日趋严重。清朝道光初年，每两白银折换铜钱 1000 文左右，到 1838 年每两银子竟换钱 1638 文，而同一时期的农产品和手工业品的价格并没有变动。过去农民卖一石谷可纳税银一两，后来差不多要卖两石谷才可纳同样的税银，这才出现了专栏 1 所讲的故事。

专栏 1

三大危机压力下的“拦御驾告状”

咸丰八年（1858）二月初五，正当浩浩荡荡的皇家仪仗队护卫着咸丰皇帝经过西直门外的广通寺时，忽然有一个军官抛下手中的腰刀马鞭，跪在道旁，高叫：“求主子开恩，把大钱停止了！”

这种拦御驾告状，请求废除大钱、铁钱的事件，仅在这一年的春天，史籍中就记载了不下三起。

为什么有人冒死告“钱”状呢？这还得从头说起。

清朝币制，银两与铜钱并重，白银 1 两合铜钱 1000 文，实际价值随市而定，一直到清朝中期基本保持在这个水平上。但是随着英国殖

---

① ［德］贡德·弗兰克：《白银资本：重视经济全球化中的东方》，刘北成译，中央编译出版社 2005 年版。

民主义者将鸦片输入中国，尤其是1840年鸦片战争清政府被迫与英国签订了屈辱的《南京条约》后，随着鸦片流入、白银外泄，银钱比价随之发生了巨大的变动，一些地区白银1两竟可换制钱2000文以上，有的竟达到了4000—5000文。百姓以铜钱度日，而官府照例以银两征收租税，银钱兑换之间，百姓就要比以前多付出两三倍的钱财。

在外汇危机、财政危机并发的情况下，一般执政者都会通过通货膨胀来向全社会转嫁代价，但如果超过一定限度，势必会导致货币危机的爆发。当时的清政府就是如此。清廷在内忧外患、财政拮据的情况下，以开铸大钱、滥发纸币这种饮鸩止渴的方式来敛聚钱财——拿只能铸几十个小钱的铜铸成一个大钱，然后在大钱上多铸上“当百”“当五百”“当千”等字样，摇身一变就成了100枚甚至1000枚小钱；或者用铁、铅等贱金属为原料，大铸铁钱、铅钱，抛向流通领域，而政府在征收赋税时却少收或不收大钱或铁钱、铅钱，于是便有了军官拦御驾告状这一幕。①

太平天国后期，又值第二次鸦片战争（1857—1860年）之时，内外交困的清政府企图通过加征田赋、增收商税（厘金）、加征盐税、滥发票钞和大钱、实行通货膨胀等手段解决困难，但是小农的负担越来越重以致无力纳税，各省拖欠的赋税日益增多，财政亏空越来越大，清政府不得不开始举借外债，而外债绝大部分是以外国直接控制下的海关税收为担保的。据统计，1877—1890年，清政府共借外债24起，合计库平银36366620.365两。其中，军事费用借款多达13起，款额2612万余两，占借款总额的71.84%，而且多数的军事借款都是用于

① 戴建兵:《金钱与战争——抗战时期的货币》，广西师范大学出版社1995年版，第6-7页。

一般的军饷开支。[①] 从20世纪80年代中叶开始，虽然有一部分借款被用于修建铁路和其他洋务企业，但数额和比重很小。

当以沿海地方实力派为主的洋务派们纷纷引进西方高附加值的设备形成最初的产业布局时，恰恰是中国从过去的贸易顺差变成贸易逆差的时候。而在**必须由中央政府承担最终偿付责任的三大赤字——外汇赤字、财政赤字及贵金属白银短缺同步严重恶化——的压力之下，中国的洋务运动早在19世纪90年代清中央政府终于接受"制度说"的那个时候，就已经客观地具有了走向失败的内在条件。**

所有这些宏观矛盾，客观上都使**洋务运动这场中国对西方开放的第一次大引进，只形成了包括苏南城市在内的几个点上的制造业布局。**

客观地看，洋务运动作为地方军事实力集团推进的工业化，还只能算是地方工业化，只在福州、上海、南京、安庆、武汉等局部沿海沿江地带形成了工业的点状分布。虽然整个中国并未因洋务运动而进入工业化，但在太平天国战争中人口大规模减少、人口与资源关系空前绝后地得到改善的苏南沿江地区，却借此得天独厚地出现点状分布的现代西式工业的雏形。

二、新中国工业化原始积累与中央政府公司主义

第二次世界大战以后，后发工业化国家虽然都希望走先发工业化国家的道路，却因没有了先发工业化国家通过海外殖民转嫁制度成本的外部条件，而通常只能靠内向型积累来完成原始积累。遗憾的是，**几乎没有哪个发展中国家的内向型积累能够完成；而且，越是按照先**

---

① 严中平：《中国近代经济史》，人民出版社1989年版，第711—712页。

发工业化国家的上层建筑和意识形态指导本国发展，就越是难以完成工业化必需的原始积累。

20 世纪中国进行的四次工业化中，前两次都在尚未来得及完成工业化原始积累之前，就事实上被相对于西欧呈后发崛起之势的日本为谋求在亚洲次区域的霸权而发起的战争所打断：第一次是 1894—1895 年的中日甲午战争，以中国的战败宣告了清末地方军政势力主导的地方工业化的失败；第二次是 20 世纪 30 年代日本对中国的全面军事占领中断了 20 年代起步的“民国黄金十年”的民营工业化进程。

真正完成了原始积累的，是 20 世纪 50 年代开始的第三次工业化，尽管其工业化起步的初始条件比前两次更为恶劣。

（一）新中国工业化的起步

鲜有人注意到，新中国经济建设的起点是一场国内的经济危机。

1949 年农业总产量只有 2100 亿斤，为战前平均水平的 75%，粮食减产 150 亿斤以上，灾民达 4000 万人；现代化运输货物周转量只有 229. 6 吨公里，仅及民国币制改革年（1936）的 52. 7%；全国失业的工人和知识分子约 150 万人（此外尚有相当数量的半失业人口）。何况 1949 年 10 月战争仍在进行，政府不得不动用国库和多印发两倍以上的钞票来补偿 450 万军队及 150 万国家机关和企业职工的费用。是年，财政赤字占财政总支出的比例高达 46. 4%。①

由于国民党政府带走了全部黄金储备，大量发行纸币的结果是，建国仅一个多月物价即出现灾难性暴涨，涨幅达 5—6 倍。尽管政府为稳定物价而向市场投放了大批粮食，但预计 1950 年的粮食价格至少还

① 沈志华：《新中国建立初期苏联对华经济援助的基本情况——来自中国和俄国的档案材料（上）》，《俄罗斯研究》2001 年第 1 期。

得上涨一倍。①

本来，新中国政府在1949年土地革命战争取得胜利之后，确实试图通过私有制和市场交换，带领作为土地革命战争中形成的小有产者——农民——来逐步完成资本积累、进入工业化，这从1947年到1950年毛泽东关于新民主主义就是共产党领导下的多种所有制经济共同发展的阐述中可以得到解释。

不过，如果换个角度从国际环境看则必有矛盾：新中国成立之初，尽管新成立的人民政府提出"一边倒"的外交策略，在国内经济极端困难的环境下向苏联多次请求援助，但直到1950年6月发生朝鲜半岛战争客观地导致第二次世界大战形成的地缘战略的重大改变，才与苏联建立了战略同盟关系，才有苏联在1950—1956年这7年间援助了合计达54亿美元的工业设备和技术投资（含朝鲜战争期间的军事援助）。

在强大的外来投资的拉动作用下，中国在1950年就迅速走出建国之初的经济萧条，开始了工业化的高速积累，从而拉开了新中国工业化的序幕（见专栏2）。

专栏2

新中国的工业化是如何起步的

1950年2月，中苏领导人会谈后，根据中苏各项协定，**苏联在黑色和有色冶金、煤炭、化学、机器制造等工业部门及电站工业企业方面，帮助中国建设211项巨大工程。**苏联派出了约7000名专家，同时约有8000名中国专家和熟练工人到苏联的企业和科学技术机关实习。

① 沈志华：《新中国建立初期苏联对华经济援助的基本情况——来自中国和俄国的档案材料（上）》，《俄罗斯研究》2001年第1期。

在苏联的帮助下，中国建立并发展了各种新兴工业部门，如制铝、航空、汽车拖拉机制造、电力、重型机器制造、仪器制造、无线电和部分化学工业部门。

1954 年《中苏科学技术合作协定》签署以后，**苏联政府机关无偿地交给了中国 1100 套工业企业及其他建设项目的设计资料，3500 套制造各种机器设备的图纸，950 套技术资料和 2950 套专题的各种技术说明书**。在同一期间，**大约有 1000 位中国专家在苏联科学机关和企业研究了科学技术成就和先进生产经验**。中国在苏联技术资料的基础上制定了综合设计图样，按照这些图样**建成了 160 座工厂和其他建设项目**。中国工业按照苏联的技术资料掌握了 300 多种新产品的生产。

1953 年至 1956 年，中国工业为苏联援助的这些企业提供了 20%—30%的装备，而在 1958 年已增加到 45%—50%。这反映了中国设计部门技术水平的提高和机器制造业的发展。

1959 年，苏联提供给中国的成套装备比 1958 年约增加 80%。根据 2 月 7 日苏联部长会议主席赫鲁晓夫和中华人民共和国国务院总理周恩来在莫斯科签订的协定，苏联将帮助中国建设和扩建冶金、化学、煤炭、石油、机器制造、无线电技术、电机制造、建筑材料等 78 个工业企业和电站。中国负责为协定中规定的企业生产绝大部分的成套设备，以及完成上述企业的设计勘察工作。

1959 年，中国同苏联签订货物交换议定书，使得中苏双方 1959 年相互供应货物的实际总金额增加到 72 亿卢布左右。苏联供应中国的成套设备数量有巨大的增长，其中，发电设备，特别是透平发电设备、柴油发电机、动力变压器、涡轮发电机和适用于农村的小型水力发电站都有显著增加；大型钻探设备、运输工具、轴承及中国国民经济所必需的其他许多商品的供应也比 1958 年有所增加。**中国则以锡、钨、**

钼、水银、生丝、羊毛、茶叶、柑桔和其他商品供应苏联，大米、大豆、缝纫品、针织品和纺织品的供应也有显著的增长。1959年中国第一次向苏联供应棉花。

1959年，中国和波兰两国政府签订了货物周转和付款协定，规定中国当年将供给波兰各种有色金属原料、油脂油料、大米、纺织工业和制革工业的原料、橡胶、茶叶、水果制品、丝绸以及其他商品；波兰将供给中国成套设备，各种机床、机器、机车、柴油机、挖土机和钢材等。

1959年，由波兰援建的株洲选煤厂投产，它每年能把180万吨原煤洗选成炼焦精煤，成为中国煤炭工业建设中的“又一项重大成就”。同年，由波兰援建的中国第一座综合利用甘蔗的联合企业——广州江门化工厂的制糖车间和动力车间投产。每个榨季的食糖产量可以达到0.75亿公斤，约合7.5万吨，约占1959年全年成品糖产量110万吨的7%。这个厂除制糖外，还陆续兴建了利用全部甘蔗副产品生产的各个车间，包括酿造、纸浆等车间。

1959年，中国同摩洛哥签订贸易合同，中国将从摩洛哥输入总值22.4亿摩洛哥法郎的50万吨磷酸盐。

1959年，中国同古巴签订贸易合同，从古巴进口5万吨原糖。

1960年3月29日，中苏双方在北京签订的货物交换议定书中规定：双方贸易额比上年增长10%，苏联供应中国的主要货物有金属切割机床、锻压设备、汽车、拖拉机、黑色及有色金属、电缆、石油及石化产品等；中国供应苏联的主要货物有锡、钨砂、钼砂、呢绒、绸缎、生丝、羊毛、地毯、针织品、烟叶、大米、大豆、茶叶、水果和其他商品。

1960年，中国同古巴签订两项贸易合同，中国售出10万吨大米，购进35万吨食糖。

1961年，中国同古巴签订贸易合同，购买100万吨古巴糖。另外，古巴向中国出口5000吨铜砂。

1961年，中国同波兰签订货物周转和付款协定，中国将供给波兰矿产品、纺织品、轻工业品、食品和纺织机械等；波兰将供应中国成套设备、机车、挖土机和机床等。

（二）工业化原始积累时期的国内资源动员

在“二战”后独立的发展中国家追求工业化的大潮中，接受原宗主国高价设备、资金和技术援助，以低价资源产品和农产品偿还是一种普遍做法，但大多数都受制于原宗主国构建的上层建筑意识形态，深陷于各种各样的发展陷阱而不能自拔。中国按照苏东解体之前的换货贸易一般做法，也要以国际市场约1/3的价格向债权国输出农产品；并且在1958—1960年苏联、东欧相继中辍投资和技术援助的情况下也同样遭遇工业化困境。

因此，**中国怎样从这一陷阱中“突围”，并由此形成什么样的制度，就成为研究“中国经验”的历史起点与逻辑起点，也就尤其值得人们注意。**

为进行国家资本的原始积累，新成立的中国政府在接收了仅值100多亿元的原国民党的官僚资产，使之成为国家工业化配套启动资本的最初投入之后仅6年，即进行了私人资本主义的工商业改造，使之不能与稚弱但又是垄断性的国营企业竞争。

然而，处于幼稚期的国家工业要求有稳定的原料和产品市场，可它面对的却是有5000年历史的自给自足的小农经济和传统的农村集市交换。因为第一个五年计划使工业劳动力和城市人口大幅增加，粮食的市场需求增加导致粮价上涨，1952 年政府还可以购买到 70%的贸易粮，但 1953 年到 1955 年，政府购入的贸易粮却迅速从 800 万吨下降为仅 200 万吨。[①] 1953 年，政府开始推行统购统销，试图保住国家工业的原料和产品市场。但是统购统销在推行之初不仅“统不了”，而且还适得其反，其问题在于政府与分散的四亿农民之间“交易费用”过高。因此，毛泽东先后提出合作化和集体化，并进一步发展为人民公社制度，即把自治形态的农村社区变为准军事化的人民公社，使分散的自给自足的小农成为公社社员，这在中国历史上第一次使政府的控制下探到农村基层。以一大二公、政社合一为特征的人民公社，代表国家占有了除简单工具和居住用房之外的一切农村财产，执行对生产、交换、分配、消费等全部经济环节的计划控制。

当政府形成对全社会资源配置和剩余分配的全面控制能力用于工业化原始积累时，政府与资本之间就几乎无交易成本地结合在一起了。这一点，被毛泽东那一代领导人在 1953 年就清晰地认知为“国家资本主义”，也可以说就是和后来演化出的“地方政府公司主义”相对的“中央政府公司主义”制度内涵。

实践证明，这个被后人批评的体制在推进工业化原始积累的国民动员上是极其有效的。从国家固定资产的投资额来看，年积累率最高可达 30%—40%，年工业固定资产投资额由 200 亿元增加到 600 亿元以上。钢铁、煤、电力、石油、机器制造、飞机、国防工业、有色金属等重工业在 20 世纪 50 年代得到了迅速发展，1953—1957 年中国制造的火车、汽车、拖拉机和飞机相继问世；**这 5 年全国基本建设投资**

① 柯志明、Mark Selden：《原始积累、平等与工业化》，《台湾社会研究》1988 年春季号。

总额为 550 亿元，农林水利等基本建设投资占 8.2%，工业部门占 56%，其中轻工业占 15%，重工业占 85%。[①] “一五”期间，中国国内生产总产值每年以 11.3%的速度增长，与世界一些主要国家的国内生产总值的差距快速缩小。

此后，**“二五”“三五”受苏联投资中断而无法正常进行，但通过转向地方为主的工业化，中国仍然极其艰难地维持了工业化的进程。**尽管 1969 年前经济波动幅度明显——这主要是因为这之前的 10 年里，中国除了在苏联中辍投资之后仍然得完成工业化的资本原始积累外，还几乎均用严重偏低定价的农副产品足额地偿付了朝鲜战争时期及“一五”期间因苏联军事、重工业投资等造成的沉重外债——根据国家统计局发布的数据，1952—1980 年中国经济年均增长速度仍然达到 6.25%，1979—2006 年中国经济年均增长速度为 9.69%，如图 1-0-2 所示。

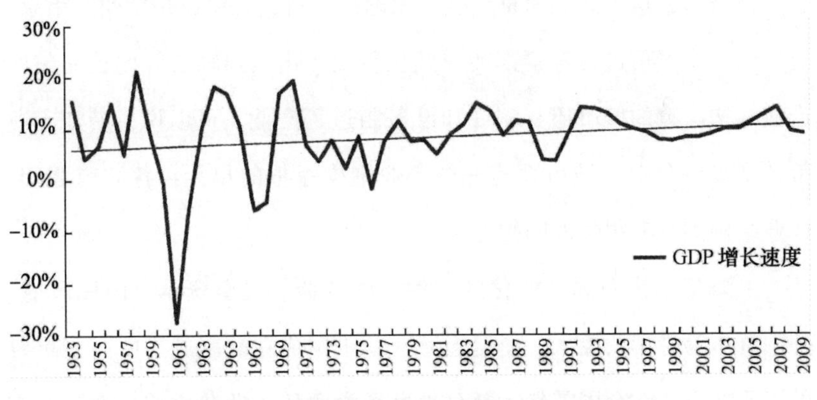

图 1-0-2 新中国成立以来的经济高速增长

资料来源：历年《中国统计年鉴》。

到 20 世纪 70 年代中期，中国国家工业化基本完成原始积累，形

① 柳随年、吴群敢：《中国社会主义经济简史（1949—1983）》，黑龙江人民出版社 1985 年版，第 103—109 页。

成了完整的产业结构，不仅国民经济中第二产业占比提高，而且从产业内部的结构看，重化、设备制造、轻纺等 20 多个大类产业基本齐全。

大陆学者普遍认为，到 20 世纪 70 年代中期的第五个五年计划时期，中国已经从无到有地建立了基本完备的现代化工业体系。

（三）苏南城市工业化完整布局的形成

尽管长江三角洲经济区作为一个整体被提出是在 20 世纪 80 年代，但因为地理上沿海沿江的便利条件，从清末地方工业化开始一直到 20 世纪 70 年代末，长江三角洲各个城市都是国家工业化投资的重要城市。到了国家工业化原始积累基本完成的 20 世纪 70 年代，长江三角洲各城市不仅产业实力最雄厚，而且工业布局也比较完整。

在城市，从上海到南京一线，无论是苏州、无锡还是常州、南京，选任何一个城市进行考察都能看到从重工、化工到轻纺等比较完整的产业结构，有的城市还有钢铁和设备制造等产业。可以说，沿江工业带几乎每一个中心城市都是一个产业结构完整的单元；各城市之间，产业结构则具有很强的同构性。

上海是近代中国工业化的起源，洋务派、民营资本、国民政府、外国资本等持续的投入，使得上海在新中国成立前就成为中国最重要的工业城市。在全国其他大部分地区还没开始工业化之前，上海就完成了工业化原始积累，并形成了比较完备的工业基础。至 1952 年，全市工业固定资产原值 25.29 亿元，占全国固定资产总额的 17%。

新中国成立后，上海工业投资虽然在全国总投资中的占比不高，但由于已经完成了原始积累，投资的边际收益较高；在此期间，上海工业体系逐步调整和发展，产业层次进一步提高，不仅有覆盖消费品工业、装备工业及原材料工业的健全的工业体系，其主要工业产品的产量都在国内占有重要地位。1978 年，上海纱产量 34.3 万吨，占全国 14.4%；自行车产量 318.1 万辆，占全国 37.3%；彩色电视机产量 0.2 万台，占全国 63.2%。

南京的工业化也是于清末起步，新中国成立后迅速发展。为迅速发展以工业为主导的国民经济和积累建设资金，自新中国成立以来，南京市财政历年都向工业建设投资，1949—1989 年支出为 69461 万元，占经济建设支出的 40.34%，主要用于支持轻工、纺织、冶金、机械、化学、建筑材料、煤炭、电力、电子、医药等工业的发展。

在持续的资金支持下，南京市逐渐形成了重工业发达、轻工业有一定基础、门类比较齐全、布局大致合理的工业体系，是中国的综合性工业城市之一。全市有 3000 多个工业企业，119 个工业门类，生产大类产品 2000 个，其中有一批独特而具有优势的产品。被称为南京地区四大支柱的石油化工、电子仪表、机器制造、建筑材料工业，在国内占有重要的地位。除了以上四个支柱产业外，南京市还有化学工业、电力工业、冶金工业、纺织工业、医药工业、食品工业、饲料工业等轻重工业类型。

此外，无锡、常州等其他长江三角洲城市也都逐步建立起覆盖轻重工业的门类齐全的、系统的工业化体系（详见专题报告一）。

20 世纪 70 年代末，苏南城乡的产业分布格局是：城市是产业结构完整地区，周围城市之外的县却没有产业［除少数地方如江阴县（现江阴市）以外］，县以下特别是乡镇村则是产业空白地区。产业资本集聚于城市，既造成典型的城乡二元结构，也形成了城市产业对周边乡村就近扩张的条件。资本集聚在城市就会有资本溢出的动力，而农村恰是资本近乎为零的地区，只有极少数社队工业，因此城乡之间的要素落差积累得很高，为苏南农村工业化提供了必要的外部条件。另一个重要方面是，江苏水乡河湖港汊密集，工业发展必需的交通极为便利，城市乡村之间并没有要素流动的自然障碍。

以上是苏南农村工业化早期得益于与城市的国有企业做交易的宏观经济环境。

第一章

苏南农村工业化原始积累

苏南吴江有一个生产队，在20世纪70年代末期自主创办社队企业时资本投入为零，即使全靠劳动力，也至少还是需要得到政府严格控制的工业原材料；于是，队干部号召、全村社员协商一致：每个劳动力每年让出500工分不参与分配，由集体拿这些从全村农民社员嘴里节省出来的农产品与城市国企交换本村企业需要的原材料。就这样，连续3年，每个社员让出了1500工分，终于在农村集体化时期的人民公社体制条件下完成了村办企业的原始积累。

这个故事折射出苏南农村工业化起步时是如何解决两个最关键问题的：一是如何与城市产业对接，二是微观层面如何完成资本原始积累。[①]

理解这两个问题都不能绕开苏南农村工业化的规模经济特征——因为承接城市产业扩散的农村工业化不必再按照西方三阶段的典型方

---

① 资料来源：课题组实地调研。作者注：自从20世纪60年代国家为了获取农业剩余而做出“三定”（按照国家下达的计划指标来确定生产队的农业产量、社员分配和对国家的上交）之后，农村集体化内部得到的分配只能维持农民生存——在长达28年的集体化时期，社员依据工分得到的分配只是必要劳动时间的报酬。因而，这个故事意味着该生产队全体社员为了创办本村企业而节衣缩食3年。

式进行积累和产业提升，因此，苏南农村的工业化在类别上从开始就与城市产业同构，在产业层次上从开始就不同于温州的家庭作坊式生产，它比小农家庭经营更具有规模特征。20 世纪 70—80 年代苏南农村集体经济的发展壮大，更主要的是城乡资本要素对接中为了降低交易成本而形成的制度安排的结果。

因为，在城乡二元结构下，农村稀缺的是工业化所需的基本要素资料，如原材料、技术、最起码的生产设备等，这些资源掌握在国营企业手中，而资源的扩散渠道首先就是与这些国企同质的政府体系；而在城市，由于长期实行高积累、低消费，最短缺的恰是农村的鲜活农副产品——这样，集体组织能力强的农村社区可以将个体农户微不足道的消费节余汇总成相对成规模的农副产品供给，形成与国企的原材料进行交换的谈判地位、支付能力和生产要素的配套能力，而这又是通过村社理性——社区的内部化机制——来实现的。

本章首先回答苏南的农村如何将有限的“三农”剩余转变为与城市产业对接的初始资本；其次，从经验层面梳理苏南如何化解原始积累中的负外部性。苏南社队工业的发展历程见专题报告二。

一、村社内部自我剥夺完成原始积累

学者蔡昉曾在《乡镇企业产权制度改革的逻辑与成功的条件》一书中写道：“乡镇企业的原始积累享有廉价的生产要素供给。先来看资金积累。乡镇企业起步时的资金主要有两个来源。一是集体经济的积累，即在人民公社体制下通过长期积累，从农业上‘抠’出来的一部分资金。这笔资金固然是以压低农民收入水平为代价而得来的，但作为制度上规定的公共积累，在农产品价格仍然偏低的情况下，其机会成本却是很低的。另一个资金来源是从银行、信用社贷款。由于长期实行低利率政策，这种贷款的成本也是十分低廉的[①]。其次是劳动力。我国是一个人口众多的国家，长期实行重工业优先发展战略和城乡隔离的政策，从产业结构和制度上抑制了农业剩余劳动力的转移，使农村潜在地存在着过剩劳动力。在发展乡镇企业中，这种以农业劳动的边际生产力为机会成本的劳动力，其价格就显得十分低廉。最后是土地。农村土地归集体所有，无论是实行家庭联产承包制以前还是以后，乡镇集体或自治组织都或多或少具有在社区内安排土地用途的权力。乡镇企业作为社区集体所有的事业，使用土地根本不必支付代价，且具有近于无限的潜在供给。”[②]

作者曾对乡镇企业四个方面的初始投入有一个量化的推算：一是土地转移资本收益。20 世纪 80 年代乡镇企业创办时，农村土地从第一产业转化为第二、第三产业的增值收益，几乎无偿或低偿被乡镇企业占有，这部分土地资本的利润也不断转化为企业积累，这约占创办投资的 30%。二是福利和社会保障转化。在农村人口“绝对过剩”条件下的劳动力“无限供给”，以及农民在分户经营之后以土地为社会保障基础的背景下，企业不需要供给社会保障资金。这部分占 30%—40%。三是负利率与税收减免。20 世纪 80 年代银行信贷只能以集体经济为名获得，利率低于物价指数形成的深度负利率，以及乡镇企业享受的税收减免优惠，转化为企业历年积累。这部分约占企业资产的 10%。四是企业家的风险收益和管理者的劳动剩余（人力资本剩余），

---

① 作者注：当时尽管贷款成本很低，但农村发展工业想要获得贷款支持也是非常困难的。

② 蔡昉：《乡镇企业产权制度改革的逻辑与成功的条件——兼与国有企业改革比较》，《经济研究》1995 年第 10 期。

占企业资产的10%—20%。①

（一）资金要素：以社区内部化积累为主乃至“负资本”起步的工业化

农村工业化初期，在国家资本原始积累阶段一直存在的财政、金融双赤字的背景下②，再加上城乡二元结构制度因素的影响，社队工业发展之初的资金积累只有很少一部分来自银行信用贷款③，更多的是来自社队内部的自我积累。

在人民公社时期，苏南社队企业的投资主体是公社、大队和生产队，社办企业所需的土地、资金、劳动力和生产资源主要从各生产大队和生产队调用，队办企业则由各生产队共同出地、出钱、出物、出劳动力。④

20世纪70年代后期，苏南地区各公社（乡）平均约有100万元的集体资金可以动用。以无锡县（今无锡市锡山区）为例，其社队工业资金中高达95.4%的部分为自有资金，银行信用贷款仅占1.7%，政府的财政拨款为2.9%，而国营企业的银行信用贷款则高达44.8%（见表1-1-1）。正如常熟市蒋巷村老支书常德胜所说：“能弄到几千元

① 温铁军：《乡镇企业资产的来源及其改制中的相关规则》，《浙江社会科学》1998年第3期。

② 新中国成立60年来，财政体系一直赤字运行，银行体系是在1994年之后才转向存差，以前一直是贷差。

③ 这里主要关注的是社队工业发展之初其资本的主要来源，这与20世纪80年代中期的情况有很大的不同，因为80年代中期的社队工业（或乡镇企业）在地方政府的支持和保护下已经能够从正规信用机构获得大量贷款，并直接导致后来被普遍关注的乡镇企业负债经营的现象。对于这个问题，我们将在以下几章进行探讨。

④ 徐元明：《乡镇企业体制创新与苏南模式的演进》，《中国农村经济》2003年第5期。

贷款已经是高兴得不得了的事情了。”

表 1-1-1　无锡县国营与乡镇企业的资金来源结构比较

资金来源	国营企业①	乡镇集体企业②
政府拨款	1.6%	2.9%
国内银行贷款	44.8%	1.7%
国外投资	—	—
自有资金	53.6%	95.4%

注：①根据《无锡县统计年鉴》（1984）数字计算；②根据《无锡县统计年鉴》（1981）数字计算。

数据来源：林青松、威廉·伯德：《中国农村工业：结构、发展与改革》，经济科学出版社 1989 年版。

再比如苏州市，1980—1983 年，全市乡镇企业的资产主要通过内部积累形成，收益分配中集体所得部分占分配额的比例较高，1980 年为 56.07%，1981 年为 49.73%，1983 年为 30.71%；乡镇企业的自有资金在资金总额中占绝对地位，1980 年的资产负债率为 37.17%，1982 年为 41.15%，1983 年为 41.04%。直到 1984 年以后，负债才成为乡镇资产形成的主要手段和途径。①

这主要是因为，在国家财政、金融双赤字的背景下，财政系统和金融系统并没有足够的资金用于支持社队企业的发展。苏南的地方财政尽管没有同时出现财政和金融的双赤字，但对农村的资源转移是非常有限的，因此社队工业的发展难以像城市的国有工业那样，依靠国家财政和金融部门的投资来促成，当然更谈不上国外资金的支持。苏南地区大多数社队工业的发展是在资本极度稀缺，甚至为负值的情况

① 徐志明、张建良：《乡镇企业资金的高速增长及效益下滑——江苏省苏州市乡镇企业的实证分析》，《中国农村经济》1997 年第 3 期。

下进行的。即便在20世纪80年代之初，苏南地区的社队工业尽管有可能会利用企业与社区政府的天然联系，或凭借政府渊源获得一些贷款，但在银行方面来说，则是非常谨慎的，放款数量非常有限。

另一方面，能够形成自我积累的村还是比较幸运的。尽管苏南地属鱼米之乡，并且在新中国成立之后，特别在“农业学大寨”期间，广泛开展了土地的综合整治工作，农业生产力相对于其他地区要高出不少，但出于两方面的因素，农业仍不能提供足够的剩余来满足社队工业的资本需求：一是在传统计划经济体制下，国家通过农业税、工农业产品价格“剪刀差”等方式，致使大部分农业剩余流向城市，导致广大农村地区只能采取平均主义导向的分配方式以维持基本的生存需要；二是尽管苏南地区的农业发展水平相对较高，但由于这里人口特别密集，人地资源的矛盾非常紧张，农业增产不增收的问题普遍存在。[①] 因此，对于相当多的村庄来说，依靠农业剩余来满足社队工业发展的需要也是不现实的。

事实上，社队工业发展之初，很多村都面临资金这一最具组织作用的龙头要素长期处于负值的状况。然而，苏南的社队工业恰恰在这样的基础上——既缺少正规渠道的国家财政和金融的扶持，又难以从农业生产提取足够的剩余，更没有外国资本的输入——成功实现了资本的初步积累。

比如张家港市南丰镇的永联村，其社队工业资本的形成就是以负债5000元的“负资本”起家的[②]（见专栏3）。

---

① 黄宗智对长江三角洲集体化时期农业发展状况做出的“过密化”的判断就是一个很好的证明。

② 资料来源：中国人民大学农业与农村发展学院课题组：《永联工业化与村庄发展研究》，课题报告，2007年；新望：《村庄发育、村庄工业的发生与发展：苏南永联村记事（1970—2002）》，生活·读书·新知三联书店2004年版。

专栏 3

永联村的工业化进程

永联村隶属于张家港市南丰镇，是 1970 年江滩上围堰出来的村，在当时称为 23 大队，村民由周边 4 个乡 108 个村移民搬迁而来。1983 年“公社”改乡、“大队”改“村”时，在村支书吴栋材的倡议下，23 大队改名为永联村。“永联”的名字含有两层深意，一是希望大家永远联合起来共同建设一个村庄家园，二是联合各方力所能及的力量来帮助永联发展。

永联村工业化从 1973 年就已起步，但由于多种原因进展一直不顺利。到 1978 年 7 月吴栋材作为第八任工作组长、第五任支部书记来到 23 大队主持工作时，永联村在这一带还是有名的穷村、乱村、差村，村级负债高达 6 万余元。

在吴栋材这个在抗美援朝战斗中伤残的退役士兵的带领下，永联村最早开始进行的是典型的“农业学大寨”模式——以 5000 元借款为杠杆，从 1978 年入冬开始，动员全村 300 多劳力，历时 60 多天，挖土 5 万立方，挖成鱼塘 80 亩，水面近 50 亩。永联村用这 5000 元最初的村级基本建设投入，解决了挖土方的补助和鱼苗的投资，建设了水利系统，特别是排水系统，完善了永联村的防涝和灌溉系统，确保了渔业养殖的顺利开展。

更重要的是，永联村在将“平田整地与修鱼池结合”的过程中还形成了对本村的人力资本整合，使之在接踵而至的村级工业化中成为最活跃的投入要素，并能够有效地替代货币资本。在农田整治之后，永联村又组织村民相继开办了近 20 家队办工厂，到 1984 年与南丰供销社合办轧钢厂时已经积累起 30 万元的资金。

由于这笔借款发生在永联村工业化之前，一旦投资失败要以社区未来的收益进行偿还，因此，永联村的工业化可以说是从“负资本”起步的。

永联村借款5000元的“负资本”投入用于全村人都能得到收益的农田基本建设上，起到的是推动社会资源向社会资本转化的作用，即发挥资本这个最具龙头作用、最具组织作用的要素，动员劳动力要素成规模投入替代资金要素，恰恰是这个过程中由于形成了“组织租”而提升了村社的社会资本水平（有关“组织租”的分析见专栏4）。

专栏4

“组织租”的概念与模型分析

A. A. 阿尔钦认为，企业（或者其他作为市场相对物的组织，作者注）**“提高生产率的一个独特的来源是它的‘队’生产率**。在队中，产出并不是每个特定的合作性投入的分产出之和，而是由一个团体所生产的不可分解的没有归属的价值……它生产了一个无法分解的最终产品价值”。[①]

青木昌彦把企业看作股东和雇员形成的联盟，二者共同构成企业特质性资源，二者形成“组织租”并通过合作博弈共同分享，从而达到一种组织均衡。青木昌彦在不同的历史、法律、政治和经济条件背景下，论述和比较了股东主权模式、共同治理模式和法人管理主义模式中雇员（工会）和股东、管理者的集体谈判，参与管理的方式和效

① A. A. 阿尔钦：《产权：一个经典注释》，转引自［美］R. 科斯、A. A. 阿尔钦、D. 诺斯等：《财产权利与制度变迁》，生活·读书·新知三联书店、上海人民出版社1994年版，第61页。

率，从而使企业的合作博弈理论成为一个一般性的理论框架。青木昌彦认为“组织的特质性资源分布于不同的组织成员之间，单独使用时其价值就会下降，只有相互联系的成员形成稳定的相互协作关系，这种特质性资源的生产力才会发挥出来，这种基于团队的协作而产生的额外收益被称为组织租”。①

本书将“组织租”界定为**“所有基于团队的协作而产生的额外收益”**，它既包括阿尔钦所指的“一个无法分解的最终产品价值”与“每个特定的合作性投入的分产出”之差，也包括青木昌彦所说的股东和雇员“形成稳定的相互协作关系……而产生的额外收益”，但并不限于以上二者。

下面引入一个生产力边界模型讨论村社理性发挥作用的机制——“组织租”。②

假设甲和乙是两个相关的主体，初始状态下甲的规模远大于乙，这时甲能够影响乙，但乙不能影响甲；甲的产出给乙造成技术负外部性，即甲的产出会使乙的生产活动受到损失但乙对此无法避免或利用；乙可能通过某种方式改变这种权利结构，其改变这种权利结构的能力与乙相对于甲的规模成正比。

模型研究表明结果如下。

(1) 当甲和乙分别决策时，甲的产出由甲的边际成本和边际收益决定，而不必考虑乙的产出；乙需要根据甲产出的变化不断调整其产出以保持经济效率。就是说，设这种情况下甲和乙的均衡产出为 $\hat{q}_1$ 和 $\hat{q}_2$。

---

① ［日］青木昌彦：《企业的合作博弈理论》，郑江淮等译，中国人民大学出版社 2005 年版。

② 作者注：本模型借鉴了丹尼尔·布罗姆利在《经济利益与经济制度——公共政策的理论基础》（上海人民出版社 1996 年版）中的分析。囿于篇幅，这里略去了模型的具体推导过程。参见董筱丹：《“组织租”与治理成本——现代化进程中的农村冲突与地方治理问题》，中国人民大学博士论文，2009 年。

（2）当甲和乙形成一个统一的经济主体，这时甲和乙不再分别决策，而是承认甲对乙造成的成本，并以此选择有经济效率的产出水平——甲和乙的产出总和最大化。这种情况下，甲的产出也受到乙的损失程度的影响，设其均衡产出为 q_1^* 和 q_2^*，根据推导，$\hat{q}_1>\hat{q}_1^*$，$\hat{q}_2<q_2^*$。

（3）假设乙是两个主体丙和丁的集合。初始状态下，丙和丁没有集体行动，乙没有能力改变其和甲之间的权利结构，这时甲和乙的产出分别为 q_1 和 q_2；当丙和丁通过集体行动，可以改变甲和乙的权利结构，将甲与乙的权利义务关系调整到（2）的情形时，甲和乙的产量分别为 q_1^* 和 q_2^*。显然，丙和丁合作下的总产出水平高于（1）的情况，这时丙和丁就表现出了集体理性特征。

因此，经济规模小的主体通过合作行动，会使总产出增加；因为合作往往要在一定的组织框架内进行，这个借由合作获得的产出增量（$q_2^*-\hat{q}_2$）即为合作者获得的“组织租”。

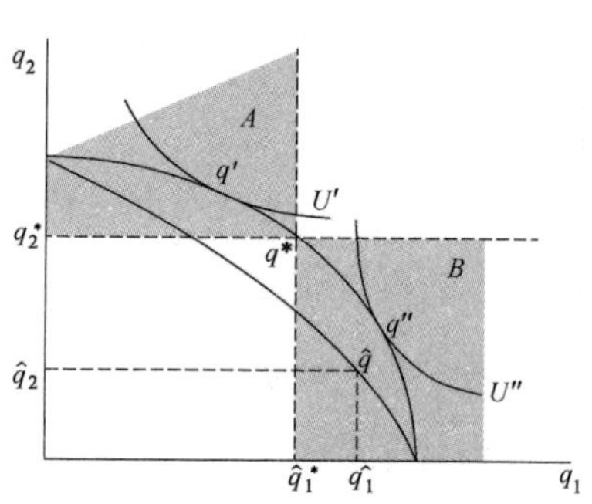

图 1-1-1　两种不同权利结构下的生产可能性边界与“组织租”

从社会效率来看，在交易费用为正的假设下，甲和乙是两个独立企业的制度安排的产出束（$\hat{q}$）在较低的生产可能性边界上；他们结成统一的经济主体这种新的制度安排的产出束（q^*）在较高的边界上。后者对前者的增量，即是社会获得的“组织租”（见图 1-1-1）。

假如永联村当初完全没有资金投入，当各个村最难服从约束的人聚居在一起时，可以断定基本不会有“组织租”的产生，分散的人力资源也难以转化成人力资本。所以，永联村的早期创业史说明，工业化前的

负债投入在一定条件下产生了“组织租”，也就内生性地产生了一个把社会资源转化为社会资本、形成带来社会资本收益的原始积累方式。

现实中，类似永联村这样在负资本水平下开展工业化的社队工业在苏南地区的农村是非常普遍的。

本书据此认为，苏南经验解读中最具理性意义的第一个讨论是：当资本稀缺为零甚至为负的时候，只有利用农村集体化体制下社队内生的“组织租”，来“以成规模劳动代替稀缺资本”，才在通常不可能的情况下完成了初步的原始积累和生产发展。

苏南地区是著名的“鱼米之乡”，相对于苏北和江苏以西地区，农业劳动生产率较高。早在 20 世纪 20 年代，无锡的农村就重视优良品种的引进，并逐步采用戽水机灌溉和使用豆饼施肥，生产技术上有了突破，正常年景的粮食亩产为 225—450 公斤。以无锡县为例，该地区每一农业劳动力平均年产粮食 315—420 斤，处于当时全国的领先地位。正是在这样的条件下，苏南农村较早就有劳动力从粮食种植上转移出来，从事经济作物的栽培，直至转向手工业及外出做工、经商和贩运等。新中国成立以后，苏南地区的农民组织起来发展集体经济，借助水利设施的改进，农业更是长期稳产高产，到 20 世纪 70 年代后期，苏、锡、常三地粮食总产量比新中国成立初期增长了两倍以上。[①]可见，依靠劳动力投入改进农业生产基本条件而产生“组织租”的效果是明显的。后来的发展实践证明，苏南乡镇企业的高速发展，离不开历史上一直延续、集体化时期明显强化了的村社组织资源。

（二）劳动力剩余价值的产生及社区内部转化

西方发达国家“以资为本”的一般资本主义发展模式，与一般发

① 陈焕友：《江苏现代化建设的实践与思考》，江苏人民出版社 1998 年版。

展经济学关于储蓄如何转化成高效率的投资的理论研究相呼应；而中国工业化进程中以成规模劳动替代稀缺资本则是在一个资本极度稀缺的困境下无奈的创新。苏南以集体经济为名的、以乡镇和村级组织为载体的地方工业化，既依循了国家工业化特殊时期的制度经验，又结合实际进行了创新。

中国的传统社会中，因大河流域灌溉的农业生产方式而产生对高质量体力资本的需求，由于人口的比例关系而使得总人口数增加。一方面，农业生产条件的改善、效率的提高使得单位土地面积可承载的人数增加；另一方面，劳动者为减少土地维生压力而从事家庭多样化经营。随着宋以来中国海外贸易的发展，劳动力密集型的农村家庭手工业从国际市场上获取更多的收入，减少了对土地的依赖，人力资本成为财富增加的主要来源，使得人地资源禀赋的密集化具有一种自我强化（Self-enforcing）趋势，**劳动力不计成本的投入亦成为小农理性的一个核心机制**。20 世纪 50 年代的国家工业化原始积累与 80 年代乡镇企业的原始积累，都离不开这一传统农业社会内涵的“比较制度优势”。

因此，**乡镇企业与国有企业相比有竞争力的秘密既不是企业家的能力，也不是经营机制，而主要在于村社将资源内部化地进行资本化开发形成的企业利润中，隐含了以企业组织形式实现的 70%以上的社区转移收益**。

本书认为，苏南农村工业化的实践演变出了一种另类的、东方式的工业资本原始积累方式，其具有苏南特色的创造性在于，因借助了村社理性的内部化处理外部性问题的机制，而得以把劳动剩余价值和工业资本积累的结合放在一个更小但更为紧密的社队内部的环境中进行。

乡土中国的村社历来就有内部化的多元经济形态，在近代农村集体化体制下则发展为“农林牧副渔工商建运服十业并举”。在社队内部利用工农业并举，农业部门滞留的大量剩余劳动力不必出远门，就可以实现就地转移，即所谓的“进厂不进城，离土不离乡”。

在城乡二元体制的制度硬性约束和村社内部化机制下，一方面，长期的集体分配导致农村中大部分劳动力的风险厌恶情绪极高；另一方面，在长期城乡二元结构对立体制下形成的社队工业中的从事工业的劳动力（务工社员）的预期收入，也并不以城市工人的工资水平作为参照，而是参照村社内部的务农收入及其辛苦程度。因此，在苏南农村工业化的创业时期，那些从事乡村工业的劳动力才可以接受大大低于城市工业劳动力的报酬，从而使得在社队内部的企业不必按照美国经济学家刘易斯根据西方经验所给出的说法——支付一个相对于农业收入较高但绝对水平较低的工资来支撑利润积累，而是凭借社区内部一系列独特的乡土文化派生的社情机制，来进一步压缩劳动成本开支，使社队企业员工的工资甚至低于农业劳动力的收入，而务工劳动力和其他村民也能乐得其所。

于是，**苏南经验中客观上存在着一种很少被理论界提及的“小村优势”**——越是人口规模相对较小的村，以内部化机制来化解工业化原始积累必然遭遇的外部性风险而必须形成的协商一致的“交易成本”就越低，就越是容易在集体经济条件下进入工业化——上述案例介绍的永联村，以及很多至今仍然是“集体经济强村”的工业化村社（包括知名度很高的江阴华西村），工业化起步的时候本村的人口规模都小于千人……

对这种社区内部化机制的进一步归纳，则可以看出以中国乡土文化积淀为基础的村社理性在农村自主推进工业化之中的魔力，这才可能是包括刘易斯在内的西方左右翼经济学家们当年所难以想象的。不仅刘易斯一直把资本与劳动、利润与工资看成是相对立的两个事物，同源于西方思想的马克思也一向把资本与劳动对立起来，有你无我，此消彼长。但在苏南的农村社区内部，因为普遍以劳动投入作为资本积累的重要来源，二者是水乳交融的。

20 世纪 80 年代的很多研究计算过城市中的“灰色收入”，就是不纳入正式工资收入的福利性收入，大约占城市居民工资收入的 40%，城市职工可以据此享有从出生到死亡的各种工资外的福利；但是长期以来农村社区的居民并没有这些福利。例如，直到 90 年代中后期，城市劳动力一直都有养老保险，有为家属子女报销一半医药费的制度，其子女可以进单位开设的幼儿园、子弟学校、职业学校，甚至大学，这些都是城市企业对劳工成本的附加开支。而在农村，由于农民的福利被土地承载，这些本来属于企业对农村劳动力应支未支的福利，与下文提到的土地地租一起，转化为乡镇企业的自有资产。从现象上看，就是乡镇企业拥有国有企业无法比拟的低成本优势，表 1-1-2 就是一例。

表 1-1-2　中国纺织工业各类企业平均工资（1989—1991）

单位：元

企业性质	1989 年	1990 年	1991 年
中外合资	3663	4232	5674
国有	2069	2252	2377
城市集体	1368	1688	1862
乡镇	1132①	—	—

注①：所有乡镇企业工业的平均工资数。

数据来源：林青松、杜鹰：《中国工业改革与效率——国有企业与非国有企业比较研究》，云南人民出版社 1997 年版。

总而言之，在农村社队内部化机制作用下的村内二元结构里，工农业之间是存在要素报酬的非对称流动的，与整个国家层面城乡二元结构下“以农补工”做法的最大的不同在于：这种村社理性及其内在于社队的内部化机制，使得整个农村工业化原始积累进程几乎没有发生任何形式的对抗性矛盾，农业资源就被低成本地抽离到工业部门。

农村社区工业化与国家工业化的第二个不同是，这种低成本转移收益并没有泛泛地流失到其他地区的工业资本积累中去，而是仍然留在社队的内部。

因此，中央政府称乡镇企业是农民的“伟大创造”。而苏南，则是这一伟大创造最具代表性的地区。

在很多农村，以低成本的劳动报酬增加劳动积累是依靠“工分制”进行的。这是创业初期处境艰难的苏南社队工业资本原始积累的一个重要做法。

在农业集体化时期，工分是全国农村农业生产活动的记工凭证。凭借生产队记录的工分，村民可以在年底领取报酬。而在兴办工业之后，苏南的很多农村社区又把这种农业领域的凭证移植到工厂薪酬制度中。

那时候，由于到工厂务工的全是本村农民，他们农忙时务农，农闲时务工，或者工厂有活时干活，没活时回家务农。总之，社队企业工人都是兼业务工的农民。既然他们都属于村集体的成员，也就为工分制度的继续推行创造了条件——工人到工厂做工后，并不领取工资，而是和参加集体农业生产劳动一样记为工分，到年底时才领取报酬。

作为一种先积累、后付酬的分配制度，年底工分归户结算的方式为集体企业赢得了流动资金。在工分制下，务工农民并不是当月领取工资，而是在年底由企业转给生产队，再由生产队扣除两金一费（公积金、公益金、生产费）后交给个人（也叫“转队工资”，由生产队“靠工”折算为工分参与分配）。这样，企业在日常生产中就可以把工资费用节省出来作为流动资金，而这种延期支付的工资，因为不需要支付任何利息，就等于是村民用自己的工资为企业提供了一笔免费贷款，这些无疑为企业的资本原始积累创造了良好的内部条件。

工分记载的是预付劳动的积累量，但劳动者领取多少报酬还与工分兑现的分值有关。在苏南农村工业化的原始积累中，为了降低工资成本、增加企业积累，村集体在计算工分报酬时一般都采取压低分值的工分兑现办法。工分还有社区内部共担风险的作用。一般说来，在效益好的年头，企业都能在年底兑现承诺，将工资支付给村民；而在亏损的年份，则只能推到下一年结算，这实际上是村民共同分担了企业的经营风险（见专栏5）。

专栏5

苏南村落的工分故事——以蒋巷村和晟泰村为例

常熟市蒋巷村是苏南乡村工业化的一个典型案例。

蒋巷村的工业起步于1977年，之前该村在“农业学大寨”时期打下了良好的农业发展基础，20世纪70年代后期就赢得了粮食生产大村的美誉。1977年，该村在村支书常德胜的带领下，办起了第一个村办企业——塑料厂，其后又陆续兴办了砖窑厂、五金厂，这些早期企业为蒋巷村后来的工业发展积累了宝贵的资本和管理经验。在创办初期，虽然蒋巷村具备一定的农业积累能力，但相对于兴办工业的资本需求而言，无异于杯水车薪。面临重重困境，蒋巷村实行了记工分的办法，并且分值通常也是低估的。

以1984年为例，村民到塑料厂、砖窑厂上班的工分单价只有8分钱，而同期的农业工分单价为1.92角，前者不足后者的一半。廉价的劳动开支并没有招来村民的反对，没有人为此罢工。一个原因是：大家希望“熬过今天，明天会更好”。

蒋巷村的村账记录了这一不同寻常的村办工业的创业史，充分体现了村民用廉价劳动所作出的贡献。可以说，初期社队企业的利润都是从农民的低报酬劳动攒出来的。以蒋巷村第 18 大队为例，1984 年共有 16 人到塑料厂上班，当年他们共累积 85989 个工分，按每个工分 8 分钱计算，共计报酬 6879 元，平均每人每个月的工资只有 24 元。另外还有 13 个人到砖窑厂上班，当年共累积 40375 个工分，仅支付工资 3230 元，人均月工资只有 20 元。

直到今天，蒋巷村村民仍然沿袭着这种工资发放模式。

昆山市淀山湖镇晟泰村是另一个案例。这个村有一个支撑全村经济命脉的企业——晟泰集团，当初只靠 6 个人和几把电烙铁起家的社队企业，在其原始积累历程中也经历了类似的过程：员工的薪酬先用工分记账，到年底由生产队结账，再转交个人。到了 20 世纪 90 年代初，每个人月均工资也只有区区 30—40 元，如果出满勤，也仅能加上 5 元钱的满勤奖。直到 2002 年，随着外来员工数量的增加，这种沿袭多年的工分记账式的薪酬发放方式和低定额标准才宣告终结。

资料来源：课题组成员实地调研。

（三）社区土地资源的自我资本化

土地，在人口年增量为千万级的中国，不是西方经济学提出的相对稀缺的要素，而是极度稀缺的要素；因人口更稠密而稀缺度更高的土地，也是苏南乡镇企业原始积累过程中另一个有重要贡献的要素。

1. 土地增值收益的来源

根据李嘉图的地租理论，土地首先是自然形态下的一种资源，不同地块土地的生产率和价值是有所区别的。比如，肥沃的优等地与中等地和劣等地相比，由于生产率更高，其单位粮食的生产成本就比后两种地要更低；由于市场上粮食价格取决于劣等地，优等地和中等地都将获得一块超额利润，劣等地只能获得平均利润；优等地和中等地的这个超额利润就构成了级差地租的典型形态。除了自然地力以外，土地所处的地理位置也是决定土地收益的一个重要源泉，亦是级差地租的重要组成部分。

源自地理位置便利的农业级差地租，在进入工业化时能够转变为差别化的“变现收益”。同样是一亩闲置土地，把它放在贵州凯里和江苏昆山，其社会价值和经济价值有天壤之别：前者由于远离中国的工商业中心，土地价值至多只能体现在农作物种植的收益上；而后者则由于处在长江三角洲经济中心，广阔的工商业前景使得土地所蕴涵的工商业价值远远超过农业价值。因此，一旦这种最初作为自然资源形态的土地从农业用途改作工商业用途，其经济价值将得到极大提升。用发展经济学理论归纳，这个过程就是土地资源的资本化。

然而值得讨论的是，在苏南农村工业化初期，大部分土地仍然主要用于农业，特别是用于附加值最低的粮食生产，而不是大面积改变种植结构用于高附加值的蔬菜花卉等经济作物生产。20 世纪 80 年代中期苏南乡镇企业大发展的时候，作者在苏南调查中经由乡村基层干部教育才知道这也是一种内部化处理外部性风险的机制——以村社地缘边界为产权边界的土地共有制，使土地客观上成为村社及其成员都可以利用的无风险资产——土地之所以主要用于满足村内自足需求的粮食生产，恰恰是在很多村内劳动力转为从事工业生产的时候村社更需要以土地作为内部无风险资产，从而使得村社可以综合使用本村各种资源来发展外部风险相对较高的社队工业。

就创办一般企业必须的投资而言，如果完全按市场经济的规则配置，土地要素需要通过购买来获得，那么，在农村工业化初期包括苏南在内的农村很难具备自我工业化的条件，因为农村本地没有谁有足够的资本实力来占有足够办厂的土地（尤其当20世纪70—80年代农村大多数集体资本为负、农产品市场被国家控制的时候，这种可能性更是微乎其微），这时，土地资源资本化的主体一般情况下只好让位于外部资本这个“他者”，作为土地所有者的农村本社区成员能够分享到的土地增值收益往往很少，也就难以形成社区的原始积累。

而苏南乡镇企业的创办，恰恰是在土地利用的规范性约束制度空白或执行模糊的条件下，无论是实行家庭联产承包制以前还是以后，乡镇集体或村民自治组织都或多或少具有在社区内安排土地用途的权利。从实践经验来看，乡镇企业作为社区集体所有的事业，使用本来就属于村社共有的无风险资产的土地，因根本不必在创办之初就支付代价而最大化地获得土地风险收益，且基本不受政府约束①，因此，在乡镇企业的收益中，相当大部分是由土地资本化收益直接转化而来的。

比如，根据常熟市1986年的一项土地清查结果，被查的4277家乡镇企业全部为“非规范”用地②，涉及土地面积27087.77亩，其中

① 蔡昉：《乡镇企业产权制度改革的逻辑与成功的条件——兼与国有企业改革比较》，《经济研究》1995年第10期。

② 作者注：这里的“非规范”是指没有按照有关政府部门规定的手续和流程进行土地用途转变，没有褒贬之义。

耕地 19375. 28 亩；平均用地规模较小，每家企业平均非规范用地 6. 3 亩，全民和城市集体企业的平均非规范用地为 29 亩（见专栏 6）。

专栏 6

常熟市乡镇企业用地的来源

1986 年 3 月 21 日，中共中央、国务院印发《关于加强土地管理、制止乱占耕地的通知》(中发〔1986〕7 号)，针对当时“城乡非农业建设乱占滥用土地的问题仍然普遍存在，有的地方甚至出现了猛增的势头。乡镇企业和农村建房乱占耕地、滥用土地的现象极为突出”的问题，要求各级党委和政府在年内对 1982 年 5 月《国家建设征用土地条例》公布实施以来的非农业建设用地，认真进行一次清理。

常熟市的清查结果显示，乡镇村企业单位的“违法”占用耕地最多，占用耕地面积达到 27087. 77 亩（见表 1-1-3）。

从另一个角度看，这恰恰反映了乡镇企业发展初期土地使用的零成本，土地自我资本化及增值收益的内部化分配。

表 1-1-3　常熟市非农业建设用地清理情况汇总（节选）

<table>
<tr><th colspan="3">名称
项目</th><th>序号</th><th>总计</th><th>全民和城市集体所有制单位</th><th>乡镇村企业单位（个）</th><th>个人（户）</th></tr>
<tr><td colspan="3">清查单位数（个、户）</td><td>3</td><td>31277</td><td></td><td>4277</td><td>27000</td></tr>
<tr><td colspan="3">清查土地总面积（亩）</td><td>4</td><td>27087. 77</td><td></td><td>27087. 77</td><td></td></tr>
<tr><td rowspan="3">查出违法用地</td><td>数量（件）</td><td></td><td>5</td><td>14392</td><td>10</td><td>4277</td><td>10105</td></tr>
<tr><td>面积（亩）</td><td></td><td>6</td><td>27970. 553</td><td>290. 648</td><td>27087. 77</td><td>592. 135</td></tr>
<tr><td>其中：
耕地（亩）</td><td></td><td>7</td><td>19665. 928</td><td>290. 648</td><td>19375. 28</td><td></td></tr>
</table>

（续表）

项目 \ 名称			序号	总计	全民和城市集体所有制单位	乡镇村企业单位（个）	个人（户）
违法性质	擅自占用	数量（件）	8	2720	10	2710	
		面积（亩）	9	13594.648	290.648	13304	
	越权审批	数量（件）	10	1513		1513	
		面积（亩）	11	13607.77		13607.77	
	买卖租赁土地	数量（件）	12	54		54	
		面积（亩）	13	176		176	
	少批多用	数量（件）	14	10105			10105
		面积（亩）	15	592.135			592.135
对违法用地的处理情况	处理违法用地	数量（件）	16	5067		3816	1251
		面积（亩）	17	24419.99		24396	23.99
	退回耕地（亩）		18				
	拆除建筑（平方米）		19	13466			13466
	罚款金额（万元）		20	23.4	17.44		5.96
	给予行政处分（人）		21				
	追究刑事责任（人）		22				

注：栏目关系 5=8+10+12+14，6=9+11+13+15。

资料来源：常熟市土地管理志编纂委员会：《常熟市土地管理志》，百家出版社1999年版。

上述乡镇内部资本化的土地，增值收益到底有多少呢？鉴于目前理论界对于土地综合价值计算并没有统一的标准，这里只是引述常熟市有关政府文件中关于国家、乡镇企业和外资企业用地的补偿标准作为参考（见专栏7）；需要说明的是，这些补偿与安置方案，也只是体现了土地综合价值的一部分，主要是农业生产和劳动力就业功能。

专栏 7

乡镇企业土地自我资本化的增值收益——几种补偿标准的参考

乡镇企业占有了多少集体土地资本化的增值收益？这些收益在其总收益中占多大比重？由于缺乏统一的衡量标准和系统的数据，我们无法翔实计算。以下仅列出常熟市国家建设征地、乡（镇）村集体建设用地和开发区用地的补偿标准和安置，作为估算土地资本化后价值增值的一个粗略参考。

1. 国家建设用地征地补偿与安置

1976 年 10 月 18 日，县革命委员会批转县计划委员会《关于进一步贯彻节约用地，加强基建征地管理工作的意见》规定，基建征用土地应按公平合理的原则发给补偿费，一般土地以其产量和国家征购价格计算为标准，补偿 2 年；蔬菜地（包括水生菜地）按稻田补偿标准增加 3—5 成计算，补偿 2 年；桑、竹、果、茶园等特殊土地，按其前 3 年的平均实际产量和国家收购价格计算为标准，一般补偿 3 年，最高不超过 4 年，并合理补贴青苗补偿费。

1989 年 12 月，根据苏州市人民政府《关于国家建设征用土地补偿、安置等问题的调整意见》，对因国家建设征用土地造成的农村多余农业人口和剩余农业劳动力支付安置补偿费，每一个多余农业人口和剩余农业劳动力的安置补助费标准分别为该耕地被征用前 3 年平均年亩产值的 3 倍和 6 倍计算。剩余农业劳动力与多余农业人口的安置补助费不重复计算补偿。

2. 乡（镇）村集体建设用地征地补偿与安置

1976 年 10 月，县革命委员会批转县计划委员会《关于进一步贯彻节约用地，加强基建征地管理工作的意见》规定："农村社、队办企业使用的纳税土地，原'三定'任务不变，也不核减农业税。"土地补偿、劳力安置等，由各公社对顶。社办企业使用土地经批准后，由用地单位与土地所属生产大队签订占用土地协议书，规定占用土地的方位、面积、年限。补偿标准按各乡镇经济情况确定。福山公社规定：社办企业每占1亩耕地，由用地单位给土地所属生产大队补贴124元，后改为每占用1亩棉田补贴186元，占用1亩粮田补贴256元，青苗补偿费按一熟产量产值计算。每占用1亩土地，安排2个劳动力，一般由用地单位安排，有困难的由公社调剂安排。

1991年10月15日，常熟市人民政府制定并发布了《关于印发〈常熟市非农业建设用地有偿使用收费管理试行办法〉的通知》，对非农业建设用地使用费的收取标准作了如下规定：国营、大集体企业，每平方米为0.20元；乡（镇）村办企业，每平方米为0.15元；个体经营和私营工商企业，每平方米0.60元。

3. 开发区用地补偿与安置（1991年）

1991年10月发出的《关于经济技术开发区建设若干问题的意见》中规定，除外商投资企业执行国家现有政策外，对进入开发区建设的联营、国营、集体、乡镇企业，降低开发区内建设项目征地收费标准，平均每亩收费不到2万元，包括土地补偿费3500元，青苗补偿费565元，附着物补偿费4000元，劳动力安置费8000元（每亩2人，每人4000元）。征地后的土地工，原则上先就地在大集体性质的乡办企业安置，然后开发区内的工厂企业对符合条件的土地工应分批吸收、安置工作；对安置确有困难的劳力，由市劳动部门协调解决；对超过招工年龄的老年人，按原有关政策，实施保养制度。

注：1993、1995年又对开发区建设用地补偿标准进行了调整，由

于与乡镇企业大规模占地的1984—1986年在时间上相去太远，参考价值不大，故而略去。

资料来源：常熟市土地管理志编纂委员会:《常熟市土地管理志》，百家出版社1999年版。

---

2. 土地资源资本化的增值收益分配

土地资源资本化的另一个重要问题是增值收益如何分配。

苏南经验的一个特点是：在农村社区内部将资源形态的农业用地“低成本”地转变为资产形态的产业用地，然后将形成的土地增值收益向社队企业资产转移，形成农村工业化的原始积累。

对农村土地资源的自我资本化，是苏南社队工业加快资本原始积累的一个重要途径；而资本化收益在社区内部化分配的方式，则弱化了土地用途转移中的社会成本。

我国农村实行的是土地集体所有制，在“大包干”以前，土地收益的分配权归属于集体；社队企业是由社队集体发起的，其产权归属和收益归属也在集体。由于土地资源是公共产权，社队企业也是公共产权，二者在土地级差收益的分配上具备融通的条件，而连接这个融通渠道的就是社队集体组织，如村支部或村委会；加之，现实中作为社区能人的村支书或村主任往往兼任社队企业的领导，他们在社队内部拥有崇高的威望，在社队内部工农业间的利益分配问题上往往具有很大的发言权。因此，在由农转工、工业还很弱小的农村工业化初期阶段，一个自然的处理办法就是把社区土地的非农化实现级差收益留给社队企业，将其用于社队工业的进一步发展，而不是作为可分配利润分给村民。村民之所以能够接受这种处理方式，一是出于对社队领导权威的尊重；二是出于“肥水不流外人田”的安慰，以及进一步的对未来收益的期盼。

至于在具体方式上如何推进土地的资本化，可能只是派生的问题；大多数是农村集体经济实体依靠内部自我积累在社区的土地上兴办企业，也不乏各级政府推动农村社区与外部资本联手共同推进村社土地资源资本化、加快工业化资本原始积累的案例，参见专栏 8。

专栏 8

昆山市陆家镇的土地资本化道路

在毗邻昆山县城（现改为昆山市）的陆家镇，上述两种土地利用方式都很普遍。

陆家镇占地 35.4 平方公里，原有 25 个行政村[①]，这 25 个行政村在 1977—1978 年就开始兴办社队工业。这些社队工业起步时，对土地、厂房的要求很低，占用土地的手续简单——只需跟村集体打个招呼，费用低廉，农民对此一般也没有反对意见，因为土地资源相对丰富和价值较低，土地的占用几乎不影响农业生产。然而，这种廉价的土地一旦从农业用途转向工业用途，便会出现较高的土地变性收益，并最终留在社队，成为社队工业资本积累的内在源泉。正如前面所分析的，农业部门的土地要素以低成本的方式向工业部门流动，并将增值收益在社区内部化分配，有力地支撑了陆家镇社队工业的资本原始积累。

陆家镇神潼泾村的土地资源资本化采取了另外一种方式。1978 年，本着“一工一农，一世不穷”的想法，神潼泾村迈出了社队工业

① 2000—2001 年合并后，现在只有 8 个行政村。

化的第一步，先后启动了小五金、小塑料、农副产品粗加工等项目。然而到20世纪80年代初，这些社队企业的发展非但无太大成效，反倒呈现出自生自灭的迹象。神潼泾村民逐渐清楚地认识到自身所处地理位置使村里的土地具有较高的资源资本化的潜在价值，只要能够将土地的价值发挥出来，将本村发展与城市产业资本向农村要素低谷扩张的客观需求结合起来，就能借助别人的资本、技术和市场来发展壮大自己。1985年，神潼泾村以廉价征用的本村25亩土地和厂房作股，与昆山市粮食局联合成立糠炭厂，实现外部资本、技术和市场向本村工业的植入。借助粮食局的力量，糠炭厂的产品行销上海，主要为宝钢等大型企业服务。由于有了稳定的市场，糠炭厂效益快速增长，到20世纪90年代中后期，每年的利润都能达到300万元，粮食局、神潼泾村以及糠炭厂按照“三三制”分红，企业一年留利就能达到100万元，而村集体的积累一年也能增加100万元。——以土地为载体的城乡要素联姻，为神潼泾村工业资本的快速积累奠定了基础，同时也为其下一步的工业扩张创造了条件。

资料来源：课题组实地调研。

土地资源资本化的增值收益作为一种“组织租”，对土地的集体所有权和使用权具有高度依赖。如果土地的集体所有权、决策权以及使用权受到削弱，那么，它对资本积累的作用就必然会减弱。这也是那些农村工业化强村大多数是集体经济强村的一个内在原因。

由于苏南的社队工业起步于20世纪70年代中后期，到江苏全省乃至全国大面积推行土地家庭承包经营的1982、1983年，苏南的社队工业已见收益，相当多的苏南村队在推行家庭承包经营以后，又自发实行了多样的联合生产——实际上就是以维护集体经济的名义延续了村社理性的生命周期，延长了土地、劳动力等要素对社队工业资本的支持时间。

比如，昆山市农业经济研究会会长张树成就认为，苏南社队工业得益于社队的集体力量，家庭承包经营虽然有利于解放农业，但对社队工业来说，则可能会由于农户独立性增强，以及对土地的私人要求权的增加，而减少社队集体的干预力量，进而使得来自农业要素的支持力度下降。

从全国来看，几乎所有社队工业发达地区在推行“大包干”方面都晚于传统农业地区，比如，当时与苏南一道“坚持社会主义农村集体经济”的浙北、胶东和辽东。

如果不讨论意识形态，只归纳其经济发展之中具有共性的实质经验，则可以认为，这些集体化地区实际上坚持的是地方产业资本原始积累时期利用村社理性机制来内部化处理外部性问题。①

（四）风险收益：村社共同承担企业经营风险

企业理论认为，企业家是资本投资人，投资人又是企业经营风险

---

①　苏南乡镇企业的这一依托村社内部化来平衡成本—收益的用地机制在20世纪80年代末开始弱化。20世纪80年代末《土地管理法》出台后，兴办乡镇企业虽然不必依法申请使用国有土地，但必须获得地方政府的许可。《土地法》第四十三条规定：任何单位和个人进行建设，需要使用土地的，必须依法申请使用国有土地；但是，兴办乡镇企业和村民建设住宅经依法批准使用本集体经济组织农民集体所有的土地的，或者乡（镇）村公共设施和公益事业建设经依法批准使用农民集体所有的土地的除外。进入20世纪90年代，苏南各地通过建立开发区、工业小区，促进企业向开发区集中，乡镇企业以地域为基础的村社属性进一步弱化，而朝着市场化方向发展。至“九五”期末，苏州全市拥有各类开发区近200个，全市乡镇企业中已有40%的企业、60%的经济总量和80%的新办企业集中在各类开发区内。参见徐元明：《乡镇企业体制创新与苏南模式的演进》，《中国农村经济》2003年第5期。

的承担者，资本投资的风险成本和收益理所当然地由资本投资人占有。但是在苏南农村工业化初期，由全体村民组成的村社担当了投资者的角色，相应地，社队企业的经营风险也不由企业家承担，而是以社区成员土地共有为基础来承载外部风险的社区内部化机制来处理。

社区共担风险，弱化了资本原始积累中的经营风险可能导致的社会成本。

这也与苏南的产业结构有关——由于苏南的早期农村工业是城市大工业向农村扩散而形成的，产业类别上与城市工业同构，经营活动通常是高机会收益与高风险并存，这在农村普遍贫穷的情况下往往是个人财力所无法承担的，因此最初创办时期的风险只能由全村共同承担。

苏南地区的村民当时经常说的一句话就是“卖不动了就回家种地”，这反映的是一种以村社成员共有土地来承载企业风险的共担机制，其效用在于：通过成功分摊经营风险，从整体上提高了社队企业抵御外来风险的能力；相应地，风险收益也理所当然要归属社区，而不是企业家或者投资人。

这种早期苏南工业化内部处理风险的方式还可从以下两个事实得到说明。

其一，20 世纪 80 年代末至 90 年代初经济剧烈波动期间，乡镇企业几乎不破产倒闭，只是根据市场需求的波动而不停地开开关关，因没有刚性的工资成本而总体上实现平滑增长。亦即，外部宏观波动的风险部分地被村社理性的内部化机制弱化了。

其二，《企业破产法》在立法讨论时就很明确地不将乡镇企业包括在适用范围内，因为立法者很清楚这种特有的风险内部化处理方式意味着乡镇企业不可能破产。

综上所述，村社成员依托共有的土地这个无风险资产来共担风险，成为村社理性的另一个重要机制，使社队企业在发展过程中遇到的风险成本大多顺畅地、成功地分摊到每一个村民身上。可以说，风险收益是在资金、土地、劳动力要素之外苏南农村社区工业化原始积累的第四项来源。

二、苏南社区内部化处理外部性问题的历史经验

一般说来，只要经济行为主体从事经济活动，便不可避免地产生外部性问题。在初始工业化之不可避免的资本原始积累阶段，不论作为其推动者的经济行为主体以何种身份出现，也都不可避免地产生外部性问题。

尽管主流理论研究中不乏对资本积累负外部性问题的分析，但多数研究不是“顾左右而言他”的含混晦涩，便是“只见树木不见森林”的先天短视；而且，理论界似乎更热衷于探讨资本积累过程中因知识和技术外溢而导致的正外部性问题。但是，就历史发展经验看，资本积累初始阶段的外部性问题多以负外部性的面目呈现；而学术界真正从资本积累这一经济发展的本质问题出发去进行负外部性问题研究的恰恰相当匮乏。从发展中国家经济发展的实践来看，能否正确对待并妥善处理资本原始积累过程中的负外部性，是一个比处理正外部性更为重要和紧迫的、具有自主创新意义的问题。

从中国整体的发展经验来看，第一代领导集体对于资本原始积累的负外部性从一开始就是认识清楚的，自新中国成立起，前 30 年工业化进程中对于资本原始积累的负外部性的化解主要是国家通过发动农民组织化实现“成规模劳动替代稀缺资本”和利用社队企业（乡镇企业）进行“以工补农”；这二者同时也是中国加快自我积累型工业化

的重要手段（见专题报告三）。

从苏南农村早期工业化的发展经验看，不仅有对国家“以工补农”政策的继承和发展，更有依托村社理性另辟蹊径的创新。

按照传统的西方政治经济学理论，单家独户以其资本和劳动力要素存量，是不具有进入现代工业化条件的；如果要进入工业生产，只能是先进入作坊手工业，经过不断发展，成为地域集中的工场手工业，之后劳动者才能作为机器的延伸进入以机器大工业为主要特征的现代意义上的工业化发展道路。苏南农村并没有经过从传统家庭手工业到机器大工业的发展过程，而是一开始就以村为单位整体进入跟城市工业同构的地域相对集中的工厂加工业。[①] 这种资本原始积累初始制度安排与西方经典道路的根本不同，导致苏南地区在处理资本原始积累的负外部性方面跟西方具有根本上的差异。主要在于：作为以村为单位整体进入工业化的典型代表，苏南农村社区的主要经验是通过发挥村社理性机制作用、形成内部公平分配收益等方式来化解资本原始积累的负外部性，从而避免了西方历史上通过殖民扩张向外转嫁而带来的暴力和血腥，并且加快了工业化资本积累的步伐。

当然，不可忽视的还有促使这种内部化机制形成的外部环境。其中一个重要的激励因素就是，由于政府在财政亏空的情况下将部分财政职能转移给乡镇企业，而允许乡镇企业对支农建农资金税前列支；另外还有一个重要的刚性约束条件就是，苏南农村在推进工业化的同时必须自己解决本地区的粮食安全问题——1992 年粮食市场放开之前，苏南的粮食供给只能通过当地的农业生产来提供，1992 年虽然全

---

① 也有学者认为，西方历史上工业化早期的家庭手工业，中国其实自宋以来就开始发展，明清之际在苏南地区已颇为壮观；然而伴随列强的入侵和帝制的解体，中国的这一历史进程被迫中断。

国粮食市场放开，但1993年中央就因粮价大幅上涨而提出了省长“米袋子工程”、市长“菜篮子工程”——一直到1997年粮价回落之前，以市场化方式保障一个人口稠密地区的粮食安全仍然不太现实。

在苏南农村，几乎所有的外部性问题，如工农两部门的收益差别、村民社会保障，乃至于一般市场条件下企业遇到的风险问题，都通过社区内部化处理加以解决。这种做法通常被视为苏南乡镇企业和农村经济社会全面发展的成功之路，既是一度引人关注的“第二种苏南模式”的本质内涵所在①，也是对经济学中“内部化处理外部性问题”理论的重要创新。

（一）构建收益公平分配的内部化机制

财产关系最终表现为财产分配关系，生产关系最终表现为收益分配关系。

在苏南农村地区，产业资本原始积累是从全村资源乃至和每个人的生存相关的生产和生活资源转化而来的，由此形成的产业资本收益也必然要在社区内部公平分配，这样才能保证这种积累制度的自我实施（Self-enforcing）而不至于半路中断。这种公平的收益分配机制无论与后来人们讨论的社会主义和资本主义是否有关，都更主要地反映了这种产业资本积累和发展过程与社区文化相结合所必然产生的制度结果。偏好任何意识形态而进行意识形态化讨论的人，都可以使用这个制度结果来支撑己方的理论，而本来不必一力诋毁。

具体说来，这种公平化的收益分配机制主要包括以下几个方面：

① 顾松年：《“苏南模式”的争论和不同模式观——兼论农村模式研究向区域模式研究拓展延伸》，《中国农村经济》2002第8期。

1. 工业就业机会在村内的公平分配

在完全的市场机制下，工农业之间劳动生产效率的客观差异——通常情况下，工业部门的生产效率和技术进步速度要显著高于农业部门——往往会导致工农业者实际收入分配上的差异。在社队工业的发展初期，工业就业机会是决定村民收入水平的一个重要因素，因为那时企业规模极其有限，第二、三产业不能提供足够多的就业机会，而村民又很难有社区之外的就业选择。因此，将有限的工业就业机会在村民间进行公平分配，就构成社队内部收益公平分配关系的重要内容。

在苏南地区，大多数社队企业都因地制宜地创造了能够“服众”的分配就业机会的办法，有效降低了村民之间为争夺就业机会而爆发矛盾和纠纷的可能。当初那些“有幸”被选进工厂务工的劳动力，也并不是完全按照个人素质和劳动生产率等能力标准来进行选拔的，而是综合考虑各种因素的结果（见专栏9）。

专栏9

昆山市晟泰村非农就业机会在村内的公平分配

在前面提到的昆山市淀山湖镇晟泰村，1983年顾永元开始创建塑料厂时，只能提供六七个上班的岗位。这些岗位与农业田间劳作相比劳动强度低，是“轻巧活”，说不定收入还能高些，所以全村村民的眼睛都盯在上面。但僧多粥少，村集体和塑料厂商量后，决定挑选几个体质较弱不能胜任繁重的农业体力劳动，但又心灵手巧能够胜任“手握电烙铁，焊接一些小的塑料制品”工作的人来补这个缺，结果六七个女孩子被挑中。对于这次工作安置，村民们没有产生异议。

之后，随着塑料厂生产规模的不断扩大，新的工作机会不断增加，需要不断补充新的劳动力，这时采取的招工办法是：新增工作机会在不同家庭之间通过抓阄的方式进行分配，这种看似原始的机会分配方式尽管可能导致结果的不公平，但由于程序上和过程上的公平，得到了村民的广泛认同。在抓阄之前，村集体和塑料厂还额外补充了一个条件：优先保证那些还没有一个务工机会的家庭获得这样的机会，那些已获得了务工机会的家庭，不再参与第一轮的抓阄。只有当第一轮抓阄结束，并且每个家庭都有了至少一个务工机会之后，所有家庭再参与第二轮抓阄。

资料来源：课题组实地调研。

通过抓阄来决定工作机会的分配，其实并不是晟泰村的独创。根据课题组调研，在 20 世纪七八十年代，这是一种很普遍的做法。那个时候，进社队企业上班名额的确定，在村里是件敏感的事情，村书记要是“搞不定”“摆不平”，或者“一碗水端歪了”，就会失去威信，而最简单的、最不容易造成矛盾的分配办法就是抓阄。

抓阄看起来是件小事，实际上却解决了一个大问题，那就是公平、公正与凝聚力的问题。在这些土办法的背后，蕴含了一种和谐的内部关系：弱者得到照顾，强者作出一定的让步。比如，晟泰集团在就业安置中，就优先照顾残疾人，只要具有一定的劳动能力的，集团就会给他们安排一些力所能及的工作，这样既解决了他们的就业问题，也帮助减轻了其家庭负担。

2. 工农从业收益的社区内部平衡

从理论上讲，如果社区内各家各户在工厂上班的人数相同，那么即使务工与务农收入之间存在差异，也不会出现村内各农户之间收入分配过度不公平的问题。然而，在社队工业发展早期，能够进入社队企业，即村民所谓的“工厂”上班的村民毕竟还是少数，多数人还得继续留在农田耕作。尽管社队内部在就业机会分配上尽最大努力去实现公平，然而各家各户在进厂务工人数上依然会有所区别。因此，确保务工收入与务农收入之间的均衡就成为社队内部收益公平分配的第二项重要内容。

正如国家在二次分配领域可以利用税收、转移支付等手段来“压高保低”一样，在苏南社队工业发展早期，社队集体通过内部收益调剂，也较好地控制了社区内务工与务农收入间的差距。村民务工和务农收入的核算标准，均由村集体内部协商来确定。通常，务工工资略高于务农收入以保证村民进厂做工的积极性。但在某些情况下，特别是当务工的劳动强度远低于农业劳动时，社队集体会使务工工资低于务农收入，以平衡村民务工和务农工分数量的差异，从而确保务工和务农收入相差不大，这显然是从防止最终收入水平差距过大角度进行的制度安排。从这个角度，那些进厂务工人员不能因为他们在工厂做工，就比村里那些留在农田务农的村民得到更高的报酬，否则对务农村民和没有人在工厂务工的家庭就不公平。

在实际操作中，有两种方式在苏南农村得到普遍推行。

第一种方式是采用工资按户统筹方法，社队企业把务工村民的工资直接打给生产队，再由生产队根据全队的总体收入情况决定务工村民的报酬。这种工资发放方式因将务工村民与务农村民的收入并行考虑，从而限制了工业工资的独立性，保证了工农业收益的均衡。如昆山陆家镇神潼泾村，每一个在糠炭厂上班的村民，必须转经生产队之手才能拿到自己的工资，而在这些工资里，又有近 10% 的部分被扣作集体积累。按当时工人月均工资 20—30 元计算，每人每个月要贡献出 2—3 元以作集体之用。

第二种方式是社队利用集体积累的资金对农业生产进行补贴，以降低农业生产成本，从而间接提高务农村民的收入。由于各区域、各村的生产条件和特点相差很大，在具体操作中，不同的村集体的举措也各不相同。晟泰村和蒋巷村的做法见专栏10。

专栏10

晟泰村和蒋巷村通过集体经济调节工农从业收入差距

在晟泰村，尽管在20世纪80年代初就推行了承包责任制，但村集体仍然利用集体收入购置了价值五六万元的农业机械设备，并成立机耕队。在农忙时，机耕队以极其低廉的价格为村民提供收割、打晒、运输等服务。这不仅解决了农忙时节劳动力紧缺的问题，让务工的村民能够安心生产；更重要的是，村集体对机耕队在各环节的补贴，使机耕队将各项生产服务收费降到较低的水平，为农民节省了生产成本。

蒋巷村的做法主要是利用工业上缴的利润帮助村民承担各种农业税费。开始的时候，该村只是在遭遇天灾农田减产时用村集体积累替村民负担部分甚至全部农业税费；在风调雨顺之年，村民仍需正常缴纳农业税费。后来，随着常盛集团的发展，村集体财力壮大了，蒋巷村开始常规性地替村民承担各种农业税费直到全部承担。

资料来源：课题组实地调研。

得益于以上种种措施，20世纪80年代中后期全国普遍出现的城乡差距和工农业收入差距迅速扩大的现象在苏南地区却很少见到，并且，在苏南社队内部还出现了务工和务农的收入差距逐步缩小的趋势，一些原来在工厂务工的村民甚至萌生务农的念头。例如，蒋巷村的一

个村民原来在常盛集团做工，他认为自己一来没有太多的文化，二来已年过四十，在工厂里没有太大的发展前途，而从事农业生产的收益却不比务工低多少。反复权衡后，他向村里提出了返农种地的要求，最后村集体出面从其他承包户那里调剂出30亩地来给他耕种。

3. 社区福利保障

除工资报酬外，福利也是一项重要的体现公平内涵的收益分配内容。在苏南社队集体内部，“村民身份”通常被作为能否享受社区福利的唯一标准：只要拥有本社区居民身份，在福利待遇上就一视同仁，而不管从事什么工作。

这些依“村籍”来分配福利的做法，使得福利在不同村民之间真正做到了同质化。这在相当程度上弥补了在初次分配领域可能遗漏下来的一些分配不公的问题，同时也构成了社队内部收益公平分配的第三项重要内容。

社队内部的公平分配还表现在不同代人之间的公平性上。老一代村民为社区早期工农业发展奠定基础作出了巨大贡献，但因为年龄原因已退出劳动第一线，不再参与一次分配。对于这些人，苏南社队集体一般都力所能及地提供较好的养老保障（见专栏11）。

专栏11

蒋巷村和晟泰村的社区福利供给

蒋巷村从20世纪90年代就开始兴建了第一批住宅小区，共包括86栋别墅，由于规划整齐、设计优美，被江苏省建委评定为“村镇文明住宅小区”；其后又兴建了包括90多栋别墅在内的第二批住宅小区。在这些小区的住宅里，电话、电视、气化灶具、太阳能热水器、卫生洁具、自来水管道、小水井等一应俱全，其安装建设费用均由集体承担。而领取这些住宅的唯一要求就是拥有本村户籍。一个颇耐人寻味的事情是，蒋巷村的掌门人常德胜，由于此前把户口迁移到了镇上，不符合上述“村民身份”的条件，也同样没能享受到村里的别墅。

蒋巷村的另一项福利是，不管是务工人员还是务农人员，只要是本村居民，就可以统一享有村里的合作医疗等保障待遇，村民看病一般只需支付很少的钱。此外，蒋巷村还斥资 500 万元为老年人修建了老年公寓，老人只要拥有本村“村籍”就可以入住。

再如晟泰村，很早就由村集体出面为村民办理养老保险，村民个人只需要缴纳费用的 10%，其余由村集体支付。2001 年女性年满 55 周岁、男性年满 60 周岁的村民年补助标准为 480 元。2003 年的标准有所提高，60 岁以上的男性村民或 55 岁以上的女性村民，每人每月可以领到 130 元的生活保障费；而 70 岁以上的村民，每月则可以领到 160 元。在这种制度下，晟泰村很好地解决了村民的养老之忧。

资料来源：课题组实地调研。

（二）打造“绿色车间”，有效避免农业衰败[①]

20 世纪 80 年代去苏南考察的农业专家对苏南的农业生产方式普遍质疑。比如，世界银行的专家认为，苏南地区的区位优势突出，用

---

① 对于工业化进程中工农业之间的关系，从国家层面来开展研究的较多。作为发展经济学理论和实践的一个重要共识，能否正确处理工农业之间的关系，一直是发展中国家和地区在实施工业化过程中所面临的重要课题。其中，农业对工业发展又具有至关重要的作用，堪称其前提和基础，而这又直接体现为传统发展经济学理论对农业发展之于工业发展的四大方面的贡献——产品贡献、要素贡献、市场贡献和外汇贡献。

来生产粮食太可惜了，应该用来生产高附加值的花卉；北京的农业专家认为，苏南地区的农业机械化程度那么高，从投入—产出角度看太不合算……对此，苏南人的回答是：第一，我们要自己生产粮食才能维持本地的粮食安全；第二，青壮年劳动力都在工厂干活，大田里缺少劳动力，只能用机械替代。

确实，假如农业劳动力已经稀缺到不使用机械就会影响粮食生产，而粮食生产和流通的政策环境与市场环境等又是刚性约束，那么考察苏南农业的投入—产出核算就应该采用一个新的视角——用生产这些粮食的劳动力的务工收入，即务农的机会成本，作为机械投入来代替劳动力的成本—收益的参考。

从世界范围看，工农关系问题是发展中国家工业化进程中的一个最基本的问题。对于苏南来说，一方面，农业发展是社队工业发展的前提和基础①；另一方面，苏南的工业化过程也不可避免地面临生产三要素流失而导致农业衰败的潜在难题。这两点在发展中国家追求工业化的发展经验中具有普遍性。

苏南农村工业化早期也确实经历了一个因忽视农业基础设施建设而导致农业减产的阶段。

根据江苏省财政志②，1976—1980 年，江苏省农林水基建支出达 9.93 亿元，占经济建设支出中基建支出的 23.8%。1981 年以后，江苏省

---

① 这是因为，其一，20 世纪 80 年代中期之前，国家粮食市场还没有放开，农村居民生存所必需的粮食只能靠自给来解决，而苏南农村要发展工业，就必须不断发展农业生产，以便从农业剩余中提取积累来支持工业发展；其二，苏南社队工业的发展依托农村集体经济组织，而农业是集体经济的本源，农业发展不仅能壮大集体经济的力量，也能增强集体经济的凝聚力，为社队工业的发展提供进一步支撑。

② 江苏省地方志编纂委员会：《江苏省志·财政志》，江苏古籍出版社 1996 年版，第 321—331 页。

大幅度压缩投资，农林水基建投资减少的幅度更大。1981—1985 年，基建支出锐减为 25.33 亿元，比 1976—1980 年减少 39.4%，其中农林水基建支出为 2.26 亿元，比 1976—1980 年的 9.93 亿元减少 7.67 亿元；水利基建拨款从每年的 1 亿多元减到 2000 万元，只及 1971—1975 年的 22.3%。其结果是，“农业投资锐减后造成粮棉生产出现新的徘徊”。

直到全省重新重视对农业增加基建投资后，一些地区的粮食产量才得以稳定。1983—1990 年，中央和地方以联办形式，投资建设铜山、邳县等 19 个商品粮基地县，累计投资 1.43 亿元。在 1984 年江苏粮食比上年增产 30.08 亿公斤、商品粮基地县增产 7.05 亿公斤的农业产量高峰之后，1985—1988 年，全省粮食年均产量较 1984 年减产 11.18 亿公斤，下降幅度为 3.3%；而商品粮基地县粮食总产量仅比 1984 年减产 1.1 亿公斤，下降幅度为 1.3%，响水县、沭阳县还有所增产。

20 世纪 80 年代末至 90 年代初，苏南很多农村通过采取“绿色车间”的做法，有效避免了农业衰败的出现，走出了一条不同于既往发展经验的新道路。所谓“绿色车间”，是把农业也视为一个与工业车间并列的必不可少的“车间”。表面上这是对农业部门的一种别称，实质上是为避免生产要素过度从农业部门流失而引发农业衰败的一种调整，反映了村队集体对农业的高度重视。最为重要的是，这一做法在有效保证农业对工业发展发挥应有贡献之余，维持了苏南农业在工业化过程中不衰败；换言之，维持了工业化进程中农业的可持续发展。

其道理在于，社队集体在推进工业化初期，村内工农业劳动力的劳动报酬都采取工分的方式进行年终结算，如前所述，这是社区内部实现收益公平分配的一个重要方面；后来虽然工分制改成了工资制，但收益公平分配的基本指导思想没有变，不仅要让“绿色车间”的农民也拿工资，并且还保证从事农业的收入不低于甚至某种程度上还高于进工厂车间务工，这样才能维护种大田农民的积极性，从而“逆发展规律”地维持了苏南农业在工业化过程中不衰败。

因此，苏南工业化过程中打造“绿色车间”的做法，本质上仍是社区内部收益公平分配的内在要求。研究者们往往忽略了这一点，才有本小节开头所列举的各种质疑。

为打造“绿色车间”，苏南地区通常由村社集体出面，采取了一系列措施。

1. 良田改造

工业发展必然要占用土地，如何在满足工业用地要求的同时，又尽量保证农业生产不致因土地面积减少受到太大的影响，成为很多村集体面临的重要问题。苏南农村通常采取的做法，一是尽量在地力不好的土地上兴办工业，以减少对良田的占用；二是在农用地转向工业用途的同时力争开垦荒地，为农业生产补充新的土地资源，把农用地的流失降到最低。

比如，张家港市永联村，由于土地资源极其有限，在最初兴办五金厂、家具厂、玉器厂及后来创办永联钢铁厂的时候，都是在占地的同时通过围堰沿长江岸线开垦新田，并对过去的一些低洼、常年闹水灾、地力较差的土地进行人工整治，将其改造成适合耕种的良田。

像这种开垦新田、保护良田、保存农业土地储备的做法，并不是永联村的个别现象，也不是张家港市的个别现象，在整个苏南地区都相当普遍。

昆山市国土资源局提供的资料显示，在 20 世纪 80 年代至 90 年代初苏南社队工业发展高潮时期，由于每年占用的耕地数量多达几万亩，上至市县、下至村队，都开展了大规模的造田运动，仅通过填埋的方式就把30%的低洼田改造成为良田，各村队累计增加的良田共近10万亩，大大缓解了工业发展所造成的农地资源的损失。

2. 促进土地适度规模经营

20世纪90年代初，苏南农村由于乡镇工业比较发达，非农就业机会已经较多，相应地，劳动力务农的机会成本也比较高。如果不加干预，不但会导致农村精壮劳动力持续转移出农业生产领域，而且会使继续从事农业生产的农民的务农积极性不断下降，部分地区因此出现了土地粗放经营甚至撂荒的现象。如何提高土地利用效率，确保粮食稳产增产，在完成国家粮食收购任务的同时，又保证社区内部的粮食供给和农副产品原料供给，成为村集体在发展工业时一个不能回避的普遍性问题。

对此，苏南地区一个比较突出的做法是促进土地规模经营，具体做法见专栏12、专栏13。

专栏12

蒋巷村的“两田制”

“两田制”最初起于山东平度，蒋巷村从20世纪80年代中期开始推行，其核心是把农户承包的土地分为口粮田和责任田。两类土地所承担的义务和发包方式不一样：口粮田只承担农业税，而责任田除承担农业税外，还要完成定购任务；口粮田按人承包，每个农业人口都有均等的一份，而责任田则以竞争承包方式促进规模经营。为完成国家粮食收购任务，村集体把责任田交给种田能手或骨干农户机械化大规模耕种。随着工业化程度的提高，有些农户把口粮田也一并上缴集体，由集体统一出租，而集体则向农户补偿上缴的土地使用费。通过土地规模经营，苏南农村有效提高了农业生产者的劳动生产率，并用规模经济抵消了农产品相对于工业品的低价格和低收益所带来的负面影响，同时还有效保障了国家统购任务的完成。

资料来源：课题组实地调研。

专栏 13

晟泰村的土地流转

昆山市淀山湖镇晟泰村在 20 世纪 90 年代中期共有 2792 亩土地，除去 550 亩鱼塘外，剩下的 2242 亩耕地中有 1100 亩集中在 15 个大农户手中，另外的 1142 亩则分散在其他农户手中。当时村里有 70%左右的农户耕种着土地，平均每户只有 2—3 亩。晟泰村为推动土地流转和规模经营，实行流转费集中分配的办法——每个农户按每亩 190 元的价格向村集体缴纳流转费，村集体扣除 5%的管理费后，将余下部分按转出的土地面积在村民间进行分配。在粗放型耕种模式下，小规模经营农户的种植收入可能不足以弥补流转费的支出，因此，这种办法为村民的土地流转提供了一种激励。其后，这个村的土地流转数量和规模化经营程度不断提高，目前最大经营规模农户的经营面积已达到 220 亩。

资料来源：课题组实地调研。

---

3. 增加现代生产要素投入

除了做好耕地的文章以外，苏南农村在实践中还通过农业机械、优良种子等现代生产要素的投入，来促进“绿色车间”的发展（见专栏 14）。而包括技术、良种、机械在内的很多现代生产要素要有效促进农业生产，也只有依靠集体经济的力量，才能克服单一农户的规模限制。

专栏 14

蒋巷村的农业机械化

蒋巷村 1983 年就成立了农副业综合服务站，其后，村集体又为服务站购置了不少机器，使之服务于村民的农业生产，大大提高了该村农业生产的机械化程度。[①] 1987 年，村集体出资 19000 元购买了第一台中型拖拉机，随后又陆续购买了水稻割秧机、割晒机等，总马力数从 1977 年的 60 马力增加到 1985 年的 228 马力。进入 20 世纪 90 年代，村里购置农业机械的步伐进一步加快，总马力数也一举达到 500 马力以上。与此同时，村里成立了机械服务队，里面的专职人员农忙时提供机械服务，不忙的时候可以到工厂打工。对于这些服务，在 20 世纪 80 年代村里是免费提供的，后来虽然实行了收费制度，但所收费用与外村相比，仍然非常低。其中的差额部分，由村集体进行补偿。正是由于这种依托集体经济力量来强化农业要素投入的机制作用，蒋巷村留在农业部门的村民无须自己掏腰包，就可以享受现代生产要素带来的生产效率和产量提高。当然，更显著的收益是借助机械的力量将更多的劳动力配置到该村的工业部门。

资料来源：课题组实地调研。

---

① 1985 年，村里实行家庭联产承包责任制时，为延续机械化耕作对农业生产的支持，对于那些在 1985 年之前购买的农用机械村里并没有分下去，而是仍保持集体所有，并由集体统一调动使用。1985 年之后，依然是村集体出资购买农用机械。

通过上述分析不难发现，苏南地区在社队工业的发展过程中，之所以能够克服单纯的市场力量所带来的收入分化和发展的结构性不均衡问题，做到村民之间、农户之间、工农业之间收益分配的统筹协调，关键就在于它依托了社区集体的组织力量。在集体决策和机会资源分配中，个体之间的利益分歧、工农业之间的资源冲突都在组织内部得到了解决；而村民对社队工业发展的良好预期、集体与个体农户之间的重复博弈机制，村内信息的充分与低成本共享，都提供了化解潜在矛盾的前提和基础。这种化解与协调，正是以社区为基础的社队工业得以顺畅发展的一个关键力量和前提基础。

综合本章全部内容，可以说，依托社队集体组织进行各种资源配置是早期苏南农村工业迅速发展的一个法宝。在苏南地区社队工业的发展过程中，这是一种低交易费用和高效率的通过社队自我积累调集和动员工业化所需资源的制度安排。因此，在后来全国普遍推行“大包干”的农村经营制度改革中，苏南社队普遍强化或延续了集体组织形式。

进一步看，苏南的原始积累之所以能够在短时间内完成，并不是这个过程没有对劳动剩余的占有；但如此大量的剩余占有能比较平和地、低社会成本地进行，主要秘密在于东方小农家庭和村社作为基本经济单元的一些独特的行为机制——人地关系高度紧张的东亚小农村社制条件下的农户理性之不同于西方及西方殖民地条件下规模农业经济主体的异质性特征在于：农户家庭资源有限，不可能被个体化排他性地占有，而使得家庭不可聘用或解聘家庭成员，遂有土地和其他财产的家庭成员共有基础上内部化处理外部性问题之经济机制——以家庭维持生存而共有的土地作为无风险资产，利用有限资源多样化、兼业化经营来弱化外部风险；家庭成员为了家庭综合收益和整体福利最大化而不计个体收益和个体福利地进行劳动力组合投入，以促进要素的优化配置和家庭积累。

苏南发展集体工业早期的劳动报酬连劳动力的简单再生产成本都不及，而仍能被农户所接受，是因为劳动力简单再生产成本的支付通常并不由工业部门来承担，而是由社区内按人均分的土地来维持农户的基本生计。[①] 这种通过劳动力资本多样化投资来弱化风险、均衡收益的机制，是中国的小农经营中长期存在的一种内在稳定机制。

正是小农家庭的多种生计经营，将社区工业化原始积累阶段的劳动力成本和经营风险及其他外部性问题都内部化地消化吸收了，才保障了苏南社队工业的迅速发展。

---

① 另一个原因是在非均衡的劳动力市场条件下，劳动力由于缺乏社区外的就业机会，从事社区工业的机会成本近乎零。

第二章

地方政府公司主义与乡镇企业发展

在开始分析之前，我们先看一个案例。这样的案例在苏南俯拾皆是。

案例

从“草根工业”到“电缆之都”

——吴江市七都镇光电缆产业创办过程

江苏省吴江市七都镇作为全国光电缆生产基地，2005 年行业销售量已占据全国市场的 50%①。其光电缆产业的创办过程具有苏南乡村工业化的典型特点——在地方政府支持下，与上海的产业资本向苏南扩散相结合。

七都的光电缆产业最早是从桥下村发展起来的②。1984 年，桥下村的村领导班子对村里人的各种社会关系进行排查，发现邻村文义兜

① 宋生荣：《七都镇：浅析七都镇光电缆产业的发展之路》，七都镇统计站，2006 年 5 月 25 日。

② 一般人想不到的是，当时桥下村几乎是七都最穷的村子，被当地人称为“苏南的苏北”。1982 年以后，村民在新上任的村支部书记沈银归的带领下积累了不到 10 万元的家底，像许多其他“负资本”起家的村庄往往集中精力办具有“超前性”的产业一样，桥下村也率先谋求发展的升级。又如前文提到的张家港市永联村，也是在 20 世纪 80 年代中期变卖了已有的农村小工业资产，集中精力办钢铁工业，从此走上了和城市产业同构的道路；这一决定在当时不仅一般人认为是异想天开，上级领导也认为有“巧妇难为无米之炊”之虞。

村的一位村民有个堂兄是上海电缆研究所所长，便决定通过他找项目。在该所长的建议下，1985年，桥下和文义兜两村合股创办了七都第一家电缆企业——吴江特种电缆厂①，这是七都由“草根工业”② 转向现代工业的关键一年。

电缆行业属于偏重产业，初始投资规模大。当时办电缆厂投入至少上百万元，但社队连10万元也拿不出来，村里通过乡党委书记向县主管工业的副县长汇报，副县长表示别说100万元，200万元、300万元我们也要上。③

…………

后来，走上正常运行的吴江特种电缆厂成了七都电缆行业的技术扩散源——七都新企业的创办都会从特种电缆厂带走一批人才和客户，七都成为“光电缆之都”，特种电缆厂被誉为七都电缆行业的“黄埔军校”。④

资料来源：刘豪兴：《乡镇社区的当代变迁——苏南七都》，上海人民出版社2002年版。

点评：特种电缆厂初创过程中，地方政府举全县之力承接上海的社会资本携带的高技术产业资源向苏南的辐射，从而推进了七都镇的产业转型。主要表现在：第一，以政府名义集中配置借贷信用、土地

---

① 必然中的偶然是这种产业升级与国家的产业发展导向不谋而合，不久召开的党的十三大把交通、通信、邮电确定为国家重点建设项目，光电缆行业获得历史性发展机遇。

② “草根工业”一词出自费孝通先生对于社队工业的分析。费老认为，社队工业的这种强盛的生命力和普遍的适应性，不能不使人联想到那野火烧不尽、春风吹又生的小草，草根深深扎在泥土之中，一有条件它就发芽，就蓬蓬勃勃地生长。这种社队工业，可以称为草根工业。参见费孝通：《费孝通选集》，天津人民出版社1988年版。

③ 在此后多次前往上海的洽谈中，有时副县长和乡书记也陪着去。这体现了当时完成了工业化原始积累的苏南农村寻求产业转型和升级的客观需求。

④ 作者注：这里面的道理也很简单。因为特种电缆厂是在地方政府的鼎力扶持下创办的，并非产生于企业自有的原始积累，企业发展的收益自然也要在当地进行各种内部化的分配，而不能被企业据为一己之有。

和劳动力要素，节约了企业的交易成本；第二，政府担保企业经营风险，帮助企业度过了最艰难的创办时期；第三，特种电缆厂“吃螃蟹”成功后，通过技术和管理人才的外溢效应带动周边地区产业升级，作为对地方政府支持的回报。

从经验材料看，20 世纪 80 年代中后期，苏南农村工业确实经历了一个产业发展和结构提升的过程，不仅产业层次提升，而且与城市工业更加同构。这显然难以完全依靠农村集体经济的内部化积累来完成。此一时期，帮助进行要素融通的并不是市场机制，而是地方政府。

大都认为中国的计划经济体制是以政府全面介入经济为基本特征的，却不大愿意承认，20 世纪 80 年代以来的中国工业化进程名义上是市场经济，本质上仍然是以政府作为经济活动的“内在参与者”为特征的。两个阶段用“政府公司主义”来概括都不为过——无论对政府和所谓市场的关系如何表述，政府特别对经济生活的深度干预总是不争的事实；所不同的是，计划经济体制时期是“中央政府公司主义”，而 20 世纪 80 年代以来则以“地方政府公司主义”为主导。

这并非偶然的巧合。如前所述，中国人的原始积累与西方人之最大的不同，在于这个资本化过程是大多数劳动者被国家这个资本实际占有者以“继续革命”的名义动员，因而大部分自觉、少数不自觉地参与其中的特殊形态①。其对制度的形成和变迁的影响为：原始积累过程中形成的“举国体制”等具有“中国特色”的政府公司主义经济基础，与建立在这种经济基础之上的上层建筑一起，共同构成了其后

① 温铁军：《百年中国，一波四折》，《读书》2001 年第 3 期。

产业资本扩张和反映其扩张需求的制度变迁的路径依赖。

从客观制度环境看，真正促进苏南开始进入农村工业化原始积累进程并助推其产业升级的，正是 1977 年中央政府认可率先在江苏实行的“收支挂钩、全额比例包干”财政体制所催生出来的地方政府公司主义。这是上一章所讲的村社理性机制得以发挥作用的外部制度空间。

一、从中央政府公司主义到地方政府公司主义

从中央政府公司主义到地方政府公司主义的过渡，始于中国因 20 世纪 70 年代末财政危机演变为城市的全面性经济危机，而于 20 世纪 80 年代初进行的最核心的制度变迁是发生在财税环节的三大改革，即地方财政分灶吃饭、企业拨改贷和利改税（见专题报告四）。

财税体制改革不仅强化了地方政府的独立财政主体地位，也使城市中的国营企业拥有了实现自身经济效益最大化的自主决策和财务核算空间，一些成本—收益不合算的生产经营环节，在企业紧缩性的调整、整顿中首先被甩出来。而地方政府，尤其是县域以下的主要面向农村的各级政府，则通过各种努力促成城乡要素的对接。地方政府的这种努力与农村为发展工业化而进行的各种制度性自我创新结合在一起，便有了 1984 年以后全国范围内农村工业化的全面兴起……

（一）江苏省财税体制改革与地方政府公司主义

江苏与其他地区最为不同的是，早在 1979—1980 年危机爆发前的 1977 年，江苏从中央就争取到了财政包干权。在其他各省与中央财政之间普遍实行“收入固定比例留成，超计划另订分成比例”的

时候①，江苏就实行了“收支挂钩，全额比例包干”的体制。

1976 年 11 月 11 日，江苏省财政、物资管理体制改革问题讨论会在北京召开。会议商定，江苏省的财政体制从 1977 年开始试行固定比例包干的办法，所谓“收支挂钩，全额分成，比例（指上解和留用比例）包干，几年不变”，即根据江苏历史上地方财政支出占收入的比例，确定一个收入上缴留用的比例，这种分配方式一旦确定，四年不变。其收入上缴的比例是：1977 年上缴 58%，留成 42%；1978 年到 1980 年上缴 57%，留成 43%。

这项财政收入分配制度改革大大增加了江苏省的财政权限，因其有利于地方政府在省域内统筹安排，调剂使用社会财力，加快发展步伐，而成为促进苏南进入农村工业化原始积累进程的重要的制度诱因。

随后，江苏省在此基础上，着手对本省的市、县财政体制加以改革，将原来的统一管理改为分级管理，并将原来的“超收（与当年计划比）分成”改为“增收（与上年实绩比）分成”，鼓励各地增产增收。1982 年，在确保完成上缴中央任务的前提下，省对市、县试行了“收支挂钩、比例包干、全额分成”的办法。

从中央到江苏省分级管理的财政体制的实施，不仅使市、县逐步成为具有独立的收支预算、有自己的机动财力的一级财政，还推动了乡镇基层建立财政，使之成为有独立财政收支的最基层财政主体。

1985 年江苏省决定：为了进一步巩固和完善乡（镇）基层政权建设，根据“一级政府，一级财政”的原则，经过 1984 年的试点，1985 年起在江苏全面建立乡（镇）一级财政。乡（镇）政府可以根据自己的财力，统一安排各项支出，支持乡（镇）各项经济和科、教、文、

① 比如，1976 年 3 月 3 日，财政部还通知各省、自治区、直辖市，从 1976 年起试行“定收定支挂钩，总额分成，一年一变”的财政体制。

卫、体等各项事业的发展。①

财政体制改革对于提高地方可用财力的作用显著，1977年到1980年江苏的财政收支呈现高速增长，财政总收入从1976年的44.01亿元增加到1980年的62.45亿元，财政支出从1976年的18.70亿元升至1980年的28.95亿元。② 在财政收入共增长41.90%的情况下，财政支出增长了54.81%，比前者高出了近13个百分点。

地方政府不仅拥有财政预算收入的激励，非预算收入激励也是一项重要因素。非预算收入包括预算外收入和自筹资金。其中，预算外收入主要来自那些无须缴付直接或间接税的事业单位③，主要包括提供残疾人就业的“福利工厂”和与乡镇学校挂钩的“校办工厂”④；自筹资金主要来自乡镇企业上缴的利润和费用。另外，地方政府对厂房、设备等收取的租金，直接参与企业管理并提取管理收入⑤等，也是重要的收入来源。

到20世纪80年代中期，中国在经济危机压力下普遍实行“划分

---

① 陈焕友：《江苏现代化建设的实践与思考》，江苏人民出版社1998年版。

② 参见江苏省地方志编纂委员会：《江苏省志·财政志》，江苏古籍出版社1996年版，第49页、第296页。

由于数据统计口径变化，出于对数据可比性的不确定，我们没有将江苏省财政收支的增长速度与全国总体水平做对比。当然，江苏省财政收支快速增长，也有当时全国财政收支整体快速增长的背景。

③ 陈鸿仪：《中国乡镇企业体制转变：市场自由化，契约形式创新和私有化》，华中科技大学出版社2005年版，第29—30页。

④ 按照财政部统一的口径统计，江苏的预算外资金收入从1958年的1.63亿元发展到1990年的121.28亿元，1990年相当于预算内收入的89.7%；预算外资金支出从1958年的1.42亿元发展到1990年的121.28亿元，1990年相当于同期预算内支出的120%。预算外资金收支的不断增长，为平衡财政预算起到了重要的调剂作用。

⑤ Jiahua Che, Yingyi Qian. *Insure Property Rights and Govemment Ownership of Fims. Quarterly Journal of Economics*, 1998. 113 (2).

收支，分级包干，五年不变”的财政体制改革，由此催生出地方政府公司主义带动地方工业化在全国遍地开花，而此时苏南已经捷足先登地接近于完成了农村工业化原始积累。

（二）公司化地方政府的行为目标

财政体制改革后，地方政府因为有了独立的财政利益和资源配置的主导权，行为取向也发生了很大变化。

对地方政府官员的个人激励机制主要有地方官员的政绩考评、从乡镇企业发展中获得的各种福利和政府豪华消费等。20 世纪 80 年代中期以后，珠江三角洲、苏南等地区乡镇干部享受的待遇比内地市县干部优裕得多，如高级轿车、私人住宅等。

然而，对地方政府的政绩考评中，最主要的指标是追求经济总量最大化。作为一个从传统农业国向现代工业国跃升的发展中国家，这其实是中国追求工业化战略在地方层面的反映。在依据经济总量作为官员政绩考核的几乎唯一指标的体制下，具有公司主义特征的地方政府，往往非常重视本地区经济总量、经济增长速度等指标在全国、全省的排名，因为这与官员的荣誉、地位及升迁直接相关。为此，为了争做经济发展的“领头羊”“排头兵”，许多地区甚至不切实际地提出了所谓的“赶超战略”“跳跃式发展战略”，盲目地与其他地区比规模、赛速度、争名次。

从经济发达地区对百强县排名的追逐可见，追求地区经济发展的总量和速度并不是哪一个政府部门的问题，而是整个政府体系的共同追求，不论其中的个体是主动参与还是被动参与（见专栏 15）。

专栏 15

全国"百强县"竞争

从 1991 年开始，每年 9 月到 10 月底，总有一个牵动全国 2800 多个县域的排名榜发布，这就是每年一届的全国百强县评比。

由国家统计局依据统计指标评定的中国农村综合实力百强县拉开了我国县域经济综合实力评比的序幕。1991、1992、1994 年评选的是"农村经济综合实力百强县"。此后中断 6 年。到 2000 年恢复评选，更改名称为"全国县域经济基本竞争力百强县（市）"。

尽管逐渐涵盖了更多的社会系统指标，但百强县的评选指标主要是以经济发展和人均收入指标为主，即便是一些社会指标也明显与经济发展程度密切相关。2000 年恢复评选时对评价指标体系作了进一步的完善，分为经济总体实力、平均水平（富裕程度）和发展速度三类 16 个指标（见表 1-2-1）。

表 1-2-1　全国县域基本竞争力评价指标体系

<table>
<tr><td rowspan="4">总体实力</td><td colspan="3">人口</td></tr>
<tr><td colspan="3">城镇化率</td></tr>
<tr><td colspan="3">地区生产总值</td></tr>
<tr><td colspan="3">地方财政一般预算收入</td></tr>
<tr><td rowspan="9">平均水平</td><td rowspan="9">居民</td><td rowspan="3">收入</td><td>城镇居民人均可支配收入</td></tr>
<tr><td>农民人均纯收入</td></tr>
<tr><td>在岗职工平均工资</td></tr>
<tr><td>储蓄</td><td>人均城乡居民储蓄存款余额</td></tr>
<tr><td>消费</td><td>人均社会消费品零售额</td></tr>
<tr><td rowspan="4">区域</td><td>人均地区生产总值</td></tr>
<tr><td>人均地方财政一般预算收入</td></tr>
<tr><td>人均金融机构贷款余额</td></tr>
<tr><td>人均地方财政支出</td></tr>
</table>

（续表）

发展速度	地区生产总值增长率
	地方财政一般预算增长率
	居民收入增长率

在第九届全国县域经济百强县的前十名中，江苏省占到七席。其中江苏省江阴市、昆山市、张家港市和常熟市地理位置相连的四个县级市作为“区域经济强县统筹发展组团”并列第一名。

表 1-2-2　全国县域经济百强县动态变化情况

年份＼席位	江苏省	浙江省	山东省
1991	22	12	23
1992	27	20	15
1994	25	23	14
2001	17	24	21
2002	17	24	20
2003	21	27	21
2004	21	27	21
2005	22	27	23
2006	21	25	25
2007	24	25	25
2008	25	26	26
2009	27	26	26

数据来源：中都县域经济研究所 · 县域经济基本竞争力评价中心:《第十届全国县域经济基本竞争力与科学发展评价报告》，中国经济网，2010 年 8 月 18 日。

在全国百强县中，江苏、浙江、山东三省占的比例最大，各有特点（见表 1-2-2）江苏县域经济规模大，百强县大而强，全国十强县中占有7席；浙江县域经济人口规模小，百强县相对富裕程度高、差别小，特点是“民营经济+产业集群+专业市场”，城乡统筹条件比较突出；山东县域经济单位众多，差异性大，百强县突出性不足。

另据统计，聚集了2/3全国百强县的环太湖区域成了环境污染的典型。按照国家统计局的计算，与改革开放初期相比，全国百强县中名列前十位的县，人均耕地减少了2/3。①

专栏16

“地方政府公司化”激励机制的实地调查

陈鸿仪对上述“地方政府公司化”的激励机制进行了实地调查。

（1）对乡政府收入来源的调查表明，除了江苏省H镇外，各乡政府从乡镇企业取得的收入（包括直接的上缴利润、缴付的费用和租金）都超过了乡政府得自上级县政府的拨款（见表1-2-3）。

表1-2-3　1993年样本乡政府的收入及其来源

地区	总收入（百万元）	上级政府财政拨款（百万元）	乡镇企业缴付（百万元）
浙江D镇	13.00	2.58	3.36
湖北G镇	0.36	0.08	0.12
江西Q乡	1.32	0.31	0.44
江苏H镇	11.47	—	3.77

（2）对乡镇干部考核指标的调查表明，大多数样本乡（镇）的情况基本相同，只是各权重略有差异。从下面这张江西省Q乡1993年的

① 子军：《唯GDP论的百强县评比，该停》，《新京报》2007年12月5日。

乡领导干部考评表中可以看出，第一、二、三、七、八、九项指标——乡镇企业总产值增长、工业总产值增长、工业利润增长、农村居民人均收入增长、乡财政收入、完成农业资本投资都与GDP增长高度相关。因此，一个地方的GDP完成情况可以说是决定地方政府官员政绩的最直接、最重要的因素（见表1-2-4）。

表1-2-4　1993年江西省Q乡乡领导干部考评指标

考评项目	记分
经济发展	
乡镇企业总产值增长	15
工业总产值增长	15
工业利润增长	10
农业总产值增长	10
粮食产量增长	10
向国家交售粮食	5
农村居民人均收入增长	10
乡财政收入	10
完成农业资本投资	5
其他（加总）	10
总分	100
精神文明	
干部管理	20
精神文明学习宣传	10
公共治安	20
义务教育完成率和教育资金投入	15
计划生育	15

（续表）

考评项目	记分
其他（加总）	20
总分	100

资料来源：陈鸿仪：《中国乡镇企业体制转变：市场自由化，契约形式创新和私有化》，华中科技大学出版社 2005 年版。

二、地方政府公司主义与地方工业化[①]

地方政府参与到地方工业化进程中，在一段时期内确实对优化农村生产力要素的组合配置起到了积极的作用，帮助缩小了城乡二元矛盾，将资源资本化的大部分收益留在了农村，这是一个不争的事实。这一方面是通过苏南地方政府从政策层面对发展乡镇企业进行的支持（见专栏 17）；更主要的，是地方政府作为经济的“内在参与者”，亲自参与到企业的要素配置和生产经营活动中。

专栏 17

江苏省级财政对于支持乡镇发展的资金安排

为支持乡镇企业发展，江苏的各级政府出台了很多支持政策，包括税收优惠等，对于加快全省尤其是苏南地区乡镇企业的发展，发挥

① 相关讨论也可参见沈荣华、金海龙：《地方政府治理》，社会科学文献出版社 2006 年版；郭志鹏：《激励与约束：中国地方政府经济行为研究》，上海社会科学院博士学位论文，2006 年；钱颖一、温加斯特：《中国特色的维护市场的经济联邦制》，载钱颖一：《现代经济学与中国经济改革》，中国人民大学出版社 2003 年版。

了积极作用。江苏省级财政资金中用于支持乡镇企业发展的安排主要如下。

支援合作生产组织资金：1959 年称支援农村人民公社投资，1983 年改为支援合作生产组织资金。1959—1961 年，为帮助和支持农村人民公社建立后一些生产资金特殊困难的生产队发展生产，三年共支出 23320 万元，其中 1961 年支出高达 8555 万元，占同年财政总支出的 9.9%。1962 年规定此项投资可用于农机具等基建投资。1979 年后这项投资的使用范围包括：扶持经济困难的公社、大队按照党的方针政策和本地资源条件，发展社队企业；扶持穷队因地制宜地解决促进增产增收、改变面貌的关键问题，如帮助开展各种经营，增添为改善生产条件、提高生产能力所必需的小型农机具和耕畜等。1990 年该项资金支出 14924 万元，其中扶持乡镇企业投资 6359 万元，占 42.61%；扶持村组补助费 7528 万元，占 50.44%。

扶持社队企业生产周转基金：1978—1980 年，根据省委决定，省财政从机动财力中专项安排了 1 亿元，作为扶持社队企业生产周转基金，这对江苏社队企业的迅速崛起起到了积极的促进作用，反映在这三年支援农村人民公社的投资支出大幅度上升，合计高达 34794 万元，占同期财政总支出的 3.89%。支援农村人民公社投资：1981 年起，省每年从预算内安排支援农村人民公社投资 6000 万元，其中按年分配市县使用 3600 万元，省留 2400 万元作专项安排，这项资金列省财政支出基数。1984 年，支持对象由过去一般支持到组、户，改变为重点支持新的经济联合体和集体举办的各种为农业服务的事业单位。当年支援农村人民公社投资高达 15783 万元。

亿元县周转金：1986 年起，省政府决定发放支持亿元县周转金，发给企业用于临时周转，不得用于固定资产投资。

资料来源：姜长云：《乡镇企业资金来源与融资结构的动态变化》，

《调研世界》2000年第2期。

相对于国内习惯于纷争的主流理论界，有些人在苏南经验的讨论中，长期以来深陷于因过分对立的意识形态化而愈益庸俗的矛盾中不得自拔之困局，海外的学者中，还确有些人能够规避意识形态化的市场主义话语或政府干预理论体系的约束，提出相对客观的分析。这些学者立足于中国包括苏南在内的农村实地调查的早期研究，值得后来的研究者关注，因为他们提出的理论解释具有历史经验与理论逻辑相一致的科学性。

例如，诺贝尔经济学奖得主斯蒂格利茨曾在《社会主义向何处去——经济体制转型的理论与证据》一书中，强调“不要把‘市场’与‘政府’对峙起来，而应该是在两者之间找到恰到好处的平衡，因为可能存在许多中间形态的经济组织”。“不完全的昂贵信息、不完备的资本市场、不完全的竞争，这就是市场经济的现实。从事经济体制选择的国家在决定采取哪种形式的市场经济时（包括政府应承担什么角色），必须记住实际的市场经济是如何运行的。”①

而20世纪80年代中国农村工业化之中实际发生的是：在乡镇企业原材料来源中，县及县以上政府机构和乡（镇）、村组织分配所占的比例达到37.3%；创办企业占地，由乡（镇）、村组织划拨的比例达到41.26%；创办企业的投资中，政府机关担保的占20.5%，乡（镇）、村用一定的财产作为担保的占17%，干部出面担保的占11%。②

---

① ［美］约瑟夫·E：《斯蒂格利茨：社会主义向何处去——经济体制转型的理论与证据》，周立群、韩亮、余文波译，吉林人民出版社2003年版。

② 陈剑波：《乡镇企业的产权结构及其对资源配置效率的影响》，《经济研究》1995年第9期。

为什么会出现这种情况呢？

根据一般市场均衡理论，市场要有效率地配置资源，就要以商品的充足流动性为基础。这个预设条件，在一个产品和要素都相对短缺的社会中不可能得到满足。中国在 20 世纪 90 年代初才开始有较大规模的劳动力流动，到 1994 年首次出现银行存款余额大于贷款余额，直到 90 年代后期才出现全面产品过剩。80 年代到 90 年代初期，中国正处于向所谓市场的逐渐转变中，主要的生产要素和产品价格采用的是计划与市场并行的“双轨制”，政府的计划和决策对企业微观运营有着重要的影响（见专栏 18）。

专栏 18

价格双轨制时期的产品和要素市场的运行

一般认为，我国的改革开放始于 1978 年党的十一届三中全会，从那时起到 90 年代初，我国国民经济还处于短缺时期，大量的生产和生活物资不仅匮乏，而且均由政府部门按计划配给调拨，强烈的市场需求与政府计划供给的滞后使许多物资和服务的市场价格远高于计划价格。这样，掌握计划审批权、调拨权的政府部门就可以利用这种价格双轨制谋取部门利益。那时的铁路部门审批车皮和批给车票、石化部门审批成品油指标、化工部门审批乙烯指标、粮食部门审批细粮指标和定量指标、计划生育部门审批生育指标、医药部门审批药品和进口医疗仪器指标、机电部门审批进口汽车指标、贸易部门审批出口配额、轻工业部门审批耐用消费品指标、公安部门审批护照和赴港澳探亲及非农业户口、外汇部门审批外汇额度等均属短缺时期的价格双轨制产物，带有浓重的计划经济色彩。在当时的情况下，谁能弄到指标谁就能发财。

资料来源：辽宁省财政学会：《辽宁省财政科学研究所》，《财经活页》2007 年第 18 期。

这也意味着，在哪一个非过剩领域配置资源，都有可能获得一块机会收益。

但由于公司化政府和私人之间存在竞争关系，因此，完全的私人化配置资源面临着交易成本高和收益不确定等风险——只有在那些因客观环境限制，政府对社会资源的配置几乎完全没有控制力的地方，比如浙南温州，才可能催生活跃的民营经济。而在全国的大多数地方，地方政府凭借体制资源的优势配置生产要素，确实比私人更能够集中利用资源，更能够节约交易成本，因此也就提升了社会整体的投资水平。①

苏南农村工业化进程中，这一机制尤其明显。

结合本书第一章关于苏南工业化原始积累的分析可知，由于人地资源关系紧张和“过密化”机制下的自给自足，苏南农村工业化一开始就得走和城市产业同构的道路。这又以上海和苏州等沿江城市工业向农村的扩散和辐射为必要条件。由于当时城市国家工业的载体——国营企业尚处于计划体制之内，企业分属于政府的条条块块，因而农村集体通过体制内渠道与城市国营企业进行沟通和协调，更容易建立协作和信用关系。在对苏南发展的案例研究中，课题组发现了很多地方基层干部——县、乡（镇）甚至村级干部借开会、参观考察之机，与城市工业开始建立技术和市场联系的例子。而这个难得的社会资源的获得和维护，正是苏南地方基层政府能够“强势”介入乡镇经济发展的“缺口”。

---

① Byrd W, Lin Q. *China's Rural Industry. Structure, Development, and Reform.* London: Oxford University Press, 1990.

专栏 19

苏南地方政府在帮助乡镇企业获得技术资源和市场渠道中的作用

苏南乡镇企业是承接上海及周边城市的产业扩散和转移而发展起来的，工业部门对生产技术和产品工艺往往有特定的要求，这类技术资源并不能自发产生于乡土社会，而需要工业企业的技术指导和帮扶。在国有企业经营体制尚未放开的条件下，要获得属于计划体制内的技术资源，往往需要地方政府发挥信息搜寻和中间媒介的作用。

早在 1978 年，江苏省就开始“组织地、市之间的协作区，通过城市工业产品脱壳、零部件扩散、来料加工、定点收购、培训技术人员，以及城市的大专院校、科学研究机构和社队工厂挂钩，进行研究新工艺、试制新产品等合作，以支持社队工业的发展”①。

乡镇企业一般通过三条途径从国有部门取得技术和产品工艺设计。② 第一条正式途径是通过转包或分包合同为国有企业加工生产零部件。国有企业和乡镇企业之间的转包、分包合同通常有地方政府中间做媒：地方政府寻找合适的国有企业合作对象，帮助乡镇企业与国有企业建立联系，并为双方订立、执行合同条款（尤其是在质量和交货方面）及解决合作冲突提供帮助。第二条途径是乡镇企业与国有工业企业、研究机构或高等教育机构建立形形色色的经济和技术合作关系。地方政府在获取信息方面具有优势，又有广泛的组织联系、个人关系、政治信誉，因此是这类合作关系最热心的发起者、中介者和强

---

① 江苏省地方志编纂委员会：《江苏省志 · 综合经济志》，江苏古籍出版社 1999 年版，第 337 页。

② 陈鸿仪：《中国乡镇企业体制转变：市场自由化，契约形式创新和私有化》，华中科技大学出版社 2005 年版，第 58—60 页。

有力的支持者。第三条途径是地方政府官员或者乡镇企业领导者通过私人关系从国有企业取得技术、产品设计和（或）技术咨询服务，比如，请一些国有企业的在岗职工周末进行技术指导或聘请一些国有企业的退休工人进行技术指导，这也是最常见的形式。

以昆山市淀山湖镇的水泥厂为例，它的几次技术更新和改造都是公社或镇政府推动的。

1971 年，当时的淀东公社就于镇东市道褐浦边筹建了淀东水泥厂，由公社负责集资、推动筹建和产品推广。新建时，以土法上马，自制磨球机，因此产量和质量受到一定的限制。后来，在公社的推动下，逐年进行了技术改造、设备更新，产量和质量有所提高。1981 年，为了满足用户的需求，在公社的推动和领导下又进行了技术改造，年产量仍徘徊在几百吨不足千吨。1984 年，又一次进行技术改造，安装了机立窑，进行了设备配套，年产量有了大幅度提高，从千吨级上升到了万吨级。到了 1987 年，淀东横向联营办公室与上海纺织局住宅开发公司合作，引进 350 万元资金，以补偿贸易的形式新建了年产能力为 4.4 万吨水泥的淀山湖水泥厂，总投资 650 万元，生产商标为“淀山威”牌 425#普通水泥、矿水泥。

在原材料和产成品购销方面，地方政府也发挥了重要的媒介作用。苏南农村自 20 世纪 70 年代兴办社队工业起，工业比重急剧上升，到 1985 年，工业在农村社会总产值中的比重超过 70%，建筑业比重为 7.23%，商业饮食业、运输业比重仅为 3.83%。从工业的行业和产品结构看，苏南乡镇企业以建材、纺织、机械、化工为主，多行业同时发展，机械化、自动化程度较高，与大中城市关系密切，相当一部分产品与城市工业相配套，是城市大工业的延伸。这种特点决定了苏南乡镇企业的生产要素和商品的市场交易方式以供销“两头在外”为重要特点，并且产销的合作对象比较集中；交易活动大多在大中城市的展销会、交易会等“隐形”市场上进行，交易双方以协议、合同方式确定成交事宜，绝大多数是远期交易。[①] 而参加大中城市展销会、交易会的，并不是普通村民，多为乡、村两级基层干部——因此，地方政府对于保障乡镇企业的原材料供给和促进商品销售具有重要作用。

此外，由于城市工业的资本有机构成偏高，以个人之力进行积累的话，很难在短时间内达到创办企业所需的最小规模，往往需要借助集体或其他外部之力，这是苏南农村工业化中地方政府主导资源配置的另一个优势。

很多案例和理论研究表明，苏南地方政府对拉动乡镇企业的发展发挥了很重要的作用，一些研究归纳的“三为主、两协调、一共同”[②]的早期“苏南模式”，指的就是地方政府把不多的社会剩余集中起来用于创办乡镇企业，并指派所谓的“能人”经营管理企业的做法。[③]

在要素配置中，政府发挥作用最显著的是在农村中最为稀缺的资金要素筹备环节。正是在20世纪70年代末资金严重不足的情况下，苏南农村才被迫生发出通过劳动力、土地要素内部化配置来节约资本的机制；1983年中国开始实行企业流动资金由财政拨款改为银行贷款的改革（“拨改贷”），尽管银行的贷款规模增加，放款面扩大，但乡

① 徐元明：《乡镇企业体制创新与苏南模式的演进》，《中国农村经济》2003年第5期。

② “三为主”是指：一是集体（社区）所有制为主，二是乡镇企业为主，三是企业的创办以基层政府推动为主，经济体制以市场导向为主；“两协调”是指城乡协调，经济与社会协调；“一共同”是指以先富带后富，实现共同富裕。

③ Jean C. Qi. *Eiscal Reform and the Economic Eoundations of Local State Corporatism in China. World Politics*. 1992，45（1）.

镇企业想获得正规的信贷仍然很难，“在我国乡镇企业迅速增长的过程中，资金增长一直是重要的贡献因子，资金短缺一直是制约发展的突出问题”①。当以村社集体经济的名义来贷款仍然难以满足需求时，就有县、乡（镇）级地方政府以政府信用为担保来帮助一些重要的乡镇企业融资。

这主要因为，一方面，信用社或银行机构在地方政府的辖区内运营，处于地方党委的领导之下，在贷款分配中要考虑地方政府官员的偏好；另一方面，在其他条件基本相同的情况下，乡镇企业能够得到政府信用，意味着信誉较好，与政府或政府组成人员的关系较近，信用的偿还较有保障。②

专栏 20

地方政府在金融配置中的主导性地位

在地方政府与地方金融没有分家时，银行对于乡镇企业的信贷支持并不是独立决策，而是基本上由地方政府说了算；反过来，地方金融的运行也离不开地方政府的合作。也就是说，在 20 世纪 80 年代乡镇企业的发展过程中，企业、银行与地方政府三者之间构成了一种共生关系；但这三种主体之间不是互相平等的关系，而是以地方政府为主导。地方政府对企业行使实际支配权，为企业借贷提供政府担保，对银行提供救助性补贴，表现在以下几点。

（1）从信贷资金的切块办法看，尽管各基层银行的贷款能力依赖于专业银行总行一级的再融资，但各基层银行贷款能力的变化通常是

① 姜长云：《乡镇企业资金来源与融资结构的动态变化》，《调研世界》2000 年第 2 期。

② 同上。

基层银行与地方政府共同和专业银行总行谈判的结果。因此，银行在融资时必然要充分考虑地方政府的要求。

（2）从投资贷款的还贷办法看，在税前还贷制度下，一个地区的企业在某一年度的还款能力很大程度上取决于该地区财政能够减收或让与多少实现利润用于归还贷款。既然银行在某一年度内能够收回多少贷款取决于地方财政的“承受能力”，那么银行在安排贷款时自然需要取得地方政府的支持或满足地方政府的要求。

（3）从地方政府对银行人事上的干预权来看，对银行负责人任免的条块共管制度也给政府提供了一个有利于干预银行活动的重要渠道。这种人事干预权甚至使地方政府对于企业能否获得信贷具有决定性作用。①

（4）当贷款项目中存在高风险时，在地方政府的干预下，银行和信用社通常不是将这些项目破产或重组，而是重新注资，允许继续运行，并将其风险评级降低。但对银行来说，这会导致信贷风险不断积累。

从实证研究看，苏南农村创办企业所需资金主要来自原有的集体积累、已办企业的上交利润和调用骨干企业的闲置资金，以及以社区集体名义或者由政府出面向银行的借款。② 从 1984 年开始，负债就成为苏南乡镇资产形成的主要手段和途径；江苏省曾经专门从财政拨款用于支持乡镇企业的发展，并且乡镇企业从金融机构获得的贷款大多是通过地方政府依靠“政府信用”取得的。

除银行信贷外，使用集体积累创办集体经济也需要基层政府的

① 刘彪：《银企从债权约束到产权融合中的双向选择》，《武汉金融》1994 年第 3 期。

② 徐元明：《乡镇企业体制创新与苏南模式的演进》，《中国农村经济》2003 年第 5 期；洪银兴：《苏南模式的新发展和地方政府的转型》，《经济研究参考》2005 年第 72 期。

认可。

这和全国其他地区的情况基本一致。根据 1986 年国家统计局农村抽样调查总队会同湖北、四川、江苏等 10 省农村抽样调查队与原国务院农村发展研究中心发展研究所合作，对 10 省的大型乡镇企业进行的系统调查，在乡镇企业创办所投的资金中，政府及金融机构贷款共占了 44%，集体积累占了 29%（见图 1-2-1）。①

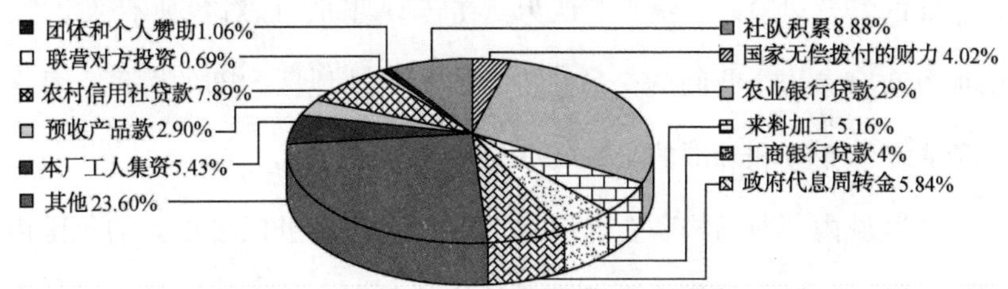

图 1-2-1　乡镇企业创办资金来源及比例

地方政府对乡镇企业发展的另一个作用，是帮助企业弱化政治风险和市场风险。

在乡镇企业创办初期，地方政府为乡镇企业的发展屏蔽了诸多政治风险。比如帮助企业戴"红帽子"，因为在当时的意识形态条件下，农民创办企业除了一般的企业投资风险外，还有政策风险、政治风险。特别是改革开放的初期和中期，各种政策摇摆不定，政策多变。1983 年的"反对精神污染运动"和 1987 年的"反对资产阶级自由化运动"，导致一些私人企业千方百计登记为集体企业，寻求地方政府的政治庇护以减少政策风险。

在市场风险方面，尽管企业经营与市场风险相伴乃是市场经济的

---

① 周其仁、胡庄君：《中国乡镇企业的资产形成、营运特征及其宏观效应》，《中国社会科学》1987 年第 6 期。

常识，但转型期间，政策导向变动、市场价格波动等非完全市场因素，使得处于计划体制之外的乡镇企业面临更大的不确定性；而乡镇企业因自身的散乱、弱小，相对来说，也更缺乏足够的抗衡外部风险的能力。客观地看，地方政府保护主义、以政府信用行使担保功能等行为，一方面确实干扰了正常的市场秩序，导致了大量的重复建设，并增加了银行信贷的风险；但另一方面，这些行为也在一定程度上弱化了乡镇企业的经营风险。洪银兴等认为，在转型期间，面对各种不确定性，由地方政府参与企业间的交易，将其变为所辖地区内部的协调，可大大节省乡镇企业和外部的交易成本。①

在区域内产业结构和企业结构调整中，政府可以在更大的范围内帮助企业分散风险，促进本地产业结构的提升。如本章开篇七都光电缆产业发展的案例，吴江特种电缆厂的创办和最初运行，都离不开乡、县两级政府从乡域、县域经济发展的高度和全局来统筹安排资源，扶持其发展。也就是说，一定区域内类似七都这样产业转型的成本，包括学习成本，并不是由一个个的企业单独承担，而是由当地的社会共同来承担的。而“第一个吃螃蟹”企业的示范效应和外溢效应，也对加快整个地区的产业转型有重要作用（见专栏 21）。

专栏 21

七都镇由传统小工业向现代工业的转型是如何开始的

七都镇光电缆产业的原始积累是靠“草根工业”完成的。在决定上光电缆项目时，七都的工厂产值已由 1978 年的 292.43 万元增至

---

① 洪银兴:《经济体制转轨时期的地方政府功能》,《经济研究》1996 年第 5 期。

1984年的1832.11万元，职工由1978年的905人增至1984年的1969人，社、乡、镇办企业14个，队、村办企业62个。但企业的平均规模很小，1979年企业的平均年产值为5万元，1984年也仅有24万元；而且企业大多属于“开关企业”——为了降低开工不足的成本或者为避税而间歇性关闭。

特种光缆厂项目初定之后，恰逢宏观调控、银根紧缩，设备已经订购，却贷不出款来。最后，由县乡政府提供贷款担保，以两个村村办厂的名义各贷5万元；乡里建筑队投资3万元承建车间。

电缆厂最初的盈利情况并不理想，投产不到两年的时间里亏损了9.5万元。但由于乡镇政府看好电缆行业，决定再投入8万元，并任命了新厂长。

除此之外，电缆厂还享受了税费减免。当时电缆厂挂的是校办企业的牌子，可以减免税收。其减免的税收，每年给学校三四万元，给政府一部分，另外作为投资。

电缆厂创业中的另一重要因素，就是该厂与上海的社会关联所携带的技术资源的注入，解决了七都工业化进程中面临的市场与技术壁垒，这些壁垒对七都当地人来说几乎不可逾越——

比如，电缆厂建成后，上海电缆研究所的技术人员建议并组织召开了吴江订货会，帮助特种电缆厂解脱了产品销售困局。虽然订货会只促成了电缆厂与南京军区南通分区的一笔交易，赚了几千元，订货会的花费却高达3万元；但电缆厂通过订货会了解到上海公安分局需要购买7公里电缆，当时昆山某电缆厂开价19000元/公里，特种电缆厂就把价格压到14500元/公里——这笔交易最终以上海电缆研究所的质量担保促成。这笔订单不但帮助电缆厂盈利45000元，还使其由此获得了转机。此外，研究所还帮助他们建立自己的信息网络，建议他们参加各种技术交流活动。

同样重要的还有研究所给予的技术援助。工厂投产后，每个周末都要派专车把研究所的技术人员接到七都指导生产。这些“星期六工程师”基本上不拿劳务费，电缆厂觉得过意不去，后来给了研究所工会2万元技术服务费和一笔监制费。

资料来源：刘豪兴：《乡镇社区的当代变迁——苏南七都》，上海人民出版社2002年版。

七都案例中反映出来的某些机制，正如Byrd所归纳的：“社区政府通过变动其公共开支来吸纳风险的能力也许是有限的，但它可以通过将风险分散于它（所拥有）控制的企业来增加机动性。”这些非正式的制度安排，“在一个社区的工业结构较为多样化时最有效。那些并不危及企业生存的波动或亏损，可以通过变动企业和社区政府之间的利润上缴关系和通过企业与银行之间延期还贷的协议来吸纳”。[①]

前述地方政府的几个方面作用，在乡镇企业的实际创办和运行过程中，不是截然分开的。有的时候，地方政府吸引国有企业和当地联营创办企业，就同时起到了吸引资金、技术并开拓市场渠道的作用。因为联营企业除了向当地企业提供资金和设备外，往往还给以技术指导，帮助乡镇企业组织原材料和产成品的购销。以昆山市淀山湖镇乡镇企业的发展为例。1988年该镇、村两级通过联营获得联营方的投资额共计768万元，占总投资额的1/3，解决了1672人的就业，年实现总收入1352万元。5个镇办联营企业中，联营对方都来自上海，解决本方就业740多人，吸收联营投资额756万元，实现总收入将近800万元；村办企业的联营方有来自上海的，也有来自苏州的[②]（见表1-2-5）。

---

① Byrd W., Lin Q. *China's Rural Industry: Structure, Development, and Reform*. London: Oxford University Press, 1990.

② 顾裕元：《淀山湖镇志》，西安地图出版社2005年版；陆道平：《乡村治理模式研究——以昆山市淀山湖镇为例》，社会科学文献出版社2006年版，第100—101页。

表 1-2-5　淀山湖镇乡镇联营企业情况（1988 年）

联营企业		联营对方	联营项目	职工人数（人）		投资额（万元）		固定资产原值（万元）
				本方	对方	本方	对方	
合计				1672	173	1589	768	569
镇办	上海第十印染厂昆山分厂	上海第十印染厂	绒布印染	298	129	1300	650	200
	上海第二十五服装厂淀东分厂	上海第二十五服装厂	服装	250	11	130	50	126
	上海国光口琴厂淀东分厂	上海国光口琴厂	口琴	163	7	56	16	52
	上海树脂厂淀东分厂	上海树脂厂	树脂	43	10	60	30	46
	淀东水泥制品厂	上海市政公司	预制品	40	—	10	10	29

资料来源：顾裕元：《淀山湖镇志》，西安地图出版社 2005 年版；陆道平：《乡村治理模式研究——以昆山市淀山湖镇为例》，社会科学文献出版社 2006 年版。

从乡镇企业各相关方力量对比的演变来看，因为地方政府的参与和介入，在苏南农村工业化的快速发展进程中，不仅乡、村集体所有制一直占主体地位，而且由于政府投入和银行贷款等体制资源的促进作用，乡镇级集体经济在总经济收入中所占比重越来越大。① 以苏州为例，1986 年，苏州农村经济总收入中，乡、村、队三级集体经济收入的占比为 85.22%，与 1978 年相比并无显著变化，但集体经济中乡一级集体经济收入的比重达到 41.59%，比 1978 年提高了 14.64 个百分点；村级集体经济收入占比 22.76%，比 1978 年提高了近 10 个百分点；队一级集体经济收入占比 15.83%，比 1978 年下降了近 26 个百分

① 陶友之：《苏南模式与致富之道》，上海社会科学院出版社 1988 年版。

点（见图 1-2-2）[①] 昆山市淀山湖镇集体经济结构的变化也反映了这一特点（见图 1-2-3）。

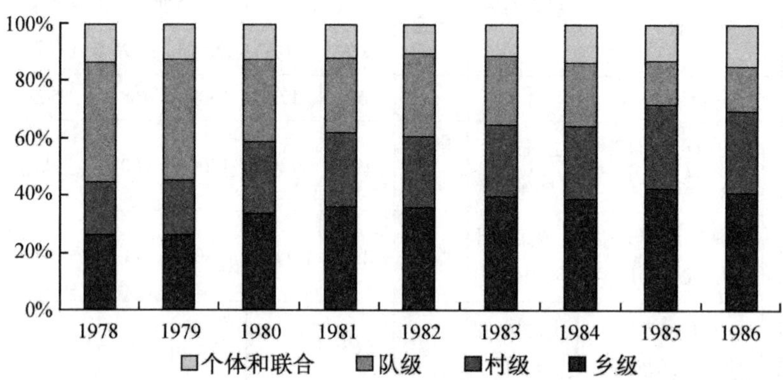

图 1-2-2　1978—1986 年苏州市农村经济中各级集体经济收入占比变动情况

资料来源：唐忠、孔祥智：《中国乡镇企业经济学教程》，中国人民大学出版社 2000 年版。

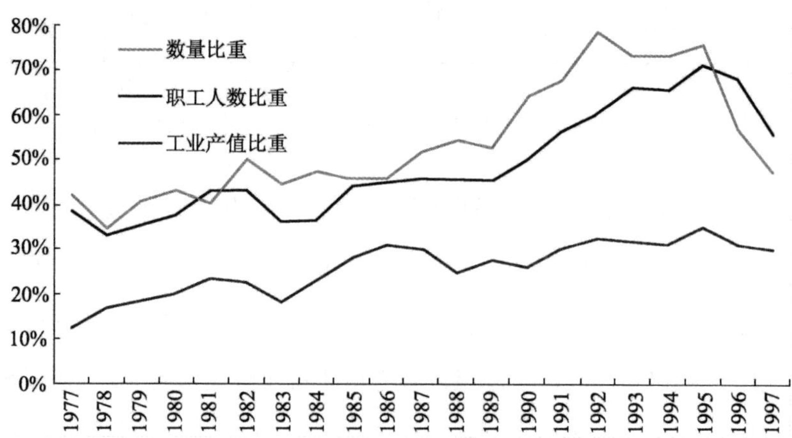

图 1-2-3　昆山市淀山湖镇办工业在集体经济中所占比重

注：昆山市淀山湖镇自 1977 年以后直至 1995 年以前，镇办企业虽然数量上不到村办企业的一半，但在职工人数和工业产值两方面，都占有极高的比重，工业产值占比一度接近 80%。

数据来源：陆道平：《乡村治理模式研究——以昆山市淀山湖镇为例》，社会科学文献出版社 2006 年版，第 98—99 页。

---

① 唐忠、孔祥智：《中国乡镇企业经济学教程》，中国人民大学出版社 2000 年版，第 76—78 页。

三、扶持与回报：地方政府与乡镇企业的“交易”

（一）乡镇企业的社会贡献

20世纪80年代初，“财政包干”改革是在全国财政危机大爆发的背景下启动和推进的，而改革的目的在于“甩包袱”。因此，财政包干之初，地方政府普遍财力不足。从实践来看，乡镇企业不仅对弥补地方财政不足发挥了重要作用，而且越来越成为地方财政的一个重要来源。

苏州市斜塘镇就是这样的一个例子（见专栏22）。

专栏22

苏州市斜塘镇的财政收支与基础设施建设

在被苏州工业园区征地之前的1978—1993年的15年间，斜塘全镇总财力为2909.2万元，其中预算内财力为1193.5万元，占总财力的41%，主要由县财政下拨包干经费、专项经费和小税种分成构成；而预算外收入和自筹资金（含教育事业附加费、建农金及镇办企业上交收入等）为1715.7万元，占总财力的59%。

1986—1992年，政府预算内收入占全口径财政收入的比重一直低于40%，最高年份为1991年的36.23%，主要原因是企业经营不景气对财政预算外收入的支撑作用下降而使得预算内收入的占比提高；最低年份为1986年，仅16.33%，这是江苏省全面建立乡（镇）级财政的第二年。①

1989—1992 年，因国有企业大面积亏损而导致国家财政严重赤字期间，斜塘镇预算内财力仅为全部可用财力的 30%上下。

而斜塘镇、村的大部分道路，恰恰是在这一阶段兴修的："旧时，斜塘陆路无驿道、汽车道，故无车马。内外交通，素赖舟楫。"民国时期，斜塘镇区只有一条街道，1978 年拓宽为民桥北堍约 50 米长的街道，并以水泥铺设路面。1979 年后，镇区向河以南转移，新镇区的主要街道几乎都是 20 世纪 90 年代上半期形成的，比如以下街道。

南横街：1991 年正式形成。

华新路：1986 年斜塘大桥通车后逐步形成。路面先后为碎石路、条形花岗石石板路，1998 年改为水泥路面。

淞江路：1995 年 10 月苏州—虹桥机场快速公路通车后逐步形成。

莲葑路：1992 年始建，1996 年沈浒、龙北诸村首期动迁时在该路东侧建动迁小区，遂正式形成，成为镇区至机场路的主要道路。

塘南街：1991 年新建斜塘农贸市场时形成，街长约 300 米，是斜

---

① 有些地方收费即使是对村民征收，也多由村办集体企业负担。尽管预算外收入和自筹资金两大项下列了教育附加、交建资金、排污费、企业上交利润、上交管理费、上交建农费、事业上交等多种名目，但在 1992 年开放土地市场以前，实际上由乡镇企业来负担了这些项目的大部分。总体来看，就是在中央财政与地方财政分权之后，地方财政收支的一半以上是靠乡镇企业支撑的。

由此引发的一句题外话就是中国税制改革与苏东改革中的税制改革的对比：南开大学一课题组指出，中国 1978 年以来提高地方财政权力的改革受到普遍赞誉，而苏联、东欧国家的社会民众正是在一次次的"分权—集权"循环之中丧失了对执政党和政府的信任，从而从根本上造成了对其国家能力的破坏，最终以东欧剧变、苏联解体的方式从改革走向了转型。实际上，中国的分权改革本身并没有从根本上改变"一放就乱、一收就死"的不利局面，之所以没有造成这么大的破坏，一个重要原因就是乡镇企业的发展和对地方经济的支撑在一定程度上削弱了这种破坏作用。参见南开大学课题组：《全球化条件下中国转型的总体性战略框架与现实取向》，《改革》2009 年第 7 期。

塘新镇区的主要商业街道。

墩煌路：全长1公里，1998年建成。

斜塘农村道路的改观则更为明显。新中国成立前，斜塘农村交通主要靠农船摆渡。1956年成立高级农业生产合作社以后，特别是1958年建立人民公社后，公社协调各生产大队开拓路面、修建桥梁，在镇区与各生产大队之间形成“乡道”。1979年苏甪公路通车后，公社着手将乡道逐步改成农村公路，至1991年底实现全乡村村通公路。1997年统计，斜塘境内农村公路（乡道）有13条，总长34公里。1980年开始，各行政村自筹资金，在村境内各自然村之间铺设水泥路面，修通村道。

资料来源：斜塘镇志编纂委员会:《斜塘镇志》，方志出版社2001年版。

斜塘在苏南并不是孤证。

在苏南，乡镇企业上交乡村集体利润，广泛地用于农村各项公益性事业、农村社会福利和社会保障事业，包括村镇社区建设、科教文卫事业的补贴和民政福利、扶贫救济、“五保”供养、优待抚恤、残疾人安置康复、养老和医疗保险等。1994年，苏南乡镇企业上交乡村利润总额28.89亿元，占当年净利润的42.14%，其中用于建农基金（主要用于加强农田水利建设、推广现代农业技术、完善农业服务体系的贴补）达3.42亿元，占上交乡村利润总额的11.2%。1994年，苏南征收地方教育费7.16亿元，占上交乡村利润总额的24.8%；贫困扶助金3014万元，占上交乡村利润总额的1%。[①] 无锡县1992年用于村镇

① 史文浩、张鹏:《从社会负担到社会责任——论苏南乡镇企业所承担的社会责任》,《苏州大学学报》(哲学社会科学版) 2004年第3期；沈卫平、金晓瑜:《论苏南模式的收入分配关系》,《苏州大学学报》1989年第1期。

建设和文教卫生的资金补贴，分别占上交乡村利润的16.9%和6.9%。比如，无锡市惠山区的洛社镇1991年共有282个乡镇企业，税前利润15700万元。镇政府在1987年至1991年，累计支出4000万元，在镇里修建了医院、电影院和桥梁，所属的22个村全部办起了自己的幼儿园、小学和卫生站——所有这些设施的支出基本上都用乡镇企业所提供的收入来支付。

从全国来看，1982年农业部起草的《关于开创社队企业新局面的报告》就提到了社队企业提供农村公共投入品的作用：①

支援农业基本建设——1979—1981年，社队企业利润共335.7亿元，纳税82.6亿元，用于本身扩大再生产129.4亿元，用于农田基本建设、购置农业机械66.1亿元，相当于同期国家对农业投资111.4亿元的59.3%；

提高社员收入——1981年，社队企业支付工资总额130.6亿元，加上利润返还生产队参加社员分配20.1亿元，共150.7亿元；

支援集体福利事业——据不完全统计，1979—1981年，社队企业利润用于集体福利事业达18.8亿元，许多地方的民办教师、计划生育等补贴，修桥修路及修建校舍、影院等公共建筑的开支，都是用社队企业利润支付的。

根据一项对200家企业所做的大型调查②，在社区政府创办企业及企业家创办企业的动机中，创造就业机会、增加收入几乎无一例外地被列为诸项目标之先。也就是说，乡镇企业并不像一般经营实体那样

---

① 1984年3月1日，中共中央、国务院转发农牧渔业部和部党组《关于开创社队企业新局面的报告》。

② 该调查是原国务院农村发展研究中心发展研究所与国家统计局农调队共同进行的，1986年至1991年课题组根据抽样对10省200家大型乡镇工业企业进行了调查。

以利润最大化为首要目标，而是承担了社区成员就业和增加收入这样的政府职责。

不过，苏南农村工业化内生性地形成的自我反哺机制，客观上也有预算软约束下的社会刚性开支只能增加不能减少的负面作用。一旦形成社区福利攀比，这种负面作用就更为严重。正如后文将涉及的那样，当宏观经济危机压力来临的时候，社会福利开支的刚性和政府消费刚性叠加在一起而累积的负面作用就可能集中爆发。

社会福利开支刚性是乡镇企业内部化原始积累的派生产物，那么政府消费的刚性又是如何产生的呢？

（二）乡镇企业的政策性负担和预算软约束

只要企业承担着政策性的负担，就会引发企业的预算软约束。① 这是因为，承担着政策性负担的企业无论是否具有盈利能力，都会和政府讨价还价，争取事前的政策优惠，如获取低利率贷款、税收减免、关税保护、特许经营等，以补偿政策性负担带来的损失。② 而政策性优惠又会进一步诱导政府加强企业的政策性负担。根据前面提到的对200家企业所做的大型调查，样本企业上交乡（镇）村政府的利润，1984年占税后利润的10.52%，1985年占10.84%，1986年占25%。③

政府为了使这些承担政策性负担的企业继续生存，会对企业进行事前的保护或者补贴或给以其他的政策优惠，由此往往会造成企业的

① 林毅夫、李志赟：《政策性负担、道德风险与预算约束》，《经济研究》2004年第2期。

② 林毅夫、谭国富：《自生能力、政策性负担、责任归属和预算软约束》，《经济社会体制比较》2004年第4期。

③ 陈剑波：《乡镇企业的产权结构及其对资源配置效率的影响》，《经济研究》1995年第9期。

预算软约束。结合中国的经济现实，林毅夫、李志赟对我国国有企业承担的两方面政策性负担进行过区分：一类是战略性政策负担，是指在传统的赶超战略影响下，投资于不具备比较优势的资本密集型产业或产业区段所形成的负担；另一类是社会性政策负担，主要是国有企业承担过多的冗员和工人福利等社会性职能而形成的负担。①

事实上，不仅国有企业承担着政策性负担，苏南地区乡镇企业在发展过程中，也和国有企业一样承担着诸多政策性负担，这些负担是造成乡镇企业预算软约束的一个重要原因。

苏南乡镇企业的政策性负担和预算软约束主要表现在以下三个方面。

一是赶超战略下地方政府片面追求经济总量增长所形成的企业负担。

20 世纪 80 年代初，地方工业化刚刚开始的时候，由于地方政府手中的财政资源有限，因此原始积累只能依靠村社自我剥夺来进行。但地方政府往往要通过或明或暗的奖惩手段强化基层政府追求经济发展的动机，表现在行政管理上，就是将经济发展指标层层下达、逐级分解。

在苏南，这种做法在 1977 年江苏省在全国率先进行中央和地方财政分配体制改革时就开始了，在 1984、1985 年全省形成以乡镇财政为财政的基本单位时，更加得到强化。社区政府又进一步把经济总量指标甚至投资规模指标传导向企业。② 正是这些本不该由企业承担的政

① 林毅夫、李志赟：《政策性负担、道德风险与预算约束》，《经济研究》2004 年第 2 期。

② 石恂如、尤劲柏：《苏南乡村企业负债经营的现状分析与对策研究》，《中国农村经济》1997 年第 1 期。

策性负担的存在，使企业背离利润原则而片面追求产量增长。

为了扶持乡镇企业获得超过自身资本实力的发展，地方政府会对企业采取资金、政策等扶持措施，担保贷款就是一种比较常见的方式。一旦政府以担保形式介入乡镇企业和银行间的借贷活动，对企业而言，由于预期政府会在其面临亏损的时候进行救助，因此，会“逆道德约束”地更多选择风险比较大的项目进行投资；对银行而言，由于政府担保及对政府会弥补企业亏损的预期，因此，会失去风险厌恶者的理性，较少地进行风险项目的严格审查和事后的充分监督，更多地追逐高风险项目。乡镇企业和银行的双重“预算软约束”，势必会增加银行不良贷款产生的概率，加大金融体系的风险，同时也促使债务人增加不还款或拖欠贷款的激励，进一步刺激不良贷款的产生。

在供给短缺、需求广阔的 20 世纪 80 年代，企业通过简单的外延扩张就可以获得丰厚利润；到了 90 年代中后期，由于受市场需求和资源供给的约束，企业的经济效益随着产量增长和投资规模扩大而递减，自身的积累能力减弱，产成品占压资金严重，越发依靠增加外部负债来维持企业资金链条的运转，从而陷入高投入和高负债的恶性循环。

二是企业冗员所形成的负担。

据统计，改革开放以来，尤其是 20 世纪 80 年代以来，我国乡镇企业累计吸纳了 1 亿左右的农村劳动力就业，年均吸纳近 600 万人。大量吸纳劳动力是乡镇企业快速发展的必然需要，在企业片面追求规模扩大和产量增长的目标取向下更是如此。但是，随着地方政府对乡镇企业发展的日益介入，在地方政府对乡镇企业拥有实际支配权以后，企业在招纳劳动力方面并没有太多的自主权。

据陈剑波（1995）的调查，工人由乡镇干部安排进厂的占

40.5%。企业创办时劳动力进厂由乡（镇）、村组织统一分配，企业无权否决的占49%；企业提出条件，由乡（镇）、村组织招聘，企业有否决权的仅占17%。

由于缺少自主权，企业在招工方面往往会偏离效率原则，也就是说，企业可能在一定程度上承担了本应该由政府承担的促进就业的任务；此外，一些效益相对较好的乡镇企业还可能成为政府官员安插其家属和亲戚就业的去处，这在一定程度上增加了企业的支出负担。这仍可看作地方政府与企业进行的一项交易，企业以提供就业岗位交换地方政府对它的政策优惠，而负外部性被其他企业员工和社会成员承担了。

三是多重的社会性职能所形成的负担。

社会性职能本应是政府的职责范围，在政府财力不足的情况下，也被传导或转嫁到乡镇企业身上，成为地方政府与辖区内企业交易的一个内容，导致乡镇企业经营目标的多元化。例如，为了保障本地区工农业的协调发展，企业要向政府缴纳建农基金；在社会公共事业方面，乡镇的文教卫生、计划生育、民政福利等支出，也主要来源于乡镇企业的税收留成、利润和上缴的管理费。

（三）地方政府的消费及“逆向软约束”

政府和乡镇企业的博弈，不仅导致了企业的政策性负担和预算软约束，也导致了政府预算的“逆向软约束”。

周雪光认为，政府向乡镇企业摊派税费以期突破预算约束，将政府之外的资源转变为政府可支配的（正式或非正式）财政能力。就政府体系而言，不是自下而上地向上级部门索取资源，而是自上而下地向企业索取资源，既是一种“逆向”获取财政资源的行为，又具有

“软约束”的特征，故而是一种“逆向软约束”。[①]

而“逆向软约束”的实际结果，往往是政府的实际支出水平远远超出当地经济发展的实际支撑水平；由此预留了各地各级政府在受制于全球生产过剩抑制投资需求的情况下，转而爆发性地追求远超过发达国家地方政府豪华水平的非生产性消费的基因。

如前所述，在20世纪80年代中国乡镇企业的发展中，基层乡镇政府实际上承担着在当时制度许可和融资环境条件下的融资和管理者职能。[②] 在当时，要素市场还不完善，要素交易的法律法规也不健全，除了政府外，任何个人和组织都无法满足企业发展对原料、技术、资金和管理等要素的需求，而基层政府则可利用其行政权威和身份，用较低的交易费用解决问题。苏南地区乡镇企业的快速发展，很大程度上依赖于地方政府。

因为乡镇企业在原始积累和产业扩张中分享了地方政府的体制资源，也承担了政策性负担并形成了预算软约束，因此地方政府和乡镇企业之间难以形成明晰的利益分割边界也就是内在的必然，乡镇企业要为地方政府的消费[③]埋单，也自然成为政企交易的一项内容。

虽然1990年国务院颁布的《中华人民共和国乡村集体所有制企业条例》第三十二条规定：企业税后利润，留给企业的部分不应低于

---

① 周雪光：《“逆向软预算约束”：一个政府行为的组织分析》，《中国社会科学》2005年第2期。

② 时红秀：《财政分权、政府竞争与中国地方政府的债务》，中国财政经济出版社2007年版。

③ 这里所指的政府消费开支，既包括政府为维持自身正常运行而需要的政府开支，也包括为满足社会发展需要而发生的公共开支，如政府在社会政治经济生活中扮演着管理国家事务、组织社会经济和文化建设、维护社会公共秩序等方面的角色，对辖区公众提供安全保障、休闲娱乐、文化教育、医疗保健等“公共物品”和“准公共物品”的过程中发生的消费开支。

60%，由企业自主安排，主要用于增加生产发展基金，进行技术改造和扩大再生产，适当增加福利基金和奖励基金。而 1990 年，乡镇企业的税后利润为 230 亿元，其中 128 亿元，也就是超过 55%的税后利润被用于扩大再生产；而剩下的 40%，除了一小部分被用于支付企业职工的奖金以外，绝大部分被地方政府获得。地方政府将这笔收入用于两个目的：一是社会福利和基础设施建设，主要用于扶持农业基本建设、农业技术服务、农村公益事业、企业更新改造或者发展新企业；二是维持地方政府的运转。[①]

据作者当年对苏南的实际调查，乡镇企业利润中隐含了未计入的高达 70%以上的转移收益，并有很大部分转化为政府收入。[②]

此外，地方政府的消费行为还有另一个显著特征，就是消费刚性，[③] 这既有主观上部分政府官员追求奢侈消费和享受等原因，客观上也因为社会福利人员工资和基础设施等投资一定程度上都具有“刚性”，不可能骤然压缩下来（关于消费刚性的经济学解释见专栏 23）。

由于地方政府的消费多由乡镇企业来埋单，一旦形成了大的消费基数并具有了很强的刚性，地方政府对企业利润的提取也就呈现出刚性——政府并不能如农村工业化初期的农村社区那样与企业共同承担经营风险。尤其是当市场环境出现大的波动时，这样刚性的政府消费

① 张斌：《乡镇企业所有权变动的博弈分析》，合肥工业大学出版社 2006 年版。

② 温铁军：《乡镇企业资产的来源及其改制中的相关原则》，中国经济信息网，1997 年 12 月 4 日。

③ 所谓消费刚性，是指消费者收入减少之后，还力图保持某种已经达到的消费方式和消费水平。即消费者在收入由低向高增长时，消费支出具有较高的弹性，增长得很快；但当收入水平由高降低时，消费水平却并不同比下降。简单来说就是，消费者在收入减少的时候，其消费支出不会在短期内跟着减少。“由俭入奢易，由奢入俭难”，即是一种典型的消费刚性现象。

因缺少风险的内部消化机制而对乡镇企业运营造成的影响就更加明显。

这不过是再次表明我们在多个国家重大重点科研项目研究中都验证过的关于“制度性致贫经济学”的核心理论假说：在以追求资源资本化为实质的发展过程中，制度收益和制度成本的内在不对称性——强势主体通过博弈来形成对收益的制度性占有，而制度成本则往往由弱势主体和全社会来承担——20 世纪 90 年代后期的乡镇集体企业全面改制，内含的是占据制度供给主体地位的政府推进强制性制度变迁，得以与企业实现单次博弈而转嫁出产业扩张和结构调整的大部分制度成本。

专栏 23

消费刚性的经济学解释

对消费刚性具有较强解释能力的理论为相对收入假说（Relative Income Hypothesis）。该假说是 1949 年美国经济学家 J. 杜森贝利（J. Dusenberry）在《收入、储蓄和消费者行为理论》中提出来的。

相对收入假说认为，消费者的消费决策往往不是一种理性的计划，而是取决于消费习惯。这种消费从儿童时代已经开始，并在以后的生活经历中逐渐形成。这种消费取决于四个因素：生理和社会的需要，个人的经历，个人经历的后果，以及学习（即对别人消费的模仿）。特别是个人在收入最高期所达到的消费标准对消费习惯的形成有很重要的作用。消费习惯形成之后有不可逆性，从而消费本身也就有不可逆性，即易于向上调整，而难于向下调整。尤其是在短期内，消费是不可逆的。暂时的收入减少并不会使消费减少。消费的这种不可逆性就产生了棘轮效应（Ratchet Effect）。

由于消费的这种不可逆性，收入变动所引起的消费变动是不对称的，即收入增加时消费会迅速增加，而当收入减少时，消费并不会迅速减少。

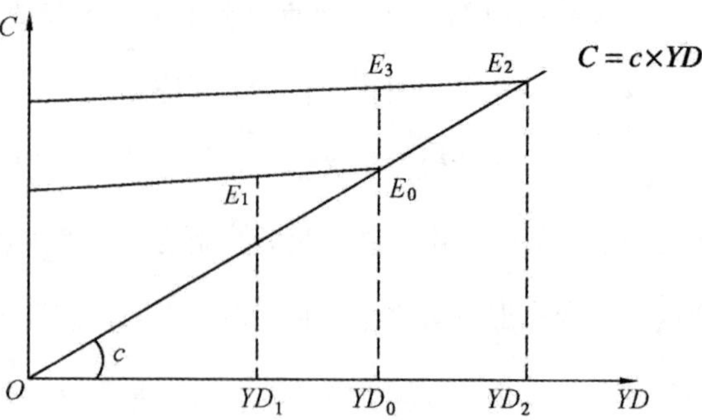

图 1-2-4　消费刚性的理论解释

如图 1-2-4 所示，从原点出发，斜率为 c 的长期消费曲线是收入达到高峰时的消费曲线，它表明了消费者的消费习惯。当现期收入为 YD_0 时，消费为 E_0，这表明现期收入为高峰收入时的消费。如果收入由 YD_0 减少到 YD_1，消费只调整到 E_1，这就表明，高峰收入时形成的消费习惯仍在影响着消费，消费的减少与收入的减少并不成比例，消费者要用储蓄来维持自己的消费水平。如果收入增加到 YD_2，形成新的高峰收入，消费就会迅速增加到 E_2。如果收入又减少为 YD_0，消费也只会减少到 E_3 而不是 E_0。

第三章
宏观经济波动与乡镇企业改制

苏南乡镇企业进入20世纪90年代大规模改制之前，在一个以集体经济著称于世、位列全国十强县的地方，作者看到的调查报告揭示出当地政府部门和乡村行政性开支长期大量地占用乡镇企业借贷资金，已经成为导致企业资产负债率居高不下的重要原因；在那些负债率超过80%的集体企业债务中，政府刚性开支造成的非生产性资金占用比重平均在1/3以上，个别达到1/2！另据1990年对苏南3个县9个乡镇基础设施建设资金来源的调查，直接和间接来自乡镇企业的资金占总投入资金比重的81.2%，而财政拨款仅占10.2%。

正是由于集体经济高负债的真实原因是政府各种开支和地方基本建设直接占用了企业资金，在后来企业改制的谈判中地方政府才急于实现“退出权”，这也难怪乡村干部就像上面有关部门对待企业那样“甩包袱”……

真可谓“成也萧何，败也萧何”！

一、20 世纪 90 年代乡镇企业发展环境的变化及影响

（一）土地资本化机制和收益分配方式的转变

在中央与地方财政“统收统支”时期，工业化和城市化征用土地体现了土地资源资本化收益主要由全民所有制名义的产业资本直接占有的制度内涵；一旦政府公司主义内在的不同条块分割的财政利益先后在承包制和分税制的改制中清晰分野，则土地资本化增值收益的分配问题就不可避免地凸显出来了。

1. 20 世纪 80 年代从“以地兴企”到土地收益权的上收

乡镇企业开办之初，其完成资本原始积累低成本优势的一个重要来源就是村社土地资源近乎零成本地就地内部资本化。随着 1983、1984 年财税体制的变革，在地方政府助推下，1984—1986 年出现了改革以来的第一次宏观经济高涨，并伴随发生了第一轮土地征占高峰，1985 年占地达到 32. 4 万公顷的峰值。由于土地征占收益主要用于村社内部的工业化原始积累，这一时期的土地利用机制可归纳为地方政府“以地兴企”。一方面，这导致了全国耕地面积迅速减少的负外部性；另一方面，由于土地资本化的增值收益经由村社福利等方式反哺社区，所以征占土地引发的社会成本较低。

随着城市土地的市场价值逐渐显现，城市土地使用、管理体制总体上朝着有利于政府参与分享土地增值收益的方向变迁。从 1982 年起，深圳、广州、抚顺等城市先后制定征收城镇土地使用费办法，尝试土地有偿使用。到 20 世纪 80 年代末，这种做法在全国上百个城市

扩展开来。1987 年 12 月 1 日，深圳市首次公开拍卖一块面积 8588 平方米地块 50 年的使用权，44 家企业激烈角逐，一家房地产公司最终以 525 万元成交。1988 年 3 月 31 日，第七届全国人民代表大会第一次会议正式审议宪法修正案，新的条款规定："任何组织或个人不得侵占、买卖或者以其他形式非法转让土地。土地的使用权可以依照法律的规定转让。"土地使用制度改革拉开帷幕后，势不可挡，一些沿海城市，如上海、珠海、福州、厦门等，分别以协议、招标或拍卖的方式出让土地，其后则是随着 1992 年资本市场的放开和大办开发区热潮而出现了全国的圈地热。

相形之下，由于农村耕地"农转非"的增值收益主要归乡村集体，政府几乎不能分享收益却必须承担粮食安全责任，这种产业资本收益归地方而粮食安全的外部性成本归中央的责、权、利不对称局面，一直是中央与地方利益关系复杂化的重要领域之一；但中央政府上收土地权益的努力从来没有奏效。

人们看到的是，从 20 世纪 80 年代后期起，中央开始试图部分上收农村土地变性收益权。先是 1987 年欲以土地收益分成作为政治局批准成立的"中国农村信托投资公司"的资本金，遭遇地方反对未果；接着提出严格控制耕地转为非耕地，逐步明确了将耕地转为工商业用地的权力收归国家所有的政策取向①，并在 1988 年设立国家土地管理局行使对土地非农用途管制的全权，但这种受制于各地政府任命干部的部门的设立反而使土地征占面积益增且手段益恶。其根本制度性障碍在于：在经济基础已经多元化而上层建筑方面仍然形式地维持集中

① 1986 年，中共中央、国务院下发的《关于加强土地管理，制止乱占耕地的通知》要求全面清查非法滥用的耕地，"各级政府不得擅自下放审批权限"；1986 年又以出台《土地管理法》的形式将国家对土地农转非的权力加以确定。

体制的国家，将本属农村集体的土地非农化使用的权力赋予更具有市场意识的公司主义的地方政府，使得公司化的各地政府可以利用国家权力介入形成的土地产权残缺的制度条件，频繁使用国家才有的权力介入土地制度变迁，遂从根本上改变了乡镇企业土地资源资本化的机制——此前，土地因农村社区内共有产权的制度安排可以直接由乡（镇）村集体转变用途，由农业用地转变为工商企业中的实物资产，这一过程中形成的增值收益几乎无交易成本地全部转入企业资本积累，形成乡镇企业相对于国有企业的低成本优势的一个主要来源；此后，则变成地方政府才有权决定土地用途转换并占有大部分变现收益。对此，根据调查，一些地方的基层集体组织只占有土地资本化增值收益的30%，其余的收益被上级政府拿走。

这样，土地变现成为地方政府最快捷的生财门路，既使得地方政府不必通过“经营”企业即可为满足政府消费刚性而大搞“以地生财”，也使得土地因增值收益的社区内部化分配机制而具有的“以地兴企”功能渐渐弱化。

2. 资本化机制的转变及20世纪90年代初的新一轮圈地高潮

1992年之前，全国只有14个经济特区可以办开发区。1992年，邓小平在南方谈话中指示：“改革开放一定要坚持，思想要更解放一点，胆子要更大一点，步子要更快一点……”各地根据这一精神，纷纷要求创办开发区。于是，当时的国家计划委员会只保留了一定规模以上的开发区审批权，其余全部下放；而实际上，甚至连行政村一级都可以办开发区吸引外资；土地要素市场甫一放开就推动了开发区和房地产两大市场热潮，拉动国内固定资产投资与外商投资同步迅猛增长。

“20 世纪 90 年代初，各地为了加快发展，兴起大办开发区和开发房地产热潮，从而引发投资过热、通货膨胀以及土地流失等问题。据统计，当时全国有各类开发区 4210 个，面积达 1.5 万平方千米，其中擅自设立的开发区有 3082 个。1992—1993 年，两年时间全国就圈掉 73 万公顷耕地。”①

尽管 1994 年中央就因经济过热而提出宏观调控，但同样于 1994 年施行的分税制改革却使得宏观调控难以真正实施。

一方面，在分税制改革形成的新的财税体制内，地方的可控收入来源主要有两个：一是土地变现时的增值收益；二是通过招商引资和城市扩张来增加包括所得税、建筑业和房地产业营业税等由地方享有的税收的规模。② 在财政收支刚性的压力下，土地成为地方最短期内可变现的也是最主要的收入来源，“以地生财”也就成为分税制后地方政府的刚性需求。

另一方面，分税制改革方案以方案讨论的当年——1993 年各地的财政收入作为中央对地方的返还基数，引发了 1993 年后 4 个月各地方突击征税，“宣布以 1993 年为基数的当年后几个月确实出现了一些异常情况，把死账欠款都收起来的，大量向银行贷款交税的，甚至连倒闭的企业都把以前的税补齐了，凡此种种，造成了 1993 年后 4 个月财政收入大幅度增加。据 1993 年地方财政收入月报，这一年地方财政收入增长 966.63 亿元，增长率为 40.2%，其中 9—12 月地方财政收入增长 756.95 亿元，

---

① 周怀龙：《乘风破浪正当时——新中国 60 年土地市场发展回眸》，《中国国土资源报》，2009 年 11 月 2 日。

② 蒋省三、刘守英、李青：《土地制度改革与国民经济成长》，《管理世界》2007 年第 9 期。

比上年同期分别增长了51.8%、62.5%、86.1%、121.3%”。①

这种情况下，1994年各地财政能否保持这一增长势头成为决定分税制改革成败的关键因素，此时若严格落实宏观调控措施，必然会对此产生不利影响。

正如分税制改革事实上是以地方政府尚有操纵余地的1993年作为税收返还基期年，这可以视作是中央政府对于地方政府绩效的褒奖，也是对因改革受损失的补偿，这种操作方针收获了地方政府对中央这一财税体制改革的支持，双方之间达成一种交易一样，② 1994年宏观调控措施雷声大、雨点小，某种程度上也可以说是这种交易的延续。

综上，1992—1995年的土地圈占高潮，大体可理解为消化1989—1991年严重经济危机而实行的制度变迁所支付的制度成本。在这次改革以来的第二次征地高峰中同时进行的货币大规模增发和同步形成的24.1%的高通胀，由于被土地这种资源要素的资本化短期内大量吸纳了增发的货币，再一次支撑了宏观经济的高增长，倏忽之间就使承担内外债务最终责任的中央政府跳出了1993年三大赤字高于GDP总量的危困局面。

这与上一次大规模征地催生宏观经济高速增长有些许类似，只是资本化的具体机制和途径远为不同——20世纪80年代土地还需要与企业的其他实物资产相结合，作为工商产业中的一种物化“资产”，

---

① 项怀诚、马国川：《改革是共和国财政六十年的主线（上）》，《读书》2009年第9期。

② 财政部前部长项怀诚在回忆分税制改革时认为：“在推进重大财税改革时，必须取得地方政府的强有力支持。这是必要的妥协，这个代价必须付出，这一让步争取了民心，统一了思想，保证了分税制改革的顺利推行。”参见项怀诚、马国川：《改革是共和国财政六十年的主线（上）》，《读书》2009年第9期。

通过产业经营实现土地的增值收益；而到了20世纪90年代初，土地本身就成了被经营的对象，通过单纯的土地开发或者流转，就可以获得远高于“以地兴企”阶段的增值收益[①]——这意味着政府公司主义的内在利益结构发生了异化于在地产业资本（Localized Industrial Capital）的变化，越来越少地依赖本土产业资本的增值分享，越来越多地青睐没有社区负担的外资……

本轮圈地潮中，直接成本是大量耕地被转为非农建设用地，间接承受这一制度成本的，是只能获取一般产业收益的乡镇企业用地成本被推高，用地需求得不到满足。不难理解，越是土地资源紧缺、开发区收益明显的地区，乡镇企业用地需要被排挤的可能性就越大。而苏南恰恰同时具有土地少、收益高的特征。苏南几百年来一直处于人多地少的紧张关系中，人均耕地1亩左右，由于乡镇企业的发展，到20世纪90年代中期，域内可用于非农建设的土地资源已经极为有限；此外，江苏的开发区建设不仅起步远远早于国内其他地区，而且规模较大、发展速度较快，同时还具有更高的外向度，也就更容易形成土地开发资本和投机资本的集聚。资料表明，苏南早在20世纪80年代就开始进行开发区建设了。[②]

1984年4月，中央决定开放一批沿海港口城市，江苏省的南通、连云港两市即被批准为沿海港口开放城市。同年12月，在这两个市建

---

① 比如，苏州市斜塘镇因苏州工业园区开发，在1992年至1999年8年内共收到土地出让金等收入9886.87万元，除上交国家886.60万元和结余26.61万元外，其余全部用于镇内开支——下拨村级1116.71万元，农业支出238.16万元，文卫支出491.89万元，行政支出682.61万元，公共事业支出1388.10万元，创建卫生村、镇支出449.29万元，开发建设2056.90万元，对外投资2025万元，其他支出500万元，呈现出明显的“土地财政”特征。参见斜塘镇志编纂委员会：《斜塘镇志》，方志出版社2001年版。

② 陈焕友：《江苏现代化建设的实践与思考》，江苏人民出版社1998年版。

立经济技术开发区。这是江苏省对外开放早期的两个“窗口”。

1985 年 2 月，中央决定开放长江三角洲、珠江三角洲和闽南厦漳泉三角地区，江苏省苏州、无锡、常州 3 个市及所辖的 12 个县（市）被列为长江三角洲沿海经济开放区的组成部分。

1988 年 1 月，中央决定扩大沿海经济开放区，江苏省南京、镇江、扬州、盐城 4 个市及其所辖的 19 个沿海、沿江的县（市），以及南通、连云港 2 个市所辖的 9 个县（市）被列入沿海经济开放区。同时由中央授权，省政府先后批准了沿海经济开放区所辖的 1260 个乡镇为对外开放的重点工业卫星镇。省委、省政府还批准了徐州、淮阴两市自费对外开放。

1991 年 3 月，国务院批准建立南京浦口高新技术外向型开发区。

1992 年春，邓小平同志视察南方之后，苏南一批国家级和省级开发区相继获批建立。1992 年 8 月，昆山自费开发区经国务院检查验收合格，批准上升为国家经济技术开发区。10 月，经国务院批准，建立张家港保税区，建立苏州、无锡两个太湖旅游度假区。此后又批准建立苏州高新技术产业开发区、无锡高新技术产业开发区（含宜兴环保工业园）和常州高新技术产业开发区。1993 年后，由国务院授权，省政府共批准建立了 68 个省级开发区。1994 年 2 月，国务院批准建设中新（新加坡）合作开发苏州工业园区。①

此外，出于产业集群、发挥地域内规模经济优势的要求，随着开发区的建设，乡镇企业自发或被要求逐渐向开发区集聚，这也使得乡镇企业不再具有近于零成本的使用集体土地资源的条件。相反，此时期的乡镇企业因其所具有的吸纳就业的功能，仍然为开发区建设节约

① 陈焕友：《江苏现代化建设的实践与思考》，江苏人民出版社 1998 年版。

了大量资金。①

（二）国内市场环境的变化——供给过剩矛盾显化

一般的研究都指出，乡镇企业一经起步，就具有相对丰富的市场机会。中国从第一个五年计划开始，国有企业的发展一直是为国家优先发展重工业的战略服务的，以国有企业为主的传统产业结构严重地向重工业偏斜。在1978年以前，基本建设总投资的近一半都被使用于重工业的建设，这就造成了轻工业产品在市场上的严重短缺。乡镇企业以其劳动力丰富的优势，利用市场的缺档，进入长期受到压抑的产业部门，因而迅速取得利润，进而扩大积累。由于乡镇企业迅速起步的阶段恰好是城乡居民收入迅速增加而消费档次尚未升级的时期，乡镇企业的低质廉价产品符合了市场的需要。20世纪80年代以来，乡镇企业的迅速发展及其在国民经济中所占比重的提高，与国有企业的增长相对缓慢及其份额的下降恰为同一过程的两个方面（见表1-3-1）。②

表1-3-1　乡镇企业与国有工业产值份额变化

年份	全社会总额（亿元）	乡镇企业		国有企业	
		产值（亿元）	份额（%）	产值（亿元）	份额（%）
1980	5154.26	509.4	9.88	3915.60	75.97

① 以常熟市为例，1987年以前乡镇企业发展共占地27000多亩。兴建开发区以后，政府一方面鼓励乡镇企业向开发区集聚；另一方面，对于开发区征占土地引起的劳动力安置问题，则主要是通过乡镇企业来解决（参见常熟市土地管理志编纂委员会：《常熟市土地管理志》，百家出版社1999年版），这在课题组进行的苏州工业园区建设历程的调研中也有体现。

② 蔡昉：《乡镇企业产权制度改革的逻辑与成功的条件——兼与国有企业改革比较》，《经济研究》1995年第10期。

（续表）

年份	全社会总额（亿元）	乡镇企业		国有企业	
		产值（亿元）	份额（%）	产值（亿元）	份额（%）
1985	9716. 47	1827. 2	18. 81	6302. 12	64. 86
1990	23924. 36	6050. 3	25. 29	13063. 75	54. 60
1991	28248. 01	8708. 6	30. 83	14954. 58	52. 94
1992	37065. 71	13635. 4	36. 79	17824. 15	48. 09
1993	52691. 99	23446. 6	44. 50	22724. 67	43. 14

注：1980 年为乡、村两级数，1985 年以后为全部农村工业数。

但是，当 20 世纪 90 年代中后期国内消费品市场暂时饱和时，乡镇企业的发展空间就受到了很大限制。

20 世纪 90 年代中期以后，中国经济发生了一个重要的战略性转变，国内市场由供不应求的卖方市场全面转向供大于求的买方市场。从居民消费行为来看，20 世纪 80 年代城市居民家庭的消费对象就已经逐渐转向以彩电、冰箱和洗衣机为代表的第二代家庭耐用消费品，并在 1988 年出现了带有保值性质的抢购，其后，在三年治理的背景下出现了市场的长期疲软。在逐渐向住房、汽车等更高级别的第三代耐用消费品过渡[①]前夕，由于存在需求结构过渡的迟滞，国内市场某种程度上会表现出市场需求疲软和产能过剩。

根据第三次工业普查资料，1995 年主要工业产品生产能力利用率比较充分的占 36. 1%（这主要是能源、原材料和一部分名优产品）；生产能力利用不足，闲置 1/5 至 1/3 的占 27. 2%；生产能力利用严重不足，闲置一半的占 18. 9%；处于停产、半停产状态，生产能力利用

① 王建：《从我国经济增长方式的转换看当前的经济形势问题》，《管理世界》1993 年第 5 期。

不到一半的占 19.1%。

到 1998 年，市场商品供求态势是：供不应求的商品为 0，供过于求的商品不断增加（占 25.8%），绝大多数商品供求平衡（74.2%）。而到 10 年之后的 2008 年，虽然供不应求的商品仍然为 0，但后两个指标的数值却颠倒过来了，3/4 的商品供过于求，1/4 的商品供求平衡。

如果说，单纯依据某些行业生产能力过剩或者某些消费品过剩都不能推出有效需求不足的判断，因为在经济存在结构性问题，尤其是出现投资失误的情况下，也会出现上述情况；那么，当大量行业和企业出现生产能力过剩，以及几乎所有消费品过剩，再加上物价持续走低时，就有充分理由得出阶段性有效需求不足的判断。这不再仅是一个结构问题（尽管这一问题不可避免地存在），而主要是一个总量问题了。[①]

按一般的营销学理论，市场需求总量不足，也可能成为一向成本低、价格低而具有较强的市场穿透力的乡镇企业扩大市场份额的好时机。但是，且不说这种营销策略要以利润率降低为代价，更重要的是，乡镇企业发展的一个规律就是对宏观经济环境非常敏感，不仅波动与宏观经济走势几乎完全同步，而且无论涨跌、波幅都远高于后者。因此，对于 20 世纪 90 年代中后期处于宏观紧缩环境中的绝大多数乡镇企业来说，靠自身力量和营销技巧来抵抗宏观波动和总体产能过剩矛盾的冲击是不现实的。更何况，此时乡镇企业的困境中还有其他制度环境变化的重要影响。

二、乡镇企业利润摊薄与负债增长

从 20 世纪 80 年代后期到 90 年代初，苏南乡镇企业同时出现了资

① 张晓晶：《宏观经济政策与经济稳定增长》，《管理世界》2000 年第 1 期。

金使用效益不断降低与借入资本或负债不断增长两大趋势。

（一）20 世纪 90 年代初的负债扩张

20 世纪 90 年代初，随着宏观经济的高涨，苏南的乡镇企业曾有一轮投资高潮。

以苏州为例。1980—1994 年，苏州乡镇企业的固定资产投资累计总额为 298.2 亿元，平均年投资额 19.88 亿元。资产总额、固定资产原值和流动资产年平均递增速度分别为 30.7%、33.4%和 28.2%。其中，1992—1994 年乡镇企业年平均投资额 60.32 亿元，年递增速度达到 39.46%，远高于 1980—1983、1984—1988、1989—1991 年这三个阶段的年平均投资额 1.9 亿元、11.75 亿元、16.94 亿元和年递增速度 21.96%、37.69%、20.54%。[①]

如果说，20 世纪 70 年代末至 80 年代初乡镇企业的原始积累是靠对内“负债”——对村社内部劳动力、土地资本化收益的低成本转移——实现的，那么，产业资本扩张阶段中的投资高潮则主要是靠向外“负债”支撑的。1984 年，随着宏观经济高涨和信贷扩张，负债就取代集体积累成为乡镇企业资产形成的主要手段和途径。苏州乡镇企业 1984 年借入资金的增长速度高达 83.52%，比自有资金的增长速度 24.64%高了近 60 个百分点，一下子就使当年全市乡镇企业的资产负债率达到 51%，负债总额首次超过所有者权益。[②]

在整个 20 世纪 80 年代，乡镇集体企业总投资的 3273 亿元中，来

---

① 徐志明、张建良：《乡镇企业资金的高速增长及效益下滑——江苏省苏州市乡镇企业的实证分析》，《中国农村经济》1997 年第 3 期。

② 同上。

自银行贷款和企业之间的借贷占 53.65%，企业自有资本投资仅占 33.86%。①

到了 1992—1994 年，新一轮乡镇企业投资扩张仍然是以高负债为依托的。

仍以苏州为例。1980—1994 年，苏州乡镇企业的资金总额、借入资金量和自有资金量都在不断增加，但借入资金不论是绝对量还是增长速度都要高于企业的自有资金。在 1980 年，苏州乡镇企业借入资金只有 6.36 亿元，资产负债率只有 37.17%；而到 1994 年，借入资金总量已经达到了 451.79 亿元，资产负债率高达 61.92%——在短短的 15 年间，乡镇企业的借入资金增长了 445.43 亿元，年均增长额达到 29.70 亿元；企业的资产负债率提高了 24.75 个百分点（见图 1-3-1）。

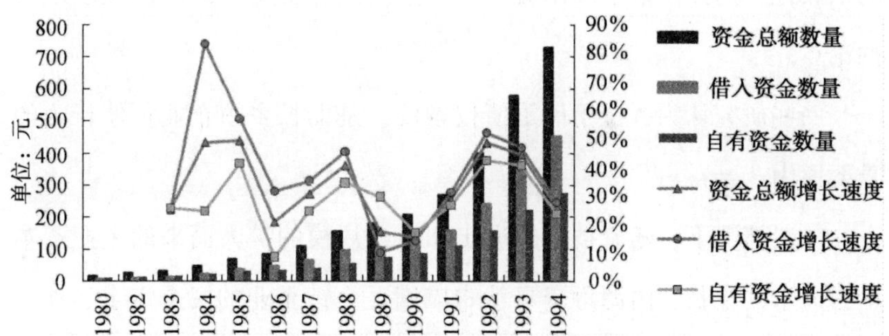

图 1-3-1　1980—1994 年苏州乡镇企业资金来源结构

资料来源：徐志明、张建良：《乡镇企业资金的高速增长及效益下滑——江苏省苏州市乡镇企业的实证分析》，《中国农村经济》1997 年第 3 期。

石恂如、尤劲柏进一步认为，苏州乡镇企业的报表中所反映的负债额和资产负债率忽略了以下一些因素，因此其实际资产负债率可能被低估：一是将自有资金比重较高的“三资”企业与乡村集体企业合

① 陆阳：《论乡镇企业高负债问题》，《乡镇企业研究》2000 年第 1 期。

在一起计算负债率；二是将应收款项中实际已经难以回收的呆账仍计算为资产；三是贬值的库存材料和产成品、淘汰或报废的固定资产仍按原值计算；四是将资产负债率很高的关、停企业的资产与负债挂在乡镇农工商总公司或村集体经济组织的账上，不列入统计表中；五是将地方借入的外币和企业应付的利息不入账，减少了流动资产的负债额。将上述因素考虑在内，乡镇集体企业实际的负债率将高于统计数字 13—18 个百分点。这意味着 1994 年苏州乡镇企业的资产负债率可能已达到 75%—80%。①

从图 1-3-1 还可以看出，苏州乡镇企业的资金增减波动曲线，几乎与国家宏观调控金融紧缩的政策操控在时间上完全重合，体现了乡镇企业作为地方工业的一个重要力量在产业资本形成期间对外部信贷的依赖性，间接佐证了苏南崛起、乡企改制都更受宏观经济波动影响的论点。

一些研究认为，过于倚重债权融资，是助长乡镇企业负债行为的重要原因。

一般情况下，随着技术的进步和生产规模的扩大而来的企业资本增密需求的增长，内源融资早就难以满足乡镇企业的资金需求，外源融资会逐渐成为企业获得资金的重要方式。在外源融资方式中，一种是债权融资，通过向社会其他组织或个人借入资本，并支付相应的利息，不放弃所有权；另一种是股权融资，即放弃部分所有权，引入新的投资者。

而在以集体经济为名的苏南乡镇企业早期发展过程中，地方政府作为企业的“所有者”，出于对企业发展后自身经济、政治利益的追

① 石恂如，尤劲柏：《苏南乡村企业负债经营的现状分析与对策研究》，《中国农村经济》1997 年第 1 期。

求，十分在乎其对企业的控制权。但凡企业能存在下去，而政府自身收入预算约束不十分紧迫，地方政府并不愿将企业拍卖、租赁或与个人合股经营。即使少数企业因债务危机而关、停，地方政府也很少会放弃对这部分企业的所有权，因为一旦宏观经济复苏，关、停企业将迅速“重生”，地方政府也就有得到新的收入的预期。

由此可见，在苏南产业资本形成的早期，在地方政府坚持单一的集体所有制条件下，股权形式的外源投资难以被接受，权益难以得到保障，遂使乡镇企业负债经营成为几乎必然的选择。①

（二）资本有机构成不断提高，资金报酬率降低

苏南乡镇企业在负债增长的同时，出现了资金报酬率递减的现象。一个重要原因，就是产业资本扩张阶段资本有机构成提高。这本来是任何制度条件下的工业化进程中的一个内在规律，客观上却使得苏南乡镇企业更难以通过企业经营和自身积累来减轻负债压力。

改革开放以来，我国工业资本有机构成不断提高，这种趋势在1992年以后表现得更加明显。据计算，1978年我国人均固定资产原值为5709元左右，2001年上升到67930元左右（已扣除物价因素），增长了10倍多，年平均增长速度为11%左右。根据简单的回归计算，1978—1992年，工业固定资产每增加1%，可增加劳动力就业大约为0.315%；而1992—2001年，工业固定资产每增加1%，可增加劳动力就业大约为0.06%，与1978—1992年相比下降了0.255个百分点。相反，1978—1992年，劳动力就业每增加1%，工业固定资产需增加大约2.85%；而1992—2001年，劳动力就业每增加1%，工业固定资产

① 陆阳：《论乡镇企业高负债问题》，《乡镇企业研究》2000年第1期。

需增加大约 5.84%，与 1978—1992 年相比增加了近 3 个百分点（见图 1-3-2）。①

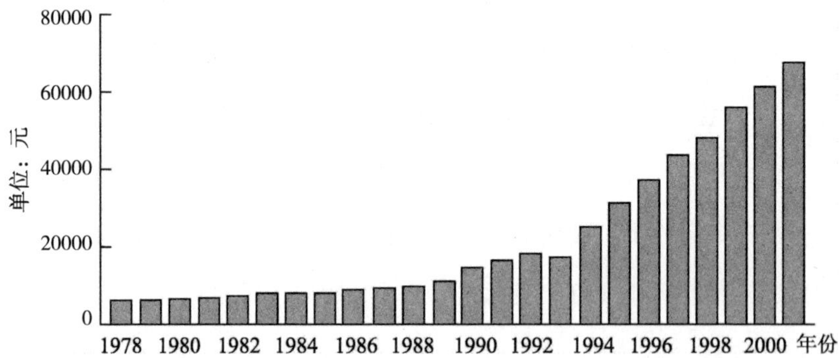

图 1-3-2　1978—2001 年我国人均工业固定资产原值增长情况

注：1978—1992 年的工业人数数据可以获取，而 1993—2001 年的工业人数数据由第二产业人数减去建筑业人数所得。

数据来源：历年《中国统计年鉴》。

由于数据关系，我们很难对乡镇企业的资本有机构成的变动趋势进行精确分析，但从经验过程来看，这一趋势在乡镇企业中也确实存在。早期社队工业发展起来时，产品主要是草绳、小农具、家具、纺织品等，以农村传统的手工业技术为主。资本积累到一定程度后，机械化进程逐渐加快，乡镇开办了一些工厂，并开始利用设备进行生产。尽管有相当一部分设备是超期服役的旧设备或者是城市工业中淘汰下来的，但比之手工业生产，资本有机构成已经显著提高了。

此外，苏南乡镇企业的行业结构以传统产业为主，新兴产业、高科技产业比重很小，不仅苏南乡镇企业的行业结构类同，而且与国有工业的行业结构类同，低水平重复造成过度竞争，致使许多企业开工

① 刘志雄、何忠伟：《工业化进程中的农业剩余劳动力转移——基于我国工业化资本排斥劳动的经验分析》，《科技和产业》2004 年第 8 期。

不足，处于停产半停产状态，生产能力得不到发挥。

资金报酬率递减，在苏南的乡镇企业中有明显的表现。据徐志明、张建良 1997 年对苏州乡镇企业的分析[①]，1980—1994 年，乡镇企业的年平均固定资产净值从 5. 51 亿元增加到 186. 94 亿元，增长了 32. 93 倍，年均增长 28. 62%。然而，固定资金的产出，除百元固定资金实现的产值增长以外，百元固定资金实现的净收入和利税都有较大幅度的下降。1994 年百元固定资金实现的净收入和利税分别为 59. 88 元和 31. 22 元，只有 1980 年的 46. 77%和 39. 28%；1994 年百元流动资金实现净收入、利税分别只及 1980 年的 53. 96%和 45. 32%；1994 年百元总资金实现净收入和利税分别为 21. 95 元和 11. 62 元，分别只有 1980 年的 51. 29%和 43. 08%。

而且，苏州乡镇企业资金使用效益甚至低于全国乡镇企业。1993 年，全国乡村集体企业百元固定资金创利税 50. 98 元，百元流动资金创利税 35. 81 元，百元资金创利税 21. 03 元，分别比苏州乡镇企业高 21. 9%、62. 4%和 45. 64%。

从全国乡镇企业的情况来看，进入 20 世纪 90 年代以来，随着中国市场的基本格局开始由长期的以短缺经济为主要特征的卖方市场逐步转向买方市场，市场竞争日趋激烈，一般产品市场中各类企业的利润偏差日益缩小。“国有工业、城市集体工业和乡镇工业中利润率的差距已有相当大的缩减。显然，改革开始时乡镇企业所享有的光明的发展前景和可观利润率吸引了大量的资金流入，这就降低了乡镇企业资

① 徐志明、张建良:《乡镇企业资金的高速增长及效益下滑——江苏省苏州市乡镇企业的实证分析》,《中国农村经济》1997 年第 3 期。

本的利润。"①（见表 1-3-2）

表 1-3-2　1980—1992 年中国工业不同类型企业资本利润率（%）

年份	包括税收的利润率			不包括税收的利润率		
	国有	集体	乡镇	国有	集体	乡镇
1980	24.8	26.6	32.5	16.0	18.5	26.7
1981	23.8	23.4	29.1	15.0	15.2	22.3
1982	23.4	22.0	28.0	14.4	13.8	20.2
1983	23.2	23.7	27.8	14.4	15.3	18.5
1984	24.2	22.3	24.6	14.9	13.9	15.2
1985	23.8	24.5	23.7	13.2	15.3	14.5
1986	20.7	19.4	19.7	10.6	11.1	10.6
1987	20.3	—	17.0	10.6	—	9.0
1988	20.6	19.7	17.9	10.4	11.3	9.3
1989	17.2	—	15.2	7.2	—	7.1
1990	12.4	—	13.0	3.2	—	5.9
1991	11.8	—	12.7	2.8	—	5.8
1992	9.7	—	14.2	2.7	—	7.2

注：包括税收的利润率：100×（P+T）/K。不包括税收的利润率：100×P/K。其中：P=全部企业利润数字（正的或负的）之和；T=全部企业税收支付之和；K=净固定资产加平均流动资本之和。

资料来源：林青松、杜鹰：《中国工业改革与效率——国有企业与非国有企业比较研究》，云南人民出版社 1997 年版。

图 1-3-3 显示，从 1978 年到 1990 年前后，国有企业的利润水平下降了接近一半，而乡镇企业的盈利能力则下降了一半以上。

① 林青松、杜鹰：《中国工业改革与效率——国有企业与非国有企业研究》，云南人民出版社 1997 年版，第 56—57 页。

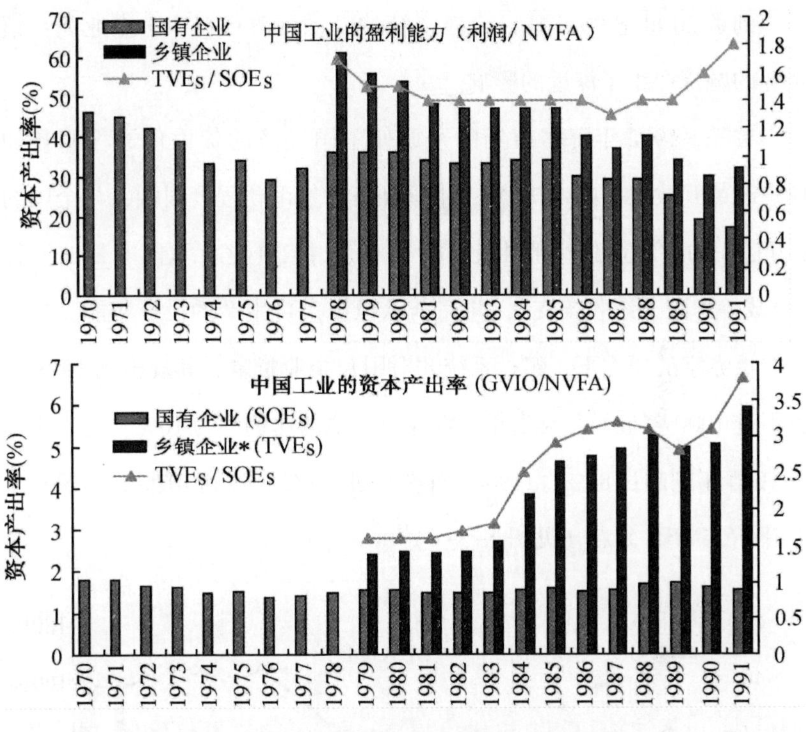

图 1-3-3　中国工业的盈利能力和资本产出率

注：TVEs 的数据为包括工业在内的所有部门，既然工业产值要高于所有部门的产值，这些数据也大致可以反映工业部门的情况。

资料来源：林青松、杜鹰：《中国工业改革与效率——国有企业与非国有企业比较研究》，云南人民出版社 1997 年版。

（三）金融系统改革使乡镇企业的信贷可得性降低

在 20 世纪 80 年代中后期，苏南大多数乡镇企业，特别是其中的集体企业，基本都是依靠银行和企业之间的信用发展起来的。即便银行和信用社发现乡镇企业贷款项目中存在高风险项目时，通常也不是将这些项目破产或重组，而是重新注资，允许其继续运营，并称其为安全项目。①

到了20世纪90年代，金融系统的一系列改革对中小企业和乡镇企业的融资产生了深远的影响。

首先，1992年资本市场的开放使中国经济的货币化进程明显加快。改革开放之初的1978年，中国经济的货币化程度很低，与全国约1万亿元的工农业总产值相比，社会存款才221亿元。国家长期实行"财政一本账，统收统支"，并完全承担扩大再生产的投资职能，只有在严重赤字的压力下，银行系统才对国营企业贷款，其规模到1978年也不过1000多亿元，与当年工农业总产值的比例约为10%。这一比例在1990年刚超过80%，1996年首次超过100%，达到107%，短短6年上升了25个百分点（见图1-3-4）②。

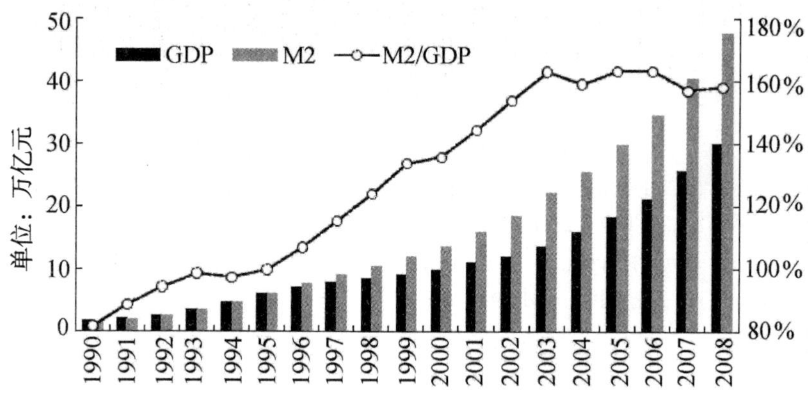

图1-3-4　1990年以来中国经济的货币化程度

数据来源：历年《中国统计年鉴》。

① 谭秋成：《银行体制、预算软约束与乡镇企业目前的困难》，《中国农村观察》2003年第6期。

② M2/GDP本身也是反映一国金融结构的指标，金融体系以银行为主的国家这一比例都比较高，但中国金融市场的发展还是20世纪90年代末才开始的。

信用扩张的结果，不仅是全社会承受货币增发的制度成本，1994年一度出现高达24.1%的消费者物价涨幅[①]；而且，在国家同期发展投机性资本市场的宏观制度环境影响下，金融资本追求流动性获利的内在机制不可能被行政手段压抑，一方面出现普遍的高利贷现象——金融部门暗中违纪拆借或利用自办公司参与金融投机屡禁不止，使得国内资金市场利率一直在月息2分左右；另一方面，高额通胀压力下的负利率长期存在导致垄断性金融部门寻租[②]空间增加，客观上推动高利贷横行全国，势所必然地挤占企业资金正常流转贷款，尤其是对中小企业的"挤出效应"更为明显。

1992、1993年全国金融机构乡镇企业贷款为1517.9亿元、1962.8亿元，分别比上年新增380亿元和445亿元，而1994年金融机构乡镇企业贷款为2002.4亿元，仅比上年新增不到40亿元，这不仅与1993、1994年宏观经济整体高速增长的势头不相匹配，也与同时期金融机构发放的贷款总量的高速增长——1992、1993、1994年新增贷款分别为4985.1亿元、6620.2亿元、7032.9亿元——形成鲜明对比。

其次，1993—1996年政府加强宏观调控，并在1997年宣布国民经

---

① 根据张晓晶的分析，在中国高通货膨胀之前总有M2的过快增长。"研究发现，在1988年和1989年的高通胀之前，有1986年至1987年过量的M2供应；在1993年至1995年的高通胀之前，有1990年至1992年过量的M2供应，且1994年通胀高峰时M2供应的加速，使得本次通胀的时间延长。从长期看，M2的增长率与通货膨胀率的联系是清楚的。"参见张晓晶：《宏观经济政策与经济稳定增长》，《管理世界》2000年第1期。

② 又称为竞租，是指在没有从事生产的情况下，为垄断社会资源或维持垄断地位，从而得到垄断利润（亦即经济租）所从事的一种非生产性寻利活动。

政府运用行政权力对企业和个人的经济活动进行干预和管制，妨碍了市场竞争的作用，从而创造了少数有特权者取得超额收入的机会。根据美国经济学家J. 布坎南和A. 克鲁格的论述，这种超额收入被称为"租金"，谋求这种特权以获得租金的活动，被称作"寻租活动"，俗称"寻租"。——本版编者注

济成功实现“软着陆”，对稳定全国经济和改善金融形势，未雨绸缪地成功应对 1997 年紧随而来的东亚金融风暴等具有决定性的战略意义。但这一制度变迁的成本，仍然如以往历次改革一样都加剧了内生性的制度成本收益的不对称，在不同类型企业中间，在城乡之间，是不均衡分配的。

大规模削减投资的改革措施促成了通货紧缩和投资需求不足的出现，但与此同时，政府并没有放弃对国有大中型企业的融资倾斜政策，继续对亏损的国有企业进行补贴——正是这种倾斜政策提高了非国有经济得到金融支持的机会成本。

从银行方面看，由于金融权由地方上收到中央，地方政府对地方金融配置不再具有领导性，银行普遍强化了垂直领导体制和内控制度建设，金融机构随着银行系统的风险防范意识和自我约束机制增强，随着风险控制压力越来越大而开始收缩信贷规模。大量中小型乡镇企业虽然可能有潜在的投资机会，也因为国有银行事实上存在的投资歧视和资信条件差等方面的现实原因，而很难从正规的金融市场得到融资。①

再次，进入 1998 年，随着中央政府全面推进银行的商业化改制，此前政府大力推行企业改制中出现的种种逃避、转移、虚置、损耗、贬值银行信贷资产的行为造成了银行逾期贷款增加，呆滞贷款比重增大，呆账扩大，不良资产比重日趋增长，遂造成金融资本异化于产业资本的恶性循环。首当其冲的是乡镇企业——由于中小企业担保不足，还贷率不高，银行在市场化改制后趋利避害，自发地从中小企业信贷业务中收缩战线。

此外，中央政府在进行金融宏观调控时，在信息不对称的情况下，

① 温铁军：《乡镇企业运行情况与问题分析》，《中国农村信用合作》1999 年第 11 期。

采取一刀切地压缩贷款额度、上收贷款权限等行政措施，结果是所有金融机构都不敢发放贷款，所有项目都难以得到融资，以往依靠信用扩张发展已经进入资本增密快车道的乡镇企业陷入困境也就无法避免。①

总体来看，无论是信贷扩张时期还是信贷紧缩时期，乡镇企业的融资环境都处于结构性的不利地位。前者，是因为金融资本追求高风险、高收益的投机领域的机会收益而对乡镇企业贷款产生挤出效应；后者则是过多地承担了宏观调控下金融资本“退出”的制度成本。

从数据上看，1994 年配合实施宏观调控的金融政策调整后，乡镇企业信贷规模大幅度减少，由过去占国家信贷资金总规模的 7%—8% 下降为 3%—4%。

1996 年，乡镇企业固定资产投资中金融机构贷款占到 24.56%，比 1994 年的 28.22% 下降了 3.66 个百分点。从信贷的时期结构看，1996 年金融机构短期贷款增长 17.2%，长期贷款仅增长 6.66%，这与 1994 年分别增长 87.9%、24.2%，1995 年分别增长 35.25%、20.71% 相比已相去甚远。②

将乡镇企业 1996—1997 年宏观调控促使经济“软着陆”期间的融资结构与此前的 1986—1991、1992—1995 年这两个阶段相比，差异更加明显。乡镇企业 1986—1991 年银行借款的年均增长速度为 31.85%，1992—1995 年年均增长速度为 30.88%，而 1996—1997 年年均增长速度仅为 9.35%。③

---

① 谭秋成：《银行体制、预算软约束与乡镇企业目前面临的困难》，《中国农村观察》2003 年第 6 期。

② 陈剑波：《高速增长与效率改善——乡镇企业投融资问题研究》，《中国农村信用合作》1999 年第 8 期。

③ 鉴于东部地区乡镇企业的资产和负债占全国乡镇企业资产和负债总量的 70%—80%，这里主要借鉴学者们对全国乡镇企业总体信贷情况的分析。

从乡镇企业的信用需求看，1986—1991 年，乡镇企业银行借款与应付款年均增长速度之比为 126.99%，1992—1995 年这一比值为 79.86%，1996—1997 年缺乏直接数据，从乡村企业的这一指标来看，也可能趋于下降（见表 1-3-3）①。

表 1-3-3　1986—1997 年全国乡镇企业银行借款、商业信用年均增长速度变化比较

单位：%

	1986—1991 年			1992—1995 年			1996—1997 年		
	乡镇企业	乡村企业	个体联户企业	乡镇企业	乡村企业	个体联户企业	乡镇企业	乡村企业	个体联户企业
固定资产原值	24.86	25.14	23.91	42.46	39.30	52.08	23.00	17.24	
流动资产	20.72	19.70	25.22	49.16	47.53	54.88		10.92	
所有者权益	20.95	20.65	22.12	46.23	39.70	64.93		15.36	
银行借款（A）	31.85	32.11	29.33	30.88	28.71	49.08	9.35	9.79	
其中：长期银行借款	27.53	27.86	24.52	30.63	28.77	46.14			
应付款（B）	25.08	25.71	18.65	38.67	35.68	66.01		16.09	
A/B	126.99	124.89	157.27	79.86	80.47	74.35		60.85	

资料来源：姜长云：《乡镇企业资金来源与融资结构的动态变化》，《调研世界》2000 年第 2 期。

（四）宏观经济萧条，乡镇企业陷入债务危机

地方工业化之中小产业资本对宏观经济形势总是极为敏感的。

乡镇企业的发展与国家宏观经济波动也表现出高度的相关性。从图 1-3-5 有关 1985—1995 年乡镇企业产值和国内生产总值的绝对规模

① 姜长云：《乡镇企业资金来源与融资结构的动态变化》，《调研世界》2000 年第 2 期。

和增长速度的对比中可以看出，乡镇企业对宏观经济波动具有明显的放大效应。在宏观经济波动中，乡镇企业不仅面临市场需求的大起大落，而且面对的银行信贷环境也是大松大紧。

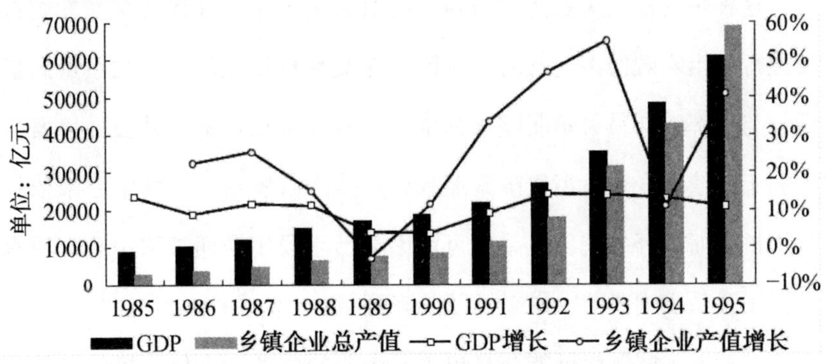

图 1-3-5　1985—1995 年国内宏观经济与乡镇企业发展波动①

数据来源：历年《中国统计年鉴》《中国乡镇企业年鉴》。

当 20 世纪 90 年代后期宏观经济转入萧条时，乡镇企业的资产负债率已达 80%左右，因此在这一轮危机中受到的打击尤其严重。从融资结构来看，自 90 年代初期以来，乡镇企业流动负债占负债总额的比重不仅一直保持在 80% 以上，而且呈不断提高之势，1994、1995、1996、1997 年分别为 80. 78%、82. 27%、83. 16% 和 84. 28%。这表明支撑乡镇企业发展的不仅是靠信用关系维持的负债，而且主要是企业之间以及企业内部不同要素所有者之间的短期信用关系。

到 1996 年，全国乡村集体企业应收款项达 5664 亿元，比上年净增 721 亿元，其中应收账款为 3352 亿元，比上年净增 391 亿元，企业新增流动资产的 43. 86%被其他单位拖欠和无偿占用；另一方面，乡村

① 乡镇企业总产值的增长速度是将历年总产值按商品零售价格指数折算成可比数据后计算得出。

集体企业 1996 年末应付款项也达 5317 亿元，比上年增加 783 亿元，其中应付账款为 2660 亿元，比上年增加 428 亿元，企业新增流动负债的 44.82%属拖欠其他单位款项。①

这种短期信用关系能否顺利维持取决于企业与外部的交易能否持续进行。当宏观经济上升时，乡镇企业交易量增大，信用关系得到扩展，与外部的交易关系能够顺利维持。一旦宏观经济和社会环境发生不利于企业的变化，当经济紧缩政策将货币收紧后，市场中原来依托信用扩张而展开的交易关系便可能因交易手段短缺而被迫中止，原有的信用关系出现脱节，本来可以在信用中完成的生产和流通过程受阻，负债经营这一问题就可能凸显出来，企业的债务和支付危机就极易发生（见表 1-3-4）②。

表 1-3-4　1994—1997 年全国乡村集体企业负债的数量与构成变化

	数量（亿元）				构成（%）			
	1994 年	1995 年	1996 年	1997 年	1994 年	1995 年	1996 年	1997 年
负债总额	9625	12496	14462	15501	63.97	62.84	61.97	61.18
流动负债	7775	10281	12027	13064	80.78	82.27	83.16	84.28
短期借款	2986	4059	4798	5138	31.02	32.48	33.18	33.15
其中：银行借款	2052	2652	3109	3348	21.32	21.22	21.50	21.60
应付款项	3410	4534	5316	5887	35.43	36.28	36.76	37.98
其中：应付账款	1691	2232	2659	2934	17.57	17.86	18.39	18.93
长期负债	1850	2213	2431	2421	19.22	17.71	16.81	15.62

① 张国良、吴建中：《乡镇企业负债状况及对策》，《乡镇企业研究》1997 年第 3 期。

② 姜长云：《乡镇企业资金来源与融资结构的动态变化》，《调研世界》2000 年第 2 期。

（续表）

	数量（亿元）				构成（%）			
	1994 年	1995 年	1996 年	1997 年	1994 年	1995 年	1996 年	1997 年
长期借款	1595	1911	2086	2072	16. 57	15. 29	14. 42	13. 37
其中：银行借款	1006	1141	1217	1224	10. 45	9. 13	8. 42	7. 90
长期应付款	137		212	223	1. 42		1. 47	1. 44
所有者权益合计	5420	7390	8875	9834	36. 02	37. 16	38. 03	38. 82
负债及所有者权益合计	15046	19887	23337	25335	100	100	100	100

注：在本表中，负债及所有者权益所占比重数为占负债及所有者权益总额的比重，负债和所有者权益的各组成部分所占比重数分别为占负债总额、所有者权益总额的比重数。应付款项包括应付票据、应付账款、预收账款和其他应付款。

资料来源：姜长云：《乡镇企业资金来源与融资结构的动态变化》，《调研世界》2000 年第 2 期。

1996 年以后，如同 20 世纪 80 年代末宏观紧缩导致资金极度短缺条件下国企之间“三角债”盛行一样，随着宏观经济转向下行，加之金融系统为规避金融风险而全面进行的商业化改革，乡镇企业的信用链条开始出现运转困难，企业之间相互拖欠严重，进而形成大面积的债务危机。

二者之间最为不同的宏观背景，是 20 世纪 90 年代后期中国开始进入产业资本高速度扩张之后接踵而至的过剩阶段，遂使公司化的地方政府“退出”的决心和速度都得以强化。

综合以上因素，在 1994 年以来的金融政策调整、改制及宏观经济危机等多重因素的作用下，乡镇企业的发展态势发生了重大变化：一是发展速度明显放慢，1997 年乡镇企业增加值增长 18%，增幅比“八五”平均水平低 24. 27 个百分点；二是出口增速大幅度下降，1997 年出口产品交货值比上年增长 16.8%，增幅比“八五”平均水平低 46.98 个百分点，1998 年出口商品交货值比上年仅增长 2.5%；三是引进外资相对减少，1996 年客商实际投资额 804891 万美元，1997 年为 409189 万美元；四是亏损面进一步扩大，1997 年全国乡镇企业亏损面为 8%，比上年增加，1998 年全国乡镇企业亏损面达 15%，比上年又上升了 7 个百分点；五是吸纳农村富余劳动力的速度有所减缓，1997 年全国乡镇企业从业人员比上年减少 458 万人，1998 年乡镇企业就业人数比上年又减少 522 万人。[①]

由此，乡镇企业全面改制也就呼之欲出了。

三、政府才有退出权：对乡镇企业改制的另一个解释[②]

地方政府公司主义体制的一个重要现象，就是政府成为最有进入权和退出权的经济主体。那么，需要分析的只不过是政府为什么进入和为什么退出。

当然，政府进入乡镇企业是为了获取收益，这个似乎不难理解；那么，政府退出呢？

（一）改制的动力

由于前面分析的各方面影响，无论是市场环境还是政策环境，乡

① 中国乡镇企业年鉴编辑委员会：《中国乡镇企业年鉴（1998）》，中国农业出版社 1999 年版。

② 作者在 2003 年提出了农村改革到底是农民退出还是政府退出的观点讨论，发表了《政府和集体退出之后的农村制度变迁》一文（收录于中国社科院农村发展研究所 2003 年《现代农业国际研讨会论文集》）；有关论点在 2009 年 1 月中国经济出版社再版的《三农问题与制度变迁》中也有表述；本书的这一部分进一步加深了在乡镇企业改制中政府退出的分析。

镇企业低成本优势赖以发挥的关键机制几乎全都不复存在，而乡镇企业自身也面临着企业资本有机构成提高、社区福利开支刚性等不利因素，伴随着信贷紧缩政策的实施，乡镇企业出现了大面积运转困难。

使乡镇企业退出历史舞台的真正推动力，不是乡镇企业自身的产权明晰化要求，而是企业经营亏损情况下公司化的地方政府的“理性”。

杜志雄等通过对改制企业及其职工进行的问卷调查进一步表明，在实际操作中，企业产权改革的最主要的动因来自基层政府；部分来自企业经营者；而完全没有来自企业职工的①（见表 1-3-5）。

表 1-3-5　企业产权改革最主要的原因

主要原因	企业数
市县统一布置	50
乡村政府的积极性	26
企业经营者的要求	1
企业内大多数职工的要求	0
政府和企业经营者都有积极性	23
其他	0

资料来源：杜志雄、苑鹏、包宗顺：《乡镇企业产权改革、所有制结构及职工参与问题研究》，《管理世界》2004 年第 1 期。

在讨论了财政税收体制演变对于地方政府公司主义的影响之后，人们应该很容易理解，随着社会财富来源结构的多样化，地方政府追求租金最大化的目标，日渐异化于以社区集体为基础的乡镇企业的综合效益最大化目标。

1993 年，中国三大赤字同时发生，造成中央政府必须承担的综

① 杜志雄、苑鹏、包宗顺：《乡镇企业产权改革、所有制结构及职工参与问题研究》，《管理世界》2004 年第 1 期。

合债务大于GDP的历史性压力，导致中央政府1994年起直接推进强制性制度变迁，实行以“下岗分流、减员增效”为目标的国有企业大面积改制，即使冒着因没有来得及完善基本保障政策而突破社会底线、引发大规模群体性事件的风险也在所不惜。何况本来就另类的、在城乡二元结构对立体制下曾经引起城市产业利益争论甚至恶评的、财税体制改革后不再提供利益分割机会的乡镇企业，在国家推行宏观紧缩政策客观上导致政府开支和企业承担社会职能等方面转化的企业债务负担显化的压力下，更属于大规模甩包袱的领域——这应该是地方政府全面退出、短期完成集体企业彻底改制的非意识形态化的理性解释。

根据一项中国社会科学院经济所、国家体改委和农业部农研中心对来自26个省（自治区、直辖市）[①] 1986年至1990年967个国有企业、366个城市集体企业和300个乡镇企业进行的一项大型统计调查，在国家对利润的占有份额上，乡镇企业平均只有20%—25%的比例，而国有企业一般达到60%，城市集体企业也与国有企业类似。但是在乡镇企业的利润中，乡镇村政府所得部分加上国家所得部分实际上大约相当于国家从国有企业利润中得到的部分。也就是说，乡镇村政府得到的利润份额正好是国家少占有的那一部分。[②] 这本身也应归因于国家在构建乡村政府体制的同时，没有下达必要的财政经费；直到2006年，为防止社会矛盾全面爆发而彻底免除农业税之前，也没有把乡村治理的必要开支列入国家财政的制度安排（见表1-3-6）。

---

① 在当时的行政区划下，包括了除新疆、宁夏、西藏和台湾地区以外的所有省份。

② 刘小玄：《国有企业与非国有企业的产权结构及其对效率的影响》，《经济研究》1995年第7期。

表 1-3-6　三种类型企业的利润分配结构对比

		1984 年	1985 年	1986 年	1987 年	1988 年	1989 年	1990 年
乡镇	N	162	176	161	162	259	234	219
	LP	0.164	0.134	0.222	0.169	0.302	0.489	0.111
	GP	0.229	0.204	0.202	0.209	0.251	0.239	0.231
	DP	0.570	0.605	0.549	0.525	0.434	0.333	0.580
	其中：dp1	0.287	0.318	0.221	0.265	0.157	0.025	0.314
	其中：dp2	0.283	0.287	0.328	0.26	0.277	0.307	0.266
国有	N			845	837	853	806	694
	LP			0.055	0.210	0.187	0.291	0.156
	GP			0.585	0.575	0.540	0.598	0.633
	DP			0.345	0.173	0.221	0.112	0.212
城市集体	N			292	287	307	312	252
	LP			0.115	0.168	0.114	0.134	0.102
	GP			0.570	0.632	0.599	0.615	0.719
	DP			0.257	0.183	0.190	0.238	0.133

注：LP：职工所得与总利润之比，其中职工所得包括从利润中开支的奖金和福利。

GP：政府所得与总利润之比，其中政府所得包括所得税、调节税，上缴教育基金和能源交通基金，以及各种在利润中开支的上缴利税费，销售税不包括在内。

DP：厂长经理可支配利润与总利润之比，前者是企业留利扣除职工所得。

dp1：乡镇企业中厂长可支配利润与总利润之比。

dp2：乡镇企业利润中上缴乡镇或村政府的利税费与总利润之比。

（为了使乡镇企业与国有集体企业可以直接做回归比较，故将上缴乡镇村政府的利税费归入 DP）

N：企业的样本数。

资料来源：刘小玄：《国有企业与非国有企业的产权结构及其对效率的影响》，《经济研究》1995 年第 7 期。

上述利润分配格局的一个政策背景，是国家当时对乡镇企业的支农、建农资金允许税前列支，这是中央政府留给地方政府的收益空间，也是地方政府兴办乡镇企业的一个动力。1994 年，财税体制改革实行“分税制”后，乡镇企业不再享有任何政策优惠。乡镇企业本来就盈利性下降，改革使地方政府能够从利润中分得的份额进一步降低了。

对永联村的调研数据也表明，在改制之前的 1986—1995 年，永钢集团在对社区的回报中，仅基础设施建设一项的投入就高达 33151 万元。

前面讨论了地方政府与乡镇企业之间的博弈关系：乡镇企业承担政府的政策性负担，其收益是预算软约束；地方财政通过扶持乡镇企业的发展，获取的经济收益是逆向软约束，政治收益是地区经济总量增长。这一博弈得以维持的原因是双方对自己行动的回报都拥有较好的预期。

在市场环境较为宽松的 20 世纪 80 年代和 90 年代初，与市场趋向饱和的 20 世纪 90 年代后期比，企业盈利的概率更大，政府预期通过扶持乡镇企业可以分享更多的利润，企业也会选择与政府合作并承担政策性负担，这时双方采取“合作”行动的预期收益都大于“不合作”的预期收益；20 世纪 90 年代中后期，宏观经济环境和市场竞争环境发生了变化，维持以往合作行动的预期收益也随之发生了改变，对于政府而言，乡镇企业不再是能提供充裕现金流的“奶牛”，而成了“瘦狗”，这种情况下再扶持乡镇企业就成了不合算的选择。

何况，1994、1995 年以来大举进入苏南的外资企业，对地方经济发展的贡献度已经越来越高，既符合国家当时的政策导向和地方政府追求 GDP 的政绩需求，在产业层次上也符合地方谋求产业升级的需求，为外资进入提供完备的基础设施和必要的条件已成为新阶段苏南地方政府新的工作重心。

最终，地方政府选择了从乡镇企业中退出。

（二）改制的形式与路径依赖

关于乡镇企业改制，讨论得较多的是其中的一种路径依赖——改制中的“精英连续性”。

世界范围内的一般意义上的改革之所以不同于革命，在于其利益的转移和再分配不造成社会结构的根本变化，本质上不是由下层推翻和剥夺上层实现的，而是遵循了“精英连续性”规律——基本上是由那些在计划经济条件下掌握资源的特权阶层，在改革过程中进一步占有这些资源资本化的权利，再通过某些政治和社会改革为自己获取其中的增值利益确立新的合法性。

这是世界范围内经济改革的一般规律，也是世界范围内意识形态化的讨论中以所谓计划经济向市场经济过渡来表述资本主义内在具有“政治正确”的特殊规律。

苏联解体后的俄罗斯、东欧国家采用“休克疗法”，那些在所谓计划经济条件下掌握资源的人，虽然首先在政治和法律上放弃了特权，但仍然在市场经济发展初期占有优势，表现在知识、管理、社会联系、信息、能力等各个方面，所以过去就依存于政府部门获取收益的多数人可以在政府推进的市场经济改革与发展中成为新的企业家、议员。总之，改革进程中一般都有效地保持而不是切断了“精英阶层的连续性”；否则，就会因原有体制内部获取收益的主要利益集团追求增加收益而推进改革的动机不能满足致使改革失败，抑或演变为性质更无以言状的强制性变迁。

中国之所以被称为“渐进改革”，在于其中的利益转移也顺势地逐渐展现了这一世界范围的改革规律。[1]

苏南的这场在利益相关者之间进行利益调整和再分配的乡镇企业改制，与同期的国有企业改制一样，都是财政压力下的中央/地方政府的“甩包袱”行为，改制中的“抓大放小”、减员增效和MBO（管理层收购）等做法也是大同小异。

对于改制的具体形式，很多学者都进行了深入的研究。值得一提的是，二次改制同期，虽然引进的制度经济学的产权理论成为政府推进改制的主要依据，但少数学者仍持股份合作制观点。如张晓山等指出，农村股份合作企业产权制度的理论模式是以股份制的原则为核心的，少量保留了合作制的某些因素；它是乡镇企业制度创新所形成的一种混合型、多样化的企业制度[2]（有关乡镇企业改制阶段性介绍，见专题报告六，专题报告七给出了国内其他地区另类的改制实践作为参考）。

本书同时强调苏南乡镇企业改制中的一个特殊之处：由于苏南社队工业和乡镇企业起步时集体化的资本积累路径和集体经济较高的资本有机构成在改制中难以完全私有化，从而为农村社区保留了吃租(厂房租、设备租、土地租）余地，弱化了制度变迁的社会成本。

在苏南乡镇企业产权制度改革中，部分乡镇保留的集体资产数额巨大；其中有些精明的领导者据此成功介入虚拟资本经济。根据某些学者的调查，某镇的集体净资产总额多达7.91亿元，其中一部分以租

---

① 杨帆：《改革开放以来的“权力资本化”》，社会学人类学中国网，2008年11月4日。

② 张晓山、苑鹏、国鲁来、潘劲：《农村股份合作企业产权制度研究》，《中国社会科学》1998年第2期。

赁等形式留在企业，还有的成为基础设施建设及企业发展基金的主要来源。[①]

（三）改制以后全国乡镇企业竞争格局的演变[②]

中国从20世纪80年代初期即开始的乡镇集体企业的改革，经历了80年代初的“五定一奖”[③]、1984年的“一包三改”、1991年产权领域的改革和1993年全面推开的股份合作制改造，在1997年党的十五大之后，乡村集体企业的改制又掀高潮，虽然股份合作制仍然是文件上明确的企业制度变迁的重点，但往往与租赁、拍卖、兼并等其他制度变迁形式紧密相连，乡镇集体企业以推行股份合作制、组建企业集团、企业兼并、租赁、拍卖等形式的产权制度改革不断地拓宽、深入。[④]

从此以后，我国乡村工业的发展除了大部分与社区母体脱离之外，还逐渐由于不再近乎无偿使用社区资源而发生了如下分野和转向。

在“先富带后富”的国家非均衡发展战略背景下的内地乡镇集体企业，虽然迅速改制，但由于大部分没有完成原始积累，也由于企业外在环境的投资、金融、财政、基础设施等方面难以形成其产业升级的支撑力，再加上地理区位等方面也不足以形成对外资的吸引力，在改制之后出现大面积的凋敝。其后，这一轮“遍地开花”的内地乡村

---

① 徐元明：《乡镇企业体制创新与苏南模式的演进》，《中国农村经济》2003年第5期。

② 王平：《当代乡镇企业兴衰历史经验研究——宏观经济波动与制度环境变化之下的农村工业化问题》，中国人民大学博士论文，2008年。

③ “五定一奖”是指定人员、任务、资产、利润、消耗，超利润奖励。

④ 张晓山，苑鹏：《中国乡镇企业产权改革备忘录》，社会科学文献出版社2003年版。

工业又在地方政府大力招商引资的强力作用下，由全面铺开到工业园区式的点状分布，乡镇经济发展和城镇化进程遂骤然减速。

而在那些早期完成产业资本原始积累时就创造了苏南模式、浙南温州模式、岭南珠江三角洲模式等地方工业化典型的沿海地区，则凭借地缘优势，国家非均衡战略创造的在投资、金融、基础设施等方面的优势和超额收益的机会，以及当地民间金融的良好发育等各种有利于工业发展和吸引外资的条件，成功地实现了产业升级，参与到国际竞争中去，并在乡镇企业改制中顺势处理了可变现资产的产权关系，少数争取到了进入资本市场获取增值收益的机会。在苏南，更多的村社集体经济组织在改制中保留的是不可变现的工商业地产的租金占有或分享权——正是这种与依托村社理性进行原始积累的一脉相承的联系，极大地弱化了乡镇企业改制的社会成本，使吴侬软语之民还能保有一块吃租余地……

客观上看，正是这种二次改制中财产关系的根本变化，使沿海地区和大城市郊区逐渐成为我国民营经济的大本营和乡村工业化的“保留地”；一大批得以保证利益延续占有的集团和个人，随之成为各级政府倚重的精英群体。

由此，上一轮全国范围相对均衡发展的乡村工业化，转型为苏、浙、粤等沿海地区带状发展和典型的外向型产业。

第四章
国内产业的国际扩张

案例

一封关于发达国家对发展中国家污染转移的备忘录[①]

1991 年 12 月 12 日，时任世界银行副总裁兼首席经济学家的萨默斯先生给他的同事们发了一份备忘录，后来这份备忘录被流传到了公共媒体当中，引起了一场轩然大波。已公布的部分翻译如下：

你我私下里说，世界银行难道不应该鼓励将更多的污染工业转移到欠发达国家中去吗？我能想到三个原因：

首先，污染所带来的健康成本取决于由于更高的发病率和死亡率而不得不放弃的利益。从这个角度来看，污染所导致的健康损害应该发生在成本最低的，也就是工资最低的国家。在我看来，把有毒废物倾倒在工资最低的国家这类行为背后的经济逻辑是无可辩驳的。我们应该勇敢地面对这一事实。

其次，由于在污染水平很低时增加污染的成本可能会非常低，污

① 林雨飞：《中国环境问题与萨默斯的一封信》，《中国财富》2007 年第 8 期。

染成本曲线可能是非线性的。我总是在想，非洲那些人口稀少的国家在很大程度上是污染程度不够的，与洛杉矶或者墨西哥城相比，他们的空气质量可能是毫无意义地太好了。只是那些令人不快的事实，即这么多的污染是由不可贸易物品产业（交通、发电）制造的，以及固体废物的单位运输成本是这么高，阻止了能提高世界福利水平的空气污染和废弃物的贸易。

最后，因为审美和健康原因而产生的对清洁环境的需求可能会有非常高的收入弹性。如果一种诱因有百万分之一的可能性会导致前列腺癌，那么在一个人们能够活到得前列腺癌的年纪的国家，人们对这一诱因的关注肯定要高于一个五岁以下幼儿死亡率为千分之二百的国家。同样地，对工业大气排放物的关注主要集中于有碍能见度的颗粒，而这些排放物也许对人们的健康根本就没有什么影响。显然，那些能引起对污染的担忧的物品的贸易是能够促进福利的。在当前的情况下，进行生产的地点是很容易改变的，但对清洁空气的消费是非贸易物品。

与那些反对让欠发达国家有更多污染的提议的意见（比如说，对某些物品的天生的权利、道德因素、社会关怀及缺乏合适的市场等）相关的问题都可以反过来提，并或多或少地能被有效地用以反对世界银行的每一个自由化的建议。

这份备忘录于1992年2月开始公开流传，引起了一场很大的争论。当时的巴西环境部长卢森伯格给萨默斯写了一封公开信："你的推理在逻辑上是完美的，但在根本上是疯狂的。……你的想法是那些传统的'经济学家们'在思考我们生活的世界时所表现出的不可思议的精神错乱、简化论思维、对社会的冷漠和自大无知的具体例子。如果世界银行继续让你当副总裁，那么它将完全失去它的信用。而对我来说，这只是证明了我经常所说的……对世界银行而言，最好的事情就是让它彻底消失。”

遗憾的是卢森伯格先生很快就被解职，而萨默斯不仅继续在世界银行担任其先前的职务，而且不久之后就成了克林顿政府的财政部副部长，部长；再后来，因为研究宏观经济的成就而获得约翰·贝茨·克拉克奖，并且在 2001—2006 年担任哈佛大学的第 27 任校长；2006 年，他成为卓越人士联席会议成员，负责监察联合国贸易与发展会议的工作；2009 年，被美国总统奥巴马任命为美国国家经济会议主席，负责制定金融海啸后美国经济的复苏政策。

苏南对外出口商品由来已久，但那不可与当代融入全球化的外向型经济同日而语。从传统贸易算起，随着产业资本从原始积累到结构调整和国际扩张所带动的经济发展不同阶段的演进，苏南的外向型经济大致经历了这样几个阶段：一是传统农业时期零散的家庭手工副业产品汇聚而成的规模贸易；二是国家工业化原始积累时期由中央政府主导的以初级产品为主的一般贸易；三是农村工业化时期地方政府主导的以乡镇企业为主的一般贸易；四是遭遇 20 世纪 90 年代末期全球化条件下“输入型经济危机”影响而转向的以外资企业为主的“大进大出、两头在外”的外向型经济。

其间伴生的静悄悄的制度变迁过程中，蕴含了复杂的从产业资本原始积累的内生性“路径依赖”向产业扩张与全球化结合导致的外生性“被诱致性变迁”的规律转化。

只要我们愿意“去意识形态化”地看问题就会注意到，在中国挟带庞大过剩产能加入 WTO 促成的新一轮全球产业资本重新布局及其带来的外资大举进入中国之后，唯一因外资难以克服与分散小企业交易费用过大（或许还有某种特殊的地方文化因素）而得以继续保持“一般贸易”的中国沿海地区，就剩下被国内舆论当作完全市场经济典型的浙南模式了。①

本书暂且不讨论至今外资难以进入的浙南，而从区域比较研究的视角来分析苏南和岭南。诚然，江苏与广东同是两个出口大省，但因初期工业化基础的不同，出口导向型经济发展的路径也截然不同；乃至于引发出的意识形态化争论在 20 世纪 90 年代一度势不两立，至今余波犹在。但使得以往争论略显庸俗的是，进入 21 世纪，二者在外向型经济发展模式上却呈现出趋同之势。

值得反思的是，这种趋同之势似乎与我们在世纪之交总结过去的中国经验时作为理论创新来强调的制度变迁普遍呈现出来的路径依赖规律不符。对广东经验来说，不可简单评价的是：它如何实现了以服装加工业等低附加值生产为主的对外贸易向以重化工业产品为主的对外贸易的转换？而对江苏来说则更吊诡：它是如何实现了从以内资为主的一般贸易向以外资为主的加工贸易的转换？

一、对外开放内在逻辑的演变
——从资本短缺到资本过剩

本书专题报告四和专题报告五中分析了 1978 年、1993 年的改革与

---

① 作者注：我们曾经分析过外资为什么不去浙南，原因主要在于两个方面：其一是浙南每个产业都聚集了过多的中小企业，外资进入的交易成本过大；其二是浙南民间金融总量很大，不得不追求各产业链条内部的平均利润率，这使得浙南在中小企业的充分竞争中形成产业内部各个环节分享平均收益的格局，因此缺乏吸引外资进入的获取超额利润的机会。参见李晨婕、温铁军：《宏观经济波动与我国集体林权制度改革——20 世纪 80 年代以来我国集体林区三次林权改革“分合”之路的制度变迁分析》，《中国软科学》2009 年第 6 期。

当时的财政金融危机之间的关系。其实，在中国30多年的改革过程中，几乎每次重大决策的出台都是由财政压力引起的，“凡有重大的改革，都有财政压力的背景”，并且“财政压力决定改革的起因和路径”。①

这里要进一步指出，中国无论近代以来的历次改革，还是20世纪百年巨变中的改朝换代，其实和对外开放也都密不可分。② 如果从时间上划分，21世纪之前的对外开放，大抵属于通过引入外部资本缓解国内资本短缺的压力；进入21世纪以后，则属于三大差别加大导致内需严重不足、产业资本凸显过剩之后，借开放之机积极寻求国内产能过剩压力向国际市场的释放，以及国际资本在金融泡沫压力下向中国要素低谷的扩张。

（一）1978：资本短缺条件下的外贸改革与一次未竟的开放

关于1978年以来的改革开放，理论界普遍认为，与俄罗斯及前苏联所属东欧国家激进的“休克疗法”的改革方式不同，中国的改革采取了渐进的方式。林毅夫等将中国改革的特征归结为“做大蛋糕”“增量改革”“试验推广”“非激进改革”四个方面，并给出了相应的理论解释。③

---

① 在前30年中央政府集中全国资源已经完成了工业化的资本原始积累，中央政府控制的以国家工业为主的国民经济已经初步具备“社会化大生产”的产业门类齐全、专业分工社会化的特征，有了进入市场开展交换的基础条件。这是对外开放取得举世瞩目成就的一个重要的前提条件。

② 比如，本书开篇所述的清末洋务运动，因其大量引进海外设备和原材料，而与当时国内的财政危机、外汇危机和货币危机相互掣肘，在清王朝正式覆亡前就已经式微，最终只形成了地方强势集团的点状工业布局。

③ 林毅夫、蔡昉、李周：《中国的奇迹：发展战略与经济改革》，生活·读书·新知三联书店1994年版。

随着中国经济持续高速增长，西方培养的中国经济学家作出的符合西方话语的经验归纳渐次融入西方学者的分析。在21世纪之初，国际主流社会对中国改革及未来发展的关注和判断也逐渐从“中国崩溃论”转向“中国经验”。作为一个尝试，美国的中国问题专家乔舒亚·库珀·雷默曾将中国1978年改革开放以来所走过的发展道路归纳为“艰苦努力、主动创新和大胆试验”“坚决捍卫国家主权和利益”“循序渐进、积聚能量”三个方面，并冠以“北京共识”。在始于2008年夏季由美国次贷危机引发的全球“金融海啸”中，中国因一枝独秀再次引起国际主流社会的广泛关注。作为一个概念，“中国模式”已成为西方社会热炒的对象……

国内外这些有关中国改革与发展的探讨，不论是经验的梳理，还是理论的思考，对我们今天重新认识改革开放以来所走过的道路都有一定的参考价值。然而，当我们今天再次走进改革开放初期和中期那些具体事件时，却很难有上述经验或理论探讨中所呈现的那种清晰的思路，更多读到的本来就是一种意识形态化的理论见之于客观事物的牵强附会和得益于利益集团的理论家们在进退维谷之际做出的左右逢源姿态。①

这是因为，中央政府在改革开放和高速增长过程中所制定和出台的很多政策，确实不可能“先验”地创新，而只能作出符合认识论基本规律的抉择，其在当时想要达到的调控目标大多很实际，并不像今天的经验研究所归纳的那样事先就具有清楚的预见性和科学

① 作者注：这并不是否认国内外广大研究人员在“中国经验”或“中国模式”的探讨中所做出的努力。其实，并不是所有人都认同有一个所谓的“中国经验”或“中国模式”，否则就难以解释只有在看似成功的时候才有“经验”或“模式”的提出，而在改革过程中数度面临危机的时刻，却几乎无一例外的全是诸如“崩溃”“失败”的表白。

理论上的明确条理。相反，很多与上层建筑、意识形态相关的提法只要阻碍了调整政策的出台，一般情况下也只能是按照“不争论”的指示搁置起来任其模糊着。对于伴随沿海经济发展战略提出而大力倡导的外向型经济发展进程，如今的思想理论界仍然难免因对于国家宏观政策讨论背景的复杂性不甚了了，而在应用研究上充满了隔靴搔痒的困窘。

如果愿意简单地对1978年前后的经济政治局势进行还原，就不难梳理出如下逻辑相关。

在20世纪70年代初期，毛泽东在中苏边境冲突可能蔓延的压力下主导了恢复与西方外交关系的一系列活动，并认同周恩来提出的“四三”方案（引进43亿美元的西方成套设备和服务，调整中国工业结构），由此形成新中国第二次对外开放。由于大规模引进项目和昂贵的服务①，中国马上就出现了与第一次对外开放的“一五”计划完成后类似的问题：国家进行扩大再生产的投资能力严重不足，特别是1974年以后，财政赤字连续突破100亿元②。在严重的财政危机下，1974—1976年发生了当代中国第三次大规模城市过剩的适龄劳动力的“上山下乡”运动。

但是，与第一次对外开放造成1960年和1968年两次财政危机、引发20世纪60年代全面调整的经验之最大不同是，此时毛泽东去世了。今天的人们如果愿意客观地认识当时的实际过程，则豁然可知那

① 统计数据也表明了周恩来总理提出的“四三”方案实施情况，我国从20世纪60年代中后期到20世纪70年代用延期付款和利用中国银行外汇存款等方式，大规模引进的机械设备价值高达42.4亿美元。（数据来源：石林：《当代中国的对外经济合作》，中国社会科学出版社1989年版；转引自崔新健：《中国利用外资三十年》，中国财政经济出版社2008年版。）

② 当时的财政总规模还不到800亿元。

个过程本身并不复杂：在财政赤字还没有来得及扭转并且不得不继续增加的严峻情况下，由于新任的中央领导集体客观上缺乏宏观经济调整的政策经验，遂出现1977—1978年中国政府尝试进行比“四三”方案更大胆的对外开放，进一步大规模地从日本和欧美引进外资，**仅1978年一年，中国就同外国签订了22个大型项目，金额高达78亿美元，并且还有50亿美元的意向没有签订完成**。而1978年我国的财政收入才不过1132亿元人民币。

这次继续大规模引进外资对国内产业资本做结构性调整的结果是造成在财政收入才千亿元左右的条件下，仅1979、1980年两年就累计出现超过300亿元的财政赤字。(也因此，这次大规模引进外资被1980年继任的第二代中央领导集体的核心明确批判为“洋跃进”)

经验表明，在以往的财政危机中，通过知识青年“上山下乡”的方式向农村转嫁危机虽然是相对有效的措施（一般政府都难以做到向社会转嫁危机），也曾让农民和城市居民为此付出巨大代价。然而，20世纪70年代末期在应对因“洋跃进”而恶化的财政危机时，执政者却很难效仿以前，在外贸体制上不得不进行改革。

面对财政赤字攀升、已开展的国家工业结构大幅度调整所需的建设资金严重短缺，在1978年9月国务院召开的务虚会上，李先念就提出，**“为了减少有关项目的国内配套投资的负担，尽量多搞些补偿贸易，以减少这些项目的国内投资”**；邓小平《高举毛泽东思想旗帜，坚持实事求是的原则》的讲话则直接突破了对外借款和合资经营两个利用外资的禁区；同年12月15日，中国外贸部部长代表中国政府宣布，中国可以接受外国政府贷款和允许外商在中国投资，国际贸易惯用的做法基本上都可以干。

但是，**突破这两个禁区，当然意味着中央政府以财政承担的国家**

债务会因地方政府和企业利用外资而显著增加；那时还是“财政一本账统收统支”的体制，却唯一没有及时总结教训，并且在责、权、利上予以明确：到底哪级政府、哪个部门、哪个领导人应该对国家承担债务的大幅度增加负责？有此内在之中央与地方之间责、权、利不清晰问题，才有全国沿海争办开发区的热潮。

以上这些情况，都为1979—1980年中央批准开办深圳、珠海、汕头、厦门等4个经济特区，随之扩展为14个沿海开放城市，做了不容忽视的背景铺垫。

单就中国对外开放的内容和发展历程看，集中的统收统支财政体制下没有明确责、权、利的“基本上国际贸易惯用的做法都可以干”的外经外贸领域的两个“突破”，其本身造成的代价的确不得不在体制内寻求转嫁方式，亦必是一种**国家过高负债的代价因难以再向“三农”转嫁而不得不在城市“硬着陆”所催发的内生性的改革**。因此，在纳入这个客观经验过程的意义上，我们同意舆论界和理论界关于“开放先于改革，开放推进改革”的说法。

作者早在20世纪90年代后期受托开展20世纪中国经济史资料研究时，就分析过当代中国在20世纪后半叶的三次对外开放，当时就指出：在新中国成立到1978年进行经济体制改革之前的30年中，中国先后进行了**两次“对外开放”，即20世纪50年代对以苏联为首的社会主义阵营的开放和20世纪70年代伴随中美邦交正常化开始的对西方资本主义国家的开放；中央政府在承担国家债务引发危机的责任而作出重大调整的同时也都转嫁了代价，这是“三农”困境的主因。**而在1980年之后，邓小平又领导了一次，**即20世纪80年代从沿海特区、开发区起步的渐次分散引进外资；这次对外开放演化出各地不同的外向型发展，及其不能简单化地向“三农”转嫁危机，都反过来恶**

化了地方与国家集中体制的对立矛盾。因而，也不断引发由经济到政治的重大调整。[①]

进一步分析，第一次对外开放使中国通过国家举债的方式得以大规模引进苏联的重型工业设备，以优先发展军事工业的方式完成了从农业国向初步工业化国家的跨越，同时也相应形成了中央政府高度集权、全盘苏化的上层建筑。20 世纪 70 年代初的第二次对外开放延续了国家负债方式，使中国得以通过大规模引进欧、美、日等国家地区的设备，对先前形成的重偏斜的工业结构作出重大调整，进而形成产业门类齐全的工业体系，并必然发生对第一次引进外资时奠基的上层建筑意识形态进行相应调整。但它和接续而至的第三次对外开放一起，由于国家负债规模数倍地高于 20 世纪 50 年代引资规模而形成了累积外债和相关的外汇赤字，以及连续本币贬值所连带发生的通货膨胀，却是一直延续着并且愈益严峻起来。因此，出口创汇的重要性和相关产业惯性，便差不多伴随了改革开放（对外开放促推对内改革）之全程。

新中国在 60 多年里先后进行了四次对外开放，从国家负债大规模引进设备，到直接引入外商外资，把其间的复杂背景及内在原因联系在一起进行分析，我们不难发现，对外开放对中国从来都是“双刃剑”：一方面它被中国政府在资本短缺时期作为推动经济发展和政策调整的重要工具；另一方面它又是加剧国家对外负债导致其后数年国内经济困境的始作俑者。而且，正是这种内在矛盾迫使决策层不得不进

① 温铁军：《新中国三次对外开放的“收益和成本”》，载温铁军：《我们到底要什么》，华夏出版社 2004 年版。

行内外经济、政治政策的调整和变革。[①] 我们提出的这些背景分析，并没有对错好坏的价值判断，对解读苏南发展经验有异曲同工之妙。至于这一次经济危机催生的地方政府公司主义及对苏南地方经济发展的制度激励，本书已在前面的章节中进行了分析。

（二）1988：城市利益集团主导的“大进大出、两头在外”

伴随1985年城市经济改革的初潮涌动，**早已形成的、利益结构固化其中的城市利益集团在随后中国改革开放政策的制定中越来越发挥主导性作用，并直接推动了中央1988年出台沿海经济发展战略，从而把中国导向了外向型经济的发展道路**（见专栏24）。

专栏24

中央沿海经济发展战略的提出

1987年3月，六届人大五次会议正式提出：“要使经济特区、沿海开放城市和开放地区逐步形成外向型经济。”同年召开的中共十三大则进一步确定，经济特区、开放城市和开放地区要着重发展外向型经济。而1987年11月，时任国务院总理和代理总书记的赵紫阳在江苏、浙江、上海考察时提出的沿海经济发展的新思路则为发展外向型经济提供了依据。其主导思想是，“沿海地区具有天时地利的优势，加上内地资源的支持，完全可以发展外向型经济，走向国际市场，参与国际市

① 作者完成了一个教育部应急项目，即对新中国60多年中的历次对外开放与国内经济危机和政策改革之间的关系进行了系统梳理。参见温铁军：《通过新农村建设促进“后金融危机时代”中国和谐、可持续发展——中国的真实经验：60年8次危机及其软着陆》，课题报告，2010年。

场竞争，依靠发展对外经济贸易发展经济，这样既可以促进沿海地区的发展，又有利于让出国内市场给内地，带动内陆地区的加快发展”①。这可以视为中央1988年2月6日在中央政治局第四次会议上正式提出的“沿海经济发展战略”的核心思想。

为组织实施沿海发展战略，3月4日，国务院又在上海召开沿海地区对外开放会议，对贯彻实施沿海发展战略做了具体部署。会议认为：“贯彻实施沿海经济发展战略，关键是必须把出口创汇抓上去，要两头在外、大进大出、以出保进、以进养出、进出结合。”会议还对如何具体实施沿海发展战略的问题做了具体部署。②

资料来源：根据相关文献资料整理。

许多学者围绕着沿海经济发展战略的概念及其内涵进行了大量的讨论，迄今为止，对于在中国产业资本形成时期不同历史阶段的宏观背景下到底什么是外向型经济仍旧没有一个统一的界定。③ 对于这种理论的争鸣和概念的模糊，我们可以当成中国“摸着石头过河”所不可避免的结果，然而这只是表面上的模糊。如果将该政策与其出台的背景联系起

① 田纪云：《改革开放的伟大实践：纪念改革开放三十周年》，新华出版社2009年版。

② 根据田纪云的回忆，1988年1月，赵紫阳就向邓小平报送了《关于沿海地区经济发展的战略问题》报告。1月23日，邓小平批示：“完全赞成。特别是放胆地干，加速步伐，千万不要贻误时机。”参见田纪云：《改革开放的伟大实践：纪念改革开放三十周年》，新华出版社2009年版。

③ 唐建宇将当时对外向型经济的观点归纳为三大类：经济结构说——是一种经济结构状态，它以较高的出口依存度为主要标志；运行机制说——是一种经济运行机制，它以市场经济的发达程度为主要标志；主导战略说——是以“出口导向”为主导战略的经济。他本人则认为，外向型经济是一种综合了经济结构、经济运行机制、经济发展战略等各种要素在内的经济系统整体，是一种经济发展模式。参见唐建宇：《关于沿海地区发展外向型经济的几个问题》，《中国工业经济》1988年7期。

来，前述关于改革开放的逻辑仍然清晰存在——1988年的对外开放战略仍然是作为推动经济发展和化解国内经济问题的手段提出的。

如果仅从政策内容看，当时主要是为了增加出口创汇以缓解债务压力。这是因为，**1980年累积财政赤字危机爆发的同时，国家外汇储备也跌入负数，迫使承担国家综合债务偿还责任的中央政府只能出台应对性的（临时性、应急性）改革政策**。而随着城市经济改革的全面展开和对外开放度的提高，加之地方发展经济的积极性提高，中国对外贸易中的进口额再度大幅增加，并且从1984年开始，中国的对外贸易连年出现逆差，这直接导致中国的外汇储备再度急剧下降，从1983年的89.01亿美元连续下降到1987年的29.23亿美元（见图1-4-1）；**而同期我国的外债债务率①则从1985年的56%上升到1987年的77.1%**（见图1-4-2）。也就是说，我国20世纪80年代中后期的出口换汇每得到一个美元，超过一半甚至3/4以上是给国家还债用掉了。

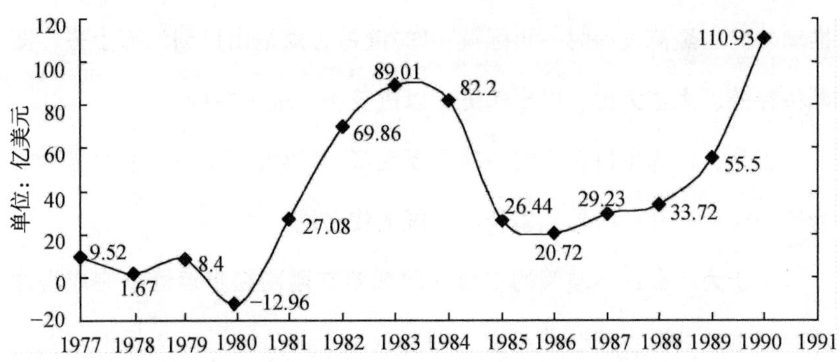

图1-4-1　1977—1991年中国外汇储备变化趋势

数据来源：国家外汇管理局。

① 债务率是外债余额与出口收入的比率。在债务国没有外汇储备或不考虑外汇储备时，这是一个衡量外债负担和外债风险的主要指标。

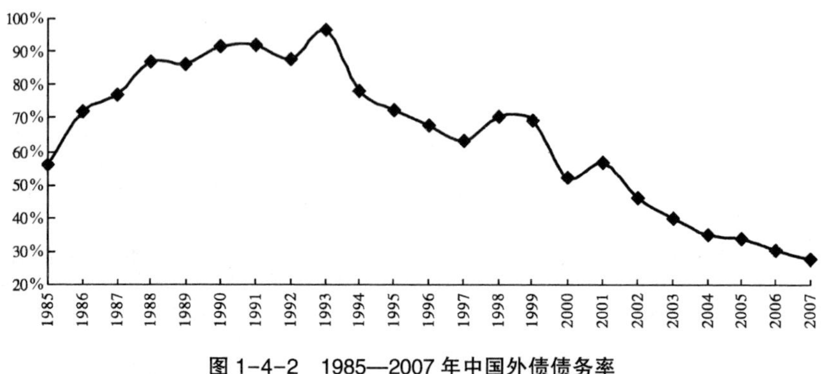

图 1-4-2 1985—2007 年中国外债债务率

数据来源：国家外汇管理局。

本来，这是一枚硬币的两面：**在资本短缺时代，国家在财政连年赤字、无力投资的情况下只能引进外资，但随之而来的对外债务上升和外汇储备下降的这些规律性变化，也必然反过来进一步加剧国家的财政压力**。

由此，就可以理解为什么中央政府在贯彻实施沿海经济发展战略推动外向型经济发展时一再强调，**"关键是必须把出口创汇抓上去，要两头在外、大进大出、以出保进、以进养出、进出结合"**。

于是，作为出口创汇的一项重要政策，"两头在外、大进大出" 成为这一时期推动沿海外向型经济发展的代名词。

至于**为什么这一政策的主要指向却落在刚刚起步但远未完成资本原始积累的沿海乡镇企业身上**，则客观地、部分地是出于保护城乡二元结构下的内含着城市利益集团导向的国家产业资本的需要。

1987 年 11 月，中央提出沿海经济发展战略时，要求沿海地区要充分发挥劳动力资源丰富和乡镇企业灵活机制的优势，大力发展 "两头在外" 的劳动密集型产业；认为乡镇企业是 "有能力参加国际竞争的，乡镇企业无疑应当再上新台阶，跻身外向型经济的行列"。同年 12 月的中共中央工作会议进一步指出，将来中国沿海以乡镇企业为主要形式，依靠低工资的廉价劳动力，生产劳动密集型产品出口，占领国际市场，是完全可能的。1988 年 1 月，中共中央就上述意见正式发文。①

需要特别提到的是 20 世纪 80 年代因明确提出二元结构下的“大进大出”战略而获得“有杰出贡献的中青年专家”荣誉称号的王建。

几乎在赵紫阳提出沿海经济发展战略的同时，1987 年 11 月 1 日，国家计委经济研究所副研究员王建在新华社的内部刊物《动态清样》上发表文章《走国际大循环经济发展战略的可能性及其要求》。从该文内容看，王建关于中国经济长期发展战略的构想与沿海经济发展战略的主要内容具有很高的一致性，以至该文 1988 年 1 月 5 日以“选择正确的长期发展战略——关于国际大循环经济发展战略的构想”为题在《经济日报》上发表后，很多人认为中央沿海经济发展战略的提出跟王建的这篇文章有很大的关系。尽管王建本人并不认同这种说法，但这篇文章却在客观上为中央的沿海经济发展战略提供了理论支撑（见专栏 25）。

专栏 25

王建的“国际大循环”经济发展战略构想

王建当时认为，我国下一阶段经济发展的总目标，是向成熟的工业化的社会迈进。为实现这一发展目标，必须选择正确的发展战略，而其基础是我国走向成熟工业化阶段的大背景和主要矛盾。

中国走向成熟工业化阶段的大背景，就是在人均收入水平很低的

① 参见江苏省地方志编纂委员会：《江苏省志·乡镇工业志》，江苏古籍出版社 1996 年版。

条件下，产业结构演进跃过了以轻工业为主导产业的发展阶段，形成了一个相对发达的重工业基础；而从农业劳动所占的比重看，仍处于低度发达阶段。

这种高度强化的二元结构给下一个发展阶段战略选择带来的主要矛盾是，**工业结构高级化与农村劳动力转移争夺资金的矛盾。继续用强制的办法不准农村劳动力转移来为工业发展积累资金已不可能，**而且不解决八亿农民走向工业化的问题，中国的工业化过程也不可能真正完成。但允许大量人口进入非农领域，又会降低非农领域的有机构成，使工业结构向轻型化偏斜，阻滞推动工业结构高级化的步伐。

为摆脱二元结构所导致的两难困境，王建列举了四种战略选择，分别为：第一种是优先发展农业、轻工业，补上农村劳动力转移这一课；第二种是走借外债的道路，用国外资金补足国内积累；第三种是发展机电产品出口，通过国际交换为重工业自身积累资金；第四种是**把农村劳动力转移纳入国际大循环，通过发展劳动密集型产品出口，一方面解决农村剩余劳动力的出路，一方面在国际市场上换取外汇。**

在对这四种战略进行分析比较之后，王建认为第四种战略，即通过国际大循环走外向型经济道路，是中国最好的选择。为实现这一目标，王建认为大体要经历三个发展阶段。

第一阶段，集中力量发展轻纺、食品饮料、家用电器、轻工杂品等劳动密集型产品出口，重点首先摆在条件较好的沿海地区。这一阶段需要暂时牺牲重工业自身的发展，重工业的任务是支持轻纺产品走出去。换得的外汇，一部分可用于加强重工业的服务能力，一部分直接用于引进技术和原料发展出口。这个阶段还要加强国内尤其是内地的交通运输建设，为出口产业向中、西部扩展创造条件。当沿海产品向外走时，内地产品首先努力占领本地及国内市场，提高质量、降低消耗，为向外走打好基础。这一阶段需要5到7年时间。

第二阶段，内地产品开始走向国际市场，劳动密集型产品创汇能力增强，可以用大部分外汇支持基础工业及基础设施的发展，过资金密集型产业发展阶段这一关。这一阶段亦需要5到7年时间。

第三阶段，以换回的外汇重点支持附加价值高的重加工业发展，资金、技术密集型产品开始走向国际市场，劳动密集型产品出口比重开始下降，劳动力转移压力逐渐减轻，就业者开始向重加工产业转移。这些都标志着中国产业结构高级化及“高速增长”阶段的到来。这一阶段大约从“九五”后期才能起步。

资料来源：根据王建《选择正确的长期发展战略——关于国际大循环经济发展战略的构想》一文整理。

当年，王建的分析很客观，其对中央政策的作用也很直接。

但是，沿海经济发展战略是否真的能够如愿以偿地通过乡镇企业“两头在外、大进大出”实现发展外向型经济的目标，进而实现出口创汇？对此问题，相当多从事外贸和产业发展研究的学者认为不切合实际。不过，他们当时很少有人直接对中央的这一战略目标表示异议，大多是通过对王建“国际大循环”战略思想的直接回应来间接表达看法。

从当时讨论的内容看，人们对王建在国家经济未来发展战略上的探索给以高度评价，但大多数研究者对于“国际大循环”战略的可行性则表示怀疑。①

---

①　杨培新：《关于国际大循环问题的争论》，《烟台大学学报》（哲学社会科学版）1988年第2期；梁桂全：《不合国情的“国际大循环”构想——兼论开放的多元优势次阶跃推进战略》，《学术研究》1988年4期；阎金明：《关于国际经济大循环理论的几点商榷》，《广州对外贸易学院学报》1988年第4期；闵建蜀：《国际大循环理论之我见——香港中文大学工商管理学院院长闵建蜀教授谈国际大循环》，《经济管理》1988年第7期；蔡文祥：《也谈国际大循环》，《对外经济贸易大学学报》1989年第3期。

问题的焦点在于乡镇企业现实存在的一系列困难：劳动密集型产品属于低端产品，能否通过出口换取足够的外汇来支持重工业的发展？对于绝大多数乡镇企业来说，凭借其目前落后的技术装备水平和对外贸易业务的几乎一片空白，如何进行“两头在外、大进大出”？在当时卖方市场和国内物价不断上涨的环境下，如何使乡镇企业获得朝外向型发展的动力？等等。

此外，从企业层次来讲，发展外向型经济的主力军应该是城市大中型工业企业和外贸企业。因为与乡镇工业企业相比，城市工业企业在内在素质、组织程度、技术水平、资源利用效率、规模经济效益、产业连锁作用及抗御风险能力各方面均胜一筹，如果赋予其更充分的自主经营权和对外经营权，它们应该而且能够成为外向型发展的“龙头”企业，串联乡镇企业形成企业集团，组织发展外向型加工生产。

毋庸讳言，对于这些显而易见、人所共知的现实问题，这个政策的相关决策者也是非常清楚的。但在出台该政策时，**其内在的初衷却更为现实地出于解决沿海与内地争夺原材料和市场问题的需要，**因此，沿海地区的乡镇企业要通过“两头在外、大进大出”的形式发展外向型经济。

事实上，自从1958年正式确立城乡二元结构体制以来，这种内在的政策背景就长期存在；中国决策者此时**面临的问题就如同20世纪80年代初期发生的关于社队企业“以小挤大”“以落后挤先进”争论所面临的问题一样，**主要仍旧是城市工业再次陷入原材料和资金供给的高度紧张的状况。从政策的最终落脚点看，又同样出于城市工业优先的考虑，已经由社队工业更名的乡镇企业再次遭到新的“排拒”。因此，**所谓的“沿海与内地争夺原材料和市场”，本质上乃是掩饰城市利益集团主导政策变革事实的一种托辞**（有关当时的宏观经济背景，参见专题报告五）。

尽管关于外向型沿海经济与国家发展战略的讨论中存在这样那样的问题，值得人们进一步反思；但从国家政策的角度，**“大进大出”战略的提出，历史性地宣告了中国特色的非国有企业外向型经济发展道路的开端。**

同理且同期，作为1985年被中央划入经济开放区的长江三角洲的重要组成部分，苏南地区发展外向型经济的步伐也由此真正迈出。

（三）1994：外汇赤字和产能过剩压力下的出口导向

从鸦片战争算起直至2008年，中国对外贸易的最后一次严重逆差出现在三大赤字联手爆发的1993年。而能够为1993年的122.2亿美元的贸易逆差画上终止符的，当然有中央因1988—1991年宏观经济危机而于1992年决定进一步开放沿边、沿江、内陆和边境地区部分城市的政策铺垫，但更为直接的原因则在于1994年外汇赤字压力下的外汇体制改革，中国人民币对美元汇率一次性实际贬值50%（见图1-4-3；相关分析见专题报告五）。

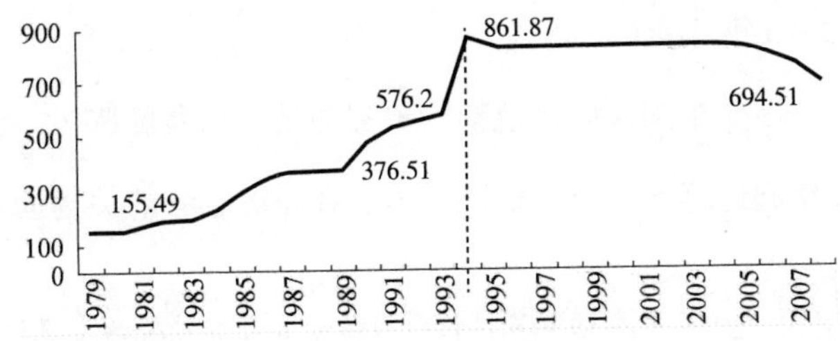

图1-4-3　1979年以来中国外汇汇率的变化（100美元兑人民币）

汇率大幅贬值相当于在资本全球化流动的条件下人为制造了一个巨大的要素低谷，使20世纪80年代末在国际市场上尚不具备竞争优势的中国企业，陡然之间就多出一块巨大的成本优势，加之20世纪90年代末期国际金融资本的扩张和产业结构的再次升级，短短几年时间，中国的外贸格局就发生了重大变化。

1994年当年，中国的进出口贸易即由逆差转为顺差，此后连年攀升。

1997年，东亚发生金融风暴时，按照当时中国分管外贸的领导者的说法，出口需求已经每年拉动经济增长超过3个百分点。①

2008年，美国发生金融危机时，中国已经成为世界第一大外汇储备国和美国第二大债权国。

普遍认为，1997年以后中国发生了由供不应求到供过于求的重大转折。

1988年，政府依靠货币增发来缓解财政危机的时候，不仅激起了社会抢购热潮，导致全年消费者物价指数达到18.5%；而且引发大规模挤兑风潮，导致政府不得不紧急拉升存款利率带来国家金融部门向财政转嫁发生的约500亿元人民币赤字。由此，相继问世了全面放权让利同时“甩包袱”的一系列重大改革……

随之，10年巨变！

如果1988年令国人闻之色变的关键词是“通货膨胀”，而在10年后的1998年起连续5年里，描述中国宏观经济走势的关键词则静悄悄

① 作者注：1998年初的政策讨论引用了分管外经外贸的李岚清副总理给江泽民总书记的报告，其中提到我国外贸在1997年GDP中超过3个百分点的贡献度将受东亚金融风暴影响而在1998年下降到不足1个百分点；据此，他建议中央及早发起扩大内需、转变过度依赖出口的政策大调整。该报告经江泽民总书记批示，由刚在1997年宣布完成宏观调控实现“软着陆”的朱镕基总理主持形成了1998年的启动大规模以国债投资为主的积极财政政策，维持了被政策界称为“七上八下”的经济增长率。

地变成了普通百姓再也听不懂的“通货紧缩”。

经济理论界最先提出产能过剩问题的学者是林毅夫教授。1999 年，林毅夫在一个初期还比较正常的小型讨论团体——“中国经济五十人论坛”的一次发言中指出，中国出现了“双重过剩条件下的恶性循环”。

从当时经济运行的基本面来看，1998 年到 2002 年的经济低谷期间，拉动经济增长的三驾马车全部乏力，供求矛盾空前显化。

第一驾马车是内需，不仅一般日用品的滞销成为普遍现象，汽车、住房等大宗消费的高潮尚未来临；而且旨在拉动内需的教育、卫生和住房产业化改革因增加了老百姓的支出预期反而使其储蓄倾向提高，进而更加降低了一般生活消费。

第二驾马车是投资需求，确实于 1992 年以后带动了经济高速增长，但随着 1996 年调控力度的加大，资本投机带动的投资需求也开始低迷。

第三驾马车是外需。1978 年，中国工业制成品出口占出口总额的比重已经达到 45. 2%，新中国用 30 年的时间改变了中国单纯出口初级产品的格局；1997 年，这一比重达到 86. 9%，出口总额 1826. 97 亿美元，其中工业制成品的出口总额为 1587. 67 亿美元。1997 年，机电产品出口额达到 593. 2 亿美元，占当年出口总额的比重达 32. 5%，连续 3 年超过纺织品，成为我国最大的出口商品类别。① 从 1978 年算起，中国用了不到 20 年的时间完成了资本在国内的扩张和出口产品结构的初步调整。

但这种极为重要的经济结构变化也必然带来相应的经济危机的结构性改变——中国经济愈益直接受到外部经济波动的影响。1998 年，受东亚金融风暴的影响，中国对国际市场的出口大幅下降，出口对经济增长的拉动力降到不足 1 个百分点。换言之，在国内还没有针对三

---

① 李景治、蒲国良：《社会主义建设理论与实践》，中国人民大学出版社 2003 年版。

大差别的战略作出调整之前，如果没有向国际市场的转战，中国国内的供求规模早就严重不平衡了。

2008年8月4日，曾于1988年提出“国际大循环”战略设想的王建，在中国宏观经济信息网上刊发了一篇文章，将中国近30年的对外开放归纳为三个阶段：**20世纪80年代开放的需求主要是对外部资金的依赖；90年代开放的需求从对外部的资金依赖转向对外部市场的依赖；新千年新全球化背景下开放的需求转向对外部金融市场的依赖。**这与本节所归纳的新中国近30年对外开放的内在逻辑的转变，正可以拼接和相互映照（见专栏26）。

本书认为，由于金融资本的主导权集中在中央政府手中，新千年以来中国的“金融依赖”主要表现在国家层面，而区域层次的对外开放，当前仍然主要是“资金依赖”和“市场依赖”。二者之间的关系，将在下一节中分析。

专栏26

王建对近30年来中国对外开放战略的三个阶段的归纳

中国的改革开放在过去30年中，从对外开放的需求来说，大体经历了三个阶段。第一阶段是20世纪80年代，开放的需求主要是对外部资金的依赖，这也是我提出“国际大循环”经济发展战略设想的原因，即利用日本和“亚洲四小龙”产业升级的机会，大量利用外资，在沿海地区发展劳动密集型产品出口，获得外汇后再从国际市场上交换资本物品，以兼顾中国的农村劳动力转移与改造升级重工业的要求。第二阶段是90年代，随着中国改革的推进及大量吸收外资，生产能力与储蓄能力逐步增强，1991年首次出现银行系统存差，总储蓄率从80

年代的平均33%，提升到90年代初期的40%以上。到90年代中期，改革进入产权阶段，收入差距随之拉大，国内总供求格局发生根本性变化，开始出现产品过剩，经济增长越来越依赖出口需求拉动，所以开放需求就从资金依赖转向对外部市场的依赖。第三阶段是，新千年以来，在新全球化背景下，中国的出口迅猛增长，利用外资规模持续扩大，再加上国际热钱流入，致使中国的外汇储备急剧增长，在过去的7年里，年均增加近2000亿美元，到2007年末已达1.53万亿美元，并且自2005年以来就稳居世界第一。由于中国没有开放资本市场，人民币没有国际化，庞大的外汇资产只能投放到外部市场，所以开放需求又从市场依赖转向对国际金融市场的依赖。

从资金依赖到市场依赖，再到金融依赖，这反映了中国与世界经济联系方式的变动过程。目前这三方面的依赖都有，只是随着经济发展的不同阶段，依赖的重点发生了转移。

资料来源：王建：《关于设立“珠三角金融特区”的构想》，中国宏观经济信息网，2008年8月4日。

（四）21世纪：国际经济新循环[①]中的对外开放

如前所述，1994年中国在严重的外汇赤字压力之下进行了汇率改革，一次性地将本币贬值50%以上，以提高国内产品的出口竞争力并吸引外国资金进入。随着国内出口的快速增长，由于中国资本账户不放开，外汇储备大量增加带动了境内本币增发，但也因此一定程度上获得了对国际金融风险的屏蔽能力。

① 有关新千年前后的全球新一轮产业资本转移和国际经济循环的分析，见专题报告八。

这一稳定的金融环境客观上恰好满足了2000年前后国际新一轮产业资本转移的需求。在这一轮的国际产业转移中，美国等发达国家向外转移的产业不仅包括了劳动密集型产业，更主要的特征是同时向外转移资本密集型或者技术、资本双密集型产业。这些产业对资本数量、外部融资成本的大小和效率的要求较为严格，继而对外部金融发展的需求和依赖也较大。当这些产业开始对外转移时，亚洲国家却大多经历了金融危机，中国的金融发展水平虽然大大低于美国，却是当时亚洲地区表现最为稳定的金融市场，何况还有事实上人民币不断稳定升值、中国可能逐步放开汇兑管制的利好预期。因此，不但美国的产业向中国进行转移，亚洲其他国家的产业也向中国转移，中国逐渐成为世界产业转移的主要受体。①

在这些综合因素的作用下，**2000年前后，中国对外开放的主要动力就由国内产能过剩的推力转变为外部需求的拉力**；同期，主要集中在沿海的“外向型”经济的内涵也发生了转变：由传统加工制造业产品为主、利润主要是在地化产业内部分配的一般贸易，转向了虽然产品升级，但品牌和销售利润主要在外的新兴产业及高新技术领域的原材料和市场“两头在外”的加工贸易。

于是，一方面，“微笑曲线”压抑国内企业利润和劳工收入的机制性作用在国内逐渐普遍化；另一方面，更为严峻的是原材料与产品的定价权和相关制度的定制权“两头在外”，事实上构成了对国内制度乃至与之配套的思想理论演变的约束条件。如果从统计数据表现出的进出口联动的规律看，此次对外开放机制的转变始于**中国尚处在产业资本阶段就不得不紧急应对开放经济条件下外部金融资本危机（1997年国际热钱冲**

① 李新功：《美元霸权、金融发展差异与货币体系错配下中美经济失衡及调整》，《现代经济探讨》2009年第9期。

击东南亚造成金融风暴）导致的“输入型经济危机”的1998年。

本书据此尝试提出的经验假说是：正因为中国与西方处于人类资本主义文明的两个不同的发展阶段上，才会有“被诱致性”的中国外向型经济的内涵性改变。

1998年以前，中国处于产业结构调整促进实质性产业资本扩张阶段，完全不同于西方主导国家与产业对外转移同步的虚拟性金融资本扩张阶段的进口长期大于出口、贸易逆差与资本顺差同步增长。这个时期中国的经济对外依存度还不高，主要服务于国内产业资本扩张需求的国内外两种资源、两个市场之间的替代性非常强，进口的大幅增长往往伴随着出口的大幅下降，表现在图1-4-4，是进口增速与出口增速两条曲线呈现出几乎完全相反的态势。从图中还可以看出，**进口增速与国内宏观经济的“热度”相关性很强**，如1984—1985年和1992—1993年，两次产业资本扩张造成的宏观经济高涨都引致了进口的大幅增长，同时段则是出口的回落。此外，出口变化对激励政策比较敏感，如1987年和1994年，对应国家外贸政策调整而出现了出口骤然加速增长。

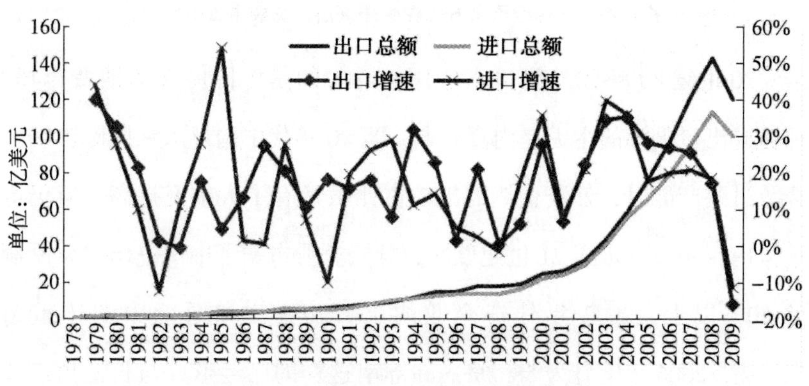

图1-4-4　1978年以来中国外贸格局的变化

而1998年以后，进口和出口的变化情况则几乎完全一致。自2002年世界经济走出上一轮低迷之后，到2008年美国金融危机爆发之前，中国转向“两头在外”加工贸易为主，遂有“大进大出”造成的进出口越来越呈现“双高”态势。正如一位商务部高级官员指出的，中美贸易顺差的80%在产业内跨国公司完成。从2000年到2009年，外贸企业占顺差的比重从64%提升到84%。

从图1-4-5可见，2002年以后，中国参与国际贸易的方式以加工贸易为主，一般贸易方式的进出口额在全部进出口中占比维持在40%—50%。

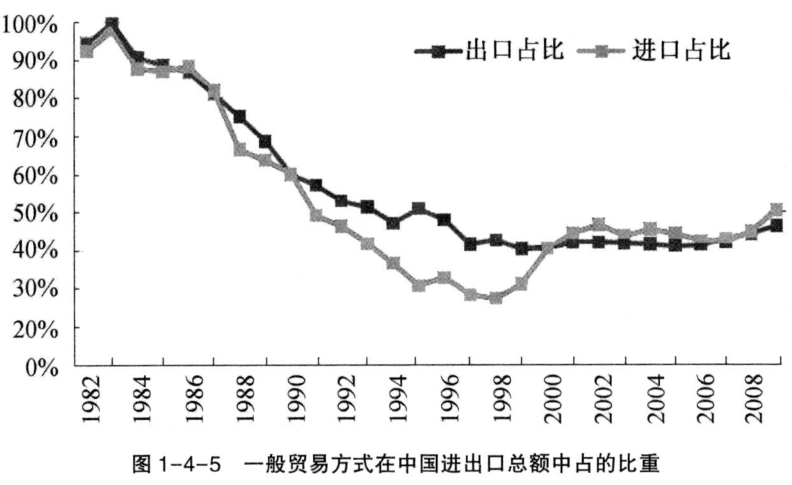

图1-4-5　一般贸易方式在中国进出口总额中占的比重

20世纪80年代外资进入中国，看中的是中国庞大的消费市场，那时候出口创汇的主力是内资企业；当90年代中国寻求在国际市场上释放过剩产能时，外资企业的出口占比虽然有了大幅度提高，但仍逊色于内资企业；进入21世纪以来，外资企业占据了中国进出口贸易额的50%以上，2002年外资企业的出口额在出口总额中的比重为52.2%，2006年上升为58.2%。在苏南这样的已经形成与长三角产业资本配套的制造业结构的地区，外向型经济的特点尤其显著，外资企业的进出口比重甚至达到70%（见图1-4-6）。

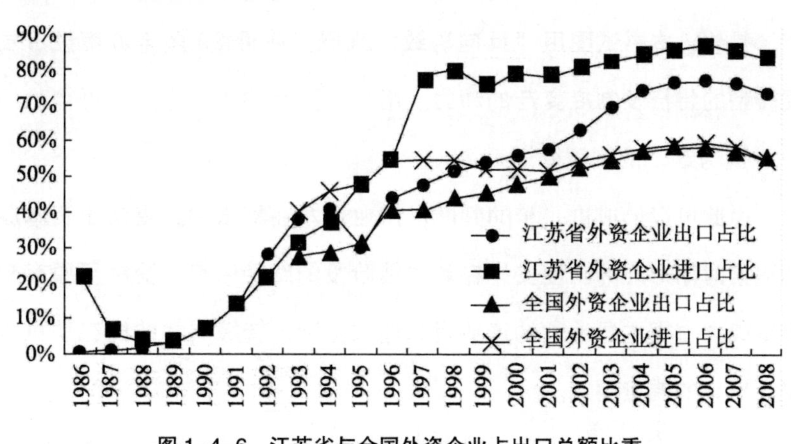

图1-4-6　江苏省与全国外资企业占出口总额比重

二、出口导向战略"反向诱致"制度变迁

一般来说，诱致性制度变迁指的是当制度变迁的收益大于成本时，通过某种制度供给，可以使得制度变迁不以强制性的方式，而是因经济系统内各主体自发追求个人利益最大化的行动而产生。作者也早在10年前就依据制度变迁理论提出过如下判断：特定的制度安排，内生地决定于一定资源禀赋条件下的资本原始积累方式，并进而对资本扩张时期的制度变迁形成路径依赖。①

如果用这两个概念来考量苏南向出口导向型经济转型时期的制度变迁，则很难说是属于强制性变迁还是诱致性变迁，因为制度变迁的原动力——出口创汇的"硬"指标，是中央政府强制性下达的；在这一外部激励/约束条件下，苏南朝着外向型经济的转型引致了对制度变

① 温铁军：《中国农村基本经济制度研究——"三农"问题的世界反思》，中国经济出版社2000年版。

迁的需求。

是故，**本书试图用“反向诱致”来概括最近20多年苏南经济发展转型的特征及制度变迁的动力**。用当下流行的表达方式，可算是一种“被诱致”的制度变迁。

由此可以形成进一步的判断：**产业资本在扩张中，受制于资本原始积累时期形成的制度安排在新发展阶段的路径依赖，受制于原有制度框架内占据主导地位的产业资本追求盈利、转嫁成本的内在动机所派生出来的制度需求。**

经过本书进一步讨论予以调整的这种理论表达，同样表现了制度的派生性，当国内产业资本在相对过剩压力下向国际扩张时，其可行的盈利方式和制度选择空间是由国际市场环境和制度环境所给定的。

上述理论表达可以对2003年以来的民生新政予以理论支持。因为，除非中国的中央政府主动发起缩小三大差别的战略调整，从根本上构建扩大内需的基础，否则，**受制于外部的市场定价权和国际规则定制权而致使国家主权受损，也是长期代表产业资本利益制度惯性的政府必须支付的代价。**

这个理论表达，不仅适用于解读苏南，而且同样适用于解读进入工业化的一般发展中国家。①

（一）以传统加工制造业为主的乡镇企业不能适应新的“开放”需要

从地方政府的实践和国内产业资本向国际扩张的规律看，苏南地区虽然因早在1988年就将“大进大出”作为促进地方外向型经济发展

① 作者注：有关发展中国家比较发展研究的相关论述，将另外撰文。

的重大战略举措，而获得了跳出国内过剩竞争的机会收益，但面临着再次开垦国际市场这个新的处女地所需的“二次原始积累”问题。

在经济学理论中，本来“市场”只是一个满足假设条件而抽象出来的概念；但对于微观经营的企业来说，市场是一系列要素和产品构成的有机系统，是企业存在于其中的既定外部环境。当苏南的乡镇企业“被要求”转向海外市场时，其遇到的主要问题不是今天的出于贸易保护而人为设置的贸易壁垒问题，而是因生产技术落后而出现的产品销售困境。

苏南的乡镇企业在转向国际市场之初，除了基本原材料大抵可以满足要求外，产业链条的其他环节，无论是产品研发与技术装备，还是市场营销环节，都不能满足国际市场的需要。

从现实条件出发，乡镇企业能否成为出口创汇的主力，已有多位学者做过分析。确实，就生产水平而言，由于苏南地区的乡镇企业大多通过接受周边城市工业淘汰的机器设备起家，技术装备落后也就成为不争的事实。到 1988 年时，整个江苏省的乡镇企业中 20 世纪 60 年代以前的设备占 85% 以上，而作为全国乡镇企业最发达的无锡市，70—80 年代的设备也占 28%。①

技术装备的落后直接影响产品的质量。在乡镇工业发展之初，特别是国内物资短缺的背景下，产品的销售还不是问题；当其转向国际市场时，因设备落后导致的产品质量问题很快就暴露出来，从而直接影响到产品的出口。其中，特别突出的是稍有技术含量的机械加工行业。例如，无锡市 1988 年自行车商品出口的检验表明，每次检验几乎都不能

① 鲍有悌：《三省市乡镇企业发展外向型经济调查》，《宏观经济管理》1988 年第 9 期。

顺利过关，1—5月不合格的自行车达3700辆，占出口数量的90%。[①]

就产品销售渠道来说，苏南乡镇工业虽然早就实现了**有80%的原料依靠国内其他地区，80%以上的市场在外省市**的“两头在外”，[②] 但要凭乡镇企业自己之力走向国际市场，无论是市场渠道还是外贸人才，显然都存在着先天不足。

此外，乡镇企业还普遍面临着资金和外汇短缺的制约。乡镇企业从开始起步直到改制一直都面临资金短缺的问题。特别是伴随1988年年底中央针对经济过热开始的宏观经济调整，这一问题更加严重，以致很多企业出现“三角债”现象。在这种情况下，试图通过国内资金来解决设备落后的问题，对大多数乡镇企业来说并不现实。尽管中央已经出台企业出口产品可以进行外汇留存的政策，但对于多数出口企业来说，因出口规模普遍偏小，很难利用留存的外汇向国外购买先进设备。事实上，这还没有考虑此一时期国家也因为外汇短缺而经常发生中央直接扣留地方外汇的现实。一个典型个案，祝塘镇作为江阴县外向型经济发展的创汇明星乡镇，1987年该镇外贸收购额达8300万元，占全县外贸收购额的52.5%。然而当该镇于1988年准备用汇100万美元引进设备、扩大生产能力时，却无外汇来源，而1987年的57万美元被上级有关部门冻结。[③]

---

① 季永明：《关于江阴市乡镇企业发展外向型经济调查之系列报告（续）》，《现代金融》1988年10期。

② 江祥根：《论苏南乡镇企业向外向型经济转移》，《中国农村经济》1988年5月。

③ 季永明：《关于江阴市乡镇企业发展外向型经济调查之系列报告（续）》，《现代金融》1988年10期。

作者注：如果参照上文所说的1987年外债占出口超过77%的比值，就易于理解很多企业留存外汇被政府冻结主要用于国家还债的情况。

（二）外贸体制改革形成新的地方政府激励

如同1984年财政分级承包的政府自身体制结构改革史无前例地一举创造了7万多个乡级基本财政主体，形成了地方政府深度参与企业生老病死全过程的制度激励那样，外贸承包到乡的做法也创造了地方政府作为经济主体全力增加本地出口的制度激励。二者都是地方政府公司主义的外在表现。

从外贸体制改革的实践看，通常将1983—1992年称为改革的第一个阶段。1983年，外贸行业开始推行承包经营责任制；1984年，国务院将外贸体制改革的指导思想和原则确立为：政企职责分开，工贸结合，推行代理制；1987年，中共十三大进一步明确了外贸体制改革的方向：统一政策，自负盈亏，放开经营，平等竞争，工贸结合，推行代理制；到1991年，国家全面取消了财政补贴，通过外汇留成额度支持出口。

但从事后的结果看，**这一改革实际上是将外贸权下放给部门和地方，并没有真正实现扩大外贸经营企业自主权的目的**。这客观上导致了在以地方政府为承包主体的情况下，要完成出口创汇任务，大多采取切块承包、逐层下放的方法。

1987年3月16日，江苏省委办公厅、省政府办公厅转发的《关于〈1986年对外开放工作进展情况和1987年对外开放工作的设想〉的通知》中，就特别强调“要发动广大乡镇企业在面向国内市场的同时，大力开拓国外市场”。同年，**江苏省政府还批准163个镇（乡）为第三批对外开放重点工业卫星镇，连同以往国务院批准开放的乡镇，苏锡常对外开放工业卫星镇达到400多个，近60%的乡镇对外开放**。这些对外开放的乡镇在利用外资等方面享受经济开放区、市区和县（市）城乡镇同等的优惠政策。总体来看，虽然早在1988年国家沿海经济发展战略提出之前，江苏省乡镇企业便大力开拓外贸出口，积极引进外资和国外先进技术，努力发展对外经济合作，但真正将外贸作为一种硬任务的，还是在 1988 年中央政府将外汇权利和任务指标下放给地方政府之后。

江苏省的做法是由省一直切块承包到县。在实际执行中，大多数县又直接承包到乡。

以江阴县为例，1988 年该县全面实行外贸切块承包。由于其承包指标任务比较艰巨，要完成任务必须扩大外贸生产能力，提升产品质量，这又带来新的投资要求。切块承包实际上是切厂承包，在资金短缺的情况下，这又进而导致企业为争夺配额、补贴、原辅料等来源而加剧本已出现的诸如市场分割、地方封锁、地区间和企业间不正当及盲目竞争等问题。总之，只要有相对短缺的环节，就存在着机会收益，就为地方政府介入留下了缺口。

地方政府的另外一个重要努力，是在外贸公司与乡镇企业之间的联结中发挥了桥梁作用。

新中国成立之后直到改革开放之前的 30 年的时间里，我国的对外贸易由国家垄断，实行高度中央集权，在经贸部领导下的外贸专业公司统一经营全国的进出口贸易，国家主要靠下达指令性计划和规定具体任务等行政性手段来管理对外贸易，外汇由国家统一掌握。这种外贸体制对我国的对外贸易发展发挥了重要作用。

这种外贸体制下，经贸部领导下的外贸专业总公司在对外交流与合作方面还是有着无可比拟的优势，拥有大量的信息和渠道，经营上有着较为丰富的经验。但 20 世纪 80 年代部门各自分权以后，外贸专业公司不再具有依托国家核心政权统筹全国物资进出口的地位，对外贸易活动的产销脱节矛盾日益突出。这与刚要进入国际市场的乡镇企业恰好可以互补——一些乡镇企业有一定的实体性的生产经营能力，但主要面临着信息手段落后、进出口渠道不够畅通、经营经验不足等问题。乡镇企业与外贸专业公司的这种互补性正是二者可以合作的基础。因此，工贸双方捆在一起，共同经营、共担风险、共享利益，便成为此时企业开展对外贸易的一种重要选择。

国家政策也对此进行了大力扶持。**中央从1983年起对外贸体制进行改革，一方面扩大经营渠道，下放经营权限；另一方面通过多种形式促进工贸的结合**。1987年10月，国务院批准了原国家经委、经贸部、农业部《关于建立“贸工农”联合出口商品生产基地的报告》。这项工作既是贸工农联合出口商品生产基地建设工作的组成部分，也是国家出口商品生产体系的组成部分。

1988年开始的国民经济全面紧缩的调整，客观上也起到了促进工贸结合的作用。由于银行的存款和贷款利率先后大幅调高，因此“三角债”大面积发生，许多专业外贸公司在资金方面遇到了极大的困难。外贸公司当时的主要经营方式就是收购再出口，作为商业部门，其对周转资金的需求本来就大，一旦遭遇资金成本过高或干脆就筹措不到款项，经营便无从开展。这种情况下，找到合适的企业进行工贸联营，以此作为化解自身资金困境的一个重要途径，也成为外贸公司的一种选择。

就地方政府公司主义体制的典型代表苏南地区来说，市、县（市）**政府则充分发挥“政策调节器”的作用**，结合本地实际，颁布和实施有利于全市特别是乡镇发展外向型经济的各项政策，建立完善的服务组织。**大多数乡镇都设立了服务于本地外向型经济的外经贸公司，一般都隶属于乡镇农工商总公司**，既代表乡镇政府和集体经济组织管理乡镇的外经贸工作，又负责向企业提供市场信息、开辟外销渠道、联络部门、筹办“三资”企业、组织人才培训等服务。集管理与服务于一体、寓管理于服务之中的体现政府公司主义的乡镇外经贸公司，为苏南地区外向型经济发展起到了重要作用。

在多方面力量的推动下，乡镇企业通过与外贸公司合作建立工贸联营企业便成为此一时期对外贸易的主导力量。

以张家港市为例，1987 年时，就已有 26 家企业与各地外贸进出口公司建立了工贸联营企业，出口产品收购额达 1.52 亿元，占全市外贸收购总额的 63.8%。[①]

在 1987 年由农业部和经贸部批准的第一批 193 家贸工农出口商品生产基地企业[②]中，江苏省共有 41 家，占 21.2%，位列全国各省（市）第一，其中苏州、无锡、常州的企业有 32 家，占江苏省总量的 78%（见表 1-4-1）。而改革开放以来出口一直位列全国第一的广东省仅有 12 家，占全国的 6.2%。

表 1-4-1　1987 年全国第一批“贸工农”联合出口商品生产基地企业名单（江苏省）

地区	工贸合营企业
常州	武进新艺棉织厂
	武进新中布厂
	工贸合营常州市武进苎麻纺织厂
	工贸合营永红塑料编织厂
	常州市茶山塑料编织厂
	江苏武进麻塑包装联营公司

① 顾栋才：《机遇·挑战·实干——张家港市发展外向型经济的调查》，《中国改革》1988 年 9 期。

② 这批基地企业 1987 年出口创汇都在 170 万美元以上，共计创汇 73459 万美元，平均每个企业创汇 316.6 万美元，人均创汇 3630 美元，每万元固定资产创汇 5480 美元。

（续表）

地区	工贸合营企业
无锡	工贸联营无锡县羽绒厂
	工贸合营江阴针织服装厂
	工贸合营无锡县长安棉纺织总厂
	无锡县棉绸厂
	上海市针织品进出口公司江阴市茂达棉纺厂
	江阴市申达针织厂
	江阴棉纺织厂青山分厂
	江阴康达手套厂
	工贸合营无锡前洲玩具厂
	工贸合营无锡江南皮件厂
苏州	工贸合营张家港市美容刀剪厂
	工贸合营张家港印染厂
	工贸合营吴江绣服厂
	工贸合营张家港市光达针织绒厂
	工贸合营张家港市恒达纺织厂
	太仓县第二棉纺厂
	太仓县第四布厂
	太仓县第三棉纺厂上海丝绸进出口公司联营厂
	太仓县新沪印染厂
	吴县印染厂
	吴县工艺草制品总厂
	昆山县苎麻纺织厂
	常熟市江南稀土材料总厂
	上海畜产进出口公司羽绒厂常熟联营厂
	常熟市碧溪羊毛衫厂
	常熟市第二针织内衣厂

（续表）

地区	工贸合营企业
南通	如东县环镇缫丝厂
	南通市棉织十厂
	南通市棉织八厂
	南通绣衣时装集团公司
	如东县掘港缫丝厂
泰州	工贸合营江苏省泰州棉织品厂
	工贸合营泰县医用药品厂
镇江	丹阳市横塘缫丝厂
扬州	南京土畜产进出口支公司江都联营猪鬃厂

资料来源：周涵达：《第一批“贸工农”联合出口商品生产基地企业命名》，载中国乡镇企业年鉴编辑委员会：《中国乡镇企业年鉴（1990）》，中国农业出版社 1991 年版。

从整个产业链条的价值分配来看（而不是从关于主义和所有制的意识形态化理论看），这个时期同属于一般贸易的外向型经济的苏南与浙南具有相似的结构；**在一种重复博弈的机制下，在地化的产业链条内部不同环节的利益分配也大体是均衡的。**

虽然，苏南乡镇企业依托政府扶持的外贸公司拓展海外市场，呈现的是研发一端在国营企业，销售一端靠外贸公司的模式，但在这些一般贸易地区，实际上，地方中小企业的乡镇企业都处于生产环节之中，**参与整个产业链的收益在本地的内部化分配。**

（三）对技术和市场渠道的需求“诱致”外资进入

在 20 世纪 80 年代末中国刚提出对外开放战略的时候，与乡镇工业企业相比，城市工业企业无论在内在素质、组织程度、技术水平、资源利用效率、规模经济效益、产业连锁作用还是抗御风险能力方面均胜一筹，如果赋予其更充分的自主经营权和对外经营权，他们应该而且能够成为外向型发展的“龙头”企业，串联乡镇企业形成企业集团，组织发展外向型加工生产。至于乡镇企业，理论上讲，因其自身素质的制约，很难从当时的“游击队”上升为主力军。

然而，**此时因内在地具有保护集聚于城市的国家产业资本利益功能而构建的城乡二元结构体制约束下的宏观政策导向，已经使地方政府占有利益分配的乡镇企业没有退路，与其在工业原材料和资金等极度稀缺的要素上普遍存在的设租寻租造成的过高成本压力下失败，不如配合地方政府去寻求相对于国家垄断资本控制的经济体制而言交易成本要低的外商、外资和外部市场**，多方面地设法应对20世纪八九十年代延续了差不多20年的短缺经济的压力。

一些调查和案例表明，那些**能够顺利出口产品的企业，其产品往往是用“三来一补”或以外汇贷款购进的先进设备，按国际先进水平生产然后出口的**（见专栏27）。当然，沿海地区也有相当一部分乡镇“为完成上级下达的出口创汇任务，不惜牺牲财力、物力举办了一些没有技术力量的外向型企业，而要用重金聘用技术人员，用昂贵的经费培训职工，才能勉强达到技术要求，但技术人员一旦跳槽，企业就难以生存”。[①] 对于乡镇企业来说，因为外资企业与其处于不同的发展阶段，二者的合作不可能像主观想象的那样顺利，其成本当然主要由乡镇企业来负担。换句话说，20世纪80年代末以来的对外开放并非没有沉重的代价，只是在分散引资的情况下，其成本也被广大的沿海乡镇分担了，而**中央则承担统一偿付外债的成本**（这直接导致了中央政府力推的1994年以本币一次性大幅度贬值到市场汇价为内容的外汇体制改革）。

---

① 康小明、张其努：《乡镇企业外向型经济中的效益问题——对吴江工贸合营工艺草织品厂的调查报告》，《国际贸易问题》1992年第6期。

专栏 27

苏南乡镇企业与外资对接的成功案例

苏南乡镇企业通过嫁接外资完成向外向型发展转型的案例，在各种学术、政策研究和经验汇编中都不鲜见。“实践证明，乡镇企业的机制比较适合于发展开放型经济，凡是乡镇企业发展开放型经济快的地方，都出现了设备更新快、技术进步快、新品开发快，以及资金运营质量、企业管理水平和规模效益提高快的良好势头，对国内外市场和宏观经济环境变化的适应能力也大大增强。”① 这里聊举两例，以助读者窥斑见豹。

常熟市三联皮件有限公司前身是个村办小厂，1984 年生产低档票夹 1500 打，产值 7.5 万元，亏损 5000 元。后来在当地政府的引导下同上海搞工贸联营，1986 年生产票夹 3 万打，产值 218 万元，盈利 20 万元，创汇 20 万元；进而与外商搞合资经营，1988 年生产高中档票夹 10.75 万打，产值 1485 万元，加上享受“三资”企业优惠待遇，企业实现利润 126 万元，创汇 362 万美元，经济效益出现成倍增长。②

吴江工贸合营工艺草织品厂创办于 1987 年，是中国工艺品进出口公司、吴江县外贸公司、屯村乡草织品厂三方合办的贸、工、农三位一体的合营企业，拥有 6 个分厂、430 万元固定资产、815 名职工。该厂 1987 年从日本引进塌塌米提花机、洗草机、烘干机等成套设备，年产各类工艺塌塌米织品 150 万米，95%以上产品运销日本、欧美及东南亚，1988 年实现产值 470 万元，利润 32 万元，创汇 80 多万美元；

---

① 陈焕友：《江苏现代化建设的实践与思考》，江苏人民出版社 1998 年版。

② 李雪根：《两种发展模式的比较——苏州发展外向型经济的战略抉择》，《国际贸易问题》1990 年第 1 期。

1990 年产值达到 800 万元，获利 75 万元，创汇 200 万美元。[①]

这些案例表明，苏南乡镇企业在向外向型经济的转变中，客观上存在着引进国外资本及设备、市场渠道并将其与本地化资源结合起来的需求；但当时这些做法被笼统而时髦地归纳为“提高市场竞争力”，留给后人一个越发模糊的背影。

从这个角度看，**产业资本阶段的市场依赖与实体形式的资本依赖其实是紧密关联的**，这一特征一直延续到进入新千年以后中国的资本全面过剩时期。

发展中国家在追求工业化之初，往往是以国内的资源性产品（包括农产品和矿产品）换取外汇，进口工业化所需的技术和设备，通常只能进口发达国家进入成熟阶段的产业设备，而不可能是最先进的技术和工艺，这意味着在发展梯度上发展中国家必然落后于发达国家。当发展中国家开始转向国际市场时，其面对的市场环境充斥的是发达国家主导的技术标准和营销概念，这无疑使发展中国家已经形成的产业资本再次表现出资本短缺和技术饥渴的幻觉。

以往的发展经验和理论表达，既适用于解释一般发展中国家与发达国家之间的关系，也适用于解释中国城乡二元结构体制矛盾下的乡村追求工业化进程中与城市资本之间的关系——包括苏南在内的沿海各地发展，概莫能外。而苏南这种已经完成工业化“起步”阶段的地区，在产业资本扩张阶段所受到的外部制约，则是新的发展阶段的新问题。

---

① 康小明、张其努：《乡镇企业外向型经济中的效益问题——对吴江工贸合营工艺草织品厂的调查报告》，《国际贸易问题》1992 年第 6 期。

（四）倾斜于外资的政策和制度供给

跨国企业进军发展中国家，不仅在经济基础领域造成实质性的改变，而且在上层建筑意识形态领域也随之发生变化。亦即，外资进入一般都势所必然地带来引资国家更为激进的亲资本的制度演变。

如果依据此理放眼世界，看到的恰恰是“寰球同此凉热”——全球多数发展中国家落入发展陷阱，有增长无发展，至今仍然贫富“八二开”的基本制度动因就在于此。

与1978年以前资本短缺条件下的对外开放导致制度演变类似，为了降低与资本来源国的交易成本，中国的“被诱致性”制度变迁过去曾经表现为“先苏后美”地构建和改造了国内的上层建筑，但那主要是服务于早期产业资本阶段引进资本密集的技术装备并以此实现国内的进口替代；而20世纪80年代末期以后，尤其是90年代中后期以来的以市场依赖为主的对外开放，不仅要求国内制度环境和意识形态相应转变，还需要引进和开放面向海外市场需求的生产设备和销售渠道、模式，因此新一轮引进外资对国内制度变迁的影响更是全方位的。

本来，发达国家的产业资本一方面迫于其国内金融资本异化于产业资本之后必然在泡沫化虚拟经济中获利造成的产业利润下降压力下的谋求海外扩张和转移，另一方面又要继续维持对产业链的控制权，因而只将整个产业价值链中附加值最低、对社会和自然生态环境破坏最严重的产业或生产制造环节移出，如此这般地为发展中国家“制造”了国际需求；但由于投资国竭尽全力地维护定制权以保住在国际市场上的垄断地位，同时坚持在意识形态领域维护其话语体系上的主导权，于是，在这个本是互相倚伏依赖的国际经济循环中，我们看到的却是：发达国家欲擒故纵，犹抱琵琶半遮面；发展中国家则不惜赔本赚吆喝，竞相打造招商引资的伊甸园。

尽管，引资国不时地有关于警惕国际资本动机的言论，或偶发性地有关于对外资进行限制的条款出台，但**总体来说，对外资流动所采取的政策措施变得越来越宽松和自由化，理论建构和舆论导向也越来越朝着如何更多地吸引国际资本的方向发展。**

从全球范围看，呼应发达国家定制权和话语权的趋势很明显：1997 年以后向 FDI 进行政策倾斜的趋势格外显著，尽管 1991 年以来的政策调整就显现了这一基调。2002 年，FDI 政策法规变化中，更有利于 FDI 的政策法规达到 234 部，而更限制 FDI 的政策法规仅有 12 部（见表 1-4-2）。

表 1-4-2 1991—2008 年世界新颁布外国直接投资政策法规变化情况

项目	1991	1992	1993	1994	1995	1996	1997	1998	1999
FDI 政策法规发生变化的国家数（个）	35	43	56	49	63	66	76	60	65
FDI 政策法规变化总数（部）	82	77	100	110	112	114	150	145	139
其中：更有利于 FDI 的政策法规数（部）	80	77	99	108	106	98	134	136	130
更限制 FDI 的政策法规数（部）	2	0	1	2	6	16	16	9	9
项目	2000	2001	2002	2003	2004	2005	2006	2007	2008
FDI 政策法规发生变化的国家数（个）	70	71	72	82	103	92	91	58	55
FDI 政策法规变化总数（部）	150	207	246	242	270	203	177	98	110

（续表）

项目	1991	1992	1993	1994	1995	1996	1997	1998	1999
其中：更有利于 FDI 的政策法规数（部）	147	193	234	218	234	162	142	74	85
更限制 FDI 的政策法规数（部）	3	14	12	24	36	41	35	24	25

资料来源：据联合国贸易和发展会议《1995 年世界投资报告》《2009 年世界投资报告》整理而成。

就中国来说，在“以市场换取先进技术”的战略设想和“引进、消化、吸收，以引进为主”的策略指导下，在引资政策上是强取向的，这为外资企业提供了巨大的机会收益的空间。

从表 1-4-3 中看出，到 20 世纪 80 年代中期，第二产业中的大部分行业都已对外资开放，并给予包括减免税收在内的很多相应的优惠措施（见表 1-4-3）。反观国内企业，除缴纳工商统一税和 55%的所得税外，还要缴纳名目繁多的各种费用；产品出口外汇留成仅 12.5%。

表 1-4-3　我国对外资开放领域的历史演进

年份	开放产业	具体行业	主要内容
1980	第二产业	工业、矿业	鼓励：免一减二
	第三产业	交通运输、商业、旅游、饮食、服务业	鼓励：税收优惠
1983	第二产业	能源开发、建材、化学、冶金；机械制造、仪器仪表、海上石油开采设备的制造业；电子、计算机、通信设备的制造业；轻工、纺织、食品、医药和医疗器械、包装	鼓励：免二减三
	第三产业	旅游、服务业	鼓励：税收优惠
1986	第二产业	先进技术项目和产品出口项目	鼓励：免二减三后再减三

（续表）

年份	开放产业	具体行业	主要内容
1987	第三产业	房地产、交通运输、金融保险、旅游、服务业	商业：禁止 其他：限制
1991	第二产业	高新技术项目	鼓励:免二后15%
	第三产业	交通运输、服务业	鼓励：税收优惠
1992	第三产业	商品零售	积极进行试点
1994	第三产业	金融服务	进行试点
1995	第二产业	先进技术项目、产品出口项目和高新技术项目	鼓励政策
	第三产业	交通运输、社会服务业	鼓励：税收优惠
		内外贸、旅游、房地产、金融保险业	股权限制、资金和期限要求、审批
1996	第三产业	对外贸易	进行试点
1997	第二产业	先进技术项目、产品出口项目和高新技术项目	鼓励政策
	第三产业	交通运输、社会服务业	鼓励：税收优惠
		内外贸、旅游、房地产、金融保险业	股权限制、资金和期限要求、审批
1999	第三产业	商业	进行试点

资料来源：崔新建:《中国利用外资三十年》，中国财政经济出版社2008年版。

从地方政府的角度看，随着国家宏观经济形势的发展变化和对利用外资政策的逐渐放宽，由于与外商合作办企业可以在短期内见效，不但可以直接解决资金、技术、市场的问题，还能同时增加税收、出口创汇和创造有利于政府政绩攀比的地方经济总量，**因此，对于地方政府来说，为乡镇企业利用外资创造条件是其本能的选择；**区域之间竞相开出优惠政策、进行引资竞争，同样也是合乎其政府公司化的经济理性的。

整体上看，中国从上而下、从国家到地方的经济规划中，都有毫不犹豫地加强引进外资、提升产业结构的明显取向；虽然如本书指出的20世纪90年代末（1998年）以来对外开放的内在逻辑发生了转变，但中央和地方各级政府仍“路径依赖”地延续着对外资的各种优惠政策，着力打造“亲商”文化——其实就是延续着“亲资本”的制度供给。由此，外资的“超国民待遇”表现得也最为淋漓尽致。

在中国，政府不仅通过差异化制度供给来左右经济发展，并且一直是经济体系的“内在参与者”，这也是与西方无论是盎格鲁—萨克逊资本主义模式还是莱茵资本主义模式的一个质的差异。

早在新中国成立之初，政府就是通过延续使用革命战争时期形成的社会动员手段，以高度组织化体制直接使用成规模劳动替代极度稀缺资本，完成了国家工业化的资本原始积累；到20世纪80年代末，当规模化结构性扩张的产业资本，尤其是外商直接投入外资日渐成为拉动经济增长的主要引擎时，延续公司主义的一贯经济理性的地方政府便合乎逻辑地成为招商引资的大力倡导者和积极扶持产业资本的实践者，甚至是外资企业经营的“守护者”。

苏南地方政府在如上几方面的招商引资经验都比其他地区更为有效，也因此而形成了具有全国典型意义的“新苏南模式”。

经济发展的演进，是有内在规律制约的。

2010年4月12日，国务院发布《关于进一步做好利用外资工作的若干意见》（以下简称9号文）。一家知名跨国公司认为，**这份“标志性文件”意味着“过去那种无条件的‘外资优先’时代结束了”**。更为客观地看，其实只是在中国进入了产业资本与金融资本全面过剩以后，外资长期以来享受的“超国民待遇”的“不可持续”才浮出水面

（见专栏28）。

专栏28

国务院9号文取消外资“超国民待遇”

根据国务院9号文规定，中国对高端制造业、高新技术产业、现代服务业、新节能和节能环保产业的海外投资表示欢迎，但对重污染和高能耗及产能过剩的产业的进入和产能扩张投资严格限制。例如，9号文的第一大条中的第一小条指出：根据我国经济发展的需要，结合国家产业调整和振兴规划的要求，修订《外商投资产业指导目录》，扩大开放领域，鼓励外资投向高端制造业、高新技术产业、现代服务业、新能源和节能环保产业；严格限制“两高一资”和低水平、过剩产能扩张类项目。第四小条和第五小条则指出，要加强中外企业的合作，鼓励外商投资高新技术产业。具体内容为：鼓励外商投资高新技术企业发展，改进并完善高新技术企业认定工作，鼓励中外企业加强研发合作，支持符合条件的外商投资企业与内资企业、研究机构合作申请国家科技开发项目、创新能力建设项目等，申请设立国家级技术中心认定。9号文在最后的结尾中更是提出了坚持以我为主、择优选资，将“引资”与“引智”相结合，不断提高利用外资的质量。

黄卫平认为，在改革开放的相当长时期内，中国在土地、劳动和资本三大要素中，最缺的是资本，“当时甚至是一些污染较大的企业也引进到中国，对维护劳工利益和环境保护缺乏足够的重视”。张燕生认为，从市场化进程深化的角度看，过去我国对国企的税收平均是30%左右，民企是20%左右，而外企平均下来是12%左右，如果在同一个行业经营的话，对于国企和民企来说是不公平的。从市场竞争原则来看，要市场化就需要进行调整。用黄卫平的话说，“取消‘超国民待遇’也是希望大家在一个起跑线上竞争”;“对于规范的跨国企业来说，其自身也明白，长期实行双重标准是不可能的”。9号文“对已经规范的外资没有太大影响，而那些有问题的外资、靠着‘超国民待遇’活着的外资，可能有很大的生存压力”。

资料来源：根据载于2010年4月《瞭望》新闻周刊中的《中央调整引资政策外资“超国民待遇”时代谢幕》一文编辑整理而成。

同一时期，人们也许或多或少地注意到，即使没有2008年以来的全球经济危机的打击，很多早期进入中国的中小型外资企业，特别是中国大陆资本短缺时期海外华人投资的“两头在外”的低附加值的普通商品加工业不断外移到越南、柬埔寨等东南亚要素低谷国家，很少发生符合当年政策制定者想象的沿海加工业逐渐向内地转移的情况。

中国的要素价格肯定进一步上升，资源环境保护的政策约束当然会进一步强化；于是，失去“超国民待遇”的外资符合规律的动向，应该是可以预见的。

这个时期，唯有针对中国自身三大差别而果断采取的国家战略全面调整，才能未雨绸缪地以“民生经济”促进结构调整，转向国内中西部和乡村基本建设带动的内需拉动型的增长——这就是2003年以来的民生新政的理性内涵。

（五）村社理性的变迁与路径依赖

与全民企业（国有企业）相比，对外资的“超国民待遇”使得外向发展的乡镇企业不期然地拥有了获取“超额”收益的机会。国家长期以来为吸引外资而维持对内资企业的政策歧视，反而使得内资企业中与城市国有企业相比自主程度高很多的**乡镇企业本身便内在地具有**

吸收利用外商直接投资的积极性，而这样就可以享受国家对经济特区的优惠政策。比如，企业所得税可享受“二免三减半”的待遇，外汇留成是100%，而且不受用汇指标控制，等等。

从事后发展的结果看，苏南的乡镇企业在外向型经济发展上走得很快。这种转型“成功”，又形成了对新时期苏南农村制度变迁的路径依赖。

到20世纪90年代中期，江苏的乡镇企业已经成为名副其实的发展外向型经济的主导力量。就商品出口而言，1993年江苏乡镇企业出口产品交货值达627亿元，比上年增长70.3%，占全省乡村两级工业销售产值的17.14%，相当于全省出口产品交货额的65%左右，占全国乡镇企业出口产品交货额的1/4以上。利用外资方面，**至1993年年底，全省乡镇“三资”企业累计达11000多个，占全省“三资”企业总数的50%以上**。涉外投资方面，1993年，江苏省新批乡镇境外企业（含贸易窗口）177个，为过去6年总和的2倍多，**全省乡镇境外企业累计达260余个，居全国各省、市、自治区之首，投资地域遍布世界五大洲36个国家和地区，涉及的行业主要有轻工、纺织、机械、电子、贸易等**。①

1986—1995年这10年间，江苏乡镇工业外贸出口额从17.7亿元增加到1439.2亿元，增加了81.3倍（见图1-4-7）。

就无锡地区来说，1988年全市乡镇企业的外贸出口供货总值就已经占到全市的41.5%②，江阴县1987年乡镇企业外贸收购额就已经占

---

① 黄允星：《江苏省乡镇企业外向型经济发展迅猛》，载中国乡镇企业年鉴编辑委员会：《中国乡镇企业年鉴（1994）》，中国农业出版社1995年版。

② 袁明发：《在治理整顿中提高发展水平——无锡市乡镇企业的调查与思考》，载中国乡镇企业年鉴编辑委员会：《中国乡镇企业年鉴（1990）》，中国农业出版社1991年版。

全市出口总额的 64.8%[①]。苏州地区也是如此，1985 年乡镇外贸供货额突破亿元大关，1986—1990 年的短短 5 年间，乡镇外贸供货额由 1.89 亿元猛增到 33 亿元，占全市外贸收购总额的比重由 14.7%上升到 57.3%，远远超过县属以上企业（见表 1-4-4）。1991 年，苏州市完成 80.6 亿元的外贸收购额中，乡镇企业占了 63.3%；累计批准外商投资企业 795 家，由乡镇兴办的占了 65%，业已兴办的 12 家海外企业，乡镇参与投资的又接近半数。[②]

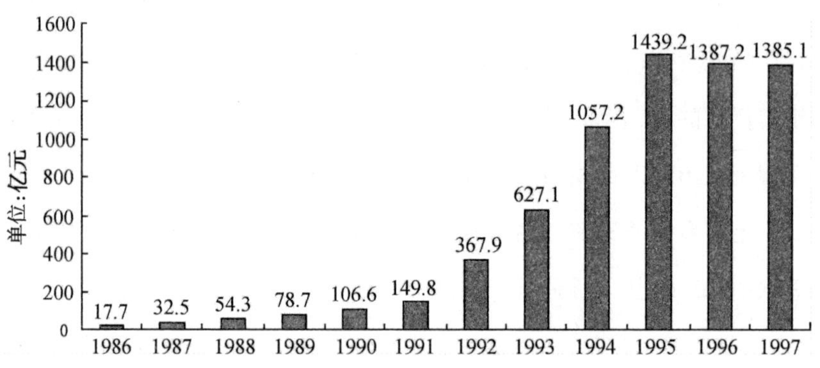

图 1-4-7 1986—1997 年江苏省乡镇工业外贸出口额

数据来源：《江苏省志 · 乡镇工业志》，历年《中国乡镇企业年鉴》。

表 1-4-4 1986—1990 年苏州乡镇外向型经济发展情况

类别	1986	1987	1988	1989	1990
乡镇工业外贸供货额（亿元）	1.89	5.79	15.56	22.2	33
占苏州外贸收购总值比重（%）	14.7	29.1	45.9	54.3	57.1
从事外贸生产企业数（家）	287	473	769	966	1104

① 季永明：《关于江阴市乡镇企业发展外向型经济调查之系列报告》，《现代金融》1988 年第 9 期。

② 蒋一新、叶羽、徐颖：《从田岸到口岸 由配角变主角——苏州市乡镇发展外向型经济成绩惊人》，《中国经贸导刊》1992 年 13 期。

（续表）

类别	1986	1987	1988	1989	1990
其中：供货额超过 1000 万元的企业数（家）	1	8	28	33	53
供货额超过 1000 万元的乡镇数（个）	5	14	47	66	100
其中：供货额超过亿元的乡镇数（个）	—	—	—	—	4
批准外商投资企业数（家）	2	7	75	85	94
合同外资金额（万美元）	162	247	3076	2769	5454
占苏州合同外资总额比重（%）	100	22	47.6	56.8	49.6

数据来源：历年《苏州统计年鉴》。

与全国大多数地区乡镇企业在尚未完成进入现代工业的原始积累时就改制、破产而使得农村工业化进程中辍不同，1997 年江苏省乡镇企业改制前，企业数目已经达到 51.5 万个，职工 728.7 万人，总资产 4292.5 亿元，其中乡村集体企业 9.4 万个，职工 528.2 万人，总资产 3931 亿元；在全省农村社会总产值中，乡镇企业已是“五分天下有其四”；**在全省工业总量中，乡镇工业是“三分天下有其二”**。

改制以后，苏南的乡镇企业虽然产权归属和经营管理体制发生了重大变化，除土地以外的社区属性基本被剥离，但农村工业化的进程并没有中断，也就继续为苏南地区的农村保留了分享资本溢出效应的机会，一些实力强的集体由经营企业转变为经营资产，吃租收益（如土地租、厂房租和设备租）成为集体经济的一个重要甚至主要来源。

比如常熟市虞山镇，“镇村集体通过转让拍卖，回收资金，投入经济技术区的开发建设，优化投资环境，进一步吸引外商前来投资办厂，发展外向型经济。丁坝村、李桥村通过‘筑巢引凤’，建厂引资，取得了明显成效，已吸引日本、中国台湾地区等客商在开发区建办了藤田服装有限公司、金利橡胶有限公司等 6 个企业。最近，镇经济发展总公司通过对小企业的转让、拍卖，筹集了 1000 多万元资金，完善了开发区的基础配套设备，建造了 6000 多平方米的标准厂房。建厂招商，有利于投资者缩短周期，达到早投产、早见效、早收益，增大了引资力度，这是该镇快速发展外向型经济的重要经验”。[①]

也正由于此，和大多数地区乡镇企业改制、破产以后农村基本恢复了传统的小农家庭经营不同，在苏南农村，由于土地的不可移动性和工业资产的不可分割，大部分农村在乡镇企业改制之后仍然保留了集体经济组织作为集体资产的管理者。又因为有效降低了外部投资主体进入乡土社会的交易成本，而在 2001 年之后与大举进入中国的外资顺利对接，实现了土地要素的再次资本化。(参见案例研究三)

这是“新苏南模式”经验背后隐藏的一个重要机制，也算是对“老苏南模式”内含的村社理性——内部化处理外部性问题的特殊机制的延续；也正是这种延续的机制作用，才保证了苏南的稳定发展。

若然，这也是苏南经验与浙南模式的一个重要的机制性差别。

三、不同历史阶段苏南对外开放的总体情况

如果以是否进行对外贸易来衡量一个国家在历史上是否属于开放型国家，中国在 1840 年鸦片战争之前，理所当然地雄踞世界各国的前列。借鉴西方学者的研究结论可知：中国人 19 世纪初期的国民生产总值和出

① 苏州市乡镇企业改革调研组，中共常熟市委农村工作部：《常熟市乡镇企业改革调研文章汇编（第二轮）》，内部资料，1997 年。

口贸易总额长期居于世界第一位，并且占有巨额贸易顺差的局面，到 19 世纪中期才被帝国主义以战争方式强迫推进的鸦片贸易所改变。

据考古发现，中国人 7000 年前就驯化了野生蚕，在 6000 年前驯化了野生稻，新石器时代晚期即开始了只有聚落而居才能开展的桑蚕丝绸和稻作灌溉的生产活动。正是这种结构性的生产内容，催生了群体性的中国农业社会；使得内涵性地具有村社理性的经济多元化的灌溉农业，成为上下五千年华夏文明的基本内涵。以此为基础，如果从古丝绸之路的开通使古罗马皇帝对中国丝绸大为赞赏的时候算起，中国进行对外贸易的历史已经有 2000 多年。

历史上，丝绸、茶叶、瓷器等作为中国代表性的产品在出口商品中长期处于主导地位。而苏南地区则因盛产丝绸、茶叶等产品，一直以来都是相关产品的主要输出地。

早在汉代，江苏丝绸就开始出口日本；唐代，江苏就已经以海上贸易为重点扩大与各国的交往；宋代开始，江阴设立市舶机构，常有外国帆船前来经商；至清代，在康熙时期，便以江苏为中心，开展与日本以丝绸易铜的旗牌贸易，后期，镇江、南京、苏州又先后开辟为通商口岸；民国初期，江苏又增辟海州、无锡设埠通商。从清末到民国时期，日、英、美、德等国先后在江苏省经营输出入的洋行有 49 家，江苏省的农副业、城乡手工业、民族工业生产的土货，大多通过这些洋行及上海洋行出口。其中，大宗出口的商品有厂丝、绸缎、茶叶、菜籽及菜籽饼、棉花、猪鬃等。

就进口贸易而言，早在 11 世纪的北宋，苏州阊门一带的集市上就可见到日本漆器、朝鲜折扇、南洋香药及珠宝等国外货品。清代，据镇江关、金陵关、苏州关的进口货值报关统计，进口的洋货主要有鸦片、棉货、煤油、卷烟、煤、食糖、人造靛青、人造丝、机械及零件等20余种。①

应当说，苏南在全国对外贸易历史中始终占有重要地位。只是在近现代，在抗日战争爆发、日本侵占江苏期间，以及抗战胜利后内战接踵而至的战乱之中，苏南的对外贸易才大幅度下降。直到新中国成立，江苏省才又重新回归到对外贸易大省的地位。

（一）国家工业化原始积累时期苏南的外贸出口情况

斗转星移，历史变迁。中国人在建国之后到改革之前经历了先对苏联及东欧、后对欧美的两次对外开放，都从属于战后世界崛起的发展中国家追求工业化的大潮。今天，国人沾沾自喜于中国在发展中国家乃至全世界经济危机中的“一枝独秀”时，很少想到：由于殖民地时期形成的经济依附及其路径依赖，大多数发展中国家都未免落入对外负债导致的各种各样的发展陷阱——中国亦然。

在回答是什么形成了中国经验的特别之处时，我们曾指出，**20世纪50年代，在资本稀缺程度为零的情况下，中国依靠成规模劳动替代资本维系了工业化进程的不中断；**国际方面，要在工农产品严重不等价的国际交换体系下足额偿还外债以维护国家主权（同时还要保证国家工业化的高积累），更是加剧了国内自我剥夺的强度，其对民生需求的极度压抑和对民力的高度动员，今日想来还是感慨万千。

到了70年代，中国人早在1971年就已经确立的引进国外设备和技术改造偏重的国内工业结构的发展战略及相关政策，虽然因某些方面的变化而此消彼长、断断续续，但就其作用于产业资本的实质而言，与50年代并无二致。

---

① 参见江苏省地方志编纂委员会：《江苏省志·对外经济贸易志》，江苏古籍出版社1997年。

所不同的，仅在于70年代引进欧美设备和技术造成的国家负债规模成倍地高于50年代；由此所形成的国家财政承担的累积外债和相关的外汇赤字，以及为此而连续增发货币导致的本币贬值所连带发生的通货膨胀，也是规律性地一直延续着并且愈益严峻起来。

于是，累积外债的巨大压力成为70年代恢复与西方关系以来全国各地大力推进出口创汇的内因之一……

苏杭一带长期以来就是中国粮、棉、猪、丝等农副产品的生产区域。新中国成立后，出于国家工业化原始积累的大目标，出于后发工业化国家必须以农产品和轻纺产品支付引进外资的需要，江苏又一次成为了我国外贸出口的主要货源地区。

无论是50年代还是70年代，在国内物资紧缺的条件下，江苏的出口量都主要取决于国家引进外资的步伐和偿付外债的压力。如图1-4-8所示，江苏出口增长最快的是1958年，外贸收购总额比上年增长了一倍还多，增长速度达到136%。1955年，外贸收购总额刚刚首次过亿，达到11693万元；1956年增长到19639万元，将近2亿元；

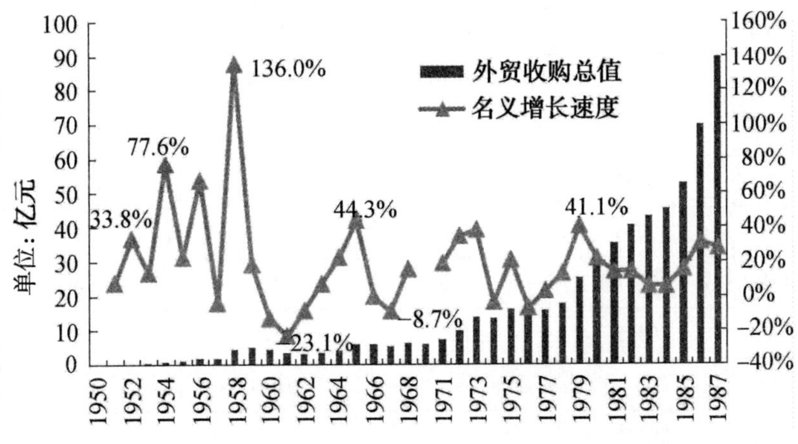

图1-4-8　1950—1987年江苏省外贸收购额及增长情况

1957 年有所回落，而 1958 年就一下子增加到 44568 万元。稍微联系一下当年“中苏交恶”的历史，就不难明白为什么国内发生了“三年自然灾害”的时候，还要如此大规模地出口粮食（见表 1-4-5）。

表 1-4-5　1951—1984 年江苏省粮油生产与外贸情况

年份	粮油类收购总值（万元）	名义增长率（%）	人均粮食占有量（千克/人）	比上年增长（%）
1951	85		248.9	5.0
1952	192	125.9	261.3	5.0
1953	243	26.6	278.7	6.6
1954	3264	1243.2	269.6	-3.3
1955	3246	-0.6	296.0	9.8
1956	7566	133.1	264.6	-10.6
1957	4045	-46.5	254.3	-3.9
1958	12792	216.2	265.0	4.2
1959	10323	-19.3	231.4	-12.7
1960	7105	-31.2	226.1	-2.3
1961	2987	-58.0	213.0	-5.8
1962	4485	50.2	222.8	4.6
1963	6274	39.9	251.0	12.7
1964	9145	45.8	299.3	19.2
1965	16147	76.6	312.0	4.3
1966	19044	17.9	335.2	7.4
1967	17647	-7.3	315.5	-5.9
1968	20835	18.1	308.3	-2.3
1969	—	—	307.1	-0.4
1970	20424	—	324.7	5.7
1971	23405	14.6	359.6	10.8

（续表）

年份	粮油类收购总值（万元）	名义增长率（%）	人均粮食占有量（千克/人）	比上年增长（%）
1972	27094	15.8	353.3	-1.7
1973	39840	47.0	378.1	7.0
1974	30719	-22.9	375.5	-0.7
1975	35342	15.0	367.0	-2.3
1976	18373	-48.0	396.5	8.0
1977	21492	17.0	337.0	-15.0
1978	23412	8.9	414.0	22.8
1979	32484	38.7	439.0	6.0
1980	29221	-10.0	408.5	-6.9
1981	36623	25.3	420.5	2.9
1982	56260	53.6	472.0	12.2
1983	50938	-9.5	499.5	5.8
1984	57464	12.8	545.0	9.1

数据来源：粮油类外贸收购总值来自《江苏省志·对外经济贸易志》，人均粮食占有量根据《江苏省统计年鉴》中的粮食总产量和总人口数计算。

从出口的产品结构看，此一时期江苏的产品出口主要以粮油食品、土畜产品等农副产品和传统的纺织制品为主。这些资源类产品正是发展中国家相对于发达国家的“比较优势”品种。1950 年，江苏的出口产品几乎全部为纺织类，从 1966 年出口纺织品开始降到 40%上下。粮油类产品出口 1954 年大幅增多，由 1953 年的 243 万元一下子增加到 3264 万元，占当年江苏全省收购总值的 34.29%；同期，土畜类产品的出口也占了 20%左右的份额。1955 年始有土矿类产品出口，机械类、化工类和轻工类产品出口均始于 1956 年，这三类合计占比不足 1.5%。1966 年，轻工类产品出口占比才首次超过 10%。

总体来看，到20世纪80年代，虽然纺织类产品的出口仍占全部外贸收购总额的40%多，但轻工、机械和化工类产品的出口无论是从绝对额还是从相对占比来看都有大幅提高。**70年代末至80年代初，江苏形成了结构完整的产业门类在外贸领域也有体现**（见图1-4-9、表1-4-6、图1-4-10）。

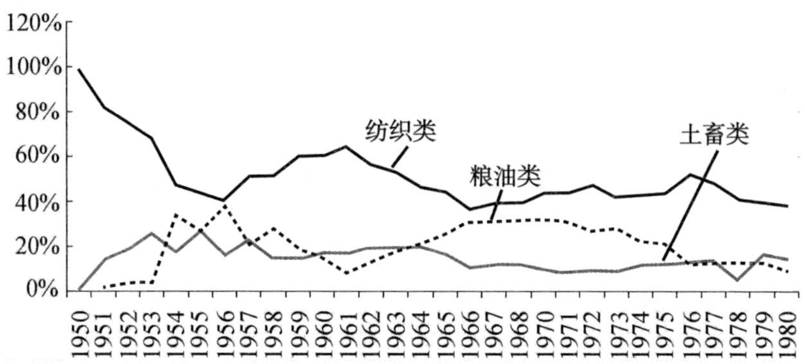

图1-4-9 1950—1980年纺织类产品在江苏省出口中所占比重

注：(1) 1960年前统计资料为实际价格，1961年后统计资料为计划价格。其中1969年缺统计资料。(2) 1980年，江苏省纺织品进出口分公司划分为纺织品、丝绸、服装三个进出口分公司，数据统计口径亦相应调整，本图仍将纺织品、丝绸、服装这三类产品统一成纺织品类。

数据来源：江苏省统计局编：《江苏省志·对外经济贸易志》，中国统计出版社1997年版。

表1-4-6 江苏省1950—1980年各类产品出口比重的变化

单位：%

年份	粮油食品	土畜产品	纺织品[a]	轻工[b]	五金矿产	化工、医药	机械、设备	总计
1950		1.07	98.93					100
1952	4.08	19.68	76.24					100
1954	34.29	17.96	47.75					100
1958	28.70	15.00	52.06	1.99	0.21	1.05	0.98	100

（续表）

年份	粮油食品	土畜产品	纺织品[a]	轻工[b]	五金矿产	化工、医药	机械、设备	总计
1966	30.85	11.23	36.91	12.61	2.90	3.69	1.81	100
1974	22.66	12.16	42.80	10.56	1.10	4.54	6.18	100
1976	11.96	13.67	52.25	11.71	1.39	3.22	5.80	100
1980	9.44	14.94	38.68	19.55	2.44	8.44	6.51	100

注：a. 纺织品包括针织、棉织、服装和丝绸类等产品；b. 轻工类产品包括工艺品、陶瓷产品在内。

数据来源：江苏省地方志编纂委员会：《江苏省志 · 对外经济贸易志》，江苏古籍出版社 1997 年版。

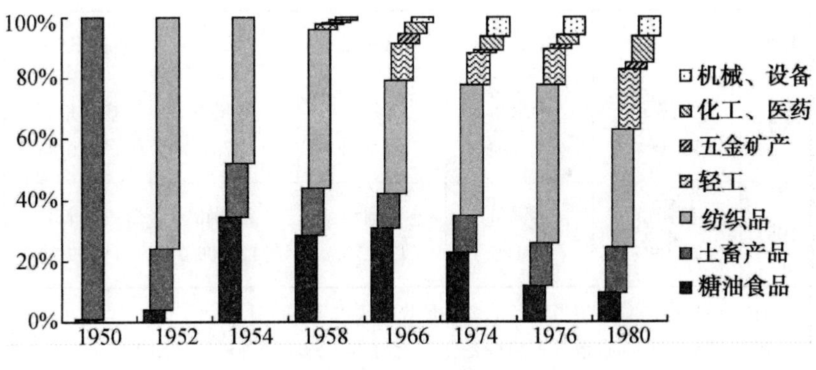

图 1-4-10　1950—1980 年江苏省出口产品结构的变化

如果按农、轻、重产品划分，此一期间的出口产品以农业和以农产品为原料的轻纺工业产品为主。1981 年江苏省出口总值为 109685 万美元，农副产品占比为 5.3%，轻工产品占比为 75.6%，重工产品占比为 19.1%。①

① 数据来源：江苏省统计局：《江苏省统计年鉴（1997）》，中国统计出版社 1997 年版。

在此期间，江苏省外贸收购额在全国的排名亦不断上升，“一五”时期列为第 7 位，“二五” 和 “三五”（至 1969 年止）上升到第 4 位，**1970 年之后则上升并长期稳定在第 3 位，仅次于上海市和广东省。**

从内部各区域的贡献来看，**苏南地区是江苏省的主要出口货源地。1973 年，居当年省外贸收购总值前五位的依次是无锡市、南京市、苏州市、常州市和扬州地区，这五个地市合计占当年省外贸收购总值的 55.08%；**到 1987 年，居当年省外贸收购总值前五位的地市依次是苏州市、无锡市、南通市、常州市和扬州市，上述五市合计占当年全省外贸收购总值的 70.25%（见表 1-4-7）。

表 1-4-7　1973、1987 年江苏省外贸收购额居前五位的地市

年份	第一位	第二位	第三位	第四位	第五位
1973	无锡市（16.88%）	南京市（11.29%）	苏州市（10.97%）	常州市（8.78%）	扬州地区（7.16%）
1987	苏州市（20.99%）	无锡市（14.14%）	南通市（13.23%）	常州市（12.20%）	扬州市（9.69%）

注：括号内的数字为当年各地市外贸收购额占全省的比重。

数据来源：江苏省地方志编纂委员会：《江苏省志 · 对外经济贸易志》，江苏古籍出版社 1997 年版。

尽管苏南地区的对外贸易走在全国的前列，但由于这两次对外贸易增长都是在高度集中的计划经济体制下，由中央政府直接主导开展的，苏南地区作为一个经济区域，主要通过产品出口创汇或者以补偿贸易的形式为国家工业化的原始积累提供资金，自身既没有开展国际贸易的主导权，也没有对创汇资金的使用权；利用出口换汇所进口的设备，也是国家出于整体工业布局的战略考虑而在全国范围内进行配置的。

再则，当时苏南地区的对外出口在全部工业产值中所占比重极小，在经济发展中的角色还不重要。

1974 年，国家在江苏建立外贸口岸之后，江苏省开始直接经营对外出口业务，从而结束了长期作为货源调拨省份的历史（之前江苏省主要组织出口商品的生产、收购和调拨供上海、天津、北京等口岸出口，其中上海为主要口岸）。当时，这一举措尽管还不能与发展社队企业和地方财政分级承包对地方经济加速推进工业化的作用相提并论，但作为较早自主开展国际贸易的地区，其机会收益还是很显著——至少为江苏省按比例留成出口创汇创造了最初条件。

（二）地方工业化初期苏南外贸的发展

1. 苏南对外贸易的新环境与发展实绩

在分析国家工业化进程中苏南的对外贸易时，我们尚可以通过直接分析数据结构来进行，因为当时苏南乃至江苏省并没有外贸的主导权，而国家对外贸易的目标又比较简单——进口方面要建立本国的工业化基础，实现进口替代；**出口方面则主要满足偿付外债的需要，中国可以出口创汇的产品很大程度上受制于贸易援助国的需求。**

当历史进入中国全面恢复同西方关系的 20 世纪 80 年代，东南沿海地方业已进入工业化初期阶段，区域对外经济交往的影响因素越来越多，影响机制也越来越复杂：既有中央和地方两级政府公司主义的内在激励，也受制于城乡二元结构的内在矛盾，同时还有国际经济背景变迁的影响——资本主义核心国家 80 年代开始推行金融资本自由化，由产业资本阶段逐渐向金融资本阶段演进并深化，发展中国家利用外资的形式也由以外债为主转变为以外商直接投资为主（但在 80 年代，其对中国的影响还不显著）。当时中国属于典型的内需拉动型经济增长，外贸出口对国内区域经济的影响也还不显著。**总体上看，中国于 1992 年开始加速资本化进程之后，才客观上形成了与国际资本经济低成本对接的条件**（见专题报告八）。

在苏南，20 世纪 80 年代的对外贸易还是以国营企业和专业外贸公司为主，大体可理解为**完成原始积累的城市部门向海外市场进行产业资本扩张。根据《江苏省志·乡镇工业志》和《江苏省统计年鉴》提供的数据测算，1986 年江苏省乡镇企业出口额占全省出口额的比重为 33.4%**①。

到了 80 年代末期，中国经济进入周期性危机和萧条阶段，苏南乡镇企业与国有工业因产业同构而争夺产品和原料的矛盾变得尖锐。1988 年开始在物价改革的诱因下爆发了滞涨形态的宏观经济危机。同年，在宏观经济危机和外债压力、城乡二元结构体制矛盾之下，中国进行了对外战略调整，要求乡镇企业“大进大出、两头在外”，参与国际大循环。这一开放逻辑的转变已在前文分析；下面从微观角度对乡镇企业的转型过程进行分析，进而解释为什么到 90 年代中期乡镇企业成为外贸出口的主力军。

从当时情况来看，国内的政策环境几乎一面倒地向城市国营企业倾斜。

比如，农业部 1988、1989 年连续下发通知，名为“缓解乡镇企业资金紧缺”“缓解资金困难”，但并非通过资金注入的“加法”来解

---

① 确切地讲，这一数字只具有参考价值。由于统计口径的不一致，我们无法量化衡量乡镇企业在江苏省外贸出口中的地位。比如，根据《江苏省统计年鉴》关于江苏省外贸出口数据的统计，从 1992 年开始，江苏省乡镇工业的外贸出口额远远高于江苏全省的外贸出口额。

决，而是通过控制固定资产投资的“减法”来达到目标。1988 年《农业部关于缓解乡镇企业资金紧缺的通知》[（1988）农（企）字第 21 号] 规定：

“控制固定资产投资，压缩基建规模。乡镇企业固定资产投资是全社会固定资产投资的一部分，同样要接受国家的宏观调控。1987 年末，乡村企业有 130 亿元在建工程，这是一笔很大的投入。压缩基建规模是治理经济环境的中心环节，乡镇企业要从自身的经济实力出发，量力而行，减少投入的盲目性。各地乡镇企业主管部门要按照国务院的统一部署，清理在建项目，调整投资结构，压缩非生产性建设。明后两年，乡镇企业发达地区，要把主要精力放在对现有企业的管理上。已确定停建和缓建的项目，原筹集到的资金，将其导向进行技术改造和充实流动资金；国家明文规定禁止建设的项目，要及时调整产业结构，力求把损失减少到最低程度。今后的新开工项目要进行严格的控制与审查，要充分做好前期准备工作和可行性研究，对于投资额在 50 万元以上的新建项目，要报经县乡镇企业局会同当地有关部门审查批准。”

1989 年《农业部关于挖掘资金潜力、缓解资金困难的通知》[（1989）农（企）字第 18 号] 规定：

“继续控制固定资产投资规模。治理整顿以来，乡镇企业基本建设规模初步得到控制。据 19 个省市统计，停、缓建项目 1 万多个，压缩投资规模 60 亿元。当前的主要任务是，采取一切有力措施，将 1988 年遗留下来的 188 亿元的在建未完工程尽快建成投产。实在无力完成的要下决心缓建或停建。在治理整顿期间，或在今后一个相当时期内，要把主要精力放在调整产业结构、产品结构、企业组织结构，进行技术改造和提高企业素质、管理水平上，一般不要再铺新摊子。确实需新上的项目，投资在50万元以上的，要经过县乡镇企业主管部门审批。”

邓乃刚指出，当时的产业政策“对国营企业和乡镇企业在资金、原材料、能源、税收等政策上不一视同仁，竞争机制掺杂着大量的不平等因素。有人生动地比喻：**国营企业属猪，喂着吃；集体企业属鸡，半喂半找着吃；乡镇企业属鸟，满天飞找着吃。**无锡县一个厂长到省里某工业厅要求支援点原料，厅长说家猫都吃不饱，野猫还吃?！10分钟就打发走了那位厂长”。[①]

在以产品充足为基础的市场发育充分之前，企业生产所需的人材物料的分配权力相当大程度上还集中在政府手中。如果说，20世纪80年代初为缓解宏观经济萧条背景下的就业压力而实行的“政府部门办三产”孕育出了一批官倒公司，客观上还为乡镇企业获得进入工业化的物质资料留了一个缺口；那么80年代末，上轮改革中形成的既得利益集团囤积工业生产资料甚至社会基本消费品，而在全国卷起18.5%的通货膨胀大潮，使得本来就在体制边缘生存发展的乡镇企业，不仅难以如国企一样获得物资配给，而且在各种治理、整顿措施下，以村社理性来通过内部化机制整合资源、对抗风险的空间也大大减小（见专栏29）。

专栏29

谁抢走了乡镇企业的“奶酪”？——来自河北省的调查

今年以来，银行为保大工业、农业，停止对乡镇企业贷款，造成

---

① 邓乃刚：《关于实现乡镇企业发展外向型经济的战略转移问题》，载中国乡镇企业年鉴编辑委员会：《中国乡镇企业年鉴（1989）》，中国农业出版社1990年版。

一些企业不能正常生产，这不但带给乡镇企业严重的直接经济损失，而且更重要的是将造成紧紧依赖乡镇企业的某些国营大企业受到更重大的损失。沧州地区几个县、市的企业现状，可以启迪我们作更深的思考。

黄骅县李村乡大麻姑村的中国瑞达集团大麻电路板厂，是我国目前第二个电路板的专营大厂，设备全部从国外进口，1987 年自筹 600 万元，从银行贷款 780 多万元建成该厂。目前已形成固定资金 1400 多万元，自有流动资金 200 多万元，设计产值 2000 多万元，产品三分之一为军工配套，三分之一为邮电部几个大的电讯厂配套，另三分之一为其他几个国营大厂配套。现在银行不但不给流动资金贷款，而且贷款来了就扣，使企业无钱进料，不能正常生产，这样势必波及主机厂因缺电路板不能正常生产。

盐山县韩集镇电力管件总厂，是一家镇办管件集团公司，生产各种口径弯头，是全国最大的弯头专营厂，其产品销往 28 个省、市、自治区，出口三个国家。该厂是全县最大的一个企业，缴纳的税金占全县税金的五分之一。1989 年，该厂产品销售前景仍畅销不衰，水利工程等订货 2100 万元。但从去年以来，银行连续三次压缩贷款，扣压货款，使企业难以周转。该厂本为能源部的定点厂，拥有 2000 千瓦的专用指标，但现在连专用指标的一半都难以满足，致使其不能正常开工，常常因突然断电造成未成形产品的极大损失，现在许多工程坐等催货，厂长、职工只能望电兴叹，无能为力。

摘自：张毅:《坚定信念　积极调整　渡过难关》，载中国乡镇企业年鉴编辑委员会:《中国乡镇企业年鉴（1990)》，中国农业出版社 1991 年版，题目为本书作者所加。

在发展外向型经济方面，乡镇企业一方面受到“大进大出、两头在外”的鼓励，谁率先转向外向型经济，谁就可以获得一份超额收益；另一方面，“走出去”的脚步也不可避免地受到城市部门的排挤。

在政策优惠方面，农业部、国家计划委员会、对外经济贸易部、财政部、国家税务局、中国人民银行、中国农业银行等七部委 1988 年 7 月联合下发的《关于推动乡镇企业出口创汇若干政策的规定》，明确了出口创汇的乡镇企业可以享有的优惠政策（见专栏 30）。国务院《关于当前产业政策要点的决定》（1989 年 3 月 15 日）中明确指出，“要支持农副产品加工的、两头在外的生产能源、原材料与经济效益好的乡镇企业和小企业”。

专栏 30

农业部、国家计划委员会、对外经济贸易部、财政部、国家税务局、中国人民银行、中国农业银行等七部委 1988 年 7 月下发的《关于推动乡镇企业出口创汇若干政策的规定》

最近，中央提出沿海地区要充分利用我国劳动力资源丰富的优势，大力发展劳动密集型和知识劳动密集型产品出口，换取外汇，支援经济建设，走参与国际交换和竞争的路子。这一战略的重要内容之一，是发挥乡镇企业特别是沿海地区乡镇企业具有廉价劳动力和较好经营机制的优势，发展外向型经济，促进整个经济的振兴。为了实现这一战略转变，推动乡镇企业扩大出口创汇，特作如下规定。

一、推动乡镇企业出口创汇，发展外向型经济，是关系到扩大我国对外经济贸易，实现社会主义现代化建设伟大目标的全局性问题，各有关部门要转变观念，提高认识，对乡镇企业和国营企业要一视同仁，把支持乡镇企业发展作为长期政策。

二、为了鼓励乡镇企业出口创汇，对生产出口产品的乡镇企业，技术改造项目贷款实行与国营企业相同的利率。在还贷款期间，可作为特案适当减征所得税，由各地根据企业的利润水平和项目所用资金多少具体确定。

三、生产出口产品的乡镇企业技改项目必须引进的技术、设备，按现有企业技术改造的有关规定减免关税和进口环节增值税（产品税）。

四、对国家规定需采取“统一归口、联合对外”的引进技术和设备的项目，由行业管理部门会同农业部共同审批。

五、对出口商品实行退还各道环节的产品税、增值税和部分营业税。退税办法按财政部〔1987〕财税字第345号文件办理。

六、对出口留成外汇，要严格按照国家规定的留成比例，落实到生产企业，各地区和各部门要确保兑现，不得截留。企业对留成外汇享有支配权，可以用于引进先进技术、设备和进口发展生产所需的原材料、辅料，如本单位不需使用时，允许参加外汇有偿调剂。

七、对生产企业实行出口奖励制度，按国务院国发〔1988〕12号文件《关于加快和深化对外贸易体制改革若干问题的规定》和财政部、经贸部〔1987〕财商字第471号文《关于改进出口创汇奖励金办法有关事项的通知》的精神，各外贸出口企业按承包基数内出口创汇额为依据，每实现出口创汇1美元，由外贸企业付给生产企业或供货单位5分人民币奖励，作为企业的税后留利。用于职工奖金的部分，按规定免征1个月标准工资的奖金税。对生产出口机电产品的企业，从出口奖励金中用于职工奖金的部分，按规定免征1个半月标准工资的奖金税。

八、乡镇企业生产出口产品所需的进口原材料、辅料、零部件，属国家实行进口许可证范围内的，可免领进口许可证，由海关监管。

九、国家轻纺、机电、农副产品出口项目的招标吸收乡镇企业参加，享有与国营企业同等的待遇。

十、企业生产出口产品所需的统配物资，有关部门优先给予支持，予以照顾。企业可采取多种方式建立自己的原料基地。

十一、外贸部门要吸收生产出口产品的乡镇企业参加对外贸易洽谈，促进工贸结合，增强出口产品的市场竞争能力。

十二、为扶持“贸工农”出口商品生产基地建设，银行应根据项目经济效益的好坏择优发放贷款，由“贸工农”出口基地办公室采取招标形式，扶持基地企业的技术改造。中标企业按银行贷款有关规定向开户银行申请贷款。贷款期限不超过 2 年。从 1989 年到 1990 年银行安排“贸工农”出口商品基地的贷款，由人民银行纳入国家信贷计划。中央财政和地方财政每年各负担不超过 500 万元的贷款息金。超过上述息金部分，由贷款单位自行负担。

鉴于乡镇企业设备普遍落后，一些乡镇企业“积极与生产优质名牌产品的国营大中型企业、乡镇企业开展多种形式的横向经济联合，组成企业集团和企业群体，发展专业化生产，使部分企业在激烈的市场竞争中，发挥群体优势，增强了竞争能力和应变能力。如江苏苏州就有 1000 多家企业与城市大中型企业形成相互依存的企业群体，年产值可达 4 亿多元，创利税 3 亿多元”①。

但整体来看，苏南乡镇企业加工能力的出口受到加工设备升级与外汇使用等方面的限制，却可能是更为普遍的现象。从当时的资料来看，乡镇企业与城市的国营企业、国家直属的外汇外贸管理部门要建

① 中国乡镇企业年鉴编辑委员会：《中国乡镇企业年鉴（1990）》，中国农业出版社 1991 年版。

立合作关系，需要支付更高的交易成本，使得乡镇企业“外销不如内销，外购不如内购”。比如，“张家港市振兴橡胶总厂出口一双胶鞋，在美国市场卖 7 美元，而外贸收购价才 1.2 美元，不如卖到国内市场”①。此外，还有外汇留成问题难落实、对人民币比价不平等问题。“乡镇企业经外贸部门出口的产品，结算不及时，短则八九个月，长则一两年。在留汇用汇问题上，乡镇企业处于最基层，留汇经层层克扣，到手所剩无几，有的甚至一分钱也拿不到”②。

内向发展的政策和制度环境限制及与城市部门的合作障碍，反而使得苏南乡镇企业“跨越”国内资本而与海外资本进行合作——本来，从外经外贸人才、文化背景、信息渠道等方面条件来看，乡镇企业要与国外投资者合作并非易事。

从数据来看，1989 年，江苏省在全省乡镇企业总数比上年减少 5 万多个的情况下，新办“三资”企业 125 个；到当年底，全省乡镇企业创办的“三资”企业的总数才 240 个，1989 年新办的占了一半还多（见表 1-4-8）。③

表 1-4-8　1989 年江苏乡镇企业的发展

项目	规模	比上年
新增固定资产	25.22 亿元	下降 42.09%
镇村两级工业新上建设项目	13699 个	下降 39.55%

① 邓乃刚：《关于实现乡镇企业发展外向型经济的战略转移问题》，载中国乡镇企业年鉴编辑委员会：《中国乡镇企业年鉴（1989）》，中国农业出版社 1990 年版第 177 页。

② 同上。

③ 中国乡镇企业年鉴编辑委员会：《中国乡镇企业年鉴（1990）》，中国农业出版社 1991 年版。

（续表）

项目	规模	比上年
企业数	107.89 万个	比上年减少了 5 万多个，减少 4.44%
总收入	893.61 亿元	
总产值	1291.74 亿元	增长 5.13%
出口产品交货总额	78.73 亿元	增长 45%

资料来源：中国乡镇企业年鉴编辑委员会：《中国乡镇企业年鉴（1990）》，中国农业出版社 1991 年版。

2. 苏南与岭南对外贸易的机制对比

20 世纪 80 年代末的苏南城乡已经形成了相对完整的产业基础，并毗邻当时国内最重要的工业和贸易基地——上海，其乡镇企业可以与城市部门之间形成垂直分工协作，因此其对外开放机制、运作逻辑，都与 80 年代前几无任何工业基础就搞对外开放的国际贸易大省广东，在产业结构上有着质的不同。

从统计数据看，1990 年，江苏省出口总额（按经营单位所在地分，下同）为 29.44 亿美元，占全国出口总额的比重为 4.7%，**一般贸易出口所占的比重为 72.70%；进出口呈现出“低进高出”的态势，**1990 年以前，进出口总额中进口额占比多数年份不足 30%，1985 年仅为 20%。

苏南乡镇企业参与外贸的模式主要是“两头在外”，即乡镇企业有设备和流动资金，原材料和产成品面向国际市场。原材料的进口和最终产品的出口相当多是单边贸易，以一般贸易为主，这与广东的以加工贸易为主形成明显差异。比如，杨培新曾描述：“今年三月我到无锡，看到毛纺织染厂进口澳洲羊毛，加工成呢绒出口日本和美国，又看到玩具厂用澳毛制成小狗和猴子拖鞋出口。这样做，解决了缺米下锅的燃眉之急……”①

这与广东的“四头在外”和“大进大出”形成鲜明对比。“四头在外”指的是设备、流动资金、原材料都来自于国外，产成品也向国外销售。“大进大出”格局下**其外汇收入以来料加工装配的工缴费为主**。根据统计资料，1979—1986 年，广东省乡镇企业共与外商签订合同并已投产的有 31324 宗（合资、合作企业 176 宗，补偿贸易 357 宗，来料加工装配 30791 宗），总计利用外资 79166 万美元，引进各种机械设备 31.6 万台（套），中外合资、合作、补偿贸易企业出口商品总额 4561 万美元，来料加工装配企业完成工缴费 7.89 亿美元②（见专栏 31）。1990 年，广东省出口总额为 222.21 亿美元，进口总额 196.77 亿美元，净出口 25.44 亿美元。③

专栏 31

广东省“三来一补”的开端：1979—1987

广东省从 1979 年开始发展“三来一补”业务，主要在靠近港澳地区的深圳、东莞等地。8 年多来，“三来一补”企业如雨后春笋一般，从无到有，从小到大，从少到多，从低级到高级，从城镇到乡村，从零散建厂到连片发展加工区。到 1986 年年底，全省对外签订的“三来一补”协议 7 万多宗，实际利用外资 11 亿多美元，已累计收工缴费 16

---

① 杨培新：《关于国际大循环问题的争论》，《烟台大学学报》（哲学社会科学版）1988 年第 2 期。

② 中国乡镇企业年鉴编辑委员会：《中国乡镇企业年鉴（1989）》，中国农业出版社 1990 年版。

③ 中国乡镇企业年鉴编辑委员会：《中国乡镇企业年鉴（1991）》，中国农业出版社 1992 年版。

亿多美元，占全国新收工缴费的90%。其中，全省乡镇企业签订“三来一补”协议3万多宗，累计完成工缴费7.89亿美元。全省“三来一补”企业已超过1万余家，从业人员100万人。

对投资者，则可利用我国廉价劳动力、土地等，通过产品返销国际市场参加竞争，以成本低而取胜。

广东省宝安县发展“三来一补”以后，由纯农业转向农工并举。**1986年，以“三来一补”为主的工业总产值达4.54亿元，占工农业总产值的比重由1979年的24.5%上升到75.6%。**东莞市自1978年下半年开始发展“三来一补”以来，“三来一补”业务发展迅速，“三来一补”企业星罗棋布，现有乡（镇）办、村办加工厂2700家以上，1987年，全市工缴费收入达1.2亿美元。

遍布广东的服装、电子塑料制品、家用电器、鞋帽、皮革制品、机电产品等行业的外向型企业，有很多是从搞“三来一补”发展起来的。以各作各价的来料加工装配方式的出口值，1986年占全省出口总值的34%，极大地促进了对外贸易的发展。

资料来源：管志强：《中国沿海地区“三来一补”贸易》，载中国乡镇企业年鉴编辑委员会：《中国乡镇企业年鉴（1978—1987）》，中国农业出版社1989年版。

从资源资本化的视角和产业资本的一般运动过程分析，机器设备和流动资金属于工业化的启动资本，谁拥有这些资产就意味着谁拥有了将自然资源转化为商品资本并占有增值收益的权利。这恰恰是**珠江三角洲的“四头在外”和长江三角洲的“两头在外”的差别**。在“三来一补”的经济模式下，广东连同加工贸易品一同出口的，除了各地都用的政策优惠之外，其实主要是其毗邻香港地区的区位优势形成的

"区位租"、环境租与劳工的福利[①]；江苏则更接近于对本地加工能力的出口。

（三）产业资本扩张阶段地方政府公司主义的路径依赖

在解读苏南产业资本原始积累的文字中，已经介绍了公司化的地方政府扮演的重要作用。同理，在地方向外向型经济转变的进程中，政府也路径依赖地发挥了重要作用。

客观地看，**地方政府在招商引资的竞争中做出亲外资的制度供给，与一般发展中国家并无二致；中央政府在货币主权和资本控制方面的作用，成为外向型经济发展中更关键的因素。**

外商到中国进行直接投资，除了追逐要素低谷以外，还有很多其他的影响因素。国内外很多学者通过大量的实证研究对此进行了分析（见表 1-4-9）。

表 1-4-9　影响外商直接投资的变量的研究汇总

研究者	具有统计意义的量
Leung（1990）	工业总产值（+）、海港城市虚拟变量（+）、邮电与通信服务（+）、国际航空港、非农业人口
Gong（1995）	能源消费（+）、海港货物吞吐量（+）、邮电和通信额（+）、水运货运量（+）、投资刺激（+）、可及性指数（+）、城市非农业人口（-）
Head & Ries（1996）	外方控股合资企业数（+）、工业总产值（+）、工业企业数（+）、开放地区（+）、万吨以上码头泊位（+）、铁路（+）
Chen（1996）	市场增长潜力（+）、交通设施（+）、R&D 人员（-）、资源配置效率（-）

① 参见温铁军等在《解读珠三角、广东发展模式和经济结构调整战略研究》一书（中国农业科学技术出版社 2010 年版）中对于广东出口机制的分析。

（续表）

研究者	具有统计意义的量
Qu & Green（1997）	城市规模（+）、政策工具（+）、离来源国的社会和地理距离（-）、城市中心优势（+）、经验积累（+）、集聚因素（+）、基础设施（+）、经济增长（+）
鲁明泓（1997）	GDP总量（+）、劳动力成本（-）、国有企业产值比重（-）、第三产业产值比重（+）、城市化水平（+）、优惠政策（+）、外资企业进口（+）
Broadman & Sun（1997）	GDP总量（+）、成人文盲率（-）、交通线路密度（+）、地理区位（+）
He & Chen（1997）	GDP（+）、临近港澳地区（+）、沿海区位（+）、GNP增长率（+）、经济开放性（+）、劳动生产率（+）
Chen（1997）	GDP（+）、人均GDP（+）、效率工资（-）、累计FDI水平（+）、交通密度指数（+）、政策虚拟变量（+）
羊健（1997）	社会秩序的稳定（+）、市场潜力（+）、劳动力素质（+）、邮电通信和金融业务（+）、地区优惠政策（+）、信息成本（-）
贺灿飞、梁进社（1999）	累计FDI和GDP（+）、贸易密度（+）、资本效率（+）、地理区位（+）、人均GDP（+）、效率工资（-）、基础设施（+）
Wei et al.（1999）	对外贸易水平（+）、效率工资（-）、R&D人员（+）、GDP增长率（+）、基础设施（+）、集聚因素（+）、信息成本（-）、投资刺激（+）
冯毅、张晖（1999）	人均GDP（+）、固定资产投资（+）、平均工资（-）、进出口占GDP的百分比（+）、公路密度（+）、环保职工占总人口的比重（-）
王新（1999）	市场规模>资金配套能力>市场化程度>基础设施>经济发展水平>优惠政策>地理位置>经济开放度>工资成本
Coughlin et al.（2000）	GDP（+）、职工平均工资（-）、文盲半文盲率（-）、工业企业全员劳动生产率（+）、沿海区位（+）
Cheng et al.（1999）	外商直接投资额（+）、人均收入（+）、基础设施（+）、优惠政策（+）

（续表）

研究者	具有统计意义的量
Fu Jun（2000）	GDP（+）、工业总产值（+）、平均工资（-）、劳动生产率（+）、政策因素（+）、文化距离（+）
朱津津（2001）	经济水平（+）、基础设施（+）、地理位置（+）
张立、龚玉池（2002）	GDP 总量（+）、人均 GDP（+）、累计 FDI（+）、运输密度（+）、效率工资（-）
魏后凯、贺灿飞、王新（2002）	交通联系发达程度（+）、GDP（+）、国有工业产值占工业总产值的比重（+）、劳动生产率（+）
孙欢（2002）	优惠政策（+）、产业结构（+）、开放程度（+）、市场化水平（+）
张欢（2004）	GDP（+）、人均 GDP（+）、进出口总额（+）、固定资产投资（-）、专业技术人员（-）、第三产业比重（+）、国有工业企业产值占全部工业企业产值的比重（-）、城镇居民收入（-）、三种专利授予量（-）、政策虚拟变量（+）

注：变量后“+”表示正相关，“-”表示负相关。资料来源：张欢：《府际关系对FDI 的需求约束》，《统计研究》2005 年第 12 期。

根据上述研究成果，我们可以将影响外国直接投资的代表性变量归纳为以下四个方面：

第一，工业化基础。现实中，工业化的国民经济基础主要体现为一国的工业总产值或 GDP 总量、工业企业数量、劳动力的受教育水平等。一般说来，现有的工业化基础越好，说明本国的产业资本发育越成熟，与外资进入的对接就越容易。比如，一定的工业化基础意味着拥有一定数量适合产业资本需要的劳动力，而劳动力是外来资本开展在地化生产的一个核心生产要素。

第二，基础设施建设水平。主要包括邮电与通信服务、道路建设、水电供给状况等，这直接关系到外资企业原材料、产品的运输和销售成本，进而直接影响其收益水平。一般说来，基础设施建设越完备，对外资的吸引力就越大。

第三，地理区位。这也直接关系到原材料与产品的运输和销售成本。一般说来，沿海优于内陆，平原优于山区；从城市经济辐射的角度讲，靠近人口密集的城市消费市场要优于远离城市的市场。

第四，政策因素。优越的政策，如廉价的土地、优惠的税收等，可以直接降低外资的显性成本。因此，政策越优越，外资进入的可能性也就越大。

除上述四个方面外，国家的政治和社会稳定性对外资进入也具有重要的甚至一票否决式的决定性影响。

以上利于外资进入的各方面条件，苏南都充分具备。如果引入新制度经济学的分析范式，就上述因素对外资进入的影响效果而言，可以归纳为：**外资是否选择进入主要取决于相关因素是否有利于直接或间接降低其进入的交易成本。**

需要注意的是，上述各因素并非最终解释变量。根据历史起点与逻辑起点相一致的唯物史观要求，上述因素中**除了明显的地理差别属于客观因素外（如沿海与内陆），其他因素都与工业化原始积累的完成状况、完成方式及由此形成的制度安排有关**。亦即，原始积累阶段的资本形成及内生的制度结构在产业资本扩张阶段可能表现为路径依赖；资本扩张过程中某种属性的资本发挥主导作用，会派生出相应的制度变迁的需求，而初始的制度结构既可能有利于、也可能有碍于这一变迁，这取决于前后两种制度之间的相容性。

苏南经验表明，在原始积累中形成的政府公司主义体制在随之而来的产业资本高速扩张中，**之所以具有超乎一般的加快外向型经济的调控机制，主要在于自主地对外用分享“租”降低了外资进入的交易**

成本；对内则构建了长期收益预期来减少社会冲突。[①]

这一点在苏南与同处东南沿海的浙南的对比中表现得最为明显。浙南以块状经济著称，**其产业资本在区域内部大体形成了收益均等化分配，因此追逐超额机会收益的外资很难而且也不愿进入；**[②] 从统计数据看，浙南外资的总体数量和平均规模都远低于苏南（见表 1-4-10）。

表 1-4-10　1990—2006 年长江三角洲经济区吸引外资情况

地区	项目总计（个）						实际使用金额（亿美元）					
	1990	2000	2002	2003	2005	2006	1990	2000	2002	2003	2005	2006
上海市	203	1814	3012	4321	4091	4061	2.14	31.6	50.3	58.5	68.50	71.07
南京市		156	369	843	728	604		8.13	15.02	22.09	14.18	17.02
苏州市	130	943	2465	2399	2181	2281	1.10	28.83	48.14	68.05	51.16	61.05
无锡市		359	745	1007	811	759		10.82	17.40	27.01	20.07	27.52
常州市		329	363	533	509	505		5.60	5.61	8.55	7.31	12.51
泰州市		28	154	217	253	258		1.02	1.81	3.03	4.56	6.57
杭州市	68	315	587	869	756	747	0.08	4.31	5.22	10.09	17.13	22.55
宁波市	89	550	1017	1209	873	1034	0.22	6.22	12.47	17.27	23.11	24.30
嘉兴市	15	188	456	635	440	468	0.01	1.53	4.81	7.98	11.57	12.22
湖州市	19	115	344	479	475	491	0.02	0.82	3.85	5.37	6.51	7.57
绍兴市	41	156	484	568	416	400	0.05	1.16	3.82	7.43	9.01	9.72

① 有关苏南发展过程中社会冲突弱化机制的研究，作者将在另一个研究项目——国家社科哲学基金重大课题“完善社会管理与维护社会稳定机制研究——农村对抗性冲突的原因及其化解机制研究”（07&ZD048）中进行深入分析。

② 参见李晨婕、温铁军：《宏观经济波动与我国集体林权制度改革——20 世纪 80 年代以来我国集体林区三次林权改革“分合”之路的制度变迁分析》，《中国软科学》2009 年第 6 期。

（续表）

地区	项目总计（个）						实际使用金额（亿美元）					
	1990	2000	2002	2003	2005	2006	1990	2000	2002	2003	2005	2006
舟山市	11	23	26	60	21	16	0.02	1055	0.11	0.17	0.31	0.50
台州市	9	120	173	200	117	139	0.00	5083	1.18	2.16	8.48	0.51

资料来源：历年《长江和珠江三角洲及港澳特别行政区统计年鉴》。

2008年，美国金融危机全面爆发并引发全球经济危机后，地方政府对海外产业资本的政策选择，与10年前同是宏观经济萧条之中通过推进乡镇企业改制而从其中“退出”迥然不同。前后对比可知，当年从乡镇企业的退出，不仅是因为乡镇企业本身陷入经营危机，还在于当时乡镇企业相对于外资企业、相对于地方政府追求财政收入增长的目标来说，已是一个垂暮的“不经济”的领域。地方政府无论是对乡镇企业发展早期的“进入”、末期的“退出”，还是20世纪90年代以来与外资企业的紧密结合，不外乎表明了制度供给确实是有选择性地“差异化”的①；也表明了，在依靠国家集中体制完成工业化原始积累

①　支兆华认为，随着中国市场化进程的推进，私营经济发展的条件日益宽松，同时政府对经济资源的控制也在不断减弱，支持乡镇企业已经远没有支持私营经济对政府来得划算了，这时进行改制是政府收入最大化行为的必然产物。（参见支兆华：《乡镇企业改制的另一种解释》，《经济研究》2001年第3期。）

作者注：这篇文章只是从逻辑推理层面进行的研究，认为当参数值进入某一范围时，“支持乡镇企业没有支持私营经济对政府来得划算”才成立，并未进行实证分析。本书认同其对乡镇企业“进行改制是政府收入最大化行为的必然产物”这一观点，但认为将乡镇企业与私营经济对立起来属于有些意识形态化的处理。实际上，对于当时的苏南来说，与乡镇企业相比更能满足政府收入最大化目标的，并非私营经济，而是外资。从结果来看，苏南乡镇企业改制之后的发展路径，并非是与以私营经济著称的浙南趋同，而是与依靠外资搞“四头在外”（原材料、产品、设备和资金）的岭南趋同。有关政府差异化制度供给的分析，参见董筱丹、温铁军：《致贫的制度经济学研究：制度成本与制度收益的不对称性分析》，《经济理论与经济管理》2011年第1期。

的苏南，公司化的地方政府在地方工业化初期和深化阶段，在制度变迁中一直处于主导者的角色，这种环境中的市场机制，成也政府，败也政府。

同时发生的还有地方工业化进程中的**地区间的政府公司主义竞争。竞争结果非常客观而实际地表明：哪里先转向外向型，哪里就先占有了超国民待遇的“增量收益”**。因此，在苏南外资大规模进入的背后，是各地为寻求这种“增量收益”而形成的激烈的“府际竞争”。政府亲自出马招商引资，甚至将其纳入官员的政绩考核中，对于中国的地方政府来说，早已是人人皆知、皆法的“阳谋”，连偏远的国家贫困县也概莫能外。

打造政策洼地是招商引资的“基础动作”，是我国对外开放以来便普遍采用的做法，主要是在税收、用地等方面给予外资相应的减免，**降低外资进入的显性成本**。从中央层面，国家从改革开放伊始便针对外资制定了相关的优惠政策；对于一般的地方政府来说，则出于“府际竞争”的需要而争相出台更为优惠的措施。苏南地区也不例外，上至国家级工业园区，下至乡镇开发区，都在地方政府的权限范围内出台相应的优惠政策。

1992 年以后，大部分招商引资是以开发区为载体的。开发区的集中规划建设要求，一方面有利于实现产业集聚效应，另一方面也带来了前期基础设施建设成本过高的问题。长江三角洲地区因占有沿海沿江的区位优势和冲积平原形成的平坦地势，开发区的基础开发成本远远低于国内其他地区。比如，同样的基础建设水平，重庆山区支付的开发成本可能是苏南的两倍还多。因此，长江三角洲地区为亲商而打出的政策优惠牌“可以，可以，也可以”，其实是为那些没有区位和地质优势的地区设定了一个政策优惠的“标杆”，迫使后者对外资开出更多的政策优惠，同时又要承担更高的基础设施开发成本，以弥补区位优势方面的不足。由于基础设施投入周期较长，因此经济实力本来就弱而又勉为其难地加入到招商引资竞争大军的地区，势必承受更大的资金压力，甚至因征地拆迁补偿问题而引发激烈的社会矛盾。

这不过再次表明，资源资本化的进程中，制度收益的占有和制度成本的承担往往是不对称的。制度成本层层转嫁，最后还是要全社会来共同承担，并首先在承担能力最弱的环节爆发；如果这种内在的机制确实在起作用，那么制度成本如何外部化地表现出来，只是次生问题。

（四）国际金融资本深化与苏南外向型道路的转变

1. 发展中国家利用国际资本形式的转变：从国际信贷到外国直接投资

对于一般发展中国家来说，追求工业化首先面临的问题是如何实现资本的原始积累。**在国内资本不能满足经济发展需求的现实制约下，如果再没有新中国那样利用“成规模劳动替代资本”的客观条件（尽管这种模式也是被迫生发出来的），外部资本便成为发展中国家普通获取资本的重要途径。**

对于发展中国家经济增长过程中的这种外部依赖，钱纳里和斯特劳特（Chenery & Strout，1966）用“双缺口模型”以及托达罗（Jodaro）等人后来进一步发展出来的“四缺口模型”等进行了理论论证。

由于外资的需求方往往是资本短缺的发展中国家，这也就内在地决定了，**在引进外资的过程中，外资通常具有完全的选择权。**

此期，大多数发展中国家政府都竞相出台符合国际资本需求的法律和政策，形成亲海外资本（Pro-foreign Capital）的制度供给。于是，**一般发展中国家按照西方资本的要求形成的上层建筑，都难免超前于本国“非外资”的经济基础的客观需求**。进一步看，亲海外资本的政府部门和服务于外资的意识形态如果成为主流，则必然与本土社会的资源动员构成对立矛盾。

第二次世界大战之后，发展中国家利用国际资本有多种形式，其中最主要的两种方式为外国直接投资和国际信贷。以 20 世纪 80 年代中期发展中国家——特别是拉美国家——集中爆发债务危机作为分界点，之前主要通过国家举债的方式，之后则是以吸收外国直接投资为主。而**在中国，早期债务危机爆发点是在冷战时期的 1958 年和 1980 年，90 年代冷战结束之后也转变为以外国直接投资为主**。

这种转变与国际政治经济背景的变化密切相关。

第二次世界大战后，广泛开展的殖民地国家和民族的独立解放运动在短期内造就了大批新独立发展中国家，这些发展中国家为谋求政治和经济独立而普遍追求工业化，但受长期以来被殖民的沉痛历史教训和社会主义运动的强烈影响，在利用国际资本的形式上，通常视以跨国公司为主体的外国直接投资为国外势力对本国政治经济独立的潜在威胁，从而予以严格的限制，而以官方援助、私人银行贷款、出口信贷等形式出现的国际信贷则成为大多数发展中国家的首选。由此产生的一个普遍现象就是，**战后大多数发展中国家普遍选择进口替代作为其工业化的发展战略**。

表 1-4-11 提供的数据表明了这一客观进程。1970—1983 年，发展中国家从国外获得的收入来源中，官方开发援助、私人银行贷款、出口信贷等一直占据主导地位，而外国直接投资则很少超过 20%，大

部分年份只在15%左右。

表 1-4-11　1970—1983 年发展中国家资金流入净额的来源

单位：10 亿美元

收入类型	1970 年	1975 年	1980 年	1981 年	1982 年	1983 年
官方开发援助	8.1 (40.7%)[b]	20.1 (36.1%)	37.5 (37.8%)	37.3 (34.0%)	34.7 (35.6%)	33.6 (33.7%)
私人自愿机构捐助	0.9	1.3	2.3	2.0	2.3	2.2
出口信贷	2.7	5.6	13.6	13.3	9.8	7.6
直接投资	3.7 (18.6%)	11.4 (20.5%)	10.5 (10.6%)	17.2 (15.7%)	11.9 (12.2%)	7.8 (7.8%)
私人银行贷款[a]	3.0 (15.1)	12.0 (21.5%)	23.0 (23.2%)	30.0 (27.3%)	26.0 (26.7%)	36.0 (36.1%)
债券贷款	0.3	0.4	1.4	1.1	0.5	0.5
其他	1.2	4.9	10.9	8.9	12.2	12
合计	19.9	55.7	99.2	109.8	97.4	99.7

注：a. 不包括银行发放的债券贷款和出口信贷，它们包括在私人出口信贷中；b. 括号内的数字为该项占总收入的比重。

资料来源：根据世界银行《1985 年世界发展报告》提供的数据资料整理而成。

国际信贷在一定程度上缓解了发展中国家资本短缺的困境，在整个20世纪60年代，发展中国家的产值每年增长5%以上。但由于发达国家对发展中国家殖民控制的路径依赖，大多数发展中国家，特别是幅员相对狭小、缺乏积累条件的国家，并未真正完成资本原始积累，更遑论进入工业化。70年代以后，在石油危机和发达国家实行紧缩货币政策等直接因素的刺激下，发展中国家的各种“发展陷阱”集中爆发，一个典型的例子就是1982年墨西哥爆发债务危机，不仅改变了该国革命以后35年的高增长趋势而进入此后20多年的低迷，而且在引发拉美债务危机之后与其他拉美国家的债务型危机形成此起彼伏的局面……

20世纪80年代中期，特别是90年代冷战结束之后，受美、英主导的全球金融自由化和产业资本全球重新布局的影响，以跨国公司为载体的外国直接投资开始大幅增长。

其中，亚太地区20世纪90年代接受外商直接投资的数量远高于其他地区，1990年为110亿美元，1992年和1993年分别增长至210亿美元和365亿美元，占所有发展中国家外国直接投资净流入的70%以上（见图1-4-11）。而在亚太地区国家中，尤以中国吸引外资的规模增长最为引人注目，并保持持续增长（见图1-4-12）。

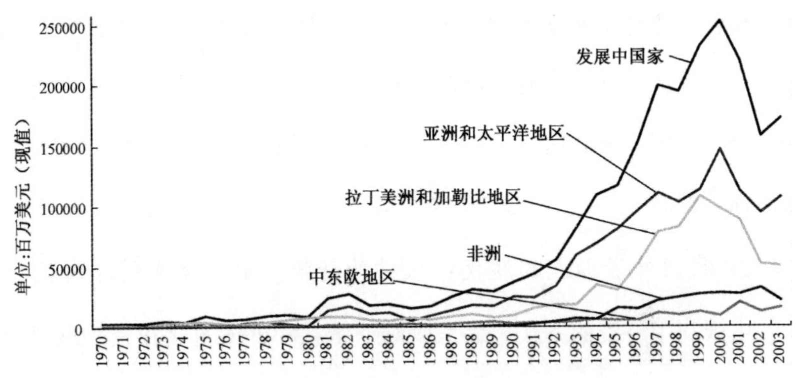

图1-4-11　1970—2003年发展中国家FDI数量变化

数据来源：联合国贸易和发展会议发布的历年《世界投资报告》。

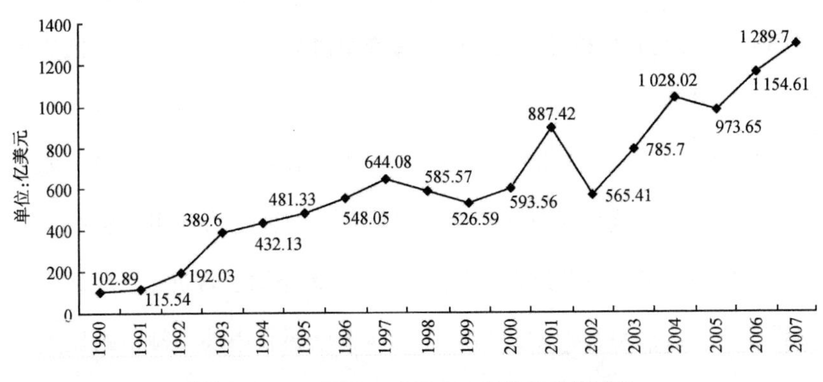

图1-4-12　1990—2007年中国利用外资情况

数据来源：历年《中国统计年鉴》。

从资本运动的规律看，当发达国家进入金融资本阶段时，增加对处于实体经济阶段的发展中国家的投资，并借此对其东道国的产业资本进行整合，是一个必然的趋势，只不过是看用什么意识形态来包装以降低这一过程中的交易成本而已。

中国以跨国公司产业内贸易为主导的新“模式”的外向型经济也是在这个背景下逐渐形成的。只不过，作为发展中国家中唯一的例外，**也只有中国至今坚持维护国家经济主权的核心部门，没有完全开放资本市场和货币市场；因而有条件以本币大规模增发与外资大规模进入实现金融深化与资本化之中必然发生的风险“对冲”**。就苏南地区而言，这既是凭借其优越的地理区位优势承接国际产业转移，进而参与国际分工的国家体制保障，也是其能较快实现经济发展的外向型转型的前提条件。

2. 利用外资形式的演变：从对外借款、中外合资到外商独资

中国利用外资的方式，也是以对外借款和外国直接投资为两种常见的方式。然而，中国的集中管制外债和外汇的特殊体制，使得**各个地方乃至企业的对外债务风险最终得由中央政府统一承担，遂有从新中国成立以来直到 20 世纪 90 年代每次引进外资都带来偿付外债的巨大压力，进而引发激进的制度变迁**。

20 世纪 90 年代，苏南外资利用形式的第一个转变与一般发展中国家并无二致，就是外商直接投资取代对外借款成为利用外资的主要方式。**中国经济从萧条进入复苏的 1992 年是个重要转折点**，此前以直接借款为主，1990 年时对外借款在江苏省全部利用外资额中的比重仍然高达 63.1%，1991 年为 43.2%。1992 年以后，随着外资直接投资的大规模进入，对外借款在利用外资中所占的比重急剧下降，1993 年下

降到只有 8.3%的份额。

第二个转变是外商直接投资的方式发生了结构性变化。20 世纪 90 年代初期，外资由于刚进入中国，普遍存在谨慎的投资心理，表现为独资企业投资较少，合资项目的投资占比最高。90 年代中期以后，随着合资项目中股权结构的调整及外商独资项目投资的增加，外商直接投资中合资项目的投资开始萎缩，独资企业的投资节节攀升。1995 年，江苏省全部外商直接投资项目中，外商独资项目占 24.7%；1999 年开始，独资项目投资额占比开始超过合资企业，达到 46.1%（见图 1-4-13）。

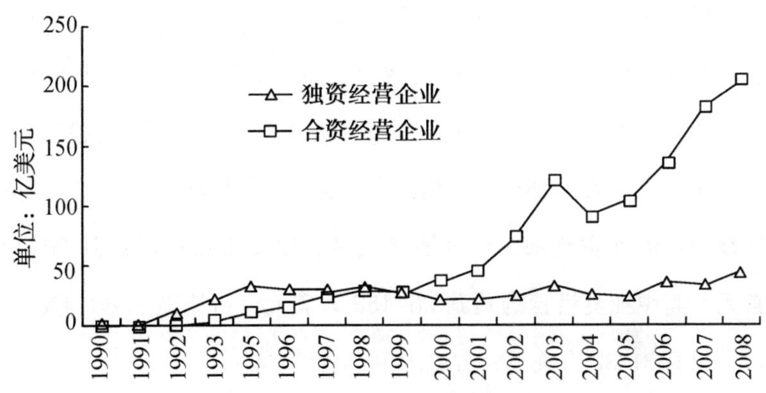

图 1-4-13　1990—2008 年江苏省两种主要外资利用方式的规模
（实际利用外资）

资料来源：历年《江苏省统计年鉴》。

其中，苏州市在江苏省各地市中进出口规模最大，经济外向度最高，占全省进出口量的比重将近 40%。苏州外贸和外经合作的情况，在整个苏南地区非常有代表性。下面以苏州市为例进行分析。

1985 年 8 月，当时的昆山县玉山镇创办了第一家外商投资企业——赛路达有限公司，使苏州市乡镇引进外资创办“三资”企业工作实现了“零”的突破。1988 年，苏州市就把投资额达 1500 万美元的项目审批权下放给 6 县（市），同时还鼓励县（市）外贸公司、企业利用市公司经营权“借权经营”“借船出海”。同年，苏州市乡镇掀起了兴办外商投资企业的热潮。从1986年到1990年的5年时间里，6县（市）及郊区乡镇先后批准举办外商投资企业258家，合同外资总额1.23亿美元，分别为前3年的35.8倍和45.5倍，在兴办企业数量上已经遥遥领先于县属以上企业。

1990年，苏州市实际利用外资6954万美元，其中对外借款2409万美元，占34.6%。到1995年，实际利用外资237779万美元，其中对外借款5032万美元，占比下降到只有2%；98%为外商直接投资，投资总额为232747万美元1990年，苏州市3371万美元的外商直接投资中，合资项目投资达到3287万美元，占比高达97.5%；到1995年时，外商直接投资规模已经达到232747万美元，合资项目的投资达到124509万美元，在全部投资中仍然占有53.5%的份额；**2001年，苏州市实际利用的外资全部为外商直接投资，投资规模已经达到302183万美元，其中独资经营的达到261153万美元，占比达到86.4%**；合资经营只有31332万美元，占比为10.4%。①

3. 经济运行方式的转变：从一般贸易到加工贸易

发展中国家外资利用方式的变化的背后，是跨国公司成为国际资本流动的主要载体，这导致国际分工和贸易格局发生了机制性变化。随着贸易和投资一体化渐成主导模式，以往按国别和地域进行的产业间和产业内贸易，逐步转变为跨国公司主导的公司内贸易和垂直专业化分工。因此，**20世纪后半期以产业的国别差异为基本特征的国际分工，逐渐转变为以产品的企业差异为基本特征的国别分工**，进而衍生出90年代中后期跨国资本集团在全球范围内以生产要素的国别差异为

① 资料来源：历年《苏州统计年鉴》。

基础的国际分工——不同国家所拥有的生产要素在一个国家中进行组合，形成某一产业，生产出某类产品并面向世界销售。在这个格局中，产业结构、贸易结构不再是国际分工的标志，生产要素的国际差异才是国际分工的基础与核心。

从这个意义上看，**当前的国际分工可称为“要素分工”，但已经失去了其原来的意义，更多地转化为各国在跨国公司主导下以某一种或几种优势生产要素参与全球化经济下的国际化生产。**

基于上述变化，当前发达国家和发展中国家之间主要是不同生产环节的分工，诸如劳动密集型工序或劳动密集型零部件生产与资本、技术、知识密集型工序或零部件生产之间的分工，甚至是设计与制造的分工，即产品研究和设计在发达国家进行，产品制造在发展中国家进行等。由此，发展中国家只是作为发达国家的“加工厂”；加工贸易也便成为国际贸易的一种主要形式。①

对发展中国家来说，这种基于要素优势的分工中，其生产所需的几乎全部要素——包括原料、设备、资金、市场、技术等——都由外资掌握，尽管不再有人用“四头在外”这样的语言来形容，但一般发展中国家的国内产业趋向于加工贸易的特征更加突出而且固化，却是不争的事实。如图 1-4-14 所示，20 世纪 90 年代以来，江苏省外贸出口中一般贸易的比重大幅下降，由 1990 年的 70%下降到 21 世纪之初的 30%多。

与之对应的是贸易商品品种结构的变化。目前江苏省的对外贸易中，传统的优势产品纺织品“低进高出”，仍然具有很高的附加值和

---

① 张二震、方勇：《长三角一体化与苏南竞争力》，《江海学刊》2005 年第 5 期；张幼文：《中国开放型经济新阶段理论建设的主题》，《学术月刊》2006 年第 3 期。

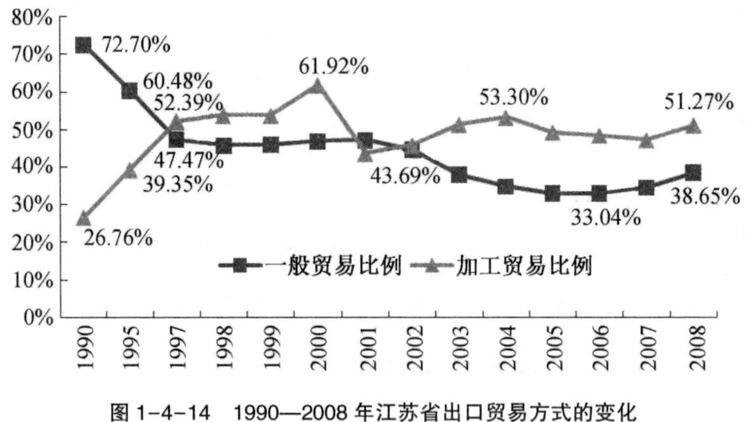

图 1-4-14　1990—2008 年江苏省出口贸易方式的变化

很强的出口竞争力，但在对外贸易中的占比下降；新兴的机电行业越来越成为进出口贸易的主要产品。2001 年时，江苏省服装及衣着附件类商品的出口额仍然在出口商品类别中位居第一，每年出口收入 50 亿美元左右；2008 年其出口额虽然已达到 170 多亿美元，较 2000 年增长了 2.5 倍，但在全部出口商品类别中已降至第四位。2004 年以来，机电产品成为最主要的出口类别，尤其是办公用机械及自动数据处理设备，电力机械、器具及其电气零件，电信及声音的录制与重放装置设备等，成为出口额最靠前的几大类商品。2000 年出口额不到 7 亿美元的专业、科学及控制用仪器和装置类商品，2008 年出口额已经达到 122 亿多美元，出口额排名跃升到第五位（见表 1-4-12）。

由于产业价值链在全球的重新布局，传统的出口竞争力指数等工具在分析产业竞争力方面不再适用，表 1-4-13 反映了江苏省不同制造业类别中“三资”产业工业增加值占规模以上工业企业增加值的比重。

表 1-4-12　2000—2008 年江苏商品进出口种类的变化

单位：万美元

		2008 年	2007 年	2006 年	2005 年	2004 年	2003 年	2002 年	2001 年	2000 年
办公用机械及自动数据处理设备	当年出口排名	1	1	1	1	1	1	1	2	2
	进口	653443	717538	695900	558240	363065	297137	197196	103704	96058
	出口	4359667	4539320	4131290	3242344	2339770	1545252	760729	377036	322553
电力机械、器具及其电气零件	当年出口排名	2	3	2	3	3	4	3	3	3
	进口	4395965	4592953	4031507	3270600	2263707	1405948	720692	494390	414199
	出口	3420930	2654019	2021082	1401241	891733	531006	382618	289335	267402
电信及声音的录制与重放装置设备	当年出口排名	3	2	3	2	2	3	5	5	5
	进口	391397	350874	334208	342155	276703	207886	121429	128267	156612
	出口	2973314	2719076	1953238	1440760	932472	599648	352062	261635	147737

（续表）

		2008年	2007年	2006年	2005年	2004年	2003年	2002年	2001年	2000年
服装及衣着附件	当年出口排名	4	4	4	4	4	2	2	1	1
	进口	12092	10015	9030	8915	8660	8418	6567	5590	6336
	出口	1732873	1491064	1277269	1096175	868374	711694	584354	533895	493302
专业、科学及控制用仪器和装置	当年出口排名	5	5	6	5	6	6	10	12	9
	进口	2038194	1927029	1601160	1610436	1391289	731273	295051	89556	51403
	出口	1220215	1178002	901058	836773	572521	266133	73571	39548	69385
纺纱、织物、制成品及有关产品	当年出口排名	6	6	5	6	5	5	4	4	4
	进口	211544	208641	205778	195349	185683	153723	129922	138282	139613
	出口	1185644	1040889	919398	784331	621445	482098	355993	280835	255692

数据来源：历年《江苏省统计年鉴》。

表 1-4-13 2000—2007 年江苏省“三资”企业工业增加值占规模以上工业企业增加值比重

单位：%

企业类别	2000 年	2001 年	2002 年	2003 年	2005 年	2006 年	2007 年
总计	27.25	28.39	30.08	33.67	40.11	40.06	40.67
制造业	—	—	—	—	47.72	41.78	42.20
纺织业	15.77	13.59	12.05	16.70	21.82	22.43	24.56
纺织服装、鞋、帽制造业	41.46	37.36	36.17	41.20	38.95	39.44	37.97
化学原料及化学制品制造业	19.31	20.29	21.61	23.65	30.71	36.42	39.23
通用设备制造业	18.50	18.87	19.65	20.39	30.76	30.06	31.55
专用设备制造业	15.58	15.99	19.72	27.40	33.97	36.94	40.06
交通运输设备制造业	19.27	20.62	21.90	29.43	38.54	39.67	46.86
电气机械及器材制造业	25.98	25.75	30.20	33.62	38.92	34.51	36.17
通信设备、计算机及其他电子设备制造业	77.41	76.60	79.45	85.01	92.67	91.96	91.60

资料来源：2000—2009 年《江苏省统计年鉴》，其中 2004 年及 2008 年未统计规模以上工业企业增加值，故未在上表中列入。

由此可大致对苏南与岭南发展模式的异同进行判断。苏南由于在发展外向型经济前区域内形成了完整的产业结构，且随着上海成为国际金融中心不断向外进行产业转移而有机会不断地进行产业升级，因此，在一般制造业领域，贸易方式以一般贸易为主。产业利润在上下游产业间和在产业内部各环节仍然可以形成相对均等化分配。这本是苏南和岭南最显著的相异之处，但**苏南的多数新兴产业——这些产业**

规模越来越大，在苏南经济中所占的地位越来越重要——正越来越多地呈现出加工贸易的模式特征。

在产业类型上，岭南本来以低端制造业加工贸易为主，与苏南存在着较大差距，但由于21世纪以来广东借国际重化工产业全球范围内重新布局之机而使产业结构升级，产业价值链的分工延续了以往形成的“微笑曲线”机制，因此也呈现出产业层次越高、企业的内部产业链整合能力越低的特征。

由此，在全球产业重新布局大潮之下，苏南与岭南殊途同归。

第 二 部 分

专题报告

专题报告一：
长江三角洲主要城市的工业化进程

从清末工业化开始到20世纪70年代末，长江三角洲各个城市都是国家工业化投资的重要城市。到了国家工业化原始积累基本完成的70年代，长江三角洲各城市不仅产业实力在全国最为雄厚，而且各城市的工业布局也比较完整。

这里以几个具有代表性的城市为例进行说明。

一、长江三角洲主要城市的工业化道路

（一）上海市工业化进程

上海市是近代中国工业化的起源，洋务派、民营资本家、中华民国国民政府、外国投资者等多种力量持续的资本投入，使得上海在新中国成立前就成为中国最重要的工业城市。

清同治四年（1865），曾国藩、李鸿章等在上海投资54.3万两白银创办江南制造总局。之后，又有官督商办、个人筹资、集股等兴办

织布厂、缫丝厂、造纸厂等企业。20世纪初，华商开厂增多。1912年新开112家，开办资本2799.2万元。1914年第一次世界大战爆发后，大批华商开办企业，上海工厂大为增多。1927年全市工厂有1781家，资本总额29328.24万元。1931年增加891家，增资本3185万元。在20世纪二三十年代，上海工业生产规模、装备拥有量均居全国之首，纺织、卷烟、面粉、橡胶、搪瓷等行业装备接近全国半数。

1935年，上海全市有纺织、机器制造、化学橡胶、冶镀、食品、仪器制造、交通工具制造、家具制造等行业工厂3618家，资本总额47306.9万元。1937年后，部分工厂毁于炮火，部分迁入租界，部分新厂在租界内重新设立，资本损失后又有增加。到1947年6月，上海有工厂2570家，资本总额34602.4万元。

总体来看，在全国其他大部分地区还没有开始工业化之前，上海就完成了工业化原始积累并形成了比较完备的工业基础。至1952年，全市工业固定资产原值25.29亿元，占全国固定资产总额的17%。

新中国成立后，上海工业投资虽然在全国总投资中的占比不高，但由于已经完成了原始积累，投资的边际收益较高；在此期间，上海工业体系逐步调整和发展，产业层次进一步提高。

1953—1957年第一个五年计划期间，上海基本建设投资5.6亿元，更新改造措施投资0.68亿元，主要用于机械工业、轻纺工业的扩建和新建。其后，上海市开始向重化工业转型。1958—1962年第二个五年计划期间，工业基本建设投资27.03亿元，措施投资11.24亿元，全部投资中轻纺工业占13.3%，重工业占86.7%，重点发展了装备工业和原材料工业。1963—1970年三年经济调整时期和第三个五年计划时期，工业基本建设投资22.95亿元，措施投资10.87亿元，全部投资中轻纺工业占17%，重工业占83%。1971—1975年第四个五年计划时期，工业基本建设投资 36.09 亿元，措施投资 31.28 亿元，全部投资中轻纺工业占 11.1%，重工业占 88.9%。到 1975 年，上海市工业固定资产 135.67 亿元，占全国的比重为 5.6%（见表 2-1-1、表 2-1-2）。

表 2-1-1 1952—1981 年上海市工业企业基本建设投资额及占全国的比重

年份	投资额（亿元）	占全国比重（%）	年份	投资额（亿元）	占全国比重（%）
1952	0.50	—	1967	1.62	—
1953	0.79	2.8	1968	2.03	—
1954	0.77	2.0	1969	2.92	—
1955	1.18	2.7	1970	5.08	2.7
1956	1.27	1.9	1971	4.70	—
1957	1.59	2.2	1972	4.44	2.8
1958	6.97	4.0	1973	4.94	—
1959	8.17	3.9	1974	6.73	2.7
1960	6.83	3.0	1975	15.28	6.6
1961	3.45	4.5	1976	8.41	4.0
1962	1.61	4.0	1977	4.43	2.0
1963	2.26	4.6	1978	6.24	2.3
1964	2.84	3.9	1979	12.55	4.9
1965	3.17	3.6	1980	17.40	6.3
1966	3.03	—	1981	22.08	10.2

数据来源：上海市地方志编纂委员会：《上海通志》，上海人民出版社、上海社会科学院出版社 2005 年版。

表 2-1-2 1952—1981 年上海市工业固定资产原值及占全国比重

年份	年末固定资产原值（亿元）	占全国比重（%）	年份	年末固定资产原值（亿元）	占全国比重（%）
1952	25.29	17.0	1967	80.51	6.8
1953	28.43	16.2	1968	83.45	6.8
1954	29.72	13.5	1969	86.35	6.7
1955	30.82	12.4	1970	97.02	6.6
1956	31.32	11.1	1971	103.23	6.4
1957	33.53	10.0	1972	109.27	6.0
1958	39.97	9.2	1973	117.20	5.8
1959	51.02	8.9	1974	126.31	5.8
1960	58.33	8.1	1975	135.67	5.6
1961	62.88	7.9	1976	144.01	5.5
1962	64.45	7.5	1977	155.14	5.4
1963	67.32	7.6	1978	177.23	5.5
1964	69.94	7.3	1979	183.87	5.3
1965	73.77	7.1	1980	190.96	5.1
1966	77.71	6.9	1981	202.73	5.0

数据来源：上海市地方志编纂委员会：《上海通志》，上海人民出版社、上海社会科学院出版社 2005 年版。

上海市有覆盖消费品工业、装备工业及原材料工业的健全的工业体系，其主要工业产品产量一直都在国内占有重要地位。1952 年，上海纱产量 25.07 万吨，占全国 38.2%；1965 年，自行车产量 87.72 万辆，占全国 47.7%；1965 年，手表产量 86.04 万只，占全国 85.4%。随着其他地区工业生产制造能力的形成、完备和提高，上海工业产品在全国的占比呈下降趋势（具体见表 2-1-3）。

表 2-1-3　1965、1978、1988 年上海市主要工业产品产量及占全国比重

产品	单位	1965 年			1978 年			1988 年		
		全国	上海	比例（%）	全国	上海	比例（%）	全国	上海	比例（%）
纱	万吨	130.0	28.9	22.3	238.2	34.3	14.4	465.7	40.7	8.7
布	亿米	62.8	13.8	22.0	110.3	14.6	13.3	187.9	16.7	8.9
硫酸	万吨	234.0	20.6	8.8	661.0	34.5	5.2	1111.3	39.5	3.6
合成氨	万吨	148.4	11.4	7.7	1183.5	23.0	1.9	1986.3	35.4	1.8
化学农药	万吨	19.3	1.4	7.4	53.3	2.4	4.5	17.9	0.6	3.5
化学纤维	万吨	5.0	1.4	26.9	28.5	11.6	40.7	130.1	23.7	18.2
钢	万吨	1223.0	242.0	19.8	3178.0	476.5	15.0	5943.0	859.8	14.5
汽车	万辆	4.1	0.3	7.9	14.9	1.0	7.0	64.5	2.6	4.0
自行车	万辆	183.8	87.7	47.7	854.0	318.1	37.3	4140.1	697.5	16.8

（续表）

产品	单位	1965 年			1978 年			1988 年		
		全国	上海	比例（%）	全国	上海	比例（%）	全国	上海	比例（%）
家用电冰箱	万台	0.3	-	0.0	2.8	-	0.0	757.6	57.5	7.6
家用洗衣机	万台	-	-	-	0.0	-	0.0	1046.8	177.0	16.9
发电量	亿千瓦时	676.0	65.1	9.6	2566.0	199.3	7.8	5452.0	280.6	5.1
水泥	万吨	1634.0	67.6	4.1	6524.0	139.5	2.1	21014.0	261.8	1.2
生铁	万吨	1077.0	27.8	2.6	3479.0	149.9	4.3	5704.0	511.6	9.0
合成洗涤剂	万吨	3.0	1.7	58.0	32.4	6.0	18.5	131.9	10.1	7.6
彩色电视机	万台	-	-	-	0.4	0.2	63.2	1037.7	472.8	45.6
金属切削机床	万台	4.0	1.0	26.0	18.3	1.7	9.5	19.2	1.5	7.8

数据来源：上海市地方志编纂委员会：《上海通志》，上海人民出版社、上海社会科学院出版社 2005 年版。

上海是长江三角洲的龙头城市，其设备、技术、营销网络对周边的辐射和扩散作用非常显著，许多知名企业和地区在工业化之初都得到过上海的帮助。上海在产业结构的不断升级和调整中所淘汰下来的机器和装备，大多为上海市郊和苏南的农村所承接，成为20世纪70—80年代苏南步入工业化之路的重要条件。苏南至今仍在承接着上海的产业转移。

（二）南京市工业化进程

1. 洋务派开启了南京工业化之门

鸦片战争后，中国始从西洋引进动力机器。清末推行新政，提倡振兴实业，官府开始对机器工业投资，但囿于资金有限，少有建树。同治四年（1865），李鸿章在南京创建金陵机器制造局（现南京晨光机器厂前身），是南京有官办机器工业之始。光绪三十三年（1907），南京创立了南洋印刷厂承印政府公报，开办经费银6万两。宣统元年（1909）创立了金陵电灯官厂，于次年九月初一开始发电，以供应通路和800户居民照明使用。

2. 民国年间南京工业缓慢发展

民国元年（1912），江宁地区战乱频仍，民生凋敝，工业发展极为缓慢，政府对官办企业投资甚微。民国8年（1919），南京市创办了织布厂，民国9年（1920）创办了绸厂，民国18年（1929）创办了度量衡检定所。1937年后的日伪统治时期没有官办工业，民营资本企业也在官僚资本主义和帝国主义的挤压下奄奄一息。新中国成立前，市区仅有38家官僚资本企业，规模很小，设备简陋，且都依附于外国资本。1949年，全市仅有888户私营小企业，30人以上并使用动力的工厂仅有36家，占企业总数的4%，其余均为手工作坊。

3. 新中国成立后政府对工业建设进行大量投资，工业发展迅速，工业体系逐步完善

新中国成立后，为迅速发展以工业为主导的国民经济和积累建设资金，南京市财政历年都向工业建设进行投资，1949—1989 年支出为 69461 万元，占经济建设支出的 40.34%，主要用于支持轻工、纺织、冶金、机械、化学、建筑材料、煤炭、电力、电子、医药等工业的发展，但在不同阶段有不同的重点投资领域。

1949—1952 年，本着投资小、收效大、利用快的方针，资金主要用于轻纺工业。全部投资中对轻工业投资 350 万元，纺织工业投资 374 万元。

1953—1957 年，工业建设支出 1274 万元，资金主要用于纺织、轻工、机械、化工、建筑材料等工业。这期间，纱厂、酒厂、烟厂、食品厂、植物油厂、肥皂厂、砖瓦厂、电机厂、气体厂等行业企业得以建立和发展。

1958—1960 年，工业建设支出 10855 万元，资金主要用于冶金、机械，适当兼顾轻工、化工和纺织等工业。这期间新建了一批钢铁厂、金属矿采掘厂、机械厂、汽车厂、电瓷厂、火柴厂、纤维厂、煤矿等企业。

1961—1965 年调整时期，工业建设支出压缩为 588 万元，优先发展化学、机械、轻工，适当发展了石油、建筑材料等工业，新建了炼油厂和采石厂等企业。同期，中央、省级对地方投资 16954 万元，重点用于扩大钢铁、化肥、炼油、水泥等生产及兴建南京长江大桥。企业经济效益提高到了新的水平。

1966—1976 年，工业建设支出 27365 万元，主要用于对设备更新和技术改造，提高企业效益。这期间冶金、机械工业、采掘业等更新

了一大批先进设备，生产能力迅速提高，并开始投资进行科学研究，支持技术学校建设。

1977—1989 年，工业建设支出 28115 万元，资金主要用于技术改造，对轻工、机械、化学等工业引进高新技术、更新工艺设备，并适当发展电子、汽车、医药等工业（见表 2-1-4）。

表 2-1-4　1966—1981 年南京地区经济建设支出表（按资金使用划分）

单位：万元

年份	合计	工业建设	农业建设	商业建设	交通建设	其他经济建设	辖县	工业比重（%）
1966	426	346	25			55		81.2
1967	414	212	147			55		51.2
1968	401	312	59			30		77.8
1969	2967	2901	48			18		97.8
1970	3493	3139	354					89.9
1971	4003	2323	683			53	944	58.0
1972	7387	6481	211	30		77	588	87.7
1973	7062	6253	173	99		126	411	88.5
1974	2943	1945	270	61	30	339	298	66.1
1975	2829	1421	507	44	5	255	597	50.2
1976	4416	2493	396	121		369	1037	56.5
1977	3272	1523	520	105		193	931	46.5
1978	6076	2842	961	158	52	550	1513	46.8
1979	10335	2922	1355	484	16	3445	2113	28.3
1980	10476	3385	957	266	6	4442	1420	32.3
1981	4279	707	738	135		1692	1007	16.5

数据来源：南京地方志编纂委员会：《南京财政志》，河海大学出版社 1996 年版。

在持续的资金支持下，南京市逐渐形成了重工业发达、轻工业有一定基础，门类比较齐全、布局大致合理的工业体系，是中国的综合性工业城市之一。全市有3000多个工业企业，119个工业门类，生产大类产品2000个，其中有一批独特而具有优势的产品。被称为南京地区四大支柱的石油化工、电子仪表、机器制造、建筑材料工业，在国内占有重要的地位。除此以外，南京市还有化学工业、电力工业、冶金工业、纺织工业、医药工业、食品工业、饲料工业等轻重工业类型。①

（三）无锡市工业化进程

1. 清末工业的起源

清光绪二十一年（1895），投资24万两白银创办的业勤纱厂成立，这是无锡第一家近代机器工厂，也是中国第一家民族资本的棉纺厂。至宣统二年（1910），无锡已经有包括纱厂、面粉厂、布厂、丝厂、翻砂厂、电灯公司在内的11家企业，是中国近代民族工业兴起较早的城市。

2. 20世纪初无锡工业在外资夹缝中艰难生存

民国初年，第一次世界大战爆发导致西方列强对中国的资本输出减少，这为中国民营资本的快速发展创造了良好的外部环境。无锡工业在这一阶段快速发展。至民国8年（1919），无锡市已有工厂78家，并且初具规模，丝锭、布机数量分别占全国的9.55%和11.88%。

第一次世界大战结束后，外资对华输入日趋加强，无锡工业发展一度受挫。无锡企业通过改善经营管理和技术设备，增强竞争能力。这一时期国内反帝情绪高涨也有助于地方民族企业发展。到民国18年

① 南京市地方志编纂委员会：《南京简志》，江苏古籍出版社1986年版。

(1929)，无锡已形成以棉纺织、缫丝、粮食加工等工业为主的工业结构。无锡12个主要工业行业总产值9882万元，其中棉纺厂占18.3%，缫丝厂占55.6%，粮食加工厂占22.4%，三业工业总值占总产值的96.3%。但20世纪20年代末至30年代初的世界经济危机对无锡工业的打击很大，大量企业倒闭。民国23年（1934）后，经济才逐步复苏。至民国26年（1937）日军侵占无锡前夕，无锡已经拥有工厂315家，产业工人6.3万人，年总产值7726万元，工业总资本占全国民族资本的1.55%；缫丝厂和缫丝车数量分别占全省的94%和95%，居全国城市首位；纱锭24万多枚，布机3500多台，分别占全省的38%和92%。据1937年国民政府军事委员会《中国工业调查报告》统计，在全国工业城市中，无锡产业工人人数居第二位，工业产值居第三位，资本总额居第五位，是全国民族工业较为发达的6个城市之一。

3. 抗日战争和解放战争期间无锡工业遭受重创

日军侵占无锡后，无锡民族工业遭到致命摧残，大量工厂、设备、原材料、产成品或烧或毁，损失惨重。被毁纱锭16.66万枚，布机3304台，占设备总数的70%。仅申新三厂库存的就有4.8万多担棉花、6.4万多匹棉布、3400多件棉纱被日军烧毁。缫丝机减少67%，面粉业损失250多万元。此外，日本侵略者还用“占用、租用、统制”等手段掠夺工厂物资。抗战胜利后，无锡工业逐步恢复和发展，但内战的全面爆发使无锡工业再度陷入困境。尤其是1948年后的恶性通货膨胀，使无锡工业发展停滞不前，甚至衰退。

4. 新中国成立后无锡工业发展迅猛

新中国成立之初，无锡市人民政府没收了14家官僚资本企业，建立起全市第一批国营企业和公私合营企业，同时进行了政策扶持。1952

年，全市工业总产值 27871 万元，比 1949 年翻了一番，并出现了炼焦厂、玻璃厂、化工厂、拉丝厂等一批新行业企业。第一个五年计划期间，公私合营企业得到鼓励和快速发展。缫丝业 1957 年总产值比 1952 年增长 277%，利润增长 35 倍，并且出现了搪瓷厂、金笔厂、酒厂、锅炉厂、轴承厂、船舶修造厂、农药厂等行业企业，工业体系更加完善。

1958 年“大跃进”运动中，无锡同全国一样，“全民大炼钢铁”和“大办工业”，冶金、电子、化工等行业相继建立。到 1975 年，合成纤维厂、电视机厂、半导体元件厂、手表厂、微型轴承厂、电影胶片厂等先后建立，并且开发了一批技术密集型产品。塑料、自行车行业也得到长足发展。

到 1985 年，全市工业总产值中，纺织工业占 27.64%，机械工业占 11.17%，电子工业占 9.29%，化学工业占 11.17%，冶金工业占 6.21%，食品工业占 3.56%，电力工业占 0.08%，煤炭及炼焦工业占 0.22%，石油工业占 0.19%，建材工业占 4.30%，木材加工工业占 0.49%，缝纫工业占 1.69%，皮革工业占 0.49%，造纸工业占 0.42%，文教艺术品工业占 1.63%，其他工业占 3.44%。[①] 无锡市已经发展成为纺织、电子、机械、轻工、冶金、化工、医药等工业门类比较齐全，达到相当规模和水平，实力较为雄厚的工业城市。

（四）常州市工业化进程

1. 清末及民国时期常州民营资本发展迅速，工业化基础初步建立

清末民初，常州有识之士开始兴办粮食加工、机器制造、电力生

---

① 无锡市志编纂委员会：《无锡市志》（第二册），江苏人民出版社 1994 年版。

产等近代工业。第一次世界大战爆发后，纺织、机械、食品、电力等近代工业发展较快，手工业生产水平也不断提高。1937 年抗战前夕，常州纺织工业已具有相当规模。到 1949 年，常州市私营工业企业包括电气、棉纺、染织、印染、机械、碾米、面粉、油饼等行业，有大小工厂、工场、作坊 474 家，职工及个体从业人员共 7.7 万人，市区工业总产值 7230 万元。纺织、食品、电力、机械等产业的产值在工业总产值中的比重分别为 69.5%、23.5%、3.5%和 3%，化学工业和建材工业产值所占比重甚小。

2. 新中国成立初期常州市工业在曲折中仍然发展较快

1949—1957 年，常州市对私营资本主义工业进行了社会主义改造，工业生产逐步恢复。1952 年前对染织、针织、铁工、印刷 4 个行业实行联营，并引导木行、粮商、纱号等行商改行投资发展工业生产。三年恢复时期年均增长速度为 39.3%。“一五”时期，常州对染织业、机器、粮油加工业进行了第一次大规模调整、改组，5 年内工业新增固定资产 2000 多万元，除用于挖掘原有企业潜力外，还扩建、新建了一批工厂。1957 年，工业总产值达 2.59 亿元，比 1952 年增长 32.9%。

1961—1965 年，常州市企业进行第二次大规模调整和改组，对“大跃进”中兴办的企业区别不同情况进行改造。收缩炼铁、炼焦等工业，积极扶持农用工业，改进工业管理，推进技术改造。1965 年，市区工业总产值 5.35 亿元，比 1957 年增长 107%，年均增长 9.5%。

“文化大革命”中，常州市采取灵活变通的政策措施，不仅保证了工业生产持续稳定发展，还大胆引进各类技术人员 1500 多人，改造和新建上百条生产流水线，提高了技术水平，促进了经济的发展。在这 10 年中，工业总产值年均增长 13.6%，财政收入年均增长 12.6%。

1978年，在市区工业总产值中，纺织占34.9%，机械占35.6%，电子占11.95%，化工占13.3%。到1983年，产业结构进一步完整，各产业所占比重分别为：机械28.57%，化学13.29%，建材2.45%，电力0.65%，纺织40.72%，食品4.32%，服装1.62%，造纸及文教用品0.94%，其他产业7.44%。到1985年，产业结构进一步升级为：机械和电子占35.35%，纺织占34.94%，化工占13.04%，建材占2.59%，冶金占3.26%，食品占3.56%，其他工业占7.26%。①

1949—1985年的37年中，常州工业年均增长率达到13.5%，1985年市区工业总产值是1949年的80.9倍。市区人均创工业产值突破1万元，人均国民生产总值3915元，许多经济技术指标在国内处于领先地位。

综上，无论是上海、南京还是常州、无锡，长江三角洲各城市的工业化基本都经历了相同的模式：清末民初时就在洋务派、民族资本或者国民政府的投资下开始走上工业化道路；第一次世界大战期间，得到了较好的发展机遇；在抗战前基本已经形成了一定基础和较大的规模。抗日战争和解放战争期间，虽然城市之间略有差异，但总体来看这一时期工业发展停滞不前，甚至倒退。新中国成立后经过三年改造及第一个五年计划，原有的工业企业先后被改造，政府对企业的发展进行了较好的扶持。此后，总体来看，长江三角洲地区工业化虽然走了不少弯路，但工业投资并未中断，工业取得了较大的发展。到20世纪70年代末至80年代初，长江三角洲各城市已经逐步建立起覆盖轻重工业的门类齐全的工业化体系。

---

① 常州市地方志编纂委员会：《常州市志》（第一册），中国社会科学出版社1995年版。

（五）长江三角洲地区中心城市的产业同构性

本部分以沪、苏、浙三省（市）的整体数据讨论长江三角洲地区的产业同构性的理由在于：一是从经济规模上看，江苏沿江地区和浙江东北地区是苏、浙两省的经济重心，淮海地区和浙江西南地区经济分量较轻，2004 年，江苏沿江地区八市（南京市、苏州市、无锡市、常州市、镇江市、南通市、扬州市和泰州市）GDP 占全省的 80%，浙东北地区七市（杭州市、宁波市、嘉兴市、湖州市、绍兴市、舟山市和台州市）GDP 占全省的 76%，因此在经济规模上沿江地区、浙东北地区的情况可以用苏、浙的省份数据来表示；二是从数据资料的获取看，如果要详细整理汇总长江三角洲 16 个城市的数据资料比较困难，而沪、苏、浙三省（市）的资料更容易得到。因此，这里选用三省（市）资料来讨论长江三角洲地区的产业同构性。

1. 三地产业结构的差距明显缩小

改革开放以来，沪、苏、浙三次产业结构转变明显，第一产业产值比重迅速下降，第三产业稳步上升。1979 年，浙江三次产业结构为 42.9∶40.6∶16.5，为典型的工农业大省。20 世纪 80 年代，产业结构由“二一三”型向“二三一”转型。80 年代后期，第二产业产值超过第一产业。到 2001 年，三次产业结构已变化为 8.8∶51.2∶40.0，第一产业增加值在 GDP 中的比重下降了 34.1 个百分点，与此同时，第二产业和第三产业的比值分别增加了 10.6 个百分点和 23.5 个百分点。1979 年，上海第二产业比值高达近 80%，第三产业比值偏低。90 年代初，浦东开发开放后，上海的第三产业才得到较快发展。1999 年，上海的第三产业比值超过第二产业。考虑到省域与都市区域经济的差异，苏浙两地与上海的产业结构差距并不大。

2. 制造业内部趋同现象明显

2000年，在26个制造行业中，上海、江苏、浙江在15个在全国工业产值中有着较高比重的工业部门中有着较大的重合，三地重合的行业高达8个，依次为服装、文体用品、金属制品、普通机械、电气机械、仪器仪表、化纤、塑料。两两相比，浙江与江苏重叠的有11个，增加了纺织、造纸及其制品；浙江与上海相同的有9个，增加了橡胶制造；江苏与上海重叠的有9个，增加了电子及通信设备制造业。值得注意的是，这些重合的部门均是三地制造业的主体。

3. 第三产业内部结构同构趋势将进一步加强

从上海市的第三产业内部结构变化中，我们可以看到：随着经济的发展，第三产业中的商业零售、交通运输等传统行业的比重不断下降，金融保险业、房地产业、教育文化广播电视服务业、科学研究和综合技术服务业与社会服务业等服务部门的比重不断上升。浙江与江苏的第三产业内部结构的演变，基本上也符合这一规律。①

二、长江三角洲与其他地区工业化路径的对比

长江三角洲与其他地区工业化原始积累及产业扩张的异同，既可以与20世纪80年代主要工业地区进行同质性类比，也可以与岭南、浙南等地进行异质性对比。

如果从经济地理上看，辽东、胶东、苏南、浙北在20世纪80年

① 长三角报告编撰委员会：《长三角报告》，中国社会科学出版社2004年版。

代被称为“集体经济四大家”，主要是渤海湾和长江三角洲这两大块，在近代中国百余年的工业化进程中都是重点投资领域，早在半殖民地时期就有了一定的产业基础，历经一个多世纪的产业积累过程而形成了相对齐全的产业门类。

从异质性对比来看，因为上游产业一般要依靠国家投资才能形成产能并逐渐配套，而珠江三角洲不具备这些历史上形成的重化工业布局完整的工业基础，因此，改革开放以来只能吸引附加值低的加工环节；形成产业基础和消费市场之后，才终于迎来了外部重化工业进入带来的产业重新布局机会。

从国际比较来看，这与20世纪70年代亚洲“四小龙”接受西方产业转移完成原始积累后，港资向中国内地的转移是一样的。

（一）同质性对比：20世纪80年代的“集体经济四大家”

苏南、辽东、胶东、浙南这四个地区在20世纪80年代都以乡镇企业的崛起而著称，都属于依靠国家原始资本积累形成的城市产业向周边扩张的结果。70年代末，这四个地区的城市都已经形成了相对齐全的产业类别和比较完整的工业结构，这正是城市资本向农村扩张的基础。

1. 辽东半岛的工业发展

辽东半岛濒临黄海、渤海，地理位置优越，矿产资源丰富，工业基础雄厚，是中国最大的重工业基地之一。

辽东半岛的工业基础最早是近代以来帝国主义势力渗透和北洋军阀统治时期形成的，新中国成立后通过政府的投入改造，到20世纪70年代末，沈阳、大连、营口已经成为工业门类比较齐全的工业城市。

以大连为例，作为我国重要的工业基地之一，其工业以机械、石油、化工、纺织、食品、冶金为主，工业基础比较雄厚，骨干企业多。1982 年，大连有工业企业 1862 个，门类 130 多个，其中机械、石油、化工、纺织、食品、冶金工业的产值占全市工业总产值的 85%以上。大连造船厂拥有 10 万吨级船台和 15 万吨级船坞，大连机车车辆厂在当时是我国唯一生产 4000 马力内燃机车的企业，瓦房店轴承厂是我国三大轴承厂之一，大连钢厂高速工具钢产量居全国首位，大连化学工业公司纯碱产量占全国 40%。纺织工业也比较发达，1982 年年末已经装置 29.4 万个棉纱锭。全市工业产品 80%面向全国，4000 马力内燃机车、万吨级远洋船舶、大型起重设备、矿石机械、组合机床、滚动轴承、特种钢材、玻璃、纺织品、玻璃器皿、服装、洗衣机及技术精湛的工艺美术品等均在全国占有重要地位。①

1978 年，大连的轻工业产值占全市工业总产值的 31.9%。自行车、手表、缝纫机、电视机、啤酒、味精、棉纱、棉布和呢绒等是主要轻工业产品，具体产量如表 2-1-6 所示。

表 2-1-6　1978 年大连市主要轻工业产品产量

主要产品	单位	产量	主要产品	单位	产量
自行车	万辆	46.00	手表	万只	5.23
缝纫机	万架	12.95	电视机	万台	1.26
啤酒	万吨	4.14	棉布	万米	4475.05
味精	吨	2720.68	呢绒	万米	282.05
棉纱	万吨	1.21			

数据来源：辽宁省统计局：《辽宁统计年鉴（2002）》，中国统计出版社 2002 年版。

① 辽宁省统计局：《辽宁统计年鉴（2002）》，中国统计出版社 2002 年版。

20 世纪 70 年代末，大连主要重工业产品涉及机械车辆等行业，具体产品和产量如表 2-1-7 所示。

表 2-1-7　1979 年大连市主要重工业产品产量

主要产品	单位	产量	主要产品	单位	产量
矿山设备	吨	23488	交流电动机	万千瓦	158.3
冶金设备	吨	3167	变压器	万千瓦	1449
高中压阀门	吨	4786	手扶拖拉机	万台	1.7

数据来源：辽宁省统计局：《辽宁统计年鉴（2002）》，中国统计出版社 2002 年版。

2. 胶东半岛的工业发展

胶东半岛三面环海，是包括青岛、烟台和威海三个主要城市的经济带。胶东半岛早期的原始资本积累也是在帝国主义势力向华渗透的过程中完成的。以青岛为例，在德国和日本的两次入侵时期，青岛逐步发展成为工商兼有、轻纺为主的工业城市。20 世纪 70 年代末，青岛的产业类别已经涉及纺织、服装、化工、家电、钢铁机械、食品加工、设备制造等，形成相对完整的工业结构，主要产品的产量如表 2-1-8 所示。

表 2-1-8　1978 年青岛市主要工业产品产量

主要产品	单位	产量	主要产品	单位	产量
原盐	万吨	60.68	印染布	万米	25797
发电量	亿千瓦时	13.63	呢绒	万米	27.4
饮料酒	万吨	6.25	丝织品	万米	395
卷烟	万箱	44	机制纸及纸板	万吨	4.55
罐头	吨	4743	硫酸	万吨	1.32

（续表）

主要产品	单位	产量	主要产品	单位	产量
化学纤维	吨	1413	烧碱	万吨	3.61
纱	吨	85233	纯碱	万吨	14.04
布	万米	36877	合成氨	万吨	7.17
化学肥料	万吨	23.66	钢材	万吨	27.61
化学农药	吨	9714	金属切削机床	台	2558
酒精	吨	9820	锻压机械	台	379
油漆	吨	8786	拖拉机	台	309
燃料	吨	5877	缝纫机	万架	18.82
火柴	万件	69.73	汽车	辆	522
肥皂	吨	13200	自行车	万辆	56.54
水泥	万吨	35.4	手表	万只	53.25
平板玻璃	万重量箱	8.86	交流电动机	万千瓦	21.72
耐火材料	万吨	5.93	钢芯铝绞线	吨	684
钢	万吨	31.06			

数据来源：青岛统计年鉴编纂委员会：《青岛统计年鉴（2001）》，中国统计出版社2001年版。

3. 浙北地区的工业发展

以嘉兴为代表的浙北产业集群模式是以县域经济发展为主体的，各县域范围内都出现了“一乡一品、一县多业”的特征。以乡镇集体企业和个体私营企业为起点的浙北产业发展模式同样离不开20世纪70年代末城市相对完整的工业体系作为基础。以嘉兴为例，虽然“文化大革命”期间其工业生产损失重大，但仍有相当数量的工厂坚持生产。大批知青下乡后，农村社队企业也悄然兴起，并逐渐转向生产小五金、塑料、机械、化纤、塑料、建材、电子电器等产品。1977年，乡村两级工业产值达17742万元，占全部工业总产值的20.04%。其中社办工业657家，职工40575人，年产值10251万元。20世纪70年代末，嘉兴共投资3.7亿元，用于丝织、丝绸、电子、机械、化工行业的技术改造和新产品的开发。1977—1978年，一批骨干企业使手工业逐步发展为家电、五金、塑料、皮革、化工、化纤、建材、服装、家具、灯具等多种门类的工业部门，传统的手工业至此已转变为二轻工业。1979年，二轻工业总产值20737.91万元，比1976年增长8.5%，利润2650.26万元。[①] 1978年，嘉兴市乡镇企业数达5430家，从业人员13.04万人，销售收入为2.43亿元。这一年，嘉兴被列为全国出口农副产品、畜产品生产基地。

20世纪70年代末，嘉兴的产业结构属于“一二三”的结构类型。农村农业经济的发展成果为嘉兴实施城市经济改革和发展奠定了良好的基础。1978年，全市农业增加值6.63亿元，粮食总产量199.09万吨，油菜籽产量5.14万吨，年末生猪存栏数197万头，蚕茧产量1.93万吨，水产品产量8179吨。[②]

4. 苏南地区的工业发展

改革开放前，苏南的农村工业化在全国已经处于领先地位，苏南的乡镇企业平均规模是浙江的3—10倍。[③] 在那些集体经济发展较好，以及受城市大工业辐射的地区，社队企业已经初成气候。1979年，全国社队企业总收入达1亿元以上的县73个，其中上海的10个郊区县全部过亿，江苏省31个县列入名单。收入最高的无锡县（今无锡市锡

---

① 嘉兴地方志编纂委员会：《嘉兴市志》，中国书籍出版社1997年版。

② 嘉兴市统计局：《嘉兴统计年鉴（1997）》，中国统计出版社1997年版。

③ 许余洁：《浙江、江苏经济增长模式比较——兼论地方政府—市场关系》，中国人民大学硕士学位论文，2007年。

山区）5.1亿元，江阴县4.5亿元。[①] 1976年，苏南地区社队工业产值12.44亿元，其中社办工业6.96亿元，队办工业5.48亿元。到1978年，苏南地区社队工业总产值已经达到26.08亿元，占该地区工业总产值的19.4%，占江苏省社队工业总产值的41.1%，占全国社队工业总产值的6.7%。苏南社队工业的发展为其后来农村工业化的发展奠定了基础。[②]

以常州市为例，即使“文化大革命”期间，常州工业仍以每年13.1%的速度递增，工业总产值20.6亿元，工业企业职工有12.47万人。20世纪70年代末，在国家和江苏省的支持下，常州上马了近百条自动、半自动生产线，不断研制新产品，发展了化纤、呢绒、自行车、照相机、单路传真机、塑料包装制品、石油化工、集成电路等一批重点企业和产品。1978年开始重点改造装备轻纺工业，1978—1980年三年工业增长速度分别为11.4%、12.7%、16.0%，增速不断上升。[③] 到70年代末，纺织、机械、电子、化工已成为常州的主要支柱产业，如表2-1-9所示。1977年工业产品发展到7942种，其中100余种产品出口，化工产品558种，机械产品841种，轻纺产品1111种。另外，轻工、冶金、建材、食品、电力、区管工业也开始发展，1977年这六类产业总产值在市区工业总产值中的比重分别是1.4%、3.1%、2.2%、3%、0.5%和6.5%。[④]

---

① 中国乡镇企业年鉴编辑委员会：《中国乡镇企业年鉴（1978—1987）》，中国农业出版社1989年版，第92—180页。

② 陈晓华：《乡村转型与城乡空间整合研究》，安徽人民出版社2008年版第32页。

③ 常州地方市志编纂委员会：《常州市志》，中国社会科学出版社1995年版。

④ 同上。

表 2-1-9　20 世纪 70 年代末常州市支柱产业产值在工业总产值中的占比

单位：%

年份	纺织	机械	电子	化工
1977	36	34.5	11.3	13.2
1978	34.9	35.6	11.95	13.3

数据来源：常州地方市志编纂委员会：《常州市志》，中国社会科学出版社 1995 年版。

（二）异质性对比：温州模式与珠江三角洲模式

温州模式和珠江三角洲模式属于与苏南模式不同的经济发展模式。温州和珠江三角洲地区由于不具备像苏南那样的工业基础，只能以不同于苏南的发展模式实现自身的发展。

1. 温州地区的发展

温州模式是一种资源约束型和市场主导型模式。温州之所以采取这种模式，是由其贫乏的经济资源决定的。温州地少人多，物资匮乏，财政开支困难，1976 年财政收入仅 2829.2 万元。资源贫乏，不仅无法保证城镇居民的主要副食品和部分工业日用品供应，而且使城镇居民长期停留于低生活水平，农民生活困苦，长期积累下来的社会贫困问题及人口增长与就业问题也未能解决。比如温州苍南县金乡镇 1978 年只有 3000 户，但 16—46 岁的待业人口高达 3579 人。据统计，温州市 1978 年待业青年达 4.5 万人。①

此外，温州一直不是国家的重点投资对象。据统计，从新中国成立后到 1978 年，国家对温州累计投入 5.95 亿元，以温州 700 多万人口计，平均每人每年仅人民币 2.83 元，因此 1978 年以前温州是全国

① 温州地方志编纂委员会：《温州市志》，中华书局 1998 年版。

国有经济比重最低的城市之一。1978 年，温州国有企业总值占全市工业总值的三分之一，远低于全国 80%左右的比重。由于交通不便，距离其他发达城市较远，温州农村难以得到城市经济的辐射，乡镇企业工业总值只占全市工业总产值的 11%。①

由于资源贫乏，没有工业基础，温州的经济发展是以家庭为基础，利用民间的人才、资金、技术，通过兴办各种家庭工业，生产易于批量生产和运输的各种小商品，并通过市场调节去获取必要的原料、资金、能源和技术，形成专业市场，最终形成“小商品、大市场”的格局。1985 年，温州农村家庭手工业达 3.3 万个，从业人员 33 万人，全市农村工业总产值 21 亿元，其中家庭工业总产值达 10.7 亿元，占 50.9%。到 1985 年，温州已形成 300 多个商品交易市场。②

2. 珠江三角洲地区的发展

珠江三角洲地区主要是指广东省。广东的沿海地理位置和自然条件本来就十分优越，是中国现代工业和民族工业的发源地之一。但是，由于地处沿海前线，计划经济时期国家工业投资很少，广东的工业基础在 20 世纪 70 年代以前十分薄弱，交通运输十分落后，到 1949 年水利资源基本没有开发，工业固定资产只有 3 亿多元。广东人多地少，能源缺乏，全省人均煤保有量仅为全国的 1/50，人均能源储量不及全国的 1/20。能源不足严重制约了广东工业生产的发展。全国机电产品有 5 万种，广东只有 6000 种。另外，广东的大型骨干企业少，新中国成立以来，由于种种原因广东一直不是国家投资重点区域，物质技术基础差，在全省 2.8 万多家工业企业中，大型企业只占 0.8%，且多是

① 周德文、吴比：《温州民营经济 30 年》，鹭江出版社 2009 年版。

② 同上。

糖厂，基础工业薄弱。1978 年，广东社会总产值 350. 3 亿元，其中工业总产值 200. 3 亿元。①

由于工业基础薄弱，广东只能吸引附加值低的加工环节。改革开放以来，广东地区凭借其毗邻港澳地区、靠近东南亚的区位优势，以加工贸易起步，并大量吸引境外投资，结合中国廉价的劳动力、土地和原材料等资源，生产满足国际市场需要的各类产品，迅速成为中国经济国际化程度最高的地区。

---

① 广东省统计局：《广东省统计年鉴（1989）》，中国统计出版社 1989 年版。

专题报告二：

城乡二元结构下的农村工业化历程

江苏省以集体经济为主的农村工业最早可追溯到大办社队工业时期。1959—1961 年，为帮助和支持农村人民公社建立后一些生产资金特殊困难的生产队发展生产，江苏省共安排财政资金 23320 万元，支援农村人民公社的工业化投资。其中 1961 年支出高达 8555 万元，占同年财政总支出的 9.9%。

但这只是新中国成立后前 30 年国家工业化进程中的一段特殊插曲，是在 1958 年苏联停止对华投资之后以地方财政和农村工业化代替中央投资维持了中国工业化进程的不中断。乡镇企业的发展，整体而言是处在城乡二元结构的夹缝中，并呈现出明显的与宏观经济波动相关的周期性。

一、农村工业化的起步与初始发展

中国的城乡二元结构起源于国家工业化的原始积累。从 1953 年开始，中国在苏联政府的援助下开始实行新中国第一个五年计划，1957 年超额完成计划。其间，于 1956 年完成对农业、手工业和资本主义工商业的社会主义改造，建立起初步的国有工业基础。刚刚起步的工业化受益于朝鲜战争导致的中苏关系强化，也因20世纪50年代末中国结束了与苏联关系的“蜜月期”而面临中断的威胁。1958年中苏关系破裂令本已捉襟见肘的中央财政难以为继，又适逢中国的第二个五年计划已如期启动。在此背景下，中国政府于1958年发动“大跃进”，并利用刚刚成立的人民公社大办公社工业以支援国家工业化建设。**到1958年年底，务工社员有1800万人，产值达60多亿元。1959年，公社工业产值高达100亿元。**

在随后开始的国民经济调整中，为化解农村经济危机，纠正“一平二调”“共产风”，1961年中央讨论通过的《农村人民公社工作条例（修正草案）》，将兴办乡村工业的权限进一步下放到大队，兴办社队工业的宗旨也改变为主要为农业生产服务，并要求社办工业就地取材，尽量使用城镇的非农业劳动力，公社和大队的投资也只能在社办企业的利润和公积金内开支。之后，公社企业有的分散给生产队办，有的转为手工业合作社，有的关停，公社工业产值逐年下降，1963年最低曾降到4亿多元。

1966年，中央号召农村围绕农业大办“五小工业”（小钢铁、小化肥、小机械、小水泥、小矿山），社队企业开始了复苏。**到1970年，社队企业产值达到69亿元，**其中公社工业产值26亿元。在整个“文化大革命”期间，虽然社队企业受到“左”的错误影响，但社队企业还是继续发展的。**1976年，社队企业产值达到272亿元，其中工业产值243亿元。**[①]

① 张毅、肖湘：《中国社队企业》，《农业经济》1983年S1期。

二、改革开放初期社队工业的发展

1978年12月，中国共产党十一届三中全会通过的《关于加快农业发展若干问题的决定（草案）》指出："社队企业要有一个大发展，逐步提高社队企业的收入占公社三级经济收入的比重。凡是符合经济合理的原则，宜于农村加工的农副产品，要逐步由社队企业加工。城市工业要把一部分宜于在农村加工的产品或零部件，有计划地扩散给社队企业经营，支援设备，指导技术。"1979年7月，《国务院关于发展社队企业若干问题的规定（试行草案）》出台，再次重申社队企业要有一个大发展。相关部门也相继出台文件和政策表示支持。[①] 之后，社队企业迅速发展。

但同时，也因出现**改革开放之后第一次宏观经济波动，城市中的一些大工业陷入因缺少原料导致开工不足的困境，遂掀起一股针对社队企业是否"以小挤大""以落后挤先进"的争论**。

尽管相关研究表明，**所谓"以小挤大"之类的说法并不主要是社队企业大发展导致的**[②]，国家机械工业委员会组织的以机械工业为重点的调查也得出"社队机械工业产品对国家大厂有挤有补，当前补大于挤"的结论，随后以中国国家机械工业委员会（1981）第26号文上

---

① 如国务院规定，新办社队企业在开办初期纳税有困难的，可免征工商税和所得税2至3年。

② 张毅、黄光曙：《评"社队企业争夺大工业原料论"》，《中国农村观察》1981年第5期；阎晓安：《"小挤大"及与此有关的问题》，《中国农村观察》1981年第5期；王振民：《上海卷烟原料减少不是因为"以小挤大"》，《中国农村观察》1981年第5期。

报中共中央、国务院，结束了这场争论[①]；但1981年5月出台的《国务院关于社队企业贯彻国民经济调整方针的若干规定》还是认定，社队企业确实挤占了城市大企业的原料，对其进行相应调整，并进一步重申，**只允许社队工业在不影响城市大工业运作的前提下主要以加工本地农副产品为主，同时在条件允许的情况下为城市大工业的发展提供配套的零部件加工。**

随后，针对社队企业的税收、信贷政策也相继出台，社队企业发展再一次受到打压。[②] 但尽管如此，社队企业还是取得了飞速发展，总产值从1978年的490.6亿元增加到1982年的840.7亿元。

之后，伴随“大包干”的推行、国家宏观经济形势的好转和促进经济体制改革的政策相继出台，1984年中央再次发文鼓励社队工业发展。3月1日，中共中央、国务院以中发〔1984〕4号文件转发农牧渔业部《关于开创社队企业新局面的报告》，将社队企业改称为乡镇企业，并要求各地、各部门积极支持乡镇企业的发展，相关部门也相继出台文件表示支持。之后一直到**1988年，乡镇企业产出年均增长率都在30%以上，高于同期国营工业增长速度10个百分点以上，高于社会总产值增长也近10个百分点，**成为农村和整个国民经济增长的主要力量。

---

① 参见中国乡镇企业年鉴编辑委员会：《中国乡镇企业年鉴（1978—1987）》，中国农业出版社1989年版。

② 例如，国办发〔1983〕73号文——国务院办公厅转发财政部《关于调整农村社队企业和基层供销社缴纳工商所得税税率的规定》的通知中规定，“对同大工业争原料的社队企业和其他企业单位，一律不予减免工商所得税”；其后，同年11月18日财政部〔1983〕财税字332号文《财政部关于贯彻调整农村社队企业和基层供销社工商所得税税率的几个问题的通知》改社队企业按照20%的比例税率缴纳工商所得税和3000元的起征点为八级超额累进税率，加重了社队企业的纳税负担。

然而，与此同时出现了高达18.5%的物价上涨指数，国家宏观经济再次陷入危机之中，**与之前应对1980年经济危机采取的措施一样，乡镇企业再次被视为“罪魁祸首”**。于是，针对乡镇企业的一系列限制措施又相继出台，导致了1989—1991年乡镇企业发展的徘徊不前。

三、小结

上述有关社队工业发展的历程表明，尽管以社队工业为代表的地方工业化进程早在20世纪50年代末便已开始，并且在一定时期，国家为社队工业的发展实行了较为宽松的政策，然而限于国家工业化的客观要求和工业化过程中客观形成的城市利益集团的压力，地方工业化的进展尽管取得重大成绩，并作为80年代的“异军”迅速崛起，但总的来说，在城乡二元结构的基本体制矛盾约束下，国家宏观制度安排对以社队工业为主体的地方工业化发展是极为不利的。

这种不利又突出表现为：**每次国家应对经济危机时，社队工业首先都会受到打压**。事实上，如果从国民经济全局去看，**历次经济危机中国家都会直接向农村转嫁制度成本①，而社队工业每次都成为危机转嫁的一个重要载体**。

① 董筱丹、温铁军：《宏观经济波动与农村“治理危机”——关于改革以来“三农”与“三治”问题相关性的实证分析》，《管理世界》2008年第9期。

专题报告三：

国家工业化原始积累的负外部性及其化解

中国农民在1949年新中国成立之后，由国家权力介入形成农户平均占用村内土地的基本经济制度，从而普遍成为小土地所有者，亦使中国成为全世界小资产阶级人口最多的国家；此后经济的、社会的、政治的变化，都浓厚地带有小资产阶级的特征。

由此可以判断：中国农村在以重新平均分配地权到户为实质的家庭承包制改革前后发起的乡村工业化，是地方政府主导的农村小资产阶级为主体的地方工业化。

由此还可以理解：在这种小资产阶级属性的投身于工业化的农民劳动者没有被地方政府推动的私有化改制彻底转变为无产阶级之前，中国农村的工业化进程中的确没有西方经典意义上的劳资矛盾，也没有发生西方经典意义上的工人阶级运动，正如下面这段话所说：

“政治学的经典文献早已论证了市场经济的兴起同爆发农民革命和工人运动的因果关系。然而，直到20世纪90年代中期为止，中国的市场化在农村没有引发普遍的农民抗议运动，反而促成了中国特有的‘乡村工业’。而且，新兴的乡村工业也没有催生早期欧美式的工人运动。相反，市场化时代的小农为中国的繁荣和稳定做出了重大贡献。”①

本专题首先基于一般的经济发展经验和理论探寻资本原始积累负外部性的外在表现，然后探寻新中国在此过程中的问题和化解手段。

一、资本原始积累负外部性的表现

1. 农业衰败

现代化的发展经验表明，在工业化发展过程中，由于现代工业部门借用技术相对容易，其生产率的增长要普遍快于农业生产率的增长。② 从农业自身的角度看，农业生产的自然属性决定了其先天的弱质性，而缘于需求弹性相对较小的特点，农产品也难以摆脱谷贱伤农的困境；这两点又共同决定了农业生产无法像工业那样追求普遍的规模经济效益。因此，当现代工业进入主要由传统的维持温饱的农民组成的农业经济中时，便会出现工农两部门之间在生产上的重大差异。

从发展是资源资本化这一本质特点看，**工农两大部门之间的差异实质上表现为工业化过程中农业生产三要素——劳动、土地和资本——的重新定价**。这也就是说，工农两部门之间的差异直接表现为不同生产方式下劳动、土地和资本报酬率的不同，具体地说，则是工业的报酬率远高于农业的报酬率。由此**必然导致农业生产三要素的普遍流出**。可想而知，如果没有相应的措施加以制止，农业的衰败是不

---

① 作者注：这段话出自网络传媒对潘维一书《农民与市场——中国基层政权与乡镇企业》的简介。

② ［澳］基姆·安德森、［日］速水佑次郎：《农业保护的政治经济学》，蔡昉、杜志雄等译，天津人民出版社1995年版。

可避免的。因此也就不难理解，即使是美国这样的规模化大农场国家，如果没有政府的巨额补贴，农业也难以为继。对于普通发展中国家来说，由于农业还担负着为本国工业化积累资本的任务，因此农业发展面临着更多的难题。

农业衰败的一个最直接后果就是受到粮食安全问题的严峻挑战。这是因为农产品中，粮食作物的比较收益最低，在农业生产结构可以调整的情况下，农民自然会选择放弃粮食生产而改为种植其他经济作物；或者因从事农业的机会成本较高，直接放弃或粗放耕作。① 尽管国际市场为解决粮食安全问题提供了一个渠道，然而粮食并不是一般的商品，现实中往往被作为一种政治武器，与一国或地区的主权相联系。②

2. 工农收入差距拉大

生产力的发展、分工的发展和商品经济的发展，客观上促使城乡分离。“一切发达的、以商品交换为媒介的分工的基础，都是城乡的分离。可以说，社会的全部经济史，都概括为这种对立的运动。”③

古代的城市只是以土地财产和农业为基础的城市，马克思称之为“城市乡村化”。自从西方资本主义开启现代工业社会以来，其在创造了前所未有的社会生产力的同时，也直接促进了分工分业的进一步发展，使得工场手工业从农业中解脱出来成为独立的产业，并进而发展为社会化大机器生产，从而创造了独立的工业产业和现代化的无产阶级。它给工农业带来的一个重要的直接后果便是在地域上的分工：工

---

① 尽管可以通过规模化来提高土地的利用效率，但规模化经营的结果仅仅提高了单位劳动生产率而非土地生产率；相反，土地生产率往往会降低。

② 恩道尔：《地缘政治学家恩道尔谈全球粮食危机》，新浪财经网，2008年11月7日。

③ 马克思、恩格斯：《马克思恩格斯全集》（第23卷），人民出版社1972年版，第390页。

业主要集中于城市，而乡村则从事农业生产。

根据刘易斯的二元经济理论，在农业社会向工业社会转变的过程中，缘于工农业两大部门之间工资水平的差距，城市对劳动力的需求在不断增加，城市可以在工资率不变的情况下，由农村的剩余劳动力源源不断地满足自己对劳动力的需求，直至农村的剩余劳动力全部转移出来为止。随着农村劳动力不断流入城市工业，农村的人口压力降低，留在农村继续从事农业的劳动力的工资水平将不断提高，最终达到工业劳动力的工资水平，从而实现工农两部门之间的均衡，此时也就意味着社会开始进入富裕社会。

然而，正如前述分析所示，**工业化发展过程中并非单一的劳动力从农村流出，而是包括农村土地、资本在内的农业生产三要素都在流出，并进而导致农业的衰败**。这也就意味着，留在农村继续从事农业生产的农民难以从农业生产中获取更多的收益。

因此，**时至今日，世界范围内还找不出那种理论意义上的工农收入均衡的范例。相反，工农收入之间的差距拉大却成为无法回避的普遍事实。**①

如果将上述过程进行归纳，可以发现在工业化发展过程中存在这样一个使工农收入差距持续拉大的机制：农业的低收益导致三要素流出，结果导致农业衰败，农业衰败又进一步降低农业的收益，从而三要素继续流出，农业进一步衰败。农业衰败的最终后果表现为农民破产，进而大量农民涌向城市。

---

① 尽管发达国家工农收入差距较小，有些国家从事农业的收入甚至高于工业，但这是政府采取应对政策的结果，如农业的高补贴。因此，抛去政策的拉平效应，发达国家的农业生产是难以为继的。而如果从其收入结构看，发达国家农民收入的主要来源也并非来自农业，而是工业或农业的三产化。

然而，由于劳动力市场分割，绝大多数进城的农民并不能在正规部门就业，大多数进城者只能在非正规部门勉强维持生计。尽管这一过程客观上表现为城市化，但**其实质却只能归结为空间转移贫困，**并没有从实质上解决问题。

这还只是一个一般意义上的市场运行逻辑，实际过程远比这要复杂和残酷。①

从激励的角度讲，适当的收入差距对经济发展是有益的。然而当收入差距过大，特别是收入差距多由于非经济因素的不公平所致时，问题的性质也就发生了实质变化，即从经济问题转化为社会或政治问题。此时，缘于社会矛盾激化导致的对抗性冲突也就不可避免了。

然而，此时的苦难却并不是由占有了工业化和城市化收益的利益集团承担，而要由全社会特别是付出几乎全部剩余价值的工农劳动者承受。

3. 环境污染

现有的发展经验表明，在工业化原始积累的同时，都普遍伴生着严重的环境污染。环境库兹涅茨曲线（EKC）很清楚地揭示了这种规律（见图2-3-1）。在发展的早期往往以低端产业为起点，其特点就是以资源的高消耗和环境的高污染支持起粗放分散的生

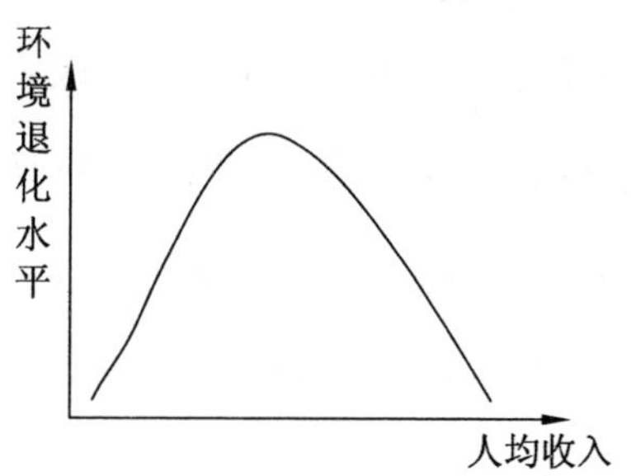

图2-3-1 环境库兹涅茨曲线（EKC）

① 如果将此一过程中的利益集团、制度结构等现实因素也一并考虑进去，问题的性质将会更严重。

产；伴随着工业化步伐的加快，越来越多的资源被开发利用，其消耗速度会远远高出再生的速度，同时产生大量无法靠自然消解的废弃物（废渣、废气、废水），造成严重的环境污染；而随着经济的进一步发展，由于人们对清洁环境有更高的需求和产业结构的提升，会促使环境污染的状况逐步得到好转。也就是说，通常会走一种“先污染，后治理”的工业化之路。①

二、资本积累负外部性在中国的表现

对于上述资本原始积累所导致的负外部性问题，中国同样不可避免。

以约定俗成的1978年为分界线——之前为计划经济时期，之后为改革开放时期——这两个时期的负外部性有不同的表现。计划经济时期最大的负外部性为国家工业化过程中形成的城乡二元结构这一基本体制矛盾，并一直延续至今；而改革开放时期则主要表现为几乎所有国家都概莫能外的农业衰败、工农收入差距拉大和生态危机。

1. 计划经济时期的负外部性

基于新中国成立后险恶的地缘政治环境和对国家富强、民族独立等一系列现实问题的考量，中国政府选择了优先发展资本密集的重工业的发展战略。

---

① 作者注：一个很少纳入环境污染问题研究的因素是，发达国家是靠将高能耗高污染低端产业转移到发展中国家来实现环境的好转的，因此这种以发达国家为经验总结的倒“U”字形曲线并不能代表工业化与环境污染之间的普遍情况；尤其是发展中国家不能以“先污染，后治理”的思路为主导处理本国经济发展与环境污染的关系——但实践表明，这只是一厢情愿而已。

与西方早期工业化国家进行资本原始积累不同的是，中国的工业化是在第二次世界大战结束之后开展的，是一个既没有西方的条件，却又必须跟从西方工业化道路的“不得不”的选择。这意味着，在第二次世界大战之后出现的以民族独立之后的国家的名义追求工业化和现代化的不可逆的进程中，中国都不可能再有西方早期工业化国家通过殖民扩张对外占有资源和转移国内矛盾冲突以改善制度环境的条件。因此，这客观上决定了中国作为一个资源禀赋极差、农民人口占绝对比重的发展中的人口大国，不得不通过内向型自我剥夺完成资本原始积累，以便跟得上西方以工业化为主要内容的现代化。其实这也是中国自 19 世纪以来一直面临的问题。①

为配合重工业优先发展战略，政府采取了包括低利率、低汇率、低工资、低农产品价格等一系列政策措施，并建立了诸如农产品统购统销、人民公社、财政金融统收统支等制度安排。② 实践表明，这些制度安排有效地推进了国家资本的积累，但同时也产生了极大的社会代价，其中最直接的便是造成了城乡对立的二元结构这个基本体制矛盾。因为中国这样的第二次世界大战后才启动工业化进程的发展中国家，一开始上的主要是为军事服务的重工业，这种重工业内在的“资本增密，排斥劳动”机制，客观上造成了城市化滞后于工业化，形成了对立分割的城乡二元结构，并对其后的制度变迁形成路径依赖。50 年过去了，城乡二元结构仍然是制约中国改革与发展的基本体制矛盾。③

---

① 温铁军：《“三农问题”的世纪反思》，《经济研究参考》2000 年第 1 期。

② 林毅夫、蔡昉、李周：《中国的奇迹：发展战略与经济改革》，上海人民出版社 1994 年版。

③ 温铁军：《我们到底要什么》，华夏出版社 2004 年版，第 226—227 页。

因此，从一定意义上讲，城乡二元结构可算作国家资本积累过程中最大的负外部性，也是一项不可避免的制度成本。

以社队工业为主体的地方工业化便是在这样的制度安排中开始起步的，这也决定了社队工业在整个发展中都必然受到这种二元体制矛盾的影响。

2. 改革开放时期的负外部性

这一时期，国家工业化资本积累时期形成的城乡二元结构这一基本体制矛盾仍旧一如既往地“发挥作用”。但伴随经济体制改革的不断深入，特别是正式确立市场经济体制以来，地方工业化过程中所有国家都概莫能外的农业衰败、工农收入差距拉大和生态危机等负外部性也逐渐明显，并在一定时期一度恶化。例如，从城乡居民收入差距看，这一时期仍可分为两个阶段：以 1984 年为分界点，这之前一般意义上的负外部性几乎没有体现，之后则逐渐明显（图 2-3-2），并最终演化成今天已被中央多次强调为重中之重的“三农问题”。“三农问题”本质上是同国家工业化与生俱来的制度成本问题，一般会随工业化、城市化的加速而愈演愈烈。

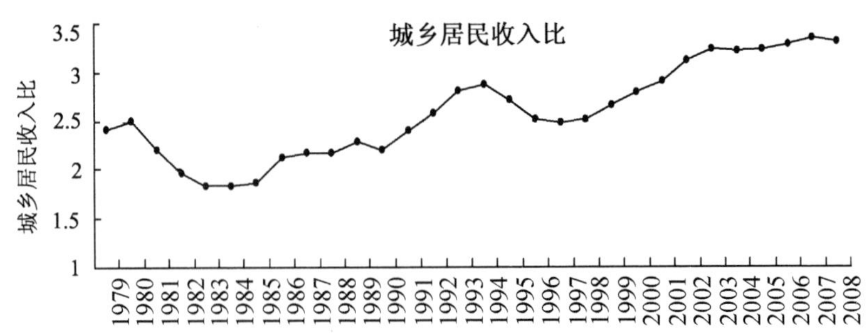

图 2-3-2　1979—2008 年全国城乡居民收入差距

数据来源：历年《中国统计年鉴》。

环境问题是任何国家在工业化过程中都难以避免的。但纵观整个中国的工业化进程，改革开放之前，环境保护是相对较好的，曾被国外誉为世界环境保护最好的国家。[①] 应该说，环境污染问题大面积发生并进而导致全面生态危机则是改革开放之后的事情。这一问题从2006年6月5日国务院新闻办公室发表的《中国的环境保护(1996—2005)》提供的数据可见一斑。报告指出，我国环境污染带来的经济损失约占GDP的10%。3亿农民喝不到干净水，4亿城市人呼吸不到新鲜空气，1/3的国土被酸雨覆盖，世界上污染最严重的20个城市我国占了16个。需要特别指出的是，除众所周知的工业造成的点源污染外，由农业造成的面源污染目前已成为最大的污染源。国研中心的报告指出，农业污染量已占到全国总污染量（指工业污染、生活污染及农业污染的总和）的1/3—1/2。农业对污染的贡献率远远大于农业对GDP的贡献率，2007年中国农业占GDP的比重仅为11.7%。

---

① 瑞典《快报》1971年7月9日刊登该报记者博·贡钠尔森发自东京的一则消息，说中国是世界各国环境保护最好的国家。消息说：今年秋天联合国大会第二十二次讨论中国代表权问题，不仅是一个大的政治问题，而且是一个与人类生存有关的问题。如果中国进入联合国，自然就会被邀请参加1972年6月在斯德哥尔摩举行的联合国环境保护会议。在这次会议上，毛主席的科学家将有许多东西可讲，并会起决定作用。消息说：西方世界对这个人口最多的国家怎样进行环境保护了解极少。但毫无疑问的是，中华人民共和国在废物利用方面是“世界冠军”。如果中国是像美国一样的消费社会，那么这个人口众多的国家就要被垃圾、工厂的烟和废气窒息而死。消息援引日本研究人员的话说：“中国解决了工业国家正在与之斗争的许多环境保护问题”，“没有中国参加的环境保护会议，实际上没有什么价值。我们大家必须向中国学习”（资料来源：《参考消息》，1971年9月11日）。

三、负外部性的两大化解方式："成规模劳动替代稀缺资本"与"以工补农"

对于资本原始积累过程中的负外部性问题，西方早期工业化国家处理的方式主要是通过殖民扩张对外占有资源财富从而实现矛盾向外转嫁。然而，民族独立之后的发展中国家却不再具备这一条件；同时，发展中国家普遍存在着启动资本不足的困难，因此如何弱化原始积累中的负外部性问题就显得更加重要。

中国长期以来财政和金融双赤字运行，是一种在资本极度稀缺条件下启动的"负债工业化"；对上述负外部性问题如果处理不好，更会影响工业化资本积累速度和政治稳定。

如果说城乡二元结构是国家工业化资本积累过程中不可避免的制度成本，那么应当承认，从新中国成立一直到20世纪80年代末期，资本积累过程中所不可避免的负外部性问题总体上在中国并没有明显的表现。尽管城乡收入差距仍旧是一个客观现实，但毕竟在长达40年的时间里维持在一个很小的范围；农业生产方面，即使绿色革命的成果没有被普遍应用于整个计划经济时期的农业生产，但除个别年份外，各类农产品的数量仍旧保持了增长的状态，并且人均农产品的数量有一定的增加——与同中国一样致力于国家工业化的一般发展中国家相比，中国的农业发展还是比较成功的。

由此引发的问题是，在财政和金融长期双赤字的条件下，中国凭什么能够做到今天发达国家只能通过财政大规模补贴才能做到的事情？

根据国际经验，工业与农业之间的关系一般分为两个阶段。第一个阶段，也就是工业化初始阶段，一般是在人均国民生产总值达到

700美元以前，农业支持工业，为工业提供积累；第二个阶段，也就是等工业化达到相当程度以后，工业反哺农业、城市支持农村才成为现实。对于处于工业化初期阶段的中国政府来说，一方面，只能采取剥夺农业的办法来实现工业资本的原始积累；另一方面，与同时期大多数发展中国家不同的是，**中国对于农业支持工业所可能产生的农业衰败等负外部性的认识从一开始就是清楚的。**毛泽东于1956年4月25日在中央政治局扩大会议上所作的《论十大关系》的报告，以及将消灭“三大差别”作为长远奋斗目标并付诸实践的努力等都可作为证据；尽管后来工农业之间的关系并没有达到预期的效果，但通过国家投入和调动基层农民的积极性进行自我农业投资，在一定程度上弥补了中央财政不足的困境。

本书认为，这正是中国工业化的创新所在，其中的机制则在于**国家通过农民组织化实现“成规模劳动替代稀缺资本”和利用社队企业（乡镇企业）进行“以工补农”**；这二者同时也是中国加快自我积累型工业化的重要手段。

作为“成规模劳动替代稀缺资本”的典型做法的通过农民组织化大规模进行农田水利建设，以及鼓励发展社队工业，都可理解为一定资源禀赋条件下派生的制度选择。这不仅为农业的长足发展奠定了坚实的基础，也为后来社队工业/乡镇企业的自我剥夺型发展提供了可以复制的制度模式。

通过农民组织化实现“成规模劳动替代稀缺资本”，在国家层面直接促进了国家资本的积累，在农村层面则通过大规模农田水利建设为农业的发展奠定了基础，并且**在后来国家从农村退出后，那些没有彻底分户经营、依然维持集体经济的地区，就能够利用农村集体化体制下社队内生的“组织租”，来继续发挥“成规模劳动代替稀缺资**

本”的机制作用，在几乎不可能的情况下完成初步的原始积累和生产发展。

“以工补农”的政策说法虽然1984年才正式提出，但在中国工业化的原始积累中一直断断续续存在；虽然该政策的初衷是“公社工业的大发展，既可以为社会提供大量的原材料和工业品，加速我国工业的发展进程，又可以避免工业过分集中在大中城市的弊病，是逐步缩小工农差别和城乡差别的重要途径”①，但客观上演变为国家处理原始积累对“三农”的负外部性的重要手段。每次发生宏观经济危机，都伴有对农村“放水养鱼”的政策；这不仅是提高农村居民收入的重要手段，也使得“三农”成为国家宏观危机“软着陆”的载体（见专栏33）。

专栏33

“以工补农”政策的历史演变

作为正式的政策术语，“以工补农”政策首次见诸文件始于1984年3月1日中共中央转发农牧渔业部《关于开创社队企业新局面的报告》。该《报告》决定将社队企业正式更名为乡镇企业，并明确使用了“以工补农”的提法，指出乡镇企业发展有利于“以工补农”；之后，1985年的中央一号文件指出，允许乡镇企业用税前利润的10%来资助各种类型的社会支出；国务院1990年第59号文件第五章第32条明确规定，“乡镇企业税后留利应不少于60%……该部分将主要用于农业基本建设、发展技术服务、改善农村公共福利，支持现有企业的技

---

①　参见1979年7月3日发布的《国务院关于发展社队企业若干问题的规定（试行草案）》。

术改造或建立新的企业”，这等于明确规定了乡镇企业有义务补贴农业部门。

事实上，如果考虑到“以工补农”政策的本质仅仅是利用乡镇企业而非城市工业的利润补贴农业，那么这一政策从社队工业举办之初便已经开始。为应对三年困难时期对农业生产造成的重大影响，1961年《农村人民公社工作条例（修正草案）》中便明确规定，“社办企业应该主要为农业生产服务，并且同国家计划适当结合”。1969年，中央号召大办“五小工业”时，为农业发展服务，特别是实现农业机械化也同样作为兴办社队企业的主要宗旨。1979年7月3日发布的《国务院关于发展社队企业若干问题的规定（试行草案）》在阐述发展社队企业的意义时认为，“社队企业发展了，首先可以更好地为发展农业生产服务，可以壮大公社和大队两级集体经济，为农业机械化筹集必要的资金；同时也能够为机械化所腾出来的劳动力广开生产门路，充分利用当地资源，发展多种经营，增加集体收入，提高社员生活水平”；同时还指出，“公社工业的大发展，既可以为社会提供大量的原材料和工业品，加速我国工业的发展进程，又可以避免工业过分集中在大中城市的弊病，是逐步缩小工农差别和城乡差别的重要途径”；对于社队企业利润的利用，则明确规定，“除用于企业扩大再生产和新建企业外，主要应当用于农田基本建设、农业机械化和支援穷队”。

由此不难看出，1984年社队企业更名为乡镇企业之后所进行的仍旧可以归结为既往政策的延续，只不过是对相应的内容和方式进行了调整。

制度一旦形成，便在之后的变迁过程中势所必然地产生路径依赖。由于**国家工业化过程中已客观形成的城市利益集团始终占据主导地位，**

因此，尽管这种“以工补农”的制度安排在本质上对农民是不公平的①，也不同于2004年中央提出的“两个反哺”，但依然能够在改革开放之后维持近30年的时间。②

从政策实践看，20世纪70年代初期“以工补农”已经出现，但由于当时乡镇工业正处于起点阶段，补的形式只限于提供支农产品、农用物资和农机具修造等方面。到了20世纪70年代中后期，补农范围开始扩大，主要是通过上交利润，用于购置农业机械，进行农田基本建设和发展农村公共事业。从1980年开始，“以工补农”又有了进一步的发展。尤其是乡镇工业发达的地方，根据自己不同的经济实力，普遍以利润参加社员分配，即将部分利润按亩或人头直接分配给社员，以增加他们的收入。在农村实行家庭联产承包责任制后，为保证完成和超额完成国家的征购、派购任务，又实行对粮棉的补贴，有些乡村还发展到对畜牧业和副业的补贴，以调动农民发展农副业生产的积极性。

由于社队工业首要考虑的目标不在于追求利润最大化，而在于解决农村剩余劳动力的出路，并且**社队企业的初始资本主要由村民的劳动积累、土地资本转移收益、福利和社会保障等转化而来，这直接决**

① 比如有学者认为，从农业方面看，尽管“以工补农”的直接目的是增加农民收入，调动农民的生产积极性以稳定农业生产，但其取得的稳定农产品价格的效果，最终还是成为对农产品消费者的补贴。这种以损害生产者为代价的对消费者的保护，在农民人口占总人口数80%、农业商品率只有20%左右的我国，其实质是顾及少数人的（参见陈良彪：《乡镇企业“以工补农”的前提、条件与目的》，《中国农村观察》1987年第2期）。也可以认为，“以工补农”政策正是在集体经济或行政力量的干预下，同一地区的乡镇企业和农民之间经济关系负外部性重新内部化，而制度收益由少数人占有的制度安排。

② 应该说，到2006年国家正式取消农业税并用中央财政大规模对农民进行补贴时，传统的“以工补农”的政策才算告一段落。

定了社队企业的集体所有制性质，利用社队企业的剩余来支持农业发展，使全体社员适当分享工业收益也就具有天然的合法性，这也是弱化社队企业负外部性问题、降低社会成本的理性选择。

专题报告四：
地方政府公司主义产生的宏观经济背景

财政政策变革向来深受财政运行状况的影响，**每次国家财政赤字增加形势严峻，就都会有相应的“甩包袱”式的应对之策以不同名义出台**。1984 年以财政压力下移为实质的地方“财政包干”和 1993 年以中央财政权力上收为实质的“分税制”改革也不例外。这两次都是以改革为名，也都势所必然地带来苏南经济体制相应的演变。

对于苏南而言，最值得注意的历史经验，是从 20 世纪 70 年代初到 70 年代末中央巨额财政赤字难以维持，与 1980 年起开始实行“划分收支、分级包干”（“分灶吃饭”）的财政体制从而催生地方政府公司主义之间，存在着明显的相关。

一、20 世纪 70 年代末的城市经济危机

随着中国 1972 年恢复与西方的外交关系开始的再度对欧美日开放、引进外资，国内宏观经济旋即进入高涨，几乎重演了 20 世纪 50 年代得到苏联、东欧投资导致经济高涨的老戏。到 1978 年基本建设支出和经济建设经费分别达到 451.92 亿元和 718.98 亿元，分别比上年增长 50.20%和 45.62%。相应地，承担基建开支并以其为主要内容的

国家财政支出也达到1122.09亿元，比上年增长了1/3。由于工业化内生的投资惯性（如对初始投资追加配套投资等）必然要求政府财政作为投资主体在经济建设方面的支出继续增加，但此时期财政却出现高额赤字[①]：1979年赤字达135.41亿元，1980年宏观紧缩，赤字仍达68.90亿元，两年赤字累积超过200亿元，相当于1980年财政收入1159.93亿元的17.61%[②]（见图2-4-1、图2-4-2）。

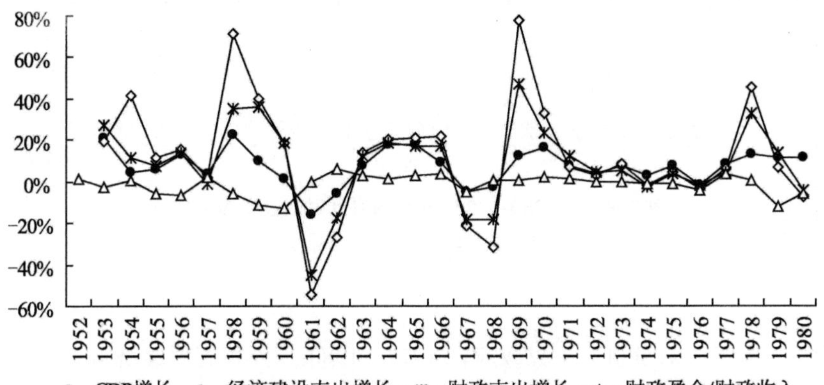

图2-4-1　国家资本经济体制下的宏观经济波动与财政收支状况

注：图中数据均为当年价。

资料来源：历年《中国统计年鉴》。

---

① 作者注：根据实证研究，1953—1980年，中国国内生产总值增长速度与经济建设支出增长速度之间的相关系数达到0.80，经济建设支出与财政支出增长率之间的相关系数达到了0.95，基本建设支出与财政支出增长率之间的相关系数为0.90，说明了国家资本经济体制下财政收支与国民经济增长、国家工业化之间的"三位一体"的关系。数据来源：历年《中国统计年鉴》。

② 另据1979年、1980年财政决算的公报，1979年全国财政赤字为170.6亿元，1980年财政赤字为127.5亿元，两年加起来财政赤字将近300亿元；又据时任财政部长项怀诚回忆，1979年财政赤字138亿元，1980年178亿元。"那时财政收入多少呢？1100亿元，赤字率是百分之十几啊。"（参见项怀诚、马国川：《改革是共和国财政六十年的主线（下）》，《读书》2009年第10期）鉴于那个时期中国政府还没有开始靠大规模发行国债或借外债来抵补赤字，因此，财政赤字向银行透支迫使银行1979年增发400亿元货币，也可以反衬1974年财政赤字突破100亿元以来的累积赤字余额。

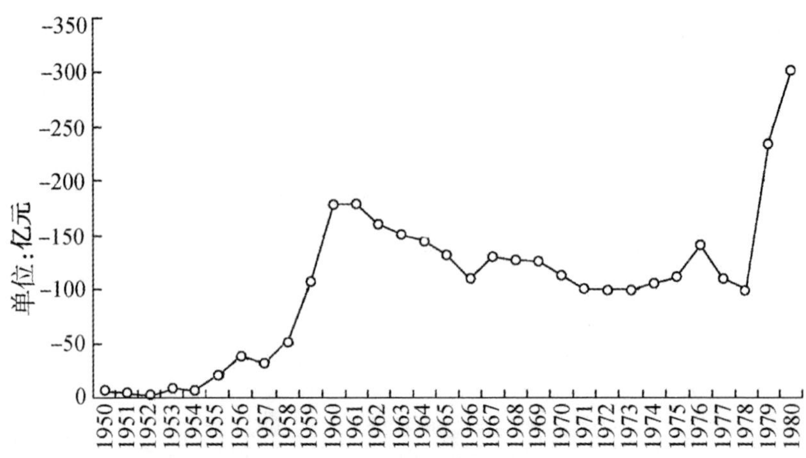

图 2-4-2　1950—1980 年全国累计财政收支赤字规模

资料来源：历年《中国统计年鉴》。

为了应对危机，中央政府在 1979、1980 年开始着手经济调整，但由于投资惯性和配套投资的要求，虽然国家实行了大规模的“关停并转”，但固定资产投资仍然维持在高位（见专栏 34），致使中央财政连续两年赤字总额达到 300 亿元，遂有 1981 年以后的政府“甩包袱”和经济“硬着陆”，中国经济事实上进入了萧条阶段。

专栏 34

1978—1980 年的宏观经济波动

1977 年 11 月召开的全国计划会议提出，到 20 世纪末，工业主要产品产量分别接近、赶上和超过最发达的资本主义国家，工业生产的主要部分实现自动化，交通运输大量高速化，主要产品生产工艺现代化，各项经济技术指标分别接近、赶上和超过世界先进水平。华国锋在 1978 年 2 月召开的第五届全国人大一次会议所作的政府工作报告中提出，1978—1985年，要在燃料、动力、钢铁、有色金属、化工和铁路、港口等方面，新建和续建120个左右大型项目，其中包括30个大电站、8大煤炭基地、10大油气田、10大钢铁基地和9大有色金属基地。

1978年7月，国务院务虚会进一步提出“组织新的‘大跃进’”，要放手利用外资，大量引进先进技术设备。

仅1978年，中国就和国外签订了22个大型的引进项目，共需外汇130亿美元，折合人民币390亿元，加上国内配套工程投资200多亿元，共需600多亿元。

在22个成套引进项目中，其中约占成交额的一半是在1978年12月20日到年底的10天抢签的。不少项目属于计划外工程。

1978年全年，全国国营单位固定资产投资为668.72亿元，比上年增长21.9%。其中，基本建设投资总额为500.99亿元，比上年增长31.1%。这一年用于工业的基本建设投资达273.16亿元，比上年增长55.8%。1978年年底，以工业为主的全民所有制在建项目为65000个，总投资需3700亿元。1978年，国家从境外进口钢材830.5万吨，比1977年增长65%，进口钢材已相当于当年国内产量的37.6%，但是仍然供不应求。

由于轻重工业比例失调，1978年市场商品可供量与购买力的差额高达100多亿元。

随之，国家计委对原定的1979年计划作了重大修改。工业总产值的增长速度从原计划增长10%—12%调整为8%。实际上，1979年工业总产值达到4681亿元，比上年增长8.8%；1980年为5154亿元，比上年增长9.3%。1979年停建、缓建大中型项目295个，1980年又减少大中型项目283个。

由于投资惯性和配套的要求，1979—1980年的调整中，基本建设投资规模并没有切实地压下来。1979年，国家预算内直接安排的基本建设投资，调整后的计划为360亿元，比上年减少了36亿元；执行结果，达到395亿元，实际上比1978年只减少1亿元。1980年，国家预算内的投资计划安排241亿元，实际完成281亿元，比上年压缩了28.9%，但预算外地方、部门、企业各类自筹投资比上年增长56.2%。这样，全年内外预算实际完成的投资总额达539亿元，比1979年又增加了7.8%，成为新中国成立后到1980年的30年中投资规模最大的一年。其中用于工业基本建设的投资（包括预算外的）仍然高达292.04亿元，相当于1978年的工业投资水平，比1979年还增长了10.28亿元。

资料来源：汪海波：《中华人民共和国工业经济史（1949年10月—1998年）》，山西经济出版社1998年版。

尽管这只是新中国成立30年来宏观经济波动中的一次，但由于权力更替期间的**新政府不可能再沿用以往毛泽东时代动员城市待业、就业青年“上山下乡”的做法让“三农”承接这次国家对外开放加快工业化造成的社会矛盾**，同时还要兼顾第二、三批回城大龄知青的就业问题，[①] 因此，中央政府遇到的经济和社会的双重挑战空前严峻。

值得今人加深理解的一个重要规律现象是：当国家工业化的制度成本不能向“三农”转嫁时，矛盾就在城市集中爆发——1979年起社会犯罪率以每10万人10起以上的速度增加，两年之后的1981年社会犯罪率达到89.4件/10万人，趋近新中国成立初期1950年的数值

① 当时回城知青为3000万至4000万人，与城里不能上岗的人加在一起，总计准失业人口有5000万至6000万人。

(93.02件/10万人)，并且是1951年国民经济恢复以来的最高峰。①

二、应对城市经济危机的“甩包袱”制度变迁

参与过20世纪80年代初期改革政策研究的人们大多知道，当年最有效地发挥了联动作用的“三大改革”都内在地具有中央在严重赤字压力下“财政甩包袱”的动因。分别是：第一，“拨改贷”，即由银行代替财政来承担企业的投资职能（这就必然带来“利改税”的后续改革)；第二，农村改革，农村改革之所以从地方开始，也是因为在中央和地方分权的条件下，地方政府采取了自我决策，最后由中央政府出面在全国“一刀切”地推进；第三，“财政分灶吃饭”，逐渐实行中央与地方财政分级承包，主要是因为中央财政不可能再承担地方政府的开支。

1980年财政体制改革的具体内容见表2-4-1。

表2-4-1 “财政包干”体制改革内容

财政收支		收支内容
财政收入	中央财政固定收入	中央所属企业收入、关税、公债、国外借款
	地方财政固定收入	地方所属企业收入、盐税、农牧业税、工商所得税、地方税和其他收入
	共同收入	各地方划给中央各部门直接管理的企业收入，80%归中央，20%归地方
	调剂收入	工商税，其比例根据各地区收支情况确定

① 张小虎：《转型期中国社会犯罪率态势剖析》，《宁夏大学学报》（人文社会科学版）2002年第1期。

（续表）

财政收支		收支内容
财政支出	中央财政支出	中央所属企业的流动资金、挖潜改造资金和新产品试制费、地质勘探费、国防战备费、对外援助支出、国家物资储备支出，以及中央级的文教卫生科学事业费，农林、水利、气象等事业费，工业、交通、商业部门事业费和行政费等
	地方财政支出	地方的统筹基本建设投资，地方所属企业的流动资金、挖潜改造资金和新产品试制费，支援农村人民公社支出和农林、水利、气象等事业费，工业、交通、商业部门事业费，城市维护费，城镇人口下乡经费，文教卫生科学事业费，抚恤和社会救济费，行政管理费等

资料来源：国发〔1985〕42 号，关于实行“划分税种、核定收支、分级包干”财政管理体制的规定。

此后至 20 世纪 90 年代初的十几年时间里，具体执行的财政制度频繁调整，如“划分税种、核定收支、分级包干”“上解递增包干”“收入递增包干”等，但都属于“大包干”财政制度的不同形式。

实施财政包干体制改革后，地方政府不再仅仅是中央政府的派出机构，而成为拥有独立财权的经济主体；由此，得以在以举国体制为基础的发展主义导向下实现“公司化”转型——地方政府从一个纵向依赖的行政组织，逐渐向一个具有独立经济利益目标的经济组织转型，更像“经济人”一样基于经济利益从事经济和经营活动。

在财政体制变迁的背景下，随着财政包干机制的逐级分解，**这种“政府公司主义”从中央“复制”到地方省、市、县甚至乡等各级财政，造就了 7 万多个财政主体，也就是 7 万多个具有强烈经济激励机制的地方政府经济主体。**

江苏与其他地区最为不同的是，早在 1979—1980 年经济危机爆发前的 1977 年，江苏就争取到了财政包干权，这也是促进苏南进入农村工业化原始积累进程的重要的制度诱因。

到20世纪80年代中期，地方政府公司主义带动的地方工业化在全国遍地开花之际，苏南已经捷足先登地接近于完成了农村工业化原始积累。

专题报告五：

财税、金融、外汇三大赤字危机并发与20世纪90年代初的体制变迁

以下是中国改革以来发生的第一次滞胀形态的周期性经济危机的大致演化过程①，它直接导致了20世纪90年代初财政、银行和外汇领域三大赤字交汇的历史性危机压力下的一系列重大的制度变迁。

一、20世纪80年代末经济“滞胀”危机的发生和演化

20世纪80年代初期的“拨改贷”改革虽然将银行信贷职能从财政中剥离出来，但在当时财政自身难以维持平衡的情况下，银行仍然

① 如果说改革之初的1979—1980年发生的经济危机是第一次的话，那么1988—1989年的经济危机可以算是第二次。与前次危机发生的机制不同的是，1982年“利改税”、1983年国家决定由银行统一管理企业流动资金、1984年“拨改贷”后，银行“统管”逐步蜕变为银行“统包”，银行全面承担了原来由财政承担的支持企业资金来源的任务。因此，进入20世纪80年代后，除1998年以后的积极财政政策时期外，货币投放对国民经济增加的拉动作用显著高于财政支出，1980—1995年国内生产总值与货币投放/回笼的相关系数达到0.84，尤其是1984、1988、1992年，由货币投放拉动经济增长这一机制的作用表现得格外突出。

要为财政的赤字“埋单”。中国1985年以后改革重心转向城市，1986年财政收支就出现了200多亿元的缺口，如果将财政账面赤字外的国内借款、国外借款都纳入对财政收支不平衡的考量中，1986年这三者差不多各占1/3。1987年财政缺口仍为200多亿元，1988年突破了300亿元，而1989、1990年则突破了500亿元（见图2-4-3）。

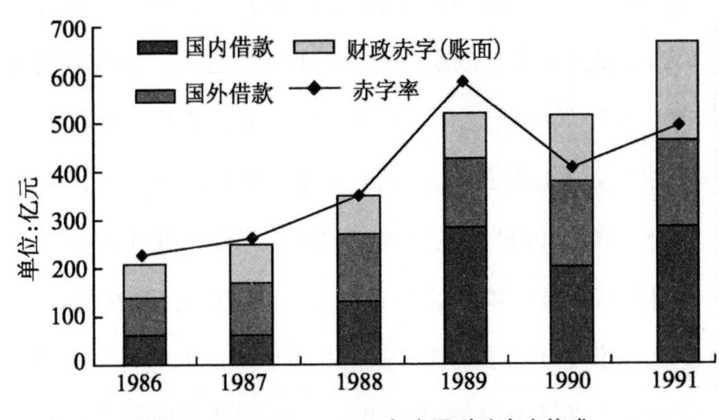

图2-4-3　1986—1991年中国财政赤字构成

注：图中赤字率为全口径核算，计算公式为：（账面赤字+国内借款+国外贷款）/借款外财政决算收入×100%。

资料来源：1986—1991年历年国务院政府工作报告。

财政向银行系统转嫁赤字负担，导致了全社会货币连年大规模增发，其累积效果于1988年中国政府试图推行“价格闯关”之际爆发，引发了严重的通货膨胀，当年零售物价指数达到18.5%，为新中国成立40年来最高增幅；因通货膨胀而出现社会公众大规模抢购和挤兑，1988年8月中旬又一次出现“抢购风潮”，该月份银行存款减少26亿元，出现了新中国成立以来第一次储蓄存款的净下降。

为了保住存款，银行陡然提高存款利率，8年期长期存款利率加保值补贴达到24%；但同期的贷款利率并没有相应调高，从而出现“深度负利率”——实际存贷息差高达十几个百分点。因谁获取贷款谁就可以坐收十几个点的存贷息差，各商业银行突击发放贷款，使得该年度发放的贷款总额上升了28.6%，货币发行量为679.5亿元，比上年增长46.7%；到1988年的第四季度，市场中的货币流通量为2134亿元，比上年同期上涨46.7%；1988年当年银行亏损460多亿元，直接转变为财政赤字。

为避免银行亏损加剧，政府随之调高了贷款利率，中央银行从1988年第四季度开始推行以紧缩为重点的货币政策，1989年贷款总额下降3.5%，货币供应量比上年减少470亿元，货币供应增长率降至9.8%。紧缩的货币政策虽然较好地治理了通货膨胀，居民消费价格指数由18.5%降到1990年的3.1%，1991年维持在3.4%的水平上，但由于信用紧缩，最依赖流动资金的商业企业首先开始减少资金占压而向制造业转嫁负担，导致制造业企业占压上游原材料企业的产品和资金，“三角债”在全国大范围发生。据银行的托收承付款统计，到1989年3月末，全国企业超过正常结算期的拖欠总额已达1085亿元，再加上一些没有列入托收承付的拖欠，其数额远远超过了政策的商业信用范围。最终，整个经济链条因连锁负债而趋于瘫痪；从通货膨胀进一步演化为生产停滞——1989、1990年国内生产总值增速由前两年的10%以上降到低于5%。这就是改革以来第一次“滞胀”形态的经济危机……

二、20世纪90年代初的财政赤字及向信贷赤字的转化

由于经济全面萧条，1990年前后，政府税收的主要来源——国营企业效益亏损面一直在50%上下徘徊，到1992年自然赤字额已高达近500亿元，1993年不计入债务的亏空进一步上升至800亿元左右。尽

管政府向国营大中型企业实行政策倾斜，投入1500亿元贷款，但此时的连锁负债总额已达2000亿元之巨，同期国营企业库存产品占压资金也已超过1000亿元。另据统计，国营企业亏损面已达74%，政府遂不得不将危机治理政策由“全面倾斜”改为“点贷解扣”。

国营企业连年亏损，不仅造成以国企税收为主要来源的政府财政连年赤字，而且连锁造成财政连续8年向银行透支，吃掉了国有银行全部自有资本金，使金融系统100%负债。(尽管1993年年末政府宣布不再向银行透支，改为发行1200亿元国债抵补财政亏损，但银行部门仍不得不购买国债总额的70%。) 而帮助国营企业“花钱买大好形势”“贷款发工资”等保证稳定的政治任务，进一步使银行贷出资金的40%逾期难以回收，实际上是用60%的可贷出资金产生的利润来支付100%的存款利息。

这种情况下，先是1989年秋冬之交中央政府试图对财政、外贸收权，不果；接着以财政解困为目标，政府“甩包袱”式的改革政策便相继出台。

政策效果之一就是，财政取消农产品购销补贴后农村市场也走向全面疲软：以往国营流通部门凭借财政补贴，垄断性地占有农业主产品商品粮的一半以上；当1990年取消收购补贴、销售补贴暗转明之后，国营流通部门的直接反应是立即大幅度减少购进和库存，同时挪用银行专项资金用于高利润经营。这一行为的直接作用是基本生活消费品市场不再有国营流通部门的“蓄水池调节”，随之出现各种欺行霸市现象和价格波动无序化，并且随时诱发社会动荡。经济矛盾日益社会化，“菜篮子”等与稳定相关的问题渐渐成为各级政府分外重视的主要矛盾。

接下来便是政府为维护市场秩序而进行的治理整顿。在1989年开始的类似于1979年的以“调整、整顿、改造、提高”为方针的国民经济整顿中，政府一方面采用传统行政手段压缩基本建设，另一方面着手调整产业、行业、产品结构，乡镇企业和私营中小企业首当其冲成为调整和整顿的对象。当时政策上明确规定“乡镇企业发展所需的资金，应主要靠农民集资筹措”，“进一步提倡乡镇企业的发展要立足于农副产品和当地原料加工”①，使得乡镇企业不仅在税收、信贷方面享受的支持和优惠措施减少了，而且一些政府管理部门在产业政策、企业负担、政府干预、市场流通等方面还出台了一些对乡镇企业发展不利的政策规定。

在市场和政策两种力量的夹击下，乡镇企业迅猛增长的势头明显受到抑制。1990年乡镇企业总产值的增长速度仅为14%，远低于1985—1988年的平均水平。在总量增长减缓的同时，乡镇企业经济效益下降，企业个数和职工总数连续两年减少，大批乡镇企业被迫关停并转。

据有的学者估计，1989年至1991年的“治理整顿”，导致了全国几千个建设项目下马，占60%、共13万家乡镇企业和个体私营经济破产倒闭。

这些紧缩政策的间接作用，一是两亿多小农户无法适应原有的国营大买主市场份额迅速下降到20%以下的新局面，“农产品卖难”再次普遍发生，农民收入随之连续三年下降，占有基本生活消费品市场60%以上的消费额并且一向稳定的农村，随之出现全面市场疲软；二是农业比较收益过低的老问题在农产品“卖难”的作用下陡然突出起来，加之乡镇企业关门停产，农民收入连年下降，1989年农民外出务

① 见《中共中央、国务院关于夺取明年农业丰收的决定》（1988年11月25日）。

工的总规模达到500多万人。

三、金融体制变迁：银行信用的结构性扩张与收缩

1988—1989年的高利率政策失败之后，政府又把利率连续调低甚至低于原来的水平。由于高利率时期大量吸收的存款必须贷出，因此资金环境暂时相对宽松。但为低迷的经济解困还需要开辟新的可盈利领域，一方面需要用高盈利来抵补以往的亏损，另一方面要用国际资本市场的资金来缓解国内资金的压力。

适逢1992年邓小平南方谈话发表及随后国内房市、股市、期货三大市场相继放开，推动中国经济开始由产业型经济向资本型经济转化，加上当时的低利率政策，货币持有者转向风险大但收益率高的房地产、股票、证券市场和其他投资市场，陡然间宏观经济炙手可热。

面对突如其来的经济过热，1993年，当时主管经济工作的国务院副总理朱镕基派13个中央部委的部长到全国各地调查，回来后形成了著名的“十六点”调控措施，要对金融、财政、税收、投资等几个宏观领域实施控制，1994年正式施行。①

尽管1995年新增货币供应量已由1993年的1528.7亿元、1994年

---

① “十六点”调控措施是：(1) 收紧货币发行；(2) 所有专业银行停止向非银行金融机构拆借资金并收回非法贷款；(3) 提高银行存贷款利率，对3—8年的存款实行指数利率；(4) 禁止非法融资；(5) 收紧信贷控制；(6) 所有专业银行应保证储蓄取款资金；(7) 加强中央银行的宏观调控权力；(8) 建立政策性银行并实行政策金融与商业金融分离；(9) 1993年7月15日以前，各省要销售完所分配的国库券；(10) 完善证券发行和市场管理；(11) 完善外汇持有制度，稳定汇率；(12) 加强宏观管理，推动房地产市场发展；(13) 加强税收管理；(14) 对建设工程项目进行重新审查，控制新项目上马；(15) 逐步推动价格改革，严格限制涨价；(16) 控制社会集团购买力过快增长。

的1423.9亿元降为596.8亿元，但**直到1996年中央政府经济手段与行政干预手段双管齐下，**同时全力整顿金融秩序，改革投融资体制和国有企业，才**遏制了1993年以来以期货、股票、房地产三大资本市场拉动的宏观经济“过热”，并于1997年宣布成功实现“软着陆”，**当年GDP增长速度比1993年回落了将近5个百分点，对稳定财政、银行及宏观经济具有决定性的意义。

任何人始料未及的是，就在中国经济“软着陆”不久，1997年下半年东亚爆发了金融危机。当时，**有关国外机构和专家经估算认为，中国四大国有银行不良贷款比率已达到了50%，**低估的也认为至少在30%以上。信达、东方、长城、华融四大金融资产管理公司按账面全价共收购四大国有银行不良贷款金额约1.4万亿元。在当时的投融资体制下，银行系统的不良资产实际上是国有部门巨额亏损的账面反映。

为规避金融风险，1998年起中国开始了对执行国家经济紧缩政策而造成大量坏账的国有金融体系的商业化改制，金融机构将提高信贷质量作为其经营活动的首要目标。

四、以分税制为主的财税体制改革

1989—1991年的财政收支严重失衡，使得地方财政分权后的中央财政日益捉襟见肘，当1993年宏观经济骤然过热时，占全国GDP总量不足15%的中央财政愈发调控乏力，直接催生了1994年以分税制为主要内容的财税体制改革。

先简要回顾一下财政“分灶吃饭”以来中央和地方财政力量的对比。

20世纪80年代推行的“财政包干”制度，本属中央政府向地方政府转嫁财政压力的措施，由于导致了地方政府行为机制和国内市场环境发生了重要变化，反过来又使“财政包干”的制度环境发生了结构性改变。

乡镇企业在促进这一改变中扮演了重要角色。裴小林指出，虽然有学者认为乡镇企业的成功在很大程度上是由于其机制灵活，能有效地适应外部环境，但事实似乎并非完全如此，因为**恰恰是乡镇企业自身制造了这一产品市场和要素市场不对称的宏观环境，**而非这一环境在乡镇企业发展前就存在而使乡镇企业被迫去适应它。从1978年到1988年，乡镇企业的数量从150万个增加到1890万个，工人数量从2830万人增加到9550万人，7000万农业剩余劳力转入非农业部门。当如此大量的劳动者从低生产率的传统农业部门转入高生产率的工业部门时，不仅这些劳动者的生产率得以提高，而且社会总生产率也能被这一结构变动极大地提升。农村工业年均30%的增长率推动了中国经济的全面增长。这清楚地显示了乡镇企业在中国转轨早期产品市场的形成和繁荣上确实发挥了至关重要的作用。[①]

同期，在城乡二元结构这个本质上是城乡利益对立的中国基本体制矛盾的制约下，与乡镇企业的发展势头形成对比的，是国有企业的徘徊逡巡。**乡镇企业和国营企业的市场份额此消彼长，对中央政府推行的“财政包干”政策的负反馈短时间内就明显显现。**

由于国有企业和地方的财政包干基数是中央财政收入的主要来源——比如1988年全民所有制经济提供的财政收入占财政收入总额的70%左右——在国有企业亏损，地方经济虽然迅猛增长但地方政府瞒

① 裴小林：《集体土地制——中国乡村工业发展和渐进转轨的根源》，《经济研究》1999年第6期。

报财政收入、基数包死等情况下，中央财政在全国财政中的总收入比重不断下降。据统计，**财政收入占国内总产值的比例由 1985 年的 22.4%下降到 1993 年的 12.6%；中央收入占总收入的比例由 1985 年的 38.3%下降到 1993 年的 22.0%。**

这两个宏观数字的降低对中央政府的压力非常大。当时的中央领导认为，不进行基础经济体制改革尤其是财政改革，中央政府就不可能对整个经济取得控制。①

在 1993 年的重要关头，中央政府启动了一系列重要改革，涉及税收、中央与地方政府的财政关系、金融、外汇、进出口、投资等多个方面。在实施中，则把解决中央与地方政府的财政关系放在中国经济体制改革的首位。

国家税务总局最初制定的税制改革方案，拟在 1994 年实施直接税和地方税制改革，而对间接税（其中最重要的一项是增值税）的改革则放在 1995 年。国务院批准了国家税务总局上报的这一改革方案，但变更了日程，即直接税和间接税改革都放在 1994 年，地方税改革则放在 1995 年以后。②

1994 年的“分税制”改革，是在国家各级政府之间明确划分事权及支出范围的基础上，结合税种的特征，划分中央与地方的税收管理权限和税收收入，并辅之以转移支付制度的预算管理体制（具体内容如表 2-4-2 所示）。

---

① 许善达，张学瑞：《1994 年中国财税改革的深刻背景》，印度尼西亚雅加达第五届亚太地区税收政策与改革研讨会论文，1995 年。原文系许善达用英文完成，由张学瑞译为中文。

② 同上。

表 2-4-2　1994 年"分税制"改革关于中央和地方税收收入分配的安排

财政收支		收支内容
财政收入	中央财政固定收入	关税和进口增值税、消费税、中央企业所得税、地方银行和外国银行及非银行金融机构的企业所得税、铁道部和银行及保险公司总部集中缴纳的收入（营业税、企业所得税、利润和城建税）、中央企业上缴的利润、外贸企业出口退税等
	地方财政固定收入	营业税（不包括铁道部、银行和保险公司总部缴纳的）、地方企业所得税（不包括地方银行、外国银行和非银行金融机构缴纳的）、地方企业上缴的利润、个人所得税、土地使用税、固定资产投资方向调节税、城建税（不包括铁道部、银行和保险公司总部缴纳的）、房产税、车船使用税、印花税、屠宰税、农业税、农林特产税、耕地占用税、契税、遗产赠与税、土地增值税、国有土地使用税
	共同收入	增值税（地方：25%，中央：75%；增值税和消费税实行增量三七分成，即全国增值税和消费税每增长 1%，中央对地方的税收返还增长 0.3%）、资源税（中央：海洋石油，地方：其他）、证券交易税（中央：50%，地方：50%）

注：2001 年又实施了所得税收入中央和地方分享的改革。

改革后，中央财政在全国财政收入中的占比陡然增加，如图 2-4-4 所示。

图 2-4-4　1980—1999 年财政收入占 GDP 比重及中央财政占财政总收入比重

注：本图也可在一定程度上解释 20 世纪 90 年代中期中央和地方之间的关系发生的新的实质性改变。

资料来源：中国统计年鉴（2000）。

五、外汇赤字危机及汇率体制改革

中国曾经在20世纪80年代出于休养生息和结构调整这两个方面的需求而出现过一轮进出口贸易严重逆差，这与1984年财政包干以后各级地方政府公司化地参与当地经济发展、追求大干快上之间在多大程度上存在因果相关，需要进一步分析；从数据上看，进口需求中，与宏观经济形势和投资热度密切相关的钢材进口确实占据相当比重，1985年全国钢材出口总额5185万美元，进口总额达到627523万美元，按当时的汇率1美元等于2.9366人民币折算，当年钢材进口额占全国进口总额的14.7%。**1984—1989年连续6年贸易逆差，在统一结汇的外汇管理体制下，留给中央政府总计1581.5亿元人民币的外汇赤字，**相当于1987—1988年一年的出口总额。直到1989年宏观经济转向低迷，加之其他因素影响，才于1990年扭转了进出口逆差的格局。

这与1988年开始提出沿海地区对外开放等政策，与20世纪80年代末人民币兑美元汇率的不断下调（1989年为3.7651，1990年为4.7832，1991年为5.3233，1992为年5.5146），也都具有时间上的相关性（见表2-4-3）。

表2-4-3　1983—1990年全国进口和出口总额

单位：亿元（人民币）

	1983年	1984年	1985年	1986年	1987年	1988年	1989年	1990年
进口总额	421.8	620.5	1257.8	1498.3	1614.2	2055.1	2199.9	2574.3
出口总额	438.3	580.5	808.9	1082.1	1470.0	1766.7	1956.1	2985.8

资料来源：历年《中国统计年鉴》。

到了1992—1993年，投资再度开始高涨，1993年GDP增长率达到14%，固定资产投资增长达到61.8%；同期货币大幅度增发，导致1994年零售物价涨幅达到24.1%。固定资产投资高速增长导致的经济全面过热，再次拉动进口需求激增。**从1992年下半年到1993年，仅一年多时间，中国就再次出现贸易逆差，**仅1993年一年就出现了700亿元人民币的贸易逆差。

以最典型的基础投资品钢材的进出口情况为例，1991年全国钢材进口数量为356万吨，1992年就增加到699万吨，钢材进口额39.15亿美元，占当年全部进口额的4.9%；1993年进口量进一步增加到2999万吨，进口额109.02亿美元，占当年进口总额的10.5%。钢材的出口变化情况刚好相反，1991年出口数量为214万吨，1992年为191万吨，1993年为98万吨，出口额分别为7.29亿美元、6.65亿美元和4.47亿美元。

陡然增加的贸易逆差再次挑战中国的外汇储备和支付体系。**1993年年底，中国外汇储备约为211.99亿美元，减去当时的短期债务余额135.46亿美元后，还剩下76.53亿美元，连支付当年的净进口都不够（1993年贸易逆差为122.2亿美元），何况还有20世纪80年代遗留下来的贸易累积逆差（到1993年年底贸易累积逆差为384.6亿美元），以及823.91亿美元的长期债务。**

虽然资本项目的盈余也可以形成外汇储备，但这类资产具有很强的流动性，不能作为稳定的外汇支付来源，而且当时进入中国的外资也很少。

在这种情况下，可以说，**中国出现了严重的外汇赤字和外汇储备危机，**必须作出应对调整（见图2-4-5）。

为了扭转对外贸易逆差，增加外汇储备，1993年12月，国务院正式颁布了《关于进一步改革外汇管理体制的通知》，采取了一系列重

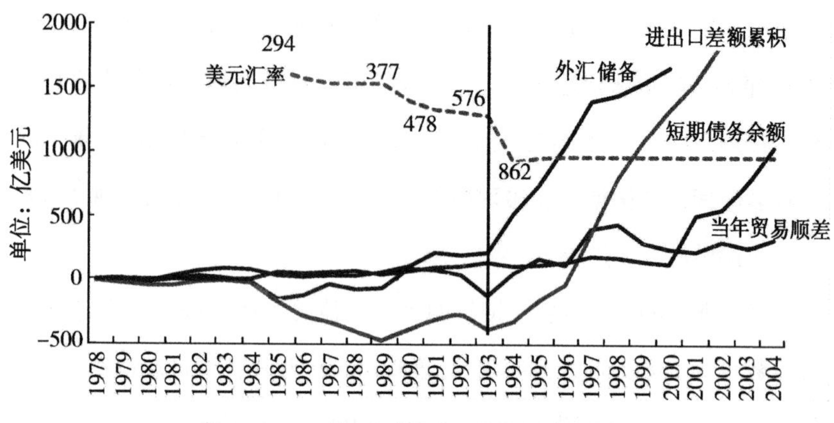

图 2-4-5　1994 年中国外汇体制改革的背景

资料来源：历年《中国统计年鉴》。

要措施，具体包括：实现人民币官方汇率和外汇调剂价格并轨；建立以市场供求为基础的单一的有管理的浮动汇率制，并于 1994 年 1 月 1 日使人民币官方汇率与外汇调剂价格正式并轨；取消外汇留成，实行结售汇制度；建立全国统一的外汇交易市场；等等。

这一系列改革措施使 1994 年人民币相对美元一次性大幅度贬值 50%以上，极大地抑制了进口而促进了出口，进出口差额由 1993 年的 122.2 亿美元逆差转变为 1994 年的 54 亿美元顺差，同时人为地制造了一块引资“洼地”，吸引外国资本流入。1994 年外汇储备即由 1993 年的 211.99 亿美元增加到 516.2 亿美元，其后更是快速增长。

此后，中国外汇储备同贸易顺差一直保持快速增长，直到 1997 年东亚金融危机爆发，其高速增长的势头才有所放缓。

专题报告六：

乡镇企业改制的两个阶段

乡镇企业改制有两个阶段，开始阶段主要是以股份合作制为主，此时十分强调乡镇集体的控股地位；1997 年后则主要以私有化为主。

一、第一阶段：股份合作制

早期股份合作制的改制起始于 1984 年，至 20 世纪 90 年代初期改制都比较成功。

一般来说，乡镇企业资产主要源于村社内向型原始积累，要成规模化发展，应该明晰产权，而把股权界定给全体职工或社区全体劳动者。因为，这与早期形成资产的原始积累过程相呼应，体现了自由主义的起点公平原则。

1992 年 12 月 24 日，农业部颁发了《关于推行和完善乡镇企业股份合作制的通知》[农（企）第 24 号文]，明确指出实行股份合作制的重要意义、组建的基本原则、股权的界定、财务管理、收益分配、组织机构以及规范化工作等问题。这是第一部正式提出要发展股份制的文件。

1993 年 12 月 9 日，全国人大通过并颁布了《中华人民共和国公司法》，使得股份合作制有法可依，同时也给股份合作制经济的发展和规范提供了可以借鉴的法律规范。

1994 年 3 月，农业部印发了《乡镇企业产权制度改革意见》，明确指出乡镇企业产权制度改革的重要性、必要性、指导思想、目标、形式、内容、重点、难点及领导等问题，并强调："现阶段，乡镇企业产权制度改革最主要最有效的形式是实行股份合作制。"

1997 年，党的十五大报告明确指出："目前城乡大量出现的多种多样的股份合作制经济，是改革中的新事物，要支持和引导，不断总结经验，使之逐步完善。劳动者的劳动联合和劳动者的资本联合为主的集体经济，尤其要提倡和鼓励。"

不过，改制中客观上出现的问题，似乎在于天时不利。

由于这些文件和法律出台的时机恰逢 1993 年三大赤字危机爆发前后，当资金严重短缺而致企业负债过高的时候，如果搞股份合作制，客观上不可避免地带有地方政府和社区组织借此为企业集资的需求，不仅企业家们不可能有积极性，普通职工也没有积极性。

因此，在 20 世纪 80 年代中后期经济高速增长、乡镇企业红红火火的局面下，股份合作制一度可以成功地推行；可是到 20 世纪 90 年代初期全国经济进入萧条阶段，相当一批乡镇企业不景气，政府官员和企业干部职工大多没有改制积极性。

此外，关于苏南股份合作制改革的推行情况也有其他解释，储东涛根据调查认为，其与企业规模密切相关。①

小型企业改制的主要形式大多以出售为主，转为个体、私营企业。

---

① 储东涛、须俭：《"苏南模式"的新走向——苏南乡镇企业改制的调查》，《决策咨询》2001 年第 6 期。

其中大体又分三种：一是全部出售，变为非公有制，多数是独资，少数是合伙；二是部分出售，保留不动产（房屋、土地）出租，即所谓“售租结合”，由所有者经营，向当地交租金；三是资不抵债的，在适当剥离债务后，实行“零置换”，但要求接收者适当出资，搞活经营。这类企业面广量大，如常熟市转为民营的有911家，超过改制企业的一半；无锡市拍卖转让的共5000多家，约占1/3（另有租赁1063家）。在转制过程中，多数实行拍卖，但买主大多是原来的经营者，也有的由经营层（副厂长或主要供销人员、技术人员）购得，还有的是原来戴集体“帽子”的个体、私营企业，现在还其本来面目。

中型企业改制的主要形式大多实行股份合作制，少数转为有限责任公司，达到了产权多元化。其形式更多样，大致可分三类：一是经营者持大股或控股，有的超过50%，有的在30%左右，往往是一人为主，经营层参加；二是除经营者持股外，职工也持股，后者往往占职工总数的大多数，股权占30%左右，基本上是平均持股，有的适当变通；三是除经营者持股外，保留或不保留集体股，如无锡市除江阴保留一部分外，锡山和宜兴认为不必要。这类企业一般资产在50万—100万元，常熟有558家，另有有限责任公司（大多职工不持股）287家，合计约占1/2；无锡有4669家，另有有限责任公司1686家，合计约占40%。

此项改革，大多数实行“先售后股”，股权比例考虑到原始资本、贡献大小和工龄长短等，也有的做统一规定，如职工、中层干部、经营层和经营者的股权比为1∶3∶6∶9等。量化到职工的，还要求每股出资5000—10000元不等。改制后，不少企业还实行委托经营、代管托管、“租股结合”等办法。

二、第二阶段：以私有化为主的改革

20世纪90年代后期，**苏南地区集体产权改革推出了企业的“二次改制”**。对于这个改制的一般经验，有很多文献予以总结。归纳其具体采取的方法为“一退、二转、三买断”。

“一退”，就是将乡村留在企业的集体股份退出来，使民间资本成为乡镇企业资本构成的主体。改制后的集体资金分为两个部分：一部分留在改制后的企业；另一部分出售集体股所得的资金，通过成立镇集体资产运营公司和村资产合作社来承担保值增值的任务。

“二转”，就是引导股份合作制企业、私营企业向公司制转化，建立现代企业制度，做到企业产权明晰、权责明确、管理科学、政企分开。现代企业制度的建立可以规范企业的经营和管理，提升企业的竞争力，增强企业的实力。

“三买断”，就是买断厂房、土地使用权和职工身份。固定资产的买断有利于企业增强投融资能力，有利于企业的资产重组，使乡镇企业真正成为市场竞争的主体。

然而，在那时各地对具体企业改制所作的政策引导，一方面还缺乏对于经济危机周期影响乡镇企业负债问题的常识性认识；另一方面引进而没有消化的产权理论愈益具有意识形态化的舆论作用。在这种社会环境影响下，苏南对股份合作制企业的第二次改革实际上坚持的是“能私不股，能股不租，能聚不散”的原则，企业主要向两个方向转化[①]：一是向私有制转化。苏州市1998年6月底有农村私营企业

① 许明达：《苏南乡镇企业所有制改革的基本经验》，《特区理论与实践》2002年第2期。

9321家，其中5000余家是从乡镇企业改制而来的。无锡市1998年6月底有农村私营工业企业8507家，其中由乡镇企业改制而来的达7481家，占87.9%。二是向混合所有制经济转变。通过改制，苏南地区乡镇企业冲破了“集体经济等于集体唯一”“集体经济等于集体经营”的误区，形成了多元化投入、多种所有制共同发展乡镇企业的新格局。

到2002年，苏南地区的乡镇企业基本完成了二次改制。

以江苏省乡镇企业最多的苏州市为例，至2002年4月止，全市原有的14000余家乡镇企业，99%已实施了产权制度改革，其中组建股份公司25家，有限责任公司1500多家，合作制企业约1600家，近9500家企业实行了公转私营，300家企业被兼并，600余家企业停产歇业。[①]

---

① 朱卫平：《企业家本位论——中小企业所有权制度安排研究》，经济科学出版社2004年版。

专题报告七：

乡镇企业规范改制的 “另类” 参考——“30 年 3 个村”[①]

1984 年的山东长行村，1994 年的广东草场村，2004 年的山西霍家沟村，时空条件不同，人文差异显著，却机缘巧合般地在相隔 10 年的无论理论界认定的何种改革演变中先后如无二致地、自发地实行了体现“成员权”平等的社区股份合作制——**这种村内全体居民共享产业资本收益的、初次分配就公平公正的农村经济基础所决定的村级上层建筑也几乎都势所必然地达到了构建“和谐社会”的目标**。农村改革中，基层干部群众深刻的制度创新不仅体现了执政党关于建设创新型国家的指导思想，而且也值得所有愿意尊重国情、实事求是的理论界人士重视。

一、早期农村改革中的股份合作制[②]

从现在掌握的资料看，中国改革开放以来的**农村股份合作制早于**

① 温铁军、王平、石嫣：《农村改革中的财产制度变迁——30 年 3 个村庄的案例》，《中国农村经济》2008 年第 10 期。

② 早期的社区股份合作制改革经验已经有很多著述予以归纳总结，本文不再赘述。参阅农业部农村改革试验区办公室：《认识与实践的对话——中国农村改革试验区十年》，中国农业出版社 1997 年版。

企业股份制，发源地在 1984 年的山东周村试验区。

周村区的股份合作制是“先有长行村，后有王村镇”。长行村是 1984 年落实家庭联产承包责任制（“大包干”）的时候，就把当时集体积累的几百万元固定资产做股量化到每个农民头上；王村镇 1992 年把镇办企业资产按各村村民代表大会代行股东代表大会的形式，让镇内所有的村按股占有镇级企业的资产。这就初步解决了镇级企业产权不清的问题，是农民社区集体所有制经济的实现形式的创新。**首先要承认农民对集体资产的产权，把价值形态的集体财产折股量化到每个农民头上，才能通过农民作为财产主体委托社区集体代理的方式，重新结构社区集体共有的产权。**农民作为社区成员通过股份合作制来实现对社区财产享有的收益权。

二、改革中期广东南海的股份合作制试验

在全省范围推广“以土地为中心的社区股份合作制”改革，发生在 1994—1996 年的广东。广东南海试验区农村基层率先尝试把工业固定资产在内的所有集体资产折股量化，并且实行了农民股权“生不增，死不减”，允许继承、流转（见专栏 35）。这种**新的财产制度的重要作用之一，就是实物形态的土地不再承担农民的生存保障功能，不必再无限析分，因此可以按照市场机制优化农业的资源配置。**

专栏 35

广东南海的股份合作制

南海是在 1987 年列入试验区的，主导试验的是隶属于省政府的农

研中心。

进入20世纪90年代，南海利用广东全面放开粮食市场的有利时机，加快了结构调整。随着1992年邓小平南方谈话后兴起的“开发区热”大规模占地引发矛盾冲突，南海地方政府肯定了基层群众为保护土地增值收益而创造的以土地为中心的农村股份合作制，并以此作为新的改革试验项目的主要内容，以便既保证在农用地转为非农用地过程中农民的利益不受损，也保证土地的规模经营和统一规划。其具体做法如下。

（1）区别不同地区，采取不同的折价形式，把土地和集体企业的固定资产折股，无偿量化给农民，以稳定农民的土地承包权。

（2）农民在获得承包权后，再区别土地用途和收益折价，把土地的使用权交给集体，纳入股份合作组织统一使用，以达到规模经营和统一规划的目的。

（3）试点村（里水镇草场村）实行农民股权“生不增，死不减”，对新增人口实行配售股，既解决了因人口变动而引起的频繁的股权调整，又解决了新增人口的生活保障和利益分配问题。

南海推行以土地为中心的农村股份合作制，其制度绩效主要表现在以下几个方面。

（1）对农村土地、财产进行估价折股，将130多亿元的资产总额以股份的形式配置给76.6万农民，并发放了股权证书，确认了农民在集体财产中所占有的经济份额，农民成为集体财产真正的主人。

（2）打破了集体收益按人均分的旧机制，形成了按股分配的新机制。完成改制的1996年，全市农村股份合作组织共有再分配款4.08亿元，人均分红578元。

（3）实现了对土地的区划化管理，促进了农业规模经营。

南海案例说明，以交易成本决定制度安排已经逐渐成为直接参与经济活动的地方政府制度供给的前提。因为，南海实行的以土地为中心的社区股份合作制，是在地方政府直接干预的一定条件下才成功实现政府、集体和农民三赢的结局的。其中的制度成本清晰地表现为外部性问题——农业用地仅余约 1/3，其他土地由村社自主开发并占有增值地租收益（俗称“小产权”）；时至今日，80%以上的农村工商业用地是这种属性。[①] 这事实上放弃了土地对食品安全体系的基础作用和农业的生态环保等功能。

珠江三角洲市场经济高度发达地区在推行这项制度的过程中，有土地开发权但没有土地的村集体（当地称为管理区），在乡镇企业发展态势最好、工业资产价值最高的时期，以**两级配股的办法，由管理区（行政村）向生产队（自然村）让渡了工业资产的股权（受益权），再由生产队向农民以股份分红的方式进行分配。**这样，有土地所有权的生产队用工业资产的股权换得了农民的土地使用权，再向管理区入股。而农民交出了土地，获得了按照人口进行的分配，既体现了土地农转非的增值收益，又体现了社会保障的股权。而**地方政府则由于可以直接与既有行政职能又有资产权益的管理区打交道，也就降低了在土地征用上与高度分散的农民发生冲突的制度成本。**

南海的社区股份合作制是一种把社区内包括土地在内的集体净资产折股量化给社区内全体成员、农民实行按股分红与按劳分配相结合的财产制度。这种内部化的财产制度在明晰产权、建立对集体资产经营管理的有效激励、监督和积累机制，克服集体经济自身存在的某些制度性缺陷等方面，都产生了积极作用。

---

① 如果按照《土地管理法》，这种全省推广的土地制度改革是违法的，但事实上只能“法不责众”。

这种产权是通过内部交换形成的，亦即行政村和自然村这两级集体以自己控制的企业资产与农民交换土地承包使用权。但是，这种交换并没有通过公开的市场交易，在大部分村内农民拥有的股权还是“虚股”。无论是分得还是低价买得（实质上也类似于分），一方面它是对社区成员或企业成员以往劳动价值的承认，另一方面又带有突出的福利性质。因而这种“分”得的股份，又会因其具有福利性质而受到种种限制，诸如不能转让、继承、抵押和“人去股消”等。

有鉴于此，我们在1993—1996年几次对南海试验区进行调研之后提出：“虚股”折实，深化试验。其中，里水镇草场管理区“农民股权生不增，死不减”的做法有相当的意义（见专栏36）。

专栏36

草场管理区的“增人购新股，减人不减股”

草场管理区将原属集体所有的土地资源、现有固定资产和自有资金以股份的形式全部折股量化，股权有三种形式：一是基本股，占3股，配置对象为**1995年12月31日前**户口在该区的农业人员；二是承包权股，占3股，16周岁以下配2股；三是年龄、劳动贡献股，按承包责任田的期数和年龄为依据计算，足股占9股。这部分**股权一次性配置给农民以后不再做调整，新增人口不再分配股权**。股权可以在一定范围内流动，并以股份合作制方式组织运行。

对于新出生人口和结婚迁入的人口通过定期扩股配售新股，新出生的配售5股，新嫁入的配售6股，配售新股有优惠，按照当时股值的30%计算。这种做法虽然仍没有完全把虚股折实，但适合农民的经济承受能力。股权作为个人私有财产，可在本区内流动，允许转让、赠送、抵押、继承。为保证股权正常、规范和健康地流动，他们在股份合作社中建立管理机构，统一发放股权证书，一人一证，凡进行转让、赠送、抵押或继承的，必须到股份合作社、管理区有关管理机构办理手续，否则不予承认。

注：作者于 2008 年 5 月组织了对草场村的后续调查，由于长期以来没有调整股权，社区内部股权分配收益差别日益显著，主张按照家庭人口重新调整基本股的村民日益增多；遂借村民委员会选举形成两派，台下派以调整基本股作为竞选纲领并终获多数票当选村长。是故，其后的股权调整仍然需要进一步观察。

对比 20 世纪 90 年代的其他农村改革试验区的制度创新，草场案例意义重大。一方面，这可以说是**对目前维持小农村社制作为经济基础的基本制度条件下的最为彻底的、体现了初始财产占有平等原则的相对公平的产权改革**，对于大量当代出现的外出务工经商的农民不愿放弃土地的问题，也许提供了一条可行的解决之路；另一方面，尤其需要注意的是**其对于乡土中国那些工业化的村社体现恰亚诺夫“生存小农”假说内涵的内部化处理负外部性的机制所起到的客观的解构作用**——20 世纪 90 年代中期以后，中国农村生产力诸要素的配置由此而日渐取决于社区之外的外部市场。

三、21 世纪的改革：霍家沟案例及分析

对于当代中国改革具有示范意义的，是 20 世纪 90 年代后期工业化才起步，却在 2003 年推进股份合作制改革，全体社区成员全额占有集体企业资产的山西长治霍家沟村。这个由农民自主创新所推行的社区股

份合作制改革的重大意义，不在于把土地和企业资产通过作股的形式进行资本化，建立了这种与周村区和南海市十年前或二十年前几乎相同的形式与内涵的“社区产业资本集团”内部新的共有制的财产关系，而在于聚落而居的农民们对中国各种资本利益集团形成并随之全面推进彻底的个人化的私有制主流改革大潮的自发反抗。在于那些非规范制度之下的农村仍然会继续产生自身能够防止负外部性最大化的理性改革。[①]

诚然，20 世纪 80—90 年代的农村股份合作制改革形成的产权制度，可以验证本文作者长期坚持的“不同的原始积累方式形成不同制度，并且导致其后的制度变迁中的路径依赖”的理论。即使到 20 世纪 90 年代后期私有化改制以后，农村中仍然有体现社区成员权的内部化的产权制度创新发生。

（一）霍家沟村的工业化历程

霍家沟村的工业化起步见专栏 37。

专栏 37

霍家沟村的工业化起步

霍家沟村坐落于山西省长治市郊区西白兔乡北部，紧邻潞安矿务局石圪节煤矿，全村面积 5 平方公里，191 户，776 人。1993 年村里耕地退耕还林，当时村里有耕地 1014. 4 亩。早在 1964 年“四清工作队”就帮着搞起副业——给潞安矿务局加工豆腐、粉条，剩下的渣子喂了 500 多头猪，这一项收入有一两万元，约占总收入的 20%，还带动 30

① 本案例由作者的博士研究生石嫣执笔起草，庄沙沙参与调研；感谢霍家沟村霍松勤书记、张武芳部长及所有接受访谈的村民。

多个劳动力从事副业。直到 1976 年“文化大革命”结束和放开农产品市场，霍家沟养殖业才逐渐停止。

霍家沟村地理条件不利，村民种地以玉米为主。上党地下矿藏种类达 40 多种，素称“煤铁之乡”。霍家沟境内仅有一些小的边角煤矿，成了社区工业化原始积累的主要资源。

1971 年 9 月，国务院召开全国农业机械化会议①，要求发展“五小工业”②，会后全国社队企业以年均 24%的速度发展。**就在 1971 年，霍家沟村开始挖小煤窑。**

农村工业化的原始积累开始时，粮食不值钱。小煤窑工人一天 15 工分，相当于一个半工，下坑给两毛钱现金补助，是国有煤矿井下工的 20%。按月发工资，挖一吨煤给提一毛钱，每吨售价 3 元，下坑的工人一个月能挣 100 元，井上的工人最多六七十元。当时，在煤窑工作的基本上都是那些家里孩子多又比较困难的村民。1985 年，用大队的自有资金约 4 万元挖了新井，原始积累完成。

1987 年，石圪节煤矿着大火影响到了村里的小煤矿；1987—1990 年霍家沟经济进入低谷，也是村里最乱的时候。可见这种**农村工业化的风险是由全村承担的。**当时村里虽然没有负债，但村民上访严重，直到 1990 年还是乡里重点整顿的“三类”村。这年村委会改选，26 岁的霍松勤当选，开始发生诱致性制度变迁。

---

① 这次会议是为了落实北方地区农业会议精神。社队工业发展中的一个机遇就是加快农业机械化步伐（张毅、张颂颂：《中国乡镇企业简史》，中国农业出版社 2001 年版），在“文化大革命”开始后，1970 年 8 月周恩来总理在极其困难的处境下用国务院的名义召开了北方地区农业会议。会议指出，农业的根本出路在于机械化。

② “五小工业”指小钢铁、小煤窑、小水泥、小机械、小化肥。

1992 年，邓小平南方谈话对乡镇企业予以肯定。霍家沟利用国家金融扶持的机会快上项目。同期也有当地**资源资本化类型的农村工业化的“外部性”代价**——抓住国家对小型“三高”企业还没有明令禁止的机会迅速上马。产生利润之后立即投入改造。待国家禁令下达时，这里已完成了产业改造而进入良性循环。

1992 年，石圪节煤矿要付给霍家沟村一部分占道补偿费，**霍松勤没要现金，而用这笔补偿费换了该矿的边角煤田**；煤挖出来后一斤没卖都存了起来，因为**煤只有 50—60 元/吨，而焦能卖到 200 元/吨。1993 年开始利用本村最大最平的一块 40 亩耕地建起焦化厂**，第一、二期总共投资 1400 万元左右。第一期工程启动资金不到 200 万元，资金来源一是自有资金 70 万元，其中融资二三十万元①，另外将一个煤矿转让给西白兔乡的晋鑫公司，获转让费 40 万元左右；二是向银行贷款 80 多万元；三是收回 1992 年长钢焦化欠霍家沟的 10 万元；四是邻村瑶山煤矿挖了霍家沟的煤，赔偿了 40 多万元。1994 年，焦化厂二期工程启动，没有融资、借款，就靠自我积累滚雪球。这意味着：**起步三年之后，社区产业资本形成并达到一定规模。**

更为重要的，是他们**在很短的时期内就完成了足以构成产业内部循环的结构调整**：1995 年，霍家沟上了活性炭纤维项目，投资 300 多万元，项目是环保产品，但市场打不开，**最后工厂不得不关闭**。由于 1997 年东南亚金融风暴的影响，国内焦炭滞销。霍松勤利用这个“空闲”时机投资建了洗煤厂，用洗精煤炼焦，提高了焦炭品质，打开了

---

① 这其实是向村民借的高利贷，年利率 40%，并配 20%股份，五年还清。如果按 100 元计算，第一年 40%利息，并配 20%的股份，则第一年的利息为 40+20=60 元。第二年本金 80 块钱，80×40%+20=32+20=52 元，第三年本金 60 块钱，60×40%+20=44 元，第四年本金 40 元，40×40%+20=36 元，第五年本金 20 元，20×40%+20=28 元。

市场。接着再投资建电石厂，用自己的焦炭和石灰炼电石。之后，又投资建了自备电厂，用洗煤后的中煤、焦化厂的煤气做能源发电供电石厂用。**1997年建电厂的时候遭遇困难，企业的工人10个月没有领工资**，合计90万元，确定年利息为13.6%。1999年投产后，到2000年才还清这部分工资。之所以能够如此，是因为**当时工人95%为霍家沟村民**，只有不到5%为外来工人。

（二）霍家沟村企业转制与初始产权配置

2004年12月，霍家沟村进行集体企业改制时有资产近5亿元，净资产近3亿元，企业净资产的33%留在村委，其余的67%变成股份分配给村民，村里户均得到了超过百万元的资产，并开始拿到发展后的红利。

67%的村民股份创造性地分成三部分：人本股、工龄股、职务股。股份总额17178.8640万元。其中，人本股15382.6418万元，占总额的89.54%；工龄股1588.3882万元，占总额的9.26%；**职务股207.8340万元，占总额的1.2%**。

村集体留下的33%股份是对有利于本村长期可持续发展的社会资本投入的回报，对于社区化的、长期承担以工补农职能的乡镇企业而言，无论哪种改制，都应留出一定比例的集体股，或者规定一定比例的利润分配用于乡村两级的公共开支和支农投入。① 正如领导改制的霍松勤书记所说：“集体经济就是管理人的手段，没有集体经济就没有集体功能，农村必须有一定的集体经济，就是自己给自己找了个财政。”

① 温铁军：《乡镇企业资产的来源及其改制中的相关原则》，《浙江社会科学》1998年第5期。

到2005年，霍家沟村的工业产值已经达到9亿元，依靠在本村得到的工资和股息，村民的人均收入达到1.5万元，是1993年工业化再次起步时的24倍，村民股份随企业的发展还在不断增值。这时，**该村已经质变为有中国特色的“社区化的产业资本集团”**。

（三）霍家沟村案例的启示

这个1971年在“文化大革命”期间开始农村工业化起步，1987年中辍，1993年再次以社区资源资本化为实质在工业化过程中形成的社区产业资本集团，主要由于**社区资源资本化的初始投资人是全体成员，由此产生的产业资本集团就如同传统农户家庭那样不能解雇成员；**于是，最终被资本化的资源本来由社区成员共同占有，因而**形成了如下不同于西方个人化的资本主义经济的可供进一步研究的基本特征**。

其一，**乡土中国的产业资本主要形成于本地资源资本化**。该村1964年开办副业和养殖业，1971年开始挖煤，并且利用20多年来为国有煤矿长期提供副食品形成的公共关系推进了社会资源资本化——把应该得到的国有煤矿企业支付的道路占地款折换成边角煤田资源的开发权，把本村最好最平整的土地无偿用于建立煤炭资源转化增值的焦炭加工企业，使其**几何级数的级差地租转化为企业资本**。本村劳动力早期下井挖煤仅仅得到相当于国企职工20%的工资，其剩余价值转化为企业资本。本村的集体积累资金几乎全部用于企业投入。

其二，**产业形成之中的风险由全体社区成员共同承担，该行业本身其他的负外部性则由社会承担**。该村1987年煤矿受到火灾影响停产，1997年建电厂的时候遭遇困难，工人10个月没有领工资合计90万元，2003年活性炭纤维项目投资300万元失败倒闭等，表明工业化进程中的风险皆由社区全体成员承担了损失，客观上表现为村内失序，矛盾复杂。而其规避国家对小型高污染高耗能企业的关闭政策所造成的负外部性，则与其他类型的企业一样推给全社会承担。

此类乡土中国的经济主体的资产来源，既不同于从西方资本主义历程提炼出来的一般市场经济条件下的所谓“承担风险损失”并追求利润最大化的私人企业主体，也**不同于斯大林模式的国家资本主义的凭借官方垄断地位直接占有全民资源资本化收益的企业主体**；那么，其以小农村社制为经济基础的、以内部化产权制度为特征的股份合作制的共有制性质，也就顺理成章地被列为另类发展模式了。

四、小结

山东长行村、广东草场村、山西霍家沟村……农村改革 30 年间很多从来没有被意识形态化的对立争论所污染过的鲜活案例所表达的，是农民群众和基层干部的自主创新的伟大力量，远比皓首穷经的学者那些灰色的理论要常青得多。而作者之所以再三地以此类案例进行产权制度分析，也不过是认为大多数读者都有足够智商去举一反三罢了。

专题报告八：

21 世纪苏南发展的国际环境：发达国家主导的全球性产业转移

20 世纪 80 年代初，乡镇企业以“惊人”的“苏南速度”引起人们的广泛瞩目，人们对所谓“苏南模式”的研究，逐渐从关注乡镇企业本身拓展到关注乡镇企业所在的农村经济社会整体发展、城乡关系等整体环境上来[①]——虽然“苏南模式”产生于苏南农村，但理解它却不能只局限于苏南农村内部的经济社会关系。将其置于中国工业化的整体进程中考察，不难发现，外部环境的变化往往是苏南乡镇企业发展格局演变的重要诱因。

同理，进入 21 世纪以来，当苏南经济的高速增长再次引人瞩目时，地方政府主导的招商引资通常被视为成就“新苏南模式”的关键所在，被视为苏南地区从传统的“苏南模式”转型为“新苏南模式”的重要一跃。但这些理解仍然只是局限于开发区、外资、高新技术产业这些“标签”词汇的视域内的多少失之片面的解读。客观地看这一过程，苏南对外资的需求固然很重要，但从资本供给的角度来看，外

① 顾松年：《从城乡经济协同转型中再创苏南领先优势——探析苏南模式的区域化演进》，《现代经济探讨》2002 年第 5 期。

资大举进入苏南并不是偶然的。

本书认为，20 世纪 90 年代后期尤其是进入 21 世纪以来苏南的外向型经济发展，本质上是苏南在中国新的对外开放的大潮之中，在国内货币贬值和地方政府不遗余力的招商引资的努力下，主动加入了以美国为首的核心国家的金融资本主导的国际经济新循环；在全球性产业转移和产业价值链重新布局的浪潮之下，苏南的对外开放再次发生机制性变化——国际贸易的动力由国内产能过剩的推力变成了以外部需求为主的拉力。

如果可以借鉴沃勒斯坦的世界系统论来考量全球产业资本重新布局中的中国，和在这次国际资本的结构调整中“华丽”转身的苏南，则可加深对苏南经济社会发展中各种问题的规律性认识，而不必拘泥于一般意识形态化的或纸上谈兵的讨论。

一、进入 21 世纪国际产业转移动因的变化

（一）20 世纪：制造业资本溢出与国际产业转移

20 世纪的国际产业转移大抵可归于：因制造业资本溢出效应提升了要素价格，这使得发达国家的制造业向外移出。

20 世纪 60 年代以来，随着科学技术的发展，发达国家劳动力成本的不断提升，及产业资本阶段必然发生的国内劳资矛盾不断增加，全球发生了一轮发达国家主导的世界范围内的产业结构调整，其特点是发达国家将劳动密集型产业转移到发展中国家，自己则致力于发展技术密集型和资本技术双密集型产业，以此实现产业结构升级。

在美苏这两个超级大国主导的冷战尤酣的 20 世纪六七十年代，同

属西方阵营而几乎完全没有制度摩擦、地处冷战前沿阵地的国家或地区首先承接了这轮产业转移。亚洲的韩国、新加坡及中国台湾、中国香港这些同属于儒家文明的国家和地区，就是先接受了日本的产业转移，才得以推行所谓的“出口导向型”战略，重点发展劳动密集型的加工产业，在短时间内实现了经济腾飞，而被称为亚洲“四小龙”。

但因为**“四小龙”疆域狭小、幅员有限，在承接国际产业转移的资本溢出效应下，其境内的资源要素迅速被重新定价。为了保证利润空间，追求短期收益的资本遂进一步向“四小龙”周边的土地、资源、劳动力要素价格低谷的国家和地区流动，**于是便有了亚洲“四小虎”的经济迅速增长。

随着中国在1972年恢复与西方的外交关系，并且同期开始了第二次对外开放，大量引进西方设备用于国家重偏斜的产业结构调整，20世纪70年代末珠江三角洲“三来一补”的贸易模式和长江沿线的重化工业城市的结构调整，也随之出现于这一国际背景之下。①

20世纪80年代，国际局势趋向缓和以来，发达国家大批冷战时期的军事科技成果转为民用，推动了以知识经济为产业经济基础的产业升级，继续成为发达国家产业对外转移的推力。

---

① 20世纪70年代前期，毛泽东在接受了中国军事领导人关于世界大战在20年内打不起来的判断之后，恢复与欧美日的外交关系，率先引进西方资本于国家工业化布局相对集中的沿海主要工业城市。70年代中后期，国际形势朝着有利于第三世界国家接受产业转移的方向发展，与此同时，中国东南沿海的紧张局势也有所缓解，本来经济基础相对薄弱的广东，就是在中央政府政策倾斜的支持下，借助毗邻港澳地区的区位优势，快速集聚国内外资源，承接了以港澳地区为主的劳动密集型产业资本的转移，逐步形成相应的外源型产业结构，而迅速发展成为全国的经济大省，拉开了地方政府主导的新中国“第三次对外开放”的序幕（参见温铁军：《新中国三次对外开放的“收益和成本”》，载温铁军：《我们到底要什么》，华夏出版社2004年版）。

在亚洲，以日本为产业结构顶端的“雁阵”结构渐趋稳定：居于东亚经济梯次结构顶端的日本向整个东亚地区输出尖端技术产品，并购买承接其已淘汰产业的其他东亚国家所生产的相对低端的产品。东亚后进国家对日本高端产品的依赖和对日本低端产品市场的依赖，共同构成日本对东亚经济发展“雁阵”的结构性牵引的支撑力。①

有关国际资本流动的一些经典理论概括见专栏38。

专栏38

关于国际资本流动的经典理论

尽管时代背景不同，产业资本移出的动机不同，但经典跨国公司国际直接投资理论所揭示的国际资本流动的内在逻辑，还是为我们今天形成对苏南外向型经济运行规律的客观认识提供了重要的观察视角和分析工具。这是不可否认的。鉴于比较有代表性的FDI理论大多已被纳入教科书而为人们耳熟能详，很多研究也都对此进行过综述性分析②，这里仅对这些理论的核心要点进行归纳和简要介绍（见表2-8-1）。

表2-8-1　跨国公司国际直接投资理论的核心要点

理论名称	核心要点
垄断优势理论（Stephan Hymer于1960年提出）	市场不完全竞争和以垄断资本集团独占为中心内容的“垄断优势”是战后国际直接投资急剧上升的关键所在。“垄断优势”其实是跨国公司对外直接投资实现的条件，而由于这一优势又恰恰是跨国公司在进入其他国家和地区时先天具备的，因此便内在地决定了跨国公司必然在东道国形成垄断地位。

① 鞠海龙：《破日本雁阵　中国—东盟布新局》，《时代周报》2009年4月23日。

② 其中比较有代表意义的当属上海社科院世界经济研究所张幼文研究员的分析，本部分内容在写作过程中参照了其对相关理论的评述。详见张幼文：《中国开放型经济新阶段理论建设的主题》，《学术月刊》2006年第3期。

（续表）

理论名称	核心要点
产品生命周期理论（R. Vernon 于 1966 年提出）	该理论内在地决定了东道国吸收的外资只能是发达国家的成熟产品，而**产业转移本身则是国际分工在产品生命周期阶段上差异的结果，国际投资只是产业发展阶段性差异的表现和强化**。
内部化理论（Peter. J. Buckley，Mark Casson & A. M. Rugman 于 1976 年提出）	以跨越国界的方式使交易内部化形成跨国公司，有利于企业减少各种交易成本，从而获得内部化的利益。**跨国公司通过交易内部化不但节约成本，而且可以把在东道国获得的利益向外转移，并且此过程中增加的更多的是跨国公司的收益**，不论这种转移是否采用转移价格的方式进行。
边际产业扩张理论（小岛清于 1977 年提出）	该理论事实上证明了**母国输出的只能是相对劣势产业，从而使东道国在国际分工中只能处于落后地位**。因此，国际产业转移的结果是母国的优势产业得到强化，国家要素配置更加合理优化。东道国所接受的边际产业，可能意味着获得一个产业的相对优势，但是也意味着接受向外转移国家的劣势产业，从而形成**整体产业水平上的绝对劣势**。
国际生产折衷理论（John H. Dunning 于 1977 年提出）	直接投资方式是跨国公司同时拥有所有权优势、内部化优势和区位优势这三种优势时的选择，因此，主导这种优势组合的只能是跨国公司，**跨国公司的优势得到充分利用，而东道国必然在优势组合中处于被动地位**。
价值链理论（Michael E. Porter 于 20 世纪 80 年代中期提出）	跨国公司经营的原则就是把价值链的不同环节分布到不同的国家或地区去分别完成，从而实现产品价值链中每个环节的全球优化配置。国与国之间的比较优势将更多地体现为价值链上某一特定环节的优势，从而导致国与国之间按价值链不同环节分工的现象。**从根本上说，该理论决定了后进国家只能处于价值链的低端**。

任何理论，不论其初衷多么中性化，最终往往不可避免地被某种意识形态化的语言或逻辑所包装，从而服务于既定的目的。上述跨国公司国际投资理论也不例外，这些单纯从产业整合或经济发展角度着

眼的理论研究成果，固然加深了对客观现实的认知，却有意无意地忽视了：在西方发达国家主导的全球化过程中，伴随以跨国公司为载体的国际资本流动，大多以支援后发国家进行经济建设、国际扶贫等人道主义或新自由主义的名义进入发展中国家，不仅资本及其所代表的利益集团逐利的本性几乎无法改变，**国际资本背后所代表的国家利益诉求更是难以违背**。因此，一旦危机来临，随着国外资本的全面逃逸，发展中国家昔日的繁荣和歌舞升平顷刻化为乌有，继之以大范围萧条甚至严重的社会动乱或人道主义灾难。

这些应该被记取的教训背后，如果说还有共同之处的话，那就是：我们不得不承认，**在西方发达国家主导的金融资本全球化过程中，以跨国公司为代表的国际资本在与发展中国家进行交易时，始终掌握着主动权**。也因此，若从政治经济学的视角去归纳，上述理论或多或少都承认了资本的“供体”和“受体”——资本来源国和接受投资的东道国——在制度成本承担与制度收益分配上的严重不对称；同时直言不讳承认的还有：东道国仅凭借外国资本的直接投资，通常都难以扭转核心竞争力弱化和产业分工低端化的局面（见专栏 39）。

专栏 39

珠江三角洲服装加工业的“微笑曲线”

20 世纪 70 年代末至 80 年代初，亚太地区数十年前刚刚崛起的一批新兴工业化国家和地区，由于区域内的要素价格上涨，原有的劳动密集型产品在国际市场上不再具有竞争优势，普遍面临着产业升级的问题。于是，纷纷谋划“腾笼换鸟”，以加快国内产品升级换代和产业向外转移的步伐。

以此时的香港、澳门地区为例，已经出现劳工短缺、工资上涨和地价提高等问题，20世纪80年代香港一个工人月平均工资2500港元，为大陆工人月平均工资的10倍。**劳动密集型的各种制造业在港澳地区已经没有多大的生存余地。而大批厂商手中又握有大量订单，寻求把部分产业或产品加工装配工序转移出去。**这为广东吸引资本以完成原始积累创造了难得的外部机遇，成为广东经济复苏、发展的可靠的资本供给来源。

当时的广东正面临“储蓄缺口”和“外汇缺口”的“双缺口”，只能利用“三来一补”这种引资模式。广东只需要提供**“一块地皮两只手”(指其有比较优势的土地、劳动力)**和部分基础设施，不需要流动资金和原辅材料；而当时的香港地区有技术、有设备，拿着订单，但没有地方和人手生产，等到对面的广东一开放，那些在高楼里挤得像蜂房似的加工企业便蜂拥而至。这种上游的设备、设计、原材料及下游的销售“两头在外”的方式，使广东既可以快速建立起低端制造业体系，又不必担心产品销售和债务风险。这种模式正符合了广东当时资本极度稀缺，土地、劳动力丰富，工业基础薄弱，技术和管理水平低下的状况。“据统计，从1979年至1985年，广东对外签订‘三来一补’合同60363宗，合同规定利用外资120337万美元，实际利用外资70403万美元。”① 东莞成为最早引入“三来一补”企业的地区，后来也成为“三来一补”企业最著名的地区。

根据本书作者主持的另一项实地调研，一家广东珠三角地区服装加工业的产品附加值和利润分配情况如下。

一件名牌T恤衫，工厂订单价格是每件8.6美元，合人民币61

---

① 李军晓：《先行一步——广东改革开放初期历史研究》，中共中央党校研究生院博士论文，2007年。

元，而且包括运费等其他费用（离岸价格，FOB）；在欧洲的品牌商卖给中国大陆零售代理商的价格是 320 元人民币（到岸价格，CIF）；在精品店零售价格为 1000 元人民币。

在工厂得到的这 8.6 美元里面，利润为 0.8 美元左右，但包含了出口退税。亦即如果不算出口退税的补贴，工厂的实际净利润为负值。

根据对另一家服装加工企业的调查，该厂在珠江三角洲的这 20 多年，平均每年净利润 400 万元—500 万元港币，全部利润差不多两个亿。这可能与该厂 20 年来应缴未缴的排污费相当。如果按照环保要求达到排污标准，该厂仅购买排污设备，就得投入人民币大约 500 万元。尽管工厂排污的那条河已经严重污染，完全没有鱼虾，甚至连任何生物都无法生存了，可厂方一直舍不得买排污设备。当地政府为了获得稳定的地租和产值利税，也是睁一只眼闭一只眼。因此，严格算来，该厂 20 多年来实际上赚的是应缴未缴的排污费。

（二）21 世纪：金融资本泡沫化与全球产业转移

20 世纪末、21 世纪初的新一轮国际产业转移，主要是另外一种机制作用的产物。

20 世纪 90 年代苏联解体，世界进入后冷战和金融资本主导全球化竞争的时代，操握单极化霸权的金融帝国获取收益的方式发生了本质变化——愈益依赖资本流入推动资本市场上升；在虚拟经济领域追求流动性获利的金融资本愈益异化于产业资本，遂使跨国企业的加工制造环节纷纷向发展中国家转移，转移的特点是层次高端化、产业链整体化、企业组团化，**主要表现在：发达国家在继续向发展中国家转移在本国已失去竞争优势的劳动密集型产业的同时，开始向发展中国**

家转移资本密集型和资本技术双密集型产业；产业转移的重点从原来的原材料工业向加工工业、由制造业向服务业转移，高新技术产业、金融保险业、贸易服务业以及资本密集型的钢铁、汽车、石化等重化工业日益成为国际产业转移的重点领域。

这一轮的产业转移，一般被称为**全球产业资本重新布局，但仍然是发达国家研发部门留在本国、生产部门靠近市场的战略调整与后发国家以市场换资本、换技术以加速本国工业化进程的交易和双向选择过程**。

从动力机制看，新一轮的产业转移，既有发达国家自 500 多年前殖民主义以来一以贯之的全球地缘战略布局的主观考虑①，客观上也是 2002 年以来伴随国际经济形势好转而出现全球资本化泡沫加速扩张、实体经济部门因要素成本攀升而谋求产业价值链的全球重新布局的结果。

而这一切，要从 20 世纪 70 年代美元与黄金的脱钩谈起。

1971 年，美国尼克松政府单方面撕毁布雷顿森林体系，宣布美元与黄金脱钩。当时美国的黄金储备（102.1 亿美元）仅是其对外流动负债（678 亿美元）的 15.05%，客观上不再具有充当世界货币的实

---

① 比如重化工领域，发达国家的市场容量已趋近饱和，利润率呈下降趋势；而在东亚地区，随着新兴工业化国家在世界制造业中的地位迅速抬升，重化工业的利润率亦不断攀升，部分行业利润率甚至高居工业行业之首。国际重化企业与中国企业竞合就是抢占这一新兴市场的重要举措。日本、韩国、我国台湾的化工等是在本国本地区贸易保护的条件下发展起来的，目标市场主要是它们当年自身的下游出口导向产业。日、韩等由于邻近中国，过去 20 多年来它们的上游工业已经充分分享了中国轻工业化的成果，但就整体实力而言，它们在世界上是“二流选手”（日本的汽车工业除外），真正的“一流选手”是欧美的重化工业企业。如今，欧美的这些 500 强企业正高调进入中国，它们与中国企业竞合后，有可能以进口替代的方式将要素价格相对较高的日、韩、我国台湾地区的同类产品挤出中国大陆市场。

力。但因“二战”和战后重建不得不深陷于布雷顿森林体系的西方各国为了避免已有的美元储备缩水造成巨大损失，在经历了金融市场的短期震荡之后，还是迫不得已地接受了虽与黄金脱钩，却**与政治军事强权支撑货币信用的特殊条件愈益关系密切的“符号美元”继续作为世界货币**的地位，维护符号美元强势地位的国际政治经济新秩序由此而成。除了世界货币的发行者——美国以外，其他国家都用自己的行动，极不情愿却又别无选择地为“特里芬悖论”加了完美的注脚。

货币信用一旦可以脱离实体经济独立存在，并成为主导国家的核心利益集团，就几乎不可避免地具有异化于产业资本、不断自我扩张和膨胀的冲动。布雷顿森林体系解体之后，尤其是20世经80年代美、英大力推进金融自由化与证券化，更于进入20世纪90年代后进一步放松金融监管以来，不再拘于与黄金固定兑换率的美元货币加快增发，不断增加的赤字和债务消费与金融资本泡沫使得金融部门迅速成为赚钱最快的领域。“（美国）1973—1985年，金融部门的利润从来都没有超过国内企业利润的16%。1986年，这个数字达到了19%。20世纪90年代，数字在21%—30%之间徘徊，超过了战后历史最高水平。最近十年达到了41%。”① 另据美国经济分析局公布的数据分析，1996年美国金融和保险业增加值与制造业增加值的比例为43.9%，2001年为51.9%，**2006年这一比例则上升到了70.6%**。②

美国国内金融资本主导的产业结构的调整直接形成了对外国际产业转移的内在动力。因为泡沫化金融是在逐涨杀跌获取风险收益，对

① ［美］西蒙·约翰逊：《金融危机的实质是金融寡头专政》，《大西洋》2009年第5期。作者是美国麻省理工斯隆管理学院教授，IMF首席经济学家（2007—2008），原题为“无声的政变”。

② 李新功：《美元霸权、金融发展差异与货币体系错配下中美经济失衡及调整》，《现代经济探讨》2009年第9期。

内在具有稳健要求的实体经济具有明显的“挤出效应”：当原油、金属等生产要素被泡沫化的金融资本主导定价时，依赖实体要素投入的加工制造产业普遍面临成本上涨的压力；随着劳动力以外的要素全球流动障碍逐渐减少，产值利润率相对较低的传统部门最先向发展中国家转移，其次是现代制造业中的加工制造环节。在美国，**大型制造企业的利润并不主要产生在它在国内的加工制造环节及其对产业链的垂直或水平整合，而是主要来自国外的和下属金融资产运营部门的金融资本收益。**[①] 近40年来，美国非金融企业利润率总体上是下降的。

其结果，在发达国家，原来的“蓝领”阶层因工作机会外移而被边缘化，尤其是1990年后，原工程师、技工大量沦为商业服务员、金融推销员等，而发展中国家则获得了以发达国家移来的制造业装备参与产业价值链全球重新布局的机遇。

世界银行的研究表明，从西方开始大规模产业转移的20世纪60年代以来的40多年的足够长的时间里，世界GDP人均年增长率却是下降的（见图2-8-1）。自1960年以来，每10年下降一个台阶，60年代平均增长率约为3.5%，70年代只有2%多一点，80年代下降到

① 比如，2009年正式宣布倒闭的美国通用汽车公司，就是对金融资本收益的过度依赖的一个例子。通用汽车公司曾是世界上最大的汽车生产商。公司创建于1908年，1931年至2008年长达77年的时间里，通用一直是全球汽车销售量领先的汽车生产企业。2002年，通用的汽车和卡车销售量超过860万辆，占领全球汽车销售市场将近15%的份额。2005年，通用汽车公司在全球售出917万辆轿车和卡车。然而，这样一个庞大的产业资本集团，其盈利能力却过度依赖于金融和保险领域。中国汽车工业协会助理秘书长杜芳慈曾进行了详细的描述：“2005年7月，通用决定将下属总产值550亿美元的汽车贷款业务出售给美洲银行。这预示着通用更加倾向于证券短期投机与金融衍生产品运作，渐渐离开其制造汽车的主营业务。2006年，通用公司盈利，主要是因为其金融公司盈利29亿美元。2007年，陷入信贷危机泥潭的通用亏损达到387亿美元。2009年，通用不得不破产重组。”

1.3%左右，90 年代只有 1%多一点。在全球收益分配的“二八定律”——发达国家 20%的人口占有全球 80%的财富——发生实质性改变之前，全球性产能过剩压力下的资本为逐利而“竞劣”的机制恐怕只能愈益强化。

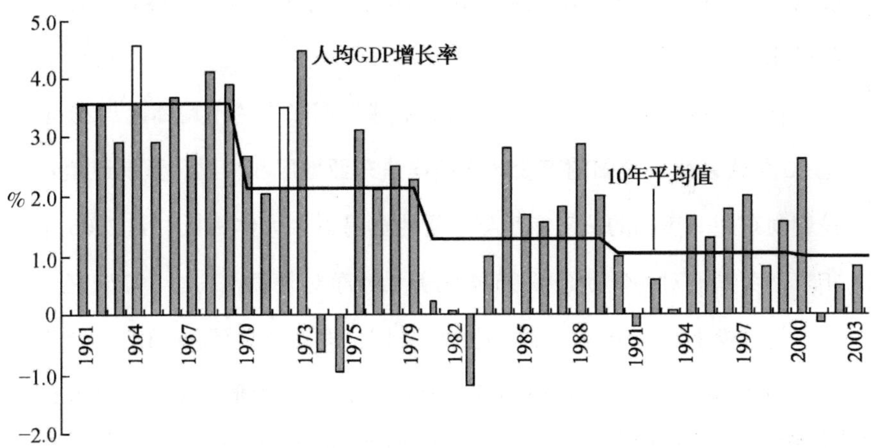

图 2-8-1　1961—2003 年全球人均 GDP 增长速度

资料来源：世界银行：《2003 年世界发展指数》；世界银行：《2004 年全球经济展望》。

二、金融资本主导下失衡的新全球经济循环

以国家强权为信用基础的金融资本，形成于 17 世纪后期商人利益群体与欧洲君主共同获取巨额利益的战争需求，发展于参与产业资本循环的利润分配，本身就是与资本主义的发展进程紧密联系在一起的。**但其从 17 世纪荷兰占据霸主地位的“郁金香投机”和 18 世纪初英国夺得霸主之后的“南海公司股票投机”等间断发生的个案，跃升为主要依靠符号化的“金融全球化”来促进资本收益超额增长的长期化，则是在第二次世界大战之后，特别是 1971 年布雷顿森林体系解体**

之后。

无论霸权如何易主，不变的是这些金融资本的寄生性，内在的规律就是核心国家借此来占有制度收益、对外转嫁制度成本；那么，沃勒斯坦“世界系统论”所揭示的边缘国家和半边缘国家以不同方式、程度不同地向核心国家输送剩余的规律也就仍然成立——尽管具体机制可能发生了变化。

直接来看，美国的寄生性表现在全球外汇账户的不均衡上。**20世纪90年代以来，美国的产业转移指向是东亚地区和中国，贸易逆差也是朝向东亚。美国的贸易赤字与东亚的贸易盈余大体相抵。**到2006年年末，美国的对外负债余额9524亿美元，净对外负债高达30273亿美元，从规模上看是当今世界最大的债务国，净对外负债占GDP的比重也达到22.9%，证券负债余额近9万亿美元（其中债务证券60796亿美元），在对外负债中的比重已达到70%。而拥有大量美元外汇储备的国家和用外汇储备购买美国大量国债的则是东亚经济体。例如，日本2004年外汇储备高达8339亿美元，约相当于2000年的2.34倍，占世界的21.6%；“四小龙”的外汇储备2004年为6765亿美元，占世界的17.6%；中国2005年外汇储备已超过了8000亿美元，截至2008年8月，中国拥有的外汇储备达到1.8万亿美元，成为世界第一大外汇储备国。①

外汇账户结果的不均衡仅仅是全球实体财富不均衡分配的一小部分，因为很大一部分经常账户的不均衡已经被全球金融资本账户的反向流动所抵消或掩盖。2009年，美国金融泡沫破灭以前的资本神话的真实图景是：美国以其从海外取得的资产收入——主要是出售证券、债券和银行信贷得到的收入——来对冲经常账户上的贸易赤字，并大

---

① 李新功：《美元霸权、金融发展差异与货币体系错配下中美经济失衡及调整》，《现代经济探讨》2009年第9期。

举收购海外资产，包括发展中国家的战略产业。

北京大学陈平教授将这一流程概括为：发展中国家用出口换汇再投资于发达国家金融衍生品市场，而发达国家的投资银行则用这些收入反过来收购发展中国家的战略产业；美国不仅“借贷消费”，还大量“借贷收购”，从而形成在全球的战略控制。

图 2-8-2 中，水平线以下显示的是美国的全部海外资金支出，包括经常账户赤字和美国个人及机构购买海外资产的净值；水平线之上显示了美国从海外取得的资产收入——收入项目主要是出售给外国投资者的证券和债券、银行信贷或者出售公司和不动产。①

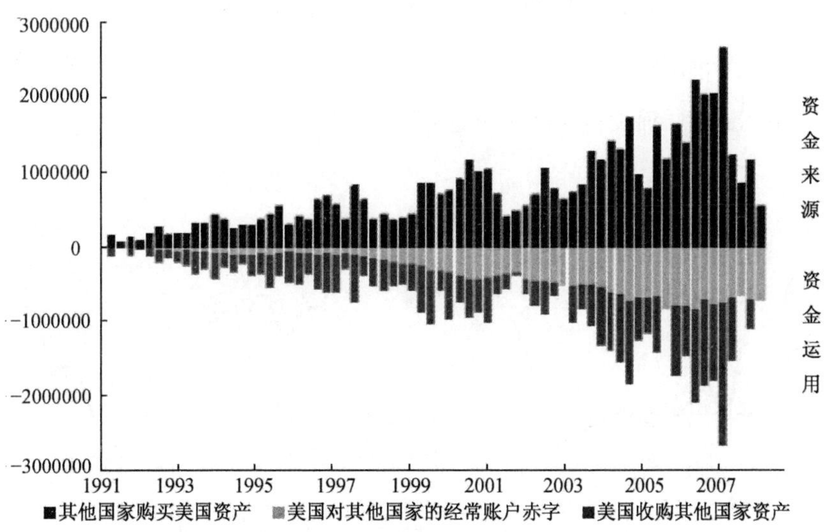

图 2-8-2　1991—2007 年各季度美国的对外资本交易
（单位：百万美元，根据年度指数调整）

进一步看贸易领域的实体经济运行，可以对金融资本主导的全球新经济循环的不均衡性形成更深的理解——即使是经常项目上的往来，

① 资料来源：John Kemp：《图说美元升值与金融危机的干系》，路透中文网，2008 年 12 月 5 日。

发展中国家与发达国家的付出与所得也同样是严重不对称的。早在20世纪90年代就有学者指出：所谓全球经济一体化，是跨国公司把低附加值的劳动密集型生产和服务环节转移到发展中国家，而自己控制产品的品牌、技术研发和市场营销等高附加值环节。换言之，发展中国家位于“微笑曲线”① 的底端，其用来参与全球交换的，其实是本国过低定价的环境租、资源租、劳工福利和社会稳定；被金融资本热炒所放大的原材料和外汇汇率的波动风险也主要是由新兴的制造业国家来承担。

图2-8-3彰显了2000年前后金融资本主导下的工业文明发展历程中的制度成本转嫁。2001年以来，国际市场上原油和金属价格大幅上涨，必然促进新兴工业化国家原材料生产成本上涨，进一步推动通货膨胀；分国家组别来看，承接西方产业转移的新兴制造业国家的通货膨胀率最高，而发达经济体的通货膨胀率最低。

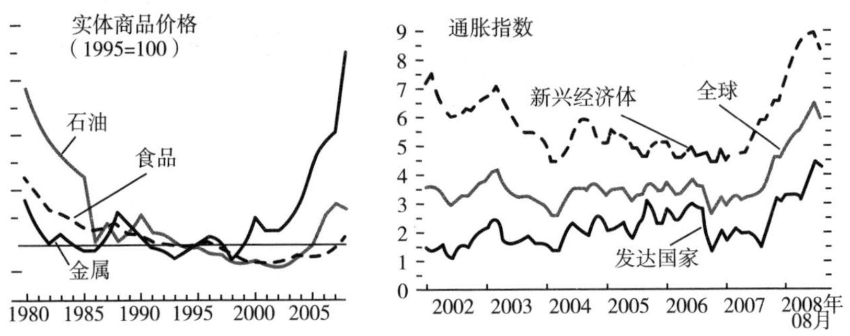

图2-8-3　发达国家的通胀压力向发展中国家转移

左图资料来源：IMF Global Financial Stability Report；右图资料来源：IMF, World Economic.

① 作者注：“微笑曲线”是20世纪90年代初台湾地区宏碁（ACER）总裁施正荣先生对PC产业链附加价值分布规律的形象归纳。他认为，随着兼容机的迅速发展和IBM放开PC标准，PC整机制造的附加价值荡然无存，上游的技术研发和下游的渠道运营及品牌建设则拥有较高的附加价值，三者连起来就像一个微笑的曲线。

三、金融资本的流动性过剩与全球信用膨胀

综上，**美元利用金融资本获益，其机制不仅在于推进全球资源“美元化”**，即用美元购买产业资本的资源、制成品，还在于：由于发达国家提供的投资渠道极为有限，除去那些限制进入的战略性产业，外国投资基本上被局限于债券和金融衍生品市场，因而发展中国家用大量的资源、环境和物化劳动出口换得的只是美国不愿也无法偿还的各种纸面欠债。可以用图 2-8-4 简要概括如下。

图 2-8-4 所揭示的是现行国际政治经济秩序约束下一般发展中国家对金融资本经济国家的两个粗线箭头表示的双重供给及其造成的恶性循环——金融资本国家的经济恶性泡沫化，与发展中国家资源环境破坏、社会关系趋紧骈行并辔。

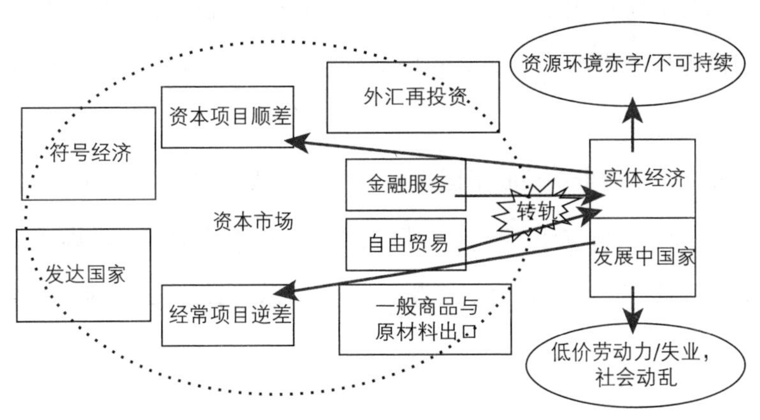

图 2-8-4　发达国家与发展中国家的经济关系

注：本图为作者在大量开展发展中国家的比较发展研究期间的自创，是对金融资本运行机制的粗线条勾勒，最近 5 年在各种国内外研讨会上经常使用。

更不易察觉的影响还在于，世界货币的发行者美国对中国等新兴工业化国家的**贸易赤字大幅度增加，导致了美元增发及其在全球的泛滥**，加剧了发展中国家和发达国家金融资本的进一步过剩。发达国家可以通过经济泡沫化而在全球获益，即使非金融领域也可以享受资本溢出效应；而发展中国家则因为不具有金融资本的主导权，只能以国内通货膨胀的形式使全体国民被迫承担美元泡沫化和本币通胀的双重转嫁。

进入21世纪以来，美国累积了大约6万亿美元的贸易赤字，主要靠货币增发和资本账户顺差来化解。到2006年年末，美国的对外负债余额9524亿美元。目前，世界每年的货币交易额高达700万亿—800万亿美元，其中与商品生产和流通有关的部分只占1%；**世界每年的金融商品交易额超过2000万亿美元，世界GDP却只有50万亿美元，**与商品生产和流通相关的金融活动仅占2.5%。①

而对于发展中国家来说，不管有没有外汇管制，长期净出口都会造成国内货币供给大于产品和服务的供给，加大了国内通货膨胀的压力。

在这个金融资本核心帝国主导的“虚拟资本主义时代的资本新生态”② 中，美国从输出美元始，以美元的金融衍生品终，借助**“从纸到纸的循环”**③，堂皇地饕餮资源，裕如地转嫁代价，这与列宁所责斥

① 王建：《美国会甘愿让货币霸权易手吗？》，《黑龙江金融》2009年第6期。

② 同上。

③ 温铁军：《从纸到纸的循环》，载温铁军：《我们到底要什么》，华夏出版社2004年版；温铁军、董筱丹、杨殿闯：《制度致贫的理论框架与经验分析（上篇）》，工作论文，2009年。

的“从一头牛身上剥下两张皮来”① 相比，不知是从一头牛身上剥下了多少层皮。

专栏39

美国的能源消费——美最绿城市是中国城市碳排量的10倍

由于得天独厚的温和气候，加利福尼亚州是美国最绿色环保的地方。但是，与中国很多地方相比，加州的天空仍要灰暗许多。

我和几位学者在全美大城市进行了一项家庭碳排放情况的调查。我们发现，加州的圣迭戈、旧金山和圣何塞这3座家庭碳排量最低的城市，其碳排量依然是中国碳排量最高城市——大庆的4倍，是中国各个城市平均碳排放量的10倍。

美国家庭的碳排放主要产生于开车、用电和房屋供暖。全美各城市汽车排量有很大差异。例如，首府城市普罗维登斯和波士顿的二氧化碳平均排放量是每年2.25万磅（约10吨），而格林维尔镇则是平均每年3.2万磅（约14.4吨）——人口越少、城市化程度越低的地区，汽车二氧化碳排放量就越高。旧金山市每年平均家庭用电量为7000度，产生7000磅（约3吨）二氧化碳。而佛罗里达州每年家庭用电量平均为1.85万度，由此产生2.64万磅（约11.8吨）二氧化碳。在佛罗里达州，房屋供暖的碳排放量每年平均低于1000磅（约0.45吨），而密歇根州的底特律则高于1.6万磅（约7吨）。

中国的情况则完全不同。中国家庭在2006年因开车产生的平均碳排量仅300磅（约0.014吨）。即使是汽车保有量最高的城市，汽车碳

① 列宁：《帝国主义是资本主义的最高阶段》，载《列宁全集》（第27卷），人民出版社1990年版。

排量仍不到纽约的1/10——因为在2006年将私家车作为常用交通工具的中国家庭还为数不多。中国家庭平均每年因用电而产生的二氧化碳排放量约为1吨，还不及用电率最低的美国城市的1/3。房屋供暖是中国家庭排碳最重要的源头——他们用的是煤、煤气和天然气，这些都是污染度极高的能源。但是中国北方城市的房屋供暖都由政府供给，每户家庭因供暖产生的二氧化碳很少，平均约1.2吨。这不仅是因为美国大部分地区冬季寒冷，更反映了美国人房屋面积太大及过于追求生活环境的舒适。

当今中国使用能源的状况犹如一幅反映百年前美国旧貌的图画。但50年后的中国将与今天完全不同。当美国人理所当然地认为空调和洗碗机是生活必需品时，有理由不让中国人也享受这些家电带来的轻松和愉快吗?

资料来源:[美] 格拉瑟:《美最绿城市是中国城市碳排量的十倍》，骆海辉译,《环球视野》2010年第287期。

案例研究

案例研究一：村庄工业化进程中的要素贡献与回报机制——以永联村为例[①]

中国乡镇集体企业之所以吸引学者的眼球，不仅在于它有极高的增长速度，更在于它是乡土社区所内含的村社理性的集中体现和生发。本案例研究选取永联村——一个集体经济村庄——作为考察对象，从村庄要素动员与回报机制这一特定的角度，分析农村工业化原始积累和产业资本扩张过程中村社理性的作用机制。

在农村工业化起步阶段，在资本极度稀缺的条件下，村社内部通过以成规模劳动、土地替代资金要素投入完成资本的原始积累，村办企业是对内动员社区资源的载体和媒介。在此过程中，要素所有者得到的是“按需（基本需求）分配”的回报，这种回报是低廉的，因而需要在未来进行补偿。

产业资本形成后，劳动力资本和技术资本、企业家管理才能相分

① 本案例为课题组成员叶茂的硕士学位论文《农村工业化过程中村企关系演变的逻辑——基于要素贡献与回报机制的角度》（中国人民大学硕士论文，2009 年），收入本书时略有修改。

离，并依次要求兑现其超额经济收益。经营者与基层政府博弈的结果是改制的发生，经历了承包制、股份合作制、经营者持大股几轮改制之后，村企关系发生了根本改变，经营者得到了“年薪+股权”等激励性回报，而企业对村民以往要素投入的“欠账”，通过村委会继续提供就业安排、基础设施、社会福利等社区服务进行可持续回报。

随着产业资本的扩张，社区内部的资源约束（尤其是土地要素）凸显，在土地要素供给的制度与资源的双重约束下，企业通过就地并村的方式，将原村社内部的资源整合机制复制到其他村庄，扩大社区范围，完成土地资源的直接资本化。村社理性与产业资本同步外延扩张，弱化了土地用途转变过程中的社会成本。新村民获得的回报是成员权，不仅体现在逐渐并轨的新老村民的福利待遇上，也体现在集团内部孕育了农业公司，以相对较少的土地解决新村民原地农业内就业的需求。随着土地要素供给的制度约束放宽，企业通过跨村征地完成土地资源的间接资本化，要素获取与求偿一次完成。

一、导论

随着经济体制改革的深入，乡镇企业城乡割裂的“乡镇”特征已愈发模糊，其市场化的企业特征愈发显现出来。虽然“乡镇企业”的提法可能会随着制度创新的深入而逐渐退出历史舞台，但是乡镇企业并不会消亡，乡镇企业的制度变迁与创新不会停止，它们会有一条新的发展道路：形成新经济制度下的现代企业制度。[①]

① 石琛：《转型期乡镇企业制度变迁与创新理论综述》，《当代财经》2005年第1期。

乡镇企业演变为民营企业，也许正是“过渡性杂种”① 的终极形态（见图 2-9-1）。因为从理论界的动态来看，进入 21 世纪后，对乡镇企业的研究已经开始趋淡，关注的问题也多数带有历史总结和边角修补的倾向。这说明，在理论界已经对乡镇企业“形成新经济制度下的现代企业制度”达成了基本共识，既然乡镇企业已经不再具有“乡土特性以及独有的所有制形式”，其理论价值显然也就十分微薄了。

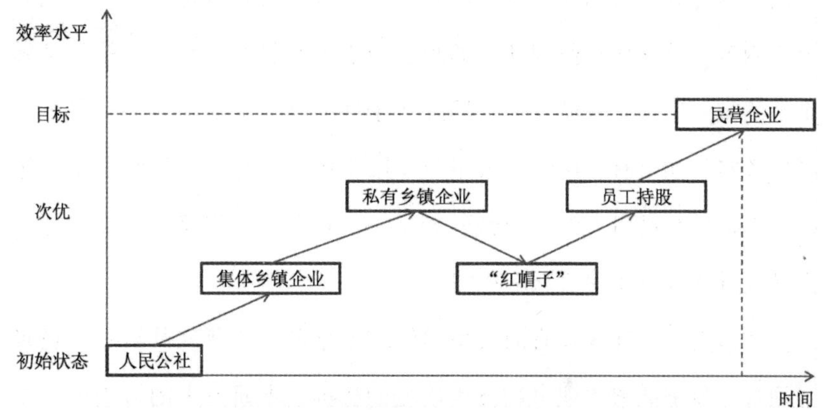

图 2-9-1　中国乡镇企业的转型路径

资料来源：樊纲、陈瑜：《“过渡性杂种”：中国乡镇企业的发展及制度转型》,《经济学》2005 年第 7 期。

现有文献关于乡镇企业的研究多集中在产权研究、治理结构与组织制度研究、增长动因与经济绩效研究等方面。由于乡镇企业是中国过渡经济的特殊产物，其与公有制经济的改革具有许多共通的问题，因此乡镇企业的制度变迁也就成为理论界关注的焦点。

关于乡镇企业制度变迁的研究，主要集中在两大方面：一方面是

① 樊纲、陈瑜：《“过渡性杂种”：中国乡镇企业的发展及制度转型》,《经济学》2005 年第 7 期。

制度变迁的逻辑框架，如“灰市场”[①] 条件下的模糊产权理论、委托—代理理论、地区政府竞争理论、政府与社区交易理论等；另一方面是制度变迁的具体形式，如承包制、股份合作制、经营层持大股等。但现有研究的不足在于，对制度变迁的逻辑框架和具体形式之间的作用机制关注较少，即用一个统一的逻辑框架来解释乡镇企业从产生到发展，到出现各种改制形式的研究不够。进而，乡镇企业未来发展的方向和演变的形式如何？理论界对于“集体成分彻底退出，并形成新经济制度下的现代企业制度”的观点似乎鲜有异议，然而这就是乡镇企业的唯一出路？有没有在市场经济条件下继续保留集体经济成分的第二条路？如果有，这样一条路与乡镇企业之前几十年的制度变迁路径是不是具有逻辑上的一致性？如果是，背后的逻辑又是什么？这些都是现有研究难于回答和解释的。

乡镇企业与社区政府的关系是错综复杂的，要研究其演变的逻辑必须首先界定能够体现事物发生质变的标准。本研究中的村企关系主要考察两个方面，一是管理权限上的，如村办企业和企业办村；二是行政范围上的，如社区内的企业，扩大社区范围的企业，跨越社区边界的企业。当然，在农村工业化过程中，企业的内部治理结构也会发生相应改变，尤其是从管理权限的角度讨论和判断村企关系时，这是一个不可能完全回避的问题。在本研究中，企业的内部治理结构也有提及，但并非考察村企关系的重点。

---

① “灰市场”理论是指现实经济中存在的不是按国营计划市场和竞争市场的原则和方式进行的，而是靠关系或“后门”进行的物品交易关系的分析理论。

二、永联村的工业化与社区发展概况

（一）永联村概况

永联村位于江苏省境内，隶属苏州市张家港市南丰镇，在张家港市东北部，距南丰镇约8公里，距张家港市区约25公里，村东南与常熟市交界。全村占地8.5平方公里，拥有73个村民小组，总人口9261人，是苏州市面积最大、人口最多的行政村之一。永联村村域地势平坦，土壤肥沃，气候温暖湿润，水资源充沛，全年日平均气温15摄氏度，属于亚热带季风气候。优越的自然条件适于农业生产，完善的区位优势为经济腾飞提供了保障。

党的十一届三中全会以后，永联村抓住机遇，致力于发展村办工业。经过近30年的发展，永联村走出了一条由农副业起家、手工业承接、重工业立足的道路。目前，永联村建成了集农、工、商于一体的大型企业——永钢集团。2007年，永钢集团销售收入达245亿元，成为南丰镇最重要的经济支柱，为国家和地方经济的发展作出了巨大贡献。与此同时，随着永钢集团的产能扩大和效益增长，永联村财力迅速壮大，各项基础设施和公共事业建设也得到了长足发展，居民的生活水平稳步提高，社区保障网络和社会化服务体系逐步建立，这使得永联村也成为新农村建设的典范。

由于在乡镇企业发展和新农村建设方面取得的巨大成绩，永联村先后获得“江苏省百佳生态村”“全国文明村”“全国先进基层党组织”“中国十大经济强村”等30多项省和国家级荣誉。永联村党委书记吴栋材还荣获“十大杰出村官”“CCTV年度十大‘三农’人物”等荣誉称号。1999 年 4 月，费孝通先生在考察了永联村之后，欣然题字，赞誉永联村为“华夏第一钢村”。

（二）永联村的发展历程

永联村的发展大致经历了如下五个阶段。

第一阶段：围垦建村（1970. 2—1978. 11）。1970 年 2 月，张家港市的前身沙洲县组织数千民工围垦了 0. 54 平方公里的长江沙洲，称为“70 圩”。1971 年秋至 1972 年春，由参与围垦的四个公社搬迁 213 个农户（共计 808 人），建制成立南丰公社 23 大队。由于地势低洼（平均海拔仅 0. 80 米），易涝易灾，群众生活十分贫困，“走的是泥泞道，住的是茅草房，喝的是野菜汤”。为解决矛盾和贫困问题，上级组织先后向永联村派驻了 6 批工作组。直到 1978 年，永联村年人均分配水平才 68 元，而集体负债却达到 6 万多元。永联村一直是沙洲县面积最小、人口最少，也是最为贫困的一个行政村。

第二阶段：以工兴村（1978. 12—1984. 3）。1978 年 12 月 18 日，党的十一届三中全会召开，波澜壮阔的改革开放大潮为乡镇企业的崛起注入了活力，为这个江洲小村带来了孕育新生的春风。作为第七任工作组长、第五任支部书记来到永联的吴栋材，带领党支部一班人，根据永联地势低洼的实际，将低洼地挖成鱼塘养鱼，将取出的土填高农田种粮食。1979 年年底，永联粮、鱼双丰收，全村群众获得了年终分配。此后，为彻底挖掉穷根，带领群众过上富裕生活，村里在原有的小织布厂的基础上，因地制宜，因陋就简，陆续办起了水泥制品厂、花砖厂、水磨石厂、枕套厂、家具厂、玉石厂等七八个小企业，走上了“以工兴村”的发展道路。到 1983 年年底，村集体积累了 20 多万元资金，为创办钢厂奠定了良好的基础。

第三阶段：轧钢富村（1984.4—2002.6）。1984年春，中央一号文件精神迅速传到江南，永联村人闻风而动。他们经过仔细的调查、科学的论证，决定关闭村里所有的小厂，集中精力与财力办轧钢厂。消息像长了翅膀似地很快传开。有的干部不理解：辛辛苦苦赚来的钱，要冒大风险办钢厂，把钱往七干河里扔。另外，这样风险也相当大，多搞几个企业，东方不亮西方亮，而这样做就一点退路也没有了。考虑到人力和资金问题，吴栋材决定捏紧拳头，砍掉玉石厂等其他项目。他说，办法总比困难多，没有技术人才可以到外面去聘，没有管理经验可以努力去学，只要真心实意地去干，总比坐在那里等、靠要强。1984年4月，永联村党支部几经周折，总共筹集了30万元，买了一套“200×4”的小型轧机，用了不到4个月的时间建成投产，当年就创利10万元。1985年，轧钢厂产值达到1024万元，永联村跨入了全市十大千万元村的行列，实现了从穷村到富村的转变。此后，村里年年不断加强技改，陆续创办了外径为250、530、650的钢筋生产线等一批工业项目，经济实力不断增强。1993年12月28日，以永联轧钢厂为核心组建成立了省级企业集团——江苏永钢集团公司。1994年1月，永联成为全市8个党委村之一。此后，村里又相继创办了合丰钢铁、70万吨线材等项目。1998年，在清产核资、界定村企产权的基础上，永钢组建成立了股份制公司——江苏联峰实业股份有限公司。到2001年年底，永钢已经成为总资产达15.47亿元、年销售收入超28亿元的大型企业集团，永联成为远近闻名的富裕村。

第四阶段：并队扩村（1995.9—2005.10）。为带动更多的群众走上共同富裕的道路，拓宽企业发展空间，1995年9月，南丰镇永新、永南村归并永联村，全村面积由原来的0.54平方公里增加到5.2平方公里，人口由原来的900多人增加到5333人，全村整体规模大幅扩张，成为苏州市面积最大、人口最多、经济实力最强的行政村。2002年7月，因建设炼钢项目的需要，安乐村第17组被并入永联村，并入土地157亩，人口162名。随着企业的发展和现代化新农村建设的加快，2005年5月，全村行政区划再次实施重大调整，邻近的南丰镇和平村、永丰村和乐余镇东胜村的21个村民小组并归永联村。因永钢码头建设的需要，该年9月，长江岸边乐余镇渔业队被归并永联村。2006年7月，东胜村、永丰村15个村民小组并入永联村。至此，永联村历经五次扩村，全村面积由原来的0.54平方公里增加到8.5平方公里，拥有73个村民小组，9261名村民，成为整体规模强大的超级村庄。

第五阶段：炼钢强村（2002.7至今）。1997年，东亚爆发金融风暴，钢材价格一路下滑，永钢的销售收入连续五年在20多亿元徘徊。为解决生产原料“瓶颈”问题，2002年7月，村党委顶着巨大压力和市场风险，自筹资金十多亿元，上马百万吨炼钢项目，仅用一年时间就建成投产，实现了从单一轧钢企业到联合型钢铁企业的跨越，当年销售收入就达到53.4亿元。近几年，村党委乘势而上，紧紧抓住新一轮发展机遇，陆续投资建设了第二线材厂、新棒材厂、第二制氧厂、3万吨级长江自备码头及配套的重大工业项目，平均每年投入5.63亿元。炼钢项目建设为永钢做强钢铁主业提供了有力支撑，使永联村实现了由经济富村向经济强村的跨越。

（三）永联村工业化实践的价值

永联村的农村工业化道路是“苏南模式”的典范。永联村的发展不仅符合“苏南模式”的基本特征，而且对于“苏南模式”的精髓——“村企合一”做了更加鲜明的诠释。在永联村的工业化历程中，村企关系不断演变。即使在进入20世纪90年代以后，苏南乡镇企业的发展遭遇产权制度方面的障碍，几经改制后集体所有制已经丧失，宣告了“苏南模式”的终结[①]时，置身于这场改制大潮中的永联集团，虽也前后经历了三次改制，集体股权逐步下降，但依然保持了25%的份额。目前，在永联村的企业中，集体仍然是最大的股东。这说明，永联村的工业化实践还在延续“苏南模式”的生命，具有逻辑上的一脉相承，这就为系统解释村企关系的演变提供了一个完好的案例。

三、传统社区内部的要素贡献与回报机制：从村办企业到企业办村

（一）原始积累与村办企业

1. 原始积累的现实背景

乡镇企业的萌芽和发展似乎是一个难以解释的“谜”。陈剑波提出的中国乡镇企业诞生之谜，“谜面”可归结为在计划经济体制和公有制经济形式占绝对主导地位的农村，一无所有的农民是如何完成工业化所必需的资本原始积累的；而“谜底”就在于村办企业下所进行的集体积累。[②] 根据张毅的数据，农村工业早期投资的82.6%来自集体积累，银行贷款只占17.4%，且基本是流动资本。[③] 周其仁的数据也

---

① 新望：《苏南模式的终结》，生活·读书·新知三联书店2005年版。

② 陈剑波：《制度变迁与非正规制度——来自中国乡村的经验：乡镇企业的财产形成》，《经济研究》2000年第1期。

③ 张毅：《在新形势下对乡镇企业的再认识》，《农业经济问题》1990年第1期。

证实社队工业的投资主体来自集体积累。①

我们来看永联村进行原始积累的现实背景。在改革开放之前，苏南的多数村庄都有自办的社队企业，具备了一定的资本积累。永联村却截然不同，它直到 1970 年才通过围垦建村，村民多为他村移民，而且多数是因为不得已才来到永联村，比如没有宅地，或者由于天灾人祸造成的赤贫户。因此，这些村民来到一穷二白的永联村，不仅没有带来多少积累，而且增加了村庄的不稳定因素，不利于集体生产。在接下来的 1971 年到 1978 年的 8 年时间里，天灾与人祸伴随着永联村。期间，政治运动不断，加上一次粮荒（从 1971 年开始）和一次洪水（1974 年大潮），村民的基本生活都得不到保障，更难以集中精力发展生产。直到 1978 年，永联村年人均分配水平才 68 元，而集体负债却达到 6 万多元。由于欠款过多，出现了支票在信用社被扣下抵债的情况。②

可见，在工业化起步之前，永联村一无充足的资金积累，二无可靠的信贷来源。在这种现实背景下，永联村作出的选择是：一方面，走了一条“农副业—手工业兼并—大机器工业”，即“平田整地，固农兴副，再由副业而工，工商结合”的逐步积累的道路；另一方面，在积累的手段和方式上，主要通过在社区内部施行“以劳动和土地替代资本投入”，即低成本的劳动资本化和土地资本化过程。

① 周其仁：《中国农村改革：国家和所有权关系的变化（上）——一个经济制度变迁史的回顾》，《管理世界》1995 年第 3 期；周其仁：《中国农村改革：国家和所有权关系的变化（下）——一个经济制度变迁史的回顾》，《管理世界》1995 年第 4 期。

② 新望：《村庄发育、村庄工业的发生和发展：苏南永联村记事（1970—2002)》，生活·读书·新知三联书店 2004 年版。

2. 要素贡献：社区内部的低成本积累

（1）劳动要素的资本化及贡献

周立认为，劳动者创造的超过自身及家庭需要的那部分价值，形成剩余价值。劳动要素的资本化及贡献在于，对劳动要素的回报存在明显的“按需分配”的性质，使得工人的劳动创造除满足劳动力的再生产所需外，绝大部分留在了企业，这使得企业的利润积累非常之高。[①] 为了维持这种低回报、高积累，需要建立与之相适应的劳动报酬支付制度，工分制就是其中的典型形式。

1983 年以前，永联村工业企业主要采用工分制的形式，也有计件制和承包制。在村办企业的职工主要实行工分加补贴的报酬分配方式。按照当时的有关规定，大队外出从事亦工亦农、“五匠”和其他副业生产的社员，将收入的 80%—85%交给生产队，由生产队根据外出人员交款的高低评记工分，年终以所得工分参加大队的统一分配。在大队工业企业工作的职工，实行“劳动在厂，分配在队，评记工分，厂队结算，适当补贴，交钱记工”的形式，由工业企业将职工的大部分工资转到大队或生产队，每天给职工发放 0. 3—0. 5 元的菜金补贴。大队或生产队按照年终分配决算的每个工分值将职工的转队工资折成工分参加经济分配和工分粮分配。

在永联村，工分是村民参加社队劳动的记工凭证，务工农民到工厂做工后，并不立即领取工资，而是和参加集体农业活动一样领取工分，到年底时才领取报酬。为了降低工资成本、增加企业积累，在计算工分报酬时采取了尽量低的工分计算办法。以同为集体经济典型的

---

① 周立：《乡村工业化的发生与发展——永联村工业化道路分析（1978—2004）》，《永联课题进展报告》2005 年第 3 期。

蒋巷村为例，当时到塑料厂、砖窑厂上班的工分单价只有 8 分钱，而同期的农业工分单价为 1.92 角，前者不足后者的一半。到 1983 年实行家庭联产承包责任制后，工分制随之取消，但计件制、承包制、日薪制、定额工资制等也延续了“降低劳动成本、增加企业积累”的思想，只不过在程度上有所减弱。在工分制下，工人都是兼业型农民，而且全是本村农民，他们农忙时务农，农闲时务工，工厂有活时干活，没活时务农。农民不仅用接受低工资的方式为企业积累作出了贡献，也用归户结算的方式为企业赢得了流动资金。由于务工农民并不是当月领取工资，而是在年底由企业按工分计价转给生产队，再由生产队扣除“两金一费”（公积金、公益金、生产费）后再交给个人，这样企业在日常生产中就可以把工资费用节省出来作为流动资金，而这种延期支付的工资并不需要支付任何利息，就等于是村民用自己的工资为企业提供了一笔免费贷款，这些无疑都为企业的资本积累创造了良好的内部条件。即便如此，在效益好的年头，企业尚能在年底兑现承诺，将工资支付给农民，而在亏损的年份，则只能推到下一年。

（2）土地要素的资本化及贡献

“劳动是财富之父，土地是财富之母”，工业生产和价值创造都离不开土地这一基本生产要素。但在苏南地区，劳动力过密化，土地却是极其稀缺的。土地一旦从农业用途转向工业用途，其价值就大不相同了。原来闲置的地块，在农业部门的价值接近于零，而转作工业用途后，就出现了土地的级差收益。而在永联村，随着产业结构的演变，从农业到非农产业，由分散和个人可以经营的小作坊式简单工业到专业化分工、大规模的不可分割的大工业，对土地规模使用的要求越来越高，土地成本在工业生产中所占据的比重也越来越大。

按照市场经济法则，土地级差收益最终归土地所有者所有，租用者只能获得平均利润。如果按照这种法则，即使土地的级差收益再大，也不能为资本的原始积累作出什么贡献。但在永联村，集体经济之所以能够掌握地租收益，在于集体所有制下模糊的所有权为农村土地的使用设置了一个极低的底线。农产品价格的低迷和市场渠道的缺乏，使得农作物耕种的比较利益很少。于是，村民们多像“道义小农”命题所言的那样，把土地作为一种生存的资本，而非生产的资本。这样，在土地挪作他用时，只要自己获得的收益补偿能够超出生存需要即可。①

（3）要素贡献的简单测算

资本的原始积累为工业化起步创造了条件。1981 年，永联村还清了所欠的债款，收支相抵持平。到 1983 年年底，村集体已经积累了 20 多万元资金。1984 年创办钢厂时，其资本来源如下：一是集体的土地；二是早期工业和副业的发展积累的集体资产；三是职工“带资进厂”每人 1000 元，并计利息；四是以高于银行存款利率的利息向社会募集的资金。在将轧钢作为永联的主导产业后，村里进一步将早期兴办的许多企业（实际也是集体所有的资产）卖掉，以集中资金和劳力发展轧钢。表 2-9-1 是对 1984 年创办钢厂前的要素贡献的简单测算。

表 2-9-1　永联村 1977—1983 年集体提留和村民分配情况表

年度	人口（人）	口粮分配（斤/人）	集体提留		村民分配	
			金额（元）	增长率（%）	金额（元/人）	增长率（%）
1977	809	533	6763		68.86	

① 周立：《乡村工业化的发生与发展——永联村工业化道路分析（1978—2004）》，《永联课题进展报告》2005 年第 3 期。

（续表）

年度	人口（人）	口粮分配（斤/人）	集体提留		村民分配	
			金额（元）	增长率（%）	金额（元/人）	增长率（%）
1978	822	520	12474	84.44	101.79	47.82
1979	820	550	19079.5	52.95	121.10	18.97
1980	823	550	10517.2	-44.88	126.54	4.49
1981	821	609	11708	11.32	124.57	-1.56
1982	822	587	15858.56	35.45	141.13	13.29
1983	826	607	15481	-2.38	398.00	182.01

表 2-9-1 显示，1977—1983 年永联村集体提留和村民分配总体实现了较快增长。而从 1981 年社员收入分配的结构来看，农业 39 元占 31%，副业 41 元占 32%，工业 45.5 元占 37%，这说明利润与分配的双增长是通过产业结构的变化来实现的。但从二者的增速比较来看，以 1980 年为界，之前集体提留的增速大大高于村民分配的增速，平均高出 30 多个百分点；而在此之后，集体提留的增速放缓（1980、1984 年这两年实际是负增长），与村民分配的增速差距也大大缩小，特别是在 1980、1984 年这两年，村民分配的增速还大大超过了集体提留的增速，这反映了在集体经济增长的过程中逐渐放缓提留而加大分配的倾向，尽管在当时这种倾向总体还是比较微弱的。

3. 村办企业的运行逻辑

我们首先来分析村办集体企业而非私有企业出现的原因。在农村工业化的起步阶段，潜在的“企业家”面临着极为艰巨的任务：他们必须在一无私产（甚至是禁止私产），二无属于他或由他控制的可资利用的组织，三无正规组织所配给的计划资源，四无企业家（或创新者）的合法身份的情况下，通过制度创新（建立新的要素组合方式或新的产权制度）创建在生产激励方式、产权组合、资源利用效率方面完全不同于原有组织的新的组织形式，以从根本上实现其经济福利改善的目标。①

更具总结性的表述是，潜在的“企业家”所面临的是一种社会经济意义的交易由于受到过多的政府干预而受阻的市场，即“灰市场”，而在灰市场条件下，企业总是自觉或不自觉地会使政府（这里是指与企业直接相关的地方政府）成为其企业的一个模糊的所有者。模糊产权的好处在于当市场条件不正常时，企业可以很容易地从政府官员那里得到帮助。② 在村办企业的模式下，企业不仅可以获得过渡时期的政治庇护，而且可以满足其为实现资源最佳配置而寻求廉价资源的动机，通过与政府的交易来获得的生产要素，一是支付价格极低，不仅低于我国资源结构所决定的价格，而且低于非组织化市场价格；二是使企业节约从不完善市场组织生产资源的交易费用。政府在这里一定程度上替代了市场的不足，因而，这种制度自然会对要素市场的发育产生影响。企业通过与政府的交易实现了要素组合，但也划定了企业的产权空间。③

可见，在农村工业化的起步阶段，潜在的“企业家”之所以选择村办企业，其根本原因在于这种模式对社区内部资源的低成本动员能力。以土地为例，土地资源小而散因而工业用地的交易成本高，而且土地的级差收益产生后，还要面临着分配的问题。按照市场经济法则，

---

① 陈剑波：《制度变迁与乡村非正规制度——来自中国乡村的经验：乡镇企业的财产形成》，《经济研究》2000 年第 1 期。

② 李稻葵：《转型经济中模糊产权理论》，《经济研究》1995 年第 4 期。

③ 陈剑波：《乡镇企业的产权结构及其对资源配置效率的影响》，《经济研究》1995 年第 9 期。

土地级差收益最终归土地所有者所有，租用者只能获得平均利润。如果按照这种法则，即使土地的级差收益再大，也不能为资本的原始积累作出什么贡献。但社队企业的发展模式有效地克服了这一问题。社队企业是由社队集体发起的，其产权归属和收益归属在于集体；另一方面，土地也是实行集体所有制，农民只拥有使用权。因此，在工农并举的社队内部，作为公共产权的土地资源和同样作为公共产权的社队企业，它们之间在土地级差收益的分配上具备融通的条件，而连接这个融通渠道的就是社队的集体组织，如村支部或村委会。在很多村，作为社区能人的村支书或村主任往往兼任社队企业的领导，他们在社队内部拥有崇高的威望，在社队内部工农业间的利益分配问题上具有绝对的发言权。在由农转工、工业弱小的阶段，一个自然的处理办法就是，把土地的级差收益留给企业，而不是取出来分给村民。后者无异于杀鸡取卵，是不明智的。村民之所以能够接受这种处理方式，一则是出于对社队领导权威的尊重，二则是出于“肥水没流外人田”的安慰，以及进一步的对未来的期盼。

综上所述，村办企业正是作为潜在“企业家”的社队干部的理性安排。因为集体土地的产权是模糊的，社员们无法宣称他们在土地上拥有多少份额，社队干部作为集体组织的代表，自然获得了控制和使用土地产出中集体份额的权利。他们顶着各种各样的压力把农业产出的集体份额转化成了工业企业积累。正如周其仁分析的，他们的干部身份和个人能力在此过程中发挥了决定性的作用。创办者的身份进一步巩固了他们对企业的控制权。①

最后，村办企业至少还留下来两个问题，而这将对村企关系的演

① 裴小林：《集体土地制：中国乡村工业发展和渐进转轨的根源》，《经济研究》1999 年第 6 期。

变产生深远影响。首先，社区政府能充当乡镇集体企业所有者，是因为市场的不完善，使它能控制资源并在组织交易上具有优势；一旦市场发展使社区政府失去这些优势，那么它让渡企业所有权就不可避免了。[①] 其次，村民们之所以能够认同社队干部的做法，甘愿出让自己的廉价劳动和土地要素，在于“熬过今天，明天会更好”的预期，而这种预期是否能够兑现取决于社队干部与村民之间达成的非正规合约。这是一种单边的多元合约，是创新者个人与相涉的众多社区成员之间的交易合约。这项交易得以达成的基础是双方对摆脱危机、贫困与福利改善的预期。在这场交易中，企业家投入的是以个人信用、信誉、权威为主体的无形资产及个人的大量劳动，而社区成员的主要投入一是对创新者的信任、参与和支持，二是人际关系资源的动员和投入，三是社区中最为丰富的劳动力资源的投入。这一合约的达成意味着社区成员与创新者之间的委托—代理关系业已形成。[②]

这种非正规合约下形成的委托—代理关系，使得社区企业的目标中隐含了与农村社区的关系：创造就业、增加社区收入（尽管有条件限制）、供给地方公共品，其创办动机就是社区就业最大化。[③] 可见，村民的决策也是基于理性的，生产要素（主要包括劳动和土地）的低成本使用并非无偿，而是采取了延期支付的方式；等到企业盈利后，工业化起步阶段形成的非正规合约需要兑现，要素的贡献等待补偿性回报。而由永联村的案例来看，各生产要素的低价获得，以及生产要

---

① 谭秋成：《市场的性质与企业所有权安排——乡镇集体企业产权改革的经验》，《中国农村观察》2000 年第 1 期。

② 陈剑波：《制度变迁与乡村非正规制度——来自中国乡村的经验：乡镇企业的财产形成》，《经济研究》2000 年第 1 期。

③ 温铁军：《乡镇企业资产的来源及其改制中的相关规则》，《浙江社会科学》1998 年第 3 期。

素主体与生产厂商“双赢博弈”的制度安排，是使得乡村工业化持续推进的根本动力。① 关于这场利益博弈及其对村企关系的影响，我们将在后续内容中详细介绍。

（二）经营层的回报与企业改制

1. 企业改制背后的利益博弈

（1）企业改制的根本诱因

20 世纪 90 年代初以后，买方市场的逐步呈现使低技术含量、低投资的乡镇企业竞争策略越来越难以为继；同时国营企业改革力度加大、更有竞争力的农村企业（包括私营企业和其他合资企业等）的崛起，使乡镇集体企业原有的相对传统国营企业的体制优势大大退化；民权意识的觉醒及乡镇集体企业经营层对其自身利益更多关注导致的改革压力逐步增强；中共十四大后，社会主义市场经济体制最终确立，等等，所有这些构成了乡镇企业改制的根本诱因和内在逻辑。② 村办企业净资产主要来源于村内非农占地所获得的土地级差地租收益、农村劳力大量过剩条件下社区人力资本收益的转移，以及集体以前留存的部分积累。这些要素在企业发展繁荣的时候可以不索要回报，但到 20 世纪 90 年代中后期乡镇企业开始没落进而转入改制时，这一问题便趋于显性化。因为改制需要界定企业财产权益，进而需要分析初始投入，自然地也就要求乡镇企业支付作为其原始投入的从农业流出的生产要素的回报。

---

① 周立：《乡村工业化的发生与发展——永联村工业化道路分析（1978—2004）》，《永联课题进展报告》2005 年第 3 期。

② 杜志雄、苑鹏、包宗顺：《乡镇企业产权改革、所有制结构及职工参与问题研究》，《管理世界》2004 年第 1 期。

表 2-9-2　永联钢铁工业历年产量、销售、利（税）统计（1984—2000）

年份	年产能力（吨）	实际年产量（吨）	年销售总额（万元）	年利税总额（万元）	纯利润额（万元）
1984	3000	418. 35	—	—	—
1985	4500	4207. 51	—	—	—
1986	8000	5949. 49	—	—	—
1987	15000	12319. 12	—	—	—
1988	22000	19315. 30	3498	300. 07	184. 85
1989	22000	20274. 65	4225	386. 91	288. 49
1990	22000	14142. 25	2069	220. 52	150. 58
1991	25000	22619. 84	4457	238. 15	153. 15
1992	50000	48227. 11	8816	2314. 39	1909. 39
1993	150000	73276. 44	32345	3709. 99	2645. 41
1994	200000	150326. 89	41955	5481. 42	3493. 58
1995	350000	270373. 50	81205	3144. 30	1829. 82
1996	800000	557827. 47	108945	1705. 17	895. 74
1997	1200000	829736. 95	202635	7187. 77	2566. 34
1998	1500000	1157820. 33	236262	7492. 17	4303. 35
1999	1800000	1244044. 89	234683	7407. 04	3757. 86
2000	1800000	1079771. 40	236360. 40	15254. 41	9589. 69

注：本表所列年产量均为实际产量；本表所列年销售总额为财务年报的上报数据，与营销部门的实际完成数存在一定差额，实际完成的销售额一般均高于同年的财务上报数。

表 2-9-2、图 2-9-2 显示，永钢集团的盈利能力在 20 世纪 90 年代初期以后出现了拐点。特别是在 1994—1996 年，利税总额和纯利润额分别从 5481. 42 万元和 3493. 58 万元迅速下降到 1705. 17 万元和 895. 74 万元，降幅分别达到 68. 89%和 74. 36%。从数据来看，经营效益的急剧下滑可看作改制的根本诱因。

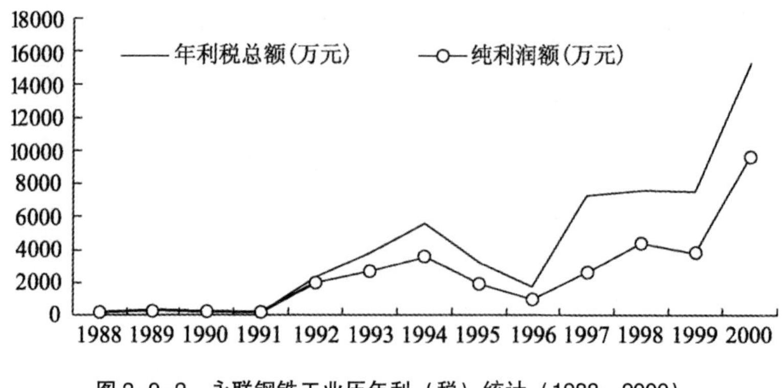

图 2-9-2　永联钢铁工业历年利（税）统计（1988—2000）

（2）企业改制的利益相关者

社区企业在创办之初，企业家分别与社区成员（村民和职工）、各级政府、银行（信用社）等达成了各种合约。[①] 上述主体均为企业的起步提供了资源，因此具有求偿权。由于企业改制将改变各主体的求偿能力，故而从理论上讲，在乡镇企业中，主要存在六个方面的利益相关者：乡村政府、企业经营者、企业职工、上层政府和社区居民、银行信用社。[②] 但郑红亮通过对乡镇企业不同利益主体的行为目标和行为方式的研究，指出在几方面的利益主体之中，社区政府与企业厂长（经理）的作用最为关键。从委托—代理关系的角度来看，也是社区政府与企业厂长（经理）这两个层次容易出现问题，从而影响企业行为的合理化，而职工的实际作用可以说是最为薄弱的。[③] 杜志雄等则通过对改制企业及其职工进行问卷调查，进一步表明，在实际操作中企业产权改革的最

---

① 陈剑波：《制度变迁与乡村非正规制度——来自中国乡村的经验：乡镇企业的财产形成》，《经济研究》2000 年第 1 期。

② 姜长云：《乡镇企业产权改革的逻辑》，《经济研究》2000 年第 10 期。

③ 郑红亮：《我国乡镇企业的行为目标和行为方式研究》，《管理世界》1996 年第 6 期。

主要的动因来自基层政府和企业经营者（见表2-9-3）。[①]

表2-9-3 企业产权改革最主要的原因

主要原因	企业数
市县统一布置	50
乡村政府的积极性	26
企业经营者的要求	1
企业内大多数职工的要求	0
政府和企业经营者都有积极性	23
其他	0

资料来源：杜志雄、苑鹏、包宗顺：《乡镇企业产权改革、所有制结构及职工参与问题研究》,《管理世界》2004年第1期。

杜志雄等进一步分析了基层政府和企业经营者的改制动机。[②] 从基层政府的角度来看，乡镇企业的创办动机主要表现为增加社区居民收入和社区政府财政收入，追求社区福利最大化，以及提供社区就业机会等。[③] 在乡镇一级，预算外资金和“自筹资金”共占政府管理资源的30%，而且这一份额可能被大大低估了。[④] 世界银行的一项研究表明，税收、利润上缴、各种杂费和摊派占乡镇企业税前利润的比例在江苏为65%—75%，广东和山东为35%—45%，全国为53%。[⑤] 相关

---

① 杜志雄、苑鹏、包宗顺：《乡镇企业产权改革、所有制结构及职工参与问题研究》,《管理世界》2004年第1期。

② 杜志雄、苑鹏、包宗顺：《乡镇企业产权改革、所有制结构及职工参与问题研究》,《管理世界》2004年第1期。

③ 周其仁、胡庄君：《中国乡镇工业企业的资产形成、营运特征及其宏观效应》,《中国社会科学》1987年第6期。

④ 黄佩华、王列：《财政改革和地方工业化——毛以后中国改革顺序存在的问题》,《经济社会体制比较》1993年第1期。

⑤ Ody Anthony J.. *China*: *Rural Enterprise*, *Rural Industry*, *1986—1990*. unpublished paper. Washington D. C.. World Bank, 1991.

数据也表明，在改制之前的1986—1995年，永钢集团在对社区的回报中，仅基础设施建设一项的投入就高达33151万元。因此，在企业利润急剧下降的情况下，基层政府无疑是重要的利益受损方。

从企业经营者的角度来看，由于长期担任企业代理人而产生了对己有利的两个结果[①]：一是乡村政府和经营者之间日益严重的信息不对称问题强化了经营者对企业的控制强度；二是经营者在长期的实践中壮大积累了自己的人力资本。对于经营者的人力资本，集中体现在管理才能和社会资源等，厂长不仅扮演着企业领导的角色，而且在这个位置上已形成了与正式社会关系交织在一起的非正式社会关系网。[②]

作为经营能力所有者的经营者，将形成的是人力资本产权，它由人力资本产权权利、人力资本产权权能、人力资本产权权益和人力资本产权权责组成，企业经济效率的来源是经营者人力资本产权的充分清晰界定。[③] 而人力资本的产权相当特别：只能属于个人，非“激励”难以调度。正是人力资本的产权特点，使市场的企业合约不可能在事先规定一切，必须保留一些事前说不清楚的内容而由激励机制来调节。[④] 然而，由于激励制度的缺失，经营者的人力资本积累没有得到回报或者只能通过非正规渠道取得回报。而经营者对企业的实际控制和其对企业剩余合法索取之间存在严重的不平衡，这在企业利润急剧下降的情况下将更为突出。（见表2-9-4）同时，随着经济规模的扩

---

① 杜志雄、苑鹏、包宗顺：《乡镇企业产权改革、所有制结构及职工参与问题研究》，《管理世界》2004年第1期。

② 刘世定：《乡镇企业发展中对非正式社会关系资源的利用》，《改革》1995年第2期。

③ 盛乐：《经营者人力资本产权界定和乡镇企业经济效率》，《中国农村观察》2002年第3期。

④ 周其仁：《市场里的企业：一个人力资本与非人力资本的特别合约》，《经济研究》1996年第6期。

大，乡镇企业中的委托—代理链条相应拉长，初始委托人和“中央代理人”监督的有效性会减弱，乡镇企业有向“二国营”演化的趋向，从而增强了乡镇企业产权改革的必要性。①

表 2-9-4　改制前永钢集团主要领导人的年收入情况

单位：元

年份	1988	1989	1991	1992	1993	1997	1998
吴栋材	8793	13716	13150	28819	45160	由镇里发	由镇里发
吴耀芳	8405	16362	12505	27618	43356	由镇里发	由镇里发

资料来源：新望：《村庄发育、村庄工业的发生和发展：苏南永联村记事（1970—2002）》，生活·读书·新知三联书店 2004 年版。

（3）企业改制的博弈分析

如前所述，在乡镇企业改制的利益博弈中，参与的主体包括基层政府和经营者，其中经营者存在控制力弱和控制力强两种情况。博弈双方均有忍让和强硬两种策略，博弈的结果决定了总收益的大小和收益在二者之间的分配。

对支付矩阵（见图 2-9-3）的解释如下。

		经营者			
		控制力弱		控制力强	
		忍让（D）	强硬（H）	忍让（D）	强硬（H）
基层政府	忍让（D）	a, b	a−1, b+1	a−1, b+1	a−2, b+2
	强硬（H）	a+1, b−1	a−2, b−2	a, b	a−3, b−1

图 2-9-3　永钢企业改制中基层政府与经营者的支付矩阵

注：假设改制前二者的总收益为 $a+b$，其中基层政府的收益为 a，经营者的收益为 b。

① 张维迎：《公有制经济中的委托—代理关系：理论分析与政策含义》，《经济研究》1995 年第 4 期。

对于控制力弱的经营者，若二者均采取忍让策略，则二者的收益仍分别为 a 和 b，总收益不变；若基层政府采取忍让策略，经营者采取强硬战略，收益由基层政府向经营者让渡，分别为 a-1 和 b+1，但总收益不变；若经营者采取忍让策略，基层政府采取强硬战略，收益由经营者向基层政府让渡，但总收益不变，分别为 a+1 和 b-1；若二者均采取强硬战略，将造成双输的结果，总收益降至 a+b-4，二者的收益分别减少至 a-2 和 b-2。

对于控制力强的经营者，支付矩阵的解释同上。不同的是，由于在任何一种情况下，经营者通过改制获取收益的实力都将增强，因此都有收益由基层政府向经营者让渡的情形。

根据以上分析，除了二者都采取强硬策略之外，改制的过程实际上是利益在基层政府和经营者之间的让渡过程，这本质上是由基层政府的剩余索取权和经营者的剩余控制权的强弱决定的。该博弈有两个纯战略纳什均衡，即“忍让—强硬”和“强硬—忍让”。也就是说，在双方的信息为共同知识的情况下，不会出现“强硬—强硬”这种两败俱伤的结果，也不会出现“忍让—忍让”这种无人主导的结果。改制的主导权最终掌握在力量更为强大的一方，他将采取强硬策略，获得多数收益。

然而，无论何方掌握了改制的主导权，都不会以职工或社区农民的利益最大化为目标。如果是企业经营者控制了改制方案，他更倾向于将股权全部控制在个人手中，这样可以实现个人人力资本的最大化；如果改制方案由政府决定，它考虑得更多的是如何将企业资产现值最大化，并在改制后从企业中获得稳定的税收收入。在产品市场的硬约束下，它更愿意寻求有能力的企业家购买企业，而不可能放心将企业股权撒胡椒面似的分配给无经营管理决策经验和能力的企业普通职工。[①] 正是因为改制的主导不可能以职工或社区农民的利益最大化为目标，这也就解释了改制形式由承包制、股份合作制逐步被经营者持大股所取代背后的逻辑。而现实中普遍存在的“内部人控制”的转制方式，以及“向管理者倾斜”的资产定价方式实际上反映了管理者的可替代程度很低，这个谈判机制下所达到的利益分配结果可能包含了对管理者的历史贡献和实际能力的最好评价。[②]

改制前后永钢集团的财务数据表明，经营者和基层政府实现了双赢的结果（见表2-9-5、表2-9-6）。

表2-9-5　1992—2003年永钢集团工业总产值

单位：万元

年份	1992	1993	1994	1995	1997	2000	2001	2002	2003
产值	17300	35100	60000	95996	192197	224462	263107	273758	426390

注：1996、1998、1999年数据缺失。

表2-9-6　1997—2003年永钢集团纳税情况

单位：万元

年份	1997	1998	1999	2000	2001	2002	2003	合计
纳税总额	620	3371	1667	2596	3938	6499	13406	32097
国税部分	591	1121	1253	2094	3015	4607	10720	23401
地税部分	29	2250	413	502	923	1892	2686	8695

① 杜志雄、苑鹏、包宗顺：《乡镇企业产权改革、所有制结构及职工参与问题研究》，《管理世界》2004年第1期。

② 陈钊、陆铭：《合作博弈的企业转制及其对制度和增长理论的含义》，《世界经济文汇》2005年第Z1期。

2. 企业改制的历程

（1）循序渐进的改制

永钢集团的股份制改革大体经历了三个阶段，是一个循序渐进的过程。

第一阶段：永钢集团 1993 年就进行了第一次股份制改革，那次改制的目的有两个：一是提高管理骨干和技术骨干的收入；二是带有一定的集资性质，因此现金股每元的年红利达到 0.4 元。总体而言，这次股改虽然意识到了对经营层的激励问题，但是并未涉及集体经济的根本，即集体资产的处理问题，因此只能说是一种有益的尝试。

第二阶段：到 1998 年，永钢集团在经历 10 年艰苦创业后，具备了良好的资金基础、市场基础和人才基础，产权改革的时机已经成熟。当年下半年，集团开始着手组建江苏联峰实业股份有限公司。从外地职工多、个人积累有限的实际出发，公司股权结构相对集中，主要由集体控股，经营决策层持大股，中层干部持中股，供销技术骨干和部分职工持小股（见表 2-9-7）。从 1997 年 12 月党委（公司）高层会议的记录来看，对于这次股份制改革的动机，明确表述为要把公司主要干部及供销、技术骨干的积极性调动起来。按照这次股改的方案，公司拟定股本总额为 3.5 亿元，按照干部级别进行配股，重点向副总经理以上干部倾斜。

表 2-9-7　江苏联峰实业股份有限公司配股标准（1998 年）

干部级别	永钢集团	董事长	总经理	副总经理	正厂长	副厂长	正科长	副科长	助理
配股（万）	25000	240	200	80	20	16	12	8	4

注：退休干部不参股。资料来源于永钢集团内部会议记录。

相比第一次股改，第二次股改的目标更为明确，而且方案更为具体，可操作性更强，不仅实现了经营层持股，而且体现了向高管层倾斜的初衷。此后，永联村党支书吴栋材也更多地是以永钢集团董事长的身份出现。但是，从这次股改的内部纪要来看，主要考虑的是经营层的持股额度，而非持股比重。因此，第二次股改虽然实现了经营层持股，但集体股份的比重仍然很大，占75%左右。

第三阶段：2002年，永钢的转制实行了“租股结合，风险共担”的办法。集团公司净资产总额34000万元，20000万元不转，由组建的股份公司租赁使用，并按4%的年息缴纳租金。股份公司股本总额为14300万元，其中江苏永钢集团公司以评估确认后的净资产9960.86万元认购相应股份，占总股本的69.66%；江苏永钢集团工会（职工持股会）以现金3572.76万元认购相应股份，占总股本的24.98%；吴栋材等8位发起人以现金766.38万元认购相应股份，占总股本的6%（见表2-9-8）。所有非农用地由集团向村民租赁，支付每亩每年青苗损失费800—1000元不等。

表2-9-8　江苏联峰实业股份有限公司具体配股标准（2002年）

股份构成	永钢集团	董事长	总经理	副总经理（5人）	正厂长（10人）	其他
所占比重（%）	25	15	10	15	10	25

注：资料来源于永钢集团内部会议记录。

相比第二次股改，第三次股改在发起之初就考虑到经营层的持股比重问题，进一步体现了向管理层集中的思路，正厂级以上干部持股比重占到50%，而集体股份的比重迅速降至24.98%（见图2-9-4）。值得一提的是，这次股改还首次明确了租用集体资产和村民土地的办法，并确定了租赁费用，这就为对普通村民的回报奠定了制度上的基础。此外，由于股份制改革实行的并非是全体村民入股，而是职工入股，更多地强调对企业的贡献，而不是村民身份，因而更像是一种企业股份制，而不同于社区股份制。① 而这也为对普通职工的回报奠定了制度上的基础。

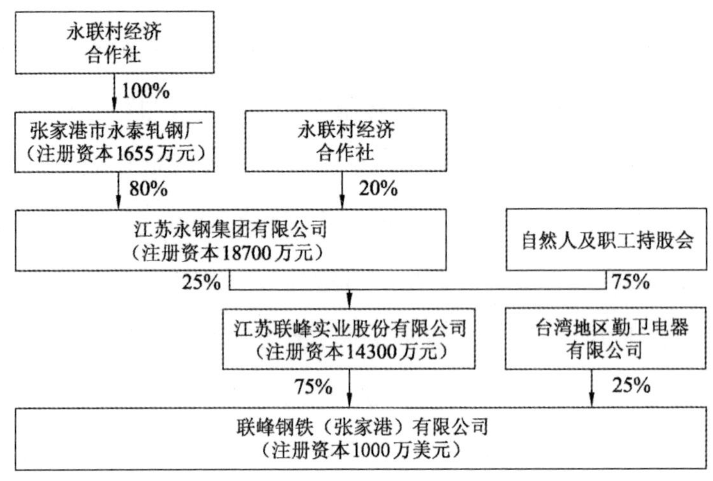

图 2-9-4　江苏联峰实业股份有限公司持股结构

本来在第三次改制中，有关部门要求永钢一步到位，全部改制完。但作为村子和企业双重掌门人的吴栋材却坚决不同意。他认为，企业经过前两次改制之后，管理层的人实际上已经不在乎钱多钱少，而最大的问题是那些村集体的农民，他们没有经济实力如何发展？吴栋材的行为引起了很多人的不解，完成集体经济改制实际上对他这样的管理层来说是有很大好处的：原来属于集体所有的企业，现在改制给个人，以后他们的收益将会大大增加。而且当时苏南地区很多比永钢规模还大的企业也都完全转制了，集体股份纷纷退出，永钢却坚持不全改，他们保留这 25%的集体股份到底是为了什么？

“当时有关部门希望我们最好是全部转掉，转给经营层，不要留，

① 折晓叶、陈婴婴：《产权制度选择中的“结构—主体”关系》，《社会学研究》2000 年第 5 期。

留在那里好像是今后蛮难处理的。但是我们考虑到征用农村这么多土地，而村里又有这么多人口，如果不留一点集体经济实力，光凭转制以后剩下来的几个亿资产，恐怕永联村很难发展。集团发展没有问题，但村子发展有问题。因此当初就留了25%的集体股份，到现在集体股份仍是25%。”吴栋材说道，“永联村养育了永钢，永钢长大了，如果全盘卖掉，甩开村民，怎么对得起永联村？”永钢集团副总经理吴慧芳也表示，所有苏南地区的乡镇企业，当时创办都是为了使当地农民发家致富。尽管后来设立股份制也是建立现代企业制度的需要，但他们认为改制不应该脱离和老百姓的关系，而只是市场化的必要手段。

“现在的永钢集团已经是现代企业，我们改制的目的并不在于集体股份占多少、私人股份占多少，最重要的是必须使产权得以清晰。”吴栋材表示，“对于企业来说，清晰的产权结构充分调动了企业员工的积极性。通过改制使股权组成更加灵活，工人、干部、管理人员都有了极高的积极性，而且思想很稳定。多年来，永钢集团中层以上干部基本上一年都不会淘汰一两个，没有一个干部自己想要走，这就证明企业对他们来说是一个很大的资产，牢牢地把他们吸引住了。”

“我们永钢集团有股民，永联村有村民，股民是一时的，村民却是永远的。我们更大的利益来自村民，这是事业发展的源泉所在。因此，只有让村民们满意了，得实惠了，我们的企业、我们的集体才会有长足的发展。”永联村党委副书记吴惠芳说。

（2）集体股份的意义

20世纪90年代后期，苏南模式在快速地变化，普遍地走向民营化，所以当时就有一个说法，叫“苏南模式终结，被温州模式同化”。今天看到永联村的改革，并不完全是这样，永联村的特点就是保持了25%的集体股份，这也是永联村最具特色的一个标志。永联村通过这种“不彻底的”改制，给集体保留了一定的经济实力，实际上是非常好的模式，甚至有人提出了“永联模式”这个新概念。

经过30多年的建设，如今的永钢集团已发展成集采矿、炼铁、炼钢和轧钢为一体的大型联合钢铁企业，年炼钢、轧钢能力各500万吨，拥有145亿元总资产，2007年销售收入246.57亿元，利税22.28亿元，名列全国企业500强第192位，中国制造业企业500强第97位。

保留下来的村集体在永钢的25%股权，保证了村集体每年可从企业盈利中分得巨额红利。2002年，仅村集体股权增值一项就达4亿多元。这在与市场规律保持一致的同时，又为永联村的发展奠定了物质基础，符合社会主义新时期共建共治共享社会治理制度的要求与特征。“新农村建设没有集体资本，是很难的。正是这25%的股权，才让我们的新农村建设有了雄厚的物质基础。只有村集体有了一定的经济条件，才有实施扶贫帮困、排忧解难等工作的基础，才有加大投入、加快基础设施改善的前提，才有依靠自身力量带领村民缩小城乡差别的资格。”吴栋材书记说。

这些年，永联村依靠集体经济的实力，不断提高以公共基础建设和公共服务投入为主要形式的“转移支付”和“二次分配”水平，建立以社会保障为基础，以土地流转金和家庭文明奖为主体，以惠民基金和教育基金为补充的村民保障体系。村给予社区居民每月100元、老年人每月400元、老党员每年2400元、在校学生每年500—2000元的补助费，新型农村合作医疗保险覆盖率达100%，村民个人应缴纳的农保经费可在村里报销50%。2007年，村民通过享受9项集体补助或二次分配，人均获益近5000元，基本实现了“老有所养、学有所教、病有所医、困有所助”。同时，永联村积极推进“一村一制”，努力使并扩进村的新永联人逐步享受与老村民同等政策和福利待遇。

国务院发展研究中心农村发展部副部长谢扬说："25%的集体股份，成为今天这个企业反哺村民的理由和物质基础。但是考察了他们村庄后，我觉得与镇没有什么不一样。他们很多治安交通的管理方式，已经是城镇的管理内容，也就是说现在的村委会在很大程度上已经承担了城市居委会的职能。这是永联村在推动农村城镇化和新农村建设相结合方面作出的有益探索。"

人们普遍认为，永联村的发展不仅是苏南农村发展模式的缩影，更是改革开放30年来农村改革的成功范例。在"永联模式"的成功运作下，现在的永联村村民早已过上了相对富裕的日子。永联村也成为整个苏州地区经济实力最强的村之一，村民所能享受到的福利也十分优越。永联村从最初的213户808人扩充、发展成上万人口的大村，所有村民都享受着集体经济发展带来的实惠。"永联村的模式就是中国特色的社会主义新农村建设模式，充分体现了社会主义的优越性，同时充分尊重了市场经济的规律和特点，始终坚持了集体经济道路。我们永联村现在10025人，76个村民小组，全都享受同样的政策。"永钢集团副总经理吴慧芳表示。

近年来，作为新农村建设的一部分，永联村又开始了现代化社区改造。村里拿出了15亿元资金，计划把永联村所辖一万亩土地上散居的农户，全部纳入现代化社区内。拆除村民的旧房，按照每平方米480元的标准补贴，而卖给村民的新楼房每平方米才500元，差价仅20元。而且由于拆除旧房所算面积涵盖厕所、猪圈等配套设施，甚至包括对宅基地上的树木等附着物也一并有补偿，村民搬迁新房不仅不用支付费用，往往还能剩余几万元的补偿款。这种买房子还能进钱的现象恐怕不为多见。

目前，永联村的村民虽然还是"村民"，但早已不需要种地，村里原来土地的承包经营全部由村里的苗木公司负责。村民可在村办的企业内上班，和城里的职工一样拿工资。而村民的土地腾出来以后，村里还按照每亩每年 1200 元的标准给村民补贴。“没有工业经济的支撑和积累，哪里来这 15 亿元改善村民住房？我们也了解了全国各地一些农村的详细情况，到目前为止真正能拿出 15 亿元资金建设新农村的还不多。”永联村党委书记、永钢集团董事长吴栋材表示。

实践证明，让村集体保留适量股份，既能让企业充分尊重市场经济规律，实现现代企业经营管理的要求，同时可以充分体现社会主义优越性，使村集体经济随着企业的发展而不断壮大，让村民享受集体经济的发展成果，实现共同富裕。

（三）企业对村民的回报与企业办村

1. 企业办村背后的社区责任

（1）企业效益和社区福利：效率与公平的权衡

与私有企业相比，集体企业在其发展过程中必须兼顾企业效益和社区福利。特别是在集体企业发展到一定阶段后，随着积累的增加，如何在不妨碍企业正常经营的前提下，对早期廉价的要素贡献给予合理回报成为不可回避的问题。特别是当集体企业存量资产全部量化到个人，社区政府不再拥有企业的所有权时，引出的一个敏感而重要的问题是：长期以来，乡镇集体企业一直将部分盈利投资农业和社区福利项目建设，企业产权改革后这种贡献是否到此便要停止？①

永钢集团原是村办集体企业，一直受村党组织直接领导。但随着

① 韩俊、谭秋成：《集体所有制乡镇企业存量资产折股量化问题研究》，《经济研究》1997 年第 8 期。

企业规模的不断壮大，特别是在改革开放不断深化、企业实施改制的新形势下，农村工作和企业工作之间也不可避免地产生了一些矛盾。比如，资金投向的矛盾，村一头要加大农业及基本建设的投资，企业则要不断进行技术改造和产品升级；人员安排上的矛盾，集团公司希望把村里的精兵强将尽可能安排在企业的重要岗位上，使农村干部的配备相对不足；认识上的矛盾，村委会有的同志认为，集团公司规模再大也是集体控股的企业，必须服从村里的需要，企业的有些同志认为，村里的建设全靠了企业的支撑，企业的效益高、贡献大，有时流露出轻视农村工作的倾向；还有在土地使用、集镇规划等方面，村企之间往往也会站在各自的角度表示意见或处理事务，由此一定程度上影响了全村各项工作的协调、全面发展。

从企业效益的角度来看，“村企分开”的模式更为有利；而从社区福利的角度来看，则倾向于“村企合一”的模式。通过实行股份制，村办企业的关系宣告结束，这不仅保障了企业的经营效率，而且对企业管理层的人力资本给予了合理的回报。但是，企业并不能由此甩掉包袱，村企分开也不能就此一步到位。除了管理层外，企业还需要回报普通村民。这是一个低成本贡献了劳动和土地要素的群体，但又是一个谈判能力很弱的群体，他们的利益代言人是村委会，而在村委会已经丧失对企业的直接管理权的情况下，将其置于何种地位将决定他们能否得到合理的回报。

(2)“企业办村”的组织结构和功能划分

在尽可能兼顾效率和公平的初衷下，永联村的集体经济走了一条既不同于“村企分开”又不同于“村企合一”的道路。永联村将全村各企业单位和村委会机构、社区服务管理机构等具有管理职能的干部分为九级，上一级对下一级具有领导权。村委会在职级结构中位于第八级，处于较低的管理层级，永联村委会的级别相当于永钢集团下属工厂的一个车间。村委会的管理方式虽然不是完全企业式的，还保留了村组织的特点和做法，但是所负经济职责和财务开支均来源于企业集团，是企业集团的二级核算单位，在建制上与集团下属的“部”相当，即实行了一般所言的“企业办村”的特殊管理模式。同时，由于永钢集团的董事长身兼永联村党委书记职务，而集团党委委员也是村委委员，这就在组织结构上一方面确立了村党委的最高权力，另一方面也确保了村委会的相关诉求能够迅速到达核心决策层（见图 2-9-5）。

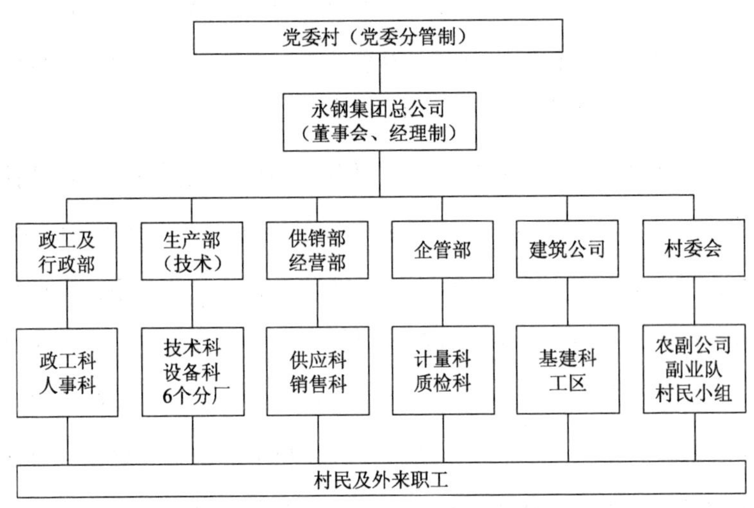

图 2-9-5　永联村集体经济组织结构图

在上述组织结构下，村委会的工作性质主要是为企业的发展做好村内的社会性工作，其日常工作主要包括农业生产经营、社会工作（如扶贫、农民养老保险、合作医疗、老龄工作、环境卫生、拆迁、建房管理、民事调解、征兵、计划生育、公墓管理、公共设施建设和维护等）。村委工作人员以上述工作的劳动付出而获得工资，现任村委会主任享受永钢集团正科级干部的工资标准，拥有企业的股份并享受分红（见表2-9-9）。

表2-9-9　1995—2004年永钢集团划拨给永联村委的资金

单位：万元

年份	1995	1996	1997	1998	1999	2000	2001	2002	2003	2004
金额	87	1400	1950	780	885	395	547	1765	4079	2616
增长率（%）		1509.2	39.3	-60.0	13.5	-55.4	38.5	222.7	131.1	

资料来源：永联村会计提供，其中2004年为1—9月份划拨款项。

2. 企业办村的可持续回报机制

（1）持续稳定的收益来源

在“企业办村”模式下，村委会虽然在事权上属于永钢集团的下级机构，但在股份制改革后，村集体在权利上却属于公司的控股方、土地出让方和资产出让方。此外，村内的事务性收入及永联村获得的相关奖励也划归到村集体名下。因此，永联社区的收益主要来自以下方面：一是联峰实业租用的村集体资产16342.9万元，按年租金3%计提；二是联峰实业租用的集体土地380亩，按每亩3000元/年计算；三是村集体和村属永钢集团对联峰实业的股份25%，每年取得红利；四是苗木公司获得收益后，扣除成本及发展基金后的剩余收益；五是村集体的其他收入，包括银行存款利益、财产处置收入、租赁收入、管理费收入、上级拨款等。

表2-9-10显示，永联村的社区集体收入主要来自三大项目：集体土地租金、集体资产租金利息和集体股份红利，2004年三大项目的收入占总收入的93.15%。这三大项目的显著特征在于，其来源是以存量资产产生的流量收入，是可以再生的，并且伴随资产的升值而增值。因此，永联村的社区集体收入能够保持持续稳定。

表 2-9-10　2004 年永联村集体可用收入情况表

单位：元

收入项目	金额
集体土地租金	1920000
集体资产租金利息	6818628
集体股份红利	5541250
现代化典型村奖金	400000
农业科技奖	399800
蘑菇收入、公墓收入、拆房收入	250000
合计	15329678

(2)“保障+激励”的收益分配

分配关系是生产关系的重要内容，先进的经济效率水平，既体现在高水平的生产效率上，也体现在合理的分配效率上。根据《永联村合作经济组织财务制度（试行)》的规定：村合作经济组织的收益在进行依法纳税后，大部分用于生产发展，小部分用于集体福利。据此，村集体每年的经济收入中，提取 30%作为公积金、公益金、福利费及管理费用等，70%面向村民分配。

永联村社收益的分配采取“土地+人头+工资福利”的模式。土地分配办法主要是：向村集体出让土地者，按每亩 1200 元/年分配。苗木公司获得收益后，将进一步加大对土地出让者的补偿。未出让给村集体仍种植农作物的土地，按每亩 500 元/年支付贴农金。人头分配办法的内容是：凡具有分配资格的村民都可以获得年终分红。其中，0—16 岁按一半分红。工资福利分配方法：村办企业、苗木公司、水产养殖等工作人员，按照计时和计分工资制按日核算工资，按月领取；社区老年人所享受的工资福利主要包括：养老补贴、养老保险、教育奖励、老党员奖励等；此外，永联村多年来一直坚持设立“文明家庭奖”，通过制定非常细致的“张家港市南丰镇永联村文明家庭奖励实施办法”细则，规范社区居民的行为，并采用计分考核的办法，年终通过考核的农户均可领取1000元的“文明家庭奖”奖金。

表2-9-11显示，村民文明考核奖金、责任田分配和合作医疗报销为永联村的三大支出项目。上述收益分配模式是“保障+激励”性质的，因为一方面，土地和股利的收益分配覆盖面广，并且基本上按照土地面积和人口数目进行均分，能够达到全民保障的目的，而为老年人所提供的额外福利也能够起到进一步保障弱势群体的作用；另一方面，以“文明家庭奖”为代表的奖励计划能够起到良好的激励效果。正如吴栋材所指出的，一些村民过度依赖自己作为集体资产所有者的产权主体身份，形成不事生产的食利阶层，其提高经济收益的方式主要是要求不断提高在集体经济收益分配中属于个人的份额。这样一方面在村庄内部形成利益对立的社会断层，造成内部社会不稳定；另一方面不利于满足企业加快资本积累速度，提高市场竞争力的需要。表2-9-12为村民收益的分项汇总。

表2-9-11　永联村2004年预计支出情况表

单位：元

收入项目	金额	收入项目	金额
一、管理费项目		三、其他费用项目	
工资	480000	年终老人补贴	288000
差旅	30000	责任田分配	5080000
办公费	10000	蔬菜补贴	480000
招待费	25000	拆迁户慰问费	100000

（续表）

收入项目	金额	收入项目	金额
二、福利费项目		三、其他费用项目	
合作医疗报销	1100000	电费、环卫等	885000
贫困户补助	140000	拆迁户电费	13000
计划生育及征兵费	90000	东华、安乐、跃进村土地费	163000
农户养老保险补助	670000		
捐助永联学校	350000	村民文明考核奖金	5380000
		合计	15284000

表 2-9-12　1996—2003 年永联村民收益分项汇总表

单位：元

年份	自留地	责任地	补农奖副	老人补贴	青苗费	按人分配	其他	合计
1996	517829	120290	175279	133325	—	—	82915	1080959
1997	115900	795859	335850	227100	—	—	26597	1501306
1998	102762	759981	291425	334440	—	—	77423	1566947
1999	162718	814411	60096	372600	—	—	76611	1486436
2000	97583	1067379	640633	412800	—	—	166857	2385252
2001	88767	1328610	526378	601800	—	—	70759	2616313
2002	111096	2297868	18527	—	30510	—	18026	2476026
2003	158713	1294388	830626	—	15378	2451867	581	4751553

注：1996 年支付“学生补贴（电话）”43852 元，列入“其他”中，是学生补贴还是电话补贴，性质不明。2003 年发放“按人分配”金额 2451867 元仅仅给 7—41 组（11、12、14、34、35 组除外）1995 年并入的两个村的村民。2004 年上半年对老永联村民（现 1—6 组）每人 1 万元的补贴作为补偿。

（3）企业对社区的长效回报

在“企业办村”的模式下，社区的公共品多数仍由企业来提供，而广大村民无疑成为搭便车的主要群体，这实际是“智猪博弈”的合理结果。这些公共品主要包括基础设施、各种基金和多种形式规模化的经营投资（见表2-9-13）。这些公共品对企业的发展是必需的，但村民可以从中享受到公用事业、实现就业等方面的福利。由于公共品的收益是持续的，因此属于长效回报。

表2-9-13　永钢集团发展过程中对社区的回报

单位：万元

<table>
<tr><th>类型</th><th>细分项目</th><th>金额</th></tr>
<tr><td colspan="2">土地补偿中高于法定标准部分（1993—2004）</td><td>146</td></tr>
<tr><td>基础设施建设（1986—1995）</td><td>小型自来水厂、村医务室、村公路、影剧院、歌舞厅、商场、农贸市场、农田基本建设、村广播站、永钢大道、永钢学校等</td><td>33151</td></tr>
<tr><td rowspan="4">社会福利发放（2003）</td><td>老人福利</td><td>110.8</td></tr>
<tr><td>精神文明奖</td><td>578.1</td></tr>
<tr><td>普通村民住房补助</td><td>1200</td></tr>
<tr><td>老人住房补贴</td><td>248</td></tr>
<tr><td rowspan="4">各种基金（2001）</td><td>农业发展基金</td><td>100</td></tr>
<tr><td>扶贫解困基金</td><td>10</td></tr>
<tr><td>敬老爱幼基金</td><td>80</td></tr>
<tr><td>教育发展基金</td><td>20</td></tr>
<tr><td rowspan="3">多种形式规模化经营投资（2000）</td><td>梅花鹿养殖场</td><td>10500</td></tr>
<tr><td>宠物食品有限公司</td><td>6500</td></tr>
<tr><td>苗木基地、特种水产养殖场</td><td>2500</td></tr>
<tr><td colspan="2">合计</td><td>46143.9</td></tr>
</table>

注：括号中为支付金额涉及的年限。

在“村企合一”体制中，全面推进全村工业经济结构和农业产业结构的调整被看成是永联村再次飞速发展的新增长点。当然，工农互助的模式有它存在的历史背景和条件。

新的历史时期的永联村在面临众多发展机遇的同时，也遇到了不小的挑战：随着永钢规模的不断扩展，企业在冶金行业中的空间相对地越来越小，而我国加入世贸组织后，将会给某些行业带来难得的发展机遇。因此，近年来，吴栋材带领村党委审时度势，富而思进，继续发扬自强不息的精神，率领全村群众寻找新的经济增长点，开始了“二次创业”的征程。

传统的农业往往是以一家一户为单位的，属于小农经济。而现代农业不是靠一个人的力量就可以办起来的，它需要土地、人力、资金，还需要高科技的手段；有精加工，也有深加工；有粗制品，也有高档产品。永联作为一个农村社队，有 5000 多农民，有 5000 亩地，有将近 5 亿元的资金。把这些资金运用起来，把农民的积极性调动起来，把土地、人力资源调动起来，从种植、养殖开始，通过高新技术，通过科研单位的深度开发，搞农副产品的深加工，实现科、工、贸、产、供、销一体化，一方面可以解决“三农”发展问题，另一方面也可以完成工业结构的调整，这就是永联村新的发展目标。

1998 年，永联村党委提出了全村“十五”建设的规划目标：到“十五”期末，将永联村建设成为年产值超过 40 亿元、多种产业齐头并进的现代化新农村。为落实这一规划，1999 年和 2000 年，村里投资 1500 万元建成了华东地区规模最大的梅花鹿养殖场。此举的目的不是单纯发展养鹿业，而是要以此为支撑点带动工业产业结构调整和全村农民种植青玉米、黑麦草等饲料。这一项目一下子就将以水稻、小麦为主的传统种植结构调整了过来，不仅使永联村较为单一的工业经济实现了多元化发展，同时也带动了农村种植鹿饲料，这样比种植粮食每亩多收入 500 元——全村种植 3000 亩，农民就可增加收入 150 万元。

鹿的全身都是宝，鹿茸、鹿鞭、鹿尾都是贵重的天然保健材料。在养殖的基础上，公司又投资兴办了张家港市联峰保健食品有限公司，搞鹿产品的深度开发、加工，既消化了鹿产品，又提高了附加值。一副鹿茸 2—3 千克，每年可割 2—3 副，市场价每千克在千元以上。生物制药厂开发的茸杞胶囊、鹿骨粉胶囊、鹿角粉蜂蜜等系列保健食品已相继投放市场，取得了较好的经济效益。

永联村实施的另一项工农互动式的调整项目，是投资 5000 万元建办张家港联峰宠物食品公司。宠物食品公司主要生产狗、猫等宠物食品，正常投产后，年产宠物食品预计达 2 万吨。如果用猪肉做原料，每天就需要 400 多头猪；如果用兔肉做原料，每天需要近 4000 只兔；而用鸡肉做原料，每天要上万只鸡。这么大的需求量，为村民大力发展种植、养殖业提供了极其广阔的市场，从而带动全村乃至周边地区农业种植及养殖结构的全面调整。

为了发挥集体经济的主导作用，为结构调整树立榜样，村里先后投入 2300 多万元，设立了占地 550 多亩的永联高科技设施农业示范园区，拥有养鹿业、特种养殖、花卉园艺、珍禽及蛋鸡养殖等四个基地。养殖梅花鹿近 2000 头，珍禽数千只，10 多个品种的水生动物，还配置了大花蕙兰、牡丹等 16 个品种的名贵花木。园区现已被列入中国药用动物综合养殖示范基地、江苏省农村现代化实验区现行示范单位，成了带动全村个体养殖业发展的“火车头”和“试验田”。园区将引进或开发的养殖项目向农户推广，并回收农户的养殖产品；利用园区的技术力量为个体养殖户提供技术服务，并积极探索养殖新技术、新方法。从 1998 年至今，园区先后完成了“七彩龟控温养殖效果研究”

“微生物制剂在控温养殖中的应用”“大棚养鸡效果研究”“富硒蛋和营养蛋的开发”等养殖科研项目，同时向个体养殖户传授技艺，促进了全村养殖水平的提高。

为了使更多的农户从事个体养殖，并使高科技设施农业示范园养殖与个体养殖在品种、档次上相互补充，村里建立了种植、养殖激励机制，每年从工业利润中拿出100万元作为奖励基金，奖励成绩突出的种养业个体户。1999年村委会规定：种植经济作物每亩收入超过2000元的，每亩奖励200元；养羊50头以上、出售时80%以上头重超50斤的，每头奖励100元……全村农户种养积极性空前高涨。

随着永联村知名度的不断提高，前来考察、参观的人越来越多。村里以产业结构调整为契机，将发展观光农业与调整种养业结构有机结合起来，景点建设取得显著成效。永联高科技农业示范园区的道路、塘岸全部进行了石驳处理；沿途和空闲地带或种上桃树、香樟、草坪，或垒砌假山、亭台，种植美人蕉、荷莲等；引进养殖了供观赏的孔雀、红腹锦鸡、七彩兰山鸡、鹧鸪、彩虹鲷、河豚、鲟鱼等珍稀动物品种。如今，一个集特种水产养殖、珍禽养殖、梅花鹿养殖、花卉园艺四位一体的生态观赏性农业发展基地已形成规模。

（4）小结

早在12年前，温铁军就提出了乡镇企业资产在原始积累阶段的四个来源及其贡献率①。据此，在乡镇企业改制中，清产核资之后对净资产按照“谁投入谁所有”的原则，进行以量化配股为主要形式的股权设置。其中，企业家和技术骨干应有10%—20%的股权。按照一般市场经济国家企业家的持股比例来看，这部分股权已经足以形成对企

① 温铁军：《乡镇企业资产的来源及其改制中的相关规则》，《浙江社会科学》1998年第3期。

业家的激励。普通劳动者即农民和企业职工应该占70%—80%的股权，地方政府或乡村集体组织应占有10%的股权。至于劳动者及其组成的集体怎样持股，怎样进行收益分配，则是改制中应因地制宜予以解决的技术问题。

显然，在永联村集体经济的股份制改革过程中，普通劳动者所持的股份远未达到70%—80%。因此，为了给予普通劳动者合理的回报，企业一方面通过村集体对使用的生产要素进行了收益上的相应补偿；另一方面通过免费提供公共品和福利保障，以补偿乡镇企业在资本原始积累阶段“应支未支的劳动力保障和福利”。当然，为了保障有限的资源能够被村民排他性地占有，需要建立一种有效的身份识别制度，于是村籍制度应运而生。关于村籍制度将在后续内容中单独讨论。

3.“企业办村”的共生关系

在市场机制逐渐完善的条件下，集体产权的意义主要在于节约了企业与社区内交易的成本，这种“模糊”产权组织形式的延续是由企业与农村社区的交易决定的。在“企业办村”的模式下，企业与集体并未“一刀两断”，除了企业需要履行社区责任之外，还存在利益上的考虑。首先，即使在股份制改革之后，集体依然为企业提供了大量的生产要素，比如集体资产、土地和股份（相当于资金）。尽管上述要素是需要回报的，但由于回报是逐年支付的，而且是以租金、利息和股利的形式出现，因此避免了完全撇开集体后一次性巨额支付带来的财务风险。至于集体资产、土地和股份等，在“企业办村”的模式下，实际上只存在理论上的兑现权利，而不会像在资本市场上一样随时可能发生套现。其次，即使是租金、利息和股利这些流量收益，在“企业办村”的模式下也未尝能全额支付，一旦企业在财务上出现困难，就可能延期支付，而由于长年的合作关系，村民们也基本能够理解。

表 2-9-14　1996—2003 年永联村村民收益分配表

单位：元

年份	分配总额	实发金额	差额	差额占总额比重（%）
1996	1080959	882354	198605	18. 37
1997	1501306	1199028	302278	20. 13
1998	1566947	1395992	170955	10. 91
1999	1486436	1434189	52247	3. 51
2000	2385252	2304670	80582	3. 38
2001	2616313	2449977	166336	6. 36
2002	2476026	2322581	153445	6. 20
2003	4751553	4573798	177755	3. 74

注：收益分配只计算每年村民收支结算情况，若计入“精神文明奖”及老人、老党员补贴等，每人应加 1200 元左右。

表 2-9-14 显示，在多数年份，村民的收益分配总额与实发金额之间的差额都在 10 万元以上，部分年份甚至高达 30 万元。总体而言，差额占总额的比重是呈下降趋势的，高位水平主要出现在 1996—1998 年三年中。如果对照永钢集团的净利润情况，这三年正是处于 20 世纪 90 年代中后期的低位水平。其中，1996 年永钢集团的净利润仅为 895. 74 万元，而当年未分配差额为 19. 86 万元，占比达到 2. 21%。据测算，在企业的扩张阶段，为了进行再投资，企业实行高积累、低分配，延迟对集体的分配，直到 2004 年仍有 3000 多万元的集体分红没有分配。由此可见，在“企业办村”的模式下，企业为村民提供了可持续的回报，而集体再次为企业提供了廉价的资本支持，与企业共担经营风险，这是村企之间形成的理性的共生关系。

四、扩大社区范围的要素贡献与回报机制：就地并村

（一）就地并村的背景与历程

1986 年至 1995 年，永联村先后拿出 200 多万元，无偿援助相邻的几个村用于发展村级经济。与此同时，在市委、镇党委领导的启发下，村党委一班人又思考起一个更深层次的问题：一枝独秀不是春，万花竞放春满园。

1995 年 9 月，在上级党政组织的引导下，永联、永新、永南三个村依法实行了合并。尽管被合并的村原来的经济基础和自然条件都比永联村好，但由于近十年来，特别是 1992 年以后，它们不仅没有新的发展，在某些方面甚至还有所倒退，一直处在被帮扶村的位置上。以 1994 年的有关统计为例，永南村人均工农业总产值为 0.46 万元，永新村为 0.37 万元，永联村则达到 68.3 万元，分别是上述两村的 148.5 倍和 184.6 倍。针对这种现状，上级党委和政府规划部署将两村并归永联村，以永联村的先进榜样和较强的经济实力的辐射作用，带动这两个村共同前进，促进农村“两个文明”建设的均衡发展，以加强农村现代化建设的力度。

为了把以富带穷、促进共同富裕落到实处，村党委着重做了三项工作。一是统一村民思想，提高认识层次。并村后，部分老永联村民认为，永联有今天，是永联人流血流汗干出来的，外村人凭什么来分果子吃？还有的人认为，永南、永新和永联相比，经济发展水平差距太大，永联把他们驮在身上是负担，弄不好会把自己拖垮。而原永南、永新村民的思想上也存在着自己是“后娘”养的，难免要看人脸色的

表 2-9-15 永联村五次并村情况

序号	并村时间	并入单位	现组别	并入面积（亩）	并入户数（户）	并入人口（人）	并入村人均收入（元）	永联村人均收入（元）
1	1995-09-13	永新村 1-17 组	6-22	2266.1	762	1979	2150	4500
		永南村 1-18 组	23-40	2597.98	897	2285	2430	
2	2002-07-31	安乐村 17 组	41	177.64	62	168	5085	7716
3	2005-04-16	东胜村 1、2、8、9 组	43-46	3091.95	1085	2660	8296	14811
		东华村 8、9、10、14、15 组	47-51				8296	
		安乐村 9-16、18、21 组	52-61				8580	
		永丰村 29、38 组	62-63				7064	
4	2005-09-23	乐余镇东沙渔业队	64	10	34	101	11500	
5	2006-07-20	东胜村 15-25 组	65-75	1731.1	546	1412		
		永丰村 28 组	76	210.17	59	153		
合计		共 71 个组		10084	3445	8758		

顾虑。针对这些错误认识，村党委一方面多次召开党员干部会议和村民大会，反复向干部、群众宣传党的富民政策和社会主义制度的优越性，教育大家发扬互助互爱美德，以宽广的胸怀和发展的眼光来对待并村工作。另一方面，引导村民群众算大账、算活账、算发展账，使大家认识到并村对老永联村是富裕村村民崇高思想境界的体现，也给永联经济提供了更广阔的发展空间。二是从实际出发调整组织结构。并村后，经上级党委、政府批准，全村被分成40个村民小组，对原有的党组织设置也进行了相应调整，并对原三个村的村干部按照组织原则和择优上岗的任用方针，进行了合理分流。三是统一规划，全面发展，促进共同富裕。并村后，村党委尊重历史，并根据实际存在的差异，提出了“统一规划，分步实施，协调发展，全面进步”的全村发展战略，聘请高校的规划设计院对永联集镇建设重新进行了规划设计，兴建了第二商场、第二集贸市场、农民商住楼等。

永联村历经五次扩村，全村面积由原来的0.54平方公里增加到8.5平方公里，拥有73个村民小组、9261名村民，成为整体规模强大的超级村庄（见表2-9-15）。

表2-9-16　1993—2004年永钢集团新增非农用地情况

单位：亩

年份	工业用地	住宅用地	公共用地	商业用地	合计
1993	40.31	—	—	—	40.31
1994	138.68	—	—	—	138.68
1995	42.87	—	—	—	42.87
1996	229.17	6.74	11.60	2.10	249.61
1997	5.18	75.96	—	13.61	94.75
1998	51.10	—	—	—	51.1

（续表）

年份	工业用地	住宅用地	公共用地	商业用地	合计
1999	89.33	4.14	—	21.08	114.55
2000	—	7.88	—	—	7.88
2001	72.16	—	—	—	72.16
2002	555.83	13.86	24.81	—	594.5
2003	1109.64	161.75	48.91	—	1320.3
2004	147.42	57.66	—	—	205.08

将表 2-9-15 和表 2-9-16 进行对照可以发现，永联村就地并村与永钢新增非农用地之间存在较强的相关性。1995 年 9 月，永联村并入土地 4500 亩，次年永钢新增非农用地达到 249.61 亩，比之前三年的用地总和还多 27.75 亩。2002 年 7 月，永联村并入土地 177.64 亩，当年永钢新增非农用地达到 594.5 亩，为之前历年中用地最多的年份。随后的 2003、2004 年，永钢新增非农用地达到 1320.3 亩和 205.08 亩，直接造成土地储备的急剧下降，因此在 2005 年 4 月，永联村一次性并入土地 3091.95 亩，为历次并村中最多。从并入土地的用途来看，工业用地是最主要的目的，而在 2005 年 9 月并入乐余镇东沙渔业队主要是出于修建永联港口这一特定目的。

（二）就地并村背后的利益整合

1. 就地并村背后的正和博弈

在中国现行的土地制度下，取得工业化用地需要向各级政府缴纳高昂的土地出让金；但使用集体土地，比如以租用集体土地或以集体土地入股，不仅能够节约大量的资金，而且能够降低与分散农户谈判的交易成本，纠纷和矛盾也较少。目前，永联村所使用的 6000 多亩土地，其中国家征用的工业土地是1200亩，土地出让金为8万—10万元/亩；租用集体土地380亩，租金为每亩1200元/年；另有5000多亩土地是集体无偿划拨给永联村使用的。集体产权使企业能够廉价甚至无偿使用集体土地，这是社区资本扩张的低成本方式，即直接的资源资本化。[①] 因此，在村属土地的刚性约束下，在就地并村和跨村征地这两种获取土地的基本途径之间，显然前者更有利于降低土地的使用成本。当然，就地并村后永联需要为新村民提供公共福利，但有些公共福利的边际成本很低，追加的投入较少；而一些排他性的福利，正如后文将介绍的，永联是逐步提高的，而非一步到位。

从被并入村庄的角度来看，合并也是一种理性选择。首先是村民收入水平的提高。从永联村五次并村情况来看，所有并入村的人均收入水平都大大低于当时的永联村。由于并入永联村之后获得非农就业机会的可能性增加，收入水平也就会相应提高。其次是公共福利的享有。如果说收入水平的提高还存在较大的不确定性，那么相对而言，公共福利的享有则是有保证的。在永联村，是否享有多形式、高标准的公共福利是由村籍决定的，而并入永联村就意味着获得了村民身份，因此公共福利自然也会相应提高。当然，除了就地合并，并入村庄的土地也可以转变用途，用于工业生产。但是，由于土地征用过程中的很大部分收益需要上缴各级政府，因此农民获得的补偿其实并不多（据测算，永联村所在的南丰镇的征地费用中，上缴政府的约合3.4万元/亩，留给农民的仅为3.6万元/亩，仅相当于集体租用30年）。而且土地一旦被征用，不仅被征地农民失去了土地，其子孙后代也永远失去了土地，因此农民将失去生存的最后保障。

---

① 温铁军：《产业资本在乡村扩张的四种模式》，《银行家》2005年第8期。

综上所述，就地并村将达到双赢的局面，属于正和博弈（见表2-9-17）。

表 2-9-17　土地受让村与出让村的正和博弈

<table>
<tr><td colspan="2" rowspan="2"></td><td colspan="2">土地出让村</td></tr>
<tr><td>并村出让</td><td>征地出让</td></tr>
<tr><td rowspan="2">土地受让村</td><td>并村受让</td><td>受让村：获得相对廉价的土地扩大工业生产，承担一定的公共福利支出
出让村：获得持续的土地要素回报、就业机会和公共福利</td><td>受让村：继续在有限的土地上发展工业生产
出让村：继续从事农业生产，获取农业报酬</td></tr>
<tr><td>征地受让</td><td>受让村：继续在有限的土地上发展工业生产
出让村：继续从事农业生产，获取农业报酬</td><td>受让村：获得相对昂贵的土地，扩大工业生产
并入村：获得一次性征地补偿，失去根本保障</td></tr>
</table>

2. 兼顾新老要素贡献的回报机制

村对农民而言不仅是一个世代繁衍生息的生活空间，也是土地所有权的归属所在。并村对被兼并者来说，首先意味着放弃原有的生活秩序和社会地位，进入他村的社会；对于兼并者来说，则意味着要让出相当一部分既得利益给穷村，甚至背上穷村负债的“包袱”，因此，一开始往往遭到双方村民的激烈反对，合并双方都会经历情感撕裂和利益分割的剧痛。但由于对所在村持续发展的渴求毕竟是理性的，为了优势互补，村民最终能够接受并村的现实。不过，我们至今看到的自愿并村的事实还只发生在两个发展水平十分悬殊的村庄之间。[①] 因此，就地并村后如何维持新老村民之间回报的公平就成为一个关键的

① 折晓叶：《村庄边界的多元化——经济边界开放与社会边界封闭的冲突与共生》，《中国社会科学》1996年第3期。

问题。为此，永联村主要确立了如下做法。

（1）新村民的待遇新增

一方面，在福利待遇上，并村后就意味着新村民也要享受老村民的同等待遇。为此，永联村在福利待遇的问题上采取了循序渐进、逐步缩小并最终取消新老村民之间差别的做法。

另一方面，在劳动力就业上，由于新村民不能在短时间内满足现代化工业生产对劳动力素质的要求，永联村适当调整了产业结构，对集团的组织结构进行了优化，其中最重要的举措是成立了农业公司，统一进行农业规模化和企业化生产经营，从而吸纳新村民就业（见表 2-9-18）。为缩小因职业差别而造成的收入差距，永联村采取了企业集团出资支持农田基本建设、保护价收购农产品、设置奖农金和在种苗基地实施计时工资制等，这些以工补农的措施支持了农业发展，提高了农民的收入水平。仅 2003 年，发展农业的资金总额就超过 900 万元。

表 2-9-18　永联村农业结构调整时土地使用情况（1993—2002）

用地时间	土地用途	占地面积（亩）	初始投入额（万元）
1993	特种水产养殖	600	2000
1996	花卉园艺场	100	200
1999	梅花鹿养殖基地	140	1000
1999	苗木公司	500	40
2000	兔场	20	400
2000	宠物食品厂	52	6500
2001	杜仲种植	120	40
2001	葡萄培植基地	44	20
2002	食用菌基地	162	300
合计		1738	10500

（2）老村民的待遇追加

并村后，由于人口增长较多及其他支出增加，老村民的福利受到影响，典型的是液化气补助（500 元/年）、独生子女补助（500 元/年）、奖农金（每亩耕地 300 元/年）三项补助取消，粗略估算，老村民每年每家损失 1300 元。

为此，永联村对老村民进行了补偿。一是在新老村民享受的福利上稍作区别。2002 年前，65 岁以上的老人补助，老村民是 1200 元/人，新村民是 600 元/人。二是单纯的待遇追加。2004 年，永联对老村民每人发放 1 万元补偿，共计 914 万元。按照吴栋材的解释，老永联村民过去在企业发展中作出了很大的贡献，新并入村庄的贡献没那么大，所以要向老村民发放补助。由此可见，企业对村民的福利分配，具有很强的"要素补偿"的动因。

3. 小结

由于追求增殖收益是资本经济的一个重要规律，因此农村集体化社区在整体上实现工业化之后，内生性的产业资本也必然要进一步扩张，以形成追加的资本收益。产业资本在乡村扩张的一个典型形式，就是社区内部自生产业资本通过兼并临近社区以实现低成本扩张。①

永联村的案例表明，一旦新老要素的贡献都能得到合理回报，产业资本的扩张将畅通无阻，而就地并村也就成为双方共赢的理性选择。值得注意的是，就地并村在使社区企业扩大了传统社区范围的同时，也深刻地改变着企业的内部治理结构，永联村案例中的农业公司正是并村运动中出现的产物。

① 温铁军：《产业资本在乡村扩张的四种模式》，《银行家》2005 年第 8 期。

五、超越社区边界的要素贡献与回报机制：跨村征地

（一）跨村征地的利益相关者

1. 政府

根据发展经济学的原理，最能够直接形成资本收益的机制，就是“资源资本化”。因而，产业资本扩张必然要和资源所有者（或者实际占有者）进行交易。由于我国属于单一制国家，在政府控制的范围内，资源向资本转换的成本相对较低。① 政府在征地过程中的主导性表现在，政府是土地产权的实际控制者和土地价格的制定者，同时是拆迁安置政策的制定者和征地拆迁的执行者。② 据测算，征地过程中的政府收费高达 3.4 万元/亩，征地收入是政府财政的重要来源（见表 2-9-19）。

表 2-9-19　张家港市征地收费标准

单位：元/亩

项目	耕占税	农重金	围垦造地基础费	耕地开垦费	有偿使用费（中央收）	有偿使用费（省收）	用途变更费
收费标准	5500	2400	533	6000	16000	1300	667

注：未列出的管理费为总费用的 3%；评估费根据总费用的多少按照 2%—4%收取；另收取一定的测绘费用。

---

① 温铁军：《产业资本在乡村扩张的四种模式》，《银行家》2005 年第 8 期。

② 陈君：《征地拆迁：政府主导的利益博弈》，浙江大学硕士学位论文，2006 年。

2. 企业

对于企业而言，不管是土地的村内调整还是村外调整，都是将农业资源资本化的过程。不同的是村内调整是社区内部自我消化资源资本化的成本，而村外调整则由外界承担资源资本化的成本。农业用地转化为工业用地的成本由社区内部承担，社区内部工农业间利益格局重新调整，农业让渡部分利益于工业，是一种零和博弈；而从村外调整，资源资本化的成本由外界承担，收益由企业享有，进而通过福利等形式惠及整个社区，这是正和博弈。显然，正和博弈优于零和博弈。①

从永联村的发展实际来看，自农业公司成立之后，经济农业和生态农业区已纳入规划，而且经过多年经营，多数农业企业已经开始盈利，成为安置新村民的重要去向。因此，土地村内调整的难度很大。而与就地并村相比，跨村征地的灵活度大，可操作性强，更重要的是企业一次性支付地价，承担社会保障责任较少。

3. 农户

在土地补偿安置的具体操作上，张家港市有两种方法（见表2-9-20），即一步到位法和逐年支付法。南丰镇采用的是后者。逐年支付法的含义是：用地单位足额交清向上审批所需的规费，涉及农民安置补偿的，采用农户先签字提出参与二次分配的要求后，镇、村两级向国土资源局作出书面承诺，每年由镇或村负责对农民兑现补偿。

采取逐年支付法的好处在于：一方面，由于土地属于村组所有，而征地单位不可能将该组的土地全部征用，而是征用部分农户的土地，

① 庄沙沙：《以社区企业为介质的社区内部工农融合模式及价值——基于对常熟市蒋巷村的调查》，中国人民大学硕士学位论文，2007年。

因此，二次分配能够保证土地出让的收益让大家共享；另一方面，逐年支付法可使农民在土地上获得相对稳定的长期收益，是一种收入保障。在操作过程中，南丰镇按照农民自愿的原则，在被征地的村组，要有三分之二以上的户主代表签字方可征用。

表 2-9-20　张家港市征地补偿标准

补偿类型	补偿范围	补偿金额
土地补偿	耕地	12000 元/亩
	鱼塘、养殖场、园地等	4800 元/亩
	竹园、林地、宅基地、乡村道路等	6000 元/亩
	其他土地	3600 元/亩
安置补助	农业人口安置	10000 元/人
	非农业人口安置	无
	被抚养人安置	5000 元/人
	被保养对象安置	30000 元/人
地上附着物补偿	农田基础设施	根据使用时间和耗损程度合理补偿
	坟墓等	自行迁移，补偿 100 元/穴
青苗补偿	一年生作物	1200 元/亩
	一年两季作物	600 元/亩

（二）跨村征地的博弈分析

1. 理论基础

与就地并村相比，跨村征地过程中社区企业的参与相对较少，征地过程主要在政府与农户之间进行。从理论上来讲，如果政府和农民按照市场原则进行征地谈判，博弈应是一个多阶段的讨价还价的过程，如图 2-9-6 所示。博弈理论认为，如果 $0<d_g<1$，$0<d_f<1$，多次讨价还价的均衡结果主要依赖于贴现因子的相对比率，即贴现因子越大越有利。由于贴现因子的大小可以理解为谈判过程中的机会成本，如 $d=0$ 可理解为谈判的成本极高，因此完全没有耐心将多次讨价还价进行下去。显然，在 $d_g<d_f$，即多次讨价还价下将形成有利于农户（村民集体）的均衡。

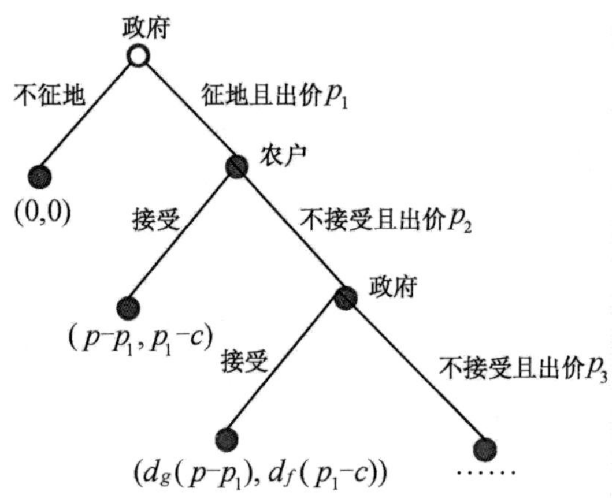

图 2-9-6　征地过程的多阶段博弈

注：p 表示政府征地后以市场价格转让土地使用权的收益；p_1 表示政府给予农户（村民集体）的补偿；c 表示农民出让土地的成本，如拆迁等；dg 与 df 分别为政府和农户的贴现因子。

而在现实的征地过程中，其过程往往是由政府主导的，因为政府凭借其威权，特别是直接颁布征地补偿标准，使得农户（村民集体）没有多次讨价还价的机会，博弈一次性完成，如图 2-9-7 所示。

在一次性博弈中，由于上缴政府的征地收益很高，因此政府往往具有征地激励。而决定农户是否接受征地的关键，在于农户对于征地补偿与出让成本的权衡。由于农户往往难以准确评价长期失去土地的真实成本，故而“不接受”就是不可信的威胁，政府最终会选择征地，而农民对此只能接受。

2. 永联村的实践

在经历了产权改革并将社区政府确立为企业所属部门后，社区企业的地方角色也越来越淡化，经营行为日益与市场化企业接轨。为了拓展企业发展空间，社区企业的治理边界突破社区政府的行政区域，其中最为典型的就是跨村征地。表 2-9-21 显示了 1993—2004 年永钢集团产业资本扩张所增加的土地使用情况。

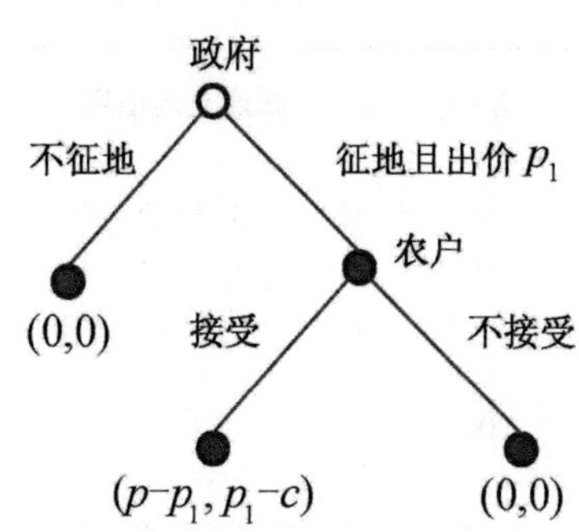

图 2-9-7　征地过程的一次性博弈

表 2-9-21　1993—2004 年永钢集团土地使用及征用情况

单位：亩

年份	新增土地使用	其中：已征用部分	未征用部分
1993	153.15	153.15	—
1994	32.58	32.58	—
1995	139.71	139.71	—
1996	210.75	210.75	—
1997	81.14	5.18	75.96
1998	12.01	12.01	—
1999	110.41	89.33	21.08
2000	72.16	72.16	—
2001	—	—	—

（续表）

年份	新增土地使用	其中：已征用部分	未征用部分
2002	1232. 59	614. 73	647. 86
2003	730. 72	566. 18	164. 54
2004	126. 56	9. 95	116. 64
合计	2931. 81	1026. 08	1905. 73

下面，通过整理后的一则案例，对永联村的跨村征地进行分析。

（1）土地出让合同

在表2-9-22中，重点关注“征地成本”一项，因为此项为土地补偿和人员安置的主要来源，具体安排如表2-9-23和表2-9-24所示。

（2）要素贡献与利益分配

下面利用现已掌握的资料，结合“合同出让总地价分配表”，对各方的预期收益进行粗略测算。首先，从永联村的角度来看，2000年永联村的面积为5154. 93亩，当年净利润为9589. 69万元，故可近似测算新征土地的亩均净利润为18603元；而从征地的费用来看，亩均成本为4843元（征地年限为25年，一次性支付）。从村民集体来看，耕地在未被征用前的亩均收益约为1200元，征用后亩均收益约为1766元。而从政府的角度来看，上交给各级政府的纯收益为128. 06万元，张家港市、南丰镇和引资单位按照3∶6∶1的比例进行分配。因此，土地转出者、转入者和各级地方政府都具有征地的激励。

分析土地出让的相关资料，还可以发现，永联村作为土地转入者，其出价具有相当竞争力，这反映在各级政府对于土地征用的补偿办法上，如表2-9-25所示。

表 2-9-22　张家港市国土管理局张土让合（2000）第 64 号合同出让总地价分配表

<table>
<tr><td>受让单位</td><td colspan="5">南丰镇永联村民委员会</td><td>地址</td><td colspan="2">南丰镇南丰村</td></tr>
<tr><td>受让面积</td><td colspan="2">11520.8m²</td><td>单位地价</td><td colspan="2">181.6 元/m²</td><td>总地价</td><td colspan="2">209.2177 万元</td></tr>
<tr><td colspan="6">总出让地价分配（万元）</td><td colspan="3">出让纯收益分配（万元）</td></tr>
<tr><td>征地成本</td><td>总出让地价</td><td>业务费</td><td>开发费</td><td>纯收益</td><td>估价费</td><td>市</td><td>乡镇</td><td>引资单位</td></tr>
<tr><td>76.2692</td><td>209.2177</td><td>4.1844</td><td>—</td><td>128.0641</td><td>0.7</td><td>38.4192</td><td>76.8384</td><td>12.8064</td></tr>
</table>

注：另计契税 8.3687 万元。“出让纯收益分配”栏中乡镇和引资单位的款项由永联村委与南丰镇直接结算。

表 2-9-23　张家港市国土管理局张土让合（2000）第 64 号合同用地数量表

张家港市南丰镇永联村民委员会：　　　　单位：亩、人

<table>
<tr><td rowspan="2">乡镇</td><td rowspan="2">村名</td><td rowspan="2">村民小组</td><td rowspan="2">用地前耕地数</td><td rowspan="2">用地前总人数</td><td rowspan="2">用地前土人比</td><td rowspan="2">用地前劳动力</td><td rowspan="2">用地前土劳比</td><td rowspan="2">用地总数量</td><td colspan="2">其中</td></tr>
<tr><td>耕地</td><td>非耕地</td></tr>
<tr><td rowspan="3">南丰</td><td rowspan="3">南丰</td><td>3</td><td>70.389</td><td>112</td><td>0.6285</td><td>38</td><td>1.8523</td><td>3.757</td><td>0.252</td><td>3.505</td></tr>
<tr><td>12</td><td>130.75</td><td>114</td><td>1.1469</td><td>40</td><td>3.2688</td><td>12.135</td><td>11.682</td><td>0.453</td></tr>
<tr><td>13</td><td>93.918</td><td>135</td><td>0.6957</td><td>41</td><td>2.2907</td><td>1.389</td><td>1.389</td><td>0</td></tr>
</table>

表 2-9-24　张家港市国土管理局张土让合（2000）第 64 号合同费用汇总表

单位：元、人

<table>
<tr><td colspan="2">土地补偿费</td><td colspan="4">安置农业人口</td><td colspan="4">安置农业人口补助费</td><td rowspan="2">青苗补助费</td><td rowspan="2">农田基础设施补偿</td></tr>
<tr><td>耕地补偿</td><td>非耕地补偿</td><td>劳动力人数</td><td>医疗保险人数</td><td>保养人数</td><td>被抚养人数</td><td>劳动力安置费</td><td>医疗保险费</td><td>老年人保养费</td><td>被抚养安置费</td></tr>
<tr><td>159876</td><td>23718</td><td>5</td><td>1</td><td>6</td><td>1</td><td>50000</td><td>5000</td><td>180000</td><td>5000</td><td>7593.8</td><td>17281</td></tr>
</table>

表 2-9-25　各级政府对于土地征用的补偿办法

各级政府	土地征用补偿办法
中央政府	征收耕地的土地补偿费，为该耕地被征收前三年平均年产值的6—10倍
张家港市政府	征用耕地的补偿费按耕地前三年平均年产值的10倍计算
南丰镇政府	土地补偿金每年以920元/亩支付给农民，在全市处于中上等水平
永联村	除按照补偿标准支付外，还将有条件的劳动力安排进厂，享受本厂职工同等待遇，同时还给村组老人优待金每人每年1200元

资料来源：《中华人民共和国土地管理法》、《张家港市实施〈苏州市征用土地暂行办法〉的办法》、南丰镇征地补偿安置工作汇报。

3. 小结

尽管同是空间约束下获取土地的基本手段，跨村征地与就地并村的内在逻辑截然不同，如表 2-9-26 所示。

表 2-9-26　跨村征地与就地并村的比较

比较项目	就地并村	跨村征地
要素贡献	土地资源直接资本化	土地资源间接资本化
要素回报	可持续回报，拥有保障	一次性回报，失去保障

可见，在征地过程的参与主体中，农户（村民集体）实际是拿长期存量资产换取了短期流量回报，社区企业依然遵循要素的贡献和回报相对等的原则，要素贡献和回报在一次交易中完成，而不再承担要素出让主体的未来福利和保障。在这场博弈中，最大的赢家是政府，但政府征地的动力归根于企业对工业用地的现实需求，因此，政府和企业更容易达成利益共同体。《江苏联峰实业股份有限公司关于减免出让土地有关规费的申请》为此提供了证据，大致内容如下。

公司为兴建联峰炼钢项目，近年来连续大规模征地，按照规定，合计应交土地有偿使用费2234978元，契税901063元，其中部分征地项目如表2-9-27所示。

表2-9-27　联峰炼钢项目土地征用情况表

项目名称	征地面积（亩）	上缴土地有偿使用费地方收益（元）	契税（元）
钢结构车间	84.583	811994.4	295025
高线车间	139.255	1091842.6	485723
运输部	34.454	331141	120315

按照市政府有关文件精神，土地有偿使用费地方收益部分的70%应返还乡镇，30%部分应上交市政府。恳请市政府对上述三个项目土地有偿使用费地方收益应上缴市财政的30%部分再给予返还，并减免契税。

由以上申请可以引出两点思考：一是在地方政府的变相鼓励下，社区企业对征地将更具激励；二是社区企业之所以能够获得征地优惠，源于其“社区性质”，因为从市镇政府的角度，这更多地是出于“肥水不流外人田”的朴素考虑。因此，村办企业即使进行跨村征地，其首选目标也会是周边村镇。但正如我们的定义和乡镇企业发展的现实所显示的，乡企业只建在乡所在地，村企业只建在村的土地范围内，私人企业则建在自家庭院或附近镇上。这就是中国农村工业著名的“三就地”和离土不离乡的特征。① 按照上述理解，永钢集团显然已经不再符合“只建在村的土地范围内”这一属性。故可大胆设想，这是村企关系向镇企关系、市企关系演变的开始，其本质是社区企业扩大

① 裴小林：《集体土地制：中国乡村工业发展和渐进转轨的根源》，《经济研究》1999年第6期。

了范围的社区属性。

就地并村和跨村兼并进一步说明，传统的村庄已经逐渐公司化了。公司化的村庄不同于传统村庄的本质特征，在于其经济活动将向村域外扩展。不过，在不断向外扩展的过程中，实际上存在两个内在的逻辑[①]：一是万变不离其“村”，不管经济活动的边界扩展至多大，村都是生产和经营的核心，不但主体的经济活动离不开本土的地域空间，而且域外经济依靠本土经济提供担保、调节和保障；二是经济扩展的边界并不是无限制的，除去受制于自身的经济实力和其他体制的或市场因素的制约外，还受到社区意识、社区支持系统以及社区保障等因素的制约。

六、外来人的贡献与回报机制：贯穿村企关系演变的始末

（一）永联村外来人的贡献与回报

永联村本是一个移民村，在其农村工业化的进程中，也始终保持了较高的开放性。以永钢集团为例，2003 年，永钢集团有工业工人 2321 人，农业工人 2000 余人。这些工人中，约 800 人来自永联村，仅占永钢集团劳动力总量的 17.78%，其余全部来自外村、镇，也有不少来自外省的劳动力。随着永钢集团规模的扩大，对外来劳动力的需求量越来越大，需求层次也越来越高（见表 2-9-28）。

① 折晓叶、陈婴婴：《产权制度选择中的“结构—主体”关系》，《社会学研究》2000 年第 5 期。

表 2-9-28　永钢集团“九五”期间科技人才分年度需求预测表

单位：人

专业	学历	1997 年	1998 年	1999 年	2000 年
机械	本科	4	4	2	2
	大专	3	3	3	5
轧钢工艺	本科	1	1	1	1
	大专	2	3	3	1
电气	本科	2	1	0	1
	大专	3	2	2	2
理化监测	本科	1	0	1	0
	大专	0	2	2	0
加热炉	本科	1	1	0	0
	大专	0	0	1	1
管理	本科	1	2	1	1
	大专	5	3	5	3
农副	本科	0	0	0	0
	大专	2	1	2	1
其他	本科	0	1	0	0
	大专	0	1	2	2
合计		25	25	25	20

注：在《江苏永钢集团科技人才规划》中，指出新增科技人员主要来自各大专院校的应届毕业生，同时也包括社会招聘和培训深造。

农村集体经济制是一种公有制，但严格来说是一种正在发展初期的有限的公有制。说其有限是因为村集体经济的受益对象限于本村的村民。而在市场经济条件下，只要采用雇佣制的现代工业生产方式，就一定存在资本所有者对雇佣工人的经济剥削，除非雇佣工人本身同时是资产所有者或者是资产所有者的组成部分，因为资本所有者不会剥削它本身。对于这一点，私营企业如此，集体企业也是如此，这是市场经济本身的特性决定的。

对于集体企业来说，雇佣没有所有者身份的工人，其本质是降低企业生产经营成本的需要。因为一方面，外来人的工资标准要显著低于本村村民；另一方面，他们不享受作为集体资产所有者的村民所享受的各种福利待遇。而对于多数来自经济发展水平相对落后的地区的雇工而言，在这里可以获得比在家乡工作更高的报酬，对于他们而言也是基于机会成本所作的合理选择。

由此可见，外来人的贡献在于劳动的剩余价值为集体经济所占有。但村籍制度控制下的村庄利益分配带有强烈的排他性，不仅可能滋生食利阶层，而且可能造成外来人严重的不公平感，不利于企业发展和社区稳定。为此，永联集团采取了两方面的措施。

首先，永钢在集团公司中建立了现代企业通常采用的科层制，而将村作为科层制中分管农业与村民福利的部门。由于村庄的收益大多来自企业，在企业内的利益分配中，明确了企业职工优先的原则（见表2-9-29）。同时，企业以配给职工股份的形式增加外来专业技术人员对企业的认同。由于企业职工的股份只能分红，不能退股，因此实行股份制有利于增强企业的凝聚力。

表 2-9-29　2002 年永钢集团关于实行年薪制的方案

干部级别	董事长	总经理	副总经理	总经理助理	正厂长	副厂长	正科长	副科长
年薪（万元）	40	30	20	10	8	6	5	4

注：资料来源于永钢集团内部会议记录。

其次，永钢集团对干部实行动态制管理，公司的分厂厂长、班长都是通过竞争上岗选拔出来的，一大批年轻的具有大专以上学历的员工挑起了一个部室、一个分厂、一个班组的重担。截至 1997 年，公司大中专以上毕业的人中有 24 人由于表现较突出，被提拔为助理级以上干部，有的被任命为总经理、副总经理、正厂级等。从集团的管理层来看，明显存在三代人：第一代，吴栋材当支书时村委班子几个生产队的老队长；第二代，包括两部分人，一是早期与永钢合作的供销社派来的干部，二是聘请的镇里的公务员；第三代，引进、分配、特聘、调进人员，或从永钢成长起来的人员。在企业集团领导班子 9 人中，仅有 2 人是本村村民，这个比例明显少于其他集体经济。①

在干部动态制管理下，待遇同职位挂钩，包括中层干部的住房优惠，外地科技人才家属、子女的户口迁移等。这样，外来人就获得了分享劳动剩余的机会。

（二）协调外来人和本地人要素回报的村籍制度

外来人的进入，并与土著村民工作、生活在同一个社区，必然对社区的原有秩序造成冲击，由此产生一个不可回避的问题，即如何协调外来人和本地人的要素回报。为此，村籍制度应运而生。村籍制度的核心是控制外来人口流入和防止村庄利益外流。不仅如此，这套制度实际上已经演变成一种与工资、福利、就业、教育等相关联的制度综合体系，拥有村籍，就具有了优先选择职业，享受村民福利、补贴或集体分配，以及在村内批地建房办厂、入股投资分红等权利（见表 2-9-30）。另一方面，村民也必须与村庄共担经济风险，遵守村规民约，承担村民应尽的各种义务，如合作互助、辅助病残、尊老爱幼等。

① 折晓叶、陈婴婴：《产权制度选择中的“结构—主体”关系》，《社会学研究》2000 年第 5 期。

失去村籍，村民就失去了在村中的一切利益。而新加入者则有权分享其中的一部分。因此，村籍制度控制下的村庄利益分配带有强烈的排他性。①

表 2-9-30　1995 年永联村村民就业情况分布

职业	公司工人	服务人员	科室人员	干部	个体	其他白领	其他蓝领	农业	副业
人数	184	36	36	13	166	11	17	193	11
百分比	27.6	5.4	5.4	1.9	24.9	1.7	2.5	28.9	1.7

注：科室人员包括化验员、供销员、医生、教师、会计，服务人员包括商业服务业职工及企业的后勤服务人员等。

永联村对村籍进行了严格而细致的管理，只有符合以下条件的才准予农村居民登记：

农村居民结婚进入，凭结婚证迁入，生育按生育计划申报户口；

未迁出户口的大中专学生、毕业生，在落实工作单位前的待业期间可保留原本村户籍；

现役军人，在提干、转志愿兵之前保留本村农村居民户口。

同时，永联村还明确了农村居民以下待遇：

其被征用土地补偿费原则上按上年底村民小组在册人口进行人均分配；

享受农村社保或村发放的老年人优待金；

享受土地全部被征用后的蔬菜补贴金；

享受村规定的其他待遇。

① 折晓叶：《村庄边界的多元化——经济边界开放与社会边界封闭的冲突与共生》，《中国社会科学》1996 年第 3 期。

（三）小结

目前，永联村已经形成了一种有序的利益分配机制。一是具有集体资产所有者身份的本村村民，主要以获得各种社会保障性质的福利待遇和获得土地入股分红的形式享受地租收益；二是主要由村外人员组成的企业经理层，以获得集体资产股份收益的方式获得报酬，但是这种股份收益与其职位相联系，具有流动性；三是企业雇佣的外地打工人员，以工资形式分享企业的经济收益。这三种收益之间存在性质、数量和实现方式上的差别，目前来看取得了较好的效果。

就地并村、跨村征地及大量外来劳动力的流动，这是永联村经济边界开放性的表现。折晓叶描述了在这类村庄中出现的经济边界开放与社会边界封闭并存的现象，指出现阶段的超级村庄正是在二者的冲突与共生中得以发展的结果。其中，市场原则决定了经济边界的开放性，包括资本和所有权的扩展、土地租赁和村庄承包与兼并、人力资源的流入和流出。①

七、结论

在农村工业化过程中，资本形成与资本扩张是经济发展的必然，其间伴随着企业的起步、成长、变革和扩张。在农村工业化的每一阶段，企业希望低成本地获取要素，而要素也希望获得尽可能高的至少是合理的回报。正是要素的贡献与回报机制推动了工业化的发展，同时改变了村企关系。

---

① 折晓叶：《村庄边界的多元化——经济边界开放与社会边界封闭的冲突与共生》，《中国社会科学》1996 年第 3 期。

在农村工业化起步阶段，劳动、土地替代资金完成资本的原始积累，创办村办企业是对内动员社区资源的制度选择。要素得到的是“按需（基本需求）分配”的回报，这种回报是低廉的，因而需要在未来进行补偿。在企业发展起来后，尤其是出现效益下滑的情况下，长期未得到经济体现的企业家才能（人力资本）率先求偿，经营者与基层政府博弈的结果是改制的发生，并先后经历了承包制、股份合作制、经营者持大股几种形式，经营者实际掌握了企业，村企关系发生了根本改变（见图 2-9-8）。改制后，经营者得到了年薪、股权等激励性回报，而企业早期对村民的“欠账”尚未偿还，同时出于互利共生的需要，村委会继续提供社区服务，村民获得了就业安排、基础设施、社会福利等可持续回报。但在股份制的既定制度框架下，村委会已经演化为企业的所属部门，企业办村在治理结构上得以明确。

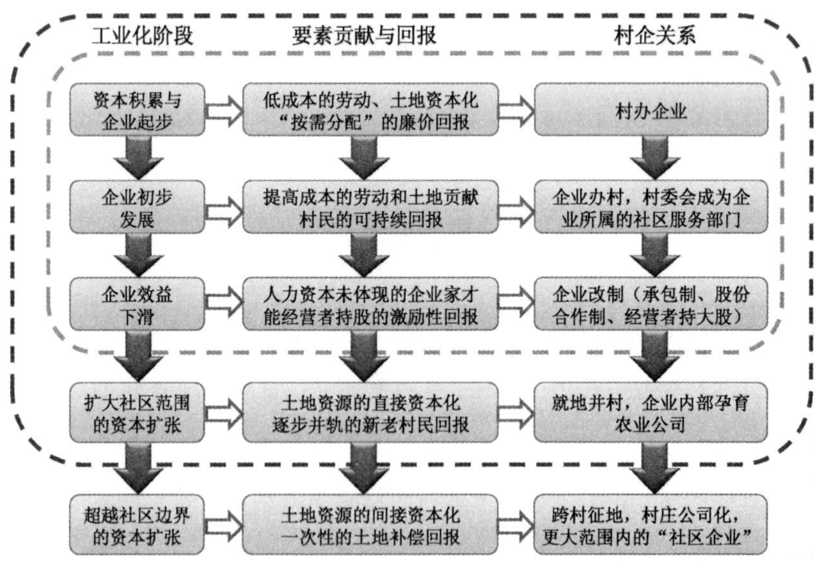

图 2-9-8　案例逻辑框架图

农村工业化继续向前推进，社区内部的资源约束（尤其是土地要素）凸显，资本在逐利本性下必然进行扩张，通过就地并村的方式扩大社区范围，完成土地资源的直接资本化。新社区的村民获得的回报是逐渐并轨的新老村民待遇，但在职业上存在显著差别。为了给劳动力素质不高的新村民就地解决就业，集团内部孕育了农业公司。资本扩张继续进行，通过跨村征地完成土地资源的间接资本化，要素获取与求偿一次完成，村庄公司化已经十分明显，村企关系已经超越了传统社区的边界。

但这种扩张存在两个内在的逻辑：一是万变不离其“村”，二是经济扩展的边界并不是无限制的。因此，并村和征地都会首选周边村镇。据此可大胆设想，村企关系可能继续向镇企关系演变，其本质是社区企业扩大了范围的社区属性。

案例研究二：

村企合一与工农融合
——以蒋巷村为例[①]

地处苏南核心区的蒋巷村，其工业化进程表现出鲜明的村企合一与工农融合，这为解读苏南地方政府公司主义提供了典型案例。

在蒋巷村的工业化进程中，村集体扮演了多重角色——作为组织主体动员社会资源，作为经济主体追求价值最大化，作为社区主体关注全员福利，这促使村企合一成为社员的理性诉求，并在能人效应下付诸实践。

工业化进程伴随着产业资本成长，这是土地、资本和劳动力等多种要素资本化的过程，这一过程需要集中社会资源，需要根据产业资本形成和扩张的不同阶段进行以农哺工或以工哺农，最终通过要素的侧重流动和合理配置，实现工农融合和农工互利。

---

① 本案例为课题组成员庄沙沙硕士学位论文《以社区企业为介质的社区内部工农融合模式及价值——基于对常熟市蒋巷村的调查》（中国人民大学2007年），收入本书时略有修改。

一、蒋巷村的工业化历程

（一）蒋巷村的地理区位

蒋巷村位于常熟、昆山和太仓三市交界处的支塘镇阳澄湖地区沙家浜水区。东濒上海，南邻京沪铁路，西接苏嘉杭高速公路，北依常熟港，港口运输条件便利，原材料的引进和产品外销十分方便。依托上海这一国际化平台，蒋巷村的地理区位优势更加凸显。一方面，蒋巷村借助上海作为中国乃至全球金融中心的辐射效应，主动承接了产业资本的扩散；另一方面，蒋巷村充分发挥自身在生态环境上的优势，大力打造上海的后花园，为日后房地产的发展奠定了基础。

（二）工业化前的农业社区

蒋巷村土地资源较为丰富，共有土地 1700 亩，劳动力 400 多人，人均土地面积超过 4 亩，农业劳动力相对富余；村民组成较为复杂，多为新中国成立前后逃荒过来的流动人口，加上长期的交通闭塞，改革开放前人们的商业意识不强，社队工业起步较晚。

蒋巷村工业起步之前有着良好的农业基础。20 世纪 70 年代后期，蒋巷村的一季水稻已达到亩产 545 公斤，并且产量稳定，属于苏州市乃至江苏省的产粮大村。

蒋巷村作为农业先进村，为日后寻求外界支持提供了“信誉担保”。特别是在社队企业/集体企业的发展过程中，取得了较多的政府支持，比如企业管理费用的减免，在贷款额度政府审批的背景下仍能获得大额的银行贷款，在企业被骗 190 多万元后仍能获得政府担保等，均是这一优势的鲜明体现。

(三) 工业化历程与社区变革

1. 从产业资本发展角度考察工业化历程

工业化历程伴随着产业资本发展，在蒋巷村大致可分为产业资本形成和产业资本扩张两个阶段。

20 世纪 70 年代末至 90 年代初，为产业资本形成阶段。产业资本的形成过程往往伴随较高风险，表现为企业业绩的剧烈波动。1978 年至 1990 年，蒋巷村的企业发展极不稳定，盈利、亏损经常交替出现，特别是在 1980 年至 1983 年的四年间，出现了连续亏损的局面。即便如此，蒋巷村年均利税增长率仍高达 228.4%（见图 2-10-1）。

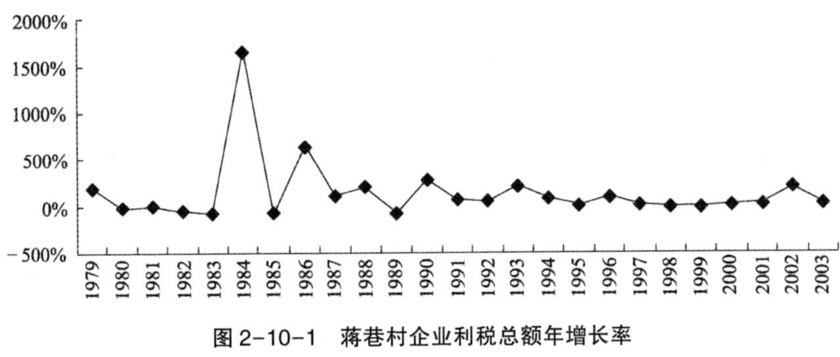

图 2-10-1 蒋巷村企业利税总额年增长率

20 世纪 90 年代初至 21 世纪初，为产业资本扩张阶段。高达 228.4%的年均增长率，使得蒋巷村村办企业的产业资本基本形成。1992 年，蒋巷村得到有关部门对项目发展前途的认证后，在镇政府的支持下，贷款 500 万元投资钢结构项目，在原有的泡沫塑料厂基础上建立蒋巷轻质建材厂，开始生产彩色钢板。自此，产业资本发展迈入扩张阶段。1990 年至 2003 年，企业产值年均增长率为 48.18%，销售收入年均增长率达到52.12%，利税总额年均增长率为55.6%，税金年均增长率达到53.7%。并且，上述增长趋势在多数年份都较为平稳，只有两年（1998、1999年）出现过亏损（见表2-10-1和表2-10-2）。

表2-10-1　蒋巷村塑料厂历年来指标统计（一）

单位：万元

份	利税总额	年增长率（%）	产值	年增长率（%）	销售收入	年增长率（%）	税金及附加	年增长率（%）
1978	1.77		3.9		3.85		0.2	
1979	5	182.49	12	207.69	16.48	328.05	0.57	185.00
1980	4.1	-18.00	10.17	-15.25	9.62	-41.63	0.48	-15.79
1981	3.87	-5.61	17.12	68.34	17.62	83.16	0.52	8.33
1982	1.81	-53.23	10.58	-38.20	9.25	-47.50	0.46	-11.54
1983	0.35	-80.66	12.72	20.23	10.8	16.76	0.54	17.39
1984	6.11	1645.71	53.94	324.06	56.1	419.44	1.82	237.04
1985	1.54	-74.80	142.43	164.05	111.09	98.02	4.62	153.85
1986	11.35	637.01	145.58	2.21	77.55	-30.19	3.41	-26.19
1987	23.98	111.28	184.54	26.76	135.17	74.30	6.3	84.75
1988	71.75	199.21	308.98	67.43	733.85	442.91	28.14	346.67
1989	16.37	-77.18	390.69	26.45	95.57	-86.98	2.58	-90.83
1990	61.39	275.02	527	34.89	442.35	362.85	15.26	491.47
平均年增长率		228.44		74.05		134.93		115.01

表2-10-2　蒋巷村塑料厂历年来指标统计（二）

单位：万元

年份	利税总额	年增长率（%）	产值	年增长率	销售收入	年增长率（%）	税金及附加
1990	61.39		527		442.35		19.24

（续表）

年份	利税总额	年增长率（%）	产值	年增长率	销售收入	年增长率（%）	税金及附加
1991	102.08	66.28	1003	90.32	801.22	81.13	35.61
1992	150.96	47.88	1602	59.72	1336	66.75	57.91
1993	465.81	208.57	3562	122.35	3500	161.98	184.4
1994	818.37	75.69	4380	22.96	2914	−16.74	183.58
1995	868.32	6.10	6580	50.23	5339.93	83.25	215.22
1996	1630.59	87.79	7088	7.72	6531.8	22.32	500.61
1997	1745.08	7.02	8300	17.10	7938.83	21.54	615.19
1998	1478.21	−15.29	10038	20.94	10027.29	26.31	721.5
1999	1316.62	−10.93	12180	21.34	12913.23	28.78	555.66
2000	1395.35	5.98	17088	40.30	18801	45.59	592.78
2001	1679.2	20.34	25018	46.41	25192	33.99	683.69
2002	4996.31	197.54	40806	63.11	38808	54.05	1512.31
2003	6288.11	25.86	66880	63.90	65439	68.62	1848.11
平均年增长率		55.60		48.18		52.12	

2. 工业化发展带动的社区变革

（1）生产结构和就业结构的非农化

工业化发展带动了农村生产结构和就业结构的非农化趋势，表2-10-3、图2-10-2和图2-10-3反映了蒋巷村工业化发展过程中的工农业对比情况。1986年，蒋巷村工业产值超过农村社会总产值的60%，同时从事第二、三产业的劳动力超过农村总劳动力，为58.8%，同期蒋巷村村民的平均收入为1316.49元，首次超过同期苏州市平均工资收入1218元，也首次超过苏州市工业平均工资收入1210元。但工业发展也经历过几次波动，特别是在1984—1987年这四年，工业产值先升后降，农业产值、农业就业结构也随之逐年下降。从 1992 年开始，在蒋巷村农村社会总产值中，农业总产值首次下降到 10%以下，农村工业化程度已经很高。

表 2-10-3　蒋巷村生产结构和就业结构的非农化趋势

年份	农村社会总产值（%）		农村就业结构（%）	
	农业	工业	农业	第二、三产业
1978	93.1	6.9	89.9	10.1
1979	84.1	15.9	89.6	10.4
1980	84.4	15.6	83.1	16.9
1981	74.5	25.5	81.2	18.8
1982	85.2	14.8	73.8	26.2
1983	79.7	20.3	67.4	32.6
1984	42.4	57.6	48.0	52.0
1985	29.8	70.2	36.6	63.4
1986	31.7	68.3	41.2	58.8
1987	34.1	65.9	40.2	59.8
1988	25.1	74.9	32.0	68.0
1989	21.9	78.1	32.5	67.5
1990	21.8	78.2	30.9	69.1
1991	14.4	85.6	30.6	69.4
1992	9.1	90.9	30.7	69.3
1993	5.3	94.7	17.4	82.6
1994	7.7	92.3	19.5	80.5
1995	5.4	94.6	17.9	82.1
1996	7.2	92.8	25.2	74.8

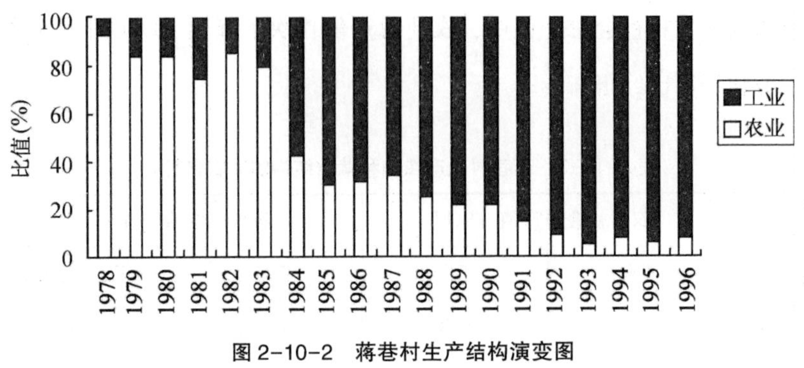

图 2-10-2 蒋巷村生产结构演变图

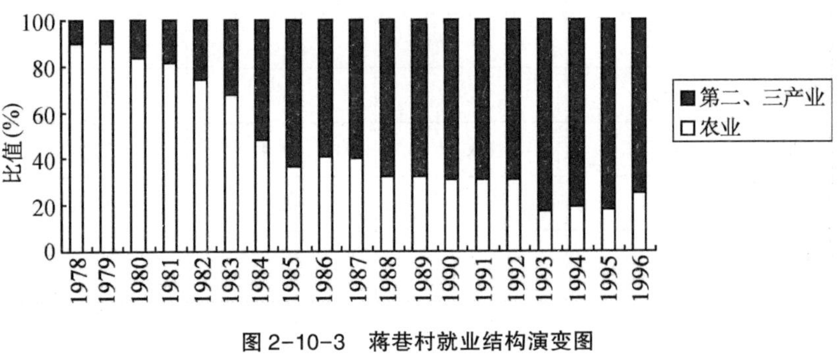

图 2-10-3 蒋巷村就业结构演变图

（2）企业制度改革与产业结构升级

20 世纪 90 年代中后期，全国范围内乡镇企业经济效益出现下滑。1998 年乡镇企业每百元固定资产实现利润额相比 1996 年和 1997 年分别下降了 53.21%和 25.51%。与此同时，从 1996 年开始，乡镇企业的就业人数也一直呈现负增长。截至 2000 年年底，乡镇企业“改制”已基本结束，95%的乡镇集体企业已经消失。正是在这样的背景下，乡镇企业改制应运而生。

蒋巷村所在的常熟市大致经历了两次企业改制浪潮。从 1996 年到 2000 年，以“先售后股，实行股份制、股份合作制”为首推形式，为乡镇企业第一次改制。从 2001 年开始，针对第一次改制中的不彻底不规范现象，发起了第二次改制。截至 2003 年年底，常熟市改制企业累计达到 3567 家（其中 80% 为乡镇企业），改制后成立股份有限公司 6 家，有限责任公司 1251 家，股份合作制企业 342 家，转办私营企业 1968 家，注册资本总额达到 59. 54 亿元，而集体股份几乎全部退出。

值得注意的是，蒋巷村常盛集团没有追随改制浪潮，是常熟市改制最晚的一家企业。直到 2004 年底常盛集团才开始改制，在原来所辖 4 个公司的基础上，组建 4 个私营股份有限公司，即江苏常盛钢结构工程有限公司、常熟市常盛新型建材有限公司、常熟市常盛轻钢材料有限公司和常熟市常盛金属构件有限公司。经由评估公司审查决定转让价格，由市政府体改委和镇政府监督执行。蒋巷村一次性全面改制，集体股退出企业经营。

蒋巷村企业改制正逢村庄生态旅游业步入正规之时。首先，村委会立足于本村土地资源，从种粮大户手中共调整出了 500 多亩田地用于发展生态农业。从 20 世纪 90 年代中期开始，蒋巷村逐步开发出 200 亩左右的鱼塘，到 2000 年又调整出 300 亩左右建设生态园，2003 年生态种养园、村民蔬菜园和无公害生产基地建成，生态旅游作为蒋巷村产业升级的产物开始运营。伴随 2004 年蒋巷村宾馆（三星级）等配套设施的完善，并运用媒体宣传等辅助手段，蒋巷村的生态旅游业逐渐步入正轨，并成为村集体稳定的收益来源。自此，蒋巷村走出了“农业发家，工业富家，旅游业旺家”的发展道路。

二、工业化进程中的村企合一

折晓叶和陈婴婴将国家现代化研究中的内源性概念引入中国农村

基层社会现代化进程的研究中，采纳影响发展的决定性因素存在于社会内部的看法，提出在超级村庄发展过程中真正起作用的是村庄内部的条件和因素，是内源性发展。[①] 超级村庄是在内部条件不断成熟的情况下产生的；超级村庄变革的动力来自村庄的内部，村庄是行动的主体；超级村庄的发展是对其内部的乡土资源，包括土地、人力以及社会性资源等充分开发和利用的结果。

蒋巷村的工业化进程正是遵循了这样一条内源性发展道路。改革开放以前，蒋巷村的农业基础相当殷实，这为日后工业化发展提供了初始投入来源。改革开放之后，村庄主动请“工业”下村，从引进低水平的、初级的塑料加工业开始，“试错式”地来选择最适合的产业，同时在村庄中创造了适合产业成长的小环境。蒋巷村利用集体的组织资源和社区凝聚力，通过对社区内部的乡土资源，包括生产要素及社会性资源等的充分利用来实现工业化。由此可见，在此过程中村企合一后的集体扮演了制度保障的重要角色。

一是社会—文化类型的集体。村企合一的集体，继承了传统集体的部分遗产，如土地产权、集体积累、组织资源和行政框架等。村集体利用集体积累、土地产权等发展工业，凭借在社区内部的组织资源和社会资源，对调动社区内部资源拥有主动权；非农经济大规模地集中在村域内，也是利用村庄传统集体组织方式和社区社会关系资源的结果。虽然集体组织方式在所有权制上不如私营方式明晰，但是传统社区内部在这种集体组织方式下，却有自行解决内部冲突、合作处理

① 折晓叶、陈婴婴：《社区的实践：“超级村庄”的发展历程》，浙江人民出版社 2000 年版。

问题的能力。[①]

二是经济形式的集体。产权和“公共财权”是工业化条件下村集体的本质经济内容。凭借作为社区资源所有者的身份，就可以享受社区经济发展的收益。换句话说，社区经济发展的收益要让整个社区享有，收益权不排除社区内没有参加社区工业发展的人员，推行以社区公平为目标的收入分配和调节机制。

三是作为与个人相对的由社区成员联合起来的有组织的集体。村集体不只是一种经济形式，也是一种“社区共同体”的社会形态。这种社区共同体的形态所追求的目标为社区经济最大化，而社区经济目标主要是本社区的发展，如社区建设中的道路、村委会办公楼、卫生院、学校、排灌站、村民住宅、村民公墓等。由于多元化目标的作用，在社区经济运作中市场原则并不是主宰一切的，社区内部的社会关系和人们之间的长期利益往往起着实际的调节作用。村社在经济上追求的不是绝对利润的最大化，也不是单纯的经济目标，而是以保障村民利益为前提的相对利润的最大化，同时还包括社区公平、社区发展及让村民“共同富裕”的社会目标。

村集体的社会—文化类型逻辑，可以说明村集体为何能够在工农间重新配置要素而实现农村工业化；而其经济形式集体的特性，则说明村集体经济行动的原则性——产权是本质内容；集体社区共同体的特性则解释了村集体行为的目标和动机。

① 周雪光：《西方社会学关于中国组织与制度变迁研究状况述评》，《社会学研究》1999 年第 4 期。

三、工业化进程中的工农融合

工业化过程按其产业资本发展阶段的不同，分为产业资本形成阶段和产业资本扩张阶段。而在上述不同阶段，工农融合均是通过各种生产要素的流动来实现的。

（一）产业资本形成过程中的农工互哺，以农哺工为主

1. 土地要素

（1）农业为工业建设提供廉价用地

在苏南等地区，村办工业创办初期大多是规模较小的手工业，许多都利用了公社时期留下的大食堂或仓库做库房。对土地的非农需求是伴随着产业在社区内不断升级和再创造逐步加剧的。土地归村集体所有的体制，使村集体可以与农户协商让利后，将土地直接收回而用于工业，节约了“资源资本化”的成本，为产业资本的形成提供了廉价土地资产。

（2）工业为农地出让提供合理补偿

作为出让土地要素的回报，无论村民是否在村办企业中工作，作为“分田人头”，都是社区共有产权的享有者，可以享有集体给予的“补地金”。工业化所带来的土地集中规模承包，村集体辅助以机械化投入，规模效应和机械化效应提高了农业效益。同时用土地承包、粮食统一上缴的模式保证了务工人员的口粮供应和统购任务的完成（1993年以前）。

2. 劳动力要素

（1）工农兼业做大了集体福利的蛋糕

在村庄工业化初期，苏南大部分村办企业将那些资金投入较少、劳动密集、可兼而从之的工业企业引进了村庄。村民工农兼业参与村社集体企业发展，村民仍将土地和农业看作最终的生活保障，具有产业自然调节、就业风险保障等作用。在工业上，用时则来，不用时则回，对企业没有终身保障的要求，这就减轻了工业的负担。兼业务工收入在不耽误农活的基础上，增加了农民收入，由于没有计算福利和社会保障在内，务工收入不足以弥补其人力资本要素投入。

（2）以工补农保证了福利享用的公平性

社区经济追求的是公平的收入分配机制。企业慢慢发展，务工务农专业化时，产业间的收入差别是通过收入的再分配来调节的，这种再分配包括直接的收入分配和间接的福利形式的分配。直接的分配是用“以工补农”的形式实现的，补贴多少，一般是参照工业上的个人收益，原则是使村民中从事农业经营者的收入（补贴+农业收益）大致与从事工业生产者的收入相当。有时为了鼓励从事农业，这个收益还要略高于从事工业的收入，蒋巷村就是如此。务工人员的选择内部化（各尽其能的原则）又可充分利用本村人力资本，提高工农业效率。社区的福利则包括由村里出资的合作医疗、免费或低收费的幼儿园和中小学教育、村民养老金和困难户补助等。无论务工务农，村民在福利上享有同质化。

3. 资本要素

企业创办初期的投入来源于农业积累，蒋巷村的农业基础很殷实，再加上家庭联产承包责任制的实行，增加了农业积累，为企业发展初期贡献了资本金。企业工资发放模式为年底归户结算，这就为企业提供了数目不小的流动资金。而随着企业资金需求量的增大，村集体凭借自身与上级政府的关系争取信贷指标，为企业债务融资。

企业如果有盈利，在满足自身积累用于扩大再生产的情况下，向村集体缴纳剩余利润。这部分利润随企业规模的扩大而增加。而到了20世纪90年代以后，企业也可以向集体融资。集体可以使用这些上缴利润发展本社区，投入福利费用等。总之，企业和村集体之间既存在投资主客体的关系，又存在债务债权的关系。

4. 小结

综上所述，土地、人力和资金的结合，是办工业最基本的条件，而这些条件在乡村工业化初期，都潜藏在村庄里。村集体通过整合这些要素启动了工业化的进程。而在产业资本形成过程中，通过将生产要素产权收益回报社区内部的公平的机制安排，保障农业不衰败。但是保障农业不衰败，工农互利，并不意味着工农业间要素的流转都得到了完全回报。必须承认的是，在这个阶段，以农哺工为主，工业虽有对农业的回报，但非全额报酬。也就是说，如果生产要素通过市场来配置，那么工业要付出高得多的成本。正是这种市场关系内部化的安排，降低了农村工业化的成本，加快了工业化的进程。

（二）产业资本扩张过程中的工农互哺，以工哺农为主

产业资本扩张在企业村集体所有的背景下进行，延长了以农哺工的进程，从而使得产业资本扩张能够低成本、快速地进行。村集体凭借对外界邻村资源的吸纳，为企业创造了“资源资本化”的资本扩张路径。

在面临外界劳动力市场时，企业为本村村民提供保护性的内部劳动力市场，并且有意提升其人力资本价值，使之向管理层提升。同时村集体所有的企业性质，也为以工哺农阶段的顺利完成创造了前提。对产业资本形成阶段的要素回报不足，在此阶段补全。企业将大量资金投入社区建设，提高村民福利水平，并且最有意义的是为本村提供产业升级的积累，这就为村财力提供了保障，也为自己在以工哺农进程中提供了合适的退出契机。

以村集体企业为中介的小二元结构在产业资本扩张阶段延长了以农哺工的路径，产业资本得以低成本扩张。同时，鉴于产业资本形成阶段要素回报的不完全，在这个阶段，以工哺农占主导地位。这种工农互哺的资本扩张路径进一步促进了工农关系的融合。

四、基于要素流动的农工互利机制分析

（一）土地要素及收益流动机制

土地产权集体所有的性质，利于集体的统一调动。同时，土地集体所有的产权原则，保障要素回报是回馈整个社区。一方面，村民交出土地的使用权，有利于村集体在工农间重新配置土地要素，同时，社区因获得土地资源直接资本化的收益而快速工业化；另一方面，规模经营和农业机械化程度的提高，促进了农业的蓬勃发展。

而在产业资本形成以后，后续的土地要素回报推动了整个社区的发展。

1. 规模化的土地经营

苏南农村地区 1983 年开始实行家庭联产承包责任制，蒋巷村推迟

两年，从 1985 年开始实行。随着工业的发展，因土地承担国家的农产品强制低价交售任务，劳动力机会成本很高的地区土地呈负收益状态，土地产权价值下降。[①]伴随务工人员的增多，土地粗放经营乃至抛荒趋势出现，客观上为促进土地的规模经营提供了有利条件。

表 2-10-4 显示，蒋巷村土地流转承包面积从 1988 年的 160.52 亩上升到 1994 年的 800 亩以上。蒋巷村从 2001 年开始不再存在口粮田，全部由大户承包经营。现在所有的耕地都由 16 户种粮大户承包经营。从粮食单产上可以看出蒋巷村粮食产量较高，而亩均成本逐年提高，亩均收入有波动，可能源于天气、自然灾害等外界因素的影响。

表 2-10-4　蒋巷村种植业规模经营情况——土地流转承包规模

年份	承户数	总人口	务农劳力	实种面积（亩）	粮食生产		村实有耕地面积（亩）	耕地承包率（%）	亩均成本（元）	亩均纯收入（元）
					总产（万公斤）	单产（公斤）				
1988	2	13	6	160.52	11.84	737.4	1674	0.10	163.37	206.64
1989	6	26	12	358	26.43	738.2	1645	0.22	285.06	184.15
1990	11	56	18	402.8	33.85	840.39	1631	0.25	319.47	202.63
1991	10	41	16	427	36.38	851.9	1647	0.26	338.07	212.49
1992	10	44	17	640	51.59	806.1	1628	0.39	321.61	213.05
1993	11	49	18	725	55.93	771.4	1597	0.45	360.10	322.14
1994	12	53	19	826	70.06	848.2	1582	0.52	513.95	633.83
1995	14	65	21	830	74.33	895.5	1582	0.52	737.84	458.16
1996	13	62	19	801	73.40	916.3	1597	0.50	719.56	782.32

农业规模经营承担了粮食定购任务并保障了村内的口粮供应。这

① 程漱兰：《中国农村发展：理论和实践》，中国人民大学出版社 1999 年版。

种制度约束下的选择带有很强的稳定社区内部环境的作用，所以使得规模经营的主体即种粮大户们得到较多补贴。从集体对机械化的投入到规模经营承包费可以免交，都体现了集体将农业视为村内成员的基础保障。而 1993 年粮食流通体制改革以后，蒋巷村进入产业资本扩张阶段，务工务农收入差距进一步扩大，又客观上促进了规模经营程度的提高。

2. 合理的土地流转程序

合理的土地流转程序和有偿使用费用的推开，主观上推动了土地规模经营（见图 2-10-4）。

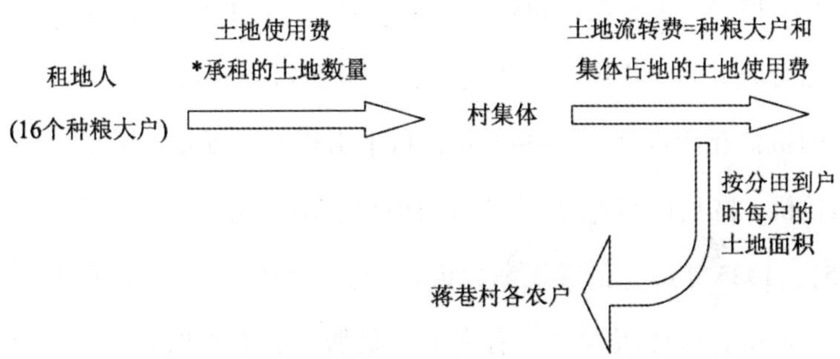

图 2-10-4　蒋巷村土地流转和收益分配示意图

对于承包的责任田，蒋巷村每年都会按照分田到户时每户的土地额发给村民土地使用费。使用费各年不等，从一开始的每亩二三十元到后来的每亩 80 元，村里年终都会将此土地使用费“归户”。种植大户不是必须交承包费，粮价高的时候村里规定上缴多些，粮价低的时候不但不用上缴，村里还会给予一定的补贴。但是对普通农户的土地使用费，村里每年都不拖欠。直到 2001 年村里没有口粮田了，耕地全部规模种植，这时才以制度的形式规定种植大户上缴土地使用费（仍然富有弹性）。2006 年，上缴的土地使用费标准为 200 元/亩，种粮大户纯收入约600元/亩，可见此项费用已不低。承包费用的弹性上缴进一步说明了蒋巷村工业化过程中补贴农业的做法。

需要说明的是，对村民“补地费”的发放，不仅仅是一种物质上的回报，更重要的是一种产权上的象征意义。无论是务工还是务农，社区内部土地的共有产权不变，这就意味着对村民来讲土地的最终保障作用始终存在。一方面，可以不向村办企业要求福利保障，从而节省企业开支，加速工业化进程；另一方面，形成一种契约权利暗示，在企业发展以后，可以用此凭证向企业取得所有应得的要素回报。

3. 日益提高的机械化程度

与规模经营配套的是机械化程度的提高。蒋巷村1983年建立了农副业综合服务站，集体买了大量机器，分田过程中没有分机器，因此集体的机械化程度较高。1987年，村里出资1.9万元购买了第一台中型拖拉机，随后陆续购买了水稻割秧机、割晒机（总马力数见表2-10-5）。1985年后，虽然逐渐规模化经营，但依然是村集体购买农用机械。村里有机械服务队，有专职人员服务，农忙时提供机械服务，农闲时可以到工厂务工。20世纪80年代，村里免费提供机械服务，现在尽管收费但也比使用村外的便宜。机械化程度的提高也将农民从土地上解放出来，现在一个人种四五十亩地已不成问题。

表2-10-5　蒋巷村年末机械拥有总马力数

年份	1977	1978	1979	1980	1981	1982	1983	1984	1985	1986
总马力	60	84	120	144	144	144	144	228	228	228
年份	1987	1988	1989	1990	1991	1992	1993	1994	1995	1996
总马力	278	310	424	524	616	626	626	616	616	714.5

从表2-10-5中我们可以看到，机械拥有量在20世纪80年代中后

期开始大幅度提高，此时村办企业已经处于产业资本形成末期，资本相对充裕，可以提供购买机械的资金。这笔投入的机械化费用，无须村民/种粮大户承担，加上土地规模经营的开展，务农收入得以提升，这也就解释了蒋巷村亩均收入高的原因。

4. 土地非农转化——社区内部调节与外界调节的统一

蒋巷村土地维持集体所有，一定程度上节约了资源形态的农业用地转化成资产形态的工业用地的转换成本，为发展集体企业提供了廉价的土地资源。集体收回土地使用权后，为企业扩大生产规模、投资兴建厂房提供了廉价、充裕的土地资源供给。从最初的几间小作坊到现在成片的工业园区，都是在村集体的统一规划下，在社会矛盾相对缓和的情况下建成的。充分的就业机会、良好的社会保障及土地转让有偿使用费的合理分配，使得村集体在征用土地时几乎没有遇到任何阻力。不过，在大规模的工业用地需求出现时，社区发展工农两利的目标，使得外来土地要素的获得成为社区的最优选择。小规模的土地转移不影响农业发展大局，可以在社区内部无阻力地完成。随着企业的发展，土地要素需求量超出社区内部农业的可出让量时，就转而从外部获取资源，这是工农两利的发展选择。

蒋巷村 1977 年开始办企业，最早的厂房是找了队里的一个仓库。直到 90 年代初，企业规模都比较小，详见表 2-10-6。

表 2-10-6　蒋巷村 1977—1992 年企业发展规模变化

年份	企业			总产值（当年价）（万元）
	个数	年末总人数	年末平均人数	
1978	1	19	16	3.9
1979	1	17	16	12

（续表）

年份	企业			总产值（当年价）（万元）
	个数	年末总人数	年末平均人数	
1980	1	27	27	10. 17
1981	1	46	46	17. 12
1982	1	42	42	10. 58
1983	1	50	50	12. 72
1984	3	167	167	90. 69
1985	2	248	248	142. 43
1986	2	160	160	145. 58
1987	3	211	213	184. 54
1988	1	313	250	308. 98
1989	1	243	269. 5	390. 69
1990	1	322	315. 6	527
1991	1	320	320	1003
1992	1	325	313	1602

产业资本形成阶段，蒋巷村的主营业务为塑料生产，因这种企业不需要大规模占用土地，所以直到1992年上钢结构项目开始企业转型前，蒋巷村工业用地需求量并不大。

从1977年到1992年，工业占地的规模在1亩到5亩之间。小规模的土地需求在村内比较容易解决，分田前使用社队厂房，分田后使用集体资产。工业用地的需求规模随企业的发展壮大而增加，伴随1992年钢结构项目的实施，以及1993年常盛集团的建立，蒋巷村迈入产业资本扩张阶段。1993年，村里重新调整土地，从原有承包的耕地中抽出120亩土地建立常盛工业园。此时，蒋巷村已经实现农田规模经营，由十几个大户耕种。虽然后期村办企业越来越多地吸收外来务工人员，但在1992年本村劳动力的务工率仍然高达67.1%。由于企业的发展有利于整个社区，关乎社区内部每个成员的利益，即便种粮大户，自己的子女也在企业里务工，这就使得120亩工业用地的征用能够在村民代表大会上全票通过。到2000年左右，企业规模的扩大引发对土地更大的需求。或者从本村耕地中调出，或者从外面购买，两种选择各有利弊。村集体作为社区代表，其决策的目标必然是社区利益最大化。需要强调的是这里的社区利益最大化并非等同于企业利益最大化，村集体必须兼顾社区内部的综合利益。这两种选择的成本收益分析如表2-10-7、图2-10-5、表2-10-8所示。

表2-10-7　蒋巷村工业占地面积年度变化

年份	1984	1985	1990	1991	1992	1993	1994	1995	1996
工业占地（亩）	1	3	3	5	5	4	131.5	131.5	131.5
年份	1997	1998	1999	2000	2001	2002	2003	2004	
工业占地（亩）	141.5	141.5	225.5	625.5	625.5	685.5	685.5	685.5	

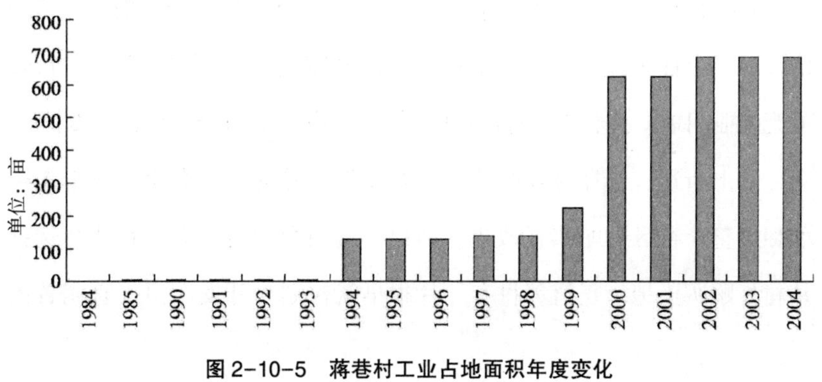

图2-10-5　蒋巷村工业占地面积年度变化

表 2-10-8　蒋巷村土地资源资本化不同方式的成本收益

方式选择	资源资本化	
	成本	收益
村内调整	社区自我消化资源资本化的成本	工高于农的利润收益
村外调整	寻找、关系、购买成本	社区获得外界资源资本化的直接收益

社区资本扩张的低成本方式为直接的资源资本化①，不管是村内调整还是村外调整，都是将农业资源资本化的过程。不同的是，村内调整是社区内部自我消化资源资本化的成本；而村外调整则由外界承担资源资本化的成本。由于工业用地需求规模较大，有五六百亩，从1000亩左右的村内农田中调整出来，农业用地转化为工业用地的成本由社区内部承担，社区内部工农业间利益格局重新调整，农业让渡部分利益于工业，是一种零和博弈；而从村外调整，资源资本化的成本由外界承担，收益由企业享有，进而通过福利等形式惠及整个社区，这是正和博弈。显然，正和博弈优于零和博弈。而且对于被征地农民来说，与其将这部分土地农转非的收益让给外界开发商，不如转让给本地人所得，将这部分收益留在本社区（乡镇）。征地给外面开发商，农民容易有抵触心理，认为是对自己、对周围农村社区的剥夺；而征地给别的社区（大社区）用，就可以消除农民的抵触心理。另外，村内农田转变为工业用地，必然严重打击种植大户的积极性，导致农业的萎缩。

综上所述，选择村外调整，让外界来承受资源资本化的成本无疑能促进整个社区的帕累托改进。所以，遇到合适的机会，企业会选择从村外购买土地。正值邻村有一片很早就被划为开发区但一直闲置的

① 温铁军：《产业资本与乡村建设》，《开放时代》2005 年第 6 期。

地块，蒋巷村以极低的价格从镇政府手中购得，并取得土地证。① 按照苏南一般工业开发用地的市场价格，如果按一亩地支付 20 万元计算，占有 500 亩地将是大约 1 亿元的成本。而蒋巷村的支付成本是给工业区所在的村庄补偿 3 万/亩，向国土部门上缴 2 万/亩，即一共支付了 2500 万元购得土地，并顺利取得土地证。

村集体将外界资源纳入本社区，再将资源资本化的收益惠及整个社区，是低成本实现本社区整体利益提高的有效途径。蒋巷村 2000 年从村外购得土地，换得企业对集体公益事业和基础建设的大规模投入。

（二）劳动力要素及收益流动机制

1. 蒋巷村劳动力使用情况

亦工亦农模式使社区劳动力资源在工农业间达到合理配置。劳动力的特长、优势和劳动力时间在工农业间有效利用，公平的收入调节机制保证了村民共同享有企业发展的收益，共同承担企业亏损的风险。并且，以土地作为最终保障的兼业村民，并没有要求企业为其提供福利保障，不仅这部分资源得以转化为积累推动企业发展，而且有利于减少劳资纠纷。

表 2-10-9　1977—1996 年蒋巷村劳动力使用情况

单位：人

年份	劳动力合计	农业	牧副渔业	村办工业	乡办工业	其他（个体、建筑、交通、饮食、服务等）
1977	354	321	19	10	4	0

① 按照常熟市相关文件，开发区用地本是为引进外资企业而划出，蒋巷村可以以低价从政府手中购入，充分证明了镇政府对蒋巷村发展的支持。

（续表）

年份	劳动力合计	农业	牧副渔业	村办工业	乡办工业	其他（个体、建筑、交通、饮食、服务等）
1978	397	324	33	22	5	13
1979	385	325	20	21	4	15
1980	421	320	30	33	9	29
1981	474	318	67	56	12	21
1982	484	342	15	86	11	30
1983	506	324	17	126	11	28
1984	542	228	32	213	22	47
1985	535	162	34	252	41	46
1986	544	157	67	229	43	48
1987	545	160	59	218	41	67
1988	518	127	39	250	47	55
1989	507	125	40	215	67	60
1990	502	114	41	215	58	74
1991	493	110	41	213	55	74
1992	488	103	47	210	56	72
1993	460	59	21	199	59	122
1994	456	69	20	145	68	154
1995	463	61	22	109	41	230
1996	477	57	63	122	34	201

从表2-10-9可以看出，蒋巷村务农劳动力日益减少，务工劳动力比重日益增大，非农化趋势明显。并且伴随企业的发展，从事个体经营、建筑、交通、服务等行业的务工人员日益增多。

创业初期，村民就业不需要进入劳动力市场，而由村集体直接安排。后来虽然需要通过企业的劳资部门正式安排，但是村领导人和村集体的意见仍然起着决定性的作用。企业开始发展，用工需求量大些时，就是村民自愿参加务工。20世纪80年代，蒋巷村社队工业渐有起色，为邻村搞配套生产。活多时会用村里的短工，没活时员工就放假。农闲的时候村民可以到厂里打短工，工人放假的时候可以到地里干农活。这种兼业化的生产方式保障了村民收入的公平性。社区工业化的资本积累过程中，在对美好未来的共同期望下，公平性的收入机制保障了积累过程的持续性。

从集体角度来说，创业初期不仅需要集中村内的财力和物力，也需要村民以共同劳动的方式支持企业的发展。而当企业规模扩大，外来劳动力大量涌入后，对村民就业的需求就相对降低。企业在培养本村管理人才的同时，更需要从外面聘用为数众多的专业技术人才，在优先解决本村村民就业的同时，更需要雇佣大量外来的体力劳动工人。为了区别对村办企业的初始发展有贡献的本村村民和与集体产权没有任何关系的外来员工，村办企业逐步将对农民的就业保障转变为福利保障，于是村籍制度应运而生。这套成文或不成文的制度体系，与工资、福利、就业、教育等相关联。村籍是分享社区财产收益的凭证，是“隐含的财产收入”，是村庄利益排他性的表现，外来员工无权享有。而在本社区内部，务农、务工、个体等不分职业，一律享有同样的福利权，这是对于村民以土地集体所有权为核心的共有产权结构的回报。①

农田集中进行规模种植后，劳动力的务工务农由兼业变成专业化。

① 折晓叶、陈婴婴：《社区的实践：“超级村庄”的发展历程》，浙江人民出版社2000年版。

土地承包大户往往是以前的种田能手，比如村里的农技员等。企业里务工的多是年轻一辈。现阶段村民择业有充分的自主权，在因村籍而定的福利保障已确定的情况下，村民择业的基础从“为生计奔波”转变为“各尽所能”。村集体也尽量满足村民的择业要求，前几年村里曾为一户人家调整土地帮助其务农，也是充分考虑了其以前在种田上的经验和优势。

从2000年开始，随着企业规模的扩大，外来员工骤增（如表2-10-10所示）。外来员工与集体产权没有任何关系，工资是依据职务而定的岗位工资，由村庄内外的劳动力市场加以调节。村民与外来员工的差别在于产权拥有身份上的和由此带来的保障上的差别。不允许外来劳力移入，但同时又利用外来劳力，是村庄最好的选择。

表2-10-10　蒋巷村劳动力来源情况

单位：人

年份	1994	1995	1996	1997	1998	1999	2000	2001	2002	2003	2004
本村	456	463	477	477	459	464	472	482	470	454	477
外来							1000	1200	1200	1200	1272

2. 务工务农收入的横向比较

在蒋巷村，务工单价等于甚至低于务农单价，但村民收入随务工收入比重的提高而提高。在务农收入水平相当的情况下，务工越多，收入就越高。一种解释是在集体制时期，以农为主，在保证村民完成农活的基础上，农闲时候多以抽调村民做短工的形式发展工业。较低的务工单位收入，将工高于农的利润差留在社队；而社队成员普遍务工亦务农的兼业化的工作模式，保证了村民之间的收入公平，使得村民能够忍受或者感受不到自己的劳动不能得到完全回报。这种机制既为社队企业的进一步发展提供了积累，较高的务农收入又利于保证村民的积极性，防止农业的衰败。

从一个生产队单位来看，1984 年是分田到户前的最后一年，也是“队办企业”称号存在的最后一年。1984 年，村里有三个小企业，即蒋巷塑料制品厂、蒋巷窑厂和五金厂。1984 年，蒋巷村工业企业情况如表 2-10-11、表 2-10-12 所示。

表 2-10-11　1984 年蒋巷村工业企业情况（一）

单位：万元

<table>
<tr><td>企业</td><td colspan="2">企业人数</td><td rowspan="2">总产值（现行价）</td><td colspan="2">年末固定产值</td><td rowspan="2">销售总收入</td><td rowspan="2">总利润</td><td rowspan="2">实交所得税</td></tr>
<tr><td>个数</td><td>年末总数</td><td>年末平均数</td><td>纯值</td><td>净值</td></tr>
<tr><td>3</td><td>167</td><td>167</td><td>90. 69</td><td>14. 25</td><td>12. 51</td><td>93. 1</td><td>8. 29</td><td>0. 42</td></tr>
</table>

表 2-10-12　1984 年蒋巷村工业企业情况（二）

单位：万元

<table>
<tr><td rowspan="2">定额流动资金平均余额</td><td rowspan="2">百元固定资产提供的产值（元）</td><td rowspan="2">全员劳动生产率（元/人）</td><td colspan="2">工资</td><td colspan="2">定额流动资金</td><td rowspan="2">非定额流动资金年末金额</td></tr>
<tr><td>总额</td><td>人均（元）</td><td>年末金额</td><td>年平均金额</td></tr>
<tr><td>14. 22</td><td>727</td><td>5446</td><td>9</td><td>539</td><td>14. 22</td><td>14. 22</td><td>81. 37</td></tr>
</table>

这三个企业中，蒋巷塑料制品厂规模最大。1984 年，塑料制品厂利润总额为 3. 24 万元，企业全部职工为 120 人（长工）。塑料制品厂的工人工资发放模式是计件式的，收入按照工作的完成额来定，多劳多得（工资转队，归户计算）。在窑厂工作则由村会计记工分，务工单价要低于务农单价。

图 2-10-6 显示，1984 年各生产队的平均务工收入占务工务农收入的 34%，社员平均分配额为 648. 46 元，平均务农劳动单价为 1. 92

角。若要考察村民的分配额与其务农比重之间的关系，剔除没有社员平均分配额的第 2、第 6 队数据，扣除归户计算中收入部分与经济分配方案中不一致的第 10、14 生产队，其他 15 个生产队的社员平均分配变化趋势与务工占比趋势相似，即村民收入随务工比重增加而增加。

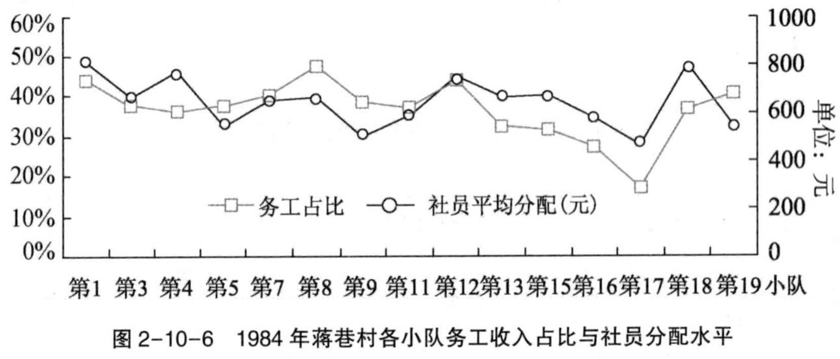

图 2-10-6　1984 年蒋巷村各小队务工收入占比与社员分配水平

3. 务工务农收入的纵向比较

随着企业的发展，务工务农日益专业化，这时务工务农收入水平出现新变化，如表 2-10-13，务工收入明显低于务农收入。这个差异可以从以下几个方面解释：一是机械化的成本由村集体负担，不摊到农户个人；二是农业风险内部化，遇到自然灾害，歉收或粮价低，村里会给予补贴，补贴标准要比一般职工收入高一点；三是务农务工人力成本无法衡量；四是集体对农业的补贴，村里会以高于市场价的价格向种粮大户收购口粮，承包费用按当年粮价多少定。1993 年粮食市场放开之前，种粮大户需全部上缴村集体，主要目的是供应本村口粮，完成定购任务。1993 年以后，由于村里外来打工者增加，食堂粮食需求量大，村集体以高于市场价的收购价收购种植大户的粮食。遇到年景不好，粮食歉收，种粮大户不但可以免交承包费，还可以获得补贴。此外，承包费用也是按照当年粮价而定，粮价高承包费就多些，粮价低承包费就少些，甚至减免。1993 年粮食市场放开之前，土地规模经营中对务农人员的补贴是为了促进其务农的积极性，进而保障全村口粮供应和统购任务的完成；粮食市场放开后，土地不再承担农产品低价收购的任务，规模效应和机械化效应的活力迸发出来，外加村集体补贴降低了农业的风险性，种粮大户的收入水平要高于普通务工人员2—3倍。务农人员高收入表象的背后，是社区共同体对整个社区土地终极保障的保护。在村办企业普遍私有化的背景下，对于改制以后企业所占用的土地，村民利益的实现往往需要很高的成本（土地非农化后土地的使用权已在企业，对村民而言要想复耕，成本太高，要取得合理的收益，又需要付出与企业讨价还价的成本），若土地依然是农业用地承包经营，就是可随时直接取回的权利保障。而且，苏南寸土寸金，在苏南拥有耕地，就拥有了土地农转非的未来预期收益，这就成为村民的最终保障。总之，对农业、对土地的如此重视，最终是对整个社区利益的保障。村集体工农业发展并举，加强了对农业的哺育，保证了农业作为村民福利和生计的最终保障而不衰败。

表 2-10-13　蒋巷村务农务工历年收入比较

单位：元/人

年份	1988	1989	1990	1991	1992	1993	1994	1995	1996
务农收入	4008	4706	5077	4909	4883	13392	18985	18688	28070
村办工业职工收入	1080	1050	1508.3	1643.3	1901	2566.26	4409	5815	8577

这也可以从1978—1996年蒋巷村农业和农村生产结构、就业结构的非农化趋势图（见图2-10-7）及1978—1996年蒋巷村历年收益分配情况表（见表2-10-14）中来分析：从1984年开始，蒋巷村产业结构中工业首次超过农业，同期农业从业人员也少于工业从业人员。到

1996 年工农产值比接近 13，即工业产值相当于农业产值的 13 倍。然而蒋巷村收益分配中农业收入在 1984 年依然相当于工业收入的 186 倍，从 1984 年到 1996 年虽然收入差在减少，但农业收入均高于工业收入，1996 年农业收入还是工业收入的两倍。20 世纪 80 年代后期，务工务农就已经专业化，务农得到的收入到 1996 年始终高于务工得到的收入，反映出蒋巷村在工业化过程中对农业的补贴。

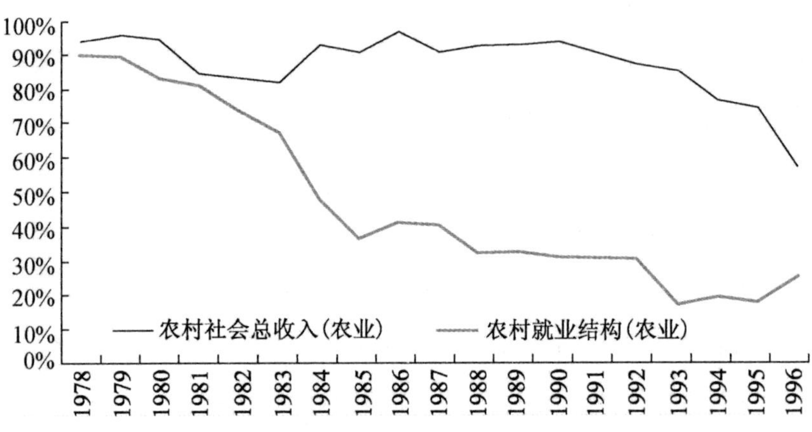

图 2-10-7　蒋巷村农业和农村生产结构、就业结构的非农化趋势

表 2-10-14　蒋巷村农业和农村生产结构、就业结构和收益分配表（部分）

年份	1978	1979	1980	1981	1982	1983	1984	1985	1986	1987
农村社会总产值	1	1	1	1	1	1	1	1	1	1
农业	0. 930	0. 841	0. 844	0. 745	0. 852	0. 797	0. 424	0. 298	0. 317	0. 341
工业	0. 069	0. 159	0. 156	0. 255	0. 148	0. 203	0. 576	0. 702	0. 683	0. 659
农村就业结构	1	1	1	1	1	1	1	1	1	1
农业	0. 899	0. 896	0. 831	0. 812	0. 738	0. 674	0. 48	0. 366	0. 412	0. 402

（续表）

年份	1978	1979	1980	1981	1982	1983	1984	1985	1986	1987
工业	0.068	0.065	0.1	0.143	0.2	0.271	0.434	0.548	0.5	0.479
农村社会总收入	1	1	1	1	1	1	1	1	1	1
农业	0.94	0.957	0.946	0.846	0.83	0.819	0.93	0.908	0.966	0.913
工业	0.044	0.031	0.043	0.112	0.121	0.119	0.005	0.034	0	0.003
年份	1988	1989	1990	1991	1992	1993	1994	1995	1996	
农村社会总产值	1	1	1	1	1	1	1	1	1	
农业	0.251	0.219	0.218	0.144	0.091	0.053	0.077	0.054	0.073	
工业	0.749	0.781	0.782	0.856	0.909	0.947	0.923	0.946	0.928	
农村就业结构	1	1	1	1	1	1	1	1	1	
农业	0.32	0.325	0.309	0.306	0.307	0.174	0.195	0.179	0.252	
工业	0.577	0.56	0.556	0.558	0.557	0.574	0.55	0.564	0.503	
农村社会总收入	1	1	1	1	1	1	1	1	1	
农业	0.93	0.93	0.94	0.91	0.874	0.853	0.768	0.746	0.576	
工业	0.003	0.011	0	0.035	0.07	0.065	0.101	0.099	0.286	

4. 基于村籍制度的村民集体福利

不管是务工人员还是务农人员，都统一享有村里的合作医疗等保障待遇。村里有医院（当然医疗水平不高，只能算一般的诊所），本村村民去看病拿药只需交很少的钱。投入 500 万元建造的老年公寓更是解决了村民的养老之忧。村内别墅分配的资格是村籍，即只要户口在蒋巷村，每户就可以领取一套别墅。液化气灶、秸秆气化、有线电视、程控电话、自来水、卫生改厕、春节物资、优供补、免费报刊等都由村里统一安装、施工、发放。这就彻底消除了务农人员的后顾之忧，因此对他们来讲，多种几亩少种几亩地不是大问题。福利待遇及村内公益事业享受上的公平性，使得工农关系和谐发展。

1997 年开始，蒋巷村大规模建造了 86 栋别墅组成第一住宅小区，被江苏省建委评定为“江苏省村镇文明住宅小区”。“老年天地”及 90 多栋别墅、休闲度假设施将组成第二住宅小区。村民家庭的电话、有线电视、气化灶具、太阳能热水器、卫生洁具、自来水管道、小水井等安装建设均由集体投资。新建秸秆气化为村民提供了清洁廉价的管道能源，绿化覆盖率达到 50%，初步建成了生态型村落。已经建成的商业贸易、医卫中心、小学、幼儿园、农民剧场、图书馆、展览馆、荣誉室、迎宾楼、广电室及老年、妇女、青年等活动场所和农民公园、绿化广场、荷塘长廊等为农民新村的配套设施。

（三）资金要素及收益流动机制

在蒋巷村工业化过程中，出现过几类企业。塑料制品厂是蒋巷村创办的第一个企业，并且一直延续到 1993 年常盛集团成立。分析蒋巷村从 1979 年到 2003 年的资产结构，可以探明村企业的发展历程，从而反映村集体在企业发展过程中的作用。

1. 村集体与企业的直接资金往来

企业创办资金首先来自早期村集体的积累。1977 年办厂时约 1 万元的初始投入资金，来源于村集体积累。20 世纪 80 年代的村账本中有“企业上缴利润”“下拨企业资金”“弥补企业亏损”这几项，村办企业账本中有“利润上缴公社/村集体”科目。从表 2-10-15 可以看出企业在成长的过程中村集体对企业的投入和企业上缴的利润情况。

乡镇企业利润上缴的数额是与政府讨价还价的结果①，在社区内部，这种讨价还价建立在互相谅解的基础上。村里建设等支出需要用钱了，企业如果当年有盈余，就上缴些，不需要的话，就留在企业做积累；同样，企业出现亏损或者投资需要资金，集体也会将积累拿出供企业使用。但是有些村内投资并不显示在企业账表中，所以表2-10-15反映的情况不全面。很多村内基础设施建设的费用直接打入企业成本费用中，没有列入上述科目。

表2-10-15　蒋巷村1990年以前企业/村账务往来

单位：元

年份	1977	1978	1979	1980	1981	1985	1986
企业上缴利润	1576.28	—	—	16852.65	12000	—	
下拨企业资金	—	—	—	—	—	3755.21	3755.21
弥补企业亏损	—	51.19	—	—	—	—	—

进入20世纪90年代以后，企业发展步入正规，产业资本开始扩张。这种资金上的投入变为单向，即由企业投入村集体，而村集体不再义务向企业投资。企业向村集体缴纳的利润越来越多，如表2-10-16所示，从1991年到2004年，企业共向村上缴2497.44万元，这部分收入为村集体提高社区整体福利水平和公益事业的开展充实了资金。另外，从表中也可以看出，企业每年上缴的收入是不确定的，上缴数额年初由集体和企业协商制定，因此可以做到“因时制宜”：今年村里需要实施某个项目，年初与企业制定标准时就会将这部分预算考虑在内。如果企业来年要扩大再生产，流动资金短缺，与村集体协商，

① 张建君：《政府权力、精英关系和乡镇企业改制——比较苏南和温州的不同实践》，《社会学研究》2005年第5期。

今年就可以少缴点。甚至有可能企业的发展与社区的发展同步考虑，比如企业在这两年由于扩大再生产或者出现亏损，资金紧张，村里的一些基础公益事业投入就可以往后推几年；而若村里的某些基础设施建设必须要改进了，企业也可以将资金先抽出投入村里，另外还可以通过银行融资或者其他方式筹得资金。这可以解释为什么各年企业上缴有多有少。

表 2-10-16 蒋巷村 1990 年以后企业上缴村集体的收入

单位：万元

年份	1991	1992	1993	1994	1995	1996	1997
企业上交收入	6.20	2.13	9.44	75.51	110	100	308.24
年份	1998	1999	2000	2001	2002	2003	2004
企业上交收入	5.21	2.89	501.24	1.59	117.44	716.11	541.37

在社区与企业之间的资金往来上，除了上述企业上缴村集体收入的关系外，二者还建立了债务债权关系。这也充分反映出集体在与企业协商中，是本着合理的原则规定上缴标准的，如若企业上缴收入不能满足社区发展之需，可以以债务的形式向企业借。村账中设置一项内部往来的二级科目——“本村企业欠款”（资产）与“欠本村企业款”（负债）。从表 2-10-17 可以看出，1991 年到 2004 年，既有村集体欠企业的账款，也有企业欠村集体的账款；自 2000 年开始，均为村欠企业账款。这反映出企业在发展稳定期，向村集体提供的支持越来越多。另外，由于村内产业升级，建设旅游生态园，集体资金需求很大。通过村内企业融资，可以降低融资成本。2000 年，村里调整出 500 亩地发展生态旅游，村欠企业款账户的不断增加与此有关。

表 2-10-17　蒋巷村 1990 年以后企业/村往来账户

单位：万元（期末值）

年份	1991	1992	1993	1997	1998	1999	2000	2001	2002	2003	2004
村欠企业款	—	18.5	43.5	—	—	—	596.9	892.1	560	2064.9	3184.8
企业欠村款	24.0	—	—	358.4	131.8	307.8	—	—	—	—	—

而作为企业的所有者，蒋巷村村集体在企业中的投资基金增长如下：从 1979 年至 1985 年社队投资基金的年均增长率达到 82.65%，反映出集体投资在最初几年力度很大，投入增幅很大。而到了 1986 年，村投资出现负增长，到 1990 年左右逐渐稳定下来。1988、1989 和 1993 年村投资的激变是财务制度改革后会计账表调整的结果。从 1990 年开始，村集体投资基金就趋于稳定了（见表 2-10-18）。

表 2-10-18　蒋巷村对企业投资数额及增长情况

年份	社队/村投资基金（元）	（社队）村投资基金年增长率（%）
1979	6253.74	
1980	20997.75	235.76
1981	39995.76	90.48
1982	50031.75	25.09
1983	53248.05	6.43
1984	114343.7	114.74
1985	141123.8	23.42
1986	62268.38	-55.88
1987	19548.38	-68.61
1988	78043.08	299.23
1989	321043.1	311.37

（续表）

年份	社队/村投资基金（元）	（社队）村投资基金年增长率（%）
1990	321043.1	0
1991	321043.1	0
1992	321043.1	0

2. 金融机构贷款

向银行、信用社借款是蒋巷村企业大发展时期的主要资金来源，也是其创办、投资和经营过程中利用最广泛的一种信用形式。这里有必要介绍一下乡镇企业获取银行贷款的途径。

（1）20 世纪 80 年代，乡镇企业的行、社贷款规模受国家信贷计划的严格控制。乡镇企业贷款规模在很大程度上受国家宏观信贷计划的影响，如 1989 年国家实行货币信贷紧缩政策，乡镇企业贷款出现零增长。①

（2）乡镇企业贷款的获得受地方经济政策和非经济关系的影响较大。我国各基层行、社在贷款客户的选择上，虽然也有上级行关于贷款条件的规定，但主要受地方经济政策和长官意志的影响。乡镇企业能否取得贷款，受个人交情、行政干预、血缘关系和地缘关系等非经济关系的影响，即人们常说的“人情贷款”“首长贷款”。

（3）乡镇企业的贷款方式缺乏信贷风险防范和约束机制。在 20 世纪 80 年代，基层行、社的贷款方式主要是信用贷款。90 年代以来，银行重视贷款的依法管理，推行保证担保贷款和抵押担保贷款。但由于乡镇企业产权关系的模糊和错位，大部分保证担保贷款是由乡镇农工

① 徐志明、张建良：《乡镇企业资金的高速增长及效益下滑：江苏省苏州市乡镇企业的实证分析》，《中国农村经济》1997 年第 3 期。

商总公司、村经济合作社、社区政府机构做担保。这种担保方式缺乏法律效力，造成银行对企业的信用约束不硬，一方面企业可在多家银行取得巨额贷款；另一方面一旦企业经营出现风险，银行将无法正常收回到期贷款本息，也很少运用法律手段收回贷款。这进一步导致了企业贷款饥渴。

综上所述，20 世纪 80 年代乡镇企业负债的高低直接反映出村级经济合作社、乡镇政府在获取信贷配额中的能力。对于村办企业来讲，村支书或者村集体与乡镇政府的关系好坏、与银行官员的交情深浅会影响到企业贷款的获得与否。因此，80 年代村办企业获得贷款的多少是村集体活动能力的见证。

表 2-10-19　蒋巷塑料厂 1980—1992 年银行信用变化及与苏州市对比

年份	银行信用（万元）	银行信用年增长率（%）	银行信用/负债（%）	苏州市银行信用/负债（%）
1980	0.2		11.16	26.4
1981	0.58	190	16.91	
1982	2.4	313.79	59.24	28
1983	6.16	156.67	46.36	29.9
1984	21.4	247.4	57.08	35.9
1985	24.2	13.08	75.49	28.3
1986	20.1	-16.94	56.27	33.6
1987	34.1	69.65	77.85	34.7
1988	79.7	133.72	79.35	28.3
1989	38.8	-51.32	71.26	27.8
1990	73.21	88.69	86.54	30.3
1991	106	44.79	84.14	31.5
1992	394.4	272.08	81.40	29.9

从表2-10-19中可以分析，银行信用在塑料厂创立的前几年增长迅速，1977—1979年没有从银行借款，一是刚刚起步，资金需求少，二是村积累能够支持；从1980年开始，1981、1982、1983和1984年连续四年贷款增长率超过100%，四年平均增长率为224.7%，足见在工业化初期蒋巷村贷款需求量大，村集体获取贷款的能力强。此后，银行信用有增有减，符合企业运转资金需求有多有少、资金有借有还的规律。而同期苏州市银行信用占负债的比率大多维持在30%左右，1980—1994年平均值为29.85%。但蒋巷村从1982年到1993年只有一年银行信用占负债的比率低于50%，1980—1994年的平均值为60.83%，是苏州市平均值的两倍（见表2-10-20）。这足以说明银行信用对蒋巷村塑料厂发展的资金来源上的贡献，也可以反映出上级乡镇政府对蒋巷村集体的支持。

表2-10-20　蒋巷塑料厂1995—2003年银行信用变化情况

年份	1995	1996	1997	1998	1999	2000	2001	2002	2003
银行信用（万元）	700.13	553.25	676.95	750	3070	3447	4558	6870	6500
银行信用年增长率（%）	47.09	-20.98	22.36	10.79	309.33	12.28	32.23	50.72	-5.39
银行信用/负债（%）	56.30	43.72	35.91	26.39	95.85	49.29	50.81	45.01	27.74

进入20世纪90年代，商业信用日益普及，应收、应付款项日益常见。1995—2003年，银行信用占负债平均比率为47.89%。进入资本扩张阶段的企业银行信用在负债中的比例降低，但从银行信用本身增长率来看，依然呈现年均50.49%的增长率。所以，虽然银行信用作为资金来源渠道的重要性有下降的趋势，但依然是企业主要的资金来源

之一。

3. 企业资产结构分析

企业处于不同的产业发展阶段，村集体在其中的作用就不同。通过企业的账表，分析其历年来的资本构成变化，可以达到两个目的：一是反映村集体作为企业的所有者，在产业资本发展的不同阶段其作用如何；二是说明企业改制并非外来因素决定，从账表中可以看出改制是工农关系渐弱的结果。下面以蒋巷村塑料厂 1993 年改为常盛轻质建材厂的发展过程为例来说明上述问题。

1978—1985 年：称为乡镇企业资金平衡表，分为资金占用和资金来源两类。其中，资金来源中包括投资基金（社队基金、国家扶持基金、外来投资、银行或信用社贷款、部门借款、应付工资、应付款合计、未交利润、专用基金、利润和折旧）。可以认为，负债包括银行（信用社）贷款、部门借款、应付工资、应付款合计、未交利润五项；权益包括社队基金、国家扶持基金、专用基金①、利润②。由于折旧不符合负债、权益的定义，故没有将折旧计算在内，但资金来源的数值不变。企业自身积累属于权益类，包括专用基金和利润。

1986—1992 年：仍为乡镇企业资金平衡表，也分为资金占用和资金来源两类。随着投资主体的多元化，以及会计科目分类的规范，资金平衡表出现调整。其中，折旧不再反映在资金来源中，而出现在资金占用中调整固定资产的价值。资金来源分为五大类，一为投资基金（乡投资基金、村投资基金、全民单位投资基金、外来集体单位投资基金、个人投资基金、国家扶持基金、企业积累基金）；二为借入资金

① 企业的专用基金是在企业内部形成及其他原因增加的具有专门用途的资金，包括发展基金、福利基金、奖励基金、企业基金、教育基金、大修理基金。

② 留在账面上的利润会继续用于企业发展。

(银行或信用社借款、其他借款)；三为结算及其他资金来源（预提费用、应付工资、应付款、应交款)；四为专用基金（发展基金、福利基金、奖励基金、企业基金、教育基金、大修理基金)；五为利润。可以认为，第二类借入基金和第三类结算及其他资金来源为负债；第一类投资基金、第四类专用基金和第五类利润为权益。企业自身积累属于权益类，包括投资基金中的企业积累基金、专用基金和利润。

1993—2003 年：乡镇企业资金平衡表变更为乡镇企业资产负债表。开始使用资产、负债、权益这三个概念，抛弃资金来源、资金占用的名称。另外，专用基金科目和企业积累基金取消，增加资本公积和盈余公积。企业自身积累包括资本公积和盈余公积。

从蒋巷村塑料厂历年来的资产构成图（见图 2-10-8）可以看出，1979—1983 年企业刚刚成立的前几年，内部积累也就是权益占的比重较大，高过以后的年份，也高过同期的资产负债比，说明企业发展的最初动力是企业的内部积累，包括村集体投资和企业自身的留存利润。而从 1984 年开始，负债在企业资产构成中占主导地位，1983 年到 1994 年的资产负债率平均为 67.01%，最高曾达到 88.95%。从 1995 年

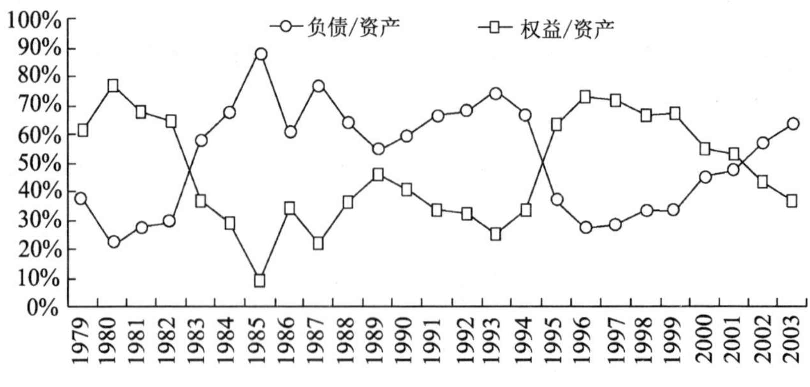

图 2-10-8　蒋巷村塑料厂历年资产结构状况

开始，企业内部积累又上升，超过负债构成资产的大部分。最后到2001年左右，负债权益又出现此升彼降的情况。

在企业负债构成中，包括银行（信用社）借款、应付工资、应交管理费、应付货款、个人借款、部门借款等科目（随财务制度的不同而异）。银行（信用社）借款历年来的比重如图2-10-9。1979年到1981年，银行（信用社）贷款占负债的平均比率为9.11%；1982年到1993年，银行（信用社）贷款占负债的平均比率为71.88%；而1994年到2003年，平均占比为39.67%。企业成立之初，一是规模小，贷款需求小；二是没有企业基础，获取贷款难，导致这一阶段银行贷款占比小。这一阶段占比高的是应交管理费、应付工资（企业内部信用）等。到了20世纪80年代，随着企业规模的扩大、资金需求的增加，在其他负债方式受限的情况下，村集体开始充分动用这部分资金获取途径。而到了1994年以后，一方面，随着蒋巷村企业效益的提高、知名度的扩大及商业信用的增强，应付票据、应付账款等比重上升；另一方面，1989年国家实行货币信贷紧缩政策，乡镇企业贷款标准提高。近年来，各银行逐步推行资产负债比例管理，贷款投量将直接受到存款规模的限制。国家政策影响到企业获得贷款的难易。

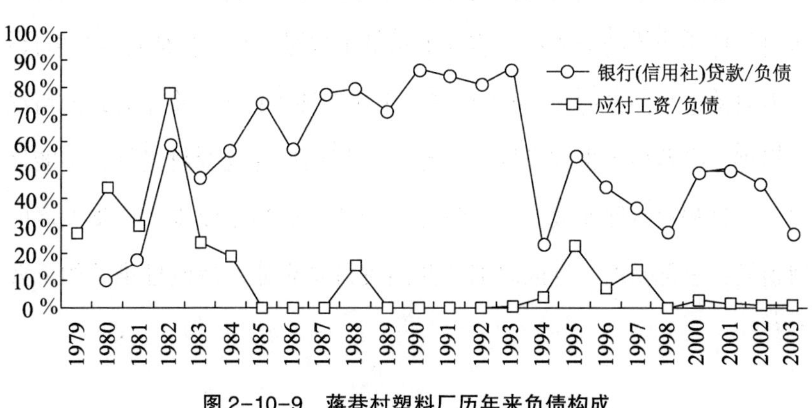

图2-10-9　蒋巷村塑料厂历年来负债构成

蒋巷村社队/集体企业的发展路程上，得到较多的政府支持。20世纪八九十年代在贷款额度政府审批的背景下，蒋巷村获得大额的银行贷款，企业被骗190多万元后依然在政府担保下拿到500万元的银行贷款，不能不说与其原来作为农业先进村享有的良好集体荣誉有关，为蒋巷村的工业发展寻求了外界支持。20世纪70年代后期，蒋巷村水稻种植水平达到全省领先水平，产量稳产高产，一季水稻亩产达到545公斤，获得过江苏省政府嘉奖令，属于苏州市乃至江苏省的产粮大村。需要指出的是，在苏州乡镇企业中，蒋巷村的负债率也是较高的，如表2-10-21所示。这充分证明了蒋巷村集体在获取政府贷款额度上比一般政府、集体有优势。

表2-10-21　蒋巷村塑料制品厂负债年均增长率与苏州乡镇企业对比

年份	1980—1983	1984—1988	1989—1991	1992--1994
苏州乡镇企业	26.1%	49.6%	18.3%	42%
蒋巷村塑料制品厂	73%	85.02%	56.57%	91.08%

村民集资也是企业积累中的一环。20世纪80年代流行于苏南乡镇企业的股份合作制在蒋巷村也有体现。1985年左右开始，员工每人出500元的股金（当时员工的年收入在1000元左右）购买公司股份。用村会计张明华的话说是“表面上是员工持股，其实就是向员工借钱，工资名义上是照发的”。员工集资在企业发展不稳定、资金短缺的情况下出现。虽然员工也有异议，但是大家都相信这是为村里好，都能体谅。一旦积累阶段完成，立即归还。1993年，当企业步入稳步发展的轨道后，全部偿清。社区内部的共同支持是企业发展渡过难关的重要一环。

4. 归户计算模式在企业中的应用

工业化起步阶段，当时蒋巷村村办企业很小，村里人到镇办企业和邻村企业打工者较多（电视机元件厂居多）。这部分打工收入没有直接发给个人，而是转到所在生产队，待生产队扣除“两金一费”[①]后，年终才能发给个人。这种“归户计算”[②] 的收入分配方式（见图2-10-10）使得村办企业流动资金相对充裕，一定程度上保障了社队集体收入的来源，为本村工业化积累提供了保障。直到现在，蒋巷村村民依然沿袭这种工资制发放模式。

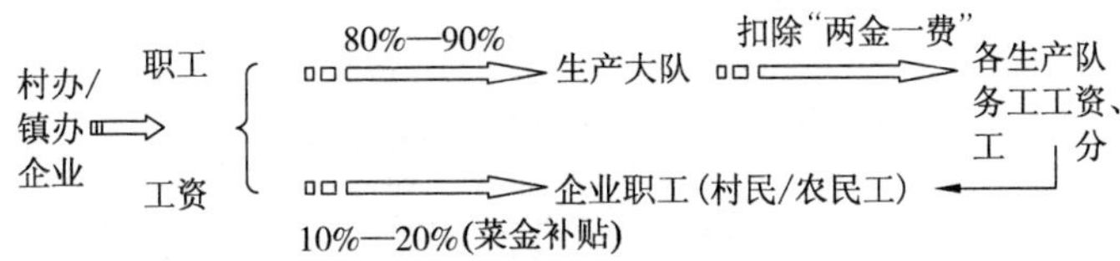

图 2-10-10　集体经济时期归户计算模式在乡镇企业中的应用

应付工资，也即企业内部信用，一般有两种情况：一是年度内应付未付的职工报酬，采取平时不发或少发，用以增加企业的周转金，到年底收益分配时一次发放；二是年度间的应付未付职工工资，这是企业不景气时采用的带有强制性的欠款。蒋巷村应付工资属于前一种情况，年底收益分配时发到大队。因为使用职工一年的工资不需要支付利息，应付工资占比越高，说明负债成本就越低，企业可以低成本利用较多资金。

---

① 两金一费，即公积金、公益金、生产费。

② 职工工资中，10%—20%作为餐金补贴发到个人，剩下的80%—90%年底转到大队，扣除“两金一费”后，再由生产队发到个人。因为村民大多不种土地，如果不这样做村里就收不到钱。苏南地区都是这样。本村企业员工的工资也是划拨到生产队，扣拨后再划到个人户头上，这种结算方式称为归户计算。

在开始的几年，1979—1984年应付工资占负债比重较高，平均占比为36.92%，高于同期苏州乡镇企业平均12.08%的应付工资占负债比重。1979—1984年应付工资年均增长率为70.99%，这是企业在发展初期获得资金来源的重要一环（见表2-10-22）。需要指出的是，企业很少拖欠职工工资，大多数年份都悉数发放。而在进入产业资本扩张阶段后，虽然企业依然采用归户计算的模式发放工资，但这部分工资对整个资产来讲，比重很小，可忽略。也就是说，随着企业进入产业资本扩张阶段，社区内部基于信任基础的"借用工资制"提供的流动资金对企业的作用越来越小。

表2-10-22　蒋巷村应付工资年增长情况

年份	1979	1980	1981	1982	1983	1984	年均
应付工资（元）	8400	8415.5	10280.72	31461.56	31550	71400.5	26918.05
年均增长率（%）		0.18	22.16	206.02	0.28	126.31	70.99
占负债比值（%）	27.29	43.86	29.97	77.63	23.75	19.01	36.92
年份	1993	1994	1995	1996	1997	2000	2001
应付工资（万元）	4.72	89.23	280.85	87.53	258.45	181.06	159.05
占负债比值（%）	0.57	4.09	22.59	6.92	13.71	2.59	1.77

结合"图2-10-8蒋巷村塑料厂历年资产结构状况"和"图2-10-11蒋巷村塑料厂历年来权益构成"两图可以发现，乡村工业化过程中，从资产结构来分析，在起步阶段的20世纪80年代初，内部积累也就是权益占的比重较大，高过以后的年份，也高过同期的资产负债比。1979—1982年平均资产权益比为68.01%；1983—1994年为31.63%；1995—2001年为64.13%；2002年又开始下降，2002—2003年平均为39.96%。先是权益占资产主导，后下降；再上升，再下降，

如此反复，但升降的原因不尽相同。在1979—1982年，企业刚刚创办，自有积累构成资产的主成分，并且通过权益构成图，我们可以看出，企业自身的积累，包括提取的专用基金、利润构成了权益的大部分。这时候向公社上缴的利润是很少的，几乎不上缴，利润用于下一年继续生产。1979—1986年，权益构成图中社队投资基金与企业自身积累占比的反复，说明企业发展初期的不稳定，有盈有亏，亏损的时候村投资补上，而盈利时则继续用于下一年发展。80年代中期开始，资产构成负债超过权益（原因已在上文中解释），同期权益中企业自身的积累部分超过村投资，说明企业在80年代发展较快，前面的分析中也证明了这一点。1995年开始，企业权益部分再次超过负债，并且从权益构成图中也可以看出，从1995年开始，企业自身积累超过村投资的幅度越来越大，到2000年企业自身积累部分是村投资基金的45倍还要多。从上述分析中得知，从20世纪90年代开始，村对企业的投资已经稳定化了，即几乎没有额外的投入，而资产权益比上升得如此之快，映射出产业资本扩张阶段企业自身积累能力的增强。

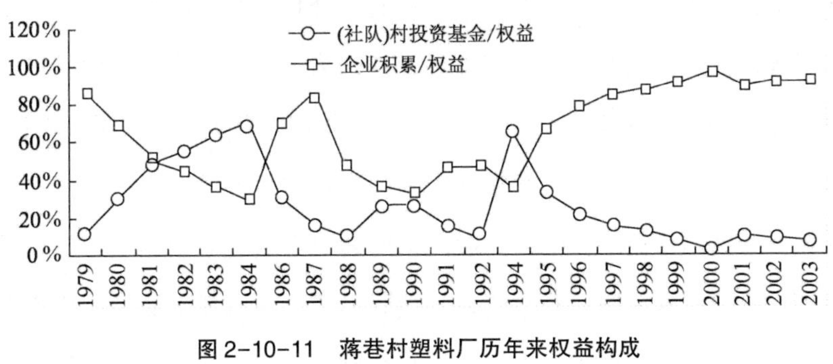

图2-10-11　蒋巷村塑料厂历年来权益构成

分析蒋巷村资产结构图和权益图，还可以观察到这样一个特点：村投资基金在权益中的比重越来越小，从2000年开始几乎可以忽略不计了，伴随村集体权益的下降，企业在2004年的改制顺理成章。从实际情况来讲，1997年至2003年，随着蒋巷村四个工业园、一个生态园基地建成，大规模投资基本完成。生态旅游业的预期收益，使得村民的福利水平、村民的土地出让权所换得的福利享有权依然可以得到保证，改制不会出现阻力。对企业来讲，用工面对的是全国至少是周边地区的劳动力市场，雇用外地劳工要比雇用本村劳工成本低，因为不需要支付随村籍而存在的高福利。过高的机会成本导致土地在村内已经不能在工农间调整，企业的发展规模已经超过村集体所能支持的范围，村集体在20世纪八九十年代能给企业带来的外界支持也已经伴随企业的长期发展和市场机制的完善被管理层们掌握或抛弃。

蒋巷村之所以没有选择在较早的时间改制，没有顺应苏南1996年改制的浪潮，是因为**其选择工农互哺的产业扩展路径，而非一般情况下的产业资本选择与农剥离，结束工农关系，摆脱包袱**。一方面，企业需要借助村集体的力量进行低成本产业资本扩张；另一方面，社区发展需要企业支持。村集体通过吸纳外界资源进入本社区，低成本地为企业提供可资本化的资源，如低价购买外村土地，以及蒋巷村的信誉等无形资产为企业发展寻求外界支持，诸如银行借贷等。而社区发展所需要的基础设施投入、公益事业投入等都需要企业给予资金支持。从最初的工农互利、工农并举到后来的工业哺育农业，生产要素在工农间、社区内部循环，生产要素回报的即时性或者有承诺、可信任的远期供给使得这种循环异常流畅。把原本需要在市场上交易的生产要素通过村集体统一调配、直接流转，交易成本降低乃至为零，从而快速、和谐地完成了乡村工业化。

案例研究三：

土地资本化过程的成本、收益与机制分析：以苏州工业园区为例[①]

自20世纪80年代末至90年代初土地有偿使用机制逐渐建立以来，土地作为中国经济资本化加深、进程加快的重要载体，对中国经济连续十多年维持高速增长发挥了重要作用。由于不同利益主体对土地的功能诉求和利益分配之间的复杂关系，土地问题日益与经济增长和社会稳定形势高度相关。

从表面现象来看，农业用地一旦转化为第二、三产业用地，其增值收益数以百倍计。这足以构成垄断性拥有土地出让权的大多数地方政府不惜以各种代价、各种名义强行在农村征地的经济动力，其后果就是宏观经济高增长与社会矛盾不断积蓄并行。

---

① 本案例研究是温铁军教授主持的国家社科基金重大课题“完善社会管理与维护社会稳定机制研究——农村对抗性冲突原因及化解机制研究”（07&ZD048）项目中关于苏州工业园区的调研报告的简缩。课题组于2009年7月和2010年5月对苏州工业园区的土地开发、农民动迁及补偿问题进行了两次调研，参与调研的有董筱丹、杨帅、周鹏辉、李行、周向阳、贾阳、曾天云、姜东、陈薇，课题实施负责人郑风田教授对调研给予了重要指导。

深层次的原因更值得重视。一方面，土地的征占和开发速度深受宏观环境变化及其诱导的地方财政、投资、金融状况的改变所影响；另一方面，各地因所处发展阶段不同，其土地资本化的机制和利益分配结构都有质的区别。

苏州工业园区成立于1994年，是中国和新加坡合作开发的一个国家级开发区。苏州工业园区项目开始起步时，园区所辖区域的地区生产总值为11.32亿元；15年后的2009年，这块总面积278平方公里的土地上，地区生产总值突破千亿元（1001.52亿元），人均地区生产总值达4.6万美元，相当于苏州市平均水平的3倍、江苏省的8倍、全国的14倍。地方一般预算收入连年高速增长，1994年为2150万元，1997年达到1.52亿元，2001年达到12.24亿元，2008年达到了95.08亿元。

在骄人的经济增长成就背后有一个重要的事实，苏州工业园区虽然扩张速度很快，但引起的社会阵痛是相对温和的，其内在机制是什么？

课题组在实地调研后认为，苏州工业园区的发展历程固然可以说是增长极理论①的一个近于完美的例证，但“功夫在诗外”，村社理性、政府理性等制度经验虽不在增长极理论的讨论范围内，在当地的经济发展中却扮演着重要角色。将这些关键机制纳入分析视野，

① 增长极理论最初由法国经济学家弗朗索瓦·佩鲁（Francois Perroux）提出，后来法国经济学家J. B. 布代维尔（J. B. Boudeville）、美国经济学家约翰·弗里德曼（John Frishman）、瑞典经济学家冈纳·缪尔达尔（Gunnar Myrdal）、美国经济学家A. O. 赫希曼（A. O. Hischman）分别在不同程度上进一步丰富和发展了这一理论。增长极理论认为，一个国家要实现平衡发展只是一种理想，在现实中是不可能的，经济增长通常是从一个或数个“增长中心”逐渐向其他部门或地区传导。因此，应选择特定的地理空间作为增长极，以带动经济发展。

有助于我们还原出苏州工业园区乃至整个苏南地区发展的完整历史经验。

一、产业结构升级与资本溢出效应

人们常说，栽下梧桐树，引来金凤凰。然而，苏州工业园区这棵“梧桐树”虽始于土地开发，里面的高端企业却并非是自己“飞”来的；这些高端企业的进入固然与国际市场上资本要素过剩、资源要素重新定价有关，也绝对离不开当地政府“不遗余力”的招商引资①；园区内的产业结构升级，主要是靠园区在招商引资中的“腾笼换凤”“优二进三”等政策推动，将不合环保标准的企业淘汰出“区”，而不是地方国有企业和乡镇企业出于市场上的竞争压力而自我更新改造②；随着园区引进的世界知名企业越来越多，并吸引上下游行业的众多中小企业相继落户园区③，与大企业形成产品和服务上的互补，园区产

---

① 这在整个苏南地区是一种普遍现象。招商引资不是个别政府部门的职责，而是列入所有政府工作人员的工作内容，并与其个人的绩效考核、工资报酬、职务升迁等紧密挂钩，连居民社区的街道办主任每年都负有一定的招商引资任务，并纳入人事考核指标体系，与年薪挂钩。

② 其与珠江三角洲的对比是：苏州工业园区的政府招商引资，不承担企业经营的风险，政府可以稳定地获取土地出让或厂房出租的收益，并通过招商引资政策的调整来实现。珠江三角洲的土地权利初始配置决定了土地的非农化用途必须由政府和农村基层合作完成，二者分享土地租并共同占有外来劳动者创造的人口红利，缺乏产业结构升级的内源动力；租金分散化，大量流向低端服务业，难以发育出民间金融、保险等高端服务业，形成资金规模化运用进而拉动区域产业结构调整，也不足以使陷入吃租惯性的政府推动产业结构升级，反而加深了原有产业模式的路径依赖。

③ 到2008年年底，园区累计批准设立的外商投资企业达到3460家，累计引进注册外资277.19亿美元，平均每天引进注册外资超过500万美元。其中，投资上亿美元的项目达100个，79家世界500强企业投资设立了126个项目。累计批准设立内资企业1.19万家，累计注册资本1345.27亿元。

业结构升级和产业集聚的效应逐渐显现。

2008年，园区实现规模以上高新技术产业产值1485.78亿元，高新技术产业产值占工业总产值的比重达到60.3%。苏州工业园区IC产值占全国总量的17.7%，现已成为国内重要的液晶面板出货基地和芯片制造与封装测试基地，初步形成了集成电路、光电、软件、动漫、精密机械、生物制药等高新技术产业集群，逐渐成为拉动经济增长的一个“增长极”。

据一家生产高端电子集成产品的企业负责人介绍，随着越来越多的电子企业入驻，他们所需的电子原器件除了一些需要从国外进口以外，大多数可以在当地采购，这对节约企业物流成本、降低库存压力是非常重要的。

一家小型服装加工企业的负责人认为，苏州工业园区的配套设施和外部环境是吸引他们来此投资的最重要因素：“……如果外国客人看到你在这个有规模的工业园区，要比看你在一个周围配套设施不完善的小厂好。而且这边从规划上来讲比较超前，有配套的服务中心，工人吃住都比较方便。虽然从成本上讲比较高（如果去外面租的话，成本可能要比这里低20%—30%），但从长远规划来看，这边还是划算的，这边的医务室、文体活动场所、住宿等都很不错，对外来员工更有吸引力。”

产业结构高度化形成了明显的资本溢出效应，对于保障和提高当地居民的生活水平具有重要作用。一是外来人口的生活消费成为当地社会商品生产和零售业的主要需求方面。尤其是外来人口的居住成本转化为动迁居民的房租收入，成为当地居民收入的一个稳定而且重要的来源，是他们获取“财产性收入”的重要渠道；外来人口的衣、食、行等消费需求，为本地人提供了极大的经济活动空间，弱化了土地用途转变过程中的社会成本——园区的社会消费品零售总额从1994年的6.03亿元增加到2008年的93.64亿元，对于当地动迁农民从第一产业直接进入一般性的第三产业，实现收入来源的平滑转换，具有重要作用。[①] 二是动迁居民所获得的房产随着经济发展而不断升值，一套动迁房在购入时的成本正常条件下为每平方米400—800元，少数“政府照顾面积”才实行每平方米2000元的价格，而类似区位的商品房价格已经达到每平方米5000—6000元，村民能够以负担得起的成本获得一部分土地开发的增值收益，无怪乎外来从业人员对于当地人坐拥两三套房产、坐地收租艳羡之至。“有恒产者有恒心”，是维护社会稳定的重要基础。

二、政府理性——制度变迁主导者的成本与收益

政府是经济体系的内在参与者，而不是外在协调者。这是青木昌彦对东亚国家工业化进程中政府作用的归纳。苏州工业园区的发展、壮大历程，不期然而然地证明了这句话。

一般说来，在中国人地资源关系高度紧张的国情约束下，土地资源想要顺畅地资本化，并非易事。要么是大资本与分散的小土地所有者之间由于交易成本过高而无法达成交易，双方都无法获得资源资本

① 调研队伍访谈的一位中年妇女在搬迁到新小区之后，每天除上午在超市上班外，下午在小区里摆摊卖豆腐脑，每月可以多收入1000多元。还有一位中年男子是小区保安，工作之余拉三轮车，主要服务对象都是外地人。斜塘镇政府的一位受访官员提到，在动迁的头几年，资本的溢出效应尚未显现之时，动迁居民没有其他收入来源，“过得很艰苦”。

化的收益；要么是资方和地方政府结合，强行推动土地交易，即使当期可以取得进展，却也为后续的社会治理埋下了冲突隐忧。此外，各地招商引资中的政府竞争大大压缩了土地一级开发的盈利空间，使其没有足够的财力对失地农民进行充分补偿，这已成为当前引发农村社会矛盾的最重要原因。在政府追逐资本、土地开发整体供大于求的格局下，土地市场难以形成合理的出清价格，因为整个土地链条中各方的交易地位是不对等的，市场谈判交易并不是基于比较优势的“竞争”，而是各项成本向弱势群体几无底限地转嫁所形成的“竞劣”(Race To The Bottom)。

2009年，苏州工业园区土地“九通一平”后的基础出让金为每亩22.4万元，而园区政府开发土地的平均成本约合每亩地30万元（含征地、拆迁补偿；据其15年资料，平均开发成本为40万元，其中包含了园区政府的基础设施建设)，在土地出让价格外部给定的条件下(整个长江三角洲地区随处可见政府招商引资的激烈竞争)，如果要保证项目的财务平衡，按出让价格倒推，则每亩地的成本将削减7.6万元，削减幅度为25%。假设这将由土地开发中的各个环节平均分摊，那么失地农民得到的补偿将减少1/4，这将导致社会矛盾发生质的变化。[①]

之所以没有发生这种成本倒逼，是因为与其他主体的经济活动不

① 土地是农民的生计之源，但对于各类追求利润的经营主体和地方政府而言，则主要是资源资本化的收益来源。一项全国范围的调研显示，约80%的冲突与土地有关，其中与征地有关的纠纷占到所有这类冲突的70%。征地过程的不规范以及征地补偿和保障措施的缺陷，最容易造成农民的不满并导致冲突。资料来源：国家社科基金重大课题“完善社会管理与维护社会稳定机制研究——农村对抗性冲突原因及化解机制研究”(07&ZD048) 课题组：《当前农村冲突的主要形式、原因及解决措施》，内部报告，2010年。

同，苏南地方政府作为社会管理者，可以参与工业用地的后期增值收益分配，以此弥补其作为“开发者”的“当期亏损”。政府最重要的财政收入来源来自企业的税收，税收贡献也是吸引当地政府不遗余力招商引资的重要原因。① 2008 年，苏州工业园区总税收达到 90 多亿元，这是政府能够通过再分配对失地、动迁农民进行补偿的必要条件（见图 2-11-1）。

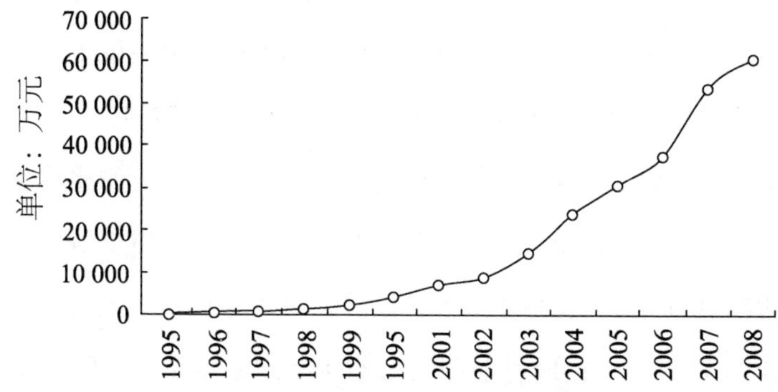

图 2-11-1　1995—2008 年苏州工业园区地税收入增长情况

资料来源：以上数据全部来自苏州市工业园区地税局网站，只做了表格的简单汇总。

除可以对土地开发的成本—收益进行跨时期衡量外，政府还可以凭借其土地开发出让中的垄断地位将资本溢出效应内部化，并且成规

① 对于镇政府而言，企业给当地带来的主要收入除土地出让金外，还有厂房租金。镇主导的园区开发主要模式是建厂房、招商引资、获取租金，土地出让的宗数很少；据我们对斜塘镇（被娄葑镇合并后成为娄葑镇的派出机构）的调研，2008 年该镇厂房出租收入约为 1 亿元。中心园区的土地开发则主要是一级开发，完成“九通一平”后通过“招拍挂”出让给各类企业。这可能和不同层级的政府征地中面临的外部约束环境有关，中心园区向外扩张相对容易，自 1994 年以来已经先后扩张了三次，而所辖镇几无这种外延扩张的可能。谈判地位越高的政府，在财政、金融手段的使用和社会资源的调用上，就越可能突破“预算软约束”。

模地获取。①

第一，工业园区的发展带动了房地产业和高端服务业的繁荣，而用于服务业和房地产开发的土地出让价格要远高于工业用地。根据苏州市国土资源局网上公开的土地出让公示信息，2005 年至 2006 年 1 月，苏州市储备中心招拍挂土地合计 644 万平方米，成交总价 107.2 亿元，成交单价为 1664.59 元/平方米；而工业园区 70 平方千米以内的招拍挂土地合计 155 万平方米，成交总价 54.8 亿元，成交单价为 3535.48 元/平方米，比全市土地出让的平均价格高出一倍多（以上单价的计算与比较均未考虑土地利用用途和年限的差异）。

第二，房地产开发中的各种税费在政府地税中所占的比重越来越高。根据对苏州工业园区的地税收入及结构分析，城镇土地使用税和土地增值税的税收占比近年来大幅提高，2005 年城市土地使用税入库金额为 1141 万元，在地税中占比 0.37%；2008 年该项税收入库金额 25319 万元，在地税中占比达到 4.28%。2005 年土地增值税 9355 万元，在地税中占比 3.06%；2008 年入库金额为 54163 万元，在地税中占比 8.94%（见表 2-11-1）。

① 与之形成鲜明对比的是，一些地方政府在没有规划、缺乏配套基础设施的条件下，低价出让城市外围土地开发房地产以取得短期收入，却形成长期负债——随着大量居民入住这些小区，交通、医疗、教育、物业等不配套问题立即显现，“倒逼”政府不得不再次投入大量物力财力解决这些遗留问题（有些即使是开发商承诺的，但政府仍然是接受问责的最终主体）。由于在土地开发初就没有预留足够的资金，因此形成政府信用透支——无论是财政本身的赤字，还是财政绑架金融，或是政府直接对社会企业拖欠账，最终仍要由社会来负担成本；但另一方面，这些基础设施和社会事业的投资所形成的资本溢出效应，如房地产的升值，却很难再为政府成规模获取。这或许就是政府“短期理性”和“长期理性”的不同。

表 2-11-1　2005—2008 年苏州工业园区分税种地税收入及结构

单位：万元、%

税种	2005 年		2006 年		2007 年		2008 年	
	入库金额	税收占比	入库金额	税收占比	入库金额	税收占比	入库金额	税收占比
营业税	129391	42.31	160108	42.55	254992	47.41	251122	41.44
车船使用税	110	0.04	132	0.04	7	0	4	0
房产税	19040	6.23	26647	7.08	34160	6.35	43279	7.14
个人所得税	73644	24.08	99584	26.47	123690	23.00	150291	24.80
印花税	7437	2.43	10370	2.76	12935	2.41	15722	2.59
城市维护建设税	10198	3.33	11866	3.15	17548	3.26	17809	2.94
企业所得税	55526	18.16	52682	14.00	52013	9.67	48303	7.97
城镇土地使用税	1141	0.37	2246	0.60	16690	3.10	25319	4.18
土地增值税	9355	3.06	12608	3.35	25770	4.79	54163	8.94
总计	305842		376243		537805		606012	

资料来源：以上数据全部来自苏州市工业园区地税局网站，只做了表格的简单汇总。

第三，营业税是地方税中的最大项目，近年来呈现快速增长，也是资本溢出效应向政府财政汇集的一个渠道。2005 年，苏州工业园区的营业税收为 12.94 亿元，2007 年大幅上涨，达到 25.50 亿元，2008 年尽管受到全球金融危机的影响，仍维持在 25 亿元的水平（见表 2-11-1）。根据课题组对园区镇政府的访谈，居民区的核心地区一般会开发成商业区，招租商户，租金收入归政府所有的富民公司，营业税交给地税部门。当然，这在当地的营业税中所占比重可能很小，因为营业税还有两个重要来源：一是建筑业营业税，二是金融、保险等高端服务业的营业税。

土地一级开发和二级开发中的工程基建项目，均需按照工程款的3%缴纳营业税（尚不包括工程转包）。根据苏州工业园区官方网站发布的数据，2009 年 1—6 月，苏州工业园区建筑业项目总包登记户数 2879 户，登记合同金额总计 1245003. 90 万元，同比增长 17. 29%，户均登记金额 432 万元，同比增长 28. 57%……“产生上述‘双升’态势的主要原因有两个：一是政府对基础设施和民生项目的投资明显加大。其中北环快速路东延二期工程累计登记金额超过 10 亿元，园区动迁工程累计登记超过 12 亿元。二是 2009 年上半年以来房地产业的复苏大大拉动了房地产项目的建筑工程投入，1—6 月，累计登记较大房地产项目建筑工程 33 户，合同金额达 33 亿元。在政府投入和房地产复苏两个‘龙头’的带动下，2009 年 1—6 月园区建筑业呈现明显回暖迹象，且相当一部分项目具有较大的后劲，必将成为支撑下半年税收收入的重要基点。”

另外一则报道显示了高端服务业的税收贡献：“建成于 1999 年的国际大厦位于园区湖西 CBD 中心位置。2006 年以前，国际大厦一直是园区管委会所在的行政大楼。2006 年，国际大厦转型为现代化高档写字楼以后，很快就成了园区最能赚钱的一栋楼。数据统计显示，2008 年国际大厦营业收入总额超 20 亿元，入库税收超亿元。”

“国际大厦目前集聚了 16 家世界 500 强企业，以及多家外资银行，包括渣打银行、星展银行、汇丰银行、三井住友银行等。出租率稳定在 82%左右，而且月租金价格比周边楼宇平均水平高出约 20%。尽管租金比其他写字楼高，国际大厦还是受到了很多入驻机构的青睐。”

三、村社理性——降低土地资本化中的交易成本

发展经济学指出，发展中国家普遍存在着“低水平均衡”，由于历史和收入预期形成的不利的外部环境，初始阶段的投资往往难以取得满意的投资回报，这种“负反馈”将发展中国家“锁定”在低水平状况。打破低水平均衡需要持续而量大面广的投资，使产业间协调发展并取得规模效应。而这远非私人投资可以担当。政府集中全社会资源、优先发展前向产业，既降低了资本与政府之间的交易成本，也减少了资源配置中的无效“耗散”，是中国能在短时期内完成工业化原始积累的核心经验之一。

在政府主导下承接上海老工业基地的经济辐射，是苏南早期工业化迅速发展的经验，这一“强政府”的路径依赖同样体现在苏州工业园区开发建设中。如前所述，苏州工业园区同样是在长达十余年的经营建设后，才逐渐形成产业集群效应这样的“高水平均衡”的，这条产业升级路径不是靠市场力量能够自发形成的。这确实为政府扮演经济主体的角色、积极介入本地产业发展提供了理论依据；但在经历了近 30 年的农村去组织化之后，农村社会已经高度原子化，任何外部主体——无论是政府还是产业资本——想要进入农村获取必需的土地资源，都必将面临与分散小农之间畸高的交易成本，急功近利往往欲速则不达，严重者还可能导致大规模的社会冲突。

苏南的“村社理性”在其中发挥了重要作用。早在 20 世纪 80 年代初，苏南就依托农村组织化的制度优势而开始了工业化建设，“村社理性”这一制度优势一直保持到 90 年代，并为今天苏州工业园区的迅

速发展提供了重要条件。

第一，一贯的“强政府”降低了财产关系转变中的交易成本，从而使制度变迁的成本保持在社会可接受的程度。在访谈农民对于耕地补偿的看法时，很多农民都认为“土地是集体的”，认同集体在资源配置中的优先地位，这与很多传统农区的土地某种程度上接近于私有化形成了鲜明的对比。

第二，在20世纪90年代末苏南乡镇企业大面积改制之前，苏州工业园区的土地扩张是通过“就业换土地”实现的，凡耕地被列入园区开发规划的，镇政府负责为失去耕地的农民提供乡镇企业的工作岗位，而不必支付现金补偿，这大大节约了初始阶段的资金支出。[①] 园区的就业补助资金和非就业人口的土地补偿金，集中在镇和村政府手中作为再投资。

就业机会对于货币补偿的替代，以及基于“村社理性”的政府主导资源配置，是当地政府和产业资本能以较低成本进入农村的两个重要机制，而这对于其他地区却几乎是不可复制的。对基层组织创新和制度创新的忽视，或许部分解释了为什么20世纪90年代以来全国兴起办开发区热但其中的绝大多数“画虎不成”；更不理性的“涸泽而渔”无疑将带来更激烈的负反馈。

第三，由于政府能集中运作土地增值资本，而得以在新的社区治理结构中维持村社原有精英的收益格局，使得制度变迁的交易相对平滑。在土地资源资本化的过程中，原来散落而居的传统村社转变为集中居住的现代社区，基层的组织和治理结构也会发生巨大的变迁，这种变迁更直接地体现在社区精英的变动中。在苏南地区，由于一直保

---

① 虽然园区启动时中国和新加坡联合投资1亿美元，但相比目前已经完成的480亿元基础设施投资，实在是杯水车薪。

持了集体经济而得以保持了强健有力的基层组织——村支部和村委会，因此，在其由传统村社向现代社区转变过程中，基层组织和治理结构的变化直接表现在这些村组干部的变动上。调研队伍通过对苏州工业园区几个新建居民小区的调查发现：旧有的村组干部基本被安排到了新社区的居委会班子中，也就是说组织的变迁是平滑的。而由于强有力的基层政府集中运作土地资本化过程中的增值收益，使得其可以从容地安排供新社区组织运转的费用，如实行居委会开支由镇政府全额预算支付，并在居住区内为居委会保留商铺等，这样，社区精英在新的治理组织中的收益也得到了维持。正是由于在新的治理结构中维持了原有社区精英的收益格局，土地资本化中基层组织的过渡得以平滑进行，这无疑大大降低了制度变迁中的交易成本。

具体可以从课题组对苏州工业园区娄葑镇莲花一社区所做的有关村干部变迁的调研中体会这种变化（见专栏 40）。

专栏 40

娄葑镇莲花一社区村干部的变迁史

莲花一社区于 2003 年 6 月筹建，2004 年 3 月挂牌成立，整个社区涉及原来斜塘地区的 16 个行政村。区内共有住户 2333 户，在册人口 8506 人，外来租住人员 13000 人，总计人口 21506 人。社区设立党总支部，下设 4 个分支部、10 个党小组，共有党员 224 名；设立居委会 1 个，下设 16 个居民小组，还有团总支、治调会、妇代会、民兵等群众团体，这些团体既要对现在的居委会负责，也要与镇里上级机构开展的工作保持一致。

莲花一社区现有 21 名干部，分为三种类型，分别为镇管干部、条线干部和工作人员。其中7名是镇管干部：书记1人、主任1人、副书记2人、会计1人、招商经理1人、出纳1人，工资待遇由镇里统一规定；条线干部包括：妇女主任、团支部书记、民兵营长、治保主任及新设立的安置职务；另外还有9名工作人员。工作人员和条线干部的工资由社区居委会决定。

居委会共有保安人员42人，保洁人员30人，维修3人，绿化35人。

在一社区的居民中，大多数人来自南旺、联合及周丰三个村。从现任居委会的组成看，也主要是由原来三个村的干部来组建新居委会并进行小区管理，其中南旺村8名、联合村2名和周丰村5名。

莲花一社区书记主抓招商引资和动迁，主任和其中一位副书记负责物业管理和精神文明，另一名副书记主要负责社会保障。

居委会一年的工资支出在510万元左右，包括居委会干部和工作人员、保安、保洁、维修和居民小组组长等的工资。其中镇管干部工资支出为110万元左右，条线干部和工作人员为45万元左右，保安、保洁等大概为355万元。居委会还有其他方面的支出，包括办公楼的水电费，还有通信费、节日费等支出。但是镇里有一定的标准，多出的部分由自己承担。

资料来源：课题组实地调研。

四、对土地多功能性的综合补偿问题的浅议

所谓“土地换社保”，其实从政府的角度来讲主要是“社保换土地”。这就要问土地的功能是什么？用什么对这些功能进行交易或者替

代？对征占土地给以补偿，交易了土地对农民的经济收入功能；换社保，实际上是在与土地的保障功能交易；安排非农就业，是土地的就业功能……

以上各功能还相互交叉，比如就业可以带来收入，但收入并不是就业的全部，它与劳动者价值、文化传承、风险保障密切相关；某种程度上，劳动力就业还具有社会稳定功能。所以，土地的多功能性不仅体现在宏观层面，在微观层面也如是，对农民而言它是多种功能的综合载体，需要我们立体、有机地去理解，而不是机械地一一对应地去补偿；单独去完善针对某一种功能的补偿方案，不如从农民的角度出发设计一套综合补偿措施。

就保障的方式而言，依靠土地产出进行的保障与货币保障也不相同。虽然农业生产面临着自然风险，但在满足人的基本生存需求方面，小规模的家庭农业是更稳定的，通过自供自给，它弱化了市场价格波动和通货膨胀的风险。市场的不稳定可能甚于气候的不稳定，因此货币化的固定保障对农民来讲可能风险更高，而小农经济理论普遍认为，农民是风险厌恶型的——除非保障方案有一定的机动性，能够弥补这两种风险。这在我们对苏州工业园区基层干部和动迁农民的访谈中都可以感受得到。一位动迁农民认为，以前大米、蔬菜等用不着到市场上去花钱买，家里有隔年的存粮，动迁后什么都要花钱买，生活消费支出比以前多了——这也说明对农地的补偿不应依据农民当前的生活消费收入，其中有很大一块是非现金消费，未被计入现金支出。根据访谈，上一轮物价上涨对于没有其他收入来源的动迁农民，尤其是老人而言，影响特别大，那一段时间上访的人相对偏多。

在乡土中国，“土”承载了太多的功能和内涵，农地用途的改变不是孤立的，它与农村社会的变迁和其他正规及非正规制度有着密切的关联和互动。在二元经济社会体制下，农地财产关系难以平滑转移的原因可能与我们过于简单、功利地理解土地功能有关。因此，围绕土地综合功能的补偿来建立农地制度改革机制，是统筹城乡经济社会和谐发展必不可少的。

2011年版后记

本书是苏州大学出版社和苏南研究院委托中国人民大学可持续发展高等研究院（农业与农村发展学院）开展的合作研究课题《解读苏南》的最终成果。课题自正式立项到完成研究报告历经四载寒暑；其间，竟有六番调研，八次易稿，无论走路还是走笔，都很艰辛……为此，调研写作团队作为签署合作协议的乙方，特别感谢苏州大学出版社和苏南研究院作为甲方对我们多次推迟截稿的理解和宽容。没有甲方这种大度，我们就不可能坚持实事求是的学术精神，本书也难以体现出理论见之于实践的自主创新。

本书作为课题研究报告，确实是集体劳动的成果，不仅凝聚了课题组全体成员的辛劳、智慧和创新，而且在学术特色上有别于那些愈演愈烈的“掉书袋式”的一般泛论之研究。

课题组由我担任主持人，承担本书假说体系和理论框架的构建、调研指导及对书稿篇章结构的调整、论述文字的修改和最后定稿等工作。虽然我对于自己在课题研究上的严格要求并无悔意，但仍要对我这次作为课题负责人几乎完全推翻了最初的报告文稿所造成的损失，对最初调研参与者和报告起草者们的很多心血与劳动时间的浪费表达深深的歉意；对因此而不得不重新起草致使时间延宕、工作量加大并造成起草者的呕心沥血表示诚挚的谢意。唯望所有参与者宽容理解，引以为训，且举一反三。

在课题组重新开展的调研写作中，董筱丹博士组织了调研工作，在努力借鉴和整理前几轮文稿的基础上承担了重新起草书稿的大部分任务；博士生杨殿闯参与起草了部分章节和专题报告；顾婷婷硕士承担了部分资料性的文字工作。朱信凯副院长和谷莘院长助理全程负责具体组织调研和项目协调，事无巨细地奉献了他们的精力和时间；郑风田副院长主持了部分案例研究；北京理工大学刘平青教授和本院丁守海副教授参与了初稿的部分文字工作；中国人民大学国际学院（苏州研究院）陈甬军院长为调研提供了帮助。

其他参与过课题工作的人员有（以姓氏拼音为序）：陈薇、陈媛、段飞、贺潇、贾阳、姜东、雷鹏、李晨婕、李飞、李行、李永恒、刘海英、刘怀宇、刘淑慧、刘亚洲、刘尧环、骆晨、马文浩、沈杰、石嫣、宋一、孙远东、童波、涂圣伟、汪滢、王立芝、王平、王位山、王张庆、谢波、谢琴琴、徐雪高、杨帅、杨雪、叶茂、曾晨晨、曾天云、周鹏辉、周向阳、庄沙沙、邹丽婷等，他们在案例调研、资料搜集整理、观点讨论和数据分析等方面作出了贡献。

全国人大常委会副委员长、民革中央主席周铁农先生及中国社会科学院学部委员张晓山研究员百忙中为本书作序，也对课题的进一步研究指明了方向；中国人民大学与苏州大学为《解读苏南》课题研究的顺利组织实施提供了所有可能的方便，特此一并表示感谢！

鉴于长期以来对于苏南研究的关注，作者确信本书之观点之所以是有经验依据的理论创新，乃在于苏南地区的发展实践是最重要的源头活水，特此对接受课题组调研的所有基层单位和个人致以诚挚的感谢！

《解读苏南》是课题组负责人在不同科研机构组织和参与的课题组自 20 世纪 80 年代以来关于苏南问题一系列实地调研的系统性总结与理论归纳。如以出版时间排序，可列为“中国区域发展比较研究系列报告”之二。本课题组关于广东岭南经济发展及结构调整之解读是为系列报告之一（该书已由中国农业科学技术出版社出版）。相对而言，本书对于区域发展的认识和表达，当然有长足的进步。我们会在区域比较研究领域继续开拓，下一个应该是浙南……

《解读苏南》本来是合作双方纪念建国 60 周年、改革开放 30 周年的献礼之作。而本书付梓之际，中国将迎来“辛亥百年”。谨以为志。

温铁军

2010 年 12 月 17 日

政府逆周期与高质量发展

苏州工业园区二十年述要

董筱丹 温铁军 著

图书在版编目（CIP）数据

长读苏南. 政府逆周期与高质量发展／董筱丹，温铁军 著. —北京：东方出版社，2023. 3

ISBN 978-7-5207-2994-9

Ⅰ. ①长… Ⅱ. ①董… ②温… Ⅲ. ①工业园区—研究—苏州 Ⅳ. ①F427. 533

中国版本图书馆 CIP 数据核字（2022）第 174148 号

长读苏南

（CHANGDU SUNAN）

作　　者：董筱丹　温铁军
责任编辑：吴晓月　李子昂
出　　版：东方出版社
发　　行：人民东方出版传媒有限公司
地　　址：北京市东城区朝阳门内大街 166 号
邮　　编：100010
印　　刷：北京明恒达印务有限公司
版　　次：2023 年 3 月第 1 版
印　　次：2023 年 3 月第 1 次印刷
开　　本：660 毫米×960 毫米　1/16
印　　张：32. 25
字　　数：350 千字
书　　号：ISBN 978-7-5207-2994-9
定　　价：158. 00 元
发行电话：（010）85924663　85924644　85924641

2015年版序一

20年前，中国和新加坡两国的一代领导人高瞻远瞩，在苏州城东种下了一棵幼苗，这就是苏州工业园区。如今，这棵幼苗已经成长为参天大树。

20年来，园区始终坚持高举中新合作旗帜，将原先的一块农田低洼地建设成为一座国际化、现代化的新城区，成为中外合作的成功典范，成为世界看江苏、看苏州的一个重要窗口；20年来，园区始终坚持改革创新，大胆开展先行先试，积极争创第一、唯一，以生动的创新实践和一流的发展业绩，成为中国开发区科学发展的成功样本；20年来，园区始终坚持高端引领，大力集聚高端制造、高端商务、高端人才，转型升级加快推进，功能内涵持续提升，绘就了现代新城的“靓丽名片”，成为人文与科技、产业与城市完美融合的创新创业和宜居宜业的新高地，成为创业者向往、苏州人自豪、外来人羡慕的一片热土；20年来，园区始终秉承“借鉴创新、圆融共赢”理念，成功走出了一条率先引领科学和谐发展之路，创造了被誉为苏州“三大法宝”之一的“园区经验”，这一理念和精神不仅是园区20年发展的最大成果，也是园区20年发展的根本动力。

值此园区开发建设20周年之际，中国人民大学温铁军教授率领的课题组以学者崭新的视角，对园区20年的发展进行了梳理和研究，其间做了大量的访谈、资料研究，以课题研究的形式，全面分析了园区20年的发展路径和发展特色，深刻解读了园区发展所经历的三次危机和四个重要阶段，总结了园区20年的发展成果和经验教训，此书即是其辛苦结晶。

温教授的团队曾出版过《解读苏南》一书[①]，对苏州模式的发展做出过重要的理论研究和独具特色的概括总结。这次，课题组将本书作为《解读苏南》的姐妹篇，在真实再现苏州工业园区发展模式的同时，将苏南发展经验的前世今生做了透彻的诠释，将苏州工业园区的成果、经验和发展的方式与内涵完美地融合在一起，为了解和研究苏州工业园区的发展提供了宝贵的文献和研究成果，在国内区域发展的对比研究领域内也堪称不可多得的研究成果。在此，我代表苏州工业园区工委管委会，特向为写作本书做出贡献的温教授及其团队，尤其是本书的作者董筱丹博士，表示衷心的感谢和良好的祝愿！

回首过去，我们豪情满怀；展望未来，我们信心百倍。站在园区20周年新的历史起点，我们将继续坚持以改革开放为第一动力，继续坚持以创新驱动为第一方略，继续坚持以内涵提升为第一追求，继续坚持以民生和谐为第一目标，围绕国家战略需求和省、市、园区社会发展需要，以江苏创新型省份试点的建设、苏南国家自主创新示范区的建设为有利契机，找准新的发展突破方向和重点，提升创新体系整体效能和可持续发展能力，将园区加快打造成为苏南现代化建设先导区、世界一流的高科技产业园区。我相信，在中新双方的真诚合作下，

① 即本书上卷。

在园区开发建设者和社会各界人士的共同努力下，园区发展一定能够不断再创新的辉煌，一座传统文化和现代文明交相辉映、东方文明和西方文化相互融合、经济繁荣与生活宜居相得益彰的和谐“新天堂”也一定能够早日展现在世人面前。

苏州工业园区管委会主任

杨知评[①]

2015 年 5 月

① 杨知评于 2008—2017 年任苏州工业园区管委会主任，2017 年 3 月卸任此职，于 2018 年 3 月任苏州市人民政府副市长。——本版编者注

2015年版序二

看到这本书稿的时候，真可谓百感交集！至少，我心里压了大半年的这块石头算是落了地；这本书的问世，表明后起之秀能够踏实地完成这个有深度的、接续性的、重要的区域比较发展研究项目。

之所以感慨，是因为：就在“苏州工业园区 20 年（1994—2014年）经验总结”的课题组于 2013 年秋天建立起来之后，我仅仅来得及参加了开题讨论和第一次调研，转年春天就因家有要事而不能再参与工作，于是取消了所有的出差。这下，我这个课题的首席专家突然“下课”了，咋办？

2013 年我启动这个研究项目的首要考虑，倒不是因为苏州工业园区的名气和成就，首先是因为它的确与我们团队近些年的研究重点在方向上完全一致。我所带的科研团队一直在研究领域脚踏实地，秉承着实事求是的原则，在最近 10 年比较多地集中精力做国内的区域比较研究及国际的国别比较研究。这是因为，国际社会越来越清醒地认识到不能对这个超大型大陆国家一言以蔽之地做简单化的评价。中国被自然地理条件决定的内部区域差别极大，几乎不可能只看到几个数据就轻易地说中国如何。

除了研究苏南地区之外，我们开展的一系列区域比较研究中，有两个区域发展特征鲜明的研究特别值得一提：2008 年开展了岭南研究，2010 年出版了《解读珠三角：广东发展模式和经济结构调整战略研究》；2010 年进行了重庆经验调研，并且参与了学校以课题组名义出版的《重庆新事》一书过半文字的写作。虽然这两本书出版之后一度引起过非学术性的争议，但我们因努力地做了去意识形态化的客观研究而问心无愧。对至今余波未平的、夹杂八卦的街谈巷议，也就只能听之任之了……

当然，如果有人确实愿意客观地了解中国沿海和内陆山区差异极大的地方发展真实经验，还是可以在网上搜到我的团队通过调查研究提出的客观分析。我在 2007—2012 年的不同地点的演讲中，也特意去意识形态化地介绍了广东和重庆两类不同的地方发展经验。

我多年来一直劝诫团队成员和门下学生“多研究问题，少讨论主义”，千万不要参与社会上那些深陷于意识形态困境无法自拔的所谓理论争议，埋头做好经验研究。于是，我们这个团队遂在这种严肃认真的区域比较调研中因没有门户之见而引入了多种不同学科的理论工具，逐步形成了包容度较高的交叉学科框架和创新性的理论思路。团队成员中，毕业后仍然从事教学科研工作的年轻人，大多能够做到立意上“高屋建瓴”，调研时“顶天立地”，其思想理论上的创新能力早就大大超出那些被邯郸学步的大师们照搬来的学科化理论所羁绊的所谓学术研究。我们在把最近 10 年的研究创新用于对海外的交流和教学之中的时候，被接受程度大大高于那些照搬西方的意识形态化理论的解释……

因此，从学者自觉承担知识生产的社会责任的角度，从学术研究连续性的需要来说，苏州工业园区 20 年经验总结这个项目我们很愿意继续做。

然而，无论我如何焦虑，接续完成课题调研和写作的这个重担，只能落在课题的“执行主持人”董筱丹博士的肩上。好在，她早在跟我读研究生期间就已经成为科研团队的骨干，当年还没有毕业就成为我的主要科研助手，并且也是上一部书《解读苏南》的主要起草人。那本书由于被列为“十一五”规划重点出版项目，时间上的紧张让位于质量上的精益求精，因此，真是慢工出细活，《解读苏南》光在我的团队手上就先后四易其稿，董筱丹博士在驾驭观点、篇章布局和文字雕琢方面的训练，应该是足够了。何况，我还有另外一本重要的当代经济史著作《八次危机：中国的真实经验 1949—2009》（以下简称《八次危机》）也是把框架交给她去起草初稿的。

可喜的是，这两本书都获好评。《解读苏南》历经 4 年辛苦笔耕到 2011 年出版的时候，各方面对这种去意识形态化的中国区域比较经验研究是认可的，此书居然连续获得了 5 个奖项！其中比较重要的是两个国家级的图书出版奖和 2012 年省部级的哲学社会科学优秀成果奖。接着，仍然着力体现去意识形态化的客观研究的《八次危机》甫一出版，一年之内就印刷 5 次，且因销量在学术类著作中领先而得到国家级的优秀畅销书奖；次年又得到省部级哲学社会科学优秀成果奖，接着又被帕尔格雷夫 · 麦克米兰国际出版集团告知，评委会“热烈通过”此书发行英文版；此外还有其他语种的版本也即将问世……

有了此前这两部获奖书稿的调研和写作过程，以及思想与理论的积累，这一次董筱丹博士直接代我协调后续调研，乃至直接执笔起草课题总报告，再在报告基础上整理成本书，就是顺理成章的事情了。诚然，早已过了“耳顺之年”的我，也确实应该让年轻人承担大任。这次课题进程中我看到，从调查研究直到最后完成书稿的写作，她都显得有底气而沉着，并且在思想理论上做到有所创新。

课题总报告的题目本来是“三次危机、四个阶段”，成书之际定名为《再读苏南》。我觉得，主要是因为此书在学术思想上继承着上一部《解读苏南》的特质——完全从客观实际出发而戒除意识形态的影响。书稿与课题总报告的内容一致，一开始就把园区 20 年发展的中观、微观经验置于三次危机巨大挑战的宏观背景之下——投资开发之类的经济问题只有这样“回嵌”于社会政治文化大环境之中，才算得到了全景般的解释。

本书超越上一部书的理论逻辑提出的最具挑战性的理论创新，是在全球化必然内含制度成本对外转嫁的基本背景下，在苏南“地方政府公司主义”普遍顺周期的区域演化经验中，寻找到了因中央政府赋权而在“举国体制”的制度优势下进行逆周期调节的“另类”经验。概而言之，是园区在面对周期性经济危机时，政府信用在何种条件下能够发挥对资本信用的替代机制，及其如何在后续产业开发与经济结构调整中促进总地租乃至“总租”的形成，达到内部化处理负外部性乃至“化危为机”实现跨越式发展目标的。

园区这 20 年的历程，被三次危机客观地分成了四个阶段，每一个阶段都体现了这种绝对超出一般地方政府能力的逆周期调节作用。其具体过程、特征和对园区未来发展的政策建议，书中归纳为“一二三二一”。读者在本书前言的阅读中，即可略知这一基本思路。

本书是既往经验之研究，也是与当下现实之对话。进入 21 世纪第二个 10 年的中国人，对于官方文字中的“产能过剩”早已耳熟能详。大多数地方，包括那些声名显赫的地区在内，都因难以形成产业升级必须的资本和技术条件，纷纷堕入“生产过剩”这个资本主义一般内生性矛盾所派生的、不可逆的、去工业化的大趋势之中。然而，此书对园区产业升级经验归纳出来的，却并非一般人关注的资本和技术条件，而是与结构调整有关的制度运行机制。其中有针对性地提出的创新是，在中国21世纪整体上进入产业资本过剩的阶段以来，园区这种中央政府对局部地方政府进行全面赋权从而构建“区域‘强政府’+‘高制度’”的制度创新模式，反倒因其在历次逆周期投入中产生了“制度自觉”而发挥出机制性的作用，遂有了采取更多调控措施的实践空间。

我看此说确有深意。这体现的是中国在工业化阶段仍然“自立于世界民族之林”的比较制度优势。若能成立，则构建国家产业“走出去”战略在地缘和社会敏感区域的落足点、践行国家总体安全和基于生态文明理念的可持续发展战略，也就多了一种借鉴模式。

更重要的是，这些去意识形态化的经验归纳和理论创新，对于21世纪中国走出去迫切需要的软实力话语构建，具有基础性的作用。如果把以园区为代表的中国发展真实经验作为比较制度优势的培训资源，把园区作为“引进来”培训的基地，则有利于发育海外的“知华派”。

诚然，我虽然不得已地把任务压在年轻人的肩上，自己也不能亲临调研把握第一手材料；但也不可能完全甩手不闻不问，每次调研回来还是要听取汇报；对于课题报告和书稿也从观点到文字都要认真看过，作者按我的意见多次修改到我认为合格才敢交出。但，毕竟这段时间心有余而力不足，出活比以往更慢了许多。这是我开头就说大半年来一直心里悬着的原因。

现在，课题报告的这部分成果已经成书并且即将正式付梓。虽然董筱丹博士和有关方面都希望我继续作为此书的作者，但科研著作之署名与学术道德相关。由是，我只能遵从中国人民大学“实事求是”的校训，以课题首席专家的身份要求课题的执行主持人和报告起草人董筱丹名副其实地作为本书的作者；我的名字只能以课题学术顾问的名义出现。并且，对因我个人原因而影响课题进度，再次向关心园区发展的各界人士表示歉意。

走笔至此，心中陡然涌出龚自珍的诗句：“九州生气恃风雷，万马齐喑究可哀；我劝天公重抖擞，不拘一格降人才！”

温铁军

2015年4月12日

2015年版前言

至2014年5月，中国和新加坡两国合办的苏州工业园区（以下简称“园区”）成立整整20年了。本书是中国人民大学课题组对园区发展20年历程进行归纳总结的研究成果。

兹对该项研究成果报告摘要如下。

一、意义：从特殊到一般的理论升华

课题组认为，**园区这20年的发展经验，恰是全球化挑战下中国外向型经济发展阶段性变化的一个缩影**。因此，课题组把对园区发展过程研究纳入国内外的重大变化之中做相关性分析，以更为广阔的、历史的和国际的视角来归纳园区经验；这就使本书**得以体现“从特殊到一般”的理论升华**。

因为，任何仅仅表达特殊性的案例，如果不具有普遍意义，也就没有借鉴及推广价值。所以，只有把园区经验的总结研究从“中国特殊，苏州更特殊，园区是特中之特”的特殊论，提升到具有普遍意义的高度，才可以成为对其他发展中国家和国内其他地区具有借鉴意义和指导价值的一般性理论。

如果要讲一般性，不妨先对中国这 20 年的大势分而述之。

第一个十年，中国人可谓“神女应无恙”——借势经济全球化的金融资本扩张，实现了从 20 世纪 80 年代内需拉动型增长为主向 90 年代外需为主的转化，从而完成了清末和民国均无力实现的国家工业化从资本原始积累到产业扩张的“惊险的一跃”。[①]

苏联解体、东欧剧变之后的 1994 年可谓是经济全球化全面起步的“大年”，或可称“全球化元年”。这一年，挟冷战全胜之势的美国和西欧在鲸吞苏东“实体经济货币化和资本化”的制度收益的同时[②]，建立起北美自由贸易区（NAFTA）和欧盟（EU）；进而在推进关税及贸易总协定（GATT）转化为世界贸易组织（WTO）之际，构建了全球自由贸易的制度框架。由此，一方面是发达国家通过向世界扩张美元投资等来转移资本全面过剩压力下频发的金融危机；另一方面，恰在国际资本过剩而中国加快市场经济新体制和全面优惠外资进入的客观条件下，中国走出了 1994 年财政、外汇、金融三大赤字同步爆发的严重危机，进入了经济对外依存度连续多年高速增长的时期。[③]

不过，全球化也是具有两面性的硬币。**外资大量流入是一个让很多发展中国家在 20 世纪 90 年代因债台高筑而纷纷跌入“发展陷阱”无以自拔的根源。**在大多数发展中国家纷纷处于被债权国以“减债”而诱发的“主权外部性”风险爆发之中时，虽然中国靠着“集中力量

① 温铁军：《百年中国，一波四折》，《读书》2001 年第 3 期。

② 温铁军：《苏东七国私有化的观察与思考》，《中华工商时报》1992 年 9 月 3 日国际版；温铁军：《国家资本再分配与民间资本再积累》，《新华文摘》1993 年第 12 期。

③ 温铁军等：《八次危机：中国的真实经验 1949—2009》，东方出版社 2013 年版。

办大事”的特殊体制和内部差异形成回旋余地的大国优势跳出了“发展陷阱”，但收益与成本总是对应的。若从收入结构和资源禀赋等视角看，则激进纳入全球化的外向型经济所需要的改革的制度成本也旗鼓相当，因1994年1月1日人民币官方名义汇率一次性贬值57%，国内土地、劳工等要素和资源（包括本来就脆弱的环境）在国际市场上的定价同步降低，对宏观经济增长具有巨大拉动作用的出口增长，实质是将环境租和劳工福利租在国外消费者与国内既得利益集团之间分配，其结果必然是承担了制度成本的群体相对收入停滞甚至下降，生态环境恶化，群体性事件高频发生……

第二个十年，中国人堪称“当惊世界殊”——与发达资本主义国家20世纪二三十年代遭遇生产过剩大危机走向世界大战的规律迥异，方显出“中国特色的社会主义”的比较制度优势。在工业化高增长阶段突然遭遇1997年东亚金融风暴打击而暴露出来的产能过剩压力下，**中国政府断然使用“看得见的手”，大规模启动国债投资于内陆基本建设，主要在于缓解改革以来越来越严重的“三大差别”**①；其直接后果，显然优于被美国媒体称为“奥巴马社会主义”的救市政策：中国政府连续推出的国债投资不仅先后缓解了“区域差别”和“城乡差别”，而且导致**中国经济也派生性地出现从20世纪90年代“外需为主”直接转化为21世纪的“投资拉动”**——国家战略性地以持续大规模投资维持较快增长。同时，中国还以优惠政策力推产业结构调整和科技研发创新，试图把上一个十年纳入全球化初期处在国际分工的

① 中国的“三大差别”是在20世纪80年代以后逐渐显著起来的。主要是指：工业化的沿海与传统资源经济的内陆之间的区域差别；资本集中的城市与要素净流出的乡村之间的城乡差别；中产阶级崛起和“让一部分人先富起来”的政策同时作用下发生的愈益严重的贫富差别。

“微笑曲线”① 底端的尴尬地位甩进太平洋！

诚然，西方与中国尽管存在各种经验差异，并且由此而形成多种理论解释②，但有一个客观上具有普遍意义的、超越任何意识形态解释的事实却无法回避：在遭遇严重经济危机的时候，无论资本主义还是社会主义的政府，都只能使用“看得见的手”通过国家直接干预经济来缓解危机。

20世纪30年代，因成功地应对国内生产过剩大危机和危机引发的“二战”而著称于世、史无前例地连任四届美国总统的罗斯福，就把被世人称道的“罗斯福新政”的实质明确为“新国家主义”。中国自20世纪末遭遇生产过剩以后的战略调整，是可以与此做对比的。

因此，我们要讲的第二个一般性，是把中国的危机及化解危机的办法，从特殊上升到一般。

中国的特殊性在于：“二战”以后，西方的生产过剩大危机及战后的再工业化复苏连带发生的资源环境危机，主要是靠过去半个世纪向外转移产业和局部战争来化解的；而中国今天再次遭遇生产过剩危机时劳动力总量高达8亿以上，并将持续10~20年！在世所罕见的就业压力之下，中国人实在难以照搬西方制度经验，遂使生产过剩和就业压力等**内生性制度成本只能“内部化”缓解**。国内可持续发展的空间除了因内生性原因趋于逼仄，还得在难以构建国际话语权的条件下，更多地承载主导国家虚拟资本扩张、金融泡沫化危机甩出来的巨大

---

① 如果用“微笑曲线”来表示整条产业链的附加值分布，则左端研发、右端营销几乎占产业全部附加值的80%，而中间的加工制造环节附加值最低，整条线如同一张笑脸。中国相当多的加工贸易型生产就处于“微笑曲线”的底端。

② 2014年8月，美国总统奥巴马在和《纽约时报》专栏作家弗里德曼对话时，指称：中国搭便车30年了！其后，各路媒体对此进行了反驳和质疑，但反对的方面也并不否认美国金融资本流动助推了中国产业扩张。

代价。

这也是近年来中国强调生态文明战略的内因之一。只有在生态文明理念的指导下，我们才能把视野拓展到西方经验之外，在“山重水复疑无路”之中，寻找“柳暗花明又一村”。

以此，对苏州工业园区的经验研究，也就有了服务于中国构建经济社会可持续战略的价值。

如果我们想要回答，苏州工业园区何以能够连续多年在国家级开发区的综合排名中荣居榜眼（仅次于天津大港开发区），则不仅要看到，坐拥区位优势、怀抱文化遗脉的苏南地区，在过去的 20 年中借势国家对外开放战略之天时地利，获得了“一江春水向东流”之巨大制度收益，就是举足轻重的一个原因；还要注意到，园区能超越长江三角洲其他地区，除了中新双边工作理事会和园区管委会全体同仁的卓越努力与创新之外，另有一个秘诀，即园区自中新两国协商合作伊始，每一个发展阶段的重要转变，都与国际、国内宏观经济的重大变化之下中央政府积极使用“看得见的手”和地方政府因地制宜的本土制度创新紧密相关。

“花开花落，云卷云舒”，中华传统文人的闲适情调，不期然成为当代世界风云大格局的真实写照，上至大小国家，下至升斗庶民，都被深深地卷入周期性的萧条—繁荣之中，**坐落在苏州的这个新加坡工业园区也不例外。但其最显著的与众不同，乃在于：20 年中遭遇的三次危机，都被改写成“机大于危”**。

中国人特别需要坚持的，应该是在“不断证伪”的过程中逐步接近客观真理的科学精神。课题组在这次梳理园区 20 年经验中，自省到此前曾经做过的苏南研究的不足之处：2008 年“华尔街金融海啸”及全球大危机以来园区人所走出的发展姿态，似乎是对课题组在之前的研究成果中关于苏南、岭南在全球化大潮中“殊途同归于微笑曲线”之判断的部分证伪。①

园区 20 年的屡次化危为机的新鲜经验吸引着我们，继完成《解读苏南》之后，把目光再度投向姑苏城外这片曾经因鱼肥稻香而堪称天堂、如今却以资本和技术的每平方米国内最高产出著称的地方。我们的任务仍然是要从这些经验总结中把特殊上升为一般。②

二、框架：“三次危机、四个阶段”

回顾苏州的这个中国新加坡工业园区 20 年来的发展经验，如果不拘泥于意识形态，而是认真地从实际过程做总结，可大致归纳为“三次危机、四个阶段”，如图 0-1 所示。

已经发生的这四个阶段，连同作为未来展望的第五个阶段，**核心特征可以归纳为“一二三二一”**：

“一”大优势：第一阶段，依靠中国的“举国体制”与国外投资方谈判，得以“零成本”逆势起步；

“两”强结合：第二阶段，园区的地方政府“强信用”与发达国家的“强资本”相结合，为园区打下高起点基础；

“三”驾马车：第三阶段，凭借国家信用、海外资本和村社理性这“三驾马车”，实现园区发展规模快速扩张；

“两”种创新：第四阶段，通过金融服务创新和政府产业公共服

① 本课题学术顾问所带领的科研团队，历时四载、八易其稿，完成了对苏南改革开放后 30 多年发展经验的解读。

② 课题组作为知识生产者，自觉承担着中国产业“走出去”战略所必需的、非常紧迫的“话语建构”的责任，对园区 20 年经验做这样大框架的归纳，难免挂一漏万；对此，课题组欢迎来自一线亲历者的批评和指教。

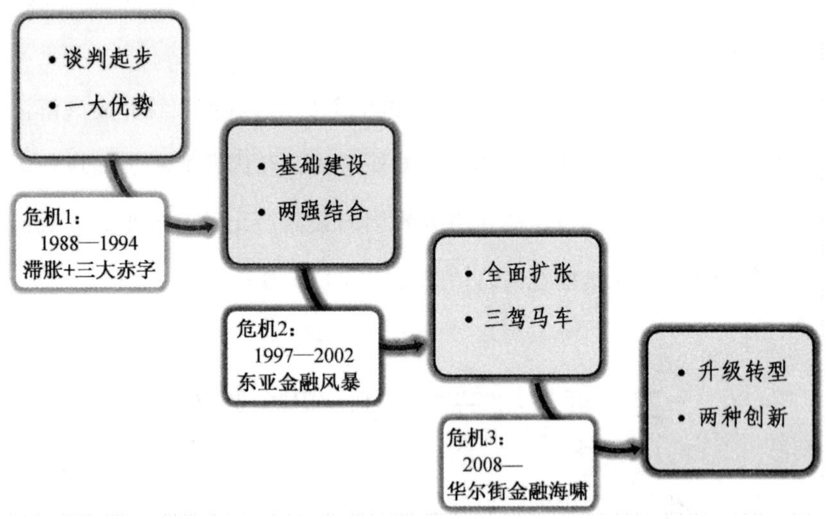

图 0-1　中新工业园区的“三次危机、四个阶段”

注：图中下方的小框是园区 20 年遭遇的三次危机，上方的大框则是与危机相对应的园区发展的四个阶段。

务创新，助推园区内企业技术创新，提升园区整体产业收益率，带动产业升级转型；

“一”个预期：今后应继续借助“举国体制”的比较制度优势。苏州园区若能升华其经验为“一般论”，由此成为具有普遍意义、可资其他发展中国家借鉴的中国“软实力”之重要内涵，则可进一步伴随着中国在产业资本遭遇全面过剩的调整阶段势所必然的“走出去”战略贯彻，积极占有并且利用结构性扩张（并非单一企业、个别行业）所必需的话语建构和基础信用的比较优势；这才算学到了新加坡保持长期竞争力的精髓……

前四个阶段的“一二三二”，需要和国际、国内的宏观形势变化结合起来，才能形成相对完整的叙事。它正好对应着上图小方框中的“三次危机”。

由于起步伊始园区就是与外部世界紧密联系的，因此园区各阶段的发展有着很强的“输入型高涨”与“输入型紧缩”的特征。

1994 年，在全国 1989—1994 年大危机中起步的苏州工业园区，头两年招商成绩斐然。其“坡起”之所以相对顺畅，既受惠于新加坡方面拥有丰富的招商经验和优良的“亲商”口碑，也得益于中国在 1993 年外汇严重赤字的“偿债危机”压力下启动汇率体制改革，人民币大幅贬值与美元利率一降再降相辅相成，吸引着国际资本前来投资。

客观上看，1994—1995 年是苏州工业园区元年，恰好也是美国进一步实行宽松货币政策助推美元资本向外扩张的年份，也是全球化进程中北美形成北美自由贸易区和西欧形成欧盟的区域整合深化中具有标志意义的年份。这一年之后，则是中国 FDI（国际投资）流入全面增加的时期。

但接踵而至的是 1995—1996 年美国 IT 业兴起，HTTP 等网络技术和 IT 设备的重要发明问世，借助美元资本扩张大潮而助推着美国“新经济”和“信息高速公路”，IT 业题材（类似荷兰当年的郁金香题材）促使股市开始繁荣；由此带动的是国际资本从亚洲的“四小龙”和“四小虎”急速回流美国，随之，则是这些幅员相对狭窄的新兴经济体因流动性陡然短缺而爆发了所谓的“东亚金融风暴”。

1997 年春夏之交开始，集中于“加工贸易”发展、难以形成内生性积累能力的东亚经济体，先后发生了数轮金融风暴；虽然金融风暴与坚持“资本控制”（Capital Control）的中国擦肩而过，却随后使**中国因外需突然下降、内需不振而在 1998—2001 年遭遇连续 4 年的通货紧缩（Deflation）**。

不过，这个时期对于处在第二个发展阶段的园区而言，仍然是“危中有机”。

其中，有两个因素需要提出。其一，1999 年起，凭借多年“政企协同”努力而在全球 IT 产业第二梯队获得一席之地的台湾地区，因幅员过于狭窄、难以消纳劳动力和环境等成本上涨压力，而开始了在中国大陆沿海的 IT 产业投资高潮，借以扩大 IT 产业集成和模块化生产基地。其二，就在这个因东亚金融风暴而导致国家一系列重大战略调整时期，苏州工业园区也出现了新加坡出让股权的结构变化——这个危中之机的收益在几年之后才变得明朗，因为，相比于几年之后的土地和资产价格大幅度上涨，这次股权转让可谓得到了一次“抄底”的机会。

第三阶段始于 2001 年。2001 年，中国大陆与中国台湾在同一个半天完成签署“入世”（加入 WTO）文件的仪式。恰逢美国一度被热评的所谓“新经济”遭遇 IT 股市泡沫崩盘，国际游资反过来又大规模涌向已经进入复苏阶段的亚太发展中国家；同时，欧美日韩和中国台湾地区的实体企业为寻找要素的价格低谷进行产业的全球布局，这就客观上成为助推中国 2003 年以来的宏观过热的外部因素。

其间，由于这些跨国投资企业的海外汇回收益越来越成为其本国国内资本市场的优秀“题材”，因此承接产业转移的东道国的实体部门和投资来源国的资本市场的关系越来越紧密。其中，尤以中美形成的被称为“G-2”的战略合作关系令世人瞩目。

这个时期的国际形势变化，对处于第三个发展阶段的园区来说，自然机会多多；而且，更大的机会收益在于，此前园区虽然受到东亚金融危机导致的外需下降和外资延缓进入的负面影响，但**客观上却利用了通货紧缩期间资产价格相对下降的机会，与国家开发银行进行战略协作，展开大规模基础设施建设，**由此使其土地升值收益在 2003 年开始的经济景气周期变现！

其中，最值得课题组研究、并且值得国内外研究者了解的是：园区“化危为机”的手段虽然有所不同，但若从其实际效果看，却与十年前园区的“逆势而起”几乎属于性质相同的发展经验——都可归纳为，借助国家为实际后台的强信用和宏观经济的高涨形势，实现自身快速的发展扩张；不同点在于，中方主导开发建设之后，园区延续了苏南“强政府”能力的制度特征，将其与苏南传统的“村社理性”相结合，大幅降低园区开发建设的现金流压力，从而将园区发展的实质，由起步之际的“两强结合”改为更大规模扩展之时的“三驾马车”。

接下来园区进入第四阶段。

众所周知的是，2007 年美国房地产业泡沫化造成的“次贷危机”，随后势所必然地演变为 2008 年华尔街金融危机，并引发了 2009 年全球经济危机。

鲜为人知的是，在 21 世纪的金融资本全球化大趋势之中发生在美国的这种很典型的危机“三级跳”，中国同样未能幸免。①

一方面，海外市场需求下降，中国外向型经济被迫进行调整转型；同期发生的是**国内版的“金融资本对于产业资本的异化”，金融业的资金过剩、实体产业的衰败及投机领域的非理性繁荣同台上演**。同期，在中国人民币升值预期下，国外资金绕道中国香港再来中国大陆投资，加剧了金融资本与产业资本“冰火两重天”的矛盾与对立。

然而，还有另一方面：不论东西方国家在遭遇经济危机时只能通过国家直接干预才能缓解困境的普遍经验，在中国得以重演——中央

---

① 在主流意识形态之中，中国的这个时期仍处于“黄金十年”当中，并且确实有 GDP 连续高增长的数据支持。直到 2014 年 5 月，习近平在河南考察时首次提出“新常态”概念，随后在 11 月 APEC（亚太经合组织）工商领导人峰会开幕式主旨演讲中对中国经济新常态进行了全面阐述和解读。

政府使用“看得见的手”的确有大手笔——不仅因2008年危机爆发当年的4万亿元国债大规模投资于基础设施、农村地区和民生领域，而且此前已经有10万亿元以上的国家战略为主导的基本建设和社会建设投资。从而使中国经济也发生了数万企业倒闭、数千万打工者失业的危机现象，但仅“危机”了一个季度，在2009年当年就走出“V”形反弹。由此，才在西方金融资本阶段的新自由主义主导的世界经济危机迭起之中“一枝独秀”！

作为不愿邯郸学步、唯愿实事求是地立足本土经验研究的知识生产者，我们能够看到，本轮危机发生后国内金融资本的析出，叠加国外金融资本的流入，正好成为苏州工业园区“服务业翻番”的宏观基础；国内大部分地区房地产作为投机领域的过热而对实体产业形成的“挤出效应”，也正好成为园区通过产业公共服务创新引导产业升级、技术跨越的机遇。

在第三次危机后的第四阶段，如果说园区对于“举国体制”仍然有制度经济学概念中的“路径依赖”作用，则主要是土地资源稀缺的园区主动与国家推动产业结构优化调整、鼓励科技研发自主创新的战略相结合，得到了国家产业扶持方面的各种政策支持。

三、结语

这20年，面临全球化的“惊涛拍岸”，大多数国家都主动或被动地配合发生着适应资本自由流入和退出的制度变迁；无论高收入国家还是中低收入的发展中国家的政府部门，都在唱着“同一首歌”——亲资本。20世纪90年代以来，有关外资的政策法规调整中，80%以上是更倾向于对外国直接投资有利的。

同样值得我们了解的一个伴生的意识形态现象是，在上述产业资本向金融资本的结构转型而派生的相应制度变迁中，无论是发达国家还是发展中国家的知识资本集团也在唱着“同一首歌”：与金融资本加快全球流动性获利的诉求相符的新极化思潮。

然而，在园区经验研究中我们感到，只要认认真真地调研和思考，那么，从客观经验中提炼出不同于那种西方中心主义的政治理论和经济学说既定规律的规律，不仅是可能的、应当的，对于下一步的实践来说，也是必要的、紧迫的。

21 世纪很快进入第二个十年。在国内生产过剩造成的过度竞争压力下，中国实体产业毫无疑问会越来越多地走出去；但他们不可能如先发工业化国家早期那样以国家强权作为支撑，且会被以金融资本为主的发达国家的话语权所反制。因此，展望下一个阶段，已经在国际市场上有着良好信用的苏州工业园区，或将在全面总结 20 年发展经验的基础上，在承担新的国家战略中大有作为。

董筱丹

2015 年 4 月 13 日

目录

第一章

一个优势：1988—1994年大危机与“举国体制”下的园区起步

如果把 1988—1994 年发生在中国的大危机与 60 年前发生在西方的 1929—1933 年的大危机做客观对比，应该能出一本很有比较研究价值的学术著作。当然，我们得注意二者的意识形态差别；但还是应该坚持科学客观的研究态度，把 1988—1989 年爆发的滞胀、1990—1991 年的萧条和 1992 年的复苏、1993—1994 年进入高涨的同时再次诱发高通胀的客观过程，看作一个比较典型的危机周期，来做周期性波动的因素分析。

诚然，无论政策界当时如何做出不同解释性的描述，无论理论界后来如何做出不同意识形态化的分析，这个经济危机周期的规律性变化过程，事实上非常符合政治经济学的经典论述；认真地做好“去意识形态化”的客观归纳，本来就具有中国经验与全球话语建构有机结合的普遍意义。

这也是本书把成立于 1994 年的中新苏州工业园区的研究始点，上溯至 1988—1989 年的原因——终结了“热火朝天的 20 世纪 80 年代”的这最后两年，无论如何也回避不开的一个词，那就是“危机”。所有了解苏州工业园区早期创办历史的人都清楚，如果不是这场国内经济危机演化为政治风波、旋即发生美国主导的西方“制裁”，就不会有后来苏州工业园区作为“国与国合作”的产物而诞生，它的全称是“中国—新加坡苏州工业园区”；如果不是当年严重的经济、政治、外交危机，可能至今中国也找不到哪块土地上因为承载着沉甸甸的国家使命而一度进行着几乎不受行政级别限制的国家制度创新试验。

我们在 2013 年发表的研究成果中指出，1993 年经济过热，不仅造成财政、外汇、金融三大赤字同步爆发，而且引发 1994 年 CPI（消费者物价指数）年度增长率超过 24%，形成改革以来最高通货膨胀。中央政府不仅随即在发生赤字的这三大领域启动了大刀阔斧的改革，并且势所必然地加强宏观紧缩，出台了包括严格控制基本建设、拧紧外汇和信贷“龙头”等关键措施在内的调控政策。①

就在这个全面紧缩的时候，苏州工业园区却能够逆势而上，明显得益于中央政府在特殊压力下的特殊政策——

在 1989 年之后，中国遭遇以美国为首的西方制裁，可称为继第一次封锁中国（1950—1971 年）之后的第二次封锁（1989—1993 年）。

就在美国带着 20 多个西方国家封锁中国，尤其是停掉了几乎所有中国经济发展领域的海外投资、造成外资减少了 75%的严峻时期（与生存和“转轨”相关的投资未停），新加坡与中国建立了外交关系。

此时，新加坡对苏州工业园区的投资，对中国在西方封锁欲罢不能之际，具有重大战略意义。

由是，而使坐落在苏州的中国—新加坡工业园区建设上升为国家战略！

---

① 温铁军等：《八次危机：中国的真实经验 1949—2009》，东方出版社 2013 年版。

也就是说，与新加坡合作的苏州工业园区能够在一片经济危机的逆境之中突起，必有前提；而随后内外结合的强强联合更是配合了这种“举国体制”。

一、危机！起点！

经济危机是人类进入资本主义文明阶段的一般内生性规律，传统政治经济学对此早有论断。中国人同样难以自外于这个一般规律。

在新中国近 60 年的工业化进程中，这个规律表现在图 1-1 上。

通过阅读图 1-1 中的数据，可以对国家“一五”计划以来半个多世纪中国工业化的周期性经济波动有直观的了解。其中，虚线圈出来的 1988—1994 年的周期性波动，就是苏州工业园区创建时的宏观背景。

1988 年，中国爆发了改革开放以来第一次“滞胀”危机——政治经济学教科书指称的“通货膨胀+生产停滞”型经济危机——从宏观经济指标来看，1988 年通货膨胀率高达 18.5%，属于典型的物价上涨、通货膨胀危机；随即，1989 年经济增长速度下降到 4.1%，1990 年则进一步下降到 3.8%，沉入典型的萧条阶段……

物价指数陡然攀升与官倒公司囤积居奇构成恶性循环，诱发社会普遍不满，中下层市民受损严重。与冷战中的大多数不同于西方制度的国家的遭遇几乎相同，随之而来的是西方的制裁——1989 年 6 月 5 日，美国总统布什宣布对中国进行制裁，不仅中美两国关系急剧恶化，西方各国政府也纷纷宣布制裁中国；随即，全球掀起阵阵反华浪潮，当时占据西方控制的国际舆论阵地的、伴随封锁制裁甚嚣尘上的是“中国崩溃论”。按照前外长钱其琛的回忆，那是他担任外长 10 年期间，中国外交所经历的最艰难的时期（见专栏 1）。

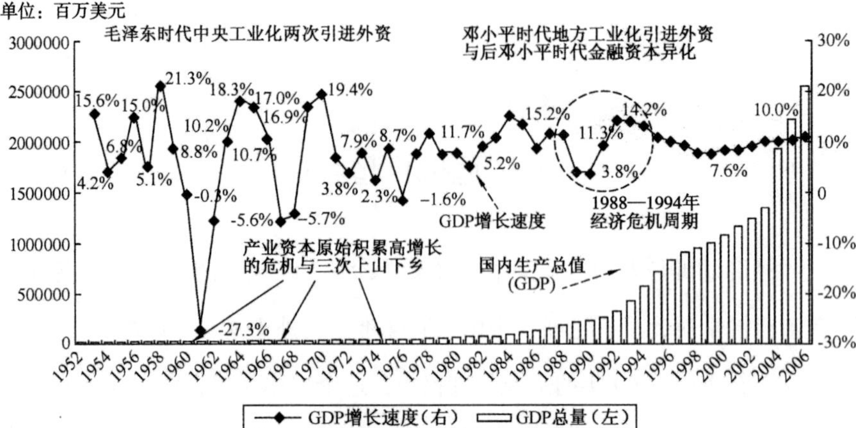

图 1-1　1952—2006 年中国宏观经济增长与波动①

专栏 1

1989 年西方对中国的制裁及其影响

1989 年 6 月 5 日，美国总统布什即发表声明，对中国局势进行指责，并宣布采取暂停中美政府间一切军售和商业性武器出口、暂停中美两国军事领导人之间的互访、重新研究中国留美学生要延长逗留时间的请求等五项制裁措施。

① 本图来自温铁军团队出版的著作《八次危机：中国的真实经验 1949—2009》。该书是多个国家级课题的研究成果，第一版一年之内印刷 5 次，联合国系统驻华协调员及开发计划署驻华代表罗黛琳不仅为该书作序，还资助该书翻译和用于发展中国家分享中国经验的培训和交流。该书被《经济参考报》评为“流过我的思想的你的智慧——2012 年最值得阅读的 10 本财经图书”、被经济参考网评为“2012 最有影响力的 10 本书”、被中国书刊发行业协会评为“2012—2013 年度全行业优秀畅销书”；2014 年 5 月在中国最大财经门户网站和讯网主办的“和讯华文财经图书大奖”活动中网络投票评选为“2013 年度十大财经图书”。该书繁体字版已经由香港中华书局出版，且被翻译为多国语言，在海外出版。以此书为题的英文课已列入英国普利茅茨大学舒马赫学院研究生课程。

随后，美国又采取了一系列举动：美国国务卿贝克致函美国司法部部长，建议“准许”所有旅居美国的中国公民在其签证到期后继续留在美国，而不改变其身份；美国国务院责成驻中国使馆和总领事馆放宽对去美国的中国公民的签证限制；美国国防部要求格鲁曼飞机公司驱逐在该公司工作的 40 名中国工程技术人员，中断了中美双方签署的一项改良中国战斗机的 5 亿美元的合同，等等。

6 月 20 日，美国白宫发言人又宣布布什采取的新制裁措施，包括暂停同中国一切高级政府官员互访，**美国将力求推迟考虑国际金融机构向中国提供新的贷款**。

6 月 29 日和 7 月 4 日，美国国会众议院和参议院先后通过制裁中国的修正案，提出一系列对中国的制裁措施。

7 月 14 日至 16 日，在参加西方七国首脑会议期间，美国政府策划会议发表政治宣言，宣称要**中止对华高层政治接触，延缓世界银行的贷款，取消对华贸易的最惠国待遇**。至此，对华制裁达到高潮。

除了美国之外，先后有 20 多个发达国家参与了对中国的制裁。

欧共体国家宣布禁止对华销售武器，推迟新的官方出口信贷和经济开发项目。

日本政府停止了两国之间部长级以上的高层往来和一些合作项目，推迟原定于秋季开始的第三批日元贷款谈判。

一些受美国影响的国际组织也采取了相应行动。世界银行停止了向中国提供 7.8 亿美元的贷款，关贸总协定表示该组织已无限期推迟有关中国申请加入的讨论。

经济制裁给中国经济发展造成了巨大障碍。

中国在世界市场上获得中长期贷款的渠道被关闭，来华外国投资减少 75%。据对外经济贸易部 1989 年 10 月公布的数据，自美国对中国实施经济制裁以来，约有100亿美元的贷款被搁置。资金不足导致相关建设项目进展受阻。

同时，由于海外订单的大幅取消，中国国内面向国际市场生产的产品大量积压。国家统计局的统计年报显示，国民生产总值增长率由1988年的11%下降为1989年的3.9%；进出口增长率由1988年的38%下降为1989年的8.6%，1990年为3.3%；外商直接投资增长率从1988年的13.1%下降到1989年的6.2%，1990年为2.8%。

外交工作遭遇严峻挑战，中国面临被排除在国际社会之外的危险。

在中国政府全面积极恢复外交关系的努力下，中日关系率先取得改善。1991年8月，日本首相海部俊树访华，标志着中日关系全面恢复正常。之后，中英、中意关系实现正常化。1992年年初，中国和西欧国家关系恢复，“笼罩在双方上空的阴云已经散去”，是年绝大多数西方国家基本取消对中国的制裁。**与对华制裁中的最重要国家——美国改善关系的努力直到1993年才告一段落**：1990年8月海湾危机爆发，中美关系才开始走出僵局；直到1992年2月美国宣布落实上年11月国务卿贝克访华时与中国达成的谅解和协议，美国的对华制裁才开始打破；**1993年11月江泽民出席在西雅图举行的亚太经合组织第一次领导人非正式会议期间与克林顿进行会晤，成为“4年来中美之间最具有意义的一次接触”**。

资料来源：刘志辉：《中共领导人成功应对西方制裁的外交战略与政治智慧》，人民网，2014年5月4日；刘志辉：《1989—1992：中共领导人成功应对西方制裁的外交战略与政治智慧》，中国共产党新闻网，2014年5月4日。

在这样的环境下，1990年中国和新加坡两国政府建立外交关系，

对于正处于外交困境中的中国来说，是一件重要的大事。

同年与中国恢复或建立外交关系的国家有5个：印度尼西亚、新加坡、沙特阿拉伯、纳米比亚、马绍尔群岛共和国，除了新加坡之外，其他都是缺少投资能力的发展中国家。新加坡出于本国经济结构调整和地理空间布局优化而与中国进行深入经济合作的客观需求，与中国打破外交封锁的努力一拍即合（见专栏2）。

专栏2

中国与新加坡的建交过程

新加坡将近75%的人口是华人，一直以来与中国有着紧密的联系。

早在1965年8月9日新加坡共和国独立时，中国领导人就希望与新加坡建立外交关系。根据毛泽东在20世纪60年代“一条线和一个面”的战略思想，打开与新加坡交往的局面，对当时中国团结东南亚国家、共同遏制苏联在该区域的势力扩张起到重要作用①。但由于当时国际局势和周边环境因素的影响，两国未能建交。

1973年印支战争结束时，东南亚局势发生了重大变化，中国与美国、日本的关系已经改善。中国与东盟之间的睦邻友好合作也开始启动，先后与马来西亚、菲律宾、泰国建立正常的外交关系。但由于中国当时与印尼的关系仍不正常，新加坡希望中国同印尼复交后，再同中国正式建交。

1976年，时任新加坡总理李光耀应中国邀请，率领友好代表团来华访问，这是新加坡领袖第一次访问中国，受到中国的热烈欢迎。中

① 傅高义：《邓小平时代》，生活·读书·新知三联书店2013年版，第284—288页。

新双方在会谈中达成了努力发展经贸合作关系的共识，但也认为双方建交的时机并不成熟。①

1978 年 11 月 12 日，邓小平为在东南亚寻找盟友，第一次访问新加坡。当时新加坡已经取得了快速发展，外贸伙伴以日本、美国、马来西亚和欧盟为主，对华贸易仅占总贸易量的 1.8%。在邓小平访问新加坡之前，中国媒体对新加坡多负面报道，但邓小平访问新加坡几周之后，取而代之的描述是，新加坡是一个环保、公屋建设和旅游方面都值得学习的地方。②

随着新加坡民间访华人数的增加，中新贸易迅速增长，新加坡成为中国除香港地区之外的最大转口贸易站。1979 年 12 月 29 日，两国政府在北京签订了贸易协定。1980 年 6 月 14 日，两国在北京签署协议，以执行贸易协定的名义，互设有使馆主要功能和外交地位的商务代表处。次年 9 月，两国商务代表处正式开馆。商务代表处虽然不是正式外交机构，但两国政府确定工作人员享受外交特权，可以办理签证业务。这使新加坡既满足了建立官方联系渠道的需要，又恪守了在印尼之后与中国建交的诺言。

1980 年、1985 年和 1988 年李光耀三次访华，邓小平和其他领导人都亲切会见。之后，李光耀到中国许多省、市考察，来访不下 30 次，亲眼看到中国改革开放以来发生的巨大变化，决心加强与中国的经贸合作。20 世纪 80 年代，中国领导人也多次访问新加坡，加强了双边政治关系，也进一步发展了经贸合作。到 1989 年中新两国贸易总额从 1975 年的 2.7 亿美元上升到 32 亿元，新加坡成为中国的第六大贸

① 张青：《中新建交揭秘》，《东南亚纵横》2000 年第 12 期。
② 傅高义：《邓小平时代》，生活·读书·新知三联书店 2013 年版，第 284—288 页。

易伙伴。

1990 年 7 月 3 日，印尼外长阿拉塔斯与中国外长钱其琛签署了联合声明，决定于 8 月 8 日恢复两国外交关系。

由于中国与印尼复交谈判取得成功，新加坡认为新中两国建交的时机已经成熟，希望与中国进行建交谈判。1990 年 7 月 6 日，新加坡政府派外交家、巡回大使许通美先生率团到达北京，与时任中国外交部部长助理徐郭信为团长的中国代表团在钓鱼台国宾馆开始了两国政府建交的第一轮会谈。到 9 月中旬，中新双方经过三次磋商，最终决定以和平共处五项原则和联合国宪章为基础，正式建立大使级外交关系。1990 年 10 月 3 日，中新双方在联合国总部签署了建交联合公报，宣布建立大使级外交关系。这标志着两国关系走向新的时期。

资料来源：根据以下资料编辑整理：张青：《中新建交揭秘》，《东南亚纵横》2000 年第 12 期；刘一斌：《中国与新加坡建交的漫长历程》，《党史博览》2012 年第 10 期；傅高义：《邓小平时代》，生活 · 读书 · 新知三联书店 2013 年版，第 284—288 页。山东省商务厅网站：《新加坡概况》，2014 年 8 月 25 日，见 http://www.shandongbusiness.gov.cn/index/content/sid/261848.html。

作为中新经济合作载体的工业园区建设，对遭到西方制裁的中国而言，本质上属于政治型的经济开发区，承载的使命于双方来说都是攸关国家战略的。

就具体的地缘政治来说，在整个东盟中，新加坡和中国的关系相对来说比较稳定，渊源比较深，和这样一个属于西方阵营的华人国家建立战略合作关系，既是为了突破西方封锁的政治任务，亦可借机向国际社会展示与中国的合作空间和前景，增加中国作为合作者和投资东道国的吸引力。

对于新加坡而言，与中国合作建立工业开发区是落实新加坡 21 世纪几大重要发展战略的第一步，唯其成功才能继续顺利实施战略转型的其他方面。①

双方可谓一拍即合……

转眼到了 1994 年，中新苏州工业园区正式成立的时候，西方的封锁已经在很大程度上弱化，但成立园区对于中国来说仍然在宏观层次上具有重要的政治和经济意义。因为，中国在 1992—1994 年发生了符合周期性经济危机一般规律的“复苏和高涨”。

不过，中国当时的客观情况与一般规律的不同之处也需要指出。

一方面，中国在 1989 年危机爆发的同时，祸不单行地遭遇西方封

---

① 21 世纪初，新加坡政府公布了其“战略性经济计划”，“区域工业园区”是其中的关键部分。“战略性经济计划”是一项包含广泛的战略计划，其目的是充分利用亚太地区的经济机遇。这一计划的一方面是鼓励新加坡的私有及与政府相关的企业在这一区域扩张建厂，另一方面是新加坡政府将在这一区域投资，目的是创造经济效益并最终补充新加坡国内的经济，后一方面包括区域工业园区计划和区域投资计划。区域工业园区计划包括开发和管理战略上位于亚太地区的独立的工业园区，新加坡政府能够向位于这些工业园区的跨国工业企业提供高质量的工业基础设施及管理模式，并以此作为参与竞争的关键要素，而这些要素还包括本地所能提供的劳动力、原材料和土地成本等。对于新加坡政府来说，设立工业园区的目的是通过向跨国公司出售工业园区某个单位的所有权及其管理权来创造经济效益，而这最终将很好地补充新加坡国内的经济。从这种意义上来讲，新加坡政府不再注重创造就业机会及技术转让所能带来的利润，他们已经在区域市场找到了合适的机会并制定出能够令其从中获利的战略。

如果说 20 世纪 70—80 年代新加坡以吸引外资发展国内经济为首要重点的话，那么在 20 世纪 90 年代，大力扩展对外投资，积极发展海外经济，已成为新加坡经济发展的战略方向。新加坡海外发展的目标是，在 20 年内使在海外的经济规模达到国内生产总值的 25.30%，从而建立一个强大的外层经济力量，造就一个全新的新加坡。新加坡海外发展的重点主要集中在中国、印度、印度尼西亚、马来西亚、越南、泰国、菲律宾、缅甸等八个亚洲国家。

资料来源：刘云：《中国工业园区发展策略及对策研究——基于新加坡与苏州工业园区的视角》，硕士学位论文，对外经济贸易大学，2007 年。

锁。可以与这个情况做对比的是：一般发展中国家在封锁压力下要么“卷旗缴枪”、放弃主权国家的政治独立性；要么堕入内外债务爆发、国民经济摧毁的“发展陷阱”。

另一方面，中国在西方制裁压力下反弹琵琶的情况，也许比其他发展中国家更激进些。在 1992 年邓小平南方谈话的作用下，出现了符合著名的“三点论”——“胆子再大一点，思想再解放一点，步子再快一点”的全国一片大办开发区热，地方政府纷纷自行其是，很快就上马了 4000 多个开发区，这些开发区基本都是以吸纳海外低层次的加工贸易为主要方式，国内配套进行土木建设，导致国内资金供给相对于不断升温的投资需求来说严重短缺，必然使得国内资金市场的实际利率大幅度上升。另外，相比于不断涌入投资领域的资金，国内的实物产品供给瓶颈突出，从建材的生产制造到公路铁路运输出现全线紧张，对于物资品的投资性和投机性抢购，导致了中国 1994 年全年通货膨胀率高达 24.1%。

为了抑制经济过热和预防挤兑，分管金融的主要领导决定于同年 4 月 21 日调整贷款利率，半年内短期贷款利率为 8.64%，五年期长期贷款利率为 9.72%，这虽然已经很高，但相比月息 2 分以上的民间借贷利率而言，**意味着无论是谁，如能获取银行官方公布利率的贷款，就能得到近 15 个百分点的“深度负利率”的巨大收益**！这不仅造成资源环境破坏、乱占耕地，而且导致社会上官倒横行、派生恶性腐败。那个时期，用“制度败坏、民怨沸腾”这八个字来概括毫不为过。据后来对这个现象做过分析的国务院发展研究中心吴敬琏先生测算，仅银行系统每年就至少有 3000 亿元此类收益，事实上成为腐败的温床。

此外，1992 年中共十四大提出“全面建设社会主义市场经济”，一方面，向全世界宣布了中国经济体制改革的市场导向，瓦解了西方经济上封锁中国的法理依据——仍然依赖实体产业出口的日本和欧洲就是在1992年逐步放弃了对中国的经济封锁；另一方面，也**客观上给了地方政府以市场化改革为名、突破中央政府所拥有的财政、金融、税收、外汇等宏观经济领域的制度约束的机会**。那时候，各地基层干部们流传的“段子”体现的都是唯GDP增长论英雄：“见了红灯绕着走……”“撑死胆大的，饿死胆小的”等，造成了当时在沿海地区乃至村一级都在办开发区的特殊的“政治经济”因素。

灼人热浪传导至外贸领域，致使中国在投资和进口过热的1993年出现了严重的外贸逆差——各地由于国内原材物料市场供给紧张而转向从海外进口，遂使承担总量结算的国家外汇储备严重短缺，黑市汇率一度几近两倍于官方汇率（见图1-2、图1-3）。

1994年1月1日启动的人民币汇率体制市场化改革，提出由市场决定人民币汇率水平，官方汇率价格与国际外汇市场价格对接，从而将人民币汇率由1∶5.64（年平均汇率为5.76）一次性贬值到1∶8.62（后来调到8.27），其实是在**外汇支付发生严重危机的条件下，对于非正规汇率市场的价格水平的被迫承认**——与其让黑市在外汇倒手中大获其利，不如正式承认以提高实体部门的出口竞争力。有点讽刺意味

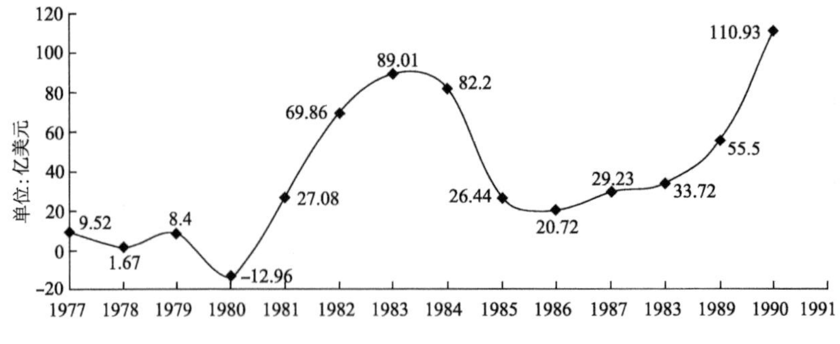

图1-2　1977—1991年中国外汇储备变化趋势

资料来源：中国统计年鉴2007。

的是，从 1994 年到 2005 年，人民币在外汇市场上的价格在 11 年中只被市场决定了这一次（见图 1-4）。

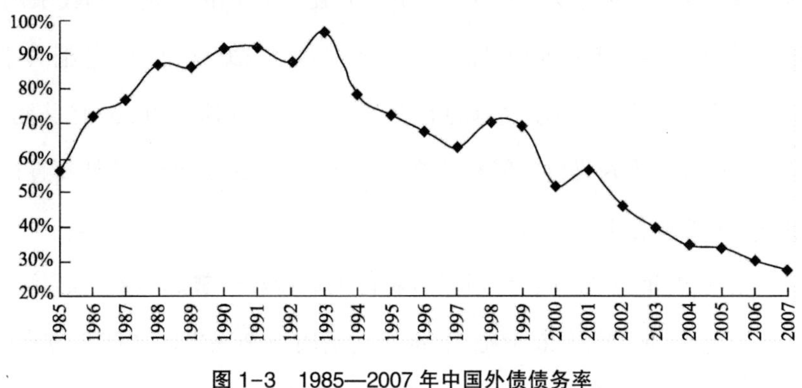

图 1-3　1985—2007 年中国外债债务率

资料来源：中国统计年鉴 2007。

注：债务率是外债余额与出口收入的比率，在债务国没有外汇储备或不考虑外汇储备时，这是一个衡量外债负担和外债风险的主要指标。

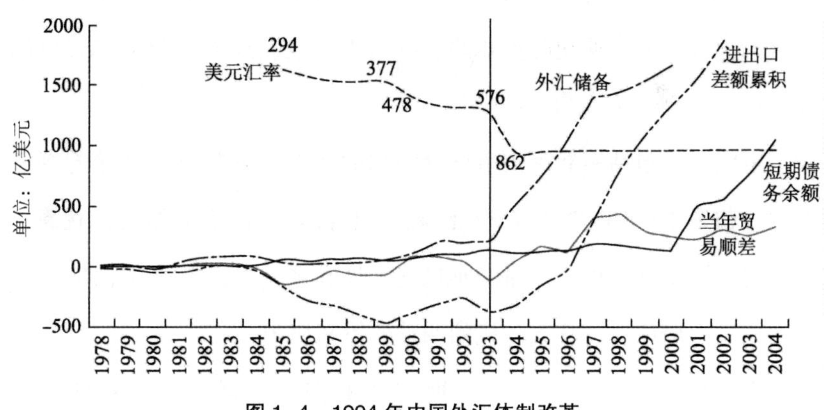

图 1-4　1994 年中国外汇体制改革

资料来源：中国统计年鉴 2007。

这个当口上，苏州工业园区项目巨大的外汇获得能力虽然还是潜在的，但对于赤字已经严重到“偿债危机”地步的国家外汇储备而言，理所当然至关重要。

根据规划，这个70平方公里的项目区最终目标是建成一座可容纳60万人口的园区，**预计建成后吸引外资总量可达200亿美元，这在当时看来，绝对是一个天文数字**！须知：1978年中国的外汇余额仅1.67亿美元，到1993年年底中国的外汇储备总额才220亿美元，外汇头寸极度紧张——当年贸易逆差120亿美元，长短期外债余额200亿美元，还不算以往年度未支付的贸易逆差。1994年流入中国的全部外商直接投资只有200亿美元左右……

正如20世纪70年代后期苏南农村工业曾经逆势起步的主因是国家急需外汇——因为20世纪70年代先是周恩来提出的“四三方案”（引进43亿美元国外设备）和后来华国锋等领导集体提出的“八二方案”（引进82亿美元外资设备）的两次大规模引进西方设备，共同造成中国当时外汇严重短缺的偿债危机，所以，中央在赤字显著增加的1979年做出对应调整，对任何能够创汇的地区都给予特殊政策，这不仅成为地方发展工业化的重要的制度条件，也被后人解读为“开放倒逼改革”。

事实上，**包括引起后人争抢发明权的所谓“双轨制”政策的提法在内，都是1979年中央政府已经确定执行的对创汇地区的特殊优惠**。

包括沿海地区的“一部分地区先发展起来”，也和20世纪70年代末的中央政府应对那场大危机的调整政策密切相关。

客观规律使然：上一轮周期完成的同时，就是下一轮周期的开始……

因此，苏州工业园区的成立和运行，从一开始就因“危机破局”的使命而挟带着巨大的政治和经济威力，这种政治性的任务背景使得苏州工业园区有着优越的制度资本，遂能在当时的体制环境中以极大的突破性，引进、开创和实施各种创新性政策和措施。

同理，苏州新加坡工业园区起步时根本绕不开的“原始积累”，也和 1993—1994 年的大危机有关。

二、“逆势而上”不易，“成本趋零”更难

历史上任何国家，**无论何种体制、何种意识形态，其工业化都不可逾越的一个阶段是资本原始积累；以什么方式完成，乃是派生的问题**。并且由此决定了制度结构及后续制度变迁的路径依赖。

亦即，人类处在资本主义历史时期形成的**所谓制度，并非主要取决于具有特殊性条件下的主观人为因素**；而只能是派生于工业化原始积累初期的一定资源禀赋约束条件下的不同要素根据稀缺程度的客观结构变化。①

苏州工业园区也不例外。只是，受命于危难之际，赋予了它非同寻常的资本原始积累方式，并深深地影响了其后的制度变迁。

（一）“逆势而上”的园区起步

1994 年，中国和新加坡共同成立中新苏州工业园区开发有限公司，注册资本 5000 万美元，中方占比 35%，新方占比 65%。根据 1994 年对外经济合作部下发的《关于设立中外合资苏州工业园区开发有限公司的批复》，**双方均以现汇出资，第一期至少为各自认缴出资额的 30%，须在合资公司营业执照签发 3 个月内出足**；1 个月内缴清出资额的 10%，其余 1 年内出足。合资公司可在园区内进行成片土地开发与经营，合营期限为 30 年。

---

① 温铁军：《“三农”问题与制度变迁》，中国经济出版社 2009 年版。

今人读这段看上去枯燥乏味的文字时，可能不大会同时想到：**20世纪90年代初期中国遭遇西方封锁造成的代价，若从1994年对外债务比值过大的事实看，则已经属于发展中国家堕入“发展陷阱”之中的一般规律。**①

查阅统计数据可知：**1994年的中国政府，按照西方财务标准属于“破产”：当年中央加地方的政府财政收入占GDP的比重约12%，而当年外债余额占GDP的比重达14%！**

可用之财捉襟见肘，在中央财政这一层表现得尤其明显。

1993年，中央财政收入占全国财政收入的比重不到20%，在全国国内生产总值中所占的比重不到3%，连基本的公务员工资都不能保障，何况投资？企业也同样囊中羞涩。在当时的中国，**没有哪个单位能轻而易举地拿出5000万美元的35%——1750万美元的资金——作为苏州工业园区的注册资本金。**

“巧妇难为无米之炊”可以很形象地形容当时的情况——可行性研究做了，两国的协约也签了，但在新成立的中新苏州工业园区开发有限公司中，中方资金从何而来，却还是一个没有解决的大难题。

中方的园区工作团队难道真要零成本起步？

资本稀缺的中方，基本没有在国内外资本市场上融资的可能，因此出资过程可谓几经周折。在财政紧缺的情况下，中方的第一笔出资承诺是这样兑现的：

> 最初，新方财团是准备好钱过来的，但是苏州财团拿不出钱来。

---

① 任何今天的正常人随之会提出的问题应该是：中国人到底是怎样挺过来的？靠什么跳出“发展陷阱”的？对此问题的探讨不在本书的研究之列，有兴趣的读者可以参阅《八次危机：中国的真实经验1949—2009》。

当时苏州财团很困难，向市财政借了 100 万元做筹备工作，其余的钱就拿不出来了，市里、省里都没有钱。

这里就体现出苏州人的智慧了。

……老领导吴克铨同志想了一个办法，让我们动员新加坡把钱先打过来，作为土地补偿款，提前开始准备工作。新方也同意了。于是我们在银行设立了一个临时账户，让新方财团把注册资金打过来，再作为土地款转到中方账户上；**由于中方并不需要立即向动迁农民发放补偿款和安置费等费用，就可以利用这个时间差，把这笔钱作为中方财团的出资又打回临时账户，这样中方财团的出资也到位了。**①

以上访谈中讲的这位直接当事人吴克铨同志是园区起步时的中方负责人之一。他的亲身回忆，更加细致地再现了创办时期的艰难，一方面，突出了当时国内从中央到地方财政全线紧张拿不出钱来的困窘局面；另一方面，也凸显了**园区几乎是零成本地“逆势而上”：**

在商务谈判时，我曾表态，**双方投资将同时到位，第一期双方共注册资金 5000 万美元。中方按 35%计算，应投入 1750 万美元。而我手中仅有从财政局借来的 100 万元人民币，而且已经用了大部分。**为了这个项目，省、市领导曾多次向国务院汇报，带回的消息是中央不提供资金支持，特别是在三位副总理同时听取汇报时，朱镕基同志更明确了这层意思。要办，资金自己解决。因此**要向中央要钱是不可能的。省里虽然也支持，要给苏州拨款也是不可能的。**哪里来这笔钱呢？章新胜市长为此很着急，曾指令苏州市属一些大的国有公司参股组成联合公司，作为投资实体。但是资金迟迟不能到位（最后到位不到

① 来源：课题组对当事人的访谈。

20%），银行贷款一时也不能落实。合资公司已上报上级审批，而中方这时连一个外汇账户都没有，按常规也没有条件开户，更谈不上外汇出资。

但天无绝人之路，这时合资公司审批因名称问题搁浅。新方坚决要求名称前冠名“中新”字样，而这要到北京国家工商局去批，时间肯定要推迟。按照新加坡的制度没有合法手续就不能开工建设。我就动员新方总裁，为了不浪费时间，不应该等，因为现在大局已定，两国已签了协议，我们农民拆迁已经开始，所以已具备开工条件。我和他开玩笑说这算是中国的软件，这一点你要学我们。经过再三商谈，他同意了，并提前汇入了第一笔资金。这样，**开工时间比项目批准日期提前了三个月**。当新方资金到位的第三天，中方资金也到位了。这是因为**我们拿到新方到位的资金，第二天就付了土地款，中方就拿这笔资金进入了注册账户**。过程中，人民银行行了方便。总算过了这个难点。①

园区这个“化危为机”的具体过程里，固然包含着新方基于国家合作而形成的“国家信用”而提前给中方打开工款；但**除此之外，还有一层信用关系也需要析分出来**：苏南地方政府因其对辖域内各种资源的强动员能力，历来被称为“强政府”。**其不同于“弱政府”的最大优势，就在于强政府大多能够派生出对基层社会的“强信用”**。

这个认识并非今人的创新。中央政策部门早年的很多调研报告，都研究过20世纪80年代在辽东、胶东、苏南、浙北这四大乡镇企业高增长地区内在发挥作用的“地方政府信用”。只不过后来的把“邯郸学步”作为标准的研究者们不善于引述早期的国内调查研究成果

① 李巨川：《苏州工业园区志1994—2005》，江苏人民出版社2012年版。

罢了。

就在这个关头，**苏州地方政府的“强信用”又在园区的土地拆迁中做了一次变现。**

有关回忆中也提到，**园区第一块开发地块上的农民，在补偿标准还不确定的情况下非常配合地完成了动迁。这个场景并不是哪个国家、哪个地方、哪个时期都可以出现的。**

> 第一批拆的时候，应该说我们连动迁政策都没拿出来，但为了赶1994年5月12日的启动，我们必须整理出来一片土地，在这上面可以做启动的动作。当时，农民如何动迁安置还在调研，在这样的情况下，拆了第一个村，是有点紧张的，他们的区委书记被围到晚上两三点钟。但是，**苏南农民是体验过跟政府和集体走的好处的，对政府和组织有很强的信任感和依赖感。**20世纪90年代，苏南乡镇企业发展较好，农民除从事农业劳动外，大部分在乡镇企业就业，农民收入普遍较高。因此，园区后面的动迁工作基本很顺利，农民在安置政策合理的情况下都很配合动迁。①

只要结合这个访谈内容阅读我们在上卷中关于乡村工业化原始积累的过程分析，就可知道：**如果苏南农民不是在20世纪70年代末开始的以集体经济为主的地方工业化中，得以大致均等地、较长时期地分享到了地方政府和乡村两级集体企业分配到户的“非农收益”，就不会形成对政府和乡村集体的信任。**如果不是出于大多数农民对从基层村级组织到地方政府的信任，怎么会完成这种“先赊后付”式的动迁呢？

---

① 来源：课题组对当事人的访谈。

这种农民群众内生的信任，正是地方的强政府经济才能建立起来的社会信用。遗憾的是，**这种政府与农民之间难能可贵的信用关系，在20世纪90年代后期的大多数农村乡镇企业改制中瓦解殆尽，仅在部分地区仍有作用**。余容后叙。

在用乡土方式暂解燃眉之急以后，**出资难题的破解，还是回落到园区的政治性起点上**。

尽管地方政府先后在市、省两级组建了地方财团——

1993年12月31日，苏州市委组建苏州新加坡工业园区联合发展总公司，苏州财政证券公司、苏州物资集团股份有限公司等10家市属单位参股。

1994年3月31日，苏州新加坡工业园区联合发展总公司与江苏省投资公司成立苏州工业园区投资实业有限公司，组建苏州财团，参与苏州工业园区开发。

但在国有企业和地方财政都严重缺钱的情况下，“市里、省里都拿不出钱来”。时任苏州市市长章新胜曾动员苏州市属企业出资，最终只落实了20%。

最终，中方财团的组建和出资还得由中央政府直接出面动员[①]。

1995年，就在中央明确提出“加强宏观调控”、采取紧缩资金和严控土地占用等措施的时候，唯独园区得以“剑走偏锋”——为适应园区开发建设的需求，1995年中新合资公司的投资总额由1亿美元增加到3亿美元，注册资本相应地从5000万美元增加到1亿美元。

这次，时任国务院副总理李岚清提出吸引国内大公司参与园区开发建设。

---

① 李巨川：《苏州工业园区志1994—2005》，江苏人民出版社2012年版。

1996 年 1 月 21—22 日，苏州工业园区投资实业有限公司（苏州财团）先后与中国粮油进出口总公司、中国远洋运输（集团）总公司等 9 家央企签署《关于共同组建中国苏州工业园区股份有限公司的原则协议书》，2 月 8 日正式签约。至此，中方财团正式成立，正式更名为“中国·苏州工业园区股份有限公司”，共计 7200 万股，每股面值 1 美元，总股本规模为 7200 万美元。苏州工业园区经济发展有限公司（原苏州新加坡工业园区联合发展总公司）2672 万股，占 37.11%；江苏省投资公司 1000 万股，占 13.89%；其余 9 家央企共计 3528 万股，占 49%。1996 年 4 月上旬，7200 万美元注册资金全部到位。

7200 万美元资金中，投资于中新苏州工业园区开发有限公司 3500 万美元，投资于房地产开发项目 2700 万美元，投资于国内外贸易及各种物流业 1000 万美元。

新加坡方面也需要解决资金从哪里来的问题。新方虽然投资额大，但资本运作娴熟、信用良好的新加坡人组建财团、融资增资的过程相对比较顺利。

1993 年 6 月，在时任新加坡内阁资政李光耀的直接过问下，新加坡开始组建新方财团，全称“新加坡—苏州园区开发财团”。9 月底，新方财团在新加坡注册，注册资本 2 亿美元，以吉宝企业有限公司为龙头，共计 19 家股东。之后，韩国三星集团、日本三菱/三井公司分别于 1994 年 11 月 16 日和 1995 年 8 月 27 日加入新方财团。1996 年 1 月 26 日，新加坡经济发展局通过 EDB 投资私人有限公司加入新方财团，是年，荷兰罗丹克也加入进来。新方财团共计 24 家股东成员。

中新双方的股东构成情况见表 1-1。

表 1-1　中新苏州工业园区开发有限公司股东构成

苏州工业园区股份有限公司	新加坡—苏州园区开发财团	
中国粮油食品进出口公司	吉宝企业有限公司	亮阁控股有限公司
中国远洋运输集团总公司	实得力产业有限公司	新加坡置地有限公司
中国化工进出口总公司	新加坡科技工业公司	先得坊产业有限公司
中国华能集团总公司	森昶国际有限公司	城市发展有限公司
中国技术进出口总公司	发展银行置地有限公司	永泰控股有限公司
中国长城工业总公司	韩国三星公司	日本三菱/三井公司
中国节能投资公司	淡马锡控股私人有限公司	胜宝旺船厂
中国中央电视台	美国通用电气公司	KMP 私人有限公司
中国农业银行财务有限公司	新加坡劳工基金国际公司	林增控股有限公司
中国东方信托投资公司	百藤置地私营有限公司	荷兰罗丹克公司
江苏省投资公司	裕廊环境工程私人有限公司	
苏州工业园区经济发展有限公司	新加坡经济发展局投资公司	
苏州市基础设施投资管理有限公司	欣光投资新加坡私人有限公司	
苏州新区经济发展集团总公司	职总合作社苏州投资有限公司	
35%股份（14 个成员）	65%股份（24 个成员）	

资料来源：参见中国科学技术大学商学院案例中心：《活力苏州——中国科学技术大学商学院 MPA 苏州工业园区调研报告集》，中国科学技术大学出版社 2005 年版，第 2—3 页。

作为这里的一句题外话，但必须交代清楚的，是苏州工业园区管委会的一个重要变化。

专栏 3

苏州工业园区管委会的重要转变

1996 年 11 月 27 日，苏州工业园区管委会通过对苏州工业园区建设发展总公司重新注资，注册资本增至 6.2 亿元，将其转变为园区管委会直属的国有企业。1997 年 2 月 21 日，经江苏省政府批准，苏州工业园区经济发展有限公司变更为股份有限公司，并更名为“苏州工业园区经济发展股份有限公司”。在这个股份制改革过程中，公司发行的股份总额为 4.165 亿元，每股面值 1 元，其中苏州工业园区建设发展总公司购入 31403.6 万股，占比 75.4%，成为苏州工业园区经济发展股份有限公司的控股方和投资主体（见表 1-2）。

表 1-2　苏州工业园区经济发展股份有限公司的股本结构

股东成员	持股数额	持股比例
苏州工业园区建设发展总公司	31403.6 万股	75.4%
苏州市营财发展总公司	4165 万股	10%
苏州物资集团股份有限公司	2082.9 万股	5%
苏州市地产开发经营公司	1083 万股	2.6%
苏州市信托投资公司	833 万股	2%
苏州市纺织丝绸轻工工艺品进出口公司	499.8 万股	1.2%
苏州市工业联合投资公司	416.5 万股	1.0%
苏州市对外贸易公司	416.5 万股	1.0%
苏州经济实业总公司	416.5 万股	1.0%
苏州市五矿机械设备医保进出口公司	333.2 万股	0.8%
合　计	41650 万股	100%

资料来源：李巨川：《苏州工业园区志 1994—2005》，江苏人民出版社 2012 年版，第 163 页。

后来的发展过程表明，新加坡方面依靠股份分红来维系资本合作关系，虽然可以凭借自己的良好信用减少投资者的“特定性”风险，但对于“系统性”风险仍然是抵御能力不足。中方财团除了中新苏州工业园区开发有限公司的股东分红之外，还建立了另外一层关系来保证中方财团的“内部团结”——苏州工业园区管委会以地方财政对中方财团的股东单独进行“补贴”。

由于地方财政能力不足，管委会在计算补贴额度时先要做个转换，将股东的美元出资按照 1∶1 的比例换算成人民币出资，再按照约定的投资回报率（10%）来计算分红。亦即，中方财团总股本是 7200 万美元，按 7200 万元人民币 10%的回报率计算，每年应分得的补贴（分红）总额就是 720 万元人民币。但即使如此，当时的苏州工业园区入驻企业尚未形成规模，管委会的财政能力仍然非常有限，补贴来源至今仍是第一代园区人守口如瓶的秘密。时隔 20 年，也许我们可以如实讲出当年的故事，让后人了解第一代园区创业者当年是如何“筚路蓝缕，以启山林”的。

原来补贴中方股东的财政资金来自中新苏州工业园区开发有限公司的 6 名中方高管，当时他们每人每月的工资是 2 万新元，折合人民币 11 万元，但是实际拿到手的工资只有 2500 元，除内部发一点福利以外，其余都被园区地方财政转移给中方财团作为每年的股东分红，一年即可贡献 720 万元人民币。[①]

我们对这段访谈中看似简单的描述做一点简单的计算，就会着实感到其中的“不简单”：

---

① 来源：课题组对当事人的访谈。

园区 6 名中方高管，每月工资 11 万元，合资公司一年下发的工资总额是：

11 万元/人 · 月×6 人×12 月=792 万元；

6 名中方高管的实领工资是每月 2500 元，一年实领的工资总额是：

2500 元/人 · 月×6 人×12 月=18 万元；

合资公司下发工资与其实领工资的差额是：

792 万元−18 万元=774 万元。

这 774 万元就是需要交代清楚的秘密之所在！——除了将少部分用于苏州工业园区管委会内部的中方员工发放福利以外，我们看到，大多数本来支付给中方管理人员的资金变身为股东分红。

究其实质，仍然是中方发挥举国体制对所有资源和收益统筹安排而形成的内部化优势，能够将“要素再定价”——国内人力资本按发达国家的要素市场的价格水平再定价——所得到的收益，在中方内部做一次立足长远的、通盘统筹的分配。①

至此，我们可以大致明白，为什么在那种整个国家全线危机、中央加强宏观紧缩的大背景下，会有苏州工业园区横空出世。

不妨简单归纳如下。

正是因为 1992 年南方谈话强调“三个一点”之后，沿海地区的大办开发区和地方政府自主突破引进中国港台地区中小资本，造成连续两到三年的大规模扩张和势所必然的经济过热，遂又造成财政、外汇、金融三个宏观基本领域的严重赤字，从而中央政府对症下药地推出外

---

① 作者注：其实，2500 元的月工资在当时的中国也已经属于高薪，数倍于当时社会的平均工资水平。换言之，新加坡工业园区并没有获得人力资本在发达国家和发展中国家由于不同价格水平而形成的要素重新定价的收益。

汇“一步并轨”、财政分税制、金融紧缩（但执行中却变成县以下紧缩、全国总量扩张）等三大宏观改革。

就在三大宏观改革推出的同时，出现了极个别案例，苏州的新加坡工业园区就是其中之一，**它所得到的政策优惠十分显著地高于一般的省一级工业开发区的政策优惠**——当时有领导人曾经指出：“我们这个体制最大的好处就是能够集中力量办大事！”这才应该是苏州工业园区第一步发展的特殊条件。

本来嘛，内部差别大、调整空间多，应该是中国这种超大型大国具有比较优势的基本条件。由此，可得到两个本来应该是尽人皆知的、常识性的认识。

其一，任何缺少这种地理空间优势的国家，都难以照搬“集中力量办大事”的中国特色的政治条件下的发展经验；除非有条件推行或加入区域整合。

其二，任何试图改变中国大一统造成的地理空间优势的主张，无论是否符合西方话语体系的“政治正确”，都与维持国家竞争力的普遍需求相悖……

这个国家竞争力，如果非要邯郸学步地套用经济学概念来解释，就可以在中新双方的两种出资方式的比较之中，获得一个有趣的发现：**中国和新加坡这两个处于不同发展阶段的国家，在出资方式上竟然殊途同归：都是诉诸信用。**

所不同的是，新方因占有重要地缘战略地位而属于西方冷战阵营前沿国家，可以到国际市场上按照西方确立的国际市场通行的规则获得信用支持。在大多数人看来，这个情况顺理成章。而对不属于西方阵营、尚处于资本短缺阶段的中方而言，则须**另辟蹊径才能理解。因为，中方是用政府对内的公信力形成对通常企业为主体的市场信用的**

“替代”，从而解决了一般原始积累初期都遭遇的“绝对稀缺”的资本要素从哪里来的问题。

新中双方的条件差别，造成获取信用的不同方式，值得后来者认真考量。这种能够成为既成事实的**“信用替代”，也应该是中国特有的比较制度优势**。个中机制，读者可以在后文中看到更多的故事。

中国农村改革试验区大约在同期也在执行着一笔同样规模的国际贷款项目。1987 年，世界银行给了以中国农村改革试验区为基础的农经领域 3 亿美元的“部门调整贷款”，用于支持中国制度转型。当时中国正值资金和外汇极度稀缺，这笔贷款的主要部分直接就被中央政府拨走了；最终算下来，农村改革试验区 11 年使用的投资约占世界银行贷款总数的 3%。

可以认为，这两笔贷款使用上的差异悬殊缘于一个共同的规律：**谁是信用的主要来源，并且承担最终债务责任，谁在贷款使用中就具有绝对主导权**；世界银行贷款是以中国政府信用而不是哪个具体部门或者人员为担保的，中国政府承担债务责任，因此中国政府在资金的使用上具有绝对主导权；而苏州工业园区的贷款是新方牵头、以新加坡作为主要信用担保的，自然要由占股 65%的新加坡方面决定如何使用。

（二）“成本趋零”的“豪华”基建与海外招商

20 世纪 90 年代中期，在美国主导的西方制裁“渐次放开”的外部环境之下，中国方面“政府信用”的主要替代作用还是体现在国内。园区建设投资更多地依赖新加坡的国际信用融资。由此，除了中新双方所出的股本金以外，园区基本建设的资金主要来自新加坡的国际银团贷款：

新方牵头向国际银团贷款，中新双方股东按照出资比例提供担保，加上注册资金1亿美元，园区首期8平方公里建设中，前前后后进来大概3亿美元。①

根据一项不完全统计，这应该是新加坡“区域工业园区”计划在国际资本市场上进行的最大一笔融资，也是新加坡“区域工业园区”计划中占地面积最大、投资额最高的一个项目（见表1-3）。

表1-3　新加坡“区域工业园区”概况

位　置	起始年	计划规模	投资保证金	投资者国籍比例
巴丹岛，印度尼西亚	1991	500公顷	306万美元	日本48%，新加坡26%，欧洲13%，美国5%，其他8%
滨汤岛，印度尼西亚	1992	4平方公里	88万美元	新加坡74%，日本22%，其他4%
苏州，中国	1994	70平方公里	2.86亿美元	美国34%，新加坡27%，欧洲15%，日本14%，其他10%
无锡，中国	1995	1平方公里	585万美元	日本37%，亚洲31%，欧洲17%，美国15%
胡志明市，越南	1997	500公顷	312万美元	新加坡56%，日本16%，欧洲12%，其他16%
班加罗尔，印度	1997	100公顷	167万美元	欧洲43%，印度28%，新加坡18%，日本10%，美国1%

资料来源：刘云：《中国工业园区发展策略及对策研究——基于新加坡与苏州工业园区的视角》，硕士学位论文，对外经济贸易大学，2007年。

注：表1-3给出的数据是2.86亿美元，略低于3亿美元。另据其他资料，到2001年中新双方股份调整之前，苏州工业园区累计投资规模是35亿元人民币，折合美元约为4.23亿。还有文章指出，苏州工业园区到1997年9月共投入开发资金44.32亿元人民币，折合美元5.36亿。本书尽列于此，仅供读者参考。

① 来源：课题组对园区某负责人的访谈。

值得注意的是，表 1-3 所列的新加坡“区域工业园区”计划的六个项目，日本投资者都有参与；**苏州工业园区是美国的投资者占比最高的工业园区，占全部投资的 34%**；紧随其后的是中国的无锡，美国投资者占比为 15%；其他都在 10%以下[①]（见图 1-5）。

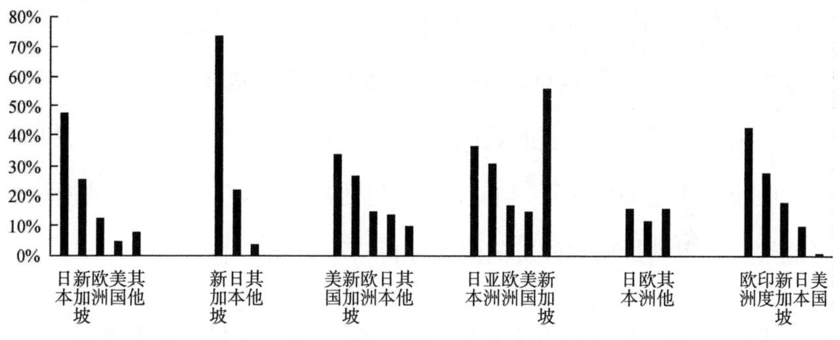

图 1-5　新加坡各“区域工业园区”中各国籍投资者投资比例

资料来源：刘云：《中国工业园区发展策略及对策研究——基于新加坡与苏州工业园区的视角》，硕士学位论文，对外经济贸易大学，2007 年。

既然新加坡的资金来源主要是靠海外融资，则需要知道当时海外融资及其利率变化的基本情况。

苏州工业园区开端的 1994—1997 年，正是美国结束 20 世纪 80 年代的高利率政策、资本市场流动性充足而向海外大举扩张的时期，其特点是跨国公司在国际市场上融资相对容易。同时，伴生于金融资本全球扩张的新自由主义正大行其道，国际资本市场的低成本资金大举涌入东南亚市场，使当时东南亚市场的资金极度充裕。1994 年，新加坡市

① 这种情况与 1989 年美国政府对中国全面封锁，客观上属于美中关系两个不同阶段的代表。1991 年苏联解体、东欧剧变之后，美国在欢呼胜利的同时也将对“共产主义”的策略由“遏制”转为“接触”；加之 1992 年之后，克林顿总统结束美国 20 世纪 80 年代的高利率政策，客观上有利于美国资本对外扩张。有学者认为，关于苏联解体、东欧剧变，与其说是“冷战结束”的标志，不如说是“结束冷战”（转向“热战”）的结果。

场的SIBOR（新加坡银行同业拆放利率）价格仅为2%—3%，当时新加坡银行业金融机构的房屋贷款利率只有2.62%，不到同期中国名义利率的1/3——当年4月21日，中国人民银行调整贷款利率，1—3年期贷款利率为9%；而且，当时中国正因为经济过热、通货膨胀和金融体系危机而大量增发货币，1994年通货膨胀率达24.1%，一般企业得不到正规银行的贷款，非正规借贷利率甚至远超24%的高利贷标准。

因为有了国际市场上的低成本资金共担风险，苏州工业园区的基础设施建设才能如此大手笔！在国内到处都以“资金为王”的时候，唯能够直接得到最便宜外资的园区显得“不差钱”①：

当时每填一方土需要花费8美元，整个中新合作区面积光填土这一项就要花30多亿元人民币。首期8平方公里，填土要花掉3.4亿元左右（人民币）。②

据1997年9月底统计，园区实际开发6平方公里，但开发资金投入已达44.32亿元，平均每平方公里的基础设施投资额为3.8亿元，为全国32个国家级技术开发区平均数的2.39倍。③

到2000年，园区基本完成了道路、供电、供水、燃气、供热、排水、排污、邮电、有线电视和土地平均填高0.9米并平整的“九通一

---

①　本章以下内容主要有两个资料来源：一是公开发表的书籍文献，二是对园区重要当事人的访谈。关于访谈资料，本书在成文时隐去了受访者的姓名，而以直接引语的形式录于文中。公开资料的摘引，则遵从写作规范在摘引之后标注资料来源。各种文献中使用的数据口径可能不同，导致了数据的差异。

②　何建明：《见得今日“洋苏州”》，《求是》2009年第20期。

③　黄雪良：《苏州工业园区借鉴新加坡规划建设经验的实践》，《城市规划汇刊》1999年第1期。

平”，对首期 8 平方公里项目的开发资金投入达 35 亿元。[①]

还有文章指出，**从 1994 年开工建设到 2000 年，苏州工业园区平均每年经营亏损 1500 万美元。**[②] 若然，园区能如此长时间地维持这么高额度的亏损，和国际金融资本全球扩张及新加坡能够借助海外市场因而信用充裕也是分不开的。

值得特别关注的是，**园区在起步阶段，即内生性具有了“无风险资产”**——与一般的开发区不同，苏州工业园区并不是地方政府从工业资本的原始积累起家，因此，**无论是中方凭借举国体制获得的资本金投入，还是新方在国际资本市场上获得的授信，在园区都属于“无风险资产”。**

此后，高质量工业项目成批入驻苏州工业园区。人们一般都归功于两个重要因素：一是苏州工业园区高水平的基础设施建设和良好的服务；二是新加坡举世闻名的“招商”能力和“亲商”信用：

> 在合资公司建立之前，中新财团就建立了招商工作小组进行联合招商，充分利用新加坡在世界上的营销网络，展开了招商活动；时任新加坡总理吴作栋亲自赴欧洲介绍苏州工业园区。[③]
>
> 1994 年 5 月 12 日奠基那天就有十六七个项目来了，全是新加坡招的。酝酿这个项目的时候他们已经开始在招商了。
>
> **新加坡国际信誉都特别好。它去招商欧美企业都过来，**我们去招

① 数据来源：中新苏州工业园区开发有限公司（简称“中新集团”，也叫 CSSD）提供的资料《国家级经济技术开发区投融资模式研究——以 CSSD 在苏州工业园区的开发历程为例》。

② 王子昌：《新加坡发展模式的输出与借鉴：苏州工业园案例研究》，《东南亚研究》2011 年第 5 期。

③ 张连杰：《苏州工业园区调查报告（下）》，《苏州职业大学学报》1998 年第 1 期。

不一定过来。全国那么多开发区、特区，苏州起步的时间其实很晚，但每年引进的外资全国第一，数量最多质量最好，得益于新加坡的国际信用。①

园区严格的环境标准和环保设施，也吸引了许多对环境要求较高的投资商，如礼来制药、葛兰素史克制药、AMD（美国超威半导体）等高新技术企业。②

软件传输就是要“使苏州工业园管理委员会行动快速、办事高效、以企业为重、对投资者表现出专业精神。苏州工业园管理委员会必须解决问题，而不能成为问题的一部分。关于速度，从企业执照审批到回答企业提出的问题，我们几乎为每一项工作都定下了具体的时间表。关于效率，我们要求管理委员会对每一个问题都了如指掌。关于营造以企业为重的环境，我们管委会同情和理解投资者的各种要求。当然，我们要求管委会在办事坚定的同时兼顾公平。所有这些加起来，就构成了一种职业精神”③。

2014 年 5 月 18 日，一篇剖析苏州工业园区的开发公司 CSSD 上市竞争力的文章在网络上被热转，其中就谈到**苏州工业园区赫赫有名的招商队伍和中新两国背书所形成的信用，**以及与国内已经上市的两家园区开发公司——华夏幸福和联东的对比。文章指出，华夏幸福和联东均拥有 500 人以上的招商团队，人海战术+核心数据库+全天候沟通，

---

① 来源：课题组对园区有关当事人的访谈。

② 黄雪良：《苏州工业园区借鉴新加坡规划建设经验的实践》，《城市规划汇刊》1999 年第 1 期。

③ Alexius Pereira. *State Collaboration and Development Strategy in China*：*The Case of the China-Singapore Suzhou Industrial Park*，*1992—2002*. London and New York：Routledge Curzon，2003；转引自王子昌：《新加坡发展模式的输出与借鉴：苏州工业园案例研究》，《东南亚研究》2011 年第 5 期。

成为二者全国迅速扩张并成为地方政府座上宾的强有力筹码，也成为这两家上市公司的核心竞争力之一；而在**苏州工业园区这里，招商团队仅有 54 人，相当于华夏幸福和联东的十分之一**！该作者强调：

> 不要小看这 54 个人，他们可全部是人中龙凤，不但精通各国语言，实现对外资绝对无障碍交流，而且对宏观政策、产业动向、法务、税务、基础设施、人力资源等知识极为熟稔，都是和世界 500 强打过交道、见惯大场面的。这个团队的经验源自新加坡“敲门招商”模式，即在全世界设置招商办事处，每天收集当地的经济情报，特别是跨国公司，先摸清它们有哪些项目要转移出去。然后，招商办将这些信息收集下来，就将相关信息集中到新加坡经济发展局。之后，再由专人负责一个一个去“敲门”，敲开某个跨国公司的门进行招商。
>
> 当然，在这里要说句公道话，**华夏幸福和联东的品牌毕竟不能和拥有中新两国背书的苏州工业园相提并论**……毕竟，苏州工业园会有很多政府推荐甚至主动找上门都会被拒之门外的商户资源，这是民营产业地产商无法望其项背的。①

上述文章提及两国的政府背景有作用，我们认为需要进一步阐述。在这次课题组开展的对 AMD、三星电子、快捷半导体等企业有关负责人的访谈中，我们也体会到，与园区起步时中央政府对地方政府的“赋权”类似，面向国际大企业招商过程中**新加坡对工业园区的“国家赋信”，构成了园区系统性地超越低水平的资本原始积累阶段（所谓“市场经济体制的初级阶段”）的一个重要维度**（见专栏 4）。

---

① 宋振庆：《起底苏州工业园 IPO：中新矛盾内幕、54 人招商、超赚钱的一级开发》，“优园区”公众微信平台，2014 年 5 月 18 日。

专栏 4

大型跨国企业为何选择落户苏州工业园区?

艾默生环境优化技术(苏州)有限公司于1999年成立，之前四五年对中国东北、上海、广州等地均有考察，最终确定落户苏州工业园区，原因主要在于以下几个方面：其一，苏州的投资环境更像西方，**不存在或较少存在灰色交易，交易成本明确**；其二，苏州自然环境相对温和；其三，苏州距离该公司的中国市场客户(主要分布在辽宁、广东)的距离差不多；其四，**苏州基础设施做得好**，比如电力等有保障。

AMD(苏州)半导体有限公司是由AMD新加坡子公司投资设立的，他们表示，苏州工业园区借鉴新加坡经验，使制度管理环境等与新加坡相似，公司运作更加顺畅。当时AMD有对外投资设厂的需求，在选址的时候，考虑对比了四个地方，苏州、无锡、厦门和巴西，最后选择了苏州工业园区，一是因为园区经营环境与新加坡类似；二是因为苏州毗邻上海，区位优势明显，人才资源也较为充足，基础设施建设水平较高等。

三星电子(苏州)半导体有限公司的负责人表示，当时三星电子有在海外建立一个新的分装测试工厂的需求，为此考察了很多国家和地区。当时中韩建交不久，对中国的认识大多来自中国台湾地区，负面的部分比较多一些。最终选择苏州主要有三个因素的考虑。一是中新合作。**苏州工业园区是第一个由两国政府开发的园区，这对很多外资企业是有很大的吸引力的，不但有中国政府的保障，还有新加坡政府的保障。新加坡虽然国家小一些，国家信誉还是比较高的。**并且，三星也是新方财团之一。二是地缘优势。上海的辐射作用极其重要，当时苏州正好建设了沪宁高速，将自己置身于上海一小时圈范围内。三是人文优势。苏州是具有2500年历史的文化名城，以苏绣著称，可以提供优质的劳动人才。

此外，访谈的企业都一致对苏州工业园区的“亲商”服务表示满意。

资料来源：课题组成员对上述企业负责人的访谈。

1999 年的一项园内多家企业调查反映了入驻企业的选址决策中，新加坡因素发挥的重要影响（见专栏 5）。

专栏 5

入驻企业调查：我们为什么来苏州工业园区？

阿里克休斯·佩雷拉（Alexius Pereira）1999 年 6—9 月对苏州工业园内 82 家全部运营企业中的 56 家进行了调查和访谈。访谈的一个重要目的在于弄清楚是什么因素促使他们选址苏州工业园。通过访谈和问卷调查发现，新加坡因素是他们选址苏州工业园的非常重要的因素。在这里，**新加坡因素意味着良好的基础设施和良好的政府服务。**关于这一点，两个被访者的评价很有代表性。

“我们相信中新苏州工业园开发官员和新加坡政府的话，即这里（苏州工业园）**将会有和新加坡一样高质量的基础设施**。在 1994 年，我们所有的只是计划和承诺，但是**我们相信，如果是新加坡承诺了我们什么事情，我们就会得到它。**”

“我们选择来这里（苏州工业园），因为我们知道有软件传输。在江苏无锡也有一个新加坡工业园，但是那个工业园并没有软件传输计划。因此，**即使无锡工业园有良好的基础设施和一些新加坡管理人员，**

但制度和政策基本上还是中国的。现在对我们来说，那就是一个潜在的问题。**我们比较喜欢与新加坡的制度和政策打交道，不仅是因为我们与他们熟悉，而且是因为他们清廉和透明。”**

资料来源：Alexius Pereira. *State Collaboration and Development Strategy in China: The Case of the China-Singapore Suzhou Industrial Park, 1992—2002*. London and New York: Routledge Curzon, 2003；转引自王子昌：《新加坡发展模式的输出与借鉴：苏州工业园案例研究》，《东南亚研究》2011 年第 5 期。

个中道理，诚如下文（参阅本书第二篇）对岭南何以承接港资中小企业布局转移的分析所言，大企业更多地青睐规范治理。因为，**规范化治理对大企业而言意味着交易成本透明和可以预期。**但也要注意到信用构建的条件。**在 20 世纪 90 年代“中国崩溃论”充斥西方舆论、外界对于中国一直存在很多扭曲解读的环境下，苏州工业园区若以一己之力，从零构建开发区信用，意味着要以区区几十平方公里的弹丸之地，支付整个冷战、“后冷战”时期国际社会意识形态对立的制度成本，这简直是不可想象的。**

因此，如果借用“搭便车”理论，那么中新合作建设苏州工业园区，由新加坡牵头在国际上招商，意味着 20 世纪 90 年代中国在提高“经济对外依存度”、加快转向“西化”之际，**苏州工业园区是搭上了新加坡这个东亚经济圈中的西方化国家的信用“便车”。**

包括苏州工业园区及其他经济开发区在内的长三角一带，同时搭乘的便车是 1990 年上海浦东新区开发带来的基础设施大量投入，以及人流、物流、资金流和信息流的空前阜盛。若据此看，毗邻上海也的确成为苏州最重要的区位优势之一。

如此看来，苏州工业园区不仅在基础设施建设阶段，借由举国体制和新加坡融资能力实现了“零成本起步”，在招商引资中也实现了构建信用的“零成本起步”。

三、“不特有特，比特更特”

苏州工业园区设立“借鉴新加坡经验办公室”，从新加坡学来的各种招商和亲商服务等软件，一向为人津津乐道。这个学习机制，对于园区需借中国“走出去”战略做对外结构性扩张而言，确实具有重要的机制性作用，这可以留待下文表述。其实，若从园区当年在国内客观上形成“孤独求败”的地位看，**园区最有竞争力的软件环境，集中体现在“九号文件”上，其本质仍然是国家权力在地方层面的延伸和直接行使。**

“九号文件”的形成过程就很特殊——它是由地方拟定具体条款、中央各部委审批、国务院批复同意的。[①]

文件给予了苏州工业园区区别于一般经济开发区的诸多“特权”——因其有着突破西方封锁的任务而带有政治性，一些因对当时现行政策有巨大突破而本来属于中央政府的权力，都作为特殊政策赋予园区。

这是苏州工业园区借助“举国体制”有了初始资本，站上了一个较高的起点之后，再借“举国体制”迈出发展第一步的重要特殊条件。

---

① 1993 年 12 月，江苏省政府完成《苏州工业园区项目建议书》编制；1994 年 1 月 17 日，江苏省政府向国务院呈报《关于苏州工业园区项目建议书中软件方面若干问题的补充报告》；1994 年 1 月 21 日，国务院专门召开会议，听取江苏省政府关于中新合作建设苏州工业园区问题的汇报；1994 年 2 月 11 日，国务院下发《国务院关于开发建设苏州工业园区有关问题的批复》，也就是“九号文件”。

（一）作为尚方宝剑的“九号文件”

1994 年 2 月，针对苏州工业园区的特殊性，国务院为苏州工业园区专门下发《国务院关于开发建设苏州工业园区有关问题的批复》，以批复同意的方式，允许苏州工业园区除享受沿海开放城市经济技术开发区的各项政策外，还根据情况具备土地、投资项目审批、财税留用及设立中外合资金融机构等多项权力。这个文件就是苏州工业园区发展历程中赫赫有名的“九号文件”。

文件的实际批复过程要从这之前一个月说起。1994 年年初，国务院常务会议专题讨论苏州工业园区项目，江苏省领导列席会议，提出了园区政策比照经济特区政策的请求。

当时经济特区的政策优惠主要集中在企业投资、进出口的税收优惠及外汇管理的灵活便利上（见专栏 6）。

专栏 6

中国经济特区的缘起与政策优惠

1979 年 4 月，邓小平首次提出要开办“出口特区”。7 月 15 日，中共中央、国务院批准同意在广东省的深圳、珠海、汕头三市和福建省的厦门市试办出口特区。1980 年 5 月，“出口特区”改名为“经济特区”。8 月 26 日，第五届全国人大常委会第 15 次会议批准《广东省经济特区条例》，标志着经济特区正式成立的法律授权。

当代经济特区的前身最早可追溯到 1547 年意大利在里窝那湾创设免税自由港。第一次世界大战后，各种类型的经济特区在中南美洲、非洲、中东、南亚等地纷纷成立，到第二次世界大战爆发前，世界上已有 26 个国家设立了 75 个以自由贸易为主的经济特区。第二次世界大战结束后，新独立的国家开始建立以利用外资发展加工出口为主的经济特区。**1980 年，世界上各种特区已发展到 350 多个，分布在 75 个国家，第一代出口加工区也已开始从劳动密集型工业转向资本和技术密集型工业。**

据原广东省特区办副主任、深圳市委副书记秦文俊回忆，**中国第一批合资企业的申报书上，不但有邓小平的签字，还有 12 位副总理的画圈。**1981 年 7 月，中共中央、国务院批转的《广东、福建两省和经济特区工作会议纪要》明确提出：“这些疑问是没有根据的。中国特区是经济特区，不是政治特区。特区内全面行使中国国家主权，这和由不平等条约产生的租界、殖民地在性质上根本不同。世界上许多国家的经验证明，特区是扩大出口贸易、利用外资、引进技术、发展经济的比较成功的好形式。对中国来说，特区是学习与外国资本竞争、学习按经济规律办事、学习现代化经济管理的学校，是为两省甚至中国训练和造就人才的基地。”

特区企业的优惠政策主要体现在税收、投资和出口等方面。企业所得税税率为 15%，比内地合营企业低一半；对投资额达 500 万美元以上的企业，或技术性较高、资金周转期较长的企业，给予特别优惠待遇；企业所得利润在特区内进行再投资为期 5 年以上者，可申请减免用于再投资部分的所得税；企业在纳税后所得合法利润，特区内的外籍职工、华侨职工、港澳职工在缴纳个人所得税后的工资及其他正当收入，均可按特区外汇管理办法汇出；企业生产所必需的机器设备、零配件、原材料、运输工具和其他生产资料，可免征进口税；等等。

资料来源：百度百科：“经济特区”词条，2014 年 4 月 20 日。

没想到的是，在会上，时任国务院副总理朱镕基指示：苏州工业

园区是“不特有特，比特更特”。这意味着苏州工业园区可以比其他经济特区更自主、更灵活地进行政策探索。“九号文件”就是根据这个精神制定的。

这个专门针对园区单独制定的中央政策文件，原本就是经地方拟写出来经中央政府全文“批复”而具有法规效能和权威的，从其实质上说是中央政府在特殊局面之下向地方政府全面放权、赋权的产物。

苏州工业园区的第一代创业者对于这个最终获得中央批复的项目建议书的编写过程记忆犹新：

> 当时，中国对于外资进来搞开发建设的概念还是比较模糊的，甚至不知道项目建议书为何物，遑论如何编写。最后，江苏省政府借来了海南洋浦项目报告的提纲，以此为参照来编写苏州工业园区项目建议书。这是“吃了一个星期泡面的成果”。①

“九号文件”内含的中央向地方全面赋权的制度安排，**不仅超越了政府体制内自上而下的行政级别约束，也全面超越了经济特区**（见专栏7）。

专栏7

国务院关于开发建设苏州工业园区有关问题的批复

国函〔1994〕9号

江苏省人民政府：

你省《关于报送苏州工业园区项目建议书的请示》（苏政发〔1993〕156号）和《关于苏州工业园区项目建议书中软件方面若干问

① 来源：课题组对当事人的访谈。

题的补充报告》(苏政发〔1994〕2号）收悉。现批复如下：

一、同意你省苏州市同新加坡有关方面合作开发建设苏州工业园区。苏州工业园区的开发建设要充分发挥苏州市的有利条件和优势，量力而行，实事求是，讲求实效。要按照建立社会主义市场经济体制的要求，将苏州工业园区建设成为与国际经济发展相适应的高水准的工业园区。经过积极探索和努力，既出物质文明成果，又出精神文明成果，进一步推动中新经济合作和两国友好关系的发展。

二、同意将苏州工业园区设在苏州市城东金鸡湖地区。按照统一规划、分期开发的精神，首期开发建设8平方公里，具体范围由国务院特区办会同有关部门核定。规划发展面积可按70平方公里考虑，根据开发建设情况另行报批。

为适应工业园区开发建设和发展的需要，要实行严格的规划控制，规划好今后发展用地，并合理安排好“菜篮子”工程。苏州工业园区的开发建设涉及修订苏州市城市总体规划，要按有关规定报批。

在建设工业园区的同时，要引导周边地区乡镇企业调整结构，适当集中，发展现代化农村小城镇，促进社会经济的共同繁荣。

三、原则同意对苏州工业园区实行沿海开放城市经济技术开发区的各项政策。今后视情况发展，如确需赋予其他政策，另行报批。

在执行全国统一的“分税制”财政体制前提下，苏州工业园区新增财政收入5年内（1994—1998年）免除上缴。具体实施办法由财政部下达。

四、要根据全国统一的产业政策和生产力布局要求，认真做好苏州工业园区开发建设的总体规划。苏州工业园区应致力于发展以高新技术为先导，现代工业为主体，第三产业和社会公益事业相配套的现代化经济。

苏州工业园区必须重视环境保护工作，搞好生态平衡，禁止举办污染环境和危害国家及社会公共利益的项目，为园区的生产和生活创造一个健康、优美的环境。

五、同意苏州市的开发公司与新加坡开发财团组建合资公司，从事苏州工业园区内的土地开发经营。合资公司受我国法律的管辖和保护，其一切活动必须遵守我国的法律法规。合资公司的可行性报告、合同和章程、土地成片出让合同等，要按规定程序报批。

苏州工业园区必须加强建设用地管理。要根据工业园区的开发进展情况和经济发展水平，合理和动态地确定土地价格，并按规定收取有关费用。

六、在苏州工业园区内举办的项目必须符合国家产业政策和吸收外商投资的导向。鼓励外商投资工业园区的基础设施建设。在批准的工业园区开发建设的总体规划内，不需要国家综合平衡的能源、交通和基础设施项目，可由工业园区自行审批，其中限额以上项目报国家主管部门备案。外商投资的生产性项目，除国家吸收外商投资导向政策中限制类项目和国家规定需要统一规划布点的以外，凡是建设和生产条件不需要国家综合平衡、出口不涉及配额许可证、外汇能自行平衡的，可由工业园区自行审批，其中限额以上项目报国家主管部门备案。对外商投资的非生产性项目，除国家规定属于试行外商投资和另有规定的以外，不需要国家综合平衡的，可由工业园区自行审批，其中限额以上项目报国家主管部门备案。

根据苏州工业园区开发建设的实际需要，原则同意今后逐步在工业园区内设立外资、中外合资的金融机构和中外合资、合作商业零售企业，但应按规定逐项报国家主管部门审批。

七、原则同意你省在苏州工业园区内，在坚持和维护我国国家主权的前提下，自主地、有选择地借鉴吸收新加坡发展经济和公共管理方面对我适用的经验。这项工作要有计划、有步骤地进行，既要积极探索、又要扎实稳妥。苏州工业园区要执行全国统一的法律、法规和宏观经济政策，工业园区的立法、司法和行政管理权由我方独立行使。在苏州工业园区设立海关，依法对工业园区的进出口货物实施监管。

根据项目计划安排，确需进行的人员交流和培训等事宜，可按国家关于一般国际交流合作项目的规定办理。

八、苏州市可依照现行法律确定的较大的市的权限和程序制定地方性法规、规章，在苏州工业园区实施。随着工业园区的发展，如需要进一步解决有关法律问题，再研究如何按法定程序办理。

九、根据社会主义市场经济体制的要求，建立苏州工业园区新的管理体制和运行机制。要按照“精简、统一、效能”的原则，设立精干的工业园区管理机构，不要求区内机构同上级机构对口设置。苏州工业园区管理委员会作为苏州市人民政府派出机构，自主行使园区的行政管理职能，确保苏州工业园区的开发建设健康有序地进行。

国务院

一九九四年二月十一日

资料来源：李巨川：《苏州工业园区志 1994—2005》，江苏人民出版社 2012 年版。

以上政策原则加上后来的实施细则，形成的特殊政策大体上有以下几项。

➢**上不封顶的自行审批特权**。凡符合国家产业政策的外资项目，园区均可自行审批。

➢**灵活高效的外事管理权**。享有公务出境任务审批、颁发公务护照、向外国驻华使领馆申办签证及签发境外人员入境签证通知函电等管理权限。

➤**中国唯一的区域性公积金制度。**具有“企业提得少、个人留成多、保障待遇稳定、有利于吸引人才和留住人才”等优点。

➤**快速的物流通关优势。**苏州工业园区作为中国率先进行通关作业制度改革和现代物流试点的区域，不仅拥有独立的海关、高效的绿色通道、具有内陆口岸功能的进出口货物分流中心，而且经国务院批准还可在区内设立现代物流园，允许成立外商独资或中外合作经营的国际物流公司，上海机场监管仓库可直接延伸至园区，使区内企业通关效率大幅度提高。

➤**税收优惠政策。**

◇进区的生产性外商投资企业及经认定的高新技术企业按照国家政策可享受15%的所得税税率，并免征3%的地方所得税；经营期在10年以上的，从开始获利年度起，可享受二免三减半①的优惠。

◇外商投资举办产品出口企业或先进技术企业，在依照税法规定免征、减征企业所得税期满后，凡当年出口产品产值70%以上的，可享受10%的优惠税率；仍为先进技术企业的，可按规定延长3年享受10%的优惠税率。

◇从事农业、林业、牧业的外商投资企业在享受“二免三减半”期满后，经批准10年内可按应纳税额减征15%—30%的所得税。

◇进区外商投资企业的外国投资者，将企业利润直接再投资以增加注册资本或开办其他外资企业，经营期不少于5年的，经批准可退回其再投资部分已缴所得税的40%税款。其中，再投资举办出口企业或先进技术企业，可退回其再投资部分已缴所得税全部税款。外商投资企业和外国企业在中国境内设立机构、场所，按照国家有关规定，

① 二免三减半：是我国各级地方政府为争取到更多投资所采取的税收减免方式，对特定企业在两年内全免，在三年内税收减半。——本版编者注

在投资总额内购买国产设备的可按该设备投资的 40%从当年新增所得税中抵免；技术开发费比上年增长 10%以上，经批准可再按技术开发费实际发生额的 50%抵扣当年度应纳税所得额。

◇外国企业从园区取得的股息、利息、租金、特许权使用费和其他所得，除依法免征所得税的以外，都可以减按 10%的税率征收预提所得税。

一位参与起草“九号文件”的受访者认为，**经济特区的“税收优惠等政策是减法，减少企业成本；而（对工业园区）权力的下放是加法，增加园区的附加值”**。这位一线干部的话，生动地表达了地方的政府信用可以随中央放权而升值。

其中，**园区为方便吸引大型跨国企业集团投资而设的大项目审批权，是“九号文件”的核心内容之一。**

苏州工业园区有关部门向课题组介绍：

2004 年以前，园区的项目审批权都是不设上限、自主审批的，比如 2001 年中国台湾地区和舰科技项目，投资 10 亿美元，这**在全国任何一个地方都需要上报国家发改委审批，可能两年都未必批得下来，而我们园区两天就批下来了。**①

这个观点从其他当事人的回忆中得到了印证：

当时（1994 年、1995 年），你去现场看的话，到处都是泥泞、轧土机，不堪入目，但为什么他们（企业家等）面对一个模型、一张规划图就愿意来投资？一个是因为这是两国合作的项目，**有两国的政治担保，**新加坡国际声誉起到了很大作用；另一个就是因为我们有项目

① 来源：课题组对园区有关部门的访谈。

自主审批权，符合国家产业指导目录的鼓励类的项目，园区自己可以批，**这一条在当时中国开发区中是权限最大的**，超过了上海、北京，这是推动园区开发非常正面的因素。

中央没有钱给你，也没有特别优惠的政策，就是放了点权给你。

我们的项目审批权是不设上限的，10亿美元的项目在北京要批三年，而我们一年就批了十几个限额以上项目。①

20世纪90年代的中国还没有来得及颁布那么多法律，行政权仍然是政府管理的主要手段。于是，**中央政府对园区的“放权”，就是园区相对于其他开发区而言最大的竞争力**——那些在其他开发区要等上几年的投资者当然会把项目转移到这个“一年就批了十几个限额以上项目”的园区来。

2004年，园区的大项目审批权重新上收中央，也与21世纪的中国在产能过剩愈益严重、连带造成生产性资本投资相对过剩条件下宏观经济发生阶段性变化有关。在新的发展阶段，中国经济运行的主要矛盾由资本稀缺转变为资本过剩，此时，园区的大项目审批权被上收纳入国家发改委统一管理，某种程度上是符合客观事物的演变进程的。

到了2004年，国家发改委发布《国务院关于投资体制改革的决定》，规定外商投资项目中总投资1亿美元以上的鼓励类、允许类项目由国家发改委核准，3000万美元到1亿美元的项目由省发改委核准，3000万美元以下由市发改委核准。这相当于园区只有3000万美元以下项目的审批权，对园区的冲击很大，最后省里将权限给了园区，也就是园区可以审批1亿美元以下的项目。2010年，国家发改委也可能意

① 来源：课题组对当事人的访谈。

识到 1 亿美元的门槛太低，又将权限放宽到 3 亿美元，也就是 3 亿美元以上的项目报国家发改委核准，1 亿至 3 亿美元的项目报省发改委核准，省发改委仍旧将权限下放给园区。所以，**现在园区享有省级发改委的项目审批权**，3 亿美元以下项目可以自主审批，3 亿美元以上要报国家发改委核准。①

在土地规划方面，园区也是可以享有省级土地管理部门的权限，一位受访者解释道：

省里是土地管理局的“一号章”，我们是“二号章”。1995 年 6 月 8 日，省政府授权市政府在园区范围内行使审批 60 公顷以下耕地征用和出让的权限，市政府委托园区管委会代为行使该权限并授予制发和使用“苏州市人民政府土地审批专用章（2）”印章。②

财政税收方面，园区享受了 10 年的优惠：在执行全国统一的“分税制”财政体制前提下，园区新增财政收入 5 年内（1994—1998 年）免除上缴，1999 年到期时调整为以 1998 年财政返还额为基数，5 年内逐渐递减返还额，即从 1999 年起按 80%、60%、40%、20%的比例返还，到 2003 年停止实行财政返还政策，开始实行全国统一的财政上缴政策。③

---

① 来源：课题组对园区有关部门的访谈。

② 来源：课题组对园区有关部门的访谈。

③ 1994 年时，只明确 1994—1998 年园区税收免除上缴，当时说的是到期另议。据说，1997 年因为德国“汉堡事件”而使得中新两国在苏州工业园区的合作关系出现紧张，李光耀亲自到大陆来施压，并以撤出投资相威胁；1998 年苏州市和苏州工业园区进行了一系列重大的人事关系调整，并给予了新的税收优惠政策。参见王子昌：《新加坡发展模式的输出与借鉴：苏州工业园案例研究》，《东南亚研究》2011 年第 5 期。

今天我们能够看出，当年的德国“汉堡事件”其实内含着复杂的中央—地方关系，当中央加强对地方的调控时这一关系尤其复杂。新加坡不像中国这样拥有复杂的地理多样性，也许对于中国的地方官员在敏感时期的谨慎缺乏理解。

总之，作为工业园区运行管理之尚方宝剑的“九号文件”，内含的“政策红利”到底有多大，是随着工业园区故事画卷的展开而逐渐显露的：在其后的十多年中，苏州工业园区的很多成为区域独特优势的制度创新，都以“九号文件”第三条中的“今后视情况发展，如确需赋予其他政策，另行报批”作为权威依据。其后的过程也表明，园区管委会确实结合园区发展的需要进行了很多管理创新。

（二）“铁血十六条”与园区“大”发展

1994—1996 年，苏州工业园区因承担国家政治型任务的使命，而得到中央赋权，因此在地方经济中拔得头筹，拥有最浓厚的“强政府”色彩。

我们今天盘点经济特区发展时，可以找到很多当时引以为荣的数据和事例，比如：

> 1980 年至 1985 年，4 个特区实际利用外资 12.8 亿元，累计完成基建投资 76.3 亿元，建成了一大批新的能源、交通、通信等基础设施工程，初步形成了深圳的蛇口、上步、沙河、八卦岭、水坝，珠海的吉大、南山，汕头的龙湖，厦门的湖里等 9 个工业区，成为我国经济建设中技术、知识、管理和对外政策的“窗口”。[①]

但很少有人注意到，1979 年提出“特区”概念时，中国正处于一轮因大规模引进外资而导致的经济过热，及其连带引发的中央政府承担全部外债所转化而成的财政赤字危机之中——中国 1979—1980 年两年赤字之和超过 300 亿元。早在被今人作为改革标志的 1978 年年底的

① 《改革航船乘风前行》,《河南日报》2008 年 11 月 19 日。

中共十一届三中全会上，中央政府面对经济过热压力就提出要进行“调整、整顿、充实、提高”的宏观经济调控。

也很少有人注意到，**1979 年办特区的政策，其实是在外汇需求和外债偿付的双重压力过大的背景下提出的，主要是中央政府对有出口创汇能力的地区予以放权让利**，允许搞双轨制；因此“经济特区”在创办之初被叫作“出口特区”。

更是很少有人注意到，特区基础设施建设“大干快上”的 1980—1985 年，正值中国从经济过热转而走向萧条，4 个特区基建投资 76.3 亿元的“硬币另一面”是财政“甩包袱”，中央于 1984 年施行国家宏观层次的改革：“中央财政与地方财政分灶吃饭”和“拨改贷”“利改税”的财税体制改革，以及企业微观层次经理“承包制”、职工“奖金制”等改革；同时也是农村家庭承包制全面铺开，进而拉开了最终以 7 万多个乡镇为基本单位的地方工业化的序幕……

与 10 年前类似，1994 年中央对苏州工业园区做出“不特有特”的指示，与 1992 年“运动式发展”后 1993 年中央就开始酝酿的宏观调控直接对立。

这里还是用最简短的文字回忆一下当时的情景：

中国 1990—1991 年处于萧条阶段的时候，社会上有些因对经济危机周期规律缺乏常识性了解而归罪于改革的说法，又有似乎具有某种针对性的以支持南方谈话为代表的加强改革的说法。这种做法使得人们没有条件或者来不及去认真总结 1988 年“价格闯关”的经验教训，转而于 1991—1992 年经济出现复苏的时候，就相继加快了对刚刚开放的投机性较强的股票、期货和房地产市场的投资。在这三个超过一般产品和要素市场资金吸纳能力的高风险的资本市场的强力推动下，中国经济几乎来不及经过复苏，就直接进入高涨阶段。

当时，“乱集资、乱拆借、乱办经济实体”的“三乱”大行其道，人们形象地把1993—1994年的经济过热总结为“四热”（房地产热、开发区热、集资热、股票热）、“四高”（高投资膨胀、高工业增长、高货币发行和信贷投放、高物价上涨）、“四紧”（交通运输紧张、能源紧张、重要原材料紧张、资金紧张）和“一乱”（经济秩序特别是金融秩序混乱）。

这种地方经济乱象，类似于1958年第一次郑州会议决定调动两个积极性、向地方政府放权之后出现的“大跃进”。1958年乱象造成的制度成本演变为1960年的危机，并由全社会承担。同理，1992年乱象带来的制度成本也演化为1994年的CPI高达24%、国企职工大规模下岗、农民土地大规模被征占、社会群体性事件大幅度增加等。

财政、外汇、金融三大赤字同步增加的压力下，中央政府不得不于1993年夏季决定宏观调控。1993年6月24日，中共中央、国务院下发《关于当前经济情况和加强宏观调控的意见》，要求切实贯彻“在经济工作中要抓住机遇，加快发展，同时要注意稳妥，避免损失，特别要避免大的损失”的重要指导思想，把加快发展的注意力集中到深化改革、转换机制、优化结构、提高效益上来，并提出了严格控制货币发行、稳定金融形势等十六条加强和改善宏观调控的措施。

这些政策文件语言温和得体，但在当时的“政策圈”里却被称为“铁血十六条”，因其一系列加快市场化改革的宏观调控措施可谓“刀刀见血”。按照实施顺序，**最早实施的三个最重要的宏观经济措施是1994年一次性将本币汇率下降50%多的外汇改革、严格地方信贷约束与调整中央和地方财政分配关系的分税制。**其中，为配合中央1993年开始与地方谈判、1994年正式实施的分税制改革，紧缩型的宏观调控措施直到 1996 年才被朱镕基“收紧两个龙头（土地和信贷）”坚决落实，这才有 1997 年年初中央政府宣布“成功实现了‘软着陆’”。①

“铁血十六条”的具体内容见专栏 8。

专栏 8

“铁血十六条”——1993 年提出的“十六点”调控措施

1993 年，面对突如其来的经济过热，当时主管经济工作的国务院副总理朱镕基派 13 个中央部委的部长到全国各地调查，回来后形成了著名的“十六点”调控措施，要对金融、财政、税收、投资等几个宏观领域实现控制，1994 年正式施行。

表 1-4　1993 年“十六点”宏观调控措施

（1）收紧货币发行	（9）1993 年 7 月 15 日以前，各省要销售完所分配的国库券
（2）所有专业银行停止向非银行金融机构拆借资金并收回非法贷款	（10）完善证券发行和市场管理
（3）提高银行存贷利率，对 3—8 年的存款实行指数利率	（11）完善外汇持有制度，稳定汇率
（4）禁止非法融资	（12）加强宏观管理，推动房地产市场发展
（5）收紧信贷控制	（13）加强税收管理
（6）所有专业银行应保证储蓄取款资金	（14）对建设工程项目进行重新审查，控制新项目上马
（7）加强中央银行的宏观调控权力	（15）逐步推动价格改革，严格限制涨价
（8）建立政策性银行并实行政策金融与商业金融分离	（16）控制社会集团购买力过快增长

资料来源：本书上卷。

① 温铁军等：《八次危机：中国的真实经验 1949—2009》，东方出版社 2013 年版。

不论在任何政治体制条件下，只要国家强力采取紧缩型的宏观调控政策，都会使得此前一阶段的高增长中累积的高风险集中爆发，而使得国家宏观、区域中观和企业微观层面的经济运行都呈现出大起大落的态势。

而对于苏州工业园区来说，1994 年的中央宏观调控却是一场制度成本几乎为零而制度收益大幅度增加的机遇。前面已述者有以下四点。

第一，成立苏州工业园区设想的提出是在与新加坡正式建交后的 1992 年，无论是从外交上对西方制裁的困境突围来说，还是从引进外资缓解当时的外汇危机来说，应该没有任何阻力。

第二，到了 1994 年园区正式筹备投资建设时，在国内一片资金紧张声中，园区首先得力于国家出面协调有垄断性外贸经营收益的九家大型国企参股，而免于支付影子价格高达 20%，甚至更高的筹资成本。

第三，1994 年汇率贬值所导致的本币入股股金增加的成本，园区非但不必承担，相反，由于这些投资主要是用于园区中的基础设施建设，人民币贬值后以美元计价的投资总额虽然不变，但**在国内的投资购买能力坐地增长了一半多，**在折抵物价上涨的影响后仍然有极高的政策红利。同时，**划归园区规划管理的乡镇企业则可以分享汇率下调带来的出口竞争力增加的利好。**

第四，1994 年为充实中央财政能力而实施的分税制改革，的确可能对一般地区的地方财政收入构成影响，但园区之例外，在于“特事特办”而将税收上缴延至 5 年之后，5 年之后再分五年逐渐停止税收优惠政策，总计 10 年。

上述政策使园区得以节省下来的“未支付成本”，都可以在研究上计入净收益。

但园区在例外于宏观调控中所得到的还不止于此，其**进一步得到的是长江三角洲工业带以上海为龙头的区域一体化进程中的“级差收益”**——在周边“次区域”规划及全面整合的布局中，园区由于具有地理上的区位优势和中央放权的政治优势，而上升为对周边地区具有辐射作用的“半核心”城市，因而**分享到通常难得形成的在超出本级行政辖域的更大范围内推进区域、次区域一体化综合发展的综合性制度收益**。

1996 年，当中央决心将“双紧”调控落到实处时，苏州工业园区恰于此年在中央的协调下实现了增资扩股，并且，在园区发展规划中还被赋予了对江苏省内沿海沿江经济区域进行整合的龙头地位，不仅工业园区要“加快发展步伐”，而且，1996 年年初江苏省启动的一系列区域开发建设方案都是以促进工业园区大开发、大发展的旗帜进行的。

虽然早在园区规划时，规划设计者们就在谋划其对周边区域的空间整合，但真正开始着手实施却是在 1996 年，因为在全国一片双紧调控中园区成了为数不多的政策“避风港”。

1996 年，苏州市委先后于 1 月 3 日上午、11 日上午召开两次常委扩大会议，专题研究苏州工业园区和苏州新区（国家科技部主办，先于苏州工业园区成立）工作，要求全市上下把支持园区、新区加快建设步伐作为今年工作的重中之重抓紧抓好。1996 年苏州工业园区进入大发展、大建设、大变化的新阶段，园区工委、管委会同志的决策（是）……**以开工建设为中心，招商引资为龙头，基础设施先行，优化园区投资环境，促进经济活动最大化。**……为实现“争取用 3 年时间（到 1997 年年底以前）基本完成 8 平方公里，在苏州工业园区初步形成与国际经济发展相适应的一流的投资环境”的目标奠定基础。……1996年园区工作要大建设、大发展、大变化，关键是抓落实，一抓政策落实；二抓资金落实；三抓工程落实：十二项工程，按照网络计划分解，市政府各部门要协力，动员全市力量完成；四抓组织落实。①

随后，**中央领导以视察的方式，对苏州工业园区表达了与面上的宏观调控思路迥异的肯定和“加快园区建设”的要求。**

1996年1月15日，国务院总理李鹏与副总理吴邦国，在省市领导陈焕友、郑斯林、杨晓堂、章新胜陪同下视察了苏州工业园区，听取了市委书记杨晓堂关于苏州市和苏州工业园区情况汇报，详细询问了园区开发建设、项目引进、征地动迁、基础设施源头厂建设及借鉴新加坡经验等方面的问题，参观了施工现场和已建成的厂容厂貌，**对园区的开发建设给予高度评价，并提出了加快园区建设的要求。**随后又为苏州工业园区题词：希望苏州工业园区既出物质文明又出精神文明成果。②

在下面这段着重表达苏州工业园区与周边区域经济联系的设想中，我们可以看到，在这个“极富创造性和想象力，又极为缜密严谨”的规划中，规划师们为苏州工业园区描绘的“一幅国际化城市和江南水乡秀色融为一体的宏伟蓝图”；也可以从字里行间感受到，未来的苏州工业园区将在上海的辐射带动下，为这一片江南膏腴之地上生气勃勃

---

① 张连杰：《苏州工业园区调查报告（下）》，《苏州职业大学学报》1998年第1期。

② 同上。

崛起的经济带锦上添花。在规划师的设想中，无论是经济走廊带，还是水路、公路、铁路、空路、海港组成的立体交通运输网，都是以上海作为中心结点的：

这是一个极富创造性和想象力，又极为缜密严谨的规划。概括起来是“一条带、两张网、三个机场、四个港”。

一条带：娄江和吴淞江之间是一条南北宽 5—7 公里，东西长 16 公里的带状地块。娄江在园区的北面，沿娄江，**有中国最重要的铁路干线——京沪铁路，有横穿中国大陆的 312 国道和建设中的沪宁高速公路**。沿吴淞江则是扩建中的机场大道。这样的地理条件，本来就很有可能在两座大城市之间形成一条经济走廊，苏州工业园区是由西向东发展的态势，将加速这条经济走廊的繁荣。

两张网：一张是纵横交错、遍布水乡泽国的大陆河道之网；另一张是东西南北、**连接长江下游所有城镇**的公路干线之网。南北向的虞苏杭高速公路和东西向的沪宁高速公路建成后将相交于苏州工业园区的西侧。这样，苏州工业园区就将居于一套高速公路体系的枢纽点上。水、陆两张网把苏州工业园区与整个长江下游三角洲紧密相连。

三个机场：距离工业园区 70 公里有专用道路连接的上海虹桥机场和苏州附近光福、硕放两个国内机场。

四个港：太浦河东段即吴淞江，经上海港入海，**上海港是中国最大的海港**。娄江向东经太仓浏家港入海。公元 15 世纪，郑和七次下西洋五次经由浏家港。浏家港以西，是常熟境内的浒浦港，正在开发建设。再往西，是新兴的张家港。如果把苏州工业园区当作一根轴，那么，**上海港、浏家港、浒浦港和张家港这四个长江出海口南岸的主要港口，便围绕这根轴组成了一个近似的扇面**，距离最远的是 80 公里，最近的是60公里。①

这一规划在实施时正赶上国家宏观调控，此时，正聚精会神地专注于70平方公里的基础设施和8平方公里核心区建设的园区人，也许没有想到，苏州工业园区对于园区周边的县（市）“加快经济建设”还会有重要的政治保护价值。

下面的这段文字，在各地的汇报材料中非常常见，但如放到1996年那个土地、信贷龙头“双拧紧”的严格落实宏观紧缩调控政策的氛围下品读，则不难看出地方政府在追求发展主义之中，无论在捕捉机遇上还是在制造话语上，都具有高度的智慧和技巧。

苏州市的各县（市）和郊区积极呼应园区、新区建设，把握“重中之重”，采取接轨措施包括从思想观念上接轨，在区域规划上接轨，在工作措施上接轨，接工业园区、新区建设之轨。如常熟市进一步加大常熟港开发建设力度，力争使其早日成为一条新的国际通道（目前作为园区重点配套项目的常熟港建设进展顺利），已建成3.5万吨级煤码头1座、5000吨级油码头1座、5000吨级重件码头1座，中外合资常通汽渡码头已投入运行，与新加坡合资兴建的两个3.5万吨级码头正在抓紧施工。确保年底正式开埠的机构设置、人才培训等准备工作也在进行之中。昆山市与园区接近的镇村都做好了主动接受辐射的准备，并争取为园区的项目建设做好服务工作。②

以上关于园区第一阶段发展的文字，主要是园区逆势起步的经验

① 张连杰：《苏州工业园区调查报告（下）》，《苏州职业大学学报》1998年第1期。

② 同上。

过程的梳理。其中，星星点点地散布着一些带有理论色彩的点评，初步形成了归纳园区经验的主要观点。下面的文字，则主要是基于园区经验而做的思想认识上的升华。

（三）中央—地方关系的另类视角

上述园区的发展历程，向我们提供了一个深入观察中央—地方关系的机会。

中新合作项目之最终花落苏州的过程，是苏州工业园区的建设者、见证者最津津乐道的一段故事。这里要指出的是，项目确定在苏州实施之后，**苏州作为一个区域经济体，客观上所具有的“双重角色”及由此形于外的行为特征，是解释苏州工业园区发展历程若干重大事件及路径依赖的另一个重要方面。**

第一重角色行为，是 20 世纪 80 年代中国开启“地方工业化”[①] 进程以来地方政府所普遍具有的、以地方利益为本位的“地方政府公司化”。对此，本课题团队已在本书上卷中进行了详细的历史过程分析，书中前言的第一句话便将苏南的经验概括成八个字：“成也政府，败也政府。”

第二重角色行为，是此次中新合作中苏州市因承接国家重大战略性任务而特有的——**“地方政府代行国家体制”**。

由于在代行国家战略的过程中，**地方政府可以得到中央政府资源的在地化配给，以及国家信用的背书，因此，垄断性地“代行国家战**

---

① 温铁军把中国自洋务运动以来百年工业化历史划分为 4 个进程。其中第三个是改革开放之前以中央政府为主导的“国家工业化原始积累”；第四个则是以改革开放为名的“产业资本扩张”，且以“地方政府”为主导，由此可以称之为“地方工业化”。参见温铁军：《百年中国，一波四折》，《读书》2001 年第 3 期；收入文集温铁军：《我们到底要什么？》，华夏出版社 2004 年版。

略”从而“代行国家体制”，客观上能极大地提升该地方相对于其他地方的竞争力。这个归纳也许不那么讨学术界喜欢，却实在是值得研究或者试图借鉴园区经验的后来者们高度关注。

实际上我们也能够看到，1984 年中央和地方政府财政“分灶吃饭”以后，确实有一些地方政府由于地理区位特殊或者其他原因，一度承担着重要的国家战略性任务，从而在决定资源配置和管理权限的中央地方权力利益分割中具有比一般地方政府更高的谈判地位，短期内形成有利于在地方政府发展竞争中“独占一春”的独特优势。

由此，也就不难理解，为何在中新合作项目选址过程中，同时有江苏、山东的多个地方政府表现出浓厚的兴趣。这恰恰是地方政府公司化竞争的表现。

地方政府公司化竞争之滥觞，对于苏州工业园区后来的发展演变具有重要的影响。中新合作项目的目标是在中国“再造一个裕廊”，集中、系统地输出新加坡管理的软硬件；但同样面积大小的土地，放在中国和放在新加坡，其与周边土地的竞争合作关系是截然不同的。这是苏州和裕廊诸多异同中比较重要、也比较本质性的一个方面。

在东方社会已经传承了两千多年、至今仍被当作“中国特色社会主义”优越性的有力支撑的“举国体制”下嫁地方，与 20 世纪 80 年代以来愈演愈烈、至今已演化为竞劣局面的“地方政府公司化竞争”，一方面可以认为具有哲学意义的对立统一关系；另一方面，这组矛盾在现实中交织运作，共同书写了苏州工业园区的 20 年发展史。

二者对立统一的矛盾关系，在每次危机的结点上，表现得尤为突出。

在 20 世纪 80 年代末至 90 年代初，中国内有经济危机、外有西方封锁的双重困局压力下，举国体制无疑占了绝对上风。如果借用制度经济学的理论来看，它也深深地锁定了园区后续制度结构和发展模式演变的路径依赖。

四、中新合作实质：两个“强政府”的联合

超越意识形态地看，新加坡“区域工业计划”的最大项目选择落在苏州，背后隐含着“强政府合作”的逻辑，尽管新加坡通常被认为是推行自由贸易的典型国家。

“二战”后，获得独立的殖民地、半殖民地国家纷纷启动了经济现代化和政治民主化两大历史进程。但成功进入工业化的国家，其经验路径往往具有不可复制的特殊性。对于大多数发展中国家为何徘徊在工业化的门外，一些经济学家指出，**政治民主化和经济现代化所需的资本原始积累在本质上是相斥的，这既是工业社会的本质矛盾，也是大多数发展中国家难以进入工业化的原因。**①

1983 年，美国经济学家老埃德·雷诺兹分析了 41 个发展中国家 100 多年的发展历史后得出了这样的结论，似乎是为发展中国家解套上述矛盾提供了一个新的思路：“我的假设是，**在经济发展中一个最为重要的解释性变量是政治组织和政府的施政能力**。关于这一点，作为一名谦虚的经济学家，我不想承担更多的责任，而把它交给我的政治学同僚们。”

中国的学者们也认为，“强有力而高效率的政府是后发展国家经济、社会发展的关键因素。这就是说，**后发展国家的现代化与‘强政**

① ［日］速水佑次郎、神门善久：《发展经济学——从贫困到富裕》，李周译，社会科学文献出版社 2003 年版；Ralf Dahrendort. *Class and Class Conflict in Industrial Society*. California：Stanford University Press，1959.

府’之间有一种内在的必然联系”；“一个国家的经济发展过程并非单纯的经济结构的变迁或经济总量的增长过程，而是整个社会的重组过程，**政治是影响后发展国家经济发展进程最为关键的因素”**。[①]

然而，对于后发展国家来说，代表国家能力建设水平的强政府与其说是“必要”的，毋宁说是“奢侈”的。

新加坡无疑是拥有这一“奢侈品”的、少数从发展中经济体跻身于高收入经济体行列的国家之一。

新加坡的“强政府”特征，作为一项现代化国家普遍稀缺的政治资源，是在国内外多种特殊因素共同作用下形成的。诚然，将新加坡从立国开始的发展历程还原到历史的具体情境中，对于我们理解新加坡“强政府”的形成过程，理解苏州工业园区项目的缘起、发展、演变过程，研究事态进展中各**当事方的目标取向和行为方式如何随客观环境条件的变化而变化**，进而形成对未来的理性研判，具有重要的意义，但这已远远超出了本书所能涵盖的范围。因此课题组从文献中蜻蜓点水地摘录了新加坡“强政府”形成过程中的一些关键点，放在本章附件中，供读者参考。

本书要强调的是另一个上文多处提及、但较少被理论界讨论的机制：

新加坡的优良商业信用能够成功地“嫁接”到苏州工业园区，与苏州也属于“强政府”具有本质相关。

新加坡是一个辖域不到700平方公里的国家，国家元首可以直接深入每一个选民片区，因此国家治理的“强政府”的色彩可以相对均匀地渗透到每一地理空间、每一社会领域和每一经济行业。但中国截

---

① 吕元礼主编：《新加坡研究：第1卷》，重庆出版社2009年版。

然不同。在中国，正式的行政级别分为中央、省、地区、市、县、乡，乡以下还要考虑行政村与自然村……因此，研究中国政府的行为特征至少要先分成中央和地方两个层次；就时间来说，也要至少分成改革开放前的国家工业化和其后至今仍在演化中的地方工业化两个阶段。

就中央来说，中国能在 20 世纪 70 年代中后期完成国家层面的工业化资本原始积累，成为迄今人口过亿的原住民大国中唯一进入工业化的国家，表明在国家工业化阶段的政府客观上是具有较强的“强政府”色彩的。1978 年改革之后，确切地说是 1984 年中央和地方财政分灶吃饭之后，中国各区域的发展出现严重分化，其中，长三角一带的苏南、浙北，都属于典型的“强政府”经济；它与农村集体经济为主的工业化相辅相成，这一特征一直延续到 20 世纪 90 年代中期。

人们需要了解：**不同规模的产业资本，对于政府治理的需求是不同质的。**

反之亦然，不论那些受“意识形态化”羁绊的学者对某些地方经验如何做出倾向性判断，人们都应该看得到的基本经验很清楚——**已经支付过信用建设成本、积累了比较高的政治信用，形成了一定管理规范的“强政府”，不会把自己的制度结构降低到跟“弱资本”的“灰色治理”结合上。**同理，西方的“强资本”由于肮脏的、血腥的原始积累过程在早期殖民化过程中早就已经完成，形成了规范程度较高的运营模式，也是既不愿意与中小资本进行结盟和合作，也很难与习惯性腐败寻租的不透明的“弱政府”进行交易。①

本来，在中新合作项目选址时，进入新加坡元首李光耀的备选方案的，既有胶东半岛也有苏南地区，两地都以“强政府”著称。**李光**

---

① 对于这个可能引起学术界争议的观点，本书第二篇开头“一、大珠小珠落玉盘”提供了既有经验材料的对比。此处不赘述。

耀从一开始就明确提出，广东和福建的就不要考虑了。——表面上看，是因为广东人和福建人与新加坡华人有着盘根错节的血脉关系，在这样的熟人网络中没有办法进行规范的政府治理和商业管理；**实质上，是这两个沿海开放地区的大多数经济运营主体与东南亚一带的华人中小资本结合密切，建基于其上的政府反倒难以为面积和规模上与新加坡裕廊工业园相当的合作项目提供良好的治理环境。**

可见，选择地方“强政府”来合作，不可预见的外部性成本才最低。

园区成立20年之后，我们看到，由于本土“强政府”与外来“强资本”的两强结合，苏州工业园区不仅产业层次一直相对较高，政府的统筹治理能力在资源配置中也一直处于不可忽视的重要地位，从而避免了一般地区，尤其是以“弱政府+弱资本”起步的地区所出现的路径依赖困境。

园区成立20年之后，我们还看到，一些具有强资本特点的跨国公司相继将研发部门落户苏州工业园区；与此同时，园区也通过各种制度创新和产业引导，在2009年全球经济危机之后迅速回升，在长三角诸经济开发区中形成具有独特竞争力的园区特色。

回望历史，我们或可形成如下比较有一般意义的经验归纳：

无论以何种本源于西方的主义作为本国意识形态，**世界上任何处于工业化过程中的发展中国家的政府在资本要素极度稀缺**（而非一般经济学作为立论前提的要素相对稀缺性）**条件下，都是“亲资本”的；区别仅在于各国政府由于自己的基础和能力不同，能与之结合的资本类型也不同，遂使各国的工业化道路形成了不同的路径和结果。**

诚然，一枚硬币的另一面更值得看到。如果在资本全球化大潮之下认真归纳客观经验，则会发现其具有普遍意义的恰恰是造成第三世界局部冲突迭起的内在规律：**大多数发展中国家的外国规模投资企业，都会建立在开发区这种政治经济“飞地”中，盖因大资本很难与当地的“灰色的经济生态和社会生态”融合共生，而只能以物理空间割据的形式，既占有东道主的各种资源的超额制度收益，又以其被奉为“普世价值”的强势话语促使东道国激进改制；遂使投资国与东道国由此“双输博弈”而堕入“改制陷阱”**。

若然，中国官方或有实力的私人资本投资人在对外推介苏州工业园区、贯彻产业资本“走出去”战略时，应该会懂得对东道国及其具体投资地点的选择。

附件　东南亚地缘圈中的“强政府”新加坡

作为东南亚国家中的一员，新加坡的发展经历在东南亚国家中具有“一般性”，学者尼古拉斯·塔林从以下几方面进行了分析。

首先，整个东南亚地区都有着学者们称为“威权主义”的政治结构。东南亚国家政治制度化水平低的起点使得领袖们往往是某种政治结构的创建者，长期任职赋予这种威权的政治结构以稳定性，而且，领袖个人的执政风格给国家政治结构烙下了鲜明的人格特征。此外，“二战”前的殖民化统治所形成的各国边界分割在“二战”后得以维持，强化了东南亚国家的民族主义倾向。有时候，新兴政权甚至通过推行沙文主义的做法来使自己合法化。

其次，“二战”后独立的东南亚各国政府一致认为，中央计划和国家干预经济是达到发展经济、平等、民族主义等目标的必要手段。大多数新政权都直接参与了经济活动，包括制定计划和直接参与经济管理。尽管容许放任主义观点存在，但**东南亚国家中没有一个政府热心**

仿效自由市场思想家们津津乐道的不干涉主义模式。新加坡通常被视为推行自由贸易的典型国家，但其政府也一直控制着公共部门的三分之一的投资。在文莱、缅甸、马来西亚、新加坡及越南等国家，公共部门的消费和支出占国民生产总值的比重有时候达到40%，甚至更高。

再次，利益竞争的缺乏或薄弱使国家可以首先建立国有企业。由于东南亚国家缺乏强大的民族资产阶级，这些国家的政府没有必要通过承诺不干涉政策来安抚私营商业部门，也没有坚持认为市场力量是神圣不可侵犯的。直到20世纪80年代，东南亚国家的政府才开始对私有化慢慢产生兴趣，这时新加坡开始在有限的规模上实行私有化，但总的来讲，国民财富中公共部分所占的比重不断上升。

最后，东南亚国家的政治、经济格局“在很大程度上取决于一些远非东南亚国家的政府所能控制的因素。越南民主共和国城市发展的分散化基本上是对美国轰炸行动的反应；**1975年，柬埔寨金边人口被迫疏散，部分是因为这个日益膨胀的城市经历了五年战争后无力养活那么多人口。**1973年以后，印度尼西亚、马来西亚和文莱表现出来的繁荣景象在很大程度上归功于同年出现的全球石油市场的繁荣”……早在东南亚国家独立之前，各个殖民地的经济同宗主国的经济就紧密地结合在一起，东南亚各地早已被纳入世界体系之中。“二战”后，西方国家的经济援助伴随着政治目的的渗透，“经济援助往往是政治意图的侍女，不过双边援助让位于多边贷款，使经济援助在名义上朝非政治化的方向发展”。“美国成为对东南亚地区经济事务影响最大的国家，同时也是在20世纪50年代和60年代该地区‘新殖民主义’的主要代理人。它不但扮演着代表美国贸易和投资利益的角色，而且是从总体上维护资本主义利益免遭全球共产主义威胁的捍卫者。”

20世纪70年代以后，国际经济的深化使得东南亚国家变革的步伐加快。当国家市场的规模增大，跨国商业公司变得更重要了，“东南亚国家的政府权力在每一个领域都加大了”，但究竟是强化了这些独立国家的主权还是步入了侵害国家主权和独立决策的新殖民主义的陷阱，则需要认真研究。“作为独立的国家，东南亚各国按理来说，应该能够控制他们向国际市场的开放和对先进技术的利用，以及他们与外国政府的关系。但**他们在实践中遇到的是一揽子的东西：贸易、外援、投资、技术及如何使用这一切的强制性建议**。发达资本主义国家占据世界贸易的 60%—70%，在国际援助和外国投资及‘二战’后重大技术革新项目方面占据的比例甚至更大，坚持走‘第三条道路’的国家已经意识到，**拒绝他们的一揽子计划当中的任何一项，就有可能会失去其他各项**。……在国家主权不受损害的情况下，要想获得这些东西（贸易、援助、投资和技术）是何等的艰难。”①

新加坡是一个国土面积仅 637 平方公里、没有农业、连淡水都不能自给、被伊斯兰国家包围着的华人岛国，“尽管并入马来西亚并进入马来西亚共同市场原来一直都是新加坡人民行动党的核心政策，这个联邦却因优先权的争执、不忍让和不信任、马来半岛日趋紧张的民族关系以及新加坡此起彼伏的民族骚乱而破裂。世俗的城市新加坡人不容易与君主制穆斯林的乡村马来西亚人和睦相处。……**长期以来新加坡被视为经济上的寄生虫，它自己并不生产任何东西，却依靠邻国的资源养肥自己，它经营着本地区的大部分橡胶、锡和棕榈油的贸易，对印度尼西亚进行走私贸易，并从中繁荣起来**。……在新加坡作为马来西亚的一部分的那段短暂的时间，吉隆坡帮助李光耀使当地的政治极端主义者中立化，并以此巩固李光耀自己的地位”。

① ［新西兰］尼古拉斯·塔林：《剑桥东南亚史（第 2 卷）》，贺圣达等译，云南人民出版社 2003 年版，第 372—374、376、377—378、384 页。

1965年，当吉隆坡选择使新加坡分离出去时，“这个共和国并没有为任何形式的分治做好准备”。“成为马来西亚的一个邦所带来的经济安全在一夜之间就消失了，新加坡还得自谋生计。”

被迫自谋生计的新加坡在政治、外交、军事、经济方面都进行了比东南亚其他国家程度更深的、更为综合和多面向的国家政治建设，从而形成了比其他“威权国家”色彩更深厚的**对内的“强政府”治理**①：

它（新加坡）的唯一出路就是加入全球性的贸易和投资网络之中，这意味着它将进一步卷入外部环境中，而这种外部环境是它的政治结构无法控制的。它充其量所能做的是进行内部整顿，因此，它的国内政治结构的管理是至关重要的。

在东南亚所有国家中，新加坡对世界市场和大国的友好关系的依赖程度最高。

（东南亚国家中）只有泰国、新加坡和文莱从来没有系统地排挤过外国投资。

新加坡作为一个以华人为主体的岛国，在穆斯林占多数的群岛中感到非常脆弱，因此它倾其所能发展国防，既阻止来自不友好的邻国的侵略，又通过义务兵役树立新加坡人的认同感。

这个共和国是联合国和英联邦的成员，它躲在英马共同防御的保护伞下，坚定地致力于沿着自由贸易的方向发展经济。

1968年，英国宣布提前撤军给新加坡的经济和安全造成了威胁，

---

① 以下内容分别引自［新西兰］尼古拉斯·塔林：《剑桥东南亚史（第2卷）》，贺圣达等译，云南人民出版社2003年版，第359、393、484、391、489、441页。

但事实证明撤军有利于新加坡，因为英国留下了很有价值的防务装备和受过良好训练的人员，还有价值 5000 万英镑的长期低息贷款，正好这时东南亚地区开始热衷于寻找海上石油。

从短期来看，收入再分配政策往往会减少资本构成。在整个东南亚地区，国内资本构成的很大一部分（1/3 甚至更多）来自政府，是通过税收和一些强制性储蓄机构如新加坡的“中央储备金”等筹集的。“二战”后，总资本构成以各种方式增加，在东盟国家中，资本构成在国内生产总值中的比例从 20 世纪 50 年代的 8%—15%稳步上升到 20 年之后的 25%（新加坡为 40%）。

（独立后的）危机也使得政府能够灌输新的社会纪律。执政的人民行动党在 1968 年的选举中大获全胜，从权力的这一步开始，政府不仅阔步走上建设本国军队的道路，而且还加速了工业化进程，制定了严厉的劳工法。政治稳定和经济发展使新加坡得以最大限度地从 20 世纪 60 年代末至 70 年代初的世界经济繁荣中获利。

即使是在世俗的实利主义的城市国家新加坡，政府也积极促进和管理宗教生活。到 20 世纪 70 年代末，儒教被当作一种与政府在社会稳定方面的利益相符的社会精神而得到促进；80 年代，政府加大了支持的力度，以此来促进家庭对老人的赡养——减少对国家的福利依赖。到 80 年代末，新加坡政府关注的是原教旨主义的兴起和随之可能发生的冲突。

新加坡对国际市场的依赖更强，因此在国内构建多元民族共同体的政治需求也就更为迫切，整体上“强政府”色彩比其他东南亚国家更为浓厚。如下文所说：

新加坡与其他一些亚洲南部国家一样，有着极限政府赖以存在的政治结构。然而，印度尼西亚、缅甸以及马科斯统治下的菲律宾等国家是根据国内需要制造它们的政治结构，而新加坡的政治结构在很大程度上是由外部环境造就的。由于华人在人口中占压倒性多数，社区中就有一股非常强大的压力，要求新加坡认同邻近的中国——一个正统的地区性大国。然而，新加坡始终是地处马来世界之中，同中国关系密切会妨碍对一致性的追求，而且会引起少数民族的疑虑。更为无可辩驳的是，这样做必定会扭曲邻国对新加坡的民族主义的看法。

选择并入马来西亚的政治结构在某种程度上就是迫于这种外部环境。当然，新加坡选择加入马来西亚有着国内经济方面的原因。然而，如果不算更重要也算同样重要的是，需要纠正新加坡国内受过华文教育的人们之中出现的那种民族政治活动的“左”倾趋势。新加坡在加入马来西亚之前的最有活力的政治结构基本上是由群众——学生和工人——组成，在人民行动党内活动的共产党统一战线把这些群众动员起来。公开的共产党的活动早在1948年就被宣布为非法，而且一直遭到取缔。随着新加坡加入马来人领导的马来西亚联邦，人们希望受华文教育的左翼分子从事的种族煽动活动将会被吉隆坡的政府所遏制，甚至降服到可控制的程度，因为吉隆坡政府自1948年以来就一直在同共产党斗争。提出加入马来西亚策略的是受过英文教育的华人领袖李光耀以及人民行动党的稳健派中的非华人同僚。甚至在马来西亚成立之前的1961年，在严厉的内部安全法之下，就曾有过未经审讯而被关押的事例，那是在吉隆坡政府的纵容下发生的。这类事例预示着，一旦新加坡加入联邦，一旦新加坡的内部安全变成联邦关注的问题，将会发生什么事情。

加入马来西亚的经历对新加坡的政治结构产生了相当大的影响。首先，就人民行动党这个占支配地位的政党而言，党内左派遭到削弱导致一个较有内聚力的政治结构得到巩固，使它由受过英文教育的党内稳健派单独控制。其次，民族性的半岛马来亚的各种结构与非民族性的“马来西亚人的马来西亚”组织之间的对抗，使新加坡领导人认识到，多元种族是实现一致的关键。再次，这一经历证明，新加坡的政治结构不能同外部环境隔离开来。新加坡加入马来西亚是带有限制条件的，即它的华人公司只享有在该岛投票的权利。尽管这样，巫统中的马来人极端分子仍企图诋毁李光耀，并参加了 1964 年的新加坡大选，以便赢得那里的马来少数民族的支持，从而在新加坡的政治结构中取得一个立足之地。此外，新加坡作为联邦实体中的一个成员邦，它的结构也受到了苏加诺的对抗政策的挑战。这种对抗政策针对的是一系列问题，如新殖民主义、少数民族问题、东南亚的霸权和领导权以及华人对贸易的支配权问题。因此可以看出，如果没有区域内邻国的支持，即使是新加坡政治结构中的变革也不能得到实施。最后，随着新加坡从马来西亚退出，其生存就变成紧迫的问题了。在一场如此重大的危机中，强调对主要的共同目标要同心协力的政治结构便找到了生长的沃土。成为马来西亚的一个邦所带来的经济安全在一夜之间就消失了，新加坡还得自谋生计。它的唯一出路就是加入全球性的贸易和投资网络之中，这意味着它将进一步卷入外部环境中，而这种外部环境是它的政治结构无法控制的。它充其量所能做的是进行内部整顿，因此，它的国内政治结构的管理是至关重要的。

李光耀开始实施一项行动计划，以确保 20 世纪 50 年代流行的不同政见不会再重演。结果，所采取的措施是如此完善，以至于新加坡作为一个整体成了牢不可破的政治结构，全国上下一致支持李光耀的领导。……李光耀利用国内安全法把那些将会破坏现存政治结构的危险的反对派势力消灭在萌芽状态中，他的做法被比作空手道的一劈——干净、明确、爽快，当然还见效。

与这种治理风格相应的是，李光耀的控制扩大到了准政治结构和准国家结构。工会就是一个准政治团体群。在50年代，正是人民行动党内的左派分子控制了工会组织，才使他们在党内有如此大的影响。到1965年，人民行动党支持的全国职工总会已经从左翼的新加坡工会联盟手中取得了对工会组织的控制权。全国职工总会的主要纲领就是号召各工会组织摒弃它们的狭隘的自身利益，通过努力同政府和雇主相协调而不是同他们对抗来实现“现代化”。此后，在人民行动党的支持下，全国职工总会的领导人——他们本身就是来自人民行动党——不再过多强调它所起的集体议价的作用，而是详细阐述它的社会作用，即为会员提供教育、休闲和业务方面的机会。1972年，政府成立了全国工资委员会，这是一个由劳工、雇主和政府三方组成的工资谈判机构，这进一步消除了工会的集体议价的作用。因此，到了1972年，工会在政治结构中承担了一个角色，其中劳资关系并不是唯一需要关注的事。

…………

李光耀早先为了确保为发展适当的政治结构而采取的各项措施都不至于徒劳无功，已经下令组建新加坡武装部队，用来保卫已经取得的成果。新加坡脱离马来西亚之后不久，便朝这个方向初步采取了决定性的行动。1969年7月，当种族暴乱震撼了吉隆坡，而且大有蔓延到新加坡之势的时候，李光耀下令武装部队在8月的国庆节阅兵典礼上展示其坦克部队，以增强人们的信心，使人们相信新加坡的政治结构有足够的力量顶住外来的压力。此后，李光耀在1972年11月采取未雨绸缪的行动，防止任何欲与马来西亚合并、进而改变新加坡的政治结构的企图。他说服国会修改了宪法，规定从此以后任何合并或任何交出对警察和武装部队的主权的议案都需要举行公民投票，要有2/3 的多数公民投票通过。自那以后，武装部队变成了政治结构的一个重要组成部分，有各种“桥梁”把它同文职部门联系在一起。强调要使军队成为一支公民军队，以实行全面防卫，同时还设立了一条渠道，使高级军官能够转过来参与国家政治活动或调派到政府部门中工作，所有这一切都确保了武装部队将会在政治结构中扮演一个主要的角色，但不是支配一切的角色。

——《剑桥东南亚史》第 2 卷，第 355—359 页。

在对方方面面进行勤谨经营的呕心努力之下，新加坡成为所有东南亚国家中经济发展最成功的国家。在“二战”后这个时期，其人均经济增长率仅次于日本而名列第二，并与中国香港地区、中国台湾地区和韩国一同被列为亚洲“四小龙”。尽管一般人认为的“新加坡的辉煌成就得益于其优越的战略位置、有效的和非常廉洁的政府、训练有素的劳动力以及坚定的人口计划项目等”，只是对于结果的归纳而没有具体过程的梳理，但不可否认，“有效的和非常廉洁的政府”已经无形中成为新加坡商业信用的标签。①

① ［新西兰］尼古拉斯·塔林：《剑桥东南亚史（第 2 卷）》，贺圣达等译，云南人民出版社 2003 年版，第 385 页。

第二章

两强结合：国际金融资本流动与园区调整[①]

第二篇的“两强结合”，主要是指经济基础领域中两种强势资本的联合。

为此，需要简单回顾一下本书在第一篇中曾经提到的“强强联合”，是指上层建筑层面中国和新加坡这两个“强政府”的合作过程。这两个强政府的结合，使得中新双方能够平滑地配合、低成本合作，共同走过风险最高的园区初期开发阶段。其中，中方“强政府”的“举国体制”权力下移对园区起步阶段具有直接作用。

我们在第二篇则试图提出“高制度”（High InstITution）概念。与世纪之交人们逐渐熟悉的“高技术”（High Tech）、“高结构”（High Structure）等流行概念类似。[②]

---

① 作者注：本书的所有表述都在努力超越意识形态化的判断。对苏州工业园区第二个阶段的客观经验分析，也只是试图从价值中立的科学研究立场来开展关于资本的讨论。

② 课题组学术顾问温铁军14年前就提出过制度“派生”于宏观经济条件下的要素结构变化，见温铁军：《中国农村基本经济制度研究——“三农”问题的世纪反思》，中国经济出版社2000年版，第2页。

根据演化博弈论的一般原理，由于社会的历史初期条件的原因，系统的最佳运行状态难以从帕累托劣势的社会传统中脱颖而出，从而使经济社会的制度进化表现出极强的路径依赖性。因此，**起点低的社会经济进化过程不一定带来最佳的传统和制度，可称之为“低制度”，**并且由此派生出许多与“低制度”概念有关的现象。例如，国际社会关于“拉美化”的讨论，关于发展中国家“城市化陷阱”的讨论，以及“低收入陷阱”和“中等收入陷阱”等。

美国著名经济学家钱纳里说：“发展就是经济结构的成功转变。”[①]动态地看，只有实现经济结构“一次又一次”的成功转变，才叫发展。据此看，**通过高技术或高投资而实现了经济升级到“高结构”的发展经验，也具有相应形成“高制度”的条件。**但是，更为深刻的历史性问题是：大多数发展中经济体并不具备复制发达国家通过向外转嫁制度成本而成功转变经济结构的条件，甚至都没完成过一次像样的民族民主革命；由此而一般都处于低经济结构羁绊之中的低制度，于是，遭遇到各种“发展陷阱”也就成为一种常态。

苏州新加坡工业园区起步的筹融资过程，正是依托中国以举国体制构建的政府信用，加之**搭上了新加坡在国际资本市场上的优良信用的便车，对接了国际金融资本支撑的较高经济结构的产业资本集团，从而超越了一般发展经验的“低水平均衡陷阱”，构成了制度起点较高的“高制度”。**

归纳其经验，就是：

强资本（新加坡，国际信用）+强资本（国际，产业资本集团）+强政府（中国，苏州）+强政府（新加坡）= 高制度起点（苏州新加

---

① ［美］H. 钱纳里等：《工业化和经济增长的比较研究》，吴奇译，上海三联书店，上海人民出版社 1995 年版。

坡工业园区)。

相对而言，当西方主导国家进入金融资本阶段、促进金融全球扩张的时期，**一般发展中经济体如果只看国内条件的话，往往因没有信用基础而无法获得金融授信，遂只能从低端产业起步进行“内向型积累”，形成以低端产业为主导的经济基础和与之配合的符合“低制度”内涵的上层建筑；二者的内在利益分配及其结构性组合，对后续的产业结构向高端升级形成难以突破的“路径依赖”约束，使得经济体的产业层次只能在“低水平”上徘徊。**

而园区的资金筹集和对应形成的管理制度，是在国家战略性任务的政治高压下，举全国之力而为之；如此“反弹琵琶”，在全国上下的全面危机中横空出世，客观上完成了跳出当时的经济、政治格局对于其中的任何子系统所构成的发展路径及其制度起点约束的第一个步骤。

现在，园区正式进入制度化的建设运营阶段，资本原始积累的完成过程给了它与借势国际金融资本的大型跨国企业集团结合的可能。

于是，客观地看园区第二阶段的建设和运营，比较突出的实际经验是经济基础层面进行区域综合开发的本地“强资本”与寻求产业全球扩张的跨国公司“强资本”的“强强联合”。

鉴于此前的研究中鲜见这样的归纳，我们不妨先把岭南和苏南这两个中国沿海著名的经济发达地区做个比较，以帮助读者深化对区域发展的认识。

一、大珠小珠落玉盘

20 世纪 70 年代以来，西方先发工业化国家因西方主导国家产业资本向金融资本跃升，土地、劳动力要素价格上涨而将传统产业大量移出，广大发展中国家因此承接了一波又一波的产业转移。对于这个因两类国家分别处于不同的发展阶段而发生在冷战方兴未艾时期的互动过程，任何被冷战锁定的意识形态化的表达及其派生的社会科学理论的解读，都属于“嘈嘈切切错杂弹”。

中国作为一个幅员辽阔、业已完成本国产业资本原始积累的大陆型国家，自20世纪80年代迫于外债过重压力而渐次将对外经济合作的权力下放给地方政府之后，借助各种历史机遇得以承接的海外大大小小的资本转移，在数量规模上早就超出了此前有过的三次“对外开放”——20世纪50年代毛泽东和刘少奇接受苏联援助的54亿美元、20世纪70年代先有初期毛泽东和周恩来引进美欧日43亿美元、再有后期华国锋和邓小平引进82亿美元的设备和技术服务——引进资本的总量。这种全国“一起上、大呼隆”的外资引进，当年还只能是中央政府作为主体承担对外还债责任，因而成为各地政府争先恐后要得到的肥肉。当然也就难以形成统一的秩序和规则。

就在举办经济特区和对外开放成为国家战略、邓小平南方谈话与西方逐步解除封锁同步等刺激政策带动外资宛如“大珠小珠落玉盘”一般进入中国之际，我们看到产业资本的区域布局呈现这样的分布特征：大珠落苏南，小珠落岭南。

为了说明个中原委，我们暂且按下苏南不表，先对岭南经验徐徐道来。

（一）岭南：“小盘”承“小珠”

对广东省产业结构和经济发展历程的梳理表明，广东**早期的资本**

原始积累决定了其自身的制度结构和以后发展的路径依赖[①]。

20 世纪 50—70 年代，中央政府主持引进的外国设备主要用于国家工业化自身产业布局的战略性调整，由此，原本就有一定工业基础的长三角工业带得益最多。80 年代末的苏南城乡已经形成了相对完整的产业基础，并毗邻当时国内最重要的工业和贸易基地——上海，其乡镇企业可以与城市部门形成垂直分工协作。

与此形成鲜明对比的广东，本地既无资源又无能源，长期以来处于台海前线而得不到国家工业化投资。因此，20 世纪 70 年代中后期中央在做出“世界大战二十年内打不起来”的基本判断从而准许广东先试先行时，广东的工业化起点聊胜于无。既然属于典型的“弱资本”，**其资本原始积累过程注定是充满大量低端、不正规乃至灰色交易的内容**。这个到处发生的、长期延续的非规范交易，是形成“低制度”的一般意义的起点，对后来的制度变迁构成“路径依赖”的约束，与其后来的产业层次难以升级高度相关。

据此可知，越是制度起点低，越是难以进行主动的制度调整，**在后续的演变中所受到的“路径依赖”的约束和锁定就越严格**。

几乎没有任何工业基础就搞对外开放并成为国际贸易大省的广东，其工业化起步靠的是承接了香港地区的低端制造业转移。珠三角 80%—90%的外资来源于香港地区；相应地，香港地区制造业的 80%转移到了珠三角。

这两个“十有八九”，使香港地区和珠三角之间形成了“前店后厂”的模式。亦即，在香港地区 GDP 中占比高达 82%的第三产业不会从香港地区转移到珠三角。

---

① 本部分内容主要来自温铁军等：《解读珠三角：广东发展模式和经济结构调整战略研究》，中国农业科学技术出版社 2010 年版；本书上卷。

因此，广东省的对外开放机制、运作逻辑，都与苏南有着质的不同。

20 世纪 80 年代末，苏南乡镇企业在国家对外开放战略的鼓励和要求下转向外向型经济，其参与外贸的模式主要是“两头在外”，即乡镇企业有自己的设备和流动资金，但原材料和产成品面向国际市场；原材料的进口和最终产品的出口有相当多是单边贸易，以一般贸易为主。比如，杨培新 1988 年发表的文章曾描述道：

“今年 3 月我到无锡，看到毛纺织染厂进口澳洲羊毛，加工成呢绒出口日本和美国，又看到玩具厂用澳毛制成小狗和猴子拖鞋出口。这样做，解决了缺米下锅的燃眉之急。……”①

从统计数据看，1990 年，江苏省出口总额（按经营单位所在地分，下同）为 29.44 亿美元，占全国出口总额的比重为 4.7%，一般贸易出口所占的比重为 72.70%；进出口呈现出“低进高出”的态势，1990 年以前，进出口总额中进口额占比多数年份不足 30%，1985 年仅为 20%。②

这与广东以加工贸易为主形成的“四头在外”和“大进大出”结构形成明显对比。“四头在外”是指设备、流动资金、原材料都来自境外，产成品也向境外销售。“大进大出”格局下的外汇收入以来料加工装配的工缴费为主。根据统计资料：

1979—1986 年，广东省乡镇企业共与外商签订合同并已投产的有 31324 宗（合资、合作企业 176 宗，补偿贸易 357 宗，来料加工装配 30791 宗），总计利用外资达 79166 万美元，引进各种机械设备 31.6 万

---

① 杨培新：《关于国际大循环问题的争论》，《烟台大学学报》（哲学社会科学版）1988 年第 2 期。

② 资料来源：历年江苏省统计年鉴。

台（套），中外合资、合作、补偿贸易企业出口商品总额为4561万美元，来料加工装配企业完成工缴费为7.89亿美元[①]（见专栏9）。**1990年，广东省出口总额为222.21亿美元，进口总额为196.77亿美元，净出口额为25.44亿美元。**[②]

“从资源资本化的视角和产业资本的一般运动过程分析，机器设备和流动资金属于工业化的启动资本，谁拥有这些资产就意味着谁拥有了将自然资源转化为商品资本并占有增值收益的权利。这，恰恰是**珠三角的‘四头在外’和长三角的‘两头在外’的差别**。在‘三来一补’的经济模式下，广东连同加工贸易品一同出口的，除了各地都用的政策优惠之外，其实主要是其毗邻香港的区位优势形成的‘区位租’‘环境租’与劳工的福利；江苏则更接近于对本地加工能力的出口。”[③]

专栏9

广东省“三来一补”的开端：1979—1987

广东省从1979年开始发展“三来一补”业务，主要在靠近港澳地区的深圳、东莞等地。8年多来，“三来一补”企业如雨后春笋一般，从无到有，从小到大，从少到多，从低级到高级，从城镇到乡村，从零散建厂到连片发展加工区。到1986年年底，全省对外签订的“三来一补”协议7万多宗，实际利用外资11亿多美元，已累计收工缴费16亿多美元，占全国新收工缴费的90%。其中，全省乡镇企业签订“三来一补”协议3万多宗，累计完成工缴费7.89亿美元。全省“三来一

① 资料来源：《中国乡镇企业年鉴1989》，中国农业出版社1990年版。
② 资料来源：《中国乡镇企业年鉴1991》，中国农业出版社1992年版。
③ 参见本书上卷。

补”企业已超过1万余家，从业人员100万人。

对投资者而言，则可利用我国廉价劳动力、土地等，通过产品返销国际市场参加竞争，以成本低而取胜。

广东省宝安县发展“三来一补”以后，由纯农业转向农工并举。1986年，以“三来一补”为主的工业总产值达4.54亿元，占工农业总产值的比重由1979年的24.5%上升到75.6%。东莞市自1978下半年开始发展“三来一补”以来，“三来一补”业务发展迅速，“三来一补”企业星罗棋布，现有乡（镇）办、村办加工厂2700家以上，1987年全市工缴费收入达1.2亿美元。

遍布广东的服装、电子塑料制品、家用电器、鞋帽、皮革制品、机电产品等行业的外向型企业，有很多是从搞“三来一补”发展起来的。以各作各价的来料加工装配方式的出口值，1986年占全省出口总值的34%，极大地促进了对外贸易的发展。

资料来源：管志强：《中国沿海地区“三来一补”贸易》，转引自管志强：《中国乡镇企业年鉴（1978—1987）》，中国农业出版社1989年版。

如果用“微笑曲线”来表示接受中国港台地区低端产业的珠三角加工贸易在整条产业链中的附加值，则左端研发、右端营销占了产业全部附加值的80%以上，中间“三来一补”的加工制造环节附加值最低，正处于“微笑曲线”的最底端（见图2-1）。

由于微笑曲线决定加工贸易型产业收益过低，难以内生性形成提升产业结构的积累，那么这种低端制造业只能对内与农村的行政村、自然村两级交易，由此形成了分散的工业化布局；于是，**珠三角虽然GDP总量多年来稳居全国第一，但企业利润、政府税收、研发投资等**

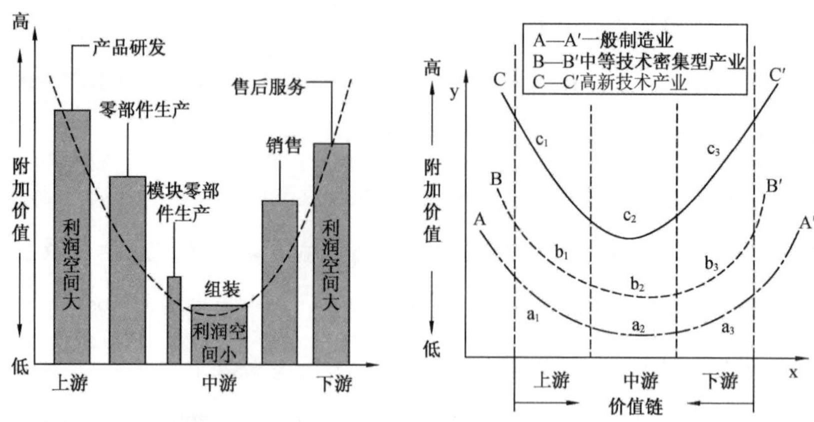

图 2-1　企业价值链与产业价值链的微笑曲线

资料来源：余建彤、徐维祥、楼杏丹:《“微笑曲线”和高技术产业发展》,《经济问题探索》2005 年第 9 期；陈鹏、郑翼村:《“微笑曲线”理论对我国产业结构高度化的启示》,《市场论坛》2007 年第 11 期。

注：左图为企业竞争的微笑曲线，右图为不同产业的微笑曲线分布，越是一般制造业，其整个产业链的附加值就越低，中游环节的附加值则更是处于“低地中的低地”。

相对比重却低于长三角。同期，这种经济基础制约相应的上层建筑，形成的也是治理能力较低的“低制度”体系——无论意识形态如何解读，都只能形成与内在维持制度运作的汲取能力相适应的政府治理。

具体来看，20 世纪 80—90 年代，广东镇以下的行政村叫管理区，属于政府下伸的派驻机构，有非农土地经营权——有权建乡镇企业、开发小区；但管理区这一级却没有土地，土地的所有权在生产队（改革之后转制为自然村）手里。于是产生了镇、区和生产队之间在占用土地搞开发区的交易，有行政权力的单位只有与农村生产队合作才能降低交易成本、为开发区提供廉价土地，接纳香港地区转移来的制造业，接天上掉下的大馅饼。

由于这二者之间的土地交易，就形成了地方政府以农业需要“三区规划”的名义大搞村办工业开发区，于是，也就内源性地造成了一个分散的工业化布局。有关资料显示，东莞一个市就有 500 多个开发区，20 世纪 90 年代初期对珠三角的调查结果表明，佛山、南海、顺德一带，几乎村村都有开发区。

随之，这种**分散的、镇村两级承载的工业化成为珠三角的经济基础，在客观上对地方政治和部门管理等上层建筑乃至意识形态领域，都起着决定作用。**

这，也是不可忽视的……

这种加工贸易的收益来源于中小企业未支付的严重破坏资源环境而得到的短期收益，以及大量外来劳工的劳动力租——沿海发达地区未支付的、约占劳动力简单再生产总成本 1/3 的社会保障，以及劳动力扩大再生产的所需成本。但面临着一个不论什么制度、什么政府都会遭遇的非常严重的规律性问题：当初期低价的土地收益、榨取廉价的外来打工者的剩余价值都被吃光了之后，它自身的产业利润必然会不断下降。

深圳大学的一位教授 20 世纪 80 年代末说过一段很好的话：广东经济最大的问题就在于“三来一补”的经济结构，这只能给当地留下一点“工缴费”，这点工缴费加上地产收益，让广东在 80 年代还算留下了百分之二十几的利润，百分之七十几的收益都流入了别人的腰包，为香港地区产业结构升级的同时经济高速增长做了贡献。那是在 20 世纪 80 年代末，广东还能有百分之二十几的收益；**到 2015 年则普遍下降到 15%以下，有些地方只剩 5%左右了。**

中小资本越小，就越没有谈判地位，越没有谈判地位就越无法应付同样因收益过低而无法实施规范治理的政府管理部门的吃、拿、卡、要；于是，它宁可维持分散布局——企业分散可以规避政府腐败导致的治理风险。越是如此，就越难以和对区域产业布局有引领作用的大资本形成交易，吸引大资本进入。

所以，**中小产业资本越是利润率下降，就越难以依靠内部剩余或与外部金融相结合来形成产业升级的动力，也就难以形成区域经济布局的提升**，遂使珠三角产业结构调整陷入“腾笼换鸟”双重困境——既无法清退小资本集中土地用于引进大资本，也无法将低端劳动力置换为人力资本赋存较高的劳动者阶层。[①]

由此我们看到，**珠三角在工业化之初，由于只能依靠低价出让土地来吸引率先从香港地区转移出来的中小产业资本，因此是“小盘承小珠”。“小珠”把地盘占满了，就缺少承接“大珠”的腾挪空间，遂构成系统初始条件对于制度变迁的路径依赖约束。**

这一点在苏南与同处东南沿海的浙南的对比中，表现得同样也很明显，尤其值得中国那些习惯于“意识形态化”地看问题的人反思。浙南以块状经济著称，**其产业资本在区域内部大体形成了收益均等化分配[②]，因此追逐超额机会收益的国外大资本并不会按照笃信市场化意识形态的人们所想象的，因为偏好市场经济体制而聚集到市场化程度最高的地方去**。在中国，以私人资本为主的、中小企业最集中的浙江南部，尽管市场化程度历来最高，却在很长时期遭遇“外资不进浙南”的困窘。

从有关统计数据看，浙南外资的总体数量和平均规模，都远低于苏南地区[③]（见表 2-1）。

---

① 温铁军等：《解读珠三角：广东发展模式和经济结构调整战略研究》，中国农业科学技术出版社 2010 年版。

② 参见李晨婕、温铁军：《宏观经济波动与我国集体林权制度改革——20 世纪 80 年代以来我国集体林区三次林权改革“分合”之路的制度变迁分析》，《中国软科学》2009 年第 6 期。

③ 参见本书上卷。

表 2-1　1990—2006 年长三角经济区吸引外资情况

地区	项目总计（个）						实际使用金额（亿美元）					
	1990	2000	2002	2003	2005	2006	1990	2000	2002	2003	2005	2006
上海市	203	1814	3012	4321	4091	4061	2.14	31.6	50.3	58.5	68.50	71.07
南京市		156	369	843	728	604		8.13	15.02	22.09	14.18	17.02
苏州市	130	943	2465	2399	2181	2281	1.10	28.83	48.14	68.05	51.16	61.05
无锡市		359	745	1007	811	759		10.82	17.40	27.01	20.07	27.52
常州市		329	363	533	509	505		5.60	5.61	8.55	7.31	12.51
泰州市		28	154	217	253	258		1.02	1.81	3.03	4.56	6.57
杭州市	68	315	587	869	756	747	0.08	4.31	5.22	10.09	17.13	22.55
宁波市	89	550	1017	1209	873	1034	0.22	6.22	12.47	17.27	23.11	24.30
嘉兴市	15	188	456	635	440	468	0.01	1.53	4.81	7.98	11.57	12.22
湖州市	19	115	344	479	475	491	0.02	0.82	3.85	5.37	6.51	7.57
绍兴市	41	156	484	568	416	400	0.05	1.16	3.82	7.43	9.01	9.72
舟山市	11	23	26	60	21	16	0.02	0.11	0.11	0.17	0.31	0.50
台州市	9	120	173	200	117	139	0.00	0.51	1.18	2.16	2.51	3.11

资料来源：历年《长江和珠江三角洲及港澳特别行政区统计年鉴》。

实际上，国外大资本要进入中国的话，在区域选择上尽管表面上有很多量化分析的数据指标，但核心考虑往往很清晰（见专栏 10）。

专栏 10

影响外商直接投资的变量：研究汇总

外商到中国进行直接投资，除了追逐要素低谷以外，还有很多其他影响的因素。国内外很多学者进行了大量的实证研究，国内有学者简要汇总如下，见表 2-2。

表 2-2　影响外商直接投资的变量的研究汇总

研究者	具有统计意义的量
Leung（1990）	工业总产值（+）、海港城市虚拟变量（+）、邮电与通信服务（+）、国际航空港（+）、非农业人口（+）
Gong（1995）	能源消费（+）、海港货物吞吐量（+）、邮电和通信额（+）、水运货运量（+）、投资刺激（+）、可及性指数（+）、非城市非农业人口（-）
Head&Ries（1996）	外方控股合资企业数（+）、工业总产值（+）、工业企业数（+）、开放地区（+）、万吨以上码头泊位（+）、铁路（+）
Chen（1996）	市场增长潜力（+）、交通设施（+）、R&D 人员（-）、资源配置效率（-）
Qu&Green（1997）	城市规模（+）、政策工具（+）、城市中心优势（+）、经验积累（+）、集聚因素（+）、基础设施（+）、经济增长（+）、离来源国的社会和地理距离（-）
鲁明泓（1997）	GDP 总量（+）、第三产业产值比重（+）、城市化水平（+）、优惠政策（+）、外资企业进口（+）、劳动力成本（-）、国有企业产值比重（-）
Broadman&Sun（1997）	GDP 总量（+）、交通线路密度（+）、地理区位（+）、成人文盲率（-）
He&Chen（1997）	GDP（+）、人均 GDP（+）、累计 FDI 水平（+）、交通密度指数（+）、政策虚拟变量（+）、效率工资（-）
羊健（1997）	社会秩序的稳定（+）、市场潜力（+）、劳动力素质（+）、邮电通信和金融业务（+）、地区优惠政策（+）、信息成本（-）
贺灿飞、梁进社（1999）	累计 FDI 和 GDP（+）、贸易密度（+）、资本效率（+）、地理区位（+）、人均 GDP（+）、效率工资（-）、基础设施（+）
Wei et al.（1999）	对外贸易水平（+）、R&D 人员（+）、GDP 增长率（+）、基础设施（+）、集聚因素（+）、投资刺激（+）、信息成本（-）、效率工资（-）
冯毅、张晖（1999）	人均 GDP（+）、固定资产投资（+）、平均工资（-）、进出口占 GDP 的百分比（+）、公路密度（+）、环保职工占总人口比重（-）

（续表）

研究者	具有统计意义的量
王新（1999）	市场规模>资金配置能力>市场化程度>基础设施>经济发展水平>优惠政策>地理位置>经济开放度>工资成本
Coughlin et al.（2000）	GDP（+）、沿海区位（+）、工业企业全员劳动生产率（+）、职工平均工资（-）、文盲半文盲率（-）
Cheng et al（1999）	外商直接投资额（+）、人均收入（+）、基础设施（+）、优惠政策（+）
FuJun（2000）	GDP（+）、工业总产值（+）、劳动生产率（+）、政策因素（+）、文化距离（+）、平均工资（-）
朱津津（2001）	经济水平（+）、基础设施（+）、地理位置（+）
张立、龚玉池（2002）	GDP总量（+）、人均GDP（+）、累计FDI（+）、运输密度（+）、效率工资（-）
魏后凯、贺灿飞、王新（2002）	交通联系发达程度（+）、GDP（+）、国有工业产值占工业总产值的比重（+）、劳动生产率（+）
孙欢（2002）	优惠政策（+）、产业结构（+）、开放程度（+）、市场化水平（+）
张欢（2004）	GDP（+）、人均GDP（+）、进出口总额（+）、第三产业比重（+）、政策虚拟变量（+）、固定资产投资（-）、专业技术人员（-）、国有工业企业产值占全部工业企业产值的比重（-）、城镇居民收入（-）、三种专利授予量（-）

资料来源：张欢：《府际关系对FDI的需求约束》，《统计研究》2005年第12期。

根据上述研究成果，我们可以将影响外国直接投资的代表性变量归纳为以下四个方面。

第一，工业化基础。现实中，工业化的国民经济基础主要体现为一国的工业总产值或GDP总量、工业企业数量、劳动力的受教育水平等。一般来说，现有的工业化基础越好，说明本国的产业资本发育越成熟，与外资进入内在挟带的制度的对接就越容易。比如，一定的工业化基础意味着拥有一定数量适合产业资本需要的劳动力，而劳动力是外来资本开展在地化生产的一个核心生产要素。

第二，基础设施建设水平。主要包括邮电与通信服务、道路建设、水电供给状况等，这直接关系到外资企业原材料、产品的运输和销售成本，进而将直接影响其收益水平。一般来说，基础设施建设越完备，对外资的吸引力就越大。

第三，地理区位。这也直接关系到原材料和产品的运输与销售成本。一般而言，沿海优于内陆，平原优于山区；从城市经济辐射的角度讲，靠近人口密集的城市消费市场要优于远离城市。

第四，政策因素。优越的政策可以直接降低外资的显性成本，如廉价的土地、优惠的税收等。因此，政策越优越，外资进入的可能性也就越大。

除上述四个方面外，一国的政治和社会稳定性对外资进入也具有重要的，甚至最终一票否决的决定性影响。

但上述各因素并非都是最终解释变量。根据历史起点与逻辑起点相一致的唯物史观要求，除了明显的地理差别属于客观因素外（如沿海与内陆），其他因素都与工业化原始积累的完成状况、完成方式及由此形成的制度安排有关。

亦即，原始积累阶段的资本形成及内生的制度结构，在产业资本扩张阶段可能表现为路径依赖；资本扩张过程中某种属性的资本发挥主导作用，会派生出相应的制度变迁的需求，而初始的制度结构可能有利于、也可能有碍于这一变迁，取决于前后两种制度之间的相容性。

如果引入新制度经济学的分析范式，就上述因素对外资进入的影响效果而言，可以归纳为：外资是否选择进入，主要取决于相关因素是否有利于直接或间接降低其进入的交易成本。

资料来源：参见本书上卷。

由此，可以对各区域的发展历程在经验对比的基础上进行一些初步的归纳：

一般来说，作为“大珠”的大资本要求按国际惯例办事；由于大资本与政府谈判的地位高，应对治理问题的能力强，更容易形成与政府高层的对话条件，所以，**国外大资本倾向于集中到那些垄断化程度高、国内大资本控制程度高的地方，**比如上海、苏南、浙北、东北、北京、西安、重庆。

由于与分散的中小企业打交道要支付的“交易费用”往往太高，所以，**较大规模的外资更多地进入长三角这种“强政府”经济地区，主要是苏南、浙北这一带，而不进入浙南这种“弱政府”地区。**同理，在珠三角，那些土地已经被小资本分散占有、资源也已被小资本瓜分的地方，国外成规模的大资本也是不会去的；只有在资源没有被小企业分散占有的局部地区，大资本才会去，并在那里迅速形成产业相对集中的区域布局。

（二）苏州工业园区："大盘"承"大珠"

无论历史和现实都与珠三角不同，苏南上有改革之前的国家工业化投资，下有改革之后的农村社区工业化，“强政府”“强资本”的特征可谓“从地到天一以贯之”，在引资之前，就是一块具备琢磨成“大玉盘”潜质的璞玉。换言之，只有具备“强政府”制度特征的地方政府，才可能“受命于危难之际”，承接国家政治性任务。

承接了国家级合作使命的苏州工业园区，其目标之一就是要“使市场经济体制的发展，**跨越一个无序的、带有原始积累性质的初期阶段，**避免或少走弯路，而较快地进入法制化的、有序的、健全的市场经济阶段；**使产业技术的发展，跨越一个以劳动密集型为主的低级阶**

段，而直接进入以技术密集型、资金密集型为主的阶段”。[①] 如此看来，既然要吸引入驻的产业资本非同一般的大资本，打造“玉盘”的功夫也远非寻常可比。前面第一篇的分析中已经指出，在全国一片资金紧张的局面中，唯有园区的基本建设“不差钱”，这里主要从实际建设过程回答“玉盘”是怎样打造出来的，后面再介绍园区是如何“仙人承露”的。

以下是苏州工业园区硬件建设中最经典的一幕场景：

1994年，当推土机正在平整2平方公里的苏州工业园区核心基地的土地并将低洼稻田填至5米高的时候，中国的工程师急切地询问他们的新加坡同行，质疑这样严格而耗钱的土地夯填是否必要。除了更加耗时外，每增加1厘米的土地夯填，按照这样的规模，会大大增加土地的成本。按照中国的老办法，如果要梳理这块地基，只要挖渠建坝就行了，这样更划算，而且同样有效。

新方严守自己的立场。通过研究当时袭击过苏州的1991年的洪水，新方专家得出结论，土地夯填5米，耗钱是多了一些，但是可以抵抗将来可能发生的洪灾。作为资金密集的高新工业园区，苏州工业园区必须万无一失，确保存有贵重装备的工厂免遭洪水袭击。新加坡专家对此不存丝毫侥幸心理。

1998年，工程开工后的第5年，长江流域遭受百年不遇的洪水，园区的工厂幸免于难，而它附近的地带几乎被洪水破坏殆尽。[②]

实际上，被整体垫高的绝不仅是这2平方公里，而是70平方

---

① 张连杰：《苏州工业园区调查报告（下）》，《苏州职业大学学报》1998年版第1期。

② 吕元礼主编：《新加坡研究：第1卷》，重庆出版社2009年版。黄朝翰为新加坡国立大学东亚研究所学术主任、深圳大学新加坡研究中心名誉主任。

公里！

如下文所说：

建设伊始，新方提出了一个方案：70 平方公里的中新合作区整体垫高 95 厘米。来自苏州的一片反对声中，新方坚持的理由是："如果有朝一日，你们苏南地区发生千年一遇的洪水，而那时投资者乘了直升机在天上飞，看到其他地方都淹了，只有苏州工业园区在水面上，这是什么感觉？这才是他们愿意来投资的地方！"

这种千年大计的考虑征服了所有人。于是，庞大的中新合作区域被整体垫高了 95 厘米！

当填土大战开始后，整个苏州市周围的道路上不分日夜地有几百辆拉土车在跑，满城尘土飞扬，园区的人常常被骂得狗血喷头，因为这样确实给大家的生活带来很多不便。……拉土的车子车牌是黄的，车身颜色是黄的，拉的土又是黄的，所以一时间有人说苏州现在了不得，满城都是"三黄鸡"……

几年后的 1998 年长江大洪水，当时常州、无锡一带几乎全成了汪洋，而汪洋之中有一片绿地，那就是新建的苏州工业园区。①

"园区湖西平均填高 90 厘米，全国任何地方受洪水淹，我们这里也不会被淹的。当时为了填土，周围很多山都被挖平了，大卡车日夜不停地运土，当时那些山是农民的，很多农民靠卖山发了财。"②

园区的防汛标准中，沿主干道的室外地坪是黄海高程 3.116 米，高于百年一遇的洪水位 0.5 米。这些高标准的基础设施，是园区可持

① 何建明：《见得今日"洋苏州"》，《求是》2009 年第 19 期。

② 来源：课题组对园区有关人员的访谈。

续发展的保证。①

从1994年5月园区建设启动之日起，寻找土源、填高地基就成为一项重要的工作。第一期8平方公里建设用地累计填土800万方，二、三期开发预计需要泥土4000万方，加上周边各乡镇分区自行取土，取土量将是个天文数字。开始所取之土从西部山上运来，成本高，长途运输对路面和环境的破坏也相当严重；并且随着全面禁止开山日程的到来，向山上要土即将成为明日黄花。园区工委、管委会领导根据这一新的形势，提出了从辖区内湖泊底部取土的设想。经园区财团公用事业发展有限公司勘探调查，认为此方案切实可行。……（独墅湖）3平方公里水域一般挖深2.5—3米，总计可提供土方800余万方。②

这只是园区基础设施建设的一个基础性工作。

园区的开发顺序是"先地下后地上，先工业后商业"，其基础设施建设规格是道路、供电、供水、排水、排污、燃气、供热、通信、有线电视、土地填高平整的"九通一平"，这在当时不仅属于全国一流，而且堪称独一无二：

"九通一平"是在1993年规划时提出的，当时大部分地区是"五通一平"，顶级开发区也只不过是"七通一平"。

还有高压落地的问题，当时供电局没有相关的技术管理，坚决反对高压落地，担心出危险，新加坡方面反复做工作，并提供技术支持，

---

① 黄雪良：《苏州工业园区借鉴新加坡规划建设经验的实践》，《城市规划汇刊》1999年第1期。

② 苏州工业园区网站：《挖深独墅湖填高开发区 园区取土用土走新路》，2014年6月24日，见http://www.sipac.gov.cn/sipnews/jwhg/oldnews/200406/t20040621_6299.htm。

才勉强同意，但最终还是只有11万伏高压落地，22万伏仍在地上。

前三年一点动静也没有，我们的工作全在地下，看不到成绩，很多领导也着急，我们就只能拿着一张规划图来汇报。但是，最终我们的工作是得到认可的，我向上海一个领导汇报时他就很激动，说我们很有名气，他去非洲访问，非洲国家的总统都向他打听苏州工业园区。后来也有好几个非洲领导来，让我们帮忙搞开发区。①

与这些“硬件”建设相配合的是新加坡方面主导的“软件”建设，其中首屈一指的是园区规划。

与一般意义的经济技术开发区、保税区、自由贸易区、出口加工区或者科学工业园区等不同，苏州工业园区在开始规划时就强调产城一体化，1994年时苏州工业园区的规划发展目标是：

系统借鉴与嫁接新加坡经济和公共管理经验，紧密结合中国国情，在苏州市区东部建设一个类似新加坡裕廊工业镇的具有世界水准的现代化、国际化工业园区。②

规划的建设方案是：

苏州工业园区具体位于苏州古城区以东，金鸡湖地区，规划总面积约70平方公里（含金鸡湖水域6平方公里），总人口将达62万人。按照规划，园区开发将分三期进行，从而使园区由三个各具特色的城市实体构成。第一期开发面积为8平方公里，其中2平方公里的启动区以工业项目为主；第二期将建设一个从事研究和开发活动的高科技

① 来源：课题组对园区有关人员的访谈。

② 张连杰：《苏州工业园区调查报告（下）》，《苏州职业大学学报》1998年第1期。

工业园，包括大专院校和科研院所，并将规划建设一批高级湖滨住宅群，用地约15.8平方公里；第三期将建设一个自给自足的工业新镇，规划面积为33.2平方公里。按照规划，整个园区的建设需15年到20年。园区的开发，包括配套的基础设施及其源头厂、公益设施，加上进入园区的各类投资项目的总和，将达200亿美元。①

尽管20年发展下来，园区的面积已经达到270平方公里，全社会固定资产投资累计达5000多亿元，但70平方公里的中新合作区航拍照片的空间布局与当时的规划图纸几乎一模一样——表明“高制度”对后续发展起到了“路径依赖”的机制性作用的例证俯拾即是。

此外，人们不太注意的是在园区运营的各个方面至今仍发挥着非常重要的苏州工业园区的地理信息系统。不同于很多地方的一个部门一套图，工业园区的地理信息系统一开始就没有部门间的条块分割，各部门使用的是同一个系统；现在，这套系统延伸到了苏州老城区。

新加坡人来的时候就说，我们要搞一个地理信息系统（GIS）。园区从20世纪90年代就全部数字化，而中国现在很多地方还是靠画图。我们先建了坐标系，以至于后来苏州市规划系统都以我们为原点来延伸建苏州的坐标系，因为他们没必要重新建一个。我们的GIS有690多个图层，规划局、建设局、国土局、房产局，甚至税务局等都用这套系统。……比如，税务部门收税前就使用这套系统来规划到企业收税的路线。②

① 张连杰：《苏州工业园区调查报告（下）》，《苏州职业大学学报》1998年第1期。

② 来源：课题组对园区有关人员的访谈。

有如此“高制度”起点的园区规划和不打半点折扣的符合规划的基本建设，“大珠”纷纷落入似乎是顺理成章的事。

“1994 年 5 月 12 日奠基那天就有十六七个项目来了”，到 1995 年年初，已签约进入园区的外商投资企业共 26 家，投资总额超过 10 亿美元。1995 年下半年，名列世界 500 强的跨国企业投资项目就有 12 家，美国超威半导体、哈里斯半导体、韩国三星电子等世界半导体、集成电路及相关电子产品行业中具有举足轻重地位的跨国公司，都把苏州工业园区作为在华投资的首选基地。韩国三星集团投资总额超过 5 亿美元，并于 1996 年 7 月 26 日竣工投产，成为国际著名跨国公司投资的第一家投产企业。

据 1996 年 2 月 1 日《苏州日报》报道：1995 年，已有 69 家外商投资企业签约，15 家开工建设。共吸引投资 13. 5 亿美元，实现合同外资 12. 6 亿美元，到账外资 2. 4 亿美元。至报道时止，累计吸引投资 20. 1 亿美元，合同外资 14. 5 亿美元，到账外资近 3 亿元。进园区项目中，有 40%以上的高新技术产品可以填补国内空白。

1996 年 9 月，章新胜市长向江苏省政府副秘书长陈德铭带队，由 16 个政府部门、26 家部省属企业及部分省金融机构的负责人组成的代表团介绍说，4. 5 平方公里已经完成开发。

1996 年 10 月 12 日，苏州工业园区中国—新加坡两国政府联合协调理事会第三次会议进一步明确了园区开发的时间表：到 1997 年年底，争取在园区 8 平方公里内，5 平方公里以工业为主体的区域基本摆满高素质项目；为此，中新两国政府将根据产业政策积极鼓励和支持引进高新技术项目。①

① 张连杰：《苏州工业园区调查报告（下）》，《苏州职业大学学报》1998 年第 1 期。

截至 1997 年，园区平均单个项目投资额超过 300 万美元，其中超过 1 亿美元的有 9 个，世界 500 强中有 23 家进入园区。一些大公司，如三星、日立、卫材、纳贝斯克等 15 家外商投资企业相继增资，总额达 6.5 亿美元，占引进外资总额的 20%以上。园区已有 26 家企业决定增资，增资总额达 11 亿美元。1997 年实现的合同外资中，40%来自外资企业的增资。① 园区“一站式”服务中心提供的数据见表 2-3。

在大多数工业园区工作者的记忆中，从园区开工建设到 1997 年夏东亚金融危机爆发前，是园区蓬勃发展的第一阶段。

表 2-3　1994—1996 年苏州工业园区吸引外资主要指标

指　标	单　位	1994	1995	1996
新批外资项目数	个	21	75	46
其中：中新合作开发区	个	5	50	27
投资总额	亿美元	2.52	14.02	23.80
其中：中新合作开发区	亿美元	2.34	13.38	23.52
合同外资	亿美元	1.84	13.03	23.01
其中：中新合作开发区	亿美元	1.72	12.64	22.80
实际利用外资	亿美元	0.70	1.62	4.11
其中：中新合作开发区	亿美元	0.65	1.62	4.04
中新合作开发区开工外资工业企业	个	0	10	31
中新合作开发区投产外资工业企业	个	0	1	21

数据来源：苏州工业园区“一站式”服务中心。本篇以下图表如无特殊说明，数据均来源于此。

① 孙艺兵：《开发区管理模式的借鉴与创新——苏州工业园区的成功实践》，《行政论坛》1998 年第 5 期。

二、美新日各谱诗篇

课题组对前来园区进行投资的主要国家、地区最近 20 年在园区的投资情况进行了信息汇总，发现如果仅仅用“大珠”来概括来园区投资的企业集团，仍有简单化之嫌。不仅因为这些投资呈现出周期性波动的特征，还因为这些波动所呈现出的“周期律”由于资本来源的不同而“各调弦管对闻声”。

图 2-2 是 1994 年以来中新合作区中的外资企业的投资规模和企业数目情况。可以发现，园区精心打造的“玉盘”所承接的“大珠”，主要来自欧、美、新加坡、日、韩、中国港澳和台湾地区；[①] 由于苏州工业园区在成立时就面向国际大型企业集团，因此，对于国际资本的周期性、大规模流动所造成的无论“春江水暖”还是“春江水冷”，不仅在时间上比中国在 1997 年第一次遭遇整体性“输入型危机”更早，而且受影响程度上也更深。

本书难以面面俱到地展开分析，仅对几个重要的资本来源地进行抛砖引玉的讨论。

---

① 本书中，对于来自英属维京群岛等几个地区的投资，按母公司国籍计算，具体为：若为合资公司，则外资的国家和地区计为排在登记第一位的国家；若中国排在第一位，外资的国家和地区取值于第二位合作出资国。国家和地区分类为美国、德国、其他欧美国家、日本、韩国、新加坡、中国港澳地区、中国台湾地区，澳大利亚和新西兰归入其他欧美国家。

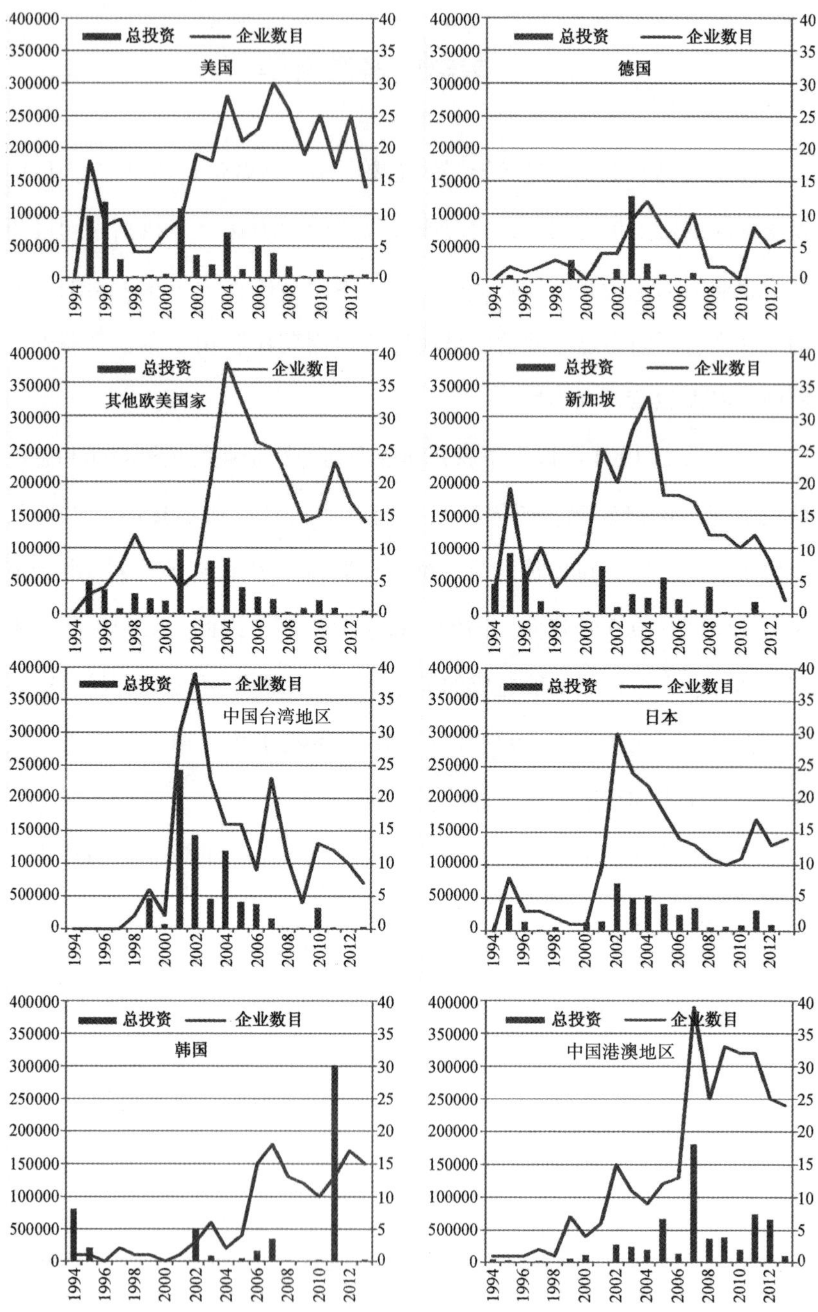

图 2-2　1994—2013 年主要国家和地区在苏州工业园区的投资规模和企业数目

注：以上各图左轴为总投资，单位为万美元；右轴为企业数目，单位为个。

（一）日资为何不来

园区在吸引日本投资者方面确实不尽如人意；这表明新加坡在硬软件方面的背书，并不是解释苏州工业园区吸引力的全部因素。

苏州工业园十分重视吸引日本的投资者。因为一般说来，日本的投资规模比较大，且技术含量比较高。为了吸引日本的大企业到苏州工业园，1997 年年底，当时的新加坡总理吴作栋以私人名义邀请了日本的一些投资者，将他们带到苏州工业园。但**参观以后，日本投资者并没有选择苏州工业园，而是选择了苏州工业园的竞争对手苏州新区工业园。**

为什么没有选择苏州工业园？不是因为苏州工业园的基础设施没有苏州新区工业园好。苏州工业园按照新加坡的标准设计建设，肯定会好过苏州新区工业园。这是苏州工业园的优势，但也**导致了苏州工业园的一个竞争劣势：基础设施成本高。**对这一点，一位受访的苏州工业园官员说得十分明白："实际上，他们是几个大的投资者，其中一两个是新加坡领来的，但他们最终选择了苏州新区工业园，因为来到这里，通过对比发现那里基础设施成本比较低。"①

新加坡未能吸引大的日本投资者选择苏州工业园的另外一个重要原因是时机。苏州工业园在时间上落后于与其竞争的苏州新区工业园，错过了吸引日本投资者的最佳时机。

---

① 这个观点在一位国家领导人的讲话中也可以得到印证。1997 年，一位国家副总理对园区开发成本问题提出这样的意见："园区的开发成本要降低，有一个美国华人姓唐，搞钢铁的，吴江人，他在吴江投资，我会见他，叫他到园区投资，他说他不但不愿去，还劝别人不要去，因为园区的地价太贵。（所以）园区要降低开发成本。"

苏州新区工业园于1990年11月开工建设。当时正赶上日元升值、日本大量进行海外投资的后期。苏州新区工业园的开工建设无疑给他们提供了一个理想的选择。待到1994年苏州工业园开工建设时，日本投资海外的高峰期已过，而这时苏州新区经过几年的建设环境已经基本成熟，并且日本在该区的投资基本初具规模，并开始产生规模经济效应。这使得苏州新区在与苏州工业园竞争中，处于十分有利的位置。

…………

苏州新区工业园和苏州工业园在吸引外资方面出现了一个巨大的差异。到1998年，当时许多位列世界百强的日本企业，如三井集团公司（MITsui）、三菱集团公司（MITsubishi）、伊藤忠商事公司（C. IToh）、丸红集团公司（Marubeni）、住友集团公司（SumITomo）都已经在苏州新区投资，其他的一些日本大企业，如日商岩井集团公司（NisshoIwai）、松下电器公司（MatsushITa Electric）和索尼公司（Sony）也都有在新区投资；相反，只有少数几个日本大企业如日立公司（HITachi）和住友集团公司（SumITomo）到苏州工业园进行投资。或许因为这样一些原因，1999年一家著名的日本研究机构将苏州新区评为中国最具潜力和冲劲的工业园。①

阅读以上资料之际，我们还应该考虑到**日本企业的海外投资节奏也不可避免地受到"危机"之手的支配**：在1985年时代广场协议造成日元一次性成倍升值、促使日资企业进行大规模海外投资性扩张。到20世纪90年代初期，日资对外扩张方兴未艾之时突然遭遇资产泡沫

---

① 王子昌：《新加坡发展模式的输出与借鉴：苏州工业园案例研究》，《东南亚研究》2011年第5期。

崩溃危机，泡沫崩溃后虽然地产价格大幅下降，但企业无法承担国内已经被泡沫化金融资本抬升起来的人力成本，一些劳动密集型企业或生产环节持续向亚洲其他国家转移，形成客观上的“雁阵式”布局；再到90年代中期，日资进入苏州已经属于“强弩之末”。这时，日资企业选择开发成本较低的苏州新区工业园（苏州高新区），符合日资对外扩张的阶段性转折的特点。

在工业园区管委会工作的一位受访者自园区成立至今一直从事招商工作，对园区入驻企业的结构进行了较为系统的回顾：

> 1994—1997年之间，园区主要承接了欧美转移的一批产业，1998—2000年主要是来自亚太地区的投资，2000年以后内资企业也逐渐强大，但相对于外资仍处于弱势地位。
>
> 初期招商主要分三个门类，精密机械制造，生物医药、精细化工，电子信息、电子电器；逐渐过渡到“3+5”门类，即电子、机械和服务业，外加环保、纳米、动漫、软件和生物医药；现在是“2+3”门类，即电子信息、机械制造，加上生物医药、云计算和纳米技术。①

从表2-4也可以看出，一直到2002年以前，日资在苏州工业园区的投资规模都不是很大，除了开园初期几个新方财团的股东有规模比较大的投资外，其他大部分年份的投资总额不到2亿美元。2002年之后，日资进驻园区的情况可以分为两个阶段：2002—2007年为投资高峰期，除2006年以外投资规模均达数亿美元；2007年至今是低迷期，除2011年以外各年度投资规模都不到1亿美元。

① 来源：课题组对园区有关人员的访谈。

表 2-4　1994—2013 年日本在苏州工业园区的投资规模

年份	年度投资（万美元）	在总量中占比（%）	累计投资（万美元）	在总量中占比（%）
1994	0	0.0	0	0.0
1995	39844	13.0	39844	9.1
1996	14025	2.8	53869	5.8
1997	1731	2.3	55600	5.5
1998	6070	13.8	61670	5.9
1999	157	0.1	61827	5.3
2000	13500	22.1	75327	6.2
2001	14438	2.4	89765	4.9
2002	71805	19.4	161570	7.3
2003	50025	11.6	211595	8.0
2004	54113	13.0	265708	8.7
2005	41473	12.6	307182	9.1
2006	24585	10.9	331766	9.2
2007	34788	9.2	366554	9.2
2008	5925	4.4	372480	9.0
2009	6937	10.8	379417	9.1
2010	8757	8.6	388174	9.1
2011	31804	7.0	419978	8.9
2012	9703	11.3	429681	8.9
2013	1195	3.2	430875	8.9

从园区接收的日资在总投资中的占比看，就当年度投资来说，个别年份也占到 20%，但年度之间波动非常大；就累计投资来说，比重一直在 10%以下（见图 2-3、图 2-4）。

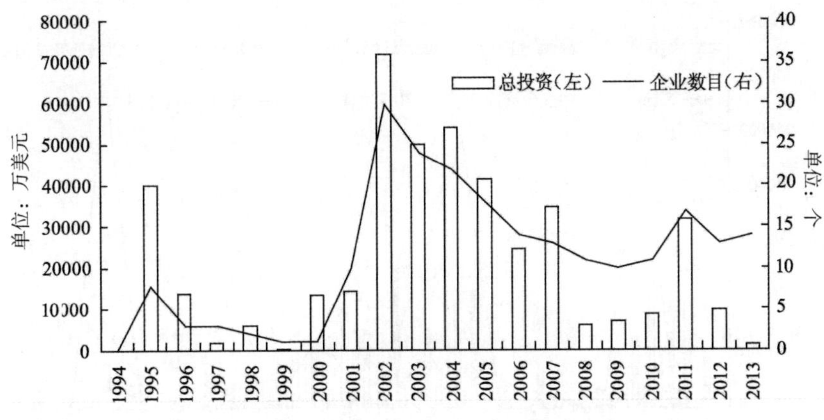

图 2-3　1994—2013 年日本企业在苏州工业园区的投资规模（合同外资）

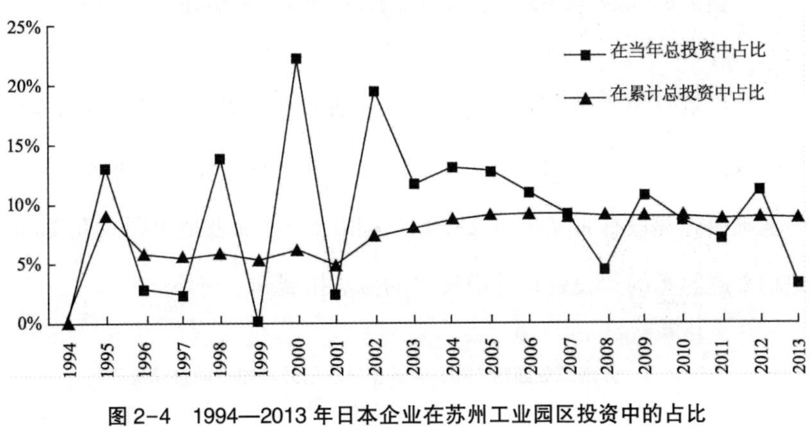

图 2-4　1994—2013 年日本企业在苏州工业园区投资中的占比

（二）新资乘船出海，雁阵梯行

在苏州工业园区刚成立的头几年，以产业资本为主的日本、德国、韩国的企业集团中，除了新加坡财团的股东公司以外，其他企业在工业园区投资的并不是很多。美资企业、新加坡企业是这一段时期入驻苏州工业园区的主力。

来自新加坡的资本一直是苏州工业园区入驻外资的重要组成力量，尤其是在园区成立的头两年（1994—1995 年），仅注册为新加坡籍的

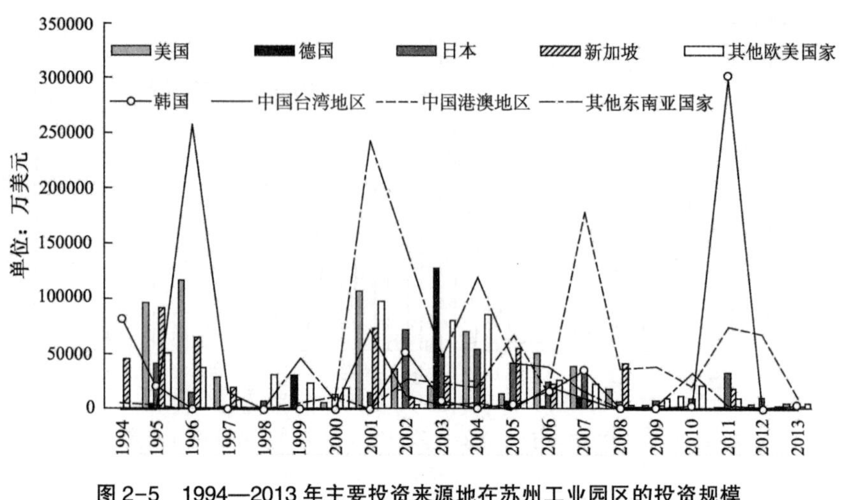

图 2-5 1994—2013 年主要投资来源地在苏州工业园区的投资规模

企业的投资总额就达 9 亿多美元，占全部外资的 47%。仔细看当年登录的入园企业名册①，相当多新加坡的入园企业都直接或间接与园区的基础设施建设有关（见表 2-5），这相当于新加坡把中国人在 21 世纪越来越熟悉的“投资拉动增长”的做法拓展到了海外。

表 2-5 苏州工业园区 1995 年已登记注册外商投资明细情况表

单位：万美元

项目名称	总投资额	合同外资	其中增资	注册外资	到账外资
总计（所有国家）	160577.2	145216.1	29035.7	55431.67	27023
1994 年合计	25981.8	19099.8		8023	3378
1995 年合计	134595.4	126116.3	29035.7	47408.67	23645
新加坡企业：					
中新苏州工业园区开发有限公司	15000	9750	5000	3250	12350

① 该数据来源于园区档案资料，与“一站式”服务中心的统计数据口径不同，客观上构成两套数据资料。课题组在结构分析时分别使用这两套数据，但在涉及数据比较时，只在一个数据口径内进行。

（续表）

项目名称	总投资额	合同外资	其中增资	注册外资	到账外资
裕廊国际顾问（苏州）有限公司	43	43		30	30
嘉馨房地产发展有限公司	2500	2500		1000	750
康福集团有限公司	2000	1400		560	140
新运货运有限公司	300	198		138.6	100
中星通信发展有限公司	1810	886.9		392	30
新达精密机械（苏州）有限公司	600	600		300	300
新苏工业厂房（苏州）有限公司	7700	7700	3400	1434	1500
吉宝工程（苏州）电力有限公司	1828.57	1828.57		1028.57	1400
丝之美时装（苏州）有限公司	138	138		100	
高宾电脑印刷（苏州）有限公司	350	350		210	33
苏州工业园区宝健诊所有限公司	576.2	576.2	423.5	290	15
苏州美特包装有限公司	3350	3350	1690	1200	180
松美包装（苏州）有限公司	1500	1500		1100	
新达电子制造（苏州）有限公司	1200	1200		600	
吉宝工程（苏州）热电有限公司	9600	9600		3200	
吉宝工程（苏州）供热有限公司	850	850		425	
贰陆光学（苏州）有限公司	40	40		28	
安特（苏州）精密机械有限公司	1560	1560		700	
东门光碟制造有限公司	450	450		225	
必吉环保工程（苏州）有限公司	70	70		49	
苏州工业园区环球物流有限公司	1000	500		250	
第一工程精密模具塑料有限公司	350	350		210	
杉野服装（苏州）有限公司	30	30		30	
苏州工业园区亚太纸品有限公司	23000	23000		6600	
苏州工业园区亚太纸板有限公司	19800	19800		14600	
新加坡企业投资合计	95645.77				

表 2-5 新加坡投资数据显示出来的经验是：只有**帮助本国实体企业向海外扩张市场，才有利于实现新加坡国内产业经济结构调整，向第三产业全面升级**。这正是新加坡要在中国打造国际一流工业园区的初衷：新加坡政府认为，由政府高层参与运作一个工业园区，**打造新加坡企业出海的整体舰队，可以提高国内企业“走出去”的意愿，并帮助其降低投资风险**。

第一代园区人对于新加坡的这种发展战略早有很透彻的理解，他们向课题组介绍了新加坡在 20 世纪 90 年代制定的“21 世纪五大中心发展战略”：

20 世纪 70 年代末，亚洲政局逐渐稳定，中国、印度和越南等发展中国家陆续改革开放，经济发展渐入正轨，“亚洲四小龙”的发展空间受阻，新加坡的危机感也日益强烈，开始努力寻找其在 21 世纪世界民族之林的立足点，新加坡“21 世纪五大中心发展战略”应运而生。

五大中心发展战略的主旨为**将“有限的新加坡”变为“无限的新加坡”**，即突破地域的局限，成为亚洲的甚至世界的中心。所谓五大中心，即世界航运中心、世界航空中心、世界金融中心、世界咨询中心和区域发展中心。其中，世界航运中心（扼守马六甲海峡，沟通三大洋的枢纽）、世界航空中心（20 世纪 80 年代飞行器尚不能远程飞行，从新加坡飞到北京需要从日本转机，新加坡人认为，跨东西半球的世界航运，若到新加坡转机则可缩短航程）、世界金融中心和世界咨询中心四大中心战略主要立足于新加坡本土，并且已经具有较好的发展基础，最具挑战性的是区域发展中心的建立。

区域发展中心战略可表述为：将以新加坡为中心，以飞行的 7 小时路程为半径所划定的区域（新加坡到上海 5 个小时），作为新加坡向外走出去的区域，在该区域内寻找可与之开展合作的相关国家或地区。[①]

然而，当时新加坡国人普遍缺乏独立拼搏冒险的精神，国民福利很好，不愿意到新加坡以外的国家或地区发展，新加坡人在信件里说："我们就是用鞭子赶着他们，他们也走不出去。"因此，在区域发展中心战略实施的过程中，新加坡政府发挥着至关重要的作用——政府牵头对外合作，输出新加坡的软件，使合作的国家或地区有更多的新加坡元素，可以使新加坡企业家更好地适应国外发展的环境。

区域发展中心战略制定好之后，下一步便是实践操作。新加坡对他们第一步跨到哪里去非常重视，要确保成功以形成可资借鉴的榜样。经过多方考察，最终选择了苏州工业园区作为其区域发展中心的战略实践的第一步。[②]

除了新加坡本土企业的投资之外，新加坡还对其他外资企业入驻苏州工业园区起了非常重要的桥梁作用。新加坡由于土地资源极度稀缺，在自身产业升级的过程中，会将本国工业园的一些企业，尤其是劳动密集型的生产部门转移到区域发展中心战略所划定区域内的其他地区，客观上也具有"雁阵式"产业梯次转移促进经济结构调整的特征。

以石化产业为例。随着劳动密集型产业的竞争日益激烈，而在国际市场中的竞争力却日益下降，新加坡及时调整石化产业发展战略，不断推动区域经济合作，通过对外投资将劳动密集型产业向外转移，本国则专注于石化产业中高利润、高附加值的技术密集型产业，如专

① 此处的"区域发展中心战略"和前文提到的"区域工业发展计划"基本一致。

② 来源：课题组对园区有关人员的访谈。

用化学品生产等石化产业链下游的行业。截至2015年，新加坡对外投资区域主要集中在泰国、印度尼西亚和马来西亚等东盟国家。早在1994年，新加坡政府就与印尼政府签订了经济合作协定，合作开发印尼廖内省的大卡里门岛，发展炼油工业、石化工业及石油产品存储，新加坡裕廊岛发展知识密集型产业，廖内群岛发展劳动密集型产业，并通过两个岛屿间的物流网络建设来增进两岛间的联系。①

园区作为新加坡区域发展中心战略中面积最大、投资规模最大的工业区，在新加坡的产业对外转移中无疑具有非常重要的地位。

比如，美国的AMD半导体公司，在欧美和东南亚都建有生产基地，亚太地区的公司就在新加坡，在苏州工业园区的工厂就是新加坡的投资公司建的；还有百德电动工具，在全球行业排名第一，也是新加坡介绍过来的。这里固然有前述“新加坡信用嫁接到园区”的机制，只是这个“嫁接”比一般的招商宣传更加紧密，而且通过实在的产业联结，为新加坡的实体产业发展拓展了地域纵深。

AMD是第一批13家公司中来苏州工业园区投资的企业之一，1993年进入中国，1995年就前来苏州咨询，1996年进行企业注册，在园区投资1.08亿美元，兴建在中国的第一家工厂。工厂占地近6万平方米，建筑面积2万多平方米。当时的主要业务是对快闪存储器和通信与网络器件进行测试、打标、封装，设计每周生产能力为650万片，员工1500人。据AMD的受访者介绍：

当时投资的资本来自新加坡。新加坡有我们的工厂，我们的工厂除了在香港地区、马来西亚等地，在新加坡还有一个固定的公司（投

---

① 资料来源：孙蕊娇：《新加坡石化产业发展研究》，硕士学位论文，对外经济贸易大学，2013年。

资公司），当它有利润的时候，就会考虑是不是把这些利润进行继续再投资。……在选址决策的时候，觉得这个苏州工业园区是新加坡人过来办的，管理等方面和原来非常相近。……这当然是美国总部的决策，只不过是在架构上不是美国直接投资进来，而是通过新加坡的独资公司投资的。……并不是把新加坡的工厂关闭了放到这边，苏州工业园区这个厂和新加坡的工厂没有关系，而是 AMD 在新加坡的投资公司，把利润很好的项目进行再投资。

第一批产品的原材料大部分是进口的。当时园区内只有为数不多的配套商，就是住友电木。还有一个是晚些进来的，是得力半导体。我们是 1994 年进来，1995 年成立，真正第一批产品是 1998 年 11 月才出来的。等我们真正投产的时候，周边的配套企业也陆陆续续建起来了。但那时大部分原材料都是进口的，用人民币结算的也只有人力成本和水电气。当时的企业基本上很少支付人民币。

第一批产品 100%外销，全部是飞机运出去的，订单有可能来自欧美、中国台湾、新加坡等地区。因为那个时候物流基础设施建设和海关监管模式都比较单一……后来国内保税区之间的结转都是在 1997 年以后，外企越来越多，模式也多样起来。①

1996 年，苏州工业园区还接受了两笔大的投资，投资总额达 25.9 亿美元，也是新加坡介绍来的。这就是由印度尼西亚著名财团——金光集团控股的亚洲浆纸业（新加坡）股份有限公司在园区先后创办的金华盛纸业（苏州工业园区）有限公司和金红叶纸业（苏州工业园区）有限公司。一般说来，造纸企业对环境的污染比较大，而一向以高环保标准著称的园区怎么会引进这两家大型造纸企业呢？时任园区

① 来源：课题组实地访谈。

经发局局长向课题组这样解释：

> 当时园区的项目审批权没有上限，你要进3亿美元、5亿美元的项目，关税直接免。我当时10亿美元也批过。我这个（金光）项目批下去，所有进口的设备拿着这个批文就免关税，这可不是一般的权力，含金量很高。这个金光项目投资是10亿美元，设备一箱一箱的，总共上百箱的设备，把浦东的吴淞口吓了一跳，人家还以为苏州在搞什么巨大项目。我怕出问题，还专门和那边的王关长说，这是我们公司的一个项目，设备都是免关税的。设备免关税和项目审批权结合在一起，我们批过以后北京所有的部门都认，这个很要害。这个项目来了以后，国内最大的纸厂就是我们园区的，全国所有的大概几千家的小纸厂全部退出竞争。它们都不再生产了，都替金光纸厂卖它生产的那个纸，都成为它的代理商，就够赚钱了，而自己的小纸厂又污染成本又高。金光纸厂的材料从哪里来呢？是从非洲把纸浆弄好了再弄到中国来的。这是10亿美元的大项目，实际到账8亿—9亿美元，占地3平方公里。①

根据上述访谈内容可以知道，当时海外大型跨国资本集团进入园区的主要条件是园区得到中央各部门都得事后认可的大项目审批权和进口设备关税豁免权。至于超越部门权限的园区自主审批引进的造纸企业是否污染，通过这个访谈得到的印象是，金光集团投资的这个造纸企业没有成为园区的污染源。一方面其自身形成的全球产业链已经把污染较高的纸浆产业环节留在外面了；另一方面，它在挤垮大批内地污染严重的小厂的同时，也相对缓解了国内造纸行业的污染程度。

金光集团入驻园区，还促使园区在海关方面进行了一项创新——

① 来源：课题组对园区有关人员的访谈。

开辟大型设备进口“快通道”。即对于大型成套进口设备实施分批进口，集中报关，上门验收，统一核注，尽可能帮助企业节省通关时间和仓储费用，让设备很快地投入使用。

事情的起因是这样的。金华盛纸业有限公司在向海关申报进口一套大型设备时遇到了难题：这套价值426.8万英镑的涂布机配套设备体积庞大、结构复杂，在国外采取了分批拆卸和运输的方式，预计将分成16批次、250个集装箱进口。如果实行分批申报，那么设备免税证明将很难办理，到一批查验一批，难度也大。而如果货物滞留在海关监管点，企业将不得不支付额外的仓储费用，还将影响生产，等等。于是，为大型成套设备进口提供“绿色通道”帮助其便利通关的做法，就应运而生了。

（三）美资顺势而动

来自美国的跨国资本先后在1994—1997年间和21世纪初，分两个时期大举进入苏州工业园区（参见图2-6、图2-7）。

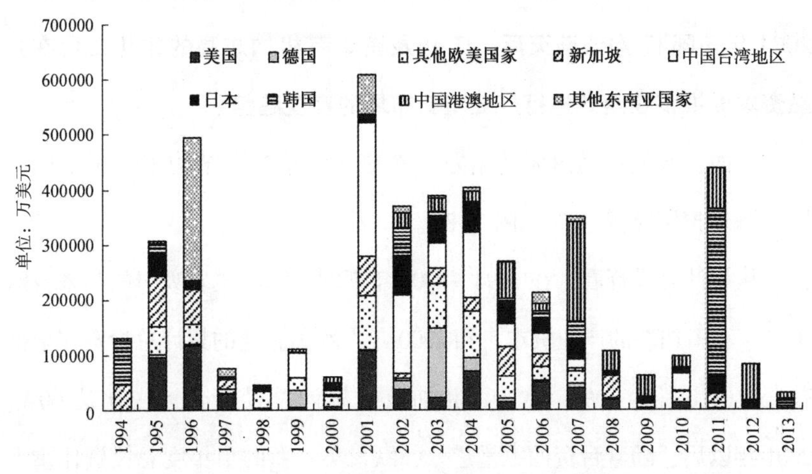

图2-6　1994—2013年主要投资来源地在苏州工业园区的投资规模

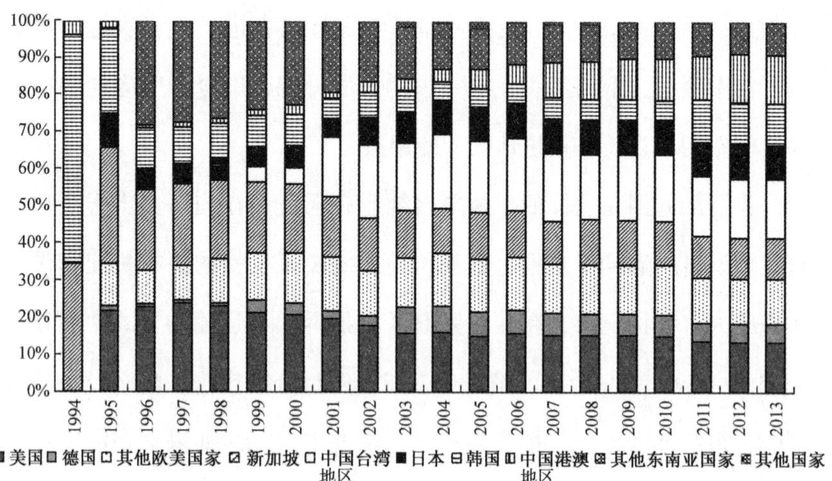

图 2-7　1994—2013 年外资企业在苏州工业园区的投资结构

究其原因，除了园区"九通一平"的高标准基础设施以外，前一阶段更多的是因为 20 世纪 90 年代初美元利率大幅度下降对欧美国内企业的海外扩张提供了强大的金融支持，到 1996 年以后显著下降则是美国国内 IT 业引发的所谓"新经济"崛起带动海外资金回流。**而后一阶段跨国资本流动主要体现的是 21 世纪初全球产业资本重新布局——2001 年美国 IT 泡沫破灭后，IT 业及资本有机构成高的重化工业在金融资本促推下在全球进行产业重新布局的客观趋势。**

下面，我们再通过园区创办以来的累计总投资结构来分析不同阶段的海外投资差异（参见图 2-8）。

从累计总投资看，在 1994—2000 年期间，园区主要吸引的是来自欧美国家和新加坡的产业资本，到 2000 年，欧美企业的累计总投资在全部投资中占比高达 40%；欧美、新加坡的累计总投资合计占比达 60%。2001 年以后，随着台资的大量进入，欧、美、新的当年度总投资比重下降到 50%以下，2003 年由于德国投资增加而略有上升；此后较为明显的

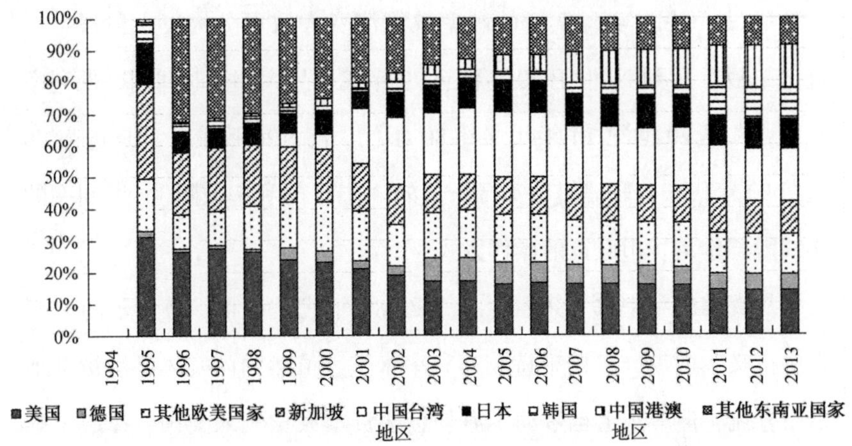

图 2-8　1994—2013 年园区外资累计总投资结构

注：1994 年引进外资合并到 1995 年统计。

一次跌幅出现在 2011 年，主要源于韩国三星企业的一笔大额投资。

固然，一般而言：**相对高昂的土地成本必然要求入驻园区的产业有较高的产业利润率，要求入驻的企业处于行业中比较优秀，也就是附加值较高的位置**。但本书认为，还是应该把国际背景的变化纳入考虑。

美国产业资本海外扩张的一个基本背景是：进入 20 世纪 90 年代以后，美国克林顿政府改变里根时代的高息政策，转而采取低息政策以挽救实体企业，遂使美国跨国公司得以借势低成本融资。这个重大改变，有利于欧美企业开展在美元低息资本助推下的全球扩张。

这个国际金融资本竞争中发生的重大变化，也许有助于解释苏州工业园区 1994—1996 年的入驻企业为什么以欧美为主。因为，我们很难说那些未入驻苏州工业园区的日资企业不属于行业中的佼佼者，只能说，日本 1990 年房地产泡沫破灭带动资本市场下滑之后，日本进入长期衰退，企业对成本较为敏感，而欧美企业借势美元低利率政策调整，走向全球正方兴未艾。

“二战”后，美国实行的利率政策演变大致可分为三个阶段：一是“二战”后到20世纪50年代至70年代末的大部分时间内，低利率政策；二是20世纪70年代末到80年代，高利率政策；三是进入20世纪90年代，美联储提出实行所谓的“中性的利率政策”，以利率的连续微调作为货币政策的操作方式。

从真实的利率水平来看，20世纪80年代是里根—撒切尔的“新自由主义”时期，美国维持较高利率水平，虽然国内实体经济被动地纷纷外流，但客观上也带动了海外金融资本大量流入美国，撑起了虚拟经济部门的高速扩张；而整个20世纪90年代美国的真实利率水平下降，大多在3%左右，其中，1992年10月至1994年2月的真实利率为零（见图2-9）。

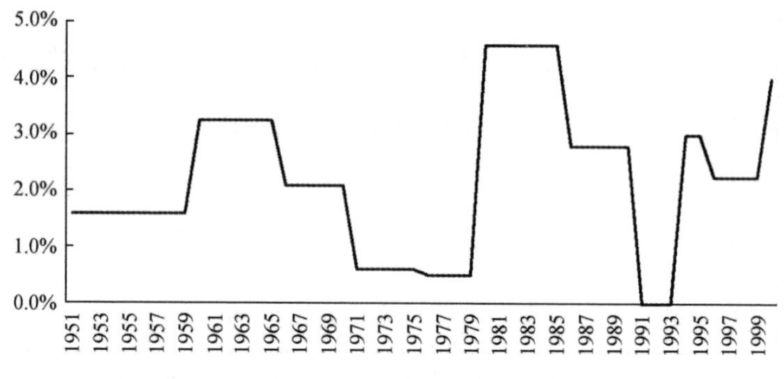

图2-9　1951—2000年美国的真实利率水平

数据来源：施真强：《战后美国利率政策研究》，博士学位论文，武汉大学，2010年，据其中数据整理而成。

不过，在资本大量跨境流动的情况下，名义利率更能反映资金的机会成本和全球化条件下的竞争力。20世纪90年代美国名义利率的水平更能反映出相对前一时期货币政策的变化。从图2-10可以看出，整个20世纪80年代呈现为向下倾斜的“W”形，1980年，美国联邦基金利率高达17.5%；从1989年3月一直到1992年10月，美国有长达3年7个月的利率下降时期；1995年2月，联邦基金利率小幅上升到5.0%，这一利率水平一直持续到1998年11月（见图2-10）。

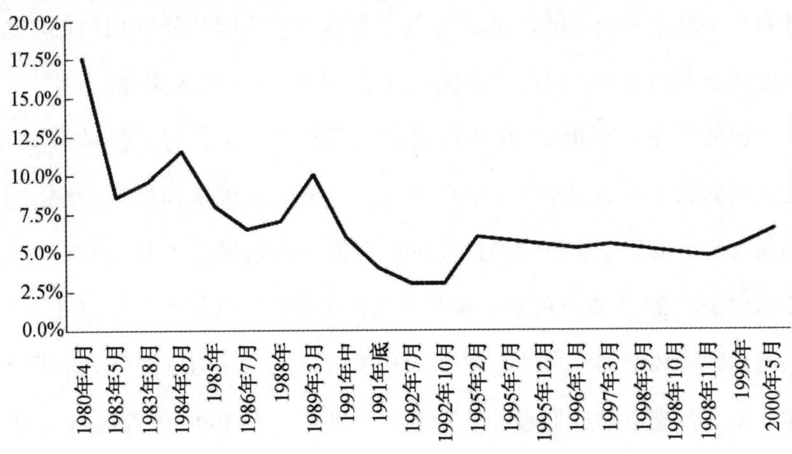

图2-10　20世纪80—90年代美国联邦基金利率

数据来源：施真强：《战后美国利率政策研究》，博士学位论文，武汉大学，2010年。据其中数据整理而成。

美国整个20世纪90年代的经济增长被普遍认为取得了“神话”一般的成就：

> 不仅其失业率处于相当低的水平，真正实现了经济学意义上的“充分就业”。美国劳工部的数据显示，从1992年到1998年的6年多时间里，美国失业率由7.4%回落至4.2%，呈现出稳步下降趋势；而且其通货膨胀率明显下降，物价上涨幅度稳定在2%—3%的低位水平，从而打破了长期以来呈现出的失业率与通货膨胀率之间的交替关系，真正实现了低通货膨胀率下的低失业率，实现了经济增长率、失业率和通货膨胀率三者之间的较好平衡，创造了美国20世纪90年代的经济神话。①

① 施真强：《战后美国利率政策研究》，博士学位论文，武汉大学，2010年。

但本书认为，以上对于美国国内货币政策和经济运行的强调，忽视了美国作为全球金融资本主导国家的特殊地位：其国内货币政策调整对于全球金融资本的流动具有重要影响，在美国从经常项目的顺差国变成逆差国之后，金融资本流动才是美国收益的最大来源。

据此可知，20 世纪 80 年代美国的高利率政策，与其说是为了应对通货膨胀，不如说是为了吸引资金大量流入美国从而助推金融衍生品的发行，通货膨胀毋宁说是大量资金流入的结果；20 世纪 90 年代，美联储每次 25 个基点的利率调整，其作用难道超过了美国通过北美自由贸易区协议把加拿大的自然资源和墨西哥的劳动力资源纳入其资本整合范围？难道超过了通过世界关贸总协定（在 1994 年直接将 GATT 转为 WTO 框架）直接将各国农业和金融这两大最难以自由贸易的领域直接纳入金融资本主导的全球自由贸易当中？

更何况，1994 年还是世界银行全面向发展中国家以“世行共识”名义推行私有化改制的年份！

2011 年，国内有学者从金融资本与产业资本竞争的角度分析了美国金融资本是如何打击、收购日本产业资本的（见专栏 11）。从中我们可以看到，20 世纪 90 年代之后日本正陷于金融扩张停顿、产业资本在泡沫经济破裂后急于自救而大量向海外移出，这时，只有刻意寻找要素低谷，才能缓解资产坏账的压力。由此也可以看到，此期的日本企业的确不太可能像有着金融资本后台撑腰的美欧企业那样，承担得起苏州工业园区的高地价。

专栏 11

美国金融资本与日本产业资本的非对称竞争

“二战”后，曾经是美国经济援助对象的德国和日本，迅速成长为美国全球范围内的竞争对手。尤其是日本，其以钢铁、汽车、电子产品为代表的产业大举进入美国，对美国的制造业形成巨大的冲击。从1965年开始，美国就在日美双边贸易中由顺差国变为逆差国，从20世纪70年代开始日美之间发生了一系列贸易摩擦。日本在美国的压力下频频让步，相继就钢铁（1972年）、彩电（1977年）、牛肉（1978年）、柑橘（1978年）、汽车（1981年）、半导体（1986年）等达成一系列协议，但是这并没有挽救美国的产业。

1980年，里根当选总统后，采取了一系列“私有化、自由化”的新自由主义的经济政策，主要包括大规模减税、削减社会福利预算、扩大军费支出、放松金融管制、抑制通货膨胀、恢复强势美元地位等。

里根的政策的确为日美的贸易不平衡问题找到了美国特色的解决方案。

1983年11月，里根对日本政府正式提出金融开放的请求，其理由是日本刻意压低日元汇率以提升日本制造业的竞争力。1985年9月，为解决美国的巨额贸易赤字问题，美国、日本、联邦德国、英国和法国财长与中央银行行长在纽约广场大厦签署广场协议，约定通过国际协作，稳步有序地推动日元对美元升值，日本制造业受到重创。1987年，美国、英国、法国、联邦德国、日本、加拿大、意大利在巴黎达成《卢浮宫协议》，约定日本和西德等实施刺激内需计划。《卢浮宫协议》后，日本政府实施扩张性财政政策，利率下降，通货泛滥，日本经济一步一步滑入泡沫经济的深渊。

1987年12月，美国联合12个国家签署《巴塞尔协议》，这个协议要求全世界的银行资本率必须达到8%。这个规定明显有利于以直接融资为主的英美等国，以间接融资为主的国家如法国、德国和日本都予以抵制。于是，美国和英国先达成协议，约定其他银行若与美国和英国任何银行交易，其资本充足率必须达到8%。由于美国和英国在世界金融市场的主导地位，日本银行不得不加入此协议，前提是日本银行所持企业股票市值的45%可以作为资本金。

20世纪90年代，日本泡沫资产破灭后，日本银行所持企业股份严重缩水，8%的资本充足率约定严重限制了银行对企业的融资能力，造成日本信用紧缩的局面，使日本企业连续陷入不景气。按照日本传统的做法，企业和银行是相互扶持的命运共同体。可是在当时日本企业急需资金时，日本银行受限于《巴塞尔协议》，只能坐视企业破产，甚至被迫出售所持的企业股份；而企业破产又加剧了日本银行的坏账规模，使日本银行陷入更深的危机。此外，由于资本充足率的限制，不但陷入困境的企业得不到银行的救助，而且银行间的资本互助也大大受到限制。《巴塞尔协议》事实上起到了加剧日本金融危机的作用。

日本在金融泡沫破灭后，迟迟不能恢复景气，金融危机向纵深发展，直至日本的银行和企业交叉持股结构彻底瓦解，日本制造业很难再得到本国金融业的保护。

资料来源：张云鹏、白益民：《美国金融资本是如何盘剥日本产业资本的中日产业资本合作突现契机》，凤凰网环球财经网，2014年8月20日。

至此，人们也许可以感到，苏州工业园区的运营，无论主观上多么努力，也只能是“天命大于人事”。这个“天命”既是国内时局大势，也是国际背景，就是金融资本主导国家的产业资本与其他先发工业化国家的产业资本对发展中国家进行产业转移，借此实现全球战略布局。

可见，客观上的大势规律并不为个别人所左右。

其实，**新加坡能在20世纪60—70年代从一个经济上濒于崩溃的国家崛起，跻身全球高收入国家，本身也是冷战期间全球地缘战略主导国家进行地缘竞争的产物**，这个“天命”——冷战背景——恐怕也是几乎所有学者都避而不谈的（见专栏12）。

20世纪90年代，新加坡之所以能放心地走出去，在东亚实施“区域工业园区”计划，与美国的支持也是分不开的。

专栏12

新加坡在美国地缘战略中的地位及双方的军事政治合作

新加坡地处马来半岛的南端，扼守沟通太平洋与印度洋的马六甲海峡。马六甲海峡不仅是多条海空路线的中继站，也是中东石油运往东亚航程最短的通道，有“东方的直布罗陀”之称，具有重要枢纽的战略性地位。任何与东亚有关的国家，绝不希望这条海洋运输线操纵于他国之手。这使得新加坡早在英国殖民统治时期，就已经是东南亚的贸易中心和殖民者的军事中继站。

新加坡1965年从马来西亚独立出来。刚独立时，新加坡在安全上依靠英国。作为英国旧有的殖民地和英联邦国家，新加坡与英国有许多固有的联系，包括防务，同时也积极发展同美国的战略合作。1966年起，为了表示对美国越战的支持，新加坡接受驻越美军每周3次、每年约2万人来消遣娱乐。20世纪60年代末，美国因越战饱受国内外舆论抨击，却得到新加坡自始至终的支持。李光耀宣称：“美国在越南进行干预，是在给东南亚国家争取时间，东南亚国家的政府必须充分利用这个时机，解决我们社会中存在的贫穷、失业和财富不均等问题。”

新加坡认为，美国既是对付苏联扩张的唯一力量，又是制约日本再次成为军事大国的主要力量，还是牵制中国崛起的重要力量，只有美国能保证东南亚的和平与稳定。

从 1981 年起，新美两国定期举行海空军事演习，新加坡为美国海空军提供军舰和飞机维修站及其他军事设施，美国则经常向新出售武器以“使新加坡在地区防御中发挥更大作用的办法来推动实现美国的安全目标”。新加坡与美国的军事合作，从支持美国在东南亚的军事活动发展到冷战后直接为美国提供军事基地。

1947 年，美国与菲律宾签订《美菲军事基地协议》，美国向菲律宾租借军事基地，其中最重要的两个基地为“克拉克空军基地”与“苏比克海军基地”，协议于 1991 年 9 月 16 日期满。协议期满前，在美菲就延长美军基地租期的谈判过程中，新加坡一方面劝说菲律宾保留基地，另一方面表示愿意为美军提供军事设施以分担菲律宾的压力。

1989 年 10 月，新美达成协议，新加坡向美国提供原为新西兰使用的军事设施，美军可以在此停靠、修理飞机和舰只。1990 年，新美新协议允许美海军扩大使用新加坡的设施，美空军将每年去新加坡执行训练任务，海军也将增加军舰访问的次数和时间。1991 年，美海军在新加坡设立服务中心，增强为访问和途经新加坡的美国军舰提供服务的能力。1992 年，新加坡同意驻苏比克基地的部分美军进驻。2000 年 4 月，新美签署协议，在新加坡樟宜为美军修建一个大型码头，用于停泊美军航母、巡洋舰等大型船只，全部工程于 2003 年 6 月完成。这是美军撤出苏比克湾以来在东南亚开辟的第一个固定航母停泊基地，是美国遏制马六甲海峡、进出印度洋、监控南中国海的桥头堡。

此后，每年平均约有100艘美国海军军舰停靠新加坡休整，解决了美国在日本与中东之间缺乏航空母舰维修和后勤补给的问题。2000年3月22日，美国“小鹰号”航空母舰首次停靠新加坡，而且直逼南海，更加贴近中国沿海。

新加坡的军事现代化计划从20世纪90年代中期就已开始。现在，新加坡已从美国获取了相当数量的攻击直升机、大型战斗机、军舰及其他远程陆海空军事装备。新加坡拥有5.5万名现役军人及50万名后备役军人，多于马来西亚与菲律宾。新加坡每年的国防投资和菲律宾相当。由于新加坡国土狭小，它的威慑力量主要来自空军和海军，其战斗力与泰国相当。新加坡也允许民间高科技工业参与国防建设，使新加坡成为轻型武器和军事武器的保养与维修中心。

资料来源：王飞：《新加坡与美国的军事合作关系》，《东南亚研究》2004年第3期；魏炜：《透视新加坡对美国外交》，《历史教学问题》2004年第5期。

在“后冷战”时期，全球资本主义经济进入金融资本主导的新阶段，最大的“天命”是“去金本位”之后，作为符号化的、低成本扩张的金融信用，对其做信用赋权的，只能是国家强权。

这也是“两强结合”——国际大金融资本与大国强权本来就内在地有机结合的内因。据此看，这种条件之下的强势结合构建的所谓“高制度”起点，一般发展中国家根本不可能得到。

只是在中国，因为这种通过革命和战争打出来的强势政府作为基本条件，才有了借助新加坡海外形成的三产信用而崛起的“高制度”起点的苏州工业园区，得以与借助美国金融资本信用扩张的美欧企业相结合。而与之共处一地的另一个借助中国国家信用建设的国家级经济开发区——苏州高新技术园，则与发达国家中的产业资本主导型国家——日本结合得更为紧密，承接了更多的日资企业海外布局。

三、东亚金融风暴：信用收缩与园区股权调整

全球化带来的重大机遇与挑战，在不同的周期阶段表现出不同的侧重点；无论是“人道横江好”，还是“侬道横江恶”，全球化的潮涨潮落，并不以人们的主观意志为转移地发生着。有潮涨，就必然有潮落。对于东亚来说，1997 年春夏之交发生的一系列金融危机，就是一次痛苦而教训多多的潮落。

（一）东亚金融风暴与中新经济危机

本书对苏州工业园区经验做的阶段性划分，不同于以往的研究。在很多人的记忆中，1997 年夏季东亚金融危机发生之后，直到 2001 年之前，中国和新加坡从此前的蜜月期进入摩擦不断的时期，最终以中新双方的股份调整为结果，是园区发展的第二阶段。本书则将此视为园区蓬勃起步的第一阶段的后半部分。

诚然，**从数据走势看，无论是东亚，还是苏州工业园区，抑或是全球除美国以外的大部分地区，1997—2000 年都以萧条为特征，和此前的经济高速增长形成鲜明的对比**。

但从周期划分来说，1994 年的高开高走和 1997 年之后的低迷萧条，恰恰构成了一个完整的经济周期。而且如果把全球金融资本流动纳入分析框架，则可看到二者之间具有本质性关联，都属于资本信用在东亚地区的“杠杆化”机制——1994—1996 年属于资本扩张期的“杠杆化”；1997—2000 年属于信用收缩期的“去杠杆化”。

众所周知，1997—1998 年东亚以加工贸易的外向型经济为主的各国相继爆发金融风暴，付出了巨大的代价，引发国际社会对于东亚模式的复杂争议。却很少有人注意到：**东亚金融风暴标志着国际金融资本流动的巨大转向——由东亚、东南亚回流美国，1998 年、1999 年东亚经济的萧条与美国金融资产的空前膨胀形成鲜明的对比。**

东亚金融危机之后，无论中国还是新加坡，都进行了发展战略的重大调整。

在中国，1997 年东亚金融风暴导致外需陡然下降之后，1998—2001 年这 4 年的难题，是中国人很少知道的概念：通货紧缩。相伴的另一个概念是："输入型危机"（有关中国 1998—2001 年经济危机过程的描述，参见本章附件）。

东亚金融风暴来袭，对中国来说既是幸运，也是不幸。幸运的是，中国早在金融危机爆发前三年多就开始进行宏观调控，规避了金融泡沫过度累积的风险；不幸的是，中国恰好就在 1997 年年初"成功实现软着陆"被媒体公之于世的同时，却迎头遭遇了东亚金融风暴造成的外需下降的打击！[①] 并且，由于东亚金融危机对中国经济危机的诱发，恰发生在中国处于"告别短缺、进入过剩"的历史阶段性变化的紧要关头，此后，内外需都下降的中国，落入长达 3—4 年的通货紧缩陷阱。

对于合作的另一方来说，1997—1998 年东亚金融风暴给作为亚洲"四小龙"之一的新加坡带来的损失比泰国、韩国、马来西亚这几个危机发生的中心国家小得多，但仍然使其受到了沉重打击——股市、汇市下挫，货币贬值，经济增长率大幅下降（见图 2-11）；与高峰期的 1996 年相比，新加坡房地产整体价格大挫了 35%以上（见图 2-12）。

---

① 根据统计数据，1997 年出口对 GDP 增长的贡献度为 4.2 个百分点，1998 年降到只有 1.3 个百分点。

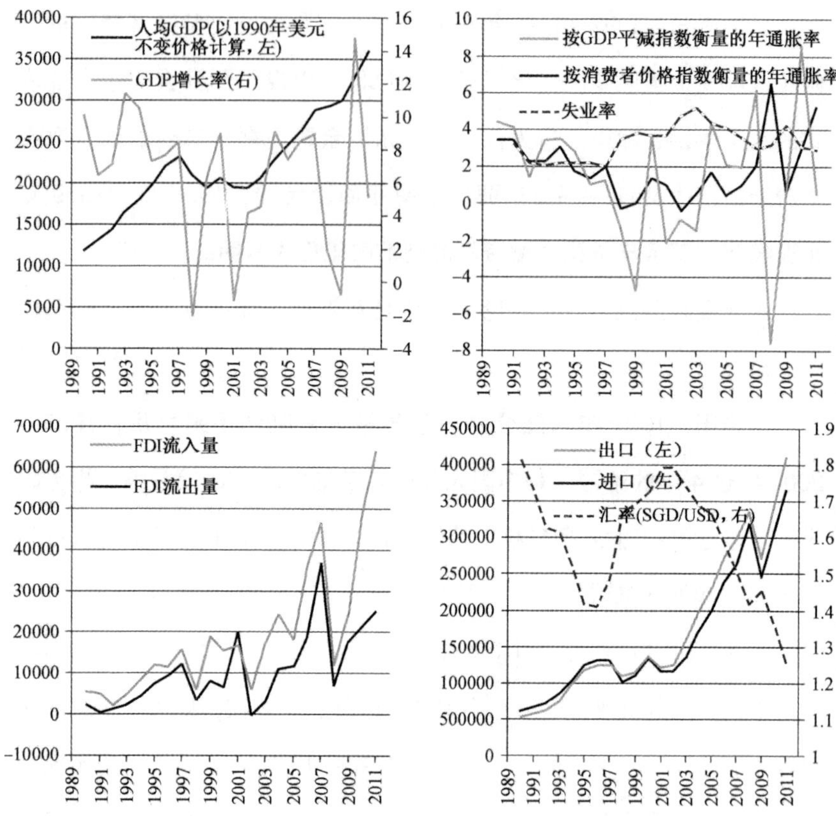

图 2-11 1989—2012 年新加坡宏观经济指标的变化

数据来源：不变价格人均 GDP、GDP 增长率、按 GDP 平减指数衡量的年通胀率等指标数据由世界银行国民经济核算数据和经济合作与发展组织国民经济核算数据（World Bank national accounts data and OECD national accounts data files）直接或间接计算得到；按消费者价格指数衡量的年通胀率数据来源于国际货币基金组织国际金融统计数据库［IMF，International Financial Statistics（IFS）］；FDI 流入量、FDI 流出量等指标数据来源于联合国贸易和发展会议数据库（UNCTAD data-base）；进口、出口等指标数据来源于 WTO 国际贸易统计数据（WTO，International Trade Statistics）；失业率、汇率等指标数据来源于世界银行世界发展指标数据库（World Bank，WDI data-base）。

注：(1) 左上图纵向主坐标轴单位为美元，左下图纵轴、右下图纵向主坐标轴单位为百万美元，右上图纵轴、左上图纵向副坐标轴单位均为百分比，右下图纵向副坐标轴无单位；(2) 2003 年之前的新加坡出口、进口数据不包括与印度尼西亚之间的贸易额。

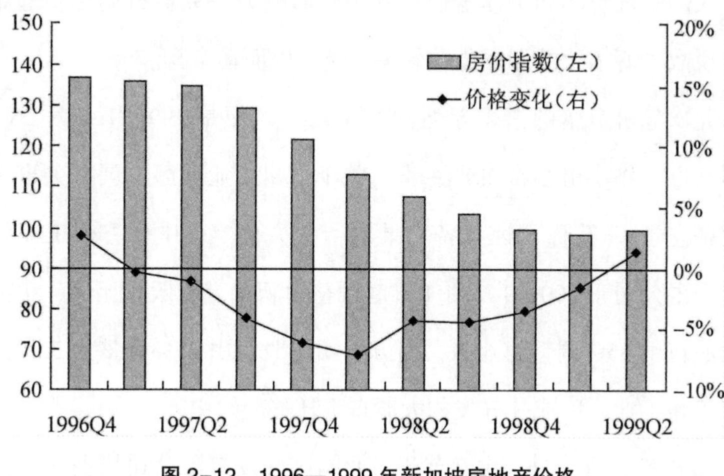

图 2-12　1996—1999 年新加坡房地产价格

资料来源：仲量联行：《合肥政务新区项目开发策略研究终期报告》，2015 年 3 月 20 日，见 http://www.doczj.com/doc/73c85a31f111f18583d05a72-9.html。

由于经济不景气、前景不明朗、房地产市场低迷、价格疲软、国内利率趋升等因素，新加坡商业银行出于自身利益、降低风险的考虑，改变了自 1996 年以来以各种优惠条件争揽购房贷款客户的态度，实施紧缩住房的贷款政策。本资四大银行从 1998 年 1 月起将住房贷款利率由 6%逐步调高至 7.5%，将住房贷款授信额度上限从原定的不超过产业估价或售价的 80%下调至 70%。[①] 以上这些数据变化表明，新加坡国内的货币政策开始进入信用紧缩阶段；而其海外投资也开始趋于收缩。

（二）合作危机与股权调整

苏州工业园区在 1998—2001 年调整期的各种故事，是在多种压力和因素的交织下发生的，事件本身也许对园区的发展进程有所影响，

① 陈绍方：《金融危机中的新加坡房地产业》，《中国房地产》1998 年第 10 期。

但个人的主观意图和个体努力在其中的影响力终究显得弱小，远非各种传说故事所描绘的那样成败攸关，牵一发而动全身。

此次危机引爆的诸多矛盾的结果之一，便是1999年6月28日，中新双方工作小组在新加坡签署《关于苏州工业园区发展有关事宜的谅解备忘录》(简称《谅解备忘录》)。双方商定：中新苏州工业园区开发有限公司于2001年1月1日起调整中新双方的股权比例，中方财团的股权由35%调整为65%，新方财团的股份由65%调整为35%，同时将苏州工业园区成片开发的大股东责任移交给中方。

2001年1月1日，中新苏州工业园区开发有限公司依据《谅解备忘录》正式调整中新双方的股权。4月1日，中新双方财团签署《股权转让合同》，新加坡—苏州工业园区开发财团以895.9898万美元的转让价格将其持有的公司30%股权转让给中国·苏州工业园区股份有限公司（中方财团）。

依据该备忘录，新加坡只负责苏州工业园区第一期规划的8平方公里的开发工作，规划中其余70多平方公里的工业园开发由中国负责(注：园区规划面积进行过一次调整，由70平方公里调整为80平方公里，除去新方负责的8平方公里，还有70多平方公里没有开发)。

中新合作陷入困境并最终发生股权调整，这一过程被坊间赋予了很多故事性；何况又有李光耀本人的回忆录资以佐证——这一记述因传者本人的政治家身份而被赋予了很高的权威性：

苏州市政府并没有信守承诺，对苏州工业园区全力以赴，反而利用同新加坡的联系，发展由市政府自己开发的另一个工业区苏州新区，同时操纵土地和基础设施的价格，使新区比园区更具竞争力。值得庆幸的是，大规模跨国企业大多更看重新中的合作，不惜承担更高的土地成本，选择到园区投资。所以尽管困难重重，园区仍然取得显著进展，在三年内吸引了百多个投资项目，外资总额接近30亿美元，每个项目的平均投资额居中国全国之冠。

…………

事情到了1997年年中表面化，负责管理新区的苏州市副市长在汉堡对一群德国投资者说，江泽民并不支持工业园区，苏州新区欢迎他们来投资，他们不需要通过新加坡。他这么一说，我们一下子没了立足之地。我们为了同地方政府竞争，浪费了太多时间、精力和资源。

我在1997年12月向江泽民提出问题。他向我保证把苏州工业园区计划放在第一位，地方层次的一切问题都会获得解决。北京最高领导层的保证言之凿凿，苏州市政府却仍然一意孤行地推动新区计划同园区竞争。我们有理由相信他们已经是负债累累，不继续推展新区发展计划的话，财务困境就没法摆脱。①

---

① ［新］李光耀：《李光耀回忆录》，译林出版社2013年版。另有解释认为，苏州工业园区虽然知名度大，但许多外商到了苏州知道工业园区之外还有一个新区，而新区也有自己的优势，比如地价比苏州工业园区便宜，并且新区也推出高效率的“亲商政策”，比如凡外商向新区提出任何问题，三天不予答复即可视为同意。其实苏州新区的成立早于苏州工业园区，李光耀在中新项目选址阶段到苏州进行实地考察时新区已经在运行了。据苏州新区管委会办公室提供的一份资料，苏州新区依靠2000万元人民币贷款启动发展，五年后基础设施已累计投入近30亿元，完成18平方公里的市政基础设施；全区域国内生产总值从不到500万元人民币增长到60亿元，财税收入从不到100万元增长到3.6亿元，出口创汇从无到有增长到8亿美元。这说明此一时期各开发区的增长背后有“系统性原因”，并不仅仅是个别开发区的特例。该评论认为，李光耀“动怒”还有个原因，就是新区内的苏州国家高新技术产业开发区被选为中国亚太经合组织科技工业园区，向亚太经合组织成员特别开放。当时中国共有53个国家高新技术产业开发区，北京、合肥、西安和苏州四个国家高新技术产业开发区为首批。苏州工业园区后来也“增补”了进来。关于“汉堡事件”的宏观背景，笔者已在第一章进行分析。

但是，再英明的政治家也有其自身的认识局限和价值立场。后来者对此做研究，在重视上述表达内容的同时，也应该实事求是地指出其与金融危机之间的关联。主要在于：一方面，1997 年东亚金融危机发生后，原本要进行跨国投资的企业集团，尤其是受金融危机打击的日韩企业，由于资金骤然紧张，连一些本已谈好的项目都终止了。金融危机发生后，无论在企业数量还是在资金上都以欧美企业的投资占多，但投资规模比危机发生之前大幅度降低。如图 2–13 所示。

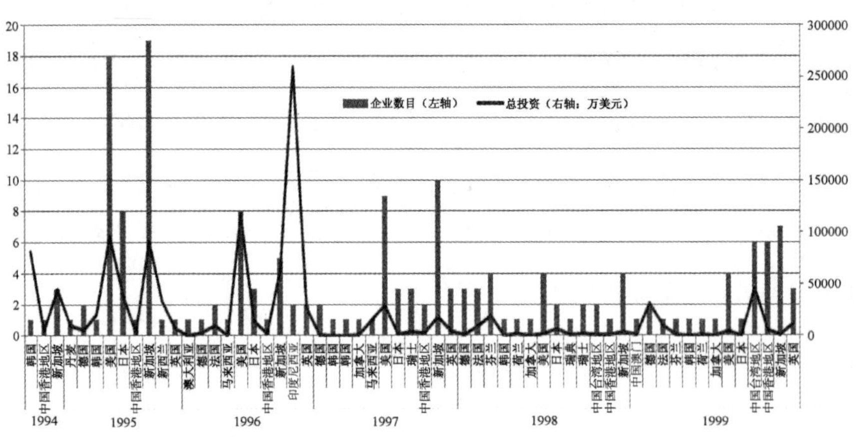

图 2–13　1994—1999 年苏州工业园区的入驻企业数目和投资金额

图 2–13 清楚地反映出：1997 年东亚金融风暴之后的 1998 年，园区投资规模显著下降。

由于资金紧缺，投资企业对于园区基础设施成本的敏感性自然提高：

随着经济危机的冲击，跨国工业公司面临着突如其来的生产过剩，许多公司不得不缩减开支，按比例缩小现有的生产规模并推迟其原定的扩张计划。几乎所有的新加坡工业园区内的工业单位的需求量在

1997 年之后都持续走低。此外，尽管当 1997 年后苏州工业园区等工业园区迎来了新的投资者，但他们的投资规模也比早期投资者小得多，这也直接影响了园区的效益。①

李光耀提到中方的地方政府存在财务危机。诚然，20 世纪 70 年代以来，政府遭遇财政赤字的现象在中国上上下下都是客观存在的，因而也可以说这是当年苏州地方政府扶持新区的原因之一。但本课题组在调研中访谈到的大部分当时在园区工作的受访者都认为，**中新矛盾的根源是 1997 年亚洲金融危机的爆发导致中新合资公司开发的土地不能按计划转让出去，现金流出现问题。**

当时尽管有欧美企业进驻园区，但是日本、韩国、印度尼西亚等有投资能力的地方因为亚洲金融危机没动静了，没有想象中那么多企业很快入驻园区。

土地开发好了，成本投下去，但制造业没有跟上，三产也就起不来，人气都没有，房地产怎么起得来？只有投入没有回报，这才是问题的实质所在。

1997 年亚洲金融危机爆发，全世界受危机影响都很大。园区有很多已经谈好的项目都因此终止了。再加上新加坡方面对危机的前景预测比较悲观，认为需要较长时间才能走出危机的阴影；同时新方股东也有资金回笼的需求。②

李光耀在回忆录里还提到了地方政府主导的各开发区之间竞争的

---

① 刘云：《中国工业园区发展策略及对策研究——基于新加坡与苏州工业园区的视角》，硕士学位论文，对外经济贸易大学，2007 年。

② 来源：课题组对园区有关人员的访谈。

问题。无论其资料和说法是否可信，中国国内确实由于国内外宏观环境的巨大变化而发生了政策的重大调整。

正如在政策领域中发挥了较大作用的经济学家马洪所说的："经济发展阶段和经济体制的变化实际从20世纪90年代中期就发生了，之所以没有很快在供求总量关系方面表现出来，主要是因为对外净出口的增长在一定程度上掩盖了供求总量关系的变化。我国1995年、1996年、1997年货物和服务净出口分别达998.5亿元、1459.3亿元和2745亿元人民币，比上年分别增长57.5%、46.1%和88.1%，占当年GDP的比重分别为1.68%、2.1%和3.6%。**外需的扩大，使国内供大于求的矛盾得到一定的缓解，**经济模式的变化在总量关系方面的表现由此被淡化了。1997年7月开始的东亚金融危机，对我国出口增长造成了严重影响，1998年出口增长率陡降到0.5%，**外需迅速收缩，必然使国内经济模式的变化引起的供求总量关系变化凸显出来。"**①

马洪先生对这种供求关系的重大变化做出的解释，在政治经济学教科书上被写作典型的"生产过剩"——1998年，将因中国在工业资本快速扩张进程中遭遇引发第二次世界大战前的西方1929—1933年生产过剩类似的危机，而载入中国经济史。对此，海归经济学家林毅夫直接提出借鉴"罗斯福新政"的政策建议。中央宏观政策也由宏观调控政策改为积极财政政策，中央政府号召各地"大干快上"，实现"保八"目标；一些地方开始恶性竞争，争相压低地价，甚至有的地方倒贴钱吸引项目，苏州工业园区有很多项目被挖走了。

有关研究指出：

---

① 马洪、陆百甫：《中国宏观经济政策报告》，中国财政经济出版社1999年版。

用大幅度削减地价的办法招商是不少开发区提高竞争力的法宝。苏州工业园区首期 8 平方公里做到了“九通一平”(道路、供水、供电、供气、供热、排雨水、排污、有线电视、通信和土地平整)，每平方公里基础设施投入约 4 亿元人民币，远高于一般的开发区。基础设施建设的标准高，出让给外资企业的“熟地”价格自然就高，每平方米达 60 美元左右。但经贸局局长却不能随便降低地价来招商，因为有制度约束。**苏州工业园区实行的是行政主体与开发主体分离的体制，行政主体不能干涉开发主体的商业行为，作为行政主体一部分的经贸局，自然不能随便降低地价以提高“竞争力”。**[①]

以东亚金融风暴发生后长江三角洲各地对台资的“抢夺”为例。

中国台湾地区从 1999 年起，凭借多年政企协同努力而在全球 IT 产业第二梯队获得一席之地。但是，一个幅员过于狭窄的岛屿根本不可能自己化解随海外 IT 泡沫带动而快速上涨的地价和劳动力价格；于是，台湾地区率先走出岛门寻找要素价格低谷，通过英属维京群岛的分公司开始了在大陆的 IT 产业投资高潮，扩大 IT 产业集成和模块化生产基地，并以长江三角洲作为投资重点地区。

前文曾分析过为什么大的外资不去浙南，盖因外资无法解决与浙南个体小商业、小土地所有者的交易成本问题，由此映射出苏南的一个重要的比较制度优势。但这个比较制度优势，在苏南乃至个体经济不发达的上海，都是同样的，这些区域之间的引资竞争已经堪为激烈。

为了迎合台湾地区 IT 产业入驻，长三角各城市纷纷降低土地使用权转让价格，出台优惠税收政策。**就土地出让价格而言，苏州的地价**

① 孙艺兵:《开发区管理模式的借鉴与创新——苏州工业园区的成功实践》,《行政论坛》1998 年第 5 期。

原来是每亩 20 万元左右，昆山每亩 15 万元左右，但吴江、宁波和杭州则将地价直接压到了每亩 5 万元，无锡甚至每亩降到 2 万—3 万元，有些地方甚至提出免收土地转让费。迫于竞争压力，苏州将地价降至每亩 15 万元，昆山降至 10 万元（见专栏 13）。而**苏州工业园区首期 8 平方公里的土地按照每平方公里 4 亿—5 亿元的成本进行开发，单纯计算土地的投入产出的话，显然没有条件与周边其他地区竞争。**按上文所说开发成本以每平方米 60 美元计算，园区的土地出让价须不低于每亩 4 万美元，折合人民币 30 多万元，才能不亏本。台湾地区当年进苏州的红红火火，与苏州新加坡工业园区领导人“我们台资吸引得不多”的冷静回忆形成了鲜明的对比，亦可想见当年苏州新加坡工业园区和其他当地工业园区发展速度的差异，及其给苏州工业园区的运营带来的压力。

由此导致新方对中国地方政府的不满和各种矛盾、误会也就在情理之中了。

专栏 13

台湾地区 IT 产业借东亚金融风暴之机落户长江三角洲

1999 年下半年开始，台商投资大陆进入第二轮高峰期，IT 业成为新一轮投资的重点，并且把投资的重点区域落在以上海、苏州、杭州、宁波为中心的长江三角洲。

2000 年，台湾地区 IT 产业的增长率为 18.1%，其总产值（硬件）的三成来自大陆，其中印刷电路、光碟机、扫描仪、主板等产业则超过五成。台湾地区 IT 产业投资的幅度明显增大，不论是发展印刷电路板还是发展笔记本电脑用的芯片，不论是在中心城市还是在其附近地区，数亿美元以上的投资已是较为普遍的现象，而且厂商追加投资的计划也雄心勃勃。2001年，大陆第一家八寸晶圆厂在上海浦东张江高科技工业园区正式动工，这个项目由台湾地区宏仁集团投资16.3亿美元，创下了当时台商投资大陆之最。

2000年，江苏吸引台资总额占全国的45%，超过广东的43%。历年累计台商投资总额，江苏达200多亿美元，也超过广东的180亿美元，仅苏州一市便吸引台资120亿美元，其中大部分投向了IT产业。

与东莞台商以生产计算机为主不同，长三角地区的台商以台湾地区的主打笔记本、PDA（掌上电脑）、手提电话形成的产业群体，以及在上海为核心的晶圆生产，与台湾地区的产业发展几乎同步，形成台湾地区接单—大陆生产—台湾地区出口结汇的模式。

长三角的台湾地区IT企业不仅投资规模大，而且集聚形成了产业链，其中上海的地位尤为重要，成为华东地区的龙头，并有条件形成国际协作网络。2000年4月，大同电子科技江苏公司投产，生产电脑与监视器等，其协作配套厂台达成、英志、协益及力红等也都前往长三角配套生产。此外，出于降低成本、抢占大陆市场的共同目的，国际知名大公司与台商加强策略联盟的趋势日益明显。例如，全球最大的个人电脑供应商COMPAQ将笔记本电脑交由台湾地区英业达集团在上海生产。

利用长三角的科技力量与人才，在当地建立研发基地，也是台资企业提高竞争力的重要手段。许多台资企业，如宏电、神达、大众、明基等为充分利用大陆庞大的人力资源，纷纷在上海设立研发中心。比如，英业达集团、金宝集团在上海等地设立了软件开发中心，台达电在上海成立了台达电电力电子研发中心，大同江苏公司在吴江成立了信息研发中心。中国入世后，台商更进一步与复旦、上海交通大学等学术单位合作，加强研发基地建设。

2001 年，苏州市 GDP 高达 1760 亿元，增幅达 12.3%。这与苏州成为全球的 IT 重镇、被称为“大陆新竹”密不可分。

从 1993 年明基和 14 家配套厂商打造苏州“IT 产业生态系统”的雏形开始，台湾地区其他一些 IT 业的大型名牌企业，如生产扫描仪的全友、生产笔记本电脑的华宇、生产显示器的高创、大同和诚洲，以及生产不间断供电系统的公司等，都先后带领其协作厂家进入苏州。到 2001 年年末，除了芯片之外，其他所有的 IT 零配件都能在苏州生产和配套；在苏州投资 IT 产业的台湾地区企业达 500 多家，台湾地区前 20 家最大的电子上市、上柜公司中已有 14 家落户苏州。苏州的小屏幕液晶显示器、压力传感器、电脑摄像探头、水晶振子、鼠标等产品已占据世界市场 30%的份额。

为了迎合台湾地区 IT 产业入驻，长三角各城市纷纷降低土地使用权转让价格，出台优惠税收政策。就土地出让价格而言，苏州的地价原来是每亩 20 万元左右，昆山 15 万元左右，但吴江、宁波和杭州则将地价直接压到了每亩 5 万元，无锡甚至每亩降到 2 万—3 万元，有些地方甚至提出免收土地转让费。迫于竞争压力，苏州将地价降至每亩 15 万元，昆山降至 10 万元。

资料来源：查志强:《台湾 IT 产业落户长江三角洲的研究:“西进北移”的发展态势、动因与效应》,《世界经济研究》2002 年第 5 期。

中国复杂的中央—地方政府关系及地方政府之间的竞争，恐怕是弹丸之国的新加坡最缺乏的政治经验，尽管新加坡有成功地开发裕廊工业园的商业经验。

经济危机寒风之下的工业园区承受着巨大的资金压力，也使李光耀承受着国内巨大的政治压力。

1997 年，东亚金融危机对中国的投资环境影响很大，适值园区开发规模最大的一年，当年的开发投资达 10 亿元，因此中新集团面临庞大的支付压力。为缓解资金压力，付款按 50%现金、50%延期两个月支付。同时，园区采取分阶段对基础设施和土地开发施工的方法减少不必要的高额存货成本，并以 8 平方公里的土地使用权作为抵押，取得了由吉宝银行牵头的银团贷款，1997 年年底贷款规模为 25.5 亿元，资产负债率为 84%。①

从 1994 年开工建设到 2000 年，苏州工业园区平均每年经营亏损 1500 万美元。这激起了新加坡反对派议员的反对和批评，一些议员甚至提出议案，要求新加坡政府向议会披露，该项目是否在亏损，“中国政府是否已经抛弃了该项目”。②

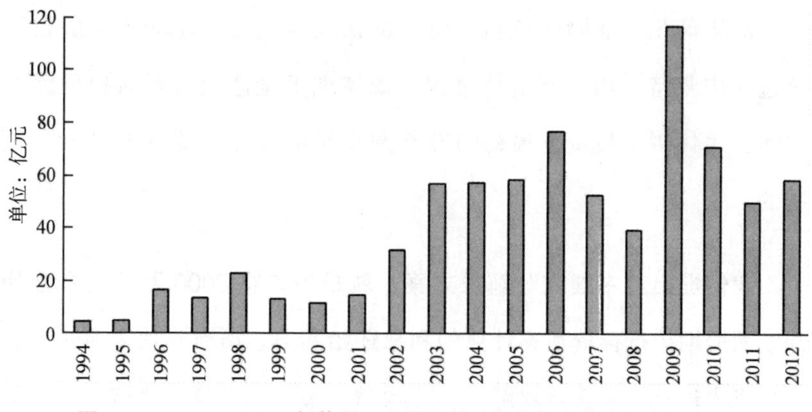

图 2-14　1994—2012 年苏州工业园区基础设施固定资产投资完成额

① 资料来源：中新集团提供的资料《国家级经济技术开发区投融资模式研究——以 CSSD 在苏州工业园区的开发历程为例》。

② 王子昌：《新加坡发展模式的输出与借鉴：苏州工业园案例研究》，《东南亚研究》2011 年第 5 期。

由于新方与中方重重矛盾与误会、投资预期悲观，以及背负着国内巨大的政治压力，中新双方从1998年开始谈判股权调整问题，历时18个月，最后签订了前文所说的《谅解备忘录》，达成转股协议。

地价走低这一经济周期性因素，使得在中新双方股权转让的评估当中，工业园区所拥有的地产被估值很低，股本金亏损了2/3还多。因此，中方才可能以不到900万美元的现金（此外还有一定面积的土地），获得了新方转让的30%的股权——1996年股本金是1亿美元，30%的股权对应本金是3000万美元。

新方的这个资产转让实际价格，远远低于当时中方的意愿价格——考虑到当时中国国内资金要素的稀缺性，即使是按照中方提出的“本金+银行利息”的偿付方案，**中新合作对于中国来说也已经算是节省了大笔资金开发融资成本的“低价套息”**。

中方人员关于转股方案的回忆明显带有中国的文化色彩，也表达了对于苏州工业园区成就、价值的认同与信心。而新方在股权调整过程中坚持采用资产清算过程，既体现了全体投资者共担风险的内涵，也体现了投资方最初的筹资方式就是内含“低成本退出”机制的。

我们提出“中国式”解决方案，就是中方将3000万美元本金外加按照同期银行存款利率计算的利息还给新方。而新加坡方面说，对我们提出这个方案表示理解，但是按照市场方式，按国际惯例，他们没法和24个股东解释，于是就否决了我们的方案。最终我们就按国际惯例，双方分别在新加坡和中国大陆之外找一家第三方公司，背对背评估。当时账目亏损，3000万美金的股本金评估下来只有900多万美金，损失了2/3，两个公司评估结果一样。新加坡方面很硬气，说这是国际惯例，他们承认。最终就以 900 多万美金转让了 30%的股权。[①]

课题组通过长期开展国际比较研究认为：**发展中国家在国际社会上通常是发达国家主导的制度框架的成本承担者**，因此，贫困问题是发达国家主导的制度成本向发展中国家几无底限地转嫁的结果，因而，全球贫困问题是“制度性致贫”。[②]

但从这次总结园区发展经验中所获得的情况则不同：新加坡作为发达国家，大比例地承担了在发展中国家因外部金融危机造成的信用影响。相对于“成本转嫁论”，这是一个例外；但对于我们创新性地提出的“无风险资产作为内部化处理外部性问题的基础条件”这个理论规律而言，却完全不是例外。

中方作为项目的东道主，**极为稀罕地获得了一次符合金融资本流动性要求的制度结构的“正外部性”**：在资产清算制度下，对于资本市场上的投资者来说，新加坡方面是“低成本退出”，投资者自行承担风险；**对于中方来说，则因为过去“高投资”的主要部分沉淀为苏州工业园区的在地化资产，而成为园区下一阶段发展的“无风险资产”**[③]；这些沉淀在土地上的成本，到 2003 年中国开始新一轮宏观经济景气周期，并且地价大幅度上扬之后，终于得以实现“高收益”。

也就是说，如果把园区的发展历程放到一个较长的时间区间来进行动态的分析，可以看出，这次股权转让**客观上利用了“通货紧缩”期间资产价格相对下降的时机**，因而有了一次**低价获得高值资产**的“抄底”

① 来源：课题组对有关人员的访谈。

② 董筱丹，温铁军：《致贫的制度经济学研究：制度成本与制度收益的不对称性分析》，《经济理论与经济管理》2011 年第 1 期。

③ 有关无风险资产在园区制度变迁中的作用的分析，课题组将在后续的理论专题研究中分析，本书不详细展开。

的机会收益。这不仅是“套期保值”——人们可以借用这个概念来加深理解——而且是通过“套期”实现了大幅度的资产“增值”。

而**新加坡也相应地调整了其后的海外投资战略，一改在苏州工业园区大量沉淀资金的做法，实行“轻资产”战略：**

> 在2000年，新加坡政府决定通过改变其发展方向和目标来促进区域工业园区未来的发展。新加坡政府宣布，今后将不再直接对工业园区的投资负责，取而代之的是它将通过提供国家贷款或补贴鼓励新加坡的国有和私有公司从事该项目。这清晰地表明，新加坡政府将从“企业化国家”转变回“发展中国家”。换句话说，它不再寻求创造利润，而是希望进驻工业园区的新加坡企业的收益率能够刺激经济的发展。除了新项目之外，新加坡政府把其余所有现有项目的管理权移交给新加坡的国有或与政府相关的公司。①

行文至此，插一个表达经济规律与意识形态无关的例子。**通货紧缩时期资产价格低，有利于逢低吸纳；对于任何有实力的“强政府”而言，都是一个获取、积累其无风险资产的机会。**可以和园区在土地上“逢低进入”的经验类比的，恰是在意识形态上一度被划为极“左”的重庆。简单盘点重庆的发展历程即可知，时任常务副市长黄奇帆在经济萧条的2001年刚刚到重庆任职，就以极低的价格从各区县和亏损的国企手中吃进土地，这恰是重庆在21世纪凭借国资和外资重新崛起时的“第一桶金”。②

在苏州工业园区，新方将责任移交给中方之后，**中方以这一阶**

---

① 刘云：《中国工业园区发展策略及对策研究——基于新加坡与苏州工业园区的视角》，硕士学位论文，对外经济贸易大学，2007年。

② 中国人民大学课题组：《重庆新事》，中国人民大学出版社2011年版。

段形成的无风险资产为杠杆，撬动园区进入了一个新的快速发展的时期。

一位园区领导者说：

《谅解备忘录》的签署，增强了投资者的信心，《谅解备忘录》里中国写了四个不变：中新合作目标不变，合作框架不变，合作的公司性质不变，对投资者的承诺不变。全世界就放心了，在门口等着的、关注着我们的企业，觉得谈判结果好，就纷纷要求进来。我们这时已经感到非常紧迫，基础设施建设跟不上，8平方公里不够用，所以赶紧向东扩张到金鸡湖70平方公里。这时我们想了一个办法，合资公司还是独家开发，**园区管委会从银行融资垫资代建，整个70平方公里"九通一平"全部通过政府的力量打开。**[①]

这段话在很大程度上表明，园区此后迅速扩张到超过规划的70平方公里面积，得到更快发展，至少部分原因在于中方政企合一的"政府公司化"制度运作。

那是本书要在第三篇论述的内容。

附件　中国1998—2001年的输入型危机[②]

1997—1998年中国遭遇输入型危机，其后出现了1999—2001年以通货紧缩为标志的经济萧条。究其原因，是1994年下半年开始的宏观

---

① 来源：课题组对园区有关人员的访谈。

② 本部分内容主要来自温铁军等：《八次危机：中国的真实经验1949—2009》，东方出版社2013年版，意在为读者补充相关的宏观经济背景。为节约篇幅，本书中内容有所删减。

调控延至 1997 年的“软着陆”，以及偶遇同年发生的东亚金融危机双重作用的结果。而且，前者客观上成为后者的序曲。

中央政府于 1994—1997 年连续 3 年的宏观调控，促成内需下降和对外依存度上升的结构性重大变化。从月度统计数据来看，1996 年年初固定资产投资增速首次低于 10%，全年增速降到 20%以下；1997 年上半年投资增速控制在 15%以内，意味着宏观经济大体上告别了整体过热阶段。从年度统计数据看，固定资产投资的年增长率在 1993 年最高峰时为 61. 8%，1997 年首次回落到 10%以下（8. 9%）；1993 年投资对 GDP 的拉动率为 11 个百分点，贡献率为 78. 6%，1997 年分别下降到 2. 1 个百分点和 18. 6%（如图 2-15、图 2-16 所示）。①

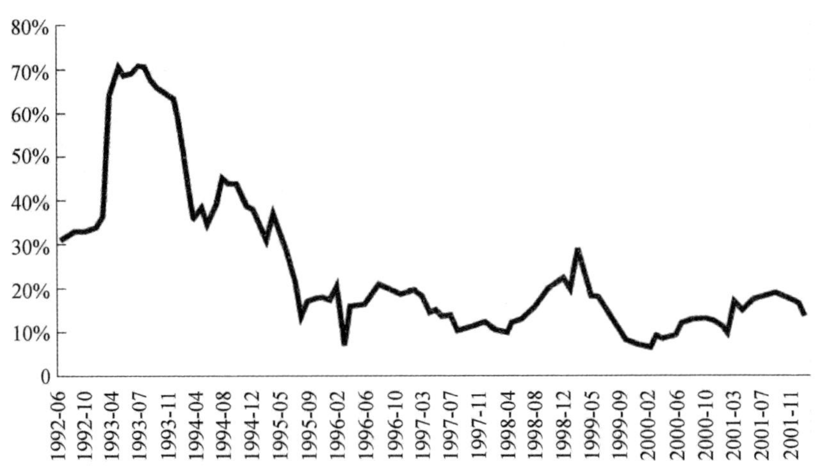

图 2-15　1992—2001 年中国月度固定资产投资增长速度

数据来源：中经网统计数据库。

在投资需求下降的同时，对外出口连年增长。“我国 1995 年、1996 年、1997 年货物和服务净出口分别达 998. 5 亿元、1459. 3 亿元和 2745

① 资料来源：中经网统计数据库。

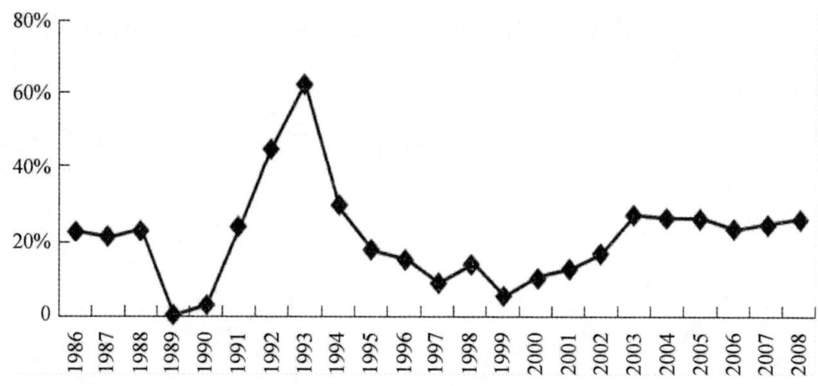

图 2-16　1986—2008 年中国年度固定资产投资增长速度

数据来源：中经网统计数据库。

亿元人民币，比上年分别增长 57.5%、46.1%和 88.1%，占当年 GDP 的比重分别为 1.68%、2.1%和 3.6%"①。这表明，在 1994 年开始的宏观调控和汇率改革的双重刺激下，出口已经取代投资成为中国经济增长的第一动力。

换言之，在国内还没有提出针对"三大差别"（贫富、城乡、沿海与内地）的战略调整之前，如果没有过剩产业资本向国际市场的大规模转战，中国国内的供求规模早就严重不平衡了。

始料未及的是，就在中国主流学问家们紧跟着风行于 20 世纪 90 年代发展中国家的所谓"世界银行共识"的制度变迁路径，热议着"经济市场化和政治自由化必然趋向于全球一体化"的时候，**1997 年下半年东亚突然爆发了金融危机。它对中国经济危机的诱发，恰发生在中国处于"告别短缺、进入过剩"的历史阶段性变化的紧要关头。**这使刚刚形成的"必须加快对接全球化"的中央决策，被东亚金融危

① 马洪、陆百甫：《中国宏观经济政策报告》，中国财政经济出版社 1999 年版。

机带来的外需大幅度下降所压抑，在汲取全球化教训后进退两难（见图 2-17）。

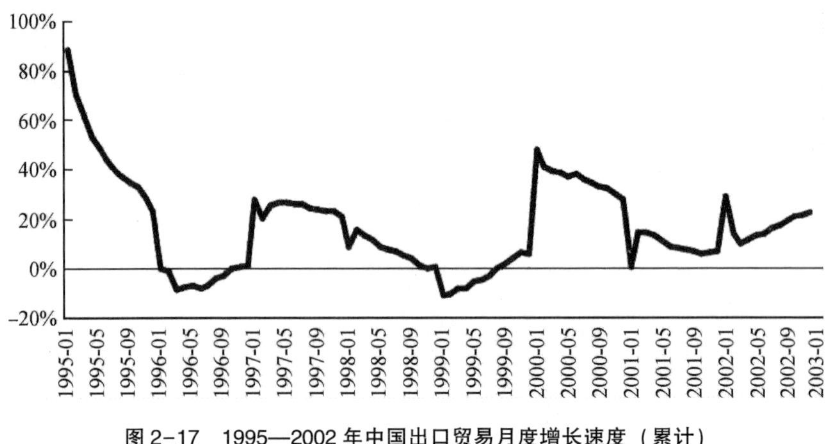

图 2-17　1995—2002 年中国出口贸易月度增长速度（累计）

资料来源：中经网统计数据库——海关月度库。

对于马克思主义经典理论早就分析过的一般意义的“生产过剩”，那时候的中国经济学家们不仅并未集体失语，而且还指出其与中国特色的宏观调控之间的相关性。中国政府决策咨询部门资深专家曾于 1998 年做出重大判断：中国开始从短缺经济进入本质上更符合其他工业化国家一般特征的产能过剩阶段。

从经济增长环境方面看，外部有东亚金融危机的冲击，国内又发生了严重的洪水灾害；从经济发展和经济体制方面看，（中国）正处于一个重要的转折点上，**开始进入一个新的阶段，短缺特点趋于消逝，买方市场特点逐步突出，由此引起的供求总量关系变化，**以及结构性矛盾的暴露，使市场竞争加剧，企业经营困难突出；从经济运行方面看，**1993 年开始的抑制通货膨胀的经济政策，使需求总量增长速率逐渐降低，加剧了总量方面的矛盾，**经济增长因此开始进入比较明显的自发收缩状态。以上因素集中在一起共同作用，使 1998 年保持经济的稳定增长面临前所未有的严重困难。

经济发展阶段和经济体制的变化实际从 20 世纪 90 年代中期就发生了，之所以没有很快在供求总量关系方面表现出来，主要是因为对外净出口的增长在一定程度上掩盖了供求总量关系的变化。……外需的扩大，使国内供大于求的矛盾得到一定的缓解，经济模式变化在总量关系方面的表现由此被淡化了。1997 年 7 月开始的东亚金融危机，对我国的出口增长造成了严重影响，1998 年出口增长率陡降到 0.5%，外需迅速收缩，必然使国内经济模式变化引起的供求总量关系变化凸显出来。①

中国在 20 世纪末所发生的这种极为重要的经济结构阶段性变化，必然会使中国经济愈益直接受到外部经济波动的影响。特别是西方进入金融资本阶段以来，在加快推进依托强权的金融全球化的同时，辅以更多促进发展中国家金融深化的措施，这对中国的影响就更大了。

因为，从国际经济政治秩序演变的视角看：**自从 1971 年尼克松颁布政令废除美元与黄金挂钩、1973 年采取“浮动汇率”的货币金融政策以后，欧美国家在布鲁塞尔货币会议上通过了以提高净资本流动率来维持实际消费的办法，产业外移和外部资本收益的大量回流，根本性地改变了西方在产业资本阶段的危机性状。结果，欧美发达国家对发展中国家的剥削程度，远远超过 20 世纪五六十年代。**

还因为，在对外完全开放的“自由市场经济”体制下，进入工业

① 马洪、陆百甫：《中国宏观经济政策报告》，中国财政经济出版社 1999 年版。

化进程但又遭遇资本严重短缺的发展中国家就会遭遇外部资本加快流入、以短期占有资源为目的的资本化；而追求资本市场流动性、以获取利润为目的的货币资本又是最不受国界限制的，这些投资一旦形成资本收益，抽逃就随时可能发生。

在20世纪90年代，步东北亚和东南亚的后尘，刚刚解体的苏联、经受剧变的东欧和正在扩张产业资本的中国，都相继纳入了因严重泡沫化而病入膏肓的西方货币体系，之后则循着这种规律，发生了外部资本的流入和流出所带来的一系列变化。

总之，1997年，在国内因宏观调控致使投资转向温和增长的态势下，东亚金融危机引发的外需下降直接导致国内发生了以萧条和通货紧缩为主要特征的经济危机。

如果1994年令国人闻之色变的关键词是“通货膨胀”——物价指数高达24.1%，那么在东亚金融危机影响下的1998—2002年的5年期间，描述中国宏观经济走势的关键词，则静悄悄地变成了普通百姓再也听不懂的“通货紧缩”。

从1997年10月算起到1998年12月，物价指数已经连续15个月绝对下降，这可是改革开放以来所没有过的现象。物价水平变化是商品和服务的供求关系变化的重要反映，从一定程度上反映了供大于求的总量关系格局的发展程度。①

因此，中国在20世纪90年代末以通货紧缩为特征的经济萧条，是一次因东亚金融危机而引发的典型的输入型危机。

面对这样一次典型的因外部金融风暴带来的输入型危机，中央政府的应对措施主要有以下几方面：一是强力进行金融领域的改革

① 马洪、陆百甫：《中国宏观经济政策报告》，中国财政经济出版社1999年版。

以防范风险；二是大规模增发国债投入基础设施建设以扩大内需；三是同步推进住房、教育、医疗诸多领域的产业化改革，以货币深化来带动国内公共物品消费的市场化增长。此外，中央政府还连续三次提高出口退税率，以加强中国产品在国际市场上的价格优势。这些措施虽然社会代价极大，但总体上防止了经济下滑，相对当年政策界简单化地概括的 GDP “保七争八” 政策目标而言，确实有效（见图 2-18）。

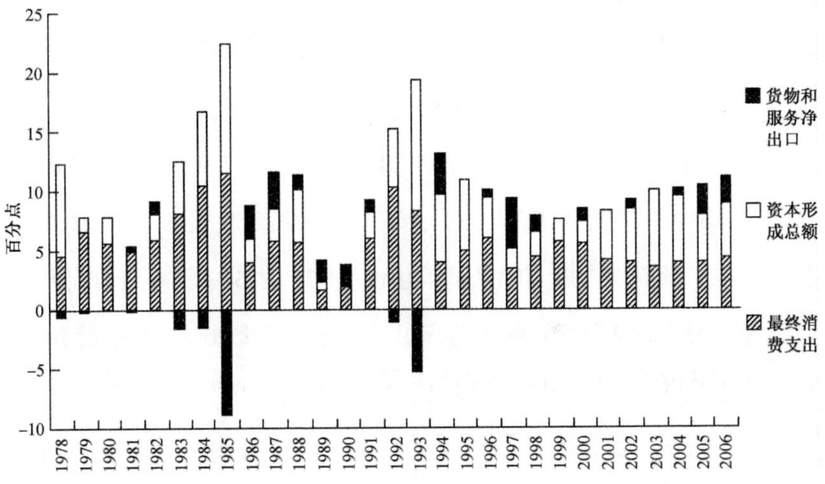

图 2-18 1978—2006 年中国宏观经济增长波动及主要拉动力量

资料来源：中国统计年鉴 2007。

此处仅对积极的财政政策——中央政府投资为主的基础设施建设——略做说明，有关金融系统改革等内容留待下文详述。

针对国内市场供求关系的变化和东亚金融危机对中国出口的影响，1998 年中央政府先后颁发了 3 号文件、12 号文件，提出了扩大内需的政策方针，并采取了一系列有关的具体措施。这样做，实际上已经把 1993 年以来的适度抑制需求扩张的政策基调，转变到积极扩大需求的方向上来。[①] 接下来我们看到，扩大内需是借助财政这只手来实施的。

1998年3月初，新政府换届之际就提出放松银行投资的“积极的金融政策”。但由于已经开始推进各地银行脱离地方政府干预的金融市场化改革，各地县级支行已经向省级银行上交金融权力，县本级只有20万元流动资金贷款批准的权力。因此，各地难以按照新一届政府指令大幅度增加银行投资。

在积极的金融政策难以奏效的情况下，从1998年夏季开始，中央政府连续实施“扩张的财政政策”。截至2000年，3年中累计发行长期建设国债3600亿元。[②] 这些国债的投向主要是用于大规模基础设施建设。

从经济实际运行来看，这次以政府为主的投资，对最终需求增长的推动作用是非常明显的。1998年投资中，国有单位投资增长19.5%，城乡集体投资下降3.5%，城乡个人投资增长6.1%。国有单位投资中，投资规模最大的是基本建设投资，占56%，在政府对基础设施等重大建设项目投资的推动作用下，增长率达20%；其他投资中，更新改造投资占21%，增长率为13.9%；房地产开发投资占17%，增长率为12.6%。综合其他分析可以认为，1998年是通过增加政府投资，扩大需求，防止经济增长率继续回落的一年。[③]

---

① 作者注：1998年年初的政策调整起因于当时分管外经外贸的李岚清副总理1月6日写给江泽民总书记的报告，其中提到我国外贸在1997年GDP中约4个百分点的贡献度将受东亚金融危机影响而在1998年下降到可能不足1个百分点，他据此要求中央及早做出扩大内需、转变过度依赖出口的政策调整。该报告被江泽民总书记批示，遂由刚在1997年宣布完成宏观调控、实现“软着陆”的朱镕基总理主持。

② 徐宏源：《2000年中国宏观经济形势分析与2001年展望》，国家信息中心经济预测部网站，2014年5月14日。

③ 马洪、陆百甫：《中国宏观经济政策报告》，中国财政经济出版社1999年版。

不仅在实施积极财政政策的当年，中国经济就比较成功地应对了出口需求大幅下降对经济增长的不利影响，在1998—2000年的三年相对萧条时期，国民经济都维持了“七上八下”的增长速度，而且政府投资还极大地改善了基本建设长期投资不足的制约局面，为下一阶段经济高速增长铺垫了基础。

这种**政府直接介入经济、通过追加国债投资拉动实体经济和同期大规模增发货币促进经济增长的做法，可以被认为是政府重新“进入”**。并且，在有效应对1997年那次输入型危机以后，“政府进入”成为抗御以外部输入因素为主的经济危机的基本经验。

尤其值得重视的是，这些政府**直接投资化解“市场失灵”的区域平衡发展战略，并没有因新一届政府上台而改变，反而从1998年起一直延续了12年。国债带动的投资总规模在10万亿元人民币以上**。加上省级以下地方政府融资平台的投资，中国各级政府总计增加了大约20万亿元人民币投资。大规模增加投资不仅极大地改善了基本建设长期投入不足的状况，而且已经客观上成为中国以不变应万变地保住21世纪第一个10年长期高增长的主要手段。

不过，任何积极措施都有消极影响及不同利益集团的舆论反映。在政府国债项目带动全国各地总计20万亿元人民币投资、促进城乡统筹和减少区域差别的同时，一方面出现了**国债项目主要交由国企执行而客观上造成的“国进民退”**，遂在国内外引发“政府干预过多导致中国私有化改革倒退”的舆论声浪；另一方面**也造成以更多投资制造更大生产过剩的“粗放增长”惯性**，并且因实际上是在“用未来更大的过剩掩盖当前的过剩”而累积着更大的风险！一旦某个突发的不可抗因素（例如，能源运输通道被恶性事件人为破坏）阻断这种“高投资+高消耗+高对外依存度”的经济过程，整个国民经济将会随之陷入混乱。

附 表

表 2-6 1994—2013 年园区的欧、美、日、韩、新和中国港澳台地区等企业投资数目

单位：个

年份	美国	德国	其他欧美国家	新加坡	日本	韩国	中国台湾地区	中国港澳地区
1994	0	0	0	3	0	1	0	1
1995	18	2	3	19	8	1	0	1
1996	8	1	4	5	3	0	0	1
1997	9	2	7	10	3	2	0	2
1998	4	3	12	4	2	1	2	1
1999	4	2	7	7	1	1	6	7
2000	7	0	7	10	1	0	2	4
2001	9	4	4	25	10	1	30	6
2002	19	4	6	20	30	3	39	15
2003	18	9	21	28	24	6	23	11
2004	28	12	38	33	22	2	16	9
2005	21	8	32	18	18	4	16	12
2006	23	5	26	18	14	15	9	13
2007	30	10	25	17	13	18	23	39
2008	26	2	20	12	11	13	11	25
2009	19	2	14	12	10	12	4	33
2010	25	0	15	10	11	10	13	32
2011	17	8	23	12	17	13	12	32
2012	25	5	17	8	13	17	10	25
2013	14	6	14	2	14	15	7	24

注：其他欧美国家指美国、德国之外的其他西方国家（指西方意识形态占主流的国家，现主要指欧洲联盟和五眼联盟国家）。下同。

表 2-7　1994—2013 年园区的欧、美、日、韩、新和中国港澳台地区等企业投资规模

单位：万美元

年份	美国	德国	其他欧美国家	新加坡	日本	韩国	中国台湾地区	中国港澳地区
1994	0	0	0	45121.00	0	81000	0	4650
1995	95703	5510	50300	91612.16	39844	20276	0	2819
1996	116765	2275	36410	64330.00	14025	0	0	1800
1997	28703	847	7795	18353.95	1731	56	0	2527
1998	1809	520	30611	3033.47	6070	24	875	1000
1999	3869	30547	23173	574.90	157	80	46022	5879
2000	5488	0	19203	2780.50	13500	0	7000	11588
2001	106924	2074	97569	72095.98	14438	310	243096	409
2002	35664	16602	3900	9728.31	71805	50945	142213	27332
2003	20823	127311	79911	29544.08	50025	8056	45409	24158
2004	69552	25099	84648	24394.37	54113	813	119155	19472
2005	13071	7031	39978	54743.21	41473	4218	40969	66847
2006	50078	2090	26036	22243.33	24585	15750	37594	13700
2007	38289	9073	22545	5827.36	34788	34601	15572	180882
2008	17784	3	2768	40752.23	5925	1214	1370	36235
2009	2372	50	8765	2652.05	6937	490	1889	38449
2010	11850	0	20649	1065.98	8757	2256	32197	20025
2011	906	443	9357	17770.60	31804	301761	2434	74132
2012	3847	642	401	456.76	9703	339	350	66468
2013	4729	350	4565	1450.00	1195	2818	3087	10696

表 2-8　1994—2013 年园区的欧、美、日、韩、新和
中国港澳台地区等企业累计投资规模

单位：万美元

年份	美国	德国	其他欧美国家	新加坡	日本	韩国	中国台湾地区	中国港澳地区
1994	0	0	0	45121	0	81000	0	4650
1995	95703	5510	50300	136733	39844	101276	0	7469
1996	212468	7785	86710	201063	53869	101276	0	9269
1997	241171	8632	94505	219417	55600	101332	0	11796
1998	242980	9152	125116	222451	61670	101356	875	12796
1999	246848	39699	148289	223025	61827	101436	46897	18675
2000	252337	39699	167492	225806	75327	101436	53897	30264
2001	359261	41773	265060	297902	89765	101746	296993	30673
2002	394924	58374	268960	307630	161570	152691	439206	58005
2003	415747	185686	348871	337174	211595	160747	484615	82163
2004	485299	210785	433520	361569	265708	161560	603770	101635
2005	498370	217816	473497	416312	307182	165778	644739	168481
2006	548448	219906	499533	438555	331766	181528	682333	182181
2007	586737	228979	522078	444383	366554	216129	697905	363064
2008	604521	228982	524846	485135	372480	217343	699275	399299
2009	606893	229032	533611	487787	379417	217834	701164	437748
2010	618743	229032	554260	488853	388174	220089	733361	457774
2011	619650	229475	563617	506623	419978	521850	735795	531905
2012	623497	230117	564018	507080	429681	522189	736145	598374
2013	628226	230466	568583	508530	430875	525008	739232	609070

表 2-9　1990—2011 年新加坡宏观经济指标的变化（一）

单位：%

年份	GDP 增长率	人均 GDP（1990 年美元不变价）	GDP 平减指数衡量的年通胀率	消费者价格指数衡量的年通胀率	失业率
1990	10. 11	11845. 41	4. 38	3. 460753	
1991	6. 49	13190. 72	4. 14	3. 425702	3. 3
1992	7. 03	14374. 36	1. 41	2. 263071	2. 2
1993	11. 48	16569. 59	3. 45	2. 2893	2. 1
1994	10. 57	17901. 27	3. 53	3. 100133	2. 2
1995	7. 28	19707	2. 83	1. 720534	2. 2
1996	7. 63	21946. 8	1. 0	1. 383181	2. 2
1997	8. 51	23147. 49	1. 24	2. 003586	2. 0
1998	−2. 17	20786. 51	−1. 36	−0. 2675	3. 5
1999	6. 20	19428. 51	−4. 78	0. 01671	3. 8
2000	9. 04	20559. 07	3. 64	1. 361624	3. 7
2001	−1. 15	19448. 18	−2. 22	0. 997198	3. 7
2002	4. 20	19321. 48	−0. 88	−0. 39168	4. 8
2003	4. 58	20520. 06	−1. 50	0. 507905	5. 2
2004	9. 16	22735. 04	4. 38	1. 662727	4. 4
2005	7. 37	24575. 48	2. 07	0. 425106	4. 1
2006	8. 62	26306. 46	1. 99	1. 020916	3. 6
2007	9. 02	28775. 33	6. 16	2. 095144	3. 0
2008	1. 75	29254. 71	−7. 65	6. 51859	3. 2
2009	−0. 79	29941. 37	0	0. 603622	4. 3
2010	14. 78	32836. 61	8. 53	2. 8	3. 1
2011	5. 16	35982. 5	0. 50	5. 252918	2. 9

表 2-10　1990—2011 年新加坡宏观经济指标的变化（二）

单位：百万美元

年份	FDI 流入量	FDI 流出量	出口	进口	汇率（SGD/USD）
1990	5574. 749	2033. 787	52730	60899. 1	1. 812533
1991	4887. 094	525. 8314	58966	66292. 6	1. 727550
1992	2204. 338	1316. 967	63472	72171	1. 628967
1993	4686. 314	2151. 889	74012	85234	1. 615791
1994	8550. 189	4577. 07	96825	102670	1. 527444
1995	11942. 81	7282. 874	118268	124507	1. 417375
1996	11432. 37	9196. 406	125014	131338	1. 410041
1997	15701. 74	12252. 01	124985	132437	1. 484806
1998	5958. 652	3544. 156	109895	101732	1. 673602
1999	18852. 95	8110. 988	114680	111060	1. 694957
2000	15515. 33	6650. 27	137804	134545	1. 723963
2001	17006. 9	20027. 01	121751	116000	1. 791723
2002	6157. 244	-250. 029	125177	116441	1. 790588
2003	17051. 45	3113. 57	159902	136218	1. 742183
2004	24390. 29	10960. 52	198637	173599	1. 690228
2005	18090. 3	11589. 28	229649	200047	1. 664398
2006	36700. 23	18637. 07	271807	238710	1. 588933
2007	46929. 93	36897. 29	299307. 9	263155	1. 507102
2008	11797. 78	6812. 193	338176	319780	1. 414861
2009	24417. 64	17703. 69	269832. 4	245785	1. 454515
2010	48636. 68	21214. 88	351867. 1	310791	1. 363508
2011	64003. 24	25227. 46	409503. 4	365770	1. 257776

注：2003 年之前的新加坡出口、进口数据不包括与印度尼西亚之间的贸易额。

数据来源：不变价格人均 GDP、GDP 增长率、按 GDP 平减指数衡量的年通胀率等指标数据由世界银行国民经济核算数据和经济合作与发展组织国民经济核算数据

（World Bank national accounts data and OECD national accounts data files）直接或间接计算得到；按消费者价格指数衡量的年通胀率数据来源于国际货币基金组织国际金融统计数据库［IMF，International Financial Statistics（IFS）］；FDI 流入量、FDI 流出量等指标数据来源于联合国贸易和发展会议数据库（UNCTAD data-base）；进口、出口等指标数据来源于 WTO 国际贸易统计数据（WTO，International Trade Statistics）；失业率、汇率等指标数据来源于世界银行世界发展指标数据库（World Bank，WDI data-base）。

第三章

三驾马车：国资+外资+乡资

第二篇述及以美国 IT 业为主的“新经济”崛起带动海外资金回流美国、引发 1997 年东亚金融风暴之后的中国宏观形势及对于园区建设带来的变化。本篇接续解释这场危机对园区的影响。

新加坡由于身处这次东亚金融危机之中而势所必然地对其在园区的投资做出战略性改变——中新双方在协商股权转让时，新加坡方面希望中方承担更多的投资责任，这等于委婉地说新方要撤资。随之，当新加坡投资在园区形成的股本份额大幅度下降之后，则必然发生资本结构变化引发的园区治理结构等一系列重大改变。

据此，**可以理解本篇把园区此后的发展经验归纳为第二次危机影响之下的“第三阶段”**——由于东亚金融危机导致中新双方的投资结构发生重大改变，从而在园区发展内涵与治理结构上，都会进入一个新的阶段——治理结构调整刚刚完成就与 2001 年美国“IT 泡沫崩溃”之后资金再次流出、发达国家面向全球进行产业布局不期而遇，遂形成园区**“三驾马车”共同拉动的高增长**局面：**一是国资**，在这一阶段以土地开发、基本建设和地产经营为主，形成园区的基础设施等固定资产；**二是外资**，即外国资本前来进行产业投资形成园区的产业经济；**三是乡资**，即依托乡土社会在地化的各种资源、社区资产的资本化开发形成的乡土资本，这一点与李克强那篇获得孙冶方经济科学奖的论文中指出的中国三元结构里将长期存在农村工业部门的观点一致。①课题组此前对苏南的研究指出，乡镇企业虽然直接的资本化收益并不显著，却有效增加了村社理性；从园区经验看，其交易成本内部化的机制使得园区得以极大程度地降低土地开发过程中的制度成本。②

至今，园区一直表现为国资、外资与乡资这“三驾马车”相得益彰。

以下文字，徐徐述之。

一、外资撤离和国资替代的“惊险一跃”

园区在第三阶段的第一件大事，就是国内投资取代新加坡投资成为园区的主要投资者。这在当时可是“惊险一跃”。

在任何一个搜索引擎网站，键入“外资撤离”四个字，会弹出上百万条搜索结果，都指向一个核心含义——**无论信奉何种意识形态的经济体，只要遭遇外资撤离，都会立即落入“债务陷阱”，连带发生本国股市和汇率应声跌落，往往同步出现物价攀升、企业衰败等严重经济危机现象**。中国也并不能自外于此——2009 年全球经济危机之

---

① 李克强在《论我国经济的三元结构》（《中国社会科学》1991 年第 3 期）一文中提出：中国传统经济中二元结构的特点，决定了我国不能走从传统农业社会直接转变为现代工业社会的发展道路，而必须经历一个农业部门、农村工业部门与城市工业部门并存的三元结构时期。农村工业部门是乡土资本的重要存在形式之一。

② 参见本书上卷。

后，外资撤离就成了中国经济的“紧箍咒”，时不时地让中国人本已紧张的神经再度绷紧。诚然，以其资源环境条件来说，中国难以承受突飞猛进、“大干快上”；但从社会环境来说，也难以承受经济大幅下滑带来的全面挑战。

从2007年美国次贷危机、2008年金融海啸肇始，进而在2009年扩展为全球危机的经济危机，及其对园区的影响，暂且留待在第四篇表述。人们之所以把“温故而知新”立为座右铭，乃在于**只要翻阅历史就会发现，外资撤离中国导致危机绝对不是新鲜事**。随着史料的逐渐丰富和学者们研究视野的拓展，明代中国改为白银币制之后先繁荣，但后来因美洲白银流入骤减而导致经济、社会、政治和边疆风险集中爆发，从而在短短几年内就政权覆亡，已经成为基本没有争议的历史教训。由此看来，外“资”已经如影随形地伴随了中国500年，无论其采取的是哪种外在形态，是货币媒介、主权外债还是外商投资。

新中国同样不能自外于这个历史过程。早在20世纪50年代，中国共产党执政还不满10年、新中国经济和政治根基尚未扎稳的时候，就遭遇了第一次外资陡然撤出——那是当时的苏联借助国家资本主义体制、以援助朝鲜战争军事工业建设为主、从1950年开始的对中国进行的产业资本输出，在50年代末中苏交恶之际陡然停止——随即造成中国深陷在1960年大危机造成的失业和萧条，及其后衍生的多次社会政治动荡之中。

另据中国各地官方花大价钱请来的西方学术界大师们后来的分析，21世纪以来中国吸引大量外国资本前来投资，一个重要的因素是外资利用中国物美价廉的劳动力；其实官方和大师们只不过没工夫多研究一些资料，这个劳动力要素中外价格之间的巨大差异在20世纪50年代也有——当年，中国引进苏联一名技术工人支付的工资相当于中国的一位处长，一个苏联专家在拿中国工资的同时，还要每月领取出差补偿费用 1500—3000 卢布，数倍于中国中央人民政府的主席和副主席们的工资。

一般西方经济理论都认同自由市场原则，外资“进入”或“退出”发展中国家的确是“自由”的。外资进入带动的经济增长被广为推崇自不待言；问题在于资本进入造成的巨大对外债务压力和资本骤然退出造成的巨大制度成本及其引发的经济政治危机，却很少被纳入唯西方话语马首是瞻所编写的发展经济学教科书的内容。而在以邯郸学步为荣的发展中国家更少被学术界讨论的，是作为外来投资的东道主的发展中国家若在尚未完成资本原始积累、形成以内资替代外资的能力之际即遭遇外资撤出，势必诱发经济崩溃及其派生的社会动乱；与此同时，**外资撤离导致经济危机，甚至诱发政治危机，在所有发展中国家几乎都被自我诟病为“制度落后”**！在这种主流理论指导下接着上演的，则是以制度转轨为核心主题、却“各有各的不幸”的悲剧故事。**其随危机爆发而演化的社会动乱往往被危机制造者冠以不同花色的“革命”，反过来加强了其顺畅转嫁代价所需要的软实力。**①

全球资本化时代，国民经济政治的宏观层面大致如此。但是，若非 2009 年的这次全球大危机造成的全球大反思，西方学术界发生比中国学者尖锐得多的批判思潮，那么，在中观、微观经济层面任何外资撤离会招致巨大经营风险的善意提示，对坚持市场理性的经济学者来说，都似乎有耸人听闻之嫌。的确，从微观经济学遵循的“看不见的

---

① 20 世纪 70 年代，中国借美国解除封锁之机先后提出“四三方案”和“八二方案”，内容都是大规模引入西方设备，致使 70 年代末外债大幅度增加，并引发了 1979—1980 年财政赤字危机，由此而不得不更多地倚重日本对华低息贷款的时候，也有过因日本提出中止贷款而调整国内政策的情况。

手”的逻辑推理来说，标准的答案应该是“不一定”，因为在市场条件下微观经营中的资本进出是资本经济的常态，资本进出自由也往往被作为市场经济的一个要件和发展中国家制度转型的取向。如果一个投资者撤出之后能被及时填仓，那就不会有太严重的后果；但如果撤资的多，增资的少，经营陷入困境恐怕就势所必然了。不幸的是，全球化资本进程中大量发生的教训表明，在资本极度稀缺的发展中国家，外资撤离后资本供给和缺口之间的不对称性也是非常明显的。

那么，据此来看园区的2001年，当新加坡方面随着股权结构的调整、撤出对园区高标准基本建设的投资责任之际，这个资金“深洞”被其他新进入者填补的可能性有多大呢？

前已述及，苏州工业园区刚成立时，从事基本建设开发的中新集团（CSSD）里中方占35%股份，那也是国家出面动员了11个国家级单位参股才出齐了资本金；全部资本金（连新方的资本金算在一起）占CSSD前后投资总额的1/3左右。若然，则中方的资本金占CSSD投资总额的比重只有1/10左右。①

而且，在一个系统性风险爆发的经济萧条时期，投资者因银行惜贷而难以获得融资支持，往往是带有普遍性的困局。

因此，**当新加坡停止投资时，苏州工业园区遭遇了第二次国内宏观经济危机带给它的又一次劫难**，用温和的话说是遇到了“资金瓶颈”，直白地说，则是遇到了资本断流的严冬。**——对任何主体来说，无论宏观还是微观层面，资本断流都是一场危机。**

---

① 按总投资额2.86亿美元算，资本金占全部投资额的比例是35%；按总投资35亿元人民币、人民币对美元的汇率为8.27算的话，总投资额达4.23亿美元，资本金所占比例是23.6%，不到1/4。还有一个说法是总投资达44.32亿元人民币。

本书第三篇先来讨论苏州工业园区在2003年新一轮“输入型景气”来临之前，是怎么再一次实现“化危为机”、度过这场严冬的。

（一）股权调整后的资金困局

2001年1月1日，根据《谅解备忘录》中的有关条款，中新苏州工业园区开发有限公司（CSSD）的中新双方进行股比调整。调整后，中国财团占股份的65%，新加坡财团占股份的35%。同时，治理结构也根据资本结构而改变，中方承担起公司的主要管理职能和全部的投资责任，将全面负责园区的环境改造、基础设施建设、地面设施建设、招商引资等职责，新方则转向提供人员培训等辅助职能。

此后园区的发展经验过程证明，**这是在输入型危机——东亚金融风暴打击下在中国苏州发生的是一个“化危为机”的典型案例，**所引发的园区资本结构及其治理结构的相应调整，不仅是对园区发展具有新的战略意义的结构性重大改变，而且**对海内外理解中国发展经验也具有典型意义。**

不妨先把具体调整过程归纳如下。

为了增资收购中新苏州工业园区开发有限公司30%的股份，园区依托举国体制成立的中方财团，先后进行了两次增资扩股：第一次发生在1997年7月，中方财团的实体苏州工业园区股份有限公司股本总额由7200万股增至8000万股；第二次发生在2001年3月，苏州工业园区股份有限公司股本总额由8000万股增至13000万股，新增5000万股由苏州市基础设施投资管理有限公司和苏州新区经济发展集团总公司2家新股东分别认购3000万股和1000万股，并由老股东苏州工业园区经济发展股份有限公司认购1000万股。扩股后具体的股本结构如表3-1所示。

表 3-1　2001 年 3 月增资扩股后苏州工业园区股份有限公司的股本结构

股东成员	持股数额	持股比例
苏州工业园区经济发展股份有限公司	3680 万股	28.3%
苏州市基础设施投资管理有限公司	3000 万股	23.1%
江苏省国际信托投资公司	1000 万股	7.7%
苏州新区经济发展集团总公司	1000 万股	7.7%
中国华能集团公司	600 万股	4.6%
中国粮油食品进出口总公司	560 万股	4.3%
中国远洋运输集团总公司	560 万股	4.3%
中国东方信托投资公司	400 万股	3.1%
中国农业银行香港农银财务有限公司	400 万股	3.1%
中国化工进出口总公司	360 万股	2.8%
中国技术进出口总公司	360 万股	2.8%
中国长城工业总公司	360 万股	2.8%
中国节能投资公司	360 万股	2.8%
中央电视台	360 万股	2.8%
合　计	13000 万股	100%

资料来源：李巨川：《苏州工业园区志 1994—2005》，江苏人民出版社 2012 年版，第 158 页。

对于园区的中方管理者来说，**比收购新加坡股权的资金需求更大的，是后续投资建设的资金需求，**尤其是宏观、微观两方面的原因都加剧了园区的融资困境。

按照国家开发银行对此给出的说法，一般的开发区都是先融资、再建园的“自下而上型”开发模式，而**苏州工业园区在 2001 年转股之后，却是先建园、再融资的“自上而下型”开发模式**。言下之意：通常的情况是，融不来资，则没有可能投资建开发区，有多少资金干多大事！诚然，园区在新方主导的上一个阶段确实是先融资再建设的，然而在 2001 年 1 月 1 日中方正式接盘之际，在园区的存在已经是既定事实的情况下，融资就成了一个倒逼过来的刚性任务。

这个任务本来应该用“艰难”来描述。

虽然当年年末数据出人意料达到新高。从下文及图 3-1、图 3-2 中我们看到，2001 年苏州工业园区事实上进入了一轮外资集中签约的新高潮，区域经济发展同时创造历史新高，据 2002 年年初发布的 2001 年度董事会报告公布：

苏州工业园区 2001 年招商引资创历史新高，2001 年共引进企业 182 家，吸引合同外资 44.7 亿美元，实际到账外资 5.30 亿美元。中新

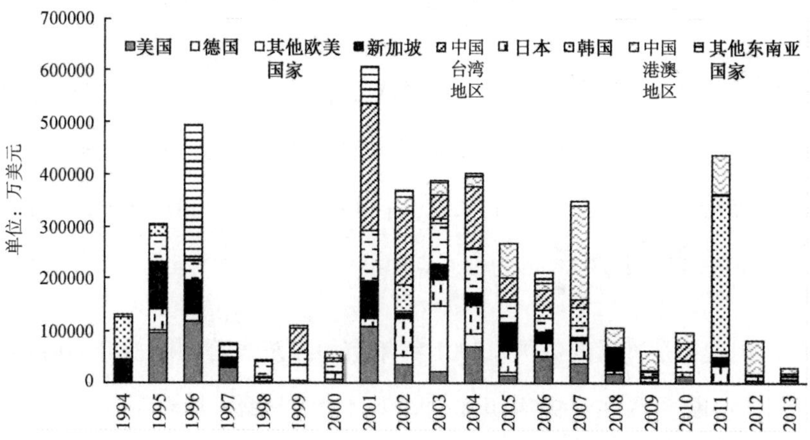

图 3-1　1994—2013 年苏州工业园区引进外资规模的周期性波动（合同外资）

资料来源：苏州工业园区经济发展局（以下数据图表如无特殊说明，均来源于此）。

注：1996 年、2001 年、2007 年和 2011 年苏州工业园区的外资流入有四个尖峰。1996 年是印度尼西亚金光集团两个项目共 25 亿美元的投资；2001 年中国台湾地区和舰集团通过英属维京群岛的子公司对苏州工业园区投资逾 20 亿美元；2007 年美国次贷危机发生后在人民币升值的预期下，大量外资借道香港地区进入内地，总计超过 18 亿美元；2011 年韩国三星集团在苏州工业园区投资显示器生产，合同外资 30 亿美元。实际外资的流入的年度分布则相对均匀得多，但仍可以看出周期性波动。

图中，“其他欧美国家”是指美、德之外的欧美国家。“其他东南亚国家”是指除新加坡以外的东南亚国家。

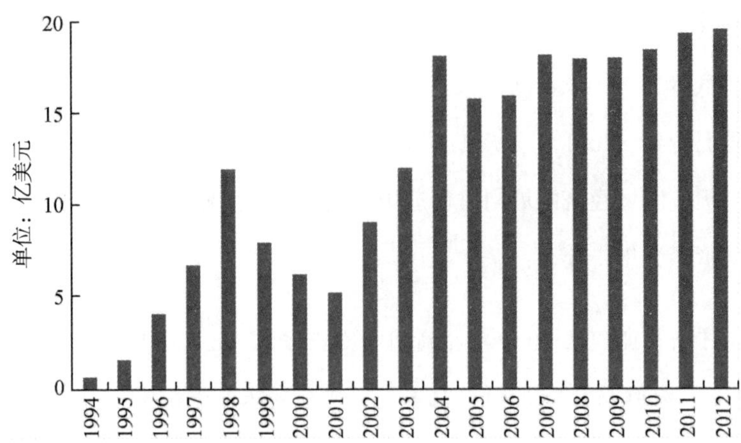

图 3-2　1994—2012 年苏州工业园区引进外资规模的周期性波动（实际外资）

苏州工业园区开发有限公司（CSSD）2001 年当年实现利润累计达到 760 万美元。整个园区实现国内生产总值 180.2 亿元，同比增长 38%，财政收入 24.3 亿元，同比增长 49%；工业销售产值 367.5 亿元；自营进出口总额达到 37.88 亿美元，其中出口额 16.5 亿美元。①

但这都是事后的数据。2001 年年初的经济大幕刚刚拉开的时候，整个中国经济尚在 1998 年开始的 4 年“通货紧缩”期内；而园区面对的当然也是 1997 年以来持续 4 年的引资低谷。2001 年 2 月，园区管委会所做的年度发展计划是谨慎的：

去年（2000 年）苏州工业园区新增合同外资 10 亿美元，新增实际利用外资 6.3 亿美元，今年，园区将加大招商引资力度，实现新增合同外资 15 亿美元，实际利用外资力争达到 8 亿美元。更主要的是，

① 苏州工业园区网站：《CSSD 确定 2002 年工作目标》，2014 年 10 月 15 日，见 http://www.sipac.gov.cn/tbtj/fx1/200402/t20040223_4756.htm；苏州工业园区网站：《园区区域经济创历史新高》，2014 年 10 月 15 日，见 http://www.sipac.gov.cn/sipnews/jwhg/2002yqdt/200411/t20041128_8558.htm。

园区将有可能落户一批“旗舰”项目，加速半导体、生物制药等高科技产业的聚集，商业等三产项目也有望获得突破。以前园区较受欧美、日本等客商青睐，今年开始，将力促台资更大规模地进入。

苏州工业园区实际利用外资已达 38 亿美元（累计数），大批项目投产，去年（2000 年）实现国内生产总值 130.5 亿美元，同比增长 75.4%，其中高新技术产业占的比重超过七成。①

在计划中，2001 年新增合同外资的目标只有 15 亿美元，不仅大大低于 2001 年年终实现的约 45 亿美元，而且还被认为是要“加大招商引资力度”“力促台资更大规模进入”才能达到的。就园区经济来说，因为前几年进来的企业陆续开始投产，所以国内生产总值增长速度很快，已经形成一定税收，但基数仍然很低（见图 3-3）。园区管委会谨慎提出引进外资目标，表明当时对输入型波动是自觉认知的。

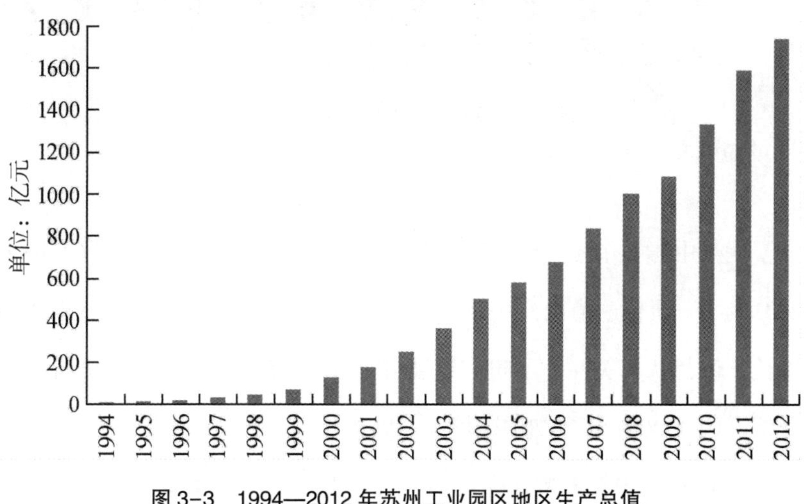

图 3-3　1994—2012 年苏州工业园区地区生产总值

① 苏州工业园区网站：《苏州工业园区铆足劲上新台阶》，2014 年 10 日 15 日，见 http://www.sipac.gov.cn/sipnews/jwhg/2001yqdt/200409/t20040927_7680.htm。

21 世纪的经济景气周期来临前的 2001 年年初，正可谓“黎明前的黑暗”。此时，中国的宏观经济仍然处在低谷中，图 3-4 表明了 1999—2000 年的经济萧条情况：消费增长贡献率下降，出口增长贡献率微乎其微，中国只有靠国债投资显著增加来稳住经济增长。2000 年最终消费支出对经济增长的贡献度为 5.5 个百分点，资本形成的贡献度为 1.9 个百分点，净出口的贡献度为 1.0 个百分点，这表明经济增长的主要力量还是国家财政性和政策性投资，社会投资和外资投资还处在低谷中。

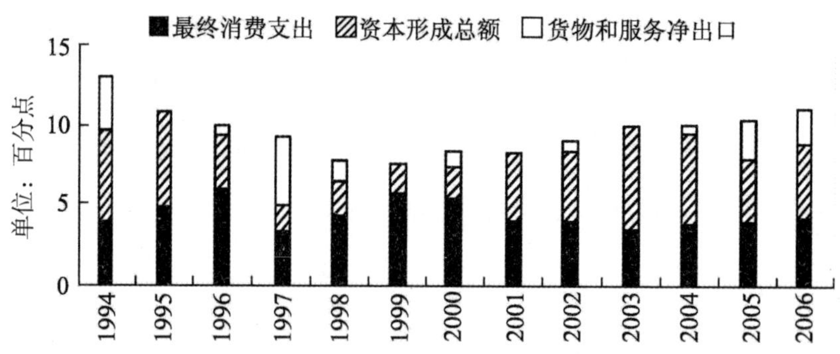

图 3-4　1994—2006 年中国宏观经济增长的主要拉动力量

资料来源：中国统计年鉴 2007。

就当中国处在这个被经济理论界称为“四年通货紧缩（1998—2001 年）”而普遍遭遇经济困难的时候，苏州工业园区却陡然进入高增长，值得认真关注。不过，这要放到第二节去分析，下文仍将继续分析园区在 2001 年年初的困境。

2001 年国内普遍遭遇融资难、投资低的另一方面原因，在于国有银行商业化改革进程中暴露出高比例的不良资产——1997 年 11 月中央金融工作会议下了“壮士断腕”的决心促使银行改制，到 2001 年时，中国的银行系统正在商业化改革的“深水区”，最关键的一步是如何剥离不良资产。

故事的缘起是：20 世纪 80 年代，中国开始的地方工业化进程中①，各地国有银行干部的任免和管理权附属于地方政府，在地方政府公司化竞争的驱使下，各地政府凭借权力直接干预银行的资金投放，要求银行服务于本地的经济发展，这使得单个项目的投资质量很难得到保证，大量项目都是跟风上马，一旦项目失败，就沉淀为银行的呆坏账——也就是说，**国有银行事实上成为地方工业化风险的集聚地，**这个风险单靠银行的风险准备金是很难覆盖的。②

于是，当中央政府 1997 年在金融危机的巨大风险面前启动强制性制度变迁——**银行商业化改制的时候，国家所承担的巨额不良贷款，实际上是国有银行系统替地方政府承担工业化的制度成本的货币表现。**

当时，中国银行业的不良资产率，即使与东亚金融危机爆发前的东南亚国家相比，也是远远超出的。**在金融危机爆发之前，马来西亚商业银行的不良资产比率为 6.4%，泰国为 7.9%，不良资产比率最高的印度尼西亚也不过为 17%③，而 2000 年年末中国国有独资商业银行不良贷款占全部贷款的比例为 29.18%，**2001 年年末不良贷款虽较

---

① 温铁军：《百年中国，一波四折》，《读书》2001 年第 3 期；温铁军等：《专题报告二："从中央政府公司主义"到"地方政府公司主义"》；本书上卷。

② Roland（1998）认为，在政府职能尚未实现成功转型之前，地方政府的财政体系往往无力继续承担国有企业软预算约束支持体的角色，也不足以提供弥补计划经济时代地方基础设施、公共服务体系严重不足所需的建设资金。巴曙松等（2005）认为，在地方治理与银行改革方面，突出地表现为地方政府在自身改革的不同阶段，从自身利益出发，利用银行改革中的制度缺陷，不断改变对银行金融资源的争夺方式，由初始的直接行政干预到对银行决策施加影响，对货币政策的有效传导和金融微观主体的经营产生了深远的影响。参见刘年伊阳：《国有银行商业化改革及未来趋势》，硕士学位论文，对外经济贸易大学，2012 年。

③ 王丽娅：《关于国有商业银行产权改革模式的思考》，《金融与保险》2001 年第 11 期。

2000 年有所下降，但也达到 25. 37%。

也因此处置不良资产成为银行业改制的首要任务。1997 年年底国家召开全国金融工作会议，1998 年发行 2700 亿元特别国债补充国家国有商业银行资本金，同时对贷款进行分级。1999 年相继成立信达、长城、东方和华融四家金融企业，分别对应建设银行、农业银行、中国银行和工商银行，收购处理他们的不良资产，将其从相关银行剥离出来。

2002 年对于不良资产的处置是历年来最快的一年。按照中国人民银行的要求，工、农、中、建四大国有商业银行必须在 2005 年之前将平均不良资产率降至 15%，每年下降 3—5 个百分点，这并不是一个轻松的任务。中国银行上半年通过拍卖收回现金 157. 03 亿元，使不良率下降了 2. 28 个百分点。根据央行提供的数据，**到 2001 年年底，四家国有独资商业银行贷款为 7 万亿元，不良贷款为 17656 亿元，占 25. 37%，**这其中有 6000 多亿元已经成为实际损失。而这还是在剥离 1. 4 万亿元不良资产①给四大资产管理公司之后的数字。②

从国内金融体系不良资产比重远甚于东亚金融风暴发生时各国银行水平、国家主导的**银行改革正在改革深水区且风险意识加强的情况看，苏州工业园区本来与国内其他地区一样，也几乎没有进入高增长的可能性。**

但当年的园区却在中国宏观经济总体上还处于通货紧缩的时候，出现了超乎寻常的高增长。

---

①　张杰：《中国国有金融体制变迁分析》，经济科学出版社 1998 年版。

②　资料来源：徐铸：《我国国有银行商业化改革研究》，硕士学位论文，辽宁师范大学，2003 年；刘牟伊阳：《国有银行商业化改革及未来趋势》，硕士学位论文，对外经济贸易大学，2012 年。

任何人都会问：原因何在？

（二）政策性开发金融的进入与操作机制

1. 无巧不成书的“信用替代”

在上述形势下，信誉虽然很好但缺乏有效质押资产的苏州工业园区，显然难以按照一般的融资方式，从国内的商业性银行获得贷款；而处于以实体经济为主的发展中国家，客观上还很难复制新加坡的方式到国际资本市场上去融资。诚然，按照一般信贷标准，大多数发展中国家和国内欠发达地区都存在信贷瓶颈的限制。

就在这个当口，国家政策性银行的进入，对于苏州工业园区来说诚可谓“雪中送炭”。说到具体过程，还有一点“无巧不成书”的感觉。

说巧，是因为课题组注意到，在标志着国家开发银行启动对苏州工业园区授信的金鸡湖贷款签字仪式的新闻报道中，有这样一个细节介绍：“国家开发银行副行长杨晓堂……”（见专栏 14）在课题组做苏州工业园区发展历程的梳理中，这个名字不止一次这样被提到——“中共江苏省委常委、江苏省副省长、苏州市委书记杨晓堂……”在查阅资料后得知，杨晓堂 1998 年离开苏州后，出任国家开发银行党委副书记、副行长，2002 年出任中国电子信息集团董事长，并在电子信息集团董事长任上退休。而苏州工业园区得到国家开发银行金鸡湖项目贷款的 2001 年，正是杨晓堂担任国开行副行长时。

不过，无论杨副行长是否在国开行对园区的贷款上真正起过桥梁纽带作用，**这个开发性基本建设贷款的运作，客观上具有助力园区改出“小规模、慢增长”的同时，促进“总地租”在园区形成的双重作用。**

对于这个经验过程怎么评价都不过分，它的确值得后人学习借鉴。

专栏 14

国家开发银行金鸡湖环境治理项目贷款签字仪式

2001 年 4 月 29 日，国家开发银行金鸡湖环境治理项目贷款签字仪式在苏州工业园区国际大厦举行。国家开发银行副行长杨晓堂，苏州市委书记陈德铭，市委常委、副市长、园区管委会主任王金华等出席了签字仪式。根据协议，国家开发银行将为金鸡湖环境整治项目提供 5 亿元人民币的长期贷款。

金鸡湖环境治理工程是园区城市基础设施建设的重要项目之一，由世界著名景观公司美国 EDAW 公司进行设计，建成后，将成为一个集旅游、水上运动、文化娱乐、调蓄排水等综合功能于一体的高标准、现代化的城市公园型湖泊。

金鸡湖水面面积 7.38 平方公里，比杭州西湖大 1.8 平方公里。治理工程水陆总面积为 9.43 平方公里，其中陆地面积 2.05 平方公里。主要内容一是以整治环湖区域环境为主的陆地环境治理工程，二是围绕改善水质为目标的水环境治理工程。工程项目力争在三年内完成，总投资估算为 10.26 亿元。

目前工程已取得阶段性成果，其中八大功能区之一的“湖滨大道”已基本完成并形成景观，“城市广场”也于去年（2000 年）年底启动建设；其他功能区进入设计阶段。金鸡湖环境治理工程项目的实施，对于改善沿湖区域环境、推动园区二、三区开发建设、促进园区快速发展和全面繁荣具有十分重要的意义。在此工程的带动下，园区的房地产市场兴旺，房产销售率超过 95%，沿湖地价不断攀升。

签字仪式前，陈德铭、王金华分别向杨晓堂一行介绍了苏州市和园区建设发展的情况。

资料来源：苏州工业园区网站：《国家开发银行向金鸡湖项目贷款5亿元》，2014 年 10 月 15 日，见 http://www.sipac.gov.cn/sipnews/jwhg/2001yqdt/200409/t20040927_7638.htm.。

客观来看，这件事情中也有很强的必然性：苏州工业园区项目启动时，就是依托举国体制进行股份筹资；当建设融资的重任落到中方肩上时，**在宏观经济萧条而不良贷款占比过高的商业性银行又不得不以降低不良率为首要任务时，由国家开发银行这样为国家战略性投资提供融资支持的政策性银行**（见专栏 15）**给园区以信贷支持，也是势所必然。**

亦即，面对宏观经济进入通货紧缩时期和东亚金融危机新加坡撤资的双重压力，也只有国家政策性金融机构以长周期的大额贷款投入于园区的基本建设来体现国家信用对市场信用的替代作用，才能帮助苏州工业园区熨平经济波动，维持园区初创时期以“举国体制”形成的“高制度”路径。

专栏 15

国家开发银行的成立与使命

1993 年夏，面对经济过热的局面，朱镕基副总理制定的“铁血十六条”宏观调控措施中，其中一条就是成立政策性金融机构，与商业性金融机构分开。国家开发银行就是经国务院批准于 1994 年成立的政策性银行之一。

国家开发银行注册资本500亿元人民币，主要职能是向符合国家经济发展和产业政策的重点项目提供融资。业务范围包括：向国家基础设施、基础产业、支柱产业的大型基本建设和技术改造等政策性项目及其配套工程发放政策性贷款业务；建设项目贷款的评审、咨询和担保业务；外汇贷款业务；承销有信贷业务关系的企业债券及经人民银行批准的其他业务；等等。

自1994年成立以来，国家开发银行有力地支持了国家基础设施、基础产业、支柱产业等重点领域建设，在支持经济社会发展中发挥了重要作用。开发性金融运作的主要特点有：促进投融资体制改革，积极开展金融创新和金融合作；构造信用结构，积极“铺路”“搭桥”，引导社会资金投向；把融资优势与政府的组织优势相结合，专注于长期、基础性投资，用建设市场的方法实现政府的发展目标，弥补短期放贷的结构性不足。①

以2013年为例，国家开发银行全年发放城镇化贷款9968亿元，占当年人民币贷款发放的65%，发放铁路贷款1139亿元，发放保障性安居工程贷款1628亿元，同业占比60%，其中棚户区改造专项贷款1060亿元；新增中西部和东北老工业基地贷款3943亿元，发放新疆、西藏及四省藏区②贷款773亿元；发放战略性新兴产业贷款2417亿元，文化产业贷款444亿元。积极促进民生领域发展，发放农业贷款345亿元；发放水利贷款683亿元；发放扶贫贷款2221亿元；发放助学贷款125亿元，支持家庭经济困难学生221万人次；发放中小微企业贷

① 百度百科：《国家开发银行》，2014年10月15日，见http://baike.baidu.com/view/34061.htm?fr=aladdin。

② 四省藏区：指除西藏自治区以外的青海、四川、云南、甘肃四省藏族与其他民族共同居住的民族自治地方。分为青海藏区、四川藏区、云南藏区、甘肃藏区。

款1038亿元；发放应急贷款80亿元，有力地支持了芦山、雅安抗震及其他救灾工作。

截至2013年年末，国家开发银行总资产8.19万亿元，不良贷款率0.48%，连续35个季度控制在1%以内；实现净利润799亿元，资本充足率11.28%，可持续发展和抗风险能力进一步增强。

资料来源：广发银行网站：《2003年苏州工业园区地产经营公司企业债券发行公告》，2014年10月15日；国家开发银行网站：《2013年经营情况综述》，2014年10月15日。

从2000年到2006年，国开行先后向园区承诺了四期贷款，累计承诺额194.11亿元，累计发放额134.5亿元，占此期间园区基础设施建设累计投资的1/3（见专栏16）。

专栏16

2001—2006年国家开发银行对苏州工业园区的四期贷款

第一期贷款——介入金鸡湖治理，恢复信心

金鸡湖治理是园区开发的一道难题，没有直接的经济效益，但是环境的改善对促进园区招商引资和持续发展、培育长期资金流，具有极大的推动作用。于是，2000年国开行在园区发展的“关键时期、关键领域、关键项目”上贷款4.9亿元①，经过环湖截污、引水排水、生态治理、湖周绿化、湖底清淤、湖水净化等各项治理措施，金鸡湖成为当时全国最大的城市湖泊公园，提升了园区整体形象，为园区的

① 作者注：贷款于2000年发放，签字仪式在2001年举行。中新双方股权转让协议签订后，中方就开始在对外合作和招商引资中担任比较积极的角色。

长远发展奠定了基础。

第二期贷款——园区二、三区基础设施建设，形成融资平台

2000年，园区计划进行二、三区基础设施建设，但此时没有一个接受贷款、推进建设和履行还款的商业性机构。经过双方反复研究，最终创造出一种崭新的制度安排：政府设立商业性借款机构，使借款方获得土地出让收益权，培育借款人“内部现金流”；同时通过财政的补偿机制，将土地出让收入等财政性资金转化为借款人的“外部现金流”，使政府信用有效地转化为还款现金流。2000年，园区“地产经营管理公司”成立，下设苏州工业园区土地储备中心。2001年国开行向地产公司承诺20亿元贷款，园区二、三区在30平方公里建成区达到“九通一平”的国际水准，使滚动开发顺利展开。

第三期贷款——配套功能园区的建设，实现效益的综合平衡

在基础设施全面建设的同时，园区土地开发、产业引进、招商引资等各项事业全面发展。2003年，国开行向园区承诺贷款102亿元，分别用于独墅湖高教区、国际科技园、现代物流园、商贸区及高科技创业投资等领域，全面支持园区形成“一区多园”的开发体系，完善了功能配套和科技服务的软环境，增强了园区的科学发展能力和国际竞争力，推动园区内各功能区的效益综合平衡，协调发展。

第四期贷款——提升园区整体功能效应，实现可持续发展

为缓解苏州南部交通紧张状况，提升园区城市整体功能效应，增强城市集聚辐射能力，2006年园区实施南环快速路东延工程项目，国开行承诺贷款15亿元。2007年实施了阳澄湖区域基础设施工程项目，国开行承诺贷款30亿元。

国家开发银行2001—2006年四期贷款的汇总表如下。

表 3-2　2001—2006 年国开行对园区的融资支持情况

单位：亿元

<table>
<tr><th>阶段</th><th>年份</th><th>项目名称</th><th>承诺额</th><th>2006 年年末余额</th><th>存在问题</th><th>解决措施</th></tr>
<tr><td rowspan="3">第一阶段</td><td>2000</td><td>沪苏口岸项目</td><td>1.41</td><td>0.9</td><td rowspan="3">项目没有任何直接的经济效益，投资前景不确定</td><td rowspan="3">充分论证，培育长期资金流</td></tr>
<tr><td rowspan="2">2001</td><td>金鸡湖环境治理工程</td><td>5</td><td>0</td></tr>
<tr><td>园区二、三区基础设施建设项目</td><td>20</td><td>10.9</td></tr>
<tr><td rowspan="2">第二阶段</td><td rowspan="2">2003</td><td>高科技创业贷款项目</td><td>20</td><td>11</td><td rowspan="2">不具备一个接受贷款、推进建设和保证还款的规范的商业性机构</td><td rowspan="2">设立融资平台</td></tr>
<tr><td>园区二、三区基础设施建设增贷项目</td><td>35</td><td>30</td></tr>
<tr><td rowspan="4">第三阶段</td><td rowspan="3">2004</td><td>独墅湖高等教育区基础设施项目</td><td>9.7</td><td>7.5</td><td rowspan="4">园区功能不完备，招商困难</td><td rowspan="4">帮助园区形成了“一区多园”的开发体系</td></tr>
<tr><td>国际科技园二、三区基础设施项目</td><td>7</td><td>4</td></tr>
<tr><td>现代物流园区基础设施项目</td><td>2.5</td><td>2.5</td></tr>
<tr><td>2005</td><td>基础设施完善工程</td><td>48.5</td><td>35.543</td></tr>
<tr><td rowspan="2">第四阶段</td><td rowspan="2">2006</td><td>南环路东延工程</td><td>15</td><td>7.5</td><td rowspan="2">苏州南部交通紧张状况</td><td rowspan="2">推进苏州工业园区城市化进程</td></tr>
<tr><td>阳澄湖基础设施项目</td><td>30</td><td>0</td></tr>
<tr><td colspan="3">贷款合计</td><td>194.11</td><td>109.843</td><td></td><td></td></tr>
</table>

资料来源：国家开发银行：《苏州工业园区融资建设模式案例——评二局案例》，内部报告，2007 年 016 号。

课题组继往对于中央—地方关系的研究指出，公司化的**地方政府只能承担有限责任，宏观风险只能上交。园区第二次“化危为机”还**

是要靠国家信用的经验过程再次证明这一点。内含国家主权信用的国家开发银行客观上替代了遭遇东亚经济危机而撤走的新加坡外资，成为名副其实的园区开发建设的主力银行。

我们的分析被调研中搜集到的资料所证明——国家开发银行的信贷部门在后来的案例总结中很有政治高度地写道：**国开行的进入，代表了中国政府对中新合作的努力，增强了各方对园区建设前景的信心，迅速破解了基础设施建设的资金“瓶颈”，有力地支持了园区的持续发展。**①

课题组依据对以上投资内容的分析认为，**国家开发银行“代表中国政府对中新合作的努力”而与苏州工业园区的结合，使园区在20世纪90年代后期面临短暂的地方政府争相压低地价吸引数量有限的外资的恶性竞争之后，又回到了“举国体制”的发展路径上。**作为国务院直属的政策性金融机构，国家开发银行在资本市场上为融资所发的债券，信用级别等同于国债。

随着国家开发银行的信贷进入，园区二、三区基础设施建设的项目得以迅速展开，为接下来的外资大规模进入提供了充足的场地。自2002年以后，园区实际利用外资总量在全国所占的比重开始上升，于2004年达到2.99%的峰点（见图3-5）。这一比重刚好等于苏州工业园区土地面积占全苏州市面积的比重。

有关数据清晰地表明，园区从2001年即走出低谷。这比一般开发区早了一年。随后是随着中国宏观经济进入复苏和高涨而搭便车地实现了连续3年的高增长，直到2004年中央针对经济过热再度提出宏观调控。

---

① 国家开发银行：《苏州工业园区融资建设模式案例——评二局案例》，内部报告，2007年016号。

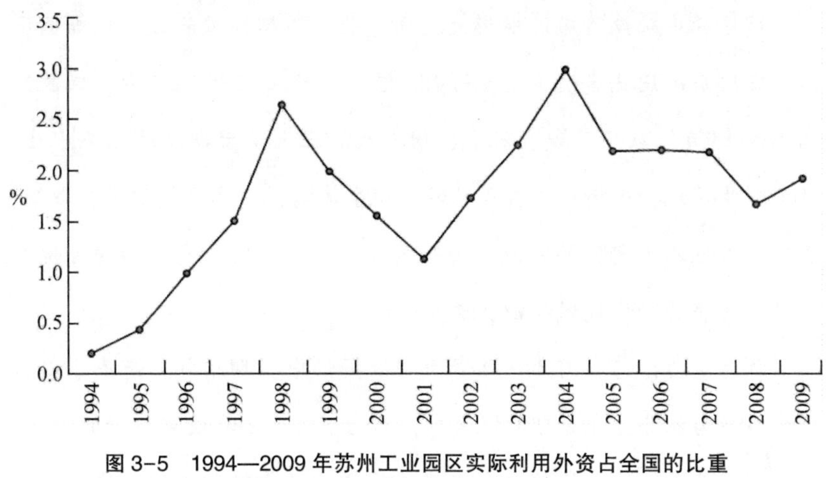

图 3-5　1994—2009 年苏州工业园区实际利用外资占全国的比重

2. 依托总地租的"银园合作"创新

诚然，园区前后两种依托"举国体制"的重大差别也需要指出。

在中央直接出面组建园区开发公司的中方财团中，**央企类似于中央政府的"第二财政"**①**，央企出资持有苏州工业园区的股份，对园区来说，属于不以投资回报为衡量依据的财政性融资。**而与国家开发银行的合作，则属于金融融资，尽管贷款周期比较长，但仍然需要满足资金回流的要求。

也就是说，**与新加坡面向国际资本市场进行"直接融资"不同，园区面向国有银行的"间接融资"需要还本付息，即使政策性的国开行也不例外。**因此，金鸡湖环境治理工程贷款并不是公益性贷款。但这样一个基础性市政工程，拿什么来还本付息呢？

国家开发银行在案例报告中的解释如下②：

---

① 时任重庆市市长黄奇帆曾说，重庆能够大量投资于基本建设和民生工程，是因为有八大国有投资建设集团（"八大投"）作为重庆市政府的"第二财政"。苏州的机制与此相当，故借用这一说法。

② 国家开发银行：《苏州工业园区融资建设模式案例——评二局案例》，内部报告，2007 年 016 号。

园区的基础设施建设规模大、周期长、周期性风险大，比如园区二、三区基础设施建设总投资约 180 亿元，投入期为 3—5 年，回收期为 10—15 年。从项目现金流看，初期投入很大，后期通过土地出让、政府税收等进行平衡和弥补，呈现“现金流前低后高、收益不在当期、当期损益性不平衡”的特点。由此可以看出，园区开发成功的关键在于具有完整的融资规划和融资操作平台。

作为主力银行，国开行巨资为园区提供中长期信贷，是基于以科学发展观为指导，在长期的探索中，总结了园区公共设施融资的规律，并找到了基于土地升值的现金流覆盖信贷的风险控制方法，这一原理如图 3-6 所示。

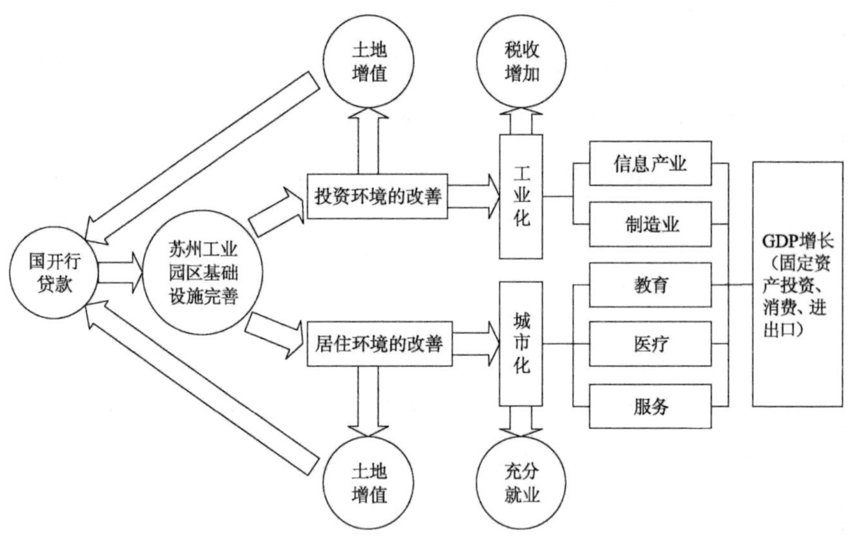

图 3-6　国家开发银行信贷创新原理：基于土地升值的现金流覆盖

依据这一原理，国开行详细测算园区发展中的财力变化，据以制定可行的融资规划；在融资总规划的基础上，每年定期对园区的信用能力和意愿进行评审，对财力增长、土地增值、税制变化等因素进行充分调研及预测，不断调整园区的总体授信额度。将总体贷款规模控制在总授信额度之内，实现了业务发展与风险控制的协调统一；未来园区财力能够很好地覆盖应收贷款本息，确保了其在高速发展的同时不会受到归还银行贷款的掣肘。

同时，国开行严格控制政府性负债规模。目前较为通用的检测标准主要包括负债率（反映一个地区国民经济状况与政府性债务相适应的关系，警戒线为10%）、债务率（反映一个地区当年可支配财力对政府性债务余额的比例，警戒线为100%）、偿债率（反映一个地区当年可支配财力所需支付当年政府性债务本息的比例，警戒线为15%）。从表3-3可以看出，园区近年来在国开行信贷支持下，各项财政负债指标均保持了较好的水平。

表3-3　2003—2006年苏州工业园区的三项财政负债情况

年份	负债率	债务率	偿债率
2003	1.5%	25.3%	0.6%
2004	3.2%	62.1%	0.6%
2005	6.0%	73.8%	0.4%
2006	5.4%	65.2%	1.7%

按照国开行采用的这三项指标，园区应该是国开行的优质客户。

国开行的如上解释，可以从各种资料中得到广泛的观点支持。比如，关于金鸡湖治理的介绍文字中就指出："在此工程的带动下，**园区的房地产市场兴旺，房产销售率超过95%，沿湖地价不断攀升。**"从其他资料得知，这个项目并非是2001年得到国家开发银行的贷款才开始进行，早在1999年年初就开工建设了；到2001年春，投资6500万元的湖滨大道段工程已经基本完工。如果这一工程就已经使得沿湖地价上涨的话，那么，预计总投资10亿元的全湖治理工程，预期能带来的地价上涨收益该有多大?①

但**这样的土地增值可以被预期，却难以被一般商业银行所接受和认可**。即使现在，银行也往往只承认地价“已经并将继续升值”的土地作为抵押品，而不接受地价只是“预期将会升值”的土地。

国有银行与财政分家的同时推进商业化改制，以及中国的国有银行按照海外资本市场的制度要求去上市融资，都属于中国金融体系与全球金融化制度接轨的做法，本身的确无可厚非。但必须看到其改制之后按照西方制度监管追求风险管控造成的制度成本，不仅递次向下转嫁，并且势必带来严重后果——大多数只能依靠商业银行贷款搞基本建设的地方政府融资平台负债越来越重。同理，这也是强行征地、官员贪腐与群体性暴力事件三者同步增加的根源!

由于大多数地方政府只能低价征占农民土地去银行抵押套现用于本地基本建设、楼堂馆所和形象工程，而已经是高成本的土地却在招商引资的府际竞争中被迫低价，甚至无偿交给外来产业投资者;遂使政府与银行交叉负债，地方可用财力与银行可用头寸同步不断下降，银行不得不依赖影子银行等第三方融资来推高借贷利率;遂有实体经济被高利贷压迫而倒闭，反过来增加银行坏账的恶性循环……各地土地高价出让进行房地产开发而将普通民众带入高房价时代，只是为了支付银行的贷款利息而根本不可能还本……

因此，我们格外看重国开行对园区的介入，人们一般都会认同有经验比较才能鉴别高下的看法。

国开行从2001年起对苏州工业园区的系列贷款，被国开行内部当

---

① 苏州工业园区网站:《金鸡湖环境治理工程进展顺利》，2014年10月6日，见 http://news.sipac.gov.cn/sipnews/jwhg/2001yqdt/200409/t20040927_7681.htm。

作一个金融创新的经典案例，也被一些致力于产业综合体开发的大型综合投资项目奉为“工业地产”的经典。

课题组认为，这个金鸡湖贷款项目中，**国开行之所以敢打破一般银行业所认为的“项目没有任何直接的经济效益，投资前景不确定”的放贷约束，在几年内对园区进行了100多亿元的信用支持，秘密正在于：其贷款所参与分配的，并不是单个项目体的投资收益，而是园区的“总地租”。**

“总地租”的概念在马克思的《资本论》(第3卷）中就已经被详细讨论。将总地租与政府的公共政策相结合的思想火花，最早可见于美国19世纪末的知名社会活动家和经济学家亨利·乔治的“单一土地税”主张，并由2001年诺贝尔经济学奖获得者斯蒂格利茨在讨论城市公共品供给的文章中予以证明。在中国，“总地租”的政治经济思想在100多年的时间跨度里两度被热议，一是孙中山据此提出“土地涨价归公”作为其“民生主义”的重要支柱，二是2010年前后国内学者崔之元拿来讨论重庆开发中的土地问题（见专栏17)。

专栏17

崔之元：沧白路，亨利·乔治定理，土地财政两重性

孙中山多次坦言，他的民生主义中的“涨价归公”思想，直接来源于亨利·乔治的“单一土地税”理论。(国民党左派廖仲恺出生于美国旧金山，是美国土地改革理论家和实践家亨利·乔治《进步与贫困》一书最早的中译者。）孙中山对土地“涨价归公”思想的最生动论述如下：

“兄弟最信的是定地价的法。比方地主有价值一千元，可定价为一

千，或多至二千；就算那地将来因交通发达价涨至一万，地主应得二千，已属有益无损；赢利八千，当归国家。这于国计民生，皆有大益。少数富人把持垄断的弊窦自然永绝，这是最简便易行之法。……中国行了社会革命之后，私人永远不用纳税，但收地租一项，已成地球上最富的国。这社会的国家，决非他国所能及的。”

在孙中山看来，土地价值上升，是社会集聚效应（特别包括公共基础设施投资）的结果，因此应返还社会，实现地租社会化。而有了地租社会化，“私人永远不用纳（别的）税”，这就是亨利·乔治的“单一土地税”思想。2001年诺贝尔经济学奖获得者斯蒂格利茨在《总地租、公共物品支出和最优城市规模》一文中证明了“亨利·乔治定理”：

“在一个简单的立体经济中，如果经济活动在空间上的集中度是由于纯地区性公共物品，并且人口规模是最优的，那么总地租等于对纯公共物品的支出”——“因为对地租征收一个充公性质的税收不仅是有效率的，而且也是纯公共物品融资所必需的单一税。”

用通俗的话讲，“亨利·乔治定理”就是：如果土地涨价归公，“私人永远不用纳（别的）税”；这对效率和公平都是有利的。当然，斯蒂格利茨证明“亨利·乔治定理”是有条件的，如“人口规模最优”，中国现实中的城市都不满足。

资料来源：崔之元：《沧白路，亨利·乔治定理，土地财政两重性》，2014年10月6日，见 http://www.aisixiang.com/data/38694.html。

事实上，从古典经济学的地租理论开始，经济学界关于地租问题及更一般的“租理论”，都有持续的关注和研究。**本课题组在园区20年经验总结中也一直在进行着将“租理论”与中国实践经验相结合的努力，将“制度租”“组织租”等概念与公平问题和乡村发展问题相结**

合，深化和拓展了“租理论”的研究域。[①]

在这个项目调研期间的理论学习和探讨的过程中，课题组也同时开展了对中国若干区域发展的实践经验较为系统的调查研究。在不同区域发展经验的比较研究中，我们感到：**中国的区域经济发展恐怕很难用本源于人类在个别地区特定条件下形成的发展经验的古典经济学和新自由主义经济学的以追求利润最大化为核心所构建的理论逻辑来解释；却在某种程度上支持了“追求总地租最大化”的理论假设。**

这一假说在更大范围内是否成立，仍然有待进一步讨论。但就园区自2001年以来第三阶段的努力来说，无论是金鸡湖环境治理工程，还是在**引资中坚持单位面积的投资强度要求等，都可以被认为是以“追求总地租最大化”为重要目标的。**

园区第三阶段靠引入国家信用替代外资、得以再次“化危为机”逆势而起的实践经验也表明，在不触动国家税收制度框架的前提下，**地方政府可以通过机制创新，实现“公司化政府以规模投资提高总地租→土地涨价规模化提取增值收益→政府再投资提高总地租”的良性循环。**

园区接下来的发展经验表明：除非外部宏观条件发生根本变化，例如地产泡沫崩溃造成金融危机爆发等，正常条件下园区形成总地租的良性循环能够持续。

诚然，园区的这个外部条件发生根本变化的可能性很小。因为，我们在研究中归纳的所谓“高制度”，其核心在于国家把能够“集中力量办大事”的举国体制下放到园区，由此使园区提升总地租收益之循环运

① 董筱丹、温铁军：《致贫的制度经济学研究：制度成本与制度收益的不对称性分析》，《经济理论与经济管理》2011年第1期；温铁军、董筱丹：《村社理性：破解“三农”与“三治”困境的一个新视角》，《中共中央党校学报》2010年第4期；董筱丹、杨帅、李行、曾天云、温铁军：《村社理性：基于苏南工业化经验的比较制度经济学分析》，《制度经济学研究》2012年第1期。

作的微观机制，内在地与国家宏观体制高度相关——**主要得益于国开行所代表的那个由于对全民承担无限责任而不可能破产的中央政府信用。**

在国开行偏于微观的经验总结中，虽然没有明确提出总地租理论，只是表述为“充分论证，培育长期现金流”，但国开行要在内部“充分论证”，隐含着的就是园区总地租是否有提升的前景，以实现风险管控；要“培育长期现金流”，隐含着的是园区未来总地租的增加如何才能与按期偿付本息的要求相结合。

对于苏州工业园区来说，这个阶段与新方主导时期相比的一个重要转变，是随着园区治理结构改变为“政府公司化（政企合一）”而来的：收益来源由单一的土地盈利性出让的商业性目标转变为“土地出让金+园区财政税收”的总地租内涵。园区管委会坦言，即使土地出让的价格比开发成本低，但企业入驻后上缴的税收是增加的，这可以弥补土地的收支缺口。从园区自我发展能力的视角，课题组对其与国开行的“银园合作”信贷模式形成了自己的理解，如图 3-7 所示。

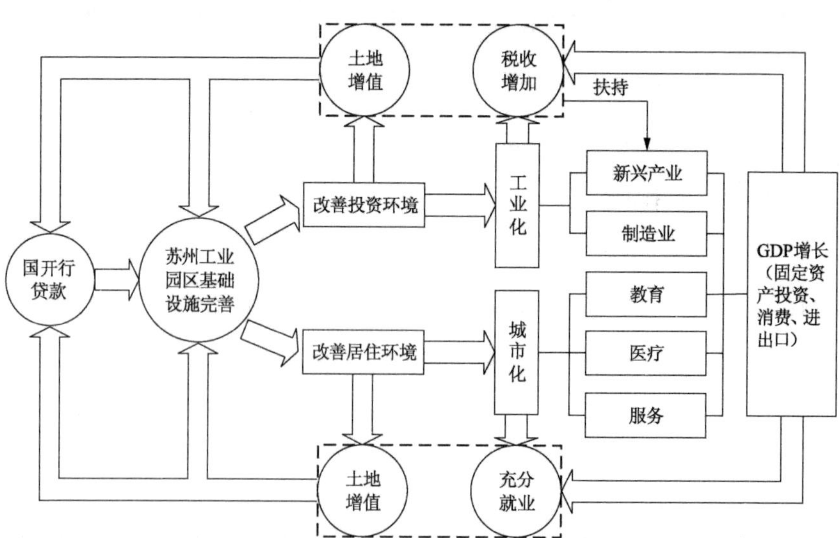

图 3-7　国家开发银行信贷创新的总地租原理

园区在国家信用投入于基本建设极大地增加了以土地为中心的总资产规模的条件下，进一步把园区公司化政府的操作工具坐实。具体做法如下。

2005 年 2 月，园区管委会再次对园区的国有资产进行重组，进一步明确了**两大国有资产主体：苏州工业园区国有资产控股发展有限公司和苏州工业园区地产管理公司（成立于 2000 年），简称“国控”“地产”。**

国控作为园区国有资产的投资主体和监管主体，由苏州工业园区国有资产经营有限公司和苏州工业园区经济发展股份有限公司经资产重组成立，并受托管理地产公司 60.68 亿元的长期股权投资。公司下属企业 14 家，包括中新苏州工业园区置地有限公司、中新苏州工业园区创业投资有限公司、苏州工业园区建屋发展集团有限公司、苏州工业园区教育发展投资有限公司、苏州工业园区市政公用发展集团有限公司等。至 2005 年年底，公司控股、参股的企业为 38 家，管理的资产规模达 100 多亿元。

地产公司仍然作为园区基础设施建设主体、国有资产的母体企业和对外融资的核心平台。

至 2005 年年底，园区国有资产总规模达 506.08 亿元，净资产 170.46 亿元；固定资产总额 115.08 亿元，占全社会固定投资比重的 32.27%（最高时占比将近一半）（见图 3-8）；分布于基础设施开发、房地产、公用事业、投资管理、电子与信息、风险投资、教育文化科研、仓储物流、商业旅游、人力资源管理等行业。①

---

① 李巨川：《苏州工业园区志 1994—2005》，江苏人民出版社 2012 年版，第 179 页。

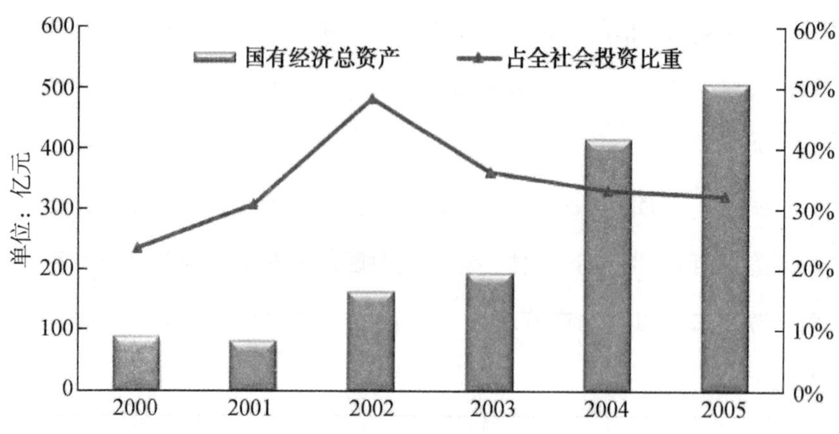

图 3-8　2000—2005 年苏州工业园区的国有经济规模

资料来源：李巨川:《苏州工业园区志 1994—2005》，江苏人民出版社 2012 年版，第 179 页。

我们在借助总地租理论对园区经验的归纳和讨论中，可以清晰地看到国有资本在与园区地产规模化开发结合中保值增值的轨迹。

毋庸讳言，无论国资、外资、民资，任何资本都是追逐资本积累和收益的——正是通过一系列“套期套利”的制度安排，仅仅 4 年时间，园区国资就取得积累起 170 多亿元的净资产、撬动总规模 500 余亿元总资产的成就。

图 3-8 也表明了园区国资占比的变化过程：在 1997 年东亚金融风暴之后的宏观经济萧条阶段恰与银行商业化改制并行而造成 **4 年通缩的严峻挑战下，国资起到了以国家信用为主要动力维持投资拉动的作用**；随之，是自 2002 年达到高位之后伴随经济复苏和 2003 年重新进入高涨阶段而连续下降——**国资投入的逆周期调节作用是清楚的，**至少在园区是这样表现的。

这个归纳也适用于 2008—2009 年金融海啸引致全球危机爆发以来园区国有资本逆周期投入的规律性表现。

截至2012年年末，园区国企资产总额1375.38亿元，比上年增长14.76%；净资产达438.67亿元，其中归属于母公司的净资产达371.52亿元，分别比上年增长16.63%和16.60%；国企全年实现销售收入170.22亿元，净利润16.22亿元（归属于母公司的净利润9.58亿元），净资产收益率达3.98亿元（归属于母公司的净资产收益率达2.78%），国有经济在引导园区产业转型的同时逆势增长，稳中有升。①

如图3-9、表3-4所示，与国有资产的迅速增值同步，园区的基础设施形成能力也不断提升，公共服务日益完善，实现了社会效益与经济效益的双赢。**除了以上园区借助于国开行代表的国家信用走出危机、并且顺势形成地方国有资本、发挥了本来就应该起到的逆周期调节这些一般性的归纳之外，课题组还需要指出的一点是总地租与区位优势的关系。**

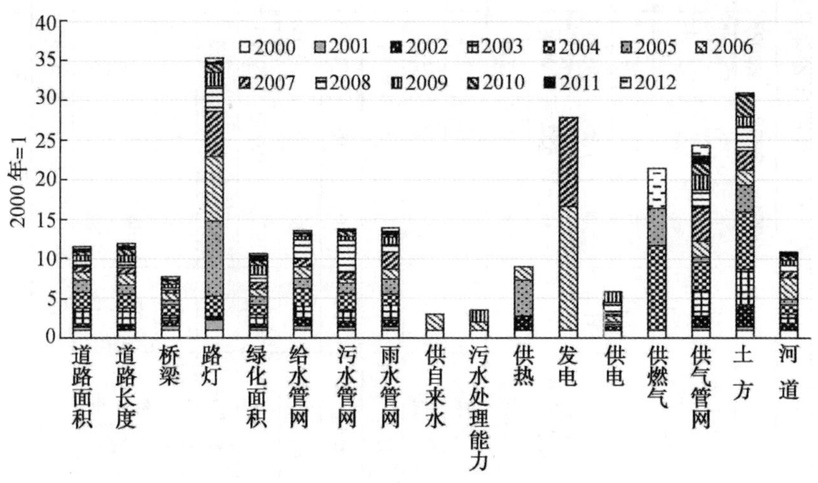

图3-9　2000—2012年苏州工业园区基础设施形成能力（年末）

① 资料来源：《2012年苏州工业园区国资年度报告》，2014年6月15日，苏州工业园区网站。

表 3-4　2000—2012 年苏州工业园区基础设施形成能力（年末）

指　标	单　位	2000	2001	2002	2003	2004	2005	2006	2007	2008	2009	2010	2011	2012
道路面积	万平方米	177	245	321	662	1006	1284	1475	1598	1721	1845	1928	1983	2040
道路长度	公里	50	58	83	187	279	334	404	441	478	521	558	576	595
桥梁	座	60	90	130	172	254	283	336	362	378	406	432	442	465
路灯	盏	3144	7000	7744	8500	16480	46415	71949	90000	100000	105482	108702	109371	111096
绿化面积	万平方米	314	414	552	916	1316	1622	1920	2200	2500	2861	3061	3261	3333
给水管网	公里	55	83	140	219	341	413	494	549	680	705	723	735	746
污水管网	公里	53	74	112	187	297	365	393	437	650	680	714	724	732
雨水管网	公里	81	116	185	337	452	601	702	882	955	1030	1059	1092	1130
供自来水	万吨/日	15	15	15	15	15	15	45	45	45	45	45	45	45
污水处理能力	万吨/日	10	10	10	10	10	10	20	20	20	35	35	35	35
供热	吨/小时	40	40	110	110	110	290	360	360	360	360	360	360	360
发电	千瓦	19200	19200	19200	19200	19200	19200	319200	535200	535200	535200	535200	535200	535200
供电	兆伏安	480	480	675	675	840	960	1320	1440	2160	2820	2820	2820	2820
供燃气	万立方米/日	7	7	7	7	82	115	115	115	115	115	115	115	150
供气管网	公里	27	36	76	159	259	276	329	444	506	555	595	620	658
土方	万方	413	584	1737	3587	6587	7987	8737	9764	11045	11545	12605	12684	12779
河道	公里	34	36	65	102	142	167	257	285	311	333	350	368	370

对苏州工业园区来说，**总地租的增加，最终仍来源于入驻企业的各种业务经营所形成收益总量的增值，因此，国开行的基本建设贷款仍然只是一个总地租增加的撬动者，而不是生成者。**换言之，国开行通过信贷支持，分享园区总地租增加的收益，与一般商业银行分享产业资本平均利润，在道理上有所可比。

这也解释了为什么国家开发银行自成立以来，一直支持并不能获得产业短期收益回报的国家“两基一支”工程（基础设施+基础产业+支柱产业），而仍能维持95%以上的贷款回收率。因为**国开行通常选择与地方政府或者大型国有企业合作，而这两类机构都能够将投资收益所产生的总地租增量，再通过政府性的强制性措施，如税收、财政预算外收入或者其他方式，相对集中地以现金方式收回**，从而履行对国开行的还本付息责任。

然而，**对于中西部欠发达地区来说，由于缺乏区位优势，因此，总地租增加缓慢，**国开行自2001年以来也尝试“以东养西”，即通过东部地区的信贷收益支持西部的“两基一支”项目的发展。不过，国开行的这个策略难以孤立实现，**要在国家确立生态文明战略、把“效率优先”原则调整为“公平与效率并重”的条件下，才能把总体上鼓励中西部资源要素“一江春水向东流”的东部先富方针，改革为综合性可持续发展的方针，才可能有区域平衡的实现条件……**

（三）园区内部基于“总地租”的金融运作机制创新

人们常会听闻，某些成长性企业盈利性前景可观，却由于缺乏可抵押的质押品而被银行拒之门外。其实，这种结构性矛盾在中观和宏观层面都广泛存在。鉴于微观层面的金融创新是本书下一篇的重要分析内容，本节将要呈现的，主要是中观区域经济层面的园区内部信贷机制的一系列创新实践。

1. 面向土地一次开发的金融创新设计

2000年，苏州工业园区计划进行二、三区基础设施建设，但此时，承诺给以贷款支持的国家开发银行却认为，园区“没有一个接受贷款、推进建设和履行还款的商业性机构”。双方经过反复研究，**最终创造出一种当时是崭新的、但在当今已经演变为地方政府债务陷阱的制度安排——地方政府土地融资平台**。国开行的总结报告中这样介绍：

政府设立商业性借款机构，使借款方获得土地出让收益权，培育借款人“内部现金流”；同时通过财政的补偿机制，将土地出让收入等财政性资金转化为借款人的“外部现金流”，使政府信用有效地转化为还款现金流。①

上文中的商业性“借款人”，其实就是园区于2000年成立的“地产经营管理公司”，简称“地产公司”，下设苏州工业园区土地储备中心。其成立和增资过程如下：

2000年，经园区管理委员会批准，在原“苏州新加坡工业园区配套房地产一公司”的基础上，增资更名成立了苏州工业园区地产经营管理公司。该公司为苏州工业园区管委会直属国有企业，主要业务包括政府授权范围内的土地收购、开发、储备、出让、工程管理及基础设施、市政建筑和实业投资等。

自2001年开始，园区管委会先后将评估价为52亿元的土地使用权作为实收资本投入地产公司，作为地产公司的注册资本。相对应地，

① 资料来源：国家开发银行：《苏州工业园区融资建设模式案例——评二局案例》，内部报告，2007年016号。

园区管委会又将园区土地一级市场的出让权和土地出让收益分配权益赋予地产公司，使地产公司获得其他地块（资本金地块以外）的土地收益权，以便于土地出让收益转化为地产公司的现金流。为和当时刚开始推行“招”“拍”“挂”为主要内容的全国土地管理法规相一致，园区管委会批准该公司同时兼挂“苏州工业园区土地储备中心”牌子，作为园区管委会直属全民事业单位。①

地产公司成立后，国开行 2001 年向其承诺 20 亿元贷款，帮助园区的二、三区在 30 平方公里建成区达到“九通一平”的国际水准。

之所以能以 20 亿元的投资撬动 30 平方公里的基本建设，**秘密之一在于：在这种运作模式下，地产公司能够以土地出让收益权作为质押，获取国开行或其他机构的外部现金流；**地产公司以此外来现金作为启动资金，一方面，对园区土地进行“九通一平”的一次开发，以有吸引力的价格吸纳优质企业入驻；另一方面，对一些规划商业和住宅区进行景观建设或者更深入的二次开发，借此直接获得较大幅度的土地增值收益，用于贷款的还本付息和二、三区的基础设施建设滚动开发。另一个秘密在于苏南地方政府在农村具有“强政府”的体制优势，将在后文分析。

课题组初步梳理了园区地产公司的土地使用权拍卖会案例，从中可知其“第一桶金”是如何炼出来的，且看下文。

2001 年 10 月 28 日，苏州工业园区举办了第一届国有土地使用权拍卖会。24 家中外客商参与竞拍，经激烈角逐，3 宗土地全部拍出，成交价比起拍价增加 74%。具体情况是：

---

① 资料来源：国家开发银行：《苏州工业园区融资建设模式案例——评二局案例》，内部报告，2007 年 016 号。

拍卖会所拍卖的第一宗土地苏园（2001）03号地块为商住用地，起拍价3700万元，24位竞拍者每次按规定的至少50万元一次的加价，经80多个回合竞争，最终被苏州市新型建筑材料房屋开发有限公司以8100万元拍得。

第二宗土地苏园（2001）01号地块为金鸡湖西岸别墅用地，起拍价9600万元，15位竞拍者以一次超过50万元的加价幅度“跳跃式前进”，结果很快由园区中诚住宅建设有限公司以11600万元拍得。

第三宗土地苏园（2001）02号地块为住宅用地，起拍价6500万元，19位竞拍者竞争激烈，最大一次加价高达2000万元，最后被苏州中天房地产有限公司以14850万元拍得。①

可以认为，这次公开拍卖为园区土地市值提供了一个新的评估参照标准，增强了各界与园区合作的信心。据介绍，拍卖前，园区的土地估价为120美元/平方米，而本次拍卖单位面积土地所实现的价值为328.8美元/平方米。② 单从数字上算，上涨幅度为174%。按照规划，70平方公里的中新合作区内将建各种档次的商品房1500万—2000万平方米；而拍卖时园区商品住宅的均价为2800元/平方米③——按照这

① 资料来源：苏州工业园区网站：《园区首次拍卖“热土”场面火爆》，2014年10月3日，见http://www.sipac.gov.cn/sipnews/jwhg/2001yqdt/200409/t20040927_7545.htm。

② 资料来源：苏州工业园区网站：《土地拍卖抬高园区地价 浙江开发商看好苏州》，2014年10月3日，见http://www.sipac.gov.cn/sipnews/jwhg/oldnews/200406/t20040621_6300.htm。课题组认为，这里面也许未考虑不同土地用途的价格差异，前一个土地价格也许是指全部土地（既包括工业用地、规划绿地，也包括商住用地）的平均估价。

③ 资料来源：苏州工业园区网站：《土地拍卖抬高园区地价 浙江开发商看好苏州》，2014年10月3日，见http://www.sipac.gov.cn/sipnews/jwhg/oldnews/200406/t20040621_6300.htm。

个市值，用园区的房产收益来支撑二、三区的基础设施建设，显然是不成问题的。

8个月之后的2002年6月27日，园区举行了第二次土地拍卖。此时园区商品住宅房市场上的均价已经涨到了3400—3500元/平方米，在此涨势的带动下，土地拍卖单价从328.8美元/平方米上涨至481美元/平方米，上涨幅度为46.3%。

值得注意的是，**此次土地拍卖出现了苏州土地拍卖以来第一块流标地块**，这块01号地块位于金鸡湖边，虽然受众人追捧，但由于最高竞价17650万元未达到保留价18200万元，而被收回。

据园区有关负责人说，这个措施主要是为了保证地块的价值。

但在课题组看来，这恰恰显示了**园区财政局以财政收入为地产公司覆盖现金流的关键作用，地产公司不必在现金流压力下将地块以低于预期的价格出让**，也就使得土地增值的收益得以最大限度的实现。

另有一个相对低价之案例，更值得看门道的内行们做分析。

2002年9月30日，园区金鸡湖北部玲珑湾一块38.4公顷的住宅开发黄金地块苏园土挂（2002）01地块，以总价12.82548亿元人民币成功拍卖，拍得者为浙江南都房产集团有限公司。表面上看，这宗土地的成交单价为1518元人民币/平方米（建筑楼面价），略低于此前几宗拍卖，但**后续操作饶有新意——拍得此地块使用权的浙江南都集团，与苏州工业园区的建屋发展有限公司，共同投资组建了注册资本3亿元的苏州南都建屋有限公司，以超过30亿元的总投资，共同将这一黄金住宅地块开发成超大型住宅区。**[①]

---

① 资料来源：苏州工业园区网站：《南都建屋：引领“大盘时代”》，2014年12月7日，见http://www.sipac.gov.cn/sipnews/jwhg/oldnews/200406/t20040629_6466.htm。

不难看出，这种操作既可以吸引社会资金来增加园区的总体现金流，又能够通过合作获得土地二次开发的巨大收益——园区人的智慧，不得不让人叹服。

而媒体报道中对于园区建屋公司的介绍，也帮助我们从侧面了解，与一般地区着力于将土地一次开发后高价出让不同，**园区至少是同样强调自主地实行对于土地的二次开发，这就能够将土地的增值收益最大限度地内部化。**

据介绍：

> 截至2002年10月中旬，园区建屋发展有限公司已成功缔建园区规模最大的成熟社区，如新城、新加花园；园区最大的涉外生活区加城花园；园区新馨花园、万杨服务公寓等；2001年斥资倾力打造苏州首座组团式海派涉外小高层社区“万杨香樟公寓”；2002年再倾力打造占地87.8公顷，规划人口2万人的康居新城“东湖大郡”，拉开了园区二期房产开发的序幕。①

另有资料显示，园区商品住宅的购买者，并不像新加坡方面初始设想的那样先有工业化、后有人口集聚自发形成的城市化，而是约有一半卖给了苏州其他区县的人口，以及少部分的外地人口，尽管园区的房价要高于市区平均价。②

这也表明，**得益于国家开发银行大规模投入于金鸡湖治理等多项基础设施建设工程，形成的直接效果是极大地提高了园区土地的级差**

---

① 资料来源：苏州工业园区网站：《南都建屋：引领“大盘时代”》，2014年12月7日，见 http://www.sipac.gov.cn/sipnews/jwhg/oldnews/200406/t20040629_6466.htm。

② 据统计，2001年1月至8月时，园区平均房价为2379元/平方米，全市平均房价为2001元/平方米。

地租，进而提高了园区的总地租。恰好，这又与21世纪之初园区的城镇化进程相辅相成：一方面，园区外的就业人口支撑了园区的城镇化建设；另一方面，园区的城镇化进程吸引了更多的人口前来聚居。2002年园区管委会对园区首期开发区的购房调查显示：园区公积金会员购房占总购房数的43.6%，非园区公积金会员购房占总数的43.3%，两者旗鼓相当，另外13.1%的住宅由外来人口购得。①

可见，超过绝对比重的是外来投资购房者，他们看中的是改造过的金鸡湖地区生态化环境条件。

总之，**园区得天独厚地在国内通货紧缩和新加坡撤资、外资进入明显下降的2000—2001年得到国开行的国家投资，遂有借通货紧缩之机顺势吸纳优质土地资源、建立起地方政府土地融资平台的条件。**

究其真实经验，还是园区在无形之中借助了反周期规律做“反弹琵琶”**——规模化的国开行投资作为杠杆，撬动了园区乘低吸纳地产资源建立土地储备，随之，园区自身的资本化开发得以在2003年经济过热之中乘势而起。园区管委会对土地一级和二级开发都能够把控住，就直接内部化地占有了总地租。**

到2003年，**已经拥有一定的资本实力和市场信用的园区地产公司，得以作为负债主体在资本市场上发行债券直接融资。与银行贷款相比，这更是一种低成本的筹资方式。**2003年第一次发行债券，总额为10亿元，期限为10年期，利率4.3%，比现在银行的一年期贷款利率还低；国家开发银行来主承销，并提供“无条件不可撤销的连带责任保证”（见专栏18）。

---

① 资料来源：苏州工业园区网站：《园区住宅半壁江山卖给东迁户》，2014年12月7日，见 http://www.sipac.gov.cn/sipnews/jwhg/2002yqdt/200409/t20040927_7423.htm。

专栏 18

2003 年苏州工业园区地产经营管理公司企业债券发行公告（节选）

本期债券募集资金 10 亿元人民币，用于苏州工业园区基础设施开发项目。该项目是苏州工业园区当前的重点项目，主要内容为基础设施工程，包括二、三区 53.16 平方公里范围内分阶段实施的道路、供电、供水、燃气、供热、排水、排污、电信、有线电视和土地平整等“九通一平”工程，达到与首期开发区基本相同的基础设施标准。

苏州工业园区二、三区基础设施开发项目工程方案包括道路 152.4 公里、桥梁 130 座、驳岸总长 154.73 公里、给水管线 83.08 公里、雨水管线 273.75 公里、污水管线 89.82 公里，含污水泵站 5 座、220 千伏变电所 3 座、110 千伏变电所 9 座、20 千伏开闭所 120 座、架空/电缆转换站 1 座、集约化信息管线 156.2 公里、燃气管线 106.77 公里和供热管线 49.5 公里，同时对区域内 21 条河道进行清淤，清淤土方 85.7 万立方米，对 53.16 平方公里范围进行场地平整，填土土方约 4430.41 万立方米。

项目建设期 4 年，总投资 1095393.6 万元。资金来源为：项目资本金 425393.6 万元，申请长期借款 670000 万元（含企业债券），目前全部项目资本金及 45 亿元长期贷款已落实。

资料来源：《2003 年苏州工业园区地产经营管理公司企业债券发行公告》，《上海证券报》，2003 年 7 月 16 日，第 5 版。

公告中对地产公司资产经营的介绍是：

注册资本138亿元，总资产456亿元。公司作为园区二、三区基础设施建设主体和投融资主体，10年来累计投资400多亿元用于“九通一平”基础设施建设，打造了园区一流的基础设施建设成果。同时，公司积极开展多元化的股权投资，对外投资总量达100多亿元，行业遍及金融、房地产、科技、会展、物流等。目前，园区地产公司正大力实施战略转型，立足于园区CBD综合开发，相继开发了星海生活广场、月亮湾国际中心、苏州国际财富广场等商业物业，通过独有的一、二级综合开发模式，积极营造“双主业格局”，将公司打造成为中国一流的城市综合建设运营商。①

其中，**“独有的一、二级综合开发模式”一语高度凝练**！

一级是指“累计投资400多亿元用于‘九通一平’基础设施建设”，“打造了园区一流的基础设施建设”。二级是指借助“多元化的股权投资”，与其他投资者对园区的金融、房地产、科技、会展、物流业基本建设进行投资开发，从而成为“城市综合建设运营商”。

园区的地产公司之所以取得上述经营成就，主要归因于它具有“园区二、三期基础设施建设主体和投融资主体”的多重身份。

须知，**公司是园区管委会的直属国有企业，不仅获得贷款是以园区财政为担保，而且贷款本息的偿付也由园区税收帮助其覆盖贷款的现金流**，这种公司化政府的内部化机制，能够熨平一般地产开发收益在时间上的不均衡性。

亦即，园区在第一阶段获得优质企业入驻后，在第二阶段得以以

---

① 资料来源：《2003年苏州工业园区地产经营管理公司企业债券发行公告》，《上海证券报》，2003年7月16日，第5版。

其作为“无风险资产”，支持商业性地产通过市场化方式获得高收益，反过来再回馈园区更大面积的开发。

以上这些运作，就是国开行报告中所说的“培育地产公司自我运作的内部现金流，从而解决园区基础设施建设投资规模大、周期长带来的资金瓶颈”。

同理，这也是上海浦东开发区探索成熟、被由浦东开发区管委会主任改任重庆市常务副市长的黄奇帆带到重庆去的“滚动开发”模式，是为“重庆经验”的一个重要经济基础。

综上所述，园区土地相关主体之间的相互关系如图 3-10 所示。

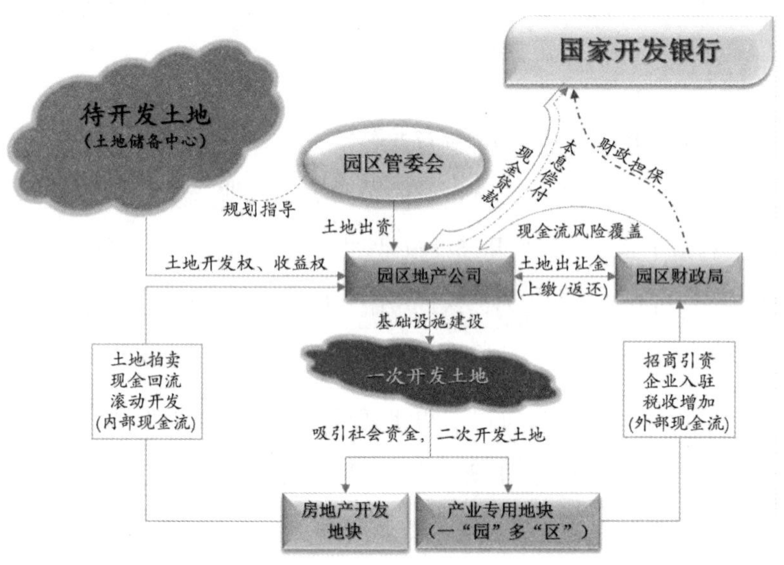

图 3-10 国家开发银行对苏州工业园区基于现金流的信贷模式创新①

1994 年以来，园区的土地出让和房地产开发情况如图 3-11、图 3-12 所示。

---

① 本图制作中参考了国家开发银行 2007 年 016 号内部报告《苏州工业园区融资建设模式案例——评二局案例》，特此致谢。

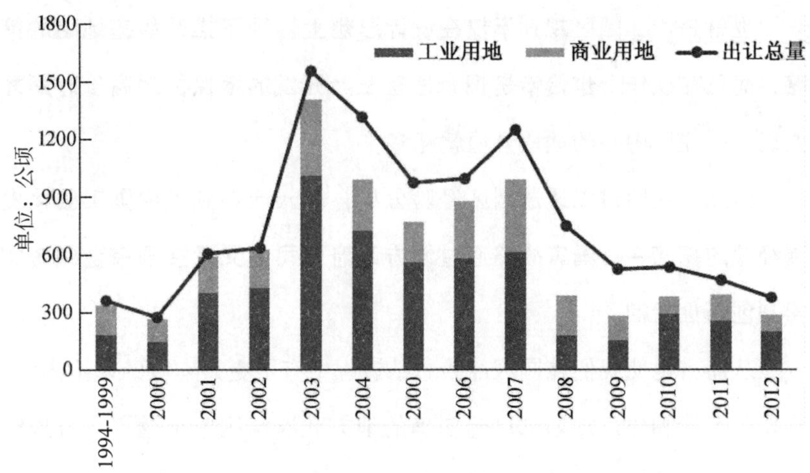

图 3-11　1994—2012 年苏州工业园区的土地出让情况

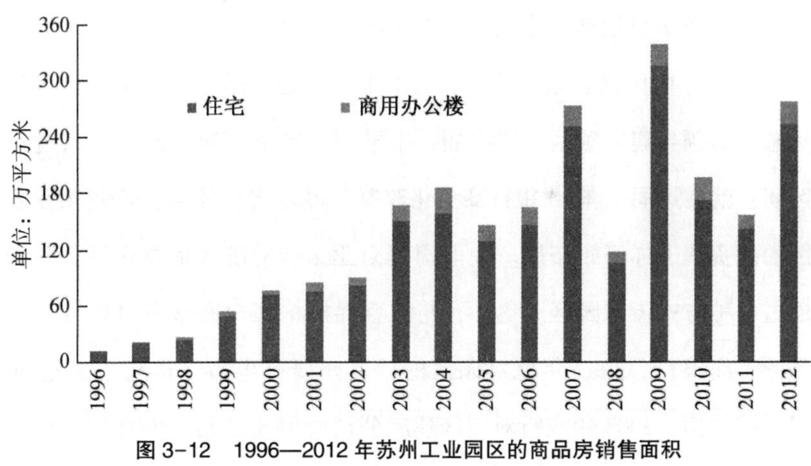

图 3-12　1996—2012 年苏州工业园区的商品房销售面积

如图 3-12 所示，2003 年园区商品房销售面积 150 万平方米，按每平方米 2500 元的价格计算，总市值也达到 375000 万元。除掉建安成本和相关环节费用，也有可观的盈利，足以支持基本建设的开支。更何况，园区的商业用地开发严格遵循先周边后中心的原则，即**先按规划在四周布点招商，使中间地块不断升值，再适时引进相关企业和机构，以保证开发的最高回报率。**

也就是说，**园区规划不仅在设计思想上体现了推升级差地租的策略，而且在操作上也恰恰是把最适宜三产开发的地保留到高价时期才变现，**越往后中心的地块升值就越多。

值此，我们得以透过园区经验分析，深入地看到了**中国工业化发展经验的真谛——国家战略通过地方政府公司主义承接国有金融资本得到创新性贯彻。**

从而，也使我们在园区经验总结过程中有了更为丰富的理论内涵：当发展目标和建设规划都已经明确的地方政府与国家金融资本直接结合时，确实是能够降低二者的交易成本，减少“租值消散”①。

2. 园区土地信贷创新经验的滥觞：淮南为橘，淮北为枳

（1）地方紧财政、中央宽信贷下的“土地融资”普遍化

2002 年中国通货紧缩结束。从下半年开始，随着中共十六大召开标志着的领导集体顺利完成换届，中国宏观经济迅速从复苏进入过热区间；**就在这同一年，“银行商业化改制”基本告一段落，苏州工业园区的融资渠道亦开始拓展。大型国有商业银行的庞大信贷资源，开始通过各种方式流入园区。**比如，与教育界机构客户素来有良好合作关系的工商银行，2002 年就对园区的“苏州研究生城”进行了一笔 30 亿元的授信；2003 年农行对园区建屋公司授信 8 亿元；2002 年中行对建屋提供 10 亿元贷款（详见专栏 19）。

---

① 张五常认为：“土地、矿物、树木、人力等皆资源，由上苍赐予，这些资源不通过人的脑子发展起来不值钱，而资源的升值就是租值。所谓的租值消散，是指在没有约束的竞争下，竞争的人够多，有价值的资源或物品会因为竞争的费用或成本的提升，或因为资源或物品得不到善用，其价值会因为竞争而下降，原则上可以下降至零。”引自张五常：《经济解释卷四：制度的选择》，中信出版社 2014 年版。

专栏 19

2002—2003 年苏州工业园区信贷渠道的拓展：以工、农、中行为例

工行。2002 年 10 月 24 日，中国工商银行苏州分行与苏州工业园区教育发展投资公司举行 30 亿元银企合作签约仪式，以支持苏州研究生城的建设。位于园区的苏州研究生城是苏州市发展高等教育、经济强市和科技强市的重大举措。据悉，总占地面积 10 平方公里的苏州研究生城自 8 月 29 日奠基以来，进展顺利，正在进行土地平整和道路建设，至 11 月 1 日研究生城将打下第一根桩。目前，研究生城的总规划已经出台，其中 3 平方公里辟为研究生教育基地，将吸引 8—10 所国内外著名大学在城内设立研究生院或分支机构，主要从事研究生教育；3 平方公里建设创业园地，吸引研发机构，探索创新人才培养模式及产、学、研一体化新机制；2 平方公里为苏州大学的新校区，建设苏州大学理工学院；其余建设教学科研和生活服务配套设施。首期 2.8 平方公里的苏州大学新校区以及综合楼、图书馆、体育馆等设施建设将到 2004 年年底竣工。

农行。据农行房贷部消息，(2003 年) 3 月中旬，苏州农行批准了中新工业园区置地有限公司 8 亿元的授信申请。这是 2003 年苏州农行继苏州南都建屋有限公司之后，对房地产开发公司的又一笔大额授信业务。中新工业园区置地有限公司具有房地产开发二级资质，主要从事房地产开发和标准厂房的开发与投资经营等活动。该公司自 2001 年成立以来，先后开发了澜韵园、湖左岸、苏虹工业厂房、苏春一期厂房及代建的冠鑫光电、三星家电的标准厂房等一系列房地产项目，现

是园区房地产开发中的领先企业。这次，公司根据企业的长期发展规划，提出了8亿元的特别授信申请。苏州农行经过审慎的调查论证，批准该授信申请。据苏州农行房贷部负责人介绍，苏州农行将大力支持园区二期开发建设，加大对苏州优质房产项目的支持力度。

中行。(2002年) 8月28日“建屋·中行10亿元银企合作”举行签约仪式。今年上半年，中新联合协调理事会第六次会议明确了加大金鸡湖东岸开发力度的目标。根据规划，园区未来在100平方公里范围内，将有60万人居住，金鸡湖一带将成为园区的中心。园区建屋发展有限公司作为园区管委会的直属企业，曾成功建设新城花园、新加花园等住宅，这次借园区二、三区开发的契机，打响了湖东岸住宅开发的第一炮。而中国银行作为第一家进驻园区的金融机构，向园区建屋提供了10亿元的贷款，给予湖东岸开发资金上的支持。据悉，东湖大郡的价位要低于湖西岸，开盘价将在3000元以下。

资料来源：苏州工业园区网站:《苏州研究生城获工行支持》，2014年12月7日，见 http://www.sipac.gov.cn/sipnews/jwhg/2002yqdt/200409/t20040927_7432.htm；苏州工业园区网站:《农行8亿元授信再次支持园区建设》，2014年12月7日，见 http://www.sipac.gov.cn/sipnews/jwhg/2003yqdt/200411/t20041102_8056.htm；苏州工业园区网站:《园区住宅向湖东延伸》，2014年12月7日，见 http://www.sipac.gov.cn/sipnews/jwhg/2002yqdt/200409/t20040927_7445.htm。

因此，随着2003年以后经济过热、商业金融投资增长速度加快，在苏州工业园区的总体融资盘子中，国家开发银行的贷款在总融资存量中占比逐渐下降，但仍然占有重要的位置；同时，国开行在对园区的信贷业务也在“与时俱进”地不断创新，到第四阶段，则以设立国

创母基金的方式对研发创新提供金融支持，留待后叙。

然而，无论是国开行一家独大还是多家银行共同进入园区合作开发，在本质上都属于园区用地方化的土地资产与中央化的金融系统结合，来拓展在地化产业经济，带动本地区产业资本的有机构成提高和产业集聚。

诚然，在园区工业遭遇外资撤出导致资金短缺条件下发生的这个经验过程——国家金融资本与园区地产的资本化（中央金融+地方土地）相结合形成总地租，成为园区可持续发展的基础，在 2003 年宏观经济进入新一轮高涨阶段以后，迅速在国内具有了“普遍性”。但宏观经济过热同期在各地普遍发生的类似“中央金融+地方土地”、同样实现土地资源资本化的现象，却演化为“南橘北枳”。

要解释苏州工业园区的“南橘”何以在其他地区成为“北枳”，就需要理解，起于 2002 年的本轮经济高涨与上一轮投资热潮相隔大约 10 年，但中央与地方行为机制发生了很重要的改变。

自 1994 年“中央地方分税制”改革和 1998 年“国有银行商业化”改制以来，中国的中央政府和地方政府日益呈现为两极分化的局面。

中央财政和金融本质上是国家政权信用在经济领域的派生物，为中央政府贯彻一系列国家战略——包括 1999 年的西部大开发、2001 年的东北老工业基地振兴、2003 年中部崛起、2005 年建设新农村、2009 年危机救市——提供着显著的功能性支持，这也是国际上的普遍经验。

而地方财政和金融的运作空间在财税和金融这两大宏观体制改革之后则相对逼仄。其中最重要的转折点是，随着 2003 年银行体系改革从剥离不良资产进入保证新增贷款质量的新阶段，银行业及其管理当局的风险意识明显增强；随着经济景气度的回升而进入升值通道的土地成为银行最为认可的抵押品，遂使地方政府的土地融资平台的信用获取空间有了空前规模的扩张，纷纷拿土地资产做抵押来获取银行信贷，亦即“以地套现”(见专栏20)。

专栏20

地方资本短缺下的融资行为：“土地金融”

1997年东亚金融危机爆发，直接导致了中国国有银行的商业化改革。改制的客观结果是四大国有银行重新收归中央控制，中央的财政金融力量得到双增强，由此导致中央政府和地方政府的财力与经济发展开始出现分野：中央层面在21世纪进入以经营垄断性金融收益为主的“白领政府”阶段；仍然停留在产业资本阶段的地方政府，则由于金融部门在利益导向的市场化改革中异化于产业经济的普遍规律，而陷入了严重的资本短缺。

世界银行的研究指出：在增加财政收入动机的驱动下，地方政府2002年以后对于土地开发、基础设施投资和扩大地方建设规模的热情空前高涨。

加快城市化一方面需要大量资金，另一方面地方政府却是赤字缠身，并且由于金融资本已经“独立”而难以直接满足地方政府的资金需求，只有土地可以作为银行贷款的抵押品。于是，政府以低价从农民手中征收土地，然后再通过土地储备中心、各种城投公司及开发区管理委员会等融资主体，以土地作为抵押套取银行贷款投入基础设施建设。

据蒋省三、刘守英等的研究：在东南沿海的县市，基础设施投资高达数百亿元，其中财政投入仅约占10%，土地出让金占30%左右，60%靠土地融资；而在西部，银行贷款占城市基础设施建设投资的比重高达70%—80%。

地方政府“以地套现”加快了城市扩张，首先带动的就是房地产业的暴利，其已经“成为政府偿还城市基础设施投资巨额贷款和实现土地出让收入的通道”，也成为过剩资本争先恐后涌入的安乐窝。继而，在基本建设和房地产的带动下，相关的产业投资也如火如荼，蒸蒸日上。这样，**以地方政府“以地套现”为肇端，便逐渐形成了21世纪以来“高负债+高投资=高增长”的发展模式**；再加之，中央层面的过剩金融资本在投机市场上推动繁荣，便带来了中国经济21世纪的红火。

周飞舟通过对几个市、县的财政收入结构考察后指出，一般预算内的财政收入仅能维持正常的行政开支，开展城市基础设施建设的财政支出很大程度上依靠土地出让金。通常，具有普遍意义的做法是，地方政府以土地出让金为基本资产成立地方国有开发和建设公司，这些公司成立的目的不仅仅是开展城市建设，更重要的目的在于利用政府划拨的土地为城市建设进行融资。也就是说，政府注入公司的土地出让金并非直接用来进行开发建设，而是用来作为资本金，获取银行贷款，进行初期必要的基础设施建设后，通过发行城投债券进行直接融资。有的是以地方政府下属的土地储备中心的名义收储土地，既包括原本的城市建设用地，也包括征用的农业用地——后一部分从农民手中低价征用的土地增值收益往往更大，然后土地储备中心以土地抵押去套取银行贷款。

这就是在金融权力上收中央政府之后，地方政府为了获取银行信贷所采取的变通手段——从“土地财政”转向“土地金融”。

据国土资源部的相关数据，1998—2003 年间，全国耕地年均净减少 110.37 万公顷。这也是中国城市化最快的阶段。我国城市建成区面积由 2.14 万平方公里增加到 3.25 万平方公里，年均增长 6.18%。而到 2005 年时，各类开发区达 6866 个，规划用地面积就达 3.86 万平方公里；经过整顿以后还有 1568 个，规划面积 1.02 万平方公里。

由于在这一轮由地方政府和金融资本联合推动的征地高潮中，土地增值收益的分配更加不均衡，也直接引起了更多问题。土地增值部分的收益分配，只有 20%—30% 留在乡以下，其中农民的补偿款占到 5%—10%。而且往往由于暗箱操作、征地补偿分配混乱，乡镇、村、组、农民之间缺乏可操作的分配方法，导致了大量的上访、对抗事件。国土资源部数字显示，仅 2002 年上半年群众反映征地纠纷、违法占地等问题的，占信访接待部门受理总量的 73%，其中 40% 的上访诉的是征地纠纷，这其中 87% 是征地补偿与被征地农民安置问题。

资料来源：杨帅、温铁军：《经济波动、财税体制变迁与土地资源资本化——对中国改革开放以来“三次圈地”相关问题的实证分析》，《管理世界》2010 年第 4 期。

（2）对比：财政放权下的“以地兴企”“以地兴市”

以土地撬动区域发展的投资，着实不是 21 世纪的新创造；而最早见于 1980 年中国最早成立的深圳特区。当年因为资金紧缺，深圳开发区的第一桶金依靠的就是“地皮财政”——比中国正式建立土地有偿使用制度早了将近 10 年①（见专栏 21）。

---

① 课题组同时指出，和前面述及珠三角“小盘承小珠”的分析对比，可以发现：这个深圳案例在一定程度上解释了为什么深圳的经济社会发展相比珠三角其他地区起点较高，恰恰因其第一桶金来自对垄断性区位优势的价值变现。

专栏 21

以地兴市：深圳特区 1980

“特区”这个经济名词是中国人的一个新发明。据《深圳的斯芬克斯之谜》一书记录，它的发明人也是邓小平。在 1979 年 4 月，他与广东省委第一书记、省长习仲勋商讨开放事宜，提出在深圳建立一个新的开放区域，全力引进外来资本，实行特殊的经济政策，并且建议这个开放区域就叫“特区”。在邓小平提出“特区”这个概念的时候，袁庚已经奔赴南方去启动他的蛇口工业区了。

“特区”一词既出，心领神会的习仲勋马上加快了开放的速度。很快，到 7 月 15 日，《中共中央、国务院批转广东省委、福建省委关于对外经济活动实行特殊政策和灵活措施的两个报告》就形成了，报告明确提出：“在深圳、珠海和汕头试办出口特区。特区内允许华侨、港澳商人直接投资办厂，也允许某些外国厂商投资设厂，或同他们兴办合营企业和旅游事业……三个特区建设也要有步骤地进行，先重点抓好深圳市的建设。”

深圳特区的创办思路渐渐明确下来，它被明确定义为“经济特区”。深圳由一个县级城市一跃而升格为正地级市。这回，特区的手笔还是要比袁庚的蛇口大很多。深圳市的总面积 2020 平方公里，划为经济特区的总面积有 327.5 平方公里，东西长 50 余公里，南北平均宽度为 6 公里多。从飞机上鸟瞰特区全貌，仿佛是一条狭长的海带漂浮在山脚下、大海边。其中可规划开发的有 110 平方公里。

面积大则大矣，但国家只拿出 3000 万元贷款“专供开发深圳经济特区”——这个微不足道的数字，还不够搞 2 平方公里的“三通一平”。开发者百思之下唯有一计可施，那就是出租土地，用地金来换现金。这个想法在当时国内可谓“大逆不道”。反对者的理由很简单：社会主义国家的国土怎么可以出租给资本家？当时一位叫骆锦星的房地产局干部翻遍马列原著，终于在厚厚的《列宁全集》中查出列宁引用恩格斯的一段话来：“……住宅、工厂等，至少是在过渡时期未必会毫无代价地交给个人或协作社使用。同样，消灭土地私有制并不要求消灭地租，而是要求把地租——虽然是用改变过的形式——转交给社会。”骆锦星查到这段话后一阵狂喜，当晚就奔去敲市委书记张勋甫的家门。据说，当时的深圳干部人人会背这段语录，有考察和质问者远道前来，他们就流利地背诵给那些人听。

深圳的第一块土地出租协议，便签订于1980年1月1日。第一个吃螃蟹的香港商人名叫刘天竹，跟他谈生意的就是那个在《列宁全集》中找到了恩格斯原话的骆锦星。据骆日后回忆，当时的谈判对话是这样的，刘说：“只要划出一块合适的地皮就行。由我组织设计，出钱盖房，在香港出售，赚得的钱中方得大头，我得小头。”骆说：“东湖公园附近，可以划出一块地方来，如何？”刘说：“那好，所得利润，你拿七，我拿三。”骆摇摇头：“你拿得太多了。”刘笑道：“你拿八，我拿二，如何？”骆说：“我拿八点五，余下的是你的！”刘说：“我们初次打交道，往后要做的事还很多，这次就依你的！”这样的对话果然已经是在谈生意了。

刘天竹开发的这个楼盘叫“东湖丽苑”，第一期共有108套新房，他把房子的图纸设计出来后就开始在香港叫卖，仅三天，108套还在图纸上的房子就一售而空了。

“东湖丽苑”的一炮成功，让深圳人大大开窍，他们很快拿出新方案，提出了收取土地使用费的思路，每平方米收土地使用费4500港币，这个地价仅相当于河对岸的香港的1/11。其后，深圳用收进的数亿元钱削掉土丘、填平沟壑，开通公路，通电、通水、通邮政……

资料来源：吴晓求：《1980年告别浪漫年代》，2014年9月2日，见 http://finance.qq.com/a/20071228/002377.htm。

深圳特区创办之初以外资直接进入做土地开发、收益主要用于城市基础建设的经验，可以归纳为“以地兴市”。

然而在**20世纪80年代初，在全国的大多数地方，地方土地资本化的主要途径并不是深圳利用特区地位直接与海外资本跨境结合的房地产开发，而是农村社区以自己村社的土地、劳动力和资金资源来兴办乡镇工业，是谓“以地兴企”；**土地是处于资本原始积累阶段的乡镇企业收益来源的重要组成部分。

20世纪80年代末至90年代初经济危机条件下，以1988年出台《土地管理法》、1992年启动执行为标志的土地制度变迁，将农村土地非农化的权力和实现途径转移到地方政府手中。其与1992年邓小平南方谈话之后全国出现的“开发区热”，直接同步造成全国出现了地方政府征收土地、开发土地的高潮。

接着，在1994年的“分税制改革”之后，由于地方政府能够从央地两级的财政分配中得到的财政收入大为减少（地方税收占比从73%下降到约50%），土地就成为地方政府最便捷也是最主要的收入来源，于是，对土地利用的机制就变成了遭人诟病的“以地生财”。以地块开发换取地方财政收入，也就从20世纪80年代初的特区试点变成了全国范围内遍地开花。

但**其可以称为南橘北枳之最为关键的差别在于：在财政全线紧张的条件下，除了少数特别个案，如苏州工业园区有条件获得中新两国**

联合投资逆势而上继续其工业建设而外，大部分地区的土地财政收入都被拿去补足中央地方重新分配财权事权后的地方政府开支不足，或在预算软约束条件下投入楼堂馆所等消费性建设，很大程度上并不具有培育地方经济发展的能力。

无论是20世纪80年代的“以地兴企”，还是20世纪90年代的“以地生财”，都是在地方政府以组织或行政手段直接掌控金融、地方融资环境相对宽松的条件下展开的。直到1998年在银行信贷不良率超过1/3的压力下、不得不推出金融权上收中央的改革，这种地方直接行政性使用银行资金的阶段才告一段落。

国有银行商业化改制之后，尽管很多地方土地出让金一度占到了地方财政总收入（预算内收入+预算外收入）的将近一半，但大多数案例是：地方政府融资平台将完成征收手续的土地作为质押品换取银行信贷的现金流入，再进行二次开发和招商引资，而不是直接拿到土地市场上出让使用权来获得收入；尽管很多地块的单宗出让价很高，但就一个区域的全部开发土地来说，地方政府花在征收和开发土地上的总成本要大得多。①

以上分析揭示出了不同年代的三次圈地运动的本质差异，主要在于：第一次圈地运动是生产性的；此后则除了园区等少数特例之外在大多数地区是政府消费性的圈地。地方虽然高调唱和中央的激进发展主义取向，但其追求非生产性政府消费的内因未改。只不过**资金来源从20世纪90年代直接行政性占有银行资金，转变为直接占有土地融资平台套现的银行资金。**

---

① 以上三次土地资本化机制的分析，参见杨帅、温铁军：《经济波动、财税体制变迁与土地资源资本化——对中国改革开放以来“三次圈地”相关问题的实证分析》，《管理世界》2010年第4期。

这才是过去的银行高坏账演化为当今地方高负债的本源……

(3) 园区经验难以异地复制的原因：经济基本面的差异

金融是对未来预期收益的套现。**当地方政府对土地的利用方式，变成以土地的未来预期收益换取银行给付的现金流时，就派生出了一个问题：如何保证大规模借贷投资的财务可持续性？**

在这点上，**苏州工业园区与一般地区的差异是显著的，或者说，是根本的。**

对这个问题的讨论还是要回到对经济基本面的认识上来。

课题组认为，园区与2003年以来一般地区日益加速的“以地套现”做法的**最大不同在于发展的阶段性差异，亦即区域工业化所必须的资本原始积累完成与否。**

园区是在1994年以来通过近10年的高资本投入+高产业入驻，完成了产业资本原始积累内生的“强制度”构建，形成了相对超越于一般区域同质性竞争的产业层次；2003年以来，借全国经济进入高增长的机会进入高速扩张时期，用不断上升的**地产收益和税收收益就能够支持园区土地的一、二级开发，同时，也能够用土地一、二级开发所获得的现金流覆盖全部信贷风险，并且出现了园区成立以来的第一次正收益（2003年）。**

与其形成鲜明对照的是，**一般地区由于尚处于资本原始积累阶段，**以城投债或银行贷款作为主要融资手段形成地方政府大量负债；开发区建成后在地方政府之间日益激烈的发展竞争中，工业用地基本都是零成本甚至垫钱出让，并且，即使这样割肉也**很难吸引足够优质的企业入驻形成长期的在地化税收（大多数地方在引资之后将企业的本级税收返还），高地价+高房价的商业用地收益仅能维持地方政府的资金链不断裂——能够足额付清建筑安装成本和工人工资、按期给付借款**

或贷款的利息就已属不易，其本金则只能靠银行不断“展期”才能不被作为呆坏账。

由此，派生出土地财产属性的两种变迁过程。

一种是在苏州工业园区这样早已完成资本原始积累的工业化地区，由于资本的溢出效应，**一般动迁农户可以顺势从小土地所有者变成小房产所有者，**动迁获得的两到三套住房，除了给农户提供房产增值的预期收益以外，对外来劳动者的出租收入也弥补了原来土地上的农业产出及乡镇企业所提供的现金流的不足。因此，土地动迁过程基本上属于成本较低的“诱致性制度变迁”。

另一种是在其他资本原始积累尚未完成的地区，农民既难以建立基于不动产的财产性收益预期，也因地方政府财力不足而难以获得足够的现金赔偿。因此，**土地征占成为一种强制性的财产关系的制度变迁，并且是农村冲突的最主要来源。**①

综上分析，可以理解为何一个制度的“藤”上会结出两个不同的“瓜”。

21 世纪初，苏南地区以“新苏南模式”吸引了各地前来取经的步伐，但这一模式往往被粗浅的主流意识形态归纳为地球人都知道的“招商引资”“亲商服务”，**各地政府在产业基础和时空条件几乎完全不同的条件下邯郸学步，客观上招致了巨大的社会成本——从全局情况看，由于中国在世纪之交产业资本早已进入过剩阶段，任何投资都在追求机会收益，而不是产业的稳定收益，因此，这种盲目照搬教条化所谓经验的做法，只会导致社会成本有增无减。**

同理，本书写作前后，正逢各地为实现“社会管理创新”而一窝

① 关于农村问题，这里只是作为逻辑关系的延伸顺带提及，具体分析见后文。

蜂地大学“新加坡经验”。诚然，**如果罔顾新加坡所处的国际地缘政治特殊环境背景与借助冷战立国的经验基础，则很难对新加坡经验去芜存菁**，很难真正辨别出哪些经验可学，哪些不可轻易模仿……

（四）小结

发展经济学指出，发展中国家普遍存在着“低水平均衡”，由于历史和收入预期形成的不利的外部环境，初始阶段的投资往往难以取得满意的投资回报，遂将发展中国家“锁定”在低水平状况。

应该进一步强调的客观规律是，在先发国家已经形成对全球基本政治经济秩序主导的格局之下①**，任何发展中国家要打破这类低水平均衡，就必须进行持续而量大面广的投资，使之形成产业纵向和横向之间协调发展并取得收益。**

考虑到西方国家早期通过数百年的殖民化大量掠夺海外财富才完成工业化的资本原始积累这个过程，**后发工业化国家在不能重复殖民化路径的前提条件下，能否通过内部积累形成规模投资，从而破解“低水平锁定”的魔咒，尚需历史检验**；但至少能够肯定的是，这个任务远非放开市场和鼓励私人投资就可以担当得起。

据此可知，这也是20世纪80年代以后中国进入高增长时期的同时，大多数按照西方主导的“私有化+市场化”的制度安排开展转轨的发展中国家发生经济破产、政治失败的根本原因。

与主流发展理论所强调的制度变迁方向完全相反，中国还有很多

---

① 萨米尔·阿明对于“二战”后发达国家和发展中国家“中心—依附”关系的分析指出，发达国家通过“五大控制”使发展中国家的工业化处于依附和从属的地位。参见［埃及］萨米尔·阿明：《世界规模的积累——不平等理论批判》，杨明柱、杨光、李宝源译，社会科学文献出版社2008年版。

像苏南这样的地方“强政府”能够实现政府信用对资金信用的替代，集中全社会资源、优先发展基础产业，既降低了资本与政府之间的交易成本，也减少了资源配置中的无效耗散。

可见，被园区经验所充实、丰富了的苏南模式，是中国能在短时期内完成工业化的原始积累的核心经验之一。

这也确实为发展中国家和地区的政府扮演经济主体角色、积极介入本地产业发展提供了经验支撑。

本书接下来要分析的是，园区如何借势21世纪的新一轮全球化大潮扩张自己的产业资本，提升辖域内土地的价值，以及如何借力村社理性降低这一过程中的交易成本。

如果说前者是如何增加总地租，那么后者则是如何减少总地租的耗散。

在对以上国有资本逆周期调节和推升总地租、使园区形成第二财政等方面的经验总结中，课题组形成的观点总体上还是积极的。

但任何客观事物都有正反两方面经验。

我们对园区经验教训的理性讨论指出，园区国有资本内生性的消极因素并非一般社会舆论热衷的“对私人资本的挤出效应”，而在于：**政府收益越多来源于地产开发，内在形成的路径依赖就导致越少的技术研发投入，致使园区如同大多数沿海开放地区一样，在全球化大潮中随波逐流地从一般贸易转向以加工贸易为主，高新技术和新兴产业出口八成以上被外资掌控。**

就是这个实质性变化，使我们这个制造业第一大国在全球产业链中的收益，也堕入微笑曲线的低端……

本书第四篇将对园区如何走出这个局面做进一步分析。

二、美国 IT 泡沫与园区外资经济兴起

21 世纪刚开端，新一轮跨国公司主导的产业资本全面过剩，新经济的 IT 泡沫又面临破裂压力，在此之下，全球产业重新布局的大潮便以前所未有的势头奔涌而来。

20 世纪 80 年代以来中国 30 多年的所谓发展机遇期，确实是历史性的。每一次化危为机，客观上都有西方在后殖民主义时期内在矛盾规律性的作用为国际背景……如果说 1991 年苏联解体，以美国为首的西方世界借此顺势改变其主导的全球地缘战略格局——从以“软实力”为主的冷战转向更多借助“巧实力”的“后冷战”；那么，在 10 年之后的 2001 年美国遭遇“9・11”恐怖袭击，则是再度被迫改变地缘战略——从全面施加压力遏制“最后一个共产主义大国”、以意识形态化的“后冷战”围堵中国，转向为了打击恐怖主义而联合中国构建所谓的“战略伙伴关系”。

从政治与经济本来就互相嵌套难以分割的方法论来看，中国恰在 2001 年奥萨马・本・拉登针对金融资本经济核心发动的“9・11 恐怖袭击事件”、迫使西方主导国家再度改变其地缘政治格局之后，加入世界贸易组织，其与 21 世纪以来全球产业资本流动实现重新布局的客观需求①之间，终于至少是在名义上形成制度障碍相对降低的对接机会。

这对于中国大部分追求产业结构升级的区域来说，都被认为是历

① 一般认为，西方产业在整体性长期化过剩的压力下在全球重新布局中，产业转移的流向，主要受到两个因素的影响：一是寻找要素低谷；二是寻找市场潜力。这两个因素中国都具备。

史性机遇。

这也是21世纪以来苏州工业园区增长的“三驾马车”中的第二匹马从“拉套”改为“驾辕”——新一轮外资企业入驻高潮、形成产业集群的宏观背景。

下面先从与“三驾马车”看似风马牛不相及的美国IT泡沫说起。

（一）美国IT泡沫与FDI“此消彼涨”

此前很多人都分析道，2001年国际产业资本在全球重新布局，与2003年中国进入以重化工业为主的发展阶段、开启新一轮宏观经济景气周期密切相关；但**迄今为止的研究却很少有人如本书这样清晰地指出，这个全球产业转移过程与美国IT泡沫崩溃的相关性。**

以这一期间FDI的变化为例。**1990年至今，全球FDI的流动量经历了三个快速变化的时期，**第一个快速变化的时间点是1993年开始大幅增加，且从1997年起陡然加快攀升；第二个快速变化的时间点是2000年到顶，遭遇2001年新经济泡沫崩溃后陡然下降；第三个快速变化的起始时间点是2004年，一路增长到2007年到顶，2008年遭遇华尔街金融海啸后陡降（如图3-13所示）。[①]

本部分着重考察21世纪开端几个年头的全球资本流动造成全球产业重新布局，实际上与它的重要驱动力量——IT泡沫的繁荣与破灭直接相关。[②]

1. 美国IT泡沫与全球产业格局新变化

1995年，Web的出现和网景公司上市标志着互联网时代的到来，

---

① 资料来源：朴昌模：《韩中外资政策的演变及其效应的比较研究》，硕士学位论文，对外经济贸易大学，2010年。

② 详细内容参见附件1。

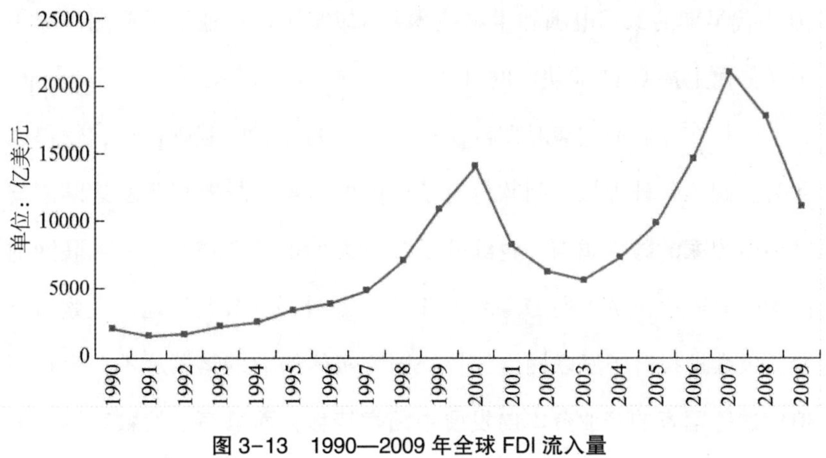

图 3-13 1990—2009 年全球 FDI 流入量

数据来源：UNCTAD，FDI inflows，by region and economy，1990—2009.

注：1993 年的形势变化，与 1992 年以来美国减息与国内资本大规模外流密切相关。而到 1997 年 FDI 大量增加，则与美国 IT 业崛起催生大量金融投资直接相关。关于资本大量回流美国成为东亚金融风暴的主要原因，已在第二章进行了分析。

也随之导致了网络股泡沫的出现和对光纤电缆的过度投资，在欧美及亚洲多个国家的股票市场上，与科技及新兴的互联网相关企业股价高速上升，在 2000 年 3 月 10 日 NASDAQ 指数到达 5048.62 的最高点时到达顶峰，连带其他产业和房地产业都步入繁荣。

这就是当年被很多主流经济学家激动地说成改写了经济学的“新经济现象”。

接下来必然发生的一件大事，就是 IT 泡沫的崩盘。它不仅在 2000 年 3 月到 2002 年 10 月间抹去了技术类公司约 5 万亿美元的市值，还引致了实体经济大范围、大幅度的衰退。

诚然，海内外有关新经济的多种热议，也随之噤声。

尽管这**不过是资本主义文明阶段经济周期性的表现之一**，可以类比于 19 世纪 40 年代的铁路，20 世纪 20 年代的汽车和收音机、20 世纪 50 年代的晶体管、20 世纪 60 年代的分时共享计算机，以及 20 世纪

80 年代早期的家用电脑和生物技术①，却实实在在地给了亚洲国家一个逆势而上搭乘 IT 业快车的机会。

正是在互联网泡沫时期巨额投资建造的互联网基础设施，使得以此为基础的各种虚拟空间软件有了广阔的市场，**既缩短了发达国家与发展中国家的数字鸿沟，也缩短了二者之间的产业鸿沟**——互联网泡沫巅峰时期投机资本向 IT 以外的其他产业外溢，并与房地产业紧密结合，极大地拉升了互联网泡沫核心国家实体产业的运营成本，**反过来迫使这些国家的产业资本向发展中国家转移；而缩短了的数字鸿沟则强化了此举在经济上和技术上的可行性。**

“离岸经营”一词应势而出。它与“服务外包”共同解释了 2001 年以来全球 FDI 的流向变化。

如果说，印度是过去 10 余年离岸服务外包或海外服务外包（Offshore Service Outsourcing）快速发展的最大承接者②，那么，中国就是全球离岸产业经营的最大接受者（见专栏 22）。

专栏 22

中国加入 WTO 后离岸经营业务的大发展

离岸经营是指这样的一种经营方式：如果一家公司将它在俄亥俄州坎顿的工厂通过离岸经营的方式整个转移到中国的广州，这就意味着广州工厂将以同样的方式生产出完全相同的产品，只不过劳动力更

① 百度百科：《“互联网泡沫”词条》，2014 年 12 月 26 日，见 http://baike.baidu.com/view/780.htm?fr=aladdin。

② 据 IDC（国际数据公司）统计，全球外包服务方面的开支从 1998 年的 990 亿美元、2001 年的 1500 亿美元增长到 2004 年的 3000 亿美元，复合年增长率为 12.2%，亚太地区增长率则为 15.1%。参见邹全胜、王莹：《服务外包：理论与经验分析》，《国际贸易问题》2006 年第 5 期。

为低廉，税收、耕地、能源能得到补贴，医疗成本也更低。就像 Y2K（指千年虫）将印度和世界带到了一个全新的外包水平上一样，中国的“入世”将中国和世界带到了一个全新的离岸经营水平上，更多的企业将进行离岸经营，共同汇入全球供应链。

从 20 世纪 80 年代起，很多外国投资者，特别是一些华侨，考虑这样一个问题：如果我们不能向中国出售那么多的产品，为什么不利用中国廉价的劳动力在当地生产加工，然后进行出口呢？这正迎合了中国当时的需要，中国希望吸引外资和外国先进的生产技术，这不光是要生产 10 亿套在中国销售的内衣，还要向世界其他地方出售 60 亿套利用中国劳动力生产的产品，这些产品的价格要远远低于欧洲、美国，甚至墨西哥的同类产品价格。

一旦离岸经营开始在纺织、电子、家具、眼镜架和汽车零件等行业开展，其他行业的企业也开始跟进，或者也到中国进行离岸经营，或者寻找东欧、加勒比，或其他地区作为生产中心。

中国 2001 年“入世”让外国公司相信，如果他们将工厂离岸经营到中国，他们将受到国际法和国际统一规则的保护。中国同意逐步实现对外国企业和公民的国民待遇，这意味着外国公司可以在中国的任何地方出售他们的产品。中国还同意对所有世贸成员实行最惠国待遇，这意味着对各成员将实行相同的关税和规则。它还同意在和任意国家或外国公司发生贸易争端时，接受国际仲裁。与此同时，政府官员也变得更为和善起来，投资程序大为简化，各个部委的网站内容日益丰富，这些都是为了方便外国投资者在华投资。

此后，跨国公司开始主导着新一轮的全球产业布局，形成全球范围内的产业价值链分工。

资料来源：［美］托马斯·弗里德曼：《世界是平的（第 2 版）》，

何帆，肖莹莹，郝正非译．湖南科学技术出版社 2006 年版，第 82—90 页。

如上所述之产业转移趋势，部分地解释了 21 世纪以来全球 FDI 的流动格局所发生的巨大变化。**2001—2003 年，全球 FDI 流入量分别比上年减少了 41.1%、17.0%和 17.6%**。一般说来，当全球宏观经济陷入低迷时，FDI 都会出现这样的变化。

但是，这一次的情况有所不同。主要在于：1995—2001 年美国 IT 产业由兴盛到泡沫化再到萧条的过程，对于世界经济的影响是分区域的——不同区域不仅所受影响的机制不同，结果也可能完全相反。

由图 3-14 可见，各区域的外商投资呈现出有涨有落的分化态势：从区域流入总量来看，亚洲地区 2003 年恰好经历了一次外资流入的高潮，而发达国家、中欧和东欧的 FDI 流入则大幅减少，发达国家的 FDI 流出则有不同程度的增长。

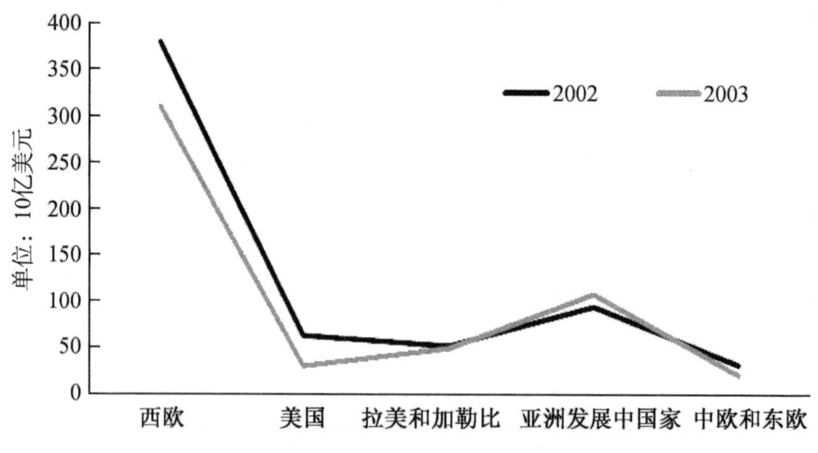

图 3-14　2002—2003 年全球各区域 FDI 流入情况

资料来源：辛洁：《全球 FDI 向服务部门转移的趋势分析和对中国的政策建议》，硕士学位论文，南开大学，2005 年。

具体看：2003年，发达国家的FDI流入整体上比2002年减少了25%，为3670亿美元；FDI的流出增长了4%，达5700亿美元。其中，美国FDI流出量增加了近1/3，达到1520亿美元；流入美国的FDI减少了53%，从630亿美元下降到300亿美元，处于12年来的最低水平；二者相抵出现了前所未有的1220亿美元的净流出额。流入欧盟的总量下降了21%，降到2950亿美元。

发展中经济体2003年FDI流入量增长了9%，从1576亿美元上升到1720亿美元。其中，亚太地区的FDI流入量比上年增长14%，达1073亿美元。

亚太地区中，34个经济体的FDI流入量增加，21个经济体的FDI流入量减少。FDI流入量集中在东北亚和服务业，其中中国成为2003年全世界除卢森堡以外（多为转口投资，故不可比）最大的FDI吸收国，FDI流入量为535.1亿美元。东南亚的FDI流入量上升了27%，达190亿美元；南亚获得了60亿美元，增长34%；中亚61亿美元，增长35%；西亚41亿美元，增长14%；太平洋诸岛2亿美元。①

中国历年FDI流入及增长情况如图3-15所示。

总之，我们认为2001年美国IT泡沫崩溃对金融和实体产业的影响是全局性的。在其诱发的**西方产业整体性的长期化过剩矛盾再一次集中爆发的压力下，跨国公司为了降低成本压力而寻找要素低谷的调整动作，主导了新一轮的全球产业重新布局，**所有产业——不仅仅是信息产业——的格局都进行了大调整。相对而言，亚太地区这个时期FDI流入量显著高于包括发达国家在内的其他地区。

这也是苏州工业园区2001年年初预计外资进入缓慢、实际上却发

---

① 辛洁：《全球FDI向服务部门转移的趋势分析和对中国的政策建议》，硕士学位论文，南开大学，2005年。

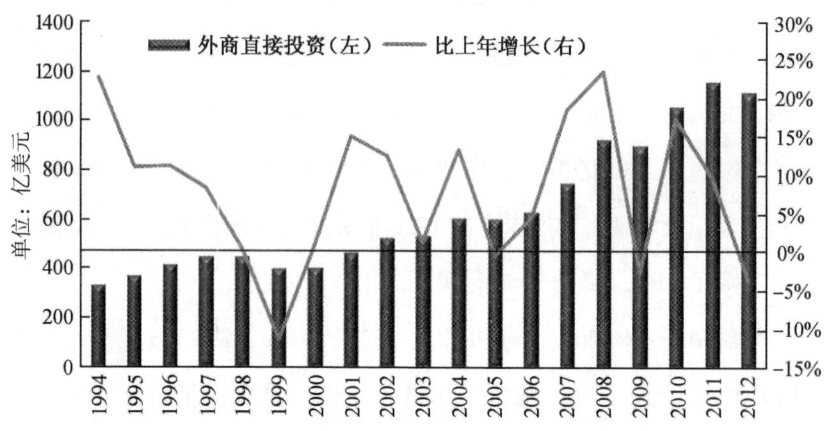

图 3-15　1994—2012 年中国的外商直接投资及其增长

资料来源：中国统计年鉴 2013。

生外资大举进入这个现象的国际背景。园区 2002 年新增的 47.26 亿美元合同外资中，IT 产业超过 27 亿美元，占比高达 57%。①

2. 产业模块化分解和在地化集群

离岸经营与产业的模块化相辅相成。

20 世纪 90 年代以后开始的国际产业转移浪潮，在极大程度上受到产业模块化发展的影响。**21 世纪以来，国际产业转移出现产业供给链整体搬迁的趋势。**

所谓“模块化”，就是将产业链中的每一个工序分别按照一定的“模块”进行调整、分割，模块各自独立运行，然后依据统一的规则与标准连接成整体。②

这在全球电子信息产业中体现得更为明显，早在 20 世纪 80 年代

---

① 程培堽、刘郁葱：《外商直接投资、产业聚集和区域经济发展》，《生产力研究》2008 年第 4 期。

② 潘悦：《国际产业转移的四次浪潮及其影响》，《现代国际关系》2006 年第 4 期。

末，原来一体化的 IC（集成电路）产业结构逐渐解构，形成了 IC 设计、IC 制造、封装测试独立成行的局面，向高度专业化的方向发展。其中，IC 设计是整个产业价值链的上游部分，投入资金成本最低，但行业利润率最高，属于知识密集型产业；IC 制造是整个价值链的中游部分，投入成本最高，具有中等的行业利润率，属于资本与技术密集型产业；封装与测试是整个产业价值链的下游部分，属于资本投资大且偏重劳动密集型的产业。①

21 世纪以来，随着竞争的加剧，**国际产业转移出现了产业供给链向某些区域整体搬迁和集中的趋势。**

由于跨国公司社会化协作程度高，横向联系广，一家跨国公司的投资往往会带动一批相关行业的大量投资。随着竞争的加剧，跨国公司不再遵循传统的产业转移的阶段进行投资，而是主动带动和引导相关投资，鼓励其海外供货商到东道国投资，加大零部件供给在地化战略的实施力度，发展配套产业并建立产业群，将整条产业供应链搬迁、转移到发展中国家。

另外，为了充分利用东道国的各种资源，同时使自己的生产充分适应全球市场的不同需要，**跨国公司除了转移传统的制造业外，对其他生产经营环节，如研究与开发、设计、中试和公司总部等，也开始向其他地区转移**。例如，自 2000 年以来，赴大陆投资设厂的台湾地区半导体厂商，从上游的 IC 设计，到中游的 IC 制造，到下游的封装测试，再到 IC 的通路模组，关联产业都已相继投资大陆，形成了完整的产业链和供应链体系。这种新的产业转移趋势是伴随企业规模的不断扩张及区位条件的变化而出现的，它将有利于提高企业的资源配置效

① 朱瑞博：《价值模块的虚拟再整合：以 IC 产业为例》，《中国工业经济》2004 年第 1 期。

率，提升整体企业的竞争力。①

（二）外资进入与园区的外资经济发展

1. FDI 流入与国内区域经济格局的分化

全球资本的流动从来都是区域不均衡的。这种全球性的不均衡，又进一步内化为中国区域发展之间的不均衡，即区域差别。

中国在 20 世纪 80 年代初，也就是在巨大内外债压力之下启动的改革开放之初，施行的是“沿海地区先行一步”的发展战略，沿海地区作为一个整体概念，依托区位差异而获得的制度红利是显著的。

有关研究指出，全球化条件下的 FDI 流入与中国的区域发展差异之间存在一定的相关性，外资和开放程度的地区间差异大约占地区不平等总量的 1/4，国内资本的地区间分配不均是导致地区差距的主要原因。② 但实际上二者之间具有高度的相关性——实事求是地看，在资本要素极度稀缺的压力下，无论中央政府还是地方政府，几乎势所必然地内在具有“亲资本”的政策导向，外资进入往往“乘数效应”地放大了国内配套投资分配的区域差别。

如图 3-16 所示，东部地区的 FDI 流入量和 GDP 增幅均远远高于中西部地区；越是不具有沿海开放的区位优势的西部地区，其 GDP 增长越少地倚重外资。**东部地区则是在两次经济危机期间，一次是 1997—2001 年东亚金融危机，一次是 2008—2009 年华尔街金**

---

① 原小能：《国际产业转移规律和趋势分析》，《上海经济研究》2004 年第 2 期。

② Xiaobo Zhang and Kevin H. Zhang. *How Does Globalization Affect Regional InequalITy wIThin a Developing Country*? Evidence from China. *Journal of Development Studies*，Vol. 39，No. 4（April 2003），pp. 47-67.

融海啸引发全球经济危机，其经济增长才显示出对于外资的“去依附”性。

本书认为，需要对东部地区和长三角区域进行更细致的析分。虽然很多研究都将长三角作为一个内部无质性分别的整体性的研究对象①，但沿海的各个区域，确实由于本身的资源禀赋、政策条件、工业化基础以及由此派生的制度安排等原因，而呈现出巨大的差异，它决定了一个地区与规模化主体进行交易的平滑程度，也就决定了21世纪以来外资在中国沿海地区的分布格局。

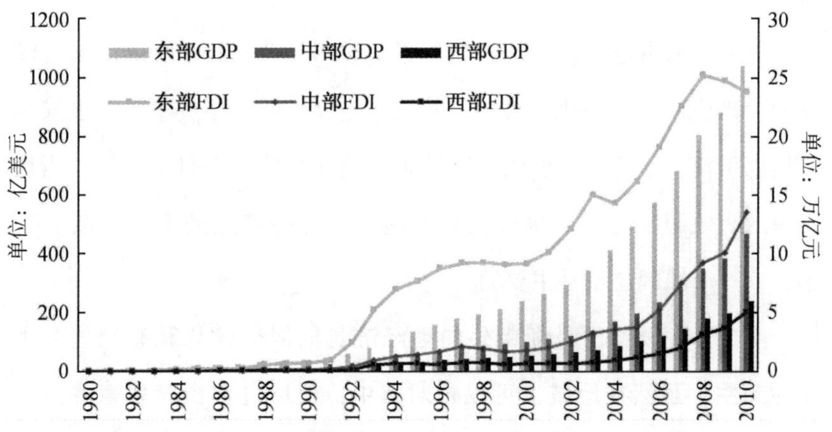

图3-16　1980—2010年各区域外资流入与发展差异（左：FDI；右：GDP）

数据来源：《新中国六十年统计资料汇编》及各省统计年鉴，转引自中国经济与社会发展统计数据库。

首先是**苏南和浙南内生的区域差别。**

如本书在前两篇所分析的，苏南地区因国家工业化布局和以集

① 有的研究则走到了另一个极端，近乎意识形态地对此区域进行划分。比如，一些关于乡镇企业发展和改制的分析就将苏州模式和温州模式作为两种意识形态的代表，其实二者不过是因资源禀赋等初始制度条件不同而形成了不同的制度安排。参见本书上卷。

体经济为主的乡镇企业发展，而形成了“一插到底”的强政府治理，其与浙南在制度路径及后续演化上的差别是客观并且显然的——21 世纪初苏南相比浙南，在单个项目和总量上都吸引了较大规模的外资。

不论中国内部的意识形态化的理论界如何评价苏南和浙南，外资，特别是**较大规模的外资几乎不进浙南，确实是一个时期以来的客观现象。**

我们的研究认为，这个现象本身无可厚非，在很大程度上取决于内因。

其一，浙南地方政府过去就属于“弱政府”，虽然改革以来也转化为“地方政府公司化”性质，并且也热衷于做“亲资本”制度安排以招商引资；但任何“弱政府”缺乏“信用替代”条件，缺乏对当地资源的有效调控、形成集合谈判的能力，这些都远逊于“强政府”。不过，这个原因还不是主要的。

其二，主要原因是**浙南外向型经济长期以个体化私有制的中小企业为主，虽然在地域上可以相对集中，但通过自由竞争兼并为大型企业的交易费用过高**；又恰因此类制度变迁成本不可克服而得以保持着“一般贸易”的特质。此外，**其主要收益不仅留在本地的产业链之中，而且大致形成了产业内部平均收益率**，遂在客观上使得以跨国公司为主体的大型外资进入浙南的交易费用及制度成本都大大高于苏南。

人们常说，历史是分 A 面和 B 面的，人们常常不经意间将过多的注意力放在其中的一面而忽略另一面；诚如斯言，历史的 A 面——在 21 世纪之初外资大举进入苏南而谱写“新苏南模式”为人们津津乐道，而 B 面——**外资几乎不进浙南却很少被人们认真讨论**。但如果不

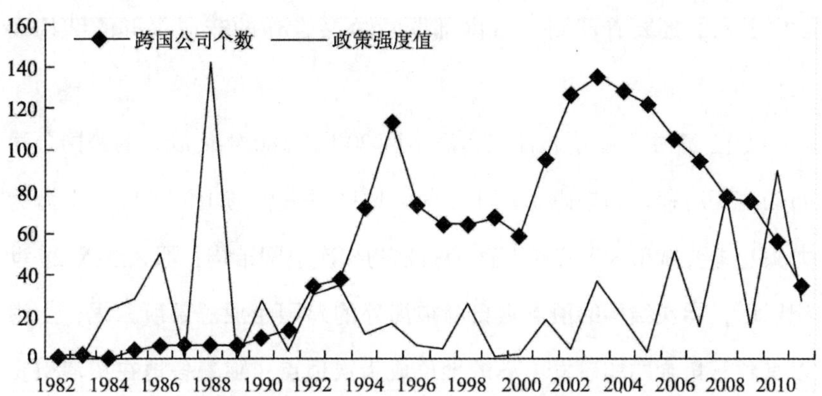

图 3-17　1982—2011 年长三角跨国公司成立个数及政策强度值

资料来源：刘可文、曹有挥、牟宇峰、孙小祥：《长江三角洲区域政策变迁与跨国公司布局演变》,《地理科学进展》2013 年第 5 期。

做这种对比，苏南作为地方“强政府”在区域发展中的作用则很难被真正理解，尤其是**21 世纪以来的外资大举流入是以跨国公司投资为主要方式的，截然不同于 20 世纪 90 年代以前的以政府借债为主**[①]；随之，苏南地方“强政府”的功能，也内涵性地从本地资源的自主资本化转变成了亲外资——致力于提供各种优惠政策以帮助跨国企业降低生产转型的成本。

值得特别关注的是，图 3-17 给出的**政策强度曲线的几个峰值分别为 1987—1988 年、1992—1993 年、1997—1998 年、2002—2003 年、2008—2009 年。除了几乎都是中共历届三中全会召开的年份，表明中央政府确有提振经济的需求之外，也几乎都是遭遇经济危机的年份。由此可见宏观波动周期的规律性作用。**

① 以苏州市为例，1990 年苏州市实际利用外资 6954 万美元，其中对外借款 2409 万美元，占 34.6%。到 1995 年，实际利用外资 237779 万美元，其中对外借款 5032 万美元，占比下降到只有 2%；98%为外商直接投资，投资总额为 232747 万美元。参见本书上卷。

其次，还要看苏南区域内部既竞争又合作的产业集群的结构及变化。

专栏 23 中介绍了长江三角洲地区 20 世纪 80 年代以来的跨国公司布局演变历程。如果说，长江三角洲地区过去曾与上海形成以上海为龙头、主要城市为节点、苏南为腹地的梯次空间结构；那么**进入 21 世纪以后，梯次结构的顶点则日渐被海外的跨国企业总部所占据，上海以其长三角金融和研发中心的地位成为次顶点；随着各地在招商引资上的同质化竞争，大部分城市的地位趋于下降，**各梯级之间的距离上端拉长、下端压扁，从埃及“金字塔”变成了法国“埃菲尔铁塔”(见图 3-18)。

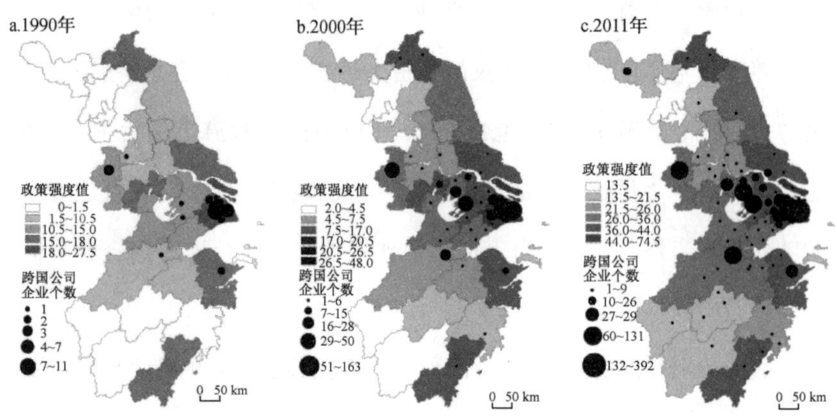

图 3-18　各政策阶段典型年份的长三角区域政策强度值与跨国公司企业个数

资料来源：刘可文、曹有挥、牟宇峰、孙小祥：《长江三角洲区域政策变迁与跨国公司布局演变》,《地理科学进展》2013 年第 5 期。

由此可见，**由于 21 世纪之初外资大举进入中国沿海，导致在这个超大型大陆国家内部呈现出沃勒斯坦“世界系统论”中所分析的“核心—半核心—边缘化”的结构。**诚然，沃勒斯坦的理论在中国主流理论界也是被边缘化的。

专栏 23

长江三角洲地区跨国公司布局演变

刘可文等人分析了长江三角洲的区域政策变迁与跨国公司布局的时空演变历程，将二者的变迁分为 3 个阶段：① 初始阶段，跨国公司布局与区域政策关联较弱，集中在区域中心上海；② 集聚阶段，跨国公司在生产成本低、政策强度高的沪宁沿线城市集聚；③ 网络化阶段，跨国公司在生产成本低、政策强度高、早期集聚的区域形成区域性生产网络，并向长三角的边缘区扩散。

（1）初始阶段：20 世纪 80 年代

这一时期国家实施沿海开放战略，尽管1986 年国家《关于鼓励外商投资的规定》和 1988 年扩大沿海开放区范围及鼓励外商投资的一系列政策形成了两个政策高峰，但跨国公司由于缺乏对中国社会、政治、经济、文化等背景的认识而面临“外来者劣势”，为规避这一风险，跨国公司以谨慎渐进的方式进入中国，其布局主要集聚于上海（占 85%以上），在南京、杭州、苏州、宁波等城市也有零星分布。将近 90%的跨国公司是制造业企业。此外，当时政策偏向于鼓励以出口创汇为导向的外向型经济发展，利用外资主要以外债为主，外商直接投资乏善可陈。

（2）集聚阶段：20 世纪 90 年代

1992 年邓小平南方谈话后，出现了省级开发区设立的第一次高潮，涉及长三角所有城市。

跨国公司的设立高峰出现在 1995 年，滞后政策高峰 1—2 年。这一阶段进驻企业约为 610 个，是上一阶段的将近 20 倍。由于沪宁沿线城市的产业基础和交通条件较好，减少了跨国公司的生产成本，且在政策、文化及企业体制上易于和跨国公司展开合作，因此跨国公司的布局主要集聚在沪宁沿线城市，在上海布局的企业占比仍高达65%；苏南地区占26%，其中苏州、无锡、南京布局较多；浙北地区占6%；在江苏沿海、沿陇海线地区和浙江的温台地区也有少量跨国公司布局。

分产业来看，生产制造型企业约占65%，并呈现出扩散趋势，主要布局在政策热点区域及发展条件较好的区域。随着国家在服务贸易领域开始对外商逐渐开放，服务业企业比重相比上一阶段显著提高，占到27.5%，商贸零售业和以物流、金融、商务、信息服务为主的现代服务业分别占6%和21.5%。服务业企业和总部在空间上高度集中，特别是上海。其中，商贸零售业主要集中在上海及沪宁沿线城市；现代服务业集中在上海（90%）、苏州、南京等城市。有28家企业在长三角设立了区域性总部（有3家同时设立了研发中心），均位于上海市中心城区和浦东新区；9家设立了研发中心（除一家位于苏州外，其他均在上海）；5家设立了财务公司、采购中心等职能型总部。

（3）网络化阶段：2001—2010年

从2001年开始，长三角内部的落后地区开始受到关注，江苏加快苏北经济发展、浙江实施“山海协作”工程、上海推进郊区发展等促进区域协调发展的政策相继出台；与此同时，随着中国加入WTO，江苏、浙江分别出台了扩大开放的政策，中央也将上海设为综合配套改革试点城市。2008年金融危机爆发后，上海建设为国际金融和航运中心、江苏沿海开发、浙江海洋经济示范区等地方战略上升为国家战略。总之，这一阶段区域政策强度更高，在空间上形成了更为平衡的态势。

随着国际环境、政策环境、区域硬件建设等条件的改善，跨国公司布局出现了第二次高峰，布局企业近1050家。2008年后，由于受全球金融危机的影响，新布局的跨国公司大幅减少。

这一阶段，区域政策在空间演变上呈扁平化趋势，跨国公司为获得成本上的优势也进一步呈扩散化布局。在上海布局的企业个数已降至52%，苏南地区升至30%，浙北地区为11%，在苏北、浙江的金衢丽等欠发达地区也有一定的增加，但温台地区布局的企业仍较少。有23家企业在长三角设立地区总部，全部位于上海市中心城区和浦东新区；研发中心增至49家，上海市区有36家，其他分布在南京、杭州、苏州、无锡等城市。财务公司、采购中心、物流中心等职能总部也达到9家，8家在上海，1家在南京。

在新一轮布局中，生产制造型企业与服务业企业各占46%左右。制造型企业布局从沪宁沿线城市逐渐向苏中、苏北地区扩散，宁波增长也较快；随着跨国公司在华功能组织演进和本地化程度的加深，沪宁沿线逐渐形成区域性生产网络。在服务业中，商贸服务业呈扩散趋势，现代服务业企业占总数的27%，主要集聚在区域中心城市，上海占比下降至70%，苏州、杭州、南京等城市的现代服务业企业增长较快。

资料来源：刘可文、曹有挥、牟宇峰、孙小祥：《长江三角洲区域政策变迁与跨国公司布局演变》，《地理科学进展》2013年第5期。

---

2. 在区域经济中获取垄断竞争地位：园区外资“高进低出”的“中介”特性

上述区域经济布局演变中，苏州市凭借其独特的区位优势和良好的基础，在长三角地区激烈的竞争中仍然吸引了大规模的国际产业资本向这一地区转移，并形成了产业集聚的规模效应，可谓引进外资战略最成功的区域之一。①

---

① 花俊：《经济全球化条件下FDI流动机制及其跨国公司在苏州投资的产业和空间特征研究》，《中国软科学》2004年第7期。

其中，不仅苏州工业园区对外资的吸引也随之水涨船高，而且更演化为以外资企业为主导造成的园区进出口的“高进低出”，园区由此成为外资掌控国内产业链的“中介”。

从行业分布来看，2001年以来，苏州的外商直接投资主要集中在IT、IC（集成电路）和机械等高新技术产业，工业行业集聚倾向显著。

2006年，外商在苏州的投资中，电子通信、机械设备、电气器材、医药、化工五个行业实际利用外资合计约38.68亿美元，占63.36%。其中，电子通信、机械设备、电气器材和医药化工实际利用外资占比分别为25.7%、21.1%、6.2%和10.3%，对苏州初步形成以电子信息、生物医药、机电一体、精细化工和新材料等高新技术为主体、产业关联度大、配套性强的现代制造业基地起了很大作用。①

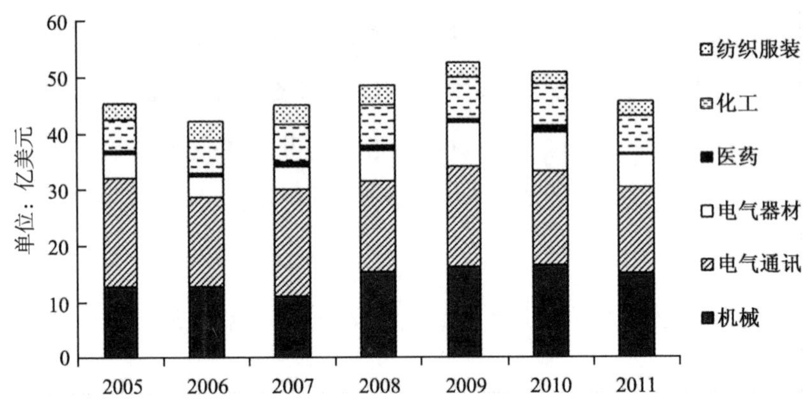

图3-19　2005—2011年苏州市分行业的实际外商投资

数据来源：苏州市统计年鉴2006—2012。

上述进程中，**园区吸引外资规模占苏州全市的1/5左右**，相比于园区总面积在全市占比而言，单位面积的引资强度不可谓不高（如图

① 数据来源：苏州市财政局外金处：《进一步提升苏州外资利用质量的思考》，内部报告，2008年。

3-20 所示）。

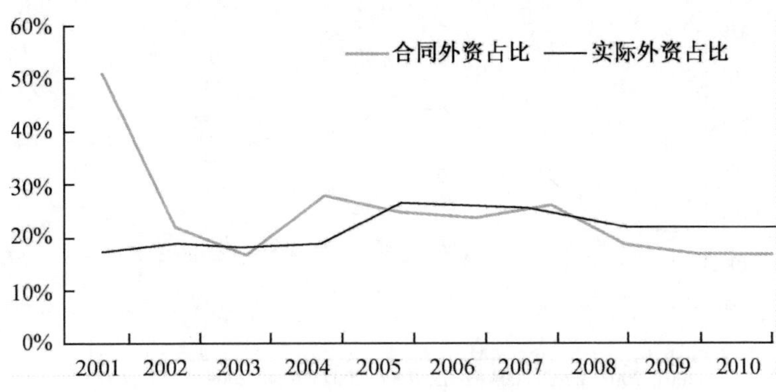

图 3-20　2001—2010 年苏州工业园区吸引外资占全市比重

数据来源：苏州市统计年鉴 2006—2012。

到 2004 年年底，园区累计吸引合同外资 199 亿美元，实际利用外资 86 亿美元，全区共批准外商投资项目 1400 多个，投资上亿美元项目 55 个，其中 10 亿美元以上项目 6 个，区内项目平均投资额超 3100 万美元，**每平方公里工业用地投资强度达 14.8 亿美元。**投资规模的增长在 2004 年表现得尤其明显，是年，苏州工业园区的新增合同外资、实际利用外资分别比上年增长 96%和 50%。

到 2008 年，园区累计合同外资达 347.04 亿美元，实际利用外资达 152.46 亿美元，入驻外资企业达 3460 家。①

图 3-21 是苏州工业园区进出口总额在苏州全市的占比。2004—2010 年，园区进口占全市总额的 30%以上，而出口的占比不仅比进口份额低 5 个百分点左右，在外资经济最鼎盛的几年这一差别还出现了扩大趋势。

从进出口绝对数量上来看，园区以净进口为主，大多数年份为贸

① 苏州工业园区统计办：《十五年辉煌　十五年成就》，内部资料，2009 年。

易逆差（见图 3-22、图 3-23）。

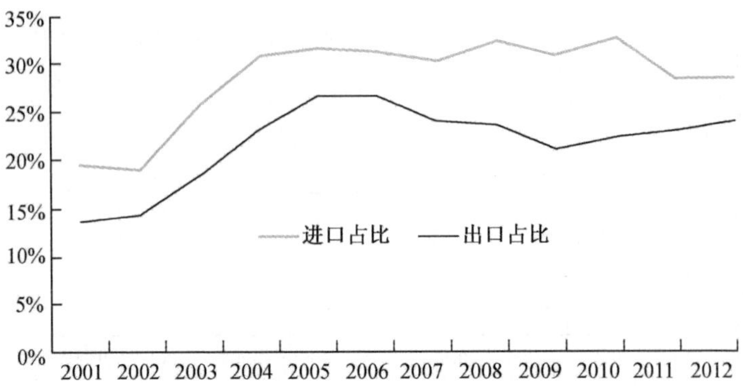

图 3-21　2001—2012 年苏州工业园区进出口占全市的比重

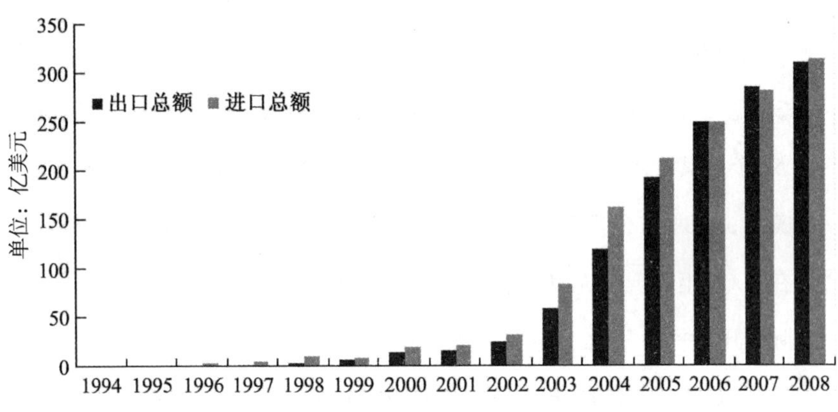

图 3-22　1994—2008 年苏州工业园区的进出口情况

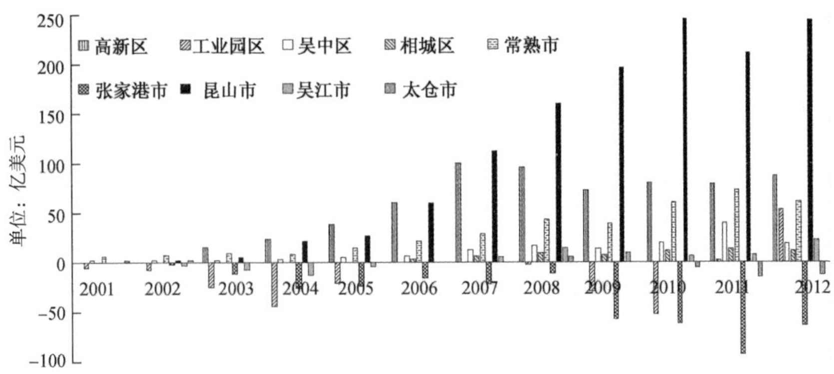

图 3-23　2001-–2012 年苏州市各地区的净出口情况

为什么以制造业为支柱产业的园区，在以高新技术产业加工贸易为主的苏南地区，会出现与整体数据“格格不入”的情况呢？**原因就在于，园区的很多加工制造品作为中间材料和器件，销售到了其他地区去组装。**在一般加工贸易区“进口—本地加工/组装—出口”的模式之外，**园区还有一种“进口—园区加工—其他地区组装—出口”的模式。**

随着产业集群的形成，跨国企业产品配件的在地化比例提高，**苏州工业园区的外资企业由进入初期的“大进大出”变成了“高进低出”，所生产的大部分产品内销到长三角的其他地区进行最终产品的加工组装。**无论是机械行业还是电子行业，园区的很多企业都是从国外的母公司或总部进口精密配件或精密原材料，其制成品虽然由位于海外的集团总部营销，但相当大部分在长三角地区就完成了销售（见专栏 24）。

专栏 24

园区外资企业的进出口特点

三星电子（苏州）半导体有限公司

三星电子（苏州）半导体有限公司（以下简称三星电子）是苏州工业园区第一家自行购地建厂的外资企业。20 世纪 90 年代的外资企业大多把中国当成一个廉价劳动力市场，进入 21 世纪以后，更多地把中国视为一种人才基地和消费者市场。外资企业的这种重大战略转移也体现在三星电子主要产品结构的变化之中。比如，公司成立之初，生产的产品相对比较初级；直到 2003 年以后，才开始生产主力核心产品动态随机存取存储，主要是先从韩国总部进口晶圆，在园区的工厂完成切割，再生产成最终产品。

整个三星电子在内存市场的世界份额大约为42%，而园区工厂的产量约占整个三星电子的60%。也就是说，世界内存市场的25%是由园区工厂来进行生产的。其中的核心技术环节线路设计，一定是放在韩国总部。由于技术的原因，核心部分的主材料还是由韩国总部提供；当然与园区本地的产业也有一定的配套关系，辅材料国产化率可以达到80%以上，这些企业大多数在园区，主要有8家，包括机板、线路板、包装箱、包装产品用的材料。此外，还有几十家小的供应商，同样是日资、韩资、中资都包含，中资不超过一半，最多的还是韩资的供应商。这些小供应商大多位于园区周边的乡镇等地。

从理论上说，其三星电子的产品100%是出口，但实际上40%左右的需求来自中国，尤其是组装电脑的中心地带，比如江苏昆山等地。公司生产的产品由上海的销售公司统一销售，需要先出口，然后再进口进来。三星半导体副总经理李成春表示不理解中国的税收政策，他认为公司这样做的原因是可以享受相关的免税政策，尽管这个过程中需要收取增值税，但相比之下，还是更为合算。三星半导体的进出口情况见图3-24。

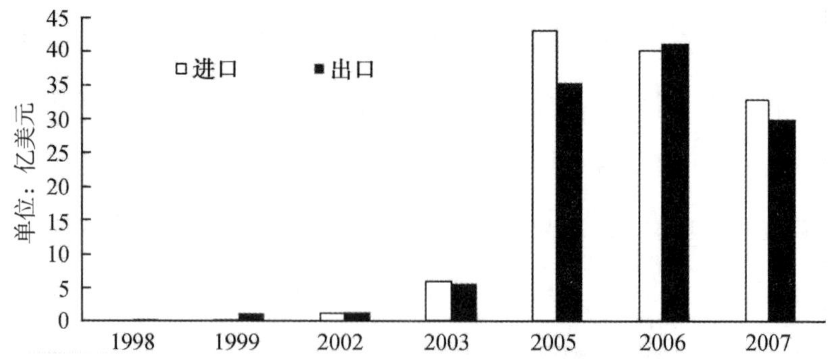

图3-24　1998—2007年三星半导体的进出口额

资料来源：中国经济与社会发展统计数据库。

AMD

AMD 苏州工厂是第一批进驻苏州工业园区的 13 家企业之一，一开始生产 flash memory（闪存），之后，企业组织架构和产品线也不断升级和调整，后主力产品为 CPU，现在苏州工厂与马来西亚工厂共同承担 AMD 企业内部国际分工体系中的 CPU 封装测试职能，是 AMD 全球最大的测试封装工厂。

企业所使用的机器设备是最主要、最昂贵的材料，是以不作价的方式从海外进来的，原材料也基本依靠进口。而且，有很多设备都是定制的，不是标准生产的。2004 年，大约 90%的供应商在国外。2013 年 70%的供应商在国内，大部分在园区的中新合作区。因为企业落户园区之后进口有利差，所以相关的配套商分布在周围是最好的方式，很多企业会跟着到这边来。公司需要的配套商主要是做机器和机器维护的，机器和机器维护成本支出最大，占总成本的一半以上。

AMD 苏州工厂与公司总部签署销售合同，初期产品都是 100%外销，全部空运出口，出口地区包括欧美、中国台湾地区、新加坡等地。但是，从物流上来看，由于客户的工厂（如 PC、笔记本电脑工厂）其实都分布在昆山、成都等地，AMD 苏州工厂的 CPU 实际上是直接运输到国内这些地方的。

资料来源：除注明外，均来自课题组实地调研。

使园区在区域竞争中处于相对较高地位的，除了上一阶段打下基础、本阶段仍然延续的高水准基础设施建设，产业层次较高的外资企业，以及从新加坡引进的高效率的“亲商”服务等因素以外，还有一项**垄断性竞争优势——虚拟空港及保税物流园**，这是园区依托中新理事会所进行的重要制度创新之一。

就沿海地区竞争着承接跨国企业离岸经营来说，能否实现“全球化采购”“零库存管理”和“及时生产”，变得越来越重要，物流要求也是越快越好。“时间就是金钱，效率就是生命”是对其最真实的写照。由此，自然派生出加快货物流转、缩短通关时间的需求。然而，园区所在的苏州市的通关速度却开始成为制约发展的瓶颈。尽管此前园区已经进行了非同一般的制度创新，使得园区成为全国首批“没有港口的海港”，但由于苏州没有机场，空中高值品即时运输的瓶颈限制越来越突出。这最终催生出了在全国范围内属于首创、独创的园区“虚拟空港”，大大提升了上海到园区间的空运进出口货物的通关速度，不仅使得空运货物从飞机落地到进入工厂由1—3天缩短为5—7个小时，还帮助企业节省了场地、货物存放费用等营运成本，物流费用节省了30%，使园区成为名副其实的“没有跑道的机场”。

虚拟空港的诞生过程如专栏25所示。

专栏25

“虚拟空港”——源自一杯咖啡的重大制度创新

1996年年初，园区第一家经国家海关总署批准设立的专业报关公司苏州工业园区报关公司成立。在此基础上，1997年8月，苏州工业园区唯亭海关监管点成立，成为全国首批三家直通式陆路口岸之一。从此以后，园区成为“没有港口的海港”，企业的海运集装箱抵达上海港后，可以直接运到园区陆路监管点完成进出口通关手续。这种“海运沪苏直通”的监管模式，圆了苏州工业园区“虚拟海港”的梦，亦为日后的“虚拟空港”埋下了伏笔。

真正的契机出现在2002年。当时，随着国际制造业，尤其是IT

业在园区大量聚集，作为高科技产业，必须“全球化采购”“零库存管理”和“及时生产”，要求物流越快越好。这使通关速度日益成为制约发展的瓶颈。2002年年初，园区酝酿的改进方案是转关模式：将上海海关的监管仓库延伸到已具有口岸功能的园区来转关。此举可将通关速度缩减至36小时。2002年4月，苏州物流中心副总经理姚武陪同园区管委会副主任徐明到上海海关做货物进出口业务调研，就是为了实地了解货物从进关到运至园区的全过程，以便进一步充实、完善转关方案，使之在36小时通关水平的基础上再提速至24小时。他们的方案将提交到5月举行的第六次中新联合协调理事会审议。

徐明和姚武来到上海海关，巧遇全球知名跨国企业丹莎货代的中国地区总经理王梅林。在海关休息厅的咖啡间里，王梅林的一席话，点亮了两位园区人的思想火花，进而引发了园区一项现代物流管理的重大创新。

从事20多年国际货代的王梅林，承担着园区多家外企的货代业务，在多年的合作中，也非常欣赏园区政府的创新精神。在咖啡厅里，王梅林向两位园区人介绍，在欧洲被称为“虚拟空港”或“卡车航班”的“中转模式”，最适用苏州这样的自身不拥有空港的内陆城市：货物下飞机后，由印有该城市航空代码的监管卡车定时发班，送往该市物流中心“中转”；而货主在此“空陆联程”的运输期间，可办妥出关手续，直接到物流中心提货。如此，等于将空港延伸到了城市。这种模式实际上使用卡车代替航空器运转，延伸空港功能，货物只需在一个海关内部中转，而不是在两个海关之间转换，显然比原先设想的将监管仓库延伸过来但仍需二道转关的模式更简洁、更便捷、更高效。

徐明和姚武眼睛一亮：我们为什么不能尝试向国家申办一个“虚

拟空港”呢？尽管第二天是周末，但园区管委会经发局和物流中心全面动员，园区海关积极参与，大胆舍弃原已基本就绪的方案，重新准备新的中转模式的申报材料。两天后，一份融会着众人激情和想象力的“虚拟空港”方案就初稿成型了。

徐明和姚武揣着新方案前往北京，先是征求中新联合协调理事会成员单位中国家海关总署的意见，他们一听就认为这种模式先进、超前，当即表示支持这项改革创新。于是，在接下来的一个月里，徐明、姚武和同事们上下奔走，汇报请示、商量，光北京就跑了五六次……最终，“虚拟空港”方案及时提交当年5月底在新加坡召开的第六次中新理事会，并获通过；10月中国海关总署批准园区实施“空陆联程中转”；11月首票该模式的货物出口运行成功，一种新的通关模式由此诞生，它的国际代码是“SZV”。

“虚拟空港”模式依托上海的国际机场，使得上海到园区间的空运进出口货物的通关速度大大提升，不仅极大地缩短了物流时间，空运货物从飞机落地到进入工厂由1—3天缩短为5—7个小时，还帮助企业节省了场地、货物存放费用等营运成本，物流费用节省30%，使园区成为名副其实的“没有跑道的机场”。这等于是苏州不花钱，建了一个无跑道货运机场。

得益于“虚拟机场”的建设，苏州市政府在2002—2003年上海虹桥国际港澳航班东移浦东机场、长三角争建国际机场之际，对外公开宣布：苏州5年内不建机场，现阶段以尽量利用周边特别是上海现有的航空资源为主。

资料来源：苏州工业园区网站：《国际商务区发展历程介绍》，：2014年8月20日，见 http://iftz.sipac.gov.cn/ZoneIntro/Detail.aspx?Category-ID=4CD180CB-DA4B-4414-B4B5-C42F99D67528&contentID=0；

李巨川：《苏州工业园区志1994—2005》，江苏人民出版社2012年版，第403—404，1299—1301页；姚武：《苏州工业园区物流创新启示录（一）——SZV空陆联程，打造苏州"虚拟空港"》，《中国储运》2006年第3期；苏州工业园区年鉴编撰委员会：《苏州工业园区年鉴2012》，上海社会科学院出版社2013年版，第132—133页。

通过这一垄断性的制度创新，苏州工业园区不仅为入驻的跨国企业节约了交易成本，加快了园区内部的区域产业聚集，也巩固了园区对周边"次区域地区"的产业整合。

"虚拟机场"开通后，其辐射范围从园区逐步扩大至苏州高新区、市区、昆山、吴中区、吴江、太仓、常熟、张家港、无锡、常州乃至青岛、北京等地，与其对接合作的机场和业务范围也在不断拓展（见专栏26）。

专栏26

"虚拟机场"的范围扩展与业务创新

继2002年园区"虚拟机场"通过"SZV"空陆联程模式与上海浦东国际机场进行对接后，园区"虚拟机场"又先后于2003年9月、2004年11月、2005年7月，与南京禄口机场、杭州萧山机场、香港机场启用这一模式，有效实现了机场口岸功能的延伸。

至2005年年底，园区"SZV"空陆联程中转运输业务有国航、上航、东航和德国汉莎、日本全日空、新加坡航空、美国美西北、英国维珍、法国航空、芬兰航空、荷兰马丁、韩国韩亚、以色列航空、奥地利航空、中国台湾长荣、中国香港港龙等26家国内外航空公司加盟，参与企业378家。2005年，“SZV”空陆联程中转货运量达2500吨。

2007年9月，苏州工业园区开始试行“SZV”返程，即陆空联运模式。中外航空公司可以根据自身业务的需要，在符合法律法规及政府间双边航空运输协议等相关规定的前提下，在苏州设立代表机构，销售本公司航班舱位，填始发地为苏州（SZV）的航空货运单，开展陆空联运业务。此后，“SZV”空陆联运和陆空联运规模不断扩大。截至2011年，进口方面已有42家航空公司参与，1200家企业使用该模式，航线遍及世界67个国家的200个城市；出口方面已有7家航空公司开展“SZV”反向出口业务，服务企业超过115家。

资料来源：苏州工业园区网站：《苏州工业园区国际商务区发展历程介绍》，2014年8月20日，见http://iftz.sipac.gov.cn/ZoneIntro/Detail.aspx?CategoryID=4CD180CB-DA4B-4414-B4B5-C42F99D67528&contentID=0；李巨川：《苏州工业园区志1994—2005》，江苏人民出版社2012年版，第403—404，1299—1301页；姚武：《苏州工业园区物流创新启示录（一）——SZV空陆联程，打造苏州“虚拟空港”》，《中国储运》2006年第3期；苏州工业园区年鉴编撰委员会：《苏州工业园区年鉴2012》，上海社会科学院出版社2013年版，第132—133页。

作为园区“虚拟空港”这项重大制度创新的关联产物——“苏州工业园区国际商务区”也获得江苏省商务厅批复，正式命名设立。

国际商务区以综合保税区和现代物流园等为核心，全面发展金融贸易、公共平台、电子商务和仓储物流四大体系。其中**苏州工业园综合保税区（简称“综保区”）可以综合开展口岸通关、保税加工、保税物流、进出口贸易和检测维修等业务，是国内政策最全面、开放程度最高的海关特殊监管区域之一。**

为了更好地服务于“虚拟空港”的功能升级，2011年由苏州工业园区管委会牵头，联合海关、国检、工商、外汇管理等多部门在综合保税区设立全市首个口岸通关服务大厅。**大厅整合园区现有的各类口岸职能，为企业提供从进驻时的注册审批到进出口业务办理及后续的收付汇、银行结算相关服务，在苏州地区首次实现进出口业务的“一站式”办结**。至此，苏州现代物流园成为国内较为少见的保税与非保税无缝连接的物流园区，是服务于工业园区及省内乃至全国的重要功能载体和贸易、金融、通关、物流服务平台，由此**形成与上海的错位竞争**[①]（见专栏27）。

专栏27

综合保税区的区域功能定位与园区内企业的业务延伸

据有关负责人介绍，综合保税区相当于“境内的关外”，主要表现为：

◇国外货物入区实行保税，国内货物入区视同出口、实行退税；

◇企业在区内不仅可以进行货物的保税仓储和加工、制造业务，还可以开展对外贸易等业务，国外货物入区保税；

◇货物出区进入国内销售按货物进口的有关规定办理报关手续，并按货物实际状态征税；

◇区内可设厂进行出口加工，区内企业之间的货物可自由流动，交易不征增值税和消费税等。

这些功能对于企业来说可以在货物流转和税收方面节省大笔开支，

① 苏州工业园区国际商务区：《区域介绍》，2014年9月25日，见http://iftz.sipac.gov.cn/ZoneIntro/Detail.aspx?CategoryID=54F57946-DFF2-4868-BD0C-2B50C6701F2F&contentID=0。

有利于资金流管理，节约经营成本。

对于该区域未来的转型升级，该负责人说道：

“**我们正在由原来的纯加工制造逐步向贸易功能转变**。区内的加工制造企业自身也是这样，他们原来只是单纯地从事加工制造业务，原料多依赖进口，产品需要出口；但是后来他们发现，如果他们不发展贸易这一方面，也不符合现在的发展趋势。于是，他们在公司内部成立一个贸易部门或是子公司来发展贸易，专门为企业做贸易配套服务。

“另外，我们还在考虑如何与上海对接，给它做配套服务。上海按照金融中心、航运中心去发展，苏州不可能也照这个路走，但我们可以发挥加工制造、贸易等优势，错位发展我们的优势项目，避免与上海形成竞争。”

资料来源：课题组实地调研访谈。

基于以上情形，我们可以认为，**在区位上居于上海+苏南腹地所形成的“埃菲尔铁塔”的塔头和塔身之间的苏州工业园区，通过制度创新维持了一定程度的差异化竞争的优势，从而与其他与之形成“垄断竞争型”关系的城市、开发区一起形成“塔颈”上的一串项链**。

从这个在中国沿海地区发生的符合沃勒斯坦“世界系统论”的实际案例演化过程中，不仅可以清晰地看到**21世纪发生的全球产业重新布局客观上在中国发生了体系化的结构复制，而且也能够借助萨米尔·阿明归纳发展中国家提出的“依附论”来一斑全豹地洞悉中国百年近代史上从“去依附”到“再依附”的转化**。

在这一阶段的尾声，我们看到，随着外资进入中国的增多及至地方政府激进发展主义竞争的白热化，不仅坐拥区位优势的苏南内部竞争持续加压，中西部地区也卷入战团中；同时，中国加入产业链全球分工的成本也逐渐显化。这些问题将在下一篇中进行分析。

3. 产业集群与区域经济格局的演变：竞争同质化，优势弱化

从产业结构来看，苏南地区大多侧重于 IT 业引资，并且注重形成产业集聚效应。在这种新苏南经济的发展趋势之中，苏州工业园区也不例外。

对此，园区主管招商工作的管委会人员有较为系统的回顾：

园区初期招商主要分三个门类——精密机械制造。生物医药、精细化工，电子信息、电子电器；逐渐过渡到“3+5”模式招商，即电子、机械和服务业，外加环保、纳米、动漫、软件和生物医药；现在则采用“2+3”模式，即电子信息、机械制造，加上生物医药、云计算和纳米技术。1994—1997 年，园区承接了欧美转移的一批产业，1998—2000 年主要是来自亚太地区的投资，2000 年以后内资企业也逐渐强大，但相对于外资还处于弱势地位。

从招商角度来说，前 10 年主要是制造业，且多数属于高端制造业，有品牌效应；后 10 年制造业和科技研发型企业并重，研发中心和物流中心逐渐建立。科技园从 2000 年开始招商，小型的科技型企业和外资企业的研发中心等都可以入驻科技园。

同时，随着园区的发展和人气的不断提高，招商开始注重第三产业，金融、百货、基建性的三产项目等逐渐增多，CBD 招商中心主要招内资银行，也引进外资银行，比如，2004 年、2005 年以后汇丰、渣打等外资银行开始入驻园区。①

---

① 来源：课题组实地调研访谈。

产业集聚对于降低企业的市场交易成本，实现区域内产业经验的外部规模经济，具有重要作用。以IT行业为例，园区在几年的时间内打出了一套“组合拳”：打造完整的IC产业链，吸引IT业上下游厂商入驻，发展光电等IT相关产业和IT终端产品制造业。

到2007年前后，苏州工业园区已经形成了一条以“IC设计—晶圆制造—IC封装测试”为核心，IC设备、原料、软件研发及服务业为支撑，由数十家国际知名企业为龙头的完整的IC产业链，形成了明显的产业集聚效应（见专栏28）。

专栏28

苏州工业园区的IC产业链与产业集聚效应

IC产业链的最前端，是世宏科技等20多家集成电路（IC）设计单位。作为IT产业的尖兵，这些企业的作用是将逻辑电路绘制成可供生产的线路板图形。

第二道晶圆制造是IC产业链的龙头，在这一环节集成电路线路图变成了半导体材料。苏州工业园区引进的和舰科技（苏州）有限公司是江苏省首家8英寸晶圆制造工厂，可实现0.18—0.25微米工艺，在中国大陆8英寸晶圆制造工厂中处于技术领先地位。

第三道是由三星、瑞萨、飞索、快捷、美商、飞利浦等世界知名半导体企业组成的封装测试企业群。

从第四道开始，IC产业链进入支撑层面。诸如工业用气洁净设备、表面喷涂等设备、材料、服务企业围绕龙头企业集结成一条完整的产业链。

IC设计是IC产业链的最前端，但设计工具的高昂价格是那些中小型企业自身无法承受的，为了壮大园区自己的IC设计企业，完善IC

产业链，园区与中国科学院计算所合作在科技园造了一个非营利性IC公共设计平台（苏州中科集成电路设计中心）。中小型IC设计企业使用它们只要支付低价租金，这一措施使得园区的IC产业链更趋完善。

这条完整的IC产业链对于IT厂商来工业园区投资产生了巨大的向心力，IT企业在园区内形成了明显的产业集聚效应，能够显著降低企业的交易成本。主要机制有：

①对于IT上游厂商来讲，这意味着巨大市场，来园区投资意味着缩短了与巨大市场的距离；

②对于IT下游厂商来讲，在苏州工业园区及周围25公里范围内可达到95%的配套率，所需零配件半小时内即能送达，一些企业已经能够做到零库存。由于IT产业是一个变化极其快速的产业，因此这种高配套率对潜在下游厂商的吸引力极大；

③运输成本低；

④谈判成本低，由于同一种IT零部件或半成品往往有多个企业生产，竞争较完全，下游企业可以在园区层面上以最低交易成本进行合作与生产；

⑤信息成本低，技术人员、管理人员之间经常开展正式的或非正式的信息交流；

⑥不确定性低，由于已形成共同的价值观和产业文化，上下游产业能保持较稳定的合作关系而降低成本；

⑦由于大量IT企业集聚，园区已形成规模较大的IT专业人才市场，企业搜集IT人才较便利。

资料来源：程培堽、刘郁葱：《外商直接投资、产业聚集和区域经济发展》，《生产力研究》2008年第4期。

在 IC 产业链的发展带动下，园区的光电产业也逐渐形成了由液晶面板、偏光膜、背光模组、光电材料和光电专用电子元器件等多个产品构成的较为完整的光电产业链。随着世界液晶面板市场巨头日本日立（第五）、中国台湾友达（第三）和韩国三星（第一）相继在园区投资液晶面板项目，东和光电（苏州）有限公司等一批配套供应企业也纷纷进驻园区，园区液晶面板产业形成了包括显示材料、面板及组件、产品应用在内的产业链。至 2005 年，园区液晶面板产业总产值达 178 亿元，集聚液晶面板相关企业 40 多家，**成为世界上仅次于日本、韩国、中国台湾之外的最大液晶面板制造基地。**①

此外，还有很多企业从事 IT 最终产品的生产，其中，诺基亚生产的 GSM 基站及相关蜂窝传输产品、TCL 阿尔卡特生产的移动电话、志和电脑和大将科技生产的笔记本电脑、虹光精密生产的影像扫描仪、码捷科技生产的条形码扫描仪等产业在国内外市场都占据了一定的份额。

至 2008 年年末，通信设备、计算机及其他电子设备制造业利用外资占全部实际利用外资的 35.2%，成为占比最大的行业。②

2008 年，园区 IT 产业产值为 1300 多亿元，其中集成电路为 220 亿元左右，光电产业占 330 亿元，包括电子零配件、中间体生产等在内的电子制造业产值达 750 亿元。③

由于园区“高进低出”，单从园区的出口情况来看产业运行是有偏差的，但园区出口一年上一个大台阶的增长速度仍然令人吃惊。

---

① 李巨川：《苏州工业园区志 1994—2005》，江苏人民出版社 2012 年版，第 297—298 页。

② 苏州工业园区统计办：《十五年辉煌　十五年成就》，内部资料，2009 年。

③ 徐国强：《解读洋苏州》，古吴轩出版社 2009 年版，第 58 页。

2003 年，园区出口总额首次超过 50 亿美元，2004 年就超过了 100 亿美元（同年进口则超过了 150 亿美元），2005 年将近 200 亿美元，2006 年 250 亿美元，2008 年 300 亿美元。到 2012 年已经超过了 400 亿美元……

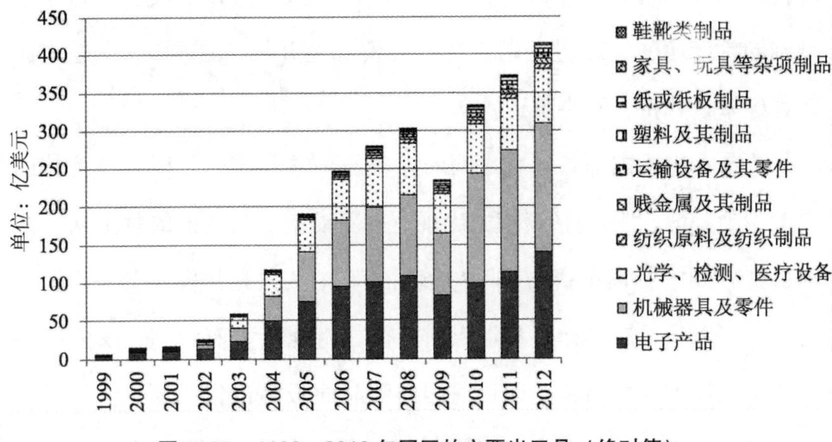

图 3-25　1999—2012 年园区的主要出口品（绝对值）

如果仅看这些数据，那么毫无疑问是令人兴奋的。但如果将政治经济学“一切经济关系都最终体现为分配关系”的视角纳入，考察园区高增长背后的分配关系，就会发现其中包含的深刻矛盾。宏观领域的“从一头牛身上剥下好几张皮”的分析，课题组在本书上卷中已给出了系统的数据图表，此次重点给出该矛盾在中观和微观层面的表现。以下是两点主要矛盾，这也是此期**国内几乎所有开发区的共性问题**。结合国际金融危机背景所做的分析将在第四篇详细展开。

第一，由于在各种离岸经营中，**外资企业只是将“加工制造”的产业环节向中国大陆转移，寻找的是同类要素在海外高价格与中国低价格之间的超额收益，而不是将整个产业进行转移，**因此，中国在这一过程中不仅得到的收益非常有限，而且已经形成的制造业基础也受到挤压。苏州市政府的一份报告指出：在苏州的 FDI 企业拥有高技术者不多，**其高技术产品的核心技术并不在苏州，也不会向中方转移。全市 99%的高新技术产品来自外企，80%的外企属于加工配套型企业，**即使属于高新技术产业，也只是众多产业链中微小的部分。① 苏南作为曾经拥有相对完整的制造业产业布局的地区，与几乎没有制造产业基础的岭南地区，21 世纪以来在发展模式上开始“趋同”。课题组此前曾经做过分析，不再赘述。②

第二，中国内部各区域之间的竞争越来越同质化，区域经济体的收益不断趋薄。**“国内招商模式出现一些新动向，最突出的就是从‘招商引资’到‘招商出资’，即‘投资招商’**。为规避风险，分担投资压力，一些大项目在选择落户地点时，往往将地方政府参与投资或提供融资担保作为谈判条件。如目前国内液晶面板高世代线项目，都有政府参与的身影。这种模式是优是劣，还有待观察和实践的检验。”③ 这种竞争格局，对于土地资源有限又一直走高端产业路线的苏州工业园

① 苏州市财政局外金处：《进一步提升苏州外资利用质量的思考》，内部报告，2008 年。

② 课题组在以前的研究中指出：“苏南由于在发展外向型经济前区域内形成了完整的产业结构，且随着上海成为国际金融中心不断向外进行产业转移而有机会不断地进行产业升级，因此，在一般制造业领域，贸易方式以一般贸易为主。产业利润在上下游产业间和在产业内部各环节中仍然可以形成相对均等化分配。这本是苏南和岭南最显著的相异之处，但**苏南的多数新兴产业——这些产业规模越来越大，在苏南经济中所占的地位越来越重要——正越来越多地呈现出加工贸易的模式特征**。在产业类型上，岭南本来以低端制造业加工贸易为主，与苏南存在着较大差距，但由于 21 世纪以来广东借国际重化工产业全球范围内重新布局之机而使产业结构升级，产业价值链的分工延续了以往形成的‘微笑曲线’机制，因此也呈现出产业层次越高、企业的内部产业链整合能力就越低的特征。**由此，在全球产业重新布局大潮之下，苏南与岭南殊途同归！”**参见本书上卷。

③ 天津经济技术开发区管理委员会政策研究室调研组：《昆山、苏州、无锡新型产业发展及启示》，《决策参考》，内部报告，2009 年第 7 期。

区来说，尤为不利。

这些从20世纪80年代设立经济开发区起就已存在、一直延续了30多年的问题，至今仍在大多数地区延续着。苏州工业园区在这一阶段也不例外。对于这个共性的问题，我们很难苛责哪个地区单独为其负责。**在全球化进程中，一般发展中国家和地区都会陷入初始的发展路径锁定而难以超越低端产业结构。**

然而，课题组在调研中发现，苏州工业园区却能在2008年华尔街金融海啸爆发之后的最近几年表现出跳出“微笑曲线”的趋势！那么，需要重点思考的是，其条件和机制是什么？对其他地区有什么启示？这些问题还是留给第四篇来回答。

三、地方政府公司主义的乡土基础：村社理性

如前所述，苏州工业园区所体现的苏南工业化超越一般发展理论的实质性经验，主要在于地方“强政府”条件下的“政府公司化”。通过这次对园区20年的总结，我们认为，园区的快速发展更为丰富地验证了这个经验层次的归纳。本节主要讨论园区“强政府”制度特征在乡土社会的表现。

我们先来看一个农户A的故事，后文再详细分析其中内含的各种机制及其制度和功能特征。

莲花四社区居民A原是娄葑镇庙坊村人，于2002年接到村里的搬迁通知后搬离原居住地，在外租房过渡一年后于2003年搬入莲花四社区。动迁前，A家中共有4口人：奶奶、父母及A；有耕地和菜地1.7亩。当时家中收入有两部分，一部分是种地的非货币收入：耕

地种一季小麦（产量300—400斤）和油菜（产量100—200斤），一季稻谷（1000斤左右），收获的米、面、油、菜均供自家食用；另一部分是货币收入：父母及A三人都在私人工厂上班，月工资700—800元。

按苏园管2000（47）号文件规定，A家分得140平方米的新房，加上溢价购买的10平方米（1200元/平方米），共有150平方米，一大（90平方米）一中（60平方米），均获得房产证和土地证，他家原有200平方米主房和50平方米辅房，政府补偿换算为：他家在一层选择90平方米的大户房，376元/平方米，在三层选择60平方米的中户房，每平方米是432.4元，平均是398.56元/平方米，共计59784元。其原宅基地中，有200平方米是楼房，因装修较好，评估公司的估价为440元/平方米（没有装修的基价为264元/平方米），另外对辅房（养猪等）的补价是80元/平方米，则因为其宅基地面积大于获得的补偿房的面积，多余面积按评估价的两倍计算，因此动迁后他们家获得的住房补偿为：(440-398.56）×140+440×2×（200-150）+80×50-10×1200=41801.6元。另外，青苗补偿费是1.7亩×1200元/亩=2040元，A家因征地动迁面积而获得的总补偿为43841.6元。大户型自家居住，中户型出租。搬入新居后，A迎娶了妻子，并生有一个孩子。

现在A户家庭收入来自四个部分：工资收入、生活补助金、房租及社区分红。工资收入情况为：A在独墅湖高教区物业部门工作，月工资1000多元；A的父亲在园区外资企业做保洁工作，一个月工资接近1000元；A的妻子在企业工作，月工资也是1000多元。因此家庭工资收入共3000多元。生活补助金情况为：A一个月200元，A的奶奶、父亲、母亲每人每月429元，此项收入共有每月1487元；房租收入每月800元；此外，A家共有4股东景公司的股份，2009年每股分红150元，共600元。现在的住处是生活费每月1000元。①

（一）农村土地资本化问题的一般讨论和园区制度经验

“土地资源的资本化”，是中国各地开发区（不论何种名义、何种层级）形成收益的主要途径。

资本化开发农村土地的第一步，主要是实现人地分离——土地和以土地为生产与生活资料的人的分离。诚然，大多数开发区的第一步都难免矛盾重重；即使勉强跨出去，也留下后患无穷，并且引发海内外对中国这种主要由政府强制性推进“资源资本化”而使人地分离的增长方式的强烈批判……

因为，即使按照一般的市场化思维，要让农民与他的土地分离，便要先具有充足的资本才能给农民足够的补偿，以通过市场来完成对农民土地财产权的交易。但这种制度模式，显然并不适用于一直处于资本稀缺之下的地方政府；更何况在开发区建设之初的困境，**并非简单化地用“要素相对稀缺性”这个作为市场调节的前提条件就可以解释得了！**在资本极度稀缺的压力下，**各地招商引资中的政府过度竞争，反过来改变了包括土地在内的其他非资本要素的稀缺性，也大大压缩了土地一级开发的盈利空间。**②

因此，现代产业资本与分散的小土地所有者之间，要么是由于交

① 资料来源：课题组实际调研。

② 在土地开发整体供大于求的格局下，不能指望“招拍挂”形成合理的出清价格，因为整个土地链条中各方的交易地位是不对等的，《土地管理法》赋予亲资本的地方政府作为制度供给者长期形成垄断土地一级市场的格局并不是基于比较优势的“竞争”，而是各项制度成本向弱者群体几无底限地转嫁所形成的“竞劣”。

易成本过高而无法达成共同推进土地资本化的稳定契约，双方都无法获得资源资本化的收益；要么是资方和地方政府结合，强行征占土地，即使当期可以取得进展，也为后来埋下了社会冲突的隐忧。

在一些地区，**政府为吸引资本入驻而包揽了土地空产出让的所有责任，却没有足够的财力对失地农民进行充分补偿，土地问题不仅成为当前引发农村冲突的最重要原因，也成为地方干群矛盾较大的根本原因。**

换言之，如果仅以政府强权推进土地资本化，则势必因制度收益与制度成本的不对称导致征地问题，引发大量的社会冲突，如图 3-26 所示。

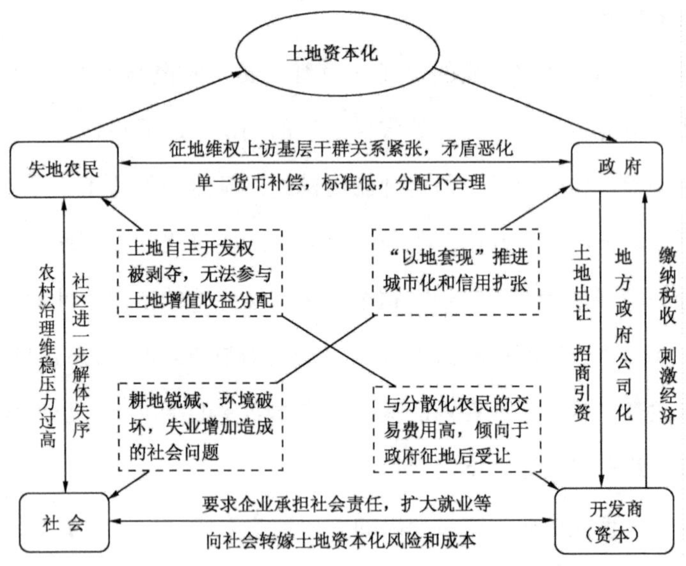

图 3-26　一般征地补偿模式下土地资本化的收益与成本的不对称分配①

① 周鹏辉:《社会冲突视角下的土地资本化与失地农民保障》，硕士学位论文，中国人民大学，2010 年。

图 3-26 归纳的只是符合我国《土地管理法》规定的一般开发区制度成本过高的土地开发模式。**恰恰由于这个法律内容具有剥夺农民作为小有产者财产权利的亲资本内涵，才造成制度成本过高的代价；**也才造成很多地方发生农村自发的“以土地为中心的社区股份合作制”改革，那些地方的政府自 20 世纪 80 年代以来就没有刻板地执行过这个偏向于外部资本的法律。①

规范的法律在地方政府作为执行主体自身实际上抗拒执行的情况下，**各地的土地资本化充满着多样的“突破”，以及在交易内容和方式上的“创新”**。

其中，可以归纳为制度经验的是：凡属于能够大致满足社区精英作为利益代表、农民作为小有产者，维持二者财产关系和基本利益需求的土地资本化，就很少发生对抗性冲突。

相比之下，苏州工业园区在 21 世纪土地资本化的进程中，**由于在早期以集体经济为载体的农村工业化中具有重要作用的村社理性持续地发挥重要作用，而使得这种本质是对抗性的矛盾基本上不演变为对抗性冲突——虽然现金补偿不高，但极少转化为对抗性冲突**。其中的具体经验，值得课题组认真总结。

从客观立场看园区经验的理论意义②，首先需要理解的是：**金融表达的只是一种能够工具化使用的信用**。而在当代中国政府就是货币发行人和国有金融资本的最大出资人的体制下，**金融信用的唯一来源**

① 温铁军等：《解读珠三角：广东发展模式和经济结构调整战略研究》，中国农业科学技术出版社 2010 年版。

② 此处强调的客观立场，是出于去意识形态化偏向做经验总结的科学研究需求；这种客观讨论所使用的经济理论，也只是人类在资本主义文明这个历史时期形成的一般经济规律，并非作者及其所属团队在主观上就认同涉及财产及收益分配关系的任何资源资本化进程。

只能是政府信用的赋权，因此，政府承诺是一种信用表达。

据此，我们在以往的区域比较研究中看到：**在资本极度稀缺条件下，“强政府”的信用可以直接替代资本投入于本地经济发展，并占有和分配收益；“弱政府”的信用则不能替代，而只能配合服务于外来资本，对资本收益则没有征税之外的权力；在招商引资的压力下，甚至税收也是残缺的。**

据此再看园区经验，在经济资本稀缺条件下，只有“强政府”条件下的政府公司化才能**实现该地方以“政府信用替代极度稀缺资本”，亦即，地方政府直接以公司化手段来全面整合本地社会资源和经济资源，使之完成“资本化”进程，**并因有获得制度收益之便而形成构建“高制度”的起点。随之，则是在这种“高制度”层次上自主地、创造性地落实具有引领性质的国家战略。

在调研中，园区负责人对我们谈道：

我们在转型升级，同时也在做资源整合。**最显著的是我们撤镇建街道。镇不再是一级政府，没有自主权，而是我们财政全额列支的一个单位。**原来……有一个城市规划和城乡规划的差异。现在我们把乡镇取消以后，实行统一规划，产业重新处理，实现产业一体化、招商服务一体化和医疗卫生教育等公共服务一体化，包括今后的服务业发展也要整体布点。整个园区行政管理体制扁平化了，以此来整合乡镇丰富的资源，尤其是土地资源，节约规划土地利用，形成产业优势，又为服务业发展和科技创新的进一步提升形成了一种更加集约发展的模式。①

---

① 来源：课题组对园区有关负责人的访谈。

不过，即使在当代中国已经彻底实现“西学为体”的学术体制，那就应该知道强调上帝和真理都具有唯一性的西学之中关于任何事物都有两面性的常识。倘若将此类西学哲理应用于本书，则可知：一方面是本书在对发展经验的客观归纳之中所强调的是“资本替代”和形成“高制度”起点；另一方面是我们在本书上卷中曾经指出的问题：既然“强政府”的实质是“地方政府公司化”，那么**一般也都因其资本内化于政府导致的“政企不分”而易于发生内涵性的政府“亲资本”和难以遏制的制度性腐败**。诚然，这也是中国在高速增长时期社会失序、大面积发生对抗性冲突的体制根源。

当代史在苏南故事多多，有个因国家危机而直接赋权的改革值得关注——在1971—1977年期间连续大规模进口西方设备造成外汇严重赤字的压力下，**国家允许创汇能力较高的江苏省先一步试行国家财政体制改革，遂有了地方政府财政自主性的“激励”，也就有了其农村工业化的起步历史性地得益于当年特有的时空条件**：一是以能够内部调整资源及其收益分配的高度集体化组织为空间条件，实现乡镇企业低成本高速度的原始积累；二是在时间条件上也先于1984年中央政府“一刀切”地在全国推行的以“大包干”为名、以去组织化为实的农村基本制度变迁。

据此可以说，苏南依托农村集体经济的工业化起步，比全国其他地区早了至少5年。亦即，苏南得以于20世纪70年代末至整个80年代，在地方政府出于本级财政增收考量的大力扶持下，依托乡土社会各种关系与资源，蓬勃兴办农村社区实体产业，形成以农村社、队为企业兴办主体的集体经济——社队工业或乡镇企业，从而形成了著名的“苏南模式”。如果让后人归纳其最主要的经验，那就是在这个农村工业化高速增长时期，从上而下苏南地区“强政府”特征都是鲜明的。[①]

据此客观地看，其他地方政府几十年学习苏南模式难免“东施效颦”，苏南虽然出干部，可一旦调往中西部便业绩平平，也主要在于这种历史性的时空条件不再具备。

在“强政府”条件下，乡土社会的基层微观运作基础，本课题组在之前的研究中归纳为“村社理性”。[②]

简言之：“老苏南模式”的农村工业化＝“强政府”＋村社理性，关键在于构成了苏南地方政府对辖域内各种资源（尤其是农村的土地资源）进行配置调度时节约交易成本的能力。

正因为苏南地区这一能力显著高于一般地区，因此，才能在苏州工业园区这个宏大的中新合作项目中，以极低的社会成本与外部投资相对接。

简单算一笔账读者就会一目了然。

新方主导园区开发时商议的土地成本是：首期 8 平方公里地价[③]为 10 美元/平方米起价，按照中国政府公布的通胀率递增，递增至 26 美元/平方米的时候重新谈判商定地价。其中，为减轻企业负担，首期 8 平方公里中的 2 平方公里启动区地价按照 8 美元/平方米出让。

---

① 有关苏南经验中的农业工业化和地方政府公司化，参阅本书上卷。

② 人性假设是西方社会科学各学科体系的方法论基石。**西方经济学所有研究体系都以所谓“理性经济人”假设为基本前提，但也因此决定了这些西方经济学的理论，无论是基于个体主义方法论，还是基于集体主义方法论，都并不产生于东方社会以村社为主要行为主体的经验土壤，也就很难对中国现实的农村问题进行有效解释**。因而，如果中国经验研究邯郸学步于按照西方在工业化阶段所形成的人文社科理论，所得出的结论只能是对于西方经验的盲目复制，而且随即又陷入不具备复制西方制度路径的外部“临界条件”的尴尬。

③ 指空产出让地价，即苏州工业园区政府将土地使用权不附带任何第三方权益地出让给合资公司的价格。

实际情况是，1997年东亚金融危机爆发后，地价停留在16美元/平方米。

即使按10美元/平方米这个价格算，2001年之后中新合作区其他70平方公里的开发，光土地成本就得7亿美元，合人民币将近60亿元。而国家开发银行对苏州工业园区二、三区基础设施建设的总贷款也不过60多亿元，如果按照上一阶段“一切明码标价”的做法来支付对农户的土地补偿金，则支付之后所剩无几！

园区人在这个问题上，仍然延续着早期的“老苏南模式”的办法，**用地方“强政府”在乡土社会的政治信用替代了资本信用**，不仅实现了资金成本的最小化，而且实现了伴随土地性状、用途转变的社会转型的总成本较低；从那个时期形成的各方面调研资料看，**政府替代资本信用的总体过程显得比较温和**。

为什么园区地方政府信用能“替代”资本？原因何在？

（二）宅基地动迁中的村社理性

园区土地资本化过程中村社理性机制按原土地用途的不同而有不同的操作模式，但核心机制大同小异。囿于本书篇幅，这里只是对主要机制进行概括和归纳，行文难免抽象，喜欢阅读故事的读者可以直接跳到后面的专栏。

根据调研，农民宅基地资本化过程中的主要机制有三点。

其一，农民宅基地的资本化收益由农户占有，一般人家可以（至少）获得两套动迁房，不仅满足居住需求，还能获得稳定的现金收入，相对于个人的劳动能力来说特定性风险较低，补偿了原承包田对农户家计的收入贡献。

不仅如此，**动迁房作为一项长期资产，业主还能享受到资本溢出**

效应。这在任何贪腐不严重的城镇化进程中都会发生。

实质上，动迁房面积按人口核算，意味着土地资本化之中的农民像当年“大包干”那样，最后实现了一次财产的公平分配，而且仍然是社区“成员权”财产共有制的体现。这对于弱化冲突、促进公平具有重要意义。

其二，在动迁过程中，**村集体对村民的动迁次序是有组织安排的，实现了村民的有序过渡**。动迁后，在园区提高补偿之前，是村（对大多数农村居民来说，还是原来的村的关系）这级的福利补偿弱化了社会成本。而**村级福利主要来自村集体经济的“吃租经济”，这最终来源于村民从前劳动积累的不断增值运作**。

其三，**动迁后的社会治理，也体现了村社的内部化功能**。

对于园区来说，维护基层稳定是开发区顺利建设的前提；对于村社基层干部来说，**维护社会稳定和保持动迁、改制过程中的“精英连续性”相得益彰**。因为这些村级精英在村社工业化时期积累了高于一般社区成员的社会资本和人力资本，内在具有获取高于一般劳动者报酬的要求；而**这些社会资本若是完全脱离了本地的社区环境，其被认可的程度必然降低（不是制式教育的标准化所培养出来的通用型人力资本，因此也就缺乏流动性），因此，当地有关制度安排一定要使其在本社区内实现这种“超额”收益**。否则，土地资本化作为一种内生于制度变迁的“交易”，就根本无法完成。

园区成立之初，依托农村组织化的制度优势启动农户动迁和乡镇开发区建设，这时期的村社理性内涵在整个苏南地区都具有普遍性，这已经在前面进行了介绍。**本部分重点阐述的是：在乡镇企业大面积改制和地方政府竞相降低地价招商引资的大环境下，园区仍能够借助村社理性降低土地开发过程中的交易成本**。其主要机制有以下几点。①

第一，由于20世纪80年代和90年代上半期以集体经济为主的乡镇企业高速发展给苏南农村带来的巨大收益，苏南农民“尝过跟着集体走的好处”，地方政府和基层组织的“强信用”降低了财产关系转变中的交易成本。在访谈农民对于耕地补偿的看法时，很多农民都认为“土地是集体的”，认同集体在资源配置中的优先地位，这与很多传统农区的土地某种程度上接近于“私有化”形成了鲜明的对比。

第二，乡镇企业大面积改制之前，**园区的土地扩张是通过“就业换土地”实现的，**凡耕地被列入园区开发规划的，镇政府负责为失去耕地的农民提供乡镇企业的工作岗位，大大节约了初始阶段的资金支出。**由此节省下来的就业补助资金和非就业人口的土地补偿金，集中在园区、乡镇和村级经济组织手中进行再投资，村民享受分红收益。**这一机制直到2009年实行城乡一体的公积金保障时，还在发挥作用。

就业机会对于货币补偿的替代，以及基于村社理性的政府主导资源配置，是当地政府和产业资本能以较低成本进入农村的两个重要机制，而这对于其他地区来说，却几乎是不可复制的。

第三，无论是早期的社队工业、乡镇企业还是后来的货币补偿，在收益分配上都兼顾成员权和要素收益权，很多情况下，**由村社成员身份而决定的分配额度在总分配当中占比更高**。比如，耕地补偿和宅基地的拆迁补偿方案，都首先是以人头作为基本的测算依据，其次再考虑各人的年龄、性别和家庭结构等因素进行微调。这样做一是降低了补偿方案执行中的交易成本，二是村社成员身份的平等性内含了社区公平，而很

① 就一般地区来说，**在经历了刻意坚持近30年的农村去组织化改革之后，农村社会已经高度原子化，任何外部主体——无论政府还是产业资本——想要进入农村获取必需的土地资源，都必将面临与分散小农之间畸高的交易成本，**急功近利往往欲速则不达，严重者还可能导致大规模的社会冲突。

多农村地区在确定“增人不增地、减人不减地”之前，都是“三年一小调，五年一大调”，来维持村社资源在村社成员间的平均分配。

第四，由于政府能在新的社区治理结构中维持村社原有精英的收益格局，使得制度变迁的交易相对平滑。在土地资源资本化的过程中，原来散落而居的传统村社转变为集中居住的现代社区，基层的组织和治理结构也会发生巨大的变迁，但**社区精英的收益格局得到了维持。一是通过组织的平滑迁移，原有基层组织——村支部和村委会——基本都被安排到新社区的居委会班子中；二是基层政府集中运作土地资本化过程中的增值收益，使其可以从容地安排出供新社区组织运转的费用，并维持社区精英在新的治理组织中的收益**。

总之，园区的经验表明，建设高水平的现代产业开发区和产城一体化的过程中，从传统社会延续、发展下来的“小农村社制”从经济基础到上层建筑的一系列制度安排，仍然具有重要的作用，可以在节约现金支出的同时维持社会稳定。

但园区在土地资本化总体上稳定的趋势下，也有两个问题值得关注。

一是在那些没有把社区股份合作制作为收益分配基础的地方，由于物理状态的动迁房产不可能随人口的增减而调整，造成村社理性不再有扎实的运作基础；遂使动迁较早的核心家庭（3 人）补偿标准偏低，现在添人进口，全家要么居住面积紧张，要么无法获取房租收益，“相对剥夺感”较强，意见较大。

二是 1994 年第一批动迁时，村内土地使用上对于集体建设用地还没有清晰的界定，村集体企业用地主要利用“三边地”① 开发。**园区征地，打断的是这些村对本地土地资源低成本自我资本化的进程**。动

① “三边地”是指林边、路边、田边废荒等未计入耕地总量的地块。

迁前产业层次和集体经济实力不同的村，动迁后由于更加强化了规模化资本的作用，而导致发展水平差异更加明显。

通过以上土地资本化的正反两方面经验归纳可知，**这个被课题组概括为“村社理性”的规律，能够发挥作用的前提是村社外部的产业发展为村民提供持续的收入来源和财产增值预期，村社内部仍然维持着对村民的基于社区成员身份的分配。舍此，村社理性将成为无源之水。**附件 2 提供了园区某镇的集体经济如何支撑村社理性的生动案例。

诚然，越是对园区经验的深入研究，就越是使我们对已经客观地发生了的阶段性的重要变化保持相对谨慎态度。

事实上，21 世纪以来的情况已经完全不同于 20 世纪八九十年代。**其制度演变过程已经清晰地表明，坚持亲资本的制度供给所起的决定作用，愈益重于村社理性。**

人们都看得到，随着园区国有资本和产业资本的实力日益雄厚，**逐渐具备了按照市场上的出清价格与村社进行财产交易的条件，村社理性在资源分配中的作用逐渐淡化。**

农村宅基地拆迁补偿机制的演变就是这样的一个例子（见专栏 29）。

专栏 29

苏州工业园区农村宅基地拆迁补偿机制的演变

从 1994 年到 2008 年，苏州工业园区累计动迁民房 52861 户，动迁企事业单位 4517 家，拆除民房建筑面积 1034 万平方米，拆除企业建筑面积 423 万平方米，动迁房开工面积 1112 万平方米，动迁房竣工面积 908 万平方米，回迁入住居民 41754 户，已建成居民小区 88 个。

和耕地相比，农村宅基地明确属于村社集体所有，但在使用上又具有更高的私人属性。随着社会经济的发展，园区对于农村宅基地拆迁的补偿标准也历经了两次大的变化，共有3个版本：1994（2）号文件、2000（47）号文件和2006（24）号补充文件。

3个补偿标准文件都是以人头作为计算补偿面积的最基本依据，延续了村社理性以成员权为基础的公平内涵；2006年以后，以旧房面积换新房面积的“产权交换”，客观上承认了拆迁前的社会分化结构，算是对已经形成的社区经济精英既有收益的一种让步。

1994（2）号文件和2000（47）号文件是这样规定的：如果一户3个人，就能补偿到120平方米动迁房；一户4个人每人得到35平方米，就是140平方米；5个人可总共补偿到160平方米；6个人可补偿到210平方米；7个人可补偿到230平方米。

2006年，由于动迁工作越来越难，苏州工业园区出台了新的动迁补偿标准——2006（24）号补充文件，在补偿标准中考虑了更多的因素，一是用农民居住的主房的建筑面积换动迁房建筑面积的“产权交换”；二是补偿费的计算范围和动迁的过程管理更为细致，具体如下。

计算范围调整为：私有楼房、平房的评估价+场地+房屋基础+租金补贴+灶头+围墙+井等补偿款及奖金+搬迁费+过渡费等，其中，如果安置面积小于原先的主房房屋面积，则剩余面积的补偿费用为政府评估价格的两倍。

在实际动迁中，政府出台了奖金及补助、补偿措施，具体如下。

● 综合补助费：每人500元。

● 搬家补助费：三人以内（含三人）每户400元，五人以内（含五人）每户500元，五人以上每户600元。

● 煤气费：每户补贴400元。

● 住宅电话移动费：每台208元。

● 空调移动费：每台150元。

● 太阳能热水器：每台150元。

● 搬迁奖励：基数6000元，在抄告单的规定期限内签订协议出让旧房的，提前一个月搬迁额外奖励1000元。超过抄告单的规定期限签订协议让出旧房的，每延迟一个月，扣除搬迁奖励1000元。

● 过渡费：考虑到高层、小高层建设周期较长，由所在村给予12个月及24个月之后，每人每月增补150元过渡费，即过渡期第一年、第二年每人每月300元，超过两年每人每月450元。

● 房租补偿：凡在安置高层、小高层动迁区域内，动迁出租户按时动迁的每年奖励10000元（两年一次性支付），延迟动迁的，每延迟一个月扣除奖励总额的20%，以此类推。

● 房屋基础：按政府批准的宅基地的面积，低洼地可以3米计算地下基础，每立方米补偿20元。宅基地面积及地下基础由所在村动迁办确定。不过实际执行过程中以每户12000元来补偿。

动迁户需要向政府支付的费用根据动迁户的人数、结构而不同。具体如下：2006年政策规定，每人40平方米（426元/平方米）。政府还可以2000元/平方米的价格卖给每户20平方米。

一些特殊情况如下。

● 如果是新婚夫妇，但是没有生育，可以多补40平方米，再加上政府优惠价给的20平方米（2000元/平方米），一家可以得到140平方米。如果是独生子女之家，除了正常的每个人40平方米（426元/平方米）以外，还给照顾独生子女的40平方米（852元/平方米），此外还以优惠价格给20平方米（2000元/平方米），而这个政策不管独生子女有没有达到结婚年龄。

● 安置人口426元/平方米基价、安置面积超过原房屋面积部分567元/平方米基价、独生子女未达婚龄照顾安置852元/平方米基价、每户20平方米的照顾安置2000元/平方米基价。

● 求购复合式阁楼，不享受“乙方因支付的欠款于协议之日起一个月内付清可优惠10%”的规定，但可按顶层销售价的80%计算，并不做产权交换。

● 此外，乙方（动迁户）应支付的欠款于协议之日起一个月内付清可优惠10%。

通过以上房产转换，农民只需花400—900元/平方米的购入成本，就可以买到市场价格为6000—8000元/平方米的商品房。农民以能负担的成本获得了部分土地开发的增值收益。一般每户农户征地动迁后都可以得到2—3栋商品房，坐收地租即可获得稳定的收入。

资料来源：课题组实地调研。

2009年以来，园区对1994—2004年失地农户的补偿政策调整，以及旨在对村民反哺土地和资本投资收益的**“富民公司”的成立与分红反哺，某种程度上是对“只有维持农户收益同步增长，才能不使社会成本同步增长”**的客观要求的回应，也是对“地方政府公司主义”内涵的丰富——“强政府”的确可以实现对社会资源“高强度”而低成本的动员，而将总成本分摊到一个相对长的时期。

我们特别关注深化改革带来的趋势性变化：**这个内涵性的收益递增的调整意味着“强政府”只能是继续维持“承担无限责任的经济基础及相应地建之于其上的承担无限责任的上层建筑”的基本体制**[①]，否则，如果下一步改革是全面搬用西方的所谓“先进体制”，从根本上改为**“承担有限责任的公司作为经济基础，及相应地建于其上的承**

① 课题组在对中国经验的比较研究中，依据“经济基础决定上层建筑”的基本理论指出：无限责任的经济基础，在城市是指“全民所有制”的，或全民公平持股的企业；**在农村则是基于村社地缘关系界定基本财产关系的社区成员权共有的企业。**被这种经济基础所决定的无限责任的上层建筑，就是对全民承担福利义务的社会政治体制。

担有限责任的政府作为上层建筑"；那么，获得好处的可能是甩掉社会责任的企业和政府。

不得不提示：如果真要**按照这个制度取向深化改革，其制度成本将会是倍加的、爆发性的，**并且一般都是社会大众承载代价的。

因为在深化此类改革期间，**不仅是上一阶段的制度收益将在下一阶段反转为极高的制度成本；而且，由于下层社会不再有村社理性运作基础，而使得制度成本无从转嫁，危机代价也只能在资本聚集的城市硬着陆。**其后果，一般是被西方称为"颜色革命"的破坏性极高的社会动乱……①

由此可见，中国上层精英及其相关利益集团需要审慎评估政治改革的深水区，一旦中国照搬西方的政治体制，在发展中国家大量发生的转轨成本也会或迟或早地在中国爆发。

（三）征地的"组合补偿"与失地农民社会保障机制

从1994年成立到2008年，苏州工业园区累计批准设立的外商投资企业达3460家，累计引进注册外资277.19亿美元，平均每天引进注册外资超过500万美元。其中，投资上亿美元项目达100个，79家世界500强企业投资设立了126个项目，累计批准设立内资企业1.19万家，累计注册资本1345.27亿元。

在投资推动经济增长的背后是工商业用地需求急增和城市化快速扩张。园区从1999年按规划建成首期8平方公里扩展到2005年的80

① 作为一种最终由投资人占有收益因而内在具有有限责任公司特点的媒体产业掌控的社会主流舆论，对中国政治改革的期许偏向西方模式的"有限责任政府"。实质上，**这种模式内在地体现资本收益归精英阶层占有而制度成本甩给弱者群体的制度取向。**

平方公里以及下辖三镇，滚动开发模式下需要不断地向农村征占耕地和拆迁宅基地。但在全国各地普遍出现的大规模冲突事件并没有在苏州工业园区的征地运行过程中出现。

课题组以实地调研为依据，认为**园区在征地补偿和失地农民社会保障机制上的制度创新**主要体现在以下方面。

与传统的"土地补偿费+安置补助费"的补偿模式相比，园区采用的是一些发达地区试行的**"财产存量+财产性收入流量"**的组合补偿方法，因比较完整地替代了土地在经营收入和社会保障两方面的作用，而相应地减少了因征地而引发的社会冲突事件。

所谓财产存量，是指农户以人头为基本单位而获得的房屋补偿，农民由小土地所有者变成小房产所有者，这个在其他地方也普遍存在；**农户的收入流量有几个来源：一是农民第二套房产出租的收入；二是社区内或者园区内就业的工资收入；三是镇属公司对于社区成员的分红①；四是园区管委会提供的社会保障**。除二以外都属于财产性的收入流量。

其中相对不同于其他地方的，主要是公司化政府对社区成员的分红。

相当大比重的财产性收入，仍然还得归功于村社理性的制度优势在苏南地区得以保留和延续，虽然其运作基础已经弱化。

---

① 例如，娄葑镇镇属企业创投公司把各个社区集体土地的土地补偿金集中起来组建实业公司并投资新建厂房用于出租，获得稳定的房租收入。由创投公司主导组建的富民公司允许全镇的失地农民以户为单位现金入股，每户入2股，每股3000元，并承诺每年以不低于10%的回报率给农户股民分红。另外一个镇属企业东景工业坊也以类似模式给在土地集中过程中的失地农民分红。这些以农户为股东的社区实业公司本质上是一个"村社法人"，它的存在无疑降低了资本与高度分散的小农的交易成本。

从1994年至今，耕地征占和宅基地拆迁补偿的政策经过了两次大的调整，但这一核心思想一直没有改变。前面介绍了宅基地的补偿标准，专栏30以娄葑镇①为例，对耕地征占的补偿政策变化进行了说明。

专栏30

娄葑镇耕地征占补偿政策的演变

老娄葑镇位于苏州城郊。1994年，苏州工业园区首期启动开发的8平方公里，全部位于娄葑镇，涉及7个行政村。由于娄葑镇集体经济实力雄厚，乡镇企业众多，对被征地农民实行劳动力就业安置的补偿政策。1998年乡镇企业开始转制，至2002年转制完成，乡镇企业消化安置劳动力的能力下降，这期间征地补偿安置以货币安置为主。不论是就业安置还是货币安置，园区成立的前10年中，土地财产权与补偿物之间都属于“包干制”的一次性交易。2004年后，土地价值显化，园区开始实行土地换长期社会保障的政策。2009年，将被征地农民纳入城镇社保医保体系。

（1）1994—2003年：就业安置和货币安置相结合的包干制

1998年以前，苏南集体经济还比较发达，乡镇企业吸纳劳动力的能力强，娄葑乡按苏府〔95〕31号文件对剩余劳动力进行就业安置。政策的要点是实行包干制，由政府支付给乡镇企业6500元/人的安置

① 娄葑镇原为娄葑乡，1994年5月12日苏州工业园区成立之后归园区管辖。2002年2月23日，苏州市政府撤销苏州工业园区斜塘镇，将其原辖区域并入娄葑镇，实行镇管村体制，镇政府驻娄葑。2003年以东环路为界，东环路以西划给苏州市古城区，以东归娄葑镇。2004年原吴中区车坊镇的一部分划归娄葑镇。现在的娄葑镇包括原来娄葑乡的绝大部分、斜塘、车坊镇的一半、城区新区的一部分居民区，面积70平方公里，常住人口15万，外来人口15万，总共大约30万。娄葑镇政府现管辖斜塘、娄东（北面和市里划来的）、车坊3个办事处，9个行政村，30个社区居委会。

费，用于为员工购买社会保险。通过这种方式共安置5000—6000人。

在实际操作中，有不少劳动力原本已是乡镇企业员工，只是在征地后通过办理相关手续直接转变为正式的产业工人。另有一部分被征地农民选择自主择业的，劳动关系挂靠在社区居委会，由居委会垫付一半的社保金。

在未安排就业前，每人每月发给生活费180元。此外，对保养人员发放每月136元保养费；对被抚养人不予安置补偿。①

1998年，乡镇企业开始进行“能私不股”（能私有化的就不采取股份制和股份合作制）的改制。改制后的乡镇企业大部分都不再具有集体经济属性，也就不具有配合园区降低土地开发成本的就业安置功能。2000年，苏州市政府出台新的安置政策，娄葑镇根据苏府〔2000〕41号、苏园管〔2000〕48号文件对失地农民进行货币安置。由园区一次性支付被征地农民13000元/人的安置补偿。这一政策共安置了5000多人。

被安置人口通过多种形式自主择业，但是政策规定，对女性30周岁至35周岁、男性40周岁至45周岁年龄段的剩余劳动力，由征地服务机构负责向保险公司投保，给予约定的医疗保险费用至60周岁。并且，对保养人员实行每人不超过3万元的投保，每月发放每人160元的保养金，并给予约定的医疗保险费用。关于被抚养人，与〔95〕31号文件不同的是，2000年的政策规定，对被抚养人实行货币补偿，补助费按人均标准减半执行，即给予每人6500元的一次性货币补偿。

---

① 2004年以前，苏州市对需要安置的被征地农业人口根据年龄段，划分为三种安置对象：年龄在16周岁以下（不含16周岁），确定为被抚养人；女性16周岁以上至35周岁以下，男性16周岁以上至45周岁以下确定为剩余劳动力；剩余劳动力年龄以上的人员以及肢体残疾等确属无劳动能力的农业人员确定为保养人员。

（2）2004—2008 年：土地换保障安置政策

2004 年 11 月 24 日，苏州市政府出台了《苏州市市区征地补偿和被征地农民基本生活保障实施细则》。该细则比较系统地阐述了包括工业园区在内的苏州市征地补偿安置、基本生活及社会保障政策。该文件规定，耕地补偿标准提高为 20000 元/亩，每个被征地农民的安置补助费标准为 20000 元。

不同于 2003 年以前将土地补偿款由镇、村两级统筹的政策，2004 年的土地换保障政策的要点是用 80%的土地补偿费和全部安置补偿费及土地出让金的一部分资金（每亩 13000 元的标准）建立失地农民基本生活保障基金专户（包含个人账户和社会统筹账户），对新划分的不同年龄段①失地农民分别按月发放失业补助费、生活补助费和征地保养金。此外，将第二年龄段（劳动力年龄）的失地农民纳入城乡社区基本养老保险体系中，配之以医疗保险和社会救济及最低生活保障等构建园区新型社区社会保障体系。具体政策内容如表 3-5 所示。

在园区开发过程中，政府不断提高对失地农民的基本生活保障标准，逐步建立了与城镇居民最低生活保障标准相适应的被征地农民基本生活保障水平调整机制。2007 年出台的苏府〔2007〕128 号文件将被征地农民第一年龄段人员每人一次性领取生活补助费的由 7000 元调整至 7500 元；第二、第三年龄段人员每月领取的失业补助费、生活补助费由 160 元/月调整至 180 元/月（园区实际以 200 元/月的标准发放）；第四年龄段人员每月领取的征地保养金统一调整至 280 元/月，并通过分步调整，使养老年龄段人员领取的征地保养金不低于苏州市城镇居民最低生活保障标准水平。被征地农民安置补助费标准由每人

① 2004 年以前划分三个年龄段，2004 年之后调整为四个年龄段。

20000元提高至25000元，转入个人账户；从政府土地出让金等土地有偿使用收益中提取的金额由现行规定13000元/亩提高至20000元/亩，转入统筹账户。另外，将被征地农民纳入居民医疗保险体系，被征地农民第三、第四年龄段人员的住院医疗保险费，调整为包括住院医疗保险和门诊医疗补助的居民医疗保险费，标准由每人8000元提高到10000元，列入征地成本。

表3-5　2004年园区失地农民基本生活保障及社会保障政策要点

保障对象	基本生活保障	社会保障
第一年龄段（16周岁以下）	一次性支付每人7000元生活补助费	不纳入基本生活保障范围
第二年龄段（女性16—35周岁，男性16—45周岁）	每人每月160元的失业补助费；最长期限两年①	被征地农民在园区企业就业后，政府将其基本生活保障个人账户扣除失业补助费或生活补助费的余额
第三年龄段（女性36—55周岁，男性46—60周岁）	每人每月180元的生活补助费；到达养老年龄次月起，按月领取第四年龄段人员标准的征地保养金	按一定方法换算基本养老保险缴费年限和个人账户，纳入城镇企业职工社会保险体系，并享受城镇职工基本医疗保险。未就业的，自愿参加纳入城乡（农村）社区基本养老保险体系和城乡（农村）社区基本医疗保险体系
第四年龄段（女性55周岁以上，男性60周岁以上）	每人每月220元的征地保养金	征地保养金不低于城镇居民最低生活保障水平

① 娄葑镇政府提高补偿标准，失业补助费为每人200元/月，且苏州工业园区政策规定该补助仅发放两年，但实际操作中，由于区划调整后各地区的经济发展水平不同，基于稳定考虑，镇政府怕两年之后停止发放补助会引起失地又失业农民的不满，所以该项补助一直发放，直到这部分劳动力找到社区保安、保洁等工作为止。

这一阶段对失地农民基本生活保障及纳入社会保障体系的实质是在乡镇企业改制的背景下改变过去一次性货币安置的补偿方式，开始探索以“土地换社保”为中心的组合补偿新机制。

（3）2009 年至今：纳入园区公积金制度，城乡社保并轨

由于乡镇企业改制和物价上涨等因素，到了 2009 年，第一阶段“包干制”安置的遗留问题逐渐暴露，许多安置了就业的农民在乡镇企业改制后失去了工作，同时因为年龄原因难以找到新的工作；货币补偿和土地增值之间的落差迅速拉大，很多失地农民的生活水平相对偏低，2004 年前被征地的失地农民还只能享受农村低保。为加快园区城乡社保并轨，提高园区被征地农民的社会保障水平，2008 年 10 月，苏州工业园区管委会出台苏园管〔2008〕38 号文件，将被征地农民全部纳入园区统一的公积金制度，实现城乡社保并轨，使“土地换保障”机制进一步规范化，具体政策要点如表 3-6 所示。

表 3-6　苏州工业园区失地农民纳入统一公积金制度政策要点

保障对象	保障方法	保障待遇
待安置人员①	在用人单位就业参加园区公积金的，对用人单位和个人各按公积金 B 类或 C 类下限的 25% 进行补贴 自谋职业参加园区公积金的，对个人按公积金 B 类或 C 类下限的 50% 进行补贴，补贴资金由区、镇财政承担，补贴时间最长为 15 年	原城乡社区基本养老保险个人账户和缴费年限可以按规定办理转移手续。达到退休年龄后按规定享受养老保障，现在的标准是 560 元/月

① 作者注：2004 年 1 月 1 日以前被征地（拆迁）农民中的待安置人员：女 16 周岁至 35 周岁、男 16 周岁至 45 周岁人员。

（续表）

保障对象	保障方法	保障待遇
第二年龄段	被征地基本生活保障个人账户换算为园区公积金个人账户和缴费年限，余额不足部分个人全部承担	
未达养老年龄的保养人员①及第三年龄段	经自愿选择申请纳入园区公积金制度。按补缴当年园区公积金 C 类的缴费基数下限和 28%的缴费比例一次性补缴 15 年。一次性补缴资金由个人承担 28%，区、镇财政共同承担 72% 民政部门认定的低保人员、低保边缘人员、五保人员、重症残疾人等各类人员个人免缴费，全部由区、镇财政承担	达到退休年龄后按规定享受养老保障。在一次性缴纳社保后可以参加城镇医疗保险②，享受小病以在 55—70 岁间每年 800 元、70 岁之后每年 950 元，大病以住院 90%的报销待遇

注：根据实地调研资料和苏园管〔2008〕38 号文件整理。2009 年，园区公积金 B 类缴费基数为 1633 元，缴费比例为 25%；C 类的缴费基数为 1200 元，缴费比例为 26%。B 类综合社会保障计划主要适用于园区中新合作开发区外各类用人单位及与之形成劳动关系的员工，含员工基本养老、医疗、失业、工伤和生育等五类社会保障项目。C 类综合社会保障计划主要适用于园区中新合作开发区外私营企业、个体工商户及其员工、自谋职业人员，包含员工基本养老、失业、工伤、大病住院医疗四类社会保障项目。

苏州工业园区借鉴新加坡中央公积金制度的经验，实施有别于我国国内社保模式的公积金制度。**这一制度将原来分散在部门的社**

① 作者注：2004 年 1 月 1 日以前被征地（拆迁）农民中女 35 周岁以上、男 45 周岁以上人员中至政策实施时未达养老年龄的保养人员。

② 作者注：达到法定退休年龄，医疗保险缴费年限符合女满 25 年、男满 30 年或进行补缴后女满 25 年、男满 30 年的，可享受公积金退休会员医疗保险待遇。若不符合或不补缴，应参加苏州工业园区城乡社区基本医疗保险。

保项目集中起来，由公积金中心统一管理、统一操作，形成一种集养老保险、医疗保险、住房保障、失业救济为一体的综合性社会保障制度。

从基金模式看，采用预筹积累方式，较现收现付方式保障更为可靠；从保障机制看，以会员个人账户为主，比社会统筹机制更具激励作用；从保障内容看，一揽子实现基本社保目标，比传统保障方式更便利。

城乡并轨的公积金制度体系提高了被征地农民的生活保障力度。

可见，城乡并轨的公积金制度的支付成本，是由个人和政府共同分担。政府的补贴资金来源于两部分，一是从政府土地出让金等土地有偿使用收益中按每亩13000元标准[①]提取的金额；二是80%的被征土地补偿款和全部的安置补助费。而个人承担的成本也并不高，一次性向前补缴社保公积金（上限为17000元），即可享受城镇退休工人的同等待遇，在此基础上再补缴15年的大病统筹基金，即支付个人承担部分的3000元，能享受小病以在55—70岁间每年800元、70岁之后每年950元，大病以住院90%的报销待遇。但若不参加园区社保下的公积金医疗保险，则只能享受城乡社区基本医疗保险下的每年每人交60元，每年报销300元的待遇。这对于养老年龄段的被征地农民而言，能以较低成本分享到社会保障的收益，切实提高了其生活水平。

资料来源：课题组实地调研。

21世纪以来，中国宏观经济形势的最大不同，在于货币超量增发形成的资金要素相对过剩。这就带来了**园区征地拆迁政策的新变化：**

① 苏府〔2007〕128号规定，从2007年10月1日起，从政府土地出让金等土地有偿使用收益中提取的金额由现行规定13000元/亩提高至20000元/亩。

从20世纪90年代的“财产补偿+就业安置”为主到“货币化安置”为主。

一个地区的经济发展肯定会涉及土地征用拆迁，失地农民怎么办？这是一个棘手的问题。苏州工业园区具有地理区位优势，吸引了大批企业入驻，虽然大部分是高新产业，但也产生了大量的就业机会，吸引全国各地的人都来到这里工作，不但促进了当地商业零售的发展，房屋出租也成为一个很大的产业，成为当地老百姓重要的收入来源。

园区当地老百姓想找工作基本上都能找到，访谈的情况是当地有些老百姓不工作，尤其以年轻人为甚，他们“吃房租”就行。所以，引进相关合理的产业，促进本地拆迁户的就业及增加他们的收入，则在客观上可以减少拆迁的阻力。这也是苏州工业园区征地拆迁发展过程中的经验之一。

从农户动迁前后的收入对比来看，**由于园区开发的资本溢出效应，农民收入和支出都在增加，但收入的增加高于支出的增加，生活水平有所提高。**

通过以上机制的详细介绍和分析可以得出以下结论。

苏州工业园区以“土地换社保”和“房产置换”为中心的征地动迁“组合补偿”方式的制度创新，因满足了失地农民的货币补偿、社保、住房、就业等多层次需求而从根本上消除了大规模征地冲突爆发的主要诱因。

这种制度安排下的土地资本化利益分配虽然没有完成扭转倾斜于资本的格局，但因政府用一部分土地资本化收益满足了失地农民多层次的需求和支付社会转型的制度成本而使得征地冲突的根源弱化，社会实现平滑的转型（见图3-27）。

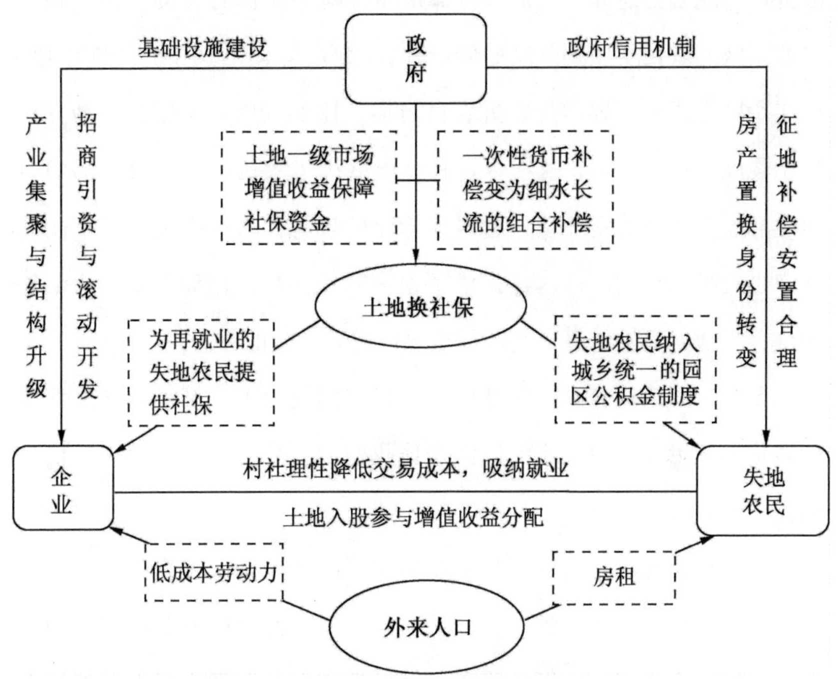

图 3-27　苏州工业园区开发过程中征地补偿与失地农民社会保障模式

苏州工业园区征地的组合补偿机制得以实现的背后，仍然是苏南模式中政府长期理性和村社理性等制度经验在发挥作用。

众所周知，在中国城市化、工业化的过程中伴随着大量的土地征用及房屋拆迁，由于补偿标准不合理，造成了群众利益受损，进而引起了大规模的上访事件，群体性事件时有发生。据统计，**各类上访事件中涉及土地问题的占了上访案例总数的80%，由此可见，征地拆迁稳妥与否关系着一个地区的社会稳定。**

苏州工业园区成立15年以来，由首期的8平方公里扩大到80平方公里，但总体上社会成本保持在较低水平，这是值得欣慰的事情。动迁居民小区——社区在基层治理中仍然发挥着重要作用。苏州工业园区进行规划的时候，大部分村都是实行就地安置的政策（除了核心工业园区的农民要搬到外围居住以外）。政府修建了漂亮的住宅小区，住宅小区设施的规划尽量贴近农村习俗，比如有婚丧大厅、各种文化娱乐设施、零售市场，这在一定程度上减少了农民适应城市生活的时间。再加上社区治安环境、居住环境比较理想，这些措施对后来的动迁户也有吸引作用。社区还提供了很多就业岗位，比如保安、清洁等职位，当地老百姓从事这些工作也可以得到一定的收入。

此外，园区政府部门在维护社会稳定的压力下，不得不在土地用途转化和开发过程中产生的巨额增值收益中，分出一部分用来补偿失地农民的收入。

随着园区经济高速增长和产业集聚不断产生资本溢出效应，园区的补贴水平也会不断调整。否则，即使是一次性的以就业或者货币补偿来安置的失地农民，仍可能通过信访系统反映问题，要求政府调整其补偿水平，提高基本生活保障金或纳入更高水平的社保体系。一位在信访办工作的受访者说："如果你每年不加（社会保障金），老百姓也会闹的。"

这恰恰说明：园区对于失地农民补偿标准的不断提高，是政府与农民不断博弈的结果，由于地方政府的"强信用"内含着"无限责任政府"的性质，地方政府与失地农民之间不可能是"有限责任"式的一次性交易，而必然是多重博弈。

（四）对村社理性思考的拓展

园区早在拟议成立的时候，**就曾遭到以原有公社干部为代表的强烈反对，他们的看法是"外资能做的，我们乡镇企业也可以做"。他们所代表的实际上是乡土社会农村工业化所形成的乡土资本的力量。**

而且，第一批被规划进项目开发区的乡镇，因具有位于苏州城郊的区位优势，集体工业的经济实力确实非常强。

调研中了解到：由于园区是分阶段开发的，因此园区内现有五个乡镇加入园区的时间节点不同；而**乡村集体经济的资本存量不同、所有者结构不同，融入园区开发步伐的时间不同，其土地资本化的结构和方式也大不相同，由此形成的基层治理结构和方式也有很大差别。**

可以大致归为两类：一类是在乡镇企业大面积私有化改制之前就纳入园区规划范围的，可以依托集体经济基础对镇域产业重新布局，依靠“开放红利”强化集体经济实力和村社治理能力，实行“块状”治理；而**另一类则是在乡镇企业私有化改制之后才正式纳入园区规划范围的，则因缺乏统筹、整合资源的能力，而与园区管委会之间实行收支两条线的交易方式，镇、村两级对基层的治理能力弱得多。**好在此时园区自身已经在整体上完成了资本原始积累，有足够的财力来支撑现代化的高成本治理体系在后一类乡镇中运作。

按下这些内部细致的比较研究不表，我们还是将有限的篇幅集中到更高层次的比较研究中。课题组认为，只有从这些与园区发展形成互动的乡土社会经验的归纳分析出发，才可以对园区发展的第二阶段新方“退出”进行更深入的反思。

有人认为，从商业角度评价，新加坡的投资没有取得预期的投资回报，折本，铩羽而归可算是中新合作的失败；还有很多人认为，主要原因是新加坡小国缺乏回旋余地，经不起危机打击；对中国中央和地方政府的关系与政治生态缺乏足够的了解；不注重文化因素和地方潜规则……这些理所当然的一般推理式的分析，我们都可以借鉴。

本书与一般分析有明显不同，认为：新加坡方面遵从西方市场制度，把所有的要素都变成货币化的交易，相对于人们普遍认同的市场经济体制而言本来无可厚非；但也**由此形成无法化解市场经济的外部性的制度局限**，遂最终使成本高到自己都无法正常支付，不能不说是外部资本在一般发展中国家往往一败涂地还找不到败北的基本原因。大多数笃信自由市场理论的外部投资人从一开始就因市场本身不可能排除外部性而为自己埋下了巨大的风险。这个风险只有在构建巨大的盈利预期、"搭金融资本虚拟化扩张的便车"的条件下，才能支付得起；当东亚突然发生金融危机时，累积风险就随着盈利预期的轰然坍塌而爆发了。

一般说来，在完全市场化条件下，一国如果发展程度高，往往意味着资本存量高；并且，资本存量高往往意味着资本流量大、资本化程度深；而资本深化势必导致资本运行中各项成本同步增加，也一定会反过来对资本积累构成制约。

深入看去，**这个资本深化的负反馈链条，的确有助于资本利润的社会化分配，不过，却不利于全球化条件下以民族国家为基本单位的资本竞争。**

无论信奉何种20世纪遗留下来的西方意识形态，我们都必须理解，更为尴尬的麻烦还在于资本全球化对发展中国家的裹挟：**对于任何处在资本全球化阶段的民族国家来说，几乎没有选择地只能推行以经济产业化和金融主权化为实质内容的资本扩张，否则就无法为保持完整的国家主权（上层建筑）提供起支撑作用的经济基础。**

本课题首席专家曾在大量国际比较研究的基础上，提出两个"没看见"：第一，发展中国家可有成功的城市化？没看见。第二，发达国家可有成功的农业现代化？也没看见。

这里借题发挥地提出第三个"没看见"：世界范围内，尚未看见有完全依靠市场化机制完成的工业化。

甚至不妨对此再推而广之——世界上哪个国家能够完全凭借自身力量完成产业资本原始积累，进入产业扩张阶段形成完整的产业门类、推进不断的产业升级，并实现国家财政和社会事业、社会福利的可持续？

众所周知，先发工业化国家是靠向外转嫁代价来完成资本原始积累和产业扩张的。而在发展中国家之中，能够靠内向型积累实现工业化的是中国……

本课题团队在《八次危机》中指出，新中国成立以来的工业化进程中共发生了八次危机，凡是制度成本能向农村转嫁的，就能实现危机“软着陆”，原有的制度框架可以维持基本不变；反之，危机的制度成本刚硬地砸在城里，就只能“硬着陆”，引发重大的制度变迁，工业化也就难以按照先前的路径继续下去。①

本书对此的补充是，**在国家信用较弱的资本原始积累阶段，危机成本之所以能向农村转嫁，因为那时的农村基层因高度组织化而大抵属于“强社区”，并因国家政权通过土地革命和各种运动客观上形成对基层组织的赋权，而使得基层社区也具有“强政府”的色彩；在农村工业化中形成的社区公共财产，进一步强化了对社区成员福利承担基本责任的农村组织载体。**

历史地看，**这种基层“强政府”对于国家“弱政权”的支撑，与中国几千年来形成的相对稳态的小农村社制，与土地革命时期大规模的基层民众动员并且新中国建立之后即均分土地从而形成基于村社成员权的财产权，都有着密切的关系，**因而确实属于独特的“中国经验”……

可见，中国的工业化得以完成资本原始积累并进入产业扩张，依凭的基础恰恰是工业化和现代化的相对面——乡土社会！

---

① 温铁军等：《八次危机：中国的真实经验 1949—2009》，东方出版社 2013 年版。

苏南农村工业化的普遍性价值还在于，它经验性地表明了中国最著名的独立思想者梁漱溟在20世纪20年代提出并且毕生为之奋斗的论点，即农村不仅可以作为现代工业的哺育者和牺牲品，而且传统农村同样可以步入现代工业的快车道。可以告慰梁漱溟在天之灵的事实，本来在20世纪80年代到90年代他还在世的时候就出现了——**工业增长、城镇扩张与农业增产、农民增收可以同步发生**——尽管其他地区的经验更支持很多学者基于理论逻辑的观点，认为工业化和城市化必然导致“三农”衰败。

只不过，苏南模式于20世纪90年代后期随着苏南乡镇企业的改制而逐渐淡出了只会庸俗地“以成败论英雄”的官员和学者们的视野，这些一度有效的经验也被低俗化的研究者们冠以意识形态帽子之后束之高阁。①

苏州工业园区的历程表明，至少截至2015年，村社理性在园区土地的低成本开发中仍然具有重要作用，它使得园区在发展过程中虽然总体扩张速度很快，但土地拆迁的现金成本和社会成本相对较低，社会阵痛相对温和。反过来说，乡土社会腹地也是园区的“无风险资产”，这是被迫从马来西亚独立出来的新加坡所无法比拟的。

---

① **乡镇企业改制并不是乡镇企业自身的问题，而是20世纪90年代末中国在严重危机局面之下一系列激进制度变迁、向“三农”转嫁危机代价的产物。**课题组曾在以前的研究中指出，20世纪90年代中后期，苏南乡镇企业改制的**本质是经济危机条件下政府在不经济的情况下“退出”**——宏观经济萧条时乡镇企业债务风险爆发，地方政府从被转嫁了制度成本的乡镇企业退出，转而与享受国际国内各种制度红利的外资寻求合作，遂有21世纪以来的“新苏南模式”。参见本书上卷。

附件 1　美国 IT 业发展与全球 FDI 流动

当代 IT 技术的前身是现代情报技术，发端于 19 世纪末，而广泛应用于冷战时期。下面择要述之。

19 世纪末，美国 H. 霍勒里思发明的穿孔卡片，是现代情报技术与情报处理结合的最初应用。1946 年 2 月，美国宾夕法尼亚大学莫尔学院制成世界第一台 ENIAC 电子计算机，为情报技术的发展奠定了基础。1954 年，美国海军军械试验站图书馆利用 IBM701 电子计算机建立了世界上第一个情报检索系统。1959 年，美国 H. P. 卢恩利用 IBM-650 电子计算机建立了世界上第一个定题情报提供（SDI）系统。这个时期的情报输入输出设备为卡片穿孔机和纸带穿孔机，存储设备为磁带存储器，因而建立的情报检索系统为脱机批处理系统。20 世纪 60 年代以后，磁鼓、磁盘开始用作主要的辅助存储器，中、小型计算机发展迅速，许多文献工作机构利用计算机建造文献数据库磁带，并利用计算机编辑出版情报刊物。1962 年，美国麻省理工学院的 M. M. 凯塞利用 IBM709 电子计算机和 IBM2741 多通道控制台进行了世界首次联机情报检索试验。

20 世纪 70 年代以来，各类计算机的性能迅速提高，全数字通信网开始应用，以文字、数值、图形图像、声音等信息为载体的各种文献型、事实型、数值型、图像型数据库大量产生，个人计算机技术快速发展。

1977 年，史蒂夫·乔布斯（Steve Jobs）和史蒂夫·伍茨尼亚克（Steve Wozniak）发明了著名的苹果Ⅱ型家用电脑；1981 年第一台 IBM 私人电脑投入市场；1985 年第一个版本的 Windows 操作系统问世——

这些发明，使得每个人可以用数字化格式处理、写作、掌握和传播比以往多得多的信息。[①]

1995年8月9日，Web的出现和网景公司的上市标志着互联网时代的到来，人类从此可以以极低的成本进行全球沟通。其技术发明的演进过程是：

英国物理学家蒂姆·伯纳斯·李1991年创造了万维网（World Wide Web）并建立了第一个网站，使因特网（Internet）活跃起来——万维网创造了一个魔术般的虚拟世界，每个人都能把自己的数字化信息传到网上，其他人可以很容易地接触这些信息；各种搜索引擎出现了，人们可以在网站上方便地寻找各种网页。

1999年6月14日的《时代》杂志在其人物简介中认为，伯纳斯·李是20世纪最重要的100位人物之一。《时代》杂志这样总结他建立的万维网："万维网可是伯纳斯·李独一无二的创造。他设计出了万维网……并且，他……努力让万维网保持开放、非私人专有和自由浏览。"他普及了"一个相对易学的编码系统——HTML（超文本标识语言）……他设计了一个网址分配方案，或者说统一资源定位器（url，universal resource locator），为每一网页分配一个特定的位置。他还创建了一套规则，允许通过因特网把这些文件连接到各台计算机上。他把这套规则称为超文本转换协议（HTTP，HyperText Transfer Protocal）。……伯纳斯·李把万维网的首批（但不是最后一批）浏览器拼凑在一起，这使得任何地方的用户都能在他们的计算机屏幕上看

① 本段及以下关于IT产业发展脉络的梳理，如无特殊标注，均摘引自［美］托马斯·弗里德曼：《世界是平的（第2版）》，何帆、肖莹宝、郝正非译，湖南科学技术出版社2006年版。

到他的创新。1991年，万维网横空出世，立刻为混乱的电脑空间带来了秩序和透明。从那时起，万维网和因特网合二为一，用户通常以指数幂的形式递增。就在5年之内，因特网的用户数量从60万人上升到4亿人。这表明，平均每隔53天用户数量就会翻一番”。

和伯纳斯·李的发明一样重要的是那些安装和使用都很方便的商业浏览器。第一个流行起来的浏览器是美国加州芒廷维尤市的一家新公司——网景创建的。网景的迅速崛起是因为有上百万台电脑已经配有调制解调器，这是基础；网景所做的就是给这些电脑再加一个新的应用软件——浏览器，让电脑对人们更加有用。这反过来也导致对数码产品需求的猛增和因特网的繁荣。网景在1995年8月9日上市，正式宣布了互联网时代的到来，也导致了网络股泡沫的出现和对光纤电缆的过度投资。正如网景公司前首席执行官巴克斯代尔说的：“我们发起了网络泡沫。”

在欧美及亚洲多个国家的股票市场中，与科技及新兴的互联网相关企业的股价高速上升，在2000年3月10日NASDAQ指数到达5048.62的最高点时到达顶峰。

接下来发生的一件大事，是IT泡沫的崩盘。

这个“过山车”一般的过程，见专栏31。

专栏31

美国IT业“过山车”：1995—2001

1994年，Mosaic浏览器及万维网（World Wide Web）的出现，令互联网开始引起公众的注意。初期，人们只看见互联网具有免费出版及即时世界性资讯等特性，但人们逐渐适应了网上的双向通信，并开启了以互联网为媒介的直接商务（电子商务）及全球性的即时群组通信。

这种可以低价在短时间内接触世界各地数以百万计人士，可以即时把买家与卖家、宣传商与顾客以低成本联系起来的新的媒介与技术，改变了传统商业信条包括广告业、邮购销售、顾客关系管理等的运作方式。互联网带来了各种在数年前仍然不可能实现的新商业模式，并引来风险基金的投资。

一个规范的“DOTCOM”商业模式①依赖于持续的网络效应，以长期净亏损经营来获得市场份额为代价。公司期望能建立足够的品牌意识，以便收获以后的服务的盈利率。“快速变大”的口号诠释了这一策略。在亏损期间，公司依赖于风险资本，尤其是首发股票（所募集的资金）来支付开支。这些股票的新奇性，加上公司难以估价，把许多股票推上了令人瞠目结舌的高度，并令公司的原始控股股东纸面富贵。

一小部分公司的创始人在DOTCOM股市泡沫的初期，公司上市时获得了巨大的财富。这些早期的成功使得泡沫更加活跃，繁荣期吸引了大量前所未有的个人投资，媒体报道了人们甚至辞掉工作专职炒股的现象。

正如苏广平所说：股市对经济的敏感、放大和反馈功能，为投机性人为炒作留下了足够的空间。股市上只要有好题材，就会有人炒，而且有人信。IT高科技，特别是网络的概念很新颖，没有可比性，正是投机者炒作的最好题材。于是，有人鼓吹“网络经济3年等于工业经济70年”，有人甚至说“互联网颠覆了一切经济规律”。在风险投

① 指的是再国际互联网的商业应用得到广泛普及后，没有传统商务作支撑，通过在国际互联网上建立商业站点，专业从事电子商务。

资抢先注入的带动下，国内外资本在短期内涌入盈利模式尚不清楚的互联网领域，同时带动其他 IT 企业的股价也急剧上涨。投机炒作使越来越多的人因上涨预期而入市抢购，而抢购又使股价进一步上涨并再次增强上涨预期，于是就形成了股价飙升的"大牛市"。

但是，过度膨胀的股市泡沫不可能长期维持。当互联网企业连续亏损的事实一旦形成强烈的利空预期，离谱股价止升回跌，立即就出现了下行的反馈振荡，导致股市"崩盘"。

"崩盘"以后，股价下跌的速度和幅度同样放大了实体经济衰退的程度。网络经济泡沫的崩溃在 2000 年 3 月到 2002 年 10 月间抹去了技术公司约 5 万亿美元的市值。

有人认为，网络经济泡沫的破裂促成了美国房地产泡沫的产生。耶鲁大学经济学家罗伯特·希勒 2005 年说："一旦股市下跌，房地产就成为股市释放的投机热潮的主要出口。还有什么地方可以让冒险的投机者运用他们新吸收的商业奇才。大房子所展现的实利主义也已成为自尊心受挫的失望的股票投资者的奴隶。这些天来，整个国家在痴迷程度上唯一与对房地产的痴迷度相同的东西只有扑克。"

资料来源：苏广平：《关于 IT 经济泡沫的反思（中）》，2004 年 7 月 21 日，见 http://www.eepw.com.cn/article/27.htm。

2001 年，美国 IT 股市泡沫破灭，却使亚洲国家获得了一个逆势而上搭乘 IT 业快车的机会。原因在于：IT 泡沫繁荣期那些超前的投资，从经济意义上讲固然是充满了风险，但从技术意义上讲，"即使是过度投资也能带来意想不到的积极效果。正如我们在铁路行业和汽车行业的发展过程中所看到的……网络股的繁荣导致光纤电缆公司的过度投资，这些公司在陆上和海底铺设了大量光纤电缆"…… **"光缆一旦铺**

设下去就很难再挖出来，所以通信公司破产后，银行通常会把他们接管过来，把原来1美元铺设的光缆以10美分的价格出售给新公司……极大地降低了拨打电话和传送数据的成本”。①

一个典型的例子是网络建设。在IT经济泡沫膨胀时期，对互联网通信量增长的预测是每100天翻一番。据统计，1999年美国投向网络的资金即达1000多亿美元，超过以往15年的总和。1998年到2001年，埋设在地下的光缆数量增加了5倍。当互联网泡沫破灭时，美国地下已延绵铺设光缆约6240万公里。②

股市繁荣意味着投资资金是免费的。在5—6年的时间内，通信公司共投资了大约1万亿美元用于铺设各种光缆，而且没有人对未来的需求产生过怀疑。③

同时，技术进步提高了每根光缆的传输能力，美国光缆网络的总传输能力在短短几年间增加了数十倍。而需求的增长则滞后而缓慢得多，即使在高速成长前期，互联网通信量的增长也只能达到每年翻一番，后期的增长速度还要下降，2002年全球互联网容量的增长不到40%。④

另一个典型是半导体产业。20世纪末，由于电子设备生产高速增长带动半导体市场大幅增长，各半导体厂商争相投入巨资，建设新一代芯片生产线，先是竞相建设每条约需10亿美元的8英寸生产线，后来又抢先建设每条需20亿—30亿美元的12英寸生产线。⑤

---

①　［美］托马斯·弗里德曼：《世界是平的（第2版）》，何帆、肖宝宝、郝正非译，湖南科学技术出版社2006年版。

②　苏广平：《关于IT经济泡沫的反思（中）》，2004年7月21日，见http://www.eepw.com.cn/article/27.htm。

③　同注①。

④　同注②。

⑤　同注②。

正是互联网泡沫时期巨额投资建造的这些互联网基础设施，使得以此为基础的各种虚拟空间软件有了广阔的市场，**既缩短了发达国家与发展中国家的数字鸿沟，也缩短了二者之间的产业鸿沟**——或者说，互联网泡沫巅峰时期投机资本向其他产业外溢，并最终与房地产业紧密结合，极大地拉升了互联网泡沫核心国家实体产业的运营成本，迫使这些国家的产业资本向发展中国家转移，而缩短了的数字鸿沟强化了此举在经济上和技术上的可行性。

“离岸经营”和“服务外包”应势而出。与 20 世纪 60 年代发达国家制造企业把部分业务外包到国外的经历相类似，过去 10 余年离岸服务外包或海外服务外包的快速发展，已成为服务外包的又一特征。据估计，2001 年所有离岸服务出口的市场规模约为 320 亿美元，其中主要的出口提供者为爱尔兰、印度、加拿大和以色列。据 IDC（国际数据信息）统计，全球外包服务方面的开支从 1998 年的 990 亿美元、2001 年的 1500 亿美元增长到 2004 年的 3000 亿美元，复合年均增长率为 12.2%，亚太地区增长率则为 15.1%。其中，软件服务跨境外包市场平均每年以 29.2% 的速度增长。IT 带动的离岸服务增速最快，据 UNCTAD（联合国贸易与发展协会）估计，2002 年，IT 带动的离岸外包大约有 13 亿美元，占全球外包总量的 1% 左右。[①]

“离岸经营”与“服务外包”共同解释了 2001 年以来全球 FDI 的流向变化。**2001—2003 年，全球 FDI 流入量分别比上年减少了 41.1%、17.0% 和 17.6%**。但将全球 FDI 流动进行分区域考察会得到更有意思的发现：发达国家减少的 FDI 流入并没有均匀地流向发展中国家。尽管发展中国家作为一个群体出现了复苏，FDI 流入量增长了

① 邹全胜、王莹：《服务外包：理论与经验分析》，《国际贸易问题》2006 年第 5 期。

9%，达1720亿美元，但分区域看，非洲和亚洲及太平洋出现增长，而拉丁美洲则持续下降（见表3-7）。

表3-7　1992—2003年全球各区域FDI流入量

单位：10亿美元

区域/国家	1992—1997（年平均）	1998	1999	2000	2001	2002	2003
发达国家	180.8	472.5	828.4	1108	571.5	489.9	366.6
西欧	100.8	263	500	697.4	368.8	380.2	310.2
日本	1.2	3.2	12.7	8.3	6.2	9.2	6.3
英国	60.3	174.4	283.4	314	159.5	62.9	29.8
发展中经济体	118.6	194.1	231.9	252.5	219.7	157.6	172
非洲	5.9	9.1	11.6	8.7	19.6	11.8	15
拉美和加勒比	38.2	82.5	107.4	97.5	88.1	51.4	49.7
亚洲	74.1	102.2	112.6	146.1	111.9	94.4	107.1
太平洋地区	0.4	0.2	0.3	0.1	0.1	0.1	0.2
中欧和东欧	11.5	24.3	26.5	27.5	26.4	31.2	21
全球	310.9	690.9	1086.8	1388	817.6	678.8	559.6

资料来源：辛洁：《全球FDI向服务部门转移的趋势分析和对中国的政策建议》，硕士学位论文，南开大学，2005年。

2003年，亚太地区的FDI流入量比上年增长14%，达1073亿美元。其中，34个经济体的流入量增加，21个经济体的流入量减少。流入量集中在东北亚和服务业，其中**中国成为2003年全世界除卢森堡以外（多为转口投资故不可比）最大的FDI吸收国，FDI流入量为535.1亿美元**。东南亚的流入量上升了27%，达190亿美元；南亚获得了60亿美元，增长34%；中亚61亿美元，增长35%；西亚41亿美元，增长14%；太平洋诸岛2亿美元。[①]

① 辛洁：《全球FDI向服务部门转移的趋势分析和对中国的政策建议》，硕士学位论文，南开大学，2005年。

2003年的截面数据也给出了中国相对地位的变化。如果将中国的纵向数据加进来，可以发现**中国FDI的流入规模有一个马鞍形变化：从1998年遭遇东亚金融风暴陡然下降，自2001年再度开始向上攀升——恰是美国IT泡沫破灭发生的同一年**（见表3-8）。

表3-8 1983—2012年中国实际利用外资统计

单位：亿美元

年份	对外借款	外商直接投资（FDI）	外商其他投资	FDI相当于GDP的比重	实际利用外资总计
1983	10.7	9.2	2.8	0.3	22.7
1984	12.9	14.2	1.6	0.5	28.7
1985	25.1	19.6	3.0	0.6	47.7
1986	50.1	22.4	3.7	0.8	76.2
1987	58.1	23.1	3.3	0.7	84.5
1988	64.9	31.9	5.5	0.8	102.3
1989	62.9	33.9	3.8	0.8	100.6
1990	65.3	34.9	2.7	0.9	102.9
1991	68.9	43.7	3.0	1.1	115.6
1992	79.1	110.1	2.8	2.3	192.0
1993	111.9	275.1	2.6	4.5	389.6
1994	92.6	337.7	1.8	6.0	432.1
1995	103.3	375.2	2.9	5.2	481.4
1996	126.7	417.3	4.1	4.9	548.1
1997	120.2	452.6	71.3	4.8	644.1
1998	110.0	454.6	20.9	4.5	585.5
1999	102.1	403.2	21.3	3.7	526.6
2000	100.0	407.2	86.4	3.4	593.6
2001		468.8	27.9	3.5	496.7
2002		527.4	22.7	3.6	550.1
2003		535.1	26.4	3.3	561.5
2004		606.3	34.4	3.1	640.7

（续表）

年份	对外借款	外商直接投资（FDI）	外商其他投资	FDI 相当于 GDP 的比重	实际利用外资总计
2005		603.3	34.8	2.7	638.1
2006		630.2	40.6	2.4	670.8
2007		747.7	35.7	2.3	783.4
2008		924.0	28.6	2.1	952.6
2009		900.3	17.7	1.8	918.0
2010		1057.3	30.9	1.8	1088.2
2011		1160.1	16.9	1.6	1177.0
2012		1117.2	15.8	1.4	1133.0

数据来源：中国统计摘要 2013。

发达国家吸收 FDI，主要缘于投资者对于资本市场高收益的预期。而**中国吸引的发达国家的投资，则 2/3 左右集中在制造业**。从 1999 年到 2002 年，投资于第二产业的 FDI 占中国 FDI 总额的比重持续上升，在 2002 年达到了 74.8%，而后直到 2005 年大致稳定于 74%左右。在第二产业中，FDI 大多集中于工业部门，而在工业部门中，FDI 又多集中于制造业。这一分布特征主要与中国低廉而充裕的劳动力、原材料供应有关。制造业可以获得长期稳定的投资回报，再者，中国的税收优惠政策有利于外商降低成本，在提高竞争力的同时获得广阔的市场。① 2001 年以后的这一轮投资，重点集中在 IT 产业。由于 IT 产业在互联网的拉动刺激下，生产逐渐形成了标准化、模块化的特征，因此，发达国家或经济体往往将 IT 产业中的设备制造环节转移到中国来。

① 资料来源：彭曈、梁爽：《外商直接投资在三次产业中的分布及评价》，《中国科技投资》2010 年第 4 期；李文晶：《中国 FDI 与经济增长的产业分析》，2014 年 6 月 7 日，见 http://ems.nwu.edu.cn/economic/26/lianjie/papers/3.htm。

值得注意的一个变化是，在2005—2008年，第三产业吸收FDI占中国FDI总额的比重从当年的24.74%跃升至41.72%，短短的三年期间提高了16.98个百分点。与此同时，第二产业FDI比重则由74.07%降至56.66%，降幅达17.41个百分点。截至2008年年底，中国在第一、二、三产业中实际利用FDI占当年利用外资总规模的比重分别为1.29∶56.66∶41.72。[①]

更需要注意的是，中国大量吸引FDI并未拉动国内产业按照预期进行升级和结构转换，中国不过是以一种“加工制造”转向另一种低附加值的“加工制造”。FDI的投资收益之高，既加速了美国资本市场的繁荣，帮助美国迅速走出IT泡沫崩灭引发的金融危机；也加剧、加速了资本市场对产业的挤出效应和产业空心化，从而酝酿下一场危机。

附件2　集体经济与村社理性的关系

一、集体经济对村社理性的影响：以娄葑镇为例

（一）娄葑镇的经济发展历程

1994年苏州工业园区建立，娄葑乡划出8平方公里作为苏州工业园区首期开发用地，在划定的8平方公里内的原有工厂全部搬迁。娄葑乡人民政府借机对全乡的乡办、村办工业进行调整，重新规划南部星红工业小区和北部洋板泾工业小区。1994年9月15日，娄葑乡人民政府开始建造星红、洋板泾两个工业小区，占地分别为665亩和500

① 彭曈、梁爽：《外商直接投资在三次产业中的分布及评价》，《中国科技投资》2010年第4期。

亩。1995年5月底在8平方公里内的乡、村办企业开始向南北两个工业小区迁移。[①] 1997年，娄葑乡的乡村办企业搬迁就绪，并先后投入生产，**所安置的企业既包括原有的村办工业和乡办工业，也包括新引进的外商投资企业。这些外商投资企业以苏州工业园区的产业配套为主。**

耕地的资本化收益在镇、村两级的分配主要是：镇政府获得了资金要素——成规模的土地补偿款（全部补偿款的85%）的资本化权利，并将增值收益作为集体资产滚动开发，对于增加社区内就业（如保洁等）、解决失地农民的就业安置问题发挥了积极作用；部分收益以再分配方式直接用于社区居民福利；最近开始将部分收益以股份分红形式返还给农户。

原村集体建设用地的资本化权利随行政村集体转入新的居住小区。园区根据发展规划，在新规划的镇级开发工业区范围内另征一块地，按70%的比例对原村集体建设用地进行土地实物补偿，并转入动迁后新集中居住小区的居委会（形成了新的地缘关系，但仅有居住上的相邻），由居委会或镇里开发运作。**这块资产也享受到了园区不断提高的资本溢出效应。**

这种土地指标空转的现象在长三角普遍存在，称为“飞地”。

1997年9月23日，娄葑乡建立娄葑示范区，洋板泾工业小区划归娄葑示范区管理。入驻有苏州怡丰种苗有限公司、苏州米兰花卉有限公司、苏州欣厚塑胶有限公司等22家外商（包括境外）投资企业。[②] 至1999年，星红工业小区建成标准厂房15万平方米，新增外商（包括境外）投资企业16家。

在此过程中，娄葑镇的乡镇企业也陆续开始改制，**两个工业小区原**

① 吴万铭：《娄葑镇志》，方志出版社2001年版，第125页。

② 吴万铭：《娄葑镇志》，方志出版社2001年版，第126页。

有的村办和乡办工业被转换成个体、私营、股份合作及有限责任公司。至1999年年底，全镇共有民营企业596个（其中私营企业413个，有限公司171个，股份合作企业6个，合资企业2个，联营企业4个）。[①]

为了对客观事物进行清晰的呈现，本部分在对娄葑镇的经验历程进行分析的时候，引入了一个比较对象——斜塘镇。

娄葑镇和斜塘镇都是苏州工业园区下辖的乡镇，两者由于开发的时间不同，治理结构的变迁表现出鲜明的差异。娄葑镇地处苏州老城区东郊、金鸡湖西侧，位于苏州工业园区首期8平方公里的范围内；斜塘镇地处金鸡湖和独墅湖东侧，2001年以后，该镇斜塘河以北的区域被纳入苏州工业园区开发规划之中。

娄葑镇（乡）的集体经济实力较为雄厚，20世纪80年代的发展就基本形成了纺织、电子、化工、医药、建材、机械等多个工业门类，1993年全乡实现工业总产值超过20亿元，工业已经取代农业占据了全乡经济的主导地位。[②] **在苏州工业园区落户苏州之初，娄葑镇（乡）能够依托业已成型的集体经济实力，利用苏州工业园区优越的对外开放条件[③]，对镇域产业分布格局进行调整，在镇南、镇北分别建立了星红和洋板泾两个工业小区，从无到有地大力发展外向型经济。**到

---

① 吴万铭：《娄葑镇志》，方志出版社2001年版，第126页。

② 吴万铭：《娄葑镇志》，方志出版社2001年版，第3—4页。

③ 一位受访者指出，园区对外开放对于乡镇企业的带动作用表现在：一方面，20世纪90年代时苏南乡镇企业还比较厉害，而城市经济因为制度原因，正处于不改革就无法走下去的境遇，这时外资企业的进入就给苏州本地的产业提供了提升机会，很多需要改革的企业被跨国公司收购，人员就业问题解决了，机器设备和厂房重新利用起来了。另一方面，由于跨国公司的产品面对的是全球性的市场，对配套产业的要求也是国际标准，这就带动了配套企业的升级，“新加坡就像一个中间人，让我们与国际对接”。也就是说，园区通过引入在产业链上比较有拉动作用的企业，带动园区内企业与本地企业在产业链上的合作，促进本地产业发展，解决了农村工业化的转型升级问题。

1999 年年底，全镇（乡）外商投资企业 87 个，累计引进合同外资 2.9 亿美元，实际到账外资 1.1 亿美元。①

斜塘镇 1996 年开展以产权制度改革为重点的企业转制、改制工作，经过两年时间彻底完成。改制之初，镇办企业 21 个，村办企业 103 个，至 1998 年 10 月，保留集体经营的企业 6 个，其中镇办企业 2 个：斜塘建筑公司（于 2000 年 6 月停业，公司资产全资拍卖）、斜塘房地产开发公司；村办企业 4 个：姚墓村的电镀厂、化工厂和东长村的塑料厂、纸箱厂；实行股份制的 2 个：旺墓村的苏光一分厂、光学仪器厂；实施租赁的 83 个，其中镇办 14 个，村办 69 个（其中动产拍卖 12 个）。②

亦即，2001 年苏州工业园区扩展到斜塘镇时，其乡镇企业已基本完成私有化、民营化改制，集体经济实力严重削弱，全镇缺乏整合镇域内资源的能力，也就不能如娄葑镇（乡）那样借机进行产业结构升级，而直接纳入园区垂直的土地资本化开发；因为缺乏以自有财政反哺社区的能力，而与园区管委会形成“收支两条线”的财政关系。

动迁最早的一批村是以村集体更名的居委会为单位进行土地资产的开发（当时园区的经济实力也弱，没有那么大的开发能力）；也有的镇（如斜塘）是将各村的建设用地集中开发，下辖的各居委会往里招商引资。两镇比较可知差异，娄葑镇的村集体经济比较强，前 12 个村的财政收入占全镇的 40%。

总之，娄葑镇和斜塘镇乡镇企业的**产权结构不同，集体经济实力不同，被纳入苏州工业园区的时间点不一样，形成了二者不同的制度起点，**对其后的发展变迁产生了不同的路径依赖。

---

① 吴万铭：《娄葑镇志》，方志出版社 2001 年版，第 3—4 页。

② 俞文浩：《斜塘镇志》，方志出版社 2001 年版，第 170 页。

（二）镇属国有公司的经营及对村社的反哺机制

在苏州工业园区经济和社会发展的过程中，娄葑镇一级政府发挥了非常重要的作用，其作用主要在于协调和处理拆迁过程中遇到的一系列问题，而**发挥作用的关键点在于娄葑镇以集体经济为基础而形成的雄厚的财政实力**。

经济发展和财政实力的增强是通过娄葑镇直属的六大公司进行的，这六大公司都与土地开发直接相关，工作重点是打造引进外资的配套环境，包括土地拆迁和动迁房的建设等基础设施建设，娄葑镇的企业也进一步向外向型经济转型，原有的一般贸易企业转变为加工贸易型。此外，这六大公司还承担着对镇内商业资源和土地资产进行开发和升级改造的任务，以提高镇域内的土地收益。

2007 年，全镇实现地区生产总值 195 亿元，地方一般预算收入 17.5 亿元；2008 年，娄葑镇主要经济指标年均增幅达 30%左右，农民人均纯收入超过 1.4 万元。[①] 娄葑镇先后获得了江苏省农村社会经济综合实力第一镇、江苏省外向型经济第一镇、全国千强镇排名第 5 等荣誉称号，这与下面的六大镇属公司的经营运作是分不开的。

· 建发公司——主要负责动迁房的建设——即解决征地之后失地农民的住宿问题；

· 高新公司——负责基础设施的建设和改造（路面、水、气等工程）；

· 创投公司——主要负责老娄葑镇的工业用地的开发；

① 资料来源：课题组实地调研访谈。本部分以下文字如无特殊说明，数据均来源于课题组实地调研访谈。

· 东景公司——主要负责原先斜塘镇一块工业用地开发；

· 东坊公司——主要负责车坊镇并过来的那一块工业用地的开发；

· 商业旅游经济发展有限公司（后并入富民公司）——主要负责商业街的开发，现在主要的业务都划给了富民公司。

1. 商旅公司对于娄葑镇三条商业街的改造

娄葑镇原有三条商业街，一条为葑谊商业街，另两条为斜塘莲花商业街和东振路商业街。葑谊商业街原来是由开发商建好后卖给私人业主，私人业主再将店面出租，都是一些油漆店、摩托车修理店等较脏乱差的铺面，产业的层次比较低。2003 年，政府决定调整原来的业态，组建了商旅公司[①]，由高新公司拓宽街道路面，重新规划，打造新的餐饮休闲娱乐项目，然后由商旅公司进行店面租赁的流转——原来业主租出的租金为 25 元/平方米，商旅公司以 30 元/平方米的价格从业主手中租入，再以 40 元/平方米的价格重新租出，一年差额为 100 多万元。

斜塘莲花商业街和东振路商业街分别于 2005 年和 2006 年由建发公司开发建好店面，然后由商旅公司招商（2006 年 12 月成立富民公司后，商旅公司的这两条商业街作为优质资产被划入富民公司名下）。这两条商业街原来所在地为绿化用地，无法向外拍卖，政府利用动迁小区的配套建筑面积不足的政策空间将其利用开发。2009 年的收益在 1000 万元左右，主要用来对失地农户的入股进行分红回报（每股 3000 元，每户最多 2 股）。这个分红由政府兜底——政府承诺不低于一年

① 商旅公司、文体中心和富民公司为一套班子，商旅公司于 2003 年组建，股东为高新、建发和经济发展有限公司三大公司，都是政府的全资公司。

10%的回报率，若经营收益率低于10%，则由政府补足其与10%的差额部分（银行一年期活期存款利率为2.25%）。

2. 富民公司对村社成员的社会化收益分配

值得一提的是，镇属公司通过对失地农民安排就业和股份分红，对社区成员进行社会化的收益分配，**延续了村社集体在农民收入分配中的部分角色，客观上也就延续了村社理性的机制**，降低了失地农民由分散的村庄居住转向小区集中居住的社会成本。

以娄葑镇的富民公司为例。

富民公司是由创投公司和金益（社区）经济发展有限公司这两大股东于2006年12月16日共同投资5000万元注册成立的，其中创投公司出资金额为3000多万元，金益公司为1000多万元。金益公司是金益社区的集体资产，现已从富民公司退出，创投公司增加货币投资至10637.9万元。

股份合作制的建立。富民公司成立的初衷是让被征地农民入股参与分红，但农民个体分散且现金流不稳定，因此富民公司以全镇28个村或社区为单位作为股民代表，每个社区有10万元的干股（政府出钱挂名，设置干股的原因是考虑农民的闲散资金不稳定，若急用时可由社区垫资周转，本镇失地农民入股后只能在社区内部转让，不面向全社会，操作时一般是村民转让给社区，社区再进行处理），农民到社区入股作为股民，社区再面向农民发放股金分红。至2010年3月，富民公司注册资本达1.5亿元，其中各村、社区注资280万元，农民入股11359户共6661.8万元（每户按2股共6000元现金入股，农户总数为31996户，入股户数约达1/3），垫本股1930股共5790000元（垫本股是指政府为残疾人每人垫资1股，分红为正常的一半）。2006年刚开始操作时，只有几十户农民入股，因为农民有戒备心理，认为政府是缺钱才来集资的，2007 年看到有收益后才有人不断加进来，而且呈现出加速度的态势。

资产与经营情况。富民公司拥有资产建筑面积 23826 平方米，其中斜塘莲花商业街 10800 平方米，东振路商业街 13026 平方米，该资产投资 8478 万元，其中：土建造价估算 3678 万元（斜塘莲花商业街 1400 万元，东振路商业街 2278 万元），土地估算 4800 万元。该项资产最初不在公司账面反映，须经审计后由镇财政转入，这些土建是建发公司造好后转过来的。

小店铺的租金为 50—60 元/平方米，大店面为 30 元/平方米。2009 年房租收入 1025. 80 万元，其中斜塘莲花商业街 469. 53 万元，东振路商业街 556. 27 万元。2009 年总支出 270. 42 万元，其中维修及建造 112. 56 万元，工资福利 59. 62 万元，房产、营业税、所得税等税金 39. 67 万元，水电费 27. 16 万元，审计费 8. 44 万元，房屋检测费 7 万元，增资印花税 6 万元，垃圾清运费 5. 7 万元，公积金 1. 11 万元，办公设施折旧费 1. 1 万元，电话费 0. 91 万元，保洁用品 0. 77 万元，办公费 0. 23 万元，保险费 0. 15 万元。公司账面上显示利润为 321. 84 万元。另按正常开票须补交房租税 107. 43 万元，补交所得税 167. 06 万元。2009 年股金分红 433. 45 万元，因此净利润为 47. 35 万元。

如果要考虑到全镇农户 319996 全部入股，按照 10%的回报率分红，再加上集体股和垫本股，预计要建设 12 万平方米的厂房，年收入达 5000 万元，可分配利润 2000 万元，可维持 10%的入股分红。

政府有 47. 6 万平方米的商业地在建。2010 年在东振路商业街旁边的农贸市场附近建一个中心，有 52 间店面，因为外来很多小商小贩脏乱差，政府就建一个中心把这些小商小贩规范进去，这块资产政府已明确交由富民公司来招商。招商时考虑定位在中档的餐饮休闲娱乐及银行、邮政等便民的服务配套；招投标时优先考虑本地农民。

商旅公司还有 3 个农贸市场，有三四百个摊位。

吸纳劳动力情况。斜塘莲花商业街和东振路商业街上的本地人和外地人的比例约为 50∶50，一开始还是本地人多，政策也向本地人倾斜，即在同等条件下优先租给本地人。但本地人没有外地人吃苦，一段时间后还会转给外地人经营，因此现在外地人较多。莲花商业街 47 户人家（128 平方米一个门面），东振路商业街 6 户（一幢房子一个业主），总共 25 户本地人。本地年轻人在动迁补偿时有多余的一套房子可以出租，在找工作的时候首先问公司是否能上市，不能上市的话是否要三班倒，工作吃不吃力，三班倒的不上；还有很多岗位本地人做不来——四五十岁的人没文化没技术，没有适合岗位，只能做保洁、家政、环卫工人等。

公司采用收支两条线，农民交股金给公司，公司交给镇政府，收入也每月全部给镇政府；镇政府给公司下拨包括股金分红的预算支出，有每年预算、季度预算、月预算。所有会计都是镇里的委派会计。富民公司和富民合作社是不一样的，富民公司为富民投资公司，富民合作社有两个，其中一个是专业合作社，发展生态农业，还有一个原来是东景公司的 8000 元干股分红的运作。富民合作社是面向社区的，富民公司是面向全镇农民的。

除前面介绍的富民公司（含商旅公司）和无法进行访谈的高新公司外，其他镇属公司的基本情况如下。

3. 娄葑建发房地产公司

苏州工业园区娄葑建发房地产有限公司始建于 2000 年 7 月，注册资本2亿元人民币，是苏州工业园区娄葑镇政府下属的一个大型房地产公司。虽然公司叫作房地产公司，但主要从事工业园区娄葑、斜塘、车坊地区的动迁房的开发建设工作，主要建成的小区为莲花新村、荷韵新村、金益新村、东振小区、泾园新村等，总竣工面积达315万平方米、公建配套设施15万平方米，总投资达34亿元人民币。

建发公司的前身属于供销社管理，主要业务是工程建设，有几百名职工，是镇办企业。到2000年7月转制时，以前公司的品牌转给了私人，然后新建了建发公司。新的建发公司职能发生了改变，负责招投标管理，不负责具体的建设。业务范围在整个娄葑镇，早期1993年的时候是园区负责建设动迁房，公司只是做其中很小的一部分；2000年之后公司全部负责动迁房的建设，也包括斜塘和车坊的一部分（在区划调整的过程中，斜塘和车坊的一部分划给了娄葑）。

建发公司负责整个动迁过程中的动迁房建设这个时段，是拆迁办拆迁之后、社区居民入住之前的这一段时间。在动迁居民入住的时候，配合动迁办和社区交钥匙给社区动迁居民。**公司不存在盈利的考量，因为资金都是通过镇财政划拨的，公司通过负责动迁房的招投标和监控管理来控制造价，**建发公司主要承担的是镇里的项目[①]。

建发公司大的项目有2亿多元，小的项目也有4000万—5000万元。动迁房的建设现在比较少了，主要集中在2005年到2008年。斜塘镇是2002年、2003年拆迁的，动迁的农户在动迁房没有建好之前得

① 按规定，镇里的项目50万元以上的必须通过园区招标办来招标。政府的采购等也都有招标的规定。一般新农村建设的项目，在50万元以上的比较少，可以由镇里自行负责，如新农村建设中新居的改造，这些项目以前是建发公司做，现在交给高新公司了。公司现在的项目一般会超过50万元，低于50万元的项目比较少。

先找房子住，政府会给过渡安置费。建发公司项目一般的建设周期是6—7个月，大的项目要2年，主要负责建4层楼和5层楼的多层住宅。2003年总共盖了29万平方米的建筑面积，全是小高层，一共有23栋。公司建的是毛坯房，不负责装修。出现漏水和房子开裂时，公司要负责检修等，当然这些问题在验收的时候会进行检查。公司有剩余的动迁房进行买卖要交税。

在动迁时有多少动迁户，有多少动迁房，是需要提前上报给园区一级的，因此，园区一级给予修建小区的地是有规划的，不会多给地。但是在可以多造的情况下，公司会尽量利用机会。增建的房屋只要满足基本的要求就可以，比如通风、采光及居住的整个环境。一个大的社区动迁房能达到150栋，小的社区也有10栋。在实际操作的过程中，因为动迁是分批的，有时候出现的情况正好是一户或者两户农户没有地方可以安置，那么还必须去另找一个单元安置。正常来讲，一个单元8户，这样就多出了六七户。公司只有把动迁户安排完之后，多出来的才是商品房，一般多余的动迁房大概在10%左右。公司现在动迁房越来越少，剩余的动迁房都卖了。前几年虽然做过一个房地产项目，为东港新村一栋4层的多层和一栋11层的小高层，但是现在给动迁户来用，毕竟动迁房只有剩下的才能拿去卖。

建发公司的工程资金使用，一般是在工程竣工时支付65%的工程款，余下的工程款分2—3年付完。按月支付的工程，建发公司不付启动资金，承包公司要自己先垫付启动资金，最后在完工之后有一个审计过程，审计合格后款付清。娄葑镇没有由承包企业预先全部垫付的，都是建发按照工程进度来付。如果审计中发现问题的话，按照文件和招标的规定来处理。

所用的动迁建设资金是从镇里来的，但是在整个运营过程中要做账。对于每个月的工程量、每个施工队伍，建发公司都核实之后才能付款。比如，这个月公司需要 3000 万元，就把这 3000 万元上报，批准以后打过来，打过来以后公司按照工程量给各家发钱。公司要加工程款必须打报告，上边核实后拨款，公司再付款。

建发公司的考核指标，由镇里规定。今年开工多少平方米、完成多少都是硬指标，所以公司的主要任务就是两个：一是今年要开工多少，二是今年要竣工多少。公司在建工程有 3 个。工程 2—3 年之后完成。

公司职员将近 100 多人，5 个指挥部和一个总部。总部里设有财务、规划、档案、审计等办公室，有两个总工程师，还有一个售楼处，其有 20 多个人，既有公务员编制的、镇管干部编制的，也有企业编制的、事业编制的。各个指挥部负责人都由一个副经理兼职。公司的支出都由镇政府开支，管理费每年用多少都有规定。

4. 娄葑镇创投公司

娄葑创业投资发展有限公司成立于 2003 年 5 月，是苏州工业园区娄葑镇政府直属的集体制公司。当时注册资本金 5000 万元，娄葑高新出资 2000 万元（娄葑镇土地整体补偿款），校办公司资产经评估划入娄葑经发公司后作为 3000 万元出资。公司成立后，根据政府有关会议精神，将中拓大厦划归创投公司所有。2005 年 8 月，根据镇有关会议精神，将原创诚、创信和阳澄置业公司一同合并给娄葑创投公司，合并后的创投公司的注册资本金达 111145 万元。合并后的创投公司股东情况见表 3-9。

表 3-9 创投公司股东构成①

股东名称	股本（万元）	股份
娄葑经济发展总公司	69258.89	62.31%
新苏实业公司	6859.36	6.17%
倪庄经济发展公司（板泾）	2085.48	1.88%
洋泾实业公司	2101.87	1.89%
金益经济发展公司	2379.78	2.14%
葑塘实业公司	3466.14	3.12%
群力实业公司	5192.36	4.67%
团结经济公司	4649.75	4.18%
独墅湖实业公司	10741.90	9.66%
娄葑交通管理所	1421.42	1.28%
其他	2988.05	2.7%
合 计	111145	100%

股东按所入股资金每年获得7%的年金，不与公司的经营状况挂钩，政府保底支付；股东不干涉公司经营，公司也不干涉村集体股东的年金去向。

创投公司主要资产如表3-10所示。

表 3-10 创投公司拥有和经营的不动产面积

	建筑面积（平方米）	占地面积（亩）
娄葑北三期厂房58幢	334581.07	637
娄葑北三期打工楼8幢	38138.16	35
东区厂房9幢	42898	119
一斗山路厂房3幢	5779.91	8.7
合 计	421397.14	799.7

注：另有创投办公室面积998.10+605.47=1603.57平方米。

① 表中从新苏实业一直到独墅湖实业这些公司都是由原来村委会拥有的集体资产成立的公司。

除表 3-10 所列资产外，公司另有注册用地 7 块，土地总面积 420.91 亩（其中 19.48 亩为商业用途，其余均为住宅用地）；2009 年 3 月回收 22034 号地块，实际土地面积 358.68 亩。公司共有土地面积 1158.38 亩，房产面积 421397.14 平方米。

出租情况[①]如下：

北三期出租 291474.14 平方米，空余 43106.93 平方米，厂房出租率为 87%；

东区出租 39818.5 平方米，空余 3079.5 平方米；

一斗山路出租 2122.74 平方米；

其余娄东办事处等打工楼出租 1020 间，空余 844 间。

租金收入：厂房一层的租赁价格是 16—17 元/平方米·月，二层是 12—13 元/平方米·月，平均出租价格为 15 元/平方米·月，按照这个价格水平，全年租金收入估计在 4985 万元。主要的开支项是水电费（含路灯），约 36 万元/年。

此外，公司也将部分资金投入小额信贷公司以获得分红收益。据悉，2009 年公司从小额信贷获得的分红利润率高达 12%。

2009 年一年创投公司的营业额约为 4800 万元，上交房产税和营业税共 955 万元，包括物业、工资在内的各项管理支出约为 700 万元，股东年金支出 1700 万元，最后一项开支是正在建设的厂房的工程款。对于工程款，创投公司按总款项首付 20%开工，并按工程进度逐额拨款，一般竣工后支付总额的 60%—80%，剩下的 20%—40%两年或三年后付清。[②]

---

① 此处的数据截至 2009 年 4 月。

② 由于收支两条线的管理机制，创投公司董事长的绩效考核与公司的利润率无关，只有厂房的出租率和公司每年的营业额两项指标，因此课题组没能获得创投公司具体的利润率情况。

创投公司实行收支两条线，公司只能保留500万元的账面金额供日常开支和工资发放，每月超出部分由财政（镇财政）划拨走；公司若需大笔开支，由董事长向财政报告请求划拨。

公司有4.9亿元的流动负债，其中一年期以内的短期负债有1.99亿元。流动负债绝大部分是政府通过公司的平台向银行的贷款，由政府支付银行贷款利息，贷款方式包括房产抵押、找其他公司担保和信用贷款三种。

截至2015年，公司有镇管理干部24人，物业管理人员11人，保安18人（另有保安公司30人），保洁人员27人，其他（食堂、协管等）14人，合计94人（不含保安公司人员）。

5. 娄葑镇东景公司

东景公司主要是负责斜塘镇的工业建设用地的开发，其实体为东景工业坊。东景工业坊于2004年3月开始规划建设，占地面积650亩，总建筑面积42.5万平方米。其中标准厂房70栋，计33.5万平方米，便利中心公寓楼及商用楼计9万平方米。截至2015年，入住的企业达80家，厂房出租率为98%，形成了以精密机械制造电子电器及信息技术、轻工业为主的产业群。便利中心同时融酒店、餐饮、商业、金融、文化娱乐于一体，功能设施齐全，宿舍楼出租率为86%，入住人口已达9000多人。全年物业收入达5500万元人民币。

随着工业园区开发建设的不断加快，娄葑镇斜塘地区原有的33个村已全部动迁完毕，分别住进7个社区。2006年11月，娄葑镇党委政府将7个社区的账面资产、土地补偿金及拆迁的补偿金共3.68亿元，置换成娄葑东景工业坊的标准厂房，资产全部量化给33个行政村的所有社员，组建成苏州工业园区娄葑镇斜塘股份合作社。该合作社有三个显著的特点。一是规模大。总资产 3.68 亿元，涵盖 33 个行政村动迁建成的 7 个社区。二是受益面广。合作社共有 3.6 万名社员，涉及农户 1.3 万家。三是资产质量好。合作社净资产 3.55 亿元，占总资产的比率超过 96%，且主要是东景工业坊内的标准厂房等物业资产，资产收益率高，为繁荣稳定斜塘地区经济及社会各项事业发展起到了一定作用。2007 年已实现第一次分红 632 万元，2008 年分红 760 万元，2009 年分红 1313 万元。三年累计分红 2705 万元。

6. 娄葑镇东坊公司

东坊公司于 2006 年刚成立，包含有 20 万平方米的标准厂房；出租平均价格 12 元/平方米（分楼层），出租对象为各种各样的企业；2.2 万平方米商业店面房，主要是优惠出租给失地农民用的，租金一平方米 30 元左右，高低楼层的价位有所不同。使用者原则上是当地的老百姓优先，解决他们的就业问题。此外，还有一个 7000 平方米的农贸市场，一个 17 平方米的幼儿园和 9 万平方米的职工宿舍。

东坊公司是集体资产的组合投资，定位为“动迁老百姓的富民载体”。主要的资金来源分为两个部分：一部分是土地补偿款入股，还有一部分是原来各个村的厂房。人均 8000 元。注册资本 4.5 亿元，其中 2.5 亿元来自原来 8 个村和 1 个居委会，2 亿元来自政府财政投入。股份平均分配到老百姓，每个人都不吃亏。分红由政府托底，至调研时已进行了 2 年，每人 200 元。

公司 2009 年的营业额是 1500 万元，主要是厂房的租金收入。主要业务不涉及房地产开发。纳税 130 万元，主要是租赁税。公司没有负债，主要是靠政府的财政扶持，一般不和银行打交道。公司现在累计的固定资产是 6 亿元。其中政府在里面有 3 亿元投资，公司建厂房要通过园区公开招标；公司是按工期付款，中标的不一定是本地公司，外地公司和本地公司都有。

职工包括 5 个领导，16 个职工，合同工 30 人，主要为保洁保安等。领导之外的职工工资每年 3.5 万—4 万元，按照工龄每年再增加；合同工工资 2.5 万元一年。其中，招商部部长和董事长是苏州公务员，总经理一年的工资是 20 万元，董事长的工资是 25 万元。公司一年的工资支出总共为 100 多万元。总的办公费用和招待费用为 25 万元。随着公司资产的增加，员工的工资也会逐渐增加。正式人员要通过镇里招聘，董事长没有权力招聘任何一个员工，员工聘用的决定权在党委。

（三）斜塘镇的变迁过程比较

斜塘镇的乡镇企业早在 20 世纪 70 年代初就已初具规模，并作为先进典型在全县介绍经验。80 年代初，全社共有社队办企业 200 多家。1996 年 11 月 20 日，斜塘借助工业园区的辐射优势，在苏虹机场路两侧，首创民营工业区。该民营工业区由苏州工业园区苏州财团提供 60%注册资金，斜塘分区经济发展有限公司提供 40%的注册资金，注册资金 3000 万元，是一个以高新科技为先导、现代民营工业为主体的高水准工业小区。基础设施建设由斜塘镇投资 4000 万元，很快实现“六通一平”（六通：通道路、电力、供水、通信、有线电视、污水处理，一平：土地平整）。[①]

斜塘民营工业区的企业涵盖机械电子行业、轻工工艺行业、针织服装行业、化工行业、贸易公司等，其中以机械电子行业和轻工工艺行业为主。机械电子行业主要是给苏州工业园区中的中新合作区内的

---

① 俞文浩：《斜塘镇志》，方志出版社 2001 年版，第 170 页。

外资企业做产业配套，大多是精密器械、电子行业。机械电子行业的企业达92家，均为1997年后创办的民营企业，注册资金人民币8300万元和美元842.4万元，分别占注册资金人民币、美元总数的18.6%和85.3%。主要生产精密机械、电子电器、复塑钢板、模具、传动链条、非标轴承、点钞机、网络科技等产品。①

苏州工业园区原来的轻工业基础较为雄厚，因此斜塘民营工业区的轻工业占比较高，大多是转制后的企业。轻工工艺的企业达118家，均为1997年后创办的民营企业，注册资金人民币18396万元和美元74.9万元，分别占注册资金人民币、美元总数的41.30%和7.6%。主要生产塑料（胶）制品、塑钢家具、装潢设计、医疗保健、彩印制版、复合材料、建筑装饰、包装材料、丝织工艺、艺术制品、净化设备、自动门窗、办公用品、五金制品、阳光能源、压铸件、喷塑、锁具、木制品、啤酒麦芽、工程技术开发等。②

斜塘镇虽然产业发展很好，但现存的集体经济基础形式比较单一，主要体现在斜塘房地产开发有限公司上。该公司创办于1996年10月，属于斜塘镇的镇农工商总公司的下属单位，主要从事镇区内房地产开发经营。公司初创时无资金投入，无自有资产，无技术人员，只有7名员工（其中5名党员）。截至2000年，公司重点开发一号街坊区。一号街坊区南连淞江路，北至塘南街，西起华新路，东到莲葑路，原为宅前村的村镇接合部，均为废弃河浜、泥潭、丘墩及宅基地，环境脏，布局乱，开发条件差，并影响镇区总体形象。③

一位比较倾向于“自上而下”的开发方式的受访者，这样解释娄

---

① 俞文浩：《斜塘镇志》，方志出版社2001年版，第204页。

② 同上。

③ 俞文浩：《斜塘镇志》，方志出版社2001年版，第207—208页。

葑镇与斜塘镇的经济结构差异，兹录于此供读者参考：

> 老娄葑的模式和斜塘不一样，老娄葑是1994年时最早开发的，村内拥有集体资产保留权，村自己开发。但各村村干部能力参差不齐，有些村资产亏损，开发不成功。到2001年斜塘开始动迁时吸取老娄葑的经验，由镇政府统一将各村的集体土地和资产进行规划，开发工业坊建设厂房并租赁，再由镇政府给各村下拨预算支出。除了政府的全资公司，也有私人拍到土地建设后再卖出商铺，比如莲葑广场就是联合创投公司投资的。这种私人公司投资的商业街在娄葑镇有四块，有永旺商业广场、莲葑广场等，园区里面更多，拍下来后商业用地的使用权是40年。①

不同的发展模式，从经济发展的角度，也许是仁者见仁、智者见智，但在这种开发方式下社区治理的变迁很大程度上依赖于下文要讨论的“精英连续性”。

二、社区治理变迁中的精英与村社理性

这里的社区治理变迁，是随着社区变迁——从传统村落到现代小区的形态变迁——而发生的，有几重意思：一是传统乡村社区宅基地和耕地的动迁过程；二是传统村社就地安置后形成的新社区的治理；三是指农村社区向现代居民小区的变迁。

（一）从传统村社向现代小区的治理平滑转化

1994年中新合作开发园区至今，园区公司化政府主导土地资本

① 来源：课题组实地调研。

化，形成的是对地产资本的经营管理体制，相应地，传统村社被拆，农民全部迁入动迁社区。**这不仅仅是居住空间位置的平移，更重要的是以村社为主体完成的是对劳动力及农民人口的所谓市民化管理。在园区政府主导农民变市民的过程中，动迁社区的人口规模为 50 万人，其中本地居民约为 20 万人。**由于在征地拆迁过程中，坚持先安置、后拆迁，多数拆迁农户都补偿到 2—3 套房子，至少 1 套可用于出租。园区进行规划的时候，除了核心工业区的农民要搬到外围居住，大部分村都是按照就地安置的政策搬迁的。原有的村级组织和村一级的治理结构发生变化，村委会组织被社区居委会取代。**这类住宅小区在空间形态上具备了现代城市社区的基本结构，但在文化传统、生活习俗上也保存着一定的农村社区特征，设施的规划尽量贴近农村习俗，比如建立了婚丧大厅、一些地方性的文化娱乐设施、零售市场等，**很大程度上是继承和发扬了原有苏南的村社理性制度优势。

另一类随着人口和产业聚集发展起来的社区是新型城市社区。

这类商品房住宅小区规模一般为 2000—3000 户，居民结构复杂多元，突出表现在：外籍人士多（约占 10%）、高学历人才多（大专以上学历居民约占 60%）、外来人口即新苏州人多（约占 67%）、年轻居民多（平均年龄约为 32 岁）。

进入 21 世纪后，随着经营城市热潮的兴起，园区的房产开发也进入了高峰时期。为了集约用地，园区大部分房型以小高层为主。这一时期，园区商品住宅成为苏州市的高端住宅区，房价也引领全市。

与国内其他城区不同，苏州工业园区在中新合作区不设街道，实行以“社区工作委员会”（简称“社工委”）为基层行政组织的社区管理体制。**社工委没有经济职能，专心致力于开展社区基层组织建设和提供社区公共服务，直属于园区管委会领导，工作经费由园区财政全**

额拨款。2001年以来，先后成立了3个社工委、43个社区居委会。而在商品房住宅小区，从“小区”到“社区”的转变过程，实际上意味着业主从刚刚进驻时原子化的陌生人群体转化为一种新型的社会关系。

从动迁小区的治理结构看，园区的动迁社区基本形成了以下**三种社区类型：**一是兼具管理职能和经济职能的社区；二是以管理职能为主、经济职能为辅的社区；三是只有管理职能，经济职能完全剥离的社区。在由乡村聚落变为集中居住社区的过程中，**村委会组织被社区居委会取代，园区基层的治理结构也在发生变化**，但基本上属于平滑转化。**当地政府也有意识地利用原有的治理资源，原有的村级组织和村一级的治理结构得以保留。**

这个延续村社理性实现低成本社区治理的经验，值得重视。

动迁社区的治理结构仍然是原有村社三位一体的低成本特色：保持以党组织为核心，党政一体、集中统一的管理架构。如果有集体资产的，一般也是几块牌子、一个机构。例如，本次调研的泾园北社区，设立了党委、社区居民委员会、经济发展有限公司，但仍然是集中统一的治理架构，所有管理人员在党委书记领导下各自分工，三个机构人员互有交叉，**党委书记兼经济发展有限公司总经理，党委副书记兼居委会主任。**

变化比较大的是，警察进社区参与公共事务管理成为一个常态。社区设立了“一站式”服务中心，主要职责是办理各类手续，提供便民服务，服务中心工作人员由上级有关部门分派。

原有农村社区的乡村精英基本都得以留用，或者妥善安置，这个体现了“精英连续性”的治理结构安排，是弱化制度变迁成本的一个重要方面。

课题组对苏州工业园区娄葑镇莲花一社区①村干部的变迁情况进行了考察，发现原有的农村精英包括村干部、村民小组长和党员基本都得到了合理的安排，仍然在社区的治理中发挥着重要的作用。详细情况如下：

莲花一社区现有21个干部，分为三种类型，分别为镇管干部、条线干部和工作人员。其中7个是镇管干部，1个书记、1个主任、2个副书记、1个会计、1个招商经理、1个出纳，工资待遇都是镇里统一定的。条线干部为妇女主任、团支部书记、民兵营长、治保主任等。此外，还有9个工作人员。工作人员和条线干部的工资由社区居委会决定。

社区居委会共有保安人员42人，保洁人员30人，维修人员3人，绿化人员35人。

现在社区居委会的主要干部由原来三个村的干部演变而来，分别为南旺村、联合村和周丰村。在筹建社区的时候，南旺村一共来了8个村干部，周丰来了5个，联合村来了2个。其中南旺村是由南施村和旺灯村合并而成。在一社区的居民中，有非常多的人来自这三个村，因此将三个村的干部调来进行管理。

南旺村主要村干部的变迁情况如下。

1999年，南旺村由南施村和旺灯村合并为南旺村。在合并之前，两个村的主任都兼副书记，南施村的民兵营长兼团支部书记和治保主任，旺灯村的妇女主任兼团支部书记和出纳。在合并的时候，会计要

① 莲花一社区于2003年6月筹建，2004年3月挂牌成立，整个社区涉及原来的斜塘地区的16个行政村。区内共有住户2333户，在册人口8506人，外来租住人口13000人，总计人口21506人。社区设立党总支部，下设4个分支部，10个党小组，共有党员224名；设立居委会1个，下设16个居民小组，还有团总支、治调会、妇代会、民兵等群众团体，这些团体既要对现在的居委会负责，也要与镇里的上级机构开展的工作保持一致。

进行统一的考试，考试分笔试和面试两轮，然后再由镇统一分配到各个村。合并之后，南施村和旺灯村村干部的变动情况见表 3-11。

表 3-11　南施村和旺灯村合并为南旺村干部变迁表

村庄	书记	主任	副书记	会计	妇女主任	团支书	民兵营长	治保主任	出纳
南施村（4人）	成为南旺书记	成为社区副书记	由主任兼任	没考上下岗	村里卫生室当卫生员	成为南旺民兵营长兼任南旺治保主任			工作人员
旺灯村（3人）	书记调到镇上	成为社区主任	由主任兼任	考上（面试没通过）当出纳	妇女主任兼任	治保主任调到镇资产办			妇女主任兼任
南旺村（南施 4 人，旺灯 3 人，委派会计 1 人，共计 8 人）	南施书记	旺灯主任	南施（南施主任调任副书记）	从外面分配来	旺灯妇女主任兼团支部书记	南施民兵营长兼任治保主任			旺灯会计 原南施会计为工作人员

在合并之后，南施村和旺灯村的村委组成，大部分由原来的村干部组成，村干部都得到了比较合理的安置。

莲花一社区主要村干部的变迁情况如下。

2004 年 4 月，并村以三个村的干部为主体组成莲花一社区的居委会干部，村干部这时对村民的管理仍然是属于哪个村就到哪个村的干部手里办事。在这期间，三个村的干部在一起办公对社区进行了入户调查。统计在册人口、外来人口和常住人口，将资料输入电脑。2005 年 6 月之后，实行属地管理——即有事情可以直接到居委会办理。三个村的干部也进行了调整，形成了莲花一社区的居委会干部。

联合村不是合并村，因此主任兼副书记，周丰村和南施村是合并村，有一个副书记。周丰的民兵营长兼团支部书记，联合村的民兵营长兼治保主任。周丰村过来5个人，主任，妇女主任，民兵营长，其他两个工作人员（会计和出纳）。联合村过来两个人，主任和会计（会计考上调走了）。三个村的干部变动情况见表3-12。

（二）社区动迁中存在的问题

任何政策制度的实施，都不可避免地存在一些问题。园区动迁过程中存在的如下问题，可以用来“反证”：如果在和村社打交道的过程中不注重“精英连续性”和村社理性的机制性规律，工作中往往会事倍功半，陷入“越吃力越不讨好”的恶性循环。

1. 信息不对称引发的动迁难题

虽然苏州工业园区制定了按人头补偿的原则，照顾了相对公平，但也存在一些弊端。比如，为了多得到补偿，后期动迁过程中出现了一些假离婚和乱装修等现象，加大了现在动迁的难度。由于园区规划较早，耕地在十几年前已经征用完毕，所以大多数矛盾都是由房屋搬迁引起的。在拆迁量最高的2003年，动迁上访案件占总上访数量的45%，后来上访随拆迁量的减少而降低，截至2009年6月比例是27%①。

---

① 数据源于对原镇拆迁办主任、镇党委书记及镇信访办主任访谈。娄葑镇政府设有信访办公室，由一位党委副书记分管、一位党委委员专职管信访。镇政府下辖的每一个办事处均设有信访办，每一个社区均有专管信访的人员。除此之外，创投、东景、建发等几大镇政府下属公司、事业单位也有管理信访的人员，目的是如果哪个单位有信访问题，由该单位的信访人员协助信访办的工作。全镇共有104名信访工作人员。

表 3-12　三个村干部组成莲花一社区干部的变迁情况

村庄	书记	主任	副书记	会计	出纳	妇女主任	团支部书记	民兵营长	治保主任	招商经理
南旺村	成为社区书记	调任社区副书记	调到二社区工作	年纪大，下岗	成为招商经理	成为妇女主任		成为团支部书记		
周丰村	到建发当总经理	调到东景公司	成为社区副书记	考上之后调到其他社区	成为出纳	协助妇女主任工作	成为民兵营长		调到二社区	
联合村	到商旅去管理河运公园	成为社区副书记		考上之后调到其他社区	妇女主任兼出纳调到二社区	调到另外一个社区	调到另外一个社区	调到二社区		
莲花一社区	南旺书记	河运调来的主任	南旺主任，周丰副书记，联合副书记	镇里外配过来	周丰出纳	南旺妇女主任	南旺治保主任	周丰民兵营长	外调过来	南旺出纳

注：2004 年到 2006 年，莲花一社区的书记调到娄葑创业投资有限公司当董事长。由于原来南旺的副书记生病去世，在 2005 年社区的妇女主任及原来南旺的妇女主任成为副书记，2008 年 11 月成为莲花一社区的书记。来自联合村的副书记也退休了，来自周丰村的副书记继续做社区副书记，但是年龄也大了，不管实事，享受条线待遇。联合村的副书记退休之后，从莲花二社区换来一个副书记，后来又调回莲花二社区做主任。而调回来的一个副书记是原来南旺的副书记。后来，由于周丰的副书记不管实事，又从外面调来一位书记，于是现在就有一个书记、两个副书记。妇女主任的空缺则由河运调来一个妇女主任填补。

这种行为在全国具有普遍性，在园区具体表现如专栏32所示。

专栏32

动迁过程中的抢建、抢装修、假离婚

抢建房屋是拆迁中常见的现象。由于此处对房屋的补偿是按户籍人口分配的，而不是按面积置换，或是按面积实价补偿，所以引起的抢建并不严重。园区规定在通知为动迁区后，要建新房必须通过土管所和村镇建设办公室的审批，否则为违章建筑。对违章建筑的评估只是补偿建房的成本，不按正常的补偿标准计算。而且村里有建设方面的执法队，发现有抢建迹象的都给予控制甚至强拆。

但这种补偿方式也促使许多农户抢装修以获取补偿利差。在房产交换的计价中，对原宅基面积大于安置面积的部分，按评估价的两倍进行补偿，而装修的房子的评估价一般在500元左右（2006年的情况），不装修的房子基价仅为264元，因此存在部分农民抢装修的现象。因抢装修曾引发过农户与拆迁工作人员的激烈冲突，2002年，当时的拆迁办主任被300人围困在面包车里8个小时，最终由20个干警从人群中将其抢救出来。

按人口补偿安置房的模式存在一些漏洞，部分农民出现假离婚现象。按2006（24）号文件的规定，一家只有一对已婚未育的夫妇2人，可以获得的安置房面积为140平方米，如果他们原宅基的主房面积也为140平方米，则他们没有额外的补偿；但若他们假离婚，且如果他们都是独生子女，每人能获安置房面积为100平方米，且有60平方米的原宅基可获补偿，按1000元/平方米计算，可多获赔偿6万元；如果他们假离婚后，再分别假结婚，且新的结婚对象带有一两个小孩，则他们能获得的赔偿就更多了。**此类假结婚以多得房屋和货币补偿的**

现象已成为园区后期拆迁遇到的最大阻力。[①]

资料来源：课题组实地调研。

---

2. 动迁与补偿的时空差异引发的矛盾

在苏州工业园区实行动迁补偿标准的过程中，由于社会经济的发展，动迁补偿标准先后有3次变化，造成前后政策不一。由于政策变化涉及不同时段搬迁的农民的个体利益分化，所以有些农民表现出心里不平衡、不满意的情绪。

以老娄葑镇的动迁为例。老娄葑镇的7个行政村原本为苏州市郊区，区位优势最强，以种植水生蔬菜为主，是苏州市的粮食基地，且在20世纪80年代开始发展工业的过程中，相对于交通不便利的原斜塘镇的村而言，具有工业发展的优势。但是在园区动迁之后，园区发展的区位开始向斜塘地区倾斜，早期动迁的老娄葑镇的村，现在属于苏州市的城乡接合部，发展水平远低于原先较落后的斜塘。区位优势的反差直接表现在园区开发的溢出效应上，对于被征地农民而言，更直接地表现于房屋出租的收入差异上。以调研中涉及的三个社区作为比较，同样面积的出租房，位于城乡接合部的梅花社区房租为500—600元/月，位于园区开发区的莲花社区为700—800元/月，而靠近娄葑镇政府的繁华地段的葑谊社区为1000—1300元/月，这直接影响着被征地农民对动迁的满意度。

---

① 据拆迁办、信访办有关负责人介绍，对抢建建筑进行强拆发生的上访大多是诬告，即上访人称在强拆过程中家里的贵重物品被偷了，但公安、干部、执法队都会在强拆现场，并且进行录像，因此对于诬告之词可以推翻。抢装修的人家用三夹板钉上钉子，就算作衣橱，走进这些人家，房间里是条条弄堂都是衣橱。他们在评估时按每家每间房间2个衣橱认定。而对抢装修的行为，拆迁人员的处理措施是参照正常家庭的装修程度，在不改变补偿政策的前提下稍加较小比例的提高作为评估认定的标准。

特别是在城乡交接处，由于农村宅基地和城镇住房补偿标准不同，两边居民对比之后，容易因心理上的落差而产生矛盾。访谈中了解到两次因此而引起的上访。

第一次是2003年下半年至2004年，鸭蛋浜村的6户村民集体到北京上访。鸭蛋浜村是一个自然村，分布于东环路的东西两侧。2002年，由于行政区划调整，东环路西侧划归沧浪区，东侧仍属于原来的娄葑镇。沧浪区执行城市拆迁标准，即“拆一还一”，而娄葑镇执行农村宅基地的拆迁标准，只按户籍人口补而不按原宅基地面积补。因此原本同一个村的农民，因行政区域的合并拆分在拆迁中被执行了不同的拆迁标准。当时镇政府对领头的上访户施行行政强拆，其余上访户通过干部和亲戚进行劝说。强拆之后按农村宅基地的标准进行安置，但为平衡动迁户的补偿落差，仍给予了额外的微调处理，即对比原住房少的面积部分，允许按4200元/平方米购买（当时正常商品房市价是7000元/平方米）。当时没有形成大规模的群体性冲突事件。

第二次是2006年4月，分散位于东环路两侧的群力村和星湾村也是以补偿标准的不同为由上访，并引发了大规模的群体性冲突事件①。这两个村共有1800户8000人，冲突发生时每天集中数百位村民，高峰时多达2000人，同时到镇政府、园区管委会及市政府上访，连续集访31天，当时镇政府的其他工作也因此中断。集访在后期发展为暴力事件，一些人将中新合作园区的外资企业的面包车掀翻。

由于城区周围房产的升值，农户对旧有的补偿标准不满；加之现在安置房变为高层建筑，容积率提高，居住质量有所下降。因此在

① 据解释：“拆一还一”的补偿标准差异只是引发群体性事件的直接原因。2006年后的拆迁工作的困难在于那时农民对房产价值的认识和法律意识都增强了，且随着外来人口的增多，农民的房租收入高的一年有15万—16万元，低的有2万—3万元，农民的既得利益高，不愿搬迁。

2006年的上访事件之后，园区对安置补偿标准进行了大的调整，2006年出台的24号文件与之前的政策有三大不同：第一，原规定是已婚未育的夫妇照顾40平方米的标准，改为无论是否达到婚龄，凡是独生子女都每人照顾40平方米；第二，随着外来人口的增多，对农民原有的出租收入损失进行补偿，在拆迁过渡时期，每户每年补1万元；第三，对原先在低洼地建房的，给予每户8000—10000元的地基补偿费。

动迁的补偿标准以园区下达的抄告单时间为准，因此在**2006年冲突事件后出台的新政策，由于前后补偿标准差异大，不仅引起了正在拆迁中的农户的不满，还引起了已拆迁完的农户的不满**。本课题组成员对于2006年以前动迁的部分农户进行访谈的过程中发现，他们普遍对前后补偿标准的差异表示不满，但只是“后悔，也无可奈何”，没有上访。

虽然整体上因动迁而带动经济发展，提高了被征地农民的收入水平，但是，因为政策调整和区位因素的影响，在娄葑镇的不同区域之间，存在发展水平的不平衡，造成被征地农民的相对被剥夺感。一方面，补偿政策的刚性，后期政策的调整不改变前期已动迁农民的待遇，就业安置、货币安置和2004年之后的土地换保障安置的政策不同，以及2006年前后动迁的农户所获的安置房面积和补偿的差距，使不同时期的动迁农民所获补偿有差异。另一方面，动迁后园区发展的区位优势的变化，造成不同时期动迁农民的更大程度的相对被剥夺感，也较大程度地影响被征地农民的生活水平。

3. 外部经济和政策环境变化引起的补偿后续问题

这个期间，政策前后的调整主要表现在两个方面：一是安置房的补偿面积计算，造成的差异在前文已提及，这也是现在大部分动迁农民存在相对被剥夺感的主要原因；二是补偿方式的不同造成的社会保障水平的差异。

2000年到2003年阶段实行以货币安置为主，但当被征地农民将获得的一次性支付的13000元使用完后，不可持续的生计压力显现。于是，从2004年开始实行土地换保障的政策后，园区政府对实行货币安置的人员，予以重新调整，将13000元按每月200元的生活补助进行倒扣计算，扣满后从2006年开始享受土地换保障的政策。但是，1994年至2000年，园区对被征地农民主要实行的是就业安置，**从1998年乡镇企业开始转制，消化过剩劳动力能力下降后，原先被就业安置的人员面临重新择业，而没有获得额外的生活补助。**在部分村民上访的压力下，园区于2009年1月实行园区公积金制度城乡并轨的新政策下，才开始对实行就业安置的人员发放生活补助。因此，对于早期的动迁农民而言，他们享受的政策优惠力度相对最小。

在行政区划的调整过程中，不同年次、不同项目的拆迁的房产补偿标准和社保标准都有所微调。2008年11月开始，园区推进《苏州工业园区关于完善被征地农民的社会保障》政策，其中规定对保养人员（男60岁以上、女55岁以上）一次性向前补缴15年的社保公积金约17000元，可享受城镇退休工人的同等待遇，在此基础上再补缴15年的大病统筹基金（男4500元、女3000元），能享受小病以55—70岁每年800元、70岁之后每年950元、大病住院费用以90%的比例报销。但是若不参加园区社保下的公积金医疗保险，则只能享受城乡社区基本医疗保险下的每年每人交60元、每年报销300元的待遇。

因此，**园区新社保和城乡社区医保两套标准下的医保水平的差异导致了一些农民上访。**上访的类型包括以下三类。第一类是市区拆迁也想享受园区的政策；第二类是由于在早期征地时只发给农民每人13000元的征地补偿费，没有为被征地农民购买社保，当时部分农民自己购买了城乡社区基本医疗保险，但现在的新社保政策中对城乡社区基本医疗保险不做重复承认；第三类是关于社保对象的界定，园区失地农民是指拆迁当年具有农村户口的人群，而不被纳入社保的人包括了6种类型：一是读大学迁出去的，迁出时是农民，迁回时非农；二是当兵的退伍军人，回来时政府已经一次性给安置补偿了，不能像农民一样再补偿；三是买户口的，20世纪90年代时花8000元或10000元钱可以转为城镇非农户口的；四是中级教师、工程师及中级职称的家属；五是知青配偶享受政策转为城镇户口的；六是20世纪60年代下放的，后来转为城镇户口的。这六类都不能享受园区社保。

根据苏州工业园区的动迁安置方案，动迁安置房根据户籍人口分配，而非根据原住宅面积置换补偿；而按照园区的安置标准，**一般家庭获得的安置房面积会低于原居住面积**。动迁前，娄葑当地农民一般都是居住“三上三下”的房型——两层楼房、每层三间住房，大多有200—300平方米的住房面积；当地较普遍的父母子女合住的5口之家，在2006年以前依据2000（47）号文件，按人口可获得的安置房面积为160平方米，这比老宅的300平方米房子相差甚多。并且，原居住面积相等的但人口不等的家庭获得的新房面积也不相等。

这样，无论与自己以前的住房面积相比，还是与人口较多的家庭相比，许多农民便觉得新房子面积少了，吃亏了①。

苏州工业园区先后出台了1994（2）号文件、2000（47）号文件

---

①　访谈中，信访办主任认为农民并不亏，因为政府在产权交换中实行“低出低进”的原则，按2006年以后的标准，若原宅基地面积大于安置房面积的，相同面积抵减部分按426元/平方米计算，多余部分按评估价格的两倍，即1000元左右补偿给农民。并且，这些安置房的升值空间很大，苏州东环路的小高层商品房价达8000—9000元/平方米，一般的高层房价达6000—7000元/平方米，“农民在动迁后都成了百万富翁”。

及2006（24）号补充文件。其中2006年出台的新文件，与前两份相比有较大变动。仍以5口之家计算：2006年以前，根据2000（47）号文件的规定，这家只能获得160平方米的安置房；而2006年之后，根据2006（24）号补充文件，共能获得260平方米的安置房[①]。前后可获得的面积相差100平方米，以当前娄葑镇商品房市价每平方米6000—7000元计算，则2006年以前动迁的农户认为自家损失了几十万元。这引起了部分农民的相对被剥夺感，从而上访。

从访谈中得知，这类上访较多是个体性的，集体上访的较少。[②]

如果人口多但原宅基地少，可分配的安置房面积比原宅基地面积大，则需要向政府溢价购买不足以抵减新房面积的部分安置房。[③] 部分农户在动迁时，因为没有足够的钱，或者没有意识到房屋未来的价值而放弃购买不足部分的房屋，后来有钱了又想按原来的标准购回，但政府不允许。[④] 因此引起了相关家庭的不满。

---

① 2006年以前，3口之家安置120平方米，4口之家安置140平方米，5口之家安置160平方米，6口之家安置210平方米，7口之家安置230平方米；2006年之后，每人分配40平方米，另未达婚龄的独生子女可照顾40平方米，每户还能以优惠价多购20平方米，共能获得260平方米的安置房。

② 对2002年、2003年动迁的部分农户访谈中，农户对补偿标准的调整表示情绪上的不满，但并没有因此有强烈的上访意愿。

③ 2006年以后的标准是安置面积超过原房屋面积部分以567元/平方米基价购买。

④ 信访办有关负责人的解释是，2003年、2004年因为钱不够而放弃的人家确实存在，但是这类人群多位于原来的斜塘镇，当时工业园区以湖西为主要发展对象，湖东地区只是建设道路等基础设施，而斜塘就在湖东，因此当时斜塘的商品房市场较为低迷，市场价是700—1000元/平方米，而动迁房按照造房和绿化等基础设施的成本价定价是1200元/平方米，而且当时外来人口并不多，多拿的房子很难出租，因而有些农民选择买价格更低的商品房，但是随着园区的发展，斜塘现在的房价上升到6000多元/平方米。另外，当时动迁办还有一条规定，允许先欠着动迁款，拿到按人口分的足够的房子，但不发房产证和土地证，很多人多房少的农民只考虑当时短期的利益而放弃了。

4. 农民转市民的文化连续性问题

由于村民在拆迁后被安置在集中的居民住宅小区，农民的生活习惯和城市化的生活方式的差异，在社区管理中也引发了一些新的矛盾。例如，**一是老人在绿化的草坪中挖地种菜，捡木材余料、砖块回家，生煤炉做饭，在楼道堆积木材等引起年轻人的不满**。二是此前的动迁房设计与现在经济的发展不完全适应，因私家汽车的数量增多，原设计的车库面积不足，停车空间有限，而挤占绿化带和消防通道。政府提出铺绿化地砖的改造建议，既能保证绿化面积，又能增加停车空间，但居民反对把这样的停车场建在自家附近。三是在交接动迁房时，一些农户因安置房有小裂缝等问题而强化不愿搬迁、要求赔偿的情绪。①

（三）建议：用在地化的村社理性解决社区变迁中的矛盾

以上问题虽然表现迥异，但都可以归结为，因为没有村社理性作为抓手，而使园区在乡村的工作堕入一个具有高度普遍性的“现代化陷阱”：现代政府面临的治理难题之一是，**科层体系的政府机构作为乡土社会的外来者，与社会中原子化的个体成员之间的交易成本畸高**，甚至高到交易无法进行。

发挥村社理性的内部化处理交易成本的功能，需要将乡村的精英阶层问题与普通小农的财产关系问题，同时纳入考虑。

一般来说，**乡村精英是在某些方面拥有比一般成员更多的优势资源（经济资源、政治资源、社会资源和文化资源），并能利用资源取**

① 信访办有关负责人认为，这些质量问题的上访中有70%是不成立的，属于一般商品房的常见问题，一般采用维修和给予适当比例赔偿的处理方式。

得成功，为社区的发展做贡献，能够对其成员乃至社区治理结构产生影响。乡村精英在村庄层面上主要为村里的村干部、村民小组长和党员骨干等。

课题组曾经指出，外部主体进入乡村势必会因为交易成本问题而遭遇到“精英俘获”。大量的农村观察表明，“精英连续性”前提下的精英治理作用，与其他情况中的精英“谋利型”行为（比如上访、闹事等），构成一个问题的两个方面：一方面，如果没有这些乡村精英作为缓冲和发挥内部化处理交易成本的作用，政府无法直接面对原子化的个人实施治理；在处理房屋拆迁问题、土地征用等问题上，社区精英往往有着外人无法通晓的地方性知识和底层智慧去处理这些难题。另一方面，**如果制度变迁中乡村精英在原有利益分配格局中的地位得不到延续，就可能会利用自己在社区的影响力和资源，动员普通村民抵制制度的变迁，**将制度变迁的成本推到畸高，甚至无法进行交易。课题组在以往的调研中发现，农村地区的很多矛盾和冲突都与乡村精英没有得到合理的利益安排有关。

诚然，乡村精英在社区的管理、发展和变迁中，发挥着非常重要的作用，他们对村级事务的影响力比普通村民大得多；但在农村社区地缘解体和社会重构的过程中，必须**要以村社理性为基础，作为与精英交易的杠杆，才能收事半功倍之效。**

附　　表

表 3-13　1996—2012 年苏州工业园区商品房建设情况

单位：万平方米

年份		1996	1997	1998	1999	2000	2001	2002	2003	2004	2005	2006	2007	2008	2009	2010	2011	2012	历年累计
商品房开工面积	合计	34	17	24	58	87	92	102	200	281	315	364	312	252	210	270	434	500	3551
	住宅	28	15	21	50	74	78	82	172	236	217	234	211	201	151	182	282	364	2598
	商用办公楼	6	2	3	8	13	14	20	28	45	98	130	101	51	60	88	152	136	954
商品房竣工面积	合计	13	33	13	52	47	44	56	77	128	223	270	260	210	272	313	365	309	2684
	住宅	12	30	12	46	42	34	43	59	100	156	206	177	164	214	232	313	261	2102
	商用办公楼	1	3	1	6	5	10	13	18	28	67	64	83	46	58	80	51	48	582
商品房销售面积	合计	12	21	27	54	76	85	90	167	186	145	165	273	117	339	196	156	278	2387
	住宅	12	20	23	49	72	75	81	150	158	129	146	251	106	316	172	142	253	2155
	商用办公楼	0	1	4	5	4	10	9	17	28	16	19	22	11	23	24	14	25	232

资料来源：苏州工业园区“一站式”服务中心。下同。

表 3-14　2003—2012 年苏州工业园区分行业固定资产投资规模

单位：万元

行　　业	2003	2004	2005	2006	2007	2008	2009	2010	2011	2012
全社会固定资产投资	2025152	2818580	3570846	3953813	4164047	4550128	4920518	5502463	6662803	7405305
农、林、牧、渔业	0	0	0	298	432	500	134	4800	0	14155
制造业	988868	1247791	1517162	1677928	1695115	1698635	1315078	1380580	1438882	1486902
电力、热力、燃气及水的生产和供应业	1000	63409	191341	50159	18721	26650	76620	59260	38473	134705
建筑业	406	38540	6631	425	6375	1825	880	4967	8286	14878
交通运输、仓储和邮政业	0	35600	20465	15798	21758	7000	23833	35112	25231	27351
信息传输、软件和信息技术服务业	2342	2860	5090	1130	951	258	3102	21383	49569	33598
批发和零售业	2362	85	13427	20150	18589	138399	111175	7064	68845	172491
住宿和餐饮业	1401	23668	25117	50068	173930	113396	70360	121788	149466	196315
金融业	0	0	0	0	0	0	28782	120471	146068	168833
房地产业	280000	621257	1001013	1102119	1249447	1571714	1616648	2116867	2871547	2735479
租赁和商务服务业	38407	138180	87144	20845	59989	248592	221839	462029	624565	919213
科学研究和技术服务业	7451	29923	48369	62447	99351	110310	106893	202905	480641	649363
水利、环境和公共设施管理业	574305	512789	402925	799738	614876	436791	1095427	661846	466304	593351
居民服务和其他服务业	3500	5000	0	0	0	1300	2620	7900	3465	2048

（续表）

行　　业	2003	2004	2005	2006	2007	2008	2009	2010	2011	2012
教育	117360	70234	122839	62015	74074	118857	181466	236076	185438	90888
卫生和社会工作	750	5159	34196	5116	0	1079	3089	2341	30320	62929
文化、体育和娱乐业	7000	0	47473	51920	112610	60492	48655	38438	50477	65599
公共管理、社会保障和社会组织	0	24085	47654	33657	17829	14330	13917	18636	25226	37207

表 3-15　2003—2012 年苏州工业园区制造业固定资产投资按行业分类

单位：万元

行　　业	2003	2004	2005	2006	2007	2008	2009	2010	2011	2012
制造业固定资产投资[1]	988868	1247791	1517162	1677928	1695115	1698635	1315078	1380580	1438882	1486902
农副食品加工业	1993	1350					588	3617	1554	1201
食品制造业	3548	4314	1050	15697	15593	39376	168267	71928	9237	2965
纺织业	2530	480	20777	60714	13286	37912	28812	9429	23053	6212
纺织服装、鞋、帽制造业	9387	5575	1701	3768	10457	3529	1177	10723	154	1303
皮革、毛皮、羽毛（绒）及其制品业	675									6732
木材加工及木、竹、藤、棕、草制品业	0	1020	1001	0	0	0		2009		903

（续表）

行　业	2003	2004	2005	2006	2007	2008	2009	2010	2011	2012
家具制造业	0	0	300	3117	6649	2752	266		3750	4136
造纸及纸制品业	34672	16260	45988	55857	56003	72535	36997	25656	37028	39307
印刷业和记录媒介的复制	5858	19768	8481	15381	17378	7174	6329	9975	6680	17506
文教体育用品制造业	0	1760	4145	2728	8990	100	3275	400	220	3075
石油加工、炼焦及核燃料加工业	0	0	0	4733	0	0	0			
化学原料及化学制品制造业	33431	26542	33841	38347	22159	67139	40966	35667	40862	46575
医药制造业	2600	4214	26138	7877	8840	26985	35646	33618	25328	36010
化学纤维制造业	643	2534	0	628	2734	7229	12712	961		13004
橡胶制品业[2]	5673	1633	6317	6897	12642	11453	17631	6007	1545	53535
塑料制品业[2]	44301	6938	28871	17241	38425	25890	14413	20366	9140	
非金属矿物制品业	6497	17529	51975	72880	41967	39072	51281	28951	18326	9043
黑色金属冶炼及压延加工业[3]	2000	0	500	0	0	2000	465		3846	1418
有色金属冶炼及压延加工业	608	2008	28934	15346	14931	12178	2142	65562	9435	8419
金属制品业[4]	8643	1484	173842	145058	176505	156525	16622	15336	21791	42132

（续表）

行　业	2003	2004	2005	2006	2007	2008	2009	2010	2011	2012
通用设备制造业[5]	24007	76417	84615	36418	60604	71674	56491	56285	65697	237490
专用设备制造业	78170	19151	39523	55882	83720	108172	83786	73054	120224	125840
交通运输设备制造业	28833	39896	76210	83696	79748	104622	63084	73614	81833	
电气机械及器材制造业	24891	72038	113657	80244	101713	84326	91591	122203	147178	102627
通信设备、计算机及其他电子设备	639519	892834	703355	882538	841264	697804	512970	665155	792131	632512
仪器仪表及文化、办公用机械制造	26640	34046	19899	12540	52136	42655	40086	23625	20602	
工艺品及其他制造业	3249	0	46042	59336	29371	76533	29111	26439	3114	6390
废弃资源和废旧材料回收加工业	500	0	0	1005	0	1000	370			386

注：由于行业分类标准在2012年进行了调整，所以2012年为新口径数据，大部分与2011年相同，少部分特殊情况如下。

1. 同比口径2011年为1428458万元。
2. 2012年合并为橡胶和塑料制品业。
3. 2011年旧口径数据不可得，表中为新口径数据。
4. 该数据2012年的新口径比原通用设备制造业口径略大。
5. 该数据2012年的新口径比原通用设备制造业口径略小。

表 3-16　2001—2010 年苏州市分地区引进外资情况

单位：亿美元

年份	2001		2002		2003		2004		2005		2006		2007		2008		2009		2010	
	合同外资	实际外资	合同外资	实际外资	合同外资	实际外资	合同外资	实际外资	合同外资	实际外资	合同外资	实际外资	合同外资	实际外资	合同外资	实际外资	合同外资	实际外资	合同外资	实际外资
全　市	72. 30	30. 22	100. 66	48. 13	124. 96	68. 05	147. 02	95. 02	153. 40	60. 05	159. 23	61. 05	183. 63	71. 65	163. 90	81. 33	158. 40	82. 27	169. 20	85. 35
园　区	36. 88	5. 30	22. 10	9. 11	20. 90	12. 10	41. 00	18. 00	38. 10	15. 80	38. 30	16. 00	47. 70	18. 20	30. 00	18. 00	26. 95	18. 05	28. 59	18. 50
高新区	10. 24	4. 01	7. 20	4. 97	10. 14	7. 01	12. 20	4. 00	16. 50	6. 57	20. 00	8. 00	21. 00	8. 00	17. 28	8. 50	—	8. 50	14. 06	7. 65
吴中区	8. 31	2. 82	14. 50	5. 20	12. 73	7. 00	12. 50	8. 30	12. 00	5. 00	11. 00	4. 50	11. 23	4. 77	11. 00	4. 80	11. 10	4. 50	11. 20	4. 50
相城区	4. 65	0. 81	6. 46	2. 04	8. 40	4. 00	8. 20	5. 60	10. 10	6. 47	6. 48	2. 57	7. 11	3. 21	8. 00	3. 70	5. 00	2. 60	6. 30	3. 70
张家港市	8. 10	3. 60	12. 69	5. 71	11. 87	6. 02	13. 20	6. 40	15. 70	3. 28	16. 45	5. 20	17. 90	6. 00	—	6. 70	—	8. 80	—	10. 00
常熟市	6. 03	3. 08	32. 40	5. 00	36. 20	9. 51	15. 70	10. 50	16. 00	6. 50	16. 00	6. 44	16. 24	6. 96	16. 03	8. 52	13. 73	8. 15	20. 90	8. 69
昆山市	16. 12	7. 51	30. 65	10. 18	22. 50	12. 00	25. 60	12. 20	25. 02	11. 20	25. 05	11. 72	29. 91	14. 38	13. 90	7. 35	31. 51	16. 65	32. 01	17. 25
太仓市	6. 99	2. 47	8. 00	4. 00	12. 18	6. 02	9. 30	7. 20	9. 33	3. 00	11. 96	4. 50	16. 00	6. 00	30. 50	16. 03	14. 10	7. 50	15. 30	8. 10
吴江市	7. 10	2. 10	16. 60	4. 20	12. 30	5. 40	12. 20	5. 50	12. 10	6. 00	13. 70	6. 80	17. 30	7. 90	19. 20	9. 80	20. 30	10. 10	22. 50	10. 20

数据来源：苏州市统计年鉴 2001—2012。

表 3-17　1994—2012 年苏州工业园区引进外资情况

	单位	1994	1995	1996	1997	1998	1999	2000	2001	2002	2003	2004	2005	2006	2007	2008	2009	2010	2011	2012	历年累计
新批外资项目数	个	21	75	46	51	53	78	111	164	314	326	445	443	435	461	359	382	367	369	241	4818
其中：中新合作开发区	个	5	50	27	32	22	38	36	81	143	141	169	158	147	196	125	116	109	128	100	1820
投资总额	亿美元	2. 52	14. 02	23. 80	10. 93	9. 85	8. 90	10. 08	37. 88	48. 36	58. 27	100. 78	77. 48	75. 12	95. 34	59. 24	49. 33	63. 53	79. 78	29. 91	855. 70
其中：中新合作开发区	亿美元	2. 34	13. 38	23. 52	10. 39	8. 66	7. 48	6. 74	30. 83	32. 28	33. 15	58. 18	41. 95	38. 55	55. 38	23. 54	11. 69	28. 40	50. 16	12. 90	489. 19
合同外资	亿美元	1. 84	13. 03	23. 01	10. 66	9. 50	8. 22	9. 73	36. 88	17. 69	20. 87	40. 81	38. 09	38. 29	47. 66	30. 20	26. 95	28. 59	29. 60	14. 52	446. 65
其中：中新合作开发区	亿美元	1. 72	12. 64	22. 80	10. 31	8. 51	6. 94	6. 56	30. 22	11. 20	11. 01	20. 70	16. 67	14. 22	24. 12	8. 27	5. 72	10. 77	16. 31	7. 03	245. 67
实际利用外资	亿美元	0. 70	1. 62	4. 11	6. 81	12. 00	8. 00	6. 32	5. 30	9. 11	12. 05	18. 12	15. 81	16. 00	18. 18	18. 00	18. 05	18. 50	19. 35	19. 60	227. 96
其中：中新合作开发区	亿美元	0. 65	1. 62	4. 04	6. 69	11. 68	7. 55	5. 72	4. 13	6. 56	6. 70	10. 14	11. 50	9. 68	10. 58	9. 59	9. 59	10. 04	11. 53	12. 11	150. 09

表 3-18 1999—2012 年苏州工业园区的主要出口品

单位：万美元

产品名称	1999	2000	2001	2002	2003	2004	2005	2006	2007	2008	2009	2010	2011	2012
电子产品	38988	97569	102966	132086	232791	502156	752233	952932	1007436	1090085	831354	993455	1134177	1402236
机械器具及零件	3048	12713	16994	54374	173963	326634	657630	872238	980520	1062830	819398	1444230	1604469	1688405
光学、检测、医疗设备	4525	10124	14190	36773	145888	286732	420898	533258	648468	685637	516270	642347	676012	718518
纺织原料及纺织制品	6609	9130	8808	9277	14160	20405	25220	29033	38223	42142	40136	47693	59291	63700
贱金属及其制品	2650	2894	1900	3719	5270	9988	12655	22016	35856	37790	30547	44201	59967	70720
运输设备及其零件	427	1942	2421	1780	2660	3871	4766	15493	26238	36097	34249	54505	67186	70354
塑料及其制品	310	1088	948	1442	3061	8905	10834	17360	20980	21552	23119	38533	45326	53742
纸或纸板制品	1692	10031	11161	9000	7234	8225	12005	16308	20743	32405	33321	41239	48687	49431
家具、玩具等杂项制品	905	1359	1470	1355	2244	4099	4403	8965	16831	15044	11393	18000	18567	22290
鞋靴类制品	920	1214	1113	911	1021	1262	1548	1251	1892	2492	2651	4256	6241	6349

第四章
两大创新：政府管理创新与企业技术创新

人类对客观事物的认识是以不规则的螺旋形上升的，每一次反复甚或倒退，都不可能仅仅回到原点。因此，即使在形式上看似“循环往复以至无穷”，在哲学意义上也是历史进步。

在全球资本化大潮借冷战结束而兴起之初的20世纪90年代，学者大多乐于跟风做“弄潮儿”状；但在经历了很多次“市场失灵”后，人们也会在潮起潮落的沙滩上不断试图表现“我思故我在”而提出有一定积极意义的理论创新。美国诺贝尔经济学奖得主斯蒂格利茨曾担任世界银行首席经济学家，直面那些发展中国家陷于激进发展主义陷阱不能自拔而产生的看法，虽然只不过是向人间常识的回归，却还是比至今还在跟随弄潮儿们做鼓与呼状的邯郸学步理论家们要深刻些。针对蕴涵于西方社会科学理论中的二元对立，他强调说，因为现实中的市场经济充斥着“不完全的昂贵信息、不完备的资本市场、不完全的竞争”，所以人们应该在市场和政府之间找到“恰到好处的平衡”，而不要把二者对峙起来。①

---

① ［美］约瑟夫·斯蒂格利茨：《社会主义向何处去——经济体制转型的理论与证据》，周立群、韩亮、于文波译．吉林人民出版社2003年版。

本书归纳的**苏州工业园区发展经验的第四篇，在大量关于全球危机的随波逐流表达中还可以算是寻找二者之间“平衡”的一种创新探索**。恰因园区政府管理与技术平台的这两个创新，生成在资本市场再一次爆发严重的失灵危机——2008 年华尔街金融海啸诱发 2009 年全球大危机、连带影响中国首先在沿海外向型经济带发生输入型危机之际，而使园区的经济发展呈现出的创新带动的结构变化，值得认真归纳。

一、2008 年国际金融危机的挑战与园区困境

自从 20 世纪 80 年代美国主导西方资本主义经济“升级”进入金融资本阶段以来，在短短的 20 年间美国资本市场竟然“创新”出 2000 多种衍生品，极大地促进了“低成本”的金融经济的全球扩张；同期，与之相应的巨大制度成本，也势必因金融资本大量进入虚拟经济而累积着，并且不断表现为从边缘逐渐走向核心的金融危机爆发。

这个过程地球人已经都知道了：金融危机从 20 世纪 90 年代开始，先多次发生在边缘国家，如 1997 年东亚金融风暴；再渐次向金融资本的核心区演进；终于在全球金融投机最集中的华尔街爆发为“金融海啸”……

地球人大多还不知道的是，在资本主义高级阶段占据统治地位的金融资本，更因被占据单极化全球霸权地位的国家掌控而具有对下转嫁制度成本的条件和能力；并且，为维护此类国际政治经济秩序而构建了作为软实力的“制度权”及与其配合的作为意识形态巧实力的

"话语权"。这后两者互为依存、伴随全球化滥觞于世，成为大多数发展中国家本来应该承担知识生产责任的理论界在20世纪90年代以来金融风暴向金融海啸演进之中羁绊于邯郸学步而普遍失语的根源。[①]下面两个小节关于全球危机与中国应对的相关性描述，是为了说明课题组作为理论依据的"成本转嫁论"。对所谓"宏大叙事"了无兴趣的微观研究者，或只对具体操作过程或名人轶事有兴趣的读者，尽可以略过，直接看第三小节。

（一）华尔街金融海啸和国内应对

2008年9月15日，当美国第四大投资银行雷曼兄弟控股公司正式宣告破产、美林公司同时被美国银行收购的消息传出后，全球股市暴跌：华尔街遭遇自"9·11"以来最惨的一天，道琼斯指数狂泻500点，跌幅达4.42%；一些主要欧洲股票指数曾一度下跌5%；亚太地区的金融类股普遍走低，中国台湾地区证交所加权指数跌幅达4.1%，为2008年近3年最低收盘水平；俄罗斯由于股市遭遇重创，政府于9月17日下令停止所有交易所交易。作为全球股市遭遇重创的恶果，仅10月全球股市就蒸发了5.79万亿美元。金融危机爆发以后，短期内仅美国就有14家银行倒闭，世界主要金融证券市场受到沉重打击。

这一场爆发于资本主义核心区的核心部门危机，在不到一个月的时间里，就扩展为总体的经济危机并传递到其他发达经济体。2008年10月23日，美国白宫发言人佩里诺表示，尽管联邦政府采取了大刀

① 本课题组在归纳园区经验时，深感发展中国家理论界面对全球危机的荒唐失语为害甚巨。

阔斧的措施救援金融机构，但是美国的经济增长依然面临困难；日本政府公布的10月份月度经济报告认为，日本经济“正在衰退”；英国政府10月24日公布的数据表明，英国国内生产总值比前一个月下降了0.5%，是1992年以来英国经济首次出现收缩；欧元区经济基本面的恶化速度也在加快，其中德、法、意、西等国制造业的萎缩程度均超预期。

世界金融环境、经济环境和贸易环境恶化，使得依靠扩大出口等战略迅速崛起的新兴市场国家经济面临贸易下滑、资金抽离等挑战。作为世界第一出口大国的中国，也遭遇了外贸出口的剧烈下滑，连带发生了严重的国内经济危机。

从上一轮对中国经济高增长具有重要贡献的外商投资来看，尽管2008年中国的外资流入仍然有一个较大幅度的提高①，但2009年全球危机爆发之后，外资的流入显然受到发达国家资金回流的影响而出现了明显波动（见图4-1）。

从图4-2可以看到，外资下降加上外贸受到海外需求下跌的影响，

---

① 在2008年以前，周边区域对中国吸引外资流入客观上构成竞争态势。“2006年、2007年、2008年中国FDI继续增加，但FDI流入量占整个世界的比例却有起伏，2005年开始持续下降，到2008年才有较大的提升，一个重要的原因是越南、泰国和印度等新兴发展中国家也通过国内低廉的劳动力成本优势与优惠的FDI政策开始和中国进行吸引外资竞争。此外，中国工人工资的迅猛增长、劳动制度的完善、土地价格的上涨，以及人民币的升值压力和通货膨胀等因素，使得中国的投资吸引力有所下降。”而在2008年金融危机中，中国的投资环境相对较好，吸引了以前流向其他国家的FDI转而流入中国；同时，中国的FDI流出量也呈稳步上升态势。2008年FDI流入量同比增长率：世界14.2%下降，发展中国家17.3%上升，中国29.7%上升，发达国家29.2%下降，转型经济体25.9%上升。资料来源：朴昌模：《韩中外资政策的演变及其效应的比较研究》，对外经济贸易大学硕士论文，2010年；贸发会议：《世界投资报告》，2009年和2012年版。

使得这二者带动的“对冲货币增发”在中国货币供给总量变动中的占比，从2008年的高达60%降到2009年的不足20%。如果仅从这个角度看，这个比例数的骤跌，毫无疑问可以定义为一场有实质性影响的“量化紧缩”。

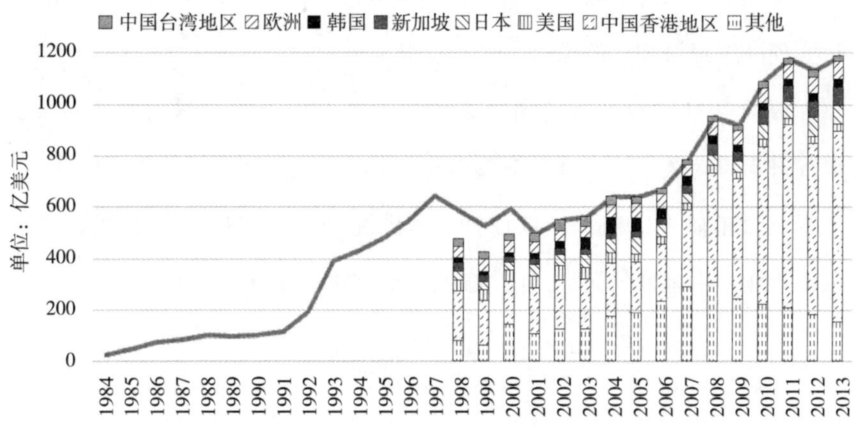

图4-1　1984—2013年中国实际利用外商投资总量及国家、地区来源

资料来源：中经网统计数据库。以下如无特殊说明，皆来源于此。

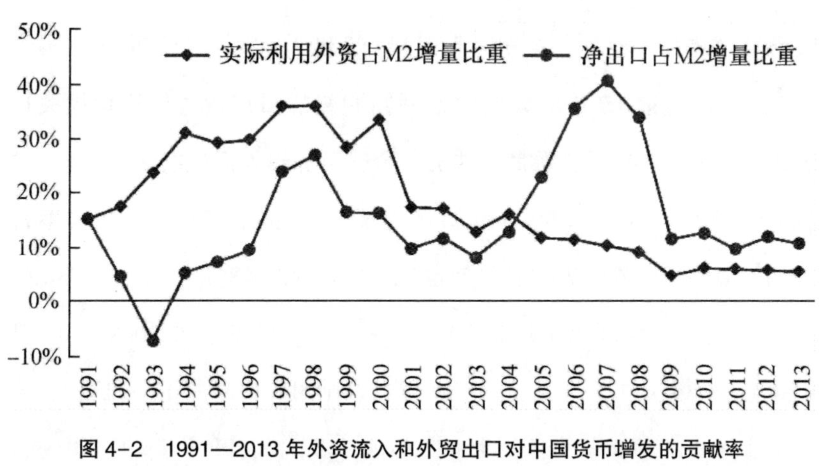

图4-2　1991—2013年外资流入和外贸出口对中国货币增发的贡献率

图 4-1、图 4-2 的年际变化趋势图，不仅客观地再现了 20 世纪 90 年代资本全球化以来的**海外投资流入对冲作用下中国自身加快金融化**的进程，而且表明全球化之下的中国经济波动本身是符合一般性的周期规律的。

事实上，如果不爆发华尔街金融海啸，中国过高依赖国际市场出口实现高速经济增长的道路，也日益艰难了。

根据 2011 年《商务周刊》关于“入世十年”的专题回顾，中国以促进出口为主的外向型经济面临着几个具有制约性作用的重要问题，包括反倾销调查、知识产权保护、国内脆弱行业被迫放开准入等。① 入世十年，中国的外向型经济走到了十字路口（见专栏 33）。

专栏 33

入世十年看入世：成就斐然　成本赫然

1. 反贸易倾销调查

WTO 秘书处统计显示，2008 年，全球新发起反倾销调查 208 起、反补贴调查 14 起，**中国分别遭遇 73 起和 10 起，占总数的 35%和 71%。中国连续 15 年成为全球反倾销调查的重点，每年涉案损失达 300 多亿美元。在受金融危机冲击，全球经济最为低迷的 2009 年，中国的出口占全球的 9.6%，而遭遇的反倾销案占 40%，反补贴案占 75%，遭遇的贸易调查数占同期全球案件总数的 43%。**

世界银行 2009 年 3 月出版的一份研究报告指出，在 2008 年 11 月 G20 金融峰会后不到 3 个月的时间里，二十国集团中有 17 个国家，在峰会上做出“防止贸易保护主义”的承诺后，先后出台了 47 项贸易保

① 陈楠：《世贸十年：入关，过关》，《商务周刊》2011 年第 5 期。

护措施。这47项贸易保护措施中，有很多都是针对中国的。比如，印度禁止进口中国玩具；阿根廷对纺织品、电视机、玩具、皮革制品等实行非自动进口许可证等。这份报告还指出，2008年最后几个月，反倾销、反补贴案例明显上升。比如，世界各国普遍提出对汽车工业进行补贴，总额高达48亿美元左右，多数是在高收入国家（占42.7亿美元）。

2009年2月，在布什政府推出救援计划4个月后，奥巴马的新政府又通过了总额为7870亿美元的“美国复兴和再投资方案”。该计划中包括了“必须购买美国货”条款，要求在由刺激基金支出的公共建筑和公共工程中使用美国生产的钢材、铁和制成品，当基于公众利益的考量，或无法获取或成本不合适时，可以例外；要求美国国土安全部购买美国生产的纺织品和服装。

尽管迫于来自欧洲的压力，“必须购买美国货”条款最终做出了修改，**但美国重塑制造业的决心没有变，因为这已被奥巴马政府当作美国“经济再平衡”的必要举措。**

2. 知识产权纠纷分割中国出口收益

进入21世纪后，中国成为DVD的最大生产和出口国，但DVD的核心技术和标准全部为国外企业掌握，在国内只是进行简单的组装。当DVD市场和中国DVD企业的实力均迅速增长时，DVD领域中的外国专利拥有者也相继组成了若干同盟，包括6C（由东芝、三菱、日立、松下、JVC、时代华纳六公司组成，以后IBM也加入该联盟，习惯称呼仍旧是6C）、3C（由飞利浦、索尼、先锋三公司组成，后由LG加入而成为4C）、1C（汤姆逊公司）和MPEG-LA（16个专利人组成的专利收费公司）几个专利收费组织，并开始“行使知识产权”。2002年4月19日，中国电子音响工业协会经过两年多时间的多轮谈判，最终与6C签订协议，规定中国厂商每出口1台DVD播放机向其支付4美元的专利使用费。随后，该协会又与3C签订每出口1台DVD播放机向其支付5美元的专利使用费协议。其他专利使用费支付情况是：1C收取每台售价的2%（最低2美元）的专利使用费，杜比每台收取1美元的专利使用费，MPEG-LA每台收取4美元的专利使用费（2002年调整为2.5美元）。然而，随着DVD国际市场销售价格的持续下跌，**到2005年时美国市场上的DVD机零售价仅为30—40美元，但中国企业每出口一台DVD机就至少要缴纳约12美元的专利费，几乎无利可图**，有不少企业已不再生产DVD产品或者倒闭。

受DVD事件的启发和影响，外国厂商对中国的电视机、U盘、光盘、光盘刻录机、数码相机、摩托车等生产厂家也提出了征收专利费的要求。2004年，中国科技促进发展研究中心的一份调研报告显示，**2002年中国机电产品出口企业因专利赔偿的损失近200亿元人民币，占机电产品出口总额的1.5%，约占机电产品出口利润的30%**。加入世贸组织以来，中国企业因知识产权纠纷引发的经济赔偿累计超过10亿美元。

3. 进入国际产品市场以国内产业被“斩首”为代价

随着2005年入世过渡期的终结，发达国家纷纷将“要求进一步开放市场”作为重要的对华贸易策略。

后过渡期时代，中国出台了限制农业补贴、取消部分产品进口关税配额、关税逐年大幅降低，甚至直接取消等市场开放政策。此外，**2002年中国颁布的《利用外资改组国有企业暂行规定》，让引进外资除了具有“引进资金技术、促进经济发展”的作用外，还被赋予了“优化结构、推进国企产权改革”的意义。不久，“外资斩首”——跨国公司并购中国产业排头兵企业——成为一时风潮。**

国务院研究发展中心2006年7月发表的研究报告中提及：**在中国已开放的产业中，每个产业排名前5位的企业几乎都由外资控制。中国28个主要产业中，外资在21个产业中拥有多数资产控制权。**玻璃行业、电梯生产厂家已经由外商控股；18家国家级定点家电企业中，11家与外商合资；化妆品行业被150家外资企业控制；20%的医药企业在外资手中。

2006年9月8日，为了缓解“斩首”风潮，国家出台了《关于外国投资者并购境内企业的规定》，对过去过度宽松的并购案审批进行了紧缩。

美国商务部长骆家辉2011年1月在时任中国国家主席胡锦涛访美之前不同寻常地公开表示：“中国过去数十年执行的贸易政策和做法，已不足以处理双方今后的经贸关系。发达国家负债消费的时代已经结束了，中国不能再依赖出口。”

资料来源：陈楠：《世贸十年：入关，过关》，《商务周刊》2011年第5期。

上述情况表明，如果中国人在全球化进程中没有制度权与话语权，那就只能做被牧师们驯化之后牧领着的羊，亦即位于食物链底端的“经济动物”。

中国自20世纪90年代以来在全面纳入全球化的历史进程中，通过不断被动接受教训的学习逐步建立了应对能力。其中，**最为有效的应对，就是以内部市场需求代替外部市场需求。这个经验，既是课题组强调的“外部性风险内部化处置”理论的基础依据之一，也是全球化竞争中拥有广大地理纵深的大国所特有的主要竞争优势。**

众所周知，**中国在应对1997年东亚金融危机时，就积累了通过国**

家财政信用扩张应对输入型危机的经验。而中国应对此次 2008 年金融危机的经验，还凸显了全球化竞争中民族国家以国家资本为主导参与全球竞争的制度优势。

2008 年 10 月，就在美国提出“救市政策”的同一时期，中国中央政府紧急启动了为期 2 年、总额将近 4 万亿元的一揽子国债项目。财政信用扩张带动信贷扩张，经济刺激效应通过乘数效应被不断放大（见图 4-3）。

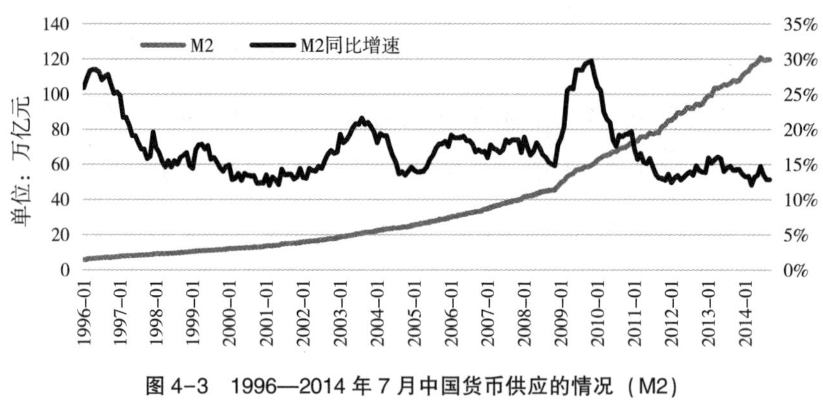

图 4-3　1996—2014 年 7 月中国货币供应的情况（M2）

图 4-3 数据显示，中国在遭遇 2009 年全球金融危机打击下，M2 的增速高达 28. 42%，创下历史新高。在此后的财政与金融双重信用连续扩张之中，M2 以 15%的平均速度逐年增长。

另有数据显示，**从 2008 年金融危机发生到 2012 年年末，中国信贷的投放总额达 30 万亿元。其中，金融机构存款和贷款增长的速度最为明显，**2012 年年末的 M2 相当于 2008 年的 2 倍。

在强有力的政策刺激下，中国在世界上一枝独秀地在 2009 年中期就走出了危机低谷，实现了宏观经济在半年之内的“V”形反弹（见图 4-4）。

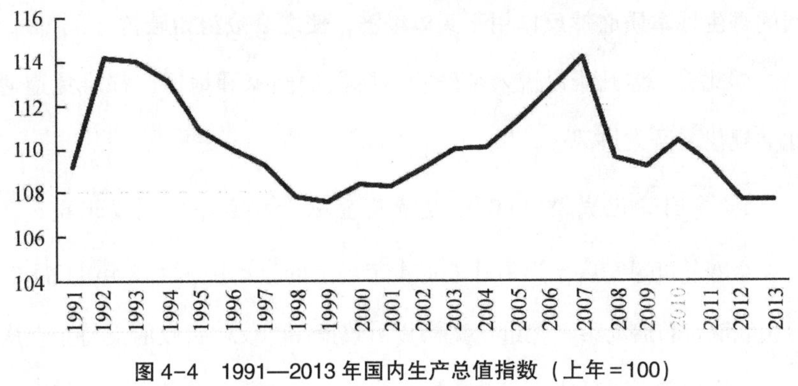

图 4-4　1991—2013 年国内生产总值指数（上年＝100）

(二)“后金融危机”与国内经济的结构性矛盾

不过，诚如很多政策研究者指出，全球金融危机下中国经济的一枝独秀是表象。随着国内的积极财政和货币政策拉动国内投资从恢复性增长迅速进入井喷式增长，宏观经济在 2010—2012 年一度出现过热，但“生产过剩”的长期化这种实质性矛盾并不可能随着经济过热而得到根本解决；**新增固定资产投资并无缓解，反而在某些方面加剧了产业资本的困境。**

值得注意的是，2009 年之后，国家救市投资表现出很强的“服务业主导制造业”的特征。在实体产业中，除了与基本建设相关的领域快速发展、资源型产业可以“搭便车”在国际金融资本主导的基础商品价格大幅波动中实现超额收益以外，**大部分行业发生了因行业平均利润率下降而被金融资本排斥、异化的现象。**

这个趋势不仅是对位于苏州的园区，而且对于几乎所有以实体经济为主的沿海工业开发区都是新的冲击。

因为，金融资本全球化的经验早已证明：**不论在何种体制下，一旦金融资本异化为独立利益集团的趋势不能克制，则其追求流动性获**

利的寄生性本质必然反作用于实体经济，使之衰败势如破竹。

据此看，但凡难以进入金融资本阶段的国家和地区，都难免遭遇此类规律之巨大挑战……

1. 美国量化宽松（QE）政策及金融资本主导的制度调整

金融危机爆发后，为了补充资本市场上的流动性，2008 年 11 月 25 日美联储宣布启动第一轮量化宽松货币政策，不仅购买政府支持企业房利美、房地美、联邦住房贷款银行与房地产有关的直接债务，还将购买由“两房”、联邦政府国民抵押贷款协会所担保的抵押贷款支持证券。到 2010 年 6 月底第一轮量化宽松货币政策结束时，在一年半多一点的时间里，美国的基础货币从 9364.85 亿美元上升到 20151.99 亿美元，增长了 115.19%，增量为 10787.14 亿美元，是国际金融危机之前同一时间长度（2006 年 1 月—2007 年 8 月）基础货币增量 379.57 亿美元的 28.4 倍。①

接下来，则是金融资本主导国家路径依赖地启动了第二轮、第三轮量化宽松政策，以及制造局部战争迫使海外资本回流美国资本市场的币缘战略“巧实力”频繁运作……②

直到**2013 年 10 月 31 日美国达成与其他 5 个西方主要金融资本经济体通过多边货币互换协议来熨平任何短期流动性不足的协议，使得核心区不再有金融危机爆发的可能性，才明确了逐渐退出 QE 的政策考虑。**而且，是在这个金融稳定机制运行一年之后，才于 2014 年 10 月 30 日正式结束了总量高达 3.8 万亿美元的 QE 政策（见专栏 34）。

---

① 资料来源：鑫千线点金：《美国量化宽松的历史与展望》，2014 年 10 月 27 日，见 http://www.cnforex.com/comment/html/2014/10/21/db9b8128858fa254a76f43887060e7.html。

② 兰永海、贾林州、温铁军：《美元“币权”战略与美国霸权体系》，《世界经济与政治》2012 年第 3 期。

华尔街金融海啸发生以来的6年里，东西方几乎所有金融资本经济体普遍发生贫富两极分化更趋严重造成的社会乱象，遂有一系列或多或少地指向金融资本寡头政治的“代表99%”的占领运动；但中国人却在上文所说的“普遍失语”的尴尬之中难免延续着被“软实力”利用的尴尬……

这个金融资本危机在核心区爆发、最终通过核心区倡导的制度创新予以化解的全过程，再一次**验证了我们提出的“成本转嫁理论”所揭示的、内在于金融资本阶段的制度运作机制——核心国家能够顺畅地对外转嫁成本，而边缘国家只能承载核心或半核心国家次第对外转嫁的成本……**

专栏34

美国量化宽松政策的简要回顾

第一轮量化宽松货币政策（QE1）

量化宽松货币政策是一种非常规货币政策，它是指货币当局通过回购国债等中长期债券，从而增加基础货币供给。为了强化宽松货币政策的效果，在联邦基金利率几乎降无可降之际，美联储在2008年11月25日宣布启动第一轮量化宽松货币政策，将购买5000亿美元的抵押贷款支持证券MBS和1000亿美元的债券，不仅包括政府支持企业房利美、房地美、联邦住房贷款银行与房地产有关的直接债务，还将包括由“两房”、联邦政府国民抵押贷款协会所担保的抵押贷款支持证券。2009年3月18日，美联储宣布，为了向抵押贷款信贷和房地产市场提供更多的支持，决定最高再购买7500亿美元的机构抵押贷款支持证券和1000亿美元的机构债来扩张美联储的资产负债表。2009年

11 月 4 日，美联储再次决定购买总计 1.25 万亿美元的机构抵押贷款支持证券和价值约 1750 亿美元的机构债。到 2010 年 6 月底第一轮量化宽松货币政策结束时，在一年半多一点的时间里，美国的基础货币从 9364.85 亿美元上升到 20151.99 亿美元，增长了 115.19%，增量为 10787.14 亿美元，是国际金融危机之前同一时间长度（2006 年 1 月—2007 年 8 月）基础货币增量 379.57 亿美元的 28.4 倍。

第二轮量化宽松货币政策（QE2）

虽然第一轮量化宽松货币政策向市场投放了庞大的流动性，但美国的投资和消费并没有相应地扩张，经济仍然十分疲软。为了刺激经济复苏、提高经济增速，在经历了两个月的量化宽松货币政策真空期后，2010 年 8 月美联储主席伯南克提出实施第二轮量化宽松货币政策：美联储每月投入约 750 亿美元购买国债，以宽松的流动性来刺激不景气的经济。该政策于 2010 年 11 月启动到 2011 年 6 月底结束，持续时间为 8 个月，总计规模达 6000 亿美元。在第二轮量化宽松货币政策实施期间，美国的基础货币也出现了快速扩张。美联储的数据显示，在第二轮量化宽松货币政策实施前的 2010 年 10 月，美国的基础货币为 19985.44 亿美元，到第二轮量化宽松货币政策结束的 2011 年 6 月，美国的基础货币达 26715.63 亿美元，增量为 6730.19 亿美元，说明第二轮量化宽松货币政策实际投放的货币量已超出了美联储最初预计 6000 亿美元的规模。

第三轮量化宽松货币政策（QE3）

2012 年 9 月 13 日，美联储宣布开始以每月 400 亿美元的规模购入机构抵押贷款支持债券，此举标志着美国第三轮量化宽松货币政策正式实施。随后在 2012 年年底随着“扭转操作”的结束，美联储又将 QE3 规模扩大到 850 亿美元，也就是 400 亿的抵押贷款支持证券和 450 亿的长期债券。

QE3 的主要内容包括三个方面：一是美联储承诺每月购买 400 亿美元的抵押贷款支持证券，直至就业市场及经济形势出现实质性改善；二是美联储将继续实施“扭转操作”，使用到期的短期债券收入来购买长期债券；三是美联储将继续维持 0—0.25%的中央银行基准利率至 2015 年中期，这将使两年期债券收益率保持在接近于零的水平。美联储第三轮量化宽松政策与此前两轮量化宽松政策（QE1、QE2）的主要区别是：QE3 的规模没有被限定、QE3 的结束时间没有被标明。其一，QE3 的规模未定。美联储新增加每月 400 亿美元 MBS 的购买，与每月 450 亿美元的“扭转操作”相加，每月需要购买债券的总规模达 850 亿美元。如果美联储购买 MBS 的计划维持 3 年，则 QE3 的规模可能与 2008 年 QE1 的规模相当，超过 1 万亿美元。其二，QE3 结束期未明确。美联储的资产购买计划将持续到美国就业市场和经济增长真正恢复。其三，QE3 购买的全部是抵押贷款支持证券，而不是国债，其目的是直接刺激美国房地产市场，将高企的抵押贷款利率降下来，以消除经济复苏的障碍。

2014 年 10 月 30 日，在多边货币互换协议及欧洲地缘战略格局重大变化之下，美国正式宣布结束 QE 政策。

资料来源：鑫干线点金：《美国量化宽松的历史与展望》，2014 年 10 月 27 日，见 http://www.cnforex.com/comment/html/2014/10/21/86db9b8128858fa254a76f43887060e7.html。

---

2. 国际市场上基础商品价格大幅上涨①

在 QE 政策释放的巨大流动性冲击下，主要初级产品价格脱离一

① 在本书将要完成的时候，国际石油和重金属等基础商品价格开始出现大幅下跌，油价创下五年新低，标志着美国通过粮食—石油—美元的币缘三角结构消纳垃圾金融衍生品的措施正式告一段落。

般的供给和需求的决定作用，从而“被金融化”——由金融投机制造价格涨落。由于这种通过向大型机构投资者回购中长期债券所增加的基础货币供给大规模流向了能源、粮食、原材料等期货市场，致使国际市场上原材料价格一路上涨，到 2011 年中期已经达到了 570 多点，比金融危机爆发前高出了 100 点左右。2011 年中期到 2012 年虽然整体上呈现下降趋势，但最低指数水平仍然远高于 2008 年金融危机爆发之前的最高水平。

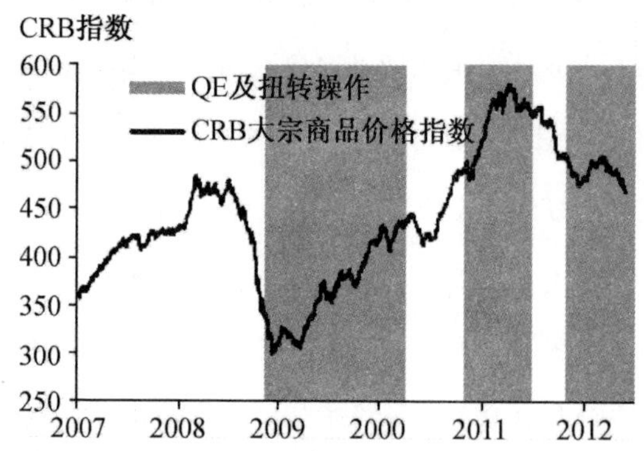

图 4-5 美国量化宽松政策对大宗商品价格指数的影响

如图 4-5 所示，从美国发生次贷危机的 2007 年，到爆发华尔街金融海啸的 2008 年，国际市场上大宗商品的 CRB 指数①发生了一轮大幅波动，首先是从 2007 年年初的不到 350 点上升到 2008 年年初的将近 500 点，并持续数月；然后则发生自由落体式下滑，在半年的时间内

① CRB 指数（或写作 CRBI）是国际市场上 Commodity Research Bureau Index 的简写即路透商品研究局指数。它是由美国商品调查局依据世界市场上多种基本的经济敏感商品价格编制的一种期货价格指数，所涵盖的 19 种期货合约品种如下。农产品：大豆、小麦、玉米、棉花、糖、冰冻浓缩橙汁、可可、咖啡、活牛、瘦肉猪；能源类：原油、取暖油、汽油、天然气；金属类：黄金、白银、铜、铝、镍。本图来源：网易财经：《聚焦美联储第三次量化宽松》，2014 年 10 月 24 日，见 http://money.163.com/special/fedqe3/。

回落到300点。

与国际市场受到QE政策影响相对应，中国这样的实体经济国家遭遇到“输入型通货膨胀”。对原材料供给的海外依存度不断上升的国内制造业受其影响，制造业企业的主要原材料购进价格指数发生了一轮基本同步的波动，价格指数先是从2007年年初的55点上升到2008年中期的75.7，随后是5个月的连续大幅下降，价格指数从75.7下降到11月的26.6，到2010年4月已经回升到72.6，接近2008年金融危机爆发前的最高价格指数水平；其中，从2008年11月到2009年8月价格指数发生了长达10个月的连续上涨，累计上涨指数达36点。2011年中期之后，价格指数从70左右下降到55—60区间，此后则是围绕着50这条景气—萧条临界线进行大波幅震荡（见图4-6）。

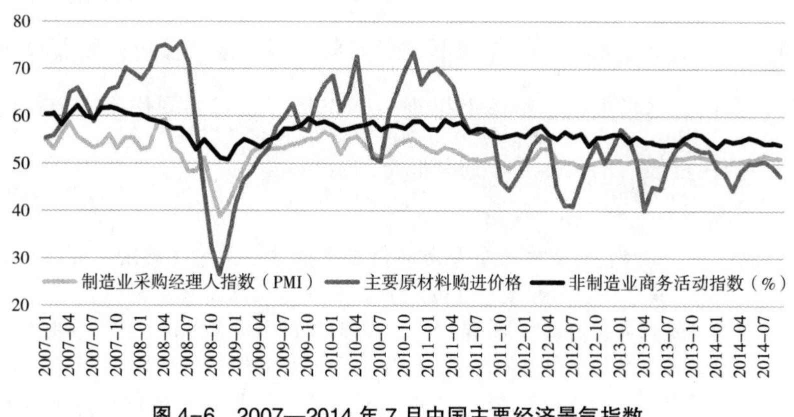

图4-6　2007—2014年7月中国主要经济景气指数

图4-6中的曲线清晰地表明中国的实体经济价格波动受到金融危机的影响。除了2008年金融危机导致一个明显的“V”形变化之外，2009年、2010年和2012年的三次QE政策也都带来相应的价格起落。同期，代表非实体经济的曲线（非制造业商务活动指数）波动幅度很小，基本保持平稳。

3. 国际产品市场需求持续低迷

和基础商品不同，国际制成品市场总体表现萧条，价格水平相对低迷。根据笔者的一项初步计算，**从 2009 年到 2013 年，中国制造业的进口价格上涨了 64%，出口价格仅上涨了 19%。**

从经济景气指数来看，反映制造业景气情况的制造业采购经理人指数虽然在 2009 年上半年也有了显著的回升，且一直位于 50 以上，从指标含义来说，整体上位于扩张区间，但更多时段是贴着经济景气的临界线运行。①

从图 4-7 也可以看出，**中国经济对外依存度大幅提高的最近 20 多年，大部分时间中出口商品价格指数都低于进口商品价格指数。**2008 年华尔街金融海啸发生后，全球商品价格出现了两个变化趋向，原材料价格在美国增发货币的影响下大起大落，制造业产品价格则整体下降，出口价格指数则在整体上呈现下降态势。二者共同作用，使得国内经济比重最大的实体产业的利润空间被压缩。

---

① 指标解释：非制造业商务活动指数是根据企业完成的业务活动总量（如客户数、销售量、工程量等实物量）月度环比变化情况编制的扩散指数，由于没有合成的非制造业综合 PMI 指数，因此国际上通常用商务活动指数反映非制造业经济发展的总体变化情况，以 50% 作为经济强弱的分界点，高于 50% 时，反映非制造业经济扩张；低于 50%，则反映非制造业经济收缩。制造业采购经理指数是通过对企业采购经理的月度调查结果统计汇总、编制而成的指数，是国际上通用的监测宏观经济走势的先行性指数之一，具有较强的预测、预警作用。PMI 是一个综合指数，由 5 个扩散指数（分类指数）加权计算而成。5 个分类指数及其权数是依据其对经济的先行影响程度确定的。具体包括：新订单指数，权数为 30%；生产指数，权数为 25%；从业人员指数，权数为 20%；供应商配送时间指数，权数为 15%；原材料库存指数，权数为 10%。其中，供应商配送时间指数为逆指数，在合成 PMI 综合指数时进行反向运算。PMI 通常以 50% 作为经济强弱的分界点，PMI 高于 50% 时，反映制造业经济扩张；低于 50%，则反映制造业经济收缩。主要原材料购进价格指数是根据企业主要原材料价格的简单平均水平月度环比变化情况编制的扩散指数。

此外，从经济运行的稳态来讲，全球市场无疑为中国的制造业提供了巨大的产能扩张空间，但从图 4-7 可以看出，**全球市场的波动性与中国宏观经济的波动性总体上是同期同向的**——在经济萧条时期，出口商品的价格指数下降，构成整体经济萧条的一个部分；而在经济景气时期，出口商品价格的上涨同样加剧了国内原材物料的供应紧张。

这种顺周期作用，从某种程度上说，强化了中国经济的周期性波动。

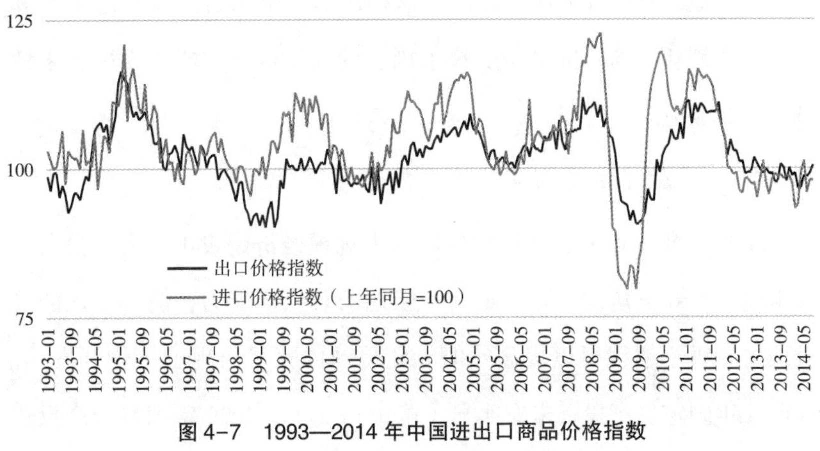

图 4-7　1993—2014 年中国进出口商品价格指数

图 4-7 表明，中国**沿海加工贸易型的实体经济的利润空间被挤压，连带其相关制造业的整体利润已经摊薄到几乎为零**。几年下来，已经造成大批企业倒闭破产，很多港台地区投资迁往东南亚国家，南方沿海的加工贸易型经济事实上已经进入“去工业化”时期……

与制造业相比，**非制造业的景气度一直处于高位运行区间，制造业与非制造业之间的差距越拉越大**。从创造增加值的情况看，非制造业中的交通运输服务业、仓储批发和零售业等三产部门与第二产业的增加值情况大体相当，而金融业的扩张和盈利情况则显著好于第二产业。

面对此类输入型危机造成的三次产业差别，不仅单一国别的宏观

调控无力化解矛盾，甚至失语者们照搬来的理论都无从解释，只好顺势强调提升第三产业所占的比重，遂听任、甚至迫使资金从实体经济析出，涌向房地产和金融投机，连锁性地造成影子银行及其他形式的高利息借贷泛滥，反过来进一步压榨实体经济。

在这种因被动地承载全球金融资本核心区危机转嫁造成输入型危机在国内全面爆发的宏观形势之下，一般缺乏自主创新能力的工业开发区的入区企业都无力应对外部性风险。

相对地，只有像苏州工业园区这样政府主动结合产业管理创新和金融服务创新，同时推进企业技术创新的开发区，才能表现出较强的风险应对能力。

4. 中国救市投资与实体产业内部的挤出效应

2008 年年末以来，在国债拉动的大规模经济建设中，大量投资进入土地基本开发建设，固然提高了土地的总生产能力，使得土地的绝对地租和级差地租得以提高，但也使得国内骤然出现了一轮开发热。在前几年固定资产投资未有明显下降的情况下，2009 年固定资产投资完成额同比增速高达 30.5%，甚至高于 2003 年（见图 4-8）。

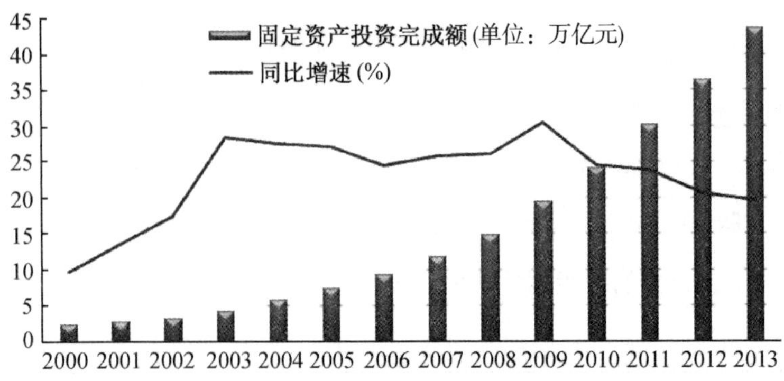

图 4-8　2000—2013 年全国固定资产投资完成额及增长速度

基本建设占地导致城市征用土地面积以前所未有的态势持续在高位运行，并且连年增长，在 2012 年甚至超过了 2000 平方公里；2013 年略有回落，但仍然维持在 1800 平方公里的高水平上（见图 4-9）。

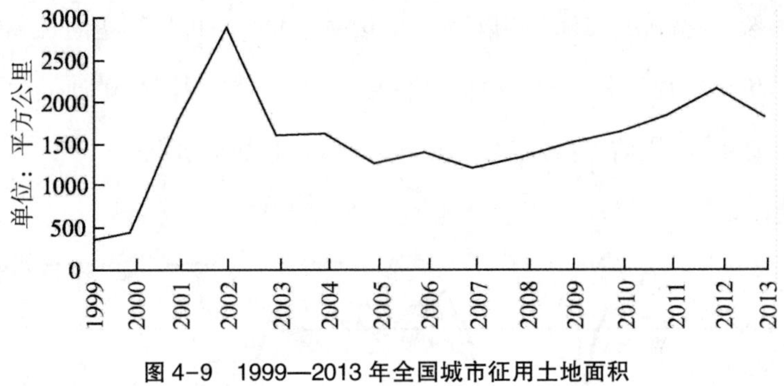

图 4-9　1999—2013 年全国城市征用土地面积

一方面，几十万亿元的固定资产投资集中上马，毫无疑问在相当大程度上加剧了国内能源和原材料的供给紧张，提高了国内对于国际市场的依赖程度，加剧了一般产品制造业在国际市场上的被动地位。

另一方面，劳动力市场价格被持续拉高，以致在沿海过去依靠加工出口的中小企业数万家亏损倒闭的同时，各地频现"民工荒"，从 2009 年 6 月到 2014 年 9 月长达 5 年多的时间里，人工费的价格指数持续大于 105（见图 4-10）。

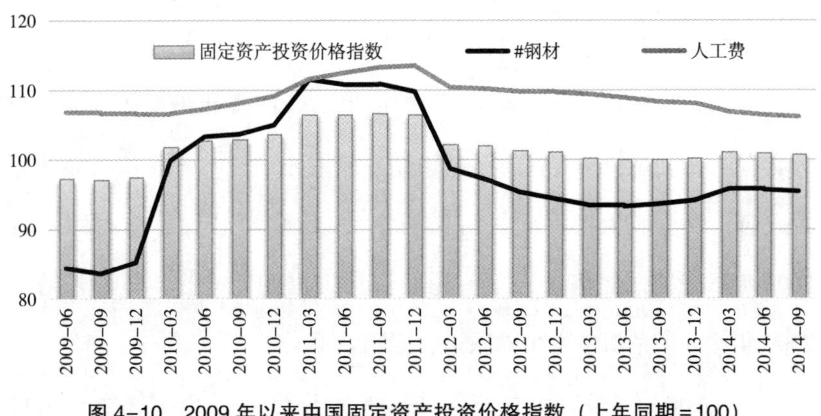

图 4-10　2009 年以来中国固定资产投资价格指数（上年同期 =100）

固定资产集中投资拉高原材物料价格和人工费用，对一般制造业的生产运行客观上产生了挤出效应，制造业的盈利空间受到挤压。

从图 4-11 的企业商品价格指数走势图中，可以看出第二产业内部的收益分化情况。2009 年以后，政策性的农产品价格和垄断性的能源产品价格指数显著高于一般商品价格指数，而资源型的矿产品价格指数在 2011 年之前走势强劲，2011 年之后开始降至最低。

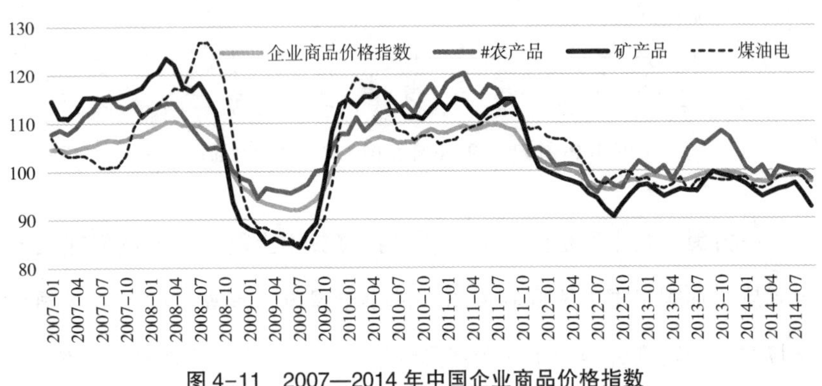

图 4-11　2007—2014 年中国企业商品价格指数

5. 资金从实体产业加速抽离

上一阶段已经分析：国有银行的商业化改制，是苏州工业园区在新加坡投资中断之后陷入融资难困境的一个方面的原因。

这在国内实体经济领域具有普遍性。

21 世纪的第一个 10 年中，制度成本转嫁的规律仍在持续，演变为具有征收土地和改变农业用地用途并获取土地资本化收益权力的地方政府，以土地为抵押向银行借贷来“以地套现”。征地高潮随着 2003 年以来国内经济进入新一轮经济景气周期而来临，却并未随着 2009 年输入型危机的发生而减退，原因如下。

一方面国家紧急启动 4 万亿元国债资金进行救市，其中有相当大规模国债资金投资于基本建设，对于社会资金的投入具有强大的导向作用，承载住了外需下降对于国内就业市场的压力；但另一方面，由于国债项目通常要求地方政府进行专项配套，或者要求企事业单位达到一定条件，客观上加大了国内的整体投资热度，加剧了国内资金的紧张，正规银行和影子银行贷款应势而起，而其所接受的抵押品几乎都只有一样——完成征收手续和一次开发从而进入资本化开发通道的土地，专业名称叫“建设用地”。有的地区连市政广场也都拿去做了抵押。

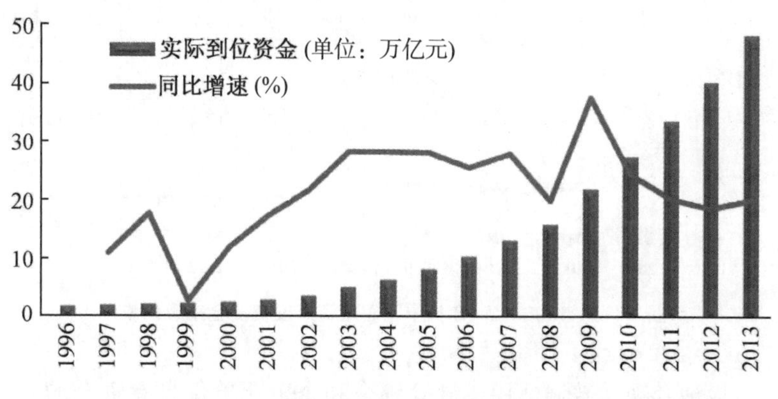

图 4-12　1996—2013 年中国固定资产投资实际到位资金及增长速度

如图 4-12 所示，**中国固定资产投资的实际到位资金 2013 年年末已达 48 万亿元，这一指标 2006 年才首次突破 10 万亿元。从 2008 年到 2012 年，每年以 5 万亿元以上的规模逐年递增；2013 年一年的增长量则超过 8 万亿元。**

在全部资金来源中，国家预算内资金、国内贷款这两项常规渠道的资金，在全部到位资金中所占比重之和，1996 年为 18.27%，2005 年为 15.66%，**2013 年降为 12.97%**；外资占比从 1996 年的 10.07%下降到 2013 年的 0.69%；企事业单位自有资金占比 1996 年为 20.86%，在 2004—2006 年一度上升到 25%以上，但 2009 年以后开始下降，

2013 年仅为 15.76%；**自筹资金占比 1996 年为 33.23%，2007 年上升到 40%，2012 年超过 50%，2013 年为 52.03%**，从占全部到位资金的 1/3 上升到一半以上；而量比齐增的**自筹资金中只有很少一部分是企业利润或自有资金积累，相当大部分为股市融资、债券融资或非常规渠道融资**（见图 4-13）。

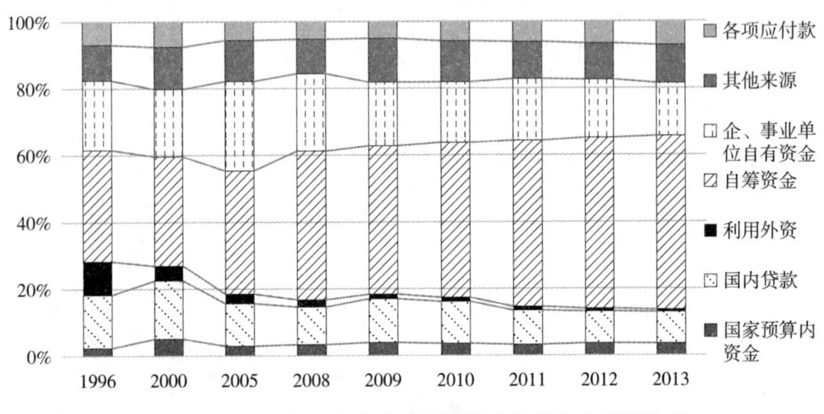

图 4-13 1996—2013 年中国固定资产投资资金来源构成

“以地套现”普遍适用：自筹资金和企事业单位自有资金的一个重要资金来源是土地。

2009 年以后，地方政府为争取国债配套资金和中央财政对地方财政的专项资金，而在产业开发、招商引资等领域展开了大规模的无序竞争，引发了比 2008 年华尔街金融海啸之前更严重的“圈地运动”。

2011 年，地方政府土地出让金达 3.1 万亿元，2012 年降至 2.7 万亿元，2013 年再猛增 1.2 万亿元，达 3.9 万亿元。据《第一财经日报》记者统计，2013 年地方政府国有土地使用权收入（41266 亿元）占地方财政收入的比例达 35%，若算上当年与土地及房产相关的 5 种税收，这一比例将达 46%。与地方政府国有土地使用权收入激增相应，支出也在增加。**2013 年土地出让支出与收入基本持平，约 3.9 万亿**

元，远超预算。其中，以对征地和拆迁补偿支出、土地开发支出、补助征地农民支出等方面支出最大，如征地和拆迁补偿支出约 2.1 万亿元，为预算数的 161%，比上年增长 51%。①

为了保证土地出让金的收入水平，就势必要求房价不能降，因此，**地方政府成为房地产价格居高不下的主要推手**。这也吸引了更多的社会资金，在制造业整体收益预期严重下降的情况下，从利润率低的实体产业部门大量抽离，流向房地产等投机领域，推升投机领域的泡沫经济。

于是，国内发生了制造业和投机领域的“冰火两重天”：一方面实体产业因难以维持正常运营而发生“老板跑路”；另一方面房价迅猛上涨，进一步吸引了大量社会游资，各地甚至出现了高利贷的民间集资。

在房价不断攀高的预期下，城市征用土地面积每年增加 1500 平方公里以上，2012 年超过 2000 平方公里；房地产企业每年购置土地面积达数亿平方米（见表 4-1）。

表 4-1　1997—2013 年中国房地产开发主要指标

年份	房地产开发企业土地购置费（亿元）	房地产开发企业购置土地面积（万平方米）	房地产开发企业土地均价（元/平方米）	商品房平均销售价格（元/平方米）
1997	247.60	6641.70	372.80	1997
1998	375.40	10109.32	371.34	2063
1999	500.03	11958.90	418.12	2053
2000	733.99	16905.24	434.18	2112
2001	1038.77	23408.99	443.75	2170

① 陈益刊、徐燕燕：《去年全国土地出让金收入再创历史之最》，《第一财经日报》2014 年 7 月 14 日；转引自 http://finance.qq.com/a/20140714/002772.htm，2014 年 10 月 25 日。

（续表）

年份	房地产开发企业土地购置费（亿元）	房地产开发企业购置土地面积（万平方米）	房地产开发企业土地均价（元/平方米）	商品房平均销售价格（元/平方米）
2002	1445.81	31356.78	461.08	2250
2003	2055.17	35696.48	575.73	2359
2004	2574.47	39784.66	647.10	2778
2005	2904.37	38253.73	759.24	3168
2006	3814.49	36573.57	1042.96	3367
2007	4873.25	40245.85	1210.87	3864
2008	5995.62	39353.43	1523.53	3800
2009	6023.71	31909.45	1887.75	4681
2010	9999.92	39953.10	2502.91	5032
2011	11527.25	44327.44	2600.48	5357
2012	12100.15	35666.80	3392.55	5791
2013	13501.73	38814.38	3478.54	6237
累计	79711.73	520959.82	—	—

课题组在以前关于宏观经济变化与土地征占的相关性研究中提出的“以地套现”及其引发的社会冲突，在这一“后金融危机”阶段表现得更普遍、更深刻。①

由于4万亿元救市国债投资引致的货币扩张中，很多是通过地方政府运作的“城投债”等渠道进行的，而**地方政府的债务链条又由土地价值最高的房地产开发来维系，这使中央政府对房市泡沫的宏观调控左右两难**：如果不加管制地放任下去，则服务业与制造业的利益分配矛盾将愈演愈烈，房地产泡沫累积的风险会越堆越高，而制造业累积的矛盾也将越来越危险；如果出台有效措施调控房价，则依靠高地

① 参见本书第三章“专栏20　地方资本短缺下的融资行为：‘土地金融’”中从“土地财政”转向“土地金融”的分析。

价、高房价来维持的地方政府资金链条将会断裂，而地方政府综合债务危机的爆发将使尚未走出金融危机阴影的国民经济雪上加霜。

综上，在国际出口产品市场、国内外原材料市场、国内房地产市场和劳动力市场等多方面形成的持续压力下，中国的加工制造产业陷入深重的危机。下文我们将要看到，苏州工业园区也并不例外地陷入危机当中，不同的是，这里并没有进一步地朝着“去工业化”演化……

（三）经济危机中苏州工业园区的经济困境

1. 开发区的群体严冬

在2008—2009年的美国金融危机演化为全球经济危机的打击下，苏州工业园区2009年的经济形势出现了21世纪以来的最严峻局面，多项重要经济指标——包括工业总产值、利税、利润、主营业务收入和成本等，都出现了程度较严重的大幅下滑，亏损面比上年提高，出口则出现降幅为20%以上的深度跌落（见图4-14）。

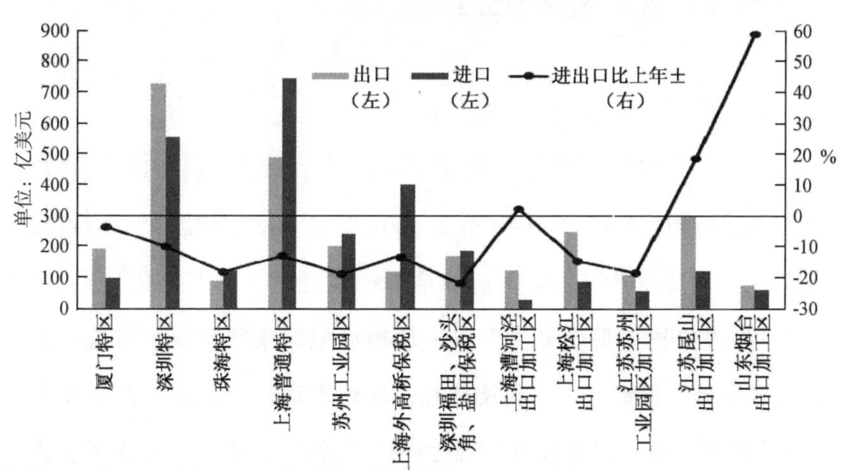

图4-14　2009年中国特定经济地区进出口总值及增长情况

注：本图只选择了进出口规模百亿美元以上地区进行比较。

资料来源：中国经济与社会发展统计数据库。

从图 4-14 可见，2009 年全国大多数经济特区和出口加工区都遭遇了外贸经济大滑坡。即使是仍然保持正增长的昆山出口加工区和烟台出口加工区，也出现了增长速度的大幅下降。

就苏州市来说，昆山市、高新区和工业园区一直是苏州市出口的“三驾马车”，三者的进口、出口占苏州全市的 2/3 到 3/4。在 2008 年和 2009 年，三个地区都出现了前所未有的负增长（见图 4-15）。

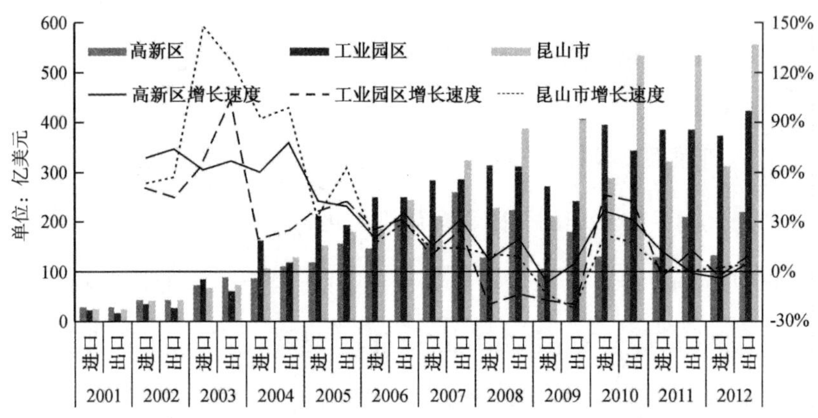

图 4-15 2001—2012 年苏州高新区、工业园区、昆山市进出口规模及增长速度

资料来源：苏州市统计年鉴 2012。

2. 园区两次“未果”的努力

实际上，在危机爆发前园区就已经意识到加工贸易型的外向型经济存在的结构性问题和风险，并于 2004 年提出大力实施“四大行动计划”——制造业升级、服务业倍增、科技跨越、生态优化（见专栏 35），加快**推进“四个转变”——从粗放型向集约型发展方式转变；从资源依赖、投资拉动向科技依托、创新驱动转变；从“工业经济”“制造经济”向“服务经济”“智力经济”转变；从“人力资源优势”向“人才资源优势”转变**，努力打造“三大高地”——产业高地、创新高地、人才高地。

专栏 35

2004 年苏州工业园区的“四大行动计划”主要举措与目标

一是全力塑造先进产业品牌。以东部高新技术产业区为重点，推进制造业向高端攀升，坚持高端化、高效益、高增值的产业发展之路。力争形成液晶面板、集成电路、机械制造、现代服务业等 4 个千亿级优势产业，培育软件及动漫游戏、服务外包、纳米光电新能源、生物医药、生态环保、融合通信等一批百亿级新型产业。

二是全力塑造自主创新品牌。以独墅湖科教创新区为主阵地，大力发展创新型经济，聚焦科技跨越计划，实施“科技领军人才创业工程”，推进海外高层次创新创业人才基地建设，并为此规划了独墅湖科教创新区，从创新政策、创新载体、创新人才等方面着手，塑造更多的自主品牌，衍生更多的内源性企业。

三是制定出台了**《新兴产业发展规划》，加快打造“生物纳米园、光电产业园、创意产业园、服务外包产业园、环保产业园”等五大新兴产业基地**，作为专门的新兴产业发展载体，推动制造业领域由简单加工组装产品向关键部件制造转变，由传统型产业向光电、纳米、环保、新能源等新型产业转变。

四是实行“服务业倍增计划”。近年来，苏州工业园服务业发展增速显著加快，服务业项目日益增多。主要得益于几个方面：一是《苏州城市总体规划》的修编明确了苏州“双城”城市空间格局，其**中苏州工业园是东部新城区的核心主体，承担中央商务、商贸功能**。这为园区服务业发展指明了方向，提供了规划支撑。二是园区规划建设了一批服务业发展的载体，目前已投入使用面积超百万平方米。三是获得了技术先进型服务企业税收优惠政策扶持，主要是企业所得税减按15%税率征收。

应该说，2004年以来实施的转型措施取得了比较显著的成效①，但是，从园区发展的主要结构特征看，制度变迁理论中的路径依赖规律，对于园区的产业升级同样毫无例外地发挥着制约作用。

第三篇述及，2001年中方从新加坡方面接手园区控股权（65%）以来，在短短3年的时间内把园区从十几平方公里扩大为70平方公里②，这意味着园区面积扩大多少倍，"绝对地租"总量也同步扩大多少倍。可见，这一时期的经济增长只能**是从新加坡模式转向以外延式扩张为主**，因为在全国各地地方政府的发展竞争几乎白热化的情形下，园区不可能自外于这种靠压低成本来获取市场份额的竞争。

诚然，在整个20年的发展历程中，园区在经济运行的数量与质量、经济总量和盈利能力之间如何保持平衡，是一个非常辩证的过程；**但上一阶段的发展模式对于园区产业升级转型的"路径锁定"也很明显——由于五大新兴产业的培育与发展需要时日，园区收入总量和盈利能力增长不对称的局面在经济危机爆发前的2007年已经非常突出**。如图4-16所示，2007年主营业务收入比上年增长23%，而利税、利

---

① 到2009年，在这五大新兴产业中聚集了1000多家科技型中小企业。其中在生物医药、融合通信、软件、集成电路设计、动漫、游戏等领域集聚了一批拥有自主知识产权、技术竞争力的内资或归国人员企业，初步形成了特色领域的产业集群。纳米、光电子及环保领域则刚刚起步，已引进了部分创新能力较强、对产业有带动作用的项目。

② 苏州工业园区工委管委会接受调研人员表示，中方控股后，就能发挥中方优势进行大规模建设，园区70平方公里的基础设施建设全线拉开，"原来都是企业行为，（要盈亏平衡，所以）不可能做到，而我们控股后，形势就完全改观了"。

润分别只增长了 8%和 6%。

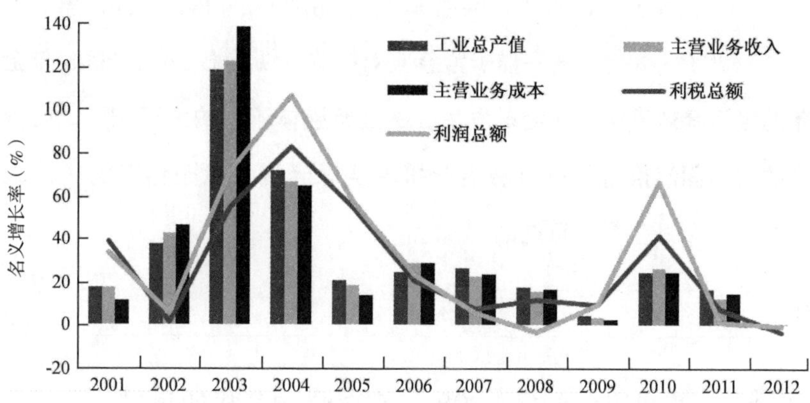

图 4-16　2001—2012 年苏州工业园区规模以上工业主要经济指标的名义增长率

就产业结构来说，2008 年，园区电子信息制造业实现规模以上产值 1384 亿元，占全区规模以上工业产值的 56%；形成了集成电路、液晶面板、计算机及外设、通信设备制造四大行业，构建了从 IC 设计、晶圆制造到封装测试和相关原材料、设备的相对完整的产业链。机械制造作为园区第二大产业，2008 年实现规模以上产值 771 亿元，占全区规模以上工业产值的 31%，形成了交通运输设备制造、专用设备制造、通用设备制造三大类。二者相加，占有园区规模以上工业产值的 87%，表明产业结构还没有发生明显的转变。

因此，**2008—2009 年园区的经济增长速度下降，其实是外向型经济高速扩张累积的结构性矛盾在外部输入型风险的打击下一次性危机爆发。**

然而，**最值得一提的是，与 2004 年类似的努力在 2009 年又做了一次。**

但这次努力的方向并不是产业升级与结构调整，而是帮助企业先

“过冬”再谋发展。

2009 年年初，面对 2008 年年底开始的出口萎缩局面，园区紧急启动了总盘子为 8 亿元的一揽子紧急应对措施（见专栏 36）；**2009 年全年的经济绩效表明，在全球发生经济危机整体不利的大环境下，区域内的努力固然很重要，但想借此扭转全球经济危机条件下的“输入型”困局则几乎是不可能的。**[①]

专栏 36

苏州工业园区 2008 年应对金融危机的举措

苏州工业园区的 1.2 万余家企业中，外资企业超过 1400 家，其中欧美企业占比超过 50%；而园区的主要产业 IT 和液晶面板的市场也主要面向欧美，园区整体外向依存度超过 70%，对欧美的进出口量占 50%以上，因此，2008 年爆发的金融风暴对园区企业产生了较大的影响。从实际数据来看，2008 年 1—10 月，苏州工业园区的订单总量已经超过 2007 年全年，但 11 月份成了拐点，园区内企业的订单从 11 月份起开始明显下降，减少 30%—50%，预计 2008 年全年的增速将放缓，为 15%左右，而前两年的增速都在 20%以上。

针对这种情况，苏州工业园区从 2009 年 1 月 1 日推出《关于促进经济平稳较快发展的若干意见》，共出资 8 亿元扶持园区内产业，希望能让企业“先活下来，再保增长”。

据介绍，8 亿元主要分三块使用。

第一块用于减轻企业负担，大约 4.4 亿元。具体用途如下。

---

① 2009 年，园区到账外资的确实现了一个较大幅度的增长，但这很大程度上是海外资金出于避险考虑绕道中国香港进入大陆的结果，与园区优惠引资政策的相关度不大。

◇ 3.5 亿元用于补贴员工的公积金。据介绍，园区此次将公积金的企业缴纳部分下降 2 个点，企业可以少缴公积金，缺少的部分将由财政补贴，所以员工个人账户不受影响。

◇ 5000 万元作为加工贸易担保基金，对加工贸易台账实转的企业，通过专项基金统一担保，帮助企业降低资金占用。

◇ 4000 万元用于增值税贴息，对由于增值税转型造成企业设备投资增加部分给予一定比例的贴息补助。

第二块用于“保增长”，大约 3 亿元。具体用途如下。

◇ 再担保基金 2 亿元，由园区财政和担保机构共同出资，鼓励担保机构做大做强，引导各类资本为中小企业服务，降低其融资成本。

◇ 奖励产品出口增量部分的奖金将近 1 亿元。园区内公司的出口增量部分每增长 1 美元，奖励 0.02 元人民币。按照 2008 年园区出口额 300 亿元来计算，如果 2009 年增速为 10%，则增量为 30 亿元。其主要作用是希望一些公司在转移订单时，能“充分考虑”转移到园区来。

第三块是“鼓励企业转型”，为 6000 万元。背景是：国家高新技术企业新的评定办法出台后，园区原有的 300 多家高新技术企业通过这一轮的评定，只有 1/3 达到新标准，而达不到标准的企业所得税的缴纳比例就会从 15%提高到 24%—25%；在外部环境不利的情况下，企业负担增加，日子会更难过。园区因此开展了自己的高新技术企业评定工作，一方面引导企业向国家制定的标准靠齐；另一方面也适当给企业一个过渡期——凡是达不到国家标准但达到园区高新技术企业评定标准的企业，其多缴纳的所得税税额，由园区奖励给企业，帮企业减负，这一部分为 4000 万—5000 万元。

资料来源：搜狐财经：《深度报道：金融危机下的苏州工业园》，

2009 年 2 月 14 日，见 http://it.sohu.com/20090214/n262237932.shtml。

这场客观上要延续原有产业结构的努力虽然未果，但对园区的产业转型来说，仍然有积极的影响。如前所述，受资源环境、技术瓶颈、发达国家主导的地缘战略等因素影响，即使没有华尔街金融海啸引发的全球经济危机，中国长期依靠海外市场实现高增长的方式也是不可持续的；但也**只有在经济危机发生造成大多数利益集团都受损之后，才可能迫不得已配合宏观调控；**中国才可能在一定程度上走出对海外市场、技术和资金的高度依赖，破解外向型发展模式的路径锁定。

同理，在土地资源约束和周边区域竞争越来越激烈的情况下，**园区在某种程度上也同样要借助于 2008—2009 年全球经济危机的“破坏力”，才能真正实现发展转型和产业升级。**

苏州工业园区产业转型的这种困境，在中国是非常有普遍性的。

二、两大创新的逻辑、路径与机制

中国自从 1998 年遭遇东亚金融风暴造成外需下降、导致国内政策理论界第一次认识到生产过剩危机之后，中央政府连续 10 年大幅度增加国债，客观上形成了投资拉动增长的路径锁定。到 2008 年再度遭遇华尔街金融海啸和全球经济大危机造成外需下降时，中国依然故我地以增加投资应对。但连续 10 多年大规模投资带动要素价格连续上涨，致使 2009 年以来从南方沿海递次向北发生了“去工业化”趋势。

且不论黏滞于主流意识形态中的学术界是否意识到这个势必在

中国造成重大影响的客观趋势；本课题组更感兴趣的是：这个“去工业化”本身与资金析出异化于实体经济、进入房地产投机，不仅同步发生，而且泛滥成灾！但为什么由南向北席卷而来，却在苏南止步？

诚然，不能说苏南没有发生“去工业化”和资金析出进入投机领域的案例，但在对园区这个时期的实际经验总结中，我们发现在同样压力下园区客观发生的主要还是自觉地推进创新，并且相对有效地通过创新实现了产业升级和转型……

（一）双重挤压对中国产业升级的路径限制

近年来，课题组多次提出：**中国自 2009 年全球经济危机以来，正在从南到北地发生“去工业化”趋势；尤其是仅靠占有劳动者福利租和资源环境租的“无根投资”带来的加工贸易企业，势必最先流出中国东南沿海地区**（见图 4-17、图 4-18）。

其原因诚如 e-works 网站总编黄培所指出的，**中国制造业同时受到高端制造业向发达国家回流、低端制造业向低成本国家转移的双重**

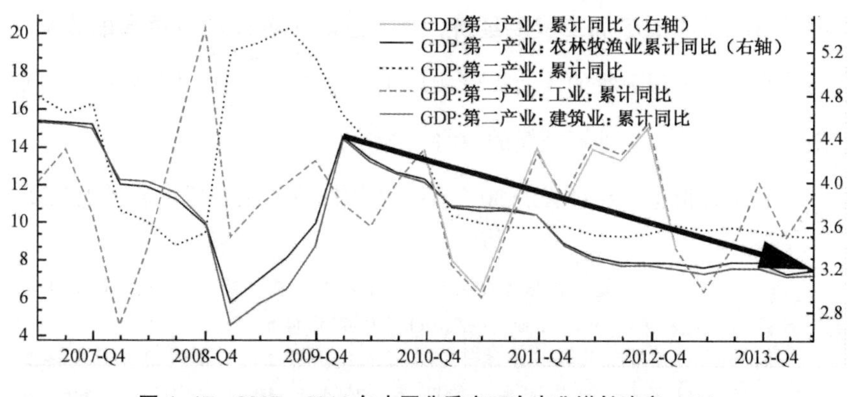

图 4-17　2007—2013 年中国分季度三次产业增长速度（%）

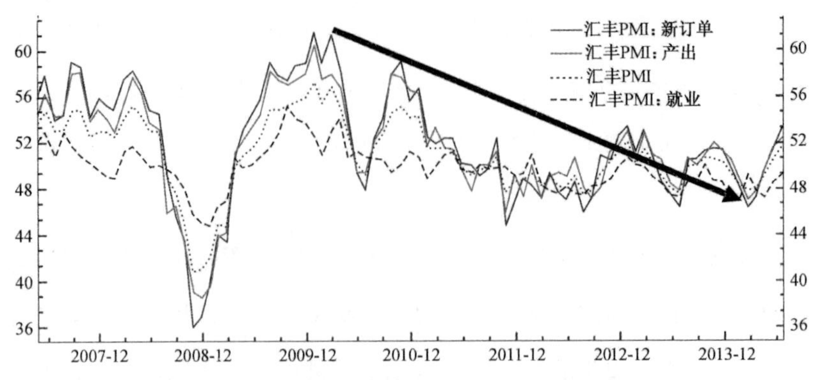

图 4-18　2007—2012 年各季度汇丰 PMI 指数

数据来源：以上两图均来自 Wind 资讯数据库。

挤压。[①] 这句话不仅勾勒出中国制造业面临的严峻局面，也道出了中国制造业升级所面临的路径限制。

1. “低端锁定”：资本无根难以锁定

与 20 世纪 80 年代中国经济发展主要靠内需拉动不同，90 年代以后中国主要靠外需拉动增长，**21 世纪以来则以“外资+外需”的外向发展模式为主导**。

但是，无论是模块化的产业转移还是整体搬迁的产业集聚，**最主要的作用是有利于跨国公司降低物流成本，对于投资的东道国来说，并不意味着改出了加工贸易经济，也不意味着可以获得更高的收益**。总体来看，中国吸收的外商投资领域主要集中在以加工贸易为主的制造业，占总体利用外资规模的 60%—70%。[②]

有学者指出，在过去的 30 年中，中国制造业正是凭借着低廉的要

① 资料来源：《欧美开始 4.0 版革命　中国却还在“淘货”》，2014 年 9 月 20 日，见 http://www.bwchinese.com/article/1064332_4.html。

② 商务部国际贸易经济合作研究院：《人民币升值对我国利用外商直接投资的影响及对策》，研究报告，2008 年，2014 年 10 月 27 日，见 http://www.caitec.org.cn/c/cn/news/2008-01/08/news_922.html。

素成本和不断降低的交易成本的优势，在优良的基础设施支持下，以贴牌代工或加工贸易的方式，融入由国际大买家或跨国公司所主导和控制的“全球价值链”（Global Value Chain，以下简称 GVC）的生产分工体系中，主要定位在 GVC 的底部环节，专注于劳动密集型、微利化、低技术含量的生产、加工、制造或组装。[①]

这种方式虽然实现了对外贸易量的迅速扩大及本国制造业的高速成长，尤其推动了中国东部沿海地区经济全球化的深入和地区工业化水平的提高，为中国经济增长做出了重要贡献，但由于**缺乏关键的核心技术、知名品牌及核心业务被控制，我国企业只能嵌入全球价值链低端环节，处于被动地位。**[②]

中国制造业在全球化演进之中形成的这种分工定位，让风光一时的“以市场换技术”的政策思想着实显得尴尬。

诚然，制度变迁中的路径依赖规律恐怕是经济学的常识，人们本不必等到制度成本几乎全面爆发之际才犹抱琵琶半遮面地将**中国制造业只能处于价值链低端、难以升级的困境美其名曰“低端锁定”**[③]。人们也不必讳言，所谓“低端锁定”，即在全球价值网络条件下，发展中国家参与全球价值链的企业，在实现由低附加值环节向高附加值环

① 刘志彪、张杰：《从融入全球价值链到构建国家价值链：中国产业升级的战略思考》，《学术月刊》2009 年第 9 期。

② 卢福财、胡平波：《全球价值网络下中国企业低端锁定的博弈分析》，《中国工业经济》2009 年第 10 期；陈丽珍、姜伟尉：《全球价值链下我国制造业国家价值链的构建研究》，《中国商贸》2012 年第 30 期。

③ Cramer W，Kicklighter D W，Bondeau A，et al. *Comparing global models of terrestrial net primary productivity（NPP）：overview and key results. Global change biology*，1999，5（S1），pp. 1－15；卓越、张珉：《全球价值链中的收益分配与“悲惨增长”——基于中国纺织服装业的分析》，《中国工业经济》2009 年第 7 期；李美娟：《中国企业突破全球价值链低端锁定的路径选择》，《现代经济探讨》2010 年第 1 期。

节攀升的过程中，因发达国家跨国公司对于核心能力——市场和技术的双重控制，而长期被限制于全球价值链网络体系的低端生产制造环节①，这不过是500年来全球极度不平等的政治经济格局的一贯延续。据此可以理解，浸淫于区区百年经验的国内学者们对此进行的各种形式的经济学分析，以及由此得出的劳动力价格低、技术创新能力弱等判断，不外乎是跟从资本话语的各种翻版罢了。

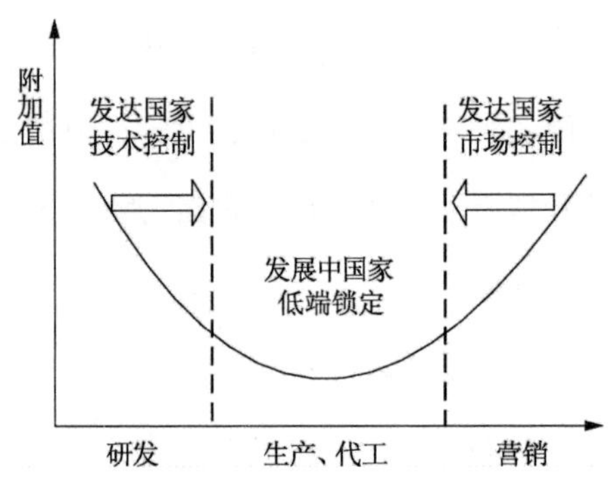

图 4-19　发展中国家制造业的“低端锁定”现象

就中国来说，这种“低端锁定”不过是中国对以美国为首的发达国家所做“双重输出”的一个方面。中国客观上为维护美国金融资本全球扩张而进行着“双重输出”。一是中国输出廉价制成品，既帮助美国维持较低 CPI②，又有利于美元增发支付逆差，维护美元作为世界

① 刘志彪、张杰：《全球代工体系下发展中国家俘获型网络的形成、突破与对策——基于 GVC 与 NVC 的比较视角》，《中国工业经济》2008 年第 5 期；卢福财：《突破“低端锁定”，加快经济发展方式转变》，《江西财经大学学报》2007 年第 6 期；胡大立：《我国产业集群全球价值链“低端锁定”的诱因及其突围》，《现代经济探讨》2013 年第 2 期；李杰、罗卫东：《产业结构低端锁定现象研究——以浙江制造业为例》，《中共浙江省委党校学报》2007 年第 1 期。

② 美国劳工部的数据显示，过去 15 年，不包括食品和能源的美国核心消费者价格指数（CPI）年均升速为 2.1%，低于此前 15 年的 4%。资料来源：《外媒称中国廉价商品助美缓通胀　15 年 CPI 均速 2.1%》，中国新闻网，2014 年 12 月 28 日。

结算和储备货币的绝对地位。二是中国所获贸易盈余还得输出到美国最低利息率的国债市场，成为对美 FDI 第一国家，中国自 1994 年以来出口高速增长，积累了 3.5 万亿美元而成为世界第一外汇储备大国（是排名第二的日本外汇储备的近 3 倍），其中约 70%是美国国债和美元资产；美国将这些回流美元以低息借债方式进行全球再投资，即通过国内低通胀条件下的低息美元资本与接受国的高息资本之间的市场利差构成的金融竞争优势，低成本地控制发展中国家的战略产业，并以此来支撑美国资本市场的繁荣。①

然而，即使是这样的低端定位，其可持续性也日益堪虞。**事实让人们发现，“低端锁定”是单向的，它锁定了参与者利益分配的上限，但在成本转嫁和竞劣方面则是无底限的。**

也就是说，中国以极大的资源环境和经济社会代价换来的加工产业，仍然是无根的——随着近年来人民币汇率升值、要素成本大幅度上涨、环境承载能力下降，以及美国金融危机造成外需下降等一系列因素的综合影响，东南沿海地区的跨国资本正在不断将生产能力转移到要素价格更低的内陆地区或者东南亚国家②，沿海地区已经普遍发生“去工业化”。据统计，2019 年越南制造业人员平均工资大约是每月 1000 元人民币，印度大概是每月 600 元人民币，而中国东部沿海已经达每月 2500—3000 元。

整个中国如此，园区何能幸免？一个典型案例是：中国一度是耐克品牌最大的全球制造基地，生产了 40%的耐克鞋，但**后来越南超过**

① 兰永海、贾林州、温铁军：《美元“币权”战略与中国之应对》，《世界经济与政治》2012 年第 3 期。

② 蒙丹：《产品内分工条件下代工企业的升级策略》，《云南社会科学》2011 年第 6 期。

中国成为耐克最大的生产基地，耐克在中国的最后一家代工厂就在苏州工业园区，后又关闭。[①]

在这种情况下，我们看到“微笑曲线”实际上是下巴颏儿一条条不断变尖所形成的“双下巴”“多下巴”曲线。在这些“下巴”划定的影子价格面前，没转移出去的制造业收益也在不断下降。

据统计，中国在2008年金融危机爆发之后，作为高新技术产业重要组成部分的通信设备、计算机及其他电子设备制造业的主营业务收入虽然总量仍在增长，但其利润率却梯次下降，2012年跌至1%以下[②]（见图4-20）。

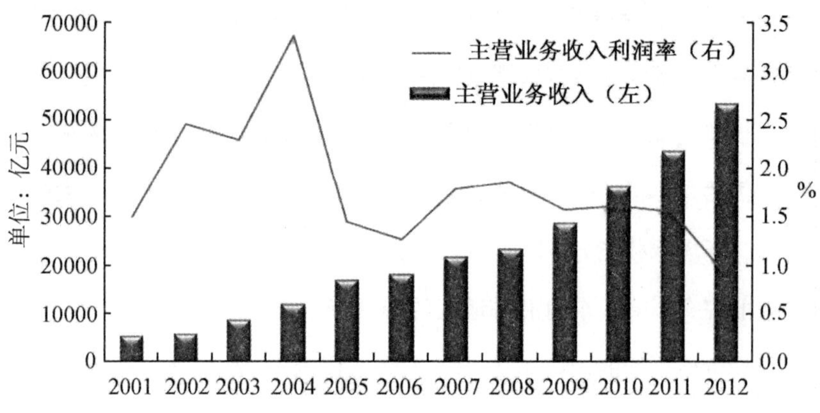

图4-20 2001—2012年全国通信设备、计算机及其他电子设备制造业收入及利润率

如果说21世纪初有利于形成产业集聚的区域发展战略还能够发挥作用的话，那么21世纪10年代之后则可以清楚地看到，**如果中国继续实行替投资者降低成本的增长战略，不仅会受到来自价值链高端的**

① 新华视点：《解析走在十字路口的“中国制造”》，新华网，2014年12月6日。

② 这里也有跨国公司通过内部结算将生产部门利润向低税国家和地区转移的因素。

跨国公司的进一步市场控制和技术控制，也会受到其他发展中国家以更低成本加入的激烈的国际竞争。[①] **更何况发达国家的工业技术和生产体系也在不断演进，对全球产业格局提出新的挑战。**

2. 高端制造业：美国“梅开二度”与德国“工业 4.0”

苏州工业园区力推结构升级自然值得关注，但那就**更得注意竞争对手**。大量资料表明，欧美正在重启“再工业化”进程。兹以美、德两个代表性国家为例。

（1）美国“再工业化”

在 2009 年 9 月召开的 G20 会议上，奥巴马提出“可持续和均衡增长框架”建议后，美国出台了一系列以平衡增长为背景的经济复苏提振政策。最为显著和**标志性的当属 2010 年 8 月 11 日生效的《美国制造业振兴法案》**。该法案旨在帮助美国制造业降低生产成本，提振实体制造业，创造更多的就业岗位。

在此背景下，美国许多高新技术产业纷纷回巢，美国产业空心化趋势出现了逆转。美国制造业的竞争力正在复苏的证据越来越多，美国制造业产出增加、投资加速、产能利用率上升、制造业就业人口回升等无不说明美国的生产端正在复苏。另据报道，美国 2014 年 GDP 增长可达 5%，不仅大大超过年初 3%的预计值，也高于几乎所有西方国家。

第一财经研究院许以升等的研究认为，由于美国政府一系列的复兴制造业政策措施和美国能源独立带来的成本下降、生产效率的提高、劳动力成本的相对下降等多方面的原因，美国开始变成一个相对具有

---

① 刘志彪、张杰：《全球代工体系下发展中国家俘获型网络的形成、突破与对策——基于 GVC 与 NVC 的比较视角》，《中国工业经济》2008 年第 5 期。

吸引力的制造国（见专栏 37）。

专栏 37

美国“再工业化”的三个优势因素与成效

波士顿咨询集团（BCG）的一项最新调查显示，总部设在美国的制造业高管有超过 1/3 的人计划将生产从中国转回美国或正在考虑，这些公司的年销售额都在 10 亿美元以上。其中，67%的橡胶和塑料制品企业、42%的机械制造企业、41%的电子制造企业、40%的计算机制造企业、35%的金属制品企业表示，他们期望将企业从中国迁回美国。①

自 2009 年以来，美国制造业产出增速明显快于其他发达国家，并且美国的这种相对优势还在扩大（见图 4-21、图 4-22）。

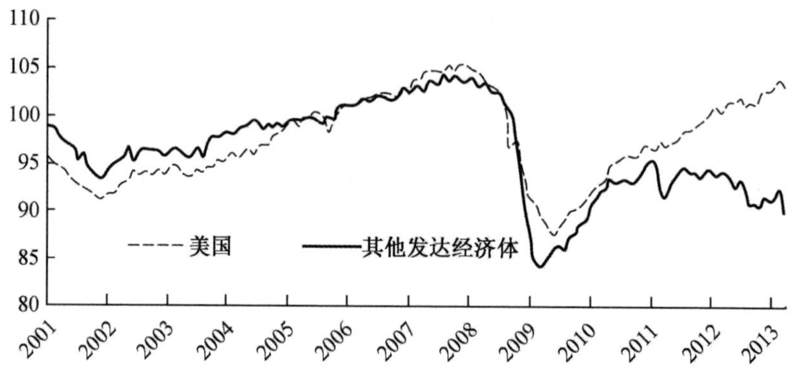

图 4-21　美国与其他发达经济体工业生产指数（不包括建筑业）的对比

图 4-22 显示，2010—2012 年，美国制造业的增长速度均高于美国 GDP 增速，并且这一制造业拉动经济复苏的情形有持续趋势。

---

① 《美制造业“回流”三年后将现高潮》，《江苏经济报》，2012 年 7 月 10 日。

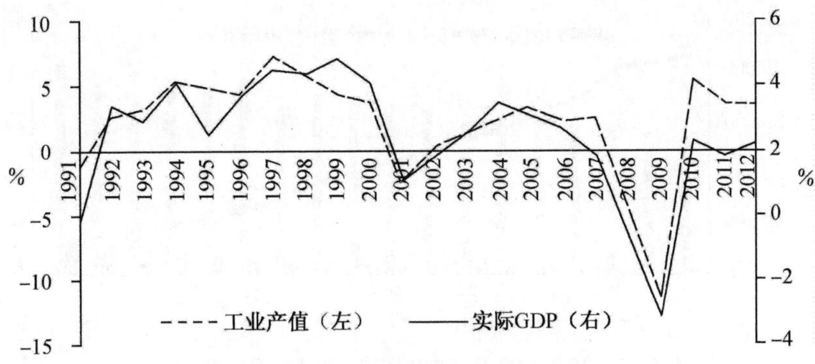

图 4-22　2010 年以来美国制造业引领经济反弹

目前来看，美国制造业有“三重优势”。

第一，从劳动力成本来看，中美的劳动力成本目前依然差距较大，但这一差距却在不断缩小。随着中国劳动力价格的提升，美国制造业平均薪酬与中国制造业平均薪酬之比，已经从 2001 年的 26 倍下降到 2012 年的 6 倍。如果考虑双方的劳动生产率差距，2010 年美国制造业工人劳动生产率大约是中国的 3.7 倍，中美的劳动力成本差距并没有那么巨大。再考虑到劳动成本只是企业总成本的一部分，中美制造业总体成本差距进一步缩小。根据国家信息中心米建伟、陈强的计算，中国制造相对于美国制造的成本优势将从 2000 年的 25% 下降到 2015 年的 11%（见表 4-2、图 4-23）。

表 4-2　2000—2015 年中美制造业工人工资（全覆盖成本）对比

单位：美元/小时

年份	美国	中国	中国总成本优势
2000	24.97	0.57	25%
2005	30.14	0.73	24%
2010	34.74	1.84	20%
2015	40.04	4.64	11%

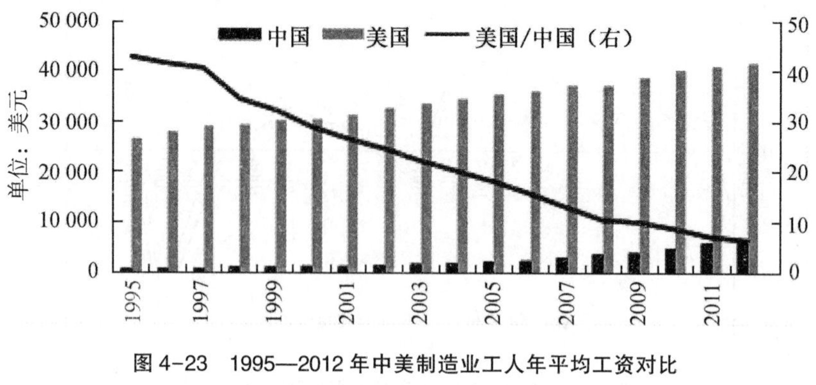

图 4-23　1995—2012 年中美制造业工人年平均工资对比

第二，从能源价格来看，**2008 年国际金融危机之后，美国能源要素价格大幅下降**，尤其是 2010 年页岩气革命带动美国产生了全球层面的“能源比较优势”。2012 年，美国页岩气产量占比超过 40%，致密油产量占比 35%。EIA 在 2014 年度能源展望中认为，到 2040 年，非常规油气或将占到美国油气总产量的半壁江山。除产量优势以外，美国能源在价格上的比较优势也日益凸显。例如，美国天然气价格大幅低于亚洲国家平均水平，与欧洲，如英国、德国等发达国家的价格相比同样具有很大的优势。2013 年美国天然气价格是亚洲的 1/4，是欧洲的 1/3（见图 4-24）。

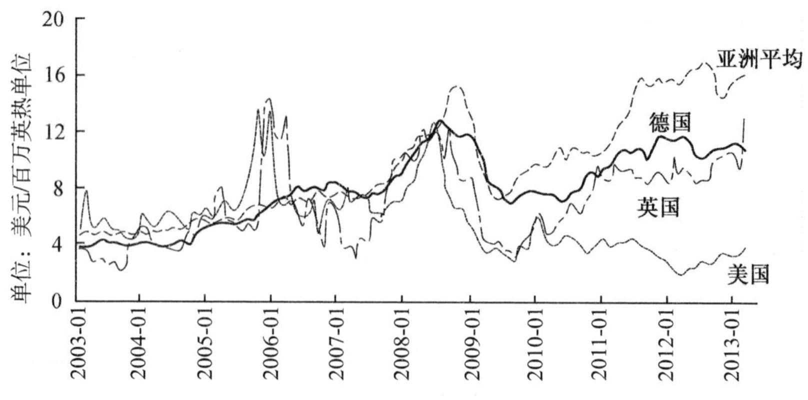

图 4-24　2010 年以来美国天然气显现巨大的价格优势

第三，美国能源价格优势带来的影响是其制造业能源成本总体下降。例如，美国的工业销售电价仅为中国的70%，这对美国整体制造业的复苏具有很大的积极作用。由此对比中美能源密集型产业发展，**美国的综合成本优势很明显**。

资料来源：徐以升、许元荣：《大分化——全球经济金融新格局》，中信出版社2014年版。

更值得注意的是，2010年以来，美国“再工业化”与经济复苏对中国并没有显著的拉动作用，相反，美国制造业产值每增加一分都会对原有的外部需求产生“进口替代”效应。**美国消费更多地由美国国内的生产所满足**，消费提高将进一步拉动美国国内生产、产能、投资、供给端的复苏，从而形成投资—消费的良性循环（见图4-25、图4-26）。

数据显示，美国的进口金额同比增速自2010年高峰后不断下降，在GDP相对强劲的情况下，从2012年10月到2013年4月的6个月中，有4个月是同比负增长的[①]（见图4-25）。

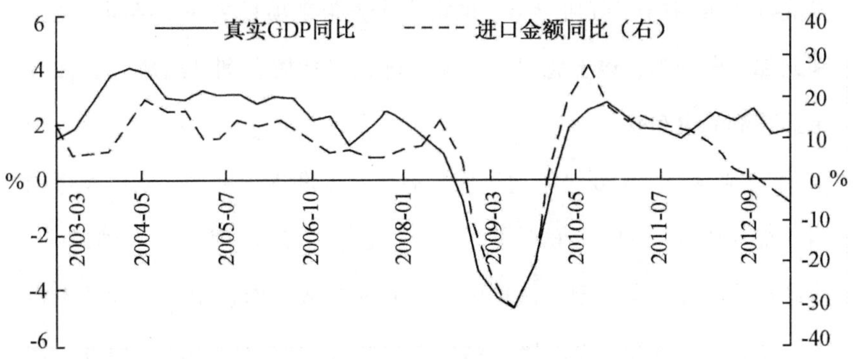

图4-25　2003年后美国进口金额与GDP同比增速对比

---

① 数据来源：徐以升、许元荣：《大分化——全球经济金融新格局》，中信出版社2014年版。

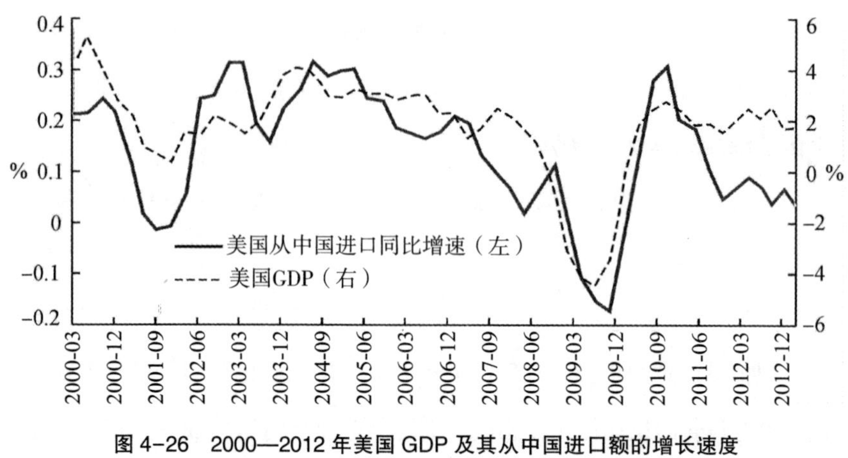

图 4-26　2000—2012 年美国 GDP 及其从中国进口额的增长速度

这表明，美国“再工业化”不仅对中国的制造业形成直接竞争，而且还对中国 20 多年的依靠向国际市场扩张维持国内经济高增长的外向型经济模式提出了挑战。

（2）德国“工业 4. 0”计划

为了使德国成为智能化生产系统领先国家，德国政府在德国高技术战略 2020 中把“工业 4. 0”确定为十大未来项目之一。**德国、意大利北部、奥地利、瑞士北部、法国东部，包括以色列，组成了第四代工业革命的火车头**。

“工业 4. 0”主要是指通过信息通信技术和虚拟网络—实体物理网络系统（CPS，Cyber Physical System，也称信息物理系统）的结合，将制造业向智能化转型，从集中式控制向分散式增强型控制的基本模式转变，最终建立一个高度灵活的个性化和数字化的产品与服务生产模式（见专栏 38）。

专栏 38

德国“工业 4.0”

“工业 4.0”的概念最早在 2011 年的汉诺威工业博览会上提出。

德国学术界和产业界认为，从英国人瓦特改良蒸汽机至今，人类已经经历了三次工业革命，三次工业革命都彻底改变了人类社会的生产方式，代表性技术分别是蒸汽动力、电力技术、信息科技。现今，日益成为主流的大数据、物联网、智能机器人等技术，即将开启人类历史的另一个大幕：工业 4.0。

虚拟网络—实体物理网络系统（CPS）包括智能机器、储存系统和生产设施，各个部分能够相互独立地自动交换信息、触发动作和控制。

从消费意义上来说，消费者只需用手机下单，网络就会自动将订单和个性化要求发送给智能工厂，由其采购原料、设计并生产，再通过网络配送直接交付给消费者。从生产者角度来说，就是在同一条流水线上，生产千万种定制化的产品。

据德意志银行亚太投行部主席蔡洪平介绍，德国小公司正在这一领域不断开发，包括 3D 打印、智能化生产、复合材料、物联网和医疗设备，有些成绩已经令人震撼。比如，一个远程医疗项目，不用动手术也不用麻醉，将一个很小的设备注射到人体静脉中，就可以在德国操作美国手术台上进行的心脏搭桥。

资料来源：根据以下资料编辑整理：BWCHINESE 中文网：《欧美开始 4.0 版革命　中国却还在“淘货”》，2014 年 9 月 21 日，见 http://www.bwchinese.com/article/1064332_4.html；《德国工业 4.0 背后的

秘密》，2014 年 9 月 21 日，见 http://www.bwchinese.com/article/1062459.html；《工业 4.0 消灭淘宝只需十年》，2014 年 12 月 6 日，见 http://www.bwchinese.com/article/1064378.html。

据分析，德国“工业 4.0”战略出台有两个主要考虑。

一个是应对美国信息产业不断向制造业渗透的挑战。

近两年来，Google（谷歌）开始进军机器人领域，研发自动驾驶汽车；Amazon（亚马逊）进入手机终端业务，开始实施无人驾驶飞机配送商品……美国互联网巨头正在从“信息”领域加速进入“物理”业务领域。**由于 CPU（中央处理器）、操作系统、软件及云计算等网络平台几乎都由美国掌控霸权，因此，德国产生了前所未有的危机感。**软件与互联网技术是德国工业的相对弱项。为了保持作为全球领先的装备制造供应商及在嵌入式系统领域的优势，德国提出自己的“工业 4.0”战略，目的就是充分发挥德国的传统优势，大力推动物联网和服务互联网技术在制造业领域的应用。“工业 4.0”战略希望借助 CPS 系统，使得生产制造过程中，设计、开发、生产有关的所有数据都将通过传感器采集并进行分析，使生产设备因信息物理系统而获得智能，成为一个实现自律分散型系统的“智能工厂”。从某种意义上说，“工业 4.0”是德国希望阻止信息技术不断融入制造业之后日益上升的支配势头。

另一个，则是应对中国在机械制造业给德国带来的挑战。

有关数据显示，2013 年德国以 16%的份额占据全球机械出口首位，中国以 11%的份额，略低于美国而位于全球第三。同时，在全球设备制造业的 32 个子行业中，中国已经在 7 个子行业中取得了领先地位。由此，德国《世界报》网站在 2014 年 3 月 27 日报道称“中国机械制造业严重威胁德国”①。

2014 年 6 月 24 日，德国机械设备制造业联合会（VDMA）在日本东京举行发布会，介绍了德国机械制造行业的情况。当天，VDMA 主席菲斯特格（ReinholdFestge）旗帜鲜明地指出：“日本和德国的机械制造企业为确保长期发展和经济上的成功，应进行深入合作。尤其在有交叉的一些产品领域，两国应该携手面对中国的挑战。”

德国“工业 4. 0”同样将对中国的制造业产生重要影响。

由于**“工业 4. 0”直接将人、设备与产品实时联通，工厂接受消费者的订单直接备料生产，省却了销售和流通环节，整体成本比过去下降近 40%**。而且，由于物联网和务联网（服务互联网技术）将渗透到所有的关键领域，创造新价值的过程逐步发生改变，产业链分工将重组，传统的行业界限将消失，并会产生各种新的活动领域和合作形式。这将对中国主要特征为大量的从事低端加工的中小企业、庞大的就业需求、缺乏创新能力和核心技术、简单工艺的平面管理、严重依赖全球产业链和全球市场的制造业，产生系统性、全局性的影响。

尽管 2013 年中国在全球机械出口中位居第三，但是，“中国制造”与“德国制造”之间还是有差距的。“德国制造”是质量保障的代名词，**德国每 10 家机械设备制造企业中就有 6 家生产高端机械产品**。相比之下，中国与韩国的竞争力主要是更低的生产成本。而这一竞争力可能被“工业 4. 0”中更强大的物联网技术加以抵消。

---

① BWCHINESE 中文网：《欧美开始 4. 0 版革命 中国却还在“淘货”》，2014 年 12 月 6 日，见 http://www.bwchinese.com/article/1064332_4.html；《德国工业 4. 0 背后的秘密》，2014 年 12 月 6 日，见 http://www.bwchinese.com/article/1062459.html；《工业 4. 0 消灭淘宝只需十年》，2014 年 12 月 6 日，见 http://www.bwchinese. com/article/1064378.html。

（二）技术创新的实现机制与内在逻辑

中国很多地方的政府官员们在几十年意识形态化的改革开放话语之中束缚了思想解放的自觉性。过去认为的引进外资必然带来先进技术，使国内企业得以“消化吸收”的一厢情愿，越来越被现实所嘲弄。

因此，同样以外资为主的苏州工业园区如何突破技术创新的约束条件，就格外值得关注。

1. 技术创新的路径选择：一般性矛盾与规律

在发达国家和其他发展中国家共同构成的双重挑战面前，中国制造业不是要不要升级的问题，而是如何升级。

很多学者提出，将产业链向微笑曲线的左右两端延伸，以提高区域经济的附加值。**但在产业发展的关键要素——技术和资金——被外部掌握的条件下，基于原产业价值链的着意于提高产量、降低成本的个别技术和管理创新，很难满足未来中国工业化自主创新的要求；**因为，从微笑曲线的最低点出发向左右两端的延伸，恐怕只能使微笑曲线变成底端更长的“浴盆曲线”——微笑曲线的关键机制之一，就是左右两端获取高附加值收益的主体，如何加强资金和技术管控，防止高附加值产业环节的收益向外溢出。

第二种常见的说法是鼓励跨国公司将研发部门转移到国内，获取研发环节的收益。但对于工业区这样的产业“飞地”来说，跨国企业在这里投资兴建的生产基地只是执行生产任务，研发由其跨国企业集团的研发部门来进行，无论是远端的研发，还是在地的生产，都服从于企业的全球战略；**当东道国被定位为主要的目标市场时，跨国企业会加大在该国的研发力量，延伸在当地的产业价值链，但由于制造业**

技术研发的外溢效益不显著，其对当地产业提升和收益提高的作用远不如服务业部门。

也就是说，**跨国公司的中国研发并不能帮助中国走出微笑曲线的底部，中国仍然只能获得最低的地租。**用苏州工业园区科技局主任的话说："外资企业的利润肯定是在国外的。"（见专栏39）

专栏39

跨国公司的中国研发不能帮助中国走出微笑曲线
——以三星集团和AMD为例

三星集团

三星集团2003年开始在苏州设立研究所，在组织架构上并不隶属于苏州工厂，而是与其平行的独立法人，员工共有230人左右（其中杭州有170人，因为靠近浙江大学等科研机构，苏州有60人，办公地点在三星半导体苏州工厂内）。"苏州这边的研发以应用技术为主，是产品初期生产阶段的一部分，能不能生产还需要技术部门的技术来保障。"

三星在苏州设立研究所是三星整体战略上的考虑。"研究所的设立，不是靠政府的主观意愿，不是说当地政府让我来我就来，而是基于市场需求和战略考虑。"

三星集团针对中国市场进行的本土化研发，是三星手机在中国市场获得领先地位的一个很重要的原因。"三星手机在中国之所以能相对领先，是因为三星在出一个产品的时候，可以同时推出三大运营商的定制品牌。很少企业能做到这一点，尤其是智能手机。……三星通信的研发部门在中国有天津、北京、广州三大研究所，共有2000多名员工，所以能够根据中国市场和中国运营商的需求不断改进和进行开发。”**苏州的研究所更多地是以应用技术为主，与三星通信等紧密合作从硬件上进行本土化改进，从而生产出更加符合中国市场需求的产品。**

AMD

AMD 苏州工厂从 2004 年转型开始生产 CPU 起，就建立了自己的研究部门。从 2008 年起规模不断扩大，压缩了在美国的研发部门的规模，转移到苏州工厂来。

AMD 的研发部门主要负责新产品的测试程序和实验室分析的工作，员工有一半来自苏州，一半来自全国各地。刚开始时有较多的外籍员工，但目前随着本土化的推进和苏州工厂技术能力的提高，外籍员工只剩下 3 位。

“美国总部那边做设计，我们做封装和测试这个步骤。我们这边研发部门做的事是有些产品的导入，包括美国那边来了产品上我的测试程序，怎么能到线上去批量生产，用什么样的方式去提高性能，怎样缩短测试的时间。**但是晶圆的设计在美国，涉及美国对知识产权的保护和美国对技术的出口控制。**它的前端主要在德国生产，在北美也比较多。我们的核心是对我的业务封装测试，也有我们的知识产权。”

资料来源：课题组实地调研访谈。

很多学者强调，要立足于本国广大的市场空间，发展创新型经济，才有可能改出“低端锁定”，构建国家价值链。诚然如此；**但园区的实际经验表明，培育新兴产业虽然已列入各地政府的政策方针之中，但似乎并不是发展创新型经济的充分前提。**

如表 4-3 所示，园区在危机爆发前就开始强调发展服务外包和软件出口，尽管这一努力很有起色，但还远远没有形成足够的规模，能够自我发展和带动产业层次总体上提升，**在经济危机中新兴产业所受**

的打击甚至比其他传统产业更严重。

表 4-3　2006—2012 年苏州工业园区软件业发展情况

项　目		2006	2007	2008	2009	2010	2011	2012
软件产业（含 IC 设计企业）	产值（亿元）	50	100.3	160.2	175	242	288	393
	增速（名义,%）		101	60	9	38	19	36
其中：软件出口	产值（亿元）	3.5	5.2	8.8	9	10.9	12	13.8
	增速（名义,%）		49	69	2	21	10	15

数据来源：苏州工业园区"一站式"服务中心。

还有的学者强调，要通过提高国内研发支出，提高企业的附加值。诚然，从表 4-4 中可以看出，园区从 2006 年以降不断加大研发投入，2010 年开始确定产业升级转型战略以来，在技术创新和产品创新方面更是取得了明显的成效，研发投入占 GDP 的比重，从 2006 年的 2.87%上升到 2012 年的 4.8%，研发机构数量从 2006 年的 14 家增加到 2012 年的 50 家，**专利授权量从 2006 年的 516 件增加到 2012 年的 5399 件，其中发明专利由 31 件增加到 1067 件。**

表 4-4　2006—2012 年苏州工业园区技术创新情况

项目	单位	2006	2007	2008	2009	2010	2011	2012
R&D 投入占 GDP 比重	%	2.9	3.4	3.9	4.2	4.4	4.6	4.8
设立各类研发机构数量	个	14	35	31	29	42	48	50
省级认定高新技术企业数量	家	50	200	34	86	71	83	137
省级认定软件企业数量	家	18	26	35	28	57	57	81
省级认定软件产品数量	个	96	98	117	99	295	544	833
专利申请量	件	1078	1908	3130	4056	6301	9293	12300

（续表）

项目	单位	2006	2007	2008	2009	2010	2011	2012
其中：发明专利	件	320	871	1576	2011	3301	5394	6657
专利授权量	件	516	775	1003	1534	3014	3964	5399
其中：发明专利	件	31	42	92	189	350	739	1067

数据来源：苏州工业园区“一站式”服务中心。

然而，对于想要认真借鉴园区经验的人来说，这似乎并不够。

毫无疑问，研发投入过低会导致企业的技术能力低、产品结构难以提升；但反过来，**提高研发支出并不必然能提升企业的产品结构，推动产业结构升级**。因为产业创新是一轮轮的永不止息并且自我强化的过程，一般说来，**第二产业由于投资大、沉淀成本高，在市场竞争压力下利润不断趋薄是产业发展的一般规律**。对于处在产业价值链中附加值较低环节的加工制造企业来说，由于资本积累能力弱，基于现有生产设备而开展的研发工作，往往很难走出对原有技术和产品的路径依赖，很难打破整个产业价值链上既已形成的收益分配格局。因此，并不具有系统性突破创新的意义。

尤其值得关注的是，当中国以低成本优势成为标准化、规模化的工业时代中全球最大的生产者时，美国开始回归“再工业化”，以及德国也差不多同时启动“工业 4.0”战略，对于中国当前的生产模式和未来的技术创新，都是一个重大的挑战。

于是，就产生了一个要追问的问题，当园区的总体经济实力已经达到一定的水平，有实力推动产业升级转型时，钱要怎么花才能最有成效？

2. *园区创新路径：以产业服务创新促进产业技术创新*

生产性服务业在引领产业创新中的作用，虽然自其概念问世以来学术界的讨论从未停止，但落地变成某个区域的发展实践，还不多见。苏州工业园区的卓有实效的实践，应该说为最新出台的国务院 26 号文件提供了重要的经验依据，对其他地区有比较强的借鉴意义。

生产性服务业[①]**是从制造业内部生产服务部门独立发展起来的新兴产业**，是面向生产的、作为其他产品和服务生产的中间投入的、市场化的非最终消费服务，它**依附于制造业企业而存在，贯穿于企业生产的上游、中游和下游诸环节中**。2014 年国务院 26 号文件《国务院关于加快发展生产性服务业促进产业结构调整升级的指导意见》指出，生产性服务业具有“专业性强、创新活跃、产业融合度高、带动作用显著等特点，是全球产业竞争的战略制高点。加快发展生产性服务业，是向结构调整要动力、促进经济稳定增长的重大措施，既可以有效激发内需潜力、带动扩大社会就业、持续改善人民生活，也有利于引领

---

① 1966 年，美国经济学家 H. Greenfield 在研究服务业及其分类时，最早提出了生产性服务业（Producer Services）的概念。1975 年，Browning 和 Singelman 在对服务业进行功能性分类时，也提出了生产性服务业概念，并认为生产性服务业包括金融、保险、法律工商服务、经纪等具有知识密集和为客户提供专门性服务的行业。Hubbard 和 Nutter、Daniels 等人认为，服务业可分为生产性服务业和消费性服务业，认为生产性服务业的专业领域是消费性服务业以外的服务领域，并将货物储存与分配、办公清洁和安全服务也包括在内。Howells 和 Green 认为，生产性服务业包括保险、银行、金融和其他商业服务业，如广告和市场研究，以及职业和科学服务，如会计、法律服务、研究与开发等为其他公司提供的服务。Gruble 和 Walker、Coffer 认为，生产性服务业不是直接用来消费，也不是直接可以产生效用的，它是一种中间投入而非最终产出，它扮演着一个中间连接的重要角色，用来生产其他的产品或服务。同时，他们还进一步指出，这些生产者大部分使用人力资本和知识资本作为主要的投入，因而他们的产出包含有大量的人力资本和知识资本的服务，生产性服务能够促进生产专业化，扩大资本和知识密集型生产，从而提高劳动与其他生产要素的生产率。资料来源：百度百科：《生产性服务业》，2014 年 12 月 7 日，见http://baike.baidu.com/view/1078540.htm。

产业向价值链高端提升”①。

历史地看，**生产性服务业的发展，是“二战”后发达国家将实体产业向追求工业化的广大发展中国家进行转移后的衍生结果，是萨米尔·阿明所说的“中心”国家对于“依附”国家进行五大控制的手段②，也是产业资本进入过剩阶段以后资本主义核心国家所做的一次自我调整，利用生产性服务业因“轻资产”而可以迅速形成垄断性的网络化布局，在全社会的总资产收益分配中取得了强势地位。**

相对于制造业有机构成不断提高、但由于沉淀资本和产业竞争而必然规模报酬递减的规律来说，**生产性服务业呈现出典型的资本和规模报酬递增优势。其中，经营着流动性最强的资产——货币——的金融业，率先从实体产业中异化分离出来而成为独立运行、追求独立收益的金融资本**。并且，在金融资本全球化阶段，金融资本能够维持高额垄断收益又是因为处于主导地位的金融资本是靠国家政治强权来支持其信用的，货币信用与国家政权的信用是维系在一起的。

图 4-27、图 4-28、图 4-29、图 4-30 是苏州工业园区最近 10 年来的固定资产投资情况。

从 2008 年以来，第二产业的固定资产投资有所下降，而第三产业的固定资产投资规模迅速提高，从 2003 年的不足 100 亿元上涨到 2012 年的 570 多亿元。第三产业中，房地产业与水利、环境和公共设施管理业是投资规模最大的两个领域。对此并不难理解，因为如第三章所

---

① 《国务院关于加快发展生产性服务业促进产业结构调整升级的指导意见》，国发〔2014〕26 号，2014 年 12 月 7 日，见 http://www.gov.cn/zhengce/content/2014-08/06/content_8955.htm。

② ［埃及］萨米尔·阿明：《世界规模的积累：不平等理论批判》，杨明柱、杨光、李宝源译，社会科学文献出版社 2008 年版。

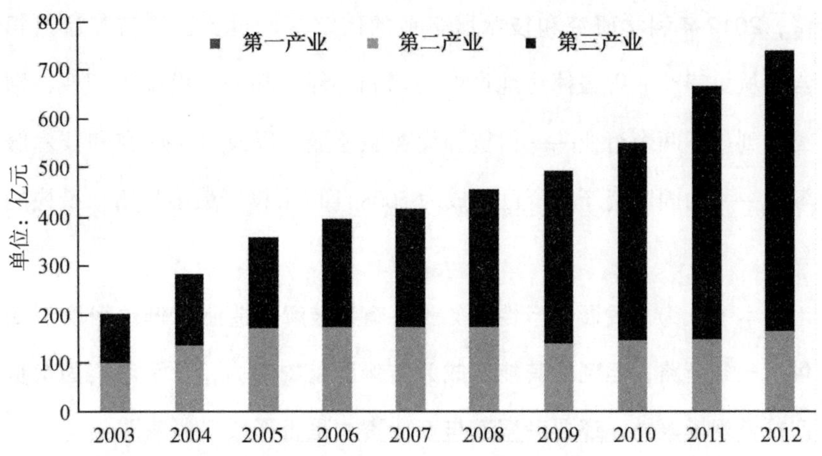

图 4-27　2003—2012 年苏州工业园区分产业固定资产投资

资料来源：苏州工业园区“一站式”服务中心。

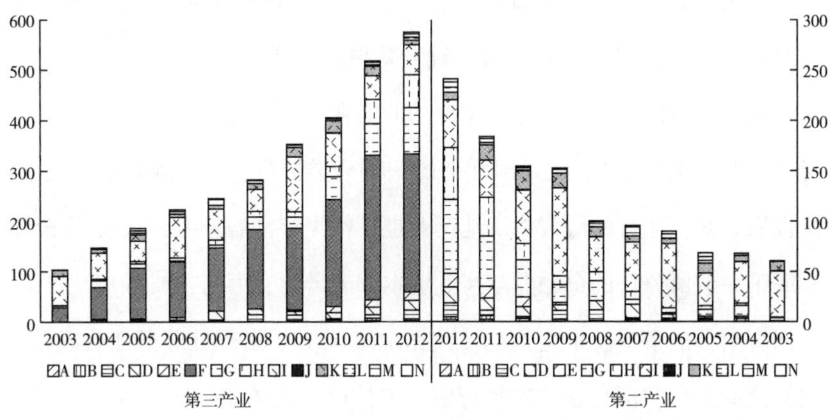

图 4-28　2003—2012 年苏州工业园区细分产业固定资产投资（单位：亿元）

A—交通运输、仓储和邮政业；B—信息传输、软件和信息技术服务业；C—批发和零售业；D—住宿和餐饮业；E—金融业；F—房地产业；G—租赁和商务服务业；H—科学研究和技术服务业；I—水利、环境和公共设施管理业；J—居民服务和其他服务业；K—教育；L—卫生和社会工作；M—文化、体育和娱乐业；N—公共管理、社会保障和社会组织。资料来源：苏州工业园区“一站式”服务中心。

述，房地产开发是园区大规模土地开发的财政基础，而水利、环境和公共设施管理是土地一级开发与市政工程的重要内容，随着公共设施建设的逐步到位，这个项目下的固定资产投资自 2010 年以来的比重下

降，2012 年科学研究和技术服务业的固定资产投资已经与其旗鼓相当。从第三产业中去掉房地产业与水利、环境和公共设施管理业，则可看到如下两个行业——租赁和商务服务业，以及科学研究和技术服务业——的固定资产投资已经成为 2008 年以来投资最多且增长最快的领域。

本书认为，**发展生产性服务业的确为破解制造业“低端困境”提供了一条新路，但判断其能否成为结构调整的动力，除了考察固定资产投资规模以外，还要考察其与产业资本是否形成了紧密联结与协同发展的关系。**

国内学术界已有的实证研究倾向于认为，**近年来国内生产性服务业发展很快，但对制造业的带动提升效果并不显著。**

我们的看法是：产生这种情况的原因在于，无论是按照国内的国民经济行业分类标准①，还是国际上的一些分类标准，金融业都被算作生产性服务业，还有的研究将房地产业也算作生产性服务业，没有考虑到本篇第一节所分析的金融业与产业资本分离异化、而与投机性房地产开发捆绑结合的事实，于是，统计数据上表现出了**生产性服务业在发展，但并没有真正“服务于生产性行业”**的悖论（见图 4-29）。

从国内来看，第三产业的固定资产投资中最大的份额，与苏州工业园区一样，来自于房地产业，其次是水利、环境和公共设施管理业；与苏州工业园区不同的是，除去这两块占比重大的领域，其他行业中，以既有产业为基础的交通运输、仓储和邮政业的固定资产投资所占比重最高，而科学研究和技术服务业、租赁和商务服务业这两个行业的

---

① 按照我国国民经济行业标准分类，生产性服务业包括交通运输业、现代物流业、金融服务业、信息服务业、高技术服务业和商务服务业等重要行业与部门。

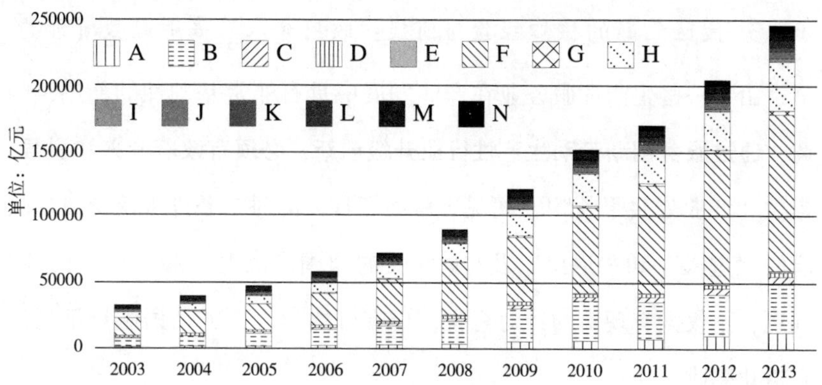

图 4-29　2003—2013 年全国第三产业分行业固定资产投资规模

A—批发和零售业；B—交通运输、仓储和邮政业；C—住宿和餐饮业；D—信息传输、软件和信息技术服务业；E—金融业；F—房地产业；G—科学研究和技术服务业；H—水利、环境和公共设施管理业；I—居民服务、修理和其他服务业；J—教育；K—卫生和社会工作；L—文化、体育和娱乐业；M—公共管理、社会保障和社会组织；N—租赁和商务服务业。

固定资产投资的比重一直徘徊在1%—2%，最大值不超过2.5%；需要注意的是，**苏州工业园区的这两项比重已经分别上升到12%和16%**（见图4-30）。

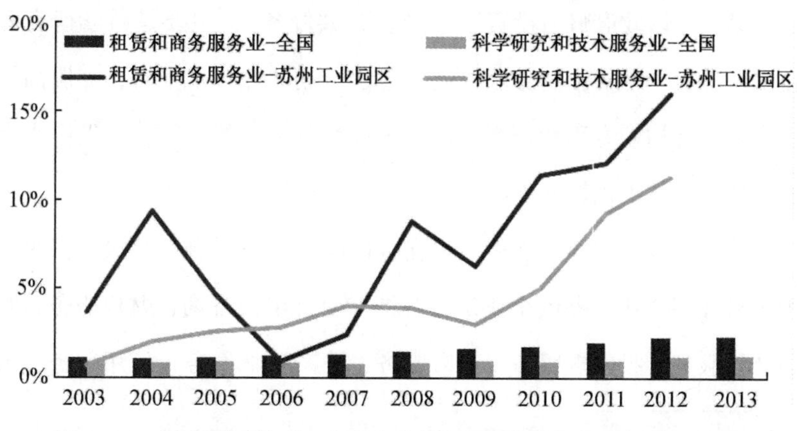

图 4-30　全国科技服务业、租赁和商务服务业的固定资产投资占比对比

3. 园区创新的核心经验与前提：政府介入及高财政投资能力

由于一些生产性服务业在产业发展中具有非常基础性的作用，因此，**通过服务创新带动生产性行业升级创新，必须有政府介入和引导，**提供“产业公共服务”①。可见，脱离了具体的时空条件来泛泛讨论政府的“进入”和“退出”及与此相关的“国进民退”和“国退民进”问题，不仅没有现实的针对意义，更有可能落入西方话语主导下的泛政治化陷阱。

根据实地调研和广泛的资料阅研，课题组认为，**园区引领技术创新和产业结构调整升级的核心经验是：发挥政府在资源配置上的引导作用，以金融平台和生产性服务业作为政策传导中介，有效地服务并引领了园区面向未来产业发展的技术创新和产品研发。**

核心机制可概括为如下三点。

第一，通过金融创新，弥补成长型中小企业与银行之间在信用需求与信用供给上的结构性矛盾，**促进金融资本“回嵌”于实体产业，用金融业的高收益覆盖中小企业创新的风险。**

第二，以政府财力投资于“产业公共服务”，主要是科学研究和技术服务业、租赁和商务服务业，建设产业共性技术平台，克服高技术市场发展初期专用性资产投资不足或竞争不足的问题，帮助中小企业降低企业技术创新的外部成本。

第三，政府引导建立相关及支持性综合服务平台，对接有需求的中小科技型企业，提供企业认定咨询、项目申报咨询、财税服务、知识产权服务、投融资服务、上市服务、资产评估服务、信用服务、人

---

① 区别于一般政府“守夜人”功能所指称的社会领域的公共服务。在中国，政府是重要的市场参与主体，是市场的内在参与者，其在经济领域为产业发展所提供的公共服务，本文称为“产业公共服务”。

力资源服务、培训服务、检验检测服务、情报信息服务等专业服务，为中小企业走上创业轨道营造良好的产业生态，构建从以产业资本为核心向以人力资本为核心转型的产业综合体。

园区通过产业公共服务引领产业转型和升级，虽然在经济总量中这部分占比还不是很大，但园区发展高附加值产业的能力已经得到了显著提升，至今已汇集了南大光电、吉玛基因、华为、汉明科技、旭创科技、同程旅游网等2200多家技术先进、具有良好产业化前景的企业。最近几年，**园区的工业增加值率无论是与苏州市平均水平相比，还是与其他几家大型国家级开发区相比，都处于比较高的水平**（见图4-31、图4-32）。

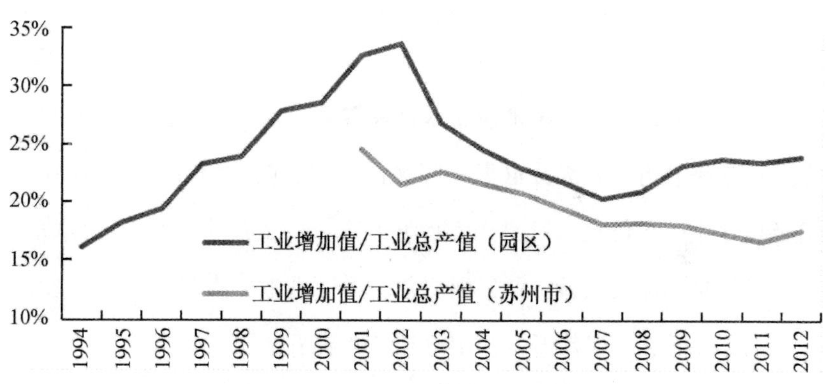

图 4-31　1994—2012 年苏州工业园区工业增加值率与苏州市的比较

资料来源：苏州市统计年鉴 1994—2012；苏州工业园区“一站式”服务中心。

本书进一步指出，**只有“强政府”确立产业创新目标和具备财政能力条件下的直接干预，才有推动大创新的空间和能力。**由此看来，苏州工业园区在后金融危机时代的产业创新经验，既是对园区既往的“强政府公司主义”的路径依赖，也是响应新时期局势要求而进行的适应性调整，同时也是中国历史上延续至今的大国优势在区域发展经验中的表现。

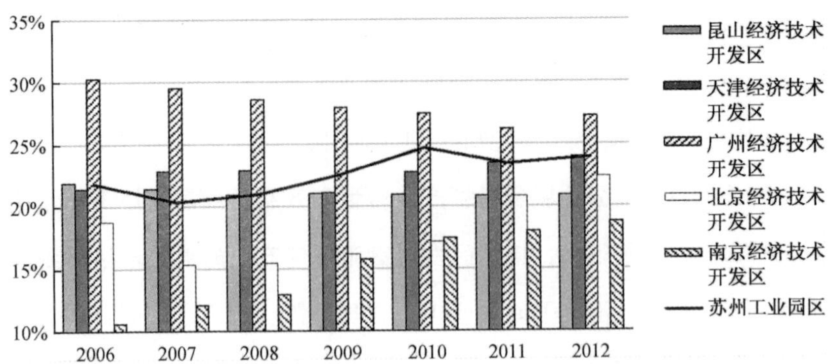

图 4-32　2006—2012 年苏州工业园区工业增加值率及与其他开发区的比较①

资料来源：中国经济与社会发展统计数据库。

本书曾在园区发展的第二阶段分析中提出“高制度”的概念。到**现在的第四阶段，我们仍能看到初始阶段高起点、形成“高制度”安排对园区后来发展演进的影响**。因为，任何政府创新都是要以必要的财政实力为基础的，而**技术创新本身具有的“准公共物品”特性和外部性则使得政府介入尤为必要**。园区由于起点高、“不差钱”，而在一开始就注重引资质量，所谓“大盘承大珠”②，避免了中小企业低收益和灰色治理的路径依赖，所以财政效率和工业效益在江苏省的开发区中一直领先，在国家级开发区中也是名列前茅。

图 4-33 显示，2008—2011 年，**在江苏省几个上千亿级规模的国家级开发区中，苏州工业园区的财政效率是最高的**。对于业务总收入 3000 多亿元的经济特区来说，财政效率 1 个百分点的差别，就会导致

① 广州开发区的附加值率最高的可能原因是 21 世纪以来珠三角沿海岸线一带大量承接了海外重化工业转移，在 2008 年金融危机后由于能源价格上扬和房地产开发热，这类重化工业的收益率显著高于一般加工制造业。天津开发区也主要属于这种类型。

② 1994—1997 年，苏州工业园区中新合作区入驻的企业总数为 100 家，60%以上的企业投资总额在 1000 万美元以上，以新加坡、美、日、韩企业为主，其中新加坡转移过来的企业总数占比达 44%，以电子信息和精密器械为主。

财政一般预算收入相差30亿元，也就决定了该经济特区的财政是维持型财政还是具有一定导向作用的发展型财政。

园区管委会的负责人也提到，2013年苏州工业园区的GDP产值接近2000多亿元，而企业平均税后收益约为GDP产值的20%，也就是400亿元左右；园区本地留存的税收收入（上缴国税、地税后的收入）约占全部企业平均税后收益的1/4到1/3，也就是说，2013年园区可使用的财政预算收入高达100多亿元，其中人员开支占40%，包括社保的支付、基础设施和事业的公共服务等由地产公司来负担，基本不由财政开支；余下比较充裕的财政盈余则可以用于提供产业公共服务。

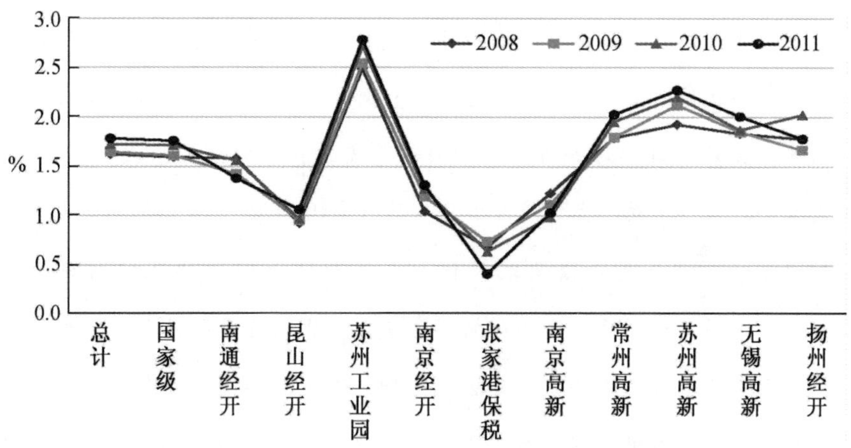

图4–33　2008—2011年江苏省国家级开发区财政效率

资料来源：中国经济与社会发展统计数据库。

注：财政效率=地方一般财政预算收入/业务总收入；本图选择的是2009年业务总收入千亿元以上的开发区。

综上，园区在新的阶段所进行的发展创新，有以下几方面的基础提供了创新的必要条件。

第一，国有资产实现增值后的投资能力和高额且稳定的税收收入，是政府管理创新的财政基础。它使得政府有可能围绕产业创新的需求，创造性地提供系统的产业公共服务，包括产业共性技术平台创新、投融资平台创新及相关及支持性综合服务平台创新等。

第二，业已形成的外资产业发展基础和研发力量的聚集，是园区技术创新的产业基础。政府借由“有形的手”引导的技术创新，相当大一部分研发过程依托园区现有企业的产品、市场或者社会网络来进行。**园区重点锁定的三大新兴行业——纳米技术、生物医药、云计算，或者是对园区过去的电子信息产业和精密器械行业的优势整合和转型升级，或者是将为这些行业升级提供新型材料。**

园区管委会一位负责人总结道：“创新性企业来落户，必须有条件，一要有产业基础，二要有城市环境，三要有资金支持，四要有政府的亲商服务，五要有国际理念。……我们从2006年开始酝酿搞领军人才，2007年开始每年评一批项目给予支持，吸引他们来园区落户。现在已经搞了7届。我们是评项目，而不是评‘人’，并不因为你是教授、学者、院士或者校长就评你，而是选择能够市场化运作的项目。……项目选择后要有相应的资金支持，我们给予两三百万元的鼓励资金，基本解决办公室、住宿等问题，但远远不够，因此我们引入创投，对企业入股20%；我们园区也有跟投，可以跟进10%，项目发起人产权入股70%。这跟有些地方仅仅免租、免税的政策不同，企业往往享受完政策就跑掉了，而我们通过参股，取得法定股份，就有话语权，也是一种后手的跟踪、评估和控制机制。”①

在以上两方面从经济基础到上层建筑的扎实铺垫下，园区在2008—2009年经济危机的挑战下，通过集产业共性技术平台创新、投

① 来源：课题组对园区有关人员的访谈。

融资机制及相关及支持性综合服务平台创新于一体的复合制度设计，引导促进新兴中小企业的技术创新，进而开启了以人力资本为第一驱动力的创新型经济发展的新篇章，如图4-34所示。

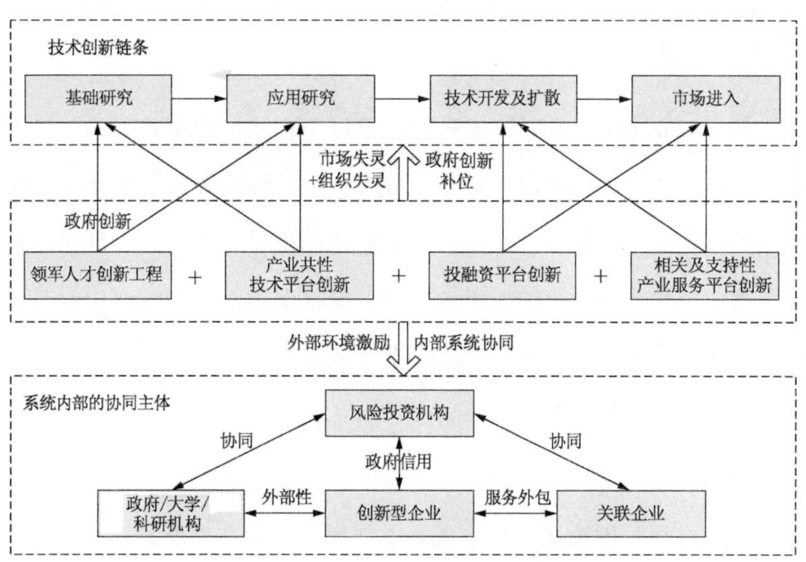

图4-34 苏州工业园区以人力资本为核心的创新型产业生态的构建

三、园区“后危机”时代的“高制度”创新实践

在产业走向全面过剩的今天，**实体产业的收益将越来越多地从产业资本收益转向人力资本收益**。在这个转折点，我们看到人才集聚正在发挥越来越重要的作用。改革开放前奠定的面向大众的基础教育和其后所强化的高等教育，为中国积累了丰富的人才储备；大量留学人员（尤其是技术领域）归国改善了国内企业和科研机构的人才结构——这是苏州工业园区能够卓有成效地实现“人才计划”的背景条件。

在这个基础上，园区才能通过政府创新，使金融发挥引领作用、产业共性技术平台发挥引导作用、相关及支持性平台服务发挥支撑作用，培育以智力型人力资本为核心收益来源的新型技术和产品。①

（一）金融创新：政府信用主导让金融“回嵌”实体产业

苏州工业园区的投融资平台创新是一个多边的投融资平台，涉及股权融资、债权融资及相关服务，对接的是风险投资的社会基金和创新型中小企业，其创新之处在于以政府的创投资金为引导，**利用政府信用为中小科技型企业的信用做担保，以减少风险投资过程中双方因信息不对称而带来的交易成本过高的问题。**

1. 金融翻番增长行动计划

园区的投融资平台创新最初是在创业投资引导基金的基础上发展起来的，这些“创投基金”旨在解决创新型企业在发展初期因缺乏实物资产抵押物而难以从正规金融体系融资的问题。由于技术创新本身具有很强的正外部性和高度不确定性，因此在技术创新投资中从事技术创新的企业与外部风险投资者之间的信息不对称，其结果是两者之间合作的交易费用较高，导致技术创新投资不足。② 而这也恰恰是一般的天使投资得以存在和发展的客观条件，他们的宗旨就是通过不断筛选优质投资项目来增加投资项目的成功率，从而获取必要的风险收益。

---

① 可以说，园区的引进人才的所得收益，远远低于为培养这些人才所付出的全部综合成本。亦即，园区在第四阶段的发展创新仍然是聪明的“搭便车”。它也再次验证了课题组关于制度经济学的理论创新：制度成本和制度收益总是不对称的；制度创新成功的关键在于低成本地获得制度收益，无论制度成本是在此前被支付，还是延至以后支付，抑或向其他主体转嫁，是为诱致型制度变迁。

② 程昆、刘仁和、刘英：《风险投资对我国技术创新的作用研究》，《经济问题探索》2006 年第 10 期。

园区的创业投资引导基金也正是基于这种风险投资理念，但不同之处在于政府主导的“创投基金”更加具有行业导向性，也就是说通过一系列的政策倾斜来培育重点行业，以此形成相关创新企业聚集的条件。

2010 年 7 月，园区正式制订并出台了园区“金融翻番增长行动计划”，力争用 3 年时间（2010—2012 年）实现金融产业发展主要指标的翻番增长，**金融业增加值占园区 GDP 的比重由 2.4%增加到 5%，金融和准金融机构数量由 140 家增加到 400 家。**该设想的实施和推进，极大地推动了园区金融产业的发展（见专栏 40）。

专栏 40

苏州工业园区的“金融翻番增长行动计划”

该计划以建设苏州市域 CBD 和金融集聚区为目标，利用毗邻上海的区位优势，在环金鸡湖地区打造高端金融产业集聚区、在沙湖地区打造股权投资产业集聚区、在独墅湖科教创新区打造金融配套产业集聚区及在乡镇副中心打造金融服务外包产业集聚区等四个集聚区，推动金融产业成为园区 CBD 地区的主要经营业态，推动园区成为长三角地区的中小企业特色金融产品和服务集聚区、个人财富管理和消费金融服务集聚区，基本形成种类齐全、配套完善、辐射范围广、有一定规模和特色的金融产业链。

园区的金融发展主要从以下三个方面展开。

一是推进传统金融机构地区总部和专营机构聚集。2011 年国家开发银行开设全国首家地级市分行，南昌银行、浙江泰隆银行设立省内第一家分行，中国台湾地区富邦银行设立苏州代表处，农业银行、江苏银行设立科技支行。保险机构方面，韩国乐爱金、大地财险、华农财险、东京日动海上、三井住友、国泰产险、利安人寿、平安财险等8家保险公司的苏州地区总部进驻园区，园区的保险机构已占全市总数的50%以上。仅农行自2010年筹备以来，对园区科技型中小企业（含统贷平台）的授信额度累计28864万元，投放贷款12513万元。

二是大力引进各类股权投资管理企业及股权投资基金。在国家宏观调控、货币政策趋紧、中小企业融资困难的大背景下，引进九鼎投资、江苏高投、农银高特佳等业内知名的股权投资企业，推动一批股权投资机构入驻园区。2011年，成功吸引股权投资机构115家，其中股权投资管理企业22家，合计注册资本1.3亿元；股权投资基金93家，基金规模超过180亿元。

三是各类不同的金融机构入驻，形成丰富的园区金融业态。通过引进国内最大的民营担保公司瀚华担保、江苏省最大的再担保公司省再担保、苏州首家货币兑换公司渤海通汇、苏州产权交易中心、金城保险江苏分公司、台湾一银融资租赁及台湾新光融资租赁公司等项目，扩大园区金融服务的内涵与外延，进一步完善了园区金融服务体系。

资料来源：苏州工业园区网站：《园区“金色经济”大踏步前进》，2014年12月6日，见http://news.sipac.gov.cn/sipnews/yqzt/20120425cyfzdt/jh/201204/t20120425_149763.htm；苏州工业园区年鉴编撰委员会：《苏州工业园区年鉴2012》，上海社会科学院出版社2013年版，第125页。

截至2013年6月末，园区金融类机构数量达493家，其中：监管部门及行业协会4家；金融机构90家，包括银行38家、保险39家、证券期货12家、信托1家；准金融机构399家，包括股权投资机构

329家、其他类基金4家、担保12家、保险经纪代理9家、小贷5家、典当6家、融资租赁28家、再担保1家、货币兑换1家、产权交易1家、金融服务机构3家。**园区已经成为全省金融机构种类最齐全、数量最多、分布最密集的地区之一。**2013年上半年实现社会融资总量约180亿元，其中银行贷款约150亿元，直接债务融资近18亿元。

苏州市90%的银行分行、各类融资租赁公司、国内首家小企业金融专营机构——招商银行小企业信贷中心均落户园区，金融机构云集为科技与金融的对接和融合提供了肥沃的土壤：科技特色鲜明的交通银行全国首家科技支行、农行科技金融服务中心、科技型中小企业统贷平台、全省首家科技小贷公司、苏南科技企业股权路演中心、1家科技保险机构、1家科技金融超市均在园区挂牌运营；一系列开拓创新型的金融产品，如集合债权信托贷款、中小企业集合票据、知识产权质押融资等已经投入运行，首笔知识产权质押贷款4000万元成功发放，创国内新高。建行推出了“助科赢”，交行创新开发了“智融通”“科贷通”等科技金融服务产品。此外，园区政府还着力建设科技金融服务平台科技型企业库。①

经过几年的努力，**园区基本形成了产业金融的聚集态势，近年来园区金融机构的存贷比高达80%左右，资金基本留在本地使用，亦即本地资金服务于本地实体产业**（见图4-35）。从2011年到2013年9月，两年多的时间，已为科技型中小企业解决融资需求超20亿元。

发展金融产业，聚集各类金融或准金融机构固然是其中很重要的一环，但金融人才数量和质量的增长也不可或缺。独墅湖科教创新区作为人才培养高地，承担着输送金融人才的责任。其主要方式是通过

---

① 何婉茹：《中小型科技企业成长机制评价研究》，硕士学位论文，苏州大学，2014年。

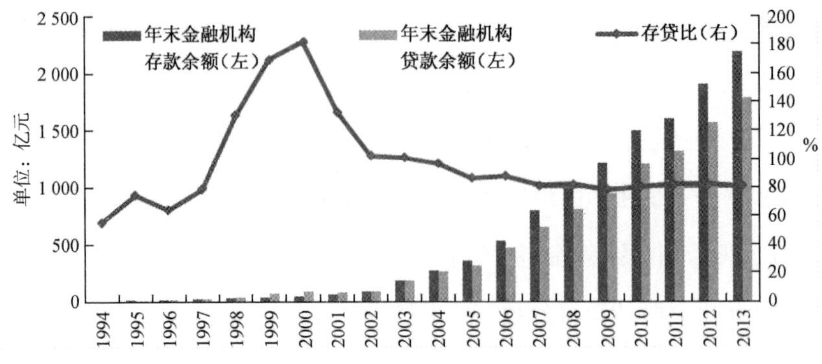

图 4-35　1994—2013 年苏州工业园区的金融机构存贷比

数据来源：园区经发局：《1994—2012 年苏州经济与社会发展统计》；《苏州工业园区金融发展情况及政策介绍》，2014 年 6 月 18 日，见 http://3y.uu456.com/bp-376271af8qeb172ded63b7b4-1.html。

打造金融配套产业集聚区来重点吸引金融教育和研究机构、培训中心等金融配套服务机构，设立一批服务于总部的金融人才培养基地等。截至 2012 年年末，园区金融从业人员比 2009 年年末增加近 1 万人，增长 176%。①

总结园区此类经验时，课题组难免派生了理论刺激：金融翻番计划不仅强调金融业作为现代服务业其自身的发展，更**因其突出金融业服务于制造业发展的功能而具有丰富的政治经济学含义**。因为从功能上看，最关键的还在于**园区的金融业仍然是促进产业升级发展的投资工具，而不是当前普遍充斥于各领域但实质上却在本质上异化于产业资本的投机金融**。

2. 国开行介入成立国创母基金撬动创新型经济

园区投融资机制创新平台以苏州创投集团作为引领者，形成了鲜

① 苏州独墅湖科教创新区：《人才聚力金融产业发展步入“快车道”》，2014 年 3 月 18 日，见 http://www.seid.gov.cn/yqkjcxw/Info-Detail/?InfoID=9084b347-c273-4442-b0d7-447b73d576e8&CategoryNum=004007。

明的结构性功能分工。2010 年第一支国创母基金[1]落户苏州，作为投资基金中的基金，可以通过筛选不同基金来强化园区政府的行业主导性，同时也发挥杠杆效应撬动成倍的社会资金投入。这样，**园区以政府的创投资金为引导，引导社会风险投资基金跟投，对接创新型中小企业，形成了一个涉及股权融资、债权融资等的全方位金融服务平台**（见图 4-36、专栏 41）。

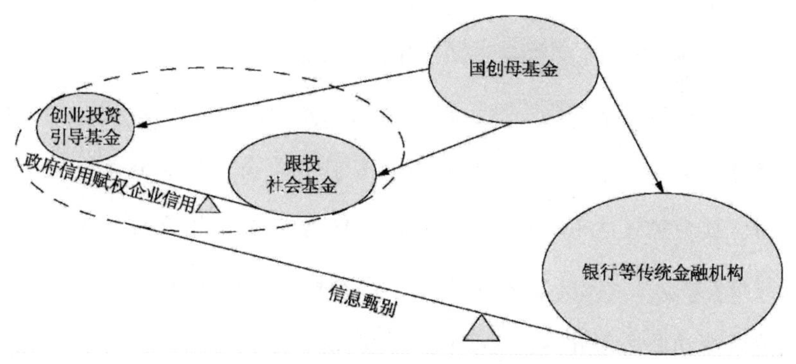

图 4-36　国创母基金的投融资机制创新原理

专栏 41

国内第一支国创母基金落户苏州

2001 年成立的中新苏州工业园区创业投资有限公司（以下简称“中新创投”）是最初负责实际运营的实体，由园区国有资本出资组建。该公司成立之初致力于发展成为园区高科技产业发展的投融资平

①　母基金是专门投资私募股权基金或者创业投资基金的基金，又被称为“基金中的基金”，20 世纪 70 年代起源于美国，是以股权投资基金作为投资对象的特殊基金。在欧美等发达国家，股权投资基金早已超越股票二级市场成为与银行、保险并列的三大金融业支柱之一，而股权投资基金的资金 20% 以上来自母基金。

台，主要服务于科技型中小企业高新技术项目的贷款担保、高新技术企业初创和成长阶段的直接投资及相关产业的创业投资基金等。

截至2006年年末，中新创投的在投项目40个，在投金额为22.96亿元。过去几年清科公司公布的“中国创业投资年度排名”显示，中新创投已经多年连续名列“中国创业投资50强”。就国内本土创投机构而言，中新创投的排名从2002—2004年的第33、13、9位提升到2005年的第5位。

从2006年开始，有一定创业引导基金发展基础的中新创投与国家开发银行开展了第一次合作，双方共同设立和运作了中国第一支股权投资母基金——苏州工业园区创业投资引导基金。该基金设立的三年时间，投资规模达10亿元，总共投资16家基金，相应的子基金总规模超过43亿元。这就意味着以10亿元人民币的出资撬动了33亿元人民币的外资和民间资本，资金放大系数达3.3。

2010年，双方开展了第二次合作，合作运作我国的第一支国家级股权投资复合基金——国创母基金，由国家开发银行的全资子公司国开金融有限责任公司和苏州创业投资集团共同发起设立。该基金的总规模为600亿元，分为PE（私募股权投资）母基金和VC（风险投资）母基金两个板块。苏州创投集团（由原先的中新创投转变而来）主要负责运作VC板块，主要投资于早期和成长期投资的创业投资基金。

资料来源：苏州工业园区网站：《中新苏州工业园区创业投资有限公司》，2014年3月18日，见http://www.o-hr.cn/files/sipac/recruit/jobs.php?id=3114；邓晓兰、李铮、余洁：《政府投融资平台机制创新与促进中小企业发展研究》，《西部财会》2012年第11期。

母基金作为基金中的基金，最大的意义不在于直接参与项目的投

资，而是筛选合适的创业投资基金来投资，发挥一定的杠杆效应。

苏州创投集团借由国创母基金专注于FOF业务——“基金中的基金”，由于起步早、规模大，形成了较大的影响力。母基金本身也发挥着“创业导师”的作用，引导了一大批社会投资基金的持续跟进。以“国创母基金”VC板块首期50亿元的创业投资基金为例，按照园区创业投资引导基金实践运作粗略换算，至少可以撬动200亿元创业投资资本，随后带起来的是千亿元规模的银行信贷、债券等传统金融市场的持续跟进。①

截至2010年年末，入驻园区的股权投资机构将近100家，累计注册资本规模超过180亿元；在苏州市备案的创业投资机构数量在全国地级市中排名第一，其中近一半是在园区办理备案登记手续的。**苏州工业园区已经成为江苏省内创业投资资本集聚度最高的区域。**股权投资产业的发展进一步带动园区创新型经济的发展，仅2010年就有40多家创新型企业获得总额超过3亿元的创业投资。②

2011年，国创母基金首期运作顺利，新增股权投资机构150个，资金规模超过430亿元。

至2013年年初，园区已拥有297家股权投资机构、14家融资租赁公司③、5家小贷公司、3家科技支行、1家科技金融超市，并设有统贷平台、引导基金等政策性融资服务平台，先后推出科技型中小企业集合信托、集合式贷款、知识产权质押贷款、股权质押贷款、投贷通等10多项金融创新产品。

---

①　燕冰：《600亿母基金“撬动”创新型经济》，《苏州日报》2010年12月28日。

②　尤志卉：《首支国家级母基金落户园区》，《苏州日报》2010年12月29日。

③　到2013年9月，园区的融资租赁公司总数达22家。

3. 组建具有引领和整合功能的区域金融综合体

母基金仅仅是苏州创投集团四大投资平台中的一支。

苏州创投集团的前身中新创投就是做直投起家的，直投业务远多于母基金业务。中新创投现在是创投集团的全资子公司，旗下有根据企业发展不同阶段的融资和服务需求设计的三大投资平台，包括：解决企业从无到有问题的种子基金，以元禾原点创投基金为代表；解决企业从小到大问题的 VC 基金，以元禾凯风创投为代表；实现企业从大到强升级的 PE 并购，以元禾重元为代表。

以债权融资为主的资金服务主要由银杏科技金融集团来运作。除此之外，还有与股权投资、债权投资等资金服务相配合的相关金融服务。创投集团旗下的全资子公司沙湖金融服务公司就是以创投集团为母体，搭建产业公共服务平台，构建完善私募股权投资产业链，促进私募股权投资产业在沙湖集聚。

至此，在建设创新型企业的投融资环境方面，园区依托苏州创投集团基本构建了涵盖股权投资、债权融资及股权投资服务三大业务板块的投融资服务架构，管理着 110 亿元左右人民币资金规模的投资控股集团，已经具备了为中小企业提供综合性的金融服务和产业支持的能力，其核心业务包括国内第一支国家级股权投资母基金、国内规模最大的天使投资平台、搭建国内唯一的千人计划创投中心等。

2012 年 11 月，苏州创投集团正式更名为“苏州元禾控股有限公司”(以下简称“元禾控股”)，基本架构如图 4-37 所示。

4. 区域科技金融服务创新

区别于上海面向国际市场发展高端金融的定位，苏州工业园区主要是立足于本地创新型经济打造区域科技金融服务中心。园区外资企

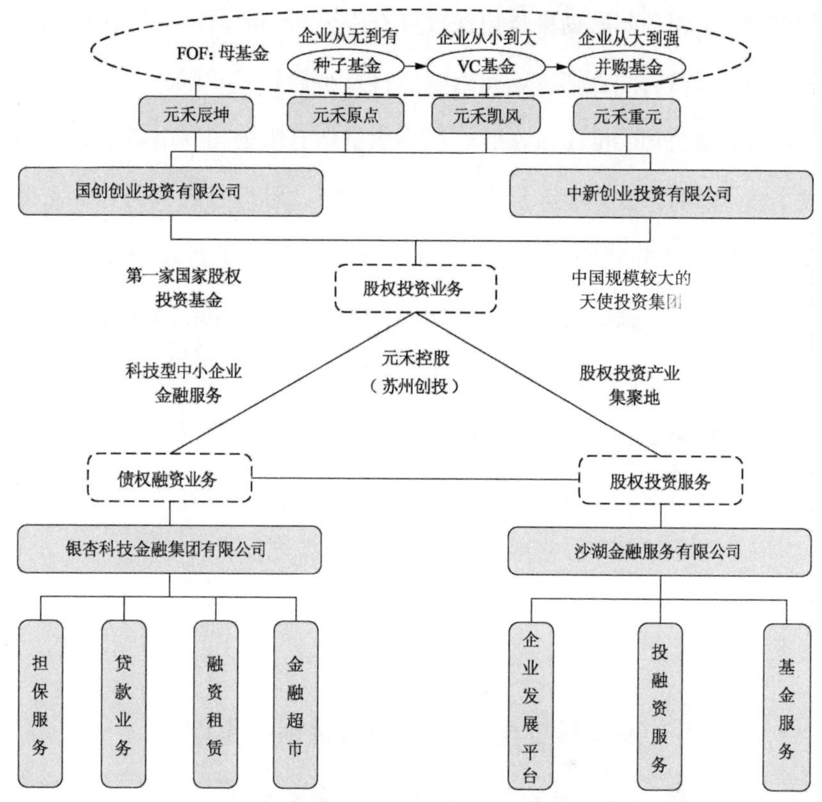

图 4-37 苏州工业园区创新型企业的综合融资环境

业的产业结构基础相对较好，同时也有依托母公司从国际市场或者国内大型金融机构融资的条件，因此**园区金融服务的侧重点在于培育创新型的中小企业**，这些高风险、高收益的创新型行业企业，尤其需要前期的资金支持。

苏州创投集团面向科技型企业的金融创新是通过银杏科技金融集团（以下简称“银杏科技金融”）展开的。银杏科技金融是元禾控股旗下的债权融资业务主体，成立于 2007 年 9 月，注册资本 6 亿元，2011 年重组，是一家致力于整合金融和产业资源，打造强大的多元化科技金融服务平台，为科技型中小企业提供多样化资金支持的科技金融集团，下辖苏州融创科技担保投资有限公司、苏州工业园区金鸡湖农村小额贷款有限公司、苏州市融达科技小额贷款有限公司、苏州融华租赁有限公司、淮安市融胜科技小额贷款有限公司、南通市融源科技小额贷款有限公司、苏州工业园区银杏资产管理有限公司等7家公司。截至2012年年底，累计为2100多家企业提供了将近3500笔、总额达140亿元的授信支持；截至2013年6月，累计为近2500家企业提供4000余笔、总额达168亿元的授信支持；截至2014年9月30日，累计为3442家企业提供6363笔、总额达240亿元的授信支持，扶持了近300位各类科技人才创业。几个有代表性的金融创新案例见专栏42，从中可以了解科技金融的运作机制及主要创新点。

专栏42

银杏科技金融集团的金融创新案例

1. 担保发行全国首单“千人计划”企业私募债

2013年3月25日，博瑞生物医药技术（苏州）有限公司成功发行全国首单“千人计划”企业私募债。在政府贴息政策和苏州融创科技担保投资有限公司的市场增信下，博瑞生物历经半年成功发行3年6000万元的私募债，这也是苏州市第一单科技型中小企业私募债。

博瑞生物的创始人、国家“千人计划”特聘专家袁建栋博士于美国纽约州立大学毕业后一直从事抗病毒药物的研究和开发，回国后于2001年创办了博瑞生物医药公司，并随后落户生物纳米园。公司成立12年，致力于原创新药和高难度仿制药的研究开发及产业化，研发的治疗乙肝的新药成为苏州首个获得临床批件的1.1类新药；共获得57个专利，销售和利润以每年100%的增长率快速发展，并于2012年收入破亿。

高速成长中，博瑞生物一次次遇到融资困境，而传统的银行贷款并不适用于处于成长期的生物医药创新型企业。一般来说，企业的银行贷款通常用于流动资金，博瑞生物这样的正处于高速成长期的生物医药创新型企业更需要厂房建设、设备添置等用于中长期使用的资金。苏州融创科技担保从最初的100万元到如今的6000万元，给予了博瑞生物长期的融资支持。此次私募债资金，博瑞生物将用于企业下一步的新药研发和生产基地的扩建。

为解决企业信用不可控、利息增加企业负担等问题，园区通过专业科技担保公司增信、政府贴息等创新举措来助推企业融资、降低融资成本。此次博瑞生物成功发行私募债，通过政府贴息后，企业承担的利息由8.5%降低到8%。

资料来源：苏州工业园区和融创科技担保网站：《园区企业成功发行全国首单“千人计划”企业私募债》，2014年11月20日，见http://tech.sipac.gov.cn/webapply_szkj/Default/InfoDetial.aspx?InfoID=658e85e7-c609-4869-b6ee-0ac65e274567&CategoryNum=001004001；《全国首单“千人计划”企业私募债在苏成功发行》，2014年11月20日，见http://www.rckjdb.com/News/news/2013/0801/96.html。

2. 成立全国首个科技信用贷款履约保证保险“共保体”

2012年9月，全国第一个专为科技型中小企业承担科技信用贷款的贷款保证保险“共保体”在园区签约成立。这是一种全新的金融工具，对于保险行业也是一种全新的尝试。不同于以往银行、保险的单打独斗，“共保体”首创了一种“6+1+1”的模式，6家保险公司联合一家银行与一家保险经纪公司，组成了一个集成科技金融平台。

产业化初期阶段的中小企业最主要的资本其实是人力资本，但是单凭“人脑+电脑”很难通过银行的信用审贷标准，保险机构对于没有实质担保物的保单往往也望而却步，“共保体”则实现了分散风险和风险共担。同时，各类金融机构的“联姻”带来了雄厚的资金实力，首期就为苏州市科技型中小企业安排了总额度2亿元的科技信用贷款。

第一个商业共保案的保单是为苏州君安药业有限公司开出的。这是一家集研发、生产和销售为一体的现代化高科技制药企业，经过多年发展，在自主天然植物药、中药、化学药和医药流通领域都占据一席之地。

资料来源：苏州市人民政府网站：《中小企业融资：苏州工业园区科技金融跳出圆舞曲》，2014年11月20日，见http://www.suzhou.gov.cn/news/sxqdt/201309/t20130905_279276.shtml。

3. 设立科技金融超市

2012年4月28日，银杏科技金融投资的全国首家以公司为主体的科技金融超市落户苏州国际科技园，打造服务于科技型中小企业的“一站式”金融服务平台，一年来已为90家科技园内企业提供210笔授信支持，累计金额达6亿元。

据介绍，独墅湖科教创新区当时已有生物医药、纳米技术、创意产业等新兴产业企业超过900家，其中20%实现了产业化，银杏科技金融为100多家企业提供了资金支持，并争取在3年内为大约400家企业提供20亿元的融资支持。银杏科技金融超市此次入驻科教创新区，将依托其科技创新载体聚集、高层次创业创新人才密集的资源优势，集银行、保险、担保、小贷、融资租赁等融资服务为一体，为更多的科技型中小企业提供融资融智服务，帮助企业快速成长。

2013年9月，第二家银杏科技金融超市在园区生物纳米园内开业。

庆典仪式上，苏州全值软件科技有限公司等6家企业分别与银杏科技金融公司签订了总计3500万元额度的授信协议。

资料来源：苏州工业园区网站：《“金融超市”落户科教创新区》，2014年11月20日，见http://tech.sipac.gov.cn/webapply_szkj/default/Info-Detial.aspx?infoid=19687ebf-a0e5-49fa-8cea-62c76d3e2498。

4. 无抵押信用贷款培育企业进入成长期

苏州启睿达自动化设备有限公司是一家位于苏州吴中区的民营企业。企业主营产品为标准化和非标准化自动化设备，涉及汽车、新能源等行业。融达科贷项目人员最早于2012年年末开始与该家公司接触，当时公司注册资本100万元，加上150万元银行贷款（4家企业联贷联保），项目人员认为该种贷款模式风险很大。经过充分调研及下游客户走访，项目人员了解了公司产品的先进性，公司股东在该行业的渠道资源很广泛，认为该家企业是一家典型的拥有核心技术、行业前景看好的小微企业，亟需得到资金支持。

融达科贷通过股东连带责任及股权质押的担保方式，先后给予公司300万元的贷款需求。2013年公司保持良好的发展势头，外部投资人给予公司股权投资前估值超过3000万元。公司实际控制人计划2014年销售额突破5000万元，2016年前实行一轮股权融资。

启睿达自动化公司的发展轨迹较完整地体现了融达科贷的业务模式与特色，在中小型科技企业发展的早期开始介入，通过详尽的公司行业、团队、产品调研等有效控制贷款风险，给公司提供亟需的无抵押信用贷款，帮助企业迅速进入成长期。然后，融达科贷对企业逐步增信，在企业后续的发展过程中继续帮助企业发展，直至达到银行和投资公司的准入门槛，才完成融达科贷在科技型中小企业发展轨迹中所扮演的角色使命。

资料来源：《融达科贷获得扶持企业——启睿达表彰锦旗》，2014年11月20日，见http://www.ginkgogroup.com.cn/xin-wenzhongxin/xin-wenjujiao/189.html。

（二）建设产业共性技术平台化解“双失灵”

产业竞争已经从市场化阶段的技术竞争走向“竞争前（Pre-competitive）技术”的竞争。①

产业共性技术作为竞争前技术，是在许多领域内已经或未来有可能被普遍应用，其研发成果可共享并对整个产业或多个产业产生深度影响的一类技术。产业共性技术具有产业层面的基础性、广泛适用性和开放性等特征，其应用范围越广，使用主体越多，技术的共享性就越强，因此，**产业共性技术区别于其他技术的关键在于其溢出性或者扩散性，可以称之为一种“准公共物品”**。②

共性技术的研究开发与扩散存在着市场与组织的“双重失灵”。

一方面，共性技术由于具有竞争前阶段的技术特征，并且用户多、外溢性强，供给和消费的不可分割性，因此研发与应用普遍存在着

---

① 陈静：《共性技术的筛选标准问题研究》，硕士学位论文，北京机械工业学院，2008年。

② 从国外有关共性技术的研究来看主要有以下几种定义：有关共性技术的第一次明确定义是在1988年美国先进技术计划（ATP）中，指出共性技术是一种有可能应用到大范围的产品或工艺中的概念、部件，或工艺，或科学现象的一种深入的调查；另一种是美国国家标准与技术研究院（NIST）的定义，认为共性技术与其他技术组合可导致在诸多产业领域的广泛应用，能对一个或多个产业的技术进步产生深度影响的技术；是建立在科学基础与基础技术平台之上，具有产业属性的技术，又称类技术；是技术产品商业化前的基础技术；是不同企业专有技术的共同技术平台，共性技术的扩散和流动能提升产业的技术层次和竞争力。

“市场失灵”。另一方面，单个个体往往由于能力和知识的局限而不能满足共性技术研究开发和扩散的要求，因此共性技术的研究开发客观上需要多主体的合作，由于跨学科研究的增多，必然引发一些严重的组织问题，是为“组织失灵”。①

面对“双重失灵”，政府应该在产业共性技术的供给与扩散中发挥积极的作用。

政府参与产业共性技术平台创新与建设，实质上是将因共性技术平台不可分性或系统协整性的要求而与中小科技型企业之间的规模和组织不对称的矛盾，采用非市场化的手段进行供给，以此构建集聚产业和新商业业态的基础条件，将克服“市场失灵”和“组织失灵”所产生的知识外溢、技术扩散和产业链整合等问题，将收益在园区进行内部化分配。

如此结构安排，会产生收益不断增加的自我强化机制：一方面源于交易费用的降低，吸引更多的企业加入平台创新网络；另一方面来自平台上多主体的技术创新，都会直接或间接带动相关产业的跟进创新，拉升整条产业链平均利润率的上升。

在这个过程中，只要**后期形成的总收益大于前期政府产业技术平台创新的成本，政府的平台建设就是有效的**。实践中当然并不否认一些国际巨头可以凭借一己之力做整条产业链的纵向整合，理论上也是可行的；但就中国来说，政府的作用不可或缺。关于具体方式和途径，部分学者的观点见专栏 43。

---

① 李纪珍：《产业共性技术发展的政府作用研究》，《技术经济》2005 年第 9 期；陈静：《共性技术的筛选标准问题研究》，硕士学位论文，北京机械工业学院，2008 年。

专栏 43

政府如何参与培育产业共性技术开发的若干讨论

美国国家标准与技术研究院（NIST）的 G. Tassey 最早从经济学公共品的角度分析了技术基础设施的概念，并将技术基础设施分为三大类——共性技术、基础技术和公共适用技术。Tassey 指出，政府固然不必干预商业化技术，但应当干预技术基础设施，**而且，这种政府干预技术的理论得到了崇尚自由经济的美国政府的采纳。**

胡小江分别从共性技术的性质、特征和 R&D（研究与开发）生命周期不同阶段的投资与风险两个角度对共性技术开发及其组织形式进行分析和评价，认为政府参与共性技术研发对于应对共性技术研发中的“市场失灵”是非常有效的，提出在不同的 R&D 阶段，应当有不同的开发组织形式与之相适应，在共性技术研发阶段政府的参与必不可少。

操龙灿指出，我国产业共性技术创新体系的运作模式是建立政府主导的产业共性技术创新体系，并提出了政府主导的产业共性技术创新体系的组织形式和主要政策措施。

郭兵提出了高技术产业的发展使得企业对共性技术的需求越发旺盛和多样化，但以政府、大企业和行业协会等为主导的共性技术合作研发，由于缺乏足够的动力、约束和合理的利益共享机制，无法形成规模；应设立共性技术风险投资基金，形成以政府牵头，风险投资为资金供给和主导协调方，高校、科研院所等为技术研发方，企业为市场载体的多层次共性技术供应体系。

资料来源：李纪珍：《产业共性技术发展的政府作用研究》，《技术

经济》2005 年第 9 期；胡小江：《政府参与共性技术研发必要性的理论分析》，《今日科技》2004 年第 11 期；操龙灿、杨善林：《产业共性技术创新体系建设的研究》，《中国软科学》2006 年第 11 期；郭兵、项海容、兰京晶：《风险投资参与的共性技术供给体系构建》，《中国高新技术企业》2009 年第 1 期。

本书实证研究了苏州工业园区政府在此方面的探索，认为园区主要从两个方面入手，为新兴产业的技术创新提供产业公共服务：**一是通过提供收费远低于成本的公共技术服务平台，解决自发市场条件下共性技术平台因“市场失灵”而供给不足的问题；二是围绕新兴产业中企业成长的不同阶段，或者是产品研发的不同阶段，全方位、全过程地提供共性技术服务，解决共性技术的“组织失灵”问题**。

比如，为了促进云计算等新兴产业的发展，园区所属国资企业建立了一大批基于共性技术的研发和测试平台，这些出于扶持特定产业发展目的而建立的共性技术平台的共享率往往很高，意味着中小科技型企业只需花费很少的费用就能共享这些研发和测试平台，大大降低了企业创业初期的研发和测试成本。

园区的产业共性技术平台主要分为两类：特定产业的共性技术平台和综合性的共性技术平台。前者主要服务于具体的产业发展，专一性较强；后者则对园区的各个产业都有支撑作用。

下面以园区的综合性共性技术平台之一、提供综合数据服务的第三方数据中心——苏州国科数据中心（简称“国科”）为例，对综合性产业共性技术平台进行介绍，看看政府是如何弥补其中的“市场失灵”的（见专栏 44）。

专栏 44

作为综合性共性技术平台的苏州国科数据中心

2010 年 10 月正式对外运营的国科数据中心，**是园区为引领云计算产业发展所投资建设的基础性公共服务平台**，是华东地区规模最大的第三方数据中心。

一般而言，云计算产业大致可以划分为三种服务模式，即基础设施服务模式、平台服务模式及软件服务模式。国科的主要定位在前两种，为园区做好其他平台服务和应用服务产业提供地基；其“兄弟公司”风云网络专注于软件服务模式。

国科大楼先后两期总投资预计 10.4 亿元，专门为数据中心进行专业设计建造。建筑面积达 5.2 万平方米，一般的数据中心建筑面积仅 1 万—2 万平方米。一楼是基础设施区域，从外部接入的双路强电，在这里经过 UPS（不间断电源）变压再进入二、三、四楼的机房。万一某一路强电因故障中断，依靠 UPS 还可以支持 15 分钟，而地下的柴油发电机启动只需 15 秒，足以确保机房供电完全不中断。一期工程机房可以放置 1800 个服务器机柜，二期完成后可以放置 2400 个机柜，总规模 4200 个机柜，大概可以承载 2 万多台服务器。

国科是亚太区唯一一个对外运营的最高标准等级 T4 级数据中心。苏州工业园区启动之初，中国与新加坡两国政府合作按照超前 50 年的标准规划建设了园区的基础设施，对电力、制冷及通信网络等基础设施建设的要求非常高，基本奠定了国科的两大基础资源优势：一是园区所有的电网都与国内其他地方不一样，一般国内都是 1 万伏的电压，园区的电网是 2 万伏的；二是制冷，国科数据中心出资建立了 2600

冷/吨的中央冷水基础，此外还有一个同规格的市政集中供冷系统，通过市政系统把冷冻水运过来。除此之外，国科的很多系统，如弱电系统、空调系统、电信系统及柴油发电机等，都有容错的功能，保证在发生单点故障的情况下机房的运行不受丝毫影响，总体可靠性可达99.995%。一般T3级的可靠率是99.99%。

国科在功能定位上主要设计了三个方向：一是面向苏州市高科技中小企业的综合数据服务平台；二是面向苏州市智慧城市的运营支撑平台；三是面向ITO（信息技术外包）/BPO（商务流程外包）/金融等行业数据的外包服务平台，实现与电信运营商IDC（互联数据中心）业务的差异化功能定位。这些功能定位都有现实的产业基础。

国科的业务总共有五类：空间租赁、网络通信租赁、系统集成服务、定制化的运维服务和云计算的底层资源服务，虚拟化CPU（2000多核）、内存（7000G）和存储（2pb）可自由组合。目前能够产生收益的集中于第一、二、五个业务，2012年业务收入约为3988万元。对于内资中小企业，国科提供云计算的服务收费大约是市场价的50%。

目前来看，国科还处于前期的成本垫付阶段，入不敷出。运营成本中光电费一项就达上千万元。更大的成本支出则是配套设备的投入，按照财务统计，这些设备每年的折旧就高达1亿元左右。比如，一台柴油机的投入就要七八千万元，平常基本不用，但不能没有，因为万一出现故障要靠这些设备来保障运营。

长远来看，国科也存在经济上的竞争优势，产生净收益的前景依然存在。相比于北京、上海等地而言，位于苏州工业园区的国科有着综合成本较低的优势，如IT设备高耗电，苏州电费是1.8元/度，而上海已达2.4元/度，电费成本优势立刻显现。此外，国科高标准的硬件设施也能够实现内部节能，衡量IT设备用电和整体配套消耗比例的

PUE（电源使用效率）值小于1.58。虽然PUE值1.58在华北或者东北不算是一个乐观的数字，因为这些地方室外温度比较低，一些设备可以直接利用室外低温，但在华南、华东，意味着已经将能耗降到非常低的水平。因此，从综合成本测算来看，上海的企业搬迁到园区可以节约30%—40%。玫凯琳、家乐福、Visa、运通等外资企业已经将中国区数据中心业务从上海全部转过来，规模相当大的接近20家，主要是欧美企业。

资料来源：课题组实地调研访谈；苏州国科数据中心网站，2014年12月6日，见http://www.sisdc.com.cn/。

园区特定产业的共性技术平台如图4-38所示。

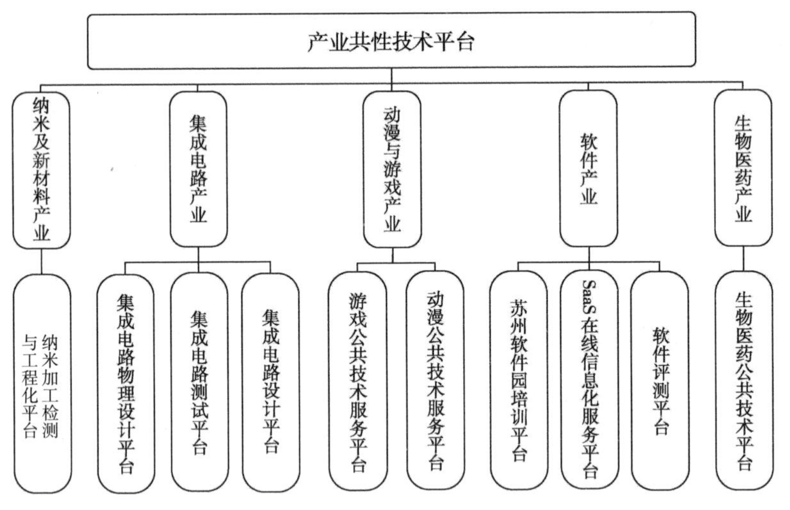

图4-38　苏州工业园区的特定产业共性技术平台

在园区，特定产业技术平台与其他载体平台一起，是围绕园区3个新兴产业来建设完善的，分布在3个专业的产业园中：国际科技园，主要定位于云计算及相关产业；生物纳米园，主要关注纳米技术在生物医药和医疗器械中的应用；苏州纳米城，重点聚焦微纳制造、纳米新材料、能源与清洁技术、纳米生物技术等优势领域（见图4-39）。

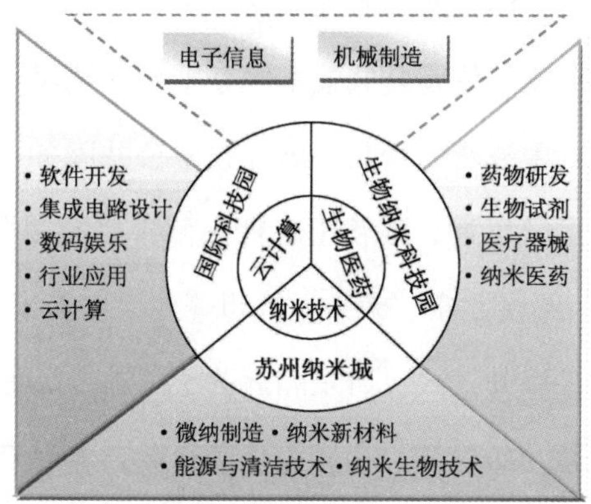

图4-39　苏州工业园区三大新兴产业的专业载体

这3个新兴产业与此前园区形成的两大优势产业——电子信息、机械制造，共同形成如下产业格局，以下分别介绍。

（1）云计算产业的公共技术平台服务

从2003年起，国际科技园就以企业共性需求为导向，不断加大投入，陆续建设了中科集成电路设计中心、软件评测中心、知识产权保护中心、培训中心、综合数据中心、动漫游戏等公共技术服务平台。

中科集成电路设计中心是中国科学院计算技术研究所和苏州市政府联合创办的大型院地合作项目，由中科院计算所、苏州市科技局、苏州市工业园区具体承建，注册资金4614万元，主要负责建设和运营集成电路设计、集成电路测试及集成电路物理设计三大公共服务平台。

集成电路设计公共服务平台于2003年开始筹建，最大的优势是拥有最先进齐全的集成电路设计软、硬件平台，配备了Cadence、Synopsys、Mentor等著名的EDA（电子设计自动化）设计软件，可以满足90nm、0.13um、0.18um、0.25um、0.35um等工艺的全流程设计需求。

集成电路测试公共服务平台①是一个以集成电路测试为核心的 IC 测试服务协作网，是一个集综合集成电路测试服务、测试技术支持、测试人才培养于一体的公共服务机构。

风云科技是苏州软件园公共技术服务平台的建设和运营机构，也是国内规模最大、服务能力最强的软件技术公共服务平台之一。公司下辖风云网络、风云咨询、苏州市软件评测中心有限公司②和风云教育四家子公司③，并在北京、南京、杭州等地设立多家分公司。其中，风云网络采用软件服务模式，研发和运营了国内产品最丰富的云服务平台——风云在线。2013 年，由国内顶级行业杂志《互联网周刊》评选的“2012 年中国云计算 SaaS④ 服务 TOP10”企业名单公布，风云在线作为在线软件服务电子商务平台（SaaS 平台），与八百客、Xtools 等知名企业共同排名前列。

动漫游戏技术服务平台由苏州市软件评测中心有限公司负责建设和运营，投资额达 2000 多万元，场地面积近千平方米，是国内首个建立自有音频资源库的公共服务平台，是国内首家动漫制作软件授权服务中心，能够提供服务种类最齐全、兼容性最强的渲染服务。

---

① 集成电路测试平台依托于苏州中科集成电路设计中心建立，苏州中科于 2005 年得到江苏省科技厅项目支持，共投入资金 1180 万元，建成江苏省集成电路测试服务中心和江苏省创业服务平台，这两个项目是江苏省、苏州市和中国科学院计算技术研究所共同支持的院省重点合作项目，得到了苏州工业园区政府在政策和资金上的大力支持。

② 苏州市软件测试中心是江苏省软件技术公共服务平台，国内首家获得 CMMI 认证的软件服务机构。

③ 苏州市软件测试中心、风云咨询主要是为信息化质量提供保障，专注于软件测试和技术咨询服务；风云教育是经认定的江苏省软件产业人才培训基地，也是苏州市软件外包技术人才实训基地和苏州工业园区公共实训基地，旨在为软件企业培养实用型软件技术专业人才。

④ SaaS：Software-as-a-Service 的缩写，即“软件即服务”。

SaaS 应用软件的公共技术服务供给案例见专栏 45。

专栏 45

双马机械与 SaaS 应用软件

如何在营销网络遍布全国 90%的地域、全球 2/3 的国家和地区的情况下，做好销量和销售一条龙管理？**作为国内知名的塑料注射成型机专业制造商，**双马机械仅凭每月 300 元的费用支出就轻松地管理了每年 2 亿元销售额所需的庞大物资流。

秘密在于双马机械在物流管理上选择了一种创新的信息化管理模式——SaaS 应用软件。

通过 SaaS 这种全新的软件交付模式，双马机械通过互联网向 SaaS 运营商订购了进销存管理系统，省去了购买软件、安装等烦琐过程，第二天就正常使用。这种管理软件不仅帮助双马机械实现了仓库设置管理、出入库、采购、销售、收款付款等一系列进销存管理，还提供完善的财务系统，实现仓库、财务一体化管理，同时还配有客户管理等系统及人事工资管理系统，几乎面面俱到。

最令双马机械感到满意的是，这款企业信息化管理系统非常容易操作，直观的 web 页面操作系统中，根据企业的业务流程设置了相关的功能模块。

双马机械负责人说："这款 SaaS 模式的进销存管理系统帮助我们管理的不只是进销存，甚至在账务管理和客户管理方面，也协助我们完成了不少工作。"而为双马机械提供 SaaS 服务的，正是旗下运营中国首个 SaaS 孵化器的风云网络服务有限公司。

由风云网络提供的进销存管理系统将客户管理系统与进销存完美

结合，可以根据客户信息查到每一笔业务记录，不仅订单自动生成，而且根据订单的成本利润自动进行财务核算并生成相应的报表，每一笔交易都自动生成凭证，帮助企业在实现信息化的同时实现规范的管理流程。

长期以来，机械企业的管理因其产业特点一直呈现粗放管理的特性。随着产业的发展，企业之间技术差距缩小，对企业内部物料、资产的科学管理，便成为企业提升竞争力的一个关键节点。双马机械的案例让我们看到了公共软件平台服务的重要作用。

资料来源:《双马机械 SaaS 应用软件成功案例》，科技资讯网，2014 年 11 月 20 日。

---

(2) 纳米技术产业共性技术研发基地——大学科技园和苏州纳米城

苏州工业园区是国内第一个将纳米技术产业作为引领转型升级的战略性新兴产业的区域。

园区发展纳米技术产业主要依托苏州纳米技术国家大学科技园（以下简称“大学科技园”）和苏州纳米城（以下简称“纳米城”）两大功能载体。**两者分工明确，互相衔接，共同构建苏州工业园区纳米技术从创新、孵化到产业化的整体布局。**

自 2010 年确立纳米技术引领新兴产业发展的战略以来，园区已建设包括中国科学院苏州纳米所、苏州大学—滑铁卢大学纳米技术联合研究院、西安交通大学纳米工程学院和中国科学技术大学—加利福尼亚大学伯克利分校联合纳米学院等在内的近 20 所纳米技术相关科研院所；在纳米技术领域集聚了国家千人等各级领军人才近 200 人、纳米技术相关企业 200 余家，在多个领域形成了优势产业集群；每年定期在苏州召开的“中国国际纳米技术产业发展论坛暨纳米技术成果展”已成为中国纳米产业的品牌盛会。

大学科技园主要专注于创新和孵化环节，重点聚焦国内外纳米技术领域的一流大学和研究所重点实验室及研发资源领军人才。大学科技园已经与中国科技大学、南京大学、苏州大学、西安交通大学、西交利物浦大学、东南大学、四川大学、武汉大学、华北电力大学、山东大学等国内知名高校，新加坡国立大学、莫纳什大学、代顿大学、加州大学伯克利分校、都柏林大学、中国香港大学、中国香港城市大学等国际知名高校，中科院苏州纳米技术与纳米仿生研究所、中科院兰州化学物理所等高水平科研机构积极形成紧密合作关系。

苏州纳米城主要定位于成长型规模型企业、重大研发工程化平台、高端创新创业团队、产业发展服务机构、国际产业促进组织的纳米技术应用产业集聚区，重点聚焦微纳制造、纳米新材料、能源与清洁技术、纳米生物技术等优势领域，其目的在于打造全球最大的纳米技术应用产业综合社区。

苏州纳米城围绕微纳机电制造（MEMS）、LED（发光二极管）、OLED（有机发光二极管）、印刷电子、锂电池、靶向给药、氮化镓（GaN）、纳米碳材料等重点领域，建设了基础研究、应用研究、工程化中试、公共技术服务四大类支撑平台。其中，微纳机电制造中试平台是国内首家专注于6英寸微纳机电制造的专业研发与代工平台，业务覆盖研发、模型、生产、IP 授权、技术咨询以及部分测试封装服务；正在建设的氮化镓（GaN）材料与器件研究院，旨在突破国外在氮化镓（GaN）同质晶片上的垄断，填补国内在氮化镓晶片生产技术、核心元器件工艺技术等方面的空白，实现具有自主知识产权的产品技术路线，如图 4-40 所示。

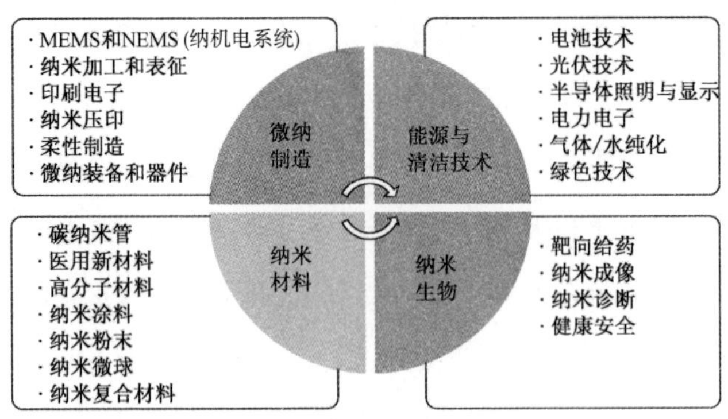

图 4-40　苏州工业园区纳米城的重点产业领域

(3) 生物医药产业的产业链和产业集聚的产业共性技术平台“群”

生物纳米园由园区的国有独资企业苏州工业园区生物产业发展有限公司（以下简称“生物公司”）投资建成。该公司成立于 2005 年，组建公司时注册资本金 5.5 亿元，截至 2015 年注册资本已增资到 10 亿元。

生物纳米园专注于把纳米技术应用于生物医药和医疗器械领域。按照功能，生物纳米园划分为项目孵化区、加速器区、产业化区、行政办公区与生活配套区，中国科学院纳米技术与纳米仿生研究院也落户于此。

截至 2015 年，生物纳米园初步形成了基因技术、纳米技术两大产业。在基因产业方面，园内形成了基因试剂开发、基因检测服务、基因诊断与基因治疗药物研发、基因工程药物与疫苗研发、基因产业配套等一条完整的产业价值链；在纳米产业方面，集中发展纳米新材料、纳米光电子、纳米生物医药、微纳系统制造、纳米节能环保五大纳米技术应用领域，并集聚了一批优秀企业。

为了构建完整的产业链、形成产业高度集聚，园区建设了一整套

综合的产业共性技术服务平台体系。

在生物医药公共技术平台方面，生物纳米园是江苏省第一个生物医药孵化器，先后建成药物分析测试服务平台、药物分析测试平台、抗体技术服务平台、创新生物医药公共服务平台、纳米靶向药物传导技术服务平台、纳米高通量筛选技术服务平台、纳米生物材料技术服务平台、生物医药中试服务平台，为企业提供从上游研发到中试生产的基础实验条件。

在纳米技术公共平台方面，建成纳米环境技术工程中心，纳米分析测试平台，纳米加工公共平台，纳米靶向药物传导平台，纳米光电装备产业化技术中心，纳米光电设计、加工、集成中心，纳米材料技术研发中心；中科院纳米所的纳米技术服务系列平台也可为纳米技术企业提供检测、加工与工程化方面的专业服务。

起初，生物纳米园内的设备不算多，而且苏州工业园区周围做平台的公司也比较多，相比之下，生物纳米园内虽然小微企业比较多，但该园却不具有足够的竞争力。后来，生物纳米园把原先的硬件平台资产全部拿出来融资组建了新的全资子公司——苏州百拓生物技术服务有限公司，并向国家申请了相关资质①，因其出具的报告是有国家法律效力的，更加权威，才逐渐形成了一定的比较优势，其产业共性技术平台的服务企业数和服务次数开始大幅度增加（见图4-41）。

以上归纳分析，使人们能清楚地了解到园区如何通过政府介入化

①　苏州百拓生物技术服务有限公司获得的资质：2010年8月，通过CNAS国家实验室认可；2010年9月，被评为“江苏省四星级中小企业公共服务平台”；2012年1月，通过ISO14001体系认证；2012年10月，合作建设的创新生物医药公共服务平台获得医学检验机构资质；2013年6月，获“江苏省科技型中小企业”荣誉称号；2014年1月，被评为“江苏省五星级中小企业公共服务平台”。

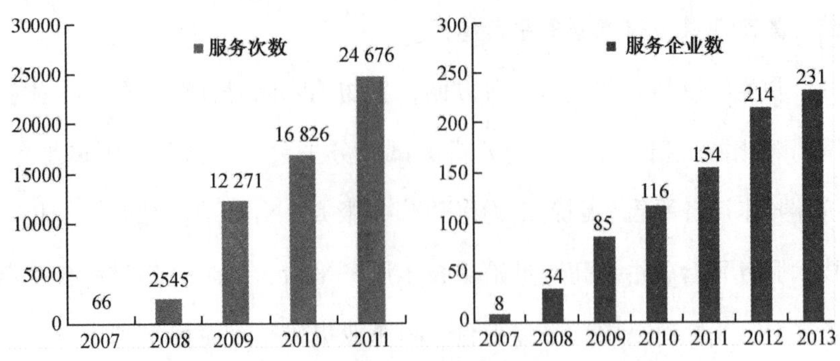

图 4-41　生物纳米园的产业共性技术平台的服务情况

资料来源：苏州工业园区"一站式"服务中心。

解了"双失灵"困境。这个客观经验相对于制度经济学而言具有理论创新价值。

因为，综合性的共性技术平台的关键是克服"市场失灵"。这就要求政府有足够的财力或者信用替代品组织前期投入，在产业进入市场化的竞争阶段之前，发挥"竞争前技术"的特点，带动和哺育新兴产业发展。而**特定产业的共性技术平台的关键还在于要克服"组织失灵"。其作用主要是满足各平台之间、平台技术与其他技术之间协同配合的要求。**相比于对"市场失灵"这一经典问题的研究，产业"组织失灵"的问题尚未得到制度经济学界的足够重视。

（三）相关及支持性服务平台建设与园区管理创新

园区的管理创新不拘一格，既有对初期新加坡制度规范的继承性，也有治理结构变化之后的自主性；体现了"强政府"能够在主动应对挑战中发挥主导作用的中国特色。

1. 从"一站式"服务中心到中小企业服务联盟

园区提出的相关及支持性综合服务平台创新的制度设计，极大地降低了中小企业创业初期的运作成本，而且还能保证高质量的专业服务。对于有创意但缺乏企业管理经验的中小企业来说，在人力成本不断推高的环境下，这种制度创新格外具有吸引力。

此外，很少被注意的是，**这些服务外包工作在替企业剥离外围成本的同时，也为金融服务创新提供了征信平台，**大大拓展了园区更进一步的内部资源整合空间。

关于这些政府的管理服务，园区管委会一位副主任谈道：

园区专门设立了中小企业服务中心，对中小企业进行全套服务。比如，项目申报、联系创投找资金、企业家培训、人力资源培训，专利、商标注册，路演、上市等都在其服务范围之内。这个过程其实是一种政府管理体制的创新。园区政府各局办延伸服务势必形成一个庞大的机构，而通过成立中小企业服务中心，把针对中小企业的服务外包出来，由他们来具体执行就精简了我们的机构。①

客观来看，这一政府创新的制度设计与园区早期借鉴新加坡经验高度相关，很大程度上是一脉相承的。

园区早期借鉴新加坡经验可大致归纳为 3 个层次：城市规划、经济发展和公共管理。城市规划方面，主要体现在城市的近期和远期规划，土地的开发利用，基础设施与生活服务设施的建设和管理，环境保护与治理，信息的收集、处理和应用，吸收投资的宣传、信息网络组织、营销方式和鼓励措施等；经济发展方面，主要是指新加坡政府在管理裕廊工业园中调控市场经济的经验，以及在经济活动中有序竞争、相互合作的做法；公共管理方面，主要是指立法、司法、执法和

① 来源：课题组对园区有关人员的访谈。

廉政肃贪，以及文化、教育等方面的经验和做法。①

这些借鉴是在中新联合协调理事会的制度框架下进行的。这个理事会20年来在将苏州工业园区成立时的“举国体制下嫁地方”细化到园区经济社会发展中发挥了重要作用（如专栏46所示）。

专栏46

中新联合协调理事会的制度设计

苏州工业园区成立伊始，如果说“九号文件”为苏州工业园区代行“举国体制”提供了基本制度框架，那么，中新联合协调理事会和中新双边工作委员会则为苏州工业园区提供了机构保障。

《中华人民共和国政府和新加坡共和国政府关于合作开发建设苏州工业园区的协议》第四条规定，设立中新联合协调理事会和中新双边工作委员会。该条款明确：“为此项目建立中新两国政府的联合协调理事会，两国政府各委派一名副总理负责，两国政府有关部门、中方江苏省人民政府和苏州市人民政府及新方裕廊镇管理局的负责人参加，负责协调苏州工业园区借鉴运用新加坡经济和公共行政管理经验中的重大问题。……理事会下设苏州市和裕廊镇管理局双边工作委员会，委员会双方定期联系，就借鉴运用新加坡经济和公共行政管理经验的工作进行协商，并分别向理事会中的两国副总理报告工作。”

中新联合协调理事会中方成员单位由国家计划委员会、国家经济

① 1994年1月17日，江苏省政府向国务院呈递《关于苏州市工业园区项目建议书中软件方面若干问题的补充报告》，对借鉴新加坡经济和公共行政管理经验内容与范围做出进一步阐述。2月11日，国务院做出相应批复，原则同意江苏省“在苏州工业园区内，在坚持和维护我国国家主权的前提下，自主地、有选择地借鉴吸收新加坡经济和公共行政管理方面对我适用的经验”。

贸易委员会、财政部、对外贸易经济合作部、中国人民银行、国务院特区办公室、江苏省和苏州市8个单位组成，成员由国务院有关部门各派一位部级领导，江苏省和苏州市各派一位省、市级领导担任。

中新联合协调理事会中方主席先后由国务院副总理李岚清、吴仪、王岐山、张高丽担任；新方主席先后由新加坡副总理李显龙、黄根成、张志贤担任。

中新联合协调理事会的职能具体为：①听取园区发展建设进展情况的阶段性报告，积极推动园区的顺利发展；②研究确定园区借鉴运用新加坡经济和公共行政管理经验中的重大问题；③协调园区借鉴运用新加坡经济和公共行政管理经验中的重大问题；④审议通过双边工作委员会的工作报告。监督和评价借鉴运用新加坡经验工作的进展情况。联合协调理事会每年召开一次，轮流在两国举行。

中新双边工作委员会中方联络机构为苏州工业园区借鉴新加坡经验办公室（简称“园区借鉴办”），新方联络机构为新加坡软件办公室（简称“新加坡软件办”）。园区借鉴办和新加坡软件办共同商定组织、每两个月举行一次软件转移工作会议。

通过访谈，我们切实感受到中新联合协调理事会在园区发展中发挥的重要作用。一位园区第一代创业者回忆：“中方发改委、经贸委、财政部、税务局、外交部等经济综合管理部门的常务副部长担任委员，协调解决园区发展过程中需要中央政府层面来解决的一些问题。……我们当时跑计委、经贸委，因为领导是我们的理事，我们可以直接敲门进去。”

综合保税区的物流中心有限公司某项目经理也提到：“综保区的建立应该是得益于中新协调理事会这个很好的平台，我们相关政策的争取和申报都是通过理事会来实现的。”

此后，园区不管是发展“一站式”服务中心服务跨国外资企业，还是设立中小企业服务中心鼓励中小科技型企业的技术创新，都是基于中新协调理事会平台的有益尝试。

资料来源：课题组实地调研；苏州工业园区统计年鉴2005。

园区政府早期借鉴新加坡最负盛名的“亲商”理念主要体现为设身处地地为跨国外资企业着想，站在投资者的角度思考问题。这也是当时园区管委会一位副书记常挂在嘴边的一句话。具体的服务内容则随着园区外资企业的需求不断变化。

1996年，苏州工业园区学习新加坡经验在国内开发区中率先开展“一站式”服务①，为外商投资企业设立、开工建设、招工提供一条龙的便利；1999年，在“一站式”服务大厅各相关部门分别设立了服务窗口，将众多事项集中受理；2002年，在学习新加坡裕廊集团客户服务经验的基础上，正式成立了苏州工业园区“一站式”服务中心，积极推进“一站式”服务中心授权工作，根据《行政许可法》规定，把分散在管委会机关职能部门承办的36项审批业务授权“一站式”服务中心。由管委会机关承办的36项审批业务现已全部授权“一站式”服务中心集中办理，“一站式”促使地方政府从管理角色向服务角色转变。②

2005年，园区实施“制造业升级、服务业倍增与科技跨越”三大计划，开始着手考虑经济的转型升级，打造新兴产业的创新性经济。

---

① “一站式”服务是地方政府或企事业单位将所有涉及对外审批和受理的事项集中在一个固定的场所集中办理，为企业和个人提供的一种快捷、优质的专项服务。

② 林闽钢：《高科技园区的社会建构——以苏州工业园区产业综合体转型为例的研究》，《中国软科学》2007年第2期。

为了鼓励发展将来能够引领技术研发创新的中小科技型企业，**园区政府专门成立了一个服务外包平台——中小企业服务联盟，对接有服务需求的中小科技型企业与提供各个服务的公司**。这些服务包括企业认定咨询、项目申报咨询、财税服务、知识产权服务、投融资服务、上市服务、资产评估服务、信用服务、人力资源服务、培训服务、检验检测服务、情报信息服务等其他服务，每一项服务都有相应的专业机构，并且还形成了服务机构的筛选机制，即每年由接受服务的中小企业给提供服务的机构测评，测评不合格的机构将被替换。**这与园区政府的“一站式”服务中心是一脉相承的，**也成为2009年以后园区政府创新的主要内容。

2. 非核心业务外包的探索创新

近年来，园区不断深化科技服务，获批成为全国首批“国家火炬科技服务体系建设试点单位”，2013年实现科技服务业营业收入41亿元，同比增长11%，并且在全国率先设立跨部门服务的中小企业服务中心，不断完善科技中小企业社会化服务体系。①

“科技服务超市”就是由园区中小企业服务中心在中小企业服务联盟的基础上推出的一款由政府主导的公益性服务平台。它将政府公共服务和社会商业服务有机融合在一起，目的在于搭建起企业与机构之间供需对接的“虚拟”桥梁。截至2015年，合作科技中介机构超过100家，覆盖知识产权、人力资源、科技金融、财税服务、法律咨询等15大领域②（见专栏47）。

---

① 苏州工业园区：2014年12月6日，见http://news.sipac.gov.cn/sipnews/yqzt/yqzt2014/20140721kjfwcs/zg/201407/t20140723_285174.htm。

② 肖卫东：《中小企业公共服务平台的功能定位与组织创新》，《学习与探索》2014年第2期。

专栏 47

园区推出“虚拟”科技服务超市

在这个开放的网络平台里，优质的社会中介机构扮演“菜农”，提供财务、法律、人力资源、金融、知识产权等形式多样的服务，有需求的企业前来采购服务，就像超市买菜一样方便。

园区中小企业服务中心一位副主任表示，推出科技服务超市的着眼点是将更多的中介服务机构整合在一起，并设置机构入围门槛，确保入围机构是有资质、有信誉、有服务经验的，帮助科技型中小企业大大减少寻找规范机构的时间成本。同时，科技服务超市不定期组织并推出团购活动，也减轻了企业的资金成本。未来，超市将建设专业的评价体系和准入门槛，保证上架“商品”的质量。

在中介机构苏州艾隆科技股份有限公司副总经理钱曾唐眼中，苏州工业园区的中小企业们正在享受着管家般的“一站式”服务。从园区中小企业服务联盟到科技服务超市，艾隆科技都有着深入的接触。钱曾唐也深有体会。在这个具有公信力的平台上，他们还将建设专业的评价体系和信用体系，从而让科技企业放心地、有的放矢地选择所需要的服务，也让企业的发展更加快速而健康。

用钱曾唐的话来说，科技服务超市的出现让他少接了很多“骚扰”电话，企业有需求就直接进入服务超市，那里解决了信息不对称的问题，产品的机构情况及服务内容一目了然，企业可以十分放心地去选购，再也不用费力去辨别外面市场上的培训公司的优劣了，省时又省力。未来超市将建设专业的评价体系和标准的准入门槛，保证超市货架上商品的质量，使其成为对企业更有帮助的资源库。

钱曾唐也看中企业与企业之间的合作。科技服务超市看似只是企业与中介机构之间的桥梁，而实际上还可以带动企业间的交流与合作。比如，一次培训就可以将三四家同类型的企业组织到一起，学习的过程也是相互了解的过程，也许会带来意想不到的合作与商机。

资料来源：《SIP 科技服务超市上线啦!》，苏州工业园区网站，2014 年 11 月 20 日。

---

3. 为企业提供不同成长阶段的物理空间

园区能够形成中小创新型企业的聚集发展态势，除了能有效降低有形的交易成本之外，另外一个**必要条件是提供作为“硬件”支撑的空间载体**。

从一个创新型企业的成长周期来看，企业不仅落户之初需要解决研发、中试等办公用房，企业完成孵化之后还会产生新的扩大再生产需求，并需要兼顾相应的员工住房和生活需求等。然而，一般来说，大多数开发区都将招商引资的工作重点放在吸引企业前来落地投资上，企业落地投产后的运营则交由市场经济的“天命”。但单凭市场机制却很难满足企业发展壮大后对应扩张的空间需求，成为制约企业发展壮大的另一种“市场失灵”问题。正如前文所述，大型外资难以进入号称自由市场经济的浙南地区一样，因为与中小资本谈判的交易成本过高。

园区在这方面的创新体现在，在专业产业园的建设中，不仅考虑了不同成长期的企业空间需求，还为企业的壮大预留空间，为众多企业解决了“缚身之苦”。

以同程旅游（原同程网，2014 年 3 月更名为“同程旅游”）为例。

公司 2002 年起步于苏州大学一间 9 平方米的教工宿舍，2004 年搬迁至沧浪区科技创业园并正式成立公司。随着公司规模的日益壮大，需要更多的空间，但那里却很难得到满足，于是在 2009 年正式进驻苏州工业园区创意产业园。这里不仅有了 5000 多平方米的办公面积，随后扩大至 8000 平方米、13000 平方米，并且可以提供多个员工食堂、员工活动室、VIP 会议室、看台和漫步花园。此外，园区还实施了“扎根计划”，即园区提供专项土地指标供企业自建办公大楼——2014 年 3 月，同程旅游举行自建研发大楼奠基仪式，预计将于 2015 年年底启用。

同程旅游和它所进驻的国际科技园，分别是两种类型的代表，同程旅游代表了一般市场条件下要进入扩张期但空间需求得不到满足的企业“成长的烦恼”，而国际科技园则是致力于满足企业不同生长阶段空间需求、从而为企业节约这类很少被经济学界所讨论的“交易成本”① 的创新代表。于 2000 年 4 月启动建设、分七期完成的国际科技园，不同的分期工程就有不同的定位。同程旅游进驻的就是国际科技园的五期工程（见专栏 48）。

专栏 48

国际科技园的工程分期与功能定位

2007 年 5 月，位于金鸡湖大道的一至四期工程建成，包括建筑面积 4 万平方米的创业孵化楼，建筑面积 6 万平方米的研发办公楼，建筑面积 16 万平方米用于研发办公的群楼——科技新天地，后两者意在

---

① 如前文所述，正是这样的交易成本问题导致了苏南与浙南、岭南在企业发展规模和产业形态上的差距。

为旗舰型企业及总部经济发展提供服务。

2008年9月，五期工程——创意产业园正式开园；2007年8月，六期工程——引用LOFT概念的“创意泵站”投入使用。这两期项目主要定位于满足已成功孵化毕业企业的扩大再生产需求，包括提供厂房和办公用地。其中，“创意泵站”是在格兰富水泵（苏州）有限公司原来旧厂房的基础上经过重新设计改造而成，于2007年8月竣工，建筑面积约2万平方米，重点发展艺术、动漫、游戏、广告、传媒、出版、软件设计和集成电路设计等创意产业。

2011年8月，苏州国际科技园七期——云计算产业园开工建设。预计2015年，首期建筑面积20万平方米可交付使用，将致力于培育和扶持以云计算为核心的信息技术产业。

资料来源：苏州国际科技园网站：2015年1月20日，见http://www.sispark.com.cn/about-sispark-56.html。

园区的纳米产业也是如此。苏州纳米技术国家大学科技园（以下简称“大学科技园”）和苏州纳米城是两大空间载体。其中，大学科技园主要专注于创新和孵化环节，总规划面积36.6万平方米，可以针对科技创业项目的行业特点及办公研发场地需求，提供精装房、简装房、毛坯房等不同房型选择；纳米城主要定位于为纳米技术应用产业提供一个集“研发、办公、平台、中试、生产、商务、总部、会议、展示、配套”等功能为一体的产业聚合区。

生物纳米园是园区发展生物医药产业的最大空间载体，总体规划建筑面积为100万平方米，依据产业方向和专业需求，划分为生物医药/纳米项目孵化区域、独栋研发组团区域、中试产业化区域、行政办公区域及生活服务区域。既可为初创期项目提供可灵活分隔的孵化单元，又可为成长期项目提供独栋研发楼或者代建厂房设施，体现“孵化+加速”的全面功能。

从园内企业未来的发展来看，一旦成功完成孵化，进入规模化生产阶段以后，必然会催生工业用地的需求，而生物纳米园在园区的周边乡镇桑田岛的工业用地，可以承接园内发展起来的产品符合园区环保安检上的要求的企业。

位于生物纳米园的苏州吉玛基因股份有限公司负责人在访谈中谈道：

我们以前是在上海发展的，我要想在一年之内增加 100 人是不可能做到的，因为根本没有地方给你。可是在这里呢，前面是 3 层，后面是 5 层，你要是想要的话，直接拿就可以了。这个看上去是很简单的事情，可是不是所有的地方都可以帮你实现的。①

以上案例介绍的各种管理创新林林总总，但都可以归纳到课题组对园区经验总结所提炼的核心经验上来，那不过是在“强政府”条件下形成的“高制度”的自我完善过程。

园区在克服“组织失灵”方面的探索，除了见之于产业共性技术平台的系统性集成和协同外，还见之于对一项产业、一个企业的金融、技术、人才、服务外包等多种创新做法和优惠政策的综合运用，园区人将这种经验归纳为“产业生态圈”。课题组更愿意将其类比为“群众路线”在产业公共服务方面的表现，看作对中央提出的政府放开管制“不能自由落体”要求的实践支撑。由于具体的经验过程很大程度上是前述各种创新机制的复合，同时又带着大量的特定产业的专业术语，本书冒着挂一漏万的风险，将其置于本篇分析的附件中，供有兴

① 来源：课题组实地调研访谈。

趣的读者参阅。

（四）小结

本篇开头做出提示，希望人们理解“历史是不规则螺旋形上升的”，意在强调苏州工业园区最初借助“举国体制”（参阅第一篇内容）零成本起步派生的这种“高制度”导致其后续发展中，特别是遭遇危机之际采取应对政策所引起的制度演变和结构调整，确实只能被这种制度之内生性所“路径依赖”地决定。这个观点对全书有提纲挈领之意。

诚然，2007 年美国房地产危机、2008 年华尔街金融海啸及 2009 年全球经济危机爆发，造成包括苏州工业园区在内的中国沿海已经成为主流的外向型经济因外需大幅度下降而连带出现输入型危机。由此，不仅显化了这种本源于“无根投资”的、以加工贸易为主的经济类型在高速增长时期累积的内生性矛盾，而且还迫使相关各个利益集团在利益受损的压力下接受代价、遂有顺应国家调控的可能性。

但大多数地区即使愿意亡羊补牢，也难以真正提升产业结构，更难以应对经济危机造成的企业倒闭、打工者失业及其引发的社会动荡。这一切，只不过是浸淫于发展主义的跟进型经济体在任何体制下都会被动发生的一般情况；更有悲剧性的普遍意义的派生结果是，大多数此类被“主权负外部性”制约的依靠外资的经济体在被输入型危机的巨大代价蹂躏出所谓颜色“革命”之后，几乎都在无可奈何之中重蹈后殖民主义覆辙！恍如：犹抱琵琶半遮面，隔江再唱后庭花……

书中，我们把全球化造成的宏观趋势不可逆作为背景，与园区适应性中观、微观调整相结合做出归纳，主要把园区的两大创新作为经验依据，讨论了起于南方沿海的以加工贸易为主的外向型经济在遭遇全球危机之后已经发生的“去工业化”趋势，并且分析了为什么这种趋势会止步于苏南。

总之，本书归纳苏州工业园区“强政府”条件下形成的“高制度”，及其在应对经济危机的调整期间发挥的作用——不仅能够利用经济危机中暴露出的矛盾自觉推进政府创新与技术创新，而且强力推进了本来由于被“路径锁定”而碍难操作的产业结构调整。我们认为，第四篇的园区经验分析，仍然集中在中国之能够“化危为机”的基本体制原因。

附件　促进新兴产业发展的复合制度创新

本部分是在前面正文的基础上，对园区的创新经验进行更为细致的记录。因其核心机制已在正文进行了分析，故在此以附件的形式呈现出来，以供有兴趣的读者参考。

一、人才计划

人才结构和产业结构相互制约、相互促进。区域经济结构升级当然不仅要更多地依靠领军科技创新人才、高层次创新创业人才，而且还要设法留住这些人才。2005 年，园区正式实施“科技跨越、服务业倍增、制造业升级战略”三大行动计划，要实现这些目标，发展创新型经济，人才是一项必不可少的条件。

在此背景下，园区 2006 年出台了《苏州工业园区关于增强自主创新能力，建设创新型园区的决定》，其中保证财政对科技的投入稳定增长、每年按可用财力的 3%—5%设立科技发展资金、逐年递增 30%和一系列的减税政策等内容，确实对中小科技型企业有一定的吸引力；其他内容如发展风险投资和相关的金融服务及建设共性技术平台等，从长期来看，也的确是提升园区中小企业技术创新能力的重要举措，但由于短时间内来不及形成金融、技术等方面完整的平台扶持体系，因此，这次侧重于做“减法”的创新扶持政策的人才引进的效果有限。

2007 年，园区探索实施“科技领军人才创业工程”，这次更多的是做“加法”，不仅扶持力度加大，主要包含 100 万元项目启动资金、500 万元风险投资、150 万元风险跟投、项目贷款担保和统贷平台支持等五项专项资金资助；同时，还按照园区《关于增强自主创新能力，建设创新型园区的决定》和《苏州工业园区吸引高层次和紧缺人才的优惠政策意见》① 等政策提供项目资助配套，补贴研发用房，给以租用住宅 100 平方米 3 年免租金、100 万元购房补贴及子女家属安置等一系列支持。2007—2009 年，园区评选出三届领军人才项目共计 97 项，其中领军项目 54 项，领军孵化 28 项，领军成长 15 项，入选项目都拥有完全自主知识产权的核心技术。

7 年来，工程累计引进和扶持科技领军项目 606 个，实现就业人数 13902 人，其中研发人员占比近 60%；申请专利 4523 项，其中发明专利 3206 项，占比超过 70%；共承担省级以上科技、人才项目超 300 项，获上级项目拨款超 4 亿元。自实施以来，已成功集聚以云计算、纳米技术、生物医药为引领的新兴产业企业 1000 余家，产值超 500 亿元。2013 年，园区领军项目还突破性地参与了“神七上天”“蛟龙入海”等代表国家最高科技水平的项目。②

---

① 《苏州工业园区吸引高层次和紧缺人才的优惠政策意见》（苏园工〔2006〕136 号）的着眼点在于人才，不是针对项目，包括购房补贴、优租房、落户升学、补助等内容。

② 唐晓雯：《人才“攻势”提速园区成长》，2014 年 10 月 16 日，见 http://news.sipac.gov.cn/sipnews/jwhg/2014yqdt/11/201411/t20141114_304561.htm。

截至2015年，园区领军人才中，累计95人入选国家“千人计划”，88人入选“江苏省高层次创业创新人才计划”，138人入选“姑苏创新创业领军工程”，均居苏州首位。园区的“科技领军人才创业工程”已经成为国内扶持力度最大的科技创业扶持工程之一，对海内外人才的吸引力与日俱增。

2010年，园区在“科技领军人才创业工程”的基础上进一步提出“金鸡湖双百人才计划”，计划用5年时间，每年投入不低于2亿元的人才专项资金，重点引进和培养“千人计划”人才、中科院“百人计划”人才、江苏省高层次创新创业人才、姑苏领军人才、苏州工业园区科技领军人才、国际型学科领军人才、高端服务业领军人才等各级创新创业领军人才200名，高技能领军人才200名。

从具体内容来看，**园区一方面加大了对高层次创新创业人才的资助力度，**比如对通过在园区的工作单位申报入选国家“千人计划”的创新创业人才，将给予150万元配套补贴、100万元安家补贴和工作补贴、租房补贴、子女教育补贴、培训补贴等各类其他补贴和资助；**另一方面更加注重形成中、高层次人才之间的衔接和配套，**比如通过2010年“金鸡湖双百人才计划”申报，将评选出30名高端服务业人才，他们将有机会享受30万元到100万元的补贴；同时还将评选出20名国际型学科领军人才，并给予每年最高40万元的配套补贴；此外，园区对紧缺高技能人才技能竞赛优胜者，将给予每月1000—2000元的薪酬补贴，同时还可以按照紧缺高层次人才标准落实户口迁入、子女入学等政策。

园区重视人才梯队的理由是：

“领军人才、服务业人才、技能人才，一个也不能少，他们共同搭建起园区的‘人才金字塔’。高层次的科技领军人才是‘人才金字塔’

中的塔尖，决定着一座城市产业的高度，引领着城市未来的走向。高耸的塔尖必须有牢固的塔基，没有各类高技能人才的支撑，区域的创新能力也将大打折扣。”

总而言之，技术创新氛围的形成最初依赖于园区实施的一系列创业投资人才引导计划，包括江苏省“高层次创新创业人才”、苏州市“姑苏创新创业领军人才”、园区“科技领军人才计划”等，通过这些创业投资计划筛选符合园区新兴产业发展方向的项目，同时园区的创投和跟投资金介入，协助培育创新型企业。具体见表 4-5。

表 4-5　江苏省、苏州市和工业园区人才政策

项目类型	金鸡湖“双百人才计划”（科技领军项目）			姑苏创新创业领军人才计划	江苏高层次创新创业人才引进计划
	孵化	领军	成长		
启动资金	100 万元+50 万元公共研发平台费用	100 万元	无	—	
风险投资	200 万元	500 万元	500 万元	—	
跟进风险投资	200 万元	150 万元	150 万元	园区引导基金跟投 30%	
贷款及担保					
统贷平台	100 万—200 万元	200 万元	200 万元		
销售奖励	无	无	（1）第一年销售额超过 1000 万元的，奖励 100 万元，超过 3000 万元的，奖励 200 万元；（2）返还 3 年内产品增值税和企业所得税的地方留成部分；（3）连续 3 年奖励销售团队其销售额的 2%		

（续表）

<table>
<tr><th rowspan="2">项目类型</th><th colspan="3">金鸡湖“双百人才计划”（科技领军项目）</th><th rowspan="2">姑苏创新创业领军人才计划</th><th rowspan="2">江苏高层次创新创业人才引进计划</th></tr>
<tr><th>孵化</th><th>领军</th><th>成长</th></tr>
<tr><td colspan="4">园区配套资金</td><td>50万—200万元</td><td rowspan="5">不低于100万元</td></tr>
<tr><td>研发办公房租减免</td><td>100平方米3年免租金</td><td>200平方米，3年免租金</td><td>500平方米，3年免租金</td><td>100平方米3年免租金</td></tr>
<tr><td>房租补贴</td><td>100平方米2年免租金</td><td>100平方米3年免租金</td><td>2套100平方米，3年免租金</td><td>20万—100万元</td></tr>
<tr><td>购房补贴</td><td>50万元</td><td>100万元</td><td>50万元</td><td></td></tr>
<tr><td>家属安置</td><td>园区政府协助解决</td><td></td><td></td><td>苏州市政府协助解决</td></tr>
</table>

资料来源：苏州工业园区纳米技术产业创新能力报告，2012年。

人才不仅要“引进”，还要“留住”。一般而言，科技创新型企业往往与高风险相伴，问题的关键在于政府承担前期成本之后如何将这些项目和人才留在当地。除了不断改善园区本地的软硬件发展环境外，园区对于人才和项目的支持方式也是一个重要手段。

以“科技领军人才创业工程”为例，园区首先无偿给予最高100万元的项目启动资金扶持企业；其次，园区会根据创新型企业的不同发展阶段安排后续的资金注入，包括政府主导的风险投资和引导的社会投资。由于一般采取的是股权投资方式，以国有资本为主的风险投资约占股比的20%，以社会基金为主的风险投资约占股比的10%，因此，园区在企业的董事会决议中具备一定的话语权，这也是留住创新型企业的一种硬约束。

同时，园区在国家、省、市、区多层次的人才引进政策支持下，大力、全面建设各类科技载体和综合产业服务平台，云计算、纳米技术、生物医药等新兴产业的发展也实现了一定程度的人才聚集，如专栏49所示。

专栏49

园区三大新兴产业的人才引进

国际科技园

除了注重产业结构上的优化和多元发展外，国际科技园还注重招才引智。2013年，园区领军人才申报累计20个项目进入最终评审；通过国际精英周平台新增落户项目15个。梅捷科技、美芯晟2个项目入选国家“千人计划”；云博信息、坤元微电子等4个项目入选“姑苏领军人才”项目。从高端人才的累计方面来看，国际科技园已引进和自行申报成功国家“千人计划”17人，省“双创人才”28人，市“姑苏人才”39人，园区“领军人才”84人。

由于临近高等教育区，国际科技园与国际知名原厂商和培训机构合作，设立近百家专业培训机构，初步形成高中低端的培训网络。现有园区培训管理中心、科技园培训中心、园区人力资源开发有限公司、园区职业技术学院、服务外包学院等实训基地。根据园区的政策，经认定的人才可根据其认定的资质，按照政策规定享受安家补贴、住房补贴、灵活薪资、专项补贴等。

纳米技术产业

在高校和研发机构方面，以纳米技术产业生态圈所在地——独墅湖高教区为大本营，先后累计集聚了近20所大学和科研院所，包括苏州大学功能纳米与软物质研究院、生物医用高分子材料重点实验室、薄膜材料重点实验室、信息光学工程研究所、东南大学环境与生物安全重点实验室、生物医用材料与技术重点实验室、清华大学—苏州工业园区环境科学技术研发基地、西交利物浦大学、新加坡国立大学苏州研究院和美国代顿大学苏州研究院等。据不完全统计，上述单位在纳米科学技术研究和成果方面已经获得包括国家重大专项、“973”“863”计划等一批国家级科技重点项目，各级各类科研项目600余项，对上争取科技经费支持近2.14亿元。

在人才培养和引进方面，独墅湖高教区已经聚集起的近20所大学和科研院所中，尤其中科大、苏州大学等中外合作共建的纳米技术学院或中方、外方设立的科研教育机构均设置了一流的纳米材料与技术专业学科，涵盖了本科、硕士、博士学历教育；另外，在吸引纳米科技创新和产业化应用人才方面的工作也已取得了初步成效——截至2012年年底，已建立起一支总量超过6700人的人才队伍，其中204名纳米科技创新人才包括院士7人、国家“千人计划”人才31人、中科院“百人计划”人才30人、江苏省“双创”人才31人、苏州市“姑苏领军”人才35人、工业园区“领军人才”99人，以及多位“973”“863”首席专家、国家杰出青年和长江学者在内的高端人才梯队，各领域中高端人才总数超过2700人，从而储备了坚实的人才基础。

在中介服务方面，区内引入各类合作科技中介超过100家，覆盖人力资源、知识产权、科技金融、法律咨询等十几个领域，从业人员超过5000人。

生物纳米园

生物医药产业作为战略性新兴产业，目前仍然处于方兴未艾的阶段，但仅仅依靠少数高端人才显然不能托举起产业发展，因此，必须构建一个高端人才集聚的人才体系，以实现对生物医药产业的引领。这也是生物纳米园今后发展的战略选择方向。已经有超7000名高层次研发人才在此集聚、交流、合作。

生物纳米园一方面可以通过园区政府的优惠政策吸引周边和海外

的人才进入；另一方面，由于地处科教高新区内，与独墅湖高等教育区高校的频繁互动，直接催生了一些学校的纳米学院、生物医药等专业；而且高校培养的相关人才，也可以实现就近就业，达到双赢。

此外，园区积极协助入园企业寻找上下游产业资源，构建自身商标、知识产权战略，引进专业技术人员，进行科技项目申报，争取各渠道资金和政策的支持。

从人才学历上来看，生物纳米园21%的人员是博士，24%的人员是硕士，44%的人员是本科学历，11%的人员是大专学历。此外还有高层次的人才项目，包括“千人计划”累计40名，江苏省高层次创新创业人才引进计划累计47名，姑苏创新创业领军人才计划累计56名，苏州工业园区科技领军人才累计107名（见图4-42）。

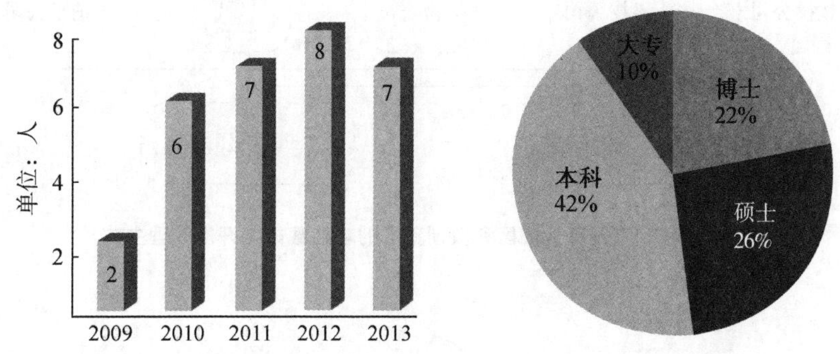

图4-42　生物纳米园千人计划入选数与人才分布

资料来源：课题组实地调研；何婉茹：《中小型科技企业成长机制评价研究》，硕士学位论文，苏州大学，2014年。

二、三大专业产业园

苏州工业园区教育发展投资有限公司（以下简称“教投公司”）作为国有独资企业，是独墅湖高等教育区的开发主体，承担着区域内教育发展、产学研发展、商业发展和土地开发、基础设施建设等工作，在此基础上发展起了科教创新区。

为了配合苏州工业园区产业结构转型升级的战略，苏州独墅湖科教创新区与园区地产和国控公司合作，打造了一大批相关载体平台，主攻云计算、生物医药和纳米技术三大新兴产业。

这些专业性强的功能载体，分别由园区的各国有独资企业负责实际的开发、建设和管理工作。具体的管理关系如图 4-43 所示。

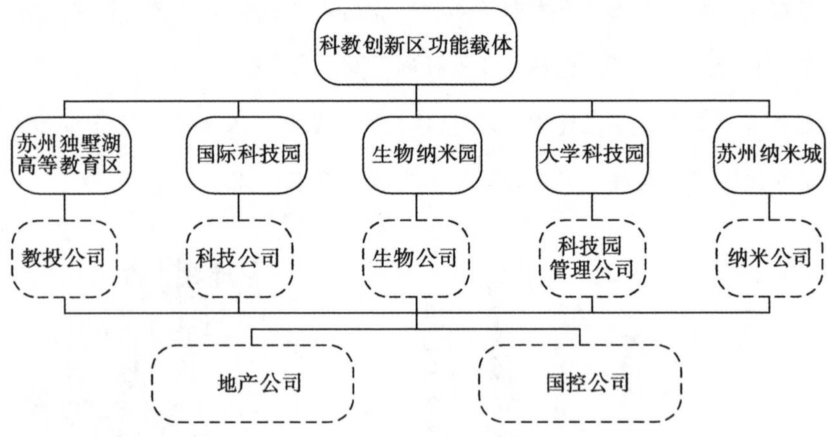

图 4-43　苏州工业园区科教创新区的功能载体与开发管理主体

(一) 云计算及相关产业的发展基地：国际科技园

国际科技园位于苏州工业园区的中新合作区，于 2000 年 4 月启动，总投入 75.41 亿元，实际投入 45.54 亿元，已建成载体面积 75.67 万平方米。截至 2013 年年底，已正式投入使用的建筑面积 108 万平方米，其中一、二、五、六期为办公研发用房，三、四期为 5A 级研发、商务写字楼。

国际科技园由国有独资企业苏州工业园区教育发展投资有限公司

投资建成，由其全资子公司——**苏州工业园区科技发展有限公司（以下简称“科技公司”）担任项目的投、融资主体及经营管理主体。**

科技公司成立于2000年4月，注册资本为25亿元，主要负责对苏州国际科技园进行开发、建设、管理，为高科技企业提供共性技术服务平台，对科技项目进行投资，为科技园内的企业进行物业管理，等等。

股权结构和下辖公司如图4-44所示。

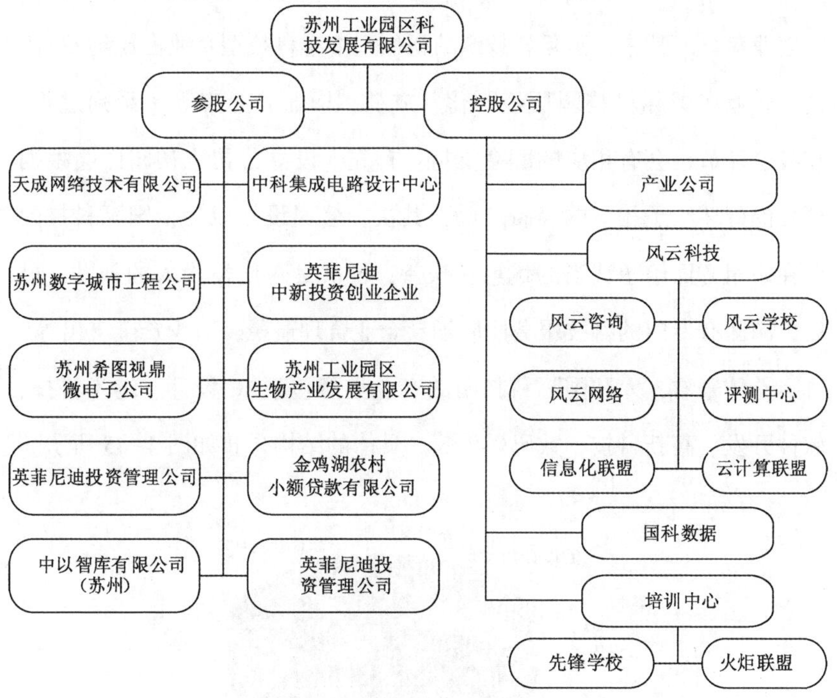

图4-44 苏州工业园区科技发展有限公司股权结构

国际科技园是园区科技创新和技术创新的主要载体，最早以吸收软件企业为主，逐步扩大到IT、动漫、创意产业等。国际科技园既包括外资企业落户的研发中心，也包括内资企业。内资企业主要有以下两种类型。

一是类似于华为事业部的自主品牌企业及在科技园成功孵化的国内比较领先的企业，旅游方面如同程旅游，游戏方面如蜗牛游戏；也有已经上市的企业，如苏大维格和南大光电。截至2013年年底，累计24家进入园区新三板上市企业队列，同程网等3家企业辅导备案，蜗牛数字等3家企业改制设立。

二是园区推出的科技领军人才工程，这是一个既引进人才又引进项目的计划，可以吸引很多具有自主知识产权的科技型中小企业在园区创业落户。其中，国际科技园的初创型中小科技型企业占比约60%。这些企业在国际科技园历经孵化、成长、毕业、上市等一系列过程，在各个环节也会有相应的配套支持：首先，设立公司之初园区会根据项目的好坏给予相应的经费奖励；其次，公司设立以后，国际科技园会在房租方面给予适当的优惠和扶持；再次是对研发投入的补贴；最后，园区有专门的科技服务团队辅导企业合理避税，减少资金支出等。

总体来看，入驻国际科技园的产业类型包括IC设计、纳米科技、软件开发、高新科技、数码娱乐等。具体的结构分布如图4-45所示。

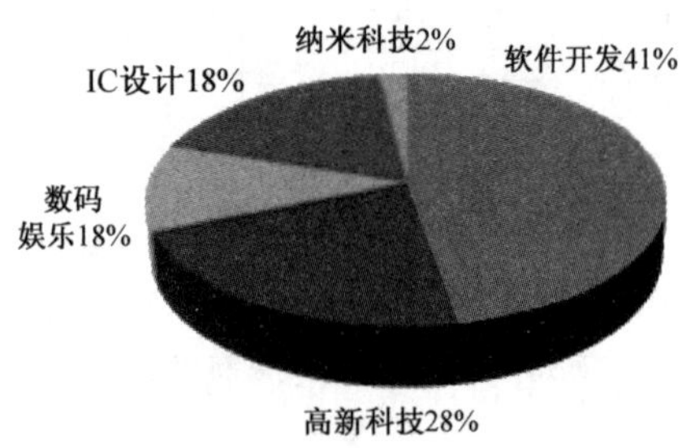

图4-45 国际科技园入驻的主要产业结构

截至2013年10月，国际科技园累计入驻企业1523家，在驻企业489家，产值过10亿元2家，产值超亿元15家，从业人口3.23万人。其中财富500强企业9家，全球服务外包百强企业8家，国家高企107

家，省软企 209 家，CMMI（软件能力成熟度集成模型）企业 39 家（见图 4-46）。2012 年，软件离岸外包产值 2.5 亿美元，全年原创动画产量达 16945 分钟，排名全省第一。

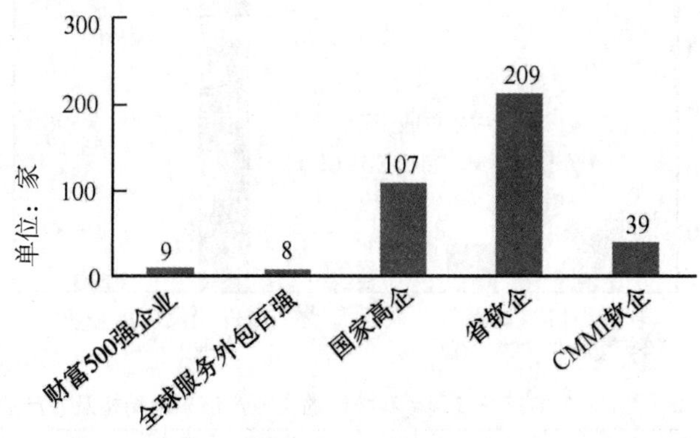

图 4-46　国际科技园的企业资质与类型

2012 年，国际科技园实现总产值 120 亿元，约占整个园区总产值的 1/10（见图 4-47）。截至 2013 年三季度，企业总产值 115 亿元（预计全年达 135 亿元），同比增长 15%，软件出口 2.14 亿元（预计全年达 2.6 亿元），同比增长 4%，上缴税收总额 5.37 亿元（预计全年达 5.7 亿元），同比增长 13%。

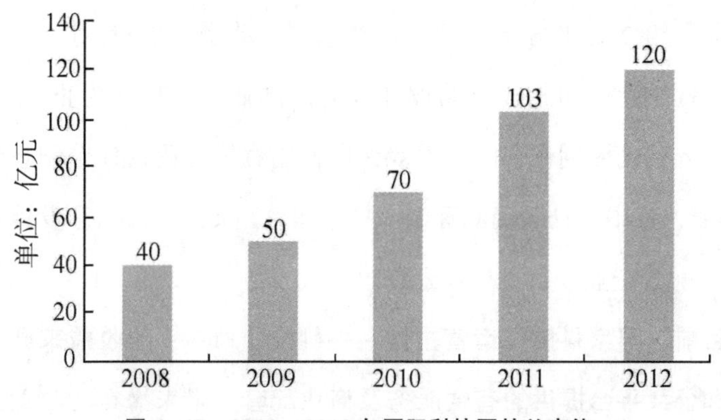

图 4-47　2008—2012 年国际科技园的总产值

从企业产值的来源结构看，软件开发产业依然是产值最大的产业，高新技术企业和动漫游戏企业的产值增幅较大（见图 4-48）。

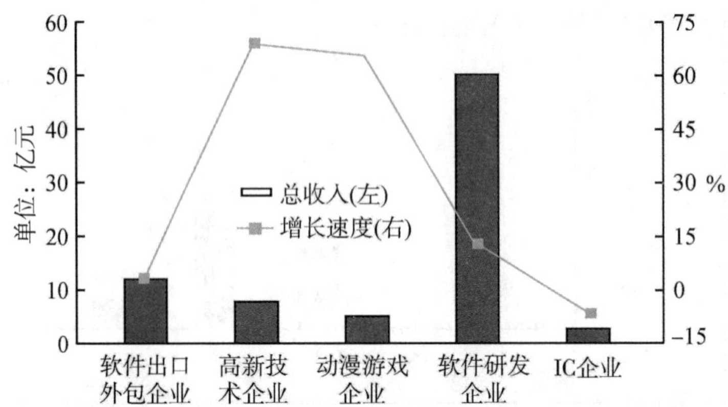

图 4-48　2013 年前三季度国际科技园的企业产值来源结构及各产业增速

注：爱德万测试（苏州）的总收入前三季度降幅 69.39%，影响了 IC 设计行业的整体收入。

国际科技园已成功孵化毕业的企业有几百家，运营较为成功的有几十家。园区可以为成功孵化毕业的企业在周边乡镇或其他地方寻找落户地点，包括厂房和办公用地。譬如，2012 年中新合作区内搬迁出了一家外资企业——格兰富水泵（苏州）有限公司，“创意泵站”就是在原来旧厂房的基础上经过重新设计改造而成，于 2007 年 8 月竣工，建筑面积约 2 万平方米，重点发展艺术、动漫、游戏、广告、传媒、出版、软件设计和集成电路设计等创意产业。到目前为止，“创意泵站”已入驻动漫创作、网络游戏、广告创意、工业设计等创意产业企业 31 家，其中，动画漫画和游戏类企业 13 家、广告创意设计类企业 15 家、配套企业 3 家，从业人数约 1200 人。

目前，国家科技园运营主体——科技公司——的收益来源主要靠厂租和公共平台提供的有偿服务及商业配套，未来潜在的收益点在于不断挖掘孵化企业过程中创造的附加值效益。2012 年，科技公司实现厂租收益 1 亿元左右，集团营收 5.27 亿元，园区政府补贴 4.48 亿元，同比增长 13%。各子公司主营业务收入如图 4-49 所示。

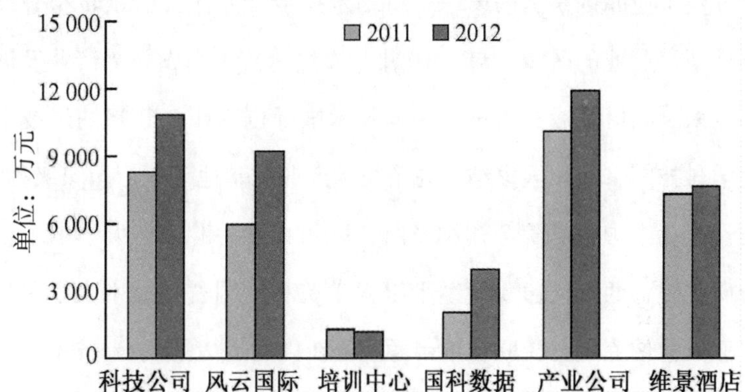

图 4-49　2011—2012 年苏州工业园区科技公司各子公司业务收入情况

注：数据截至 2013 年 10 月。

截至 2013 年 10 月底的房源出租率达 93%，一至六期房屋出租率情况如图 4-50 所示。入驻企业中，方正国际是软件外包旗舰企业，华为企业业务全球总部、中国移动电子商务基地、软银通信、微软互联网工程研究所均为财富 500 强企业，萨瑟兰为全球服务外包百强，欧文语言是本地化服务外包全球前 10 强。

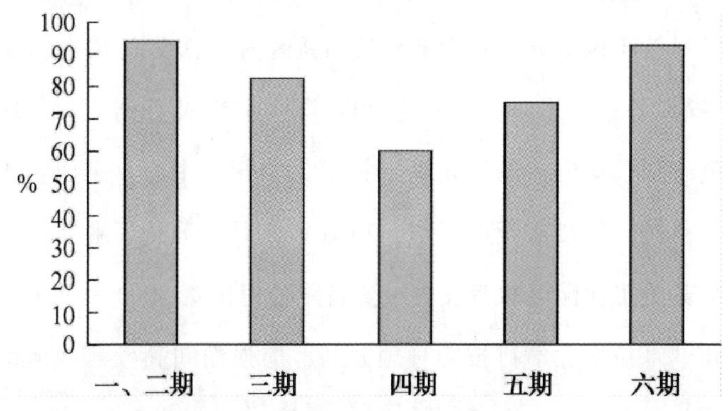

图 4-50　国际科技园一至六期房屋出租率

注：数据截至 2013 年 10 月。

（二）纳米技术产业发展基地

苏州工业园区是国内第一个将纳米技术产业作为引领转型升级的战略性新兴产业的区域。自 2010 年确立纳米技术引领新兴产业发展的战略以来，园区先后获得国家纳米技术国际创新园、苏州纳米技术国家大学科技园、苏州国家纳米高新技术产业化基地等 7 个国家级称号；已建设包括中国科学院苏州纳米所、苏州大学—滑铁卢大学纳米技术联合研究院、西安交通大学纳米工程学院和中国科学技术大学—加利福尼亚大学伯克利分校联合纳米学院等在内的近 20 所纳米技术相关科研院所；在纳米技术领域集聚国家千人等各级领军人才近 200 人，纳米技术相关企业 200 余家，在多个领域形成了优势产业集群；每年定期在苏州召开的“中国国际纳米技术产业发展论坛暨纳米技术成果展”已成为中国纳米产业的品牌盛会。

园区发展纳米技术产业主要依托苏州纳米技术国家大学科技园（以下简称“大学科技园”）和苏州纳米城（以下简称“纳米城”）两大功能载体。**两者分工明确，互相衔接，共同构建苏州工业园区纳米技术从创新、孵化到产业化的整体布局。**

大学科技园位于苏州独墅湖科教创新区内，总投资 10 亿元，总规划面积 36.6 万平方米。其前身是 2008 年 4 月依托苏州工业园区教育发展投资有限公司成立的苏州纳米技术大学管理中心，主要负责纳米技术大学科技园的日常管理工作。2010 年 6 月，苏州工业园区管委会决定批准**苏州工业园区教育发展投资有限公司**出资 3000 万元成立独立法人苏州纳米技术大学科技园管理公司，加强面向高校科技园的科技成果转化。

纳米城占地面积约 100 公顷，规划建筑面积 150 万平方米。位于苏州工业园区独墅湖科教创新区桑田岛，由苏州工业园区直属的国有企业苏州纳米科技发展有限公司（以下简称“纳米公司”）负责开发、建设和管理。

纳米公司专注于为苏州工业园区纳米技术产业发展服务，下辖苏州工业园区启纳创业投资有限公司和江苏省（苏州）纳米产业技术研究院两个全资子公司，前者是首个专注于纳米技术产业重点领域高端上游环节的初创期项目，截至2015年已成功完成纳米技术相关项目股权投资10余项；后者是国内首个市场化运作的微纳机电制造（MEMS）中试平台，主要构建“研发—中试—规模生产—产业服务”的完整创新链（见专栏50）。

专栏50

园区纳米产业“研发—中试—规模生产—产业服务”的完整创新链

苏州工业园区围绕纳米技术创新和产业化发展的需求，规划了涵盖基础研究、应用研发、工程中试、技术服务和产业支撑等关键环节的完备产业平台体系，依托国有科研单位、科技载体、专业公司和高等院校，建立开放的平台服务机制，面向区内乃至全国开展专业服务。

其一，在创新研发方面，建设创新研发载体、纳米孵化楼、创新研发平台，通过招商引智，促进国内外优秀纳米创新资源、纳米创新企业及机构向区内集聚；同时建设江苏省（苏州）纳米产业技术研究院，致力于推动纳米技术集群创新、集成创新、工程化与产业化，打造纳米技术应用产业的新型公共研发与服务机构。此外，园区还设立了专注于纳米技术早中期项目的投资与孵化基金，形成“风险投资+融资中介+产业生态支撑”相结合的产业投资与项目培育模式，同时与关注纳米技术的风险投资、金融机构共同成立“纳米技术产业投资俱乐部”，定期举办投融资活动，为企业和风险资本搭建合作交流的桥梁。此外，正在探索发动民营资本与国有资本形成前后投资链的协作模式。

其二，在工程化中试方面，为了填补研发机构与规模代工厂之间的空白，满足微纳机电制造相关中小企业工艺研发和小批量生产的需求，促进微纳机电制造中小企业成长和产业快速提升，建设了国内首条6英寸市场化运作的微纳机电制造中试平台。

其三，在小规模生产方面，通过建设中小规模的研发中试生产用房，以满足国内外成长迅速且初具实力的高科技纳米技术企业入驻需求。苏州纳米城三期主要是以纳米产业中小规模生产为主的厂房型组团，设计面积约为14万平方米，同时结合少量的办公用房。

其四，在产业化服务方面，建立了集知识产权、纳米标准化、投融资、项目孵化、技术转移为一体的产业服务体系，具体包括产业培训、产业联盟、专利运营、标准化促进、政策服务与项目申报、产业调研与分析以及产品推介等。譬如，纳米技术产业化发展最终是实现产品化，而产品进入市场需要解决质量检测、安全评价及标准化等多方面的问题，同时，政府对战略性新兴产业给予倾斜政策支持和进行产业统计又必须解决产品认证和企业认定问题。而苏州工业园区在实施国内唯一的纳米技术产业专项政策过程中，率先建立了纳米技术产品认证和企业认定实施办法，已完成首批认证工作，并依托苏州纳米所检测分析平台开展专业检测，建立了纳米技术生物安全评价中心，积极参与国际纳米安全研究与交流。园区已被授予“国家战略性新兴产业（纳米技术）标准化示范区”，建立了标准化促进工作机制，推动纳米技术企业参与国家和行业标准制定，积极推动纳米技术产品的标准化，其最大的意义在于帮助中小科技型企业走好市场化的“最后一公里”。

其五，产业的人才环境方面，苏州工业园区设立了国内唯一的纳米技术领军人才创业工程专项，入选项目可获得高达1000万元的政策性资助和风险投资；针对科研人员创业和成果转化的筹备期，园区开创性地设立了“创新团队”专项，鼓励项目以非法人的方式利用园区科技创新资源开展研发，享受园区资金扶持政策；园区设立每年2亿元的纳米技术人才专项资金，鼓励高端人才引进和培养；为加快特色优势领域技术的突破，园区还将启动设立纳米技术产业技术创新专项资金。园区在共建中国科学院苏州纳米所、引进国内外高校联合办学或设立研究院的基础上，创新设立多个产业技术研究院，面向特色优势领域，加强创新成果转化、技术转移和工程化研发。通过与美国、加拿大、英国、法国和澳大利亚等国的国际知名高校合作，园区已构建多样化、国际化、学历全覆盖的纳米技术特色人才培养体系，已累计培养纳米技术专业本科、硕士和博士人才超过2000名，并结合区内新兴产业发展组织了多领域工程技术人才培训。

资料来源：张希军：《探索战略性新兴产业发展模式　推动纳米技术应用产业发展》，《中国科学：化学》2013年第6期。

在空间载体上，纳米产业城针对企业的不同阶段提供不同的用房需求，详情见专栏51。

专栏 51

园区纳米产业的空间载体供给

创新研发组团

纳米城一期 A02 项目，约为 8.5 万平方米，主要功能为研发中试生产用房，满足纳米技术企业研发、中试及生产、办公需求。一楼荷载 1 吨/平方米，层高 6 米；二楼层高 5 米；三至五楼层高 4.2 米；配备客货两用电梯。

中试生产组团

纳米城二期 A03 项目为 7 栋中试生产用房，各五层，主要满足纳米技术企业中试、生产及研发、办公需求。一楼荷载 1 吨/平方米，层高 6 米；二楼层高 5 米；三至五楼层高 4.2 米；配备客货两用电梯。

小规模生产组团

专为中小规模纳米技术企业设计，总建筑面积约为 14 万平方米，厂房大多为四层设计，荷载 1 吨/平方米，层高以 6 米为主，设计时充分考虑了中小规模企业对于空间用途、运输通道及租赁成本的要求，因而呈现出更为便利的货运通道、更为灵活的空间组合及更为节省的成本造价等特点。

孵化器

位于苏州纳米城西北区 1 幢和 2 幢，均为七层单体建筑，共计约 7 万平方米，主要为纳米技术创新团队项目早中期孵化提供服务。针对市场化前景好、有明确产业化方向和模式的纳米技术创新团队项目，给予包括资金支持、免费办公用房、平台补贴等各项孵化服务。

综合楼

位于苏州纳米城中北区23幢，地下一层，地上五层，主要用于苏州纳米科技发展有限公司办公，中芬纳米创新中心、荷兰高科技企业中国中心、捷克技术中国中心等国际机构也在本大楼办公，另外还提供办公工位和小型办公隔间租赁服务，作为入驻企业装修期间的临时办公场所。

企业定建、自建项目

苏州纳米城允许企业根据自身需求，在苏州纳米城区域购置土地独立建设办公与生产大楼（自建模式）；或者委托苏州纳米科技发展有限公司为企业定制建设办公与生产大楼（定建模式）。

资料来源：苏州纳米城网站。

（三）生物医药产业发展平台

2005年，园区发展开始遭遇资源瓶颈，土地匮乏、能耗环保等问题日益显现。园区政府认为，园区的产业发展应该从外向型制造加工进一步向科技含量高的产业方向提升，同时可以此聚集人才。生物纳米科技园（以下简称“生物纳米园”）就是在这种背景之下成立的。**而选择发展生物纳米的主要原因在于园区自身在生物纳米产业方面有一定的基础**：首先，苏州的国际医药企业、药厂很多，同时本土制药企业和药厂从事医药研发、生产的人才也比较多；其次，生物医药在全球是新兴产业，尚处于起步阶段，世界各地发展水平的差距还不是很大，因此这个领域具有发展潜力。

生物纳米园于2005年10月17日组建，位于苏州独墅湖科教创新区内，占地86.3公顷。自2007年6月正式开园以来，先后被授予

“国家纳米技术国际创新园”“中国服务外包示范基地”“海外高层次人才创新创业基地”“江苏省生物医药产业园”“江苏省纳米技术产业园”等称号，并且获得“国家级科技企业孵化器”“国家纳米技术大学科技园”两个国家级科技载体资质认定。其冷泉港亚洲会议中心是全球性的生命科学领域的学术和产业交流中心。

在建设之初，生物纳米园即秉持园区“先规划再建设”的原则，同时由于对产业不熟悉，生物纳米园讲究逐步推进建设。在整个建设过程中，生物纳米园参照泰州、张江、圣地亚哥的经验，对先期入驻的企业、潜在客户做了一次问卷调查，以保证按照企业的需求建设。截至2013年，建筑体量将近90万平方米，出租面积大约60万平方米，出租率可达60%以上。随着资源越来越紧张，生物纳米园已经不再进行大规模建设，转而主推为优质客户量身定制生态厂房、研发中心等。

生物纳米科技园是由园区的国有独资企业苏州工业园区生物产业发展有限公司（以下简称“生物公司”）投资建成。该公司成立于2005年，组建公司时注册资本金为5.5亿元。生物公司的股东是苏州工业园区地产经营管理公司和苏州工业园区国控公司，这两个公司是园区所有国有企业的两大母公司。

生物纳米园按照区域功能划分为项目孵化区、加速器区、产业化区、行政办公区与生活配套区，中国科学院纳米技术与纳米仿生研究院也落户于此。生物纳米园与纳米公司的区别在于生物纳米园主要专注于把纳米技术应用于生物医药医疗器械，因此，招商的重点偏重于医药和器械。

苏州工业园区生物产业发展有限公司作为国有企业，最初不能直接参与投资具体项目，但是可以为企业的发展提供更好的平台资源。

为此，园内建设了一整套综合的软硬件服务平台体系。其一，在硬件平台方面，园内建成药物分析测试服务平台、抗体公共技术服务平台、药物传导技术服务平台，与中国医学科学院共建了创新生物医药平台；同时中科院纳米所的纳米技术服务系列平台也可为纳米技术企业提供检测、加工与工程化方面的专业服务。起初，由于园内的小微企业比较多，而且园区周围做平台的公司也比较多，相比之下，园内的设备不算多，因此无法形成足够的竞争力。后来，生物纳米园把原先的硬件平台资产全部拿出来组建了新的全资子公司——苏州百拓生物技术服务有限公司，并向国家申请了资质，其出具的报告具有国家法律效力，更加权威。截至 2015 年，园内的硬件平台仍然以服务园内的小微企业为主，未来有望市场化运作，为园外的项目，如国外的药厂、医院等也提供平台服务。其二，在软件服务方面，生物纳米园为入驻企业提供包括政策申报、产学研对接、投融资对接、商业推广、人才招聘与培训、企业工商注册等一系列专业服务，这些服务可以帮助入驻企业降低研发成本，专注核心竞争力，加快研发成果产业化过程。

生物纳米园初步形成了国内产业链最为完整、产业集聚度最高的基因技术、纳米技术两大产业。在基因产业方面，园内形成了基因试剂开发、基因检测服务、基因诊断与基因治疗药物研发、基因工程药物与疫苗研发、基因产业配套等一条完整的产业价值链。在纳米产业方面，结合苏州工业园区现有的微电子、光电制造业优势，生物纳米园集中发展纳米新材料、纳米光电子、纳米生物医药、微纳系统制造、纳米节能环保五大纳米技术应用领域，并集聚了一批优秀企业。

截至 2013 年 10 月，苏州生物纳米园已聚集了 300 多家高科技研发企业，注册资本金达 50 多亿元，获得银行贷款、风投资金有 20 多亿元。几乎所有的企业都有自主知识产权或专利。各类型企业数量及纳米园近年专利申请数见图 4-51。

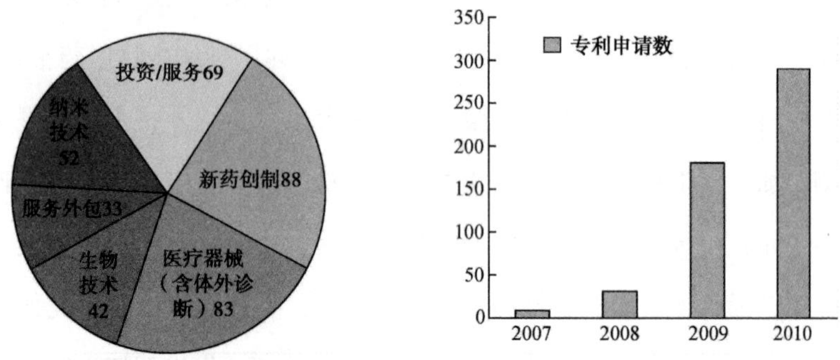

图 4-51　苏州工业园区生物纳米园企业类型数量及近年专利申请数

苏州工业园区现有内、外资生物医药企业 330 多家，就业人数约 3.5 万人。2011 年，园区生物医药产业总产值 160 亿元，约占苏州市的一半。其中，生物纳米园集聚的自主品牌企业有 196 家，2011 年实现产值 20 亿元。

截至 2015 年，**生物纳米园的主营收入主要来自租金，由于肩负着园区政府扶植产业的责任，生物公司属于平台性质，不以利润率作为考核衡量的依据。**

从园内企业未来的发展来看，一旦成功完成孵化，进入规模化生产阶段以后，必然会催生工业用地的需求，而生物纳米园在苏州工业园区的周边乡镇桑田岛的工业用地，可以承接园内发展起来的、产品符合园区环保安检要求的企业。此外，**2013 年年初生物纳米园和常熟市的新材料产业园共同组建了苏虞生物医药产业园，可以承接园内不符合园区环保安检要求的一些偏化学的污染重的小分子医药企业，这部分企业的研发中心和总部仍然可以留在生物纳米园。**

与此同时，逐渐成长的生物纳米园也面临着一些问题。2007 年，一期开园只有 10 家规模很小的企业，直到 2009 年之前招商都主要依靠在国外做展会和承接上海转移而来的项目企业。**如今，面对周边很多城市都在发展生物医药的竞争环境，生物纳米园也面临着当初上海的企业流到苏州工业园区同样的问题，这些园内企业也可能流向无锡、武汉、广东等地**。但生物纳米园一直坚持用服务走出自己的特色，不做同质化竞争、压价等。一方面，生物纳米园继续提供更好的基础设施和服务，以及更好的交流和学术上的创意等；另一方面，也努力形成上下游的产业链，使园内企业客户就在周边。

三、其他创新

国际科技园起初定位于发展硬件载体，吸引汇聚了大量研发机构。但由于研发机构自身的力量十分单薄，无法整合上下游产业链，需要政府为其搭建科研或者资源平台，便促使国际科技园逐步向载体+平台的发展模式转型，一方面继续投资建设园区的相关硬件载体；另一方面投资建设苏州国科数据中心和江苏风云科技两大云计算软件服务平台。截至 2013 年 6 月，风云在线已拥有国内外专业云计算服务软件产品及解决方案 230 多个，是国内产品线最为丰富的综合性云计算服务平台之一。

经过多年的产业积淀，国际科技园开始主力承担云计算产业的发展任务。这个 3.0 版本的发展模式更多地内含着一种创业生态圈的发展理念，见图 4-52。

图 4-52 中，内圈是园区政府通过资源整合和平台建设形成的技术创新条件，包括载体建设、平台服务、政策引导的软硬件环境，以及项目、资金、人才等外部资源注入；外圈是资源互补、互相关联的协同创新主体，包括政府、科研院所、企业、风投机构、银行等；外圈、

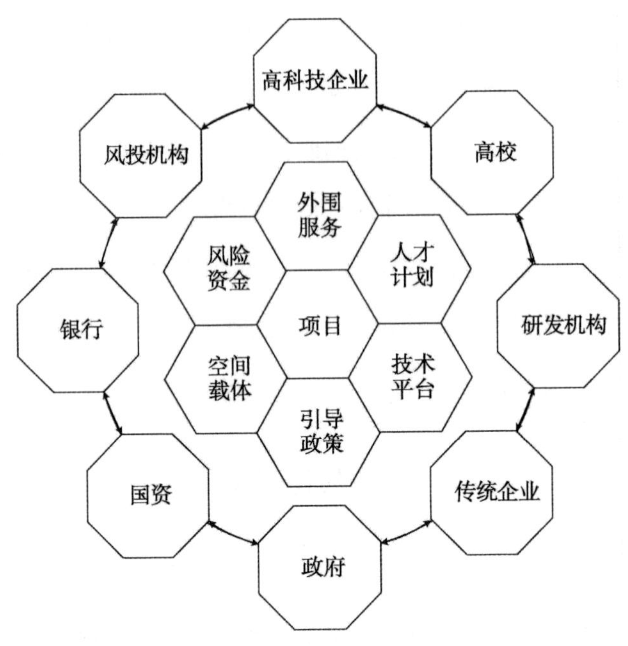

图 4-52 国际科技园的创业生态圈

内圈相互结合，共同促发中小企业的技术创新活动。此外，国际科技园还通过路演、茶会、沙龙等平台优化创业服务，推进“SISPARK 成长计划”，积极与国际接轨，学习先进技术，与硅谷 INNOSPRING 建立孵化器互动合作关系，在内外结合的同时，引入移动互联网社交工具，如官方微博、微信定制化菜单，开发科技园移动客户端，显著提升服务效率。

其中，**对于初创型的高科技中小企业发展而言，面临的最大问题往往是初期融资，**国际科技园已形成上级经费引导、园区科技三项经费配套、创投基金介入、担保基金保障、社会资金参与、全方位资金支持企业技术创新活动的多元化科技投入体系。具体包括：①创业投资基金、种子基金、产业投资基金；②创投引导基金；③风险投资跟进补贴；④中小企业融资；⑤科技型中小企业统贷平台；⑥各类风投公司。

苏州工业园区结合国家战略性新兴产业的需求，探索性地提出了“纳米技术产业生态圈”模式①，其直接表现就是产业集群中处于上、中、下游层次的企业，因投入产出关系所形成的类似于食物链的产业生态链。具体包括：①以政府主导、国资推动、市场运作、产业互动为主要机制；②全力推动以纳米技术为纽带的领先技术、创新产品、高端人才、产业资本、支撑平台和创业载体六大产业要素集聚；③广泛带动政府职能部门、传统企业、纳米技术企业、高等院校、科研机构、风险投资、金融机构、中介服务和国有企业等主体围绕纳米技术产业发展形成聚合效应。园区构建的产业生态圈不仅包括产品上下游的供需关系，而且还包括产业链、创新链、投资链、服务链、人才链等一系列产业发展的核心资源要素及其相互作用关系，创新各类载体、平台，如图 4-53 所示。

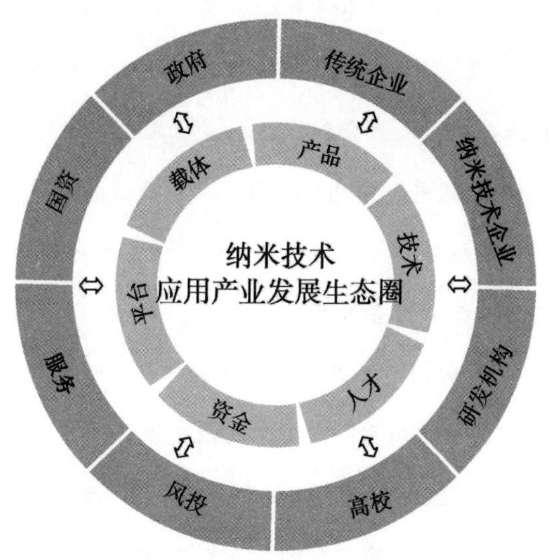

图 4-53　纳米技术应用产业发展生态圈

① 张希军：《探索战略性新兴产业发展模式　推动纳米技术应用产业发展》，《中国科学：化学》2013 年第 6 期。

专栏52给出了一个纳米技术产业复合平台创新的案例，就涉及产业、创新、投资、员工安置等多个方面。

专栏52

纳米技术产业的复合平台创新案例：博实公司

苏州博实机器人技术有限公司（以下简称“博实”）的前身是哈尔滨工业大学博实精密测控有限责任公司，苏州公司成立之初的人员、技术、装备均来自哈尔滨的公司。公司董事长孙立宁教授是我国机器人技术领域知名的中青年专家，曾任哈尔滨工业大学机电工程学院副院长、机器人研究所所长，是国家“十五”863计划先进制造及自动化领域机器人技术主题专家组成员、MEMS重大专项总体组组长。10余年来，他主持并完成国家自然科学基金、国家863计划和省部级重点科研项目20余项，将机器人扩展到工业、医疗、服务等行业。

据人力资源部工作人员介绍，公司成立之初，从哈尔滨迁来苏州的员工有20余人。随着公司的发展壮大，以及逐步建立的规范的激励和约束机制，越来越多的科技人才被吸引过来，如今规模已达上百人。其中，90%以上的员工具备本科以上学历，教授、副教授、博士、硕士达20余人，研发部门员工约占总人数的30%。此外，公司还有一支10人左右的强有力的市场团队。员工的流失率极低。

风险融资方面，2009年至2010年，公司董事长孙立宁作为苏州工业园区科技领军人才、姑苏创新创业领军人才，带领的领军创业项目获得了政府的支持资金；2010年10月，由中新苏州工业园区创业投资有限公司以及苏州工业园区融风投资管理有限公司共同向博实注入创投资金650万元，公司注册资本变更为755.6万元。这是博实机器人最主要的融资渠道。

此外，2010年11月，公司申报的“自动化生产线用高性能工业机器人研发及产业化”项目获得2010年度“江苏省科技成果转化专项资金”的支持，江苏省无偿支持资金600万元，苏州工业园区政府配套资金300万元，加快了公司的技术开发和产业化发展步伐。

除此之外，据博实财务部工作人员介绍，博实的银行贷款申请成功率非常高，而且银行贷款获准金额比率基本达到90%—100%。2012年年底，公司开始实现微盈利，同时也结清了全部银行贷款。考虑到未来产业化发展的需要，可能会尝试向银行申请2000万—3000万元的贷款。

在强大的人才和资金支持下，博实在柔性系统制造领域、MEMS领域取得了一系列突破。公司目前已成功获得30—40项专有技术和专利，承担数十项国家科研项目，研究成果市场转化率为20%—30%。有关数据显示，博实每年的研发投入占销售收入的比重高达30%—40%，且研发经费还在以每年20%—30%的增长率上升。

2010年5月，公司揭牌成立“苏州大学机电工程学院学生创新实践基地”“苏州博实机器人技术有限公司与苏州大学机器人和微系统研究中心联合实验室”。2011年，该实验室被正式批准为“江苏省先进机器人技术重点实验室”。

资料来源：课题组实地调研；何婉茹：《中小型科技企业成长机制评价研究》，硕士学位论文，苏州大学，2014年。

生物纳米园基于完整产业链条的产业公共服务内容如图4-54所示。

苏州思坦维生物技术有限责任公司的发展历程，就是园区投融资

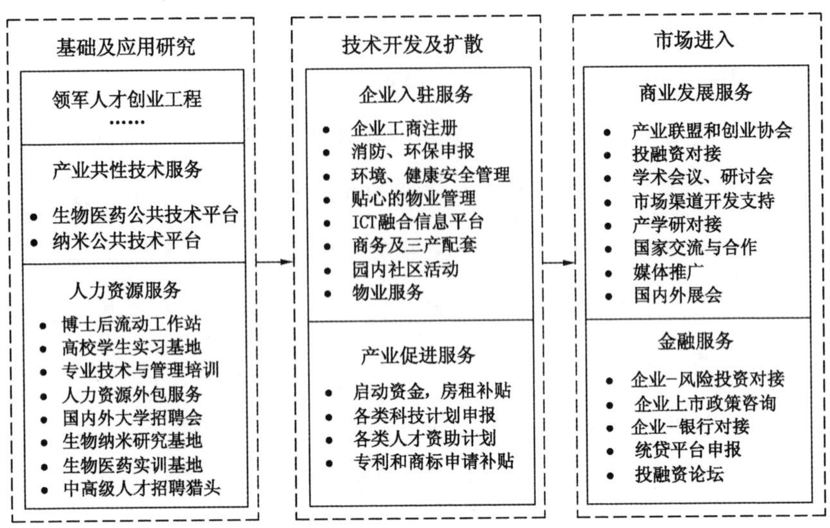

图 4-54　生物纳米园基于完整产业链的产业公共服务

平台、产业共性技术平台和人才计划综合构成复合性制度创新平台，促进企业研发创新的典型案例（见专栏 53）。

专栏 53

生物纳米园的复合平台创新案例：思坦维公司

2005 年，苏州思坦维生物技术有限责任公司（简称“思坦维”）由 4 个自然人共同筹资组建成立于上海张江开发区，是一家现代生物高科技研发型公司，致力于新药的研制和开发。2007 年，思坦维在中新创投公司旗下的凯风创投基金引导下，入驻苏州工业园区的生物纳米园。一期融资中，园区创投基金以股权投资的方式投资 400 万元。

作为一个典型的研发型公司，新药研制的投资周期相当漫长，从开始立项到新药上市，平均时间是 10—14 年，越到后期，成本的需求就越高，甚至光投资建设一个标准厂房的成本就达 1 亿多元。因此，思坦维对风险投资的需求尤为强烈，这也是它选择从上海搬迁过来的一个原因。

在经营成本构成上，思坦维的劳动力成本占总成本的比例在20%—30%，最大的一块成本支出是设备投入，每年的耗材投入、仪器投入要占用很多资金，一个月的耗材消耗相当于一个月的工资成本。

园区的技术服务平台也是吸引该公司落户苏州的另一个重要原因，因为自己购置设备有困难的话可以共享技术服务平台，每年的使用费仅几万元；若自己购置设备，一台设备的成本为几百万元。这种共性技术服务平台针对的是园区各种类型的企业，刚开始由于企业少，技术服务平台有时候出现闲置，随时都可以使用，但现在技术服务平台的利用率相当高，需要预约排号才能使用。

思坦维还承担着国家"'十二五'重大新药创制"科技重大专项等攻关课题，公司领导也是"江苏省双创人才"。这些攻关课题可以增强公司的核心竞争力，从更为实用的角度看，可以缓解公司的成本压力。在这方面，园区的中小企业服务中心提供了很大的便利，主要体现在申请科技基金方面，2010年的"国家'十二五'重大专项资助"就是在该中心的帮助下争取到的，项目经费为300多万元。如果没有中心的话，单个企业很难争取到。

资料来源：课题组实地调研。

附　　表

表 4-6　1996—2013 年中国固定资产投资规模及来源

单位：万亿元

来源	实际到位资金小计	国家预算内资金	国内贷款	利用外资	外商直接投资	自筹资金	企事业单位自有资金	其他资金来源	各项应付款	各分项加总	重复统计
代码	T	A	B	C	D	E	F	G	H	I=SUM	J=I-T
1996	1.65	0.06	0.36	0.23	0.12	0.76	0.48	0.24	0.16	2.29	0.64
1997	1.81	0.06	0.39	0.24	0.13	0.85	0.54	0.26	0.15	2.29	0.48
1998	2.07	0.11	0.46	0.22	0.11	0.95	0.57	0.31	0.19	2.81	0.74
1999	2.13	0.15	0.49	0.16	0.08	0.96	0.59	0.34	0.22	2.91	0.78
2000	2.38	0.17	0.57	0.15	0.08	1.07	0.66	0.41	0.25	3.28	0.69
2001	2.79	0.20	0.62	0.15	0.09	1.29	0.85	0.51	0.30	3.92	1.13
2002	3.40	0.25	0.77	0.18	0.12	1.56	1.04	0.62	0.38	4.80	1.40
2003	4.89	0.24	1.12	0.22	0.17	2.36	1.73	0.93	0.48	7.08	2.19
2004	6.28	0.27	1.28	0.27	0.21	3.22	2.31	1.23	0.55	9.13	2.85
2005	8.09	0.35	1.52	0.34	0.25	4.41	3.20	1.46	0.67	11.95	3.86
2006	10.16	0.46	1.88	0.38	0.28	5.65	3.69	1.80	0.81	14.67	4.51
2007	13.03	0.54	2.21	0.46	0.35	7.43	4.31	2.39	0.96	18.30	5.27
2008	15.69	0.74	2.47	0.47	0.35	9.76	5.09	2.26	1.17	21.96	6.27
2009	21.83	1.13	3.76	0.40	0.28	12.77	5.51	3.76	1.47	28.80	6.97
2010	27.25	1.31	4.49	0.44	0.28	16.62	6.51	4.39	2.12	35.88	8.63
2011	33.42	1.44	4.53	0.51	0.33	22.04	8.16	4.91	2.73	44.32	10.69
2012	39.94	1.92	4.99	0.45	0.28	26.88	9.11	5.69	3.50	52.54	12.60
2013	48.04	2.22	5.87	0.43	0.26	32.43	9.82	7.09	4.47	62.33	14.29

注：按照指标解释，其他来源（G）指除 A、B、C、E 和债券外的资金来源。将各分项相加所得资金总和（I=A+B+C+E+F+G+H）大于固定资产投资总额（T），本表将二者之间的差额（J）视为重复统计项。

表 4-7　1996—2013 年中国固定资产投资资金来源构成

单位：%

来源	国家预算内资金	国内贷款	利用外资	外商直接投资	自筹资金	企事业单位自有资金	其他资金来源	各项应付款
代码	A	B	C	D	E	F	G	H
1996	2.42	15.85	10.07	5.17	33.23	20.86	10.61	6.95
1997	2.61	15.53	9.49	5.26	34.19	21.56	10.51	6.10
1998	3.76	16.48	7.86	4.06	33.78	20.35	11.07	6.69
1999	5.20	16.75	5.57	2.62	33.13	20.16	11.66	7.52
2000	5.11	17.41	4.48	2.40	32.59	20.24	12.61	7.57
2001	5.11	15.82	3.89	2.42	32.93	21.73	12.99	7.52
2002	5.31	16.12	3.66	2.49	32.44	21.70	12.93	7.84
2003	3.33	15.84	3.12	2.38	33.33	24.46	13.15	6.77
2004	2.92	14.02	2.96	2.29	35.30	25.32	13.45	6.04
2005	2.96	12.70	2.84	2.12	36.85	26.79	12.24	5.62
2006	3.11	12.80	2.62	1.94	38.53	25.18	12.24	5.51
2007	2.97	12.06	2.49	1.92	40.61	23.55	13.07	5.25
2008	3.36	11.24	2.14	1.61	44.47	23.19	10.28	5.32
2009	3.94	13.05	1.37	0.96	44.35	19.11	13.06	5.11
2010	3.64	12.51	1.22	0.79	46.34	18.15	12.25	5.90
2011	3.25	10.22	1.15	0.74	49.74	18.41	11.07	6.16
2012	3.66	9.50	0.86	0.54	51.15	17.33	10.84	6.66
2013	3.56	9.41	0.69	0.42	52.03	15.76	11.37	7.17

注：计算公式为各项到位资金数额/（A+B+C+E+F+G+H）。

表 4-8　2003—2012 年苏州工业园区生产性服务业固定资产投资

单位：亿元

指标	2003	2004	2005	2006	2007	2008	2009	2010	2011	2012
全社会固定资产投资	202. 52	281. 86	357. 08	395. 38	416. 40	455. 01	492. 05	550. 25	666. 28	740. 53
第三产业固定资产投资	103. 49	146. 88	185. 57	222. 50	244. 34	282. 25	352. 78	405. 29	517. 72	575. 47
交通运输、仓储和邮政业	0. 00	3. 56	2. 05	1. 58	2. 18	0. 70	2. 38	3. 51	2. 52	2. 74
信息传输、软件和信息技术服务业	0. 23	0. 29	0. 51	0. 11	0. 10	0. 03	0. 31	2. 14	4. 96	3. 36
批发和零售业	0. 24	0. 01	1. 34	2. 02	1. 86	13. 84	11. 12	0. 71	6. 88	17. 25
住宿和餐饮业	0. 14	2. 37	2. 51	5. 01	17. 39	11. 34	7. 04	12. 18	14. 95	19. 63
金融业	0. 00	0. 00	0. 00	0. 00	0. 00	0. 00	2. 88	12. 05	14. 61	16. 88
房地产业	28. 00	62. 13	100. 10	110. 21	124. 94	157. 17	161. 66	211. 69	287. 15	273. 55
租赁和商务服务业	3. 84	13. 82	8. 71	2. 08	6. 00	24. 86	22. 18	46. 20	62. 46	91. 92
科学研究和技术服务业	0. 75	2. 99	4. 84	6. 24	9. 94	11. 03	10. 69	20. 29	48. 06	64. 94

2015年版结语

一个预期：中国“走出去”战略中的园区前景展望

本书作为结语放在最后的文字，是以归纳本课题的研究发现来对苏州工业园区未来的发展进行展望。

课题组认为，**在中国当下的这个历史阶段，园区有条件成为构建中国话语的国内培训基地，同时，像20年前的新加坡那样，成为中国对外输出产业园区综合管理及相关“制度转轨”（与中国对外大型综合开发项目贷款互相配合）的综合性主体。**

理由如下。

第一，1998年中国即已认识到经济进入产业资本过剩阶段，开始以国债主导投资拉动经济增长，到2014年已经16年了，国内投资领域逐渐填满，产能过剩更趋严重；下一阶段维持产业资本发展，将只能以“走出去”为主要方向。

第二，中国对当前的“走出去”战略缺乏综合配套措施，实施中教训多多，硬件不足而软件尤缺，以往单靠硬件走出去，充其量只能算“我是土豪我任性”，胜算很少，损失巨大。未来应该硬软实力一起抓，综合性地走出去。**若没有中国软实力及促进当地制度转轨的社**

会文化教育等领域的交流来互相配套，绝对不要再做那种到处遭人诟病的、单纯以盈利最大化为目标的项目投资。

第三，中国沿海工业开发区鳞次栉比。但大多数是海外华人“无根投资”的一般商品生产，投资者其实赚取的是环境租和劳力租；**如果用这种无根产业的发展经验和劣质管理制度走出去，只能砸中国的牌子，坏中国的软实力。**相对而言，能够“零成本起步”、在多次危机打击之下能够“化危为机”、有能力形成总地租并且完成产业结构提升，且20年运作良好的，唯苏州工业园区莫属。

由此看来，国家若改为综合性地走出去，就尤其需要以园区管理及其制度建设为中国软实力输出的代表。诚然，从地方发展竞争格局看，自觉响应国家战略也是园区自身发展的需要。

一、基本脉络与判断依据：中国工业化的阶段性演变

课题组必须自我反省的是：如果从国际化视角来做好一个园区20年发展经验的历史研究，则势必要求我们保持客观，放下各种意识形态和价值判断的有色眼镜，“去辨别历史现象中所包含的各种各样的脉络，从而在此基础上完成历史面貌的再构成的任务”（滨下武志）。然而，即使愿意致力于寻求学术真知的人对此没有异议，即使不考虑资料可得性和可靠性的问题，我们这些研究者能看到什么，仍然是被身处其中的现代化知识视野和西方中心主义主导的学科框架决定的。

于是，我们要做的展望，毫无疑问也将主要基于这样有知识局限的脉络之上。

课题组尝试进行宏观与微观相结合的研究，在影响园区发展脉络

的诸多因素中，寻找到最有主导性、最有解释力的变量。

作为旁观者，我们也深知这样的归纳难免挂一漏万，因此，斗胆把本书命名为“述要”，而不敢称为“总结”。

我们看到，在苏州工业园区的 20 年中，每一个重要的转折点，都有宏观经济的深刻危机为先导。因此，园区的客观经验不是“从胜利走向胜利”，而是如何“化危为机”。这也就是我们把经验过程归纳为“三次危机与四个阶段”的客观依据。这样归纳，至少可以使得局外的读者对于园区经验的认识有了从特殊上升为一般的条件。

正是这个客观经验的归纳，使我们不得不承认，尽管园区整整一代人的奋斗让人赞叹，但外部环境的变化对于园区的每一个转折都有至关重要的影响。理论研究与占星术的区别，主要在于对外部环境的变化规律及其传导机制的认识。

“天行有常，不为尧存，不为桀亡。”——这个“常”，首先是资本运动的一般规律，它对中国的工业化进程和全球资本的阶段性演进给出了质性规定。

纵观苏州工业园区 20 年历程，我们看到的是在“强政府+强资本=强信用”的体制下，园区在短期内完成了规模资本的集聚；其后则是顺应中国加入 WTO 与国际产业全球布局机遇进行产业资本面向国际市场的扩张；再后则是三种不同资本扩张中因“高制度”所形成的“总地租”，及其对园区统筹社会科技教育等多领域综合发展的作用；以及适应市场竞争所发生的以综合性平台为手段的结构调整。这四个主要的发展阶段，意味着园区用 20 年的时间，走着新中国 60 年所走的工业化道路——不同在于，在中央政府主导完成国家工业化之后，园区可以在不做自我剥夺的条件下来完成资本原始积累，而得以有零成本但高起点起步完成初始资本集聚。

可见，**园区是中国之成长为产业资本阶段“第一大国”的一个局部，园区发展与中国工业化是一种高度一致的经验过程**。

据此，对中国工业化既往经验的回顾和未来方向的展望，应该是我们做前景分析的依据。

从整体结构看，中国一方面正在从产业资本为主向金融资本阶段跃升；另一方面，正在从南到北地发生着“去工业化”浪潮。两者都是产业资本因整体上生产过剩而陷入资本主义一般性危机的表现，官方文件中比较实事求是地承认为“新常态”。

在这个新常态中，我们几乎不可能预期园区下一步能将经济结构由产业资本为主升级到金融资本阶段为主。这似乎和我们对园区第四阶段的创新经验总结构成矛盾与对立。

在园区的第四阶段，我们看到，在后金融危机时代国内把产业升级和制造业转型作为主要任务、但由于宏观结构性矛盾碍难落实的时候，园区通过三大创新解决了产业转型中的三大失灵问题：金融平台创新解决金融资本异化于产业资本的难题；技术平台创新解决产业共性技术的供给不足难题；中小企业服务平台创新解决政府公共服务与企业现实需求对接的难题。这一套早在2008年金融危机发生两三年前就未雨绸缪地陆续出台的组合拳，使得园区的实体经济在苏州当地、在全国开发区中都继续保持领先地位。

从1994年园区初始时期的“高投资”“高制度”算起，20年来园区可谓一路“高开高走”，但这最后一阶段的创新经验，恰恰格外值得重视！因为从内涵上说，这是**园区政府的产业治理第一次从策应大型外资企业需求转向策应中小型内资企业，相应的附加值来源也从产业资本为核心转向人力资本为核心**。

园区这些重要经验，不论在国内是否属于首创、独创，对于因应中国新常态下的经济增长转型和就业压力缓解等挑战，对于国内大多数区域经济发展，乃至对于中国产业资本走出去所必须的话语权竞争，都具有重要的启示意义。正如园区的领导者所说，“越往内地走越看到我们的过去”。园区的经验表明，即使是经济相对落后、一如园区之过去的内地，通过超常规的资本增量注入和配套的制度构建，超越原有路径的“跨越式发展”也是可能的。

但问题在于，这些非常积极的创新经验并不足以保证园区能将当前的优势“常态化”一直延续下去。

读者应该有印象，本书花了大量的篇幅，来分析地方政府之间的发展竞争对于经济格局演变的影响。从这个视角出发，课题组不无隐忧地提出以下几方面问题。

一是国内的地方政府竞争和园区有限的土地资源，限定了园区政府的作为空间。园区的土地资源**已经客观地形成“被定价”——被 20 多年的处于产业链较高层次的二产外资和三产内资进行了定价，所以土地和劳动力的价格要素没有向下回调的可能**。现阶段，园区对于产业创新的吸引力集中在种子期，机制在于依托政府的雄厚财力帮助初创期的中小企业解决了前竞争阶段的资金融通和资源整合问题；因为，根据交易成本理论，拥有专有性资产的政府对于中小企业具有整合能力。但是，当企业发展壮大到一定程度，企业追求要素价格低谷的动机和机动性能力将同步加强，双方的谈判地位或将对调。虽然园区通过股权投资占有企业的一定股份，因此从经济收益上来说并不吃亏，但并不利于形成覆盖完整产业链的产业生态，也就难以占有产业综合的内部化收益。

二是上海自贸区的成立及政策配给，将对长三角的区域经济布局产生重要影响。如果那里成为资金要素的低价格供应者，同时上海又不具备与其他国际总部基地竞争的能力，那么将会如“吸星大法”一样将国内长三角一带的产业利润集中过去，虽然生产还是在其他地区，但是**产业所在地只留下有限的生产成本+提成，而大部分的附加值都会通过内部结算转移到上海。**

这个“虹吸”作用和跨国公司在中国设立生产基地但利润通过内部结算提到国外的总部是一样的。如果位于产业价值链较高位置的苏州工业园区尚且难免受大冲击，其他地区可想而知。

如前文所说，长三角已然从埃及“金字塔”变成了法国“埃菲尔铁塔”，下一步将会变成什么？难道会是一“珠”独秀的上海“东方明珠”电视塔？

如果在这样的上下挤压中，苏州工业园区泯然众人，尽管不外乎是产业资本常态化危机之客观规律的一般性表达，仍然不免让人深感惋惜。

这个在国际上有着良好口碑的开发区，既起步于代行国家战略，在当下也本应当继续为国分忧。

从历史呈现给后人的大趋势上说，相对而言，**符合一般产业资本运动规律的前景，很可能是危机压力下的中国产业资本追寻要素价格低谷而对外转移。**

我们在前面的文字中，已经分析了中国正在从南到北发生的“去工业化”趋势及其成因。其中，港台地区“无根资本”最先离开“劳动力租”和“资源环境租”都已经枯竭的“三南”——岭南（包括珠三角）、闽南和浙南，转而进入这两种“租”都还充裕的越南与正在产生和平红利的缅甸。**伴随着“三南”地区发生“去工业化”暴露出的代价，当然是企业关门和老板跑路，把大量坏账和失业造成的社会冲突甩给地方政府。**

由此看来，因产业结构相对完整而近期尚未出现企业衰败的苏南，在长期产能过剩的压力下也可能发生类似变化。**事实上，园区也已经自觉地对外转移了部分低收益的劳动密集产业和相对落后产业，同时随产业转移而顺势承担了外地工业园区的管理外包服务业。**

这个时期，在国内积累有关“产业转移+管理外包”的经验是重要的。

课题组**高度重视园区的这些与产业外移的同时推出承接管理外包业务的经验**。这个先期努力不论成败，都是难能可贵的经验积累。因为，中国产业资本更为艰巨的任务是将全球竞争压力下资本自发向外移出的“危难”，主动地、辩证地转换为有利于人类可持续发展之新模式的“机遇”。

如果我们不把凭借“高制度”自觉配合中国“走出去”战略作为园区的前景，而单纯就园区的产业资本经济发展来说，在外部环境变量的影响下，园区依靠加强内功应对危机的经验恐怕会受到很多局限。反过来看，则园区在这个历史阶段有条件成为构建中国话语的国内培训基地，同时成为对外输出产业管理及相关制度的综合性主体。

下面对此问题进一步展开分析。

二、西方“走出去”与中国“走出去”的本质差别

相比西方工业化国家从 20 世纪 70 年代开始的产业资本走出去，**及其配套的 80 年代开始对所有接受产业资本的东道国全面推进制度变迁的新自由主义软实力走出去，**中国的“走出去”战略在“道”与“术”上的确存在很大的不同。

仅从操作层面的“术”来看，无论是园区的走出去还是中国的走

出去，都仍然有极大的充实内容的空间。

之所以要与西方走出去的历史进程做比较，是中国在 1993 年把“走出去”作为战略提出的时候，正是在“摸着石头过河”这种对西方亦步亦趋的学习之中因有意无意地存在知识盲区而发生“选择性借鉴”，刻意地忽略了西方现代化经验中的最为关键的部分：早期以“奴隶制三角贸易”为代表的西方血腥殖民主义走出去延续过几百年，实质性地构建了“王权公司化”的重商主义制度（如荷兰和英国的“东印度公司”）。虽然，这种以国家为单位推行反人类犯罪的殖民侵略、配合外国资本强权统治，最终被发展中国家的民族解放运动打破了，但两次世界大战之后却路径依赖地表现为：因稳定了西方划定的殖民地势力范围而演变成的工业化后期配合产业资本输出的新殖民主义，仍然在发展中国家大行其道。

此时期的基本经验，就在于 20 世纪 70 年代**西方国家开始输出“资源密集、环境破坏型”产业和“劳动密集、社会破坏型”产业的同时，配合性地把制度变迁作为管理科学、社会科学同步输出，于是，就在使发展中国家接受产业资本形成债务的进程中，大部分人文社会科学自然而巧妙地构成了西方中心主义文化软实力走出去的载体；等到 80 年代以后，诸多发展中国家则因为引进产业而背负外债、进而被债权国家水到渠成地要求“转轨”，遂只能在 20 世纪 90 年代的西方主导下进行新自由主义“改革”**。

因此，历史地看，从单纯的资本输出到综合性的制度输出，是资本主义发展的过程中客观呈现出来的一条脉络。

“二战”后，资本主义先发国家大量对发展中国家进行产业输出，由于产业资本必然要求东道国的管理体系与之配合，所以，资本大量向制度形态接近的国家跨国投资，客观上对其他制度不同国家的制度转型构成压力，从而使发展中国家整体上、普遍地形成了官方主流以亲资本为价值取向的强制性制度变迁，**几乎所有的投资国都是要求东道国（受援国）根据投资国的产业体系及其利益需要来形成制度体系，进而，则是根据投资国的话语体系来形成国内跟从性话语**。诚然，发展中国家官方主流遵从西方资本的利益要求推行的此类制度变迁，在国内一般都会引发广泛的社会反抗；这些冲突现象越是大量发生，就越是反过来成为西方深化其软实力影响、深化其主导全球制度变迁的依据。

这就是产业阶段资本主义全球化“和平演变”的客观规律。

这也是西方产业资本乃至金融资本走出去畅通无阻，而中国无论怎么走出去都步履维艰的最根本原因。

另一方面的原因在于：中国在通过土地革命战争获得主权独立之前，与其他发展中国家一样都属于西方殖民化的受害者。在国家工业化原始积累期间搞的也是“内向型剥夺”，而没有像西方那样大规模地对亚非拉新大陆侵略扩张。由此，**中国客观上没有西方殖民主义的历史经验，也没有在其他国家推进制度变迁的意愿**。这些是中国 20 世纪 50 年代参与不结盟运动提出“和平共处五项原则”、坚持不干预别国内政的背景；但也是 80 年代以来西方认为中国没有承担西方式的国际责任的背景。

中国虽然早在 1993 年就提出了“走出去”战略，但那个年代国内资本极度稀缺，于是，呼应走出去的，主要是一些私人经济零零散散地出去“捞世界”，既无国家出口银行组织银团低息贷款的支持，也无社会科学、管理科学配合制度变迁等软实力的输出，更是很少有中国非官方组织在海外开展文化社会教育等软实力“走出去”的活动。尤其在发展中国家，这种私人经济散乱地“走出去”，实质上带有私人资本在海外推行其原始积累的内涵，不大可能严格地执行规范制度。

于是，**十几年缺乏规范和监管的如此无序“走出去”，客观上曾经造成“中国货=假冒伪劣”、中国人不能融入当地社会的不良印象。**

到世纪之交，中国官方部门不得不面对产业资本全面过剩压力的时候，才有对发展中国家开展的教育文化和社会领域的交流活动，却因国内主流意识形态的对立而略嫌笨拙，在国外的影响也聊胜于无，既谈不上参与全球话语权竞争，又缺乏与产业资本“走出去”相配合的综合性的软实力对外输出。

而就在这个时期，**西方跨国资本在对外转移一般商品制造业的同时，几乎已经完成了向“社会企业”的性质转换，**投资家在金融资本阶段相对产业阶段直接破坏环境、剥夺劳工而言要“干净”了很多，于是纷纷以“社会企业家”自我标榜。相比中国把利润最大化设定为公开目标的中国企业界而言，**几乎所有的国际性企业都在战略性占有重要利益相关资源的同时，公开宣称自己是在造福东道国的可持续发展，为此而势必辅之以社会、文化、教育等非经济建设，既然冠冕堂皇，这种软实力输出也就乐于被东道国接受。**

反观中国，尽管越来越多的大型企业走出去，尽管竞标过程中报价极低，已经是在向外让渡产业收益，但由于中国一直坚持宋襄公式的不干预东道国制度的原则，也缺乏直接对发展中国家做帮助经济基础从传统经济向现代经济转型的教育和文化投入，尤其是国内意识形态仍然坚持比西方更极端的效率优先的市场化原则，致使中国主流投资机构基本上没有考虑到必须有配套的社会组织“走出去”！

这种令人尴尬的中国“走出去”，往往适得其反！因为，国有部门投资失败者既很难自觉反思，更无力在国内激进市场化的话语环境下有自觉改弦更张的条件。需知，**任何单一资本走出去赤裸裸地、简单粗暴地表达“资源资本化”的资本利益需求，根本不可能有良性循环，遑论打着“中国特色社会主义”大旗的中国同时高举着西方殖民主义的“自由贸易”大旗**！因此，失去国内的亲资本政策保护的中国海外企业在东道国发生了很多对抗性社会冲突，业已造成经济上的巨额损失和相对于西方话语权竞争的政治方面的长期代价。

这种社会影响和政治代价的后果是世界性的。**只要不是鸵鸟，可以在发展中国家到处听到把中国批判为新殖民主义，甚至新帝国主义的声音**！

由此，任何单个企业出去投资都有政治风险，意味着不得不承受这种与单个企业行为并无直接关系的累积代价。

在园区访谈期间，我们也听到了园区旨在将开发经验打包输出的“走出去”的故事，但走向国外的几个案例，都因为内外环境相对复杂而难以简单地用成败来评价。

诚然，这并非园区的尴尬。迄今在国外运作得短期盈利性较好的，多属个体工商业或者非正规企业；相比很多正规国有企业“走出去”后的投资全部或大部分打了水漂，园区尚属“全身而退”，已是难能可贵。

弹指一挥间，在园区总结20周年经验之际，21世纪的第二个10年已经翻过一半，人类正在经历金融资本时代的“第三次世界大战”——这场无硝烟的金融寡头的新自由主义战争中，很多人都在幡然醒悟——“超级富翁本身越来越形成一个国家”。

如果说，第一次和第二次世界大战及“二战”后的冷战都是产业资本阶段的国家化竞争的不同表现方式，强化了民族国家作为全球化产业竞技场上的基本竞争单位的地位，那么，在世界进入“后冷战”

之后却是乾坤倒置——满足金融资本之饕餮的硬、软实力配合夹击下到处发生的是“去国家化”，不仅冲击着只有200多年历史的现代国家形态，也在冲击着中华民族有4000多年历史的国家形态。在这场21世纪新资本主义挑战面前，中国若不能强化其历史上久已形成的地理、经济、政治领域互相之间高度依存的关系，以举国体制弱化金融资本不断转嫁出来的代价，则这个国家所拥有的世界上数量最多的人口，将随2009年以来愈益明显的“去工业化”带来的大规模失业潮与金融坏账爆发叠加而无从得到庇护。这样顺遂全球化的结果，或许将是中国遭遇全球最大的人道主义灾难。

从这个国家间竞争是金融资本阶段的全球化竞争的真实内涵来看，中国人不得不在竞争中确立自我定位，从而形成价值理性；由此出发，再去看苏州工业园区的既往经验及发展前景，则必须和中国在产业过剩压力下正如火如荼实施的“走出去”战略结合起来。

所以，我们不仅对园区近年来实施的“走出去”战略格外重视，并且试图与中国的“走出去”战略和2014年国家总理“推销高铁”紧密地联系在一起做分析。诚然，园区的“走出去”是以主管部门主导到外地组建工业园区；而国家则是以中央政府作为信用保障和营销手段的高端制造业产品输出。总之，比之过去10多年间，今天仍然作为主要形式的、以个别企业为主体的散乱差地“走出去”，要令人欣慰得多。

三、园区配合国家战略“走出去”的可行性与政策建议

园区诞生在苏联解体、东欧剧变之后的1994年，这个时候，经济全球化已经进入单极霸权主导“后冷战”和西方产业资本大规模对外

转移的时期。任何后发国家和地区只要追求西方模式的工业化，那么，新自由主义话语之下的工业内生的资本增密机制就决定了资本的进退是不可能认主人的——无论是海外资本流入带来的热潮的奔涌，还是资本退出造成的寒潮的瑟缩，我们不止一次地为其中所内含的内生性资本运动之铁一般的客观规律性而叹息；不抱偏见的人们都可以清晰地看到，在全球拥抱市场经济及其派生制度和意识形态的这股洪流的强力面前，大多数发展中国家弱政府面对西方强资本的“自由进退”都沦入萨米尔·阿明理论所揭示的“再依附”状态。在这种国家经济主权已经被外部资本及其诱致的制度转轨边缘化之后，国内各个层面——无论是企业微观、区域和部门中观还是政府宏观层面的调控努力，似乎都不堪一击。由此，大多数全球化条件下的资本危机都很容易地向发展中国家转嫁其巨大的成本……

能够有效应对危机并且立于不败之地的，往往有一定的不以经济收益为考量的特殊性。

其实，在“后冷战”初期即大举介入中国工业化进程、并且一度主导苏州工业园区建设的新加坡，本身就是个具有显而易见的特殊性的例子。新加坡如果不是位于马六甲海峡黄金水道的“桥头堡”，其地理位置在全球地缘政治中极端重要，也就不可能从冷战时期面向美国亚洲驻军的休闲度假服务业起步，完成资本原始积累的第一桶金，随后承接日本和美国的产业资本转移而跃升为“亚洲四小龙”之一。

某种意义上，20 世纪 80 年代以降包括日、韩、新、中国港台地区在内的所谓“东亚板块的上升”，以及 90 年代以来新加坡面向东亚和东南亚的投资输出，与其说是长历史周期的循环，不如说是“二战”之后的冷战时期在主导国家的全球地缘控制的需要下，其资本阀门的开关和流向，有选择地使东亚某些地区被“上升”。[①]

据此看 20 年前的苏州工业园区得以“逆势起步”，**某种程度上是因新加坡在冷战时期的“被上升”而有了“后冷战”时期新加坡产业资本连带其管理体系对苏州的转移**，这是园区得以利用“举国体制”而“零成本起步”、并且同期形成“高制度”的战略机遇。由此可知：园区的产业资本从原始积累到扩张和调整结构，根本不是西方那种殖民主义血腥剥夺原住民的老路；尽管这个时期的海内外危机都遭遇到了，却没有如西方主导国家那样对外转嫁制度成本。苏州人发挥自身制度优势走出来的中国道路，本来就体现出了中国的“道路自信，制度自信”。

我们对此所做的归纳算是铺垫，目的乃在于提示园区依托“高制度”的发展前景——如果说这个对冷战及“后冷战”不同阶段的粗略概述，可谓新加坡苏州工业园区的“前史”，那么，**园区当前的历史任务是在中国已经延续 15 年的生产过剩压力面前，如何续写“举国体制”优势之下自己的产业资本及“高制度”体系相结合走出去的历史。**

---

① 孔诰烽认为：“战后日本和四小龙——韩国、中国台湾地区、中国香港地区、新加坡迅速崛起的故事是众所周知的，这里不需要重复。但是如果他们充满活力的崛起可以归功于中央政府在指导宝贵资源流向战略性工业领域的作用的话，同样重要的是，我们必须认识到东亚的冷战地缘政治是这些国家发展的前提条件。在冷战时期，华盛顿把东亚看作遏制共产主义扩张链条中最薄弱的环节。考虑到其重要的亚洲盟友——日本和四小龙——太重要了，不能失败，美国为它们提供了大量金融和军事援助来启动与指导其工业增长，同时让美国和欧洲市场对亚洲产品开放。这种销往西方市场的条件是其他发展中国家没有享有的优势，如果没有这些，亚洲经济取得如此成功是不可思议的。如果从这个角度看，东亚的经济快速增长远不是什么‘奇迹’。美国创造了它，作为在亚洲太平洋地区修筑对抗共产主义的既听话又繁荣的防波堤的努力的一部分。这些经济体绝不是用来挑战美国地缘政治利益和地缘经济利益的，相反是帮助华盛顿实现其在该地区企图的顺从的小兄弟。”资料来源：孔诰烽：《美国的大管家?》，2014 年 10 月 18 日，见 http://www.doc88.com/p-091909412408.html。

新加坡在苏州如何“走进来”给了中国人一个近切的学习如何“走出去”的窗口。中新合作的具体过程前已备述，人们也许还记得园区成立之初新加坡企业在园区全部外资中所占的比重。大多数人津津乐道于园区起步建设阶段的高成本砸出来的高标准、高起点基础设施，但很少注意到这些基础建设有多少是由新加坡企业直接或间接完成的。这恰恰就是新加坡产业资本的“组团出海”。

新方的核心经验可以总结为一句话：**在高强度投资打造硬实力的同时，构建文化和制度软实力；通过软硬实力相结合的综合输出，内涵性地构建和行使“建制权”，为国内实体产业向海外扩张进行铺垫，帮助降低成本和风险。**

至此，人们可以多一个角度来理解新加坡对于园区整体填高将近一米的方案规划，客观上和新加坡填海造地所形成的基础产业结构是同构的。[①] 如此来看，苏州工业园区堪称外国投资者降低其走出去的制度成本，同时获取制度输出作为现代服务业的收益的范例。

这个经验仍然是在前述“在资本输出的同时辅之以管理制度输出，来有效降低对外投资的综合风险”的一般性规律的框架内。

新加坡只不过是选择了比较隐蔽的“软实力”方式来运筹——诚然，新加坡作为东南亚地区的唯一以华人为主的国家，**独立后政府实施了一系列举措，有力地整合国内各种资源从而形成“强政府”、“强资本”和“高制度”，这个经验对于大多数属于弱政府的发展中国家是有借鉴价值的。**新加坡仍在苏州工业园区占有35%的股份，每年对园区所开展的一系列培训，可以理解为一种管理制度服务业。

---

① 同理，21世纪之初新加坡选择了在天津与中国合作，很多人认为选择一片盐碱地来建生态城是不经济的，其实这客观上也是新加坡国内产能向外扩张的一种方式。

苏州工业园区是中新合作诸多试点中面积最大、制度复制最成体系的开发区，其在产业管理和社区管理上，业已形成了一套完整的可复制的制度体系。而且，从其在国家其他地区的运作来看，这套体系是可以复制的。园区需要加强的是，如何使自己得之不易的经验，成为中国话语建构和文化软实力的经验支持，而不是成为新加坡话语的某个佐证。

未来，中国要“走出去”的两个方向——南下、西出，都因不同于单极霸权国家控制海权竞争的战略，而有着与陆权竞争格局天然相伴的文化上的敏感，因而格外需要慎重。①

课题组认为，完整综合地借鉴了新加坡组团出海经验的苏州工业园区，有理由继续当仁不让地代行国家战略；但绝非复制先发工业化国家的海外扩张，而是在金融资本全球化的巨大压力下，实现中国作为投资国与东道国的合作共赢。

四、政策建议

综上，园区需要未雨绸缪，要像当年新加坡主动对外复制工业园区那样，做好产业、金融、制度、管理等方面综合性、有组织地输出的准备。以下提几点具体建议。

第一，园区走出去要有“强政府”的顶层政策。产业资本发挥协同效应必须在“举国体制”的制度优势之下，确立主导组织者的“举国体制”代理人地位，赋予垄断性代理权，对产业资本进行整体组团。

第二，要有战略性金融配套的“强资本”。要构建“高制度”、话

① 关于这一问题，课题组另有专文进行分析。

语权，必须有资本市场的运作为产业资本运作的先导。比照苏州工业园区的经验可知，如果没有资本市场的支持，实体产业的力量是微弱的，不足以形成改变制度的影响力。**金融是国家政权的派生物，在体现国家战略的项目中不能按市场化原则来配置金融资源，尤其不能按短期的市场化原则来配置。**

第三，综合性地构建“强制度”。文化是广义的制度和软性的实力。如前所述，取得可持续长久收益的走出去，需要将话语构建和文化软实力配套，社会建设、制度转型与资本输出协调配合。只要园区自觉主动地与国家战略配合，园区经验代表的中国道路自信和制度自信，就是有着巨大价值的，完全可以作为贯彻中国“走出去”战略的国内基地，对发展中国家官员和学者开展教育培训。

综合起来，园区自觉地配合国家战略的可能操作方式，是配合中国最近倡导设立的金砖国家银行、亚洲基本建设银行等政策性的国际金融机构，以园区为主体承担发展中国家的工业开发区的管理外包，借此配合中国产业资本走出去开展相关的政府制度输出。

本书最后强调，要在一个微观的点上形成完善的制度构建和管理体系，需要将我们已有的经验与东道国的实际资源禀赋和人文地理特征相结合，进行实事求是的分析研究，审慎地展开。**须知，越是晚进工业化地区，其资源要素“被价格发现”的过程就越长；价格变化越快，越是激发短期的投机行为，则社会成本就越大。**从软性的文化入手，通过综合性的文化社会经济建设，促进要素再定价过程中收益合理分配，可以有效降低这一发展变迁的社会成本。如此构建在地化的伙伴关系，形成投资方和在地社区的多方共赢合作的“走出去”，将是产业资本阶段的中国与金融资本阶段的西方国家在“道义”上的最大不同。

2015年版后记

从本书定名《再读苏南》[①] 可知，此为《解读苏南》的姊妹篇。

上一部《解读苏南》，是典型的去意识形态化的客观研究，实事求是地描述了苏南工业化从资本原始积累到产业扩张，再到结构调整的经验过程；从细致的经验研究中形成理论创新。为此，我们在《解读苏南》一书后记中，约略表达了课题组在区域发展比较研究中拓荒般地开展基础研究工作的艰苦和执着：“自正式立项到完成研究报告历经四载寒暑；其间，竟有六番调研，八次易稿，无论走路还是走笔，都很艰辛……”

正因为有了对苏南经验的基础性认识，本次《再读苏南》的调研和写作，得以从一开始就高屋建瓴，将区域经济的发展过程置于中国纳入全球化的宏观大势当中，确定了“三次危机与四个阶段”的主导思路和框架，将四个阶段的发展特征及对园区未来的展望归纳为“一二三二一”，从而将从立项到成果出版的整个研究周期压缩到一年半。

可见，我们在“解读苏南”项目中所形成的知识积累、学术基础

① 下卷初版定名为《再读苏南：苏州工业园区二十年发展述要》，于2015年苏州大学出版社出版。

和经验教训，在“再读苏南”项目中得到了超额的回馈。说“超额”，是因为《解读苏南》出版以来，共获得“三个一百”原创图书入选工程、中华优秀出版物图书奖提名奖、江苏省首届政府出版奖、北京市哲学社会科学优秀研究成果二等奖和中华读书报年度百佳图书等五个奖项，前两个都是国家级的；能以一本书斩获五个奖项，毫无疑问是值得研究者倍感欣慰的。

笔者身为“解读”和“再读”两部书稿的主要执笔人，对这种连续性区域发展研究内生的历史意义颇有感触。

中国是个超大型国家，各区域的地理条件和人文环境差异极大，对各区域的发展经验进行研究、总结和归纳，是形成整体性的“中国经验”并建立“中国话语”的基础。这也是作者长期参与温铁军教授带领的科研团队进行比较广泛的区域发展比较研究的一个初衷。调研之中，感到温教授对不同区域经验做“解读……”已经大体形成系列：先是联合各有关单位，在苏南调研的同期完成了《解读珠三角》，又相继开展了对重庆、杭州、广西左右江、苏州工业园区等不同地区的发展经验的分析。在对中国经验分区研究的深厚基础上，团队与联合国开发计划署合作，构建了“南方国家知识分享网络”，开展了“新兴七国比较研究”和“南方陷阱”等发展中国家的深入研究。

由此可以理解，本书作为科研团队系列成果中的一员，延续团队一贯的主导思想，将研究重点聚焦在国际国内宏观、区域中观和企业微观三个层次的相互作用与影响机制及其历史演变上，以全面、客观梳理和呈现园区 20 年的发展历程为主，在此基础上提出和分析了一些理论创新性的概念与思想。

为了从深化客观经验的认识之中提炼问题意识，书中多次将苏州工业园区与苏南其他地区、浙南、岭南和西南的重庆的经验历程进行对比；囿于篇幅所限，对此进行充分展开的理论探讨将留给后续研究。有兴趣的读者也可以拓展地阅读团队的相关区域研究成果。

笔者作为系列比较研究团队中的一员，自 2007 年开始参与调研和写作《解读苏南》以来，不止一次强烈地感到，从客观事实出发，一遍遍去芜存菁地探寻事物之间的内在联系，为本土化的知识生产做一点基础性工作，是尤其必要的！无论区域经济学、产业经济学、发展经济学等经典学科，新比较经济学、历史制度经济学、新经济社会学等新兴学科，还是中国问题意识导向的理论创新与话语建构，都可以从这些区域发展经验中寻找灵感、汲取养分；尽管，这个朴素平实的想法，相对于当下追求理论快餐和短平快知识生产的整体氛围来说，是相当奢侈的。

本书是在大量实地调研、访谈、查阅文献的基础上完成的，是中国人民大学国际学院、农业与农村发展学院联合课题组所有成员精诚努力的成果。国际学院前院长、现任劳动人事学院院长杨伟国教授亲力促成课题立项，并担任第一主持人；现任院长朱信凯教授持续给予支持；田鑫博士承担了部分课题管理、调研访谈组织工作并主持了一个专题报告。温铁军教授担任课题学术顾问，从观点讨论、框架结构到文字修改、思想升华，都倾注了大量的心血；笔者为课题执行主持人，协调课题各项工作并担纲本书起草、修改、校阅等工作。中国人民大学博士生高俊承担一个专题报告，除实地调研外，还分担了本书第三篇、第四篇部分繁重的资料收集、数据处理、案例写作任务，并协调完成本课题的主要财务工作。博士生谢欣、李行及硕士生张晓蕾各自承担了一个专题报告（以上五个专题报告作为课题的中期研究成果，尚未以独立篇章纳入本书）；博士生计晗全程参与了课题立项、实地调研、资料整理加工等多项工作。除此之外，李行、王佩、刘雨晴、张晓蕾、江政奇等参加了实地调研；张晓蕾、余甜、倪坤晓、刘雨晴、余翔、王淑羽、张津、胡文平、赵将等协助进行资料收集；中国人民大学博士后孙远东、杨帅，博士生兰永海、吕程平、郑子青、张俊娜，清华大学博士后王海侠等参加了课题讨论。

值得一提的是，笔者和温铁军、朱信凯、杨帅、李行也是上一部《解读苏南》课题组的重要成员。这再一次表明，正是大家的努力，才将苏南区域经济研究持续地开展起来，才搭建起将“解读”与“再读”有机连接起来的桥梁。

本书是对处于中国开放前沿地带的苏州工业园区自成立以来的经历和探索的献礼。写作中，原商业部部长、国务院特区办主任胡平，原园区管委会副主任、宿迁市副市长沈小鹰，原园区工委副书记潘云官、原园区管委会副主任肖宜美、原园区借鉴新加坡经验办公室主任赵大生，园区管委会主任杨知评、园区管委会副主任孙燕燕、园区管委会副主任刘小玫、苏州独墅湖科教创新区管委会副主任章小英，园区借鉴新加坡经验办公室副主任张国文、园区经发局副局长黄建明、园区科技招商中心主任肖诗滔、园区管委会宣传办主任姚文蕾、园区“一站式”服务中心陈迪、苏州独墅湖图书馆副馆长李春梅，以及三星电子半导体（苏州）有限公司、快捷半导体（苏州）有限公司、AMD（苏州）有限公司和艾默生环境优化技术（苏州）有限公司等外资企业，苏州纳米科技发展有限公司、苏州生物产业发展有限公司、苏州工业园区科技发展有限公司和苏州国科数据中心等产业孵化平台，苏州博实机器人技术有限公司、苏州纳微科技有限公司、华为技术有限公司苏州研究所、苏州思坦维生物技术有限公司、同程旅游、德尔福电子（苏州）有限公司和苏州奥杰汽车技术有限公司等新兴中小科技型企业，园区娄葑创业投资发展有限公司、娄葑东景经济发展有限公司等乡镇集体企业的有关负责人，在百忙中接受了我们的访谈并提供了宝贵的资料，特此致谢。

本书写作同时得到了国家社科基金重大项目（项目编号 14ZDA064）、一般项目（项目编号 14BGJ048），北京市社会科学基金重点项目（项目编号 15FXA003，负责人温铁军）和中国人民大学中国社会科学案例中心的支持，特此致谢。

本书继续由苏州大学出版社组织出版，课题组与出版社因由《解读苏南》而结下的情谊和信任，是本书得以较快出版的重要条件。特此致谢。

本书难免有疏漏和不足，诚恳欢迎读者的批评指正。“反者道之动”，任何从理论逻辑出发提出的不同意见和以调查研究为基础的对本书观点的证伪，都有助于我们更加提高和完善研究；“弱者道之用”，全球资本化之下的覆巢之下孰能独善其身，切愿本书能为包括你我在内的人类可持续贡献一份微薄的力量。

董筱丹

2015 年 3 月 25 日